JN411740

제 7 판

형사
소송법

이주원

Criminal Procedure

박영사

제 7 판 서문

죄형법정주의가 형법의 기본원칙이라면, 형사소송법의 기본원칙은 실질적 법치국가 개념에서 연역되는 '적법절차 원칙'이다. 법률에 정한 절차라는 의미 외에, 그 법률의 실체적 내용 또한 적정하여야 함을 말한다. 그 법률의 내용이 인간의 존엄과 가치의 존중 요구에 합치하여야 함을 뜻한다.

제6판 이후 4차례 형사소송법 개정이 있었다. 피해자의 형사절차 참여권을 보장하기 위한 개정이 3차례 있었다. 판결선고 임박 시점의 금전 공탁에 대해 피해자 의견 청취를 의무화하고(2024.10.16. 개정), 피해자의 소송기록 열람 · 등사에 대해 그 허가를 원칙화하였다(2025.3.18. 개정). 나아가 '증거보전 후 서류 등' 및 '검사가 증거로 신청할 서류 등'에 대해서도 피해자에게 열람 · 등사 신청권을 부여하고 그 허가를 원칙화하였다(2025.12.23. 개정, 2026.6.24. 시행예정). 2025. 12. 30. 개정에서는 '확정되지 아니한 형사사건의 판결서'에 대해서도 열람 · 복사할 수 있도록 하였고(2027.12.31. 시행예정), 수사단계에서 정보통신서비스 제공자에게 전자증거의 보전을 요청할 수 있도록 하는 '전자정보 보전요청 제도'를 새로 도입하였다(2026.7.1. 시행예정). 그 밖에 형법 개정(2025.12. 31. 개정·시행)으로 친족상도례가 근친 · 원친 불문하고 친고죄로 일원화되었고, 정부조직법 개정(2026.10.1. 시행예정)으로 검찰청을 폐지하고 공소청과 중대범죄수사청을 신설하는 내용도 있었다.

그 사이 판례는 압수 · 수색에서의 참여권 보장과 관련성 제한을 비롯하여, 국선변호의 확대, 수사과정에서 작성된 서류의 증거능력 제한, 항소심에서의 공소장변경 제한 등 아주 중요한 판례들이 다수 선고되었다.

이번 개정판은 이를 충실히 반영하는 수준으로 손질하였다. 2025. 12. 31.까지 선고된 판례(2026. 1. 1.자 판례공보 포함)를 반영했다. 이 책을 아껴주시는 많은 독자분들과 개정에 애쓰신 박영사 여러분께 깊이 감사드린다.

2026. 1. 18.

저자 드림

제6판 서문

형사소송법 초판을 2019년 출간한 이후 매년 개정판을 출간하여 왔다. 그런데 제5판 이후 2023년 한해 한국형사법학회장으로서 봉사에 전력투구한 사정으로 2년 만에 이번 작업을 마치고 보니 감회가 새롭다. 그간 약간의 법령이 개정되었다. 공소시효 정지에 관한 형사소송법의 개정(2024.2.13. 개정·시행), 영장 사본의 교부절차 마련, 검사 · 사법경찰관의 보완수사 분담기준 정비 등에 관한 수사준칙의 개정(검사와 사법경찰관의 상호협력과 일반적 수사준칙에 관한 규정, 2023.10.17. 개정, 2023.11.1. 시행) 등이 그러하다. 한편 판례는 그야말로 대량생산되고 있다. 특히 압수 · 수색에서 증거수집의 관련성 외에 증거사용의 관련성, 압수목록의 작성 · 교부 시기, 무관증거의 삭제 · 폐기, 증거은닉범의 참여권 문제 등에 관한 새로운 판결이 주목된다. 반의사불벌죄에서 불원의사의 대리 문제, 영장없는 범행현장 대화녹음, 개정된 제312조 제1항(검사 작성 피의자신문조서)의 적용범위 등 눈여겨 볼만한 판례들이 다수 선고되었다.

이번 개정판은 이러한 법령 개정사항과 판례를 유감 없이 반영하였으며, 나아가 교과서로서 단순한 전달에만 그치지 않는다는 소명을 다하기 위해 분석과 평가, 비판을 나름대로 덧붙이고자 노력했다. 그리하여 압수 · 수색 부분은 대폭적으로 수정 · 보완하였고, 검사 작성 피의자신문조서 관련 부분은 신법 위주로 편제를 수정하였으며(구법 부분은 작은 글씨로), 영상녹화물 부분의 별도 분리 해설, 증거동의에 대한 해설 추가 등 서술을 대폭 보완하고 다시 다듬었다. 불가피하게 전체 분량이 약 40쪽 이상 증가하게 된다. 최신 판례는 2024. 7. 15.까지 선고된 대법원 판례(2024.7.15.자 판례공보 포함) 및 헌법재판소 결정을 반영했다. 아울러 연락주신 오탈자를 모두 바로 잡았다.

이 책을 아껴주시는 많은 독자분들과 개정에 애쓰신 박영사 여러분들께 깊이 감사드린다. 앞으로도 더욱 분발하여 발전에 힘쓰도록 하겠다.

2024. 8. 5.
저자 드림

제4판 서문

형사소송법은 민사소송법 등과 달리 제1조에 목적·이념 조항이 없다. 그것은 적법절차를 규정한 헌법 제12조가 형사소송에 관한 헌법이념이고 그러한 헌법이념의 온전한 구현이야말로 바로 형사소송의 당연한 목적이자 이념이기 때문이다. 헌법 제12조를 비롯한 헌법원칙은 헌법제정권력자인 국민의 헌법적 결단이다. 헌법제정권력과 헌법에 의해 만들어진 권력과는 구별된다. 형벌권력의 행사절차를 통제하는 형사소송법은, 다른 어느 법률보다도 헌법원칙을 철저하게 구현해야 하는 헌법의 구체화법인 것이다. 형사소송법은 치죄법(治罪法)이 아니다.

근자에 들어 형사소송에 관한 입법 활동은 물론 판례의 형성 또한 활발하다. 부디 지나치게 효율성을 추구하였던 구각을 깨고, 입법이든 실무든 모두 헌법이념을 더욱 충실히 구현하는 새로운 시간으로 나아가기를 소망한다.

이번 판에서는 형사소송법, 법원조직법, 군사법원법 등 최근의 개정 내용을 해당 부분에 반영하였다. 특히 검사 작성의 피의자신문조서의 증거능력을 제한한 개정 제312조 제1항은 2022. 1. 1.부터 시행되었는데, 그 적용범위는 '시행 후 공소제기된 사건'에만 한정되고, '시행 전에 공소제기된 사건'에는 종전의 규정이 적용된다. 제312조 제1항의 해석론을 새롭게 논증하는 한편, 신법적용 사건과 구법적용 사건을 구분하여 설명하였다.

최신 판례는 2022. 1. 13. 선고된 대법원판결까지 반영하였다. 특히 휴대폰 임의제출과 관련하여, 기존의 전자정보 압수의 법리를 적용·발전시킨 새로운 판례(대판 2021.11.18. 2016도348 전합) 및 그 후속된 관련 판례들을 모두 일목요연하게 소개하였다. 이번 판에서도 전체 분량이 다소 증가하였다.

이 책의 편집과 교정 작업을 책임져 주신 김선민 이사님을 비롯하여 박영사의 모든 분들께 감사의 말씀을 드린다. 독자들께서도, 날씨는 추워도 마음만은 따스하게, 세상은 고달파도 기백만은 잃지 않으시기를 진정 기원한다.

2022. 1. 20.

저자 드림

제3판 서문

성원과 기대에 부응하고자 부단히 노력했다. 봄날에 나무가 모든 에너지를 나무의 끝에 전부 몰아 주듯이, 모든 성의를 다하였다. 오직 그것만이 '여기 그리고 지금' 내가 할 수 있는 최선이라는 일념에서이다. 모든 것은 '끝이 시작이다.' 여기 그리고 지금 전부가 다시 시작이다.

첫째, 2021. 1. 1.부터 검·경 수사권 조정 관련 법령들이 전면 시행되었다. 형사소송법, 검찰청법, 공수처법(고위공직자범죄수사처 설치 및 운영에 관한 법률), 경찰법(국가경찰과 자치경찰의 조직 및 운영에 관한 법률), 경찰공무원법, 수사준칙(검사와 사법경찰관의 상호협력과 일반적 수사준칙에 관한 규정, 대통령령 제31089호) 등 관련 법령의 주요 내용을 반영하였다.

둘째, 최신판례는 2020. 12. 31.까지 선고된 대법원판결을 추가했다.

셋째, 최근 개정된 형사소송법(2020. 12. 8. 공포, 2021. 12. 9. 시행 예정)에서는 37개 조문에 걸쳐, 어려운 한자어 등을 알기 쉬운 우리말로 변경하고 어순구조를 재배열하는 등 알기 쉬운 문장으로 개정하였다. 비록 아직 시행되지는 않았지만 그 표현을 순화한다는 차원에서 이를 모두 미리 반영하였다.

넷째, 아울러 지난 학기 학부 수업을 진행하면서 초심자 내지 학부생들의 관점에서 한번 더 돌아볼 기회를 가졌다. 좀더 명확하게, 좀더 쉽고 친절하게, 서술을 가다듬을 필요를 느꼈다. 전론 부분에서 헌법적 형사소송, 적법절차 이념, 비례성원칙 등 주요 내용을 보강하였으며, 본문의 설명 또한 추가하고 전체 문맥과 표현을 다시 다듬었다. 내친 김에 '학부생을 위한 학습계획'(14주)을 시안 삼아 색인 다음에 별도로 첨부하여, 강의나 학습에 참고할 수 있도록 시도해 보았다.

어려운 시기이지만, 새해 독자 여러분의 건승을 빈다.

2021. 1. 20.

저자 드림

서 문

형사소송법. 학창시절 학교에서 그 역사를 배웠다. 오로지 역사와 사법권의 독립만을 반복하여 배웠다. 거기에는 깊은 뜻이 있었다. 다시 학교로 돌아와 '아주 고운'(高麗) 이곳에서 공부한 지 만 11년이 흘렀다. 오래된 일이지만 법원에서 형사재판을 담당했던 기간은 꼭 10년이었다. 시간이 다는 아니나 이제 그 형사소송법을 일단 책으로 낼 때도 되었다는 생각이 든다. 지난 해 1월 16일 우연한 계기로 박영사를 만났고 고맙게도 그 기회가 내게 왔다. 생각이 형태를 갖추던 그 날의 기억을 잊을 수가 없다. 배우고 익히고 공부하며 한계에 직면하고 다시 새롭게 배운 내용을 토대로, 한걸음 더 앞으로 나아가 새로운 시작의 또다른 준비를 위해, 새 책을 내기로 했다. 그리고 시험 보듯 집중했다. 쉼 없이 애썼다. 여느 때와는 달리 더디었다. 피치 못할 여러 어려움은, 부족함에 안타까움을 한층 더하였다. "이들 고난에 이번 고난이 추가될 테면 되라지요." 인고의 나날이었다. 반성의 시간이었다. 때로는 가슴 설렌 순간이기도 했다. 끝까지 견디었다. 드디어 12월 3일 7시 마침내 일단락을 짓는다. 책이란 명사라기보다는 동사에 가까운 것이라는 말을 절감하지 않을 수가 없다. 그렇다면 이번 기회는 살린 셈이 되는가. 돌이켜보니 이번 일들도 이제는 추억이 되고 있다.

이 책은 기본적으로 학생들에게 형사소송법을 가르치는 교재 목적으로 저술하였다. 따라서 가장 염두에 둔 것은 학생들의 희망사항이다. '이 책만으로도 충분하다, 현재 우리 형사소송의 전모를 정확하게 알고 싶다'는 그 바람과 열망을 잊지 않았다. '적어도 이 정도는 알아야 한다' 하는 것만 추렸고, 전체적으로 균형 잡힌 서술이 되도록 노력했다. 장차 진정 법률가로 되었으면 하는 심정으로 짧은 식견이나마 정성껏 서술했다. 몇 가지 양해사항이 있다.

첫째, 쉽고 정확한 이해를 위해 중요한 사항은 적극 도표화했다. 중복 설명한 부분도 일부 있다. 읽고 나서 반추하면 결국은, 일목요연한 이해로 핵심내용의 파악이 아주 쉽고, '생각보다 양이 적네'라고 느껴질 것으로 기대해 본다.

둘째, 학생들의 희망사항을 적극 반영하고자 판례의 정확한 소개에 비중을 두었고, 가급적 판례의 원문을 직접 인용하는 방식을 시도했다. 큰따옴표로 원문 그대로 싣는 것을 원칙으로 하되, 때로는 끊어 읽기, 핵심추출, 술어축약 등 내용을 훼손하지 않는 한도에서 약간 다듬었다. 상세한 내용은 원문을 정확하게 확인하면 좋을 것이다. 최신의 판례(2019년 2월 1일자 판례공보 제555호)까지 반영하였다. 단, 판례라고 해서 진리인 것은 아니라는 점만큼은 꼭 유념했으면 한다. 한편, 학설은 개설서임을 감안하여 개요 정도만 소개했고 문헌의 인용표시도 과감히 생략했다. 독자들의 너그러운 양해를 구하는 바이다.

셋째, 가장 중요한 증거법 분야는 '실무가'도 염두에 두었다. 복잡다기한 증거법의 실무적 쟁점들을 망라하고 깊이 있는 문제의식을 공유할 필요가 있기 때문이다(특히 전문법칙 약 85쪽). 대신 학생들을 위해서 그 부분은 작은 글씨로 구별하였다. 큰 글씨가 주된 내용이고, 작은 글씨·각주는 참고용이다. 전문서류의 핵심은 그 중간 부분의 도표('전문예외의 재구조화' 등)에 모두 들어 있다.

넷째, 제5편 중 '상소통칙(제1장 제1절) 이외의 부분'은 통상 정규수업에서 1주(3시간)에 강의하지만, 책에서는 결코 가볍게 지나갈 일만은 아니어서 공을 들여 90쪽 정도로 상술하였다(상소각칙 26쪽, 특별절차등 65쪽). 학습 부담을 염려하여, 학생들은 그 '목차', '본문의 강조부분'과 '도표'만 읽어보아도 되게끔 배려했다. 원래 전체 분량을 600쪽 정도로 생각했는데 약 10% 증가했다(총 668쪽).

외람되지만 사사로이는 직업적 삶의 일부라고도 말하고픈 이 책은 이제 저자의 손을 떠난다. 거듭 다듬었으나 완벽하지 못한 부분이 아직도 남아 있다. 결코 멈추지 않을 것이며, 시간이 흘러 더욱 발전된 모습을 기약하고 기대한다. 내내 오늘도 어디에선가 햇살은 따스하고 바람은 여전히 싱그럽기를 소망한다.

마지막으로 이 책이 빛을 볼 수 있게 해 주신 분들께 깊은 감사를 드린다. 이 책을 기획하고 출판에 도움을 주신 박영사의 조성호 이사님, 김선민 부장님, 편집과 교정작업을 맡아 수고해 주신 정수정님, 그리고 디자인과 출간에 애써 주신 박영사의 모든 직원분들께도 감사드린다. 아울러 박영사의 무궁한 발전을 기원한다. 아무쪼록 이 책이 형사소송법 공부에 조금이나마 도움이 되었으면 하는 마음과 노력을 담는다. 새해 독자 여러분께 큰 행운이 있기를 기원한다.

2019. 2. 11.

저자 드림

차 례

제 1 편 소송주체와 소송행위

제 1 장 소송의 주체

제2장 소송행위와 소송조건

제2편 수 사

제1장 수사의 기초와 임의수사

제 2 장 강제수사와 강제처분

제 3 장 수사의 종결

제 3 편 공소와 심판대상

제 1 장 공소의 제기

제 2 장 심판의 대상

제4편 공 판

제1장 공판절차

제2장 증 거

제3장 재 판

제 5 편 상소와 특별절차

제 1 장 상 소

제 2 장 비상구제절차 · 특별절차 및 형의 집행

전론(前論)

전론(前論)

1. 형사소송법의 의의

(1) 의의

1) 뜻 형사소송법은 국가형벌권의 행사절차에 관한 법이다. 형법이 범죄와 그 법률효과인 형벌과 보안처분을 추상적으로 규정한 실체법이라면, 형사소송법은 구체적 사건에서 형법을 실현하기 위한 절차를 규정한 법, 즉 객관적 진실(범죄사실과 범죄자)을 밝혀내는 독자적인 원리와 규칙을 규정한 절차법이다.

형사소송법은 좁은 의미로는 법원의 '공판절차'(즉, 공소제기 이후 재판이 확정되기까지의 절차)를 대상으로 하지만, 넓은 의미로는 공판절차 이외에 공소제기 이전의 '수사절차' 및 형 확정 이후의 '형집행절차'를 포함하는 일련의 형사절차를 대상으로 한다. 그럼에도 형사소송법이라는 용어는 형사절차의 중심이 공판절차, 즉 '소송'에 있음을 분명히 하는 특별한 의미가 있다.

2) 법적 성격 i) 형사소송법은 재판에 쓰임이 있는 **사법법**이다(재판법). 사법법의 기본성격은 강한 법적 안정성에 있다. 다만, 형사소송의 동적·발전적 성격으로 말미암아 절차의 발전단계에 따라 차이가 있다. 이를테면 수사단계에서는 합목적성이 강조된다. ii) 형사소송법은 형법과 함께 **형사법**에 속한다. 개인과 개인 사이의 관계를 규율하는 민사법과 달리, 국가와 개인 사이의 관계를 규율하는 형사법은 정치적 색채가 강하다. iii) 형사소송법은 순전히 절차에 관한 사항을 정한 **절차법**이다. 동적·발전적 소송관계를 규율한다.

실체법인 형법과 절차법인 형사소송법은 서로 밀접한 보완관계에 있다. '망원경의 두 개의 렌즈' 또는 '칼자루와 칼날'로 비유된다.

특히 형사소송법은 그 시대의 정치상황을 그대로 반영한다. 그 사회의 민주주의와 법치주의의 척도가 바로 형사소송법이다. 형사소송법의 정치적 색채는 우리의 근현대사가 이를 증명한다. 그래서 특히 다른 법 영역과는 달리 **'형사소송법은 그 역사가 중요하다.'**

3) 형사절차법정주의 형사절차는 국가공권력작용의 하나로서 그 자체로 기본권에 대한 제한을 수반한다. 기본권의 제한은 국회가 제정한 성문의 법률에 의하여야 한다는 근대의 법치국가적 요청은 형사소송법에도 그대로 적용된다. 이와 같은 형사소송의 법률유보를 '형사절차법정주의' 또는 '법률적 형사소송법'이라고 한다. 헌법 제12조 제1항은 "누구든지 법률에 의하지 아니하고는 체포·구속·압수·수색 또는 심문을 받지 아니하며, 법률과 적법한 절차에 의하지 아니하고는 처벌·보안처분 또는 강제노역을 받지 아니 한다"고 규정하고 있다. 이는 단순히 형사절차가 법률에 규정될 것을 넘어서, 공정한 재판의 이념에 일치하는 적법한 절차일 것까지 요구한다.

(2) 헌법적 형사소송

1) 뜻 헌법적 형사소송이란 '형사사법은 헌법에 합치하도록 운용되어야 하며, 형사사법제도는 피의자·피고인의 헌법상의 권리를 보장해야 한다'는 원리를 말한다. 형사소송법은 '헌법의 구체화법'이다. 헌법의 이념을 실현해야 하고, 그에 반하는 내용을 담아서는 안 되며, 아울러 헌법에 합치하도록 해석·적용되어야 한다. 그런데 헌법적 형사소송이란 단순히 형사소송법은 곧 '헌법이념의 구체화'라는 차원을 넘어, 법률로 구체화되지 않은 헌법규범이 곧바로 형사소송의 재판규범이 된다는 것을 의미한다. 즉, "단순히 '헌법이념의 구체화'라는 해석상의 지침을 넘어, 헌법에 규정된 형사절차에 관한 여러 규정들이 바로 형사절차의 재판규범을 이룬다"라는 의미로 설명된다. 헌법은 형사소송법을 통해 자기이념을 실현하는 동시에, 곧바로 형사절차에 대해 직접적인 규범력을 갖는 것이다.

2) 역사적 전개 헌법적 형사소송이론은 우리 헌법과 형사소송법 제정 당시부터 미국의 헌법적 형사소송이론을 그대로 계수한 것이다. 우리 헌법은 제헌헌법에서부터 미국의 수정헌법과 유사하게 형사절차에 관한 규정을 명시적으로 규정하였다. 즉, 형사절차법정주의 및 영장주의, 변호인의 조력을 받을 권리, 구속적부심사청구권(제헌헌법9)을 규정하였고, 법관 및 법률에 의한 재판을 받을 권

리(동22), 행위시법주의와 일사부재리의 원칙(동23), 공개재판을 받을 권리와 형사보상청구권(동24)을 규정하였다. 이는 그러한 권리 자체가 반드시 보장되어야 할 인간으로서의 권리임을 확인하고, 특히 형사절차의 전 과정이 인권침해적인 국가작용이라는 점에서 그러한 권리를 헌법 스스로 확인하고 있음을 의미한다.

[미국의 헌법적 형사소송] 미국의 경우 이른바 권리장전이라 일컫는 1791년 제정된 수정헌법은, 제4조에서는 영국의 일반영장에 대한 저항의 의미로서 특정영장주의 원칙, 체포·수색·압수영장주의, 제5조에서는 재판절차와 관련하여 일사부재리의 원칙, 적법한 절차에 의한 재판을 받을 권리, 진술거부권, 제6조에서는 피고인의 권리로서 신속·공정한 재판을 받을 권리, 증인대면권, 형사절차에 대한 고지받을 권리, 변호인의 조력을 받을 권리 등을 규정하였다.

특히 이러한 권리에 대한 헌법상 표현은, (우리 헌법상 '모든 국민은…의 자유를 가진다'라는 문장형식과는 달리) '… 권리는 침해될 수 없다'(shall not be p.p. 또는 No person shall be p.p.)의 문장형식으로 되어 있다. 이는, 천부인권 또는 자연법사상에 의하여 당연히 인간으로서 가지는 권리는, 결코 국가에 의하여 침해될 수 없는 성질의 것임을 강조하고 있다는 것을 의미한다. 즉, 국가는 (국민이기 이전에) 인간으로서 가지는 천부인권을 침해해서는 안 되는 수동적인 의무를 지는 것이고, 국가가 국민에게 헌법을 통하여 비로소 자유와 권리를 보장해 주는 방식이 아닌 것이다.

미국의 경우 헌법적 형사소송(constitutional criminal procedure)이 형사소송의 기본이념임에는 의문의 여지가 없다. 역사적으로 판례중심의 불문법국가였고, 연방수정헌법의 형사절차 관련 조항 이외에 형사절차에 관한 연방법률이 없었던 역사적 상황에서, 헌법적 형사소송은 자연스러운 산물로 받아들이게 된 것이다.

3) 헌법적 형사소송의 기본이념: 적법절차 나아가 우리 헌법은 1987년 제9차 개정으로, 제111조에서 헌법재판소를 설치하여 헌법규범의 재판규범화를 도모하고, 특히 제12조 제1항 제2문에서 **적법절차** 원칙을 천명하여 본격적으로 형사소송법의 헌법화를 구현하고 있다. 특히 우리 헌법은 형사절차와 관련한 헌법조항 중 적법절차 조항을 가장 우선하여 제12조 제1항에 배치함으로써, 적법절차 이념을 더욱 강조하고 있다. "이 적법절차의 원칙은 법률이 정한 형식적 절차와 실체적 내용이 모두 합리성과 정당성을 갖춘 적정한 것이어야 한다는 실질적 의미를 지니고 있는 것으로서, 특히 형사소송절차와 관련시켜 적용함에 있어서는 형사소송절차의 전반을 기본권 보장의 측면에서 규율하여야 한다는 기본원리를 천명하고 있는 것으로 이해하여야 한다"(헌재 1996.12.26. 94헌바1).

헌법적 형사소송의 기본이념은 적법절차 원칙이다. 즉, **적법절차는 형사절차를 지탱하는 기본골격이다.**[1] 판례는 "헌법 제12조 제3항은 영장주의를 천명하고 있는데, 이는 강제처분의 남용으로부터 신체의 자유 등 국민의 기본권을 보장하기 위한 핵심 수단"(대결 2018.5.2.자 2015모3243)이라 하여, 영장주의가 헌법상 기본권 보장수단임을 확인하고 있다. 또한 "수사기관에 의한 압수·수색의 경우 헌법과 형사소송법이 정한 적법절차와 영장주의 원칙은 법률에 따라 허용된 예외사유에 해당하지 않는 한 관철되어야 한다"(대판 2017.7.18. 2014도8719)고 하여, 수사작용의 기본이념이 헌법상 적법절차 원칙임을 강조하고 있다.

4) 사례 헌법재판소는 '불구속 피의자가 피의자신문을 받을 때 변호인의 참여를 요구할 권리'를 (형사소송법상 명문의 규정이 없더라도) 헌법상 변호인의 조력을 받을 권리(헌법12④)로부터 막바로 도출하고 있다(헌재 2004.9.23. 2000헌마138). 이는 형사소송법의 매개 없이 헌법규범이 직접 재판규범으로 적용된 사례이다. 이러한 의미에서 우리 형사소송법은 이제 국가의 최고규범인 헌법까지도 포함하는 헌법적 형사소송법의 단계로 발전하고 있다.

(3) 형사소송법의 법원(法源)

형사소송법의 법원은 형사절차를 규율하는 규정들을 어디에서 찾을 수 있는가의 문제이다.

1) 헌법 헌법의 형사절차에 관한 각종 규정은 형사소송법의 최고법원(最高法源)이 된다. 형사절차에 관한 구체적 헌법 규정을 '형사소송의 헌법화'라고 한다. 헌법은 곧바로 형사소송의 재판규범이 된다.

2) 형사소송법 형식적 의미의 형사소송법은 '형사소송법'이라는 명칭의 법률(1954.9.23. 법률 제341호로 제정)을 말한다.[2]

한편, 실질적 의미의 형사소송법은 어떤 법률에 있는지 상관없이 형사절차를 규정하고 있는 모든 법규정을 말한다. 예컨대, 형법의 친고죄·반의사불벌죄 규정(312)은 물론, 법원조직법, 국민의 형사재판 참여에 관한 법률, 경찰관직무

---

1) 형사소송법에는 민사소송법 제1조(민사소송의 이상과 신의성실의 원칙)와 달리, 형사소송의 목적·이념에 관한 조항이 없다. 형사소송법이 헌법의 구체화법인 이상, 형사소송의 목적·이념은 헌법이념이며 헌법상 적법절차 원칙의 구현에 있다.

2) [시행일 논란] 1954.2.19. 국회에서 의결된 형사소송법은 그해 3.13. 대통령의 법률안거부권 행사로 반송되었고 곧바로 3.19. 재의결을 거쳐 다시 정부로 이송되었다. 그 시행일이 1954.5.30.로 부칙에서 명시되었지만(부칙9), 정부는 공포를 지연하다가 그해 9.23. 비로소 공포하였다. "시행일에 관한 규정은 법률 공포 지연으로 인하여 실효되고, 헌법 규정에 따라 그 시행일은 공포 후 20일을 경과한 서기 1954.10.14.이다"(대판 1955.6.21. 4288형상95).

집행법, 통신비밀보호법 등이 그 대표적인 예에 속한다.

3) **형사소송규칙** 헌법 제108조의 규칙제정권에 따라 형사절차에 관하여 제정된 대법원규칙으로 '형사소송규칙'이 있다.

4) **기타** 반면, '대법원예규'는 법원 내부의 업무처리의 통일을 위해 마련된 준칙에 불과한 것으로, 형사절차를 직접 규율하는 근거가 될 수는 없다. 마찬가지로 법무부령으로 규정된 '검찰사건사무규칙'은 형사절차를 직접 규율하는 법원(法源)이 될 수 없다. 즉, 그 실질은 '검찰 내부의 사무처리지침에 불과한 것일 뿐' 법규적 효력을 가진 것이 아니다(헌재 1991.7.8. 91헌마42).[1)]

[형사소송법의 편제] 형사소송법은 총 5편 493조와 부칙으로 편제되어 있다. ① **제1편 총칙**(법원의 관할, 법원직원의 제척·기피·회피, 소송행위, 변호, 재판, 서류, 송달, 기간, 피고인 구속, 압수와 수색, 검증, 증인신문, 감정, 통역과 번역, 증거보전, 소송비용), ② **제2편 제1심**(제1장 수사, 제2장 공소, 제3장 공판), ③ **제3편 상소**(통칙, 항소, 상고, 항고), ④ **제4편 특별소송절차**(제1장 재심, 제2장 비상상고, 제3장 약식절차), ⑤ **제5편 재판의 집행**이 그것이다. 특히 제1편에는 총칙 규정을 두고 있는데, 그 내용은 법원의 심리와 재판에 필수적인 사항들이 주를 이룬다. 현실의 형사절차는 물론 '수사→공소→공판(상소)→집행'의 순서로 진행된다. 그럼에도 형사소송법의 이러한 편제는 바로, 우리 입법자가 **형사절차를 법원의 활동과 소송을 중심으로 이해하고 있음을 의미한다**(법률 명칭도 형사절차법이 아닌 '형사소송법'). 형사소송법을 수사부터 설명하는 방식은, 이해의 편의라는 나름의 장점은 있으나, 우리 입법자의 이러한 깊은 이해를 자칫 간과하거나 가볍게 치부해 버릴 위험이 있다.

(4) 형사소송법의 적용범위

1) **장소적 적용범위** 형사소송법은 우리 법원에서 심판되는 사건에 대해서만 적용된다. 즉, 형법의 장소적 적용범위에 해당하는 모든 형사사건에 대하여 적용된다.[2)] 이들 형사사건이 대한민국의 형사사법기관에 의하여 처리되는 경우에 우리 형사소송법이 적용된다. 피고인의 국적과 상관없다. 다만 국제법상 예외가 있다.

2) **인적 적용범위** 대한민국 영역 내에 있는 모든 사람에게 적용된다. 즉,

---

1) "검찰사건사무규칙의 실질은 검찰 내부의 업무처리지침으로서의 성격을 가지는 것이므로, 이를 형사소송법 제57조(공무원의 서류)의 적용을 배제하기 위한 법률의 다른 규정으로 볼 수 없다"(대판 2007.10.25. 2007도4961).

2) "한반도의 평시상태에서 미합중국 군대의 '군속' 중 대한민국에 거주하는 자에 대하여는 대한민국이 바로 형사재판권을 행사할 수 있다"(대판 2006.5.11. 2005도798).

우리 법원에 재판권이 인정되는 사람이라면 국적 · 주거 · 범죄지와 관계없이 적용된다. 다만 국내법상 대통령의 예외(헌법84), 국회의원의 면책특권(동45) · 불체포특권(동44) 및 국제법상 예외가 있다.

3) 시간적 적용범위　형사소송법도 시행된 때로부터 폐지된 때까지 효력을 갖는다. 다만 법률의 변경이 있는 경우 신법과 구법 중 어느 법을 적용할 것인지가 문제된다. 형법과 달리 형사소송법에는 소급효금지의 원칙이 적용되지 않으므로, 결국 입법정책의 문제이다. 대개 부칙에서 경과규정을 두는 것이 일반적이다. 예컨대, 공소제기의 시점을 기준으로 신법 시행 당시 이미 공소제기된 사건에 대해서는 구법을 적용하고(부칙1), 시행 이후에 공소제기된 사건에 대해서는 신법을 적용하되, 구법에 의한 소송행위의 효력에는 영향이 없다(동2)는 방식이다. 이러한 입법태도는 입법례 중 '혼합주의'에 속한다(대판 2008.10.23. 2008도2826).

2. 형사소송의 목적과 이념

(1) 실체적 진실주의

1) 뜻　실체진실주의란, 법원이 소송의 실체에 관하여 객관적 진실을 발견하여 사안의 진상을 명백히 할 것을 요구하는 형사소송법상의 원리라고 설명된다. 다만 여기서의 '실체적 진실'은 민사소송의 '형식적 진실'과 구별하기 위한 상대적 도구개념이다. 즉, 사인 간의 분쟁을 해결하는 민사소송에서는 형식적 진실주의가 적용되는데, 이를테면, 법원은 당사자의 주장이나 사실의 인부 또는 제출한 증거만을 기초로 사실의 진부를 판단하게 되며, 당사자의 자백은 법원을 구속한다(민소법288 참조). 반면, 형사소송은 국가형벌권의 실현절차이므로, 법원은 당사자의 주장이나 제출된 증거에 구속되지 않고 사안의 진상을 규명하여 객관적 진실을 발견해야 한다. 자백에 구속되지 않으며, 오히려 보강증거가 있어야 유죄의 인정이 가능하다(310). 형사소송에서 **객관적 진실의 발견 없이 실체형법의 정의가 실현될 수 없음은 자명하다.**

2) 소극적 진실주의　실체진실주의는 적극적 측면과 소극적 측면으로 구별된다. 적극적 진실주의는 범죄사실을 명백히 하고 범인을 찾아내어 '죄 있는 자를 반드시 처벌하여야 한다'는 입장('유죄자 필벌')이다. 반면, **소극적 진실주의는** '죄 없는 사람이 처벌받는 일이 없어야 한다'는 입장('무죄자 불벌')으로, **'열 사람의 범인을 놓치는 한이 있더라도, 한 사람의 죄 없는 자를 벌해서는 안 된다'**라는 법

언이 이를 표현한다. 양자의 구별은 매우 중요한 의미를 갖는다. 어떤 관점에서 형사절차에 임하느냐에 따라 그 형태와 결과가 달라질 수 있기 때문이다. '의심스러울 때는 피고인에게 유리하게(in dubio pro reo)', '무죄추정의 원칙' 등의 법원칙도 소극적 진실주의의 표현이다. 이와 같은 진실발견의 소극적 측면은 헌법해석에서도 중시되고 있다. 즉, "형사재판의 증거법칙과 관련하여 '소극적 진실주의'가 헌법적으로 보장되어 있다"(헌재 1996.12.26. 94헌바1).

(2) 적법절차

1) 뜻 적법절차(due process of law) 원칙이란 인간의 존엄과 가치를 인정하고 피의자 · 피고인의 기본적 인권을 보장하는 절차, 즉 헌법정신을 구현한 공정한 절차에 의하여 국가형벌권이 실현되어야 한다는 이념을 말한다(헌법12①③ 참조). 적법절차에 의한다는 것은 단순히 법정된 절차를 준수한다는 의미를 넘어, 법공동체의 기본적 규범의식에 합당한 적정절차를 준수한다는 것을 의미한다. 즉, "적법절차의 원칙은 공권력에 의한 국민의 생명 · 자유 · 재산의 침해는 반드시 합리적이고 정당한 법률에 의거해서 정당한 절차를 밟은 경우에만 유효하다는 원리"(헌재 2001.11.29. 2001헌바41)이다. 적법하고 정당한 절차에 의한 형사사법의 운용은 그 법문화의 수준을 가늠하는 척도가 된다.

2) 진실발견과 적법절차의 상호관계 진실발견과 적법절차 이념은 서로 긴장관계에 있다. 진실발견의 효율성을 강조하면 적법절차 이념은 훼손될 위험이 있다. 반면, 적법절차 이념은 진실발견에 제약으로 작용하게 된다. 위법수집증거(즉, 헌법상 적법절차에 위반하여 수집한 증거)는 유죄의 증거로 할 수 없다(308의2)는 것이 그 대표적인 예이다. 대개 '진실발견'과 '적법절차' 양자 모두를 형사소송의 목적으로 이해하는 것이 일반적이다. 그러나 양자의 관계는 이념적 차원에서 보다 분명하게 규명될 필요가 있다.

i) 여기서 중요한 것은 '**진실발견과 적법절차는 같은 차원의 문제가 아니다**'라는 점이다. ㉠ (관점) 형사소송에서 진실이란 과거에 발생한 사건의 사실관계 그 자체를 뜻하며, 적법절차란 형사사법의 운용이 헌법에 합치되고 피의자 · 피고인의 헌법상의 권리를 보장해야 한다는 절차법적 정의를 뜻한다. 권리보장을 위한 절차의 적정성은 그 자체가 절차적 정의로 되는 것이다. 여기서 보장되는 권리는 피의자 · 피고인의 행복추구권의 적극적인 실현이 아니라 그나마 최소한의 절차적 기본권의 보장일 뿐이다. ㉡ (차이) 물론, 객관적 진실의 발견 없이 실

체형법의 정의가 실현될 수 없다는 점에는 의문의 여지가 없다. 반면, 헌법적 형사소송의 기본이념은 적법절차이며, 적법절차는 형사절차를 지탱하는 기본골격이다. 따라서 적법절차는 그 자체로서 고정적인 의미를 갖는 법치국가원칙이며, 국가형벌권의 행사 과정에서 최소한의 절차적 기본권 보장은 그 자체가 곧 **절차형법의 정의**가 된다. 즉, 적법절차가 단지 진실발견에 봉사하는 수단에 불과한 것은 결코 아니라는 점이다.

ii) 헌법은 제12조 제1항 제2문과 제12조 제3항 본문에서 '**적법한 절차**'의 이념을 헌법상 분명하게 명시하고 있다는 점이다. 이는 우리 헌법상 적법절차 이념이 실체적 진실주의보다 우월한 '**형사절차의 최고이념**'임을 의미한다. 즉, 적법절차 이념은 단순히 진실발견의 수단에 불과한 것이 아니라, 진실발견을 제약하는 형사소송의 최고의 목적이념이라는 것을 의미한다. 형사소송에서 진실이란 객관적으로 소송세계 밖에서 이미 명백히 존재하는 것이 아니라,[1] 적법절차를 철저히 실현하는 과정에서 비로소 발견되는 소송세계의 산물 내지 결과물의 일종이다. 즉, 공판절차에서 추구해야 하는 진실은 최선의 노력을 다해 다가가야 할 객관적 진실이지만, 공판에서 완전한 재현이 불가능한 실체적 진실이 아니라, 충분한 방어기회의 보장에 의한 절차적 진실인 것이다. 환언하면, 형사소송의 가치는 진실을 향해 있고 여기에 우리의 삶이 걸려 있다고 해도 과언이 아니지만, 형사소송에서 진실발견은 헌법상 적법절차의 틀을 벗어나는 것이 절대로 용인되지 않는다는 것이다. 형사소송에서 소극적 진실주의가 강조되는 이유도 바로 여기에 있는 것이다. '**소극적 진실주의의 요청과 적법절차 이념은 같은 맥락에서 맞닿아 있다.**' 이러한 맥락에서 보면, '실체진실의 발견이 형사소송의 최고의 목표이며, 가장 중요한 지도이념'이라는 표현은 극히 부정확한 '수사'(Rhetorik)일 뿐이다. 법의 이념인 정의의 실현이 형사소송의 목적임은 당연하나, 형사소송은 궁극적으로 피고인이라는 사람을 상대하는 절차인 것이다. 따라서 형사소송은 '적법절차의 틀 안에서 진실을 찾는' 과정이며, 형사소송에서 정의란 '적법절차 안에서의 진상(眞相)의 발견'을 의미한다. 비유컨대, 적법절차 이념은 형사절차의 각 단계마다 장애물을 설치하여 대상자의 다음 단계 진행을 방해하는 '장애물 경기'(obstacle course)의 '장애물'과 유사한 것이다.[2]

1) 예컨대, CCTV의 경우 작위는 녹화되겠지만, 고의나 목적, 부작위, 과실 등은 녹화되지 않는다.

2) [형사사법 모델의 2가지 흐름: 범죄통제 모델과 적법절차 모델] Herbert Leslie Packer의 비유에 따르면, '범죄통제 모델'에서 "형사절차는 컨베이어 벨트로 연결된 '조립 공정대'와 같다. 끝임 없이 투입되는 사건을 쉼 없이 이동시켜 '유죄라는 완성품'에로 한 단계씩 나아가게 하는

(3) 적법절차의 내용

적법절차란 인간의 존엄과 가치를 인정하고 피의자 · 피고인의 기본적 인권을 보장하는 절차에서 국가형벌권이 실현되어야 한다는 이념이다. 그 하위원칙은 ㉠ 공정한 재판, ㉡ 비례성원칙, ㉢ 피고인보호의 원칙이다.

1) 공정한 재판 공정한 재판이란, 헌법과 법률에 정한 자격이 있고, 헌법에 정한 절차에 따라 임명되고 신분이 보장되어 독립하여 심판하는 법관으로부터, 헌법과 법률에 의하여 그 양심에 따라 적법절차에 의하여 이루어지는 재판을 의미한다. 형사절차는 인간의 존엄과 기본권을 존중하며 정의와 공평의 이념을 실현하는 것이라야 한다. 특히 형사절차의 경우 국가의 형벌권의 행사에 대해 개인은 심리적 압박과 행동의 자유 제한 등에 의해 방어가능성에 상당한 제약이 있고 형사절차의 단순한 객체로 전락하기 쉽다. 따라서 헌법상 피고인의 공정한 재판을 받을 권리는, 공개된 법정의 법관의 면전에서 모든 증거자료가 조사 · 진술되고, 피고인에게 충분한 방어권이 보장되는 재판을 받을 권리를 주된 내용으로 한다.

공정한 재판은 법치국가원칙에 내재하는 이념으로, 적법절차 가운데 가장 상위에 있는 원칙이다. 공정한 재판을 위해서는 **공평한 법원의 구성**, 피고인의 **무죄추정 및 방어권 보장, 실질적 당사자주의 실현**(무기평등) 등이 요구된다. 헌법상 무죄추정의 원칙(헌법27④), 진술거부권(헌법12②), 변호인의 조력을 받을 권리(헌법12④) 등은 공정한 재판을 받을 권리를 헌법상 구체화한 것이며, 공평한 법원을 구성하기 위한 법관의 제척 · 기피 · 회피(17내지24), 법관의 예단(선입견)을 배제하기 위한 공소장일본주의(254③ · 규118②), 검사의 객관의무(검찰청법4 참조) 등 형사소송법은 그 전체가 공정한 재판에 기여하는 것이라고 해도 과언이 아니다. 이러한 의미에서 헌법과 형사소송법은 피의자 · 피고인을 위한 **권리장전**이다.

"형사소송에 관한 절차법에서 **소극적 진실주의**의 요구를 외면한 채, 범인필벌의 요구만을 앞세워 합리성과 정당성을 갖추지 못한 방법이나 절차에 의한 증거수집과 증거조사를 허용하는 것은, 적법절차 원칙 및 공정한 재판을 받을 권리에 위배되는 것으로서 헌법상 용인될 수 없다"(헌재 1996.12.26. 94헌바1).

2) 무죄추정 원칙 법원에서 유죄의 판결이 확정될 때까지는 피의자 · 피고인이 무죄인 것으로 추정된다는 원칙이다. "형사피고인은 유죄의 판결이 확정

것이다." 반면, '적법절차 모델'에서 "형사절차는 '장애물 경기'의 코스와 유사하다. 각 단계마다 가능한 한 '많은 장애물'을 놓아두어서 가능하면 대상자의 다음 단계 진행을 막으려고 한다."

될 때까지는 무죄로 추정된다"(헌법27④ · 형소275의2). 무죄판결이 확정되면 그때까지 무죄로 추정되던 효력은 종료되고, 확정적으로 무죄의 효력이 발생한다. "무죄추정의 원칙은 수사를 하는 단계뿐만 아니라 판결이 확정될 때까지 형사절차와 형사재판 전반을 이끄는 대원칙이다"(대판 2017.10.31. 2016도21231).

무죄추정은 공정한 재판을 실현하기 위한 형사절차상 가장 중요한 원리이다. 이는 형사절차 안에서 언제나 불리한 처지에 놓인 채로 국가기관과 맞서야 하는 형사피고인의 기본적 인권을 보장하기 위한 핵심적인 원리이다. 이러한 무죄추정의 원칙에는 깊은 역사적 통찰이 함축되어 있다. 즉, '형사절차에서 피고인을 마치 죄 없는 사람처럼 취급하여 국가기관에 대항하여 자유롭게 자기방어가 가능하도록 보장하지 않는다면, 국가기관에 대한 관계에서 피고인의 인권 보장이나 당사자 대등주의는 결코 달성될 수 없다'는 것이다. 형사피고인의 경우 무죄인 사람으로 추정해야만 비로소 당사자 대등주의가 그나마 달성될 수 있다는 함의가 있는 것이다. 따라서 무죄추정의 법리는 단순한 훈시적 규범이 아니라 헌법과 형사소송법이 보장하는 피의자 · 피고인의 권리이다.

무죄추정의 원칙은 형사절차에서 '**의심스러운 때는 피고인의 이익으로**'(in dubio pro reo)의 법리가 작용하도록 한다. 즉, ㉠ 형사증거법상 피고인의 유죄가 증명되지 않는 경우 (설령 피고인에게 유죄의 의심이 간다 하더라도) 법원은 무죄판결을 선고해야 한다. ㉡ 형사재판에서 유죄의 증명책임은 이를 국가에게 부담시킨다(즉, 유죄의 증명책임은 검사에게 있다). ㉢ 또한, 형사절차에서는 법관의 예단(선입견)이 배제되어야 하고, 불구속수사와 불구속재판이 원칙으로 된다.

3) 방어권 보장 방어권이란 형사절차에서 피의자 · 피고인이 자기의 정당한 이익을 방어할 수 있는 권리를 말한다. 헌법상 공정한 재판을 받을 권리 속에는 피고인의 방어권이 충분히 보장되는 재판을 받을 권리가 포함되어 있다. 즉, "형사피고인은 형사소송절차에서 단순한 처벌대상이 아니라 절차를 형성 · 유지하는 절차의 당사자로서의 지위를 향유하며, 검사에 대하여 '**무기대등의 원칙**'이 보장되는 절차를 향유할 헌법적 권리를 가진다"(헌재 1996.12.26. 94헌바1). 피고인이 검사와 대등한 지위에서 실질적으로 자신의 방어권을 행사할 수 있어야 한다는 원칙을 '무기대등의 원칙'이라 한다.

여기에는 소극적 방어와 적극적 방어가 있다. ㉠ [소극적 방어] 피의자 · 피고인은 자신을 방어하기 위하여 소극적으로 아무런 진술을 하지 않아도 되는 진술거부권이 보장된다. 진술거부권은 변호인 제도와 함께, 특히 무기평등을 달성하여 공정한 재판을 보장하는 기능을 한다. 만일 피의자 · 피고인에게 진술의무를 인정한다면, 일방적인 신문의 객체로 전락할 수밖에 없고, 검사와 대등한 지위에 결코 있을 수 없기 때문이다.[1] 헌법상 "모든 국민은 (중략) 형사상 자기에게 불리한 진술을 강요당하지 아니한다"(헌법12② · 형소283의2①). 그 진술 여부는 피의자 · 피고인이 권리로서 스스로 자유롭게 결정한다. 국가는 진실발견의 도움을 강요할 수 없으며, 형사재판에서 유죄의 증명책임은 오로지 검사에게 있다. 진술거부권이야말로 피의자 · 피고인의 '가장 소극적이지만 가장 강력한' 방어권을 형성한다. ㉡ [적극적 방어] 피의자 · 피고인은 자신을 방어하기 위하여 적극적으로 충분한 방어활동을 할 수 있는 권리가 보장된다. 각종 절차참여권, 반대신문권은 물론, 이러한 권리의 실효적 행사를 위하여 헌법상 변호인의 조력을 받을 권리가 보장된다.

4) 비례성원칙 비례성원칙은 어떤 목적을 위해 투입되는 수단이 그 목적에 비례해야 한다는 원칙이다. 헌법상 비례성원칙은 적합성원칙, 필요성원칙, 균형성(좁은 의미의 비례성)원칙으로 구성된다. 비례성원칙은 목적과 수단의 비례성, 즉 그 수단이 목적달성에 ㉠ 적합하고(적합성, 최대실현), ㉡ 필요하며(필요성, 최소침해), ㉢ 과잉되지 않아야(균형성, 최적화) 한다는 원칙이다.

㉠ [제1 구성원칙] **적합성원칙**은 그 수단이 일정한 목적 달성에 적합한 것이라야 한다는 것으로, 그 일정한 목적 달성의 '최대화'(최대실현)를 의미한다. 다만, 이 원칙을 통한 국가작용의 통제는 그다지 엄격하지 않다. ㉡ [제2 구성원칙] **필요성원칙**은 그 수단이 목적달성에 적합한 여러 수단 가운데 대상자에게 가장 경미한 손실을 입히는 것이라야 한다는 것으로, 대상자의 기본권 침해의 '최소화'(최소침해)를 의미한다. 이를 최소침해의 원칙이라고도 한다. 이 원칙을 통한 국가작용의 통제는 당연히 매우 엄격하다. ㉢ [제3 구성원칙] **균형성원칙**은 2개의 목적, 즉 그 수단에 의해 달성하려는 목적과 침해되는 다른 목적 사이의 가치균형을 포괄하는 것으로, 이 균형은 충돌되는 2개의 목적 가운데 어느 하나를 선택하여 우선적으로 실현하는 것이 아니라 '동시에 최대한으로 실현하

---

1) 헌법은 진술거부권에 대해 기본권의 지위를 부여하고 있다. 진술거부권은 주관적 공권으로서 포기가 허용되지 않는다. 이러한 관점에서 형사절차상 피고인의 증인적격은 부정되고 있으며, 진술거부권의 포기를 통한 피고인의 증인적격 취득 또한 허용되지 않는다(헌재 2001.11.29. 2001헌바41). 반면, 제3자인 증인은 법률상 진술의무를 부담한다. 그러나 증인도 자기가 형사소추 · 공소제기를 당하거나 유죄판결을 받을 사실이 발로될 염려 있는 사항에 대하여는 그 사유를 소명하고 증언을 거부할 수 있다(48 · 150).

는 것', 즉 '**최적상태**의 실현'(최적화)을 의미한다. 이는 목적과 수단, 침해되는 기본권 사이의 총체적 평가를 요구한다. 이를 상당성원칙 또는 좁은 의미의 비례성원칙이라고도 한다. 적합하고 필요한 수단이라도 그로 인한 침해의 정도와 균형이 맞지 않는다면, 비례성원칙에 반한다.

비례성원칙은 2개의 목적(Z_1, Z_2)과 1개의 수단(M)으로 이루어진 **관계삼각형**의 구조를 형성하며, 최대화명령 · 최소화명령 · 최적화명령으로 재구성될 수 있다. 적합성원칙은 일정한 목적(즉, 법익보호)과 수단의 관계(①: $M \rightarrow Z_1$)에서 일정한 목적 달성의 최대화, 즉 '**최대실현**'을 의미하고, 필요성원칙은 다른 목적(즉, 기본권 보장)과 수단의 관계(②: $M \rightarrow Z_2$)에서 기본권 침해의 최소화, 즉 '**최소침해**'를 의미한다. 한편 균형성원칙은 2개의 목적 사이의 관계(③: Z_1, Z_2)에서 요구되는 가치균형, 즉 '**최적화**'를 의미한다. 최대화명령을 의미하는 '적합성원칙'과 최소화명령을 의미하는 '필요성원칙'은 경험적 논증을 본질로 하는 반면, 최적화명령을 의미하는 '균형성원칙'은 규범적 논증을 본질로 한다. 즉, 적합성원칙과 필요성원칙은 주로 '경험적 판단'이 지배하고, 균형성원칙은 주로 '가치판단'이 지배한다는 차이가 있다. 중요한 것은 규범적 논증을 본질로 하는 '균형성원칙'이 비례성에 관한 논증에서 가장 핵심적인 원칙이라는 점이다. 다만 규범적 논증이라는 점에서 그 판단의 객관적 기준을 찾기가 쉽지 않다.[1]

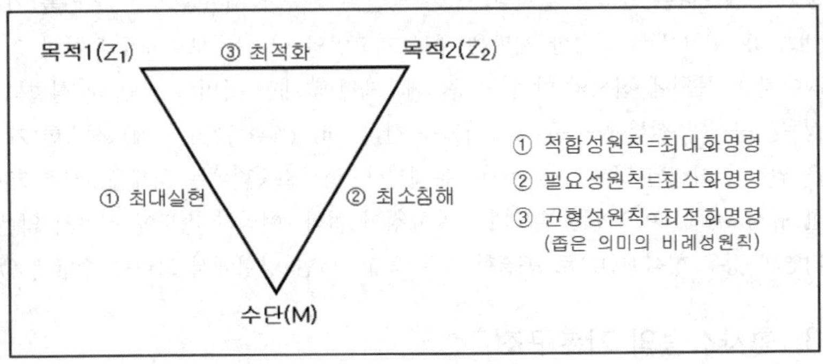

1) 평등권에 대한 제한의 경우에는 비례성원칙이 적용되지 않는다. 비례성원칙은 서로 충돌하는 법익의 우열관계를 비교할 때 적용되지만, 평등권의 경우에는 대상의 같고 다름에 관한 비교가 문제되기 때문이다. 한편, 법익의 비교와 균형을 본질로 하는 비례성원칙을 적용할 때 중요한 것은, 각각의 법익에 찬성하는 논거가 자유롭고 평등하게 주장될 수 있는 합리적인 절차의 보장이다.

비례성원칙은 형사절차 전반을 지배하는 핵심적인 원리로서, 수사과정에서 특히 중요하며, 공판단계 및 형의 양정에서도 역시 중요한 기준이 된다. 형사소송법은 강제처분과 관련하여 특히, "강제처분은 이 법률에 특별한 규정이 있는 경우에 한하며, 필요한 최소한도의 범위 안에서만 하여야 한다"(199①)라는 규정을 명문으로 두고 있다. 이와 같은 비례성 여부에 대한 구체적 심사의 순서는 목적에 대한 수단의 적합성, 필요성, 균형성의 순으로 평가하여 판단한다. 심사의 강도 역시 이 순서와 같아서, 적합성보다는 필요성, 필요성보다는 균형성이 더욱 엄격한 심사조건이 된다.

5) **피고인보호 원칙** 법원은 상대적 약자인 피고인이 방어능력을 유지하도록 보호해야 할 의무가 있다. 예컨대, 재판장은 피고인에게 진술거부권을 고지해야 하고(283의2②), 증거조사의 결과에 대한 의견을 묻고 권리보호에 필요한 증거조사를 신청할 수 있음을 고지해야 한다(293). 이는 적법 · 정당한 형사사법을 위한 필수적인 요소로서, 법원의 피고인에 대한 **후견의무**에 해당한다. 피고인보호 원칙은 헌법의 사회국가적 법치주의 이념에서 비롯된 것이다. 보호의무 위반으로 피고인의 방어권이 침해되면 상소이유가 된다(361의5i · 383i).

[신속한 재판의 원칙] i) (뜻) 재판절차는 신속하게 진행되어야 하며, 재판의 지연은 허용되지 않는다는 원칙을 말한다. 모든 국민은 신속한 재판을 받을 권리를 가진다(헌법27③). ii) (기능) 신속한 재판은 주로 피고인의 이익을 보호하기 위하여 인정된 원칙이지만, 동시에 진상의 발견, 소송경제, 재판에 대한 국민의 신뢰 및 형벌목적의 달성 등 공익의 실현에도 중요한 기능을 한다. iii) (재판지연의 구제) 신속한 재판을 받을 권리가 침해된 경우 구제수단이 문제된다. 형사소송법에는 의제공소시효 25년에 대한 규정(249②) 이외에는 별도의 명문규정이 없다. 이러한 정도에 이르지 않는 재판지연의 경우 형식재판으로 종결할 수는 없고, 다만 양형에서 고려할 수밖에 없다.

3. 형사소송의 기본구조

(1) 소송구조론

형사절차에 참여하는 주체들의 관계가 어떻게 형성되는가의 문제, 특히 법원과 검사 · 피고인의 관계가 어떠한 구조를 형성하는가에 대한 논의를 소송구조론이라 한다. 근대에 이르러, 과거의 규문주의는 사라지고 탄핵주의가 등장하였다. 규문주의란 소추기관과 심판기관이 분리되지 않고 심판기관(규문관)이 스스로 수사하고 심리하던 방식인 반면, 탄핵주의란 소추기관과 재판기관이 분리된 형사절차를 말한다. 1808년 나폴레옹 법전의 하나로 등장한 치죄법(治罪法) 이후 모두 '탄핵주의' 소송구조를 채택하였다. 따라서 불고불리의 원칙이 적용되고, 피고인은 소송주체로서 절차에 참여하게 되었다. 다만 소송의 주도적 지위가 누구에게 있느냐에 따라 영미법의 당사자주의, 대륙법의 직권주의로 분화하였다.

(2) 당사자주의

1) 뜻 　당사자주의란 당사자, 즉 검사와 피고인에게 소송의 주도적 지위를 인정하여 당사자 사이의 공격과 방어에 의하여 심리가 진행되고 법원은 제3자의 입장에서 당사자의 주장과 입증을 판단하는 소송구조를 말한다. 당사자주의의 본질적 요소는 처분권주의와 변론주의이다. ㉠ 처분권주의는 소송물, 즉 소송대상에 대한 당사자의 처분을 허용하는 것을 말한다. ㉡ 변론주의는 당사자에게 소송진행의 주도권을 부여하여 당사자의 주장과 입증활동에 의해 인정할 수 있는 사실만을 법원이 심리하는 것을 말한다. 당사자주의는 법률문외한인 배심원에게 사실인정을 일임하는 배심재판제도를 기초로 발전된 것이다. 그러나 우리의 경우 국가형벌권의 행사에 대한 당사자처분권주의(예: 유죄인부협상plea bargaining 또는 기소인부절차arraignment)는 받아들이지 않고 있으며, 소송구조와 관련하여 사용하는 당사자주의는 당사자'변론'주의를 의미하는 것이 일반적이다.

2) 장 · 단점 　i) [장점] 당사자주의는, ㉠ 소송결과에 직접적 이해관계를 가진 당사자가 소송의 주도적 역할을 함으로써 더 많은 증거를 수집 · 제출할 수 있고, 법원은 객관적 · 중립적 입장에서 공정한 판단을 할 수 있다. ㉡ 피고인과 검사가 대등한 지위에서 공방하므로, 상대적 약자인 피고인의 자유와 권리를 더욱 실질적으로 보장할 수 있다. ii) [단점] 반면, 당사자주의는 ㉠ 당사자 사이의 지나친 소송활동으로 심리의 능률과 신속을 저해하고, 소송결과가 당사자의 능력에 좌우됨으로써 '소송의 스포츠화'가 야기될 수 있다. ㉡ 당사자의 처분권을 인정할 경우 국가형벌권의 행사가 당사자 사이의 타협이나 거래의 대상으로 전락할 위험이 있다.

(3) 직권주의

1) 뜻 　직권주의란 소송의 주도적 지위를 법원에게 인정하는 소송구조를 말한다. 직권주의는 직권심리주의와 직권탐지주의를 특색으로 한다. ㉠ 직권심리주의는 법원이 직권으로 심리를 진행하는 것을 말하고, ㉡ 직권탐지주의는 법

원이 소송주체의 주장과 상관없이 직권으로 증거를 수집·조사하는 것을 말한다. 국가형벌권의 행사는 분쟁해결과는 달리 공익적 측면을 가지므로, 국가에게 진실규명의 임무와 책임이 있다는 입장이다.

2) **장·단점** i) [장점] 직권주의는, ㉠ 법원이 소송의 주도적 역할을 담당하므로 진실발견에 더욱 효과적이고, 재판지연을 방지하여 능률적이고 신속한 재판을 진행할 수 있다. ㉡ 법원의 주도적 역할은 상대적 열세에 있는 피고인을 효과적으로 보호할 수 있고, 형사소송의 스포츠화나 민사소송화를 막을 수 있다. ii) [단점] 반면, 직권주의는, ㉠ 사건의 심리가 법원의 독단으로 흐를 수 있고, 법원이 심리에 몰입되어 제3자로서의 공정성을 상실할 위험이 있다. ㉡ 피고인의 방어권이 실질적으로 보장되기보다는 피고인이 심리의 객체로 전락할 위험이 있다.

(4) 현행법상 기본구조

형사소송의 구조를 당사자주의와 직권주의 중 어느 것으로 할 것인가는 입법정책의 문제이다. 현행 형사소송법은 직권주의를 취한 구법과 달리 당사자주의를 대폭 도입함으로써 절충적 소송구조를 갖고 있다.

[학설] 현행 형사소송의 기본구조에 관하여는 학설상 ㉠ 당사자주의를 기본구조로 하고 직권주의는 보충적 성격을 가진다고 보는 견해, ㉡ 직권주의가 기본구조이고 당사자주의는 직권주의에 대한 수정적인 의미를 가질 뿐이라는 견해, ㉢ 직권주의를 기본구조로 하면서도 형식적으로는 당사자주의 구조를 취함으로써 당사자주의와 직권주의를 조화한 것이라는 견해가 대립한다.

우리 형사소송법은 연혁적으로 대륙법의 직권주의를 바탕으로 영미법의 당사자주의적 요소를 점차적으로 대폭 수용해오고 있다. 이제는 그 형국이 마치 당사자주의가 앞장서고 직권주의가 뒤따르는 모습이 되었다. 즉, 현실의 법정에서는 당사자주의가 우선하여 지배한다. 당사자가 대립하여 주장하고 공방하고 증명한다.[1] 그럼에도 수소법원의 직권주의는 항상 그 배후에 잠재하고 필요할 때마다 보충적으로 발동한다.[2] 이를 가리켜 헌법재판소는 "검사가 비록 공익의

---

1) 우리 형사소송법에는 법원의 직권탐지의무 및 직권조사의무를 명시적으로 규정한 독일 형사소송법 제244조 제2항("법원은 진실탐지를 위하여 판결과 관련하여 중요한 모든 사실과 증거방법에 관하여 직권으로 증거조사를 수행'하여야 한다'.")과 같은 명문의 규정이 존재하지 않는다.

2) 우리 형사소송법상 증거조사에 관한 직권주의 규정으로는, 법원은 증인과 피고인을 신문할 수

대표자적 지위에 있다고는 하나, 기본적으로 피고인과 대등한 당사자의 지위에 있다. 검사와 피고인에게 공정한 공격 방어의 기회를 주어야 할 것이고, 검사를 지나치게 유리하게 하는 것은 당사자주의의 기본취지에 반하게 된다"(헌재 1995.11.30. 92헌마44)라고 판시하였고, 대법원은 "당사자주의를 그 소송구조로 하고 있는 현행 형사소송법체계"(대판 1984.6.12. 84도796)라고 표현하였다[이는 당사자주의를 기본으로 하되, 직권주의에 의한 보충을 인정하는 입장이다(위 ㉠의 입장)].[1][2]

4. 소송절차의 본질: 소송의 실체면과 절차면

(1) 소송절차의 본질론

형사소송은 구체적 사건에서 형법을 실현하는 절차이다. 범죄행위가 발생하여 수사와 공소제기를 거쳐 유죄판결이 확정되면 재판이 집행된다. 이러한 절차는 일정한 목적을 향한 일련의 소송행위의 연속으로 구성된다. 즉, 수사기관의 주관적 혐의가 증거에 의하여 객관적 혐의로 발전하고, 검사는 유죄의 충분한 혐의가 있는 경우 공소를 제기한다. 그러나 검사의 기소는 그 일방적 주장에 불과하므로 법정에서 당사자의 공격·방어를 통하여 증거조사를 거쳐 법관이 유죄를 확신할 정도로 범죄사실이 증명될 때 비로소 유죄판결이 선고된다. 이러한 연속적인 절차과정이 형사소송이다. 이러한 소송절차의 전 과정을 통일적이고 유기적으로 설명하기 위한 논의를 소송절차의 본질론이라 한다. 법률상태설, 법률관계설, 2면설 등이 대립한다.

(2) 소송의 실체면과 절차면

1) 뜻 　소송의 '실체면'이란 구체적 사건에서 유·무죄의 실체적 법률관계(사실관계)가 형성·발전되어가는 구체적 과정을 말한다. 한편, 소송의 '절차면'이

있고(161의2·296의2), "직권으로 증거조사를 '할 수 있다'"(295①)라는 보충적인 내용 정도만 있다. 예컨대, 증인신문에서 재판장(또는 합의부원)은 당사자의 신문이 끝난 뒤에 신문하는 것이 원칙이고(161의2②⑤) 필요하다고 인정하면 어느 때나 신문할 수 있으며 신문순서를 변경할 수 있다(동③). 피고인신문에서도 이러한 증인신문의 규정은 준용된다(296의2③).

1) "우리 형사소송법은 기본적으로 당사자주의 소송구조를 도입하고 있고 이를 더욱 강화하는 방향으로 발전해 왔으므로, 더 이상 대륙법계라는 틀로 우리 형사소송법의 해석을 제한하는 것은 적절하지 않다."(대판 2019.11.21. 2018도13945 전합의 보충의견)

2) 다만 형사소송에 적용되는 절차규정은 민사소송과는 달리 대부분 강행규정에 해당하고, 형사소송법에는 민사소송법과 달리 절차이의권(이른바 책문권)의 포기·상실에 관한 규정(민소법 151 참조)이 없다. 형사소송의 각 절차단계에서 법원은 당사자의 주장이나 이의가 없더라도 절차규정 위반여부를 직권으로 심판할 의무를 광범위하게 부담하며, 이 점에서는 민사소송과 달리 직권주의가 강하게 요청되고 있다.

란 실체면의 형성 · 발전을 목적으로 하는 소송의 순절차적 측면을 말한다. 말하자면, 실체면은 실체적 법률관계가 확정될 때까지의 동적 · 발전적 과정(부동성)이며, 절차면은 연속되는 일련의 소송행위로 구성되는, 소송주체 사이의 일정한 소송법적 권리 · 의무관계이다. 즉, '실체면'은 **부동적인 법률상태**로 설명되고, '절차면'은 소송주체 사이의 **고정적인 법률관계**로 설명된다(2면설 · 통설). 소송은 먼저 사실관계를 확정해야 하는데, 이러한 사실관계의 확정에 적용되는 소송절차의 규칙(rule)만큼은 적어도 고정된 것임에 틀림없다. 이와 같은 소송의 실체면과 절차면, 절차면과 실체면은 서로 밀접 · 불가분의 관계에 있다.

2) 절차면이 실체면에 미치는 영향 법정된 소송절차를 통하여 실체면이 형성 · 발전된다. 즉, 소송의 절차면은 실체면에 **직접적인 영향**을 미치며, 사건의 실체는 증거조사에 의하여 형성 · 확정된다. 그런데 진실의 발견이 형사소송의 중요한 목적인 것은 틀림없지만 유일한 목적만은 아니므로, 형사소송에서 진실발견은 기본적 인권의 보장을 위한 적법절차의 제한을 받게 된다. 따라서 절차면의 위법은 실체면의 형성에 직접적인 영향을 미친다. 예컨대, 위법수집증거배제법칙, 자백배제법칙, 전문법칙, 진술의 임의성, 자백의 보강법칙, 증명책임 등은 절차면이 사건의 실체형성에 영향을 미치는 경우이다.

3) 실체면이 절차면에 미치는 영향 반면, 실체면 또한 절차면에 영향을 미친다. 즉, 그때까지 형성된 잠정적인 사실관계(실체면)를 전제로 하여 향후 절차를 진행하게 된다. 예컨대, 사물관할의 표준, 필요적 변호사건(중대범죄) 여부, 친고죄나 필요적 고발사건에서 고소 · 고발의 유무, 긴급체포의 요건(중대범죄) 해당 여부, 필요적 보석의 제외사유(중대범죄) 해당 여부, 피고인출석의 필요 여부 등은 사건의 실체면이 절차면에 영향을 미치는 대표적인 예이다. 다만 수사기관이 파악한 사실관계는 잠정적인 것에 불과할 뿐이다.

[절차유지의 원칙] 한편, 부동적인 실체면이 절차에 미치는 영향이 극대화되면, 선행절차를 전제로 후행절차가 이어지는 소송절차에서 소송주체의 지위가 불안정해진다. 또한, 절차진행의 기초가 된 사정이 사후에 변경된 경우에, 이를 이유로 기존의 절차진행을 번복하는 것은 소송경제에도 반한다. 따라서 절차가 당시의 실체형성에 근거하여 행해진 경우에는 사후에 실체형성이 변경되더라도, 그 절차의 번복을 제한할 필요가 있다. 이를 '절차유지의 원칙'이라 한다. 절차면에 적용되는 절차유지의 원칙은, 하자있는 소송행위의 효력을 유지시키고(예: 관할위반의 경우에도 소송행위의 효력 인정), 소송행위의 철회를 제한하며, 소송행위의 하자의 추완을 인정하게 된다.

제 1 편

소송주체와 소송행위

제 1 장

소송의 주체

검사가 공소제기하면 법원에 피고사건에 대한 소송계속이 발생한다. 그 후 형사소송절차는 법원, 검사, 피고인을 최소단위로 하여 진행되며, 이들을 일컬어 소송주체라고 한다. 소송주체는 소송법상 독자적인 권리를 갖고 소송을 성립·발전·형성해가는 구성요소로서, 소송법률관계를 형성하는 주체를 의미한다.

법원은 형사재판권의 주체이고, **검사**는 공소권의 주체이며(이른바 수사처검사도 같다), **피고인**은 방어권의 주체이다. 검사와 피고인은 재판을 청구하거나 받는 주체로서 '당사자'라고 한다. 이와 달리 범죄피해자는 소송의 주체나 당사자에 해당하지 않는다.

변호인은 소송주체가 아니라 피고인·피의자의 '보조자'이다. 변호인을 제외한 피고인의 보조자에는 보조인(29), 법정대리인(26), 법인의 대표자(27), 특별대리인(28) 등이 있다. 소송당사자와 보조자를 함께 일컬어 '소송관계인'이라고 한다.

증인·감정인·고소인·고발인 등은 소송관계인과 구별하여 '소송관여자'라 한다. 이들 소송관여자는 소송에 대한 적극적 형성력 없이 소송에 관여하는 사람에 불과하다. 특히 주의할 점은, 형사소송법상 **증인**은 '증거방법'에 불과하다는 것이다. 증인의 뜻, 증인적격, 증인의 의무와 권리 등의 문제는 '증인신문' 부분에서 다루기로 한다.

제 1 절 법원

Ⅰ. 형사재판권

1. 형사재판권과 법원

(1) 의의

1) 형사재판권 형사사건에 대하여 심리·판결하는 국가권력을 형사재판권이라고 한다. 형사재판권은 사법권의 일부인데 "사법권은 법관으로 구성된 법원에 속한다"(헌법101①). 한편, 조약이나 국제법에 의해 재판권이 제한되는 경우가 있다.[1] 재판권이 없을 때에는 공소기각의 판결을 한다(327i). 헌법상 사법권의 독립이 보장된다. 형사소송에서는 사법권의 독립이 특히 중요하다.

2) 법원 법원이라는 용어는 개념상 두 가지 의미가 있다. i) 국법상 의미의 법원은 사법행정상 단위로서의 의미(관서로서의 법원)와 사법행정권 주체로서의 의미(관청으로서의 법원)를 포함한다. 법원조직법상 법원 개념은 대체로 이 의미로 사용된다. ii) 소송법상 의미의 법원은 구체적 사건에 대해 재판권을 행사하는 주체로서의 재판기관(합의부 또는 단독판사)을 의미한다. **'수소법원'**[2]이라고도 한다. 형사소송법상 법원은 보통 이 의미로 사용된다.

[군사법원] 일반법원 이외에 헌법상 군사법원의 설치가 인정된다(헌법110①). 형사재판권은 일반법원의 재판권과 군사법원의 재판권으로 나뉜다.

(2) 속지주의 원칙

우리나라 법원의 형사재판권은 대한민국의 형벌권이 적용되는 모든 범죄사건에 미친다. 속지주의를 원칙으로 하되, 속인주의, 보호주의가 적용되며, 2013년 형법 개정으로 세계주의 경향이 확대되어 있다.

---

1) 예컨대, ① 한미행정협정 제22조는 우리나라와 미합중국 군당국이 각각 전속적으로 재판권을 행사할 수 있는 경우와 양국의 재판권이 경합하는 경우에 그 우선순위를 정하고 있다. ② 외교관계에 관한 비엔나협약 제31조는 외교관은 접수국의 형사재판관할권으로부터 면제를 향유한다고 규정하고 있다.

2) '수소법원'은 형사소송법상 용어이다. 제101조(구속의 집행정지) 제5항에 1회 등장한다.

(3) 법원의 조직

형사재판을 담당하는 법원에는 대법원, 고등법원, 지방법원 등이 있고, 지방법원의 사무의 일부를 처리하기 위해 관할구역 안에 지원, 시·군법원을 둘 수 있다(법조법3). 그 관할구역은 따로 법률로 정한다('각급 법원의 설치와 관할구역에 관한 법률').

(4) 소송법상 법원의 구성

1) **단독판사와 합의부** 형사소송법상 법원은 그 구성에 따라 법관 1인의 단독판사와 법관이 여럿인 합의부로 나뉜다. 각기 장단점이 있다. 단독판사는 신속한 절차 진행과 법관의 강한 책임감이라는 장점이 있지만, 신중하지 못한 사건 심리의 우려가 있다. 반면 합의부는 사건 심리의 신중은 장점이지만, 절차 진행이 지연되고 법관의 책임감이 약화될 위험이 있다.

제1심은 단독제와 합의제를 병용하나 단독제가 원칙이다(법조법7④). 상소심(항소심, 상고심 등)은 합의제에 의한다. 고등법원, 지방법원 및 그 지원의 합의심판은 판사 3인으로 구성된 합의부에서 행한다(동③⑤). 대법원은 대법관 전원의 3분의 2 이상의 합의체에서 행하며 대법원장이 재판장이 되나, 대법관 3인 이상으로 구성되는 부에서 먼저 사건을 심리하여 의견이 일치된 경우에는 그 부에서 심판할 수 있다(동①).

2) (합의부의) **재판장·수명법관** 소송법상 의미의 법원이 합의체인 경우에는 그 구성원 가운데 1인이 재판장이 된다. 재판장 이외의 법관은 합의부원(배석판사)이다. 재판장은 합의체의 기관으로 또는 독립하여 권한을 가진다. 재판장은 합의체기관으로서 공판기일지정권(267), 소송지휘권(279) 또는 법정경찰권(281②) 등의 권한이 있고, 독립해서는 급속을 요하는 경우에 피고인을 소환·구속하는 권한(80)이 있다. 재판장의 이러한 권한은 '소송절차의 진행'과 관련하여 인정될 뿐이다. 사건의 심리·재판에서는 재판장과 다른 법관의 권한이 동등하다.

합의체 법원이 그 구성원인 법관에게 특정한 소송행위를 하도록 명하였을 때(예: 구속적부심심문, 현장검증), 그 명을 받은 법관을 **수명법관**이라고 한다.

3) **수탁판사** 어느 법원이 다른 법원의 판사에게 일정한 소송행위를 하도록 촉탁한 경우(예: 증인신문 촉탁)에, 그 촉탁을 받은 판사를 **수탁판사**라 한다(37④·136①). 수탁판사는 일정한 경우 다른 법원의 판사에게 다시 촉탁(전촉)할 수 있다(77②·136②). 수탁판사는 수소법원의 구성원이 아니라는 점에서 수명법관과

구별된다.

4) 수임판사 한편, 수소법원과 독립하여 소송법상의 권한을 행사할 수 있는 개개의 법관을 수임판사라고 한다. 예컨대, 영장전담판사 등 수사기관의 청구에 의하여 각종 영장을 발부하는 판사(201), 증거보전절차를 행하는 판사(184), 수사상 증인신문을 행하는 판사(221의2)가 이에 해당한다. 수임판사가 한 재판(예: 압수영장발부의 재판 등)에 대하여는 불복할 수 없다. 즉, "수소법원을 구성하는 재판장 또는 수명법관이 한 재판이 아니므로 준항고(416)로 불복할 수 없고, 법원이 한 결정이 아니므로 항고(402 · 403)의 방법으로도 불복할 수 없다"(대결 1997.9.29.자 97모66). 다만 증거보전청구의 기각결정에 대해서는 '3일 이내에 항고' 할 수 있다(184④).

2. 사법권의 독립

형사재판권을 입법기관이나 행정기관에 부여하지 않고 중립적 권력기관인 법원에 부여하는 것은, 형벌권의 적정한 행사를 실현하고 국민의 기본권을 보장하기 위한 것이다. 법원이 개인의 자유와 권리를 보호하기 위한 최후의 보루로서 기능하기 위해서는 무엇보다도 사법권의 독립이 보장되어야 한다. 사법권의 독립이란 법치국가원리의 핵심적 요소로서, 법관이 독립하여 직권을 행사할 수 있는 것을 의미한다. 국가형벌권을 실현하는 형사소송에서는 특히 사법권의 독립이 매우 중요한 실질적 의미를 갖고 있다. 사법권의 독립에 대한 보장 없이는 국가형벌권의 자의적 행사로부터 개인의 기본권을 보장한다는 것이 불가능하기 때문이다. 사법권의 독립은 헌법상 보장된다. 즉, "법관은 헌법과 법률에 의하여 그 양심에 따라 독립하여 심판한다"(헌법103). 재판의 독립에 대한 실질적 보장책으로 우선 법관의 자격을 엄격하게 규정하고 그 신분을 강력하게 보장한다. 또한 입법부로부터의 독립(영향의 배제), 행정부로부터의 독립, 그리고 법원 내부로부터의 독립, 사회세력 등으로부터의 독립 등을 늘 주시하고 감시하여야 한다. 재판의 독립은 법원 또는 법관 스스로 지켜내야 할 책무임과 동시에, 아울러 보장의 대상이기도 하다. 독립이란 관계적 개념이고, 사법기능은 법치국가의 틀 안에 내재된 것이기 때문이다.

Ⅱ. 법원의 관할

1. 의의

1) 뜻 관할이란 각 법원에 대한 재판권의 분배, 즉 특정법원이 특정사건을 재판할 수 있는 권한을 말한다. 구체적 피고사건이 특정법원의 관할에 속하게 되면, 그 법원은 해당 사건에 대한 심리와 재판의 권한을 가지게 된다. 법원조직법에서는 관할을 '심판권'으로 표현한다(법조법7).

관할은 법원 내부의 '사무분담' 및 '사건배당'과 구별된다. 이는 재판권의 분배가 아니라 일종의 사법행정사무에 불과하다. 다만 사건배당은 구체적 사건의 처리에 적지 않은 영향이 있을 수 있으므로, 행정편의나 자의적 기준이 아닌, '관할에 준하는 일반적 기준의 설정'이 필요하다.

2) 관할의 결정기준 관할은 법원의 심리편의와 피고인의 방어권행사에 중요한 의미를 가진다. 따라서 관할은, 법원의 심리편의와 사건의 능률적 처리라는 '공익적·기술적 요구'뿐만 아니라, 피고인의 출석과 방어상 편의라는 '피고인의 방어상 이익'을 고려하여, **법률**에 규정된 일반적·추상적 기준에 따라 획일적으로 결정된다(관할법정주의 원칙). 다만, 경우에 따라서는 일반적 기준에 의해 정해지는 관할이 법원의 심리에도 도움이 되지 않고 피고인의 방어권행사에도 불리한 경우가 있을 수 있다. 관할을 예외적으로 변경할 필요가 있는 경우에도 그 변경은 모두 법원의 **재판**에 의하도록 하고 있다(관련사건의 병합, 관할의 지정·이전, 사건의 이송 등 참조).

2. 법정관할

(1) 고유의 법정관할

1) 사물관할 사물관할이란 제1심에서 단독판사와 합의부 사이에 행해지는 관할분배를 말한다. 사건의 경중이나 성질에 따라 정해진다.

제1심 형사사건은 원칙적으로 **단독판사**가 관할하며(법조법7④), 다음의 경우에만 **합의부**가 관할한다(동법32①).[1] 즉, '합의부 관할사건'은 ㉠ (법정형) 사형·무기 또는 **단기 1년 이상**의 징역이나 금고에 해당하는 사건과 이와 동시에 심판할 공범사건[중죄사건(예; 살인, 상해치사, 폭행치사 등)], ㉡ 합의부에서 심판할 것으로 합

---

1) 2017년 제1심 형사공판사건(262,612건) 중 단독사건은 92.5%(243,025건), 합의사건은 7.5%(19,587건)이다(2018 사법연감 594면).

의부가 스스로 결정한 사건[재정합의사건],[1] ㉢ 지방법원판사에 대한 제척·기피 사건, ㉣ 다른 법률에 의하여 지방법원 합의부의 권한에 속하는 사건[2] 등이다.

그런데 법원조직법은 재판사무의 효율적 분담을 위하여 법정형이 중함에도 불구하고 사건의 난이도 또는 중대성을 고려하여, 단독판사가 심판하도록 환원한 경우가 있다. 즉, (법정형이 무기 또는) 단기 1년 이상의 징역이나 금고에 해당하는 사건이라도, 사안이 단순하거나 발생빈도가 높은 사건은, 다시 **단독판사의 관할사건으로 환원**되어 있다['예외의 예외']. 이러한 '단독판사 관할사건'에는 ㉠ 형법상 **특수상해**, (상습)**특수절도**, **특수공갈**, 상습장물 사건, ㉡ 폭처법위반 중 일부(누범폭력행위 등) 사건, ㉢ 병역법위반 사건, ㉣ 특가법위반 중 일부(도주치사·치상, 누범절도·누범장물, 위험운전치사상) 사건, ㉤ 보건범죄(부정의료업자) 사건, ㉥ 부수법위반(수표위조·변조) 사건, ㉦ 도교법위반(음주운전·음주측정불응) 사건 등이 있다.[3] 즉, 사물관할의 결정기준으로, 형벌주의 외에 범죄주의를 병용하고 있는 셈이다.

한편, 시·군법원은 20만원 이하의 벌금 또는 구류나 과료에 처할 범죄사건의 즉결심판을 담당한다(법조법34①iii·③).

사물관할은 공소제기시부터 **판결시**까지 심리의 전체 과정에 존재해야 한다.

2) **토지관할** 토지관할이란 동급법원 사이에서 사건의 지역적 관계에 의한 관할분배를 말한다. 재판적(裁判籍)이라고도 한다. "제1심 형사사건에 관하여 지방법원 본원과 지방법원 지원 사이의 관할의 분배도 소송법상 토지관할의 분

---

1) 단독판사의 사물관할에 속하는 사건이라도 (합의부의 결정으로) 합의부에서 심판할 수 있다.

2) 예컨대, 국민참여재판의 대상사건(참여재판법5①), 선거범과 그 공범사건(공직선거법269), 형사보상사건(형사보상법14), 치료감호사건(치료감호법3) 등.

3) 다만 다음 각 목의 사건은 제외한다(법조법32①iii단서)[즉, <u>단독판사 관할사건</u>].

> 가. 형법 제258조의2[특수상해], 제331조[특수절도], 제332조[상습](제331조의 상습범으로 한정)와 그 각 미수죄, 제350조의2[특수공갈]와 그 미수죄, 제363조[상습장물]에 해당하는 사건,
> 나. 폭처법 제2조 제3항 제2호·제3호[누범폭력행위], 제6조(제2조 제3항 제2호·제3호의 미수죄로 한정) 및 제9조[사경의 직무유기]에 해당하는 사건,
> 다. 병역법 위반사건,
> 라. 특가법 제5조의3 제1항[도주치사·치상], 제5조의4 제5항 제1호·제3호[누범절도·누범장물] 및 제5조의11[위험운전치사상]에 해당하는 사건,
> 마. 보건범죄 단속에 관한 특별조치법 제5조[부정의료업자]에 해당하는 사건,
> 바. 부정수표 단속법 제5조[수표위조·변조]에 해당하는 사건,
> 사. 도로교통법 제148조의2 제1항(2019헌바446 위헌 결정)·제2항, 같은 조 제3항 제1호 및 제2호[음주운전·음주측정불응]에 해당하는 사건.
> 아. 중대재해처벌 등에 관한 법률 제6조 제1항·제3항 및 제10조 제1항에 해당하는 사건. (2021.12.21.)

배에 해당한다"(대판 2015.10.15. 2015도1803).[1] "토지관할은 심리의 편의와 사건의 능률적 처리라는 절차적 요구뿐만 아니라 피고인의 출석과 방어권 행사의 편의라는 방어상의 이익도 충분히 고려하여 결정하여야 한다. 특히 자의적 사건처리를 방지하기 위하여 법률에 규정된 추상적 기준에 따라 획일적으로 결정하여야 한다"(위 2015도1803). 형사소송법상 토지관할은 ㉠ 범죄지, ㉡ 피고인의 주소·거소지 또는 ㉢ 현재지로 규정되어 있다(4①). 토지관할의 기준 사이에는 우열이 없으므로 하나의 피고사건에 관하여 수개의 법원이 동시에 토지관할을 가질 수 있고, 검사는 어느 곳에서든지 공소제기를 할 수 있다.

i) (범죄지) 범죄지란 범죄사실, 즉 범죄의 구성요건에 해당하는 사실의 전부 또는 일부가 발생한 장소이다. 실행행위지, 결과발생지 및 그 중간지도 포함된다. 범죄지에는 일반적으로 범죄의 증거가 존재하고, 심리의 능률과 신속에 도움이 된다는 점에서 토지관할의 기준으로 설정한 것이다. 범죄사실은 구성요건에 해당하는 사실이므로 예비·음모의 장소는 원칙적으로 범죄지가 아니다. 그러나 예비·음모를 처벌하는 경우에는 예비·음모장소도 범죄지가 된다.

ii) (주소·거소지) 주소와 거소는 민법상의 개념에 의한다(민법18·19). 즉, 주소는 피고인의 생활근거가 되는 곳이고, 거소는 다소 계속적으로 거주하는 곳을 말한다. 주소·거소지는 피고인의 출석편의를 고려한 것으로, **공소제기 시점**을 기준으로 판단한다. 그 이후 주소·거소의 변동은 영향이 없다.

iii) (현재지) 현재지란 공소제기 당시 피고인이 현재한 장소를 말한다. 범죄지나 주소·거소지 이외에 피고인의 현재지도 토지관할의 기준이 되므로, 형사사건에서는 사실상 관할이 크게 문제되지 않는다. 다만 토지관할의 기준인 현재지는 "**임의**에 의한 현재지 또는 **적법한 강제**에 의한 현재지"(대판 2011.12.22. 2011도12927)를 말하며, 불법연행된 장소는 현재지에 포함되지 않는다. 현재지 여부는 **공소제기 시점**을 기준으로 판단한다(위 2011도12927). 공소제기 당시 현재지라면, 그 후 석방되거나 도망하여도 일단 발생된 토지관할에는 영향이 없다.

iv) (선박·항공기 특칙) 국외에 있는 대한민국 선박 또는 항공기 내에서 범한 죄에 관해서는 그 외에 선적지·기적지 또는 범죄 후의 선착지·기착지도 토지관할이 인정된다(4②③).

---

1) "제1심 형사사건에 관하여 지방법원 본원과 지방법원 지원은 소송법상 별개의 법원이자 각각 일정한 토지관할 구역을 나누어 가지는 대등한 관계에 있기 때문이다. 그러므로 지방법원 지원에 제1심 토지관할이 인정된다는 사정만으로 당연히 지방법원 본원에도 제1심 토지관할이 인정된다고 볼 수는 없다."

3) **심급관할** 심급관할이란 상소관계의 관할, 즉 상소심법원의 심판권을 말한다. i) (제2심) 지방법원·지원의 '단독판사'의 제1심 판결·결정·명령에 대한 항소 또는 항고사건은 지방법원 본원 합의부 및 일정한 지방법원 지원 합의부(춘천지방법원 강릉지원 합의부)가 관할하고(법조법32②), 지방법원·지원의 '합의부'의 제1심 판결·결정·명령에 대한 항소 또는 항고사건은 고등법원이 관할한다(동법28 i). ii) (제3심) 항소심 판결에 대한 상고사건, 고등법원 또는 항소법원의 결정·명령에 대한 재항고사건은 대법원이 관할한다(동법14 ii). 제1심 판결에 대한 비약상고사건도 대법원이 관할한다(동 iii · 372).

(2) 관련사건의 관할

관련사건이란 관할이 인정된 하나의 피고사건을 전제로 그 사건과 주관적(인적) 또는 객관적(물적) 관련성이 인정되는 사건을 말한다. 여기서 주관적(인적) 관련이란 1인이 범한 수죄를 말하고, 객관적(물적) 관련이란 수인이 공동하여 범한 1죄를 말한다. 양자의 결합, 즉 수인이 공동하여 수개의 죄를 범한 경우와 같이 주관적·객관적 관련이 모두 인정되는 경우도 관련사건이 된다. 형사소송법은 고유의 법정관할을 수정하여, 관련사건에 대해서는 본래 관할권이 없는 법원이라도 그 관할권을 인정하고 있다.

관련사건의 병합을 인정하는 이유는 ㉠ 우선, 주관적(인적) 관련사건에서는 **동일한 피고인**에 대한 불필요한 중복심리를 방지하고, 피고인이 수개의 범죄에 대해 하나의 절차에서 경합범으로 한꺼번에 처벌받을 경우 수개의 절차에서 따로 형이 선고되어 합산되는 것에 비해 양형상의 이익이 있기 때문이다. ㉡ 다음, 객관적(물적) 관련사건에서는 **동일한 사건**에 대한 증거가 공통되고, 판결의 모순저촉을 방지할 필요가 있기 때문이다.

형사소송법상 **관련사건**은 ㉠ 1인이 범한 수죄(실체적 경합범), ㉡ 수인이 공동으로 범한 죄(임의적 공범, 합동범, 필요적 공범), ㉢ 수인이 동시에 동일 장소에서 범한 죄(동시범), ㉣ 범인은닉죄, 증거인멸죄, 위증죄, 허위감정통역죄 또는 장물에 관한 죄와 그 본범의 죄(본범과 사후종범)[1]이다(11). 상상적 경합은 소송법상 1죄이므로 여기에(㉠) 속하지 않는다. 관련사건은 병합관할과 병합심리가 문제된다.

1) **관련사건의 병합관할** 수개의 관련사건이 병합되어 하나의 공소장으로 공소제기된 경우 또는 수개의 관련사건이 (아직 병합되지 않았지만) 같은 법원에 소

1) 이들 범죄는 본범과 사이에 공통되는 증거가 많다는 점에서 관련사건으로 취급된다.

송계속된 경우(고유관할사건 계속 중 '같은 시기 같은 법원에' 추가기소 등에 의하여 관련사건의 소송이 '계속'된 경우)의 문제이다. 관련사건 중 1개 사건에 대해 관할권 있는 법원은 (고유의 법정관할권이 없는) 다른 관련사건에 대해서도 병합관할이 인정된다. 고유관할사건에 대해 무죄·면소·공소기각의 재판이 선고된 경우에도 이미 발생한 관련사건의 관할은 소멸하지 않는다.

i) (사물관할의 병합관할) **사물관할을 달리**하는 수개의 사건이 관련된 때에는 법원**합의부**가 병합관할한다. 단, 결정으로 관할권 있는 법원의 단독판사에게 이송할 수 있다(9). 항소심에서도 준용된다.

ii) (토지관할의 병합관할) **토지관할을 달리**하는 수개의 사건이 관련된 때에는 1개의 사건에 관하여 관할권 있는 법원은 다른 사건까지 관할할 수 있다(5). 이는 물론 '사물관할이 동일한 경우'에만 문제된다(사물관할이 다른 경우에는 앞서 본 바와 같이 합의부가 병합관할하기 때문이다). "**제5조는 고유관할사건 및 그 관련사건이 반드시 병합기소되거나 병합되어 심리될 것을 전제요건으로 하는 것은 아니다.**[1] 고유관할사건 계속 중 고유관할법원에 관련 사건이 계속된 이상, 그 후 양 사건이 병합되어 심리되지 아니한 채 고유사건에 대한 심리가 먼저 종결되었다 하더라도 관련사건에 대한 관할권은 여전히 유지된다"(대판 2008.6.12. 2006도8568). 항소심에서도 준용된다.

iii) (요약) 요컨대, ㉠ 수개의 관련사건이 합의사건과 단독사건으로 사물관할을 달리하는 경우에는, **합의부**가 모두 병합관할하는 것이 원칙이다. ㉡ 수개의 관련사건이 (사물관할은 같지만) 토지관할을 달리하는 경우에는, 검사는 관련사건을 어느 한 법원에 모두 기소할 수 있으며, 1개 사건에 관하여 관할권 있는 어느 법원은 나머지 관련사건을 **모두** 병합관할할 수 있다.

2) 관련사건의 병합심리 문제는 수개의 관련사건이 현실적으로 별도로 각각 다른 법원에 계속된 경우이다. 이는 관련사건의 병합심리 문제이다.

i) [사물관할의 병합심리] **사물관할을 달리**하는 수개의 관련사건이 각각 법원 합의부와 단독판사에 계속된 때에는, "**합의부**"는 **결정**으로 단독판사에 속한 사건을 병합하여 심리할 수 있다(10). 합의부우선의 원칙 때문이다. 이는 법원 합의부와 단독판사에 계속된 각 관련사건이 **토지관할을 달리하는 경우에도** 적용

1) "따라서 같은 시기에 고유사건에 관하여 관할권이 있는 법원에 관련사건의 소송이 계속(계속사유는 공소제기나 이송 등을 불문)되어 제5조 소정의 관련사건의 토지관할이 성립한 이상, 그 후 양 사건이 병합되어 심리되지 아니한 채 고유사건에 대한 심리가 먼저 종결되었다 하더라도 그 관할권은 여전히 유지된다"(그 원심판결인 대구고법 2006.11.23. 2006노92).

된다(규4①). 또한 관련사건이 **항소된 경우에도** 마찬가지이다. 즉, 수개의 관련항소사건이 각각 고등법원과 지방법원 본원 합의부에 계속된 경우에도 **고등법원**은 결정으로 지방법원 본원 합의부에 계속된 사건을 병합심리할 수 있고, **토지관할을 달리하는 경우에도** 같다(규4의2①).

ii) [토지관할의 병합심리] **토지관할이 다른** 여러 개의 관련사건이 각각 다른 법원에 계속된 때에는, **"공통되는 '바로 위'**(=직근) **상급법원"**은 검사 또는 피고인의 신청에 의하여 **결정**으로 1개 법원으로 하여금 병합심리하게 할 수 있다(6). **당사자의 신청**에 의한다는 점에서, 사물관할의 병합심리와 구별된다. 이 경우 '사물관할은 같을 것'을 전제로 한다. 즉, 여기서 '각각 다른 법원'이란 **사물관할은 같지만** 토지관할을 달리하는 동종·동등의 법원을 말한다(대결 1990.5.23.자 90초56). 왜냐하면 수개의 관련사건이 (현실적으로 토지관할이 다른 여러 법원에 계속 중이라도) 합의사건·단독사건으로 사물관할을 달리하는 경우에는, 합의부우선 원칙이 적용되어 '합의부'가 결정으로 단독사건을 병합심리할 수 있기 때문이다. 여기서의 '공통되는 직근 상급법원'이란 소송법상의 법원이 아니라 「각급 법원의 설치와 관할구역에 관한 법률」 제4조의 관할구역에 의하여 정하여진다(대결 2006.12.5.자 2006초기335 전합)[**조직법설**]. 예컨대, 서울중앙지방법원과 의정부지방법원의 '공통되는 바로 위 상급법원'은 서울고등법원이고, 수원지방법원과 대전지방법원의 '공통되는 바로 위 상급법원'은 대법원이다. 정리하면, ('사물관할이 같고 토지관할이 다른 수개의 관련사건'이) **어느 고등법원의 관할구역** 내에 계속된 경우라면, ㉠ 제1심 합의사건들인 경우는 물론, ㉡ 제1심 단독사건들인 경우, ㉢ 그 단독사건의 항소사건들인 경우에도, 모두 '공통되는 바로 위 상급법원'은 그 고등법원이 된다(㉠은 소송법상·조직법상 직근 상급법원, ㉡㉢은 조직법상 각 직근 상급법원이다).[1)]

iii) (요약) 요컨대, ㉠ **사물관할이 다른 경우에는 합의부의 결정**(또는 고등법원의 결정)으로 병합심리한다. ㉡ 사물관할이 같고 **토지관할이 다른 경우에는, 소속 고등법원이 같은** 때에는 그 고등법원의 결정으로, 소속 고등법원이 다를 때에는 대법원의 결정으로 병합심리한다.[2)]

---

1) 조직법설은, 소속 고등법원이 같은 관내의 사건인 경우 모두 (대법원이 아닌) 고등법원의 결정사항이라는 것인데(합의사건은 물론, 단독사건의 병합결정까지도 고등법원이 관할), 이는 그 재판의 성질상 사실심 법원의 처리가 바람직하고, 사건 비중과의 관계에서도 단독사건을 상급법원(대법원)에서 처리하는 역전현상을 방지하며, 당사자의 소송상 편의 도모 및 대법원의 법률심으로서의 역량 집중을 도모하기 위한 것으로 평가된다.

2) [유형화: 관련사건(특히 토지관할)의 병합심리] 다음의 표 참조.

3) 심리의 분리 사물관할을 달리하는 관련사건이 합의부에 병합된 경우에 병합심리의 필요가 없으면, 합의부는 결정으로 관할권 있는 단독판사에게 해당 사건을 이송할 수 있다(9단서). 토지관할을 달리하는 관련사건이 동일법원에 계속된 경우에 병합심리의 필요가 없으면, 법원은 결정으로 이를 분리하여 관할권 있는 다른 법원에 이송할 수 있다(7). 물론 이는 법원의 재량이다.

3. 재정관할

재정관할은 법원의 재판에 의하여 정해지는 관할을 말한다. 여기에는 관할의 지정과 관할의 이전이 있다.

1) 관할의 지정 관할법원이 명확하지 않은 때 또는 관할위반을 선고한 재판이 확정된 사건에 관해 다른 관할법원이 없는 때에 상급법원이 사건을 심판할 법원을 지정하는 것을 말한다(14). 이 경우 검사는 관계있는 제1심 법원에 공통되는 바로 위 상급법원에 신청해야 한다.

2) 관할의 이전 관할법원이 법률상의 이유 또는 특별한 사정으로 재판권을 행사할 수 없는 경우 또는 범죄의 성질·지방의 민심·소송의 상황 기타 사정으로 재판의 공평을 유지하기 어려운 염려가 있는 경우에 그 관할권을 관할권 없는 다른 법원으로 옮기는 것을 말한다(15). 관할권 없는 법원으로 관할을 옮긴다는 점에서 사건의 이송과 구별된다. 관할의 이전사유가 있는 경우 검사는 바로 위 상급법원에 이를 신청하여야 한다(의무). 피고인도 이러한 신청을 할 수 있다(권리). 항소심에서도 관할의 이전이 인정된다(대결 2011.11.14.자 2011초기555).

4. 관할의 경합

동일사건에 대해 둘 이상의 법원이 관할권을 갖는 경우가 있다(법원의 관할은 여러 기준에 의해 결정되기 때문). 이를 관할의 경합이라 한다. 동일사건에 대해 서로 다른 법원이 이중 심리한다면, 소송경제에 반하고 모순된 판결의 위험이 있다.

		토지관할	
		同 (같은 지역 법원)	異 (다른 지역 법원: A법원-B법원)
사물관할	同 (단독-단독 / 합의-합의)	이부(移部)	'공통되는 직근상급법원' 결정(6조) - 소속 고등법원 or 대법원
	異 (단독 - 합의)	합의부 결정	합의부 결정

따라서 동일사건의 관할 경합에는 우선순위가 규정되어 있다.

1) **합의부우선** 동일사건이 '사물관할을 달리하는' 수개의 법원에 계속된 때(예: 합의부와 단독판사)에는 법원합의부가 심판한다(12). 이 경우 단독판사는 공소기각의 결정을 해야 한다(328①iii). 만일 단독판사가 판결하고 그 판결이 먼저 확정되면 합의부는 면소판결(326i)을 해야 한다(일사부재리원칙). 동일사건을 수개 법원에서 판결하여 모두 확정된 경우에는 뒤에 확정된 판결은 당연무효가 된다.

2) **선착수우선** 같은 사건이 '사물관할이 같은' 여러 개의 법원에 계속된 때(예: 단독판사와 단독판사, 합의부와 합의부)에는 **먼저 공소를 받은 법원**이 심판한다(13). 다만 검사나 피고인의 신청에 의하여, 각 법원에 공통되는 바로 위 상급법원은 결정으로 뒤에 공소를 받은 법원으로 하여금 심판하게 할 수 있다(동단서).

5. 관할위반의 효과

1) **원칙: 관할위반의 판결** 관할은 소송조건의 하나이므로, 법원은 직권으로 관할유무를 조사하여야 한다(1). **사물관할**은 공소제기시부터 재판종결시(판결시)까지 심리의 전체 과정에 존재하여야 하고, 다만 **토지관할**은 공소제기시점에 존재하면 족하다. 관할권 없음이 명백한 때에는 판결로써 관할위반을 선고해야 한다(319). 다만 (절차유지의 원칙상) 관할위반의 경우에도 그동안 행해진 소송행위는 그 효력에 영향이 없다(2). 따라서 관할위반의 판결을 선고한 법원의 공판절차에서 작성된 공판조서 · 증인신문조서 · 검증조서 등은 당해 사건에 대하여 다시 공소가 제기되면 증거로 사용할 수 있다.

2) **예외** i) (토지관할 위반) 토지관할에 관하여 법원은 '피고인의 신청'이 없으면 관할위반을 선고하지 못하며(320①), 피고인의 관할위반 신청은 '피고사건에 대한 진술 전에' 해야 한다(320②). 피고사건에 대한 진술이 있으면 하자가 치유되므로, 토지관할 위반은 일종의 기한부 소송조건 내지 '상대적 소송조건'이다. 토지관할이 다르더라도 동급법원에서 심판한다면, 사물관할에 영향이 없고 심리정도가 동일하므로, 피고인에게 실질적 불이익이 없기 때문이다. ii) (관할구역 외에서의 직무) 법원 또는 법관은 사실발견을 위해 필요하거나 긴급을 요하는 때에는 관할구역 외에서 직무를 행하거나 사실조사에 필요한 처분을 할 수 있다(3).

6. 사건의 이송

사건의 이송이란 수소법원이 계속 중인 사건을 다른 법원이 심판하도록 소송계속을 이전하는 것을 말한다. 주로 결정의 형식으로 한다.

1) 현재지 이송(재량) 피고인이 관할구역 내에 현재하지 않는 경우에 특별한 사정이 있으면 법원은 결정으로 사건을 피고인의 현재지를 관할하는 동급법원에 이송할 수 있다(8). 피고인의 이익과 법원의 심리 편의를 위한 것으로, 법원의 재량사항이다(대판 1978.10.10. 78도2225). 그런데 이는 법원이 피고인에 대해 관할권은 있으나 피고인이 그 관할구역 내에 현재하지 않는 경우 그 현재지를 관할하는 동급법원에 이송할 수 있다는 것일 뿐(위 78도2225), 피고인에 대해 관할권이 없는 경우에는 적용되지 않는다(이 경우에는 이송이 아니라 관할위반 판결을 해야 한다).

2) 공소장변경과 합의부 이송(의무) 단독판사의 관할사건이 공소장변경에 의하여 합의부 관할사건으로 변경된 경우에는 단독판사는 (관할위반의 판결을 선고하지 않고) 결정으로 사건을 관할권 있는 합의부로 이송하여야 한다(8②)[**의무**]. "**항소심**에서 공소장변경에 의하여 단독판사의 관할사건이 합의부 관할사건으로 된 경우에는 **관할권이 있는 고등법원**에 사건을 이송하여야 한다"(대판 1997.12.12. 97도2463).

반대로, "제1심에서 합의부 관할사건에 관하여 단독판사 관할사건으로 공소장변경허가신청서가 제출된 경우, 사건을 배당받은 합의부는 (공소장변경허가결정을 하였는지에 관계없이) 사건의 실체에 들어가 심판해야 하고, 사건을 단독판사에게 재배당할 수 없다"(대판 2013.4.25. 2013도1658).[1]

3) 군사법원 이송(의무) 법원은 공소가 제기된 사건에 대해 군사법원이 재판권을 가졌거나 재판권을 가졌음이 판명된 때에는 결정으로 사건을 재판권 있는 같은 심급의 군사법원으로 이송한다. 이 경우에도 (절차유지의 원칙상) 이송 전에 행한 소송행위는 이송 후에도 그 효력에 영향이 없다(16의2). 예컨대, 피고인이 '원래 군인'이었음이 사후에 밝혀진 경우에는 사건을 관할 군사법원으로 이

---

1) "형사소송법은 제8조 제2항에서 단독판사의 관할사건이 공소장변경에 의하여 합의부 관할사건으로 변경된 경우 합의부로 이송하도록 규정하고 있을 뿐 그 반대의 경우에 관하여는 규정하고 있지 않기 때문이다"(사건을 재배당받은 제1심 단독판사가 실체심리를 거쳐 심판한 것은, 관할권이 없는데도 이를 간과하고 실체판결을 한 위법이 있으므로, 원심판결/제1심판결을 모두 파기하고, 사건을 관할권있는 법원 제1심 합의부에 이송한 사례).

송해야 하며, 공소기각판결을 선고해서는 안 된다(군인이 '그 신분취득 전에 범한 죄'에 대해서는 일반법원이 재판권을 가진다).[1] 이송 전 공판절차에서 작성된 공판조서 · 증인신문조서 · 검증조서 등은 군사법원의 공판절차에서도 증거능력이 있다. 군사법원으로부터 일반법원에 사건이송이 행해진 경우에도 마찬가지이다(군사법원법2③).

4) 소년부 송치 법원은 소년에 대한 피고사건을 심리한 결과 보호처분에 해당할 사유가 있다고 인정한 때에는 결정으로써 사건을 관할 소년부에 송치하여야 한다(소년법50).

Ⅲ. 제척 · 기피 · 회피

1. 의의

재판은 공정해야 한다. 공정한 재판은 공평한 법원을 전제로 한다. 공평한 법원이란 조직 · 구성에서 편파적인 재판을 할 우려가 없는 법원을 말한다. 공평한 법원은, 사법권의 독립이 보장되고 자격 있는 법관에 의하여 법원이 구성되어야 하고, 법관이 피고사건과 개인적 특별관계가 없어야 한다. 제척 · 기피 · 회피는 구체적 사건에서 불공정한 재판을 할 우려가 있는 법관을 법원의 구성에서 배제하여 공정한 재판을 제도적으로 보장하는 것이다.

2. 제척

(1) 뜻

제척이란 구체적인 사건의 심판에서 불공평한 재판을 할 우려가 큰 경우를 유형적으로 규정하여 놓고, 그 사유에 해당하는 법관을 직무집행에서 배제시키는 제도이다. 제척의 효과는 정형화된 사유의 존재만으로 법률상 당연히 발생한다는 점에서, 당사자나 법관 스스로의 신청과 그에 따른 재판에 의해 직무집행에서 배제되는 기피 · 회피와 구별된다.

제척은 공판절차의 법관은 물론, 약식명령 또는 즉결심판을 행하는 법관에게도 적용된다. 증거보전이나 수사상 증인신문을 행하는 법관에게도 적용된다.

---

1) 군사법원법 개정(2021.9.24. 개정, 2022.7.1. 시행)으로, ㉠ 군인이 범한 성폭력범죄, ㉡ 군인이 사망하거나 사망에 이른 경우, ㉢ 군인이 그 신분취득 전에 범한 죄 등에 관한 재판권은 군사법원이 아닌 일반 법원의 관할에 속한다(2②).

(2) 제척사유

제17조에 유형적·제한적으로 열거되어 있다. 여기에 열거되지 않은 사유는 아무리 불공평한 재판의 우려가 큰 경우라도 제척사유로 되지는 않는다.

1) 법관이 피해자인 때(1호) 법관이 피해자라면 중립적일 수 없기 때문이다. 여기서의 피해자는 직접피해자에 한정되고, 간접피해자는 포함되지 않는다. 간접피해자는 범위가 불명확하여 법적 안정성을 해할 염려가 있기 때문이다(법관이 간접피해자인 경우 제척사유는 아니지만 기피사유는 될 수 있다). 한편, 행위객체도 피해자에 포함되고, 사회적·국가적 법익에 대한 죄의 피해자도 포함된다.

2) 법관이 피고인 또는 피해자와 특수관계에 있는 때(2호등) 법관이 피고인 또는 피해자와 '친족' 또는 '친족관계가 있었던 자'인 때(2호), 피고인 또는 피해자의 '법정대리인·후견감독인'인 때(3호), 법관이 사건에 관하여 피해자의 '대리인'(4호후단) 또는 피고인의 '대리인·변호인·보조인'으로 된 때(5호)이다. 여기서 친족의 개념과 법정대리인·후견감독인의 개념은 민법에 의해 결정된다. 사실혼관계에 있는 사람은 민법에서 정한 친족이라고 할 수 없어 제척사유인 '친족'에 해당하지 않는다(대판 2011.4.14. 2010도13583).

3) 법관이 이미 당해 사건에 관여한 때(4호전단·6호) 법관이 이미 당해 형사사건에 관여하였을 때에는 사건에 대한 '선입견'을 가질 수 있기 때문에 공정한 재판을 기대하기 어려운 경우이다.

i) (증인등) 법관이 사건에 관하여 증인·감정인으로 된 때(4호전단). 증인·감정인이 '된 때'란 증인·감정인으로 채택되어 소환된 것만으로는 부족하고, 나아가 증인·감정인으로서 현실적으로 증언 또는 감정한 때를 말한다.

ii) (검사·사경의 직무수행) 법관이 사건에 관하여 검사 또는 사법경찰관의 직무를 행한 때(6호). 법관으로 임용되기 전에 검사 또는 사법경찰관으로 범죄를 수사하거나 공소를 제기·유지한 경우이다. 반면, "선거관리위원장으로서 공직선거법위반 혐의사실에 대하여 수사기관에 수사의뢰를 한 법관이 당해 형사피고사건의 재판을 하는 경우 적절하다고는 볼 수 없으나 '사법경찰관의 직무를 행한 때'에는 해당하지 않는다"(대판 1999.4.13. 99도155).

iii) (후관예우) 법관이 사건에 관하여 피고인의 변호인이거나 피고인·피해자의 대리인인 법무법인 등에서 퇴직한 날로부터 2년이 지나지 아니한 때(8호) 및 법관이 피고인인 법인·기관·단체에서 임원 또는 직원으로 퇴직한 날부터 2년

이 지나지 아니한 때(9호). 법조일원화에 따라 로펌 등의 변호사 경력자가 법관으로 임용되면서 법관 임용 전에 소속되었던 로펌·기업과의 관계에서 공정한 재판 여부에 관한 '후관 예우' 논란이 제기되었다. 이에 따라 2020. 12. 8. 개정에서 제척사유로 추가되었다(2021.6.9.부터 시행. 부칙1).

iv) (전심관여) 법관이 사건에 관하여 전심재판 또는 그 기초되는 조사·심리에 관여한 때(7호). 이를 전심관여라고 한다. 전심의 '재판' 관여뿐만 아니라 그 '기초심리' 관여까지 제척사유로 규정하고 있다. 이하에서 항을 바꾸어 설명한다.

4) 전심 관여(전심의 '재판'·'기초심리' 관여)(7호) i) (전심) 전심(前審)이란 상소에 의해 불복이 신청된 당해 사건의 '이전심급(以前審級)', 즉 제2심에 대한 제1심, 제3심에 대한 제2심 또는 제1심을 말한다. 상소제기에 의한 소송계속(係屬)의 이전이 발생하는 경우이다. 따라서 실질상 '같은 심급'이고 하급심이 아니라면 전심(이전심급)에 해당하지 않는다. 예컨대, ㉠ 파기환송 전의 원심에 관여한 법관이 파기환송 후의 재판에 관여한 경우(대판 1979.2.27. 78도3204), ㉡ 재심청구의 대상인 확정판결에 관여한 법관이 재심청구사건에 관여하는 경우(대결 1982.11.15.자 82모11), ㉢ 상고심 판결을 한 법관이 상고심 판결정정절차에 관여하는 경우(대결 1967.1.18.자 66초67)는 전심(이전심급)에 해당하지 않는다. 또한, ㉣ 그 절차가 전심(이전심급)이라 볼 수 없는 경우, 즉 수사단계에서 구속영장을 발부한 법관은 물론, 증거보전절차를 행한 법관, 재정신청절차에서 공소제기결정을 한 법관은 '제1심' 재판에 관여할 수 있다(상소심은 후술).

전심관여가 문제되는 것은 '당해 피고사건'에 한정된다. 따라서 동일 피고인에 대한 다른 사건의 재판에 관여한 법관은 나머지 사건의 재판을 담당할 수 있고, 다수의 공범자 중 일부의 재판에 관여한 법관도 분리심리된 다른 공범자의 재판을 담당할 수 있다.

ii) ('재판' 관여) '재판'의 관여란, 전심재판의 내부적 성립에 실질적으로 관여한 것, 즉 실질적으로 사건에 대한 판단을 하는 재판의 합의 및 판결서의 작성에 관여하는 것을 말한다. 따라서 사건에 대한 판단을 하지 않는 경우, 예컨대, ㉠ 재판의 '선고'에만 관여한 때 또는 사실심리나 증거조사 없이 공판기일 '연기'재판에만 관여한 때(대판 1954.8.12. 4286형상141), ㉡ '공판'에 관여했으나 판결 선고 전에 경질된 때(대판 1985.4.23. 85도281)는 전심(이전심급)의 '재판'관여에 해당하지 않는다. 다만 위 ㉡의 경우는 '전심재판의 기초되는 조사·심리에 관여한 때'에 해당되는지 여부의 문제는 남는다.

iii) ('기초되는 조사·심리' 관여) 전심재판의 기초되는 조사·심리에 관여한 때라 함은, "전심재판의 내용 형성에 사용될 자료의 수집·조사에 관여하여 그 결과가 전심재판의 사실인정의 자료로 사용된 경우"를 말한다(위 99도155). 따라서 "제1심 판결에서 피고인에 대한 유죄의 증거로 사용된 증거를 조사한 판사는 (공판절차 진행 중에 경질되었더라도) 항소심 재판에 관여할 수 없다"(대판 1999.10.22. 99도3534). 수탁판사로서 증거조사를 한 경우도 같다.[1]

iv) (전심의 기초·심리 관여 아님) 반면, ㉠ 수사단계에서 구속영장을 발부한 법관(대판 1989.9.12. 89도612), ㉡ 구속적부심사에 관여한 법관(대판 1960.7.13. 4293형상166) 또는 ㉢ 보석허가결정에 관여한 법관은 그 '상소심'에서 제척사유에 해당하지 않는다. ㉣ 또한 "(위원회의 의결에 따라) 선거관리위원장으로서 수사기관에 수사의뢰를 한 법관이 그 후 당해 피고사건의 '항소심' 재판을 하는 경우 역시 (적절하지는 않으나) '그 기초되는 조사에 관여한 때'에는 해당하지 않는다"(위 99도155). 따라서 '항소심' 재판에 관여할 수 있다.

한편, 제1회 공판기일 전의 증거보전절차(184)나 수사상 증인신문절차(221의2)를 행한 법관이 전심재판의 기초되는 조사·심리에 관여한 때에 해당하여 '상소심'에서 제척사유가 되는지 여부가 문제된다. 판례는 제척사유가 아니라는 입장이다. 즉, "증거보전절차에서 증인신문을 한 법관은 전심재판 또는 그 기초되는 조사·심리에 관여한 법관에 해당하지 않는다"(대판 1971.7.6. 71도974)는 것이다. 그러나 이는 실체형성과 밀접한 관련을 갖고, 그 조서는 무조건 증거능력이 있으며, 그 법관은 법원 또는 재판장과 동일한 권한을 가진다는 점에서, 그 '상소심' 재판에 대해서는 제척사유가 된다고 해석하는 것이 타당하다(통설).

v) (제척으로 배제되는 상급심의 재판: '판결') "제척되는 재판은 불복이 신청된 당해 사건의 '판결'절차를 말한다"(대판 1985.4.23. 85도281). 따라서 "전심재판에 관여한 법관이 항소심 공판에 관여한 바 있어도 후에 경질되어 그 '판결'에는 관여하지 아니한 경우는 그 법관이 '불복이 신청된 당해 사건'의 '재판'에 관여하였다고 할 수 없다"(위 85도281).

(3) 약식명령과 전심관여

약식명령을 발부한 판사가 정식재판을 담당한 경우 전심재판의 관여인지 여부가 문제된다. 즉결심판을 한 판사가 정식재판을 담당한 경우도 마찬가지이

1) 재정신청절차에서 공소제기결정을 한 법관이 그 피고사건의 '항소심'에 관여하는 것은 '전심재판의 기초되는 조사·심리에 관여한 때'에 해당한다.

다. i) (제1심) "약식명령을 발부한 법관이 정식재판절차의 제1심 판결에 관여하는 것은 제척사유에 해당하지 않는다"(대판 2002.4.12. 2002도944). 약식절차와 정식재판청구에 의하여 개시된 제1심 공판절차는 동일한 심급 내에서 서로 절차만 달리할 뿐이므로, 약식명령이 제1심 공판절차의 전심재판에 해당하는 것은 아니다. 즉, 약식명령을 발령한 판사는 그 정식재판청구 사건의 제1심재판을 담당할 수 있다. 물론 기피사유가 되는지는 별개의 문제이다. ii) (제2심) 반면, "그 항소심 판결에 관여하는 것은 제척사유가 된다"(대판 2011.4.28. 2011도17). 심급을 달리하기 때문에 전심관여에 해당한다. iii) (관여 여부) 다만 "항소심 공판에 관여한 바 있어도 후에 경질되어 그 '판결'에는 관여하지 아니한 경우는, 불복이 신청된 당해 사건의 '재판'에 관여하였다고 할 수 없다"(위 85도281). 제척되는 재판은 불복이 신청된 당해 사건의 판결절차를 뜻하기 때문이다.

(4) 제척의 효과

제척사유에 해당하는 법관은 당해 사건의 직무집행에서 법률상 당연히 배제된다. 당사자의 신청이나 재판은 필요 없다. 배제되는 직무집행의 범위는 당해 사건에 관한 모든 소송행위에 미친다. 제척사유 있는 법관은 스스로 회피해야 하며(24①), 당사자도 기피신청을 할 수 있다(18①). 제척사유 있는 법관이 재판에 관여한 판결은 **절대적 항소이유**(361의5ⅶ)와 **상대적 상고이유**(383ⅰ)에 해당한다. 다만 그 판결이 당연무효인 것은 아니고 재심사유인 것도 아니다.

3. 기피

(1) 뜻

기피는 법관이 제척사유가 있는데도 재판에 관여하는 경우나 불공평한 재판을 할 염려가 있는 경우에 당사자의 신청에 의해 그 법관을 직무집행에서 배제시키는 제도를 말한다(18).

(2) 기피사유

i) 법관이 제척사유에 해당하는 때(18①ⅰ). 이는 제척사유의 존부가 불분명하거나 법관이 이를 간과한 경우 당사자의 신청으로 제척사유의 존부에 대한 심리를 요구한다는 점에 의의가 있다.

ii) 법관이 불공평한 재판을 할 '염려'가 있는 때(동ⅱ). 주로 문제되는 기피사유이다. 이는 "당사자가 불공평한 재판이 될지도 모른다고 추측할 만한 주관적인 사정이 있는 때를 말하는 것이 아니라, 통상인의 판단으로서 법관과 사건의 관계상 불공평한 재판을 할 것이라는 의혹을 갖는 것이 **합리적**이라고 인정할 만한 **객관적**인 **사정**이 있는 때"를 말한다(대결 2001.3.21.자 2001모2). 제척사유로 포섭할 수 없는 비정형적 사유에 대비하기 위한 것이므로, 구체적 사정을 종합하여 판단한다. 예컨대, ㉠ 법관이 증명되지 않은 사실을 '언론에 발표'하는 경우, ㉡ 법관이 심리 중 '유죄를 예단'하는 취지로 미리 법률판단을 한 경우(대결 1974.10.16.자 74모68), ㉢ 법관이 심리 중에 피고인에게 '매우 모욕적인 말'을 하는 경우 또는 피고인에게 '진술을 강요'한 경우 등이 기피사유에 해당한다.

반면, ㉠ 법관이 피고인에게 공판기일에 어김없이 '출석하라'고 촉구한 경우(대결 1969.1.6.자 68모57), ㉡ 피고인의 증거신청을 '채택하지 아니'하거나 이미 행한 증거결정을 취소한 경우 또는 증인신문권의 본질적인 부분을 침해하지 않는 범위 내에서 피고인의 '증인에 대한 신문을 제지'한 경우(대결 1995.4.3.자 95모10), ㉢ 법정구속하면서 '죄질이 나쁘다'고 말한 경우(대결 2004.8.13.자 2004모263), ㉣ (피고인에게 유리한) 검사의 공소장변경허가신청에 대하여 '불허가결정'을 한 경우(대결 2001.3.21.자 2001모2), ㉤ 피고인의 소송기록열람신청에 대하여 국선변호인이 선임되어 있으니 국선변호인을 통하여 소송기록의 열람 및 등사신청을 하게 하거나 국선변호인에게 '성실한 변론을 하도록 촉구하지 아니'한 경우(대결 1996.2.9.자 95모93) 등은 기피사유에 해당하지 않는다. ㉥ 법관의 종교, 세계관, 정치적 신념, 출신, 소송지휘권 · 법정경찰권의 행사 등은 원칙적으로 기피사유가 되지 않는다.

(3) 기피절차

신청권자는 검사 또는 피고인이며, 변호인은 피고인의 명시한 의사에 반하지 않는 때에 한하여 신청권이 있다(18②).

기피신청은 서면 또는 구두로 할 수 있고(규176①), 신청시기에 대하여도 민사소송과 달리 별다른 제한이 없으므로 판결선고시까지 가능하다. 문제는 판결의 선고 도중에 기피신청이 허용되는지 여부이다. 그러나 "판결 선고는 기피신청이 있는 경우에 정지되는 소송진행에는 해당하지 않는다"(대결 1995.1.9.자 94모77). "피고사건의 판결 선고절차가 시작되어 재판장이 이유의 요지 중 상당부분을 설명하는 도중 피고인이 기피신청과 동시에 선고절차의 정지를 요구하는 것은, 선고절차의 중단 등 소송지연을 목적으로 한 것으로서 부적법하다"(대결

1985.7.23.자 85모19). "이미 종국판결이 선고되어 버리면 기피신청은 그 목적의 소멸로 재판을 할 이익이 상실되어 부적법하게 된다"(위 94모77).

기피는 합의부의 법관인 경우에는 그 합의부에 신청하고, 단독판사 또는 수명법관·수탁판사인 경우에는 당해 법관에게 신청하여야 한다(19①). 대법원의 전원합의체를 구성하는 대법관 전원에 대한 기피신청은 이를 판단할 법원을 구성할 수 없기 때문에 허용되지 않는다. 기피사유를 구체적으로 명시하여야 하고(규9①), 신청한 날부터 3일 이내에 서면으로 소명하여야 한다(동②). "어떠한 사유에 의했건 법관이 '이미' 당해 구체적 사건의 **직무집행으로부터 '배제'**되어 있다면 그 법관에 대한 피고인의 기피신청은 부적법하다"(대결 1986.9.24.자 86모48).

(4) 간이기각결정

간이기각결정은 기피당한 법관이 스스로 자신에 대한 기피신청을 기각하는 일종의 자기심판제도이다. 기피신청이 ㉠ 소송지연만을 목적으로 함이 명백하거나(1995년 개정에서 신설) ㉡ 제19조(기피신청의 관할, 기피사유의 3일 이내 서면 소명)의 규정에 위배된 때에는, 신청을 받은 법원 또는 법관은 결정으로 이를 기각한다(20①). 이는, 기피신청의 남용을 방지하여 형사소송절차의 신속성을 실현하기 위한 것이다(헌재 2006.7.27. 2005헌바58). **소송지연 목적 여부**는 "기피신청인이 제출한 소명방법만에 의하여 판단할 것은 아니고, 당해 법원에 현저한 사실이거나 당해 사건기록에 나타나 있는 제반 사정을 종합하여 판단할 수 있다"(위 2001모2). 따라서 기피신청을 받은 법원이 그 신청을 소송지연의 목적으로 보아 **소명자료의 제출을 기다리지 않고** 기각결정을 한 것은 위법이 아니다.

간이기각결정에 대하여는 즉시항고를 할 수 있다(23①). 그러나 이 즉시항고는 통상의 즉시항고와는 달리 집행정지의 효력이 없다(동②).

(5) 소송진행의 정지

기피신청이 있는 경우는 소송진행을 정지해야 한다. 다만 '급속을 요하는 경우'에는 정지되지 않는다(22). 여기서 정지되는 '소송진행'은 "그 피고사건의 실체적 재판에의 도달을 목적으로 하는 **본안**의 소송절차"를 말한다(대결 1987.5.28.자 87모10). 반면, '구속기간의 갱신절차'(대결 1987.2.3.자 86모57)나 '판결의 선고'(위 87모10)는 가능하다. 따라서 "변론종결 후 재판부에 대한 기피신청을 하였지만, 소송진행을 정지하지 아니하고 판결을 선고한 것은 정당하다"(대판 2002.

11.13. 2002도4893). 구속기간만료가 임박한 사정도 '급속을 요하는 경우'에 해당한다(대판 1994.3.8. 94도142). 한편, 기피신청으로 인하여 공판절차가 정지된 기간은 (법원의) 구속기간에 산입하지 아니한다(92③). 다만 미결구금일수에는 산입된다.

(6) 기피신청에 대한 재판

기피당한 법관은 간이기각결정을 하는 경우를 제외하고는 지체 없이 기피신청에 대한 의견서를 제출하여야 한다(20②). 기피당한 법관이 기피신청을 이유 있다고 인정하는 때에는 기피결정이 있는 것으로 간주된다(20③). 이로써 기피신청사건은 종결된다.

기피신청사건의 관할은 기피당한 법관의 소속 법원 **합의부**에서 결정으로 행한다. 기피당한 법관은 결정에 관여하지 못한다. 기피당한 판사의 소속 법원이 합의부를 구성하지 못할 때에는 직근 상급법원이 결정한다(21).

기피신청의 재판은, 신청이 이유 있으면 '**제척**'의 결정을 하고,[1] 이유 없으면 기각결정을 한다. 제척결정에 대해서는 누구도 불복할 수 없는 반면, 기각결정에 대해서는 신청인이 즉시항고할 수 있다(23).

(7) 기피의 효과

기피신청이 이유 있다는 결정이 있으면 그 법관은 당해 사건의 직무집행으로부터 배제된다. 그 법관이 사건의 심판에 관여한 때에는 **절대적 항소이유**(361의5vii)와 **상대적 상고이유**(383 i)가 된다.

4. 회피

회피란 법관이 스스로 기피원인이 있다고 판단한 때에 자발적으로 직무집행에서 탈퇴하는 제도이다. 즉, 법관이 제18조(기피의 원인)의 규정에 해당하는 사유가 있다고 사료한 때에는 '회피하여야 한다'(24①).[2] 회피는 소속 법원에 서면으로 하고(동②), 그 재판은 회피한 법관의 소속 법원 **합의부**에서 결정으로 한다(24③ · 21①). 신청시기에는 제한이 없다. 회피신청에 대한 결정에는 기피에 관한 규정이 준용된다(동③). 법원의 결정에 대하여는 당해 법관이 항고할 수 없다.

---

1) 주문: "○○법원 소속 판사 ○○○을 같은 법원 20××고합×××× △△사건의 직무집행으로부터 제척한다."

2) 이는 일종의 의무규정으로, 민사소송법 제49조(법관의 회피)의 '감독권이 있는 법원의 허가를 받아 회피할 수 있다'는 것과 구별된다.

5. 법원사무관등에 대한 제척 · 기피 · 회피

법관의 제척 · 기피 · 회피에 관한 규정은 원칙적으로 법원서기관 · 법원사무관 · 법원주사 또는 법원주사보와 '통역인'에 준용한다(25①). 비록 사건을 직접 심리 · 재판하는 기관은 아니지만, 간접적으로 재판에 영향을 줄 가능성이 있기 때문이다. 법원서기관 등에 대한 기피신청의 재판은 그 소속 법원의 결정으로 한다. 다만 직무의 성질상 법관의 제척사유 중 전심관여(17ⅶ)는 적용되지 않는다. 통역인에게도 제척 · 기피가 준용되므로, "통역인이 사건에 관하여 증인으로 증언한 때에는 직무집행에서 제척되고, 제척사유가 있는 통역인이 통역한 증인의 증인신문조서는 유죄 인정의 증거로 사용할 수 없다. 사실혼관계에 있는 사람은 민법상 친족에 해당하지 않으므로, 통역인이 피해자의 사실혼 배우자라고 하여도 통역인에게 제척사유가 있다고 할 수 없다"(대판 2011.4.14. 2010도13583).

제 2 절 검사

Ⅰ. 검사의 의의

1. 의의

검사는 검찰권을 행사하는 국가기관이다. 즉, 검사는 공익을 대표하여 수사와 공판 및 재판집행에 이르는 형사절차 전반에서 검찰권을 행사한다. 검사의 직무와 권한은 ㉠ 범죄수사,[1] 공소제기와 그 유지, ㉡ 범죄수사에 관한 '특별'사법경찰관리의 지휘 · 감독, ㉢ 법원에 대한 법령의 정당한 적용의 청구, ㉣ 재판집행의 지휘 · 감독, ㉤ 국가를 당사자 또는 참가인으로 하는 소송과 행정소송 수행 또는 그 수행에 관한 지휘 · 감독, ㉥ 다른 법령에 따라 그 권한에 속하는 사항이다(검찰청법4).

검사제도는 탄핵주의 소송구조의 산물이자 그 핵심이다. 또한 검사제도는 검사의 공소권한 이외에도, 수사절차에서 시민인 피의자의 기본권과 소송법적 권리를 보호하고, 경찰권력에 대한 법치국가원칙에 따른 통제기능을 수행한다.

---

1) [검사의 수사개시 범위: 특정사건] 검사가 '수사개시'할 수 있는 범죄의 범위는 '중요 범죄'와 '경찰공무원 및 공수처 소속 공무원이 범한 범죄'로 제한된다(검찰청법4①i단서).

검찰청은 검사의 검찰사무를 통할하기 위하여 법원에 대응하여 설치된다. 대검찰청, 고등검찰청, 지방검찰청으로 구성되며, 각각 대법원, 고등법원, 지방법원 및 가정법원에 대응하여 설치된다(동법3①). 지방법원지원 설치지역에서는 이에 대응하여 지방검찰청지청을 둘 수 있다(동②).

2. 준사법기관

검사는 행정기관이면서 동시에 사법기관의 성격을 갖는 준사법기관의 지위에 있다. 사법기관은 아니지만, 수사·공소·재판집행을 내용으로 하는 검찰권은 사법권과 밀접한 관계가 있고, 사법절차에서 차지하는 역할과 비중이 크기 때문이다. 오늘날 검사의 권한에 속하는 사법적 업무는 원래 법원의 권한이었다.

우선, **행정기관**으로서의 검사는, 법관과 달리 그 신분보장이 헌법에 근거한 것은 아니며, 법무부장관의 지휘·감독을 받는다. 법무부장관은 검찰사무의 최고감독자로서 일반적으로 검사를 지휘·감독하고, 다만 구체적 사건에 대하여는 검찰총장만을 지휘·감독한다(동법8). 또한 검사는 단독관청이지만, 소속 상급자의 지휘·감독에 따라야 한다(동법7①). 검사의 불기소처분에 대해서는 기판력(즉, 확정판결에서 발생하는 효력)이 인정되지 않는다.

한편, **사법기관**으로서의 검사는 단독관청이며, 법관에 준하는 독립성의 보장이 요구된다. 현행법상 검사의 자격은 법관에 준하고(동법29등), 법률로써 법관에 준하는 신분보장을 받는다(동법37). 검사의 수사종결처분이나 기타 결정에 대한 불복은, 통상의 행정심판·행정소송이 아니라, 형사소송법상 독자적 절차인 검찰항고(동법10), 재정신청(260), 준항고(417)에 의한다.

Ⅱ. 검사의 법적 지위: 단독관청

1. 단독관청

검사는 검찰사무를 처리하는 단독관청이다(검찰청법4). 검찰사무는 개개의 검사가 자신의 이름으로 단독 처리하는 1인제이며, 합의제는 존재하지 않는다. 검사는 검찰총장이나 검사장의 보조기관이 아니며, 상관이 지시하는 대로 업무하는 것이 아니라 자신의 권한과 책임으로 독자적으로 결정하여 처리한다. 따라서 검사가 상급자의 내부 결재 없이 검찰사무를 처리하더라도 그 대외적 효력에는 영향이 없다.

다만 검사는 법원과는 달리, 검찰사무에 관하여 소속 상급자의 지휘·감독에 따라야 하므로, 법관과 동일한 정도의 독립성이 보장되는 것은 아니다.

2. 단독관청의 한계

(1) 소속 상급자의 지휘·감독

1) 뜻 검사는 검찰사무에 관하여 소속 상급자의 지휘·감독에 따른다(동법 7①). 그러나 일반 행정조직과 달리 단순한 상명하복의 관계를 의미하지는 않는다. 검사는 사법적 업무인 검찰사무를 처리하는 단독관청이기 때문이다. 그런데 상급자의 지휘·감독은 검사의 단독관청으로서의 성격과 모순관계에 있다. 따라서 검사의 지휘·감독관계는 적법한 검찰사무의 처리를 위해 상급자의 지휘·감독을 받는다는 의미로 해석되어야 한다.

2) 이의제기 상급자의 지휘·감독은 적법하고 정당할 것을 전제로 한다.[1] 검사는 구체적 사건과 관련된 상급자의 지휘·감독의 적법성과 정당성에 대하여 이견이 있을 때에는 이의를 제기할 수 있다(동②).

3) 내부적 효력 검사의 지휘·감독관계는 행정기관으로서의 검찰사무 내에서만 내부적 효력이 인정될 뿐이다. 상급자의 지휘·감독에 위반하거나 그 결재를 받지 않은 경우에도 검사의 처분은 그 대외적 효력에 영향이 없다.

(2) 직무의 승계·이전과 직무대리

1) 직무승계·직무이전 직무승계란 검찰총장, 각급 검찰청의 검사장 및 지청장이 소속 검사의 직무를 자신이 직접 처리하는 것을 말한다(동법7의2②전단). 한편, 직무이전이란 검찰총장, 각급 검찰청의 검사장 및 지청장이 소속 검사로 하여금 자신의 권한에 속하는 직무의 일부를 처리하게 하거나('위임'), 소속 검사의 직무를 다른 검사에게 처리하게 하는 것('협의의 이전')을 말한다(동법7의2①·②후단).

2) 직무대리 직무대리란 각급 검찰청의 차장검사가 소속 장에게 사고가 있을 때 특별한 수권(授權) 없이 직무를 대리하는 권한이 있는 것을 말한다(동법13②).

(3) 법무부장관의 지휘·감독권

법무부장관은 검찰사무를 관장하는 법무부의 최고책임자로서 일반적 지

---

1) 검찰의 고위 간부가 내사 담당 검사로 하여금 내사를 중도에서 그만두고 종결처리토록 한 행위는 직권남용권리행사방해죄에 해당한다(대판 2007.6.14. 2004도5561).

휘·감독권을 행사할 수 있다. 그러나 법무부장관은 검사가 아니므로, 검사에 대해 구체적 지휘·감독권이 없다. 즉, 법무부장관은 구체적 사건에 대하여는 검찰총장만을 지휘·감독한다(동법8). 이는 검찰권 행사의 공정성 내지 정치적 중립성을 확보하기 위한 것이다.

[이른바 검사동일체 원칙] i) 검사의 단독관청으로서의 한계와 관련하여, 종래 이를 검사동일체 원칙이라고 설명하였다. 즉, 검사동일체원칙이란 모든 검사들이 검찰총장을 정점으로 피라미드형의 계층적 조직체를 형성하여 일체불가분의 유기적 통일체로서 활동하는 것이며, 단독관청인 검사는 검사동일체원칙에 따라 전체의 하나로서 검찰권을 통일적으로 행사하게 된다는 설명이었다. 또한 검사동일체원칙의 기능으로는 ㉠ 균등한 검찰권의 행사와 ㉡ 전국적 수사망의 확보가 제시된다고 설명하였다. 즉, 유기적 직무수행을 통하여 검찰권이 전국적으로 균형 있게 행사되어 검찰권행사의 공정성을 도모할 수 있으며, 범죄에 대한 효율적 대응을 위하여 전국적으로 통일된 수사망을 확보한다는 것이었다.

ii) 그러나 행정기관의 내부적 감독관계는 일반적인 내용이며, 행정조직의 내부적 지휘·감독관계가 전체 구성원을 동일체로 만드는 물리적 변화를 결과하지는 않는다. 일반 행정조직에서 하급자는 단독관청이 아닌데도 그 전체를 동일체라 하지 않듯이, 하물며 단독관청이 모여 집단적 일체가 되어 동일체를 형성한다는 것은 형용의 모순이다. 단독관청의 본질은 단독책임에 있으며, 이를테면 단독관청 사이에 단독책임의 연대의식은 있을지언정 상관의 지휘·감독에 의해 그 집합체가 동일체로 된다고 할 수는 없다.

3. 관련문제

1) 검사의 교체 수사나 공판절차가 진행되는 도중에 검사가 교체되더라도 소송법상 아무런 영향이 없다. 변호인의 교체가 소송법상 아무런 영향이 없는 것과 다를 바 없다. 수사절차나 공판절차를 갱신할 필요가 없다.

2) 검사의 제척·기피 검사에게도 제척·기피제도를 인정할 것인지에 대해 논란이 있다. 공정한 검찰권행사를 위해 이를 인정할 필요가 있으나, 현행법상 명문의 규정이 없는 이상 소극적으로 해석할 수밖에 없다. 판례도 소극설의 입장이다. 즉, "범죄의 피해자인 검사가 그 사건의 수사에 관여하거나, 압수·수색영장의 집행에 참여한 검사가 다시 수사에 관여하였다는 이유만으로, 바로 그 수사가 위법하다거나 그에 따른 참고인이나 피의자의 진술에 임의성이 없다고 볼 수는 없다"(대판 2013.9.12. 2011도12918). 그럼에도, 검사의 회피의무에 대한 규정

은 수사준칙(11. 대통령령 제31089호) 및 검찰사건사무규칙(30)에 마련되어 있다.

[이른바 검사동일체 원칙과의 관계] 검사의 교체, 제척 · 기피와 관련하여, 종래 이를 검사동일체원칙의 소송법적 효과로 설명하였다. 그러나 ㉠ 법원의 교체가 아닌 당사자의 교체가 소송법상 아무런 영향이 없고, 따라서 이 경우 그 절차를 갱신할 필요가 없다는 것은 소송법의 일반원리에 속한다. 검사의 교체 문제는 소송법의 일반원리에 따른 효과일 뿐 검사동일체원칙의 효과라고 보기는 어렵다. ㉡ 또한, 검사의 제척 · 기피는 현행법상 명문의 규정이 없는 이상 피해자인 검사의 수사관여와 같은 행위 자체를 위법이라고 할 수는 없다. 물론 그것이 적절하다는 것은 아니다. 검사의 제척 · 기피 문제는 현행법 해석의 문제일 뿐 검사동일체원칙 인정 여부와는 무관한 문제이다.

Ⅲ. 검사의 소송법상 지위

1. 수사권 및 수사감독권의 주체

검사는 특정 사건에 대한 제한된 직접 수사권, 송치된 후의 수사권, 일반 사법경찰관의 수사에 대한 감독권, 수사종결권이 있다. 다만, 검찰제도의 개혁의 일환으로, 수사 · 공소 기관 사이의 상호 견제가 가능한 체계를 구축하기 위하여 검찰청을 폐지하고, 법무부장관 소속으로 '공소청'과 행정안전부장관 소속으로 '중대범죄수사청'을 각각 신설하는 내용의 정부조직법 개정(2025.10.1. 개정. 동법35 · 37)이 있었다. 이는 2026.10.1. 시행될 예정이고, 그 조직 · 직무범위 등 구체적인 내용은 따로 후속입법을 기다려야 한다.

1) **직접수사권 제한** 검사는 범죄의 혐의가 있다고 사료하는 때에는 범인 · 범죄사실과 증거를 수사한다(196①).

i) (특정사건에 대한 제한된 수사개시권) 그러나 검사의 수사개시권은 제한되어 있다. 검사가 직접 수사를 개시할 수 있는 범죄는, 2020년 검찰청법 개정에서 6대 범죄('중요 범죄' 목록 참조) 및 경찰공무원 범죄로 한정되었으나, 2022년 검찰청법 개정(2022.5.9. 개정, 2022.9.10. 시행)에서 다시 2대 범죄(부패범죄, 경제범죄) 및 경찰공무원(다른 법률에 따라 사법경찰관리의 직무를 행하는 자 포함)과 고위공직자수사처 소속 공무원(공수처법에 따른 파견공무원 포함)으로 더욱 제한되었다(검찰청법4①i단서).[1] 그

1) **[검사의 수사개시 범위: 특정사건]** 즉, 검사가 수사개시할 수 있는 범죄의 범위는 다음 각 목

외의 범죄는 사법경찰관이 수사한다. 즉, 특정사건을 제외하고는, 원칙적으로 검사는 1차적 수사권이 없는 것이다.[1)]

특히 검찰청법 제4조 제1항 제1호 (다)목은 검사가 수사를 개시할 수 있는 범죄의 범위에 "본래범죄와 관련하여 인지한 각 해당 범죄와 '**직접 관련성**'이 있는 범죄"를 포함시키고 있다. "이를 위반하여 개시된 수사절차에 이어진 공소제기는 '그 절차가 법률의 규정에 위반하여 무효'인 경우에 해당하므로 공소기각판결(327ii)의 대상이 된다"(대판 2025.9.11. 2022도10256). "여기서 '**직접**'은 중간행위나 다른 원인의 매개 없이 연결되는 것을 의미하고, '**관련성**'은 수사의 대상, 수사의 과정과 경위 등을 종합하여 구체적·개별적 연관관계가 있는 경우를 의미한다. 본래범죄와 '직접 관련성이 있는 범죄'에 해당하는지 여부를 판단할 때에는 문언의 의미와 그 입법취지 등을 염두에 두어 검사가 수사개시할 수 있는 범

과 같다.

1) [2020년 개정 검찰청법] <가.> 부패범죄, 경제범죄, 공직자범죄, 선거범죄, 방위사업범죄, 대형참사 등 대통령령으로 정하는 중요 범죄, <나.> 경찰공무원이 범한 범죄, <다.> 가목·나목의 범죄 및 사법경찰관이 송치한 범죄와 관련하여 인지한 각 해당 범죄와 '직접 관련성이 있는 범죄'에 한정된다(검찰청법4①i단서).

자세한 것은 '검사의 수사개시 범죄 범위에 관한 규정'(대통령령) 제2조(중요 범죄)·제3조(직접 관련성이 있는 범죄) 및 그 시행규칙(법무부령) 참조.

[중요 범죄 목록] 특히 6대 범죄는 다음과 같다.

	유형	중요 범죄
1	부패범죄	고액 뇌물수수(3,000만원 이상), 알선수재, 변호사법위반, 정치자금법위반, 리베이트수수(이상 5,000만원 이상) 등
2	경제범죄	고액 사기·횡령·배임(5억원 이상), 미공개중요정보 이용거래, 산업기술유출, 영업비밀침해, 공정거래법위반, '마약: 수출입범죄(만)' 등
3	공직자 범죄	주요공직자의 직무유기, 직권남용, 독직폭행, 공무상비밀누설, 허위공문서작성 등 ※ 주요공직자: 공직자윤리법상 재산등록의무자(국회의원, 지자체장, 법관, 검사, 4급 이상 공무원, 공기업임원 등)
4	선거범죄	형법상 공무원의 선거방해, 공직선거 및 조합장·대학총장 선거, 국민투표와 관련된 모든 선거범죄 포함
5	방위사업범죄	방위사업의 수행과 관련하여 범한 죄(죄명 등 제한 없음)
6	대형참사범죄	화재·붕괴·폭발 등으로 대규모 인명피해, 국가핵심기반 마비 등이 초래된 경우 그와 관련하여 범한 죄(죄명 등 제한 없음)

2) [2022년 개정 검찰청법] <가.> 위 6대 범죄에서 '공직자범죄, 선거범죄, 방위사업범죄, 대형참사범죄' 등 4개 범죄를 제외하되, 선거범죄에 대해서는 2022. 12. 31.까지 수사권을 유지하도록 함(부칙3). <나.> 경찰공무원을 '경찰공무원(다른 법률에 따라 사법경찰관리의 직무를 행하는 자 포함)과 고위공직자수사처 소속 공무원(공수처법에 따른 파견공무원 포함)'으로 함.

1) 검사의 직접수사에 대해서는 확증편향 논란이 있다.

죄의 범위가 무분별하게 확대되지 않도록 하되, '특정 혐의사실의 수사과정에서 연관성 있는 다른 혐의사실이 자연스럽게 드러나거나 발견되는 경우'(?) 신속한 수사에 의한 실체적 진실 발견을 통해 피해자의 권리를 구제하고 정의를 실현할 필요도 있다는 점을 아울러 고려하여야 한다"(대판 2025.9.25. 2025도6707).

ii) (송치된 후의 보완수사권) 사법경찰관이 송치한 사건에 대해 송치 후 '직접 보완수사'를 할 수 있다(수사준칙59①).[1] 다만, 검사는 사법경찰관으로부터 송치받은 사건에 관하여는 해당 사건과 '동일성을 해치지 아니하는 범위 내에서' 수사할 수 있다(196②. '해치지 아니하는 범위'라는 문언상 약간의 확장가능성).

한편, 검사는 피의자신문 · 참고인조사 등의 임의수사는 물론, 체포 · 구속, 압수 · 수색 · 검증 등의 강제수사를 할 수 있다. 어떤 수사를 먼저할 것인지에 대한 판단도 검사의 재량사항이다. 이를 검사의 **'수사 형성의 자유'**라고 한다. 특히, 영장청구권, 증거보전청구권(184), 수사상 증인신문청구권(221의2)은 검사에게만 인정된다.

2) 경찰수사 감독권 검사는 (일반 경찰공무원인) 사법경찰관리의 1차적 수사에 대한 감독권 내지 사법통제 권한이 있다. 2020년 개정에서 검 · 경 수사권 조정이 입법화됨에 따라, (일반)사법경찰관에 대한 검사의 수사지휘권은 폐지되고(197 참조), 사법경찰관과 검사 사이의 수사권은 새로이 조정되었다. 이에 따라 검사는 다음과 같은 경찰수사에 대한 감독권을 갖는다.

i) **[시정조치등의 요구]** ㉠ (기록송부요구) 검사는 사법경찰관리의 수사과정에서 법령위반, 인권침해 또는 현저한 수사권 남용이 의심되는 사실의 신고가 있거나, 그러한 사실을 인식하게 된 경우에는 사법경찰관에게 '사건기록 등본의 송부를 요구'할 수 있다(197의3①). 송부 요구를 받은 사법경찰관은 지체 없이 검사에게 사건기록 등본을 송부해야 한다(동②).

㉡ (시정조치요구) 사건기록 등본을 송부받은 검사는 필요하다고 인정되는 경우에는 사법경찰관에게 '시정조치를 요구'할 수 있다(동③). 사법경찰관은 검사의 시정조치 요구가 있는 때에는 정당한 이유가 없으면 지체 없이 이를 이행하고, 그 결과를 검사에게 통보해야 한다(동④).

㉢ (사건송치요구) 사법경찰관으로부터 시정조치 이행결과를 통보받은 검사는

1) '검사와 사법경찰관의 상호협력과 일반적 수사준칙에 관한 규정'(약칭 '수사준칙', 대통령령 제33808호, 2023.10.17. 일부 개정, 2023.11.1. 시행)을 말한다. 2023.10.17. 개정에서 검사와 사법경찰관의 보완수사 분담 기준을 정비하여 검사의 '직접 보완수사' 범위를 종전에 비해 확장하였다.

시정조치요구가 정당한 이유 없이 이행되지 않았다고 인정되는 경우에는 사법경찰관에게 '사건을 송치할 것을 요구'할 수 있다(동⑤). 송치 요구를 받은 사법경찰관은 검사에게 사건을 송치해야 한다(동⑥).

㉣ (징계요구) 검찰총장 또는 각급 검찰청 검사장은 사법경찰관리의 수사과정에서 법령위반, 인권침해 또는 현저한 수사권 남용이 있었던 때에는 권한 있는 사람에게 해당 사법경찰관리의 '징계를 요구'할 수 있고, 그 징계 절차는 「공무원 징계령」 또는 「경찰공무원 징계령」에 따른다(동⑦).

ii) [보완수사요구] 검사는 사법경찰관에 대해 '보완수사를 요구'할 수 있다. 보완수사 요구는 사법경찰관이 사건을 송치한 이후에 '송치사건'에 대해 이루어지는 것이 일반적이지만(197의2①i), 사법경찰관의 '송치 전 영장신청' 사건에 대해서도 이루어질 수 있다(동ii). 사법경찰관은 검사의 보완요구가 있는 때에는 정당한 이유가 없는 한 지체 없이 이를 이행하고, 그 결과를 검사에게 통보해야 한다(동②).

iii) [재수사요청] 검사는 '불송치사건'에 대해, 사법경찰관이 사건을 송치하지 아니한 것이 위법 또는 부당한 때에는 그 이유를 문서로 명시하여 사법경찰관에게 '재수사를 요청'할 수 있다(245의8①). 이 경우 사법경찰관은 사건을 재수사해야 한다(동②).

iv) [수사 경합과 송치요구] 검사는 사법경찰관과 동일한 범죄사실을 수사하게 된 때에는 사법경찰관에게 사건을 송치할 것을 요구할 수 있다(197의4①). 그 요구를 받은 사법경찰관은 지체없이 검사에게 사건을 송치해야 한다. 다만 검사가 영장을 청구하기 전에 동일한 범죄사실에 관하여 사법경찰관이 영장을 신청한 경우에는 해당 영장에 기재된 범죄사실을 계속 수사할 수 있다(동②).

3) 특별사법경찰관리에 대한 수사지휘권 한편, 검사는 '특별'사법경찰관리에 대해서는 종전과 마찬가지로 수사지휘권이 있다. 즉, 검사는 범죄수사에 관하여 '특별'사법경찰관리를 지휘 · 감독하며(검찰청법4①ii), 특별사법경찰관은 모든 수사에 관하여 검사의 지휘를 받는다(245의10②). 특별사법경찰관리는 검사의 지휘가 있는 때에는 이에 따라야 한다(동④). 이는 특별사법경찰관리의 수사에서 사법에 준하는 객관성, 공정성 그리고 인권보장의 이념이 유지되도록 하기 위한 것이다.

4) 수사종결권 검사는 사법경찰관으로부터 사건을 송치받거나 직접 수사한 경우에는 최종적인 수사종결권이 있다. 2020년 검 · 경 수사권 조정이 입법화

됨에 따라, 이제는 (일반)사법경찰관에게 제1차적 수사종결권이 인정되었다. 특별사법경찰관은 이러한 수사종결권이 인정되지 않으므로, 범죄를 수사한 때에는 지체 없이 검사에게 사건을 송치하고, 관계 서류·증거물을 검사에게 송부해야 한다(245의10⑤).

2. 공소권의 주체

공소는 검사가 제기하여 수행한다(246). 검사는 공소권의 주체이다.

1) 공소제기의 독점 공소제기의 권한은 검사가 독점하는데, 이를 기소독점주의라 한다(사인소추는 인정되지 않는다). 나아가 공소제기에 관해 검사의 재량을 인정하는 기소편의주의(247), 검사가 제1심 판결 선고 전까지 공소를 취소할 수 있는 기소변경주의(255)도 채택하고 있다. 한편, "검사는 자신이 수사개시한 범죄에 대하여는 공소를 제기할 수 없다. 다만, '사법경찰관이 송치한 범죄'에 대하여는 그러하지 아니하다"(검찰청법4②. 2022.9.10. 시행). 이를 **'수사와 기소의 분리'** 원칙이라 한다. "여기서 '사법경찰관이 송치한 범죄'는 '사법경찰관이 송치한 범죄 그 자체'뿐만 아니라 '그와 관련하여 인지한 해당 범죄와 직접 관련성이 있는 범죄'도 포함하는 것으로 해석한다"(위 2025도6707).

2) 공소수행의 담당 검사는 공판절차에서 공소사실을 증명하고 공소를 유지하는 공소수행의 담당자이다. 공소수행의 담당자인 검사는, 피고인과 대립하는 당사자로서, 형사소송절차를 형성하고 법령의 정당한 적용을 청구한다. 검사는 당사자로서 공판정출석권, 증거조사참여권 및 증인신문권, 증거조사에 대한 의견진술권 및 이의신청권, 각종 공판참여권이 있다.

3. 재판의 집행기관

재판의 집행은 검사가 지휘한다(460). 여기서 재판의 집행이란 유죄판결의 집행은 물론, 영장 등과 같은 강제처분의 집행도 포함한다. 재판의 집행은 법원이 행하는 법원주의와 검사가 행하는 검사주의가 있는데, 현행법상 집행의 신속성과 기동성을 확보하기 위하여 검사주의를 원칙으로 한다. 다만 재판장·수명법관·수탁판사가 집행을 지휘할 수 있는 예외가 있다(81·115).

검사는 사형 또는 자유형의 집행을 위하여 **형집행장**을 발부하여 구인할 수 있으며(473), 검사가 발부한 형집행장은 구속영장과 동일한 효력이 있다.

Ⅳ. 검사의 의무

(1) 객관의무

검사는 공익의 대표자로서 진실과 정의의 원칙에 따라 검찰권을 행사하여야 한다. 단순히 피고인과 대립하는 당사자가 아니라, 객관적 제3자의 입장에서 피고인의 정당한 이익을 옹호해야 한다(검찰청법4 참조). 이를 객관의무라고 한다. "검사는 공익의 대표자로서 실체적 진실에 입각한 국가형벌권의 실현을 위하여 공소제기와 유지를 할 의무뿐만 아니라, 그 과정에서 피고인의 정당한 이익을 옹호하여야 할 의무를 진다"(대판 2002.2.22. 2001다23447). 객관의무는 수사절차, 공판절차, 상소절차 등 형사절차 전반에서 요구된다.

검사는 수사절차에서 피의자에게 이익 되는 사실을 진술할 기회를 주어야 한다(242). "검사가 수사와 공판과정에서 피고인에게 유리한 증거를 발견하면 피고인의 이익을 위하여 이를 법원에 제출하여야 한다"(위 2001다23447).[1] 검사는 피고인의 이익을 위하여 상소할 수 있고 재심을 청구할 수 있고(424), 법원에 대하여 법령의 정당한 적용을 청구할 직무와 권한이 있다(검찰청법4①). 검찰총장은 법령해석의 통일과 피고인 구제를 위하여 비상상고를 할 수 있다(441).

(2) 인권옹호의무

검사는 인권옹호에 관한 직무를 담당한다. 검사는 인권침해의 방지를 위하여 특히 매월 1회 이상 체포·구속장소 감찰의무가 있다(198의2).[2]

---

1) [객관의무 위반 : 국가배상책임] 강도강간의 피해자가 제출한 팬티에 대한 국립과학수사연구소의 유전자검사결과, 그 팬티에서 범인으로 지목되어 기소된 원고(즉, 피고인)나 피해자의 남편이 아닌, 다른 남자의 유전자형이 검출되었다는 감정결과를 검사가 공판과정에서 입수한 경우, 그 감정서는 원고의 무죄를 입증할 수 있는 결정적인 증거에 해당하는데도 검사가 그 감정서를 법원에 제출하지 아니하고 은폐하였다면, 검사의 그와 같은 행위는 위법하다고 보아 국가배상책임(위자료 합계 2,500만원)을 인정한 사례.

2) 검사가 사법경찰관의 긴급체포 등 강제처분의 적법성에 의문을 갖고 (구속영장 청구 전) 대면조사를 위한 피의자 인치를 2회에 걸쳐 명하였으나, 이를 이행하지 않은 사법경찰관에게 인권옹호직무명령불준수죄와 직무유기죄를 모두 인정한 사례(대판 2010.10.28. 2008도11999) 참조.

제 3 절 수사처검사

Ⅰ. 고위공직자범죄수사처

'고위공직자범죄수사처 설치 및 운영에 관한 법률'(약칭 '공수처법')이 2020. 1. 14. 새로이 제정되어 공포되었다(2020.7.15. 시행). 고위공직자 등의 범죄를 독립된 위치에서 수사할 수 있는 '고위공직자범죄 수사처'(약칭 '수사처')를 설치하였다. 이는 고위공직자등의 범죄를 척결하고 국가의 투명성과 공직사회의 신뢰성을 제고하기 위한 것이며, 한편, 검사의 기소독점 남용을 견제하고 비대한 검찰권력의 분산과 통제에서 비롯된 측면이 있다.

1) 수사처의 설치와 독립성 공수처법은, 일정한 범위의 고위공직자(2i)[1] 및 그 가족(2ii)[2]이 범한, 일정한 범위의 범죄를 고위공직자범죄(2iii)[3]로 규정하고, '고위공직자범죄 및 관련범죄(2iv)[4]'(약칭 '고위공직자범죄등')와 관련된 직무를 수행하기 위해 '수사처'를 설치하고 있다. 수사처는 검찰청법에 따라 검찰사무를 처리하는 검사와는 구별되는, 별도의 독립된 기구이다.

수사처는 그 권한에 속하는 직무를 독립하여 수행한다(3②). 대통령, 대통령비서실의 공무원은 수사처의 사무에 관하여 업무보고나 자료제출 요구 · 지시 · 의견제시 · 협의 · 그 밖에 직무수행에 관여하는 일체의 행위를 하여서는 안 된다(동③). 수사처 소속 공무원은 정치적 중립을 지켜야 하며, 그 직무를 수행함에 있어 외부로부터 어떠한 지시나 간섭을 받지 아니한다(22).

---

1) [고위공직자(2i)] 예컨대, 대통령, 국회의원, 대법관, 헌법재판관, 중앙행정기관의 정무직공무원, 국가정보원 소속의 3급 이상 공무원, 검찰총장, 시 · 도지사 및 교육감, 판사 및 검사, 경무관 이상 경찰공무원, 장성급 장교, 금융감독원 원장 · 부원장 · 감사, 금융위원회 소속의 3급 이상 공무원 등이다. 재직 중인 자는 물론 퇴직한 자도 포함한다.

2) [가족(2ii)] 고위공직자의 배우자, 직계존비속만 여기에 해당한다. 배우자의 직계존속은 여기의 '가족'에 포함되지 않는다.

3) [고위공직자범죄(2iii)] 고위공직자로 재직 중에 본인 또는 그 가족이 범한 죄(단, 가족의 경우에는 고위공직자의 직무와 관련하여 범한 죄에 한정)로서, 형법 제122조부터 제133조까지의 죄, 직무와 관련되는 형법 제141조, 제225조, 제227조, 제227조의2, 제229조(제225조 · 제227조 · 제227조의2의 행사죄에 한정), 제355조부터 제357조까지 및 제359조의 죄, 특가법 제3조의 죄, 변호사법 제111조의 죄, 정치자금법 제45조의 죄 등이다.

4) [관련범죄(2iv)] 고위공직자와 ㉠ 공범(공동정범, 교사 · 방조범), ㉡ 필요적 공범 중 뇌물공여죄 · 배임증재죄, ㉢ 고위공직자범죄의 본범과 관련된 범인은닉, 위증 · 증거인멸, 무고의 죄 및 국회위증죄 ㉣ 고위공직자범죄 수사 과정에서 인지한 그 고위공직자범죄와 직접 관련성이 있는 죄로서 해당 고위공직자가 범한 죄에 한정된다.

2) 수사처의 조직 수사처는 처장 · 차장 · 수사처검사 · 수사처수사관 등으로 구성된다. ㉠ [처장] 처장은 15년 이상의 변호사자격이 있는 자 중에서 후보추천위원회가 2명을 추천하고 대통령이 1명을 지명한 후 인사청문회를 거쳐 임명한다(5①). 처장은 수사처검사의 직을 겸한다(17⑤). ㉡ [차장] 차장은 10년 이상의 경력자 중에서 처장의 제청으로 대통령이 임명한다(7①). 차장도 수사처검사의 직을 겸한다(18②). ㉢ [수사처검사] **수사처검사**는 7년 이상의 변호사자격이 있는 자 중에서 인사위원회의 추천을 거쳐 대통령이 임명한다. 이 경우 검사의 직에 있었던 사람은 수사처검사 정원의 2분의 1을 넘을 수 없다(8①). 수사처검사는 처장과 차장을 포함하여 25명 이내로 한다(8②). ㉣ [수사처수사관] 수사처수사관은 처장이 임명하고, 40명 이내로 한다(10①②). 수사처수사관은 고위공직자범죄등에 대한 수사에 관하여 형사소송법에 따른 '사법경찰관'의 직무를 수행한다(21②).

Ⅱ. 수사처검사의 직무와 권한

1. 수사처검사의 법적 지위

수사처검사는 단독관청이다. 수사처검사의 직무와 권한 등에 관하여는 공수처법의 규정에 반하지 아니하는 한 검찰청법, 형사소송법을 준용한다(47). 완전한 의미의 단독관청이 아닌 점은 검찰청검사와 다를 바 없다.

1) 지휘 · 감독관계 처장은 수사처의 사무를 통할하고 소속 직원을 지휘 · 감독한다(17①). 수사처검사는 처장의 지휘 · 감독에 따르며(20②), 구체적 사건과 관련된 지휘 · 감독의 적법성 또는 정당성에 대하여 이견이 있을 때에는 이의를 제기할 수 있다(20③).

2) 직무의 위임 및 승계 · 이전 ㉠ [직무의 위임] 처장은 수사처검사로 하여금 그 권한에 속하는 직무의 일부를 처리하게 할 수 있다(19①). ㉡ [직무의 승계 · 이전] 처장은 수사처검사의 직무를 자신이 처리하거나, 다른 수사처검사로 하여금 처리하게 할 수 있다(19②).

2. 수사처검사의 수사와 공소

수사처검사는 고위공직자범죄등에 관한 '수사'와 고위공직자범죄 중 일정한 범죄 및 관련범죄에 대해서는 '공소의 제기 및 유지'에 필요한 행위를 한다(20①·3①). 즉, 수사처는 그 명칭에서 알 수 있듯이 기본적으로 수사기구이다. 다만 특정된 일부 고위공직자(즉, 재판·수사 관련 고위공직자)에 대해서는 예외적으로 공소권까지도 있다.

(1) 수사

1) 대상사건 수사처검사는 '고위공직자범죄등'에 관한 수사를 한다(20①·3①i). 수사처검사는 고위공직자범죄의 혐의가 있다고 사료하는 때에는 범인, 범죄사실과 증거를 수사하여야 한다(23).

2) 강제수사 임의수사는 물론, 체포·구속, 압수·수색 등 강제수사도 할 수 있다. 검사의 영장청구권을 규정한 헌법 제12조 제3항의 '검사'를 반드시 검찰청법의 검사에 한정할 근거는 없으며, 헌법재판소의 결정(특별검사)도 같은 취지이다(헌재 2008.1.10. 2007헌마1468; 헌재 2019.2.28. 2017헌바196 등).

3) 수사지휘 수사처검사와 수사처수사관은 검사와 검찰수사관(검찰청법46②)과 마찬가지로 동일한 수사기관에 소속되어 있다. 따라서 상호협력관계에 있는 검사와 일반 사법경찰관의 경우와 달리, 수사처검사는 수사처수사관에 대하여 범죄수사를 지휘·감독할 수 있다. 즉, 수사처검사는 수사처수사관을 지휘·감독하고(20②), 수사처수사관은 수사처검사의 지휘·감독을 받아 직무를 수행한다(21①).

[다른 수사기관과의 관계: 고위공직자범죄의 통보와 이첩] i) (우선적 수사권) 수사처에 고위공직자범죄등에 대한 우선적 수사권이 있다. 즉, ㉠ 수사처의 범죄수사와 중복되는 다른 수사기관의 범죄수사에 대하여 처장이 (수사의 진행 정도 및 공정성 논란 등에 비추어) 수사처에서 수사하는 것이 적절하다고 판단하여 '이첩을 요청'하는 경우 해당 수사기관은 이에 응하여야 한다(24①). 한편, ㉡ 처장은 피의자, 피해자, 사건의 내용과 규모 등에 비추어 다른 수사기관이 고위공직자범죄등을 수사하는 것이 적절하다고 판단될 때에는, 해당 수사기관에 사건을 '이첩'할 수 있다(동③). 즉, 수사처는 중대 범죄의 수사에 집중할 수 있다.

ii) (다른 수사기관의 통보의무) 수사처 이외의 다른 수사기관이 범죄수사과정에서 고위공직자범죄등을 인지한 경우 그 사실을 즉시 수사처에 '통보'해야 한다(24②). 이는 수사처의 우선적 수사권을 보장하기 위한 장치이다. 그 통보를 받은 처장은 통보를 한 다른 수사기관의 장에게 수사개시 여부를 회신해야 한다(동④).

iii) (수사처검사와 검사의 범죄에 대한 수사) 수사처검사의 범죄는 검사가, 검사의 범죄는 수사처검사가 각각 수사한다. 즉, ㉠ 처장은 '수사처검사'의 범죄 혐의를 발견한 경우에 관련 자료와 함께 이를 대검찰청에 '통보'해야 한다(25①). ㉡ 수사처 외의 다른 수사기관이 '검사'의 고위공직자범죄 혐의를 발견한 경우 그 수사기관의 장은 (단순 통보를 넘어서) 사건을 수사처에 '이첩'해야 한다(동②).

(2) 공소

1) 대상사건 수사처검사는 고위공직자범죄 중 **재판·수사 관련 고위공직자**의 일정 범죄 및 관련범죄에 대해서만 '공소의 제기·유지'를 한다(20①·3①ii). 즉, **대법원장 및 대법관, 검찰총장, 법관 및 검사, 경무관 이상 경찰공무원**으로 재직 중에 본인이나 그 가족이 범한 고위공직자범죄 및 관련범죄에 한정된다. 따라서 고위공직자 본인이나 가족이 그 재직 중 해당 범죄를 범하고 퇴직해도 수사처검사가 공소제기할 수 있다. 공소제기 방식 등에 대해서는 형사소송법을 준용한다(47).

수사처검사가 공소를 제기하는 고위공직자범죄등 사건의 제1심 재판은 '서울중앙지방법원의 관할'로 한다(31본문).

2) 나머지 고위공직자범죄에 대한 처리 수사처검사는 기소권 있는 사건을 제외한 고위공직자범죄등에 관한 수사를 한 때에는, 관계 서류와 증거물을 지체 없이 '서울중앙지방검찰청 소속 검사'에게 송부해야 한다(26①). 관계 서류와 증거물을 송부받아 사건을 처리하는 검사는 처장에게 해당 사건의 공소제기 여부를 신속하게 통보해야 한다(동②).

['관련인지 사건의 이첩'과 '형의 집행'] i) (관련인지 사건의 이첩) 처장은 고위공직자범죄에 대해 불기소 결정을 하는 경우 해당 범죄의 수사과정에서 알게 된 관련범죄 사건을 대검찰청에 이첩한다(27). 고소·고발인은 수사처검사의 불기소 결정에 대하여, 서울고등법원에 그 당부에 관한 '재정을 신청'할 수 있다(29①).

ii) (형의 집행 여부) 다만, 형의 집행은 수사처검사가 아닌 '검찰청법의 검사'가 담당한다. 즉, 수사처검사가 공소를 제기하는 고위공직자범죄등 사건에 관한 재판이 확정된 경우 '제1심 관할지방법원에 대응하는 검찰청 소속 검사'가 그 형을 집행한다(28①).

제 4 절 피고인

Ⅰ. 의의와 특정

1. 피고인의 뜻

피고인이란 검사에 의하여 공소가 제기된 자를 말한다. 공소제기된 자이면 충분하고, 구공판·구약식을 불문한다. 진범 여부, 당사자능력이나 소송능력의 유무 또는 공소제기의 유효성 등도 문제되지 않는다. 경찰서장에 의하여 즉결심판이 청구된 자도 피고인에 해당한다(즉심법3). 피고인은 공소제기 전의 수사대상인 피의자, 유죄판결이 확정된 후의 수형자와 구별된다.

하나의 소송절차에서 공동으로 심판받는 수인의 피고인을 **공동피고인**이라고 한다. 실무상 상피고인이라고도 하나 공동피고인이라는 용어가 바람직하다. 공동피고인은 **반드시 공범자임을 요하지 않으며**(예: 쌍방폭행사건 내지 쌍피사건), 1개의 공소장으로 일괄기소될 필요도 없다. 공동피고인은 단지 심리의 병합으로 각 피고인의 사건이 동일 법원에 계속된 것에 불과하기 때문이다. 따라서 공동피고인에 대한 소송관계는 각 피고인마다 별도로 존재하며, 그 1인에 대해 발생한 사유는 원칙적으로 다른 피고인에게 영향을 미치지 않는다(원칙).[1]

2. 피고인의 특정

공소의 효력은 **검사가 피고인으로 지정한 자**에게만 미친다(248①). 공소의 효력은, 공소제기 후에 진범이 발견되어도 진범에게는 미치지 않고, 공범 1인에 대해 공소제기하여도 다른 공범자에게는 미치지 않는다. 피고인은 '공소장에 기재된 자'인 것이 일반적이다. 공소장에는 '피고인의 성명 기타 피고인을 특정할 수 있는 사항'을 기재하여야 한다(254③i).

그런데 성명모용이나 위장출석과 같이 공소장에 기재된 피고인과 현실적으로 심판을 받는 사람이 일치하지 않는 경우, 누가 피고인이 되는지가 문제된다. 이에 대해서는 ㉠ 표시설(공소장에 피고인으로 표시된 자), ㉡ 의사설(검사의 의사를 기준), ㉢ 행위설(실제로 피고인으로 행위하거나 피고인으로 취급된 자), ㉣ 결합설 내지 절

1) 다만 상소심에서 피고인의 이익을 위하여 원심판결을 파기하는 경우 파기이유가 상소한 공동피고인에게 공통되는 때에는 그 공동피고인에 대해서도 함께 파기하는 예외가 인정된다.

충설 등 견해가 대립한다. 생각건대, 표시설을 중심으로 하면서 의사설과 행위설을 함께 고려하여 피고인을 결정하는 것이 타당하다(**실질적 표시설**). 우선, 형식적 진실이 문제되는 민사소송에서는 표시설이 통설이지만, 객관적 진실과 정의가 중요한 형사소송에서는 '공소장의 표시'를 중심으로 하되, 검사가 수사를 토대로 피고인으로 삼은 사람, 즉 '검사의 의사'를 고려해야 한다. 또한, 진정피고인(내지 실질적 피고인)이 아니라도 '사실상 소송계속'이 발생한 부진정피고인(내지 형식적 피고인)에 대해서는 형식재판(즉, 공소기각판결)을 통하여 그의 불안정한 지위를 제거해 줄 필요도 있다. 피고인특정은 성명모용과 위장출석에서 특히 문제된다.

(1) 성명모용

성명모용이란 수사절차에서 피의자(A)가 타인(B)의 성명을 모용(사칭)함으로써 그 타인, 즉 피모용자(B)의 이름으로 공소가 제기된 경우를 말한다.

이 경우 "공소제기의 효력은 명의를 사칭한 자[모용자(A)]에게만 미치고, 명의를 모용당한 자[피모용자(B)]에게는 미치지 않는다"(대판 1984.9.25. 84도1610; 1997.11.28. 97도2215). 따라서 **모용자(A)만 피고인**이 된다. 즉, "이는 당사자의 **표시상의 착오**일 뿐이고 검사는 모용자에 대하여 공소를 제기한 것이므로, 모용자(A)가 피고인이 되고, 피모용자(B)에게 공소의 효력이 미치지 않는다. 이 경우 검사는 공소장의 인적 사항의 기재를 **정정**(訂正)하여 피고인의 표시를 **바로잡아야** 한다. 이는 피고인의 표시상의 착오를 정정하는 것이지 공소장을 변경(變更)하는 것이 아니므로, 공소장변경의 절차를 밟을 필요가 없고, 법원의 허가도 필요 없다"(대판 1993.1.19. 92도2554).

1) 공판심리 중에 판명 공판심리 중 성명모용사실이 판명된 경우 검사는 공소장의 **피고인 표시를 정정**하여 모용관계를 바로잡아야 한다. i) (불정정) 만일 "검사가 피고인 표시를 **정정하지 아니**한 경우에는 외형상 피모용자(B) 명의로 공소가 제기된 것으로 되어 있어(=피고인의 불특정) 공소제기의 방식이 제254조의 규정에 위반하여 무효이다. 법원은 공소기각의 판결을 선고하여야 한다"(위 92도2554). ii) (정정) "검사가 피고인 표시를 바로잡은 경우(=**정정**)에는, **처음부터** 모용자(A)에 대한 공소의 제기가 있었고, 피모용자(B)에 대한 공소의 제기가 있었던 것이 아니므로, 법원은 모용자(A)에 대하여 심리하고 재판을 하면 되지, 원칙적으로 피모용자(B)에 대하여 심판할 것이 아니다"(위 92도2554). 즉, 피모용자(B)

는 피고인이 아니므로 **단순배제**로 충분하고, 굳이 피모용자(B)에 대해 공소기각의 판결을 할 것은 아니다. 오히려 "정정 전의 피고인(=피모용자B)에 대하여 제327조 제2호에 의하여 공소기각의 판결을 하면, 필경 형사소송에서 기소되지 아니한 사람에 대하여 심판한 것이 되어 위법하다"(위 84도1610).

2) **약식명령: 피모용자의 정식재판청구** 문제는 **약식명령**에 대하여 피모용자가 정식재판을 청구한 경우와 같이, 피모용자(B)가 약식명령을 송달받은 후 정식재판을 청구하는 등 소송행위를 한 경우이다.

i) [피모용자(B)] 피모용자(B)가 소송행위를 한 경우에는 예외적으로 피모용자(B)에게도 사실상의 소송계속이 발생한다. 즉, "피모용자(B)가 약식명령에 대하여 **정식재판을 청구**하면, 피모용자(B)를 상대로 심리를 하는 과정에서 성명모용사실이 발각되어 검사가 공소장을 정정하는 등 (피모용자에게) 사실상의 소송계속이 발생하고, **형식상 또는 외관상 피고인**의 지위를 갖게 된다. 법원으로서는 **피모용자(B)에게** 적법한 공소의 제기가 없었음을 밝혀 주는 의미에서, 제327조 제2호를 유추적용하여 **공소기각의 판결**을 함으로써 피모용자(B)의 불안정한 지위를 명확히 해소해 주어야 한다"(위 92도2554).

ii) [모용자(A)] "피모용자(B)가 정식재판을 청구하였다 하여도, **진정한 피고인인 모용자(A)에게는** 아직 약식명령의 송달이 없었으므로, 검사는 공소장에 기재된 피고인의 표시를 정정하고, 법원은 이에 따라 약식명령의 피고인 표시를 경정(更正)하여, 본래의 약식명령정본과 함께 이 **경정결정을** 모용자(A)인 피고인에게 **송달**하면, 이때야 비로소 위 약식명령은 적법한 송달이 있게 된다. 이에 대하여 (모용자의) 소정의 기간 내에 정식재판의 청구가 없으면, 이 약식명령은 **확정된다**"(위 97도2215; 위 92도2554)[**약식절차설**]. 즉, 검사가 피고인의 표시를 정정한 경우에는, 약식명령의 청구는 처음부터 모용자(A)에게 그 효력이 미치고, 약식명령의 발령 또한 처음부터 모용자(A)에 대해 있었던 것이 되지만,[1] '진정한 피고인'인 모용자(A)에게 '본래의 약식명령정본'과 '경정결정'이 함께 송달되지 않는 한, 아직 모용자(A)의 정식재판청구기간이 진행되는 것은 아니다. 따라서 "(정식재판을 청구하고 공판정에 출석하여 소송행위를 한) 피모용자(B)에 대해 공소기각 판결이 확정되었다고 하여도, 모용자(A)에 대해 별도로 기소해야 하는 것은 아니다"(대판 1981.7.7. 81도182).

---

1) 따라서 그 약식명령이 확정되면 모용자에 대한 관계에서 기판력의 기준시점은 '발령일(자)'이고, '경정결정일(자)'가 그 기준시점이 되는 것은 아니다.

3) 판결 확정 후에 판명 법원이 성명모용사실을 알지 못하여 피모용자 이름으로 유죄판결이 확정된 경우에도 그 효력은 (공판절차에 실제 관여한 '진정한 피고인'인) 모용자(A)에게만 미치고, 피모용자(B)에게는 미치지 않는다. 모용자(A)에 대해서는 판결경정결정(규25①)을 통해 오류를 바로잡으면 된다.

피모용자(B)에 대해서는 구제방법이 문제된다. 현실적으로 피모용자(B)에게 형집행의 위험이 있으며, 피모용자(B)의 전과사실이 검찰청에서 관리하는 수형인명부 및 등록기준지에서 관리하는 수형인명표에 기재되는 등의 불이익이 있을 수 있기 때문이다. 이에 대해서는 ㉠ 재심설(재심절차를 통해 무죄판결), ㉡ 비상상고설(피고인의 특정이라는 소송조건의 결여를 간과한 위법이므로 비상상고의 대상), ㉢ **전과말소설**(피모용자(B)가 검사에게 전과말소를 청구하고 검사는 이를 이행할 의무가 있다는 견해) 등의 견해가 대립한다.

(2) 위장출석

위장출석이란 공소장에 검사가 피고인(甲)으로 기재한 사람 대신에 타인(乙)이 공판정에 출석하여 마치 피고인(甲)인 것처럼 재판을 받은 경우를 말한다. 공소장에 표시된 피고인(甲)은 '진정한 피고인'(실질적 피고인)이고, 위장출석한 자(乙)는 '형식적 피고인'(부진정피고인)이 된다(위장출석자를 '몸받이'라고도 한다).

이 경우 공소제기의 효력은 진정한 피고인(甲)에게만 미치고, 위장출석자(乙)에게는 미치지 않는다. 따라서 **진정**한 **피고인**(甲)만이 공판절차상 **피고인**이 된다.

1) 공판심리 중에 판명 i) (인정신문 단계) 인정신문 단계에서 위장출석사실이 밝혀진 경우 법원은 **위장출석자**(乙)를 **퇴정**시켜 배제하고, 진정피고인(甲)을 소환하여 공판절차를 진행하면 족하다. ii) (사실심리 단계) 사실심리 단계에서 위장출석사실이 밝혀진 경우에는, 다만 위장출석자에 대해서도 사실상의 소송계속이 발생하였으므로, 형식적 피고인인 위장출석자(乙)에 대하여 제327조 2호를 유추적용하여 **공소기각** 판결을 선고하고(통설), 진정한 피고인(甲)을 소환하여 공소제기 이후의 제1심 공판절차를 새로 진행해야 한다. iii) (판결 선고 후 확정 전) 위장출석이 상소심 단계에서 판명된 경우에도 마찬가지다. 즉, 판결이 선고된 경우 판결의 효력은 형식적 피고인인 위장출석자(乙)에게만 미치므로, 위장출석자(乙)의 상소에 의해 공소기각 판결을 선고하고, 진정한 피고인(甲)에 대해서는 제1심 공판절차를 새로 진행해야 한다.

2) 판결 확정 후에 판명 법원이 위장출석사실을 알지 못하여 유죄판결이

선고되고 확정된 경우에도, 그 효력은 진정한 피고인(甲)에게 미치지 않으므로, 진정한 피고인(甲)에 대해서는 제1심 공판절차를 새로 진행해야 한다.

이 경우 판결의 효력이 미치는 형식적 피고인인 위장출석자(乙)에 대해서는 그 구제방법이 문제된다. 이에 대해서는 ㉠ 사실오인의 하자라는 재심설, ㉡ 형식적 소송조건의 흠결을 간과한 것이라는 비상상고설이 대립한다. 유죄판결에 대해 공소기각 판결을 선고할 명백한 증거가 새로 발견된 사유는, 비록 재심사유가 아니지만 이를 유추적용하자는 견해(재심설)가 지배적이다(다수설).

Ⅱ. 피고인의 당사자능력과 소송능력

1. 피고인의 당사자능력

당사자능력이란 소송의 당사자가 될 수 있는 일반적·추상적 자격을 말한다. 검사는 문제될 여지가 없다. 주로 피고인의 당사자능력이 문제된다.

1) 자연인　연령이나 책임능력의 여하를 불문하고 누구나 당사자능력을 가진다. 따라서 형사미성년자도 공소가 제기되면 당사자능력이 있다.

2) 법인　법인의 처벌규정이 있는 한, 법인의 당사자능력은 인정된다. 문제는 '법인의 처벌규정이 없는 경우'이다. 견해가 대립하나, 당사자능력은 일반적·추상적 능력을 의미하므로, 이 경우에도 법인의 당사자능력을 인정하는 것이 타당하다(다수설). 따라서 공소기각결정이 아니라 '무죄판결'을 해야 한다. 한편, 법인격 없는 사단·재단도 당사자능력을 인정한 예가 있다(공직선거법230②에 의한 정당의 처벌).

3) 소멸　피고인이 사망하거나, 피고인인 법인이 존속하지 않게 되었을 때에, 당사자능력은 소멸한다. 이 경우 법원은 공소기각'결정'을 해야 한다(328①ii). i) 법인이 해산하여 청산법인으로 존속하는 경우 당사자능력의 소멸시점이 문제되나, "(법인세 미납 등으로 기소되어) 피고사건의 공판이 계속 중에 있는 한 청산종료의 등기가 있더라도 (동사건이 종결되지 않는 동안 법인의 청산사무는 종료된 것이 아니므로) 형사소송법상 법인의 당사자능력은 그대로 존속한다"(대판 1986.10. 28. 84도693).[1] ii) "합병으로 인하여 소멸한 법인이 양벌규정에 따라 부담하던 형사책임

---

1) "청산종결 등기 이전에 위반행위가 있는 경우에는 청산종결 등기가 된 이후 위반행위에 대한 수사가 개시되거나 공소가 제기되더라도 그에 따른 수사나 재판을 받는 일은 법인의 청산사무에 포함되므로, 그 사건이 종결될 때까지 법인의 청산사무는 종료되지 않고 형사소송법상 당

은, 그 성질상 이전을 허용하지 않는 것으로서, 존속법인에 승계되지 않는다”(대판 2015.12.24. 2015도13946). 이 경우 법원은 공소기각‘결정’을 해야 한다. iii) 당사자능력은 소송조건이므로 법원은 직권으로 그 유무를 조사하여야 한다.

2. 피고인의 소송능력

1) 뜻 소송능력이란 소송당사자로서 유효하게 소송행위를 할 수 있는 능력을 말한다. 즉, “자기의 소송상의 지위와 이해관계를 이해하고 이에 따라 방어행위를 할 수 있는 **의사능력**을 의미한다”(대판 2009.11.19. 2009도6058 전합).

2) 흠결의 효과 소송능력은 소송행위의 유효요건이므로, 소송능력이 없는 피고인의 소송행위는 무효가 된다. 또한 피고인이 사물의 변별 또는 의사결정의 능력이 없는 상태에 있는 때에는 그 상태가 계속하는 기간 공판절차를 정지하여야 한다(306①).

[제3자의 소송능력] “의사능력이 있으면 소송능력이 있다는 원칙은 피해자 등 제3자가 소송행위를 하는 경우에도 마찬가지이다. 따라서 반의사불벌죄에서 피해자의 처벌불원 의사표시 또는 처벌희망 의사표시의 철회는, 미성년자인 피해자에게 의사능력이 있는 이상, 단독으로 할 수 있고, 법정대리인의 동의가 있어야 하는 것은 아니다”(위 2009도6058 전합).

Ⅲ. 피고인의 소송법상 지위

1. 당사자로서의 지위

피고인은 검사에 대립하는 당사자로서 방어권의 주체가 되며, 실체형성과 절차형성에 참여할 수 있는 각종 참여권을 가진다.

(1) 방어권

방어권이란 피고인이 자기의 정당한 이익을 방어할 수 있는 권리를 말한다. 피고인의 방어권에는 다양한 내용의 권리가 포함되어 있다.

1) 방어준비를 위한 권리 공소사실의 특정 및 공소장변경을 통한 심판대상의 한정, 공소장부본을 송달받을 권리, 제1회 공판기일의 유예기간에 대한 이

사자능력도 그대로 존속한다”(대판 2021.6.30. 2018도14261).

의신청권, 공판기일변경신청권, 서류·증거물의 열람·복사권, 공판조서열람·등사권 등은 피고인의 방어준비를 위한 권리에 속한다.

2) **진술권 및 진술거부권** 피고인은 자신에게 이익되는 사실을 진술할 권리와, 일체의 진술을 거부할 수 있는 **진술거부권**을 가진다. 또한 최후진술권을 갖는다.

3) **증거조사에서의 방어권** 피고인은 증거조사에서 증거신청권, 의견진술권, 이의신청권, 증인신문권 등을 갖는다.

4) **방어권의 보충** 피고인은 방어권을 실효성 있게 행사하기 위하여 헌법상 **변호인의 조력을 받을 권리**를 가지며, 변호인선임권, 접견교통권[1] 및 중대 사건에서 국선변호인의 조력을 받을 권리가 있다.

(2) 소송절차 참여권

피고인의 이러한 참여권은 방어권행사의 전제가 되는 권리이다.

1) **법원구성에 관여할 권리** 피고인은 헌법과 법률이 정한 법관에 의한 재판을 받을 권리를 갖는다. 기피신청권, 관할이전신청권 등이 있다.

2) **공판절차 진행에 관여할 권리** 피고인은 공판정에 출석할 의무뿐만 아니라 권리를 가진다. 피고인이 공판정에 출석하지 않으면 원칙적으로 개정하지 못한다. 피고인은 소송지휘에 관한 재판장의 처분에 대하여 이의신청권을 가진다. 또한 피고인은 상소권, 상소권회복청구권 등 불복할 권리가 보장되는데, 불이익변경금지 원칙은 피고인의 상소권을 실질적으로 보장하기 위한 것이다.

3) **증거조사 및 강제처분절차에의 참여권** 피고인은 증인신문과 검증·감정 등에 참여권을 가지며, 공판절차는 물론 공판준비절차·증거보전절차 등의 증거조사에 참여권이 있다. 특히 피고인은 증거수집과 밀접한 관계가 있는 압수·수색영장의 집행에 대한 참여권을 가지며, 법원의 검증에도 참여할 수 있다.

(3) 방어권과 참여권의 한계

1) **방어권의 남용금지** 피고인의 방어권행사가 정당한 이익의 범위를 벗어나 그 한계를 일탈하거나 권리의 남용에 이르는 경우에는 법적 보호를 받지 못한다. 예컨대, 범인도피교사(대판 2000.3.24. 2000도20), 위증교사(대판 2004.1.27. 2003도5114), 증거인멸교사(대판 2000.3.24. 99도5275), 증거위조·증거위조교사 등은 범죄를 구성할 수 있다.

---

1) 특히 '구속된 피의자·피고인의 접견교통권' 문제는 '구속' 부분에서 상술한다.

2) 방어권의 제한 피고인의 방어권행사는 신속한 재판이나 법정질서의 유지 차원에서 제한될 수 있다. 예컨대, 소송지휘권에 의한 변론제한(299), 법정경찰권에 의한 참여권의 배제 등이 여기에 해당한다. 다만 법원은 이 경우에도 방어권의 '본질적인 내용'을 침해하여서는 안 된다.

2. 증거방법으로서의 지위

피고인의 임의의 진술은 피고인에게 불리한 증거가 될 수 있고(인적 증거방법), 피고인의 신체 등은 검증이나 감정의 대상이 된다(물적 증거방법). 즉, 증거방법으로서의 지위를 가진다. 증거방법의 지위는 **당사자 지위를 침해하지 않는 범위 내에서** 인정되는 보조적 지위이므로, 당사자 지위와 모순되는 것은 아니다.

1) 인적 증거방법 피고인은 공소사실의 가장 직접적인 체험자이므로 임의진술에는 증거능력을 인정할 수 있다. 따라서 피고인에게 증거방법의 지위를 인정하는 것은 당연하다. 피고인신문제도(296의2)가 그 예이다. 다만 영미법과 달리, 우리 법제에서 피고인은 **증인적격**이 인정되지 않는다. 피고인에게 증인적격을 인정하여 진술의무를 강제하는 것은, 피고인에게 보장된 진술거부권을 무의미하게 하여 당사자 지위를 침해할 수 있기 때문이다.

2) 물적 증거방법 피고인의 신체나 정신상태는 검증이나 감정의 대상이 된다. 신체에 대한 직접처분을 수반하므로 **인격권의 보호**가 특히 문제되고, 인격권이 심리의 한계로 작용한다.

3. 절차대상으로서의 지위

피고인은 소환, 체포·구속, 압수·수색 등 강제처분의 대상이 된다. 피고인은 적법한 강제처분을 수인해야 할 의무를 진다. 절차대상으로서의 지위이다.

Ⅳ. 피고인의 헌법상 권리: 무죄추정 원칙과 진술거부권

1. 무죄추정 원칙

(1) 의의

피의자 또는 피고인은 유죄판결이 확정될 때까지는 무죄로 추정된다는 원칙이다. 헌법 제27조 제4항에서 무죄추정의 원칙을 명시하고 있고, 형사소송법

제275조의2에서도 재차 확인하고 있다.[1] 형사절차 안에서 언제나 불리한 처지에 놓인 채로 국가기관과 맞서야 하는 형사피고인의 기본적 인권을 보장하기 위한 핵심적인 원리이다.[2] 형사절차에서 피고인을 마치 죄 없는 사람처럼 취급하여 국가기관에 대항하여 자유롭게 자기방어가 가능하도록 보장하지 않는다면, 국가기관에 대한 관계에서 피고인의 인권 보장이나 당사자 대등주의는 결코 달성될 수 없다. 형사피고인의 경우 무죄인 사람으로 추정해야만 비로소 당사자 대등주의가 그나마 달성될 수 있다는 함의가 있는 것이다. 따라서 무죄추정의 법리는 단순한 훈시적 규범이 아니라 헌법과 형사소송법이 보장하는 피의자·피고인의 권리이다. 이 원칙은 수사절차는 물론 공판절차에 이르기까지 형사절차의 전 과정을 지배하는 원칙이다.

(2) 내용

피의자 또는 피고인은 유죄의 확정판결이 있기까지는 원칙적으로 죄가 없는 자에 준하여 취급하여야 하고, 불이익을 입혀서도 안 되며, 설령 그 불이익을 입힌다 하여도 필요한 최소한도에 그치도록 비례의 원칙이 존중되어야 한다 (헌재 2010.9.2. 2010헌마418).

1) 인신구속의 제한 무죄추정의 원칙은 인신구속의 제한 등 강제처분의 제한원리가 된다. 수사절차에서는 임의수사가 원칙이며, 강제처분에 대해서는 법률주의와 영장주의가 적용되고 **비례성 원칙**에 의한 제한이 있다. 피의자나 피고인은 무죄로 추정되므로, 특히 불구속수사와 불구속재판이 원칙이고, 구속된 피의자·피고인에게는 접견교통권을 보장하며, 구속하는 경우에도 불필요한 고통을 주지 못하도록 하고 있다.

2) 의심스러울 때는 피고인의 이익으로(in dubio pro reo) 무죄추정의 원칙은 증명에서 가장 중요한 의미를 갖는다. 즉, "의심스러울 때는 피고인의 이익으로"라는 원칙은 형사소송에서 무죄추정의 원칙을 반영하는 증명의 기본원칙이 된다. 따라서 i) 범죄사실에 대한 증명책임은 검사에게 있다. ii) 유죄의 인정은 합리적인 의심이 없는 정도의 증명(307②), 즉 확신에 이르러야 하므로, 이에

---

1) 헌법 제27조 ④ "형사피고인은 유죄의 판결이 확정될 때까지는 무죄로 추정된다".
형사소송법 제275의2 "피고인은 유죄의 판결이 확정될 때까지는 무죄로 추정된다".

2) 헌재 2010.9.2. 2010헌마418(무죄추정의 원칙은, "아직 공소제기가 없는 형사피의자는 물론, 공소의 제기가 있는 피고인이라도 유죄의 확정판결이 있기까지는 원칙적으로 죄가 없는 자에 준하여 취급하여야 하고, 불이익을 입혀서는 안된다고 할 것으로, 가사 그 불이익을 입힌다 하여도 필요한 최소한도에 그치도록 비례의 원칙이 존중되어야 하는 것"을 의미한다).

미치지 못할 경우에는 설령 피고인에게 유죄의 의심이 간다 하더라도 피고인의 이익으로 판단하여 무죄판결을 선고해야 한다.

3) 불이익한 처우의 금지 무죄추정의 원칙상 피의자 · 피고인은 형사절차에서 일반시민보다 불이익한 처우를 받아서는 안 된다. 피의자 · 피고인에게 불리한 진술의 강요, 고문, 모욕적 신문 등은 금지된다. 임의성 없는 자백은 증거능력이 배제된다(309 · 317).

(3) 적용범위

1) 피의자 헌법과 형사소송법은 피고인에 대해서만 무죄추정을 규정하고 있으나, 피의자에 대해서도 무죄추정이 적용되는 것은 당연하다.

2) 유죄판결의 확정 무죄추정의 시간적 범위는 '유죄의 판결이 확정될 때까지'이다. 유죄판결에는 형선고의 판결은 물론 형면제판결, 형의 선고유예판결이 포함된다. i) 제1심과 제2심에서 유죄판결이 선고되더라도 그 판결이 확정될 때까지는 무죄추정은 계속 유지된다. ii) 반면, 유죄판결이 아닌 면소판결, 공소기각판결, 관할위반판결 등 형식재판이 확정되더라도 무죄추정은 계속 유지된다. iii) 재심사건에서도 무죄추정 원칙이 적용되는지 여부는 견해가 대립한다.

2. 진술거부권

(1) 의의

1) 뜻 피의자 · 피고인이 수사절차 또는 공판절차에서 수사기관 또는 법원의 신문에 대하여 진술을 거부할 수 있는 권리를 말한다. 헌법 제12조 제2항은 진술거부권을 기본권으로 보장하고, 형사소송법에서도 피의자(244의3) 및 피고인(283의2)의 진술거부권을 규정하고 있다.[1]

2) 기능 진술거부권은 피의자 · 피고인의 인권을 보장하며, 특히 당사자주의의 전제인 **무기평등**을 실질적으로 실현하여 공정한 재판을 보장한다. 만일 피의자 · 피고인에게 **진술의무를 인정한다면**, 일방적인 신문의 객체로 전락할 수밖에 없고 검사와 대등한 지위에 놓이기는 어렵기 때문이다.

---

1) 다만 "진술거부권이 보장되는 절차에서 진술거부권을 고지받을 권리가 헌법 제12조 제2항에 의하여 바로 도출된다고 할 수는 없고, 이를 인정하기 위해서는 입법적 뒷받침이 필요하다. 구 공직선거법(2013.8.13. 개정 전)은 시행 당시 선거관리위원회 위원 · 직원이 선거범죄 조사와 관련하여 관계자에게 질문을 하면서 미리 진술거부권을 고지하지 않은 경우 단지 그러한 이유만으로 그 조사절차가 위법한 것은 아니다"(대판 2014.1.16. 2013도5441: 선관위 문답서의 증거능력이 당연히 부정되는 것은 아니라고 한 사례).

3) **주체** 헌법상 모든 국민에게 진술거부권을 보장하므로(헌법12②), 진술거부권의 주체에는 **제한이 없다**. 피의자 · 피고인은 물론, 피내사자, 의사무능력자인 피의자 · 피고인의 대리인(26 · 28), 피고인인 법인의 대표자(27 · 28), 외국인도 진술거부권이 있다.

(2) 진술의 강요금지

1) **강요금지** 헌법상 진술거부권이 보장되는 이상 진술의무가 없으므로, 진술의 강제는 금지된다. "진술거부권은 형사상 자기에게 불리한 내용의 진술을 강요당하지 아니하는 것이므로, 고문 등 폭행에 의한 강요는 물론 **법률로써도** 진술을 강제할 수 없음을 의미한다"(헌재 1990.8.27. 89헌가118).

2) **진술의 뜻** 피의자 · 피고인이 거부할 수 있는 것은 **진술**에 한한다. '진술'은 **생각이나 지식, 경험사실**을 정신작용의 일환인 **언어로 표출**하는 것을 뜻한다. i) 지문과 족형(足形)의 채취, 신체의 측정, 사진촬영, 신체검사, 음주운전 단속을 위한 호흡식 음주측정 등에는 진술거부권이 미치지 않는다. 즉, "음주측정(도로교통법44②)은 호흡측정기에 호흡을 불어넣음으로써 신체의 **물리적, 사실적 상태**를 그대로 드러내는 행위에 불과하므로 '진술'이 아니다. 주취운전의 혐의자에게 음주측정에 응할 것을 요구하고 이에 불응할 경우 처벌하는 것은 진술거부권 침해에 해당하지 않는다"(헌재 1997.3.27. 96헌가11). ii) 진술이라면 구두 · 서면을 불문하므로, 피의자는 수사기관의 진술서 제출요구에 대해서도 거부할 수 있다.

3) **일체의 진술** 피의자 · 피고인은 개개의 질문에 대하여 진술을 거부할 수 있고, 질문 전체에 대하여 **일체의 진술**을 거부할 수도 있다(244의3①). 따라서 불이익한 진술은 물론 이익이 되는 진술도 거부할 수 있다. 형사책임에 관한 한 범죄사실은 물론 간접사실, 범죄단서 등에 대한 진술도 거부할 수 있다. 헌법은 형사상 자기에게 불리한 진술의 강요를 금지하지만, 형사소송법은 일체의 진술을 거부할 수 있는 것으로 규정하여 불리한 진술에 국한하지 않고 그 범위를 **확장**하고 있다.

진술거부권은 **증인의 증언거부권**과 구별된다. 증언거부권은 단지 자기에게 불리한 증언만 거부할 수 있는 것인데, 양자의 차이는 증인과 피고인의 소송법상 지위의 차이에서 비롯된다. 즉, 증인은 소송주체가 아니고 단지 증거방법인 반면, 피고인은 소송주체로서 진술 또는 침묵을 결정할 수 있다.

(3) 진술거부의 범위

1) 형사책임의 진술 형사책임에 관한 진술이 대상이다. i) 민사책임이나 행정책임에 관한 진술은 그 대상에 포함되지 않는다. ii) 다만 "형사절차뿐만 아니라 **행정절차**이거나 **국회에서의 조사절차** 등에서도 그 진술이 자기에게 '형사상' 불리한 경우에는 대상에 포함된다. 현재 형사피의자·피고인인 자뿐만 아니라, 장차 형사피의자나 피고인이 될 가능성이 있는 자에게도 '그 진술내용이 자기의 **형사책임에 관련되는 것**일 때'에는 진술거부권이 보장된다." 만일 그렇지 않다면, 이는 "실질적으로 장차 형사피의자나 피고인이 될 가능성이 있는 자로 하여금 수사기관 앞에서 형사책임을 자인하도록 강요하는 것과 다르지 않기 때문"이다(대판 2015.5.28. 2015도3136).

2) 인정신문 피의자·피고인의 인적 사항에 대한 신문, 즉 인정신문에 대해서도 진술거부가 가능한가? 진술거부권의 대상인 진술에는 제한이 없으므로 인정신문에 대해서도 진술거부할 수 있다. 현행법은 진술거부권을 인정신문에 앞서 규정하고(283의2), '인정신문을 하기 전에' 진술거부권을 고지하도록 규정하고 있다(규127).

3) 진정성립 인정 여부 증거서류에 대한 진정성립의 인정 여부도 진술거부권의 대상이 된다(대판 2013.6.13. 2012도16001). 거부할 수 있는 진술은 일체의 진술이며, 그 내용의 이익·불이익 여부를 불문하기 때문이다.

(4) 진술거부권의 고지

1) 고지의 방법 진술거부권의 고지는 피의자·피고인에게 진술거부권이 있음을 이해할 수 있도록 사전에 적극적·명시적으로 해야 한다. 피의자에 대해서는 물론 피고인에 대해서도 명문으로 규정하고 있다(244의3·283의2②).

i) 피의자에 대해서는 피의자를 신문하기 전에 고지하되, 동일한 수사기관의 일련의 수사과정에서 신문할 때마다 고지할 필요는 없다. 다만 신문중단의 시간적 간격이 길거나 조사자가 경질된 때는 다시 고지해야 한다. 수사기관은 진술거부권을 고지한 후 피의자가 진술거부권을 행사할 것인지를 질문하고 이에 대한 **답변을 조서에 기재**하여야 한다(244의3②). 나아가 진술거부권 고지의 **증명방법**도 엄격하게 제한되어 있다. 즉, 고지의 증명은, 피의자가 자필로 기재하거나, 수사기관의 기재에 피의자가 기명날인 또는 서명하는 방식에 의한다. ii) 피고인에 대해서는 인정신문 이전에 한 차례 고지하면 된다. 공판절차를 갱신하

는 때에는 다시 고지해야 한다(규144①).

2) **고지대상인 피의자의 지위가 인정되는 시기** 진술거부권 고지대상이 되는 피의자 지위는 (범죄인지서를 작성하는 등의 형식적인 사건수리절차를 거치기 전이라도) 수사기관이 조사대상자에 대한 범죄혐의를 인정하여 **수사를 개시하는** 행위를 한 때 인정된다(대판 2015.10.29. 2014도5939).

(5) 진술거부권의 효과

1) **증거능력의 배제** 진술거부권은 피의자 · 피고인에게 인정되는 헌법상 권리이다. 피의자에게 미리 진술거부권을 고지하지 않고 얻은 진술은 "**위법하게 수집된 증거**로서, 진술의 임의성이 인정되는 경우라도 증거능력이 없다"(대판 1992.6. 23. 92도682). 진술을 강요하거나 진술거부권의 고지절차를 위반하는 등 진술거부권을 침해한 경우에도 그 진술은 증거능력이 없다. 재판장이 피고인에게 진술거부권을 고지하지 않은 경우 그 피고인의 자백 역시 마찬가지이다.

2) **불이익한 추정의 금지** i) [**불리한 심증형성의 금지**] 진술거부권은 피의자 · 피고인의 헌법상 권리이다. 피고인의 진술거부권의 행사를 사실인정에서 피고인에게 불리한 간접증거로 사용하는 것은 허용되지 않는다.

ii) [**구속사유 여부**] 진술거부 자체가 증거인멸의 개연성을 근거짓는 구체적 사실이 되는 것은 아니다. 별도로 구속사유의 존부 심사가 필요하다.

iii) [**양형상 불이익 평가의 금지**] 진술거부권의 행사를 불리한 양형참작사유로 삼아서는 안 된다. 다만, "범죄사실의 단순한 부인을 가중적 양형조건으로 삼는 것은 허용될 수 없으나, **방어권 행사의 범위를 넘어** 객관적이고 명백한 증거가 있음에도 진실발견을 적극적으로 숨기거나 법원을 오도하려는 시도에 기인한 경우에는 가중적 양형조건으로 참작될 수 있다"(대판 2001.3.9. 2001도192). 이를 '제한적 허용설'이라 한다.

(6) 관련문제

1) **진술거부권의 포기 허부** 진술거부권은 헌법상의 기본권으로 포기할 수 없다(다수설). 다만, 진술거부권의 불행사는 가능하다. 즉, 피의자 · 피고인은 진술거부권을 행사하지 않고 진술할 수 있으나(진술거부권의 불행사), 일단 진술을 시작한 경우에도 각개의 신문에 대해 얼마든지 진술거부할 수 있다.

2) **피고인의 증인적격 배제** 피고인이 '자기의 피고사건에서' 진술거부권을 포기하고 증인으로 증언할 수 있는지의 문제이다. 피고인은 당해 소송에서

제3자가 아니고, 피고인의 증인적격을 인정할 경우 진술거부권은 무의미하게 되므로, 피고인의 증인적격은 부정된다(통설).

3) **법률상 보고 · 기록의무** 행정상의 단속목적을 위하여 각종 행정법규에서 일정한 기장(記帳) · 보고 · 신고 · 등록의 의무를 규정한 것이 진술거부권의 침해인지 문제된다. 그러나 행정상의 단속목적을 달성하기 위해 필요한 경우에 적법행위의 신고를 요구하는 것이므로, 진술거부권과 관계가 없다.

제 5 절 변호인

Ⅰ. 변호인의 의의

변호인이란 피고인(또는 피의자)의 방어권을 보충하는 임무를 가진 보조자를 말한다. 변호인은 소송의 주체가 아니라 소송주체인 피고인의 보조자이다. 변호인은 무기평등의 원칙을 보장하여 공정한 재판의 이념을 실질적으로 실현하는 제도이다. 형사소송법의 역사는 곧 변호권확대의 역사라고도 할 수 있다. 헌법은 구속된 피고인(또는 피의자)이 **변호인의 도움을 받을 수 있는 권리**를 **기본권**의 하나로 규정하며(헌법12④), 이에 따라 형사소송법도 피고인(또는 피의자)에 대한 변호인선임권을 규정하고 있다(30). "변호인의 조력을 받을 권리의 보장은 피의자 · 피고인과 국가권력 사이의 **실질적 대등**을 이루고 이로써 **공정한 형사절차**를 실현하기 위한 헌법적 요청이다"(헌재 2017.11.30. 2016헌마503). "변호인의 조력을 받을 권리에서 '변호인의 조력'이란 변호인의 **충분한 조력**을 의미한다"(헌재 1992. 1.28. 91헌마111). 변호인은 그 선임 내지 선정방법에 따라 사선변호인과 국선변호인으로 나뉜다.

한편, 피고인(또는 피의자)의 보호는 법원이나 검사도 담당하는데, 변호인에 의한 변호적 기능을 형식적 변호라고 한다면, 법원이나 검사가 담당하는 변호적 기능은 **실질적 변호**라고 한다.

Ⅱ. 사선변호인과 국선변호인

1. 사선변호인의 선임

(1) 의의

1) **사선변호인의 뜻** 사선변호인이란 피고인(피의자 포함) 또는 그와 일정한 관계가 있는 사인(私人)이 '선임'한 변호인을 말한다.

2) **'선임'의 성질** 변호인선임은 법원 또는 수사기관에 대한 **소송행위**이다. 그 기초가 되는 선임자와 변호인 사이의 민법상의 계약과 구별된다. 위임계약이 무효 또는 취소되더라도 변호인선임의 효력에는 영향이 없다.

(2) 선임권자

1) **고유의 선임권자** 피고인·피의자는 변호인을 선임할 수 있다(30①).

2) **선임대리권자** 피고인·피의자의 법정대리인·배우자·직계친족과 형제자매는 **독립하여** 변호인을 선임할 수 있다(동②). 법인의 경우에는 그 대표자가 선임한다(27 참조). 여기서 '독립하여'란 본인의 명시·묵시의 의사에 반하여 선임을 할 수 있음을 뜻한다[**독립대리권**]. 즉, 본인의 의사에 반한 변호인선임도 그 선임의 효과가 본인에게 발생하지만, 본인은 변호인을 해임할 수 있다. 그러나 선임대리권자는 본인의 의사에 반하여 변호인을 해임하지 못한다.

(3) 피선임자

1) **자격** 변호인은 **변호사 중에서** 선임하는 것이 원칙이다(31본문). 변호인이 피의자·피고인의 방어권을 보충하기 위해서는 검사와 대등한 법률지식이 필요하기 때문이다. 다만, 대법원 아닌 법원은 특별한 사정이 있으면 변호사 아닌 자를 변호인으로 선임하는 것을 허가할 수 있는데(동단서), 이를 **특별변호인**이라 한다. 법률심인 상고심에서는 변호사 아닌 자를 변호인으로 선임하지 못한다(386).

2) **변호인의 수** 변호인의 수에는 **제한이 없다**. 다만 절차지연을 방지하기 위하여 **대표변호인** 지정제도가 있다. 즉, 수인의 변호인이 있을 경우 재판장은 대표변호인을 지정할 수 있고(32의2①②), 대표변호인은 3인을 초과할 수 없다(동③. 즉, 최대 3인). 대표변호인이 지정된 경우 대표변호인에 대한 통지 또는 서류의 송달은 변호인 전원에 대하여 효력이 있다(동④). '피의자'에게 수인의 변호인이

있는 때에는 '검사'가 대표변호인을 지정한다(동⑤).

3) **동시변호의 금지** 동시변호란 1인의 변호인이 수인의 피고인을 동시에 변호하는 것을 말한다. 동시변호는 이해충돌의 위험이 있으므로 금지되는 것이 원칙인데, 사선변호인의 경우에는 국선변호인에 비해 그 제한이 완화된다. 즉, "변호사법의 수임제한 규정[1]을 위반한 위법이 있더라도, 피고인들 **스스로 변호인을 선임**한 사건에서는 특별한 사정이 없는 한 변호인의 조력을 받을 권리가 침해되었다거나 소송절차가 무효로 된다고 볼 수는 없다"(대판 2009.2.26. 2008도9812).

(4) 선임방식

사선변호인의 선임은 변호인과 선임자가 연명·날인한 변호인선임서를 제출함으로써 행한다(32①). 수사단계에서는 검사 또는 사법경찰관에게 제출하고, 공소제기 후 공판단계에서는 수소법원에 제출하여야 한다.

(5) 선임의 효과

선임에 의하여 변호인의 권리·의무가 발생한다. 변호인선임서 없이 제출된 변호인의 상소장은 상소의 효력이 없다(대결 2017.7.27.자 2017모1377).

1) **사건단위: 동일사건** i) 변호인선임은 사건을 단위로 하므로, 그 효력은 소송법상 하나의 사건, 즉 당해 사건과 **단일성·동일성이 인정되는 범죄사실 전부**에 미친다[**동일사건**]. 공소장변경에 의하여 공소사실이 변경된 경우에도 선임의 효력에는 영향이 없다. ii) 다만, 선임신고서에 특별한 제한(예: 수사단계 또는 구속적부심사청구에 한정)을 가한 때에는 그 제한 내에서만 효력이 있다.

2) **병합사건** 하나의 사건에 관하여 한 변호인의 선임은 동일법원의 동일 피고인에 대하여 병합된 다른 사건에 관하여도 효력이 있다(규13본문)[**병합사건**]. 기소의 순서를 불문한다. 이는 당사자의 통상적 의사와 피고인보호 차원에서 변호인선임의 효력을 확장하는 특례규정이다. 다만, 피고인 또는 변호인이 이와 '다른 의사표시'를 한 때에는 그러하지 아니하다(규13단서).

3) **심급관계** 변호인선임의 효력은 해당 심급에 대해서만 미친다. i) 변호인은 심급마다 선임하여야 한다(32①)[**심급대리**]. 다만 공소제기 전, 즉 수사단계의 변호인선임은 **제1심에도** 그 효력이 있다(동②). 이 경우 공소장에 그 선임신고

---

1) '변호사는 당사자 일방으로부터 상의를 받아 그 수임을 승낙한 사건의 상대방이 위임하는 사건에 관하여는 그 직무를 수행할 수 없다'(변호사법31①i).

서를 첨부하여야 한다(규118①). ii) 변호인선임의 효력은 그 심급의 종료시까지 계속된다. 변호인은 상소권이 있으므로 상소장을 제출할 수 있다(341①). 심급이 종료되는 시점은 상소에 의하여 이심의 효력이 발생하는 시점까지이고, 판례는 '상소제기시설'의 입장이다(대결 1985.7.23.자 85모12). 그 이후의 소송행위에 관하여는 새로운 선임이 필요하다. iii) 한편, 상소심법원의 파기환송에 의하여 사건이 원래의 심급으로 돌아가는 경우에는 파기환송 전의 원심법원에서 있었던 변호인선임은 환송 후에도 효력이 있고, 파기이송의 경우에도 마찬가지이다(규158).

2. 국선변호인의 선정

(1) 의의

1) 국선변호인의 뜻 국선변호인이란 국가, 즉 법원이 '선정'한 변호인을 말한다. 현실적으로 사선변호인을 선임할 수 없는 경제적 약자 등에 대하여 국가가 변호인을 선정한다. 이는 사선변호인제도를 보충하여 피고인(피의자)의 변호권을 강화하기 위한 제도이다. 따라서 사선변호인이 없을 때에만 국선변호인을 선정할 수 있고, 사선변호인이 있으면 선정할 수 없다. 국가는 국선변호인의 실질적 조력을 받을 수 있도록 할 의무를 진다(대판 2015.12.23. 2015도9951).

2) '선정'의 성질 국선변호인의 선정은 법원이 소송법에 의하여 행하는 단독의 의사표시인 재판이다(재판설). 따라서 국선변호인 선정은 법원의 고지만으로 그 효력이 발생하고, 선정되는 변호인의 동의가 필요 없다. 일단 선정된 변호인은 법원의 사임 허가나 선정 취소가 없는 한 임의로 사임할 수도 없다. 형사소송규칙도 국선변호인의 사임에는 법원의 허가가 필요하다고 규정함으로써(규20), 재판설을 뒷받침하고 있다.

(2) 선정사유

1) 제33조 필요적 변호사건 제33조의 국선변호인 선정사유는 피고인의 열악한 방어능력과 사건의 중대성을 고려한 것이다. 여기서 국선변호인의 선정은 ㉠ 법원의 '의무'인 경우(33①), ㉡ 빈곤 기타 사유로 피고인의 '청구'를 요하는 경우(동②), ㉢ 권리보호를 위해 '필요'하다고 인정하여 '직권'으로 하는 경우(동③)가 있다.

i) [(피고인의) 열악한 방어능력] 첫째, 피고인이 ㉠ 구속된 때('별건구속' 및 '형집행구금'을 포함: 대판 2024.5.23. 2021도6357 전합), ㉡ 미성년자인 때, ㉢ 70세 이상인 때,

㉣ 청각과 언어 모두 장애가 있는 사람(=농아자)인 때, ㉤ **심신장애가 의심되는 때**[1]에는 변호인이 없는 경우 법원은 직권으로 변호인을 선정하여야 한다[의무](동①i~v).

둘째, 법원은 빈곤 기타 사유로 변호인을 선임할 수 없는 경우에 피고인이 '청구'하면 변호인을 선정하여야 한다[청구](동②).

셋째, 법원은 피고인의 나이·지능 및 교육 정도 등을 참작하여 **권리보호를 위하여 필요**하다고 인정하면 **'피고인의 명시적 의사에 반하지 않는 범위에서'** 변호인을 선정하여야 한다[직권](동③). 권리보호를 위해 법원이 직권으로 재량껏 선정하는 것인데, 여기서의 재량은 기속재량의 의미로 해석된다. 피고인의 권리보호는 적법절차 원칙의 주요내용인 피고인보호 원칙상 법원에게 당연히 요구되는 법원의 책무에 속하기 때문이다.

[구속: 선정의무(필요국선)] '피고인이 구속된 때'란 "피고인이 '해당 형사사건에서 구속'되어 재판을 받고 있는 경우에 한정되지 않고, 피고인이 '별건으로 구속영장이 발부되어 집행'되거나 '다른 형사사건에서 유죄판결이 확정되어 그 판결의 집행으로 구금' 상태에 있는 경우 또한 포함한다"(위 2021도6357 전합). 그러나 불구속피고인에 대하여 법정구속을 하더라도 구속되기 전까지는 위 규정이 적용되지 않는다(대판 2001.3.10. 2010도17353).

[빈곤 기타 사유: 선정청구] 피고인의 청구가 있는 경우에 한하는 것이므로, 피고인이 국선변호인의 선정을 청구한 일이 없다면 국선변호인 선정 없이 진행한 공판절차는 위법이 아니다(대판 1983.10.11. 83도2117). 피고인이 국선변호인 선정신청을 하였음에도 법원이 아무런 결정을 하지 아니한 것은 위법하다(대판 1995.2.28. 94도2880). 다만, 국어에 의한 일상적 의사소통에 상당한 지장이 있는 피고인(모로코국적의 외국인)의 국선변호인 선정청구가 있는 경우에는 선정을 적극적으로 고려함이 바람직하다(대판 2024.3.12. 2022도16436).

[권리보호 필요: 직권] 여기에는 ㉠ 점자자료가 아니라면 인쇄물 정보접근에 상당한 곤란을 겪는 수준인 2급 시각장애인(대판 2010.4.29. 2010도881), ㉡ 공판기일에서의 방어권 행사에 상당한 곤란을 겪는 3급 청각(청력)장애인(대판 2010.6.10.

---

1) 여기서 '심신장애의 의심'이란 "진단서나 정신감정 등 객관적인 자료는 물론, 소송기록과 소명자료에 드러난 제반 사정에 비추어, 피고인의 의식상태나 사물에 대한 변별능력, 행위통제능력이 결여되거나 저하된 상태로 의심되어 피고인이 공판심리단계에서 효과적으로 방어권을 행사하지 못할 우려가 있다고 인정되는 경우를 포함한다"(대판 2019.9.26. 2019도8531). 진단서 등 자료가 없더라도 기록에 나타난 제반 사정에 비추어 의무국선 사유인 '심신장애'를 인정할 수 있다(대판 2023.8.31. 2023도7561).

2010도4629), ⓒ 피고인에게 유리한 양형요소를 주장할 필요성이 있는 경우(아래의 2024도4202), ⓓ 제1심에서 국선변호인이 선정되어 공판이 진행된 사건의 항소심 공판심리(2013.7.11. 2013도351), ⓔ 특히 항소심에서의 국선변호인 선정과 관련하여, ⓐ 제1심에서 피고인에 대해 '벌금형, 집행유예'가 선고되었으나 검사만이 양형부당을 이유로 항소한 사건에서 그 항소를 받아들여 '형을 선고'하는 경우의 항소심 공판심리, ⓑ 제1심에서 '무죄'가 선고되었으나 검사만이 사실오인 등을 이유로 항소한 사건에서 그 항소를 받아들여 '형을 선고'하는 경우의 항소심 공판심리(대판 2024.7.11. 2024도4202)[1] 등이 해당한다. 이 경우 국선변호인의 선정 없이 공판심리가 이루어져 피고인의 방어권이 침해됨으로써 판결에 영향을 미쳤다고 인정되는 경우에는 위법하다(대판 2024. 7. 11. 선고 2024도4202).[2] 반면, 권리보호의 필요를 인정하지 않는다면, 국선변호인을 선정하지 않을 수 있고, 국선변호인 선정 없이 공판심리를 하더라도 위법이 아니다(대판 2013.5.9. 2013도1886).

ii) [사건의 중대성] 법원은 피고인이 사형 · 무기 또는 **단기 3년 이상**의 징역이나 금고에 해당하는 사건으로 기소된 때에는 직권으로 변호인을 선정하여야 한다(동①vi)[**의무**]. 그 형은 **법정형**을 기준으로 한다. 주의할 점은, 단기 3년 이상인 경우는 물론, 법정형의 단기가 3년을 하회(예: 1년 이상 등)하더라도 사형 · 무기징역 · 무기금고가 함께 규정되어 있으면 여기에 해당한다(예: 보건범죄단속에 관한 특별조치법 제5조 위반사건 등).

iii) [필요적 변호사건] 제33조 제1항(의무) 및 제2항(청구) · 제3항(직권)에 해당하는 사건은 **모두 필요적 변호사건**이다. 즉, "제33조 제1항 각 호의 어느 하나에 해당하는 사건 및 같은 조 제2항 · 제3항의 규정에 따라 (국선)**변호인이 선정된 사건**에 관하여는 **변호인 없이 개정하지 못한다**"(282본문). "변호인이 출석하지 아니한 때에는 법원은 직권으로 변호인을 선정하여야 한다"(283). 단, 판결만을 선고할 경우에는 예외로 한다(282단서).

iv) [위반의 효과] "필요적 변호사건에 있어 **변호인의 관여 없는** 위법한 공판

1) 제1심에서 '무죄'판결이 선고되자 검사가 사실오인 등을 이유로 항소를 제기한 사안에서 항소심이 국선변호인을 선정하지 않은 채 피고인만 출석한 상태에서 공판기일을 진행하여 피고인에게 '실형'에 처하는 유죄판결을 선고하였는데, 이를 파기한 사례.

2) [정리] "[㉠] 약물중독 등으로 인한 심신미약 정도, 마약 투약으로 수사받던 피고인이 중요한 수사협조를 하여 특별감경 양형요소로 반영될 개연성이 높은 경우 등 피고인에게 유리한 양형요소를 주장할 필요성이 있다면 피고인의 권리보호를 위하여 국선변호인을 선정하여 방어권을 보장해 줄 필요가 있다. [㉡] 항소심에서 '양형'이 피고인에게 '불리하게 변경'되는 경우뿐 아니라, 제1심이 무죄를 선고하였으나 검사의 항소를 받아들여 '유죄를 선고'하는 경우에는 공판심리단계에서부터 국선변호인의 선정을 더욱 적극적으로 고려하여야 한다"(위 2024도4202).

절차에서 이루어진 **소송행위는 무효**이다. 이러한 경우 항소심으로서는 변호인이 있는 상태에서 소송행위를 새로이 한 후 위법한 제1심 판결을 파기하고, **항소심**에서의 진술 및 증거조사 등 심리결과에 기하여 **다시 판결**하여야 한다"(대판 1995.4.25. 94도2347)[파기'**자판**']. 다만, 제1심에서 무죄판결이 선고된 경우에는 문제되지 않는다. 즉, "피고인의 이익을 위하여 만들어진 필요적 변호의 규정 때문에 피고인에게 불리한 결과를 가져오게 할 수는 없으므로 그와 같은 법령위반은 무죄판결에 영향을 미친 것으로는 되지 아니한다"(대판 2003.3.25. 2002도5748). 한편, "필요적 변호사건에서 국선변호인을 선정하지 아니한 채 '필요적 변호사건이 아닌 사건'(예: 약식명령에 대한 정식재판청구 사건)을 **병합 · 심리**하여 하나의 판결을 선고한 경우, 변호인의 관여 없이 공판절차를 진행한 위법은 '병합심리된 죄'(필요적 변호사건이 아닌 죄) 부분에도 미치며, 그 죄 부분에 대해 별개의 벌금형을 선고하였더라도 마찬가지다"(대판 2011.4.28. 2011도2279). 물론, 그 절차에서의 소송행위 외에 '다른 절차에서 적법하게 이루어진 소송행위'까지 모두 무효로 되는 것은 아니다(대판 1999.4.23. 99도915).

2) 기타 필요적 변호사건 그 밖에도 언제나 변호인이 있어야 하는 사건은 다음과 같다.

i) [영장실질심사] 구속영장을 청구받은 판사가 피의자를 심문하는 경우에 피의자에게 변호인이 없는 때에는 지방법원판사는 직권으로 변호인을 선정하여야 한다. 이때 변호인의 선정은 '피의자에 대한 **구속영장청구**가 **기각**되어 효력이 소멸한 경우를 **제외하고는' 제1심까지 효력**이 있다(201의2⑧). 구속된 피고인뿐만 아니라 피의자도 국선변호인의 조력을 받을 수 있다. 구속영장청구가 기각된 경우를 제외하는 것은 불구속피의자와의 형평때문이다.

ii) [체포 · 구속적부심사] 체포 또는 구속의 적부심사를 청구한 피의자가 제33조의 국선변호인 선정사유에 해당하고 변호인이 없는 때에는 국선변호인을 선정하여야 한다(214의2⑩). 구속의 경우에는 이미 국선변호인이 선정되어 있으므로, 체포적부심의 경우에 적용된다.

iii) [공판준비절차] 법원은 공판준비기일이 지정된 사건에 관하여 변호인이 없는 때에는 직권으로 변호인을 선정하여야 한다(266의8④).

iv) [국민참여재판] 국민참여재판에 관하여 피고인에게 변호인이 없는 때에는 법원은 직권으로 변호인을 선정하여야 한다(국민참여재판법7).

v) [재심사건] 재심개시결정이 확정된 사건에서, 사망자 또는 회복할 수 없

는 심신장애자를 위해 재심청구가 있는 때, 유죄선고를 받은 자가 재심판결 전에 사망하거나 회복할 수 없는 심신장애자로 된 때 재심청구자가 변호인을 선임하지 않으면 직권으로 변호인을 선임(즉, '선정')해야 한다(438④).

vi) [치료감호사건] 치료감호법에 의하여 치료감호의 청구가 있는 사건도 변호인 없이 개정할 수 없으므로, 변호인이 없거나 출석하지 아니한 때에는 국선변호인을 선정하여야 한다(치료감호법15②).

(3) 피선정자

1) **자격** 국선변호인은 변호사 · 공익법무관 · 사법연수생 중에서 선정한다. 부득이한 때에는 변호사 아닌 자 중에서 선정할 수 있다(규14). 한편 법원은 기간을 정하여 법원의 관할구역 안에 사무소를 둔 변호사 중에서 '국선변호전담변호사'를 지정할 수 있다(규15의2).

2) **변호인의 수** 국선변호인은 피고인 · 피의자마다 1인을 선정한다. 다만, 사건의 특수성에 비추어 필요하다고 인정되면 1인의 피고인 또는 피의자에게 수인의 국선변호인을 선정할 수도 있다(규15①).

3) **동시변호의 금지** 국선변호인의 경우에도 동시변호가 금지된다. 단, 예외적으로 피고인 · 피의자 수인 사이에 **이해가 상반되지 아니할 때**에는 그 수인의 피고인 · 피의자를 위하여 동일한 국선변호인을 선정할 수 있다(동②). 동시변호 금지의 예외를 인정한 것이다.

한편 "**공범관계에 있지 않은** 공동피고인들 사이에서도, 공소사실의 기재 자체로 보아 어느 피고인에 대한 유리한 변론이 다른 피고인에 대하여는 불리한 결과를 초래하는 사건에서는, 공동피고인들 사이에 **이해가 상반된다**(대판 2000.11.24. 2000도4398). 예컨대, 부부싸움 중 서로 상해 또는 폭행을 가하여 공동피고인이 된 부부에게 동일한 국선변호인을 선임(정확히는 '선정')한 것은 위법하다(대판 2014.12.24. 2014도13797).

(4) 선정취소와 사임

1) **선정취소** i) (필요적 취소) 피고인 · 피의자에게 (사선)변호인이 선임된 때, 법원이 국선변호인의 사임을 허가한 때, 국선변호인이 자격을 상실한 때에는 선정을 취소하여야 한다(규18①). ii) (임의적 취소) 국선변호인이 그 직무를 성실히 수행하지 아니한 때, 피고인 · 피의자의 국선변호인 변경 신청이 상당하다고 인정하는 때, 기타 선정결정을 취소할 상당한 이유가 있는 때에는 선정을 취소할

수 있다(동②).

2) 사임 국선변호인은 사임할 수 있다. 질병·장기여행 기타 국선변호인으로서의 직무를 수행하는 것이 어렵다고 인정할 만한 상당한 사유가 있을 때이다. 다만, 국선변호인의 사임에는 별도로 **법원의 허가**가 필요하다(규20).

Ⅲ. 변호인의 지위

1. 이중적 지위

변호인은 피고인·피의자의 이익을 대변하는 '보호자 지위'에 있는 동시에, 형사사건의 진실 발견에 협력해야 하는 '공익적 지위'도 갖는다.

(1) 보호자 지위

변호인은 피고인·피의자의 열악한 방어능력을 보충하여 그의 정당한 법적 이익을 보호하는 지위에 있다. i) [**보호의무**] 피고인·피의자와의 접견을 통하여 심리적 불안을 해소하고, 유리한 증거를 수집·제출하고 유리한 사실을 주장하여야 하며, 법률지식을 제공하여 적절한 방어활동을 할 수 있도록 도와야 한다. ii) [**독립적 지위**] 민사소송과 달리 형사소송에서 변호인은, 피고인·피의자의 단순한 소송대리인에 그치지 않고 그 **보호자**가 된다. 변호인이 형사소송에서 그 보호자의 소임을 다하기 위해서는 무엇보다도 피고인·피의자의 의사에 종속되지 않고 독립하여 소송행위를 할 수 있는 독립된 지위에 있을 것이 요구된다. 포괄대리권 이외에 **독립대리권**과 **고유권**까지 변호인에게 인정되는 것도 바로 이러한 이유 때문이다. iii) [**비밀유지의무**] 변호인과 피고인·피의자는 신뢰관계를 바탕으로 하고 있으므로, 신뢰관계의 보호 측면에서 변호인은 피고인·피의자에 대하여 비밀유지의무를 부담한다(형법317① 업무상비밀누설죄).

(2) 공익적 지위

한편, 변호인은 형사사법의 정당한 실현에 협력해야 할 공익적 지위를 갖는다. 변호사법은 "변호사는 기본적 인권을 옹호하고 **사회정의**를 실현함을 사명으로 한다"(변호사법1①), "변호사는 그 직무를 수행할 때에 **진실을 은폐하거나 거짓 진술을 하여서는 아니 된다**"(동법24②)라고 규정하고 있다. i) [**정의 원칙**] 변호인이 보호하는 피고인·피의자의 이익은 정당한 이익에 제한되고, 변호인은 범죄사실의 올바른 인정을 도모하며, 정의의 원칙에 따라 행동하여야 한다. ii) [**진실의무**] 변호인은 공익적 지위에서 진실을 은폐하거나 거짓진술을 하여서는 아니 되는 진실의무를 부담한다. 그런데 변호인의 진실의무는 보호자적 지위의 보호의무·비밀유지의무와 충돌하는 문제가 발생한다.

2. 양자의 조화

(1) 소극적 진실의무

변호인의 이중적 지위가 충돌하는 경우에는, 보호자의 지위를 기본으로 하되, 공익적 지위는 그 한계로서 소극적 의미를 갖는다. 검사·법원과 달리 변호인의 공익적 지위는 피고인의 방어권을 보충하는 수동적·소극적 지위에 그친다. 즉, 변호인의 진실의무는 적극적으로 진실을 밝혀야 할 의무가 아니라, 소극적으로 법관 등의 **진실발견을 '방해하지 않을' 의무**를 의미한다[**소극적 진실의무**]. 진실발견에 대한 변호인의 기여는 어디까지나 피고인·피의자의 정당한 법적 이익을 보호하는 한도에서만 인정되는 것이다. 변호인이 증거를 인멸·조작하거나 허위사실을 주장하는 등 진실을 왜곡하는 것은 허용되지 않지만, 나아가 피고인·피의자에게 불리한 진실까지 적극적으로 발고(發告)할 의무가 있는 것은 아니다. 따라서 변호인은 보호의무·비밀유지의무가 기본이 되고 증언거부권이 보장된다. 소극적 진실의무와 관련하여, 변호활동의 구체적 내용이 문제된다.

(2) 변호활동의 내용

1) 법적 조언 변호인이 피고인·피의자에게 소송법상의 권리를 알려주고 실체법·소송법적 지식에 대해 법적 조언을 하는 것은 변호인의 권리이며 의무이다. 비록 피고인이 이를 악용하더라도 제한 없이 허용된다.

2) 행위지시 변호인이 소송법상 권리 행사를 권고하는 것은 당연히 허용된다. 변호인이 피고인에게 **진술거부권의 행사를 권고**하는 것도 가능하다. 즉 "헌법상 권리인 진술거부권이 있음을 알려 주고 그 행사를 권고하는 것은 진실의무에 위배되는 것이 아니다"(대결 2007.1.31.자 2006모656). 다만 "변호인이 적극적으로 허위진술을 하거나 피고인·피의자에게 허위진술을 하도록 하는 것은 허용되지 않는다"(대판 2012.8.30. 2012도6027).

3) 증거수집 유리한 증거를 수집하여 제출하는 것은 변호인의 당연한 의무에 속한다. ㉠ 물론 변호인은 피고인에게 불리한 증거를 법원에 제출해야 할

의무는 없다. ㉡ 증언거부권 있는 증인에게 그 권리행사를 권고하는 것은 금지되지 않는다. ㉢ 또한 변호인이 증인을 법정 이외의 장소에서 사전에 신문하는 것은 진실의무에 반하지 않는다.[1] ㉣ 그러나 변호인이 증인에게 위증을 교사하거나 증거인멸을 지시하는 것은 공익적 지위에 위배된다.

4) **무죄변론** 변호인이 피고인·피의자의 자백을 통하여 유죄임을 안 경우에도 법원 등에게 이를 적극적으로 고지할 의무는 없다. 오히려 피고인·피의자의 의사에 반하여 그 자백내용을 법원 등에 진술하는 것은 신뢰관계를 파괴하는 것으로 업무상비밀누설죄가 문제된다. 따라서 변호인은 피고인의 유죄를 알게 된 경우에도 절차상의 하자를 이유로 형식재판을 요구하고, 유죄판결의 증거가 불충분함을 이유로 무죄의 변론을 할 수 있다.

5) **압수·증언의 거부** 변호사 또는 그 직에 있던 자가 그 업무상 위탁을 받아 소지 또는 보관하는 물건으로 타인의 비밀에 관한 것은 **압수를 거부**할 수 있고(112), 그 업무상 위탁을 받은 관계로 알게 된 사실로서 타인의 비밀에 관한 것은 **증언을 거부**할 수 있다(149본문). 다만, 본인의 승낙이 있거나 중대한 공익상 필요가 있는 때에는 예외이다(동단서).

예컨대, 변호인이 의뢰인과 상담한 결과를 기재한 변호인 작성의 법률의견서는, 사적 상황하에서 작성된 것으로서 제313조의 진술서 내지 진술기재서에 해당한다. 그런데 변호인이 그 **진정성립에 대하여 증언거부**하는 것은 **정당한 증언거부권 행사**에 해당하고, 당해 서류는 제314조에 해당한다고 할 수 없어 증거능력이 부정된다(대판 2012.5.17. 2009도6788 전합).

Ⅳ. 변호인의 권한

변호인의 권한에는 크게 대리권과 고유권이 있다. 사선변호인과 국선변호인

1) 그러나 검사의 경우는 사정이 다르다. 즉, "수사기관이 … 공판기일에 증인으로 신청하여 신문할 수 있는 사람을 특별한 사정 없이 미리 수사기관에 소환하여 작성한 진술조서는 피고인이 증거로 할 수 있음에 동의하지 않는 한 증거능력이 없다. 검사가 공소를 제기한 후 참고인을 소환하여 피고인에게 불리한 진술을 기재한 진술조서를 작성하여 이를 공판절차에 증거로 제출할 수 있게 한다면, 피고인과 대등한 당사자의 지위에 있는 검사가 수사기관으로서의 권한을 이용하여 일방적으로 법정 밖에서 유리한 증거를 만들 수 있게 하는 것이므로 당사자주의·공판중심주의·직접심리주의에 반하고 피고인의 공정한 재판을 받을 권리를 침해하기 때문이다. 위 참고인이 나중에 법정에 증인으로 출석하여 위 진술조서의 성립의 진정을 인정하고 피고인 측에 반대신문의 기회가 부여된다 하더라도 위 진술조서의 증거능력을 인정할 수 없음은 마찬가지이다."(대판 2019.11.28. 2013도6825)

사이에 아무런 권한의 차이가 없다.

1. 대리권

변호인은 피고인 · 피의자가 **당사자의 지위**에서 할 수 있는 소송행위 가운데 성질상 대리가 허용되는 모든 소송행위에 대해 **포괄적 대리권**을 가진다. 이는 변호인제도의 본질상 당연히 인정된다. 반면, 피고인 · 피의자가 증거방법의 지위에서 하는 피고인 진술 등은 대리가 허용되지 않는다. 변호인의 대리권에는 종속대리권과 독립대리권이 있다.

1) **종속대리권** 본인의 의사에 종속되는 대리권을 말한다. 관할이전신청(16), 관할위반신청(320), **상소취하**(349), 정식재판청구(453) 등이 있다.

2) **독립대리권** 본인의 의사에 반하여 그에 구애받지 않고 행사할 수 있는 대리권을 말한다. 여기에는 '본인의 명시적 의사에도 반할 수 있는 것'과 '명시적 의사에는 반할 수 없지만, 본인의 묵시적 의사에는 반할 수 있는 것'이 있다.

i) [명시의사에도] '본인의 명시적 의사에도 반할 수 있는' 독립대리권은 주로 **신병 · 기일** · 증거보전 · 증거조사이의에 관한 것이다. 예컨대, 구속취소청구(93), 보석청구(94), 공판기일변경신청(270①), 증거보전청구(184), 증거조사에 대한 이의신청(296①) 등이다.

ii) [묵시의사에만] '본인의 묵시적 의사에만 반할 수 있는' 독립대리권으로는, 기피신청(18②), 상소제기(341) 등이 있다. 문제는, 피고인의 방어권 내지 유죄 인정에 결정적 영향을 미치는 **증거동의**(318)에 대한 변호인의 대리권한의 범위인데, 다수설은 '피고인 본인의 의사에 반할 수 없다'는 종속대리권으로 보는 반면, 판례는 적어도 '묵시적 의사에는 반할 수 있다'는 독립대리권으로 보는 입장이다(대판 1988.11.8. 88도1628 등). 그러나 이는 피고인의 이익보호라는 독립대리권의 기본취지에 어긋나는 잘못된 해석이다[법원편의주의].

3) **독립대리권과 고유권의 차이** 독립대리권은 대리권에 불과하므로 본인의 권리가 소멸하면 변호인의 권리도 소멸한다. 반면, 고유권은 본인의 권리와 별도로 변호인이 독자적으로 갖는 권리이므로, 본인의 권리가 소멸해도 변호인의 고유권에 아무런 영향이 없다.

변호인의 권한 중 '약한 것 → 강한 것'의 순서는, "종속대리권 → 독립대리권(묵시의사에만 반할 수 있는) → 독립대리권(명시의사에도 반할 수 있는) → 고유권"의 순이다.

2. 고유권

고유권이란 변호인의 권리로 특별히 규정된 것 중에서 변호인의 지위에서 독자적으로 인정되는 권리를 말한다. 고유권은 피고인·피의자 본인의 권리가 소멸하더라도 변호인의 고유권은 소멸하지 않는다.

고유권에는 '변호인만 가지는 고유권'(협의의 고유권)과 '변호인이 피고인·피의자와 중복하여 가지는 권리'가 있다. 전자의 예로는 접견교통권(34), 피의자신문참여권(243의2①), 피고인신문권(296의2), 상고심변론권(387) 등이 있다. 후자의 예로는 열람복사권(35), 압수·수색영장 집행의 참여권(121·145), 증인신문참여권(163), 증인신문권(161의2), 공판기일출석권(275), 증거신청권(294), 열람등사권(266의3·266의4), 최종의견진술권(303) 등이 있다. 변호인의 고유권 가운데 중요한 것은 접견교통권, 피의자신문참여권, 열람·복사권이다. 여기서는 개요만 설명하고 자세한 것은 해당 부분에서 상술한다.

(1) 접견교통권

1) 신체구속된 자와의 접견교통 변호인 또는 '변호인이 되려는 자'[1]는 신체가 구속된 피고인·피의자와 접견하고 서류 또는 물건을 수수할 수 있으며, 의사로 하여금 진료하게 할 수 있다(34). 이를 변호인의 접견교통권이라 한다. 접견교통권은 신체구속된 피고인·피의자가 변호인의 조력을 받을 수 있는 가장 핵심적 권리에 속한다. 접견교통권은 **양면성**이 있는데, 체포·구속을 당한 자의 입장에서 보면 헌법상 기본권으로, 방어권 보장을 위한 필수불가결한 중요한 권리이며, 동시에 변호인의 입장에서도 변호인의 고유권이자 헌법상 기본권으로, 변호인에게도 마찬가지로 필수불가결한 중요한 권리이다. 법령의 제한이 없는 한 수사기관의 처분이나 법원의 결정에 의해 제한할 수 없다.

이 접견교통권은, 변호인에게는 물론, **변호인이 되려는 자**(34), 특별변호인에게도 인정된다. "변호인이 되려는 자의 접견교통권은 피의자·피고인을 조력하기 위한 핵심적인 권리로서 헌법상 기본권으로서 보장된다"(헌재 2019.2.28. 2015헌마1203). '변호인이 되려는 자'는 변호인 선임의뢰를 받은 경우는 물론, 이와 상관없이 **스스로 변호인으로 활동하려는** 자도 포함한다. 다만, "변호인이 되려는 의

---

1) '변호인이 되려는 자'의 피의자 접견교통권은, 피의자등을 조력하기 위한 핵심적 권리로서, 피의자등이 갖는 '변호인이 되려는 자'의 조력을 받을 권리가 실질적으로 확보되기 위하여 보장되어야 하는 헌법상 기본권이다(헌재 2019.2.28. 2015헌마124).

사를 표시한 자가 **객관적**으로 변호인이 될 **가능성**이 있는 경우”(대판 2017.3.9. 2013도16162)를 의미한다.

변호인의 접견교통권은 감시받지 않는 자유로운 접견교통을 내용으로 한다. 수사기관이 변호인의 접견교통권을 침해한 경우에는, ‘구금에 관한 처분’으로서 **준항고**의 대상이 된다. 법원이 변호인의 접견교통권의 침해한 경우에는, ‘구금에 관한 결정’으로서 보통항고의 대상이 된다. 그리고 변호인의 접견교통권을 침해하여 얻은 증거는 **증거능력이 없다**.[1]

2) 신체구속되지 않은 자와의 접견교통 신체구속 상태에 있지 않은 피의자 등에 대해서도 변호인의 접견교통권이 물론 보장된다(243의2① 참조). 즉, “불구속 피의자 및 피고인의 경우에도 헌법상 법치국가원리, 적법절차원칙에 의하여 변호인의 조력을 받을 권리가 당연히 인정된다”(헌재 2004.9.23. 2000헌마138).

(2) 피의자신문참여권

피의자신문참여권이란 수사기관의 피의자신문에 변호인이 참여할 수 있는 권리를 말한다. “피의자신문절차에 대한 변호인의 참여권은 헌법상 기본권을 구체화한 법률상 권리로서, 피의자신문에서 수사기관과 피의자 사이의 당사자 대등을 확보함으로써 헌법상 적법절차의 원칙과 변호인의 조력을 받을 권리를 실질적으로 보장하기 위한 것이므로, 그 절차는 엄격히 준수되어야 한다”(대판 2013.3.28. 2010도3359). 구속·불구속을 불문한다. 검사 또는 사법경찰관은 피의자 또는 그 변호인 등의 신청이 있는 경우 정당한 사유가 없는 한 원칙적으로 변호인을 피의자신문에 참여하게 하여야 한다(243의2).[2] 그 개요는 다음과 같다.

i) (참여변호인의 권한) 신문에 참여한 변호인은 원칙적으로 ‘신문 후 의견을 진술’할 수 있다. 다만, ‘신문 중’이라도 부당한 신문방법에 대하여 ‘이의를 제기’할 수 있고,[3] 검사 또는 사법경찰관의 ‘승인을 받아’ 의견을 진술할 수 있다(동③).

ii) (제한사유) 변호인의 참여권을 제한하는 정당한 사유에는 수사방해, 수사기밀누설 및 증거인멸의 위험 등이 있는데, 이는 “변호인이 피의자신문을

---

1) 위법한 변호인 접견불허 기간 중에 작성된 검사작성의 피의자신문조서는 증거능력이 없다(대판 1990.9.25. 90도1586). 자세한 것은 ‘체포·구속된 자의 권리’ 부분 참조(제2편 제2장 제1절 Ⅲ. 1. 접견교통권).

2) 자세한 것은 ‘피의자신문’ 부분 참조(제2편 제1장 제3절 Ⅱ. 임의수사의 방법).

3) 변호인이 피의자신문 중에 부당한 신문방법에 대해 이의제기를 했다는 이유로 수사기관이 변호인을 조사실에서 퇴거시키는 조치는 위법하다(대결 2020.3.17.자 2015모2357).

방해하거나 수사기밀을 누설할 염려가 있음이 **객관적으로 명백**한 경우”를 말한다.

iii) (효과) 변호인의 피의자신문참여권을 침해한 상태에서 작성한 피의자신문조서는 **증거능력이 없다**.[1]

iv) (침해에 대한 구제) 수사기관이 변호인의 참여를 제한하거나 참여한 변호인의 권한을 제한하는 경우 그 처분에 대하여 **준항고**를 제기할 수 있다(417). 따라서 변호인은 관할 법원에 수사기관의 참여권 제한처분을 취소해달라는 청구를 할 수 있으며, 법원은 준항고에 대한 결정이 있을 때까지 변호인의 참여제한을 정지할 수 있다(419 · 409). 또한 변호인의 피의자신문참여권이 침해된 경우 국가배상책임이 인정될 수 있다.[2]

(3) 열람 · 복사권

변호인은 소송계속 중의 관계 서류 또는 증거물을 열람 또는 복사할 수 있다(35①). 변호인의 기록열람 · 복사권은, 변호인의 피고사건에 대한 방어준비 및 효율적인 변론활동에 필수적이며, 공판절차의 원활한 진행을 촉진한다. 이는 곧 공정한 재판의 이념을 실현하는 제도이기도 하다. 이에 대해서는 제35조(서류 · 증거물의 열람 · 복사), 제266조의3(공소제기 후 검사가 보관하고 있는 서류등의 열람 · 등사), 제266조의4(법원의 열람 · 등사에 관한 결정)만이 규정되어 있다. 변호인의 열람 · 복사권의 범위는 형사절차에 따라 3단계로 구별된다.

1) 공소제기 전 ‘수사서류등’ 이에 대해서는 명문의 일반 규정이 없다. 아직 수사 중인 사건에 대해서는 수사의 목적을 위태롭게 할 염려가 있기 때문이다. 다만 형사소송규칙과 수사준칙에 규정을 두고 있는데, 양자의 열람 · 등사의

---

1) 피의자가 변호인참여를 원하는 의사를 표시하였는데도 수사기관이 정당한 이유 없이 변호인을 참여하게 하지 아니한 채 피의자를 신문하여 작성한 피의자신문조서는 제308조의2에서 정한 위법수집증거로서 증거능력이 없다(대판 2013.3.28. 2010도3359).

2) [피의자신문참여권 침해: 국가배상책임] 지방검찰청 수사관이 사실은 피의자인 乙을 고소인들과 대질조사를 할 계획이었음에도, 조서 수정을 핑계로 乙의 출석을 요구한 뒤 이러한 사실을 알지 못한 乙이 혼자 출석하자, 변호인인 甲의 참여 없이 대질조사를 한 사안에서, 수사관의 위와 같은 행위는 乙의 변호인으로부터 충분한 조력을 받을 권리와 甲의 변호인으로서 피의자신문에 참여할 권리를 실질적으로 침해하는 것으로서 불법행위를 구성하므로, 피고는 甲 · 乙에게 그로 인한 정신적 손해를 배상할 책임이 있다고 한 사례(대판 2021.11.25. 2019다235450). 참고로 수사관이 위와 같이 출석한 乙에게 진술거부권과 변호인의 조력을 받을 권리에 대해 고지하였고 乙이 진술거부권과 변호인의 조력을 받을 권리를 행사하지 않고 조사에 임하였다 하더라도, 이로써 이미 성립한 불법행위를 양해한 것으로 볼 수 없으므로 피고의 손해배상책임에 영향이 없다고 판단하였다.

허용범위가 약간 달리 규정되어 있다.

i) (형사소송규칙) **영장실질심사**(96의21)와 **체포 · 구속적부심**(104의2)에서 구속영장신청서 등 일부 수사서류에 대해 변호인의 **열람**'만'을 허용하고 있을 뿐(수사서류 '일부'에 대한 변호인의 '열람권'), 수사서류 전반에 대한 열람 및 등사(즉, 복사)는 이를 허용하고 있지 않다. 즉, '구속 전 피의자심문'(영장실질심사)에 참여할 변호인 및 '체포 · 구속적부심사'를 청구한 피의자의 변호인은, 지방법원 판사에게 제출된 ㉠ **'구속영장청구서'** 및 그에 첨부된 ㉡ **'고소 · 고발장'**, ㉢ **'피의자의 진술을 기재한 서류'**와 **'피의자가 제출한 서류'**를 **'열람'**(만)할 수 있다(규96의21① · 104의2). 이 경우에도 열람만 가능할 뿐 등사(복사)는 허용되지 않는다.[1)]

ii) (수사준칙) 한편, 수사 중인 사건에 관한 일부 수사서류에 대해 피의자 · 변호인의 열람과 복사를 허용하고 있다. 즉, ㉠ '본인의 진술이 기재된 부분' 및 '본인이 제출한 서류'의 전부 또는 일부, ㉡ 고소장, 고발장 등(이의신청서, 항고장, 재항고장 포함), ㉢ 체포 · 구속된 경우 현행범인체포서 · 긴급체포서, 체포영장 · 구속영장에 대해 열람 · **복사**를 신청할 수 있다(수사준칙69①③④). 형사소송규칙과 비교하면, 대상서류의 범주는 대체로 비슷하거나 다소 넓고, 특히 열람 외에 '**복사**'까지도 허용된다는 점에서 차이가 있다.[2)]

iii) 수사 중인 사건에 대한 그 밖의 수사서류는, 일체 열람 · 등사(복사)의 대상이 아니며 형사상 증거개시제도가 도입되어 있는 것도 아니다. 물론 '공공기관의 정보공개에 관한 법률' 제5조는 정보공개청구권을 인정하고 있으므로, 이에 따라 변호인은 정보공개를 청구할 수 있다.

[정보공개청구권의 행사와 구제방법] 공공기관이 보유 · 관리하는 정보는 국민의 알권리 보장 등을 위하여 정보공개에서 정하는 바에 따라 적극적으로 공개해야 한다(동법3). 모든 국민은 정보의 공개를 청구할 권리를 가진다(동법5①). i) [정보 비공개] 변호인의 정보공개청구에 대하여 수사기관은 비공개 대상 정보에 대해서는 공개하지 아니할 수 있다. 즉, "진행 중인 재판에 관련된 정보와 범죄의 예방, 수사, 공소의 제기 및 유지, 형의 집행, 교정(矯正), 보안처분에 관한 사항으로서 공개될 경우 그 직무수행을 현저히 곤란하게 하거나 형사피고인의 공정한 재판을 받을 권리를 침해한다

---

1) 다만 증거인멸 또는 피의자나 공범관계에 있는 자가 도망할 염려가 있는 등 수사에 방해될 염려가 있는 때에는, 판사는 구속영장청구서를 제외한 나머지 서류에 대해 그 전부 또는 일부의 열람을 제한할 수 있다(규96의21②).

2) [차이] 따라서 '법원'에 청구하면 열람만 허용되고 복사는 허용되지 않으나, '수사기관'에 청구하면 열람 외에 '복사'까지도 가능하다.

고 인정할 만한 상당한 이유가 있는 정보"(동법9①iv)는 공개하지 아니할 수 있다. ii) [구제방법] 이에 대해서는 변호인이 이의신청(동법18), 행정심판(동법19), 행정소송(동법20)을 통해 구제를 신청할 수 있고, 최후로 헌법소원을 제기할 수 있다.[1)]

2) 공소제기 후 '검사 보관 서류등' 2007년 개정에서 새로이 증거개시제도를 도입하여 공소제기 후 검사가 보관하고 있는 서류나 물건등에 대한 변호인의 열람·등사(즉, 복사)권을 명문으로 인정하였다(266의3·266의4). 피고인에게도 이를 인정하고 있으나, 변호인이 있는 경우에는 열람만 신청할 수 있다(266의3①). **사실상 전면적 개시**제도를 채택한 것으로, 그 대상에는 '목록'도 포함되어 있다. 검사가 열람·등사를 거부하거나 그 범위를 제한하는 경우에는 **법원에 불복신청**을 할 수 있고(266의4①), 법원의 열람·등사에 관한 결정을 검사가 이행하지 않은 때에는 해당 서류등에 대한 증거신청을 할 수 없다(동⑤).[2)] 한편, 그와 균형상 검사도 피고인·변호인이 보관하는 서류등에 대해서 신청할 수 있도록 하였다(266의11).[3)]

3) 공소제기 후 '법원 보관 서류등' 제35조가 명문으로 인정하고 있다. 법원 보관 서류등에 대한 열람·복사권은 **제한받지 않는다**(공개주의 원칙). 변호인은 물론 피고인과 대리인 등에게도 열람·복사의 권한이 인정된다(동②). 다만 재판장은 피해자, 증인 등 사건관계인의 생명 또는 신체의 안전을 현저히 해칠 우려가 있는 경우에는 열람·복사에 앞서 사건관계인의 성명 등 개인정보가 공개되지 아니하도록 보호조치를 할 수 있다(동③).

---

1) [정보공개청구 여부: 불기소기록과 재판기록] 불기소처분 기록의 공개는, 정보공개법에 따르고 항고소송절차에 의한다(대결 2022.2.11.자 2021모3175).

그러나 공소제기된 이후 및 형사재판이 확정된 기록에 대해서는, 정보공개법에 의한 공개청구가 허용되지 않는다. 즉, 공소제기된 사건과 관련하여 검사가 보관하는 서류 또는 물건에 대하여는 정보공개법에 의한 정보공개청구가 허용되지 않는다(대판 2024.5.30. 2022두65559). 나아가, 형사재판 확정기록의 공개에 관하여도 정보공개법에 의한 공개청구가 허용되지 않는다. 예컨대, 형사재판 확정기록의 공개는 형사소송법 제59조의2(재판확정기록의 열람·등사)에 따르고 준항고절차에 의한다(위 2021모3175).

2) '별건으로 공소제기되어 확정된 관련 형사사건'의 서류에 대해서도 마찬가지이다(헌재 2022.6.30. 2019헌마356).

3) 자세한 것은 '공판의 준비' 부분 참조(제4편 제1장 제2절 Ⅲ. 증거개시).

제 2 장

소송행위와 소송조건

제 1 절 소송행위

Ⅰ. 소송행위의 의의와 종류

소송행위란 형사절차를 조성하는 행위로서 소송법상의 효과가 인정되는 것을 말한다. 소송행위는 공판절차를 형성하는 행위뿐만 아니라, 수사와 형 집행절차를 형성하는 행위도 포괄한다. 형사절차는 연속된 수많은 소송행위의 집합이며, 종국판결과 집행을 목적으로 발전하는 동적 절차이다.

1) 절차유지의 원칙 하나의 소송행위는 절차의 발전단계에 따라 앞선 소송행위를 바탕으로 행하여지므로, 앞선 소송행위가 무효가 되면 이를 바탕으로 그 후에 행해진 소송행위도 역시 무효가 된다. 이렇게 되면 절차의 안정성은 파괴될 수밖에 없다. 절차유지의 원칙이란 소송행위의 하자에 대해 사법의 법률행위이론을 제한적으로 적용하여 일정한 경우 하자의 치유를 인정하고 소송절차가 유지되도록 하는 것을 말한다. 절차유지의 원칙은 특히 소송행위 하자의 치유 문제로 논의된다.

2) 실체형성행위와 절차형성행위 실체형성행위란 실체면의 형성, 즉 피고사건에 대한 법관의 심증형성에 직접적인 역할을 담당하는 소송행위를 말한다(예: 피고인진술, 증인의 증언, 증거조사, 논고, 변론, 피고인최후진술 등). 한편, 절차형성행위란 절차면의 형성, 즉 절차의 진행 자체와 관련된 소송행위를 말한다(예: 공소제기, 상소제기, 공판기일지정, 소환, 실체판결 등).

Ⅱ. 소송행위의 방식

1. 구두주의와 서면주의

1) 구두주의 구두주의는 소송행위를 구술로 하는 방식이다. 피고사건에 관한 법원의 심증형성에 직접 영향을 미치는 실체형성행위의 원칙적 방식이다. "공판정에서의 변론은 구두로 하여야 한다"(275의3).

2) 서면주의 서면주의는 소송행위를 서면으로 하는 방식이다. 형식적 확실성을 요하는 절차형성행위의 원칙적 방식이다.

[구체적 적용] 각 소송행위마다 법률상 일정한 방식이 규정되어 있다. ㉠ 구두주의는 주로 실체형성행위에 적용되지만, 그 밖에 소송지휘와 판결 선고, 공판정에서 행하는 결정·명령 등의 경우에도 적용된다. ㉡ 반면, 서면주의는 공소제기, 상소제기 등 절차형성행위에 적용되는데, 절차의 명확성을 높이거나 소송관계인의 신중한 판단을 요하는 경우들이다. ㉢ 한편, 구술 또는 서면 어느 방식으로 해도 무방한 경우가 있다. 고소·고발 및 그 취소, 공소취소, 상소의 포기·취하 등이 그러하다.

구두주의·서면주의 규정이 효력규정인 때에는 그에 위반한 소송행위는 무효가 된다. 예컨대, 구두에 의한 공소제기, 서면에 의한 판결 선고는 모두 무효이다.

2. 소송서류

소송서류란 특정한 소송과 관련하여 작성된 일체의 서류를 말한다. 법원이 작성한 것뿐 아니라 소송관계인이 작성하여 법원에 제출한 것도 포함한다. 소송서류를 소송절차에 따라 법원이 편철한 것을 소송기록이라고 한다.

1) 개정 전 비공개원칙 소송에 관한 서류는 공익상 필요 기타 상당한 이유가 없으면 공판의 '개정(開廷) 전'에는 공개하지 못한다(47).

2) 의사표시적 문서와 보고적 문서 의사표시적 문서는 일정한 소송법적 효과의 발생을 의사표시의 내용으로 하는 문서(예: 공소장·고소장·상소장·변호인선임계 등)를 말한다. 의사표시적 문서는 당해 사건에서 증거능력이 인정되지 않는다.

반면, 보고적 문서는 단순히 일정한 사실의 보고만을 내용으로 하는 문서(예: 공판조서·검증조서 또는 각종의 신문조서)를 말한다. 보고적 문서 가운데 일정한 절차·사실을 인증하기 위해 작성된 공권적 문서를 특히 '조서'(예: 공판조서, 진술조서, 압수·수색·검증조서 등)라고 한다.

3. 공판조서

공판조서란 공판기일의 소송절차에 관하여 법정의 방식에 따라 행해졌는지 여부를 확인하기 위하여 참여한 법원사무관 등이 작성하고 재판장이 기명날인한 조서를 말한다(51① · 53).

1) 공판조서의 정리 공판조서에는 공판을 행한 일시와 법원, 법관 · 검사 · 법원사무관 등의 관직 및 성명, 피고인 · 대리인 · 대표자 · 변호인 · 보조인과 통역인의 성명, 피고인의 출석 여부 등의 기재사항과 모든 소송절차를 기재하여야 한다(51②). 공판조서에는 진술자의 간인 · 서명날인 등 조서작성의 정확성을 담보하기 위한 절차(48⑦)가 적용되지 않는다(52)[공판조서 작성상의 특례].

공판조서는 각 공판기일 후 신속히 정리하여야 한다(54①). 다음 회의 공판기일에는 전회의 공판심리에 관한 주요사항의 요지를 조서에 의하여 고지하여야 한다. 다만, 다음 회의 공판기일까지 전회의 공판조서가 정리되지 아니한 때에는 조서에 의하지 아니하고 고지할 수 있다(동②). 또한 검사, 피고인 또는 변호인은 공판조서의 기재에 대하여 변경을 청구하거나 이의를 제기할 수 있다(동③). 이때 청구나 이의의 취지와 이에 대한 재판장의 의견을 기재한 조서를 당해 공판조서에 첨부하여야 한다(동④).

[공판조서 작성상의 특례] "공판조서 및 공판기일 외의 증인신문조서에는 제48조 제3항 내지 제7항의 규정에 의하지 아니한다"(52). 제52조 단서와 제54조의 내용을 종합하면, 그 작성상의 특례는 실제 ㉠ '진술자의 청구가 있을 때에 한하여' 진술자에게 공판조서를 읽어 준다는 점(제48조 제3항에 대한 특례)과 ㉡ 공판조서에는 진술자의 간인 및 서명 · 날인을 요하지 않는다는 점(동조 제7항에 대한 특례)뿐이다.

첫째, 공판조서의 경우 진술자의 서명 · 날인을 요하지 않은 것은, ㉠ 공판기일의 소송절차는 공개법정에서 당사자 및 변호인 등의 참여하에 행해지고, 중립적인 법원에 의하여 그 기재의 정확성이 보장되며, ㉡ 다음 회의 공판기일에 전회의 공판심리에 관한 주요사항을 공판조서에 의하여 고지하여 당사자에게 공판조서의 정확성에 대한 이의진술의 기회를 주고 있기 때문이다(54 참조).

둘째, 이 특례는 공판기일 외의 증인신문조서에도 적용된다. 이는 출장신문 등 공판기일 이외의 증인신문조서 작성시 불편을 해소하기 위한 편의적 제도이다.

2) 공판조서의 열람 · 등사 피고인은 공판조서의 열람 또는 등사를 청구할 수 있다(55①). 피고인이 공판조서를 읽지 못하는 때에는 공판조서의 낭독을 청

구할 수 있다(동②). 피고인의 열람·등사 또는 낭독의 청구에 응하지 아니한 때에는 그 공판조서를 유죄의 증거로 할 수 없다(동③). "피고인이 원하는 시기에 공판조서를 열람·등사하지 못하였더라도 변론종결 전에는 이를 하였던 경우에는 (그 열람·등사가 늦어짐으로 인하여 피고인의 방어권 행사에 지장이 있었다는 등의 특별한 사정이 없는 한) 공판조서의 열람·등사청구권이 침해되었다고 볼 수 없어, 그 공판조서를 유죄의 증거로 할 수 있다"(대판 2007.7.26. 2007도3906).

3) **공판조서의 배타적 증명력** 공판기일의 소송절차로서 공판조서에 기재된 것은 그 조서만으로써 증명한다(56).[1)]

4) **조서의 작성방식 위반** 조서의 작성방식을 위반하면 그 조서는 원칙적으로 무효가 된다. 따라서 "공판기일에서의 소송절차를 증명할 공판조서로서의 증명력이 없는 것이므로, 당해 공판기일에서의 소송절차는 증명이 되지 않는다"(대판 1983.2.8. 82도2940).

Ⅲ. 송달

송달이란 당사자 기타 소송관계인에 대해 법률에 정한 방식에 따라 소송서류의 내용을 알리는 것을 말한다. 송달에는 소송법상의 일정한 효과가 강제적으로 부여된다. 서류의 송달에 관하여 법률에 다른 규정이 없는 때에는 민사소송법을 준용한다(65).

1) **교부송달 원칙** 민사소송법에 따른 교부송달(송달받을 사람에게 서류의 등본 또는 부본을 교부하는 방법)이 원칙이고, 송달된 때에 효력이 생긴다. 형사소송절차에서도 **보충송달**(송달장소에서 송달받을 사람을 만나지 못한 경우 그 사무원, 피용자, 동거인 등으로서 사리를 분별할 지능이 있는 사람에게 서류를 교부하는 방법), **유치송달**(송달받을 사람이 서류를 넘겨받기를 거부하는 경우 송달할 장소에 서류를 놓아두는 방법)이 허용된다(대결 1996.6.3.자 96모32; 2000.2.14.자 99모225). 등기우편에 의한 **발송송달**(일정한 경우 법원사무관 등이 서류를 등기우편 등으로 발송하는 방법), 공시송달도 가능하다.

2) **송달영수인** 일반적으로 송달은 받을 자의 주소·거소·영업소 또는 사무소에서 하는 것이 원칙이다(민소법183①). 그런데 형사소송법상 일정한 경우 **송달영수인** 제도가 의무화되어 있다. 즉, 피고인·대리인·대표자·변호인 또는 보조인이 법원 소재지에 서류의 송달을 받을 수 있는 주거 또는 사무소를 두지 아

1) 자세한 것은 '공판조서의 배타적 증명력' 부분 참조(제4편 제2장 제9절).

니한 때에는, 법원 소재지에 주거 또는 사무소 있는 자를 송달영수인으로 선임하여 연명한 서면으로 신고하여야 한다(60①). 송달영수인은 송달에 관하여 본인으로 간주하고 그 주거 또는 사무소는 본인의 주거 또는 사무소로 간주한다(동②). 송달영수인의 선임은 같은 지역에 있는 각 심급법원에 대하여 효력이 있다(동③). 즉, 송달영수인 신고는 **'해당 심급'**에서만 효력이 있다.[1] 그러나 송달영수인에 관한 규정은 신체구속을 당한 자에게 적용하지 아니한다(동④). 여기서 신체구속을 당한 자란 그 사건에서 구속된 자를 말하고, 다른 사건으로 구속된 자는 포함하지 않는다(대결 1976.11.10.자 76모69).

3) 재감자에 대한 송달 교도소·구치소 등 재감자에 대한 송달은 **교도소 등의 장에게** 하여야 하고(민소법182), 그 소장에게 송달하면 '구속된 자에게 **전달된 여부와 관계없이**' 그 효력이 생긴다(대판 1992.3.10. 91도3272). 재감자에 대한 송달을 교도소 등의 장에게 하지 않으면 그 송달은 부적법하여 무효이다(대결 2017.9.22.자 2017모1680). "법원이 피고인의 수감사실을 모른 채 **종전 주·거소에** 송달하였다고 하여도 마찬가지로 송달의 효력은 발생하지 않는다. 그리고 송달명의인이 **체포 또는 구속된 날** 송달서류가 송달명의인의 종전 주·거소에 송달되었다면, 송달의 효력 발생 여부는 체포 또는 구속된 시각과 송달된 시각의 선후에 의하여 결정하되, 선후관계가 명백하지 않다면 송달의 효력은 발생하지 않는 것으로 보아야 한다"(대결 2017.11.7.자 2017모2162). 이때 "(교도소 등의 장에게 하지 아니한 이상) 당사자가 다른 방법으로 알았다고 하더라도 송달의 효력은 여전히 발생하지 않는다"(대결 1995.6.14.자 95모14).

4) 등기우편에 의한 발송송달 주거·사무소 또는 송달영수인의 선임을 신고하여야 할 자가 그 신고를 하지 아니하는 때에는 법원사무관등은 서류를 우편에 부치거나 적당한 방법으로 송달할 수 있다(61①). 발송송달은 ㉠ 보충송달은 물론 유치송달 조차 불가능한 경우(65·민소187. 송달받을 사람의 폐문부재, 송달받을 사람을 비롯하여 전가족부재·장기여행 등), ㉡ 수소법원의 소재지에 주거등이 없고, 송달영수인의 선임신고를 하지 아니한 경우(61①)에 한하여 인정된다. 법원사무관등이 행하는 등기우편에 의한 발송송달은 **'우편송달'** 또는 '발송송달'이라고 한다. 이 경우에는 민사소송(민소법189)과 달리 우편물을 발송한 때가 아니라 **"도달**

---

1) "송달영수인 신고의 효력은 그 심급에서만 미치므로, 상소 또는 이송을 받은 법원의 소송절차에서는 그 신고의 효력이 없다"(대판 2024.5.9. 2024도3298). 제1심에서 송달영수인으로 '제1심 변호인'을 신고한 경우 항소심에서 항소심 변호인이 아닌 '제1심 변호인에게' 소송기록 접수통지를 한 것은 '위법'하다고 한 사례.

된 때에 송달된 것으로 간주한다"(61②).[1] 송달기피로써 소송지연을 꾀하는 것에 대한 봉쇄책으로 송달기관의 재량이지만, 수령하지 못한 경우 피고인 등 송달받을 사람의 불이익이 크다는 점에서 (약식명령을 제외하고는) 실무상 별로 활용되고 있지 않다.

5) **공시송달** i) (뜻) 공시송달이란 법원사무관 등이 송달할 서류를 보관하고 그 사유를 법원게시장에 공시하는 방법으로 하는 송달을 말한다(64②). 피고인의 방어권행사에 사실상 중대한 장애를 초래할 수 있으므로, 그 요건은 엄격하게 하고 절차는 신중하게 하여야 한다. ii) (사유) 공시송달의 사유는 ㉠ 피고인의 주거 · 사무소 · 현재지를 알 수 없는 때, ㉡ 피고인이 재판권이 미치지 않는 장소에 있기 때문에 다른 방법으로 송달할 수 없는 때이다(63). "공시송달은 피고인의 주거, 사무소, 현재지를 알 수 없는 때에 한하여 이를 할 수 있을 뿐이고, 피고인의 주거, 사무소, 현재지 등이 **기록상 나타나 있는 경우**에는 이를 할 수 없는 것이다"(대결 1991.1.25.자 90모70). "항소한 피고인이 거주지 변경신고를 하지 아니한 상태에서, 기록에 나타난 피고인의 **휴대전화번호와 집전화번호로 연락**하여 송달받을 장소를 확인해 보는 등의 조치를 취하지 아니한 채, 곧바로 공시송달을 명한 것은 위법이다"(대판 2007.7.12. 2006도3892). iii) (효력) 최초의 공시송달은 공시한 날로부터 2주일을 경과하면 그 효력이 발생한다. 다만 제2회 이후의 공시송달은 5일을 경과하면 효력이 생긴다(64④).

Ⅳ. 소송행위의 기간

1. 기간의 의의

1) **뜻** 기간이란 법률이나 법관에 의해 일정한 소송행위를 할 수 있는, 첫 시점에서 끝 시점에 이르는 시간의 길이를 말한다. 기간은 '기일(期日)'과 구분된다. 기일은 법률이나 법관에 의해 소송행위가 가능하도록 지정된 특정한 때(예:

---

1) "형사절차에서 송달을 받을 자의 폐문부재로 인하여 소송서류의 송달이 되지 아니한 경우에 보충송달 · 유치송달도 할 수 없는 때에는 공시송달도 할 수 없으므로 소송절차의 원활한 진행과 절차의 안정을 도모하기 위하여 등기우편으로 발송할 수 있고(65 · 민소187), 이 경우 송달의 효력은 발송한 때가 아니라 소송서류가 송달할 곳에 도달된 때에 발생하므로(61②), 소송서류를 실제로 수령하지 아니한 때에도 송달의 효력은 발생하고, 다만 송달 받을 자에게 아무런 고의 · 과실이 없음에도 불구하고 그 수령 없이 등기우편으로 인한 송달의 효과가 발생함으로 인하여 상소기간의 도과 등의 불이익을 받게 되는 경우에는 형사소송법 제345조의 규정에 의하여 상소권 회복 청구를 할 수 있을 뿐이다"(대결 1998.7.13.자 98모53).

공판기일 · 증인신문기일 · 검증기일)를 말하며, 일(日)과 시(時)로써 지정된다.

[종류] i) (행위기간과 불행위기간) 행위기간은 적법한 소송행위가 가능한 일정한 기간을 말한다(예: 고소기간, 상소기간). 불행위기간은 소송행위를 할 수 없는 일정한 기간을 말한다(예: 제1회 공판기일의 유예기간).

ii) (법정기간과 재정기간) 법정기간은 법률에 의해 길이가 정해져 있는 기간을 말한다(예: 구속기간, 상소제기기간). 재정기간은 법원의 재판에 의해 정해지는 기간을 말한다(예: 영장의 유효기간 연장 등).

iii) (불변기간과 훈시기간) 불변기간 또는 효력기간은 기간경과 후에 행한 소송행위가 무효로 되는 경우로서 연장이 허용되지 않는 기간을 말한다(예: 고소기간, 재정신청기간). 훈시기간은 기간이 경과한 후에 소송행위를 하더라도 효력에 영향이 없는 기간을 말한다(예: 검사의 사건처리기간, 판결선고기간).

2) 법정기간의 연장 소송관계인을 보호하기 위한 특칙이 있다. 즉, '소송행위를 할 자의 주거 또는 사무소의 소재지'와 '법원 또는 검찰청 소재지'와의 거리 및 교통통신의 불편 정도에 따라 대법원규칙으로 법정기간을 '연장'할 수 있다(67). 법정기간의 연장은 행위기간에 대해서만 적용된다.[1)]

[법정기간의 연장(=부가기간)] 규칙 제44조는 2개의 유형의 연장을 인정하고 있다. 소송행위를 할 자가 i) 국내에 있는 경우와 ii) 국외에 있는 경우이다.

i) '소송행위를 할 자가 국내에 있는 경우'에는 '주거 또는 사무소의 소재지'와 '법원 또는 검찰청 소재지'와의 거리에 따라 해로는 100킬로미터, 육로는 200킬로미터마다 1일을 부가하고, 그 거리의 전부 또는 잔여가 기준에 미달할지라도 50킬로미터 이상이면 1일을 부가한다(규44①본문)[부가기간]. 다만, 이러한 획일적인 기준으로 부가기간을 정하는 것이 불합리한 경우, 즉 '홍수, 천재지변 등 불가피한 사정이 있거나 교통통신의 불편정도'를 고려하여 수소법원이 미리 재판에서 위 부가기간에 추가하여 구체적인 부가기간을 설정할 수 있다(동단서).

여기서 '소송행위를 할 자의 주거 또는 사무소의 소재지와 법원 또는 검찰청 소재지와의 거리'라 함은, 형사소송규칙 제42조의 규정취지에 비추어 볼 때 '소송행위를 할 자의 주거 또는 사무소가 소재한 시(특별시 · 광역시를 포함) · 군(광역시 안의 군을 제외)의 행정구역'과 '법원이 소재한 시 · 군의 행정구역' 간의 거리로 해석하며(대판 2007.1.26. 2006도3329), 그 '거리'는 흔히 이용하는 가장 경제적인 경로와 방법에 의하여 여행하는 경우의 예에 따라 계산한 경로 거리(예: 여객열차 운임조견표와 고속버

---

1) 예: 즉시항고의 제출기간(대결 1983.1.22.자 82모52), 상고기간(대결 1976.9.27.자 76모58), 항소이유서(대결 1985.10.27.자 85모47; 대판 2007.1.26. 2006도3329) 및 상고이유서의 제출기간.

스운행계통표에 나오는 '거리')에 따라 산정한다.

ii) '소송행위를 할 자가 외국에 있는 경우'에는 거주국의 위치에 따라 아시아주 및 오세아니아주는 15일, 북아메리카주 및 유럽주는 20일, 중남아메리카주 및 아프리카주는 30일의 기간을 부가하고 있다(규44②).

2. 기간의 계산

기간계산을 할 때 i) 기간을 시(時)로 계산하는 것(예: '48시간 내'의 사후영장 청구기간)은 즉시부터 기산하고, 일 · 월 · 연으로 계산하는 것(예: '7일'의 상소기간, '10일'의 수사기관 구속기간, '2월'의 법원 구속기간)은 초일을 산입하지 않는다. 다만, **시효와 구속기간의 초일**은 시간을 계산하지 않고 1일로 산정한다(66①). ii) 연 또는 월로 정한 기간은 연 또는 월 단위로 계산한다(동②). 기간의 말일이 공휴일이거나 토요일이면 그 날은 기간에 산입하지 않는다. 다만 **시효와 구속기간**에 관하여는 예외로 한다(동③). "이때 기간의 말일이 **공휴일인지 여부**는 '공휴일'에 관하여 규정하고 있는 '관공서의 공휴일에 관한 규정' 제2조 각호에 해당하는지에 따라 결정되고, 같은 조 제11호가 정한 '기타 정부에서 수시 지정하는 날'인 **임시공휴일** 역시 공휴일에 해당한다"(대결 2021.1.14.자 2020모3694).

Ⅴ. 소송행위의 가치판단

1. 의의

소송행위의 해석은 소송행위의 표시내용을 문리적 · 형식적으로 판단하는 것에 그치지 않고 행위자의 주관적 의도, 객관적 표시내용 및 소송행위가 행해진 절차의 전후관계 등을 고려하여 **소송행위의 객관적 의미**를 분명히 하는 것을 말한다.

한편, 소송행위의 가치판단이란 소송행위에 하자가 있는 경우 그 소송행위에 대한 평가 내지 소송법적 효과의 인정 여부의 문제를 말한다. 성립 · 불성립, 유효 · 무효, 적법 · 부적법, 이유유무가 문제된다.

2. 유형

(1) 소송행위의 성립 · 불성립

1) 뜻 소송행위의 성립 여부는 특정한 행위가 소송행위의 본질적 개념요

소를 구비하였는가의 문제이다(존부의 문제). 소송행위의 본질적 구성요소를 구비하지 못하여 소송행위의 정형이 인정될 수 없는 경우에는 소송행위가 성립하지 않는다(예: 검찰직원의 공소제기, 법원사무관등의 판결 선고). 다만, 어느 정도의 본질적 구성요소를 구비하여 소송행위의 외관을 구비한 경우에는 일단 소송행위가 성립한 것으로 본다.

2) 구별 실익 i) (불성립) 소송행위가 성립하지 않으면, ㉠ 아무런 소송법적 효과가 발생하지 않는다. 객관적으로 소송행위가 존재하지 않는 것이기 때문이다. ㉡ 법원은 이를 무시하거나 방치할 수 있다. ㉢ 소송행위가 성립하였으나 무효인 경우와 달리, 하자의 치유문제는 발생하지 않는다. ii) (성립) 반면, 소송행위가 일단 성립하면, ㉠ 무효일지라도 일정한 법률효과가 발생할 수 있다(예: 공소시효 정지). ㉡ 무효일지라도 방치할 수 없고, 법원은 유·무효의 판단을 해야 한다. ㉢ 무효라도 하자의 치유문제가 생긴다.

[검사의 단순 기록송부와 사후 공소장 제출 등] "검사에 의한 공소장의 제출은 공소제기의 본질적 요소이므로, 공소장의 제출이 없는 경우에는 소송행위로서의 공소제기가 성립되었다고 할 수 없다.[1] 이 경우 하자의 치유문제는 발생하지 않는다. 그러나 추후 당해 소송행위가 적법하게 이루어진 경우에는 그때부터 위 소송행위가 성립된 것으로 볼 수 있다.[2] 추후 제출된 공소장에 기하여 공판절차를 진행한 경우 제1심 법원으로서는 이에 기하여 유·무죄의 실체판단을 하여야 한다"(대판 2003.11.14. 2003도2735). 한편, "검사가 공판기일에서 공소장변경허가신청서를 공소장에 갈음하는 것으로 구두진술하고 피고인과 변호인이 이의를 제기하지 않은 경우라도 이를 적법한 공소제기로 볼 수 없다"(대판 2009.2.26. 2008도11813).

(2) 소송행위의 유효·무효

1) 뜻 소송행위의 유·무효는 소송행위의 성립을 전제로, 소송행위의 본래적 효력을 인정할 것인가의 문제이다(효력 유무의 문제). 무효인 소송행위는 그 본래적 효력이 발생하지는 않지만, 그와 다른 소송법적 효과는 발생할 수도 있다. 예컨대, 무효인 공소제기는 실체심판을 받을 효력은 없고, 법원은 이에 대해

1) 경찰서장의 즉결심판청구가 기각되어 경찰서장이 사건을 관할 지방검찰청으로 송치하였으나 검사가 이를 즉결심판에 대한 피고인의 정식재판청구가 있은 사건으로 오인하여 그 사건기록을 법원에 송부한 경우, 공소제기가 성립되었다고 볼 수 없다.

2) 원래 공소제기가 없었음에도 피고인의 소환이 이루어지는 등 사실상의 소송계속이 발생한 상태에서 검사가 약식명령을 청구하는 공소장을 제1심 법원에 제출하여 이때 비로소 적법한 공소제기가 있게 된다.

공소기각의 판결을 한다(327ii). 그러나 이 경우에도 공소시효 정지의 효력은 발생한다(253).

2) 의사표시의 하자와 무효 여부(원칙적 유효) 착오 · 사기 · 강박 등의 의사표시에 하자가 있는 경우 실체형성행위는 무효가 되지 않는다(유효).

한편, **절차형성행위**에 대해서는 견해가 대립하나, 판례는 **예외적 무효설**(착오에 의한 소송행위라도 원칙적으로 유효하며, 예외적으로만 무효라는 견해)이다. 즉, "착오에 의한 소송행위가 무효로 되기 위해서는, 첫째, 통상인의 판단을 기준으로 만일 착오가 없었다면 그러한 소송행위를 하지 않았으리라고 인정되는 **중요한 점**(동기를 포함)에 관하여 **착오**가 있고, 둘째, 착오가 행위자 또는 대리인이 **책임질 수 없는 사유**로 인하여 발생하였으며, 셋째, 그 행위를 **유효로 하는 것이 현저히 정의에 반한다고 인정될 것** 등 세 가지 요건이 필요하다"(대결 1992.3.13.자 92모1).

3) 무효의 치유 무효의 치유란 소송행위가 행위시에는 무효였지만, 소송행위 이후의 사정변경으로 인하여 유효로 되는 것을 말한다. 예컨대, 당사자가 상당한 시기 안에 이의를 제기하지 않으면, ㉠ 공소장부본송달의 하자(대판 1962.11.22. 62도155), ㉡ 공판기일지정의 하자(대판 1967.3.21. 66도1751), ㉢ 제1회 공판기일의 유예기간의 하자(대판 1969.9.29. 69도1218) 등은 그 하자가 치유된다. ㉣ 또한, 항소심에서 항소이유서 부분이 상대방에게 송달되지 아니한 채로 진행된 경우에도 상대방이 아무런 이의를 제기하지 않았다면 그 하자는 치유된다(대판 2001.12.27. 2001도5810). 판례는 특히, ㉤ 증인신문절차에서 (피고인에게) 참여기회를 주지 아니한 하자(대판 1962.5.20. 4294형상127; 1974.1.15. 73도2967 등)[1]에 대해서도 '**책문권**(민소법의 절차이의권)**의 포기**'라고 하여 그 하자의 치유를 인정하는 입장이다.

4) 소송행위의 추완 애당초 그 요건을 흠결하여 무효인 소송행위에 대해 추후 보완에 의하여 그 소송행위의 효력을 인정하는 것을 말한다. 공소사실의 추완, 고소의 추완 여부, 변호인선임의 추완 여부 등이 문제된다.

i) (공소장의 추완) 예컨대, "친고죄에서 피해자의 고소가 흠결되었음에도 친고죄로 기소되었다가 그 후 비친고죄로 공소장변경이 된 경우 그 공소제기의 흠은 치유된다"(대판 2011.5.13. 2011도2233). ii) (고소의 추완 여부) 친고죄에 대해 고소 없이 공소제기하면 그 공소제기는 무효이지만, 공소제기 후 비로소 고소가 있는

1) "당사자에게 통지하지 않고 증인신문을 시행하였음은 위법이나, 피고인 등은 위의 증인신문조서의 증거조사에 대해 아무런 이의가 없다고 진술하고 있음이 명백하므로 위의 하자는 책문권의 포기로 치유되었다고 할 것이다."

경우 무효인 공소제기가 적법하게 되는가의 문제이다. 판례는 소극설의 입장이다. 즉, "친고죄에서 공소제기 이후의 고소의 추완은 허용되지 않는다"(대판 1982.9.14. 82도1504). 소송조건의 추완은 허용되지 않는다(통설·판례).

iii) (변호인선임의 추완 여부) 변호인 선임신고서의 제출 이전에 변호인으로서 한 소송행위가 변호인 선임신고서의 제출에 의해 그 하자가 치유되는가의 문제이다. 적극설(피고인의 이익을 보호하기 위하여 선임계 제출에 의한 보정적 추완을 인정하는 견해), 소극설(선임계가 갖는 소송법적 효과의 중요성에 비추어 이를 인정할 수 없다는 견해), 절충설(상소이유서 등의 제출기간 내에 선임계가 제출되면 무효는 치유되지만, 그 제출기간 경과 후에 제출되면 무효가 치유되지 않는다는 견해) 등이 대립한다. 판례는 절충설의 입장이다. 즉, "(재항고인의 제1심 변호인이 그 명의로 재항고장을 제출한 사안에서) 법정기간 내에 변호인 선임신고서의 제출 없이 변호인 명의로 제출된 재항고장은 재항고의 효력을 인정할 수 없다"(대결 2017.7.27.자 2017모1377)고 한다. 따라서 "(상고심에서) 변호인 선임서를 제출하지 아니한 채 상고이유서만을 제출하고 상고이유서 제출기간이 경과한 후에 변호인 선임서를 제출하였다면, 그 상고이유서는 적법·유효한 상고이유서가 될 수 없다"(대판 2014.2.13. 2013도9605).

(3) 소송행위의 적법·부적법

1) 뜻　소송행위의 적법·부적법은 소송행위가 법률상 요건을 충족하였는가의 문제이다. 즉, 소송행위가 법률요건을 갖추었으면 적법하고, 그렇지 않은 경우에는 부적법하다. 일단 소송행위가 성립한 후의 판단이라는 점에서는 유효·무효의 경우와 동일하다. 그러나 적법·부적법은 소송행위의 요건과 방식에 관한 판단이지만, 유효·무효는 소송행위의 본래적 효과를 인정할 것인가에 대한 판단이다.

2) 효력규정과 훈시규정　효력규정을 위반한 소송행위는 부적법하고 무효인 반면, 훈시규정을 위반한 소송행위는 비록 부적법하지만 유효할 수가 있다(예: 관할권 없는 법원이 행한 소송행위).

(4) 소송행위의 이유 유무

소송행위의 이유의 유무는 법률행위적 소송행위에 관하여 적법성이 인정되는 것을 전제로, 의사표시내용이 정당한가의 문제이다. 법원은 '이유 있음'인 경우에는 인용, '이유 없음'인 경우에는 기각의 재판을 한다.

제 2 절 소송조건

Ⅰ. 소송조건의 의의와 종류

1) 뜻 소송조건이란 '전체로서의 형사소송이 적법하게 성립·유지·존속하기 위한 기본조건' 또는 '피고사건의 실체에 대하여 심판하기 위한 실체심판의 전제조건'을 말한다. 이러한 소송조건은 당사자주의에서는 공소제기의 적법·유효조건(전자)으로 이해하지만, 직권주의에서는 실체심판의 전제조건(후자)으로 이해한다. 소송조건은 '전체 형사절차의 허용조건'이므로, 소송의 조건임과 동시에 공소제기의 조건이 된다. 현행법상 소송조건이 흠결되면 법원은 유·무죄의 실체판결을 할 수 없고, 형식재판에 의하여 소송을 종결한다.

2) 소송조건의 종류 소송조건의 종류는 일반적으로 다음과 같이 분류된다.

i) (절대적 소송조건과 상대적 소송조건) 절대적 소송조건은 법원이 직권으로 조사해야 하는 소송조건을 말하고, 상대적 소송조건은 당사자의 신청을 기다려 법원이 조사하는 소송조건을 말한다. 소송조건은 대부분 절대적 소송조건이지만, 예외적으로 상대적 소송조건도 있다(예: 토지관할).

ii) (적극적 소송조건과 소극적 소송조건) 적극적 소송조건은 일정한 사실의 존재가 소송조건이 되는 것(예: 관할권, 친고죄에서 적법한 고소 등의 존재), 소극적 소송조건은 일정한 사실의 부존재가 소송조건이 되는 것(예: 동일사건에 대해 확정판결이 없을 것, 반의사불벌죄에서 처벌불원의사가 없을 것 등)을 말한다.

iii) (형식적 소송조건과 실체적 소송조건) ① 형식적 소송조건은 소송의 절차면에 관한 사유를 소송조건으로 하는 것을 말한다. 형식적 소송조건이 흠결된 경우 공소기각의 결정(328), 공소기각의 판결(327), 관할위반의 판결(319)로써 소송이 종결된다. 흠결된 소송조건을 보완하여 동일한 범죄사실에 대하여 다시 기소하는 것은 가능하다. ② 실체적 소송조건은 소송의 실체면에 관한 사유를 소송조건으로 하는 것을 말한다. 실체적 소송조건이 흠결된 경우 면소판결(326)에 의하여 소송이 종결된다. 여기에는 일사부재리의 효력이 인정된다. 따라서 흠결된 소송조건을 보완하여 동일한 범죄사실에 대하여 다시 기소하는 것은 허용되지 않는다.

Ⅱ. 소송조건 흠결의 효과

1. 소송조건의 조사

(1) 직권조사사항

1) 직권조사　소송조건의 존부는 법원의 직권조사사항이다. 다만, 토지관할의 위반 여부는 피고인의 신청이 있을 때에만 법원이 조사한다(320①, 상대적 소송조건). 소송조건의 존부는 공소장에 기재되지 않았거나 공소장변경이 없더라도 반드시 직권조사해야 한다(대판 2020.3.12. 2019도15117). 제1심뿐만 아니라 항소심·상고심에서도 직권조사사항이다. 상소이유서에서 소송조건의 흠결을 다투지 않더라도 상소심은 직권조사해야 한다.

2) 소송조건의 충족시점　소송조건은 형사절차의 전 과정을 통해 충족되어야 한다(예: 사물관할). 공소제기시는 물론 판결시에도 존속해야 한다. 따라서 소송조건의 존부는 '공소제기시'와 '모든 소송단계에서' 판단하게 된다.

다만, 토지관할은 공소제기시에만 존재하면 되고, 공소시효도 공소제기시에 충족되면 충분하다. 공소시효는 공소제기에 의하여 그 진행이 정지된다(253①). 따라서 토지관할의 존재 여부와 공소시효의 완성 여부는 '공소제기시'를 기준으로 판단하게 된다.

3) 공소사실 기준　소송조건의 존부 판단은 공소사실을 기준으로 한다. 즉 공소장이 변경된 경우에는 변경된 공소사실이 기준이다. 그 판단시점은 '공소제기시'가 기준이다. 즉 '변경된 공소사실'에 대한 소송조건의 구비 여부는 (공소장변경시가 아니라) '공소제기시'가 기준이다.

따라서 ㉠ '변경된 공소사실'이 친고죄인 경우 고소의 존재 여부는 '공소제기시'가 기준이다('공소제기시'에 고소가 없다면 '공소기각'의 판결이 선고된다). ㉡ '변경된 공소사실'에 대한 공소시효의 완성 여부도 '공소제기시'가 기준이다. 물론 공소시효의 기간은 '변경된 공소사실'의 법정형이 기준이다('공소제기시'에 공소시효가 완성되었다면 '면소'의 판결이 선고된다).

(2) 소송조건의 증명

1) 자유로운 증명　소송조건의 충족은 '자유로운 증명'으로 충분하다.

2) 증명책임　소송조건의 증명책임은 검사에게 있다. 증명의 정도는 합리적 의심을 배제할 정도의 (고도의) 확신에 이를 것을 요한다.

2. 소송조건의 흠결

(1) 형식재판

1) 원칙 소송조건이 흠결된 경우에는 형식재판으로 절차를 종결해야 한다. 이를 '**형식재판 우선의 원칙**'이라 한다. 각 해당 사유에 따라 공소기각의 결정(328), 공소기각의 판결(327), 관할위반의 판결(319) 또는 면소의 판결(326)을 선고하여야 한다.

2) 예외 다만, 공소기각 판결의 사유가 있는 사건에서도 예외적으로 무죄의 선고가 허용되는 경우가 있다. 즉, "사건의 실체에 관한 심리가 이미 완료되어 무죄라고 밝혀진 경우에는, 사실심법원이 피고인의 이익을 위하여 무죄의 실체판결을 선고하더라도, 이를 위법이라고 할 수는 없다"(대판 2015.5.14. 2012도11431; 2015.5.28. 2013도10958). 주의할 점은 반드시 '무죄를 선고해야 한다'는 것(의무)이 아니라, 단지 '무죄를 선고하더라도 위법은 아니다'는 취지에 불과하다는 것이다. 형식재판도 가능하고 무죄판결도 가능하다는 취지이므로, 이는 곧 법원의 **재량**에 속한다.

(2) 소송조건 흠결의 경합

소송조건의 흠결사유가 경합하는 경우에는 **논리적 순서와 판단의 난이도** 등에 따라 형식재판의 내용을 결정한다. i) 형식적 소송조건과 실체적 소송조건의 흠결이 경합한 경우에는 형식적 소송조건의 흠결이 우선한다(예: 공소기각사유>면소사유). ii) 수개의 형식적 소송조건의 흠결이 경합한 경우에는 하자의 정도가 중한 것이 우선한다(예: ㉠ 공소기각 '결정'사유>공소기각 '판결'사유, ㉡ 공소기각사유>관할위반사유).

3. 소송조건의 추완(불허)

소송조건의 추완이란, 공소제기 당시에는 소송조건이 흠결되었으나 공판절차에서 비로소 그 소송조건이 구비되는 경우에 공소제기의 하자가 치유되는가의 문제를 말한다. 통설·판례는 **소극설**의 입장이다(대판 1982.9.14. 82도1504). 소송조건은 공소제기의 적법·유효조건이고 공소제기는 형식적 확실성이 강하게 요구되는 소송행위이므로, 그 추완을 부정함이 타당하다. 예컨대, 친고죄에서 흠결된 고소를 공소제기 후 추후 보완하는 것은 허용되지 않는다(공소기각 판결).

제 2 편

수 사

제 1 장

수사의 기초와 임의수사

제 1 절 수사의 기초

Ⅰ. 수사의 의의

1. 의의

수사는 형사절차의 첫 단계이다. 형사절차는 수사에 의하여 개시된다. 수사란 "범죄혐의의 유무를 명백히 하여 공소를 제기 · 유지할 것인가의 여부를 결정하기 위하여 범인을 발견 · 확보하고 증거를 수집 · 보전하는 수사기관의 활동"을 말한다(대판 1999.12.7. 98도3329). 즉, 수사는 '범죄혐의 유무의 확인과 범인의 확보 및 증거수집'을 목적으로 한다. 이러한 수사활동이 연속적으로 이루어지는 과정을 수사절차라 한다. 수사절차에서 수사의 구조를 어떻게 이해하느냐의 문제를 수사구조론이라 하는데, 수사구조론보다 적법절차 원칙과 소극적 진실주의의 이념을 구체화하는 것이 훨씬 더 중요한 과제이다.

수사는 그 방법에 따라 임의수사와 강제수사로 구별된다. 임의수사는 수사의 방법에서 강제력을 행사하지 않고 상대방의 동의나 승인을 전제로 하는 수사이다. 강제수사는 상대방의 의사에 구속되지 않고 강제적으로 하는 수사를 말한다. 강제수사가 임의수사에 비해 수사대상에 대한 기본권의 침해 정도가 훨씬 강하다는 것은 자명한 일이다. 한편, 수사기관은 수사의 방법을 정할 수 있는 이른바 '수사 형성의 자유'를 갖는다.

2. 수사와 내사의 구별

1) 내사의 뜻 검사와 사법경찰관은, 범죄의 혐의가 있다고 사료하는 때에는 수사를 개시하여야 한다(196 · 197②). 내사란 수사기관이 아직 범죄의 혐의유무 자체가 확인되지 않은 단계에서 수사의 개시 여부를 결정하기 위하여 수행하는 사전적인 조사활동을 말한다. 내사는 수사의 이전 단계에 해당한다.

수사의 대상인 피의자와 달리, 내사의 대상인 피내사자는 단순한 혐의자 내지 용의자에 불과하여 원칙적으로 형사소송법의 규율대상이 되지 않는다. 즉, ㉠ 피내사자는 피의자와 달리 증거보전(184)을 청구할 수 없다(대판 1979.6.12. 79도792). ㉡ 진정사건으로 내사한 후 내사종결처리한 경우 내사종결처리는 고소사건과 달리 재정신청 또는 헌법소원의 대상이 되지 않는다(대결 1991.11.5.자 91모68). 내사종결은 수사기관의 내부적 사건처리에 불과하기 때문이다.

2) 내사와 수사의 구별 수사 개시의 형식적 절차는 보통 '입건'이다. 수사기관이 범죄를 인지하는 경우에는 범죄인지서를 작성하여 사건을 수리하는 절차를 거친다. 이와 같이 수사기관이 인지나 고소 · 고발 등에 기하여 사건명부에 사건을 등재하는 것을 입건이라 한다. 입건에 의하여 사건번호가 부여된다.

내사와 수사의 구별기준에 대하여, ㉠ 형식설(형식적인 '입건'을 기준으로 그 전후를 내사와 수사로 구분), ㉡ 실질설('실질적으로 범죄를 인지한 시점'을 기준으로 그 전후를 내사와 수사로 구분, 내사 명목의 편법적인 수사관행의 근절을 지향한다)이 대립한다. 내사단계라도 실질적으로 수사를 개시한 때에는 수사와 다를 바 없으므로, 형사소송법의 엄격한 통제가 작용해야 한다(실질설). 판례도 실질설의 입장이다. 즉, "범죄의 인지는 실질적인 개념이고, 인지절차를 거치기 전에 범죄의 혐의가 있다고 보아 수사를 개시하는 행위를 한 때에는 이때에 범죄를 인지한 것으로 보아야 한다. 그 뒤 범죄인지서를 작성하여 사건수리 절차를 밟은 때에 비로소 범죄를 인지하였다고 볼 것이 아니다"(대판 2001.10.26. 2000도2968). 입건 이전이라도 이미 실질적으로 수사가 개시되었다면 이는 수사에 해당하고 그 상대방은 피의자가 된다는 것이다. 따라서 ㉠ 임의동행의 형식으로 연행된 피내사자의 경우에도 접견교통권은 보장되고(대결 1996.6.3.자 96모18), ㉡ "내사과정에서 작성된 피의자신문조서나 진술조서라도 일정한 요건을 충족하면 증거능력이 있게 된다"(위 2000도2968).

한편, 수사준칙은 수사기관이 실질적 수사 행위에 착수한 경우 '수사개시로

의제'하고 '즉시입건의무'를 부과하는 명문의 규정을 두고 있다. 그 구체적인 예는, 검사 또는 사법경찰관이 ㉠ 피혐의자의 수사기관 출석조사, ㉡ 피의자신문조서의 작성, ㉢ 긴급체포, ㉣ 체포·구속영장의 청구 또는 신청, ㉤ 압수·수색·검증영장의 청구 또는 신청을 한 경우이다(수사준칙16①).[1)]

3. 피의자

1) 피의자의 뜻 피의자란 수사기관에 의하여 범죄의 혐의가 인정되어 수사의 대상이 된 자를 말한다. 피의자는 수사의 개시에서부터 공소제기 전까지의 개념이다. 피의자로 되는 시점은 수사기관이 실질적으로 수사를 개시한 때이다. 즉, 피의자의 지위는, 형식적으로 입건하여 사건수리절차를 거친 때가 아니라, 실질적으로 수사기관이 범죄혐의를 인정하여 수사를 개시하는 행위를 한 때에 인정된다(실질설). 판례도 같다. "수사기관에 의한 진술거부권 고지대상이 되는 피의자 지위는 수사기관이 조사대상자에 대한 범죄혐의를 인정하여 '수사를 개시'하는 행위를 한 때 인정된다"(대판 2015.10.29. 2014도5939).

2) 피의자의 지위 피의자가 수사의 대상이라고 하여 단지 수사기관의 조사의 객체에 불과한 것은 아니다. 공소제기 전에는 아직 소송당사자라고 할 수는 없으나, 수사절차에서도 무죄추정 원칙 및 적법절차 원칙이 그대로 적용된다. 즉, 수사절차에서의 방어활동과 인권보장의 중요성에 기초하여 피의자에게는 형사소송법상 다양한 권리가 인정되고 있다. 예컨대, 고문을 받지 않을 권리, 진술거부권, 변호인의 조력을 받을 권리, 구속적부심사청구권, 압수·수색·검증에의 참여권 등이 보장된다. 또한 불구속 수사가 원칙이고, 수사기관은 피의자 등의 인권을 존중하고 수사과정에서 취득한 비밀을 엄수할 의무를 부담한다(198①②).

---

1) 수사준칙 제16조(수사의 개시) ① 검사 또는 사법경찰관이 다음 각 호의 어느 하나에 해당하는 행위에 착수한 때에는 수사를 개시한 것으로 본다. 이 경우 검사 또는 사법경찰관은 해당 사건을 즉시 입건해야 한다.

1. 피혐의자의 수사기관 출석조사
2. 피의자신문조서의 작성
3. 긴급체포
4. 체포·구속영장의 청구 또는 신청
5. 사람의 신체, 주거, 관리하는 건조물, 자동차, 선박, 항공기 또는 점유하는 방실에 대한 압수·수색 또는 검증영장(부검을 위한 검증영장은 제외한다)의 청구 또는 신청

Ⅱ. 수사기관

1. 의의와 종류

수사기관이란 법률에 의해 범죄수사의 권한을 부여받은 국가기관을 말한다. 수사는 수사기관의 활동으로 정의할 수도 있다. 수사는 그 자체로 인권침해적인 속성이 있으므로, 수사기관의 준수사항으로 ㉠ 불구속수사의 원칙, ㉡ 인권존중 및 비밀엄수의무, ㉢ 목록작성의무, ㉣ 합리적 근거 없는 별건수사의 금지 등이 규정되어 있다(198).[1)]

수사기관은 일반 수사기관과 특별 수사기관으로 구분된다.

1) 일반 수사기관 수사대상 범죄에 제한이 없는(즉, '모든' 범죄의) 수사기관이다. ㉠ 일반 경찰공무원인 사법경찰관리, ㉡ 검찰청직원인 사법경찰관리 및 ㉢ 검사가 있다. 형사소송법이 인정하고 있는 일반 수사기관은 사법경찰관리와 검사이다.

2) 특별 수사기관 수사대상 범죄가 사항적 · 지역적으로 한정된(즉, '일정한' 범죄만의) 수사기관이다. 각종 특별법에 의하여 설치된 수사기관으로, 예컨대, ㉠ 특별사법경찰관리('사법경찰관리의 직무를 수행할 자와 그 직무범위에 관한 법률', 이하 '사법경찰직무법'), ㉡ 수사처수사관 및 ㉢ 수사처검사('고위공직자범죄수사처 설치 및 운영에 관한 법률', 이하 '공수처법') 등이 여기에 해당한다.

검사와 수사처검사를 제외한 수사기관인 사법경찰관리는 다음과 같다.

2. 사법경찰관리(일반, 특별)

(1) 일반 사법경찰관리

1) 경찰공무원인 사법경찰관리(일반) 범죄수사는 경찰의 임무 중 하나이다

---

1) [제198조(준수사항)] ① 피의자에 대한 수사는 '불구속' 상태에서 함을 원칙으로 한다.
② 검사 · 사법경찰관리와 그 밖에 직무상 수사에 관계있는 자는, 피의자 또는 다른 사람의 '인권을 존중'하고, 수사과정에서 취득한 '비밀을 엄수'하며, 수사에 방해되는 일이 없도록 해야 한다.
③ 수사과정에서 수사와 관련하여 작성하거나 취득한 서류 또는 물건에 대한 '목록'을 빠짐 없이 작성해야 한다.
④ 수사기관은 수사 중인 사건의 범죄 혐의를 밝히기 위한 목적으로 '합리적인 근거 없이 별개의 사건을 부당하게 수사'하여서는 아니 되고, 다른 사건의 수사를 통하여 확보된 증거 또는 자료를 내세워 '관련 없는 사건에 대한 자백이나 진술을 강요'하여서도 아니 된다.
특히 별건수사 금지(동④)는 수사기관이 주체로 규정되어 있으므로, 모든 수사기관에 적용된다.

(경찰법3ii).[1] 경찰청에 **국가수사본부**를 두며(동법16①), 국가수사본부장은 형사소송법에 따른 경찰의 수사에 관하여 각 시 · 도경찰청장과 경찰서장 및 수사부서 소속 공무원을 지휘 · 감독한다(동②). 국가경찰사무를 담당하는 일반 경찰공무원인 사법경찰관리는, 전형적인 일반사법경찰관리이다.

i) [사법경찰관] 경찰공무원 가운데 경무관 · 총경 · 경정 · 경감 · 경위는 사법경찰관이다(197①).[2] 사법경찰관은 범죄의 혐의가 있다고 사료하는 때에는 범인, 범죄사실과 증거를 수사한다(197①).

ii) [사법경찰리] 경사 · 경장 · 순경은 사법경찰리이다(동②). 사법경찰리는 수사의 보조를 해야 한다(동②). 즉, 사법경찰리는 수사의 보조기관에 불과하고, 독자적으로 수사를 할 권한이 없다. 따라서 각종 조서의 작성에서 사법경찰리는 그 작성권한이 없고(312), 단지 참여할 수 있을 뿐이다(243).

2) 검찰청 직원인 사법경찰관리(일반) 검찰청 직원으로서 사법경찰관리의 직무를 행하는 자와 그 직무의 범위는 법률로 정한다(245의9①). 검찰청법 제47조와 제49조가 이를 규정하고 있다. 검찰청 직원으로서 구성되는 사법경찰관리는 수사대상 범죄에 제한이 없다는 의미에서 일반사법경찰관리이다.

검찰청 직원인 사법경찰관리는 일반 경찰공무원인 사법경찰관리와는 구별된다. 검사와 상호협력관계에 있는 일반 경찰공무원인 사법경찰관리는, ㉠ 검사의 수사지휘를 받지 않으며, ㉡ 수사종결권이 있다. 반면, 검찰청 직원인 사법경찰관리는, ㉠ 검사에 대해 수사보조자로서의 지위를 갖는다. 즉, 사법경찰관의 직무를 행하는 검찰청 직원(7급 상당 이상, 검찰청법46② · 47①②)은 **검사의 지휘를 받아** 수사해야 한다(245의9②). 사법경찰리의 직무를 행하는 검찰청 직원(8급 내지 9급 상당, 검찰청법46③ · 47①②)은 검사 또는 사법경찰관의 직무를 행하는 검찰청 직원의 수사를 보조해야 한다(동③). ㉡ 또한, **수사종결권이 없다**. 따라서 사법경찰관에게 적용되는 보완수사 등 제197조의2부터 제197조의4까지, 제221조의5, 제245조의5부터 제245조의8까지의 규정은 적용되지 않는다(245의9④).

(2) 특별 사법경찰관리

1) 특별사법경찰관리(특별) 특별사법경찰관리는 삼림 · 해사 · 전매 · 세무 · 군수사기관과 기타 특별한 사항에 관하여 사법경찰관리의 직무를 행하는 자를 말한다(245의10①). 예컨대, 교도소장, 구치소장, 소년원장, 근로감독관, 산림공무원, 세무공무원, 관세공무원, 선장과 기장, 군사법경찰관리 등이 여기에 해당한다.

---

1) 경찰법은 '국가경찰과 자치경찰의 조직 및 운영에 관한 법률'(2021.1.1. 시행)을 말한다.
2) 경찰공무원의 계급은 치안총감 · 치안정감 · 치안감, 경무관 · 총경 · 경정 · 경감 · 경위, 경사 · 경장 · 순경으로 구분된다(경찰공무원법3).

특별사법경찰관리의 직무를 행할 자와 그 직무의 범위는 법률로 정한다(동①). '사법경찰관리의 직무를 수행할 자와 그 직무범위에 관한 법률'이 이를 규정한다. 특별사법경찰관리는 직무범위가 사항적·지역적으로 제한되어 있다는 점에서 일반사법경찰관리와 구별된다. 다만, 그 권한에 속하는 사항에 관하여는 일반사법경찰관리와 동일한 지위와 권한을 가진다. 한편, 일반사법경찰관리의 수사권한은 특별사법경찰관리에 관한 관련 법률의 규정에도 불구하고 배제되지 않는다(대판 2011.3.10. 2008도7724). 특별사법경찰관은 범죄의 혐의가 있다고 인식하는 때에는 범인, 범죄사실과 증거에 관하여 수사를 개시·진행해야 한다(동③).

그 밖에도 특별사법경찰관리는 일반 경찰공무원인 사법경찰관리와는 구별된다. 이는 검찰청 직원인 사법경찰관리와 유사하다. 즉, ㉠ 특별사법경찰관은 모든 수사에 관하여 검사의 지휘를 받는다(동②). 특별사법경찰관리는 검사의 지휘가 있는 때에는 이에 따라야 한다. 검사의 지휘에 관한 구체적 사항은 법무부령으로 정한다(동④). 특별사법경찰관은 범죄를 수사한 때에는 지체 없이 검사에게 사건을 송치하고, 관계 서류와 증거물을 송부해야 한다(동⑤). ㉡ 특별사법경찰관리에게는 수사종결권이 없다. 따라서 사법경찰관에게 적용되는 보완수사 등 제197조의2부터 제197조의4까지, 제221조의5, 제245조의5부터 제245조의8까지의 규정은 적용되지 않는다(동⑥).

반면, 선거관리위원회 위원이나 직원은 관계자에 대한 질문·조사권을 갖고 있지만(공직선거법272의2 참조), 사법경찰관리가 아니다. 선거관리위원회는 행정부와 독립된 헌법기관이기 때문이다(헌법114이하).

2) 자치경찰공무원인 특별사법경찰관리(특별) 한편, '제주특별법'[1]에 따라 제주특별자치도에는 (국가경찰 이외에) 자치경찰단이 설치되어 있고(동법88), 도지사 소속으로 두는 경찰을 자치경찰이라 한다(동법87①). 범죄수사와 관련하여 자치경찰은 ㉠ '사법경찰직무법'[2]에서 자치경찰공무원의 직무로 규정하고 있는 사법경찰관리의 직무, ㉡ '즉결심판법'[3]등에 따라 도로교통법 또는 경범죄처벌법 위반에 따른 통고처분 불이행자 등에 대한 즉결심판 청구 사무를 처리한다(동법90iv·v). 자치경찰공무원 가운데 사법경찰관리의 직무를 수행할 자와 그 직무범위는 '사법경찰직무법' 제10조에 규정되어 있다. ㉠ 그 수사대상 범죄가 제주특별자치도의 관할 구역에서 발생하는 범죄 가운데 '일정한 범죄'에 한정되어 있다(사법경찰직무법10)는 점에서, 그 성격은 특별사법경찰관리에 해당한다. ㉡ 다른 특별사법경찰관과는 달리, 자치경찰공무원인 사법경찰관리는 도로교통법 또는 경범죄처벌법 위반에 따른 통고처분 불이행자 등에 대한 즉결심판청구권도 갖고 있다는 특징이 있다.

3) 고위공직자범죄수사처 수사관(특별) 고위공직자범죄에 대한 수사기관으로

---

1) '제주특별자치도 설치 및 국제자유도시 조성을 위한 특별법'을 말한다.
2) '사법경찰관리의 직무를 수행할 자와 그 직무범위에 관한 법률'을 말한다.
3) '즉결심판에 관한 절차법'을 말한다.

수사처검사 외에 수사처수사관이 있다(공수처법8 · 10). 수사처수사관은 수사대상 범죄가 고위공직자범죄 및 관련범죄로 한정된다는 점에서 특별사법경찰관에 해당한다. 수사처수사관은 고위공직자범죄등에 대한 수사에 관하여 사법경찰관의 직무를 수행한다(동법21②). 수사처수사관은 수사처검사의 지휘·감독을 받아 직무를 수행한다(동①). 검찰청검사의 지휘 · 감독을 받는 것이 아니며, 수사종결권도 없다.

3. 검사와 사법경찰관리의 관계: 검 · 경 수사권 조정

(1) 2020년 검 · 경 수사권 조정의 내용

검 · 경 수사권 조정의 대상이 되는 일반 수사기관은 (일반 경찰공무원인) 사법경찰관리와 검사이다. 검 · 경 수사권 조정을 입법화한 2020년 형사소송법 개정에서, 양자의 관계는 지휘 · 감독관계로부터 대등한 협력관계로 변모하였다.[1] 즉, ㉠ 검사의 수사지휘는 폐지하였고(197 참조), 사법경찰관의 1차적 수사종결권을 인정하였다(245의5). ㉡ 검사 작성의 피의자신문조서의 증거능력에 대해서는 '내용인정'을 그 요건으로 규정함으로써(312①), 사법경찰관 작성의 피의자신문조서와 동일하게 그 증거능력을 제한하였다. 검 · 경 수사권 조정을 입법화한 개정 형사소송법은 2021. 1. 1.부터 시행되었다. 다만, 제312조 제1항(검사 피의자신문조서)의 개정규정은 2022. 1. 1.부터 시행되었으며(부칙 · 대통령령2),[2] "시행 후 공소제기된 사건부터 적용한다"(부칙1의2①).

첫째, **상호 협력관계**이다. 즉, "검사와 사법경찰관은 수사, 공소제기 및 공소유지에 관하여 **서로 협력**하여야 한다"(195①). 여기서 사법경찰관은 국가경찰공무원인 사법경찰관을 말한다(서술의 편의상 국가경찰공무원인 일반 사법경찰관을 단순히 '사법경찰관'으로 줄여서 표현한다). 이러한 협력관계에서 수사를 위하여 준수하여야 하는 일반적 수사준칙에 관한 사항은 대통령령으로 정한다(동②). 그리하여 '검사와 사법경찰관의 상호협력과 일반적 수사준칙에 관한 규정'(약칭 '수사준칙', 대통령령 제31089호, 2021.1.1. 시행)이 제정되었다.[3]

---

1) 2020년 개정 이전에는 수사절차에서 주재자는 검사였고(구법195), 사법경찰관은 모든 수사에 관하여 검사의 지휘를 받으며(구법196①후단), 사법경찰관리는 검사의 지휘가 있는 때에는 이에 따라야 하였다(동③). 검사의 수사지휘는 (일반 경찰공무원인) 사법경찰관리를 포함하여, 모든 사법경찰관리에 대해 인정되었던 것이다.

2) 대통령령은, '법률 제16908호 검찰청법 일부개정법률 및 법률 제16924호 형사소송법 일부개정법률의 시행일에 관한 규정'(대통령령 제31091호)을 말한다.

3) 수사준칙의 시행에 따라, '검사의 사법경찰관리에 대한 수사지휘 및 사법경찰관리의 수사준칙에 관한 규정'(2011.12.30. 대통령령 제23436호로 제정되어 2012.1.1. 시행. 이하 '수사지휘규정')은 폐지되었다(수사준칙 부칙2).

둘째, **사법경찰관**은 수사개시권(197①)과 1차적 수사종결권(245의5)을 가지며, 사법경찰관이 신청한 영장을 검사가 정당한 이유 없이 판사에게 청구하지 않은 경우에 이의신청권(221의5)을 갖는다.

셋째, **검사**는 제한된 범위의 수사개시권(196 · 검찰청법4①i단서), 보완수사권, 사법경찰관의 수사에 대한 수사감독권을 갖는다.

(2) 사법경찰관의 수사권과 1차적 수사종결권

1) **1차적 수사권** 수사는 1차적으로 사법경찰관이 담당하며, 검사의 직접 수사는 제한된 범위에서만 허용된다(검찰청법4①i단서). 검사는 이러한 1차적 수사과정에 대해 감독권을 갖는데(197의3 참조), 사법경찰관은 피의자를 신문하기 전에 수사과정에서 법령위반, 인권침해 또는 현저한 수사권 남용이 있는 경우 '검사에게 구제를 신청할 수 있음'을 피의자에게 '알려주어야' 한다(197의3⑧).

2) (영장신청 기각에 대한) **심의신청과 의견개진** 사법경찰관이 1차적 수사를 진행하면서 검사에게 영장을 신청하는 경우가 있다. 그런데 검사가 사법경찰관이 신청한 영장을 정당한 이유 없이 판사에게 청구하지 아니한 경우 사법경찰관은 그 검사 소속의 지방검찰청 소재지를 관할하는 고등검찰청에 영장 청구 여부에 대한 '심의를 신청'할 수 있다(221의5①). 사법경찰관은 영장심의위원회에 출석하여 '의견을 개진'할 수 있다(동④).

3) **수사종결권** 자세한 것은 '수사종결'에 관한 해당 부분 설명 참조.[1)]

i) (범죄혐의 인정과 사건송치) 사법경찰관은 '범죄의 혐의가 있다고 인정되는 경우'에는 지체 없이 검사에게 '사건을 송치'하고[**사건송치**], 관계 서류와 증거물을 검사에게 송부해야 한다(245의5i).

ii) (그 밖의 경우 기록송부 또는 사건송치) ㉠ 사법경찰관은 범죄를 수사한 후 **'그 밖의 경우'**(즉, 범죄의 혐의가 있다고 인정되지 않는 경우. 즉, 혐의없음 · 죄가안됨 · 공소권없음 · 각하의 경우)에는 검사에게 **사건을 송치하지 않는다.** 사건불송치의 경우에 사법경찰관은 그 이유를 명시한 서면과 함께 '관계 서류와 증거물을' 지체 없이 검사에게 '송부'하여야 한다[**기록송부**]. 이 경우 검사는 송부받은 날부터 90일 이내에 사법경찰관에게 '반환'하여야 한다[**기록반환**](245의5ii).

㉡ 사법경찰관은 사건불송치의 경우에는 사건기록을 송부한 날부터 7일 이내에 서면으로 고소인 · 고발인 · 피해자 또는 그 법정대리인(피해자가 사망한 경우에

---

1) 자세한 것은 '수사의 종결' 부분 참조(제2편 제3장 제1절 수사종결처분).

는 그 배우자 · 직계친족 · 형제자매를 포함한다)에게 사건을 검사에게 송치하지 아니하는 취지와 그 이유를 '통지'해야 한다[**통지**](245의6). 그 통지를 받은 사람(2022.9.10. 이후에는 고발인 제외)은 해당 사법경찰관의 소속 관서의 장에게 '이의를 신청'할 수 있다[**이의신청**](245의7①). 이때 사법경찰관은 지체 없이 검사에게 '사건을 송치' 하고[**사건송치**] 관계 서류와 증거물을 송부해야 하며, 처리결과와 그 이유를 제1항의 신청인에게 통지해야 한다(동②).

(3) 검사의 직접수사권 제한과 경찰수사 감독권

1) 직접수사권 제한 검사가 직접 수사를 개시할 수 있는 범죄는 특정사건(부패범죄 등 대통령령으로 정하는 중요 범죄, 경찰공무원 · 공수처 소속 공무원이 범한 범죄, 위 각 범죄 및 '사법경찰관이 송치한 범죄'와 관련하여 인지한 각 해당 범죄와 직접 관련성이 있는 범죄)으로 한정된다(196 · 검찰청법4①i단서). 검사가 사법경찰관으로부터 송치받은 사건에 관하여는 해당 사건과 '동일성을 해치지 아니하는 범위' 내에서 수사할 수 있다(196②).

2) 경찰수사 감독권 한편, 검사는 사법경찰관의 수사권이 적절하게 행사될 수 있도록 ㉠ **시정조치등요구**(197의3), ㉡ 송치사건 및 영장신청사건에 대한 **보완수사요구**(197의2), ㉢ 불송치사건에 대한 **재수사요청**(245의8), ㉣ **수사경합시 송치요구**(197의4) 등의 권한을 갖는다. 시정조치등요구에는 '기록송부요구, 시정조치요구, 사건송치요구, 징계요구'가 포함된다. 자세한 것은 '검사의 수사권 및 경찰수사 감독권'에 관한 해당 부분 설명을 참조.[1)]

[전문수사자문위원] 첨단산업분야 등 전문지식이 필요한 사건에서 전문가의 조력을 받기 위한 제도로서, 전문수사자문위원제도가 있다. 즉, 검사는 공소제기 여부와 관련된 사실관계를 분명하게 하기 위하여 필요한 경우에는 직권이나 피의자 또는 변호인의 신청에 의하여 전문수사자문위원을 지정하여 수사절차에 참여하게 하고 자문을 들을 수 있다(245의2①). 전문수사자문위원은 전문적인 지식에 의한 설명 또는 의견을 기재한 서면을 제출하거나 전문적인 지식에 의하여 설명이나 의견을 진술할 수 있다(동②).

---

1) 자세한 것은 '검사의 수사권 및 수사감독권의 주체' 부분 참조(제1편 제1장 제2절 검사).

제 2 절 수사의 단서와 조건

Ⅰ. 수사단서의 의의

1) 뜻 검사는 범죄의 혐의가 있다고 사료하는 때에는 범인, 범죄사실과 증거를 수사하고(196), 사법경찰관은 범죄의 혐의가 있다고 사료하는 때에는 범인, 범죄사실과 증거를 수사한다(197①). 이와 같이 수사는 수사기관의 주관적 혐의에 의하여 개시되는데, '수사기관이 범죄혐의를 두게 된 원인'을 수사의 단서라고 한다.

2) 유형 수사기관 자신의 체험에 의한 단서에는, 현행범인 체포, 변사자 검시, 불심검문, 수사기관의 인지, 신문·방송보도·풍설 등이 있다. 타인의 체험에 의한 단서에는, 고소·고발, 자수, 진정·탄원·투서, 범죄신고 등이 있다. 여기서는 고소·고발, 불심검문 등을 중점적으로 설명한다.

Ⅱ. 고소

1. 의의

(1) 고소의 뜻

고소란 ㉠ 범죄의 피해자 또는 그와 일정한 관계에 있는 고소권자가, ㉡ 수사기관에 대하여, ㉢ 범죄사실을 신고하여, ㉣ 범인의 처벌을 구하는, ㉤ 의사표시를 말한다.

1) 고소권자: 피해자등 피해자 또는 그와 일정한 관계가 있는 자가 그 주체이다. 제3자가 하는 고발과 다르다.

2) 수사기관에 대해 수사기관 아닌 법원에 진정서를 제출하거나 피고인의 처벌을 바란다고 증언하는 것은 고소가 아니다(대판 1984.6.26. 84도709).

3) 범죄사실의 신고 고소는 특정한 '범죄사실'을 신고하는 것이므로, 고소의 대상인 범죄사실은 특정되어야 한다. 특정의 정도는 고소인의 의사에 비추어 어떤 범죄사실의 동일성을 식별할 수 있을 정도로 특정하면 된다. 즉, "그 특정의 정도는 고소인의 의사가 구체적으로 어떤 범죄사실을 지정하여 범인의 처벌

을 구하고 있는가를 확정할 수만 있으면 된다"(대판 2003.10.23. 2002도446).[1] "범인의 성명이 불명 또는 오기가 있었다거나, 범행일시·장소·방법 등이 명확하지 않거나 틀리는 것이 있더라도, 고소의 효력에는 영향이 없다"(대판 1984.10.23. 84도1704). 그러나 구체적인 범인을 지목하는 것은 고소의 요건이 아니다. 고소는 범죄사실의 신고로써 충분하다. 따라서 성명불상의 범인을 상대로 제기한 고소라도 범죄사실이 명시되어 있다면, 유효한 고소이다. 다만, **상대적 친고죄**에서는 범인과 피해자 사이에 일정한 신분관계가 요구되므로, '범인을 지정'하지 않은 고소는 그 효력이 없다(예: 친족상도례).[2]

4) 범인의 처벌을 구하는 단순히 피해사실을 신고하거나 도난신고서를 제출하는 것만으로는 범인의 처벌을 구하지 않는 이상 고소가 아니다.[3]

5) 의사표시 고소는 의사표시이므로 고소인에게 소송행위능력, 즉 고소능력이 있어야 한다. "고소능력은 피해를 입은 사실을 이해하고 고소에 따른 사회생활상의 이해관계를 알아차릴 수 있는 '사실상의 의사능력'으로 충분하다"(대판 2011.6.24. 2011도4451). 민법상의 행위능력과 구별된다.[4]

---

1) 저작권법위반사건에서 '벅스 버니, 뱁스 버니 및 버스터 버니'의 저작재산권자인 피해자가 '버니캐릭터'라고만 고소해도 '뱁스 버니' 및 '버스터 버니'에 대한 고소의 효력도 인정한 사례.

2) [상대적 친고죄: 친족상도례(형법328) 개정(2025.12.31.)] 헌법재판소는 친족상도례 조항 중 형면제 부분(근친. 즉 '직계혈족, 배우자, 동거친족, 동거가족 또는 그 배우자' 사이의 재산범죄)에 관하여, 실질적인 가족관계 등을 고려하지 않고 획일적으로 규정하여 피해자의 재판절차진술권을 침해한다는 이유로 헌법불합치결정을 하였다(헌재 2024.6.27. 2020헌마468). 헌법재판소가 제시한 입법시한인 2025.12.31. 형법 등이 개정되었다.

i) 형법 개정의 주요내용은 ㉠ 친고죄로 일원화(근친간 재산범죄에 대한 종래의 필요적 형면제를 삭제하고, 근친·원친을 불문하고 친고죄로 일원화), ㉡ 장물범·피해자간 재산범죄에 대한 친고죄로 일원화(근친간 장물범·피해자간 재산범죄에 대한 종래의 필요적 형면제를 삭제) 및 장물범·본범간 재산범죄에 대한 근친의 임의적 형감면(종래의 필요적 형감면을 임의적 형감면으로 개정. 원친은 특례 없음). ㉣ 부칙 개정을 통하여 헌법불합치 선고시(2024.6.27.)부터 개정 완료시까지 발생한 '경과 사건'에 대해 소급 적용하고, 헌법불합치 선고시부터 형법개정시까지 상당한 기간이 소요된 점을 고려하여, 형사소송법상 고소기간(6개월)의 특례를 마련하였다(그 시행일부터 6개월간 고소 가능).

ii) 형사소송법 등 개정의 주요내용은 근친·원친을 불문하고 친고죄로 개정됨에 따라, 형사소송법 및 군사법원법상 고소 제한 규정의 특례를 마련하였다(자기·배우자의 직계존속에 대하여도 고소 가능).

3) "경찰청 인터넷 홈페이지에 '피고인을 철저히 조사해 달라'는 민원을 접수하는 형태로 조사를 촉구하는 의사표시를 한 것"도 고소가 아니다(대판 2012.2.23. 2010도9524).

4) 예컨대, 대판 2007.10.11. 2007도4962(강간 피해 당시 14세의 정신지체아가 범행일로부터 약 1년 5개월 후 담임교사 등에게 피해사실을 말하고 비로소 고소의 의미와 취지를 설명 듣고 고소에 이른 경우, 위 설명을 들은 때 고소능력이 생겼다고 본 사례) 등.

(2) 친고죄와 전속고발범죄

1) 친고죄 일반범죄의 경우 고소는 수사의 단서에 불과하지만, 친고죄의 경우에 고소는 소송조건이 된다. 절대적 친고죄와 상대적 친고죄가 있다.

2) 전속고발범죄 전속고발범죄란 특정 행정기관에 의한 고발이 있어야 소추가 가능한 범죄를 말한다. 대표적인 예는, ㉠ 조세범처벌법위반죄(대판 2004.9.24. 2004도4066), ㉡ 관세법위반죄(대판 1971.11.23. 71도1106), ㉢ 공정거래법위반죄(대판 2010.9.30. 2008도4762), ㉣ 건설업법위반죄(대판 1992.7.24. 92도78), ㉤ 국회증언감정법위반죄(대판 2018.5.17. 2017도14749 전합) 등이다. 이 경우 소송조건이 되는 특정 행정기관(예: 세무공무원 등)의 고발을 전속고발이라 한다.

	(3) 일반범죄	(2) 반의사 불벌죄	(1) 친고죄
		(출판물·망법) 명예훼손, (존속) 폭행·협박, 과실치상, 교특법위반, 도교법위반(과실손괴), 부수법위반(부도수표)	▶절대적 친고죄: 사자명예훼손, 모욕, 비밀침해·비밀누설(317·318) ▶상대적 친고죄: 친족상도례(근친·원친)인 형법상 재산범죄·폭처법위반(공동공갈)죄·특경법위반(사기·공갈·횡령·배임)죄
주관적 불가분?	<전속고발범죄> 조세범·관세법위반, 공정거래법위반, 건설업법위반, 국회증언감정법위반(위증)	× (가분·분리)	○ (불가분·일체)
	× (가분·분리)★		

2. 고소권자와 고소의 절차

(1) 고소권자

1) 피해자 범죄로 인한 피해자는 고소할 수 있다(223). 여기서의 피해자는 범죄의 직접 피해자를 의미하며, 보호법익의 주체는 물론 '범죄행위의 객체가 된 자'도 포함한다. 예컨대, 방화죄에서 소훼된 건물의 소유자, 공무집행방해죄에서 폭행·협박을 당한 공무원도 피해자로서 고소권이 있다(다만, 이들 범죄는 친고죄가 아니다).

2) 법정대리인 피해자의 법정대리인은 독립하여 고소할 수 있다(225①). 법정대리인은 친권자, 후견인 등과 같이 무능력자의 행위를 일반적으로 대리할

수 있는 자를 말한다. "법원이 선임한 **부재자 재산관리인**이 (관리대상 재산에 관한 범죄행위에 대하여) 법원으로부터 고소권행사에 관한 허가를 얻은 경우 그 부재자 재산관리인은 여기의 법정대리인으로서 적법한 고소권자에 해당한다"(대판 2022. 5.26. 2021도2488). 법정대리인의 지위는 고소시점에만 있으면 족하고, 고소 후에 그 지위를 상실하더라도 영향이 없다.

'독립하여'의 의미에 대하여는, 독립대리권설과 고유권설이 대립한다. 독립대리권설이 다수설이나, 판례는 무능력자 보호를 위해 **고유권설**의 입장이다. 즉, "법정대리인의 고소권은 **무능력자의 보호**를 위하여 법정대리인에게 주어진 **고유권**으로, 피해자의 고소권 소멸 여부와 관계없이 고소할 수 있다. 고소기간은 '법정대리인 자신'이 범인을 알게 된 날로부터 진행한다"(대판 1984.9.11. 84도1579).

[학설] i) 독립대리권설은 친고죄에서의 법률관계의 불안정을 피하기 위하여 독립대리권으로 이해하는 견해이다. 즉, 피해자의 의사에 반하여 고소할 수 있으나, 기본적으로 대리권이기 때문에 피해자의 고소권이 소멸하면 법정대리인의 고소권도 소멸되며, 피해자 본인이 법정대리인의 고소를 취소하는 것도 가능하다는 것이다. ii) 고유권설은 무능력자 보호를 위하여 법정대리인에게 특별히 주어진 고유권으로 이해하는 견해이다. 즉, 법정대리인은 피해자 본인의 명시·묵시의 의사에 반하여 고소할 수 있고, 피해자의 고소권 소멸 여부와 관계 없이 고소할 수 있으며, 피해자가 법정대리인의 고소를 취소할 수 없다는 것이다. 고유권설이 독립대리권설보다 피해자를 더욱 보호하는 것이 된다.

3) 친족 피해자의 (법정대리인 아닌) 친족이 독립하여 고소할 수 있는 경우가 있다. 즉, '법정대리인'이 피의자이거나 '법정대리인의 친족'이 피의자인 때에는, **피해자의 친족이 독립하여** 고소할 수 있다(226). 예컨대, 미성년자인 딸(피해자)을 그 법정대리인이 강제추행한 경우 피해자의 '생모'가 그 법정대리인(피의자)을 고소하는 경우이다(대판 1986.11.11. 86도1982).[1] 친족의 지위는 (법정대리인의 경우와 마찬가지로) 고소시점에만 있으면 족하고, 고유권이다.

4) 배우자등 i) 피해자가 '사망'한 때에는 그 **배우자**·직계친족 또는 형제자매는 고소할 수 있다. 단, 피해자의 **명시적 의사**에는 반하지 못한다(225②). 예컨대, "피해자가 고소하였다가 사망한 후에 '피해자의 부친'이 피해자를 대신하

---

1) 식물인간 상태인 남편 甲이 금치산선고를 받아 그 배우자 乙이 후견인이 되었는데, 그 乙이 간통행위를 한 경우에, 甲의 친족인 모(母) 丙이 乙에 대해 제기한 고소는, 간통죄의 고소로서 적법하다고 한 사례(대판 2010.4.29. 2009도12446)도 참조.

여 그 피해자가 이미 하였던 고소를 취소하더라도, 이는 적법한 고소취소가 아니다"(대판 1969.4.29. 69도376). 신분관계는 피해자의 사망시점을 기준으로 하고, 고유권에 속한다. ii) '사자의 명예를 훼손한 범죄'는 그 친족 또는 자손이 고소할 수 있다(227).

5) **지정고소권자** 친고죄에 대하여 고소할 자가 없는 경우에, 이해관계인의 신청으로 10일 이내에 고소할 수 있는 자를 **검사가 지정**한다(228).

(2) 고소의 절차

1) **고소의 방식** 고소는 서면 또는 구술로 검사 또는 사법경찰관에게 하여야 한다(237①). 검사 또는 사법경찰관이 **구술**에 의한 고소를 받은 때에는 **조서를 작성**하여야 한다(동②).

한편, "고소조서는 반드시 **독립된 조서일 필요는 없다**"(대판 2011.6.24. 2011도4451). 즉, 참고인으로 조사하는 과정에서 고소권자가 처벌을 희망하는 의사표시를 하고 그 의사표시가 **참고인진술조서**에 기재된 경우에도 유효한 고소이다. 경찰관의 질문에 답하는 형식으로 이루어졌더라도 상관없다(대판 2009.7.9. 2009도3860).

2) **고소대리** 고소는 대리에 의해서도 가능하다(236). 대리권 수여방식에는 특별한 제한이 없다. "대리권이 정당한 고소권자에 의하여 수여되었음이 실질적으로 증명되면 충분하고, 반드시 위임장을 제출한다거나 '대리'라는 표시를 해야 하는 것은 아니다"(대판 2001.9.4. 2001도3081). 다만, 고소대리의 범위에 대하여는 표시대리설(표시대리만 허용)과 의사대리설(의사결정 자체의 대리까지도 허용)이 대립한다. 고소권자를 제한적으로 열거한 취지에 비추어, 친고죄에서만큼은 **표시대리설**이 타당하다.[1)]

3) **고소기간** 일반범죄의 경우 고소는 수사의 단서에 불과하므로 고소기간에 아무런 제한이 없다.

그러나 친고죄에서는 고소기간이 제한되어 있다. 친고죄에서는 고소가 소송조건인데, 공소제기 여부를 피해자 개인의 의사(고소)에 무한정 맡겨 둔다면, 장기간 불확정상태가 지속되는 불합리한 결과가 발생할 수 있기 때문이다. 즉, 친

1) "성폭법 제27조는 성폭력범죄 피해자에 대한 변호사 선임의 특례를 정하고 있다. 따라서 피해자의 변호사는 피해자를 대리하여 피고인에 대한 처벌을 희망하는 의사표시를 철회하거나 처벌을 희망하지 않는 의사'표시'를 할 수 있다"(대판 2019.12.13. 2019도10678). 이는 피해자의 국선변호사가 제출한 '고소취소 및 처벌불원서'에 '피해자가 처벌을 희망하지 않는다'는 내용이 기재되어 있는 경우 피해자를 대리하여 의사표시를 할 수 있다고 한 사례이다.

고죄에 대하여는 **범인을 알게 된 날로부터 6월**을 경과하면 고소하지 못한다(230①).[1] '범인'을 알고 있어야 되므로, 범죄사실을 안다는 것만으로는 고소기간이 진행되지 않는다.

i) (기산일) 고소기간은 '범인을 알게 된 날'로부터 시작한다. "여기서 '**범인을 알게 된다**' 함은, 통상인의 입장에서 보아 고소권자가 고소할 수 있을 정도로 **범죄사실과 범인**을 아는 것을 의미한다"(대판 2001.10.9. 2001도3106). 즉, "범인이 누구인지 특정할 수 있을 정도로 알게 된다는 것을 의미하고, **범인의 동일성을 식별할 수 있을 정도**로 인식함으로써 족하다. 범인의 성명, 주소, 연령 등까지 알 필요는 없다"(대판 1999.4.23. 99도576). 그것은 수사과정에서 밝혀야 할 내용이다. 여기서 '범인'은 정범과 교사범·방조범을 모두 포함한다. 수인(數人)의 공범이 있는 경우에는 **공범 중 1인을 아는 것**으로 충분하다. 다만, 상대적 친고죄에서는 '신분관계 있는 범인'을 알게 된 날로부터 고소기간이 진행된다. ii) (고소권자를 기준) 법정대리인의 고소기간은 법정대리인 자신이 범인을 알게 된 날로부터 진행되나(고유권), "(일반)대리인에 의한 고소의 경우 고소기간은 대리고소인이 아니라 정당한 **고소권자를 기준으로** 고소권자가 범인을 알게 된 날부터 기산한다"(대판 2001.9.4. 2001도3081). iii) (종료한 때) 한편, "범죄행위가 계속되는 도중에 범인을 알았더라도 고소기간은 **범죄행위가 종료한 때**로부터 계산하여야 한다"(대판 2004.10.28. 2004도5014 참조).

그런데 iv) (고소기간의 정지) 단, 고소할 수 없는 **불가항력의 사유**가 있는 때에는 그 사유가 **없어진** 날로부터 기산한다. 예컨대, "범행 당시 피해자가 고소능력이 없는 경우 고소기간은 고소능력이 생긴 때부터 기산한다"(대판 1995.5.9. 95도696). 여기서 불가항력의 사유란 객관적 사유를 말한다.

4) 고소의 제한 자기 또는 배우자의 직계존속은 고소하지 못한다(224). 전통적인 가정의 질서를 보호하기 위한 것이다. 이 경우에도 피해자가 무능력자인 때에는 피해자의 친족은 독립하여 고소할 수 있다(226). 한편, 성폭력범죄와 가정폭력범죄에 대하여는 자기 또는 배우자의 직계존속을 고소할 수 있다(성폭력처벌법18·가정폭력처벌법6②).

---

1) 다만, "개정 성폭력처벌법 시행일 이전에 저지른 친고죄인 성폭력범죄의 고소기간은 특례조항에 따라 '범인을 알게 된 날부터 1년'이다"(대판 2018.6.28. 2014도13504). 다만 이 특례조항(고소기간 1년)은 개정으로 2013.6.19. 삭제되었다.

3. 친고죄에서 고소불가분 원칙

(1) 의의

친고죄에서 고소의 효력이 미치는 범위에 관한 원칙이다. 형사소송법은 주관적 불가분원칙에 대해서만 규정하고 있으나, 객관적 불가분원칙도 이론상 당연한 것으로 인정되고 있다(248②원용).

(2) 객관적 불가분

친고죄에서 하나의 범죄사실의 '일부'에 대한 고소 또는 그 취소는 그 범죄사실 '전부'에 대해서 효력이 있다는 원칙이다(즉, 객관적 불가분은 '범죄'의 불가분을 뜻한다). 이는 형사사법의 객관성을 위한 것이다. 고소권자가 처벌범위까지 정하는 것은 부당하고, 그 고소가 부정확할 수도 있기 때문이다. '1개의 사건은 나눌 수 없다.'

1) 단순1죄 단순1죄에는 예외 없이 적용된다. 예컨대, ㉠ 1개의 모욕죄를 구성하는 수개의 모욕적 언사 중 일부만을 고소한 경우 고소의 효력은 전부에 미친다. ㉡ "공갈죄의 수단인 협박은 공갈죄에 흡수될 뿐 별도로 협박죄를 구성하지 않으므로, 협박에 대한 고소는 결국 공갈죄에 대한 고소이다"(대판 1996.9.24. 96도2151 참조).[1] 단순1죄는 객관적으로 불가분이기 때문이다.

---

1) [96도2151 사건] 이는 공갈죄 사건이지만 친족상도례가 적용되지 않는 비친고죄 사안(비친족의 단순 동거관계)이다. 비친고죄의 경우에도 (고소의) 객관적 불가분 원칙은 당연히 적용된다(고발에 관한 2013도5650 참조).

[사안] 피고인 甲은 피해자 A를 전화로 100만원을 주지 않으면 "집안 식구를 모두 몰살시키겠다"고 협박하여 100만원을 갈취하려 하였으나 미수에 그쳤다. A는 甲을 협박죄로 고소하였다가 고소취소한 후, 다시 고소하였다. 검사는 甲을 일단 협박죄로 기소하였다가 나중에 공갈미수죄로 공소장변경을 신청하여 허가되었다.

[해설] (1. 공소장변경에 의한 하자의 치유 여부) 고소취소한 자는 다시 고소하지 못한다(232②). 이는 반의사불죄의 경우에도 준용된다(232③). 따라서 甲을 반의사불벌죄인 '협박죄'로 기소한 것은 이미 A가 처벌희망 의사를 철회한 이후이므로, 제327조 제2호(공소제기절차의 위법) 소정의 공소기각 판결의 대상이 된다.

그러나 반의사불벌죄의 경우에도 공소장변경을 통하여 공소사실을 다른 범죄로 변경하는 것은 허용된다. 공판 도중에 공소장변경을 통하여 甲에 대한 공소사실이 비친고죄인 '공갈미수죄'로 변경되었으므로, 그와 같은 공소제기절차의 하자는 치유된다.

(2. 법조경합의 경우 고소의 대상) 공갈죄의 수단으로서 협박행위를 한 경우에 협박죄는 공갈죄에 흡수되므로(흡수관계), 양자는 법조경합의 관계에 있다. 공갈미수의 수단인 협박죄는 별도로 성립하지 않으므로, 피해자 A가 고소한 것은 결국 '공갈미수'의 범죄사실을 고소한 것이 된다. 그런데 1개 범죄사실의 일부에 대한 고소의 '취소'는, 고소의 객관적 불가분원칙에 따라 그 전부에 미친다(233 참조), 따라서 A의 '고소취소'는 '공갈미수죄'에 대하여도 고소취소하였다고 볼 수 있다. 그러나 甲의 공갈미수죄는 친고죄도 반의사불벌죄도 아니므로, A의 '고소

2) 과형상 1죄 i) 과형상 1죄의 각 부분이 **모두 친고죄**인 경우에는 피해자가 같을 때와 다를 때를 구분하여야 한다. ㉠ 피해자가 같을 때에는 이 원칙이 적용된다(불가분). 예컨대, 동일 피해자에 대한 비밀누설죄와 모욕죄의 경우 불가분이므로, 하나만 고소해도 전부에 효력이 미친다. ㉡ 반면, 피해자가 다를 때에는 친고죄의 특성에 비추어 이 원칙이 적용되지 않는다(가분). 고소권자가 수인이 되고, 피해자 1인의 고소는 다른 피해자의 피해사실에는 영향이 없다. 예컨대, 1개의 문서로 수인 사람을 모욕한 경우에, 피해자 1인의 고소는 다른 피해자에 대한 모욕에는 그 효력이 미치지 않는다.

ii) 과형상 1죄의 **일부분만이 친고죄**이고 나머지는 비친고죄인 경우에는 당연히 이 원칙이 적용되지 않는다(가분). 즉, 비친고죄에 대한 고소는 친고죄에 대하여 효력이 없다. 예컨대, 모욕죄와 업무방해죄가 상상적 경합인 경우 피해자의 업무방해죄에 대한 고소는 모욕죄에 영향이 없다. 또한 역으로 모욕죄에 대해 고소취소가 있더라도 업무방해죄에 대해서는 그 효력이 미치지 않는다(대판 1983.4. 26. 83도323 참조).

3) 수죄(가분) 객관적 불가분원칙은 1개의 범죄사실을 전제로 하므로, 실체적 경합범에는 적용되지 않는다. 예컨대, 경합범관계인 수회의 모욕사실 중 일부에 대한 고소나 그 취소는 다른 모욕사실에는 영향이 없다.

(3) 주관적 불가분

친고죄의 **공범 중 '1인 또는 수인'에 대한 고소 또는 그 취소는 '다른 공범자'에게도 효력이 있다**(233). 공범자 전원을 고소(또는 취소)해야만 그 효력이 있다는 의미가 아니라(주의), 공범 중 1인에 대해서만 고소(고소취소)하여도 공범자 전원에게 효력이 있다는 의미이다(즉, 주관적 불가분은 '공범'의 불가분을 뜻한다). 이러한 주관적 불가분 원칙은 형사사법의 공평을 위한 것이다. 즉, 고소는 원래 특정한 범인에 대한 것이 아니라 범죄사실에 대한 것이고, 고소권자의 자의에 따른 공범자 상호간의 불공평을 방치할 수 없기 때문이다. 따라서 "친고죄에서 처음부터 공범 중 일부만의 처벌을 구하고 나머지는 처벌을 불원하는 내용의 고소는, 부적법한 고소로서 무효이다"(대판 2009.1.30. 2008도7462)[결국 고소의 객관적 불가분은 '범죄'의 불가분, 주관적 불가분은 '공범자'의 불가분을 뜻한다]. 이러한 주관적 고소불가분 원칙은 공소제기의 효력이 공소장에 피고인으로 적시된 자에게만 미치는 것과

취소'는 甲을 공갈미수죄로 처벌하는 데에 장애가 되지 않는다.

구별된다.

1) **절대적 친고죄** 이 경우 주관적 불가분원칙은 예외 없이 적용된다(예: 모욕죄). 절대적 친고죄에서 고소는 범인에 대한 것이 아니라 범죄사실을 특정하여 제기된 것이므로, 고소의 효력은 공범자 전원에게 미치는 것이 당연하다. 공범 중 1인 또는 수인에 대한 고소 또는 그 취소의 효력은 전원에게 미치므로, 교사·방조범에 대한 고소나 그 취소는 정범에게 미친다.

한편, 주관적 불가분원칙은 '**친고죄의 양벌규정**'에도 적용된다(불가분. 예: 친고죄인 저작권법위반). 즉, "친고죄의 경우 양벌규정은 당해 위법행위와 별개의 범죄를 규정한 것이 아니므로, 행위자에 대한 고소가 있으면 족하고, 양벌규정에 의하여 처벌받는 자(예: 법인, 사업주)에 대하여 별도의 고소를 요하지 않는다"(대판 1996.3.12. 94도2423).

2) **상대적 친고죄** 친족상도례와 같은 상대적 친고죄에서는 주의가 필요하다. i) 비신분자('친족 아닌 자')에 대한 고소의 효력은 신분자(비동거친족)에게 미치지 않으며, 신분자에 대한 고소취소는 비신분자에게 효력이 없다(가분).[1] 이는 이론상 당연한 것이다. ii) 단, 수인의 친족이 공범인 경우에는 그 신분자 상호간에는 이 원칙이 적용된다(불가분). 예컨대, 친족상도례에서, ㉠ 공범자 중 1인만이 신분자(비동거친족)이고 나머지는 신분관계가 없다면, 비친족에 대한 고소가 그 친족에게는 효력이 없으나, ㉡ 공범의 전원 또는 일부가 비동거친족이라면, 그 친족 상호간에는 고소의 주관적 불가분원칙이 적용된다.

3) **공범의 범위** 공범에는 공동정범, 교사·방조범 등 임의적 공범 및 필요적 공범이 모두 포함된다. 즉, "이러한 법리는 필요적 공범이나 임의적 공범 구별없이 모두 적용된다"(대판 1985.11.12. 85도1940). 양벌규정의 경우 행위자와 사용자등에게도 미친다(대판 1996.3.12. 94도2423). 여기서 공범관계의 존부는 고소인의 고소사실을 기준으로 판단하는 것이 아니라, 현재 공범 여부가 문제된 사건을 심판하는 법원이 판단한다. 즉, 심리한 결과 공범관계임이 밝혀진 경우에만 주관적 불가분원칙이 적용된다[심리결과 기준설]. 공범관계의 존부는 '**객관적 측면**'에서 인정되면 충분하다(공소시효의 정지 중 '공범정지' 부분 참조).

[상대적 친고죄 사례(변시 제10회 기록형)] 甲과 乙은 공모하여 '피해자 A에게 위조한 투자확약서를 제시하는 방법으로 기망하여 A로부터 3억원을 교부받았다'는 사기

1) "상대적 친고죄에서 신분관계 있는 자에 대한 고소취소는 신분관계 없는 공범자에게는 효력이 미치지 않는다"(대판 1964.12.15. 64도481).

의 공소사실로 공소제기되었다(상대적 친고죄). 甲과 乙은 모두 A와 친족관계가 있는데, 甲은 A와 비동거 6촌의 혈족이고, 乙은 A와 비동거 4촌의 혈족이다. A는 乙에 대해서는 고소기간 6개월 내에 적법한 고소를 하였으나, 甲에 대해서는 고소하지 않았다. 법정에서 甲은 자백하였으나, 乙은 투자확약서가 허위라는 사실을 알지 못하였고 甲의 사기범행에 가담한 사실이 없다고 부인하였다. 법원이 심리한 결과 乙은 유죄의 증명이 부족하여 무죄로 판명되었다. 사기죄는 상대적 친고죄인바, A의 乙에 대한 고소는 甲에 대해서도 효력이 미치는가?

친고죄에서 주관적 고소불가분원칙의 적용 여부에 관한 문제이다. 甲과 乙이 공범관계에 있는지 여부에 대해서는, 일응 '고소사실 기준설'과 '심리결과 기준설'의 대립을 상정할 수 있다. i) '고소사실 기준설'은 공범관계의 존부는 법원의 심리결과와 관계없이 고소사실을 기준으로 판단한다는 견해이고, ii) '심리결과 기준설'은 공범관계의 존부는 현재 공범 여부가 문제된 사건을 심판하는 법원이 판단한다는 견해이다.

생각건대, ㉠ 친고죄의 주관적 고소불가분원칙은 공범관계에 있는 범인들에 대하여 고소인의 자의에 따른 공범 상호간의 불공평한 결과를 방지하기 위한 것이므로, 실제 공범관계에 있지 않은 사람들 사이에서는 주관적 고소불가분원칙이 적용될 여지가 없다. 실제로 공범관계에 있지 않는 이상 국가형벌권이 불공평하게 행사될 여지는 없으므로, 주관적 고소불가분원칙을 적용할 필요가 없다. ㉡ 사건과 전혀 무관한 사람에 대한 고소를 단지 고소인이 공범으로 고소하였다는 이유만으로 진범에 대한 고소로 취급하여 고소의 효력을 확장하는 것은 사리에도 반한다. 따라서 심리결과 기준설이 타당하다. 즉, 친고죄의 주관적 고소불가분원칙은 심리한 결과 공범관계임이 밝혀진 경우에 적용된다. ㉢ 소송조건은 공소제기의 적법·유효요건이자 실체심리의 전제조건인데, 검사가 ⓐ A의 甲에 대한 고소의사를 손쉽게 확인할 수 있었음에도 이를 게을리한 채 공범으로 고소하였다는 이유로, 또는 ⓑ 사실관계를 제대로 파악하지 못한 채 만연히 공범관계가 있다고 하여 공소제기하였다는 이유로, A의 乙(공범 아닌 자)에 대한 고소를 진범 甲에 대한 고소로 그 효력을 인정할 수는 없는 일이다. 사안의 경우 심리한 결과 乙은 甲과 공범관계에 있지 않다는 것이 판명된 이상, 친고죄의 주관적 고소불가분원칙을 적용될 여지가 없으므로, A의 乙에 대한 고소는 甲에 대해서는 그 효력이 미치지 않는다. 결국 甲에 대해서는 법 제327조 제2호에 따라 공소기각 판결이 선고된다.

4) 반의사불벌죄에의 적용 여부 i) 객관적 불가분원칙은 그 성질상 반의사불벌죄에서도 인정된다. 일부에 대한 처벌불원은 전부에 대해서 효력이 있다.

ii) 그러나 반의사불벌죄의 경우 **주관적 불가분원칙**의 준용 여부가 문제된다. 이에 대해서는 준용긍정설과 준용부정설이 대립한다. 다수설·판례는 준용

부정설의 입장이다. 즉, "반의사불벌죄에 준용 규정을 두지 않은 것은, 친고죄와는 달리 공범자 간에 불가분원칙을 적용하지 아니하고자 함에 있는 것이지, 입법의 불비로 볼 것은 아니다"(대판 1994.4.26. 93도1689). 따라서 반의사불벌죄에서는 친고죄와 달리 공범에 대한 피해자의 **가분적 취급**이 허용된다(가분). 피해자가 공범 중 1인에 대하여 처벌불원의 의사표시를 한 경우 그 효력은 다른 공범자에 대하여는 미치지 않는다.

[학설] i) 준용긍정설은, 처벌불원과 고소취소는 그 내용이 같으며, 친고죄와 달리 반의사불벌죄의 경우에 유독 피해자가 지정한 범인만 불처벌하도록 한다면 피해자의 자의에 의하여 국가형벌권의 행사가 좌우되는 불공평한 결과가 발생할 수 있다는 점을 근거로 한다. ii) 준용부정설은, 친고죄의 고소불가분에 관한 규정을 반의사불벌죄에 준용할 것인지 여부는 입법정책의 문제인데, 반의사불벌죄에 대하여 이를 준용한다는 명문의 준용규정을 두고 있지 않고, 반의사불벌죄는 그 법익침해가 친고죄보다 더 중하여 특정 범인에 대하여만 처벌불원하는 피해자의 의사를 존중할 필요가 있으며, 피해변상 등의 합의가 이루어진 자와 그렇지 않은 경우를 차별적으로 취급하는 것이 피해자의 보호나 당사자 간의 개인적 차원에서의 분쟁해결을 위해서 바람직하다는 점을 근거로 한다.

5) 전속고발범죄에의 적용 여부 예컨대, 조세범처벌법위반죄, 공정거래법위반죄 등 전속고발범죄에는 이른바 고발의 **주관적 불가분원칙**이 **적용되지 않는다**(가분). 즉, 친고죄의 경우와 달리, 고발의 구비 여부는 개별적으로 논하게 된다. "만일 이러한 특정 행정기관의 고발에도 이를 유추적용하는 것은, 피고인에게 불리하게 유추해석한 경우에 해당하므로 죄형법정주의에 반하여 허용될 수 없다"(대판 2010.9.30. 2008도4762). 따라서 이러한 주관적 불가분원칙은 **'전속고발범죄의 양벌규정'**에는 적용되지 않는다(가분. 예: 전속고발범죄인 조세범처벌법위반). 즉, "조세범처벌법에 의한 국세청장 등의 고발의 경우 '고소·고발 불가분원칙'이 적용되지 아니하므로, 고발의 구비 여부는 양벌규정에 의하여 처벌받는 자연인인 행위자와 법인에 대하여 개별적으로 논하여야 한다"(대판 2004.9.24. 2004도4066).

(1) **[판례사례]** 甲(편집장)과 乙(기자)은 공모하여 허위사실내용의 기사를 게재하여 ㉠ '사자(死者)인 망 A의 명예를 훼손'(친고죄)하고 동시에 ㉡ '출판물에 의하여 B(여비서)의 명예를 훼손'(반의사불벌죄)하였다는 공소사실로 공소제기되었다. 乙에 대하여만 A의 유족은 고소취소하였고 B는 처벌의사를 철회하였다. 법원의 처

리는?

i) 우선, 乙은 사자명예훼손·출판물명예훼손 모두 공소기각판결이 선고된다.

ii) 한편, 甲은 사자명예훼손(친고죄)은 주관적 고소불가분의 원칙에 의하여 공소기각판결이 선고되나, 출판물명예훼손(반의사불벌죄)은 주관적 불가분 원칙이 준용되지 않으므로 乙에 대한 처벌의사의 철회는 甲에게 효력이 미치지 않으며, 유죄판결이 선고된다(위 93도1689).

(2) [부정수표단속법위반(부도수표): 수표회수와 처벌불원] 부도수표발행의 경우 "그 수표를 회수한 경우 또는 회수하지 못하였더라도 수표소지인의 명시적 의사에 반하는 경우 공소를 제기할 수 없다"(동법2④). 반의사불벌죄이다.

i) (공범 1인의 회수) 부도수표가 공범 1인에 의해 회수된 경우 그 효력은 '회수 당시 소지인의 의사와 관계없이' '다른 공범자에게도 당연히 미친다'(대판 1999.5.14. 99도900). 부도수표가 회수되면 이제는 더 이상 수표소지인이 존재하지 않게 되고, 법문상으로도 '수표소지인의 명시한 의사'는 수표회수를 못한 경우에 비로소 소추조건이 되기 때문이다. 고소불가분 원칙과 전혀 다른 근거에 의하여, '불가분적'이 된다는 점에 주의할 필요가 있다. 어쨌든 다른 공범자에 대하여도 공소기각의 판결을 해야 한다.

ii) (공범 중 1인에 대한 처벌불원) 반면, 수표회수의 경우와는 달리, 수표소지인이 공범 중 일부에 대해서 한 처벌불원의 의사표시는 그 효력이 '다른 공범자에게는 미치지 않는다.' 반의사불벌죄에는 친고죄의 고소불가분 원칙이 준용되지 않기 때문이다. 따라서 다른 공범자에 대해서는 유죄판결이 선고된다.

(3) [교통사고처리특례법위반(치상)·도교법위반(재물손괴): 보험가입과 처벌불원] "차의 교통으로 인한 업무상과실치상죄 및 업무상과실 재물손괴죄(도교법151)를 범한 '운전자'에 대하여 원칙적으로 피해자의 명시적인 의사에 반하여 공소를 제기할 수 없고"(교특법3②본문), "교통사고를 일으킨 차가 자동차종합보험에 가입한 경우에는 위 죄를 범한 당해 차의 '운전자'에 대하여 공소를 제기할 수 없다"(동4①본문). 치상죄의 경우 그 운전자에게 반의사불벌의 특례가 적용된다.

이와 관련하여, 2인 이상이 '공동운전자'로서 교통사고를 일으켜 과실범의 공동정범 관계에 있는 경우 그 공동운전자들에 대한 소송관계가 문제될 수 있다(대판 1984.3.13. 82도3136 참조). 다만, 실제 사례는 거의 없을 것이다.

i) (공범인 '공동운전자들'이 운전한 차에 대한 종합보험 가입) 자동차종합보험 가입의 특례는 그 차의 '운전자'에게 적용된다. 교통사고를 일으킨 차가 자동차종합보험에 가입한 경우 '그 종합보험이 적용되는 운전자인 이상' 모두 종합보험가입의 특례가 적용된다. 즉, '종합보험이 적용이 되지 않는 운전자'라는 특별한 사정이 없는 한, 공동운전자들 모두에 대해 공소기각의 판결을 해야 한다.

ii) (공범인 '공동운전자들' 중 1인에 대한 처벌불원) 또한 해당 차량이 자동차종합보험에 가입하지 않는 경우에는, 종합보험 가입의 경우와는 달리, 피해자가 공범 중 일부에 대해서 한 처벌불원의 의사표시는 그 효력이 당연히 '다른 공범자에게는 미치지 않는다.' 친고죄의 고소불가분 원칙은 반의사불벌죄에는 준용되지 않기 때문이다. 즉, 공범자 상호간에 '가분적'이 된다. 따라서 다른 공범자에 대해서는 유죄판결이 선고된다.

iii) ('운전자'와 '운전자 아닌 자'가 공범인 경우) 한편, '운전자'와 '운전자 아닌 자' (예: 팀장)가 과실범의 공동정범 관계에 있는 경우에는, '운전자'에 대해 종합보험 가입 또는 처벌불원이 있다면, 공범인 '운전자 아닌 자'에게도 그 효력이 미치는지 여부가 문제될 수 있다. 이 경우 자동차종합보험 가입의 특례는 운전자에게만 적용되므로, 운전자는 종합보험가입으로 공소기각의 판결을 해야 한다. 그러나 '운전자 아닌 자'는 "특례법이 적용되는 운전자라 할 수 없고, 형법 제268조에서 정한 업무상 과실치상의 책임을 진다"(대판 2017.5.31. 2016도21034). 요컨대, 비운전자에게는 '반의사불벌의 특례, 종합보험의 특례'가 적용되지 않는다.

4. 친고죄에서 고소취소와 고소권 포기

(1) 고소취소

1) 고소의 취소권자 고소취소는 일단 제기된 고소를 철회하는 고소인의 법률행위적 소송행위이다. 고소의 취소권자는 고소를 제기한 고소권자, 즉 고소인 본인이다. 고소인이 여럿이면 각자 자신의 고소를 취소할 권한이 있다. 따라서 다른 고소권자가 제기한 고소는 원칙적으로 이를 취소할 수 없고, 고소인이 고소한 후 사망하였다면 상속인이라도 그 고소를 취소할 수 없다(고소취소할 사람의 사실상 부존재). 또한, 피해자 본인이 제기한 고소는 법정대리인이 취소할 수 없다. 다만 법정대리인이 제기한 고소를 피해자 본인이 취소할 수 있는지 여부가 문제되나, 고유권설에 따르면 소극설이 타당하다(독립대리권설은 적극설).

그러나 친고죄의 고소취소와 달리, **반의사불벌죄의 처벌불원의사는 의사대리가 허용되지 않는다**. 예컨대, "반의사불벌죄에서 **성년후견인**은 명문의 규정이 없는 한 '의사무능력자인 피해자를 대리하여' **처벌불원 의사표시를 할 수 없다**. 이는 성년후견인의 법정대리권 범위에 통상적인 소송행위가 포함되어 있거나, 성년후견개시심판에서 정하는 바에 따라 성년후견인이 소송행위를 할 때 가정법원의 허가를 얻었더라도, 마찬가지이다"(대판 2023.7.17. 2021도11126 전합).[1]

2) 고소취소의 방법 고소취소의 방법은 고소의 경우와 같다(239 · 237). 따라서 i) 서면 또는 구술로 가능하며, 구술에 의한 경우에는 조서를 작성하여야 한다. 대리도 허용된다. ii) 고소취소는 "요식행위가 아니므로, 검사가 피해자진술조서를 작성할 때 행한 고소취소의 의사표시도 효력이 있다"(대판 1983.7.26. 83도1431). iii) 고소취소는 "공소제기 전에는 담당 수사기관에, 공소제기 후에는 수소법원에 한다"(대판 2012.2.23. 2011도17264). 공소제기 후 수사기관에 접수되면 이를 법원에 '추송'한다. iv) **합의서**에 대해서는 고소취소 여부가 문제된다. ㉠ "고소인(피해자)이 행위자(가해자)에게 합의서를 '작성'하여 준 것만으로는 고소취소로 볼 수 없다"(대판 1983.9.27. 83도516).[1] ㉡ "**합의서**가 수사기관이나 법원에 '**제출**'(*) 되었다면, 고소취소의 효력이 있다"(대판 2002.7.12. 2001도6777).[2] ㉢ 다만 "합의서가 제1심 법원에 제출되었으나 고소인이 제1심에서 '고소취소의 의사가 없다'고 **번복 증언**하였다면, 위 합의서의 제출로 고소취소의 효력이 발생하지 않는다"(대판 1981.10.6. 81도1968).

3) 취소의 기한 i) (친고죄에서) 고소는 **제1심 판결 선고 전까지** 취소할 수 있다(232①). 이러한 고소취소의 제한은 **반의사불벌죄**의 경우에도 준용되므로(동 ③), 처벌불원의 의사표시도 제1심 판결 선고 전까지 해야 한다. 이는 피해자와

---

1) **[반의사불벌죄에서 성년후견인의 처벌불원의사 대리 여부(소극)]** 이처럼 반의사불벌죄의 경우 이른바 '의사대리'를 인정하지 않는 구체적인 이유에 대해서는, 위 2021도11126(전합) 판결 참조. 즉, ㉠ 문언상 그 처벌 여부가 '피해자'의 '명시적'인 의사에 달려 있음이 명백하다는 점, ㉡ 형법 · 형사소송법에도 반의사불벌죄에서 피해자의 처벌불원의사에 관하여 대리가 가능하다거나 법정대리인의 대리권에 피해자의 처벌불원 의사표시가 포함된다는 규정을 두고 있지 않다는 점, ㉢ 형사소송법은 친고죄의 고소 및 고소취소와 반의사불벌죄의 처벌불원의사를 달리 규정하였으므로, 반의사불벌죄의 처벌불원의사는 친고죄의 고소 또는 고소취소와 동일하게 취급할 수 없다는 점, ㉣ 이는 반의사불벌죄의 특성을 고려하여 고소 및 고소취소에 관한 규정에서 규율하는 법원칙을 반의사불벌죄의 처벌불원의사에 대하여는 적용하지 않겠다는 입법적 결단으로 이해하여야 한다는 점 등을 들고 있다.

[사안] 피고인이 자전거를 운행 중 전방주시의무를 게을리하여 보행자인 피해자 갑(남, 69세)을 들이받아 중상해(식물인간 상태)를 입게 하였다는 교특법위반(치상)죄로 기소되었고, 위 사고로 의식불명이 된 갑에 대하여 성년후견이 개시되어 성년후견인으로 갑의 법률상 배우자 을이 선임되었는데, 을이 피고인 측으로부터 합의금을 수령한 후 제1심 판결선고 전에 갑을 대리하여 처벌불원의사를 표시한 사안에서, 을이 갑을 대신하여 처벌불원의사를 형성하거나 결정할 수 있다고 해석하는 것은 법의 문언에 반한다고 한 사례(=유죄판결).

1) 마찬가지로, "관련 민사사건에서 '이 사건과 관련하여 서로 상대방에 대하여 제기한 형사 고소 사건 일체를 모두 취하한다'는 내용이 포함된 '조정'이 성립된 것만으로는, 고소취소나 처벌불원의 의사표시를 한 것으로 보기 어렵다"(대판 2004.3.25. 2003도8136).

2) "가해자와 원만히 합의하였으므로 피해자는 가해자를 상대로 이 사건과 관련한 어떠한 민 · 형사상의 책임도 묻지 아니한다."는 취지의 가해자와 피해자 사이의 합의서.

범인 사이에 화해가능성을 고려하되, 국가형벌권의 행사가 너무 오랫동안 고소인의 의사에 좌우되는 것을 방지하기 위한 것이다. 따라서 제1심 판결이 선고된 이후에 행해진 고소취소(및 처벌불원)는 효력이 없다. 비친고죄의 경우 고소가 수사의 단서에 불과하므로 언제나 취소할 수 있다. ii) 여기서 고소취소의 효력 여부는 제1심 판결의 '선고'라는 기준에 의해 형식적·획일적으로 정해진다. 즉, "항소심에서 공소장변경에 의하여 또는 법원의 직권에 의하여 비친고죄를 친고죄로 인정하였더라도, **항소심**에 이르러 비로소 고소인이 고소를 취소하였다면, 이는 친고죄에 대한 고소취소로서의 효력은 없다"(대판 1999.4.15. 96도1922 전합). 반의사불벌죄의 경우에도 마찬가지이다(대판 1988.3.8. 85도2518). iii) 다만, "상소심에서 제1심의 공소기각판결을 파기하고 사건을 **제1심 법원에 환송함**에 따라 다시 제1심 절차가 진행된 경우, 종전의 제1심 판결은 이미 파기되어 효력을 상실하였으므로, 환송 후의 제1심 판결 선고 전에는 고소취소의 제한사유가 되는 제1심 판결 선고가 없는 경우에 해당한다. **환송 후의 제1심 판결 선고 전**에 친고죄의 고소가 취소되면, (고소취소는 효력이 있고) 공소기각의 판결(327v)을 선고해야 한다"(대판 2011.8.25. 2009도9112).

4) 고소취소의 효과 i) (친고죄) 고소를 취소한 자는 **다시 고소할 수 없다**(232②). 친고죄에서는 고소취소로 고소권이 소멸하기 때문이다. 이를 '재고소의 제한'이라 한다. 고소기간이 남았더라도 다시 고소할 수 없다. 이러한 **재고소의 제한은 반의사불벌죄**에도 준용된다(동③). 즉, 반의사불벌죄에서 처벌불원의 의사표시를 한 자는 다시 처벌희망의 의사표시를 할 수 없다. 비친고죄에는 이러한 제한이 없다. ii) 친고죄의 고소취소에 대해서도 **고소**(취소)**불가분** 원칙(특히, 주관적 불가분)이 적용된다. iii) 친고죄에서 고소취소가 있으면 검사는 ('공소권없음'이라는) 불기소처분을, 수소법원은 공소기각의 판결을 한다.

[반의사불벌죄: (피해자 대신) 법정대리인의 처벌불원 의사표시의 효력(소극)] 피해자인 미성년자는 의사능력이 있는 한 단독으로 처벌불원의 의사표시를 할 수 있고, 법정대리인의 동의는 필요 없다. 즉, "피해자인 청소년에게 의사능력이 있는 이상, 법정대리인의 동의 없이 단독으로 처벌불원의 의사표시를 할 수 있다"(대판 2009.11.19. 2009도6058 전합).

문제는, 반의사불벌죄에서 법정대리인이 피해자를 대리하거나 또는 독립하여 불원의사를 유효하게 표시할 수 있는지 여부이다. 이는 곧 형사소송법 제26조(의사무능력자와 소송행위의 대리)나 제225조(비피해자인 고소권자)를 유추적용할 수 있는지 여부의 문제이기도 하다.

판례는 소극설의 입장이다. 즉, ㉠ 피해자가 나이 어린 미성년자인 경우 그 법정대리인이 처벌불원의 의사표시를 하더라도, 원칙적으로 이를 피해자의 의사로 볼 수 없다. 다만, "(피해자의 처벌불원 의사표시는) 피해자의 진실한 의사가 명백하다고 믿을 수 있는 방법으로 표현되어야 하는바, 그 법정대리인의 의사표시에 '피해자 본인의 의사가 포함되어 있다'고 볼 수 있다면, 이는 유효하다"(대판 2010.5.13. 2009도5658). ㉡ "의식불명 상태에 있는 성년자 甲의 아버지가 처벌불원의 의사표시를 하였더라도 甲의 의사표시로서 소송법상 효력이 없다"(대판 2013.9.26. 2012도568). ㉢ "피해자가 사망한 후 그 상속인이 피해자를 대신하여 처벌불원의 의사표시를 할 수는 없다"(대판 2010.5.27. 2010도2680), ㉣ 그리고 최근 선고된 성년후견인 판례(위 2021도11126 전합)도 참조.

(2) (공범자에 대한 1심 판결 선고 후) 잔존 공범자에 대한 고소취소와 처벌불원

1) 친고죄에서 제1심 잔존 공범자에 대한 '고소취소' 친고죄에서 공범 중 1인에 대하여 제1심 판결이 선고되어 고소취소할 수 없게 되었을 경우에 아직 제1심 판결이 선고되기 전의 다른 공범자에 대해서는 고소취소가 가능한지 여부가 문제된다. 적극설과 소극설이 대립하나, 통설·판례는 소극설의 입장이다. 즉, "친고죄의 공범 중 그 일부에 대하여 제1심 판결이 선고된 후에는 제1심 판결 선고 전의 다른 공범자에 대하여는 그 고소를 취소할 수 없고, 그 고소의 취소가 있더라도 그 효력을 발생할 수 없다. 이러한 법리는 필요적 공범이나 임의적 공범을 구별함이 없이 모두 적용된다"(대판 1985.11.12. 85도1940). 즉, 이미 제1심 판결이 선고된 공범 1인에 대한 고소취소가 불가능한 이상, 불공평한 결과를 방지하는 차원에서, 아직 제1심 판결을 선고받지 않은 다른 공범에 대한 고소취소도 불가능하다(즉, 불가분-불가능). 다만 상대적 친고죄에서 비신분자에 대한 제1심 판결 선고 후 잔존 공범자인 신분자에 대한 고소취소는 가능하다(즉, 가분-가능).

2) 반의사불벌죄에서 제1심 잔존 공범자에 대한 '처벌불원' 반의사불벌죄의 경우에는 어떠한가? 공범 중 1인에 대해 제1심 판결이 선고된 경우에 아직 제1심 판결이 선고되기 전의 다른 공범자에 대해서는 처벌불원이 가능하다. 반의사불벌죄에는 친고죄의 고소불가분 원칙이 준용되지 않기 때문이다.

[부정수표단속법위반(부도수표): 항소심에서의 수표회수와 잔존 공범자] 공범 중 1인이 항소심에서 수표를 회수한 경우에 아직 제1심 판결이 선고되기 전의 다른 공범자에 대해서 그 효력이 미치는지 여부의 문제이다. 이 경우에는 공범 중 1인의 수표회수의

효력이 다른 공범자(1심 잔존자)에게도 미친다고 본다. 반의사불벌죄에는 고소취소의 주관적 불가분 원칙이 준용되지 않는 이상, 반의사불벌죄에서 공범 중 1인에 대한 가분적 취급이 가능하기 때문이다(즉, 가분-가능). 따라서 아직 제1심 판결 선고 전인 다른 공범자에 대하여는, 회수된 수표 부분에 대한 공소기각의 판결을 해야 한다.

(3) 고소권의 포기

1) 뜻 친고죄의 고소기간 내에 '미리' 장차 고소권을 행사하지 않겠다는 의사표시를 하는 것을 말한다. 반의사불벌죄의 경우에는 처벌을 희망하지 않는 의사표시를 미리 해두는 것을 의미한다. 허용 여부가 문제된다.

2) 포기(불허) 친고죄에서 그 허용 여부에 대해서는 적극설, 소극설, 절충설의 견해가 대립한다. 다수설·판례는 소극설의 입장이다. 즉, "친고죄에서 피해자의 고소권은 공법상의 권리이므로 명문 규정이 없는 한 자유처분을 할 수 없다. 따라서 이미 한 고소는 취소할 수 있으나 고소 전에 고소권을 포기할 수 없다"(대판 1967.5.23. 67도471). "고소 전에 피해자가 처벌을 원치 않았더라도, 그 후에 한 피해자의 고소는 유효하다"(대판 1993.10.22. 93도1620).

5. 친고죄에서 고소의 흠결과 고소의 추완

1) 고소의 흠결 친고죄에서 고소는 소송조건이다. 적법한 고소의 흠결로 소송조건이 흠결되는 경우로는, ㉠ 고소가 없는 경우, ㉡ 고소가 있더라도 부적법·무효인 고소의 경우(예: 고소권자 아닌 자의 고소, 범죄사실이 특정되지 않은 고소, 고소기간이 도과한 고소, 고소취소 후의 재고소 등), ㉢ 고소취소한 경우 등 다양하다. 이 경우 검사는 불기소처분(공소권 없음)을, 법원은 공소기각의 판결(327ii)을 한다.

2) 고소의 추완(불허) 친고죄에서 고소는 소송조건이고, 고소가 없거나 무효인 경우의 공소제기는 무효이다. 따라서 고소의 추완은 허용되지 않는다. 비친고죄로 공소제기된 이후 공소장변경에 의하여 비로소 친고죄로 된 경우(예: 명예훼손죄→모욕죄)에도 공소제기 후의 추완은 허용되지 않는다.

Ⅲ. 고발

1) 뜻 고발이란 고소권자와 범인 이외의 제3자가 수사기관에 범죄사실을 신고하여 범인의 소추를 구하는 의사표시를 말한다. 고발은 대개 수사단서에 불

과하나, 예외적으로 **전속고발범죄**(또는 즉시고발사건)에서는 특정 행정기관 또는 담당 공무원의 고발이 **소송조건**으로 된다. 예컨대, 조세범처벌법(동법21) 또는 관세법(동법284) 위반사건 등이다. 이 경우 "조세범처벌법 위반죄에 관하여 일단 불기소처분이 있었더라도, 세무공무원 등의 **종전 고발**은 여전히 유효하다. 나중에 공소제기함에 있어 세무공무원 등의 새로운 고발이 있어야 하는 것은 아니다"(대판 2009.10.29. 2009도6614).

2) 전속고발범죄에서 고발불가분 여부 고소불가분원칙의 준용되는가?

i) 우선, **객관적 불가분** 원칙은 고발에서도 당연히 인정된다. 예컨대, 각 사업연도마다 1개의 범죄가 성립하는 법인세포탈범죄의 '일부'에 대한 고발의 효력은 그 일죄의 '전부'에 미친다. "동일한 부가가치세 과세기간 내의 '조세포탈기간이나 포탈액수'의 '일부'에 대한 조세포탈죄의 고발은, 그 효력이 그 과세기간 내의 '조세포탈기간이나 포탈액수'의 '전부'에 미친다"(대판 2009.7.23. 2009도3282). 즉, "고발의 효력은 범칙사건에 관련된 범칙사실의 전부에 미치고, **한 개의 범칙사실의 일부에 대한 고발은 전부에 대하여 효력이 생긴다.** 그러나 수개의 범칙사실 중 일부만을 고발한 경우 고발장에 기재된 범칙사실과 '**동일성**이 인정되지 않는' 다른 범칙사실에 대해서까지 고발의 효력이 미칠 수는 없다"(대판 2014.10.15. 2013도5650).

ii) 반면, 친고죄의 주관적 불가분 원칙은 전속고발범죄에 준용되지 않는다(판례). 양벌규정에서도 마찬가지라는 점은 앞서 이미 설명하였다.

3) 고발권자 **누구든지** 범죄가 있다고 사료하는 때에는 고발할 수 있다(234①). 다만, 공무원은 그 직무를 행함에 있어 범죄가 있다고 사료하는 때에는 고발해야 할 의무가 있다(동②). 따라서 공무원이라도 직무집행과 관계없이 우연히 알게 된 범죄에 대해서는 고발의무가 없다. 고소와 마찬가지로 자기 또는 배우자의 직계존속을 고발하지 못한다(235 · 224).

4) 고발의 방법 고발의 방식과 취소의 절차 등은 고소의 경우와 같다(237이하). 다만 고소와 달리, 대리인에 의한 고발은 인정되지 않으며(236 참조), 고발기간의 제한도 없고, 고발취소 후 다시 고발할 수도 있다.

Ⅳ. 자수

자수란 범인이 스스로 수사기관에 자기의 범행을 **자발적으로** 신고하고 그 처분을 구하는 의사표시를 말한다. 자수는 수사의 단서이자 형법상 형의 임의적 감면사유이다(형법52①). i) 자수는 **자발적**인 것이므로 "수사기관의 직무상의 질문 또는 조사에 응하여 범죄사실을 진술하는 것은, '**자백**'일 뿐 자수가 아니다"(대판 2011.12.22. 2011도12041). ii) 자수는 "형의 감경사유로 삼는 주된 이유가 범인이 그 죄를 **뉘우침**에 있으므로, 범죄사실을 부인하거나 죄의 뉘우침이 없는 자수는 그 외형은 자수일지라도 진정한 자수가 아니다"(대판 1994.10.14. 94도2130). iii) "일단 자수가 성립한 이상 자수의 효력은 **확정적**으로 발생한다. 그 후에 범인이 번복하여 수사기관이나 법정에서 범행을 부인하더라도 일단 발생한 자수의 효력이 소멸하는 것은 아니다"(대판 1999.7.9. 99도1695).

Ⅴ. 변사자 검시

변사자의 검시란 사람의 사망이 범죄로 인한 것인지 여부를 판단하기 위하여 수사기관이 변사자의 상황을 조사하는 것을 말한다.

1) 변사자 변사자는 자연사 또는 통상의 병사가 아닌 시체로서, 범죄로 인한 사망의 의심이 있는 시체를 말한다. 익사 또는 천재지변으로 인한 사망이 명백한 경우에는 검시대상에서 제외된다.

2) 검시 변사자 또는 변사의 의심이 있는 시체가 있는 때에는 그 소재를 관할하는 지방검찰청 **검사**가 검시하여야 한다(222①). 검사는 사법경찰관에게 검시를 명할 수 있다(동③). **검시**(檢視)란 죽음의 범죄 관련성 여부를 조사하는 것을 말한다.[1] 이는 시체 및 그 주변 현장을 포함하여 관련 상황을 종합적으로 조사하는 형태로 이루어진다.

3) 영장 여부 검시는 수사의 단서에 불과하므로 법관의 영장이 필요 없다. 한편, 검시로 범죄의 혐의를 인정하고 긴급을 요할 때에는 '영장 없이 검증'할 수 있다(동②). 일반 검증과 달리, 대상이 시체이고 긴급을 요한다는 점에서 영장주의의 예외를 인정한 것이다. 반면, 시체해부, 즉 **부검**은 긴급검증에 포함되지 않으며, 실무상 **압수·수색·검증영장**에 의한다.

---

1) 검시(檢視)와 구별되는 개념으로 검시(檢屍)가 있다. 후자의 검시(檢屍)는 주로 의사에 의해 행해지며, 검안(檢案)과 부검(剖檢)으로 이루어진다. ㉠ 검안(檢案)은 시체를 손괴하지 않고 외표검사를 통하여 검사하는 행위이고, ㉡ 부검(剖檢)은 사망의 종류와 사인을 알아내기 위하여 시체를 해부하여 검사하는 행위를 말한다.

Ⅵ. 불심검문

1. 의의와 대상자

(1) 의의

1) 뜻 불심검문(不審檢問)이란 경찰관이 거동이 수상한 사람을 정지시켜 질문하는 것을 말한다. 경찰관직무집행법에 따르면, 경찰관은 「수상한 거동이나 그 밖의 주위 사정을 합리적으로 판단하여 볼 때, ㉠ 어떤 죄를 **범하였거나 범하려고 하고 있다고** 의심할 만한 상당한 이유가 있는 사람 또는 ㉡ 이미 행해진 범죄나 행해지려고 하는 범죄행위에 관한 **사실을 안다고** 인정되는 사람」을 정지시켜 질문할 수 있다(동법3①). 불심검문은 정지, 질문, 동행요구 및 흉기소지 조사를 그 내용으로 하며, 수사의 단서가 된다.

2) 법적 성격 불심검문은 보안경찰의 분야에 속하는 국가작용이다(행정경찰작용설). 다만, 수사와 밀접한 관계가 있고, 범죄혐의가 발견되면 수사의 단서가 된다. 그 이후는 형사소송법에 의한 사법경찰작용이 된다. 즉, "행정경찰 목적의 경찰활동으로 행하여지는 경찰관직무집행법의 '질문을 위한 동행요구'(동법3②)도 형사소송법의 규율을 받는 수사로 이어지는 경우에는 역시 '임의동행의 법리'가 적용되어야 한다"(대판 2006.7.6. 2005도6810).

(2) 대상자

1) 뜻 불심검문의 대상자를 '거동불심자' 또는 '불심검문 대상자'라고 한다. 대상자는 ㉠ 수상한 거동이나 그 밖의 주위 사정을 합리적으로 판단하여 볼 때, 어떤 죄를 **범하였거나 범하려고 하고 있다고** 의심할 만한 상당한 이유가 있는 사람, ㉡ 이미 행해진 범죄나 행해지려고 하는 범죄행위에 관한 **사실을 안다고** 인정되는 사람이다.

2) 판단기준 "경찰관이 불심검문 대상자 해당 여부를 판단할 때, 불심검문 **당시**의 구체적 상황은 물론 **사전**에 얻은 정보나 전문적 지식 등에 기초하여 불심검문 대상자인지 여부를 **객관적·합리적인 기준**에 **따라 판단**하여야 한다. 그러나 반드시 불심검문 대상자에게 형사소송법상 **체포나 구속**에 **이를 정도**의 (고도의) **혐의**가 있을 것을 **요한다고 할 수는 없다**"(대판 2014.2.27. 2011도13999).

2. 불심검문의 방법

(1) 정지

1) 정지 정지는 질문을 위한 수단으로, 대상자를 불러 세우는 것을 말한다. 상대방이 자발적으로 협조하는 경우에는 문제가 없으나, 강제수단에 의하여 정지시키는 것은 허용되지 않는다. 문제는 정지요구에 불응하거나 질문 도중에 그 장소를 떠나려고 하는 경우에 어느 정도 유형력 행사가 가능한지 여부이다.

2) 유형력 행사 **제한적 허용설**이 다수설 · 판례의 입장이다. 즉, "경찰관은 불심검문 대상자에게 질문하기 위하여 범행의 경중, 범행과의 관련성, 상황의 긴박성, 혐의의 정도, 질문의 필요성 등에 비추어, 그 목적 달성에 **필요한 최소한의 범위에서 사회통념상 용인될 수 있는 상당한 방법으로** 그 대상자를 정지시킬 수 있고, 질문에 수반하여 흉기의 소지 여부도 조사할 수 있다"(대판 2012.9.13. 2010도6203).[1)]

(2) 질문

1) 질문 질문은 대상자에게 행선지나 용건 또는 성명 · 주소 · 연령 등을 묻고, 필요한 경우 소지품의 내용에 대하여 질의하는 것을 말한다. 경찰관은 질문을 하는 경우 자신의 신분을 표시하는 **증표를 제시**하면서 소속과 성명을 밝히고 질문이나 동행의 **목적과 이유를 설명**하여야 한다(동법3④). 경찰관의 질문에 대하여 상대방은 그 의사에 반하여 **답변을 강요당하지 아니한다**(동⑦). '신분을 표시하는 증표'는 경찰관의 **공무원증**이다(동시행령5).

2) 증표 제시의 예외 "불심검문을 하게 된 경위, 불심검문 당시의 현장상황과 검문을 하는 경찰관들의 복장, 피고인이 공무원증 제시나 신분 확인을 요구하였는지 여부 등을 종합적으로 고려하여, 검문하는 사람이 **경찰관**이고 검문하는 이유가 **범죄행위에 관한 것**임을 **'대상자'**가 **충분히 알고 있었다**고 보이는 경우에는 신분증을 제시하지 않았다고 하여 그 불심검문이 위법한 공무집행이라고 할 수 없다"(대판 2014.12.11. 2014도7976).

---

1) 검문 중이던 경찰관들이, 자전거를 이용한 날치기사건 범인과 흡사한 인상착의의 피고인이 자전거를 타고 다가오는 것을 발견하고 정지를 요구하였으나 멈추지 않아, 앞을 가로막고 소속 · 성명을 고지한 후 검문에 협조해 달라는 취지로 말하였음에도 불응하고 그대로 전진하자, 따라가서 재차 앞을 막고 검문에 응하라고 요구한 것은 적법하다고 한 사례(위 2010도6203).

(3) 동행요구

1) 동행요구 경찰관직무집행법상 동행요구는 정지시킨 장소에서 질문하는 것이 그 사람에게 **불리하거나 교통에 방해**가 된다고 인정될 경우에 한하여 질문을 하기 위하여 가까운 경찰관서에 동행할 것을 요구하는 것을 말한다(동②). 이 경우 상대방은 그 요구를 **거절**할 수 있다(동②단서). 이 점에서 임의동행이라 할 수도 있겠으나, 경찰관직무집행법상 동행요구는 형사소송법상 임의수사인 임의동행과 구별해야 한다. 앞의 동행요구는 행정경찰작용이고, 뒤의 임의동행은 사법경찰작용(즉, 수사작용)의 하나이다.

2) 동행요구의 절차 i) 동행을 요구할 경우에도 질문에서와 같이, 경찰관은 자신의 신분을 표시하는 증표를 제시하면서 소속·성명을 밝히고 동행의 목적과 이유를 설명해야 하며, **동행장소도** 밝혀야 한다(동④). ii) 또한 경찰관은 동행한 사람의 가족이나 친지 등에게 동행한 경찰관의 신분, 동행장소, 동행 목적과 이유를 알리거나, 본인으로 하여금 **즉시 연락**할 수 있는 기회를 주어야 하며, **변호인의 도움을 받을 권리가 있음을 알려야** 한다.

3) 한계 경찰관은 동행한 사람을 **6시간**을 초과하여 경찰관서에 머물게 할 수 없다(동⑥). 그렇다고 하여 "이 규정이 임의동행한 자를 6시간 동안 경찰관서에 구금하는 것을 허용하는 것은 아니다"(대판 1997.8.22. 97도1240). 6시간 이내라도 대상자가 '퇴거하겠다'고 요구하면 석방해야 한다. 상대방은 동행요구를 거절할 수 있을 뿐만 아니라 임의동행 후 언제든지 경찰관서에서 **퇴거할 자유**가 있기 때문이다.

4) 동행의 임의성 질문을 위한 동행요구도 수사로 이어지는 경우에는 역시 임의성에 관한 엄격한 법리가 적용된다. 즉, "동행에 앞서 대상자에게 동행을 거부할 수 있음을 알려 주었거나 동행한 피의자가 언제든지 자유로이 동행과정에서 이탈 또는 동행장소로부터 퇴거할 수 있었음이 인정되는 등 **오로지** 대상자(피의자)의 **자발적인 의사**에 의하여 수사관서 등에의 동행이 이루어졌음이 **객관적**인 사정에 의하여 **명백**하게 입증된 경우에 한하여, 그 적법성이 인정된다"(대판 2006.7.6. 2005도6810).[1] 이를 '임의동행의 법리'라고 한다.

---

1) 사법경찰관이 피고인을 수사관서까지 동행한 것이 사실상의 <u>강제연행, 즉 불법체포</u>에 해당하고, 불법체포로부터 6시간 상당이 경과한 후에 이루어진 <u>긴급체포 또한 위법하다</u>고 한 사례(피고인이 불법체포된 자로서 형법 제145조 제1항에 정한 '법률에 의하여 체포 또는 구금된 자'가 아니어서 도주죄의 주체가 될 수 없다).

(4) 흉기소지 조사

1) 흉기소지 조사 흉기소지 조사는 불심검문 과정에서 대상자의 흉기소지 여부를 조사하는 것을 말한다. 경찰관은 대상자에게 질문을 할 때에 그 사람이 흉기를 가지고 있는지를 조사할 수 있다(동③). "그 목적 달성에 **필요한 최소한의 범위에서 사회통념상 용인될 수 있는 상당한 방법으로** 질문에 수반하여 흉기의 소지 여부도 조사할 수 있다"(대판 2012.9.13. 2010도6203).

2) 일반소지품 조사의 허용 여부 흉기 이외의 일반소지품(예: 마약류, 장물, 위조통화, 음란물 등)도 검사대상이 되는지 문제된다. 적극설과 소극설이 대립하나, 경찰관직무집행법은 흉기소지 조사만 규정하고 있으므로, 기타 일반소지품에 대한 조사는 상대방의 동의가 없는 한 허용되지 않는다고 봄이 타당하다. 그렇지 않으면 소지품검사는 형사소송법의 영장제도를 유명무실하게 만들 위험성이 있기 때문이다.

[불심검문의 적법성 심사] i) 불심검문 대상자 여부, 증표 제시 여부, 정지와 동행요구에서 허용되는 범위 내의 유형력 행사 여부, 동행의 임의성 여부 등이 순차로 문제된다. ii) 부적법한 경우라면, 동행은 불법체포가 되며, 확보한 증거는 위법수집증거가 된다. 이에 저항하는 행위는 공무집행방해죄를 구성하지 않으며, 상해는 별도로 정당방위가 문제된다.

3. 자동차검문

자동차검문이란 범죄의 예방과 범인의 검거를 목적으로 통행 중인 차량을 정지시켜서 운전자 또는 동승자에게 질문하는 것을 말한다. 자동차검문에는 교통검문, 경계검문, 긴급수배검문이 있다. 그 법적 근거가 문제된다.

1) 교통검문 교통위반(예: 무면허운전, 음주운전 등)을 단속하기 위하여 차를 일시 정지시켜서 행하는 검문으로서, 교통경찰작용이다. 그 법적 근거는 도로교통법 제47조(위험방지를 위한 조치)에 의한 일시정지권이다.

2) 경계검문 불특정한 일반 범죄의 예방과 범인의 검거를 목적으로 행하는 검문으로서, 보안경찰작용에 속한다. 그 법적 근거는 경찰관직무집행법 제3조 제1항(직무질문)에서 찾는 것이 일반적이다.

3) 긴급수배검문 특정한 범죄가 발생한 때 범인의 검거와 수사정보의 수집을 목적으로 행하는 검문으로서, 사법경찰작용인 수사활동에 속한다. 그 법적

근거는 경찰관직무집행법 제3조 제1항(직무질문)과 형사소송법의 임의수사 규정에서 찾는 것이 일반적이다.

Ⅶ. 수사의 조건

수사의 조건이란 수사절차의 개시와 진행에 필요한 전제조건을 말한다. 소송조건(공판절차의 개시와 진행에 필요한 조건)에 대응하는 개념이다. 수사의 단서가 있다 하더라도 언제나 수사가 개시되는 것은 아니다. 수사는 항상 기본권침해의 위험을 수반하기 때문이다. 기본권침해를 수반하는 수사는 그 특성상 헌법상 비례성원칙에 비추어 일정한 조건이 요구된다. 일반적으로 수사의 필요성과 상당성이 문제된다.

1. 수사의 필요성

수사는 그 목적 달성을 위하여 필요한 경우에 한하여 허용된다. 강제수사뿐만 아니라 임의수사의 경우에도 수사의 필요성은 수사의 조건이 된다.

(1) 구체적 범죄혐의

수사기관은 '범죄의 혐의가 있다고 사료하는 때'에는 수사하여야 한다(196·197). 여기서의 범죄혐의는 '구체적 범죄혐의'를 의미한다. 즉, 수사개시의 요건인 범죄혐의는 '충분한 구체적 사실'에 근거를 둔 것이어야 한다. 추상적 범죄혐의만으로는 수사개시가 불가능하고 내사가 가능할 뿐이다.

(2) 소송조건 흠결과 수사

소송조건이 구비되지 않은 경우에도 수사의 개시가 가능한지 문제된다. 예컨대, 친고죄나 전속고발범죄에서 고소나 고발이 없는 경우에도 수사가 허용되는지 여부이다. 이에 대해서는 전면허용설, 전면불허설, 예외적 허용설(긴급한 경우만), 제한적 허용설이 대립한다.

통설·판례는 **제한적 허용설**의 입장으로, 이러한 경우에도 원칙적으로 수사는 허용되나 **고소·고발의 가능성이 없는 때**에는 예외적으로 수사가 허용되지 않는다는 것이다. 즉, "법률에 의하여 고소나 고발이 있어야 논할 수 있는 죄에서, 고소 또는 고발은 이른바 소추조건에 불과하고 당해 범죄의 성립요건이나 수사의 조건은 아니다. 고소나 고발이 있기 전에 수사를 하였더라도, 그 수사가 장차 고소나 고발의 가능성이 없는 상태 하에서 행해졌다는 등의 특단의 사정이 없는 한, 고소나 고발이 있기 전에 수사를 하였다는 이유만으로 그 수사가 위법한 것은 아니다"(대판 1995.2.24. 94도252). 고소 · 고발의 가능성이 없는 경우의 예로는, ㉠ 고소기간의 경과, ㉡ 고소 · 고발의 취소, ㉢ 고소권자가 고소하지 않겠다는 의사를 명백히 표시한 경우 등이다.

따라서 친고죄 · 전속고발범죄의 경우 고소 · 고발의 가능성이 있을 때에는 (아직 친고죄의 고소 또는 담당공무원의 전속고발 전이라도) i) 수사의 필요에 따라 임의수사는 물론 강제수사도 적법하게 허용된다. 즉, "수사기관이 고발에 앞서 수사를 하고 구속영장을 발부받은 후 검찰의 요청에 따라 세무서장이 고발조치를 하였더라도, 공소제기 전에 고발이 있은 이상 조세범처벌법 위반사건 피고인에 대한 공소제기의 절차가 법률의 규정에 위반하여 무효라고 할 수 없다"(대판 1995.3.10. 94도3373). ii) 고발 전에 이루어진 그 피의자 및 제3자 등에 대한 신문조서나 각 조서등본은 증거능력이 있다(위 94도252).

2. 수사의 상당성

(1) 수사비례의 원칙과 신의칙

1) 수사비례의 원칙 수사는 필요하더라도 그 방법과 정도가 수사의 목적에 비추어 허용되는 범위 내이어야 한다. 수사비례의 원칙이란, 수사는 그 목적 달성을 위하여 적합한 것으로서(적합성), 목적 달성을 위하여 필요한 최소한도의 범위 내에서 이루어져야 하며(필요성), 수사에 의한 법익침해가 수사로 달성하려는 이익보다 중대한 경우에는 허용되지 않는다(상당성 내지 균형성)는 원칙을 말한다. 수사비례의 원칙은 특히 강제수사에서 그 허용 여부와 범위를 판단하는 중요한 기준이 된다.

2) 수사의 신의칙 수사는 신의칙에 반하는 방법으로 행해져서는 안 된다. 이를 수사의 신의칙 또는 사술금지 원칙이라고도 한다. 수사의 신의칙이 문제되는 대표적인 예가 함정수사이다.

(2) 함정수사

1) 뜻 함정수사란 수사기관 또는 그 의뢰를 받은 자(예: 유인자, 끄나풀, 정보원 등)가 신분을 숨긴 채 범죄를 교사하거나 방조한 후 그 실행을 기다려 범인을 검거하는 수사기법을 말한다. 이러한 수사기법은 마약범죄, 조직범죄, 도박범죄,

성매매범죄 등 은밀하게 이루어지는 조직적 범죄에서 많이 사용된다. 범죄를 진압하는 국가기관이 범죄를 유발하는 것이 정당한가가 문제된다.

2) 유형 대개 '기회제공형'과 '범의유발형'으로 구분된다. i) **기회제공형**은 이미 범죄의사를 가진 자에게 수사기관이 범죄의 기회만을 제공하는 경우이다. ii) **범의유발형**은 본래 범죄의사가 없는 자에 대하여 수사기관이 사술이나 계략 등을 써서 범의를 유발시켜 범죄를 실행하도록 하는 경우이다.

3) 허용범위(적법성) 함정수사의 적법성에 관하여, i) 주관설은 함정수사의 대상자인 피유인자의 내심의 의사만을 기준으로, 기회제공형은 적법하나 범의유발형은 위법하다는 견해이다. ii) 객관설은 수사기관의 유인의 강도에 중점을 두고 객관적으로 유인자의 행위가 통상의 일반인도 범죄에 이르게 할 정도인 경우에는 위법하다는 견해이다. iii) 절충설은 피유인자의 내심의 의사와 수사기관의 직접 관련의 정도를 종합하여 그 적법 여부를 판단하는 견해이다.

함정수사로 인한 피유인자의 범행은 피유인자와 수사기관의 '공동행위의 결과물'이다. 범죄행위에 대한 피유인자의 기여도(사전범의의 존재, 범행과정의 능동성)가 커질수록 피유인자의 가벌성은 높고, 수사기관의 기여도(범의유발행위의 적극성, 범행과정에의 관여 정도)가 커질수록 피유인자의 가벌성은 낮아질 것이다. 결국, 피유인자의 가벌성은 결과물인 범행에 대한 양측의 기여도를 모두 평가하여야 한다.

판례는 당초 주관설의 입장에서 기회제공형은 적법하고 범의유발형만 위법한 것으로 보았으나, 2005년 이래 **절충설**로 입장을 선회하였다. 즉, 요약하자면, ㉠ **기회제공형**이라도 항상 적법한 것은 아니다. 수사의 위법정도가 중한 경우에는 제한적으로나마 위법한 함정수사로 평가될 수도 있다. ㉡ **범의유발형**은 원칙적으로 위법하다. 수사기관이 아닌 사인이 유인자인 경우에는 유인자와 수사기관의 **직접 관련 여부** 및 피유인자의 범의유발에 **개입한 정도**에 따라 적법한 함정수사가 될 수도 있다. 중요한 2개의 판결이 있다.

[주요 판결] (i) [대판 2005.10.28. 2005도1247] "㉠ 범의를 가진 자에 대하여 단순히 범행의 '기회를 제공'하거나 범행을 용이하게 하는 것에 불과한 수사방법이 '경우에 따라' 허용될 수 있음은 별론으로 하고, ㉡ 본래 범의를 가지지 아니한 자에 대하여 수사기관이 사술이나 계략 등을 써서 '범의를 유발'케 하여 범죄인을 검거하는 함정수사는 위법함을 면할 수 없다." 이 판결은 두 가지 의미가 있다. i) 이른바 기회제공형이라고 하여 무조건 적법하게 평가되는 것은 아니라, 수사의 위법

정도가 중한 것으로 평가될 경우에는 범의유발형과 마찬가지로 위법한 함정수사로 평가될 수도 있음을 최초로 시사하였다. ii) '위법'한 함정수사에 기하여 공소제기된 경우 '공소기각 판결'의 대상임을 최초로 선언하였다.

(ii) [대판 2007.7.12. 2006도2339] "구체적인 사건에 있어서 위법한 함정수사에 해당하는지 여부는 해당 범죄의 종류와 성질, 유인자의 지위와 역할, 유인의 경위와 방법, 유인에 따른 피유인자의 반응, 피유인자의 처벌 전력 및 유인행위 자체의 위법성 등을 **종합하여 판단**하여야 한다. ㉠ '수사기관과 직접 관련이 있는 유인자'가 피유인자와의 개인적인 친밀관계를 이용하여 피유인자의 동정심이나 감정에 호소하거나, 금전적·심리적 압박이나 위협 등을 가하거나, 거절하기 힘든 유혹을 하거나, 또는 범행방법을 구체적으로 제시하고 범행에 사용할 금전까지 제공하는 등으로 과도하게 개입함으로써 피유인자로 하여금 범의를 일으키게 하는 것은 위법한 함정수사에 해당하여 허용되지 아니한다. ㉡ 그러나 유인자가 수사기관과 직접적인 관련을 맺지 아니한 상태에서 피유인자를 상대로 단순히 수차례 반복적으로 범행을 부탁하였을 뿐 수사기관이 사술이나 계략 등을 사용하였다고 볼 수 없는 경우는, 설령 그로 인하여 피유인자의 범의가 유발되었다 하더라도, 위법한 함정수사에 해당하지 아니한다."

4) 위법한 함정수사의 효과 위법한 함정수사에 기한 공소제기가 있는 경우에 대해 공소기각설과 무죄판결설 등이 대립한다. 판례는 (무죄판결이 아닌) **공소기각설**의 입장이다. 즉, "이러한 (범의유발형) 함정수사에 기한 공소제기는 그 절차가 법률의 규정에 위반하여 무효인 때에 해당하므로, 공소기각의 판결(327ii)을 선고해야 한다"(대판 2005.10.28. 2005도1247).[1)]

---

1) 공소기각설에 대해서는, 수사절차에 위법이 있다고 하여 공소제기의 효력이 상실되거나 공소제기의 절차가 법률에 위배되는 것은 아니라는 비판이 있다. 예컨대, (함정수사의 경우와는 달리) "불법구금, 구금장소의 임의적 변경 등의 경우 그 위법사유가 있더라도 그 위법한 절차에 의하여 수집된 증거를 배제할 이유는 될지언정 공소제기의 절차 자체가 위법하여 무효인 때에 해당하지 않는다"(대판 1990.9.25. 90도1586; 1996.5.14. 96도561)는 것이다.

그런데 통상의 위법수사는 이미 행해진 범죄행위에 대한 증거수집과정에서 이루어지는 것인 반면, 함정수사는 특정 범죄행위의 '생성 자체'에 수사기관이 관여한다는 점에 큰 특징이 있다. 통상의 경우 수사절차에 위법이 있다고 하여 이미 행해진 범죄행위에 대한 공소제기 자체가 위법하다고 볼 수는 없다. 반면, 함정수사는 그 목적이 바로 그 생성된 당해 범죄행위에 대한 공소제기에 있다는 점에서, 함정수사는 공소제기와 '불가분의 일체'를 이루며, 그 위법성이 곧바로 공소제기의 위법성으로 평가될 수 있는 구조를 갖는다.

[판례사례] [함정수사]

(1) 적법 사례(유죄) 함정수사의 적법성을 인정하여 유죄를 선고한 사례이다.

(i) [전형적인 기회제공형] ㉠ 불법영업에 관한 민원 제기로 노래방 단속이 이루어졌고, 피고인이나 종업원이 아무런 이의 없이 '즉시 술을 가져다' 주었으며, 10분 정도 후에 '여자 도우미가 바로 도착'한 경우(대판 2005.4.14. 2005도499), ㉡ 이전부터 유상운송을 해 온 자가용버스에 단속원이 '승차'한 다음 '적발'한 경우(대판 1994.4.12. 93도2535), ㉢ 물품반출업무담당자가 소속 회사에 (피고인의) 밀반출행위를 사전에 알리고 '증거확보를 위해' 피고인의 밀반출행위를 '묵인'한 경우(대판 1987.6.9. 87도915), ㉣ 수사기관이 범죄사실을 인식하고도 바로 체포하지 않고, 추가 범행을 지켜보고 있다가 범죄사실이 많이 늘어난 뒤에야 피고인을 체포한 경우(대판 2007.6.29. 2007도3164), ㉤ 경찰관이 취객을 상대로 한 이른바 부축빼기 절도범을 단속하기 위하여, 공원 인도에 쓰러져 있는 취객 근처에서 감시하고 있다가, 마침 피고인이 나타나 취객을 부축하여 10m 정도를 끌고 가 지갑을 뒤지자 현장에서 체포하여 기소한 경우(대판 2007.5.31. 2007도1903) 및 ㉥ 수사기관이 '이미 범행을 저지른 범인'을 검거하기 위해 정보원을 이용하여 범인을 '검거장소로 유인'한 경우(대판 2007.7.26. 2007도4532) 등. ㉠㉡은 늘 해오던 방식대로 불법영업한 영업범의 경우이다.

(ii) [주의 사안] ㉠ 수사기관의 하수인이 이 사건 '이적표현물을 보고 싶다'는 말을 하였다 하더라도 이를 부대에 반입한 것은 피고인의 독자적이고 적극적인 판단에 따라 이루어진 경우(대판 2003.3.14. 2002도4367), ㉡ 피고인이 밀수한 견본을 A에게 보여주면서 '마약 매수인을 소개해달라'고 하자, A가 '마약을 들여오면 구매자를 소개해주고 수고비까지 주겠다'고 말하고 몰래 수사기관에 신고하여 밀수현장에서 검거된 경우(대판 2001.7.13. 2001도2724), ㉢ 피고인이 1993.10.말 A에게 마약을 구해달라는 부탁을 해 둔 상태에서, 1994.2.경 마약정보원으로부터 '마약을 구해달라'는 부탁을 받자 그때쯤 A로부터 마약을 매수하여 마약정보원에게 매도한 경우(대판 1994.12.27. 94도2574), ㉣ 피고인의 뇌물수수가 공여자들의 함정교사에 의한 것이기는 하나, 뇌물공여자들에게 피고인을 함정에 빠뜨릴 의사만 있었고 뇌물공여의 의사가 전혀 없었다고 보기 어려울 뿐 아니라, 뇌물공여자들의 함정교사라는 사정은 피고인의 책임을 면하게 하는 사유가 될 수 없다고 한 사례(대판 2008.3.13. 2007도10804) 등.

(2) 위법 사례(공소기각) 위법한 함정수사로 공소기각판결을 선고한 사례이다.

㉠ 수사기관이 공명심 등에서, 범행초기부터 개입하면서 범행계획 수립, 자금조달, 범행수행 등 거의 대부분의 범행과정을 적극적으로 개입한 경우, 즉 수사기관

의 작업에 의해 (범행의사 없는 피유인자들에게) 비로소 범의를 유발한 경우(위 2005도1247), ㉡ 범행의사 없는 피유인자들에게 적극적으로 범행을 요구한 경우, 즉 노래방의 도우미 알선 영업 단속실적을 올리기 위해, (평소 도우미 영업 않은 노래방에) 손님으로 가장하여 들어가 한차례 거절 당한 후 결국 도우미를 불러낸 경우(대판 2008.10.23. 2008도7362), ㉢ 범행의사 없는 피유인자에게 범행이 불가피한 상황을 창출한 경우, 즉 (무면허운전) 대리기사가 이면도로에 피고인 차량을 주차한 뒤, 경찰이 차적조회를 하여 면허정지사실 확인 후 (공사도 없고 교통장애도 없음에도), "공사로 차량이동 바란다" 문자를 2회 보내어 피고인이 급히 나와 차량을 20m 가량 이동시키자, 무면허운전으로 현행범체포한 경우(대판 2009.7.23. 2009도3934) 등.

[신분비공개수사와 신분위장수사] 아동·청소년대상 디지털 성범죄의 수사를 위해 2021년 아동·청소년의 성보호에 관한 법률('아청법') 제25조의2(아동·청소년대상 디지털 성범죄의 수사 특례)에 사법경찰관리의 신분비공개수사 및 신분위장수사가 법제화되었다. i) (뜻) ㉠ 신분비공개수사란 사법경찰관리가 '신분을 밝히지 않고' 범죄현장(정보통신망을 포함) 또는 범죄인에게 접근하여 범죄행위의 증거 및 자료 등을 수집하는 수사방법을 말한다(동①). ㉡ 신분위장수사란 사법경찰관리가 신분을 위장하기 위한 문서 등을 작성·변경·행사하거나 위장 신분을 사용하여 계약·거래하는 등의 수사방법을 말한다(동②). ii) (대상범죄) 대상범죄는 아동·청소년대상 디지털 성범죄인데, 아청법 제11조(아동·청소년성착취물의 제작·배포 등) 및 제15조의2(아동·청소년에 대한 성착취 목적 대화 등)의 죄, 아동·청소년에 대한 성폭력범죄처벌법 제14조(카메라 등을 이용한 촬영) 제2항·제3항(불법촬영물 반포등)의 죄이다. iii) (절차) ㉠ 신분비공개수사는 사전에 상급 경찰관서의 장의 승인을 받아야 한다. 이 경우 그 수사기간은 3개월을 초과할 수 없다(25의3①). ㉡ 신분위장수사는 이를 위한 검사의 청구를 통한 법원의 허가를 받아야 한다. 이 경우 그 수사기간은 3개월을 초과할 수 없다(동⑦). 그 수사기간을 연장할 필요가 있는 경우에는 법원의 연장허가를 받아야 하고, 이 경우 신분위장수사의 총 기간은 1년을 초과할 수 없다(동⑧). iv) (효과) 이러한 위장수사는 증거능력이 인정되고 면책의 효과가 있다. 즉, 위장수사에 의하여 수집한 증거 및 자료는 적법하게 수집한 증거로서 그 목적이 된 디지털 성범죄나 이와 관련 범죄의 증거로 사용할 수 있고(25의5. 증거능력 인정), 위장수사 과정에서 성착취물 거래 등의 위법행위를 한 경우에도 '고의나 중대한 과실이 없는 경우'에는 벌하지 아니한다(25의8. 면책). v) (주의) 그러나 범의유발형 함정수사는 당연히 허용되지 않는다.

제 3 절 임의수사

Ⅰ. 수사의 방법: 임의수사와 강제수사

1. 임의수사와 강제수사

(1) 의의

1) 뜻 수사의 방법에는 임의수사와 강제수사가 있다. 임의수사는 수사방법이 임의적인 수사, 즉 강제력을 행사하지 않고 상대방의 동의나 승낙 등 임의적 참여를 통해 행하는 수사이다. 강제수사는 강제처분에 의한 수사를 말한다.

2) 임의수사의 원칙 형사소송법상 임의수사가 원칙이고 강제수사는 법률에 특별한 규정이 있는 경우에 한하여 예외적으로 허용된다(199①).

(2) 종류

1) 임의수사 임의수사의 구체적 방법은 수사기관에서 결정한다(199①본문). 다만, ㉠ 피의자신문(200), ㉡ 참고인조사(221①), ㉢ 감정·통역·번역의 위촉(동②), ㉣ 공무소등에 대한 조회(199②) 등에 대해서는 특별한 규정이 있다.

2) 강제수사 강제수사의 방법은 형사소송법이 규정하는 강제처분에 한정된다. 현행법상 강제처분에는 대인적 강제처분인 체포·구속, 대물적 강제처분인 압수·수색·검증이 있다. 그 밖에 수사절차에는 강제처분의 성격을 지니는 수사상 증거보전(184), 수사상 증인신문청구(221의2)가 있다.

[법원의 강제처분] 이러한 강제처분은 그 주체에 따라 법원에 의한 강제처분과 수사기관의 강제처분으로 구별된다. 형사소송법은 법원의 강제처분에 관해 우선 규정하고(68내지145), 수사기관의 강제처분(200의2내지220)에 대해서는 법원의 강제처분규정을 대부분 준용한다(209·219). 법원의 강제처분은 강제수사가 아니지만 강제처분이라는 공통점이 있으므로, 편의상 수사상 강제처분을 설명하면서 법원의 강제처분을 함께 설명하고자 한다.

(3) 구별기준

임의수사와 강제수사의 구별기준에 대해서는 크게 형식설과 실질설이 대립한다. i) 형식설은 형사소송법이 규정한 강제처분의 유형만을 강제수사라고 하고 그 밖의 수사는 임의수사라는 견해이다. ii) 실질설은 물리적 강제력의 행사유무 또는 상대방의 의사에 반하여 실질적으로 그 법익을 침해하는 처분인지 여부 등 실질적 기준에 따라 구별하는 견해이다.

그런데 강제수사와 임의수사의 구별실익은 새로운 수사방법에 대한 사법적 통제에 있다. 형식설은 형사소송법에 규정되지 않은 새로운 과학수사방법을 임의수사로서 사법적 통제의 대상에서 제외하는 결과가 된다. 따라서 실질적 법익침해를 구별기준으로 하는 **실질설**이 지배적이다(다수설).

(4) 강제수사의 규제

1) 강제처분 법정주의 강제수사를 포함한 강제처분은 특별한 규정이 없으면 하지 못한다(199①). 이를 강제처분 법정주의라 한다.

2) 영장주의 강제처분은 법원 또는 법관이 발부한 적법한 영장이 있어야 한다. 이를 영장주의라 한다. 이는 강제처분의 남용을 억제하고 시민의 자유와 재산을 보호하기 위한 법치국가적 통제수단이다. ㉠ (사전영장의 원칙) 강제처분 당시 **미리** 영장을 발부받아야 한다는 의미이므로, 강제처분을 한 이후에 사후영장을 발부받는 것은 영장주의의 예외가 된다. 또한, ㉡ (특정성의 원칙) 영장의 내용은 **특정**되어 있어야 한다는 의미이므로, 내용이 특정되지 않은 일반영장은 금지된다. ㉢ (영장 제시·사본교부의 원칙) 영장을 집행함에는 반드시 영장원본의 **제시·사본교부**가 요구된다(구속영장85①④, 압수수색영장118)는 것도 영장주의의 내용이 된다(체포·구속은 예외적으로 '긴급집행'이 가능).

3) 비례성 원칙 강제처분은 필요한 최소한도의 범위 안에서만 하여야 한다(199①). 강제처분은 임의수사에 의해서는 목적을 달성할 수 없는 경우에 최후의 수단으로서만 인정되고, 강제처분의 기간과 방법도 기대되는 형벌에 의하여 제한받는다.

2. 임의수사와 강제수사의 한계영역

(1) 임의동행

1) 뜻 임의동행이란 수사기관이 피의자의 동의를 얻어 피의자를 수사기관까지 동행하는 것을 말한다. 임의동행은 기본적으로 **임의수사**에 해당한다(임의수사설). 임의수사의 내용에 관해서는 수사기관이 형성의 자유를 갖고 있는 것이므로, 임의동행도 이론상 임의수사의 한 형태가 될 수 있다.

2) 임의동행의 한계 임의동행이 임의수사로서 허용되지만, 그 과정에서

강제력이 개입된 때에는 임의수사로서의 한계를 벗어나게 되며, 임의동행으로서의 적법성을 결여하면 강제연행으로서 **불법체포**에 해당한다. "위법한 임의동행은 사실상의 강제연행, 즉 불법체포에 해당한다. 이후에 긴급체포의 절차를 밟았더라도, 동행의 형식 아래 행해진 불법체포에 기하여 사후적으로 취해진 긴급체포 또한 위법하다"(대판 2006.7.6. 2005도6810).

3) 동행의 임의성 임의성 요건은 매우 엄격하게 해석된다. 즉, "수사관이 동행에 앞서 피의자에게 동행을 거부할 수 있음을 알려 주었거나 동행한 피의자가 언제든지 자유로이 동행과정에서 이탈 또는 동행장소로부터 퇴거할 수 있었음이 인정되는 등 **오로지** 피의자의 **자발적인 의사**에 의하여 수사관서 등에의 동행이 이루어졌음이 **객관적**인 사정에 의하여 **명백**하게 입증된 경우에 한하여, 그 적법성이 인정된다"(위 2005도6810). 이를 '임의동행의 법리'라고 한다.[1]

4) 위법한 임의동행의 법적 효과 위법한 임의동행은 **불법체포**가 된다. 그 결과 i) 실체법적으로, ㉠ 도주하더라도 도주죄가 성립하지 않는다(위 2005도6810). ㉡ 또한 "위법한 체포상태에서 음주측정요구가 이루어진 경우 그 **일련의 과정을 전체적으로** 보아 위법한 음주측정요구가 있었던 것으로 볼 수밖에 없고, 그에 **불응**하였다고 하여 음주측정거부에 관한 도로교통법위반죄로 처벌할 수 없다"(대판 2006.11.9. 2004도8404).[2] ii) 절차법적으로, 위법한 체포상태에서 수집한 증거는 증거능력도 부정된다. 즉, "위법한 체포상태에서 마약 투약 혐의를 확인

---

1) 마약류 투약 혐의에 대한 수사를 위한 임의동행은 임의수사(199①)에 따른 임의동행이라고 한 사례로는, 대판 2020.5.14. 2020도398("임의동행은 경찰관 직무집행법 제3조 제2항에 따른 행정경찰 목적의 경찰활동으로 행하여지는 것 외에도, 형사소송법 <u>제199조 제1항에 따라 범죄수사를 위하여</u> 수사관이 동행에 앞서 피의자에게 동행을 거부할 수 있음을 알려 주었거나 동행한 피의자가 언제든지 자유로이 동행과정에서 이탈 또는 동행장소로부터 퇴거할 수 있었음이 인정되는 등 <u>오로지 피의자의 자발적인 의사에 의하여 이루어진 경우</u>에도 가능하다.")

2) 다만, 음주측정'불응'의 현행범인체포로서는 부적법하더라도, <u>'음주운전'의 현행범인체포로서는 적법하다고 평가될 수 있는 경우</u>에는, 그에 이은 음주측정요구가 위법한 것으로 볼 수 없다. 예컨대, 현행범인체포서에 '죄명'으로 '도로교통법위반(음주측정거부)'만이 기재되어 있더라도 '범죄사실 및 체포의 사유'란에 '술에 취한 상태에서 자동차를 운전하였다는 점(음주운전의 점)'이 포함되어 있다면, 음주측정불응의 현행범인으로서만 체포한 것이 아니라 행위전체(음주운전과 음주측정을 위한 동행요구 불응)를 범죄행위로 평가하여 체포한 것이므로, 음주측정불응의 현행범인체포로서는 부적법하나, 음주운전의 현행범인체포로서는 적법하다(대판 2011.3.24. 2009도4724). 이는 <u>단속현장에서 '음주감지기'에 의한 시험만</u> 하였고 '호흡측정기'에 의한 음주측정을 요구하지 않았는데, 운전자가 호흡측정기에 의한 음주측정을 위한 지구대로의 동<u>행요구를 거절하자, 음주측정 '불응'의 현행범인으로 체포</u>한 사안으로서, 현행범인체포에서는 '현행범인체포서'에 기재된 죄명에 의해 체포사유가 한정되지는 않기 때문이다(대판 2006.9.28. 2005도6461).

하기 위한 채뇨요구가 이루어진 경우 그 일련의 과정을 전체적으로 보아 위법한 채뇨요구가 있었던 것으로 볼 수밖에 없다. 그에 의하여 수집된 '소변검사시인서'는 유죄 인정의 증거로 삼을 수 없다"(대판 2013.3.14. 2012도13611).

(2) 승낙유치

승낙유치는 상대방의 동의를 얻어 특정한 장소에 유치하는 것을 말하는데, 설령 동의를 얻었다고 하더라도 강제수사에 해당하고 영장에 의하지 않는 한 위법하다(통설). 다른 임의수사와 달리, 구금되고 직접 신체의 자유를 박탈당하는 것에 대한 동의는 생각하기 어렵다. 판례도 같다. 즉, "구속영장을 발부받음이 없이 피의자를 **보호실에 유치**함은 영장주의에 위배되는 위법한 구금으로서, 위법한 공무집행이다"(대판 1994.3.11. 93도958). 보호실유치는 강제유치, 승낙유치를 불문하고 허용되지 않는다.

(3) 사진촬영

1) 법적 성격 　사진촬영은 검증으로서의 성질을 갖는데, 피촬영자의 의사에 반하는 사진촬영의 법적 성질이 문제된다. 이에 대해 견해가 대립하나, 초상권을 침해한다는 점에서 **강제수사**라는 견해가 지배적이다. 따라서 검증에 관한 영장주의 및 그 예외(216이하)가 적용되어야 한다는 것이다.

2) 영장 없는 사진촬영의 요건 　한편, 사진촬영에 대해서는 비록 명확한 근거규정은 없지만, 대상자의 동의·승낙이 없는 사진촬영이라도 엄격한 수사비례 원칙 내에서는 예외적으로 임의수사로 허용된다. 즉, "범죄수사를 위한 촬영행위와 관련하여, 형사소송법 등에 구체적이고 명확한 근거규정은 없다. 그러나 사법경찰관은 범죄의 혐의가 있다고 인식하는 때에는 범인, 범죄사실과 증거에 관하여 수사를 개시·진행하여야 하고(196②), 수사목적을 달성하기 위해 필요한 조사를 할 수 있으므로(199①본문), 경찰은 집회·시위현장에서 범죄가 발생한 때에는 증거수집을 위해 이를 촬영할 수 있다. 다만 경찰의 촬영행위는 일반적 인격권, 개인정보자기결정권 및 집회의 자유 등 기본권 제한을 수반하는 것이므로 필요최소한에 그쳐야 한다(199①단서)"(헌재 2018.8.30. 2014헌마843).

이에 따라 판례는 엄격한 요건하에서 '영장 없는' 사진촬영을 허용한다. 판례가 제시하는 적법요건은 ㉠ 범죄의 현행성, ㉡ 증거보전의 필요성 및 긴급성, ㉢ 촬영방법의 상당성이다. 즉, "수사기관이 범죄를 수사함에 있어 ㉠ 현재 범행이 행하여지고 있거나 행하여진 직후이고(=현행성), ㉡ 증거보전의 필요성 및 긴급성이 있으며, ㉢ 일반적으로 허용되는 상당한 방법에 의하여 촬영을 한 경우(=상당성)로 제한된다. 그러한 경우라면 그 촬영행위가 영장 없이 이루어졌다 하여 이를 위법하다고 할 수 없다"(대판 1999.9.3. 99도2317). 이 경우 **사후 영장**을 받아야 하는 것은 아니다.

여기서 ㉠ 범죄의 **현행성** 요건은, 현재 '범행 중'(예: 불법시위현장촬영, 무인장비에 의한 제한속도 위반차량 단속 촬영; 대판 1999.12.7. 98도3329) 또는 '범행 직후'(위 99도2317)를 의미한다. '범행 직전'(예: 일본 또는 중국에서 반국가단체의 구성원과 회합하기 '직전'; 대판 2013.7.26. 2013도2511)에 촬영한 것의 적법성을 인정한 사례도 있다. ㉡ 증거보전의 **필요성**, **긴급성** 등의 요건은 비례성 원칙에 의한 제약이다. ㉢ 촬영방법의 **상당성** 요건은 수사목적 달성과 대상자의 함부로 촬영당하지 않을 자유 사이의 합리적 균형을 고려해야 한다. 예컨대, 수사기관이 '네트워크 카메라를 설치하여 피의자의 행동과 피의자가 본 태블릿(PC) 화면내용을 촬영'한 것은 촬영방법의 상당성이 없다(대판 2017.11.29. 2017도9747).

촬영 장소가 개인의 사적 공간인지 또는 **공개된 장소**인지 여부도 그 상당성 판단에 중요한 기준이 된다. 예컨대, ㉠ '주거지 외부에서 담장 밖 및 2층 계단을 통하여 A의 집에 출입하는 피고인들의 모습을 촬영'한 경우(위 99도2317), ㉡ '차량이 통행하는 도로 또는 식당 앞길, 호텔 프런트 등 공개적인 장소'인 경우(대판 2013.7.26. 2013도2511), ㉢ (혐의가 포착된 상태에서, 클럽 내에서의 음란행위 영업에 관한 증거를 보전하기 위하여) '불특정 다수에게 공개된 장소인 클럽에 통상적인 방법으로 출입하여 손님들에게 공개된 모습을 촬영'한 경우(대판 2023.4.27. 2018도8161)[1] 등에서 촬영방법의 상당성을 인정한 사례가 있다(=증거능력 인정).[2]

(4) 범죄현장 대화녹음

또한, 수사기관의 비밀녹음은 엄격한 영장주의의 적용을 받지만, 수사기관의 '**범죄현장 대화녹음**'은 대상자의 동의·승낙이 없는 경우라도 엄격한 수사비례 원칙 내에서는 예외적으로 임의수사로 허용된다. 즉, 수사기관이 적법한 절

1) [증표등 제시 불요] "경찰관이 범죄수사를 위해 음식점 등 영업소에 증거수집 등 수하를 하는 경우에는, 식품위생법 제22조 제3항이 정한 절차(출입·검사·수거 또는 열람하려는 공무원의 증표 등 제시)이 정한 절차를 준수하지 않았다고 하여 위법하다고 할 수 없다"(대판 2023.7.13. 2021도10763). 증표 등의 제시는 행정조사를 하려는 경우에 한정된다.

2) 한편, "불법시위 단순 참가자들에 대한 경찰의 촬영행위는 그것이 조망촬영이 아닌 근접촬영이라도 헌법에 위반되지 않는다"고 한다(헌재 2018.8.30. 2014헌마843). 위 결정에서는 불법행위가 진행중이거나 그 직후에 증거확보의 필요성과 긴급성이 있는 경우에만 허용되어야 한다는 엄격한 견해가 다수였지만, 위헌정족수에는 이르지 못하였다(4:5).

차와 방법에 따라 범죄를 수사하면서 ㉠ 현재 그 범행이 행하여지고 있거나 행하여진 직후이고, ㉡ 증거보전의 필요성 및 긴급성이 있으며, ㉢ 일반적으로 허용되는 상당한 방법으로 ㉣ 범행현장에서 현행범인 등 관련자들과 수사기관의 대화를 녹음한 경우라면, 위 녹음이 영장 없이 이루어졌다 하여 이를 위법하다고 단정할 수 없다. 이는 설령 그 녹음 사실을 현장에 있던 대화상대방, 즉 현행범인 등 관련자들이 인식하지 못하고 있었더라도, '공개되지 아니한 타인간의 대화'를 녹음한 경우에 해당하지 않는 이상, 마찬가지이다"(대판 2024.5.30. 2020도9370). 이는 앞서 본 '영장 없는 사진촬영'의 경우에서 판례가 제시한 적법요건과 유사한 내용이며, 마찬가지로 이 경우에도 **사후 영장을 받아야 하는 것은 아니다.**

여기서 "수사기관이 일반적으로 허용되는 상당한 방법으로 녹음하였는지는 수사기관이 녹음장소에 통상적인 방법으로 출입하였는지, 녹음의 내용이 대화의 비밀 내지 사생활의 비밀과 자유 등에 대한 보호가 합리적으로 기대되는 영역에 속하는지 등을 종합적으로 고려하여 신중하게 판단하여야 한다"(위 2020도9370).[1]

(5) 승낙수색 · 승낙검증

승낙유치와 달리, 동의에 의한 승낙수색 · 승낙검증은 승낙의 **임의성**이 인정되는 한 임의수사로서 허용된다. 다만, 여기서의 동의는 **자발적**으로 이루어져야 하며, **명시적**으로 표명되어야 한다. 이 경우 수사기관이 대상자에게 '동의를 거부할 권리'가 있음을 알려주었다면, 이는 임의성의 존재 증명에 유리한 사정이 된다(위 2005도6810 참조).

[기타] i) (감청 · 계좌추적 · 통제배달 · 음주측정) 압수 · 수색 부분에서 상술한다.

ii) (거짓말탐지기 검사) 피검사자의 동의가 있는 경우에 한하여 임의수사로서 허용된다. 다만 그 검사 결과는 피검사자가 동의한 때 또는 엄격한 요건을 갖춘 때에만 증거능력이 인정되며(대판 2005.5.26. 2005도130), 증거능력이 있는 경우에도 피검사자의 진술의 신빙성을 가늠하는 정황증거에 그친다(대판 1987.7.21. 87도968).

---

1) **[영장없는 범행현장 대화녹음]** 피고인이 돈을 받고 영업으로 성매매를 알선하였다는 공소사실로 기소되었는데, 경찰관이 피고인의 성매매업소에 손님으로 가장하고 출입하여 피고인 등과의 대화 내용을 녹음한 사안이다. 이는 통비법 제3조 제1항이 금지하는 '공개되지 아니한 타인간의 대화'를 녹음한 경우에 해당하지 않고, 경찰관이 불특정 다수가 출입할 수 있는 성매매업소에 통상적인 방법으로 들어가, 적법한 방법으로 수사를 하는 과정에서, 성매매알선 범행이 행하여진 시점에 위 범행의 증거를 보전하기 위하여 범행 상황을 녹음한 것이므로, 설령 대화상대방인 피고인 등이 인식하지 못한 사이에 영장 없이 녹음하였다고 하더라도, 이를 위법하다고 볼 수 없다고 한 사례.

iii) (마취분석) 약품의 작용에 의하여 진실을 진술하게 하는 마취분석은 인간의 존엄과 가치에 반하므로 동의 여부를 불문하고 허용되지 않는다.

Ⅱ. 임의수사의 방법

1. 피의자신문

(1) 의의

1) 뜻 피의자신문이란 검사 또는 사법경찰관이 수사에 필요한 때에 피의자를 출석시켜 신문하고 진술을 듣는 것을 말한다(200). 피의자신문은 임의수사에 속한다(대결 2013.7.1.자 2013모160). 피의자는 '수사기관의 출석요구에 응할 의무'(출석의무)가 없고, 진술거부권이 보장되는 이상 진술의무도 없기 때문이다. 다만, 체포영장(200의2)에 의해 체포될 수 있고, 이 경우 사실상 출석이 강제된다(즉, 조사수인의무). 체포에 의한 출석은 본격적으로 강제수사에 해당한다.

2) 기능 피의자신문은 수사기관에게는 피의자의 진술을 직접 듣는 기회가 되고, 피의자에게는 유리한 사실이나 증거를 제시하는 기회가 된다.

(2) 절차와 방식

1) 출석요구 수사기관이 피의자를 신문하기 위해서는 먼저 피의자의 '출석을 요구'할 수 있다(200).[1] **출석요구의 방법에는 제한이 없**으므로, 출석요구서 또는 전화·팩스 등 상당한 방법으로 가능하다. 피의자신문은 어디까지나 임의수사이므로, 피의자가 **출석요구에 응할 의무는 없**다. 따라서 피의자는 출석을 거부할 수 있고, 출석한 경우에도 언제든지 퇴거할 수 있다.

[체포·구속된 피의자와 조사수인의무] 신체가 구속되어 있는 피의자가 구금장소에서 신문장소로 출석하는 것을 거부하거나 신문장소에서 퇴거할 자유가 보장되는지 문제된다. 즉, 신체구속 중인 피의자에게 조사수인의무가 인정되는지 여부의 문제이다. 적극설과 소극설이 대립한다. 소극설(조사수인의무 부정설)이 통설이나,

---

1) 수사기관의 피의자 '출석요구'에 대해 '소환'이라는 용어를 사용하는 것은 잘못이다. 소환은 출석의무의 존재를 전제로 하는 것인데, 피의자는 수사기관에 대해 출석의무가 없기 때문이다. 참고로, 형사소송법은 공판기일에 출석의무가 있는 피고인에 대해서는 '소환'하고(73·74·76①), 피고인과 달리 공판기일에 출석의무가 없는 검사·변호인 등의 소송관계인에 대해서는 소환을 하는 대신 공판기일을 '통지'하도록 규정하고 있다(267③). 이에 대해서는 대판 2018.11.29. 2018도13377 참조.

판례는 적극설(조사수인의무 긍정설)의 입장이다. 즉, "구속영장 발부에 의하여 적법하게 구금된 피의자가 피의자신문을 위한 출석요구에 응하지 아니하면서 수사기관 조사실에 출석을 거부한다면 수사기관은 그 구속영장의 효력에 의하여 피의자를 조사실로 구인할 수 있다"(위 2013모160)라고 한다. 물론 진술거부권은 여전히 보장된다.

2) 피의자신문의 주체와 참여자 i) 피의자신문의 주체는 '검사 또는 사법경찰관'이다. 검사가 피의자를 신문할 때에는 검찰청 수사관 또는 서기관이나 서기를 참여하게 해야 하고, 사법경찰관이 피의자를 신문할 때에는 사법경찰관리를 참여하게 해야 한다(243). 이는 조서기재의 정확성과 신문절차의 적법성을 보장하기 위한 것이지만, 수사기관 내부의 자기통제에 불과하다는 점에서 그 실효성에는 한계가 있다. 한편 판례는, "(사법경찰관(官) 아닌) 사법경찰리(吏) 또는 사법경찰관사무취급이 작성한 조서는 '권한 없는 자가 작성한 조서'라고 할 수 없다"(대판 1982.12.28. 82도1080－사법경찰리; 1981.6.9. 81도1357－사법경찰관사무취급)고 한다. 그러나 사법경찰리는 수사보조기관에 불과할 뿐 독자적 수사권한이 없고, 사법경찰관사무취급은 현행법상 아무런 법적 근거가 없는 개념이므로, 사법경찰관이 아닌 양자는 모두 각종 조서의 작성권한이 없고, 이들이 작성한 조서는 권한 없는 자가 작성한 조서라고 해야 한다(자세한 것은 제312조 제3항 부분에서 후술). ii) 피의자를 위하여 신뢰관계자 동석제도가 마련되어 있다(244의5). 다만, "이를 허락하는 경우에도 동석한 사람으로 하여금 피의자를 대신하여 진술하도록 하여서는 안 된다"(대판 2009. 6.23. 2009도1322).[1]

3) 진술거부권 등의 고지 검사 또는 사법경찰관은 피의자를 신문할 때 진술거부권을 고지해야 한다(244의3). i) (고지사항) 진술거부권의 고지는 피의자를 신문하기 전에 (미리) 이루어져야 하며, 그 내용은 ㉠ 일체의 진술을 하지 아니하거나 개개의 질문에 대하여 진술을 하지 아니할 수 있다는 것, ㉡ 진술을 하지 아니하더라도 불이익을 받지 아니한다는 것, ㉢ 진술을 거부할 권리를 포기하고 행한 진술은 법정에서 유죄의 증거로 사용될 수 있다는 것(즉, 효과까지), ㉣ 신문을 받을 때에는 변호인을 참여하게 하는 등 변호인의 조력을 받을 수 있다는 것

1) "만약 동석한 사람이 피의자를 대신하여 진술한 부분이 조서에 기재되어 있다면 그 부분은 피의자의 진술을 기재한 것이 아니라 동석한 사람의 진술을 기재한 조서에 해당하므로, 그 사람에 대한 진술조서로서의 증거능력 요건을 충족하지 못하는 한 이를 유죄의 증거로 사용할 수 없다."

을 알려 주어야 한다(동①). ii) (증명방법) 검사 또는 사법경찰관은 진술거부권 등을 고지한 때에는 피의자가 진술을 거부할 권리와 변호인의 조력을 받을 권리를 **행사**할 것인지의 **여부**를 질문하고, 이에 대한 **피의자의 답변을 조서에 기재**하여야 한다. 나아가 진술거부권 고지의 '**증명방법**'도 엄격하게 제한되어 있다. 즉, 이 경우 피의자의 답변은 피의자로 하여금 **자필로 기재**하게 하거나 검사 또는 사법경찰관이 피의자의 답변을 기재한 부분에 **기명날인 또는 서명**하게 하여야 한다(동②). iii) (증거능력) 진술거부권을 고지하지 않고 작성한 피의자신문조서는, 위법수집증거로서 위법수집증거배제법칙(308의2) 또는 그 진술이 자백일 경우에는 자백배제법칙(309)에 의해 증거능력이 인정되지 않는다(대판 1992.6.23. 92도682 참조). iv) (서류형식 불문) 수사기관의 조사과정에서 작성된 '피의자' 진술기재 서류는 '진술조서 · 진술서 · 자술서'라는 형식을 취하였더라도, 그 **형식 여하를 불문**하고 피의자신문조서처럼 미리 진술거부권을 고지해야 한다(대판 2015. 10.29. 2014도5939).

[피의자의 지위가 인정되는 시기(=실질적으로 수사를 개시한 때)] "진술거부권 고지의 대상이 되는 피의자의 지위는, 수사기관이 범죄인지서를 작성하는 등의 형식적인 사건수리절차를 거치기 전이라도, 조사대상자에 대하여 범죄의 혐의가 있다고 보아 실질적으로 수사를 개시하는 행위를 한 때에 인정된다. 특히 조사대상자의 진술 내용이 단순히 제3자의 범죄에 관한 경우가 아니라, 자신과 제3자에게 공동으로 관련된 범죄에 관한 것이거나, 제3자의 피의사실뿐만 아니라 자신의 피의사실에 관한 것이기도 하여 실질이 피의자신문조서의 성격을 가지는 경우에, 수사기관은 진술을 듣기 전에 미리 진술거부권을 고지하여야 한다"(위 2014도5939).

"수사기관에 의한 진술거부권 고지의 대상이 되는 피의자의 지위는 수사기관이 조사대상자에 대하여 범죄의 혐의가 있다고 보아 실질적으로 수사를 개시하는 행위를 한 때에 인정된다. 따라서 이러한 피의자의 지위에 있지 아니한 자에 대하여는, 진술거부권이 고지되지 아니하였다 하더라도 그 진술의 증거능력을 부정할 것은 아니다"(대판 2024.5.30. 2020도9370).

4) 신문사항 i) 피의자를 신문할 때 검사 또는 사법경찰관은 먼저 그 성명 · 연령 · 등록기준지 · 주거와 직업을 물어 피의자가 틀림없는지 확인해야 한다(241). 인정신문이라 한다. ii) 인정신문이 끝난 후에는 피의자에 대하여 범죄사실과 정상에 관한 필요사항을 신문하여야 하며, 피의자에게 이익되는 사실을 진

술할 기회를 주어야 한다(242). iii) 사실조사를 위해 필요한 경우 검사 또는 사법경찰관은 피의자와 다른 피의자 또는 피의자 아닌 자와 대질신문을 할 수 있다(245).

5) **피의자신문조서의 작성** 피의자의 진술은 조서에 기재하여야 한다(244①). 피의자신문조서는 피의자에게 **열람**하게 하거나 **읽어** 들려주어야 하며, 진술한 대로 기재되지 아니하였거나 사실과 다른 부분의 유무를 물어 피의자가 **증감 또는 변경의 청구** 등 이의를 제기하거나 의견을 진술한 때에는 이를 조서에 추가로 기재하여야 한다. 이 경우 피의자가 이의를 제기하였던 부분은 읽을 수 있도록 남겨두어야 한다(동②). 피의자가 조서에 대하여 이의나 의견이 없음을 진술한 때에는 피의자로 하여금 그 취지를 자필로 기재하게 하고 조서에 **간인**한 후 **기명날인 또는 서명**하게 한다(동③). 피의자신문조서에는 조서작성의 연월일시, 장소를 기재하고 그 조사를 행한 자와 참여한 수사관 등이 기명날인 또는 서명하여야 한다. 한편, 검·경 수사권 조정을 입법화한 2020년 개정에서 기존의 사법경찰관의 피의자신문조서(312③)는 물론, 검사의 피의자신문조서까지도 '내용인정'을 증거능력의 요건으로 규정(동①)하였다(이는 2022.1.1.부터 시행한다).

(3) 절차투명성 확보장치

1) **변호인의 피의자신문 참여** i) (뜻) 변호인은 검사 또는 사법경찰관의 피의자신문에 참여할 수 있는 권리가 있다(변호인의 피의자신문참여권). 이는 피의자가 갖는 '변호인의 조력을 받을 권리'를 실현하는 수단이다. "변호인이 피의자신문에 자유롭게 참여할 수 있는 권리는, 피의자가 가지는 변호인의 조력을 받을 권리를 실현하는 수단이므로 **헌법상 기본권**인 변호인의 **변호권**으로서 보호된다" (헌재 2017.11. 30. 2016헌마503).[1]

ii) (신청권자 및 신청절차) 신청권자는 피의자, 변호인, 법정대리인, 배우자, 직계친족, 형제자매이다. **신청이 있으면** 검사 또는 사법경찰관은 변호인을 피의자와 접견하게 하거나 정당한 사유가 없는 한 피의자에 대한 신문에 **참여하게 해야** 한다(243의2①). 참여 변호인이 2인 이상인 때에는 피의자가 참여할 변호인 1인을 지정한다. 지정이 없는 경우에는 검사 또는 사법경찰관이 지정할 수 있다

---

1) 구속된 피의자·피고인의 '변호인의 조력을 받을 권리'는 헌법상 명시되어 있고, 불구속 피의자·피고인의 '변호인의 조력을 받을 권리'도 헌법적 권리로서 인정된다. 이에 대응하는 변호인의 '조력할' 권리(변호권)가 헌법적 권리인지는 다른 차원의 문제인데, 변호인의 조력할 권리가 보장되지 않으면 피의자 등의 변호인의 조력을 받을 권리가 유명무실하게 되므로, 그 핵심적인 부분은 변호인의 헌법상 기본권으로 이해된다.

(동②).

iii) (참여변호인의 권한) ㉠ (옆자리 착석 및 상담·메모 허용) "불구속 피의자·피고인의 경우 형사소송법상 특별한 명문의 규정이 없더라도, 변호인의 조력을 받기 위하여 **변호인을 옆에 두고** 조언과 상담을 구하는 것은, 수사절차의 개시에서부터 재판절차의 종료에 이르기까지 언제나 가능하다"(헌재 2004.9.23. 2000헌마138). 즉, 검사 또는 사법경찰관은 피의자신문에 참여한 변호인이 피의자 **옆자리 등에서 실질적인 조력**을 할 수 있는 위치에 앉도록 해야 하고, 정당한 사유가 없으면 피의자에 대한 **법적인 조언·상담을 보장**해야 하며, 법적인 조인·상담을 위한 **메모를 허용**해야 한다(수사준칙13①). 검사 또는 사법경찰관은 피의자에 대한 신문이 아닌 단순 면담이라는 등의 이유로 변호인의 참여·조력을 제한해서는 안 된다(동②). ㉡ (의견진술 및 이의제기) 피의자신문에 참여한 변호인은 원칙적으로 '**신문 후**' 조서를 열람하고 **의견을 진술**할 수 있다. 다만, **신문 중**이라도 부당한 신문방법에 대하여 **이의를 제기**할 수 있고, 검사 또는 사법경찰관의 '승인을 받아' **의견을 진술**할 수 있다(243의2③).

iv) (신문조서의 기재) 변호인의 신문참여 및 그 제한에 관한 사항을 피의자신문조서에 기재하여야 한다(동⑤). 변호인의 의견이 기재된 피의자신문조서는 **변호인에게 열람**하게 한 후 변호인으로 하여금 그 조서에 **기명날인 또는 서명**하게 하여야 한다(동④).

v) (참여권 제한) 정당한 사유가 있으면 변호인의 피의자신문참여는 **제한**될 수 있다(동①). "여기서 '정당한 사유'란 변호인이 피의자신문을 방해하거나 수사기밀을 누설할 염려가 있음이 **객관적으로 명백**한 경우 등을 말한다"(대결 2008.9.12.자 2008모793). "막연하게 변호인의 수사방해나 수사기밀 유출에 대한 우려가 있다는 추상적 가능성만으로는 부족하고, 그러한 우려가 현실화될 **구체적 가능성**이 있어야 한다"(헌재 2017.11.30. 2016헌마503). 예컨대, ㉠ 참여 변호인이 피의자를 대신하여 답변하거나 특정한 답변 또는 진술 번복을 유도하는 경우, ㉡ 피의자신문내용을 촬영·녹음하는 경우 등이다. 다만, 기록의 경우 피의자에 대한 법적 조언을 위해 변호인이 기억환기용으로 간략히 메모하는 것은 허용된다.

vi) (후방착석요구행위 등) 수사관이 변호인에게 '**떨어진 곳에 옮겨 앉으라**' 또는 '피의자 **후방에 앉으라**'고 요구한 행위는 변호인의 참여권에 대한 **침해**가 된다. 즉, "수사관이 피의자신문을 하면서 정당한 사유가 없는데도 변호인에 대하여

'피의자로부터 떨어진 곳으로 옮겨 앉으라'고 지시를 한 다음 이러한 지시에 따르지 않았음을 이유로 변호인에게 퇴실을 명한 행위는 변호인의 피의자신문 참여권을 침해한다"(위 2008모793). 또한 "수사관이 피의자신문에 참여한 변호인에게 '피의자 후방에 앉으라'고 요구한 행위는 변호인의 변호권을 침해한다"(위 2016헌마503).

vii) (참여권침해의 효과) 수사기관이 변호인의 참여를 제한하거나 참여한 변호인의 권한을 제한하는 경우 그 처분에 대하여 **준항고**를 제기할 수 있다(417). 그리고 변호인의 피의자신문참여권을 침해한 상태에서 작성한 피의자신문조서는 **증거능력**이 없다(대판 2013.3.28. 2010도3359).[1]

2) 영상녹화 피의자의 진술은 영상녹화할 수 있다. 참고인의 경우와 달리, 피의자 진술에 대한 영상녹화는 피의자 또는 변호인의 **동의가 필요 없다**. 다만, 수사절차의 적법성을 제고하기 위하여, 영상녹화의 과정·방식 및 절차 등 **영상녹화의 적법요건**은 매우 엄격하게 규정되어 있다. 즉, ㉠ 이 경우 **미리** 영상녹화사실을 알려주어야 하며, 조사의 개시부터 종료까지의 **전 과정** 및 객관적 정황을 영상녹화해야 한다(244의2①).[2] 조사과정의 일부에 대한 선별적 영상녹화는 허용되지 않는다.[3] ㉡ 영상녹화가 완료된 때에는 피의자 또는 변호인 앞에서 지체 없이 그 원본을 **봉인**하고 피의자로 하여금 기명날인 또는 서명하게 해야 한다(동②). ㉢ 피의자 또는 변호인의 요구가 있는 때에는 영상녹화물을 재생하여 시청하게 해야 한다. 이 경우 그 내용에 대하여 이의를 진술하는 때에는 그 취지를 기재한 서면을 첨부해야 한다(동③). 여기서 '조사 전 과정' 녹화를 요

---

1) "제312조에 정한 '적법한 절차와 방식'에 위반된 증거일 뿐만 아니라, 제308조의2에서 정한 '적법한 절차에 따르지 아니하고 수집한 증거'에 해당하므로, 이를 증거로 할 수 없다."

2) 형사소송규칙 제134의2(영상녹화물의 조사 신청) ③ 제1항의 영상녹화물은 조사가 개시된 시점부터 조사가 종료되어 피의자가 조서에 기명날인 또는 서명을 마치는 시점까지 *전과정*이 영상녹화된 것으로, 다음 각 호의 내용을 포함하는 것이어야 한다.
1. 피의자의 신문이 영상녹화되고 있다는 취지의 고지
2. 영상녹화를 시작하고 마친 시각 및 장소의 고지
3. 신문하는 검사와 참여한 자의 성명과 직급의 고지
4. 진술거부권·변호인의 참여를 요청할 수 있다는 점 등의 고지
5. 조사를 중단·재개하는 경우 중단 이유와 중단 시각, 중단 후 재개하는 시각
6. 조사를 종료하는 시각

3) 다만, 같은 날 같은 장소에서 2차례에 걸쳐 수회의 조사가 이루어진 경우에도 각 피의자신문이 객관적으로 구분되어 있다면, 제2회 신문부터 영상녹화한 것은 적법하다고 한 사례가 있다(위 2020도13957). 즉, "수회의 조사가 이루어진 경우에도 최초의 조사부터 모든 조사 과정을 빠짐없이 영상녹화하여야 한다고 볼 수 없고, 같은 날 이루어진 수회의 조사라 하더라도 조사 과정 전부를 영상녹화하여야 하는 것도 아니다."

구(㉠)하는 취지는 "진술 과정에서 '연출이나 조작을 방지'하고자 하는 데 있다"(대판 2022.7.14. 2020도13957). 또한 '봉인절차'(㉡)를 둔 취지는 "영상녹화물의 조작가능성을 원천적으로 봉쇄하여 영상녹화물 원본과의 '동일성과 무결성을 담보'하기 위한 것이다"(위 2020도13957).[1)]

피의자 진술의 영상녹화물은, 본증이나 탄핵증거로는 사용할 수 없고, 단지 기억환기용(318의2②)으로는 사용할 수 있다(검사 피신조서의 실질적 진정성립에 관한 대체증명수단을 규정한 구법 312②는 2021.1.1. 삭제되었다).

3) **수사과정의 기록** 검사 또는 사법경찰관은 피의자가 조사장소에 **도착한 시각**, 조사를 **시작**하고 **마친 시각**, 그 밖에 **조사과정의 진행경과**를 확인하기 위하여 필요한 사항을 피의자신문조서에 기록하거나 별도의 서면에 기록한 후 수사기록에 편철하여야 한다(244의4①). 여기서 '조사과정의 진행경과'는 예컨대, 조사 중간에 휴식을 취한 시간, 식사를 한 시각, 대질신문의 경위 및 시간, 조사 중간에 진술서를 작성하게 한 경우 그 경위와 시간 등이다. 여기서도 피의자에게 **열람·증감변경 청구권**이 인정된다(동②).

2. 참고인조사

(1) 의의

1) **뜻** 검사 또는 사법경찰관은 수사에 필요한 때에는 피의자 아닌 자를 출석시켜 진술을 들을 수 있다(221). 수사기관에 대하여 진술하는 피의자 이외의 제3자를 참고인이라고 한다. 참고인은 수사기관에 대하여 진술한다는 점에서, 법원 또는 법관에 대하여 진술하는 증인과 구별된다.

2) **증인과의 구별** 참고인조사는 임의수사이다. 참고인은 수사기관에 대하여 출석의무나 진술의무가 없다. 따라서 증인과 달리, 소환 또는 구인의 대상이 되지 않으며, 불출석에 따른 과태료 등의 제재도 받지 않는다. 다만, 수사상 증인신문제도가 마련되어 있다(221의2①).

(2) 조사방법

1) **조사** 참고인에 대한 조사와 조서작성의 방법은 피의자신문조서에 준

---

1) 다만, 영상녹화물이 비록 봉인되지는 않았지만, 그에 부착된 라벨지에 피조사자의 서명, 무인 및 영상녹화파일의 해시 값이 인쇄되어 있고, 라벨지가 손상된 흔적이 없다면, 적법한 것이라고 한 사례가 있다((위 2020도13957). 즉, "형사소송법 등이 정한 봉인절차를 제대로 지키지 못했더라도 영상녹화물 자체에 원본으로서 동일성과 무결성을 담보할 수 있는 수단이나 장치가 있어 조작가능성에 대한 합리적 의심을 배제할 수 있는 경우"에는 예외적으로 허용된다.

한다. i) 그런데 참고인은 진술거부권의 주체가 아니므로, 참고인에 대해서는 굳이 **진술거부권을 고지할 필요가 없다**. 다만 "수사기관에 의한 진술거부권 고지대상이 되는 피의자 지위는 수사기관이 조사대상자에 대한 범죄혐의를 인정하여 수사를 개시하는 행위를 한 때 인정되는 것으로 보아야 한다(즉, 실질설). 이러한 피의자 지위에 있지 아니한 자에 대하여는 진술거부권이 고지되지 아니하였더라도 진술의 증거능력을 부정할 것은 아니다"(대판 2011.11.10. 2011도8125). ii) 범죄피해자를 참고인으로 조사하는 경우 및 피해자가 13세 미만이거나 장애인인 경우 피해자를 위하여 신뢰관계자 동석제도가 마련되어 있다(221③ · 163의2).

2) 진술조서의 작성 참고인진술을 기재한 조서를 '**진술조서**'라 한다. 증거능력은 일정한 요건하에 인정된다(312④).

3) 영상녹화 참고인의 진술도 영상녹화할 수 있다. 이 경우 **참고인의 동의**를 받아야 한다(221①). 동의가 필요 없는 피의자신문과 다르다.

4) 수사과정 기록 참고인조사에도 수사과정 기록제도가 **준용된다**(244의4 ③). 피의자신문의 경우와 같다. 특히 주의를 요한다.

(3) 범인식별절차

1) 뜻 범인식별진술이란 범인과 직접 접촉이 있었던 피해자 또는 목격자가 특정인을 범인으로 식별 · 지목하는 진술을 말한다. 참고인조사의 한 방법이다. 범인식별진술은 목격자의 '인지－기억－진술'의 과정을 거치는데, 그 과정에서의 오류가능성을 없애고 정확성을 담보하기 위해 '범인식별절차'라는 절차적 규율이 발달하였다. 범인식별절차에서는 용의자 여러 사람 또는 사진 여러 장을 보여주는 방법(복수대면, lineup)과 한 사람 또는 사진 한 장을 보여주는 방법(단수대면, showup)이 있다. 단수대면은 복수대면에 비해 오류가능성이 높다고 알려져 있다.

2) 원칙: 복수대면과 증명력(신빙성) 판례가 제시하는 범인식별절차의 기준은 복수대면 방식이 원칙인데, ㉠ 사전기록, ㉡ **복수대면**, ㉢ 사전접촉금지, ㉣ 과정결과기록의 방식으로 행해져야 한다. 즉, "범인식별절차에 있어 목격자의 진술의 **신빙성**을 높게 평가할 수 있게 하려면, ㉠ (사전기록) 범인의 인상착의 등에 관한 목격자의 진술 내지 묘사를 사전에 상세히 기록화한 다음, ㉡ (복수대면) 용의자를 포함하여 그와 인상착의가 비슷한 '**여러 사람**'을 동시에 목격자와 대면시켜 범인을 지목하도록 하여야 하고, ㉢ (사전접촉금지) 용의자와 목격자 및 비교대상자들이 상호 사전에 접촉하지 못하도록 하여야 하며, ㉣ (서면화) 사후에 증

거가치를 평가할 수 있도록 대질 과정과 결과를 문자와 사진 등으로 서면화하는 등의 조치를 취하여야 한다"(대판 2004.2.27. 2003도7033).

판례에 따르면, 범인식별은 복수대면이 원칙이며, **단수대면은 그 신빙성이 낮다**는 입장이다. 즉, "단수대면은 용의자나 그 사진상의 인물이 범인으로 의심받고 있다는 '**무의식적 암시**'를 목격자에게 줄 수 있는 가능성('피암시성')으로 인하여, 부가적인 사정이 없는 한, 그 신빙성이 낮다"(위 2003도7033)고 한다. 이는 범인식별절차 위반이 증거능력의 문제가 아니라 **증명력의 문제**임을 의미한다. 즉, 증거능력이 배제되는 것이 아니라 그 신빙성이 낮다는 것이다. 다만 절차상 하자가 있더라도 **부가적인 사정**이 있다면 예외적으로 높은 신빙성이 있다고 한다.

3) 예외: 단수대면과 '부가적 사정' 비록 단수대면이라도 부가적인 사정이 있기 때문에 예외적으로 증명력(신빙성)을 인정할 수 있는 경우가 있다. 이러한 부가적 사정의 예로는, ㉠ 목격자가 용의자와 (종전부터) **안면**이 있는 사람이거나, ㉡ 범인식별진술 외에도 그 용의자를 범인으로 의심할 만한 **다른 정황**이 존재하는 경우이다(대판 2004.2.27. 2003도7033). 또한 ㉢ 범죄 발생 **직후** 목격자의 기억이 생생하게 살아있는 상황에서 **현장이나 그 부근**에서 범인식별절차를 실시하는 경우(대판 2009.6.11. 2008도12111)에도 단수대면이 허용되며 신빙성이 인정된다.

4) 적용범위 범인식별절차에 대한 판례의 해석론은 이미 확립된 것이다. 즉, i) 직접대면의 경우는 물론, 사진제시, 동영상제시, 가두식별 등에 의한 경우에도 위 해석론이 그대로 적용된다(대판 2008.1.17. 2007도5201). ii) 특히, 신빙성이 낮은 경우인 단수대면(대판 2001.2.9. 2000도4946)에는, '실질적 단수대면' 내지 '무늬만 복수대면'인 경우도 포함된다. 즉, ㉠ 여러 피해자들이 한자리에서 함께 모여 (범인 1인을) 단수대면한 경우(대판 2005.6.10. 2005도1461), ㉡ 단수대면을 통하여 범인이라고 확인한 후 복수대면에 의하여 범인으로 지목한 경우(대판 2007.5.10. 2007도1950), ㉢ 용의자와 인상착의가 비슷하지 않은 사람을 대상으로 복수대면한 경우(대판 2005.5.27. 2004도7363) 등 역시 범인식별절차의 하자로 그 신빙성은 낮은 것이 된다.

3. 기타

(1) 감정 · 통역 · 번역의 위촉

검사 또는 사법경찰관은 수사에 필요한 경우 감정 · 통역 또는 번역을 위촉할 수 있다(221②). 위촉을 받은 자의 수락 여부는 그의 자유이고, 대체가능한 업무의 특성상 강제할 필요도 없으므로, 임의수사에 속한다.

(2) 사실조회

수사기관은 수사에 관하여 공무소 기타 공사단체에 조회하여 필요한 사항의 보고를 요구할 수 있다(199②). 이를 공무소 등에의 조회 또는 사실조회라 한다. 조회내용에는 제한이 없다. 조회를 받은 상대방은 보고의무가 있으나, 의무이행을 강제할 방법이 없으므로, 임의수사이다.[1)]

(3) 준수사항

2021.1.1.부터 시행되는 수사준칙에는, 심야조사 제한, 장시간조사 제한, 휴식시간 부여 등의 인권보호 규정이 마련되어 있다.[2)]

---

1) [공공기관 아닌 개인정보처리자의 개인정보 제출(위법)] 공공기관이 아닌 개인정보처리자는, 개인정보보호법(18②vii)이나 형사소송법의 사실조회 규정(199②)을 근거로 하여 개인정보를 임의로 수사기관에 제출할 수 없고, 설령 제출하더라도 이는 위법수집증거에 해당하여 증거능력이 없다'(대판 2022.10.27. 2022도9510). 개인정보보호법(18②vii)에서 정한 '다른 법률에 특별한 규정이 있는 경우'란, 문언 그대로 개별 법률에서 구체적으로 명시한 경우로 한정되고, 사실조회 규정과 같은 포괄적인 규정은 해당하지 않기 때문이다.

2) 즉, ㉠ [심야조사 제한] "검사 또는 사법경찰관은 피의자나 사건관계인에 대해 오후 9시부터 오전 6시까지 사이에 조사('심야조사')를 해서는 안 된다"(동21①). 단, 피의자체포 후 사후영장청구를 위해 불가피한 경우, 공소시효가 임박한 경우, 피의자나 사건관계인이 재출석이 곤란한 구체적 사유를 들어 심야조사를 요청한 경우 등의 예외가 있다(동②). ㉡ [장시간 조사 제한] 총조사시간이 12시간을 초과하지 않도록, 실제 조사시간이 8시간을 초과하지 않도록 해야 한다(동22), ㉢ [휴식시간 부여] 조사 도중에 최소한 2시간마다 10분 이상의 휴식시간을 주어야 한다(동23).

제 2 장

강제수사와 강제처분

제 1 절 대인적 강제처분

Ⅰ. 체포

1. 영장에 의한 체포

(1) 의의

1) 뜻 체포란 피의자를 단기간 동안 수사관서 등 일정한 장소에 유치하는 것을 말한다. 영장에 의한 체포란 사전에 법관으로부터 체포영장을 발부받아 피의자를 체포하는 것을 말한다.

2) 취지 1995년 개정에서 도입되었다. 간편한 인치제도를 마련함으로써, 임의동행이나 보호실유치 등의 탈법적 수사관행을 근절하고 인신구속의 적법한 수사절차확보를 위한 것이다.[1)]

(2) 요건

1) 범죄혐의의 상당성 피의자가 죄를 범하였다고 의심할 만한 '상당한 이유'가 있어야 한다(200의2①). '상당한 이유'란 피의자가 구체적인 범죄를 저질렀을 고도의 개연성을 가리킨다. 수사기관의 주관적인 혐의만으로는 부족하고 '구체적 사실'에 근거한 '객관적 혐의'가 있어야 한다. 다만, 구속영장 발부('현저한 혐

1) 2017년 구속사건 중 i) 영장에 의한 체포는 8,353명(사기 2,643명, 절도 1,485명, 마약(향정) 909명 순), ii) 긴급체포는 5,591명(절도 1,989명, 사기 701명, 마약(향정) 632명 순), iii) 현행범체포는 6,003명(사기 889명, 공무방해 802명, 절도 578명, 마약(향정) 341명 순)이다(2018 범죄분석 223－225면).

의')에 비하여 낮은 정도의 범죄혐의로도 족하다.

2) **출석요구 불응 또는 불응의 우려** 피의자의 체포사유로는 '정당한 이유 없이 수사기관의 피의자신문을 위한 **출석요구**에 **응하지 아니**하거나, 응하지 아니할 **우려**'가 있어야 한다(200의2①). 다만, 비례원칙상 **경미사건**(다액 50만원 이하의 벌금, 구류 또는 과료사건)에서는 피의자의 **주거부정** 또는 수사기관의 출석요구에 실제로 **불응**한 경우에 한하여 체포할 수 있다(동단서).

3) **체포의 필요성** 판사는 체포의 사유가 있다고 인정되는 경우에도 제반 사정에 비추어 피의자가 도망할 염려가 없고 증거를 인멸할 염려가 없는 등 '**명백히' 체포의 필요가 '없다'고 인정되는 때**에는 체포영장의 청구를 기각하여야 한다(규96의2). 즉, **도망 또는 증거인멸의 염려**는 체포영장에서는 체포의 적극적 요건이 아니라, 그 부존재가 명백한 경우에 한하여 체포를 불허하는 **소극적 요건**에 불과하다. 그 결과 체포의 필요성에 단순한 의문이 있거나 불분명한 경우에도 체포영장의 발부요건은 충족된다.[1]

(3) 절차

1) **영장의 청구와 발부** 검사는 관할 지방법원판사에게 청구하여 체포영장을 발부받아 피의자를 체포할 수 있고, 사법경찰관은 검사에게 신청하여 검사의 청구로 관할 지방법원판사의 체포영장을 발부받아 피의자를 체포할 수 있다(200의2①). **재체포**(동일한 범죄사실에 관하여 그 피의자를 다시 체포영장을 받아 체포) **자체**에는 제한이 없다(동④ 참조). 체포영장의 청구를 받은 지방법원판사는 상당하다고 인정하는 때에는 체포영장을 발부한다. 다만, '명백히 체포의 필요가 인정되지 아니하는 경우'에는 예외이다(동②). 체포영장을 발부하지 아니할 때에는 청구서에 그 취지 및 이유를 기재하고 서명날인하여 청구한 검사에게 교부한다(동③). 구속영장의 방식에 관한 규정이 준용된다(200의6).

2) **영장의 집행** 검사의 지휘로 사법경찰관리 또는 교도관이 집행한다(200의6 · 81①③). i) (사전제시 원칙) 체포영장을 집행함에는 체포영장을 피의자에게 **제시**하여야 한다(200의6 · 85①). 다만, **긴급집행**이 허용된다. 즉, 영장을 소지하지 아니한 경우에 급속을 요하는 때에는 피의자에 대하여 피의사실의 요지와 영장이 발부되었음을 알리고 집행할 수 있고, 이 경우 집행을 완료한 후에는 신속히 체포영장을 제시해야 한다(200의6 · 85③④). ii) (미란다원칙 고지) 피의자를 체포하는

1) 2017년 체포영장 발부율은 98.6%(청구 42,824건, 발부 42,306건, 기각 618건)이다(2018 사법연감 609면).

경우에는 피의사실의 요지, 체포의 이유와 변호인을 선임할 수 있음을 말하고 변명할 기회를 주어야 한다(200의5). “이러한 고지는 ㉠ 체포를 위한 실력행사에 들어가기 이전에 **미리** 하여야 하는 것이 원칙이나, ㉡ 달아나는 피의자를 쫓아가 붙들거나 폭력으로 대항하는 피의자를 실력으로 제압하는 경우에는 **붙들거나 제압하는 과정에서** 하거나, ㉢ 그것이 여의치 않은 경우에라도 일단 붙들거나 제압한 **후에 지체 없이** 행하여야 한다”(대판 2004.8.30. 2004도3212). 예컨대, ㉠ 전투경찰대원들이 방패로 에워싸 이동하지 못하게 가둔 것은 체포에 해당하고, 그 과정에서 체포의 이유 등을 고지하지 않다가 30~40분이 지난 후에 항의를 받고 나서야 비로소 고지한 것(대판 2017.3.15. 2013도2168), ㉡ “경찰관들이 체포를 위한 실력행사 전에 미란다 원칙을 (미리) **고지할 여유가 있었음에도**, 애초부터 체포 후에 고지할 생각으로 먼저 체포행위에 나선 것(대판 2017.9.21. 2017도10866) 등은 모두 위법한 공무집행이다

3) 영장 없는 압수 · 수색 · 검증 수사기관은 i) 피의자를 체포하는 경우에 필요한 때에는 영장 없이 타인의 주거 등에서 **피의자 수색**을 할 수 있다. 다만, 체포영장에 의해 체포하는 경우의 피의자 수색은 ‘미리 수색영장을 발부받기 어려운 **긴급한 사정**이 있는 때’에 한정한다(216①i). 따라서 미리 수색영장을 발부받을 시간적 여유가 있을 때에는 사전에 수색영장을 발부받아야 하고, 수색영장 없이 피의자를 수색하여 체포할 수는 없다. ii) **체포현장**에서 ‘영장 없이’ 압수 · 수색 · 검증을 할 수 있다(동ii).

(4) 체포 후의 조치

1) 체포 통지 및 적부심청구 고지 체포 후에는 ‘지체 없이 서면으로’ 변호인이나 변호인이 없는 경우에는 변호인 선임권자 가운데 피의자가 지정한 자에게 피의사건명, 체포의 일시 · 장소, 범죄사실의 요지, 체포의 이유와 변호인을 선임할 수 있음을 알려야 한다(200의6 · 87). 체포된 피의자와 체포적부심사청구권자 중 피의자가 지정하는 자에게 체포적부심사를 청구할 수 있음을 알려야 한다(214의2②).

2) 구속영장의 청구 체포된 피의자를 구속하고자 할 때에는 체포한 때로부터 **48시간 이내에 구속영장을 청구**하여야 하고, 그 기간 내에 청구하지 아니하는 때에는 피의자를 **즉시 석방**하여야 한다(200의2⑤). 체포된 피의자를 구속영장에 의하여 구속한 경우에 (수사기관의) **구속기간**은 체포된 때부터 기산한다(203

의2).[1]

2. 긴급체포

(1) 의의

긴급체포란 수사기관이 '긴급을 요하는 경우'에 '중대한 범죄'의 피의자를 체포영장 없이 체포하는 것을 말한다. 현행범체포와 함께 영장주의의 예외에 해당한다. 1995년 개정에서 긴급체포로 명명되었다.

(2) 요건

1) 범죄의 중대성　긴급체포는 (법정형이) 사형, 무기 또는 **장기 3년 이상**의 징역이나 금고에 해당하는 죄를 범하였다고 의심할 만한 상당한 이유가 있어야 한다(200의3①). 즉, **중대범죄**에 한정된다. 예컨대, 사기, 상해, 특수상해, 상습특수상해, 협박은 긴급체포할 수 있으나, 폭행, 도박, 명예훼손, 모욕, 무면허운전은 긴급체포할 수 없다. 음주운전은 ㉠ 2회 이상 위반(도교법148의2①), ㉡ 측정거부(동②), ㉢ 혈중알코올농도 0.2% 이상(동③i)인 경우에만 긴급체포할 수 있다.

2) 범죄혐의의 상당성 및 구속사유　i) 긴급체포의 범죄혐의의 정도는 영장에 의한 체포의 경우와 동일하다. ii) 다만, 긴급체포에는 **구속사유의 존재**가 필요하다. 즉, 피의자가 **증거를 인멸할 염려**가 있거나, 피의자가 도망하거나 **도망할 우려**가 있어야 한다(200의3①). 체포영장 없는 체포를 허용하되, 대신 체포영장보다 요건을 가중함으로써 긴급체포의 남용을 방지하고자 한 것이다. 체포제도 도입 전에는 '긴급구속'이었으므로 또한 당연한 일이다.

특히, **자진출석한 사람**이 문제되는데, 판례는 통상의 경우 (도망의 염려나 증거인멸의 염려가 있다고 보기 어렵다는 이유로) 긴급체포의 요건에 해당하지 않는다고 한다. 다만, 피의자의 출석 경위, 출석횟수, 출석불응사실, 조사시간, 수사상황 등 제반 사정을 고려하여, 조사과정에서 중범죄혐의가 밝혀지자 구속을 우려하여 귀가를 요구하는 등 도망 및 증거인멸의 우려가 '현저한' 경우에는 긴급체포가 적법하다고 할 여지가 있다.

3) 긴급성　긴급체포는 '긴급을 요하여' 지방법원판사의 체포영장을 받을 수 없을 것을 요건으로 한다. 이 경우 '긴급을 요한다' 함은 피의자를 우연히 발견한 경우 등과 같이 **체포영장을 받을 시간적 여유가 없는 때를 말한다**(200의3①).

---

1) 이 경우 법원의 구속기간은 공소제기시부터 기산한다(92③).

이는 체포영장을 받기 위해 시간을 지체하면 체포가 불가능하거나 현저히 곤란해지는 긴박한 상황을 말한다.

판례는 긴급체포의 긴급성에 대해 엄격한 입장을 견지하고 있다. 소재를 감추었다가 (소재를 파악하던 중) 귀가하는 사람은 긴급성이 인정되나, 검찰청에 대기하던 사람, 자택에 대기하던 사람, 이미 신원·주거지·연락처 등이 파악되고 도망 및 증거인멸의 우려도 없는 사람 등은 모두 긴급성이 부정된다.

4) **판단기준** "긴급체포의 요건을 갖추었는지 여부는 ㉠ 사후에 밝혀진 사정을 기초로 판단하는 것이 아니라 **체포 당시의 상황을 기초로** 판단하여야 한다. ㉡ 이에 관한 검사나 사법경찰관 등 수사주체의 판단에는 **상당한 재량의 여지**가 있으나, 긴급체포 당시의 상황으로 보아서도 그 요건의 충족 여부에 관한 검사나 사법경찰관의 판단이 경험칙에 비추어 **현저히 합리성을 잃은 경우**에는 그 체포는 **위법한 체포**이다.[1] ㉢ 이러한 위법은 영장주의에 위배되는 중대한 것이니 그 체포에 의한 유치 중에 작성된 피의자신문조서는 **위법하게 수집된 증거**로서 이를 유죄의 증거로 할 수 없다"(대판 2002.6.11. 2000도5701).

[판례사례] [긴급체포의 적법성]

(1) **적법 사례** 긴급체포의 적법성을 인정한 사례로는, ㉠ (자진출석) 고소인으로 **자진출석**하여 피고소인과 대질조사를 받고 나서 **무고혐의가 밝혀지자** 조사를 거부하고 귀가하려는 고소인을 긴급체포한 뒤 구속영장을 신청하여 **구속영장이 발부되고** 실제 구속된 경우(대판 1998.7.6. 98도785), ㉡ 소재를 감추었다가 압수수색영장에 의한 휴대전화 위치추적 등의 방법으로 피고인의 소재를 파악하려고 하던 중 귀가하는 사람(대판 2005.12.9. 2005도7569) 등.

(2) **위법 사례** 긴급체포가 위법인 사례로는, ㉠ **참고인** 조사를 받는 줄 알고 검찰청에 **자진출석한 변호사사무실 사무장**을 검사가 합리적 근거 없이 긴급체포하자, 그 변호사가 이를 제지하는 과정에서 검사에게 상해를 가한 사안에서, 범죄혐의의 상당성이 없고, 퇴거하였다고 하여 도망할 우려나 증거인멸할 우려가 있다고 보기 어렵다는 이유로 검찰청에 자진출석한 참고인을 긴급체포하려고 한 것은 **위법한 공무집행**이며, 그 제지과정에서 상해를 가한 것은 정당방위라고 한 사례(대판 2006.9.8. 2006도148),

---

1) "사법경찰관으로서 체포 당시 상황을 고려하여 경험칙에 비추어 현저하게 합리성을 잃지 않은 채 판단하면 체포 요건이 충족되지 아니함을 충분히 알 수 있었는데도, 자신의 재량 범위를 벗어난다는 사실을 인식하고 그 결과를 용인한 채 사람을 체포하여 권리행사를 방해하였다면, 직권남용체포죄와 직권남용권리행사방해죄가 성립한다"(대판 2017.3.9. 2013도16162).

㉡ 담당검사의 교체를 요구하고자 그 상관인 부장검사를 면담하기 위해 스스로 검찰청을 방문하여 그 부속실에서 대기하고 있던 사람을 긴급체포한 사안에서, 긴급성 요건을 갖추지 못하였고 도망할 염려나 증거인멸할 염려도 있다고 볼 수 없다는 이유로, 검사의 긴급체포는 현저히 합리성을 잃은 경우라고 한 사례(대결 2003.3.27.자 2002모81),

㉢ 현직 군수인 피의자가 군청 계장에게 '자택 옆에 있는 농막에서 기다리고 있을 것이니 수사관이 오거든 그곳으로 오라'고 하였는데 수사관을 기다리고 있던 피의자를 긴급체포한 사안에서, 시간적 여유도 있었으며 도망이나 증거인멸의 의도가 없었음은 물론, 언제든지 검사의 소환조사에 응할 태세를 갖추고 있었으므로, 검사 등의 판단이 현저히 합리성을 잃은 경우로서 위법한 긴급체포이며, 그 유치 중에 작성된 피의자신문조서의 증거능력을 부정한 사례(위 2000도5701),

㉣ 필로폰을 투약한다는 제보를 받은 경찰관이 제보의 정확성을 확인하기 위해 피제보자의 주거지를 방문하였다가, 현관에서 담배를 피우고 있는 사람을 발견하고 사진을 찍어 제보자에게 전송하여 피제보자임을 확인한 후, 피제보자에게 전화를 하여 차량 접촉사고가 났으니 나오라고 하였으나 나오지 않고, 또한 경찰관임을 밝히고 만나자고 하는데도 현재 집에 없다고 거짓말을 하자, 집 문을 강제로 열고 들어가 '침대 밑에 숨어 있던' 피제보자를 발견하고 긴급체포한 사안에서, 경찰관이 이미 신원·주거지·전화번호 등을 모두 파악하고 있었고, 당시 마약투약의 범죄 증거가 급속하게 소멸될 상황도 아니었던 점 등에 비추어, 미리 체포영장을 받을 시간적 여유가 없었던 경우가 아니라는 이유로 긴급체포가 위법하다고 한 사례(대판 2016.10.13. 2016도5814) 등.

(3) 절차

1) 긴급체포의 방법 검사 또는 사법경찰관은 i) 피의자에게 긴급체포하는 사유를 알리고 영장 없이 피의자를 체포할 수 있다(200의3①). 사법경찰리는 독자적으로 긴급체포를 할 수 없다. ii) (미란다원칙 고지) 피의자를 체포하는 경우에는 피의사실의 요지, 체포의 이유와 변호인을 선임할 수 있음을 말하고 변명할 기회를 주어야 한다(200의5). 고지의 시기와 방법 등은 체포영장의 경우와 같다.

2) 영장 없는 압수·수색·검증 수사기관은 i) 피의자를 체포하는 경우에 필요한 때에는 영장 없이 타인의 주거 등에서 피의자 수색을 할 수 있고(216①i), ii) 체포현장에서 '영장 없이' 압수·수색·검증을 할 수 있다(동ii). iii) 그런데, 체포영장의 경우에 비해, 긴급체포에서는 무영장 압수수색이 가능한 영장주의의 예외가 하나 더 있다. 즉, 긴급체포된 자가 소유·소지 또는 보관하는 물건에 대

해 긴급히 압수할 필요가 있는 경우에는 '체포한 때부터 24시간 이내'에 한하여 '영장 없이' 압수·수색·검증을 할 수 있다(217①)[**긴급 압수·수색**].

(4) 체포 후의 조치

1) 긴급체포서의 작성 검사 또는 사법경찰관은 긴급체포한 경우에 즉시 긴급체포서를 작성하여야 한다(200의3③). 사법경찰관이 긴급체포한 경우에는 즉시 검사의 승인을 얻어야 한다(동②). 그 남용을 방지하기 위함이다.

2) 체포 통지 및 적부심청구 고지 수사기관이 긴급체포를 한 때에는 '지체 없이 서면으로' 변호인 등에게 체포의 일시·장소, 체포의 이유 등을 알려야 하고(200의6·87), 체포된 피의자 등에게 적부심사를 청구할 수 있음을 알려야 한다(214의2②).

3) 구속영장의 청구 체포된 피의자를 구속하고자 할 때에는 체포한 때로부터 **48시간 이내에 구속영장을 청구**하여야 하고, 긴급체포서를 첨부하여야 한다(200의4①). 그 기간 내에 구속영장을 청구하지 아니하거나 발부받지 못한 때에는 피의자를 **즉시 석방**하여야 한다(동②).

4) 재(긴급)체포의 제한 긴급체포되었다가 석방된 자는 영장 없이는 동일한 범죄사실에 관하여 재차 (긴급)체포하지 못한다(동③). 이를 제한하지 않으면 체포와 석방의 반복으로 긴급체포가 남용될 수 있기 때문이다. 다만, 판사로부터 **체포영장**을 발부받은 때에는 다시 체포할 수 있다.

5) 긴급체포의 통제 긴급체포의 남용을 방지하기 위한 규정이 다수 있다. i) 검사가 구속영장을 청구하지 않고 피의자를 석방한 경우에는 **석방한 날부터 30일 이내에** 긴급체포서 사본을 첨부하여, '석방통지서'에 체포되었던 자의 인적사항, 긴급체포의 일시·장소·긴급체포의 구체적 이유 등 법정사항을 기재하여 **법원에 통지**하여야 하고(동④),[1] 사법경찰관이 석방한 경우에는 **즉시 검사에게 보고**하여야 한다(동⑥). ii) 긴급체포 후 석방된 자 또는 그 변호인 등은 통지서 및 관련 서류를 **열람**하거나 **등사**할 수 있다(동⑤).

[사법경찰관의 긴급체포에 대한 검사의 적법성 심사] "사법경찰관이 검사에게 긴급체포된 피의자에 대한 긴급체포 승인 건의와 함께 구속영장을 신청한 경우, 검사는 긴

---

1) [법원에의 석방통지 누락과 피신조서의 증거능력] 다만 "사후에 석방통지가 (법원에) 법에 따라 이루어지지 않았다는 사정만으로 그 긴급체포에 의한 유치 중에 작성된 피의자신문조서의 작성이 소급하여 위법하게 되는 것은 아니다"(대판 2014.8.26. 2011도6035).

급체포의 적법성 여부를 심사하면서, 수사서류뿐만 아니라 피의자를 검찰청으로 출석시켜 직접 대면조사할 수 있는 권한을 가진다. 검사의 구속영장 청구 전 피의자 대면조사는 강제수사가 아니므로, 피의자는 검사의 출석 요구에 응할 의무가 없고, 피의자가 검사의 출석 요구에 동의한 때에 한하여 사법경찰관리는 피의자를 검찰청으로 호송하여야 한다."(대판 2010.10.28. 2008도11999).

3. 현행범체포

(1) 의의

현행범인은 (고유한) 현행범인과 준현행범인으로 나뉜다. 현행범인은 누구든지 영장 없이 체포할 수 있다(211 · 212). 현행범인은 범행과 시간적으로 밀접하여 범죄와 범인임이 명백하고, 긴급한 체포의 필요(체포의 긴급성 · 필요성)도 있기 때문이다. 영장주의의 예외에 해당하므로, 엄격한 해석이 요구된다.

1) (고유한) **현행범인** 현행범인이란, 범죄를 '실행 중'이거나 '실행하고 난 직후'(=방금 실행한)의 사람을 말한다. 여기서 범죄는 형법상 구성요건에 해당하고 위법성조각사유 · 책임조각사유가 없음이 명백한 경우를 뜻한다. 따라서 형사미성년자를 현행범으로 체포할 수는 없다. 단, 죄명과 형의 경중에는 제한이 없다.

현행범인은 일정한 시간적 단계에 있는 범인이다. i) 범죄의 '실행 중'이란, 범죄의 실행에 착수하여 종료하지 못한 상태를 말한다. 교사 · 방조는 정범의 실행행위가, 간접정범은 피이용자의 행위가 기준이 된다. ii) 범죄의 '실행 직후'라 함은, 범죄의 실행행위를 종료한 '직후'를 말하고, 결과발생의 여부는 불문한다. ㉠ "범죄행위를 실행하여 끝마친 순간 또는 이에 아주 접착된 시간적 단계를 의미한다"(대판 2002.5.10. 2001도300). 이를 시간적 접착성이라 한다. 범죄종료 후 시간이 경과되면 범인의 현장이탈로 범인 이외의 자와 혼동되고 범죄 또는 범인의 명백성은 희석된다. 이와 같이 현행범인은 시간적 단계의 개념이지만, 범인이 범행 장소 또는 그 연장인 장소에서 이탈하면 시간적 접착성도 인정하기 어렵다는 점에서 장소적 접착성도 요건이 된다. ㉡ 따라서 현행범인은 '범죄의 실행'이 명백하고(범죄의 명백성) 그 범행이 '그 범인'에 의한 것임이 명백해야 한다(범인의 명백성). '실행 직후'의 여부는 현행범에 대한 영장 없는 체포의 근거인 '범죄의 명백성(즉, 범죄혐의의 명백성)'과 '범인의 명백성'이 판단될 수 있을 정도의 시간적 · 장소적 접착성이 있는지에 따라 판단한다. 요컨대, 현행범인은 '방금' 범죄를 실행한 범인임이 명백한 경우이다. ㉢ 판례도 같다. 즉, "'범죄의 실행의 즉후인 자'라고 함은, 범죄의 실행행위를 종료한 직후의 범인이라는 것이 **체포하는 자의 입장**에서 볼 때 명백한 경우를 일컫는다. '**시간적으로나 장소적으로** 보아, 체포를 당하는 자가 **방금 범죄를 실행한 범인**이라는 점에 관한 죄증이 **명백히** 존재하는 것으로 인정되는 경우'에만 현행범인으로 볼 수 있다"(위 2001도300).

[판례사례] [(고유한) 현행범인 여부]

(1) **적법 사례**(= '직후') 현행범인으로 인정한 사례로는, ㉠ '학교 앞길에서 싸움'을 한지 10분 후 출동한 경찰이 (범인을 계속 감시하던 피해자 친구가 경찰에게 지목하여) 범행현장에 인접한 위 (무학여자고등)학교의 '운동장'에서 현행범체포한 경우(대판 1993.8.13. 93도926), ㉡ 술에 취한 피고인이 목욕탕 탈의실에서 피해자를 구타하고 약 1분여 동안 피해자의 목을 잡고 있다가, 다른 사람들의 만류로 잡고 있던 피해자의 목을 놓은 후 목욕탕 탈의실 의자에 앉아 있다가 옷을 입던 중 (구타한지 25분 이내에) 경찰관이 현행범체포한 경우(대판 2006.2.10. 2005도7158) 등.

(2) **위법 사례**(= '직후' 아님) 현행범인체포가 위법하다고 한 사례로는, ㉠ 교사가 '교장실'에서 약 5분 동안 식칼을 휘두르며 교장을 협박하는 등의 소란을 피운 후, '40여분 정도'가 지나 경찰관들이 출동하여 교장실이 아닌 '서무실'에서 연행한 경우(대판 1991.9.24. 91도1314), ㉡ 경찰관이 주민의 신고를 받고 현장에 도착했을 때에는 '이미 싸움이 끝난' 상태인 경우(대판 1989.12.12. 89도1934) 및 경찰관들이 주민들의 신고를 받고 현장에 도착한 당시 (주변의 만류로) '이미 싸움이 끝나' 가게 안으로 들어가 의자에 앉아 있었던 경우(대판 1995.5.9. 94도3016), ㉢ 음주운전을 종료한 후 '40분 이상'이 경과한 시점에서, '길가에 앉아 있던' 운전자를 술냄새가 난다는 점만을 근거로 음주운전의 현행범으로 체포한 경우(대판 2007.4.13. 2007도1249), ㉣ 교통사고가 발생한 지점과 피고인이 체포된 지점은 거리상으로 '약 1㎞ 떨어져' 있고 시간상으로도 '10분 정도'의 차이가 있으며, 경찰관들이 피고인의 차량을 사고현장에서부터 추적하여 따라간 것도 아니고, 범인으로 지목할 목격자가 있는 상황도 아니었으며, 순찰 중 경찰서로부터 무전연락을 받고 도주차량 용의자를 수색하다가 그 용의자로 보이는 피고인을 발견하고 검문을 하게 된 사정이 있는 경우(대판 2007.7.4. 99도4341) 등.

2) **준현행범인** 준현행범인이란 현행범인은 아니지만 형사소송법에 의해 현행범인으로 간주되는 자를 말한다. 즉, ㉠ **범인으로 불리며**(呼唱) 추적되고 있을 때(제1호), ㉡ **장물**이나 범죄에 사용되었다고 인정하기에 충분한 **흉기**나 그 밖의 물건을 소지하고 있을 때(제2호), ㉢ 신체나 의복류에 증거가 될 만한 **뚜렷한**

흔적(證跡)이 있을 때(제3호), ㉣ 누구냐고 묻자 도망하려고 할 때(제4호)로 형사소송법에 열거되어 있다(211②). ㉠㉡㉢의 경우는 범행과의 관련성을 쉽게 인정할 수 있지만, ㉣은 범행에 대한 직접적인 관련성이 희박한 경우라고 오해될 여지가 있다. 그러나 준현행범인은 죄증이 명백한 현행범인에 준할 정도의 강한 죄증이 인정되는 경우를 예정한 것이므로, 현행범인과의 체계상 해당 범죄와 사이에 '현행범인에 준하는' 시간적 · 장소적 접착성이 요구되는 것은 당연하다.

[준현행범] i) (제2호 '범죄사용 물건의 소지') 순찰 중이던 경찰관이 '교통사고를 낸 차량이 도주'하였다는 무전연락을 받고 주변을 수색하다가 '범퍼 등의 파손상태로 보아' 사고차량으로 인정되는 차량에서 내리는 사람을 발견한 경우, (제211조 제2항) '제2호'의 준현행범으로 영장 없이 체포할 수 있다고 한 사례(위 99도4341), ii) (제3호 '증거가 될 만한 뚜렷한 흔적') 음주운전 중 교통사고를 야기한 후 피의자가 의식불명 상태에 빠져 있는 경우 피의자의 신체 내지 의복류에 주취로 인한 냄새가 강하게 나는 등 (제211조 제2항) '제3호' 소정의 '범죄의 증적이 현저한' 준현행범인의 요건이 충족된다고 한 사례(대판 2012. 11.15. 2011도15258).

(2) 요건

1) 범죄 · 범인의 명백성 현행범인은 체포자의 입장에서 볼 때 특정한 범죄의 범인임이 명백해야 한다['방금 범죄를 실행한 범인']. i) 따라서 형식적으로는 범죄의 실행으로 보이더라도 범죄의 성립 여부 자체에 '의심'이 있다면 현행범으로 체포할 수 없다. ii) 소송조건의 존재는 체포요건이 아니다. 다만, 친고죄에서 처음부터 고소가능성이 없는 경우에는 수사를 할 수 없으므로(제한적 허용설) 현행범체포도 허용되지 않는다(행위의 가벌성).

2) 체포의 필요성 현행범체포에서도 긴급체포와 같이 도망 또는 증거인멸의 염려가 필요한지가 문제된다. 견해가 대립하나, 판례는 적극설의 입장이다. 즉, "현행범인체포의 요건으로서는 행위의 가벌성, 범죄의 현행성 · 시간적 접착성, 범인 · 범죄의 명백성 외에 체포의 필요성, 즉 도망 또는 증거인멸의 염려가 있을 것을 요한다"(대판 2016.2.18. 2015도13726). 다만, 비례원칙상 경미사건(다액 50만원 이하의 벌금, 구류 또는 과료 사건)에서는 범인의 주거부정에 한하여 현행범인으로 체포할 수 있다(214).

3) 판단기준 "현행범체포의 요건을 갖추었는지 여부는 ㉠ 체포 당시의 상황을 기초로 판단하여야 한다. ㉡ 이에 관한 검사나 사법경찰관 등 수사주체의

판단에는 상당한 재량의 여지가 있으나, 체포 당시의 상황으로 보아도 요건의 충족 여부에 관한 검사나 사법경찰관 등의 판단이 경험칙에 비추어 현저히 합리성을 잃은 경우에는 그 체포는 위법하다"(대판 2011.5.26. 2011도3682). 그 적법성은 사후에 범인으로 인정되었는지에 의할 것은 아니다(대판 2013.8.23. 2011도4763).

[위법사례] 피고인이 경찰관의 불심검문을 받아 운전면허증을 교부한 후 경찰관에게 큰 소리로 욕설을 하였는데, 경찰관이 i) 모욕죄의 현행범으로 체포하려고 하자 반항하면서 경찰관에게 상해를 가하고, ii) 공무집행방해 및 상해죄의 현행범으로 체포하려고 하자 또다시 반항하면서 상해를 가한 사안에서, ㉠ 피고인은 경찰관의 불심검문에 응하여 이미 운전면허증을 교부한 상태이고, 경찰관뿐 아니라 인근 주민도 욕설을 직접 들었으므로, 피고인이 도망하거나 증거를 인멸할 염려가 있다고 보기는 어렵고, ㉡ 피고인의 모욕 범행은 불심검문에 항의하는 과정에서 저지른 일시적, 우발적인 행위로서 사안 자체가 경미할 뿐 아니라, ㉢ 피해자인 경찰관이 범행현장에서 즉시 범인을 체포할 급박한 사정이 있다고 보기도 어려우므로, "(현행범체포의 요건을 갖추지 못하였음에도) 경찰관이 피고인을 체포한 행위는 적법한 공무집행이라고 볼 수 없고, 피고인이 체포를 면하려고 반항하는 과정에서 상해를 가한 것은 정당방위에 해당한다"는 이유로, 공무집행방해 및 상해를 무죄로 판단한 사례(위 2011도3682).

(3) 절차

1) 일반인의 현행범체포 현행범인은 누구든지 영장 없이 체포할 수 있다. 일반인도 할 수 있다. i) 체포의 목적을 달성하기 위하여 필요한 범위 내에서 일반인도 강제력을 행사할 수 있다. 다만, 일반인은 타인의 주거에 들어갈 수 없고, 무기를 사용할 수는 없다. ii) 일반인이 현행범인을 체포한 때에는 즉시 검사 또는 사법경찰관리에게 인도하여야 한다(213①). "여기서 '즉시'란 반드시 체포시점과 시간적으로 밀착된 시점이어야 하는 것은 아니고, '정당한 이유 없이 인도를 지연하거나 체포를 계속하는 등으로 불필요한 지체를 함이 없이'라는 뜻이다"(대판 2011.12.22. 2011도12927).[1] iii) 일반인이 체포한 현행범인을 인도하지 않고

1) 소말리아 해적인 피고인들이 아라비아해 인근 공해상에서 선박을 납치하여 대한민국 국민인 선원 등에게 해상강도 등 범행을 저질렀다는 내용으로 국군 청해부대에 의해 체포·이송되어 국내 수사기관에 인도된 후 구속·기소된 사안에서, 청해부대 소속 군인들이 체포한 것은 검사 등이 아닌 이에 의한 현행범인 체포에 해당하고, <u>체포 이후 국내로 이송하는 데에 약 9일이 소요된 것은 공간적·물리적 제약상 불가피한 것으로 정당한 이유 없이 인도를 지연하거나 체포를 계속한 경우로 볼 수 없으며</u>, 경찰관들이 피고인들의 신병을 인수한 때로부터 48시간

석방하는 것은 허용되지 않는다. 이를 허용한다면 체포권을 남용할 위험이 있기 때문이다. iv) 사법경찰관리가 현행범인을 인도받은 때에는 **체포자**의 성명, 주거, 체포사유를 묻고 필요한 경우 체포자에게 경찰관서에 동행을 요구할 수 있다(동②). 사법경찰관리는 '현행범인인수서'를 작성하여야 한다(수사지휘규정37②). 체포자는 중요 참고인이 될 수 있기 때문이다. v) 미란다원칙은 '인도받은 수사기관'이 고지한다.

2) **수사기관의 현행범체포** 적법절차를 준수하여야 한다. i) (미란다원칙 고지) 검사 또는 사법경찰관리가 현행범인을 체포하거나 일반인이 체포한 현행범인을 인도받은 경우에는, 범죄사실의 요지, 체포의 이유와 변호인을 선임할 수 있음을 말하고 변명할 기회를 준 후가 아니면 체포할 수 없다(213의2 · 200의5). ii) 사법경찰관리는 '현행범인체포서'를 작성하여야 한다(수사지휘규정37①).[1] iii) "현행범을 체포한 경찰관의 진술이라 하더라도 범행을 목격한 부분에 관하여는 여느 목격자의 진술과 다름없이 증거능력이 있다"(대판 1995.5.9. 95도535). iv) 수사기관은 불가피한 경우 무기를 사용할 수 있다.

3) **영장 없는 압수 · 수색 · 검증** **수사기관**(일반인은 제외)은 피의자를 체포하는 경우에 i) 필요한 때에는 영장 없이 타인의 주거 등에서 **피의자 수색**을 할 수 있고(216①i), ii) **체포현장**에서 '영장 없이' 압수 · 수색 · 검증을 할 수 있다(동ii). 검사 · 사법경찰관만이 할 수 있고, 일반인은 이를 할 수 없다.

(4) 체포 후의 조치

1) **체포 통지 및 적부심청구 고지** 수사기관이 범인을 체포하거나 인도받은 때에는 '지체 없이 서면으로' 변호인 등에게 체포의 일시 · 장소, 체포의 이유 등을 알려야 하고(213의2 · 87), 체포된 피의자 등에게 적부심사를 청구할 수 있음을 알려야 한다(214의2②). 영장체포 및 긴급체포에서와 같다.

2) **구속영장의 청구** 체포된 피의자를 구속하고자 할 때에는 체포한 때로

이내에 청구하여 발부된 구속영장에 의하여 피고인들이 구속되었으므로, 피고인들은 적법한 체포, 즉시 인도 및 적법한 구속에 의하여 공소제기 당시 국내에 구금되어 있다 할 것이어서 현재지인 국내법원에 토지관할이 있다고 한 사례.

1) "경찰관의 현행범인 체포경위 및 그에 관한 현행범인체포서와 범죄사실의 기재에 다소 차이가 있더라도, 그것이 논리와 경험칙상 장소적 · 시간적 동일성이 인정되는 범위 내라면 그 체포행위는 적법한 공무집행에 해당한다"(대판 2008.10.9. 2008도3640). 이는, 경찰관이 실제로 체포한 일시장소가 '2007.7.23. 10:50경 동성장 여관 앞 노상'임에도 현행범인체포서에는 '2007.7.23. 11:00경 동성장 여관 302호 내'라고 기재되어 다소 차이가 있더라도, 그 현행범체포는 적법하다고 한 사례.

부터 48시간 이내에 **구속영장을 청구**하여야 하고, 그 기간 내에 구속영장을 청구하지 아니한 때에는 피의자를 **즉시 석방**하여야 한다(213의2 · 200의2⑤). 다만, 일반인이 현행범인을 체포한 경우 "위 48시간의 **기산점**은 체포시가 아니라 '검사 등이 현행범인을 **인도받은 때**'이다"(위 2011도12927).

Ⅱ. 구속

1. 의의

1) 뜻 구속이란 피의자 또는 피고인의 신체 자유를 체포에 비하여 장기간에 걸쳐 제한하는 대인적 강제처분을 말한다. i) 피의자구속은 수사절차에서 검사가 청구하고 판사가 발부한 구속영장에 의하여 피의자를 구속하는 것이고, 피고인구속은 공소제기 후 법원이 직권으로 구속영장을 발부하여 피고인을 구속하는 것을 말한다.[1] ii) 구속은 (피의자구속이든 피고인구속이든) 반드시 사전에 발부된 구속영장에 의해서만 가능하다. 체포와 달리 영장주의의 예외가 없다. iii) 피의자구속은 반드시 체포된 피의자일 필요는 없다. 즉, 피의자구속에는 '체포된 피의자'구속과 '미체포 피의자'구속이 있다.

한편, 구속에는 구금과 구인이 있다(69). i) **구금**은 강제력에 의하여 특정인을 구치소 등에 감금하는 강제처분으로, 미결구금을 뜻한다. ii) **구인**은 강제력에 의하여 특정인을 법원 기타 일정한 장소에 인치하는 강제처분이다. 그 이후 유치기간은 인치한 때로부터 최대 24시간까지이다(71). ㉠ **피의자구인**은 구속영장실질심사를 위한 경우에 인정된다(201의2②). ㉡ **피고인구인**은 법원의 소환에 대해 피고인이 정당한 이유 없이 출석하지 아니하고 그로 인하여 도망할 염려가 있는 경우에 인정된다(74).[2] ㉢ **증인구인**은 증인이 정당한 사유 없이 법원의 소환에 불응한 경우에 인정된다(152).

2) **목적** 구속은 '공판정 출석(또는 형 집행)의 담보' 및 '증거인멸의 방지'에 목적이 있다. 다만, 판례는 "기본적으로 공판정에의 출석이나 형의 집행을 담보하기 위한 것이지만, 피의자신문의 방식으로 구속된 피의자를 조사하는 등 범죄수사도 예정하고 있다. 구속영장에 의하여 적법하게 구금된 피의자가 수사기관

1) 편의상 피의자구속을 중심으로 설명하되, 피고인구속은 필요한 때 설명을 부가하기로 한다.
2) 다만, 구인은 구금의 경우와 같은 일정한 고지 및 변명의 기회부여 등이 요구되지 않는다. 구인영장의 경우에는 성질상 이러한 절차를 거칠 수 없기 때문이다.

조사실에 출석을 거부한다면, 수사기관은 그 구속영장의 효력에 의하여 피의자를 조사실로 구인할 수 있다"(대결 2013.7.1.자 2013모160)고 한다(즉, 조사수인의무긍정설).

한편 "피의자에 대한 수사는 불구속 상태에서 함을 원칙으로 한다"(198①). 이를 불구속수사의 원칙이라 한다.[1)]

2. 구속의 요건

피의자구속과 피고인구속은 절차의 차이는 있으나 그 요건은 동일하다.

(1) 범죄혐의의 상당성('현저한 범죄혐의')

피의자 또는 피고인을 구속하려면 죄를 범하였다고 의심할 만한 '상당한 이유'가 있어야 한다(70 · 201). 상당한 이유는 유죄판결을 받을 '고도의 개연성'을 뜻한다. 인신구속이라는 점에서, 구속에서 요구되는 범죄혐의는 '현저한 범죄혐의'로서, 공소제기에서 요구되는 '충분한 혐의'보다 높은 것이다.[2)]

(2) 구속사유

1) 도망 또는 도망할 염려 도망은 형사절차를 지속적 또는 일시적으로 회피하는 것을 말하고, 도망의 염려는 도망할 고도의 개연성을 말한다. 물론 도망의사가 있어야 한다. 도망의 위험은 단순한 추측이 아니라 '특정한 사실'로부터 추론되어야 한다. 도망의 위험은 도망의 유인요소와 억제요소를 종합적으로 비교형량하여 판단한다. 도망의 유인요소로는 심리적 상황 · 범죄의 종류 · 자수 여부 · 예상되는 형벌 · 범죄적 환경 · 주거부정 등이 있으며, 도망의 억제요소로는 사회적 환경 · 가족관계 등 인간관계에 의한 구속 등이 있다.

2) 증거인멸의 염려 증거인멸은 인적 · 물적 증거방법에 대해 부정한 영향을 미쳐 진실발견을 곤란하게 하는 것을 말한다. 예컨대, 물적 증거에 대한 위조 · 변조 · 은닉 · 손괴 · 멸실, 공범자 · 증인 · 감정인 등에 대한 허위진술 부탁 등이다. 증거인멸의 염려는 증거인멸할 고도의 개연성을 말한다. 증거인멸의 위험은 '구체적 사실'로부터 추론되어야 한다. 단지 수사가 종결되지 않았다거나 부

---

1) 2016년 검찰 처리인원(1,327,988명) 중 구속인원의 비율은 2.1%(27,225명)이다(2017 범죄백서 277면). 한편, 2017년 제1심 공판사건 구속사건은 10.9%(28,728명), 불구속사건은 89.1%(233,884명)이다(2018 사법연감, 594면). 형사공판사건 중 법정구속 피고인의 수는 2017년 제1심(단독 10,034명, 합의 1,122명), 항소심(지법항소부 580명, 고법 97명), 상고심(0명)이다(2018 사법연감 604면).

2) [혐의 정도] 형사절차에서 요구되는 혐의의 정도를 단계화하면 다음과 같이 요약된다. 즉, 단순한 혐의(수사개시) < 충분한 혐의(공소) < 현저한 혐의(구속) < 확신(유죄).

인한다는 이유만으로 증거인멸의 위험이 언제나 인정되는 것은 아니다. 만일 수사가 완전히 종결된 경우이거나 증거가 충분히 수집된 경우라면, 특별한 사정이 없는 한 증거인멸의 위험은 인정되지 않는다.

3) 주거부정 일정한 주거가 없는 것도 구속사유로 규정하고 있다. 그러나 주거부정은 도망할 염려를 판단하는 하나의 기준이 될 뿐, 독자적인 구속사유가 되지는 않는다. 주거부정은 구속사유에서 삭제하는 것이 바람직하다.

다만, 경미범죄(다액 50만원 이하의 벌금, 구류 또는 과료 사건)에서는 주거부정이 유일한 구속사유이다(70③ · 201①). 이는 구속의 남용을 방지하기 위한 것이므로, 경미범죄에서는 주거만 일정하다면 도망 · 증거인멸의 염려가 있더라도 구속할 수 없다.

4) 고려사항 법원은 구속사유를 심사함에 있어서 범죄의 중대성, 재범의 위험성, 피해자 및 중요 참고인 등에 대한 위해우려 등을 고려하여야 한다(70②). 그러나 이는 독립적 구속사유가 아니라 단지 고려사항에 불과하다. 즉, "새로운 '구속사유'를 신설 · 추가한 것이 아니라, '구속사유를 심사할 때 고려해야 할 사항'을 명시한 것이다"(헌재 2010.11.25. 2009헌바8).

(3) 비례성원칙

구속은 신체의 자유를 제한하는 강제처분이므로 비례성 원칙의 제한을 받는다. 구속사유가 존재하더라도 '구속의 목적'과 '구속이라는 수단' 사이에 비례관계가 인정되지 않으면 구속할 수 없다. 주로 '균형성'이 문제된다.

3. 피의자 구속의 절차

(1) 구속영장의 청구

피의자구속은 **검사의 청구**에 의하여 관할 지방법원판사가 발부한 구속영장에 의한다. 사법경찰관은 검사에게 신청하여야 한다. 영장의 청구는 서면으로 하며 검사는 구속의 필요를 인정할 수 있는 자료를 제출하여야 한다(201). 검사가 구속영장을 청구함에 있어서 **동일한 범죄사실**에 관하여, 그 피의자에 대하여 전에 구속영장을 청구하거나 발부받은 사실이 있을 때에는 다시 구속영장을 청구하는 취지와 이유를 기재하여야 한다(201⑤).

(2) 구속영장실질심사

1) 뜻 구속영장실질심사란 구속영장의 청구를 받은 판사가 구속사유의

판단을 위하여 피의자를 **직접 심문**하는 제도를 말한다(2007년 개정에서 도입된 후 2008.1.1.부터 시행되고 있다). '구속 전 피의자심문'이라고도 한다(201의2). '실질심사'란 개념은 과거 검사가 제출한 서류만을 근거로 심사하던 '형식심사'에 대비되는 개념이다. 지방법원 또는 지원의 장은 구속영장청구에 대한 심사를 위한 전담법관(즉, 영장전담판사)을 지정할 수 있다(규96의5). 구속영장이 청구된 모든 피의자(체포된 피의자 · 미체포 피의자 불문)를 필요적으로 심문하도록 규정한다[**필요적 심문**].

2) **심문기일과 피의자인치** i) (심문기일의 지정) 체포된 피의자에 대하여는 지체 없이 피의자를 심문하고, 특별한 사정이 없는 한 구속영장이 청구된 날의 다음날까지 심문하여야 한다(201의2①). 미체포 피의자에 대하여는, 피의자가 죄를 범하였다고 의심할 만한 이유가 있는 경우에 **구인을 위한 구속영장**을 발부하여 피의자를 구인한 후 심문하여야 한다. 다만, 피의자가 도망하는 등의 사유로 심문할 수 없는 경우에는 예외이다(동②). ii) (피의자의 출석) 체포된 피의자에 대하여는 검사가 피의자를 심문기일에 출석시켜야 하며(동③), 미체포 피의자에 대하여는 인치를 위한 구인영장을 발부하여 구인한다(동②). iii) (심문기일의 속행) "특별한 사정이 없는 한 피의자심문절차에서 심문기일을 속행하는 것은 바람직하지 않다"(대판 2025.3.13. 2022도9819).[1]

3) **필요적 변호** 영장실질심사는 필요적 변호사건이다. 즉, 심문할 피의자에게 변호인이 없는 때에는 판사는 **직권으로** 변호인을 선정하여야 한다. 이 경우 변호인의 선정은 피의자에 대한 구속영장청구가 기각되어 효력이 소멸한 경우를 제외하고는 **제1심까지 효력**이 있다(동⑧). 영장실질심사에 참여할 변호인은 구속영장청구서 및 그에 첨부된 고소 · 고발장, 피의자의 진술을 기재한 서류와 피의자가 제출한 서류를 '열람'(만)할 수 있다(규96의21①).

4) **심문기일의 절차** i) 심문절차는 공개하지 아니한다. 다만, 판사는 피의자의 친족, 피해자 등 이해관계인의 방청을 허가할 수 있다(규96의14). ii) 판사는 피의자에게 구속영장청구서에 기재된 범죄사실의 요지를 고지하고, 진술거부권

1) "판사가 심문기일을 속행하는 것은, 대면 직접 심문을 더욱 충실히 하기 위한 소송지휘권의 일환일 수 있고, 피의자에게 의견진술의 기회를 추가적으로 보장하는 의미도 있음을 부정할 수 없다. 따라서 별다른 사유 없이 심문절차가 지연됨으로써 구속영장이 발부되지 않은 상태로 피의자의 신체의 자유가 장기간 제한되어 실질적으로 불법구금에 해당한다고 볼 정도에 이른 것이 아니라면, 단지 심문기일을 속행하였다는 사정만으로는 구속영장의 적법성과 효력에 어떠한 영향을 미친다고 볼 수 없다"(위 2022도9819).

과 이익 되는 사실을 진술할 수 있음을 알려주어야 한다(규96의16①). iii) 심문사항은 구속사유(201①) 및 범죄혐의의 상당성(규96의16②)이다. 판사가 직권으로 심문을 진행한다. iv) 검사와 변호인은 심문기일에 출석하여 의견을 진술할 수 있다(201의2④). v) 법원사무관등은 심문의 요지 등을 조서로 작성하여야 한다(동⑥). '구속 전 피의자심문조서'['**영장실질심사심문조서**']라 한다.

(3) 구속영장의 발부와 기각

1) 발부　판사는 신속히 구속영장의 발부여부를 결정하여야 한다(201③). 판사는 상당하다고 인정할 때에는 구속영장을 발부한다(동④). 구속영장에는 피고인의 성명 · 주거, 죄명, 공소사실의 요지, 인치 구금할 장소, 발부연월일, 그 유효기간과 그 기간을 경과하면 집행에 착수하지 못하며 영장을 반환하여야 할 취지를 기재하고 판사가 서명날인하여야 한다(209 · 75①). 구속영장의 유효기간은 (통상) 7일로 하되, 7일을 넘는 기간도 가능하다(규178).

2) 기각　판사는 구속영장의 청구가 부적법하거나 이유가 없을 때에는 구속영장을 기각한다. 구속영장을 발부하지 아니할 때에는 청구서에 그 취지 및 이유를 기재하고 서명날인하여 청구한 검사에게 교부한다(201④). 판사가 구속영장을 기각한 경우에 **항고 또는 준항고**의 방법으로 불복하는 것은 **허용되지 않는다**(대결 2006.12.18.자 2006모646). 재청구는 가능하다.

(4) 구속영장의 집행

1) 영장의 사전제시 · 사본교부 의무와 긴급집행　구속영장은 검사의 지휘에 따라 사법경찰관리 또는 교도관이 집행한다(209 · 81). 구속영장을 집행함에는 구속영장을 피의자에게 **제시**하고 그 **사본**을 **교부**하여야 한다(209 · 85①). 다만, **긴급집행**이 허용된다. 즉, 영장을 소지하지 아니한 경우에 급속을 요하는 때에는 피의자에 대하여 피의사실의 요지와 영장이 발부되었음을 알리고 집행할 수 있으며, 이 경우 집행을 완료한 후에는 신속히 구속영장을 제시해야 한다(209 · 85③④).

2) 미란다원칙 고지　피의자를 구속하는 경우에는 피의자에게 피의사실의 요지, 구속의 이유, 변호인을 선임할 수 있음을 말하고, 변명할 기회를 주어야 한다(209 · 200의5).[1)]

---

1) 수사준칙에서는 "진술거부권을 알려주어야 한다"는 내용도 추가적으로 규정하고 있다(32①). 이는 수사과정에서의 인권보장 강화차원에서 추가 규정된 것으로, 진술거부권의 고지가 누락

3) 구금장소 구속영장을 집행한 후에는 신속히 **구속영장에 기재된 장소**에 인치하여 피의자를 구금하여야 한다. 구속영장의 집행을 받은 피의자를 호송할 경우에 필요한 때에는 근접한 교도소 또는 구치소에 임시로 유치할 수 있다(209·86). 이를 '호송 중의 가유치'라 한다. 한편, "(수사기관에 의한) 구금장소의 **임의적 변경**은 피의자의 방어권이나 접견교통권의 행사에 중대한 장애를 초래하는 것이므로 위법하다"(대결 1996.5.15.자 95모94).

4) 구속 통지 및 적부심청구권의 고지 i) (구속통지) 피의자를 구속한 때에는 '지체 없이 서면으로' 변호인 또는 변호인 선임권자 가운데 피의자가 지정한 자에게 피의사건명, 구속일시·장소·범죄사실의 요지, 구속의 이유와 변호인을 선임할 수 있는 취지를 통지하여야 한다(209·87). ii) (구속적부심사청구권 고지) 또한 구속된 피의자와 구속적부심사청구권자 중 피의자가 지정하는 자에게 구속적부심사를 청구할 수 있음을 알려야 한다(214의2②).

(5) 구속기간 및 구속기간연장

1) 사법경찰관의 구속기간 최장 10일이다. 사법경찰관이 피의자를 구속한 때에는 **10일 이내**에 검사에게 인치하지 않으면 석방하여야 한다(202).

2) 검사의 구속기간 최장 20일이다. 검사가 피의자를 구속하거나 또는 사법경찰관으로부터 피의자를 인치받은 때에는 **10일 이내**에 공소를 제기하지 않으면 석방하여야 한다(203). 다만, 지방법원판사는 검사의 신청에 의하여 수사를 계속함에 상당한 이유가 있다고 인정한 때에는 **10일을 초과하지 않는 한도**에서 **구속기간의 연장**을 1차에 한하여 허가할 수 있다(205①). 연장의 허가 여부 및 연장기간은 판사의 재량에 속하며, 구속기간의 연장을 허가하지 않는 지방법원판사의 결정에 대하여는 항고 또는 준항고가 허용되지 않는다(대결 1997.6.16.자 97모1).

3) 기간계산 i) (기산점) 피의자가 체포영장체포·긴급체포·현행범인체포에 의하여 체포 또는 구인영장에 의하여 구인된 경우에 수사기관의 구속기간은 피의자를 **체포 또는 구인한 날부터** 기산한다(203의2). 다만, 사인(私人)이 현행범인을 체포한 경우 수사기관의 구속기간은 '수사기관이 피의자를 **인도받은 때**'부터 기산한다(위 2011도12927). 이때 기간의 초일은 시간을 계산함이 없이 1일로 산정하며, 기간의 말일이 공휴일 또는 토요일에 해당하는 경우에도 이를 기간에 산입한다(66). ii) (제외기간) 다만, 다음의 기간은 수사기관의 구속기간에서 제외된

되었다고 하여 체포·구속 자체가 불법으로 된다고까지 할 수는 없다.

다. 이를 '**제외기간**'이라 한다. 즉, ㉠ **영장실질심사**에서 법원이 '수사관계서류 및 증거물을 접수한 날'부터 '구속영장을 발부하여 검찰청에 반환한 날'까지의 기간(201의2⑦), ㉡ **체포·구속적부심사**에서 법원이 '수사관계서류와 증거물을 접수한 때'부터 '기각결정 후 검찰청에 반환된 때'까지의 기간(214의2⑬), ㉢ **감정유치기간**(172의2)은 수사기관의 구속기간에 산입하지 아니한다. 따라서 그 기간만큼 수사기관의 **구속 만기**는 늦춰지게 된다.

(6) 재구속의 제한

검사 또는 사법경찰관에 의하여 '구속되었다가 석방된 자'는 **다른 중요한 증거를 발견한 경우를 제외**하고는 동일한 범죄사실에 관하여 **재차 구속하지 못한다**(208①). 이 경우 1개의 목적을 위하여 동시 또는 **수단·결과의 관계**에서 행하여진 행위는 동일한 범죄사실로 간주한다(동②). i) "여기서 '구속되었다가 석방된 자'라 함은 **구속영장에 의하여 구속**되었다가 석방된 경우를 말하는 것이지, 긴급체포나 현행범으로 체포되었다가 사후영장발부 전에 석방된 경우는 포함되지 않는다. 수사 당시 긴급체포되었다가 수사기관의 조치로 석방된 후 구속영장에 의하여 구속이 이루어진 경우 적법한 구속이다"(대판 2001.9.28. 2001도4291).[1] ii) 이러한 재구속의 제한은 "수사기관이 피의자를 구속하는 경우에만 적용되며, 수소법원이 피고인을 구속하는 경우에는 적용되지 않는다"(대판 1969.5.17. 69도509). 즉, 피의자의 경우에는 다른 중요한 증거가 발견된 경우를 제외하고는 재구속이 금지되나, 공소제기 후 수소법원이 그 피고인을 다시 구속하는 것은 허용되며, 이러한 제한이 적용되지 않는다.

4. 피고인 구속의 절차

수소법원의 피고인구속도 함께 설명한다. 그 절차는 다음과 같다.

1) 주체 공소제기된 피고인에 대한 구속은 수소법원이 행한다(70①). 피고인구속은 **수소법원이 직권으로** 행하며, 검사의 청구가 필요 없다.

2) 사전청문절차 수소법원은 피고인에 대하여 범죄사실의 요지, 구속의 이유와 변호인을 선임할 수 있음을 말하고 변명의 기회를 준 후가 아니면 구속할 수 없다. 다만, 피고인이 도망한 경우에는 그러하지 아니하다(72).[2] 법원은

---

1) 구속적부심사의 석방결정에 의하여 석방된 피의자는 '도망하거나 범죄의 증거를 인멸하는 경우'에 한하여 동일한 범죄사실로 재차 구속할 수 있다(214의3① 참조).

2) 법이 피고인에게 변명의 기회를 주도록 한 취지는 법원이 반드시 피고인의 변명을 들어보고

합의부원으로 하여금 이를 이행하게 할 수 있다(72의2①). 법원은 영상재판 방식(이른바 '비대면' 방식)으로 절차를 진행할 수 있다(동②).[1]

이는 "피고인을 구속함에 있어 법관에 의한 **사전청문절차**를 규정한 것이다. (구속영장이 발부된 이후) 구속영장을 집행함에 있어 집행기관이 취하여야 하는 (미란다원칙의 고지) 절차가 아니라, (이와 별도로 구속영장 발부에 앞서) 구속영장 발부함에 있어 수소법원 등 법관이 취하여야 하는 (사전청문) 절차이다. 법원이 **사전청문절차를 거치지 아니한 채** 구속영장을 발부하였다면 그 발부결정은 **위법**하다. 그러나 이미 변호인을 선정하여 **공판절차**에서 변명과 증거의 제출을 다하고 그의 변호 아래 판결을 선고받은 경우 등과 같이 그 절차적 권리가 **실질적으로 보장**되었다고 볼 수 있는 경우에는, 이에 해당하는 절차의 전부 또는 일부를 거치지 아니한 채 구속영장을 발부하였다 하더라도, 그 발부결정이 위법한 것은 아니다"(대결 2000.11.10.자 2000모134). 다만, 함부로 그 위법의 치유가 인정된다고 해석해서는 안 된다. 즉, "사전청문절차의 흠결에도 불구하고 구속영장 발부를 적법하다고 보는 이유는, 공판절차에서 증거의 제출과 조사 및 변론 등을 거치면서 판결이 선고될 수 있을 정도로 범죄사실에 대한 **충분한 소명과 공방**이 이루어지고, 그 과정에서 피고인에게 자신의 범죄사실 및 구속사유에 관하여 **변명을 할 기회가 충분히 부여**되기 때문이다. 따라서 이와 **동일시할 수 있을 정도**의 사유가 아닌 이상 함부로 청문절차 흠결의 위법이 치유된다고 해석하여서는 아니 된다"(대결 2016.6.14.자 2015모1032).

3) 발부와 집행 i) 수소법원이 피고인을 구속함에는 구속영장을 발부하여야 한다(73). 구속영장에 필요적 기재사항을 기재하고 재판장 또는 수명법관이 서명날인하여야 한다(75①). 명령장의 성질을 가진다. ii) 구속영장은 검사의 지휘에 의하여 사법경찰관리 또는 교도관이 집행한다(81①③). 단, 급속을 요하는 경우에는 재판장, 수명법관 또는 수탁판사가 그 집행을 지휘할 수 있다(81①단서).[2] 구속영장을 집행함에는 구속영장을 피고인에게 제시하여야 한다(85①). 단,

---

난 후에 그 구속 여부를 결정하라는 의미이다. 도망한 피고인은 이러한 법적 청문권을 포기한 것으로 볼 수 있다. 여기서 '도망'이란 피고인이 공판절차의 진행 또는 형의 집행을 면할 의사로 소재불명이 되는 것을 말한다.

1) 즉, 법원은 피고인이 출석하기 어려운 특별한 사정이 있고 상당하다고 인정하는 때에는 검사와 변호인의 의견을 들어 비디오 등 중계장치에 의한 중계시설을 통하여 제72조의 절차를 진행할 수 있다(72의2②).

2) 피고인이 선고기일에 법정구속되어 구속피고인 대기실로 인치되었다면, 집행절차가 적법하게 개시된 것으로, 도주죄의 주체가 된다(대판 2023.12.28. 2020도12586). '구속피고인 대기실에

긴급집행도 허용된다(동③④).

4) **미란다원칙의 고지 및 구속통지** i) (미란다원칙의 고지) 피고인을 구속한 때에는 즉시 공소사실의 요지와 변호인을 선임할 수 있음을 알려야 한다(88). 고지의무자는 집행기관이며, 구속된 피고인에게 방어준비와 변호인선임권을 보장하기 위한 것이다. 이는 "**사후청문절차**에 관한 규정으로서, 이를 위반하였다 하여 구속영장의 효력에 어떠한 영향을 미치는 것은 아니다"(위 2000모134). ii) (구속통지) '지체 없이 서면으로' 변호인 등에게 구속의 이유 등을 통지하여야 한다(87).[1]

5) **법원의 구속기간 및 구속기간갱신** i) (구속기간) 피고인에 대한 법원의 구속기간은 **2개월**로 한다(92①). 특히 법원은 구속을 계속할 필요가 있는 경우에는 **심급마다 2개월 단위로 2차에 한하여** 결정으로 **갱신**할 수 있다(동②본문). 다만, **상소심**은 피고인 또는 변호인이 신청한 증거의 조사, 상소이유를 보충하는 서면의 제출 등으로 추가 심리가 필요한 부득이한 경우에는 **3차에 한하여** 갱신할 수 있다(동단서). 갱신한 기간도 구속기간과 마찬가지로 2개월이므로(동②), 결국 구속기간은 각 **심급마다 최장 6개월**이 된다. 상고심까지 법원의 구속기간은 최장 18개월이고, 구속사건은 그 기간 안에 재판을 마쳐야 한다. 그 기간이 경과되면 피고인을 석방하여 불구속재판을 하는 수밖에 없다. ii) (기산점) 제1심의 구속기간의 기산점은, 수사단계에서 구속된 피고인의 경우에는 **공소제기일**이다(92③). 단, 불구속피고인을 수소법원이 공소제기 후 구속하는 경우에는 **실제로 구속된 날부터** 기산한다. iii) (제외기간) 다음의 기간은 법원의 구속기간에서 제외된다. 즉, ㉠ **'공소제기 전'의 체포·구인·구금기간**(동③), ㉡ 피고인의 질병·심신상실, 공소장변경 등에 의한 **공판절차 정지기간**, ㉢ **감정유치기간**(172의2)은 법원의 구속기간에 산입하지 아니한다. 그 결과 공소제기 전부터 구속상태에 있었더라도, 법원의 구속기간은 공소제기일부터 기산한다.

6) **재구속의 제한** 재구속의 제한(208)은 수소법원이 피고인을 구속하는 경우에는 **적용되지 않는다**(위 1969도509). 즉, 수사단계에서 피의자로서 구속되었다가 석방된 경우에도 공판단계에서는 (다른 중요한 증거의 발견 여부와 관계 없이) 다시 구속할 수 있다. 나아가 "구속기간의 만료로 구속의 효력이 상실된 후 수소법원이 판결을 선고하면서 피고인을 구속한 것은 재구속 또는 이중구속이라 할

인치된 후 도주하려고 하였으나 법정 내에서 검거된 경우'에 도주죄의 성립을 인정한 사례.

1) 이 경우 구속적부심청구권의 고지 여부는 문제되지 않는다(피의자가 아님).

수 없다"(대결 1985.7.23.자 85모12).

[법정구속과 상소심의 구속기간] i) '구속기간 만료로 석방'되었다가 '판결선고하면서 피고인을 구속'하는 경우에 그 구속은 대행갱신의 실질을 갖게 되므로, 상소심은 2차부터 구속기간을 갱신할 수 있다. 따라서 상소심의 구속기간은 법정구속한 때부터 최장 6개월이 된다. 대행갱신이라 함은 상소의 경우 원래 상소법원이 해야 할 구속기간의 갱신을 소송기록이 있는 원심법원에서 편의상 대행하는 것(105 · 규57①)을 말한다.

ii) 그러나 '불구속으로 진행'된 사건에 대해 '판결선고하면서 피고인을 구속'하는 경우에 그 구속은 상소심의 대행갱신은 아니므로, 상소심은 2개월이 경과된 후 1차부터 구속기간을 갱신할 수 있다. 따라서 상소심의 구속기간은 법정구속한 때부터 최장 8개월이 된다.

iii) 한편, 구속기간 만료로 석방된 상태에서 제1심 판결선고 후 항소하였는데, 항소법원이 '항소사건의 심리 중 피고인을 구속'하는 경우에는 그 구속은 항소심의 갱신과 실질적으로 다를 바 없으므로, 항소법원은 법정구속한 때부터 2개월이 경과된 후 2차부터 구속기간을 갱신할 수 있다. 따라서 항소법원의 구속기간은 법정구속한 때부터 최장 6개월이 된다.

5. 구속영장의 효력범위: 이중구속과 별건구속

1) 구속영장의 효력범위 구속영장의 효력범위에 대해 사건단위설과 인단위설이 대립한다. i) 사건단위설은 영장에 기재된 범죄사실 및 그와 동일성이 인정되는 사실에 대해서만 그 효력이 미친다는 견해이고, ii) 인단위설은 구속될 피의자 · 피고인을 기준으로 모든 범죄사실에 그 효력이 미친다는 견해이다. iii) **사건단위설**이 통설 · 판례의 입장이다. 즉, "구속영장의 효력은 **구속영장에 기재된 범죄사실** 및 그 사실의 기초가 되는 사회적 사실관계가 기본적인 점에서 동일한 공소사실에 미친다"(대결 2001.5.25.자 2001모85).[1] 그리고 그 '사건'의 단위에 대해서는 '공소사실의 동일성이 미치는 범위'라고 하여, '(수정된) 기본적 사실관계동일설'(규범적 사실동일설)의 입장에서 이해하고 있다.[2]

구속영장의 효력범위와 관련하여 이른바 이중구속과 별건구속이 문제된다.

2) 이중구속 이중구속이란 이미 구속영장이 발부되어 구속된 피의자 · 피고인에 대하여 다시 구속영장을 발부받아 이를 집행하는 것을 말한다. **사건단위**

1) 즉, "이러한 기본적 사실관계의 동일성을 판단함에 있어서는 그 사실의 동일성이 갖는 기능을 염두에 두고 피고인의 행위와 그 사회적인 사실관계를 기본으로 하되, 규범적 요소도 아울러 고려하여야 한다."(위 2001모85).

2) 자세한 것은 '심판대상' 부분 참조(제3편 제2장 제1절 Ⅲ. 사건의 단일성 · 동일성).

설에 따르면, 일정한 범죄사실로 구속된 자에 대하여 다시 별개의 범죄사실로 구속영장을 발부받는 것은 논리적으로 가능하다. 그런데 이중구속은 수사기관의 피의자구속에서보다는 **수소법원의 피고인구속**에서 문제된다.[1] 즉, 이중구속은 (수개 구속영장의 동시집행의 문제가 아니라) 수소법원이 이미 구속된 피고인의 구속기간 만료에 대비하여 **다시 구속영장을 발부**할 수 있는지 여부의 문제이다. 견해가 대립하나, 판례는 **적극설**의 입장이다. 즉, "**구속기간이 만료될 무렵** 종전 구속영장에 기재된 범죄사실과는 다른 범죄사실로 다시 구속하였다는 사정만으로 그 구속이 위법하다고 단정할 수 없다"(대결 1996.8.12.자 96모46). 이 경우 구속기간은 각 구속영장에 기재된 범죄사실별로 산정하며, 이중구속에서의 구속기간의 기산점은 그 구속영장이 집행된 때이다. 물론 검사의 청구는 필요없다.

3) **별건구속** 별건구속이란 수사기관이 본래 수사하고자 하는 사건(본건)에 대해 구속요건이 구비되지 못한 경우에, 본건의 수사를 위해 구속요건이 구비된 별개의 사건(별건)으로 구속영장을 발부받아 피의자를 구속하는 것을 말한다. 별건구속은, ㉠ 본건에 대해 구속사유가 없음에도 구속효과가 생기는 결과가 되고, ㉡ 본건에 대해 법관의 사전심사를 회피함으로써 영장주의를 무력화한다. 또한 ㉢ 본건의 구속기간 제한을 탈법적으로 우회하는 방편 또는 ㉣ 본건에 대해 구속사유가 없는데도 자백강요·수사편의의 방편으로 사용되기도 한다. 별건구속은 **영장주의에 반하는 위법수사**라는 견해가 지배적이다(통설).

한편, 별건구속과 구별되는 개념으로 **여죄수사**가 있다. 여죄수사는 본건에 대한 구속의 기회에 구속된 피의자의 다른 여죄를 수사하는 것을 뜻한다. 허용 여부에 대해 견해가 대립하나, 본건에 대한 적법한 구속영장으로 여죄를 수사하는 것은 크게 문제될 것이 없다. 다만, '금지되는 별건구속'과 '허용되는 여죄수사'는 한계가 불분명하고 구별이 쉽지 않다는 현실적인 문제가 있다.

6. 구속의 집행정지와 실효

(1) 구속의 집행정지

구속의 집행정지란 구속영장의 효력을 유지시킨 채 구속의 집행만을 정지하여 피의자·피고인을 석방하는 것을 말한다. 구속집행정지는 직권으로 행하며, 피의자·피고인에게는 신청권이 없다. 실무상 가족의 경조사, 질병, 출산 등

1) 수사단계에서 이미 구속된 자는 별개의 범죄사실에 대해서도 도망의 염려나 증거인멸의 염려가 인정되기 어려운 이상 다시 구속영장이 발부될 수는 없기 때문이다.

의 사정이 있을 때 제한적으로 이용된다. 구속집행정지는 구속영장의 효력이 유지된다는 점에서 구속취소와 다르며, 보증금납입 등을 조건으로 하지 않는다는 점에서 보석제도와도 다르다.

1) 피의자의 구속집행정지 i) (피의자: 검사 · 사법경찰관의 결정) 구속된 피의자에 대해, 검사 또는 사법경찰관이 구속의 집행을 '정지'할 수 있다(101① · 209). 다만, 사법경찰관은 검사의 지휘를 받아야 한다. ii) (취소) 또한, 구속된 피의자에 대해, 검사 또는 사법경찰관의 결정으로 구속의 집행정지를 '취소'할 수 있다(209).

2) 피고인의 구속집행정지 i) (피고인: 법원의 결정) 법원은 상당한 이유가 있는 때에는 결정으로 (구속 피고인을 친족 · 보호단체 기타 적당한 자에게 부탁하거나 피고인의 주거를 제한하여)[1] 구속의 집행을 '정지'할 수 있다(101①). 검사의 의견을 물어야 하나, 급속을 요하는 경우에는 예외이다(동②). ii) (취소) 또한, 법원은 직권 또는 검사의 청구에 따라 결정으로 피고인에 대한 구속의 집행정지를 '취소'할 수 있다(102②). iii) 그 취소사유는 보석의 취소사유와 같다.

(2) 구속의 실효

구속의 실효란 구속영장의 효력 자체를 전면적으로 상실시키는 것을 말한다. 구속의 실효는 구속의 법적 근거인 구속영장 자체가 효력을 잃는다는 점에서, 구속의 집행만을 차단하는 구속집행정지와 구별된다. 구속의 실효사유에는 ㉠ 구속취소, ㉡ 당연실효, ㉢ 구속적부심사에서의 법원의 석방명령(214의2④) 등이 있다.[2]

1) 구속취소 i) (피의자: 검사의 결정) 검사는 구속된 피의자에 대해 구속취소를 할 수 있다(209 · 93). 예컨대, 수사결과 혐의가 없거나 기소유예 또는 약식기소하는 경우이다. 검사가 구속취소하는 경우에는 영장을 발부한 법원에 그 사유를 서면으로 통지하여야 한다(204). 검사가 법원의 승인 없이 독자적으로 구속취소를 할 수 있는 것이다.

ii) (피고인: 법원의 결정) 구속취소란 **구속사유가 없거나 소멸된 때**에 법원은 직권 또는 당사자 등의 청구에 의하여 결정으로 구속영장을 실효시키고 구속된 피고인을 석방하는 것을 말한다(93). 여기서 '구속사유가 없는 때'란 처음부터 존

1) 전자장치 부착은 전자장치부착법상 '보석의 조건'으로 허용되고 있다. 따라서 전자장치 부착은 '구속집행정지' 조건으로도 허용된다(대결 2022.11.22.자 2022모1799).

2) [공소제기] 공소제기에 의하여 수사단계의 피의자구속은 공판단계의 피고인구속으로 전환된다. 따라서 공소제기는 구속영장의 실효사유가 아니다.

재하지 않았던 것이 판명된 경우이고, **'구속사유가 소멸된 때'**란 존재한 구속사유가 사후적으로 소멸한 경우를 말한다. 예컨대, ㉠ 도망 또는 증거인멸의 염려가 전혀 없게 된 경우, ㉡ 구속기간이 경과하였으나 아직 석방되고 있지 않은 경우, ㉢ **제1심의 선고형보다 구속된 기간이 긴 경우** 등이다.

2) **당연실효**(구속영장의 효력 상실) i) **구속기간이 만료**되면, 구속영장의 효력은 당연히 상실되며, 구속된 피의자·피고인을 즉시 석방하여야 한다. 구속기간이 만료된 후의 구속은 불법구속이 된다. ii) **무죄, 면소, 형의 면제, 형의 선고유예, 집행유예, 공소기각** 또는 **벌금이나 과료**를 과하는 판결이 선고된 때에는 구속영장은 효력을 잃는다(331). 이때 판결의 선고 후 피고인은 지체 없이 석방된다. iii) 사형 또는 자유형의 판결이 확정되면, 구속영장은 효력을 상실한다. 자유형이 확정되면 구속이 아닌 형의 집행이 시작된다.

Ⅲ. 체포·구속된 자의 권리

1. 체포·구속된 피의자·피고인의 접견교통권

(1) 의의

1) 뜻 접견교통권이란 피의자·피고인이 '변호인' 또는 '가족·친지 등 타인'과 접견하고(접견) 서류 또는 물건을 수수하며(수수) 의사의 진료를 받을 수 있는(진료) 권리를 말한다. i) 헌법에 따르면, '누구든지 체포 또는 구속을 당한 때에는 즉시 변호인의 조력을 받을 권리를 가진다'(헌법12④). 체포·구속을 당한 자의 **변호인과의 접견교통권**은 헌법상 변호인의 조력을 받을 권리의 핵심이 된다.[1)] 체포·구속을 당한 자의 입장에서는 헌법상 기본권으로, 방어권 보장을 위한 필수불가결한 중요한 권리이며, 동시에 변호인의 입장에서도 변호인의 고유권이자 헌법상 기본권으로, 변호인에게도 필수불가결의 중요한 권리이다(89·200의6·209). ii) 한편, 체포·구속을 당한 자에게는 **비변호인과의 접견교통권** 역시 별도로 인정된다(91·200의6·209).

2) 기능 접견교통권은 체포·구속된 자의 정신적·육체적 고통을 최소화하고 기본적 인권의 보장과 충분한 방어준비를 가능하게 한다. 형사소송법은 '변호인과의 접견교통권'은 폭넓게 보장하지만(89), 가족, 친지 등 '비변호인과의

---

1) 물론 신체구속 상태에 있지 않은 피의자에게도 현행법상 변호인과의 접견교통권이 보장된다(243의2① 참조).

접견교통권'은 제한적으로 인정하고 있다(91).

3) **주체** '체포 · 구속된 자'에는 영장에 의하여 체포 · 구속된 자는 물론, 긴급체포 · 현행범체포에 의하여 체포된 자, 감정유치에 의하여 구금된 자, 임의동행의 형식으로 연행된 피의자나 피내사자(대결 1996.6.3.자 96모18)도 포함된다.[1]

4) **내용** 체포 · 구속된 피의자 · 피고인은 '관련 법률이 정하는 범위에서' 타인과 **접견**하고, 서류나 물건을 **수수**하며, 의사의 **진료**를 받을 수 있다(89 · 91 · 200의6 · 209). "접견교통권은 피의자 · 피고인의 인권보장과 방어준비를 위하여 필수불가결한 권리이므로, 법령에 의한 제한이 없는 한 수사기관의 처분은 물론 법원의 결정으로도 이를 제한할 수 없다"(위 96모18).

(2) 변호인과의 접견교통권

변호인과의 접견교통권의 내용은 접견 · 수수 · 진료이다.

1) **자유로운 접견교통의 보장** i) (접견) **변호인 접견**은 감시받지 않는 자유로운 접견교통의 보장을 내용으로 한다. 여기서 '자유로운 접견'이란 '**대화내용에 대하여 비밀이 완전히 보장**되고, 어떠한 제한 · 영향 · 압력 또는 부당한 간섭 없이 자유롭게 대화할 수 있는 접견'을 의미한다(헌재 2011.5.26. 2009헌마341).[2] 이처럼 '**변호관계의 비밀영역**'은 **절대적 보장**이다. 변호인의 접견내용에 대하여 비밀이 보장되어야 하므로, 접견에 교도관 · 경찰관이 **참여**하거나 그 내용을 청취 또는 녹취해서도 **안 된다**(형집행법84①). 변호인과의 접견내용을 기재한 서면은 증거능력이 인정되지 않는다. 다만, **보이는 거리**에서 미결수용자를 **관찰**할 수는 있다(동단서). 관련 법률에서도 미결수용자와 변호인 간의 접견은 시간과 횟수를 제한하지 아니한다(형집행법84②). 물론, 수사기관의 처분이나 법원의 결정으로도 이를 제한할 수 없다.

ii) (수수) 체포 · 구속된 피의자 · 피고인은 변호인과의 접견과정에서 서류나 물건을 '수수'할 수 있다. 접견과정에서 수수한 서류나 물건에 대해서는 원칙적으로 검열 · 압수가 허용되지 않는다. 미결수용자와 변호인 간의 서신은 교정시설에서 상대방이 변호인임을 확인할 수 없는 경우를 제외하고는 검열할 수 없다(동③). 다만, 구속장소의 질서유지를 위해 위험한 물건의 수수를 금지하는 것

---

1) 다만 "형이 확정되어 집행 중에 있는 '수형자'에 대한 재심청구절차에는 그대로 적용될 수 없다"(대판 1998.4.28. 96다48831).

2) 다만 변호인 접견 자체에 대해 아무런 제한도 가할 수 없다는 의미는 아니므로, 국가안전보장 · 질서유지 또는 공공복리를 위해 필요한 경우에는 법률로써 제한될 수 있음은 당연하다.

은 불가피한 조치이다.

iii) (진료) 체포·구속된 피의자·피고인은 의사의 진료를 받을 수 있다.

2) **접견교통권의 침해** i) (침해) ㉠ "접견신청일이 경과하도록 접견이 이루어지지 아니한 것은 실질적으로 접견불허가처분과 동일시된다"(대결 1991.3.28.자 91모24). ㉡ 변호인 접견에 교도관이 참여하는 것(헌재 1992.1.28. 91헌마111) 및 승낙 없이 사진촬영을 한 것(대판 2003.1.10. 2002다56628)은 접견교통권 침해에 해당한다. ㉢ 변호인 접견을 일반접견과 동일하게 '회당 30분 이내로, 횟수는 월 4회로' 제한하는 것(헌재 2015.11.26. 2012헌마858)도 위헌이다. ㉣ "구금장소의 임의적 변경은 청구인의 방어권이나 접견교통권의 행사에 중대한 장애를 초래하는 것이므로 위법하다"(대결 1996.5.15.자 95모94). ㉤ 또한, "피의자가 변호인을 자신의 범죄행위에 공범으로 가담시키려고 하였다는 등의 사정만으로 그 변호인의 접견교통을 금지하는 것은 정당화될 수 없다"(대결 2007.1.31.자 2006모656). ii) (침해 아님) 반면, "구치소장이 변호인접견실에 CCTV를 설치하여 변호인 접견을 관찰한 것은 변호인의 조력을 받을 권리를 침해한다고 할 수 없다"(헌재 2016.4.28. 2015헌마243).

(3) 비변호인(일반인)과의 접견교통권

체포·구속된 피의자·피고인은 '관련 법률이 정하는 범위에서' **변호인 아닌 타인**과 접견하고 서류 또는 물건을 수수하며 의사의 진료를 받을 수 있다(89·91·200의6·209). 비변호인과의 접견교통도 방어권 보장에 필요하며, 특히 사회적 지위·심리적 안정 유지에 의미가 있다. 다만, 제한적으로 허용된다.

1) **법률에 의한 제한** 공범자와의 공모에 의한 증거인멸의 방지와 구금시설의 안전확보를 위하여 '형의 집행 및 수용자의 처우에 관한 법률'에 의한 제한이 있다(형집행법41내지44). 경찰관서에 설치된 유치장에도 준용된다(동법87).

2) **결정에 의한 제한** 변호인과의 접견교통권과는 달리, 비변호인과의 접견교통권에 대해서는 '결정에 의한 제한'이 가능하다. 형사소송법의 편제와 준용규정 등에 따라, '피고인→피의자'의 순서로 설명하면, 다음과 같다.

i) (구속된 '피고인') "법원은 **도망**하거나 범죄의 **증거를 인멸할 염려**가 있다고 인정할 만한 상당한 이유가 있는 때에는, (직권 또는 검사의 청구에 의하여) **결정으로,** 구속된 피고인과 비변호인과의 접견을 금지할 수 있고, 서류나 그 밖의 물건을 수수하지 못하게 하거나 검열 또는 압수할 수 있다. 다만, 의류·양식·의료품은

수수를 금지하거나 압수할 수 없다”(91). 이는 **법원의 결정**에 의한 제한인데, 제한사유는 ‘도망의 염려’ 또는 ‘증거인멸의 염려’이며, 제한범위는 ㉠ 접견의 금지, ㉡ 서류·물건의 검열·수수금지·압수이다.

특히 접견대상의 제한과 관련하여, 비변호인과의 접견의 금지는 ‘전면적 금지’뿐 아니라 특정인을 제외시키는 ‘개별적 금지’(특정인의 접견배제)도 가능하며, ‘조건부 또는 기한부 금지’도 가능하다. 이러한 제한결정은 피고인이 석방(예: 보석)되면 그 효력을 잃으며, 나중에 재구금(예: 보석취소)되면 새로운 제한 결정이 필요하다.

ii) (체포·구속된 ‘피의자’) 구속된 피고인에 대한 규정(91)은 체포·구속된 ‘피의자’에게도 준용된다(200의6·209). 피의자의 경우에는 **수사기관의 결정**에 의한다(수사기관결정설).[1] 검사의 제한처분은 공소제기되면 그 효력을 잃으며, 법원의 새로운 제한 결정이 필요하다.

(4) 접견교통권의 침해에 대한 구제

1) 항고·준항고 i) 법원의 접견교통권 제한결정에 대해서는 ‘구금에 관한 결정’으로서 보통항고를 할 수 있다(402). ii) 검사 또는 사법경찰관의 접견교통권 제한은 ‘구금에 관한 처분’으로서 **준항고**의 대상이 된다. 즉, 그 직무집행지의 관할법원 또는 검사의 소속 검찰청에 대응한 법원에 그 처분의 취소 또는 변경을 청구할 수 있다(243의2·417). 행형당국이 접견교통권을 침해한 경우에도 마찬가지로 준항고의 대상이 된다.

2) 증거능력의 배제 접견교통권을 침해한 상태에서 이루어진 피의자·피고인의 자백이나 진술은 증거능력이 없다. “검사에 의하여 피의자에 대한 변호인의 접견이 부당하게 제한되고 있는 동안에 작성된 피의자신문조서는 증거능력이 없다”(대판 1990.8.24. 90도1285).

3) 국가배상·헌법소원 i) 접견교통권을 침해한 공무원과 국가를 상대로 국가배상청구가 가능하다. ii) 수사기관의 접견거부처분에 대해 법원에 준항고 절차까지 밟아 취소하는 결정이 있었음에도, 무시한 채 ‘재차’ 접견거부처분에 이르렀다면, 헌법소원 청구가 허용된다(헌재 1991.7.8. 89헌마181).

---

1) 다만, 접견교통권의 제한은 방어권에 대한 강력한 제한이고 제209조는 수사상 준용규정일 뿐 그 주체에 대한 근거규정은 아니라는 이유로, 입법론은 물론 해석론으로도 법원의 결정이 필요하다는 견해(법원결정설)도 있다.

2. 체포 · 구속적부심사

(1) 의의

체포 · 구속적부심사란 수사기관에 의하여 체포되거나 구속된 **피의자**에 대하여 법원이 체포 · 구속의 **적법 여부**와 그 **계속의 필요성 여부**를 심사하여 피의자를 석방하는 제도를 말한다(214의2).[1] [2] 수사기관의 불법한 체포 · 구속에 대한 견제장치이자, 법관이 발부한 영장에 대한 항고적 성격도 있다. 법원에 의한 '피고인의 구속'에서는 인정되지 않는다.

(2) 청구

1) 청구권자 i) 체포되거나 구속된 **피의자** 또는 그 변호인 · 법정대리인 · 배우자 · 직계친족 · 형제자매나 **가족 · 동거인 · 고용주**는, 관할법원에 체포 · 구속의 적부심사를 청구할 수 있다(214의2①). 피의자에 한정되므로 공소제기 후의 피고인은 구속적부심사청구권이 없다. ii) (법원의 직권불가) 체포 · 구속적부심은 청구권자의 **청구**가 있어야 하고(214의2①③), 법원이 직권으로 심사하여 석방할 수는 없다. iii) (고지의무) 피의자를 체포 · 구속한 검사 · 사법경찰관은 체포 · 구속된 피의자와 그 밖의 청구권자 중에서 피의자가 지정하는 자에게 구속적부심사를 청구할 수 있음을 알려야 한다(동②). iv) (체포적부심) 여기서의 체포는 체포영장에 의한 체포는 물론, **긴급체포 · 현행범 체포**를 모두 포함한다(대결 1997.8.27.자 97모21). 다만, 사인에 의한 불법구금은 구속적부심사의 대상이 아니다.

2) 청구사유 체포 · 구속의 '적부'이다. 체포 · 구속의 '적법 여부'뿐만 아니라 그 '계속의 필요성 여부'도 포함된다. 즉, 체포 · 구속이 **불법** 또는 **부당**한 경우를 모두 포함한다. '부당'한 경우의 대표적인 예는, 구속이 적법하게 이루어졌으나 그 **이후의 사정변경**(예: 피해변상, 합의, 고소취소 등)으로 구속을 계속할 필요가 없어진 경우이다. 즉, 체포 · 구속적부심은 영장의 적법성에 대한 사후심사 이상의 의미가 있다. 구속 계속의 필요 여부는 **심사시**를 기준으로 판단한다.

(3) 법원의 심사

체포 · 구속영장을 발부한 법관은 체포 · 구속적부심사의 심문 · 조사 · 결정에 관여할 수 없다. 다만 그 법관 외에는 다른 판사가 없는 경우에는 예외이다(동

1) 2017년 체포 · 구속적부심사 청구사건(구속적부심 2,307건, 체포적부심 18건)의 석방률은 14.3%(접수 2,325명 중 석방명령 333명-무조건부 168명, 조건부 165명)이다(2018 사법연감 610면).

2) 체포적부심사를 통해 석방된 사례로는 대판 2017.3.9. 2013도16162 참조.

⑫). 실무상 '구속'적부심사 청구사건은 재정합의 결정를 거쳐 합의부가 담당할 수 있다. 다만 구속영장을 발부한 판사를 제외하고 합의부를 구성할 수 없는 법원에서는 단독판사가 담당한다(보석예규21).

1) 국선변호인 선정　필요적 변호사건이다. 피의자에게 변호인이 없는 때에는 법원은 직권으로 국선변호인을 선정해야 한다(214의2⑩ · 33). 심문 없이 기각하는 간이기각결정의 예외적인 경우에도 선정해야 한다. 체포 · 구속적부심사를 청구한 피의자의 변호인은 구속영장청구서 및 그에 첨부된 고소 · 고발장, 피의자의 진술을 기재한 서류와 피의자가 제출한 서류를 열람할 수 있다(규104의2 · 96의21).[1]

2) 심문　법원은 청구서가 접수된 때부터 48시간 이내에 체포 · 구속된 피의자를 심문하고(간이기각결정은 예외),[2] 수사관계서류와 증거물을 조사하여야 한다(214의2④). 사건을 수사 중인 검사 · 사법경찰관은 수사관계서류와 증거물을 심문기일까지 법원에 제출하여야 하여야 하고,[3] 피의자를 구금하고 있는 관서의 장은 피의자를 출석시켜야 한다(규104②). 피의자의 출석은 절차개시의 요건이다. 검사 · 변호인 · 청구인은 심문기일에 출석하여 의견을 진술할 수 있다(214의2⑨).

심문을 거치는 것이 원칙이나, 예외적으로 심문 없이 기각하는 간이기각결정이 가능한 경우가 있다. 즉, ㉠ 청구권자 아닌 사람이 청구하거나, 동일한 체포영장 또는 구속영장의 발부에 대하여 재청구한 때, ㉡ 공범이나 공동피의자의 순차청구가 수사방해 목적임이 명백한 때(동③)이다.

3) 체포 · 구속적부심문조서　심문기일에 피의자를 심문하는 경우 법원사무관등은 심문의 요지 등을 조서로 작성하여야 한다(동⑭). 이 조서는 "제315조 제3호('기타 특히 신용할 만한 정황에 의하여 작성된 문서')에 의하여 당연히 그 증거능력이 인정된다"(대판 2004.1.16. 2003도5693).

(4) 법원의 결정

법원은 체포 · 구속된 피의자에 대한 심문이 종료된 때로부터 24시간 이내에

1) 판례상 구속적부심사사건 피의자의 변호인은 수사기록 중 '고소장'과 '피의자신문조서'를 열람 · 등사할 권리가 있다(헌재 2003.3.27. 2000헌마474). 한편 변호인의 체포영장에 대한 열람 · 등사청구권도 또한 인정된다(대판 2012.9.13. 2010다24879).

2) 심문은 대개 수명법관이 행한다.

3) 이와 관련하여 '구속기간 불산입' 규정, 즉 '수사기관의 구속기간에 산입하지 않는' '제외기간' 규정(214의2⑬)이 있다.

체포 · 구속적부심사청구에 대한 결정을 하여야 한다(규106). **심사청구 후** 피의자에 대하여 **공소제기**가 있는 경우에도 이에 대해 결정하여야 한다(214의2④). 즉, 검사의 이른바 '전격기소'가 있는 경우에도 구속된 피의자는 피고인이 되었지만 예외적으로 법원은 그 결정해야 하며, 석방결정은 효력이 있다.

여기에는 기각결정, 석방결정, 보증금납입조건부 석방결정이 있다.

1) **기각결정** 법원은 심사결과 그 청구가 이유 없다고 인정한 경우에는 결정으로 기각한다(동④). 적부심사에 관한 법원의 결정에 대해서는 (기각결정과 석방결정을 불문하고) 항고할 수 없다(동⑧). 이는 항고권의 남용으로 인한 절차의 번잡화 · 심사기간의 장기화 등을 방지하기 위한 것이다.

2) (무조건부) **석방결정** 법원은 그 청구가 이유 있다고 인정한 경우에는 결정으로 체포 · 구속된 피의자의 석방을 명해야 한다(동④). 법원의 석방결정에 대해서도 검사는 **항고할 수 없다**(동⑧). 석방결정은 그 결정서등본이 검찰청에 송달된 때에 효력을 발생한다(42 · 44). 석방결정은 체포 · 구속영장의 효력 자체를 상실시킨다(구속취소와 그 실질이 같다).

3) **항고불가** 이와 같이 기각결정이든 석방결정이든 불문하고, 제3항(간이기각)과 제4항(기각 · 석방)의 결정에 대하여는 항고할 수 없다(동⑧).

(5) 보증금납입조건부 석방결정

1) **뜻** '구속'적부심사를 청구한 피의자(즉, '구속'된 피의자만 해당. '체포'된 자는 제외)에 대하여 법원이 보증금납입을 조건으로 석방을 명하는 제도이다(214의2⑤). (구속된 피고인에 대한) 보석제도를 피의자에게까지 확대한 것으로, '피의자보석'(또는 '기소전 보석')이라고도 한다.[1)] 피의자의 석방 기회를 확대하여 피의자의 방어권을 보장하기 위한 것이다.

2) **적용범위** 보증금납입조건부 석방결정은 '구속'된 피의자에게만 인정되고, '체포'된 피의자에게는 적용되지 않는다(대결 1997.8.27.자 97모21).

3) **직권 · 재량** 보증금납입조건부 석방은 피의자의 구속적부심사의 청구가 있을 때에만 허용되는데, '보증금납입조건부' 자체에 대해서는 피의자의 청구

---

1) 다만, 피고인보석에 비하여 ㉠ 보석청구가 아닌 구속적부심사로 청구해야 한다는 점, ㉡ 법원의 직권만 가능하고 피의자에게 신청권이 없다는 점, ㉢ 법원의 재량만 가능하고 필요적 보석이 인정되지 않는다는 점, ㉣ 보증금납입조건만 가능하고 기타 조건은 인정되지 않는다는 점, ㉤ 일단 석방결정이 되면 구속영장의 효력이 상실되기 때문에 재구속만 가능하고 보석취소제도가 없다는 점 등에서 보석제도와는 차이가 있다.

권·신청권이 인정되지 않는다(이설 있음). 법원의 석방결정에서 보증금납입조건부 여부는 법원의 직권사항이고 재량사항이다. 즉, 보증금납입조건부에 대한 피의자의 청구권이 인정되지 않는다는 점에서는 직권보석이고, 보증금납입조건부 여부가 법원의 재량이라는 점에서는 재량보석이다.

4) 제외사유 다만, 보증금납입조건부로 하는 것이 허용되지 않는 경우가 있다. 이를 제외사유라 한다. 즉, ㉠ 범죄의 증거(罪證)를 인멸할 염려가 있다고 믿을 만한 충분한 이유가 있는 때, ㉡ 피해자, 당해 사건의 재판에 필요한 사실을 알고 있다고 인정되는 사람 또는 그 친족의 생명·신체나 재산에 해를 가하거나 가할 염려가 있다고 믿을 만한 충분한 이유가 있는 때에는, 보증금납입을 조건으로 피의자를 석방을 명할 수 없다(동⑤단서).

5) 보증금납입 조건부 보증금납입을 조건으로 하며(동⑤), 주거의 제한, 법원 또는 검사가 지정하는 일시·장소에 출석할 의무 기타 적당한 조건을 부가할 수 있다(동⑥). 보석금의 결정 등에는 보석의 규정이 준용된다.

6) 항고 통상의 기각결정과 석방결정에 대해서는 항고가 허용되지 않지만, 보증금납입조건부 석방결정에 대해서는 피의자나 검사가 항고할 수 있다. 즉, "보증금납입조건부 석방결정에 대하여는 ㉠ 항고하지 못한다는 규정이 없고, ㉡ 보증금납입조건부 석방결정(제5항)은 애초부터 통상의 석방결정(제4항)과는 그 실질적 취지와 내용이 다르며, ㉢ 기소 후 보석결정에 대하여 항고가 인정되는 것과의 균형상, 피의자나 검사가 그 취소의 실익이 있는 한 제402조에 의해 항고할 수 있다"(위 97모21. 피의자도 항고권자이다).

7) 석방결정의 취소 여부와 재구속 구속적부심에서는 석방결정에 의해 구속영장이 그 효력을 상실하는데, 그 실질은 구속취소에 해당한다. 구속적부심에서 보증금납입조건부로 석방된 피의자를 다시 구금하기 위해서는 새로운 구속영장을 다시 발부받아야 한다. 즉, 구속적부심으로 석방된 피의자를 재구금하기 위해서는 새로운 구속영장이 필수적이다. 보석으로 석방된 피고인의 재구금을 위해서는 '보석취소'만으로 충분한 것과 구별된다(보석은 구속영장의 효력이 그대로 유지되기 때문이다). 따라서 보증금납입조건부 석방결정에는 보석취소와 같은 석방의 취소규정(102② 참조)이 있을 리도 없다.

(6) 재체포·재구속의 제한

적부심사의 석방결정은 체포·구속영장의 효력을 상실시킨다. 석방 후 재체포·재구속에는 **새로운 영장**이 필요하다. 영장의 효력이 유지되는 보석과 다르다. 다만 여기에는 일정한 제한이 있다.

1) **통상의 석방결정** 적부심사의 석방결정에 의하여 석방된 피의자는 '도망하거나 **범죄의 증거를 인멸**하는 경우를 제외하고는' 동일한 범죄사실로 재차 체포하거나 구속할 수 없다(214의3①). 즉, 도망·증거인멸의 경우에는, 동일한 범죄사실에 대하여 (다른 중요한 증거의 발견이 없더라도) 재체포·재구속이 가능하다.

2) **보증금납입조건부 석방결정** 석방된 피의자에 대하여 예외사유를 제외하고는 동일한 범죄사실로 재차 체포하거나 구속할 수 없다(동②). 보증금납입조건부의 경우에는 통상보다 **예외사유가 확대**되어 있다(특히, 다음의 ㉢㉣ 참조). 즉, ㉠ 도망한 때, ㉡ 도망하거나 범죄의 증거를 인멸할 염려가 있다고 믿을 만한 충분한 이유가 있는 때는 물론, 그 밖에 ㉢ 출석요구를 받고 정당한 이유 없이 출석하지 아니한 때, ㉣ 주거의 제한이나 그 밖에 법원이 정한 조건을 위반한 때에도, 새로운 구속영장에 의한 재구속이 가능하다. 동일한 범죄사실에 대해 다른 중요한 증거의 발견이 없더라도 재구속이 가능하다.

3. 보석

(1) 의의

1) **뜻** 보석(保釋)이란, 보증금의 납부 등 적당한 조건을 붙여 구속의 집행을 정지하고 구속된 **피고인**을 석방하는 제도를 말한다. 현행법상 보증금납입 이외에 다양한 조건에 의한 보석이 가능하다. 보석은 보증을 조건으로 석방하는 것이므로, 그 실질은 **구속집행정지**, 즉 **구속영장의 효력을 유지**시키되 단지 구속의 **집행만을 잠정적으로 정지**(확정판결시까지)시키는 제도이다. 따라서 **보석이 취소**되면 정지된 구속영장의 효력이 부활하며, 이후의 구금은 이미 발부되어 있는 구속영장의 재집행이 된다.

2) **취지** 보석은 피고인을 일단 석방하되 보증을 조건으로 출석을 확보함으로써 구속의 목적을 달성한다. 무죄추정의 원칙을 구현하고, 구속의 비례성원칙을 실현하며, 피고인의 방어권보장에도 충실한 제도이다.[1]

---

1) 2017년 보석 청구사건 중 허가율은 35.5%(접수 6,445명 중 2,309명 허가, 직권보석 251명은 별도)이다(2018 사법연감 610면).

(2) 종류

1) **필요적 보석** 보석의 청구가 있으면 법원은 일정한 '제외사유'가 없는 한 보석을 허가하여야 한다(95). 이는 법원이 반드시 보석을 허가해야 하는 의무를 부담한다('필요적')는 것인데, 불구속재판 원칙을 최대한 구현하기 위한 것이다. 필요적 보석은 적어도 보석의 청구가 있어야 한다. 즉, 법원이 직권으로 하는 것은 아니다.

제외사유는, 피고인이 ㉠ (중대범죄) 사형, 무기 또는 장기 10년이 넘는(즉, 초과) 징역이나 금고에 해당하는 죄를 범한 때, ㉡ 누범에 해당하거나 상습범인 죄를 범한 때, ㉢ 죄증을 인멸하거나 인멸할 염려가 있다고 믿을 만한 충분한 이유가 있는 때, ㉣ 도망하거나 도망할 염려가 있다고 믿을 만한 충분한 이유가 있는 때, ㉤ 주거가 분명하지 아니한 때, ㉥ (피해자 등에 대한 위해) 피해자, 당해 사건의 재판에 필요한 사실을 알고 있다고 인정되는 자 또는 그 친족의 생명·신체나 재산에 해를 가하거나 가할 염려가 있다고 믿을 만한 충분한 이유가 있는 때이다. 문제는 제외사유가 지나치게 광범위하여 보석제도의 기능을 크게 감소시킨다는 것이다. 실제로 필요적 보석이 작동하는 범위는 극히 좁다.

피고인이 범한 죄는 공소장에 기재된 죄를 기준으로 한다. 공소장변경의 경우에는 변경된 공소사실을 기준으로 한다. 공소사실과 죄명이 예비적·택일적으로 기재된 경우에는 그 중 어느 하나만 해당하면 된다. 또한 법정형을 기준으로 하며, 유·무죄를 불문하고 제외사유에 해당한다.

필요적 보석이 원칙이다. 필요적 보석이 불가능한 경우에도 임의적 보석은 가능하다.

2) **임의적 보석** 필요적 보석의 제외사유에 해당하는 경우에 상당한 이유가 있는 때에는 법원이 '직권' 또는 청구권자의 '청구'에 의하여 결정으로 보석을 허가할 수 있다(96). 이를 임의적 보석이라 한다. 임의적 보석은 법원의 재량이고, 청구가 있는 경우는 물론 직권으로도 할 수 있다. 실무상 '상당한 이유'로 인정되는 대표적인 예의 하나가 피고인의 중대한 질병(이른바 '병보석')이다. 또한 "집행유예기간 중에 있는 피고인의 보석을 허가하는 것도 적법하다"(대결 1990.4.18.자 90모22).

(3) 청구와 심리

1) **청구권자** 피고인, 피고인의 변호인·법정대리인·배우자·직계친족·

형제자매 · **가족** · **동거인** · **고용주**는 법원에 구속된 피고인의 보석을 청구할 수 있다(94). 공소제기 후 재판의 확정 전까지는 **심급을 불문**하고 청구할 수 있고, 상소기간 중에도 가능하다(105).

2) **심문** 수소법원이 담당한다. i) 보석의 청구를 받은 법원은 지체 없이 심문기일을 정하여 구속된 피고인을 **심문**하여야 한다(규54의2①본문). 다만, '이미 **제출한 자료만으로** 보석을 허가하거나 불허가할 것이 **명백**한 때'(제4호) 등의 경우에는 예외적으로 심문을 하지 않을 수도 있다(동단서). 실무상 피고인보석은 대개 **별도의 심문 없이**(즉, 심문기일 지정 없이) 결정한다. ii) 재판장은 결정을 하기 전에 검사의 의견을 물어야 한다(97①②)[의무적]. 물론 검사의 의견에 기속되지는 않는다. 그런데 "(아예) 검사의 의견 없이 보석결정을 하더라도, 그 결정이 적정한 이상, 절차상의 하자만을 들어 결정을 취소할 수는 없다"(대결 1997.11.27.자 97모88)고 한다. 즉, 검사의 의견 없이 수소법원이 직권으로 피고인의 보석을 허가하는 것도 무방하다는 취지이다[직권보석].

(4) 법원의 결정

법원은 특별한 사정이 없는 한 보석의 청구를 받은 날부터 7일 이내에 그에 관한 결정을 하여야 한다(규55). 7일의 기간은 훈시규정이다.

1) **기각결정** 법원은 그 청구가 부적법하거나 이유 없는 때에는 이를 기각한다. 기각결정에 대하여 피고인 등은 **항고**할 수 있다(403②).

2) **보석허가결정** 필요적 보석의 제외사유에 해당하지 않거나 제외사유에 해당하더라도 상당한 이유가 있는 때에는 보석허가의 결정을 한다. 보석허가결정에 대한 검사의 즉시항고는 허용되지 않지만(97④참조), "검사가 제403조 제2항에 의한 **보통항고**의 방법으로 불복하는 것은 허용된다"(대결 1997.4.18.자 97모26). 보석허가결정의 효력(석방)은 보석이 취소되지 않는 한 확정판결시까지 지속된다. 심급을 달리해도 마찬가지이다.

3) **보석의 조건** 법원은 보석을 허가하는 경우에는 필요하고 상당한 범위 안에서 보증금납입 등 다양한 보석조건 중 하나 이상의 조건을 정하여야 한다(98). 경제적 무자력자에게도 보석의 기회를 확대하고, 개별사안에 적합한 조건을 정할 수 있도록 보석조건은 매우 다양하다. 예컨대, 서약서 · 약정서, 주거제한, 접근금지, 제3자의 출석보증서, 출국금지서약, 피해금액공탁, 보증금납입, 기타 적당한 조건 등이다. 특히, **보증금납입**과 관련하여, 법원은 보석청구자 이

외의 자에게 보증금의 납입을 허가할 수 있고, (현금납입 외에) 유가증권 또는 피고인 외의 자가 제출한 **보증서로써** 보증금에 **갈음함**을 허가할 수 있다(100②③).

4) 보석조건의 변경 법원은 직권 또는 청구권자의 신청에 따라 결정으로 **보석조건을 변경**하거나 당해 조건의 이행을 유예할 수 있다(102①).

(5) 보석의 집행(선이행 후석방의 원칙)

보증금납입, 서약서 · 약정서 제출, 제3자의 출석보증서 제출, 피해금액공탁 등의 조건은 이를 이행한 후가 아니면 보석허가결정을 집행하지 못하며, 법원은 필요하다고 인정하는 때에는 다른 조건에 관하여도 그 이행 이후 보석허가결정을 집행하도록 정할 수 있다(100①).

(6) 보석의 취소와 실효

1) 보석의 취소와 재구금 i) (보석취소) 법원은 피고인이 ㉠ 도망, ㉡ 도망 또는 증거인멸의 염려, ㉢ 출석불응, ㉣ 피해자 등에게 가해 염려, ㉤ 조건위반이 있는 때에는 직권 또는 검사의 청구에 따라 결정으로 보석을 취소할 수 있다(102②). 취소 여부는 법원의 재량이며, 보석취소결정에 대하여 항고할 수 있다(403②). ii) (재구금) 보석을 취소한 때에는 정지된 구속영장의 효력이 부활한다.[1] 검사는 그 **취소결정의 등본에 의하여** 피고인을 **재구금**하여야 한다(규56①). 재구금한 날부터 구속기간의 잔여기간이 진행한다.

2) 보석의 실효 보석의 효력은 '보석의 취소'(=재구금) 외에도 '구속영장의 실효'(=종국적 석방)에 의하여 상실된다. ㉠ 보석의 효력(잠정석방)은 실형이 선고되더라도 보석이 취소되지 않는 한 판결확정시까지 지속된다. ㉡ 구속영장이 실효된 경우에는 보석의 효력은 상실되며, '잠정적' 석방상태가 종료하고 '종국적' 석방으로 최종 확정된다.

(7) 보석금의 몰취와 환부

1) 몰취 법원은 **보석을 취소**하는 때에는 직권 또는 검사의 청구에 따라 결정으로 보증금 또는 담보의 전부 또는 일부를 몰취할 수 있다(103①). 이 경우의 보증금몰취는 법원의 재량에 속하며, 보석을 취소하면서 보증금을 전혀 몰취하지 않을 수도 있다(임의적 몰취). "보석보증금의 몰수는 반드시 보석취소와 동시

1) 법원의 보석취소 결정에 대한 항고는 (제1심 법원의 결정이든 고등법원의 결정이든 불문하고) 집행정지의 효력이 인정되지 않는다(대결 2020.10.29.자 2020모633).

에 해야 하는 것은 아니며, **보석취소 후에 별도로** 보증금몰수결정을 할 수도 있다"(대결 2001.5.29.자 2000모22 전합).

2) 환부 보석을 취소하거나 구속영장의 효력이 소멸된 때에는 몰취하지 아니한 보증금 등을 청구한 날로부터 **7일 이내에** 환부해야 한다(104).

	적부심		보석
	통상	보증금납입 조건부	
1. 주체	적부심 판사 (구속: 재정합의 가능)		수소법원 (단독/합의)
2. 대상	피의자(체포/구속) ('구속'피의자만)★		피고인
3. 사유	위법/계속 여부	계속 여부(재량)	필요적 보석(의무) - 임의적 보석(재량)
4. 절차	청구 (보증금납입 조건부는 직권)		청구/직권
5. 심문	○		×(= 실제 거의 안함: 규54의2①iv)
6. 보증금	×	○	○ or 다양한 조건
불복	×	○★(= 보통항고) 검사 · 피의자	○ (= 보통항고)
7. 영장효력	× (= 상실)		○ (= 유지)
재구금	새로운 영장 (재구속) ★		보석취소 결정 (재구금)

제 2 절 대물적 강제처분

Ⅰ. 압수 · 수색

1. 의의

(1) 압수 · 수색의 뜻

1) 압수 압수란 물건의 점유를 취득하는 강제처분을 말한다. 압류, 영치 및 제출명령의 3유형이 있다. i) 압류는 영장에 의한 압수와 같이, 점유의 '취득' 과정에 강제력을 행사하는 것('협의의 압수'), ii) 영치는 유류물 · 임의제출물의 계속 점유와 같이, 점유의 '계속'에 강제력을 행사하는 것을 말한다. iii) 제출명령은 법원이 압수할 물건을 지정하여 소유자 등에게 '제출을 명'하는 것(106②)을 말한다. 제출명령은 법원의 명령에 의한 압수로서, 형사소송법상 수사기관의 압수에서는 인정되지 않는다. 압수의 대상은 증거물 · 몰수대상물이 원칙이며(106①

본문 · 219), 전자'정보'(106③ · 219), 전기통신(107③ · 219), 금융거래정보(금융실명법4①) 등도 그 대상이 된다.

2) **수색** 수색이란 압수할 물건이나 체포할 피의자 · 피고인을 발견할 목적으로 사람의 신체, 물건 또는 주거 기타의 장소를 '뒤져 찾는' 강제처분을 말한다. 수색의 대상은 신체 · 물건 · 주거 그 밖의 장소이다(109① · 219). 수색은 주로 압수를 위한 전제로 행해지고, 실무상 압수 · 수색영장은 1개의 단일영장이다.[1)]

(2) 영장주의

1) **영장주의** 헌법은 주거의 자유(헌법16)와 사생활의 비밀과 자유(동17)를 규정하는 한편, 수사상의 압수 · 수색에 대해 영장주의(동12③)를 선언하고 있다. 영장주의의 본질적 요소는 일반적으로 4가지, 즉 ㉠ 중립적 · 독립적 제3자인 법원의 사법적 통제, ㉡ 일반 영장의 금지(=특정성 원칙), ㉢ 상당한 이유의 구비, ㉣ 집행기관의 재량 통제로 요약된다. 프라이버시의 침해를 수반하는 대물적 강제처분은, 비록 신체의 자유를 직접 제한하는 대인적 강제처분만큼은 아니더라도, 대인적 강제처분이나 통신비밀보호법상 통신제한조치에 준하는 '**날카로운 통제**'가 작동되어야 한다.

2) **위법수집증거 배제** "영장주의를 위반하여 수집한 증거는, **적법절차의** '실질적인 내용을 침해'하는 것이고(위법수집증거), 증거능력을 배제하는 것이 형사사법 정의실현의 취지에 합치된다(배제가 정의)"(대판 2009.5.14. 2008도10914).

2. 압수 · 수색의 요건

1) **단순한 범죄혐의**(의심정황) 압수 · 수색도 강제수사인 이상 범죄혐의가 있어야 한다. 다만 체포 · 구속과 달리 '죄를 범하였다고 의심할 만한 정황'(의심정황)만 있으면 충분하다(215). i) 필요한 범죄혐의의 정도에 대하여, 인신구속에 필요한 혐의와 같은 정도인 고도의 개연성이 있어야 한다는 견해도 있으나, 압수 · 수색은 보다 낮은 정도인 **단순한 범죄혐의**로 충분하다(다수설). 왜냐하면 ㉠ 압수 · 수색은 체포나 구속에 앞서 피의자를 특정하거나 구속요건을 충족시키기

---

1) [2017년] 압수 · 수색 · 검증영장은 발부율 88.6%(발부 181,040건, 기각 23,251건)이며, 통신제한조치허가서는 발부율 89.1%(발부 49건, 기각 6건), 통신사실확인자료제공요청은 발부율 94.6%(발부 69,853건, 기각 3,999건)이다(2018 사법연감 609면).
[2022년] 압수 · 수색 · 검증영장은 발부 361,613건, 일부기각 31,576건, 기각 3,618건이며, 통신제한조치허가서는 발부 5건, 일부기각 1건, 기각 1건, 통신사실확인자료제공요청은 73,852건, 발부 46,343건, 일부기각 2,341건, 기각 691건이다(2023 사법연감 1199면).

위한 수단으로 행하여지는 경우가 많고, ㉡ 형사소송법의 문언상 체포 · 구속에서는 범죄혐의의 '상당한 이유'(200의2① · 200의2① · 201)가 요건이지만, 압수 · 수색에서는 '의심정황', 즉 단순히 '죄를 범하였다고 **의심**할 만한 **정황**'(215)만이 요건이기 때문이다. ii) 그러나 그 범죄혐의는 '추상적' 범죄혐의로는 부족하고 수사를 개시할 정도의 범죄혐의, 즉 **'구체적' 범죄혐의**일 것을 요한다. 나아가 '죄를 범하였다고 의심할 만한 정황'은 인신구속의 '상당한 이유'는 아니더라도, 영장주의 원칙상 적어도 **'객관적 · 합리적 의심'**의 수준은 충족하여야 한다. 형사소송규칙은 분명 영장청구서에 '죄명 및 범죄사실의 요지'를 기재하도록 규정하고 있기 때문이다(규107①). 따라서 단순히 정보를 수집하거나 수사단서를 찾기 위한 **탐색적 압수 · 수색**은 허용되지 않는다.

2) 압수 · 수색의 필요성 압수 · 수색도 강제수사인 이상 강제처분의 필요가 있어야 한다. 수사상 압수 · 수색은 '범죄수사에 필요한 때'에 할 수 있다(215).

압수는 그 대상물이 당해 범죄사실의 증거가 될 개연성이나 몰수될 개연성이 있어야 하고, 수색은 압수할 물건을 발견하기 위한 것이어야 한다. 여기서 필요란 압수 · 수색의 대상물이 '증거로서의 가치 및 중요성이 있다'는 것을 말한다. 대상물을 직접증거, 간접증거(정황증거), 정상증거의 순서로 분류한다면, 그 필요성은 이에 상응하여 감소한다.

압수 · 수색은 그 대상물이 **'존재할 개연성'**, 즉 발견개연성 내지 발견혐의(Auffindungsverdacht)가 있어야 한다. 즉, 피의자 또는 피고인 '아닌 자'의 신체 · 물건 · 주거 또는 기타 장소에 대해서는 '압수할 물건이 있음을 인정할 수 있는 경우에 한하여' 수색할 수 있다(109② · 219). '피의자 또는 피고인'에 대한 수색에서는 법문상 이러한 조건이 규정되지 않았지만(109① · 219), 본질상 같은 제한이 있는 것으로 해석함이 타당하다. 단, 제3자를 대상으로 한 수색에서는 더욱 엄격하게 요구된다.

3) 해당 사건과의 관련성 압수 · 수색은 그 대상물이 피의사실 · 공소사실과 관련성이 있어야 한다. 제106조와 제109조(법원의 압수 · 수색)는 "피고사건과 '관계가 있다'고 인정할 수 있는 것에 한정하여", 제215조(수사기관의 압수 · 수색)는 "해당 사건과 '관계가 있다'고 인정할 수 있는 것에 한정하여"라고 규정하여, 관련성 요건을 명시하였다. 비록 명문규정이 없더라도 해석상 인정될 수 있고, 판례도 이미 '영장에 기재된 혐의사실과 관련된 부분'만 압수 · 수색할 수 있다고 하였지만(대결 2011.5.26.자 2009모1190), 2011년 개정에서 관련성 요건의 명문화함에

따라 그 중요성은 더욱 커지고 있다. 관련성은 공판절차('피고사건')에서보다는 수사절차('해당 사건')에서 더욱 문제된다. 실무상 주로 수사단계에서 별건 압수('별건 범죄사실의 증거물'에 대한 압수)가 문제된다.

'관련성(關聯性, Relevancy)'이란 일반적으로 '피고사건' 내지 '해당 사건'과 '관계가 있다'고 인정할 수 있는 것에 한정하여 압수·수색이 허용된다는 제한을 말한다. 해당 범죄사실과 관계가 없는 별건 범죄사실의 증거물에 대한 압수를 '별건 압수'라고 하고, 이러한 별건 압수는 관련성 요건을 위반한 것이 되므로, 허용되지 않는다. 관련성 요건으로 '별건 압수'를 금지하는 근거는 **일반영장의 금지** 또는 **탐색적 압수·수색의 금지** 원칙에서 찾을 수 있다. 즉, 대상을 특정하지 아니한 일반영장에 의한 압수 또는 탐색적 압수·수색은 허용되지 않는데, 별건 압수를 허용한다는 것은 곧 일반영장의 허용 내지 탐색적 압수수색의 허용을 의미하게 된다. 판례는 관련성 요건에 대해, 범죄혐의사실과의 **객관적 관련성** 및 피의자와 사이의 **인적 관련성**을 동시에 요구한다(대판 2017.12.5. 2017도13458). 관련성 있는 증거 또는 전자정보를 '**관련 증거**' 또는 '**유관정보**'라 하고, 관련성 없는 증거 또는 전자정보를 '**별건 증거**' 또는 '**무관정보**'라 한다.

'영장발부 단계'에서 영장을 청구받은 판사는 관련성이 없는 경우 압수·수색영장을 발부해서는 안 된다. '영장집행 단계'에서 영장을 집행하는 수사기관은 영장의 범죄사실과 관련된 증거만을 압수해야 한다. 피의자나 변호인은 압수·수색영장의 집행에 참여하여(219·121) 관련성 없는 물건에 대한 압수·수색에 대해 이의를 제기할 수 있다. '해당 사건'과 관련성이 없음에도 압수된 것이라면 위법한 압수(즉, 적법절차위반 압수)이고, 그 압수물은 위법수집증거배제법칙(308의2)에 의해 별건 범죄의 증거로 사용할 수 없다.

4) 비례성원칙 압수·수색은 비례성원칙이 특히 문제된다. "강제처분은 법률에 규정이 있는 경우에 한하며, '**필요한 최소한도**의 범위' 안에서만 하여야 한다"(199①단서). 따라서 압수·수색은 ㉠ 임의수사로써 같은 목적을 달성할 수 있는 경우에는 허용되지 않고(보충성), ㉡ 증거물이나 몰수물의 수집·보전이라는 목적 달성을 위한 필요한 최소한도의 범위에 그쳐야 하며(최소침해), ㉢ 압수·수색에 의한 기본권침해는 피처분자가 받게 될 다양한 불이익의 정도와 균형관계를 이루어야 한다(균형성). 비례성원칙의 부분 원칙(적합성·필요성·균형성) 가운데 ㉠㉡은 필요성, ㉢은 균형성(협의의 비례성)을 뜻한다. 판례도 같다. 즉, "여기서 '범죄수사에 필요한 때'라 함은 i) 단지 수사를 위해 필요할 뿐만 아니라

강제처분으로서 압수를 행하지 않으면 수사의 목적을 달성할 수 없는 경우를 말하고(=필요성), ii) 그 필요성이 인정되는 경우에도 무제한적으로 허용되는 것은 아니며(=최소침해), iii) 압수물이 증거물 내지 몰수하여야 할 물건으로 보이는 것이라 하더라도, 범죄의 형태나 경중, 압수물의 증거가치 및 중요성, 증거인멸의 우려 유무, 압수로 인하여 피압수자가 받을 불이익의 정도 등 제반 사정을 종합적으로 고려하여 판단해야 한다(=균형성)"(대결 2004.3.23.자 2003모126).[1)]

3. 압수 · 수색의 대상

(1) 압수의 대상

1) 증거물 또는 몰수물 압수의 대상은 피의사건 또는 피고사건과 관계가 있다고 인정할 수 있는 '증거물' 또는 '몰수할 것으로 사료하는 물건'(몰수물 또는 몰수대상물)이 원칙이다(106①본문 · 219). 물론 법률에 다른 규정이 있는 때에는 예외이다(106①단서 · 219). 증거물의 압수는 형사절차의 확보를 위한 것이고, 몰수물의 압수는 형 집행의 확보를 위한 것이다. 몰수물은 몰수가 선고될 가능성이 있는 물건으로, 임의적 몰수의 대상인 것도 포함한다.

2) 정보저장매체등 디지털 기술의 발달로 일상생활의 모든 면이 디지털 환경에 접하고 있다. **디지털 증거**는 일반적으로 '디지털 형태로 저장되거나 전송되는 증거가치 있는 정보'[2)]로 정의되는데, 컴퓨터에 저장되어 있는 정보 그 자체는 압수의 대상인 '유체물' 또는 '물건'이라고 볼 수 없다(대판 2002.7.12. 2002도745). 따라서 무형의 디지털 증거가 압수의 대상이 되는지 여부에 관하여 논란이 있었고, 2011년 개정에서 규정을 신설하였다.

즉, "압수의 목적물이 컴퓨터용디스크, 그 밖에 이와 비슷한 정보저장매체인 경우에는 **기억된 '정보'의 범위를 정하여** '출력'하거나 '복제'하여 제출받아야 한다. 다만, 범위를 정하여 출력 또는 복제하는 방법이 불가능하거나 압수의 목적을 달성하기에 현저히 곤란하다고 인정되는 때에는 정보저장'**매체**'등을 압수할 수 있다"(106③ · 219).

---

1) 폐수무단방류 혐의를 근거로 피고인의 공장부지, 건물, 기계류 일체 및 폐수운반차량 7대에 대하여 한 검사의 압수처분은, ㉠ 수사상의 필요에서 행하는 압수의 본래의 취지를 넘는 것으로 상당성이 없을 뿐만 아니라, ㉡ 수사상의 필요와 그로 인한 개인의 재산권 침해의 정도를 비교형량해 보면 비례성의 원칙에 위배되고 위법하다고 한 사례.

2) 1998년 미국 법무부 마약수사청, 연방수사국, 국세청 범죄수사단, 관세청, 항공우주국 등 연방기관의 증거분석연구소들을 중심으로 구성된 디지털 증거에 관한 과학실무그룹(Scientific Working Group on Digital Evidence: SWGDE)에서 정의한 것이다.

여기서 i) '정보의 범위를 정하여 출력하거나 복제'라는 규정은 압수의 대상이 된 특정한 정보만을 출력하거나 복제하여야 한다는 취지이다. 이는 디지털 증거에 대하여 ㉠ 압수의 대상은 일정한 범위의 '특정한 정보'만이고, ㉡ 압수의 방법은 저장매체 자체에 대한 압수가 아닌 해당 '정보'에 대한 '출력 또는 복제'가 원칙임을 선언한 것이다. ii) 예외적으로 '매체등을 압수할 수 있다'는 규정은, 압수의 대상이 정보라는 점에는 여전히 변함이 없고, 단지 예외적인 경우 '매체 자체'를 외부로 '반출'할 수 있다는 의미에 불과하다. 즉, 단서의 '매체등의 압수'에서 '압수'는 압수를 위한 '**반출**'을 의미한다(대결 2015.7.16.자 2011모1839 전합)는 점은 특히 주의가 요구된다. iii) 그 단서가 적용되기 위해서는, ㉠ 관련 정보의 출력·복제가 '불가능'하거나 '**현저히 곤란**'한 경우에 매체 자체를 수사기관 등으로 직접 반출할 수 있고, ㉡ "그 취지가 압수·수색**영장**에 **기재**되어 있어야 한다"(대결 2011.5.26.자 2009모1190). iv) 나아가, 반출 이후 일련의 과정에서 '참여권 보장'과 '관련성 요건'이 문제된다. ㉮ 수사기관 등으로 매체 자체를 옮긴 후 복제·탐색·출력하는 일련의 과정은 '전체적으로 **압수·수색의 일환**'에 해당하며, ㉯ 그와 같은 일련의 과정에서 피압수자나 변호인에게 '**참여의 기회를 보장**'한 다음, ㉰ '**관련된** 전자정보'만을 '**선별**'하여 복제·출력해야 한다(=**선별압수** 원칙). v) 법원 또는 수사기관은 이에 따라 정보를 제공받은 경우 개인정보보호법 제2조 제3호에 따른 정보주체에게 해당 사실을 지체 없이 알려야 한다(106④·219).

이러한 판례이론은 그 후 2020년 '수사준칙'에 그대로 법제화되었다.

[수사준칙(검사와 사법경찰관의 상호협력과 일반적 수사준칙에 관한 규정. 대통령령 제31089호)]

제41조(전자정보의 압수·수색 또는 검증 방법) ① 검사 또는 사법경찰관은 법 제219조에서 준용하는 법 제106조제3항에 따라 컴퓨터용디스크 및 그 밖에 이와 비슷한 정보저장매체(이하 이 항에서 "정보저장매체등"이라 한다)에 기억된 정보(이하 "전자정보"라 한다)를 압수하는 경우에는 해당 정보저장매체등의 소재지에서 수색 또는 검증한 후 범죄사실과 관련된 전자정보의 범위를 정하여 출력하거나 복제하는 방법으로 한다.

② 제1항에도 불구하고 제1항에 따른 압수 방법의 실행이 불가능하거나 그 방법으로는 압수의 목적을 달성하는 것이 현저히 곤란한 경우에는 압수·수색 또는 검증 현장에서 정보저장매체등에 들어 있는 전자정보 전부를 복제하여 그 복제본을 정보저장매체등의 소재지 외의 장소로 반출할 수 있다.

③ 제1항 및 제2항에도 불구하고 제1항 및 제2항에 따른 압수 방법의 실행이 불가능하거나 그 방법으로는 압수의 목적을 달성하는 것이 현저히 곤란한 경우에는 피압수자 또는 법 제123조에 따라 압수·수색영장을 집행할 때 참여하게 해야 하는 사람(이하 "피압수자등"이라 한다)이 참여한 상태에서 정보저장매체등의 원본을 봉인(封印)하여 정보저장매체등의 소재지

외의 장소로 반출할 수 있다.

제42조(전자정보의 압수·수색 또는 검증 시 유의사항) ① 검사 또는 사법경찰관은 전자정보의 탐색·복제·출력을 완료한 경우에는 지체 없이 피압수자등에게 압수한 전자정보의 목록을 교부해야 한다.

② 검사 또는 사법경찰관은 제1항의 목록에 포함되지 않은 전자정보가 있는 경우에는 해당 전자정보를 *지체 없이 삭제 또는 폐기하거나 반환*해야 한다. 이 경우 삭제·폐기 또는 반환확인서를 작성하여 피압수자등에게 교부해야 한다.

③ 검사 또는 사법경찰관은 전자정보의 복제본을 취득하거나 전자정보를 복제할 때에는 해시값(파일의 고유값으로서 일종의 전자지문을 말한다)을 확인하거나 압수·수색 또는 검증의 과정을 촬영하는 등 전자적 증거의 동일성과 무결성(無缺性)을 보장할 수 있는 적절한 방법과 조치를 취해야 한다.

④ 검사 또는 사법경찰관은 압수·수색 또는 검증의 전 과정에 걸쳐 피압수자등이나 변호인의 참여권을 보장해야 하며, 피압수자등과 변호인이 참여를 거부하는 경우에는 신뢰성과 전문성을 담보할 수 있는 상당한 방법으로 압수·수색 또는 검증을 해야 한다.

⑤ 검사 또는 사법경찰관은 제4항에 따라 참여한 피압수자등이나 변호인이 압수 대상 전자정보와 사건의 관련성에 관하여 의견을 제시한 때에는 이를 조서에 적어야 한다.

3) 우체물 또는 전기통신 우체물 등의 압수는 통신의 비밀을 제한한다. 수사기관 또는 법원은 필요한 때에는 피의사건 또는 피고사건과 관계가 있다고 인정할 수 있는 것에 한정하여, **우체물** 또는 통신비밀보호법 제2조 제3호에 따른 **전기통신**에 관한 것으로서 체신관서, 그 밖의 관련 기관 등이 소지 또는 보관하는 물건을 압수할 수 있다. 법원은 그 제출을 명할 수도 있다(107① · 219). 수사기관 또는 법원은 우체물 등에 대하여 이러한 처분을 할 때에는 발신인이나 수신인에게 그 취지를 통지하여야 한다. 다만, 심리 또는 수사에 방해가 될 염려가 있는 경우에는 예외로 한다(107③ · 219).

우체물이나 전기통신 관련 물건은 개봉하여 그 내용을 파악하기 전에는 증거물 또는 몰수물에 해당하는지 여부를 알 수 없다는 특성이 있다. 따라서 우편물 등은 필요성 및 관련성만 인정되면 '**증거물 또는 몰수물에 해당하지 않더라도**' 압수할 수 있도록 한 것이다.

4) 계좌추적 금융실명거래 및 비밀보장에 관한 법률에 따르면, 금융회사 등에 종사하는 자는 명의인의 서면상의 요구나 동의를 받지 아니하고는 그 **금융거래**의 내용에 대한 **정보** 또는 자료("거래정보등")를 타인에게 제공하거나 누설하여서는 아니 된다(금융실명법4①). 따라서 범죄수사를 위해서는 **금융계좌추적용 압수·수색영장**이 필요하다.

반면, 대상자의 '모든 금융기관에 개설한 예금계좌 일체'를 요구하는 **포괄계좌 영장**은 허용되지 않는다. 범죄혐의사실과 관련성이 없는 예금거래의 비밀이 침해될 우려가 크기 때문이다. 또한 대상자의 특정예금계좌와 전후 연결되는 모든 계좌에 대한 거래정보 등을 요구하는 **연결계좌 영장**도 허용되지 않는다. 다만, 비례의 원칙에 따라 대상계좌의 **직전, 직후계좌에 한하여** 허용된다. 이 경우에도 연결계좌는 원칙적으로 계좌개설에 관한 정보에 한정되고, 거래내역은 예외적으로 특별한 필요와 소명이 있는 때에 한하여 허용된다.

(2) 수색의 대상

수색의 대상은 사건과 관계가 있다고 인정할 수 있는 사람의 신체, 물건 또는 주거 기타의 장소이다. 즉, 수사기관 또는 법원은 필요한 때에는 피의사건(피고사건)과 관계가 있다고 인정할 수 있는 것에 한정하여, 피의자(피고인)의 신체, 물건 또는 주거, 그 밖의 장소를 수색할 수 있다(109① · 219).

(3) 압수 · 수색의 제한

비례성 원칙은 '압수로 밝히려는 범죄혐의'와 '국가 비밀이나 사생활의 비밀 등 침해되는 다른 이익' 사이의 균형성을 요구한다. 비례성 원칙에 근거한 형사소송법상 압수 제한에는 3유형(110 · 111 · 112)이 규정되어 있다. 이들 압수 제한의 유형은 모두 증인거부권 또는 **증언거부권과 보완관계**에 있다. 즉, 공무원의 증인거부권(147)과 업무상 비밀에 관한 증언거부권(149)이 압수에 의해 사실상 형해화되는 것을 방지하기 위한 것이다. 예컨대, 환자(피의자 · 피고인)의 병력(病歷)에 대해 담당 의사가 증언을 거부하는 경우에, 의사의 치료기록을 압수할 수 있다면 의사의 증언거부권은 아무런 의미가 없다.

1) 군사상 비밀 군사상 비밀을 요하는 장소는 그 '책임자'의 승낙 없이는 압수 · 수색할 수 없다. 다만 그 책임자는 **국가의 중대한 이익**을 해하는 경우를 제외하고는 승낙을 거부하지 못한다(110 · 219). 제110조 및 제113조는 '압수를 위한 수색'에만 적용되고 '체포를 위한 수색'에는 적용되지 않는다.

2) 공무상 비밀 공무원 또는 공무원이었던 자가 소지 또는 보관하는 물건에 관하여는 본인 또는 그 해당 공무소가 직무상의 비밀에 관한 것임을 신고한 때에는 그 '소속 공무소 또는 당해 감독관공서'의 승낙 없이는 압수하지 못한다. 다만, 그 소속 공무소 또는 당해 감독관공서는 **국가의 중대한 이익**을 해하는 경우를 제외하고는 승낙을 거부하지 못한다(111 · 219).

3) 업무상 비밀 변호사·변리사·공증인·공인회계사·세무사·대서업자·의사·한의사·치과의사·약사·약종상·조산사·간호사·종교의 직에 있는 자 또는 이러한 직에 있던 자가 그 업무상 위탁을 받아 소지 또는 보관하는 물건으로 타인의 비밀에 관한 것은 압수를 거부할 수 있다. 다만, 그 **타인의 승낙**이 있거나 **중대한 공익상 필요**가 있는 경우에는 예외로 한다(112·219).

변호사 등의 압수거부권은 비밀을 위탁한 업무 및 그 업무를 이용하는 일반인(즉, 의뢰인)을 보호하기 위한 것이다. 다만 압수거부의 대상은 ㉠ 업무상 위탁을 받아 '소지' 또는 '보관'하는 물건으로, ㉡ 타인의 비밀에 관한 것에 한정된다. 우선, ㉠ 업무상 위탁을 받아 소지 또는 보관하는 물건임을 요하므로, 변호사가 업무처리 중에 '작성'한 서류, 위탁의 '결과'로서 작성하거나 수집한 물건은, (타인의 비밀에 관한 것이라 해도) 압수를 거부할 수 없다. ㉡ 한편, 여기서의 '비밀'은 객관적 비밀 외에 '주관적 비밀', 즉 '위탁자가 비밀로 해달라고 요청한 경우'도 포함된다(통설). 위탁자와 업무자의 신뢰관계를 보호하려는 데에 그 입법취지가 있기 때문이다. 따라서 비밀 여부에 대한 판단은 위탁받은 업무종사자에게 있고, 법원은 단지 그 권리남용 여부를 판단할 뿐이라고 해석된다.

[변호사-의뢰인 특권(ACP. Attorney-Client Privilege)의 인정 여부] 수사기관에서 변호사의 법률 검토의견서, 의뢰인과 변호사의 의견교환 내용, 변호사와의 면담 메모, 변호사와 주고받은 이메일 등을 법관의 영장을 받아 압수하려고 시도하는 경우, 변호사-의뢰인 특권(ACP)에 따라 압수거부가 가능한지 여부가 문제된다.

우리 법제상 변호사-의뢰인 특권(ACP)을 인정하는 명문의 규정 없고, 변호사 비밀유지의무, 압수거부, 증언거부와 관련된 변호사법(26), 형법(317), 형사소송법(112·149) 등 관련 규정이 있기는 하나, 이를 ACP의 일반 근거 규정으로 보기는 어렵다.

판례는 실체적 권리로서의 변호사-의뢰인 특권(ACP)은 인정하지 않고, 다만 형사소송법상 전문법칙(특히 제314조의 예외) 관련 법리의 해석을 통하여 구체적 사안에서 증거능력을 부정하는 방법으로 권리를 보장하는 입장이다(대판 2012.5.17. 2009도6788 전합). 변호사의 압수거부권(112), 증언거부권(149) 등 명문의 규정이 있기는 하나, 이러한 규정들만으로는 의뢰인의 비밀과 신뢰관계를 보호하기에는 한계가 있다.

4. 압수·수색의 절차

(1) 영장의 청구와 발부

1) 압수·수색영장의 청구 검사는 지방법원판사에게 청구하여 발부받은 영장에 의하여 압수·수색(또는 검증)을 할 수 있고, 사법경찰관은 검사에게 신청

하여 검사의 청구로 발부받은 영장에 의하여 압수·수색(또는 검증)을 할 수 있다(215①②). ㉠ 검사는 압수·수색영장을 청구할 때에는 압수·수색의 '범위'를 범죄혐의의 소명에 필요한 최소한으로 정해야 하고, '수색할 장소·신체·물건 및 압수할 물건 등'을 구체적으로 특정해야 한다. 이 경우 수사기밀이나 사건관계인의 개인정보가 압수·수색을 필요로 하는 사유의 소명에 필요한 정도를 넘어 불필요하게 노출되지 않도록 유의해야 한다(수사준칙37). ㉡ 검사가 압수·수색영장을 청구할 때에는 피의자에게 '범죄혐의'가 있다고 인정되는 자료와 '압수·수색의 필요' 및 '해당 사건과의 관련성'을 인정할 수 있는 자료를 제출하여야 한다(규108①).

2) 영장의 청구시기 그 시기에는 제한이 없다. 그러나 "일단 공소가 제기된 후에는 피고사건에 관하여 검사로서는 제215조에 의하여 압수·수색을 할 수 없다. 그럼에도 검사가 공소제기 후 제215조에 따라 수소법원 이외의 지방법원판사에게 청구하여 발부받은 영장에 의하여 압수·수색을 하였다면, 그와 같이 수집된 증거는 적법한 절차에 따르지 않은 것(위법수집증거)으로서 원칙적으로 유죄의 증거로 삼을 수 없다"(대판 2011.4.28. 2009도10412).

3) 영장의 기재사항 압수·수색영장에는 피의자 또는 피고인의 성명, 죄명, 압수할 물건, 수색할 장소·신체·물건, 발부연월일, 유효기간과 '그 기간을 경과하면 집행에 착수하지 못하며 영장을 반환해야 한다'는 취지 기타 대법원규칙으로 정한 사항을 기재하고, 재판장 또는 수명법관이 서명·날인하여야 한다. 다만, 압수·수색할 물건이 전기통신에 관한 것인 경우에는 작성기간을 기재하여야 한다(114①·규58). "법관의 서명날인란에 서명만 있고 날인이 없는 영장은, 형사소송법이 정한 요건을 갖추지 못하여 적법하게 발부되었다고 볼 수 없다"(대판 2019.7.11. 2018도20504).[1)]

특히 압수·수색의 대상·장소는 영장에 반드시 특정되어야 한다[특정성 원칙]. 영장을 집행하는 수사기관의 권한범위를 명확히 함으로써 남용을 방지하기

---

1) [판사의 날인이 누락된 영장의 효력] "이 사건 영장은 법관의 서명날인란에 서명만 있고 날인이 없으므로, 형사소송법이 정한 요건을 갖추지 못하여 적법하게 발부되었다고 볼 수 없다. 그러나 판사의 의사에 기초하여 진정하게 영장이 발부되었다는 점은 외관상 분명하다. 당시 수사기관으로서는 영장이 적법하게 발부되었다고 신뢰할 만한 합리적인 근거가 있었고, 의도적으로 적법절차의 실질적인 내용을 침해한다거나 영장주의를 회피할 의도를 가지고 이 사건 영장에 따른 압수·수색을 하였다고 보기 어렵다. 요컨대, 이 사건 영장이 형사소송법이 정한 요건을 갖추지 못하여 적법하게 발부되지 못하였다고 하더라도, 그 영장에 따라 수집한 이 사건 파일 출력물의 증거능력을 인정할 수 있다. 이에 기초하여 획득한 2차적 증거인 위 각 증거 역시 증거능력을 인정할 수 있다"(위 2018도20504).

위함이다. i) [대상의 특정] ㉠ (대상의 특정) 영장주의 원칙상 그 대상이 명시적이고 개별적으로 표시되어야 하고, 이를 특정하지 않은 '일반영장은 금지'된다(일반영장 금지). 물론 영장청구 단계에서 압수대상의 세목을 미리 확정할 수는 없으므로, 어느 정도의 추상적 특정은 불가피한 측면이 있다. 한편, ㉡ (원격압수의 대상 특정) 원격압수는 압수·수색의 대상을 광범위하게 확대시키므로 그 허용 여부에 대해 영장에서 명시할 필요가 있다. 즉, "(압수·수색영장에 적힌 '수색할 장소'에 있는 컴퓨터 등 정보처리장치에 저장된 전자정보 외에) 원격지 서버에 저장된 전자정보를 압수·수색하기 위해서는, 압수·수색영장에 적힌 '압수할 물건'에 별도로 '**원격지 서버 저장 전자정보**'가 **특정**되어 있어야 한다. 압수·수색영장에 적힌 '압수할 물건'에 '컴퓨터 등 정보처리장치 저장 전자정보'만 기재되어 있다면, 컴퓨터 등 정보처리장치를 이용하여 '원격지 서버 저장 전자정보'를 압수할 수는 없다"(대결 2022.6.30.자 2020모735; 대판 2022.6.30. 2022도1452)고 한다.[1)] ii) [장소의 특정] 장소의 특정도 중요하다. 특히 전자정보의 경우 압수·수색의 임의적 변경은 허용되지 않고('참여권 침해'), 반복적 접근도 허용되지 않는다('비밀 감청' 내지 '비밀 온라인수색'의 위험성).

4) 영장의 유효기간 영장의 유효기간은 7일이며, 법관이 상당하다고 인정하는 때에는 7일을 넘는 유효기간을 정할 수 있다(규178 참조). 그러나 그 유효기간 내라도, 동일한 영장으로 같은 장소에서 수회 압수수색하는 것은 허용되지 않는다('집행 1회성의 원칙').

---

1) [**'원격지서버 저장정보에 대한 특정 기재**] 우선, ㉠ 위 2020모735는, 영장에 기재된 압수한 물건에 하드디스크 저장 정보만 포함되어 있는데, '회사 인프라 서버에 접속하여 이메일을 발견'하고 이를 자료로 2차 영장을 받아 추가 수색을 하여 추가 정보를 압수한 사안이고, ㉡ 위 2022도1452는, 영장에 기재된 압수할 물건에 '원격지 서버 저장 정보가 기재되어 있지 않았는데도' 휴대전화를 압수하면서 구글계정에 로그인되어 있는 상태를 이용하여 '구글클라우드에서 촬영물을 압수'한 사안인데, 이들 압수가 모두 영장의 허용범위를 넘어 위법하다고 한 사례들이다.

그런데 이와 관련하여, '접근권한에 갈음하여 발부받은 영장에 따른' 원격압수에 관한 대판 2017.11.29. 2017도9747 판결(제1판결, 한국인터넷진흥원 사건)과 위 2022도1452 판결(제2판결, 위 ㉡ 사건)이 서로 모순되는 것이 아닌가 하는 의문이 제기될 수도 있다. 그러나 제1판결(한국인터넷진흥원 사건)은 '원격지서버의 전자정보'(㉮)와 '그 정보에 대한 접근권한'(㉯)을 구분하여, ㉯를 영장에 의해 적법하게 취득하면 ㉮에 대한 압수수색이 적법하다는 취지이다. 반면, 제2판결(위 ㉡ 사건)은 '압수할 물건'에 ㉮부분이 기재되어야 한다는 취지이다. 제2판결의 판시 가운데 '㉮'와 '컴퓨터의 전자정보'와 사이에 존재하는 압수수색 방식의 차이 내지 기본권침해 정도 차이 등의 언급이 있는 점에 비추어, 제1판결과 연결하면, "설령 ㉮부분이 기재되어 있더라도, ㉯부분을 적법하게 취득하지 못하면 ㉮부분에 대한 영장 집행의 적법성이 확보될 수 없다"는 취지로 해석될 여지가 있고, 그렇다면 양자가 서로 모순된다고 보기는 어렵다.

[통제배달(controlled delivery): 압수 · 수색] 통제배달이란, 마약류 등 금제품을 중간에서 적발하지 않고 감시통제 속에서 배달 · 유통되도록 한 후 최종단계에서 적발하는 수사기법이다. 여기에는 ㉠ 실품 통제배달(Live Controlled Delivery, LCD), 즉 당국이 금제품을 발견한 다음 이를 즉시 압수 · 폐기하지 않고 탁송화물을 다시 원상태로 회복시킨 다음 실물로 통제배달하는 방식과, ㉡ 가품 통제배달(Clean Controlled Delivery, CCD), 즉 수사기관이 금제품을 탁송인이나 수취인 모르게 무해물질로 대체한 상태에서 대체 화물로 통제배달하는 방식의 2가지 방법이 있다. 마약등의 유통을 막기 위해 통상 후자의 방식으로 행해진다. 마약류에 대해서는 '마약류 불법거래 방지에 관한 특례법'에 근거규정이 있다.[1)2)] 그러나 이러한 조치가 "수사기관에 의한 범죄수사의 압수 · 수색에 해당하는 경우에는 영장주의 원칙이 적용된다."

i) (통관검사: 행정조사) "(세관공무원에 의한) '통관검사'절차에서 이루어지는 개봉, 시료채취, 성분분석 등의 검사는 수출입물품에 대한 '적정한 통관 등을 목적으로 조사'를 하는 것으로서 이를 강제처분이라고 할 수 없으므로, 세관공무원은 압수 · 수색영장 없이 이러한 검사를 진행할 수 있다. 세관공무원이 통관검사를 위하여 직무상 소지하거나 보관하는 물품을 수사기관에 '임의로 제출'한 경우에는, 비록 소유자의 동의를 받지 않았다고 하더라도, 수사기관이 강제로 점유를 취득하지 않은 이상 해당 물품을 압수하였다고 할 수 없다"(대판 2013.9.26. 2013도7718). 이는 'live' 방식의 통제배달 사안이다.

ii) (범죄수사: 압수 · 수색) 반면, "특례법 제4조 제1항에 따른 조치의 일환으로(마약류 수사에 관한 검사의 요청에 따라, 즉 범죄수사의 의사로), 특정한 수출입물품을 개봉하여 검사하고 그 내용물의 점유를 취득한 행위는, 수출입물품에 대한 적정한 통관 등을 목적으로 한 조사와는 달리, 범죄수사인 압수 또는 수색에 해당하여 사전 또는 사후에 영장을 받아야 한다"(대판 2017.7.18. 2014도8719). 이는 'clean' 방식의 통제배달 사안이다. 사전 또는 사후에 영장을 발부받지 않았기 때문에 위법한 압수수색에 해당된다는 것이다.

이는 통제배달의 방식 내지 형태와는 관계없이, 위 i)의 경우처럼 수사의 개시 없이 통관검사 과정에서 금제품이 발견된 경우라면 세관으로부터 이를 제출받음에 있어서는 압수수색영장이 필요 없으나, 위 ii)의 경우처럼 금제품을 인지하는 과정에서부터 이미 수사가 개시된 것이라면 세관으로부터 이를 제출받을 때에도 사전 또는 사후 영장이 필요하다는 취지이다. (세관 이외에) 수취인을 특정하기 위한 통제배달

1) 즉, 세관공무원이 수출입물품을 검사하는 과정에서 마약류가 감추어져 있다고 밝혀지거나 그러한 의심이 드는 경우, 검사는 마약류의 분산을 방지하기 위하여 충분한 감시체제를 확보하고 있어 수사를 위하여 이를 외국으로 반출하거나 대한민국으로 반입할 필요가 있다는 요청을 세관장에게 할 수 있고, 세관장은 그 요청에 응하기 위하여 필요한 조치를 할 수 있다(동법4①).

2) 통제배달의 수사기법은 마약류 이외에 불법무기, 음란문서 등 통제물질에서도 마찬가지다.

과정에서의 그 수취인으로부터 점유 취득과 관련하여, 새로운 영장이 별도로 필요 여부, 나아가 장래 영장 내지 배달조건부 영장의 허용 여부 등의 문제는 여전히 남아 있다.

(2) 압수 · 수색영장의 집행

1) 영장의 제시 · 사본교부 의무 압수 · 수색영장은 검사의 지휘에 따라 사법경찰관리가 집행한다(115① · 219). i) (영장 제시 · 사본교부 의무) 압수 · 수색영장은 처분을 받는 자에게 반드시 **제시**하여야 하고, 처분을 받는 자가 '피의자'인 경우에는 그 **사본을 교부**하여야 한다(118본문 · 219). 2022년 개정으로 영장의 제시 외에 그 **사본의 교부**까지 의무로 추가되었다. ㉠ 영장의 제시는, 영장주의 원칙을 절차적으로 보장하고, 개인의 사생활 · 재산권의 침해를 최소화하며, 준항고 등 피압수자의 불복신청의 기회를 실질적으로 보장하기 위한 것이다(대판 2017.9.21. 2015도12400). ㉡ 그 사본의 교부는, 처분을 받는 자가 '피의자'인 경우에 피의자의 방어권을 더욱 실질적으로 보장하기 위한 일련의 조치이다. ii) (영장 제시의무의 예외) 다만, 처분을 받는 자가 현장에 없는 등 영장의 제시나 그 사본의 교부가 **현실적으로 불가능**한 경우 또는 처분을 받는 자가 영장의 제시나 사본의 교부를 **거부한 때**에는 예외로 한다(118단서 · 219). 예컨대, "피처분자가 현장에 없거나 현장에서 그를 발견할 수 없는 경우 등 영장 제시가 **현실적으로 불가능**한 경우에는 영장을 제시하지 아니한 채 압수 · 수색을 하더라도 위법하다고 볼 수 없다"(대판 2015.1.22. 2014도10978 전합). 영장의 제시와 그 사본의 교부라는 것도 결국은 그것이 현실적으로 가능한 상황을 전제로 하는 것이기 때문이다. iii) (제시의 시기와 범위) 압수 · 수색영장을 제시하는 경우 이는 **집행 전에 '미리'** 제시해야 한다. 그리고 그 제시범위 또한 "영장을 집행하는 수사기관은 피압수자로 하여금 법관이 발부한 영장에 의한 압수 · 수색이라는 사실을 확인함과 동시에, 형사소송법상 압수 · 수색영장의 **필요적 기재사항**이나 그와 **일체를 이루는 사항**을 **충분히 알 수 있도록** 압수 · 수색영장을 제시해야 한다"(위 2015도12400). 예컨대, 피압수자에게 영장의 표지인 첫 페이지와 피압수자의 혐의사실 부분만을 보여주고 나머지 부분을 확인하지 못하게 한 것은 위법하다(위 2015도12400).

iv) (제시대상자) "현장에서 압수 · 수색을 당하는 사람이 여러 명일 경우에는 그 사람들 **모두에게 개별적으로** 영장을 제시해야 하는 것이 원칙이다. 그 장소의 관리책임자 및 물건소지자에게도 따로 영장을 제시해야 한다"(대판 2009. 3.12.

2008도763). 한편, "압수·수색절차 과정에서 처분을 받는 자가 미성년자인 경우, 의사능력이 있는 한 미성년자에게 영장이 반드시 제시되어야 하고, 그 친권자에 대한 영장제시로 이를 갈음할 수 없다"(대판 2024.12.24. 2022도2071). v) (사본교부 확인서) 처분을 받는 자가 '피의자'인 경우에는 피의자로부터 '영장 사본교부 확인서'를 받아 사건기록에 편철한다(수사준칙38④). 피의자가 그 수령 등을 거부하는 경우에는 영장집행자가 확인서 끝 부분에 그 사유를 적고 기명날인 또는 서명해야 한다(동⑤).

vi) (긴급집행 불허) 주의할 점은, 압수 · 수색의 경우에는, 체포 · 구속과 달리 (85① · 209), 급속을 요하는 때에도 영장을 소지하지 아니한 채 행하는 긴급집행이 허용되지 않는다. 체포 · 구속의 경우와는 크게 다른 점이다. 개인의 사생활 · 재산권에 대한 침해와 직접 관련되고 특히 영장에 특정된 것만 집행이 허용되는 압수 · 수색의 특성상, 그 과정에서 야기되는 사생활 · 재산권에 대한 직접 침해를 미연에 방지하고 이를 최소화하기 위해서는 영장의 소지와 사전 제시가 필수적이기 때문이다.

압수 · 수색영장의 제시 · 사본교부는 수사준칙에 자세히 규정되어 있다.

[수사준칙(검사와 사법경찰관의 상호협력과 일반적 수사준칙에 관한 규정. 대통령령)]

제38조(압수 · 수색 또는 검증영장의 제시 · 교부) ① 검사 또는 사법경찰관은 법 제219조에서 준용하는 법 제118조에 따라 영장을 제시할 때에는 처분을 받는 자에게 법관이 발부한 영장에 따른 압수 · 수색 또는 검증이라는 사실과 영장에 기재된 범죄사실 및 수색 또는 검증할 장소 · 신체 · 물건, 압수할 물건 등을 명확히 알리고, 처분을 받는 자가 해당 영장을 열람할 수 있도록 해야 한다. 이 경우 처분을 받는 자가 피의자인 경우에는 해당 영장의 사본을 교부해야 한다. <개정 2023. 10. 17.>

② 압수 · 수색 또는 검증의 처분을 받는 자가 여럿인 경우에는 모두에게 개별적으로 영장을 제시해야 한다. 이 경우 피의자에게는 개별적으로 해당 영장의 사본을 교부해야 한다. <개정 2023. 10. 17.>

③ 검사 또는 사법경찰관은 제1항 및 제2항에 따라 피의자에게 영장을 제시하거나 영장의 사본을 교부할 때에는 사건관계인의 개인정보가 피의자의 방어권 보장을 위해 필요한 정도를 넘어 불필요하게 노출되지 않도록 유의해야 한다. <신설 2023. 10. 17.>

④ 검사 또는 사법경찰관은 제1항 후단 및 제2항 후단에 따라 피의자에게 영장의 사본을 교부한 경우에는 피의자로부터 영장 사본 교부 확인서를 받아 사건기록에 편철한다. <신설 2023. 10. 17.>

⑤ 피의자가 영장의 사본을 수령하기를 거부하거나 영장 사본 교부 확인서에 기명날인 또는 서명하는 것을 거부하는 경우에는 검사 또는 사법경찰관이 영장 사본 교부 확인서 끝 부분에 그 사유를 적고 기명날인 또는 서명해야 한다. <신설 2023. 10. 17.>

3) 집행에 필요한 처분 i) (집행에 필요한 처분) 압수·수색영장의 집행에서는 자물쇠를 열거나 개봉 기타 **필요한 처분**을 할 수 있다. 압수물에 대해서도 같은 처분을 할 수 있다(120·219). 여기서 자물쇠나 물건의 개봉은 예시이고, 그 밖에 집행의 목적을 달성하기 위하여 **필요한 최소한도의 범위 내에서 사회통념상 상당**하다고 인정되는 처분(예: 혈액 압수영장의 집행을 위한 채혈행위 등)을 할 수 있다. ii) (집행중지 등) 영장의 집행 중에는 타인의 **출입을 금지**할 수 있으며, 이 금지를 위반한 자에게는 퇴거하게 하거나 집행종료시까지 **간수자**를 붙일 수 있다(119·219). 집행을 중지한 경우에 필요한 때에는 집행이 종료될 때까지 그 장소를 **폐쇄**하거나 간수자를 둘 수 있다(127·219).

3) 참여권 보장: 당사자·변호인의 참여 검사·피의자(피고인)·변호인은 압수·수색영장의 집행에 참여할 수 있다(121·219). 이는 절차의 공정성 확보 및 피압수자 등의 이익 보호를 위한 것이다. 즉, 제121조의 참여권은 "압수·수색 절차의 공정을 확보하고 집행을 당하는 자의 이익을 보호하고자 마련된" 것이다(헌재 2012.12.27. 2011헌바225). 따라서 압수·수색영장을 집행할 때에는 **미리** 집행일시와 장소를 참여권자에게 **통지**해야 한다. 다만, 참여권자가 **'참여하지 않는다는 의사를 명시한 때'**(=불참의사의 명시) 또는 **'급속을 요하는 때'**(=급속)에는 예외로 한다(122·219). 통지의무자는 실제로 압수·수색영장을 집행하는 자로서, 영장의 집행자가 그 집행일시와 장소를 참여권자에게 통지해야 하는 것이다. 이처럼 수사기관에 의한 압수·수색의 경우, 제219조에 의해 준용되는 제122조에 따라 압수·수색영장의 집행에 대한 **피의자의 참여권**은 보장되고 있다. "피의자 등의 참여권이 형해화되지 않도록 그 통지의무의 예외사유는 **엄격하게 해석**하여야 한다"(대판 2023.10.18. 2023도8752).

여기서 '급속을 요하는 때'란 "압수·수색영장 집행사실을 미리 알려주면 증거물을 은닉할 염려 등이 있어 **압수·수색의 실효를 거두기 어려울 경우**"를 말한다(대판 2012.10.11. 2012도7455: 헌재 2012.12.27. 2011헌바225).[1] 이는 단순히 '미리 통

1) 위 2011헌바225: "피의자 및 변호인 참여권의 실질적인 보장을 위하여 형사소송법 제122조 본문에서 사전통지의무를 규정하면서도 단서에서 '급속을 요하는 때'에는 이를 생략할 수 있도록 규정한 것은, --(중략)-- 사전통지의 예외사유로 정한 '급속을 요하는 때'라 함은 압수수색 집행사실을 피의자에게 미리 통지하여 줄 경우 압수수색의 대상이 된 증거를 인멸하거나 훼손하여 압수수색의 목적을 달성할 수 없게 되는 때를 의미하는 것으로 합리적으로 해석할 수 있다. 또한 그와 같이 압수수색의 목적을 달성할 수 없게 되는 경우에 해당하는지 여부는 피의자와 압수물과의 관계, 압수물에 대한 지배가능성, 압수물의 은닉·훼손의 물리적 용이성, 집행 당시의 수사의 진행정도에 따라 각 사안마다 개별적·구체적으로 판단하여야 할 것이다."

지하면 (피의자가) 증거물을 은닉할 염려 등이 있는 경우'만으로 제한되는 것이 아니라, 그 밖에 '통지 여부와 관계 없이 즉시집행의 객관적 필요가 있는 경우'(예: 제3자에 의한 증거물 은닉 · 손상의 위험, 비바람에 의한 증거물 변형의 위험, 천재지변에 의한 증거물 감소 · 멸실의 위험 등) 또한 당연히 포함된다고 할 수 있다. 이때 급속을 요하는지 여부에 대한 판단은 '압수 · 수색을 집행하는 자'에게 있다는 점은 대인적 강제처분(예: 긴급체포, 현행범체포 등)의 경우와 다를 바 없다. 압수 · 수색 당시의 상황을 기초로 판단하되, 집행기관의 판단에는 상당한 재량의 여지가 있으나, 그 판단이 경험칙에 비추어 현저히 합리성을 잃은 경우에는 위법하다(긴급체포에 관한 위 2000도5701; 현행범체포에 관한 위 2011도3682 등 참조).

그런데 ㉠ (전자정보가 아닌) 일반적인 실물증거의 압수 · 수색에서는 '급속을 요하는 때에는 예외로 한다'는 제122조 단서에 따라, 통상 '피의자 또는 변호인의 참여 없이' 수사기관에 의한 영장집행이 행해진다. 반면, ㉡ 전자정보의 압수 · 수색에서는 엄격한 '참여권의 보장'이 특히 문제되며, 실물증거에 비해 참여권이 훨씬 더 강화되어 있다(후술).

한편, 미성년자에 대한 압수 · 수색의 경우 의사능력이 있는 한 미성년자에게 영장을 제시하고 참여할 기회를 보장하여야 하고, 친권자로 대신할 수 없다. 즉, "의사능력이 있는 미성년자에게 압수 · 수색영장 집행 절차에 참여할 기회가 보장되어야 하고, 그 친권자에게 참여의 기회가 보장되었다는 이유만으로 압수·수색이 적법하게 되는 것은 아니다"(위 2022도2071). 이는 "의사능력 있는 미성년자는 법정대리인도 의사결정 자체를 대리할 수는 없다"(위 2010도11550)는 판례와 같은 맥락이다.

또한, "변호인의 참여권(219 · 121)은 피압수자의 보호를 위하여 변호인에게 주어진 고유권이다"(대판 2020.11.26. 2020도10729).[1]. 따라서 "설령, 피압수자에게 집행의 일시와 장소를 통지하고, 피압수자가 스스로 수사기관에 압수·수색영장의 집행에 참여할 의사를 명시하거나 또는 집행에 참여하지 않는다는 의사를 명시하였다고 하더라도, 특별한 사정이 없는 한 그 변호인에게는 미리 집행의 일시와 장소를 통지하는 등으로 압수·수색영장의 집행에 참여할 기회를 별도로 보장해야 한다"(대판 2025.4.24. 2024도19106).

---

1) 국선변호인에 대한 참여통지 누락이 압수 · 수색 절차의 위반 사유로 문제된 사건에서, 피고인의 변호인에게 영장의 집행에 참여할 기회를 제공하지 않은 것은 적법절차 위반에 해당하지만, 제반 사정에 비추어 위법수집증거의 증거능력을 예외적으로 인정할 수 있는 경우에 해당한다고 한 사례.

[제121조 · 제219조의 해석: 참여권의 주체인 '피의자'의 의미] 형사소송법 제118조(영장의 제시와 사본교부)에 따르면, 압수 · 수색영장의 제시 · 사본교부의 대상자는 '처분을 받는 자'로 규정되어 있고, 제121조(영장집행과 당사자의 참여)에 따르면, 압수 · 수색영장의 집행에 대한 참여권자에는 '피고인'(제219조의 준용규정에서는 '피의자'를 의미)이 포함되어 있다. 제118조에서 '처분을 받은 자'라 함은, "압수 · 수색을 당하는 자, 즉 **압수할 물건** 또는 수색할 장소를 **현실적으로 지배하는 자**"를 의미한다. 한편 수사기관에 의한 압수 · 수색영장의 집행에서 '피의자'도 참여권자로 규정되어 있다는 점은, 제219조, 제121조의 문언뿐만 아니라 제정형사소송법의 입법과정에 비추어 보더라도 명백하다.[1] 압수 · 수색을 당하는 자가 피의자와 동일인인 경우에는 별다른 문제가 없지만, 양자가 다른 경우에는 구체적으로 누가 참여권자인지 문제될 수 있다. 이는 결국 제121조를 준용하는 제219조에서의 '피의자'의 의미와 범위에 대한 해석의 문제로 귀착된다.

i) [실물증거의 압수] 압수의 목적물이 (전자정보가 아닌) 실물증거(=유체물증거)인 일반적인 경우에서는, 영장제시 및 사본교부는 피압수자에게 해야 한다. 한편, 피의자는 법문상 참여권자로 규정되어 있다. 구속된 피의자에게도 참여권은 보장되어야 하고, 변호인의 참여권은 대리권이 아니라 고유권이므로, 영장집행의 통지는 결국 피의자와 변호인에게 각각 이행해야 한다. 그런데 제122조(영장집행과 당사자의 참여) 단서는 '급속을 요하는 때'에 사전통지의무를 생략할 수 있는 예외를 규정하고 있는바, 실물증거의 압수에서는 통상 급속의 예외에 따라 '피의자 또는 변호인의 참여 없이' 영장집행이 이루어지므로, 참여권자 문제는 쟁점으로 크게 부각되지 않는다. 여기서의 급속이란 결국 '즉시 집행의 객관적 필요'를 의미하므로, 설령 살인범이 옆집에 범행도구인 흉기를 은닉한 경우 또는 구속된 피의자인 경우 등에서도, '급속을 요하는 때'로 인정될 여지가 얼마든지 있을 수 있다.

ii) [전자정보의 압수] 압수의 목적물이 전자정보인 경우에서는 판례상 참여권의 엄격한 보장이 강조되므로, 누가 참여권자인지의 문제는 중요한 쟁점으로 부각된다. 헌법재판소는 압수 · 수색영장의 집행에서 참여권 보장의 취지가 '압수 · 수색절차의 공정성 확보 및 집행을 당하는 자의 이익 보호'에 있다는 입장이다(헌재 2012.12.27. 2011헌바225).[2] 여기에 직접적으로 해당하는 자로서 참여권이 보장되어야 할 주체는

1) 제정형사소송법의 입법과정에서 작성된 국회법제사법위원회 수정안에는 참여권의 규정취지에 관하여 다음과 같이 명시되어 있다: "당사자(검사, 피고인, 피의자, 변호인)의 참여권을 인정한다. 즉, 압수 · 수색영장의 집행에의 참여(121조, 219조) 등 권한이 인정되었다. 따라서 이들 경우에는 미리 당사자에게 일시, 장소 등을 통지하여야 한다."

2) 위 2011헌바225: "(형소법 제122조 본문은) 압수 · 수색절차의 공정을 확보하고 집행을 당하는 자의 이익을 보호하고자 마련된 형소법 제121조의 참여권의 실질적인 보장을 위하여 압수 · 수색의 일시와 장소를 참여권자인 피의자 및 변호인에게 사전에 통지하도록 함으로써 피의자의 절차적 권리를 보장하고자 한 것."

원칙적으로 '피압수·수색 당사자', 즉 피압수자가 될 수밖에 없다. 판례는, "제219조, 제121조에서 규정하는 '**피압수·수색 당사자**'(='**피압수자**')에게 참여의 기회를 보장하여야 한다"(대결 2015.7.16.자 2011모1839 전합)라고 하면서, "피해자 등 제3자가 '피의자의 소유·관리에 속하는 정보저장매체(휴대폰)'를 영장에 의하지 않고 임의제출한 경우에는, '**실질적 피압수자인 피의자**'에게도 참여권을 보장하는 등 피의자의 절차적 권리를 보장하기 위한 적절한 조치가 이루어져야 한다"(대판 2021.11.18. 2016도348 전합)라고 한다.[1] 또한 "압수·수색영장에 기하여 인터넷서비스업체인 주식회사 카카오를 상대로 피의자의 카카오톡 대화내용을 등에 대하여 압수수색을 실시하였는데, '**실질적 피압수자인 피의자**'에게 참여권을 보장하지 않은 것은 위법하다"(대결 2022.5.31.자 2016모587)라고 한다.[2] 즉, 참여권의 주체는 원칙적으로 '**피압수·수색 당사자**'(='**피압수자**')이며, 경우에 따라서는 (형식적 피압수·수색 당사자는 아니지만) '**실질적 피압수자인 피의자**'도 여기에 포함된다는 것이다.

생각건대, 전자정보의 압수·수색은 제정형사소송법의 입법 당시 전혀 예정하지 못한 상황이나, 피압수자의 기본권을 보장하는 헌법조항－사생활의 비밀과 자유(17)·재산권(23) 등－에 **직접 근거**하여, 해석상 형사소송법 제121조의 참여권을 확장하여, 압수·수색의 집행을 당하는 자, 즉 피압수자에게 참여권을 인정하는 것은 충분히 가능한 해석이다. 그런데 통상적인 실물증거의 압수에서와는 달리, 전자정보의 압수에서는 영장제시 대상자가 되는 '피압수자'와 (실질적인 불이익을 당하는) '실질적 피압수자'가 서로 달라지는 경우도 일반적으로 상정할 수 있다. 예컨대, 인터넷서비스제공자를 피압수자로 하는 전자정보 압수의 경우 영장제시 대상자는 압수현장에 있는 서버관리자가 될 것이나, 서비스이용자는 그 전자정보의 실질적 보유·관리자로서, '압수현장에 있는 것도 아니고 영장을 제시받을 여지도 없으나, 압수처분으로 실질적으로 권리를 제한받게 되는 자'가 된다는 점이다(예: 카카오톡의 대화내용의 압수 등). 따라서 이러한 서비스이용자에게도 '실질적 피압수자'로서 참여권이라는 절차적 권리를 별도로 보장해야 하는 문제가 전자정보의 압수에서는 중요한 과제로 대두된다(서비스이용자로서 실질적 피압수자－피의자－에게 참여권을 보장하지 않은 것은 위법하다는 대결 2022.5.31.자 2016모587 등 참조). 한편, 제219조, 제121조에 의하여 참여권의 주체로서 '피의자'가 명시되어 있는 이상 전자정보의 압수에서는 '피의자'의 참여권 보장 문제

---

1) 다만 '정보주체는 참여권자가 아니다'(대판 2022.1.27. 2021도11170). '실질적 피압수자'의 인정 방법에 대해서는 위 2021도11170 참조.

2) 판례는, 실질적 피압수자를 네트워크 서비스 이용자로 확대하고 있다. 위 2016모587 결정 외에도, "검찰내부망의 피의자 이메일 등을 압수한 사안에서, 제3자가 보관하고 있는 전자정보에 대하여 압수·수색을 실시하면서 그 전자정보에 관한 사생활의 비밀과 자유 등 법익 귀속주체로서 해당 전자정보에 관한 전속적인 생성·이용 등의 권한을 보유·행사하는 실질적 피압수자이자 피의자에게 통지하여 참여의 기회를 보장하여야 한다(대결 2023.1.12.자 2022모1566)고 한 사례"도 참조.

도 함께 결부된다. 경우를 나누어 보면, '피압수자가 피의자'인 경우와 '피압수자가 (피의자가 아니라) 제3자'인 경우로 구분할 수 있다. 전자의 경우에는 피압수자가 피의자와 동일인인 이상 피압수자에게 참여권이 보장된다면 이는 곧 피의자에게 참여권이 보장된다는 것이므로 별도로 '피의자'의 참여권이 문제되지 않는다. 후자의 경우, 즉 '피압수자가 (피의자가 아니라) 제3자'인 경우에는 '피의자'의 참여권이 별도로 문제될 수 있는데, 이 경우에는 제121조에서 참여권 보장의 취지가 '압수·수색절차의 공정성 확보 및 집행을 당하는 자의 이익 보호'에 있다는 점(위 2011헌바225)을 감안한 해석론이 전개될 필요가 있다. 그렇다면 여기서의 참여권의 주체인 '피의자'의 의미는 합리적 범위 내에서 제한하는 해석론이 가능하게 된다. 즉, '피집행자의 이익 보호'라는 제121조의 참여권 보장 취지와 관련하여 볼 때, '피압수자가 피의자가 아닌 제3자'인 경우 그 피의자가 '피집행자의 이익 보호'와 직접적인 관련이 없는 경우에는, 참여권 보장의 취지에 부합하지 않는 측면이 있다는 것이다. 따라서 '피압수자가 피의자가 아닌 제3자'인 경우에는, 피의자가 실질적 피압수자라는 등의 특별한 사정이 있는 경우에 한하여 그 피의자에게 참여권이 보장되어야 한다고 해석함이 타당하다. 요컨대, 제219조, 제121조에서 규정하는 참여권 주체로서의 '피의자'는 ㉠ '피압수자가 피의자인 경우'의 '피압수자인 피의자'(제118조의 명문상 영장사본 교부의 대상) 내지 ㉡ '피압수자가 피의자 아닌 제3자인 경우'의 '실질적으로 피압수자에 해당하는 피의자 등 실질적 참여기회 보장이 필요한 특별한 사정이 있는 피의자'를 의미하는 것으로 제한 해석함이 타당하다.

[참여권 보장과 위법수집증거] "수사기관이 피압수자 측에 참여의 기회를 보장하거나 압수한 전자정보 목록을 교부하지 않는 등 영장주의 원칙과 적법절차를 준수하지 않은 위법한 압수·수색 과정을 통하여 취득한 증거는 위법수집증거에 해당하고, 사후에 법원으로부터 영장이 발부되었다거나 피고인이나 변호인이 이를 증거로 함에 동의하였다고 하여 위법성이 치유되는 것도 아니다"(대판 2022.7.28. 2022도2960).

4) **책임자 등의 참여** i) **공무소**, 군사용 항공기 또는 선박·차량 안에서 압수·수색영장을 집행하려면 그 **책임자**에게 참여할 것을 통지해야 한다(123①·219). ii) 그 외에 **타인**(='수사기관 이외')의 **주거**, 간수자 있는 가옥·건조물·항공기 또는 선박·차량 안에서 압수·수색영장을 집행할 때에는 **주거주, 간수자 또는 이에 준하는 사람**(이하 '주거주 등')을 참여하게 해야 한다(123②·219). 주거주·간수자 등을 참여하게 하지 못할 때에는 이웃사람 또는 지방공공단체의 직원(이하 '이웃 등')을 참여하게 하여야 한다(123③·219). iii) **여자의 신체**에 대하여 수색할 때에는 **성년의 여자**를 참여하게 해야 한다(124·219). 주의사항이 몇 가지 있다.

첫째, 집행에 참여하는 '주거주 등'이나 '이웃 등'에게 참여능력, 즉 '최소한 압수·수색절차의 의미를 이해할 수 있는 정도의 능력'이 있어야 한다. 즉, "압수·수색영장의 집행이 '주거주 등'이나 '이웃 등'의 참여 없이 이루어진 경우 특별한 사정이 없는 한 그 영장의 집행은 위법하다. 나아가 '주거주 등' 또는 '이웃 등'이 참여하였다고 하더라도, 그 참여자에게 '최소한 압수·수색절차의 의미를 이해할 수 있는 정도의 능력'(참여능력)이 없거나 부족한 경우에는, '주거주 등'이나 '이웃 등'의 참여 없이 이루어진 것과 마찬가지로 압수·수색절차의 적법요건이 갖추어졌다고 볼 수 없으므로, 그러한 압수·수색영장의 집행도 위법하다"(대판 2024.10.8. 2020도11223). 이러한 법리는 피의자가 동시에 '주거주 등'인 경우에도 동일하게 적용된다. 즉, "피의자가 '주거주 등'인 주거지 등에서 압수·수색영장을 집행하는 경우 피의자에게 참여능력이 없다면 그 피의자만 참여하는 것으로는 부족하고, 수사기관은 참여능력이 있는 이웃 등을 함께 참여시켜야 한다"(위 2020도11223).

둘째, 압수·수색 현장에 형사소송법상 참여권자나 참여할 수 있도록 규정된 사람 이외의 사람을 참여시킬 수는 없다. 즉, "(압수·수색 현장에) 참여가 허용된 사람 이외의 제3자를 임의로 참여케 하여 압수·수색을 한 것은 위법하다"(대결 2024.12.16.자 2020모3326. 치과위생사 참여 사건).[1)]

5) 수사기관의 사인(私人) 이용과 영장 제시·참여권 보장 수사기관의 지시·요청에 따라 사인(私人)이 자기 외의 제3자가 지배·관리하는 물건을 취거하여 수사기관에 전달하는 등으로 압수·수색 행위를 한 경우에도, 영장의 제시, 참여권의 보장 등 절차의 준수가 요구된다. 즉, "수사기관의 지시·요청에 따라 사인이 자기 외의 제3자가 지배·관리하는 물건을 취거하여 수사기관에 전달하는 등으로, '수사기관이 직접 하였다면 강제처분인 압수·수색에 해당하는 행위'를 한 경우 (이러한 사인의 행위가 오로지 자기의 이익이나 목적 추구를 위해 이루어진 것이라거나 수사기관이 해당 물건의 실제 점유자가 제3자임을 미처 인식·예견하지 못하였다는 등의 특별한 사정이 없는 이상) 수사기관이 사인을 이용하여 강제처분을 하였다고 보아, 형사소

1) [경찰공무원 외에 생명보험협회 소속 치과위생사가 집행에 참여] "보험사기로 치과병원을 수색하면서 보험협회 소속 치과위생사를 참여시켜 압수를 보조하도록 한 사안에서, 강제처분이 의료행위를 수반하는 경우, 기술적·사실적 보조나 도품의 특정을 위하여 필요한 경우 등 예외적으로 제한적인 범위 내에서 집행기관의 엄격한 감시·감독하에서만 제3자의 참여가 허용된다면서, 치과위생사의 참여는 위법하다고 한 사례(위 2020모3326).

송법에서 규정하는 영장의 제시, 참여권의 보장 등 절차의 준수를 요구하는 것이 적법절차와 영장주의의 정신에 부합한다"(대판 2024.12.24. 2022도2071).[1]

(3) 집행의 제한

1) 관련성 요건①: 증거수집의 제한 (별건 압수의 금지) 영장 기재 범죄사실과 관련성이 있는 것(관련증거 · 유관정보)만 압수 · 수색할 수 있고, 영장에 명시되지 않은 장소 또는 별개의 무관한 물건(별건증거 · 무관정보)에 대한 압수 · 수색은 금지된다. 영장집행의 적법요건인 '관련성' 요건은, '해당 혐의사실' 및 '해당 피의자'에 대한 관계에서 그 범위를 벗어난 다른 사건의 증거수집은 허용되지 않는다는 것을 의미한다. 이는 '**별건 압수의 금지**'로서 '압수범위의 제한' 내지 '**증거수집의 제한**'이다. '수집의 관련성'이라고도 한다. 형사소송법은 수사상 압수 · 수색에 대해 "해당 사건과 관계가 있다고 인정할 수 있는 것에 한정하여" 압수 · 수색할 수 있다고 규정하고 있다(215). 여기에서 ㉠ **관련성의 의미** 문제, ㉡ **해당 사건의 범위** 문제가 쟁점이 된다.

(i) [관련성의 의미와 해당 사건의 범위] 판례는, "영장 발부의 사유로 된 범죄 혐의사실과 **무관한 별개의 증거**를 압수하였을 경우 이는 원칙적으로 유죄의 증거로 사용할 수 없다. 그러나 압수 · 수색의 **목적이 된 범죄**나 이와 **관련된 범죄**의 경우에는 그 압수 · 수색의 결과를 유죄의 증거로 사용할 수 있다"(대판 2017.12.5. 2017도13458)[2]라고 한다. 관련성의 내용을 구체화한 의미 있는 판결인데, 판례의 법리는 다음과 같다.

[판례] (관련성) 객관적 관련성과 인적 관련성: 대판 2017.12.5. 2017도13458

압수 · 수색영장의 범죄 혐의사실과 관계 있는 범죄라는 것은 압수 · 수색영장에

---

1) [사안] 교사인 부친(A)가 딸(B, 16세)에게 시험문제를 유출한 사건에서 경찰이 B 소유 휴대전화에 대하여 A에게 영장을 제시하고 A가 경찰 지시에 따라 B로부터 인도받아 이전하는 방법으로 압수하면서 A를 피압수자 및 참여인으로 한 압수조서를 작성한 사안(당시 영장에는 A가 피의자로 기재되어 있고 B는 참고인이었다가 약 1달 후에 피의자로 전환)이다. A의 행위가 오로지 자기의 이익이나 목적 추구를 위해 이루어진 것이라거나 수사기관이 실제 점유자가 제3자임을 미처 인식·예견하지 못하였다는 등의 특별한 사정이 없는 이상, 수사기관이 사인을 이용하여 강제처분을 한 것이므로, B가 피압수자로서 참여권이 있고, A가 친권자로서 B의 이익을 위하여 영장 제시를 받았더라도 달리 볼 수 없다고 하면서, D에게 영장을 제시하지 않았고 D에게 참여의 기회를 보장하지 않은 이상, 위법수집증거에 해당한다는 이유로 그 증거능력의 배제한 사례.

2) 같은 취지의 판결로는 대판 2019.3.14. 2018도2841; 2019.10.17. 2019도6775 등.

기재한 협의사실과 객관적 관련성이 있고 압수·수색영장 대상자와 피의자 사이에 인적 관련성이 있는 범죄를 의미한다.(※각주 비교)[1]

㉠ 그중 혐의사실과의 객관적 관련성은 압수·수색영장에 기재된 혐의사실 자체 또는 그와 기본적 사실관계가 동일한 범행과 직접 관련되어 있는 경우는 물론 범행 동기와 경위, 범행 수단과 방법, 범행 시간과 장소 등을 증명하기 위한 간접증거나 정황증거 등으로 사용될 수 있는 경우에도 인정될 수 있다. 그 관련성은 압수·수색영장에 기재된 혐의사실의 내용과 수사의 대상, 수사 경위 등을 종합하여 구체적·개별적 연관관계가 있는 경우에만 인정되고, 혐의사실과 단순히 동종 또는 유사 범행이라는 사유만으로 관련성이 있다고 할 것은 아니다.

㉡ 그리고 피의자와 사이의 인적 관련성은 압수·수색영장에 기재된 대상자의 공동정범이나 교사범 등 공범이나 간접정범은 물론, 필요적 공범 등에 대한 피고사건에 대해서도 인정될 수 있다.

즉, 판례는 증거수집의 제한으로서의 '관련성 요건'과 관련하여, 관련성의 의미에 대해서는, ㉠ 관련성이 인정되기 위해서는, 영장에 기재된 혐의사실과 **객관적 관련성**이 있고, 대상자와 피의자 사이에 **인적 관련성**이 있어야 한다고 판시한다. ㉡ 해당 사건의 범위 문제에 대해서는, 영장 혐의사실 자체뿐만 아니라 '**그와 기본적 사실관계가 동일한 범행**'(즉, 그와 동일성이 있는 범죄사실)도 그 범위에 포함된다고 한다. 이는 곧 '기본적 사실관계 동일설'(소송물기준설)의 입장임을 의미한다.

첫째, (해당 사건과의) 객관적 관련성은 '혐의사실 자체[ⓐ] 또는 그와 기본적 사실관계가 동일한 범행[ⓑ]'과 '수집 증거' 사이에 '직접 또는 간접의 관련'이 있는 경우에 인정된다. 구체적으로 2가지가 문제된다. 즉, i) 제215조의 문언 중

---

1) [비교 판결] 같은 취지이나 다른 표현의 판결이 있다. : "여기서 [㉠] '해당 사건과 관계가 있다고 인정할 수 있는 것'은 [㉡] 압수·수색영장의 범죄 혐의사실과 관련되고 이를 증명할 수 있는 최소한의 가치가 있는 것으로서 압수·수색영장의 범죄 혐의사실과 객관적 관련성이 인정되고 압수·수색영장 대상자와 피의자 사이에 인적 관련성이 있는 경우를 의미한다. (이하 동일)"(대판 2021.8.26. 2021도2205; 위 2018도18866). 비교하면, 밑줄 친 부분만이 다른 표현임을 알 수 있다.

이는, 종래 다수의 판례가 관련성 판단 대상[㉠]을 "압수수색영장의 범죄 혐의사실과 관계 있는 범죄"로 표현하던 것을 "해당 사건과 관계가 있다고 인정할 수 있는 것"으로 바꾸어 판시하고 있는 것인데, 과거 관련성 문제에서 '영장 기재 혐의사실'과 '공소제기된 범죄사실'을 비교하던 것에서 탈피하여, '영장 기재 혐의사실'과 '압수물' 사이의 관련성을 비교하겠다는 취지로 태도를 변경한 것이라 평가할 수 있고, [㉡] 부분까지 포함하여 보면, 매우 바람직한 방향으로 보인다.

'해당 사건'의 범위 문제이다. ㉠ '영장에 기재된 혐의사실 그 자체'[ⓐ]는 당연히 해당 사건(범행)의 범위이고, ㉡ '혐의사실과 기본적 사실관계가 동일한 범행'[ⓑ]까지도 넓게 보면 그 범위에 포함시킬 여지가 있다. 그러나 단순히 '동종 또는 유사 범행'에 불과한 경우에는 여기에 해당하지 않으며, 관련성이 인정되지 않는다.[1] ii) 제215조 문언 중 '관련의 정도'('관계가 있다'는 부분) 문제이다. ㉠ 해당 사건[ⓐⓑ]에 '직접' 관련된 직접증거는 당연히 강한 관련성이 인정된다. ㉡ 간접증거나 정황증거 등 '간접' 관련된 경우에는, **'구체적 · 개별적 연관관계'**(*)의 존재가 별도로 인정되어야 한다. 보조증거(증강증거, 탄핵증거) 또는 양형증거에 불과한 경우에는 관련성의 인정 여부가 판례상 분명하지 않다. 이때 '간접' 관련된 경우로는 "간접증거나 정황증거는 물론 **자백의 보강증거**로 사용될 수 있는 경우에도 인정될 수 있다"(대판 2025.2.27. 2021도8284).

['구체적 개별적 연관관계'와 디지털 성범죄] 전자정보 또는 전자정보저장매체에 대한 압수수색에서 혐의사실과 관련된 전자정보인지 여부를 판단할 때는 혐의사실의 내용과 성격, 압수수색의 과정 등을 토대로 구체적 · 개별적 연관관계를 살펴볼 필요가 있다.

i) 여기서 **'구체적 · 개별적 연관관계'**가 있는 경우인지 여부는, "관련성을 요구하는 이유가 ㉠ 혐의사실과 완전히 무관한 별개의 범죄에 관한 증거가 압수됨으로써 헌법이 정한 적법절차의 원칙과 영장주의가 잠탈되고 ㉡ 궁극적으로 국민의 기본권이 침해되는 결과를 방지하기 위한 것임을 염두에 두고, (범죄의 속성, 혐의사실의 내용, 증거의 특징, 압수·수색을 허용할 경우 침해될 수 있는 기본권 내지 무관정보에 대한 이익 등을 종합적으로 고려하여) 적법절차의 원칙과 실체적 진실 규명의 조화를 도모하고 이를 통하여 형사사법정의를 실현하려는 헌법과 형사소송법의 궁극적 취지가 몰각되지 않도록 신중히 판단하여야 한다"(대판 2025.2.13. 2024도17385).

ii) "특히 카메라의 기능과 전자정보저장매체의 기능을 함께 갖춘 스마트폰 등을 이용한 불법촬영 등의 범죄와 같이, 범죄의 속성상 해당 범행의 상습성이 의심되거나 성적 기호 또는 경향성의 발현에 따른 일련의 범행의 일환으로 이루어진 것으로 의심되고 범행의 직접증거가 스마트폰 또는 해당 매체 안에 이미지 파일이나 동영상 파일의 형태로 남아 있을 개연성이 있는 경우에는, 그 안에 저장된 같은 유형의 전자정보에서 그와 관련한 유력한 간접증거나 정황증거가 발견될 가능성이 높다는 점에서, 이러한 간접증거나 정황증거는 혐의사실과 구체적 · 개별적 연관관계를 인정할 수 있다. 이처럼 범죄의 대상이 된 피해자의 인격권을 현저히 침해하는 성격의 전자정보

1) 반대 취지의 판결로는, 대판 2009.7.23. 2009도2649; 2018.10.12. 2018도6252 등('동종 또는 유사 범행'의 경우에도 관련성을 인정한 것)이 있었다.

를 담고 있는 촬영물은 범죄행위로 인하여 생겼거나 취득한 것으로서 몰수의 대상이기도 하므로, 휴대전화에서 해당 전자정보를 신속히 압수수색하여 촬영물의 유통가능성을 적시에 차단함으로써 피해자를 보호해야 할 필요성이 크다. 반면 이와 같은 경우에는 간접증거나 정황증거이면서 몰수의 대상이자 압수수색의 대상인 전자정보의 유형이 이미지 파일 또는 동영상 파일 등으로 비교적 명확하게 특정될 수 있으므로, 그와 무관한 사적 전자정보 전반의 압수수색으로 이어질 가능성은 높지 않다. 이러한 법리는 ㉠ 스마트폰을 이용한 불법촬영 등 범죄에서뿐만 아니라, ㉡ 압수수색의 혐의사실이 디지털 성범죄(예: 아동 · 청소년의 성보호에 관한 법률 제25조의2 제1항)인 경우, ㉢ 그 혐의사실과 같거나 근접한 시기에 또는 시간적 단절 없이 행하는 동종 유형이나 유사한 수법의 디지털 성범죄와 관련된 전자정보 또는 다른 목적과 수단 관계에 있는(예: 아동 · 청소년성착취물을 제작하기 위한 성착취목적대화 등) 디지털 성범죄와 관련된 전자정보에도 적용될 수 있다"(대판 2025.6.12. 2023도11395).

둘째, (해당 피의자와의) 인적 관련성은 피의자와의 공범관계라는 인적 관련이 있는 경우에 인정된다. 즉, 압수 · 수색영장에 기재된 대상자를 기준으로, '해당 사건[ⓐⓑ]'에 대해, 그 대상자의 공범이나 간접정범, 필요적 공범 등에 대한 사건에 대해서도 인정된다.[1] 이는 압수 · 수색영장에 기재된 혐의사실과 관련된 범행에 대한 피의자와 공범의 범행은 인적 관련성이 있으나, 그 공범의 별건 범행(즉, 영장 혐의사실과 기본적 사실관계가 동일하지 않은 다른 범행사실)은 피의자와 인적 관련성이 없다는 것을 의미한다. 피압수자는 대개 영장 혐의사실에 대해 '피의자'인 경우이지만, '압수물이 존재할 개연성 있는 제3자'인 이상 '피의자 아닌 제3자'가 피압수자인 경우도 있다.[2]

1) 압수 · 수색영장의 피의자가 아니면서도 주관적 관련성이 인정되는 사람의 '피의자와 관련 없는 별건 범행'은 비록 압수 · 수색영장의 대상범죄와 동종 · 유사의 범행이라 하더라도 관련성이 인정되는 것은 아니다. 그와 같은 범행까지도 관련성을 인정한다면, 객관적 · 주관적 관련성이라는 이중의 연결고리를 통하여 애초의 압수 · 수색영장의 피의자와 혐의사실과는 동떨어진(별건) 범행까지도 관련성을 인정하는 결과가 되기 때문이다.

2) 따라서 "압수 · 수색영장의 집행 과정에서 피압수자의 지위가 참고인에서 피의자로 전환될 수 있는 증거가 발견되었더라도, 그 증거가 압수 · 수색영장에 기재된 범죄사실과 객관적으로 관련되어 있다면, 이는 압수 · 수색영장의 집행범위 내에 있다. 따라서 다시 피압수자에 대하여 영장을 발부받고 헌법상 변호인의 조력을 받을 권리를 고지하거나 압수 · 수색과정에 참여할 의사를 확인해야 한다고 보기 어렵다"(앞 2017도13458).

[판례사례] [관련성 여부]

(1) 관련성 부정사례 판례가 관련성을 부정한 사례로는,

i) 공천헌금 사건[대판 2014.1.16. 2013도7101]: (甲→乙 공천헌금 ⇔ 乙←丙 별도 금품수수) 수사기관이 甲의 공직선거법위반(㉠)의 혐의사실(甲의 공천헌금)에 대해 압수·수색영장[1]을 발부받아 그 집행과정에서, 乙(선거기획 전문가)의 휴대전화를 압수하여 분석하던 중 乙, 丙 사이의 대화가 녹음된 '녹음파일'(乙, 丙 사이의 금품요구 및 약속)을 압수하여 乙, 丙의 공직선거법위반(㉡)의 혐의사실을 발견한 사안인데, 별도의 압수영장 없이 압수한 위 녹음파일은, 甲의 공천헌금 사건과 관련성이 없다고 하여, 乙, 丙의 공직선거법위반 사건에서는 위법수집증거가 된다고 한 사례.

즉, 압수·수색영장의 피의자는 甲이므로 '甲의 대상범죄(㉠)와 그와 관련된 범죄'에는 그 영장의 효력이 미치지만, 비록 甲이 (공천헌금 사건에서는) 乙과 공범관계에 있더라도, 甲과 무관한 乙의 별개 공직선거법위반죄에 대해서까지는 압수·수색영장의 효력이 미치지 않는다는 것이다. 乙의 丙과의 별도 범행(㉡)은 甲·乙 사이의 공천헌금 사건과 객관적 관련성이 없고, 별개 사건에서는 甲이 乙과 공범도 아니므로 인적 관련성도 없다는 것이다. 위 녹음파일은 적법한 절차에 따라 다시 압수하지 않는 이상 "乙의 별개 범죄"(甲은 그 사건에서는 공범이 아님)에 대한 증거로 사용할 수 없다.

ii) 금품살포 사건[대판 2014.10.27. 2014도2121]: (甲·乙의 금품살포 ⇔ 丙←A 정치자금 수수) 甲·乙의 공직선거법위반(㉠)의 혐의사실(乙의 금품살포)에 대해 '통신사실확인자료 제공요청 허가서'를 발부받아 그 집행과정에서, 통신사실확인자료(乙과 A의 통화내역 중 'A의 위치정보')를 확보하여, 丙의 정치자금법위반(㉡)의 혐의사실(丙이 'A로부터 정치자금 수수')을 발견한 사안인데, 위 'A의 위치정보'(*)는 甲·乙의 공직선거법위반(㉠)과 관련성이 없다고 하여, 丙의 정치자금법위반(㉡)에서는 위법수집증거가 된다고 한 사례.

즉, 통신사실확인자료의 사용은 제공요청의 목적이 된 범죄나 이와 관련된 범죄에 한정되는데, 丙의 정치자금법위반은 甲·乙의 공직선거법위반과 전혀 관련이 없는 것(동종·유사범죄도 아님)이고, 甲·乙은 丙과 사이에 공범은 물론 대향범 관계도 없다는 것이다. 'A의 위치정보'(*)는 丙의 정치자금법위반(㉡)과 객관적·인적 관련성이 모두 없다고 한 것이다.

(2) 관련성 인정사례 판례가 관련성을 인정한 사례로는,

---

1) 그 내용은, "피의자를 甲만으로 기재하고, 영장범죄사실에는 甲이 공천과 관련하여 '乙을 통해' 공천심사위원등에게 거액의 돈봉투를 제공하였다는 취지를 기재하고, 압수대상물을 피의자 甲의 물건 이외에도 '乙이 소지하고 있는 휴대전화 등과 그에 저장된 정보'로 기재한 乙의 주거에 대한 압수·수색영장"이다.

i) 전화사기 사건[대판 2008.7.10. 2008도2245]: (전화사기 ⇒ 점유이탈물횡령) 경찰이 전화사기죄 범행(㉠)의 혐의자 甲을 긴급체포하면서, 그가 보관하고 있던 다른 사람의 주민등록증, 운전면허증 등을 압수한 사안인데, 그 주민등록증등은 전화사기 범행의 수사에 필요한 범위 내의 압수로서 적법하다고 하여, 甲의 점유이탈물횡령죄 사건(㉡)의 증거로 인정한 사례.

이는 전화사기의 간접증거 또는 정황증거('전화사기는 타인의 이름을 도용할 수 있고, 타인의 신분증은 그 수단')로서 객관적 관련성이 있다고 한 것이다.

ii) 저서 기부행위 사건[대판 2015.10.29. 2015도9784]: (저서 기부행위 제한위반 ⇒ 추석감사편지 사전선거운동) 甲의 지방교육자치에관한법률위반(㉠)의 혐의사실(2014.2.경 저서등 기부행위)에 대해 압수영장을 발부받아 그 집행과정에서, PC와 외장하드에서 "2013.9.경 추석감사편지등 파일('교육감선거에 출마한다. 지지해 달라'는 내용)"을 압수하여 甲의 사전선거운동(㉡)의 혐의사실을 발견한 사안인데, 위 추석편지 등은 영장 범죄사실인 저서등 기부행위와 관련성이 있다고 하여, 甲의 사전선거운동 사건의 증거로 인정한 사례.

이는 추석편지가 저서 기부행위의 간접 증거 또는 정황증거('해당 선거의 후보자가 되고자 하는 자인지 여부를 판가름할 수 있는 주요 증거자료')로서 객관적 관련성이 있고, 동일인 甲에 대한 것으로 인적 관련성도 있다고 한 것이다(단, 영장 범죄사실보다 수개월 앞서 행해진 다른 범행의 증거였다는 점에서, 구체적·개별적 연관관계가 부정될 여지가 있다는 반론도 있다).

iii) 배임증재 사건[대판 2017.1.25. 2016도13489]: (甲의 배임증재 ⇒ 乙←甲 뇌물수수) 브로커 甲의 배임증재(㉠)의 혐의사실('인천 송도건설현장의 식당운영권 수주와 관련하여 건설회사 사장에 대한 금품수수')에 대해 '통신사실 확인자료 제공요청 허가서'를 발부받아 그 집행과정에서, 甲과 부산지하철공사(지방공기업) 사장 乙의 통화내역(발신·역발신·기지국)을 확보하여 甲의 뇌물공여 및 乙의 뇌물수수(㉡) 혐의('부산지하철공사현장의 식당운영권 수주와 관련하여 뇌물을 공여하고 수수')를 발견한 사안인데, 위 통신내역은 허가서 범죄사실(甲의 배임증재)과 관련성이 있다고 하여, 甲과 乙의 뇌물 사건의 증거로 인정한 사례.

이는 甲이 전국의 '여러 건설현장'의 식당운영권 수주를 위해 다수의 공무원·공사관계자에게 금품을 제공하였다는 영장 범죄사실에 비추어, 뇌물 사건은 식당운영권 수주와 관련된 甲의 일련의 범죄행위와 범행 경위·수법이 동일하고 범행시기도 근접하며, 위 통신내역은 그 범행과 관련된 뇌물수수 등 범죄에 대한 '광범위한 수사'를 포괄적으로 진행하는 과정에서 취득한 것(종전 서울동부지검이 확보한 통신사실 확인자료에서 부산지검이 이들 통화내역을 확인)으로 허가서 범죄사실과 객관적 관련성의 '구체적·개별적 연관관계'가 있고, 허가서의 대상자로 기재된 甲은 乙의 뇌물수수 범행의 증뢰자로서 필요적 공범에 해당하여 인적 관련성도 있다는 것이다.

iv) 허위글게시 사건[대판 2017.12.5. 2017도13458]: (허위사실공표 ⇒ 금품제공) 甲의 공직선거법위반(허위사실공표)(㉠)의 혐의사실(2016.4.11. 선거운동과 관련하여 자신의 페이스북에 상대후보에 대한 허위의 글을 게시)에 대해 압수영장을 발부받아 그 집행 과정에서, 공소외인의 휴대전화에서 甲의 금품제공 메시지(甲이 2016.3.30. 선거운동과 관련하여 자신의 페이스북에 선거홍보물 게재 등을 부탁하면서, 공소외인에게 '돈을 보냈다, 많은 활동 부탁한다'라는 내용)를 압수하여 甲의 공직선거법위반(금품제공)(㉡)의 단서를 발견한 사안인데, 위 메시지는 영장 범죄사실(甲의 허위글 게시)과 관련성이 있다고 하여, 甲의 공직선거법위반(금품제공)의 증거로 인정한 사례.

이는 "금품제공은 영장 범죄사실의 간접증거 또는 정황증거로 사용될 수 있는 경우에 해당하여 객관적 관련성이 있고, 금품제공과 허위사실공표는 모두 '甲이 범행 주체가 되어 페이스북을 통한 선거운동과 관련하여 행한 것'이므로 인적 관련성 역시 인정된다"고 한 것이다.

v) 휴대전화 사건[대판 2021.11.25. 2021도10034]: (피고인의 피해자 A에 대한 강제추행과 카메라 이용 촬영을 범죄사실로 하여 피고인의 휴대전화 등에 대한 압수수색영장을 발부받아 집행과정에서, 피해자 A에 대한 범죄사실 외에도 다른 피해자들에 대한 범죄사실과 관련한 전자정보를 압수하고, 이를 함께 기소한 사건) "특히 카메라의 기능과 전자정보 저장매체의 기능을 함께 갖춘 휴대전화인 스마트폰을 이용한 불법촬영 등 범죄의 경우 상대적으로 폭넓게 관련성을 인정할 여지가 많다(대판 2021.11.18. 2016도348 전합 참조). 위 압수수색영장은 피해자 A에 대한 범죄사실과 관련한 직접증거뿐 아니라 그 증명에 도움이 되는 간접증거 또는 정황증거를 확보하기 위한 것이라고 볼 수 있고, 그 압수수색영장에 따라 압수된 전자정보 및 그 분석결과 등은 혐의사실의 간접증거 또는 정황증거로 사용될 수 있는 경우에 해당하여 압수수색영장 기재 혐의사실과의 객관적 관련성이 인정된다"는 이유로, 다른 피해자들에 대한 부분의 증거능력을 긍정한 사례. 또한, 유사사례로서, 3/10자 혐의사실(영장)과 3/9자 및 4/2자 범행의 '객관적 관련성'을 인정한 사례(대판 2021.12.30. 2019도10309) 도 참조.

(ii) **[검토: 혐의사실기준설]** 원래 관련성은 ㉠ 영장의 청구·발부 절차 및 ㉡ 집행 절차, ㉢ 증거채택 절차에서 두루 문제될 수 있다. i) '증거법상 관련성'(㉢)은 어느 증거가 문제되고 있는 사실(요증사실)의 증명과 연결되어 있으며 또 이를 증명할 수 있는 최소한의 힘이 있음을 의미한다. 즉, 증거법상 관련성은 증거의 증거능력을 검토하기 위한 전제조건으로서 요구되는 것이다. ii) 그런데 '수사상 압수수색에서의 관련성'(㉠㉡)이란 일응 증거방법이 될 개연성 또는 몰수될 개연성을 의미하는 개념이다. 제215조에서 새롭게 명시된 '수사상 압수·수색에서 관련성 요건'은 '해당 사건과

관계가 있다고 인정할 수 있는 것에 한정하여' 판사에게 청구하고 발부받은 영장에 의해 집행해야 한다는 것으로, 이는 증거법의 통상적인 의미를 넘어서 기본권 보장과 관련하여 중요한 의미를 가진다. 즉, 특정한 혐의사실을 전제로 제공된 압수·수색영장이 별건 범죄사실의 수사와 기소에 이용되는 것을 방지함으로써 **일반영장으로 변질되는 것을 막기 위한 제도적 장치**라는 점에 그 특별한 입법취지가 있다.

쟁점이 되는 것은 ㉠ **관련성의 의미** 문제, ㉡ **해당 사건의 범위** 문제이다.

i) (관련성의 의미: 관련증거) 영장에 의한 압수수색은 영장에 기재된 '해당 혐의사실' 및 '해당 피의자'에 대한 관계를 전제로 한다. 따라서 영장 기재 혐의사실을 기준으로 그 혐의사실에 대한 직접증거, 간접증거, 정황증거가 될 개연성이 있는 증거들은 관련성이 인정됨에 의문이 없다. ㉠ 직접증거란 주요사실(주로 범죄사실) 그 자체를 직접 증명하는 증거이다. 직접증거는 그 자체로 관련성이 인정된다. ㉡ 간접증거는 간접사실(주요사실을 간접적으로 추론하게 하는 사실)을 증명하는 증거로서, 정황증거라고도 한다. 간접증거 내지 정황증거는 다른 사건에 우회적으로 사용될 가능성이 높은 것이므로, '주요사실에 대한 관계에서' 중요성을 가져야 한다. "그 관련성은 압수·수색영장에 기재된 혐의사실의 내용과 수사의 대상, 수사 경위 등을 종합하여 **구체적·개별적 연관관계**가 있는 경우에만 인정된다"는 판시는 주로 간접증거·정황증거를 염두에 둔 것이 된다. ㉢ 실질증거는 요증사실의 존부를 직·간접으로 증명하기 위해 사용되는 증거(직접증거, 간접증거·정황증거)인 반면, 보조증거는 실질증거의 증명력을 강화 또는 감쇄시키는 증거(증강증거, 탄핵증거)이다. 정상증거는 정상자료가 될 수 있는 증거를 말한다. 보조증거와 정상증거의 관련성 여부에 관해 판례의 입장이 제시된 바 없지만, 일반영장의 금지 내지 탐색적 압수·수색의 금지 원칙에 비추어, 요증사실과의 관계에서 더욱 가중된 제한이 추가될 필요가 있다. 보조증거는 그 자체만으로는 주요사실을 증명할 수 없는 것이고, 정상증거는 예단배제의 필요도 있는 것이므로, 특별한 사정이 없는 한 관련성을 쉽게 인정해서는 곤란하다. 보조증거의 경우에도 '실질증거의 증명력을 강화 또는 감쇄시키는 것이라는 점'에 관한 단순한 소명만으로는 부족하고, '주요사실에 대한 관계에서' 중요성에 대한 '**구체적·개별적 연관관계**가 **명백히 소명**된 예외적인 경우'에 한하여 관련성이 인정된다고 하겠다.

ii) (해당 사건의 범위) 관련성 요건의 출발점이 되는 '해당 사건'의 범위에 대하여, 중요한 견해로는 소송물기준설, 소인기준설 등이 있다. 해당 사건의 범위에 대한 논의는 곧 객관적 관련성이 미치는 범위에 대한 논의와 일치한다. ㉠ 소송물기준설은 "영장 기재 혐의사실과 '기본적 사실관계가 동일'한 범행까지 포함되고, 단순히 동종 또는 유사 범행은 포함되지 않는다"는 견해(소송물의 개념과 일치)이고, ㉡ 소인기준설은 "특정된 구성요건에 대입하여 재구성된 범죄사실을 의미한다"는 견해로서, 사실상 '영장 기재 혐의사실'만으로 제한하는 견해이다. ㉢ 판례는 소송물기준설의 입장으로, 공소제기의 효력범위(248), 법원의 심판범위(298), 공소장변경의 허용범위(298), 확정판결의 효력범위(328i)는 물론, 구속영장의 효력범위(대결 2001.5.25.자 2001모85)에 대해서도 같은 입장을 취하고 있다.

생각건대, "영장 기재 혐의사실만으로 제한되고 그와 '기본적 사실관계가 동일'한 범행은 제외된다"고 보아야 한다(**협의사실 기준설 내지 영장 기재 범죄사실 기준설**). ㉠ 별건 범죄사실의 증거물 압수를 금지하는 근거는 **일반영장의 금지** 또는 **탐색적 압수·수색의 금지** 원칙이다. 일반영장의 금지는 헌법상 영장주의의 당연한 요청이다. ㉡ 압수·수색영장에는 '죄명 및 범죄사실의 요지'를 반드시 기재하도록 되어 있는데(규170①i·95iii), 이는 일반영장으로의 변질을 방지하는 장치라는 의미가 있다. 따라서 제215조의 '해당 사건'은 영장에 기재된 죄명과 범죄사실에 한정되는 의미라고 보아야 한다. ㉢ 구속영장과 압수수색영장은 동일성이 작용하는 영역이 완전히 다르다. 구속영장의 효력범위는 이중구속의 제한, 재구속의 제한에서 기능하는 것인데, 형사소송법에는 동일한 범죄사실에 관하여 재차 구속하지 못한다는 규정과 함께 '1개의 목적을 위하여 동시 또는 수단결과의 관계에서 행하여진 행위는 동일한 범죄사실로 간주한다'(208②)는 규정도 있다. 따라서 구속영장의 효력범위에서는 '동일한 범죄사실'을 폭넓게 해석함으로써 기본권보호에 충실할 수 있는 반면, 압수수색영장에서는 '해당 사건'의 범위를 '동일한 범죄사실'로 폭넓게 해석한다면 일반영장으로 변질될 위험으로 인하여 오히려 기본권보호에 반하게 된다. 또한, 구속영장의 경우 동일한 범죄사실에 관하여 그 피의자를 다시 구속하는 영장은 허용되지 않는 반면, 압수수색의 경우에는 동일한 범죄사실에 관하여 동일 목적물을 다시 압수수색하는 영장은 얼마든지 허용될 수 있다. 나아가 구속영장과 압수수색영장은 요구되는 범죄혐의의 수준도 서로 현저히 다르다. ㉣ '동일한 범죄사실'의 해석은 재체포 제한(200의4③)의 경우에도 재구속의 제한에서와 다를 바 없다. 그런데 판례는 경로당에 침입하여 절취하는 등 상습절도의 혐의사실로 피고인에 대해 체포영장을 집행하던 중 절취품으로 의심되는 금반지를 발견하고 압수한 사안에서, 여기서의 금반지압수는 체포영장의 혐의사실과 관련성이 없다고 판단하여 엄격하게 제한해석한 바가 있다(대판 2014.10.27. 2014도9081. '당해 범죄사실과 관련된'이라고 판시한 대판 2008.7.10. 2008도2245 또한 참조). 상습절도의 사안은 기본적 사실관계가 동일한 것으로 평가되는 경우임에도 관련성을 부정한 사례인 것이다. ㉤ 관련성 요건은 특히 영장의 집행 단계에서는 더욱 엄격한 해석이 요구된다. 예컨대 압수수색영장에 기재된 문언은 그 집행절차에서는 엄격하게 해석한다는 것이 확립된 법리이다. 비록 '압수할 물건'의 해석에 관한 것이기는 하지만, "법관이 압수·수색영장을 발부하면서 압수수색영장에 기재한 문언은 이를 엄격하게 해석하여야 하고, 함부로 피압수자 등에게 불리한 내용으로 확장 또는 유추해석하는 것은 허용될 수 없다"(대판 2009.3.12. 2008도763)는 것이다. ㉥ 압수·수색의 경우 대부분 수사 초기에 이루어지고, 수사의 단서가 되는 경우가 일반적일 뿐만 아니라, 그 실시 전에 어떤 물건이 존재하는지 예상하기도 어렵다는 점,

수사의 동적·발전적 성격 및 그 과정에서 수사대상인 범죄사실의 가변성 등의 사정이 존재한다는 점은 사실이나, 이는 디지털 증거에 대한 "추가탐색 중단–별도영장 발부"(대결 2015.7.16.자 2011모1839 전합) 등 실효적인 대응수단을 도입하는 등 관련 제도의 정비 방안을 강구하여야 할 것이지, 영장주의의 헌법상 원칙을 완화하여 일반영장으로의 변질 위험을 감수하면서까지 해석을 통하여 그 집행단계에서 적용범위를 넓히는 방식으로 해결할 문제가 아니다.

요컨대, '영장 기재 혐의사실'(ⓐ)만으로 제한되고, '그와 기본적 사실관계가 동일한 범행'(ⓑ)은 제외되며, '영장에 기재된 혐의사실 자체'(ⓐ)와 직접 관련되거나, 간접 관련된 '간접증거나 정황증거 등'(ⓒ)인 경우라야 한다는 것이다. 즉, 그 관련성은 '영장에 기재된 혐의사실의 내용'(ⓐ)과 구체적·개별적 연관관계가 있는 경우라야 하므로, ⓐ에 대한 관계에서 ⓑⓒ는 대개 '구체적·개별적 연관관계'가 인정될 것이나, ⓑ와 사이에 '간접 관련된 경우'(ⓓ)는 '영장 기재 혐의사실'(ⓐ)에 대한 관계에서 '구체적·개별적 연관관계'가 인정되지 않는 한, 그 관련성을 인정하기 어렵고, ⓓ는 대개 ⓐ와는 관련성 없는 증거가 될 가능성이 높다.

최근 '**혐의사실 기준설**'에 입각한 판결이 선고된 바 있다. 피의자가 소유·관리하는 휴대폰을 피의자 아닌 **제3자가 임의제출**하는 경우에서 종래의 '기본적 사실관계 동일설'(소송물기준설)을 더욱 제한하여 '혐의사실 기준설'로 제한해석한 사례이다. 즉, "피의자가 소유·관리하는 정보저장매체를 피의자 아닌 피해자 등 제3자가 임의제출하는 경우에는, 그 임의제출 및 그에 따른 수사기관의 압수가 적법하더라도 임의제출의 동기가 된 '**범죄혐의사실**'과 구체적·개별적 연관관계가 있는 전자정보에 한하여 압수의 대상이 되는 것으로 더욱 제한적으로 해석하여야 한다. 피의자 개인이 소유·관리하는 정보저장매체에는 그의 사생활의 비밀과 자유, 정보에 대한 자기결정권 등 인격적 법익에 관한 모든 것이 저장되어 있어 제한 없이 압수·수색이 허용될 경우 피의자의 인격적 법익이 현저히 침해될 우려가 있기 때문이다"(대판 2021.11.18. 2016도348 전합).

2) 영장 문언의 엄격해석　i) (대상에 대한 문언의 엄격해석) "영장에 '압수할 물건'을 특정하기 위해 **기재한 문언은 엄격하게 해석**하여야 하고, 함부로 피압수자 등에게 불리한 내용으로 확장 또는 유추해석하여서는 안 된다. 예컨대, ㉠ 압수·수색영장에서 압수할 물건을 '압수장소에 **보관 중인 물건**'이라고 기재한 것을 '압수장소에 현존하는 물건'(예: 집행착수 후 반입된 물건)으로 해석할 수는 없다"(대판 2009.3.12. 2008도763). ㉡ 피의자로 '공소외 A를 특정'하여 'A가 소유·소지하는 물건'의 압수를 허가하는 취지의 압수·수색영장이 발부된 경우 "영장의 문언상 압수·수색의 상대방은 A이고, 압수할 물건은 'A가 소유·소지하는 물건'에 한정된다. 영장의 문언에 반하여 '피고인 소유의 물건'을 압수할 수는 없다.

일단 피의자와 피압수자를 특정하여 영장이 발부된 이상, **다른 사람**을 피압수자로 선해하여 영장을 집행하는 것이 적법·유효하다고 볼 수는 없다"(대판 2021.7.29. 2020도14654). ㉢ "압수·수색영장에 기재된 '압수할 물건'에 '**휴대전화**에 저장된 전자정보'가 **포함되어 있지 않다**면, 특별한 사정이 없는 한 그 영장으로 '휴대전화에 저장된 전자정보'를 압수할 수는 없다"(대결 2024.9.25.자 2024모2020).[1)]

ii) (장소의 임의적 변경 여부) 영장에 기재된 압수·수색장소의 임의적 변경은 특히 전자정보의 경우 실질적 피압수자의 참여권 및 변호인의 참여권 행사에 중대한 장애가 된다는 문제점이 발생한다(구속장소의 임의적 변경은 피구속자의 방어권이나 접견교통권의 행사에 중대한 장애를 초래하는 것으로서 위법하다는 대결 1996.5.15.자 95모94 참조). 자칫 공간적으로 떨어져 있는 정보저장매체에 대한 '반복적 접근'의 위험성(비밀감청 내지 비밀온라인수색)이 있다.

3) 야간집행의 제한 i) 일출 전, 일몰 후에는 압수·수색영장에 '**야간집행을 할 수 있다'는 기재가 없으면**, 그 영장을 집행하기 위하여 '타인'(='수사기관 이외')의 주거, 간수자 있는 가옥·건조물·항공기 또는 선차 내에 들어가지 못한다(125·219). 이는 야간의 사생활의 평온을 보호하기 위한 것으로, 영장에 '야간집행을 할 수 있다'는 기재만 있으면 야간집행이 가능하다는 점에서 '상대적 제한'에 불과하다. ii) 여기서의 '타인의 주거'에는 '**피의자의 주거**'도 **포함**되므로, 피의자의 주거라도 야간집행은 원칙적으로 제한된다. 즉, ㉠ 제125조의 문언에는 야간집행의 대상으로 단지 '타인'이라고 포괄적으로 규정되어 있을 뿐 '피의자 아닌 자'로 한정하고 있는 것은 아니고, ㉡ 피의자의 주거라도 그 가족의 사생활의 평온은 보장되어야 하기 때문이다. iii) 다만, 도박 기타 풍속을 해하는 행위에 상용된다고 인정하는 장소나 공개된 시간 내의 여관·음식점 기타 야간에 공중이 출입할 수 있는 장소는 야간집행의 제한을 받지 않는다(126·219).

4) 집행 1회성의 원칙 집행을 '일시 중지'하였다가 다시 속행하는 경우를 제외하고, 집행이 불완전하더라도 이미 그 집행을 '종료'한 경우에는 이를 제시

1) [휴대전화: 통신매체의 특성] "휴대전화는 정보처리장치나 정보저장매체의 특성을 가지고 있기는 하나, 기본적으로 통신매체의 특성을 가지고 있어 컴퓨터 등 정보처리장치나 USB 등 정보저장매체와는 명확히 구별되는 특성을 가지고 있다. 휴대전화, 특히 스마트폰에는 전화·문자메시지·SNS 등 통신, 개인 일정, 인터넷 검색기록, 전화번호, 위치정보 등 통신의 비밀이나 사생활에 관한 방대하고 광범위한 정보가 집적되어 있다. '휴대전화에 저장된 전자정보'는 '컴퓨터나 USB 등에 저장된 전자정보'와는 그 분량이나 내용, 성격 면에서 현저한 차이가 있으므로, 휴대전화에 대한 압수·수색으로 얻을 수 있는 전자정보의 범위와 그로 인한 기본권 침해의 정도도 크게 다르다"(위 2024모2020).

하고 재차 압수·수색을 할 수는 없다. 이를 집행 1회성의 원칙 또는 '동일영장에 의한 재도(再度)의 압수·수색 금지'라고 한다. 즉, "압수·수색영장은 수사기관의 압수·수색에 대한 허가장으로서 그 유효기간은 집행에 착수할 수 있는 종기(終期)를 의미하는 것일 뿐이다. 수사기관이 그 집행을 종료하였다면 이미 그 영장은 목적을 달성하여 효력이 상실되는 것이고, 그 압수·수색영장의 유효기간이 남아있다고 하여 이를 제시하고 다시 압수·수색을 할 수는 없다. 만일 동일한 장소 또는 목적물에 대하여 다시 압수·수색할 필요가 있는 경우라면, 그 필요성을 소명하여 법원으로부터 새로운 압수·수색영장을 발부받아야 한다"(대결 1999. 12.1.자 99모161; 2023.10.18. 2023도8752)는 것이다.[1] 구속영장의 경우 재구속의 제한이 있는 것과 달리, 압수수색영장의 경우에는 이러한 제한이 없다.

5) 관련성 요건② : 증거사용의 제한 (사용의 관련성) 압수수색에서 '관련성에 의한 제한'은 '압수범위의 제한' 내지 '증거수집의 제한' 외에, '사용범위의 제한' 내지 '증거사용의 제한'으로도 작용할 수 있다. '사용의 관련성'이라고도 한다. 최근의 판례에 따르면, "영장주의(헌법12)와 강제처분 법정주의(199①단서)는 수사기관의 증거 수집뿐만 아니라 강제처분을 통하여 획득한 증거의 사용까지 아우르는 형사절차의 기본원칙이다. 따라서 수사기관은 영장 발부의 사유로 된 범죄 혐의사실과 관계가 없는 증거를 압수할 수 없고, 별도의 영장을 발부받지 아니하고서는 압수물 또는 압수한 정보를 그 압수의 근거가 된 압수·수색영장 혐의사실과 관계가 없는 범죄의 유죄 증거로 사용할 수 없다"(대판 2023.6.1. 2018도18866).[2]

[사용의 관련성] 관련성은 영장 혐의사실과 관련된 증거만 압수해야 한다는 '수집의 관련성'과 그 압수물은 영장 혐의사실과 관련된 범죄사실에만 증거로 사용해야 한다

---

1) "이미 그 집행을 종료함으로써 효력을 상실한 압수·수색영장에 기하여 다시 압수·수색을 실시하면서 몰수대상물건을 압수한 경우, 압수 자체는 위법하게 되지만, 그 물건의 몰수의 효력에는 영향이 없다"(대판 2003.5.30. 2003도705).

2) [사안] 방산업체 직원 甲의 군사기밀 누설 혐의에 관한 압수영장으로 甲에게서 '메모지'를 압수하였는데, 이를 그 대향적 공범인 육군 중령 乙의 별건 군사기밀누설 혐의에 관한 증거로 사용한 사건이다. 압수영장에 기재된 혐의사실 및 압수할 물건은 '방사청이 발주한 ○○○ 사업'과 관련된 군사기밀 자료로 기재되어 있었으나, 위 메모지의 내용은 그와 관계 없는 '전시 ○○ 탄약 등에 관한 소요량 산정결과'에 관한 것이었다.

대상판결은 영장 기재 혐의사실과 무관한 별개의 증거를 압수한 것으로 위법수집증거에 해당한다는 원심을 그대로 확정했는데, 증거수집의 제한(수집의 관련성) 법리를 적용한 사안일 뿐 '사용의 관련성 법리'를 적용한 것은 아니다.

는 '사용의 관련성'을 포함한다. 통신비밀보호법에는 통신제한조치 및 통신사실확인자료에 대한 '사용범위의 제한' 규정(동법12 · 13의5)이 있으나, 이와 달리 형사소송법상 압수·수색에 대해서는 같은 내용의 일반 규정이 형사소송법에는 없다. 이에 관해서는, 사용범위 무제한설과 제한설의 견해 대립이 있으나, 판례는 영장주의와 강제처분 법정주의에 근거하여 정면으로 '사용의 관련성'을 별도로 요구한 것이다[제한설]. 해당 압수영장에서 법관이 강제처분을 허용한 것은 영장발부의 근거가 된 '혐의사실'의 수사를 목적으로 한 것이라는 점에 비추어, 그 압수물을 압수영장의 혐의사실과 관계 없는 범죄의 유죄 증거로 사용하기 위해서는, '별도의 압수수색 영장'을 발부받아야 한다는 취지이다. 즉, A 혐의로 압수영장을 발부받아 압수한 증거물이 A 혐의와 B 혐의 모두에 대해 증거가치가 있는 경우에, A 혐의와 B 혐의 사이의 관련성을 검토하여, A 혐의의 압수물은 ㉠ 관련성이 인정되는 경우에 한하여 추가 영장 없이 B 혐의의 증거로 사용할 수 있고, ㉡ 만일 관련성이 인정되지 않는 경우에는 추가 영장을 발부받아야 한다는 것이다. 예컨대, 피의자의 살인 혐의에 대해 압수영장을 발부받아 피의자로부터 '살인 장면이 녹화된 동영상 파일'을 압수하였는데, 그 동영상에는 피의자의 '마약 거래 관련한 통화 장면'이 함께 녹화되어 있는 경우 제한설에 따르면, 살인과 마약 거래는 객관적 관련성이 없으므로, 이를 '마약 거래' 혐의에 관한 유죄의 증거로 사용하기 위해서는 '별도의 압수수색영장'을 발부받아야 한다. 종근당 사건 이래 '압수 과정에서 별건증거 내지 무관정보를 우연히 발견한 경우'라면 법원에서 '별도의 범죄 혐의에 대한 압수 · 수색영장을 발부받아야 한다'는 법리의 연장선상에 있는 것으로 보인다. 영장주의를 실질적으로 관철하기 위한 것으로 볼 수 있기 때문이다. 다만, 정황사실 그 자체가 별도의 범죄를 구성하는 '직접증거'인 경우에는 적어도 별도의 영장 없이 그에 대한 증거로 사용할 수 있다고 봄이 타당하다(위 2008도2245 전화사기 사건 참조).

(4) 집행 후의 조치

1) 압수조서 · 압수목록의 작성 증거물 또는 몰수할 물건을 압수하였을 때에는 압수조서 및 압수목록을 작성하여야 한다(49① · 129). 압수조서에는 압수경위를, 압수목록에는 압수물의 특징을 각각 **구체적으로 기재**하여야 한다. 즉, i) **압수조서**에는 품종, 외형상의 특징과 수량을 기재해야 하고(49③ · 57①), 그 내용은 객관적 사실에 부합해야 한다. ii) **압수목록** 역시 압수물의 특징을 객관적 사실에 맞게 구체적으로 기재하여야 하는데, 압수방법 · 장소 · 대상자별로 명확히 구분한 후, 압수물의 품종 · 종류 · 명칭 · 수량 · 외형상 특징 등을 '최대한 구체적이고 정확하게 특정하여 기재'해야 한다. "**압수목록은** 수사기관의 압수 처분에 대한 **사후적 통제수단**임과 동시에, 피압수자 등이 압수물에 대한 **환부 · 가환부**

청구(218의2②)를 하거나, 부당한 압수처분에 대한 준항고(417)를 하는 등 권리행사절차를 밟는 데 가장 기초적인 자료가 되기 때문이다"(대결 2024.1.5.자 2021모385).

2) 압수목록의 교부 압수한 경우에는 압수목록은 압수물의 소유자 · 소지자 · 보관자 그리고 기타 이에 준하는 자에게 교부해야 한다(129 · 219). 수색한 경우에 증거물 또는 몰수할 물건이 없는 때에는 그 취지의 증명서를 교부하여야 한다(128 · 219).

3) 압수목록의 작성 · 교부시기 i) (원칙: 압수직후 현장에서) "압수목록은 피압수자 등의 이러한 권리행사에 지장이 없도록 '압수 직후' '현장에서 바로' 작성하여 교부하는 것이 원칙이다"(대판 2009.3.12. 2008도763; 위 2021모385).

ii) (예외: 영장에 명시 + 특수한 사정 존재) 다만, 적법하게 발부된 영장의 기재는 그 집행의 적법성 판단의 우선적인 기준이 되어야 한다. 따라서 예외적으로 특수한 사정상 즉시교부의 예외가 영장에 명시되어 있고, 특수한 사정이 실제로 존재하는 경우에는, 집행 후 일정한 기간이 경과한 압수목록을 작성 · 교부할 수도 있다. 즉, "[㉠ 예외요건] 예외적으로 압수물의 수량 · 종류 · 특성 기타의 사정상 '압수 직후 현장에서 압수목록을 작성 · 교부하지 않을 수 있다'는 취지가 영장에 명시되어 있고, 이와 같은 특수한 사정이 실제로 존재하는 경우에는, 압수영장을 집행한 후 일정한 기간이 경과하고서 압수목록을 작성 · 교부할 수도 있다. [㉡ 엄격해석] 압수목록 작성 · 교부 시기의 '예외에 관한 영장의 기재'는 피의자 · 피압수자 등의 압수 처분에 대한 권리구제절차 또는 불복절차가 형해화되지 않도록 그 취지에 맞게 엄격히 해석되어야 하고, 나아가 예외적 적용의 전제가 되는 '특수한 사정의 존재 여부'는 수사기관이 이를 증명하여야 하며, 그 '기간' 역시 필요 최소한에 그쳐야 한다. [㉢ 즉시교부의무 위반] 또한, 영장에 의한 압수 및 그 대상물에 대한 확인조치가 끝나면 그것으로 압수절차는 종료되고, 압수물과 혐의사실과의 '관련성 여부에 관한 평가' 및 그에 필요한 '추가 수사'는 압수절차 종료 이후의 사정에 불과하므로, 이를 이유로 압수 직후 이루어져야 하는 압수목록 작성 · 교부의무를 해태 · 거부할 수는 없다"(위 2021모385).

[영장원본제시 · 압수목록교부 위반과 위법수집증거] 수사기관이 압수수색영장을 집행하면서 갑 회사에 팩스로 영장사본을 송신하기만 하고 영장원본을 제시하거나, 압수조서와 압수물목록을 작성하여 피압수 · 수색 당사자에게 교부하지도 않은 채 피고인

의 이메일을 압수한 경우, 압수된 이메일은 위법수집증거로서 증거능력이 없다(대판 2017. 9.7. 2015도10648).

[종근당 사건의 사실관계](대결 2015.7.16.자 2011모1839 전합)

<table>
<tr><th>1) 참여 기회?</th><th colspan="4">A검사 (강력부)</th><th colspan="4">B검사 (특수부)</th></tr>
<tr><td></td><td colspan="4">2011.4/25자 제1영장 (배임)</td><td colspan="4"></td></tr>
<tr><td>○</td><td>0</td><td>그날 매체 자체</td><td>반출</td><td></td><td colspan="4" rowspan="3"></td></tr>
<tr><td>○</td><td>1</td><td>4/26 (D센터)
이미징－Upload</td><td>복제</td><td>제1
처분</td></tr>
<tr><td>X</td><td>2</td><td>5/3－5/6(외장하드에)
Download</td><td>재
복제</td><td>제2
처분</td></tr>
<tr><td>X</td><td>3</td><td>5/9－5/20
(유관정보 탐색 중)
별건정보 발견－출력</td><td>출력</td><td>제3
처분</td><td colspan="4">2) 관련성
별건: 약사법위반(리베이트)/조세포탈</td></tr>
<tr><td></td><td colspan="4"></td><td colspan="4">5/26자 제2영장 (약사법위반등)</td></tr>
<tr><td>X</td><td colspan="4">A검사 참여 ○
해당정보 관리자 참여 X (통지 · 목록교부 X)</td><td>1</td><td>그날(A 외장하드에서)
별건정보 탐색－출력</td><td>탐색
출력</td><td>제4
처분</td></tr>
</table>

5. 전자정보의 압수 · 수색

(1) 전자정보에 대한 압수 · 수색영장 집행의 적법요건

1) 압수 · 수색의 대상(유관정보) 관련정보만이 압수의 대상이 되고, 수색은 그 관련정보를 압수하기 위한 선행의 절차가 된다. 판례에 따르면, "수사기관의 전자정보에 대한 압수 · 수색은 원칙적으로 영장 발부의 사유로 된 '**범죄혐의사실과 관련된 부분만**'을 문서 출력물로 수집하거나 수사기관이 휴대한 저장매체에 해당 파일을 **복제**하는 방식으로 이루어져야 한다. '**저장매체 자체**'를 직접 **반출**하거나 저장매체에 들어 있는 '전자파일 **전부**'를 **하드카피나 이미징** 등 형태(='복제본')로 수사기관 사무실 등 외부로 **반출**하는 방식으로 압수 · 수색하는 것은, ['현장의 사정이나 전자정보의 대량성으로 관련 정보 획득에 긴 시간이 소요되거나, 전문 인력에 의한 기술적 조치가 필요한 경우 등'] **범위를 정하여 출력 또는 복제하는 방법이 불가능하거나 압수의 목적을 달성하기에 현저히 곤란**하다고 인정되는 때에 한하여 예외적으로 허용될 수 있을 뿐이다"(대결 2015.7.16.자 2011모1839 전합: '종근당 사건'). 나아가 "저장매체 자체 또는 적법하게 획득한 복제본을 (수사기관 사무실 등으로 옮

긴 후) '탐색'하여 혐의사실과 관련된 전자정보를 '문서로 출력하거나 파일로 복제'하는 일련의 과정 역시 전체적으로 하나의 영장에 기한 압수·수색의 일환에 해당한다"(대결 2011.5.26.자 2009모1190; 위 2011모1839 전합). 압수와 수색은 명백히 구별되는 개념으로서, 보다 정확히 말하면 '탐색'은 수색의 일환이고 관련정보의 '출력'·'복제'는 압수의 일환에 해당한다(관련성 요건). 수색(탐색)을 통해 이루어지는 압수(출력·복제)는 그 대상이 관련정보만으로 한정된다. 이를 '선별 압수의 원칙'이라 한다.

2) 참여권 보장 i) (전부 복제: 탐색·출력 등 일련의 과정은 압수·수색의 일환) ㉠ "저장매체에 대한 압수·수색 과정에서 범위를 정하여 출력 또는 복제하는 방법이 불가능하거나 압수의 목적을 달성하기에 현저히 곤란한 예외적인 사정이 인정되어 전자정보가 담긴 저장매체 또는 (전자파일 전부를) 하드카피나 이미징 등 형태('복제본')를 수사기관 사무실 등으로 옮겨 복제·탐색·출력하는 경우에도, 그와 같은 일련의 과정에서 제219조, 제121조에서 규정하는 피압수·수색 당사자(='피압수자')나 변호인에게 참여의 기회를 보장하고 '혐의사실과 무관한 전자정보의 임의적인 복제 등을 막기 위한' 적절한 조치를 취하는 등 영장주의 원칙과 적법절차를 준수하여야 한다. 만약 그러한 조치가 취해지지 않았다면, [피압수자 측이 참여하지 아니한다는 의사를 명시적으로 표시하였거나, 절차 위반행위가 이루어진 과정의 성질과 내용 등에 비추어 피압수자 측에 절차 참여를 보장한 취지가 실질적으로 침해되었다고 볼 수 없을 정도에 해당한다는 등의 특별한 사정이 없는 이상] 압수·수색이 적법하다고 평가할 수 없고, 비록 수사기관이 저장매체 또는 복제본에서 혐의사실과 관련된 전자정보만을 복제·출력하였다 하더라도 달리 볼 것은 아니다"(위 2011모1839 전합). 자세한 것은 앞의 제4. 중 '(2) 압수·수색영장의 집행' 중 '3) 참여권 보장' 부분의 설명 참조.

㉡ "삭제된 파일을 복구하고 암호화된 파일을 '복호화하는 과정'도 전체적으로 압수·수색과정의 일환에 포함되므로, 복호화 과정에도 참여권을 보장하여야 한다"(대판 2015.1.22. 2014도10978 전합). 즉, "복제본의 복호화 및 파일변환을 하는 행위는 전자정보의 탐색을 위한 준비과정이므로, 특별한 사정이 없는 한 원칙적으로 복제본의 복호화 및 파일변환을 할 당시 피의자 또는 변호인 등에게 미리 그 일시·장소를 통지하는 등의 방법으로 참여의 기회를 부여하여야 한다" (대결 2015.10.15.자 2013모1969).

ii) (선별 복제: 집행 종료) 반면, "수사기관이 정보저장매체에 기억된 정보 중에서 키워드 또는 확장자 검색 등을 통해 범죄 혐의사실과 관련 있는 정보만을 선별한 다음 정보저장매체와 동일하게 비트열 방식으로 복제하여 생성한 파일('이미지 파일')을 제출받아 압수하였다면, 이로써 압수의 목적물에 대한 압수·수색 절차는 종료된 것이므로, 수사기관이 수사기관 사무실에서 위와 같이 압수된 이미지 파일을 탐색·복제·출력하는 과정에서도 피의자 등에게 참여의 기회를 보장하여야 하는 것은 아니다"(대판 2018.2.8. 2017도13263).

iii) (참여권 보장의 취지) 특히, 참여권 보장의 취지는 "전자정보의 왜곡이나 무관정보의 수집을 방지하려는 것이다"(위 2009모1190; 위 2011모1839 전합).

['참여권 침해'와 위법수집증거: (전체적 평가설)] "피압수자나 변호인에게 참여의 기회를 보장하는 적절한 조치가 취해지지 않았다면 특별한 사정이 없는 이상 압수·수색이 위법하며, 비록 수사기관이 관련정보(유관정보)만을 복제·출력하였다 하더라도 마찬가지로 위법하다"(앞 2011모1839 전합). 즉, 특별한 사정이 없는 한, 영장주의위반으로 위법수집증거가 된다. 다만, 복호화 과정에서 참여기회를 주지 않은 것은 위법하지만, 복호화 작업은 탐색하는 과정 그 자체라기보다는 탐색을 위한 준비과정에 불과하여 참여권이 가지는 의미가 상대적으로 크지 않기 때문에, 압수수색과정 전체를 위법하게 할 정도로 중대하다고 보기는 어렵다[**전체적 평가설**](앞 2014도10978 전합).

3) 관련성 요건 i) (무관정보의 압수금지) "전자정보에 대한 압수·수색에 있어 저장매체 자체를 외부로 반출하거나 하드카피·이미징 등의 형태로 복제본을 만들어 외부에서 저장매체나 복제본에 대하여 압수·수색이 허용되는 예외적인 경우에도, 그러한 경우의 문서출력 또는 파일복제의 대상 역시 저장매체 소재지에서의 압수·수색과 마찬가지로, 혐의사실과 관련된 부분으로 한정되어야 함은 적법절차 및 영장주의 원칙이나 비례의 원칙에 비추어 당연하다. 따라서 수사기관 사무실 등으로 반출된 저장매체 또는 복제본에서, 혐의사실 관련성에 대한 구분 없이 임의로 저장된 전자정보를 문서로 출력하거나 파일로 복제하는 행위는, 원칙적으로 영장주의 원칙에 반하는 위법한 압수가 된다"(위 2011모1839 전합).

ii) (무관정보의 우연 발견) ㉠ "그러나 전자정보에 대한 압수·수색이 종료되기 전에 '혐의사실과 관련된 전자정보'를 적법하게 탐색하는 과정에서, '별도의 범죄혐의와 관련된 전자정보'를 '우연히 발견'한 경우라면, 수사기관은 더 이상의 추가 탐색을 중단하고 법원에서 별도의 범죄혐의에 대한 압수·수색영장을 발부받은 경우에 한하여, 그러한 정보에 대하여도 적법하게 압수·수색을 할 수 있다"

(위 2011모1839 전합). 즉, 다시 한번 반복하면, "'혐의사실과 관련된 전자정보'(='유관정보') 이외에 '이와 무관한 전자정보'(='무관정보')를 탐색 · 복제 · 출력하는 것은 원칙적으로 위법한 압수 · 수색에 해당하므로 허용될 수 없다. 그러나 전자정보에 대한 압수 · 수색이 종료되기 전에 '유관정보'를 적법하게 탐색하는 과정에서, **'무관정보'를 우연히 발견한** 경우라면, 수사기관으로서는 더 이상의 **추가 탐색을 중단**하고 법원으로부터 **별도**의 범죄혐의에 대한 **압수 · 수색영장**을 발부받은 경우에 한하여, 그러한 정보에 대하여도 적법하게 압수 · 수색을 할 수 있다"(대판 2024.4.16. 2020도3050). ㉡ "나아가 이러한 경우에도 **별도의 압수 · 수색 절차**는 최초의 압수 · 수색 절차와 구별되는 별개의 절차이고, '별도 범죄혐의와 관련된 전자정보'는 최초의 압수 · 수색영장에 의한 압수 · 수색의 대상이 아니어서, (저장매체의 원래 소재지에서 별도의 압수 · 수색영장에 기해 압수 · 수색을 진행하는 경우와 마찬가지로) 피압수 · 수색 당사자(='피압수자')는 **최초의 압수 · 수색 이전부터 해당 전자정보를 관리하고 있던 자**라 할 것이므로, 특별한 사정이 없는 한 피압수자에게 제219조, 제121조, 제129조에 따라 **참여권을 보장**하고 압수한 전자정보 **목록을 교부**하는 등 피압수자의 이익을 보호하기 위한 적절한 조치가 이루어져야 한다"(위 2011모1839 전합).

['관련성 요건 위반'과 위법수집증거] 관련성 요건을 흠결한 압수에는 i) 헌법상 영장주의를 위반한 절차적 위법이 있으며, ii) 그 압수물은 형사소송법 제308조의2에서 정한 '적법한 절차에 따르지 아니하고 수집한 증거'로서 증거로 쓸 수 없고, iii) 그 절차적 위법은 헌법상 영장주의 내지 적법절차의 실질적 내용을 침해하는 중대한 위법에 해당하여 예외적으로 증거능력을 인정할 수도 없다(대판 2014.1.16. 2013도7101).

[육안발견의 예외(plain view doctrine) 부정] 육안발견의 예외는 수사기관이 적법하게 관찰하는 동안 발견한 증거물 및 금제품은 영장 없이 압수할 수 있다는 미국법상 영장주의의 예외이론이다. 초기에는 우연성을 요건으로 하였으나, 근래에는 우연성이 없는 경우라도 허용한다. 전자정보에 대한 육안발견 예외의 적용 여부에 대해, 공리주의가 지배하는 미국에서도 법원별로 사안에 따라 견해 차이를 보이고 있으며, 우리 학계에서는 비판적 견해가 우세하다.

대법원의 종근당 결정은, 제2영장과 관련하여 이를 명시적으로 부정하고 있다. 즉, i) 제2영장의 청구는 위법 취득한 무관정보를 토대로 한 이상 영장청구요건을 충족하지 못하였으므로 영장이 발부되었더라도 그 압수 · 수색은 위법하다는 것으로, 영장발부가 위법성을 치유하지 못한다는 법리를 다시 확인하였다. ii) 또한, 무관정보를 우연히 발견한 경우 더 이상의 추가 탐색을 중단하고 법원으로부터 별도의 영장을 받은 경우에 한하여 별건 압수수색이 가능하다는 새로운 법리를 제시하였다. 즉, 육안 발견의 예외를 인정하지 않는다.

4) 상세목록의 교부 "법원은, <압수 · 수색영장의 집행에 관하여 범죄 혐의사실과 관련 있는 정보의 탐색 · 복제 · 출력이 완료된 때에는, 지체 없이 압수된 정보의 '**상세목록**'을 피의자 등에게 교부할 것>을 정할 수 있다. 압수된 정보의 **상세목록**에는 정보의 파일 명세가 **특정**되어 있어야 하고, 수사기관은 **출력한 서면**으로 교부하거나 **전자파일 형태로 복사**해 주거나 **이메일을 전송**하는 등의 방식으로도 할 수 있다"(앞 2017도13263). 즉, "압수목록은 피압수자 등의 권리행사에 지장이 없도록 '압수 직후' '현장에서 바로' 작성하여 교부하는 것이 원칙이다. 이러한 압수목록 교부 취지에 비추어, 상세목록에는 정보의 파일 명세가 '특정'되어 있어야 한다"(대결 2022.1.14.자 2021모1586).

5) 무관정보의 삭제 · 폐기 의무와 유관정보만의 열람 허용 전자정보의 압수에서 특히 문제되는 현실적인 과제는, ㉠ '무관정보의 삭제 · 폐기' 의무와 그 위반의 효과, ㉡ '유관정보만의 열람 허용'이다.

i) (무관정보의 삭제 · 폐기의무) 검사 또는 사법경찰관은 상세목록에 포함되지 않은 전자정보가 있는 경우에는, 해당 전자정보를 지체 없이 **삭제** 또는 **폐기**하거나 **반환**해야 한다. 이 경우 '삭제 · 폐기 또는 반환 **확인서**'를 작성하여 피압수자 등에게 **교부**해야 한다(수사준칙42②). 즉, "수사기관은 하드카피나 이미징 등에 담긴 전자정보를 탐색하여, '유관정보'를 선별하여 출력하거나 다른 저장매체에 저장하는 등으로 압수를 완료하면, '**무관정보**'를 **삭제 · 폐기**하여야 한다"(대판 2023.6.1. 2018도19782; 2023.10.18. 2023도8752).

ii) (무관정보의 계속 보관 : 위법수집증거 배제 및 2차 증거도 배제) 우선, ㉠ 수사기관이 삭제 · 폐기하지 아니한 채 계속 보관하고 있는 '무관정보' 부분에 대해서는 **위법수집증거**가 된다. 즉, "수사기관이 '무관정보'에 대한 삭제 · 폐기 등의 **조치를 취하지 아니하였다면**, 이는 수사기관이 '유관정보'에 대한 상세목록 작성 · 교부의무와 '무관정보'에 대한 삭제 · 폐기 · 반환의무를 사실상 형해화하는 결과가 된다. **영장주의**와 **적법절차 원칙**을 **중대하게 위반**한 것이다"(위 2021모1586). 즉, "수사기관이 유관정보를 선별하여 압수한 후에도 '**무관정보**'를 **삭제 · 폐기 · 반환하지 않은 채** 그대로 **보관**하고 있다면, '**무관정보 부분**에 대하여는' 압수의 대상이 되는 전자정보의 범위를 넘어서는 전자정보를 영장 없이 압수 · 수색하여 취득한 것이어서 위법하다. 사후에 법원으로부터 압수 · 수색영장이 발부되었다거나, 피고인이나 변호인이 이를 증거로 함에 동의하였다고 하여 그 위법성이 치유된다고 볼 수 없다”(위 2020도3050; 대판 2025.8.14. 2022도11923).

나아가, ㉡ 그 의무를 위반한 ‘무관증거’ 부분에 대해 사후에 압수영장을 발부받아 집행하였더라도, 이는 위법수집증거의 2차 증거로서 역시 증거능력이 배제된다. 즉, “사후에 법원으로부터 복제본을 대상으로 압수 · 수색영장을 발부받아 집행하였다고 하더라도, 이는 압수 · 수색절차가 종료됨에 따라 당연히 삭제 · 폐기되었어야 할 전자정보를 대상으로 한 것(즉, 2차 증거)으로 위법하다”(위 2020도3050).[1)]

iii) (‘유관정보’만의 열람만은 허용) 그런데, 수사기관이 새로운 범죄 혐의의 수사를 위하여 필요한 경우에도 ‘유관정보’만을 ‘열람’만은 허용된다. 즉, “수사기관이 새로운 범죄 혐의의 수사를 위하여 ‘무관정보가 남아 있는 복제본’을 ‘열람’하는 것은, ‘압수 · 수색영장으로 압수되지 않은 전자정보’를 영장 없이 수색하는 것과 다르지 않다. 따라서 복제본은 더 이상 수사기관의 탐색, 복제 또는 출력 대상이 될 수 없다. 수사기관은 새로운 범죄 혐의의 수사를 위하여 필요한 경우에도, ‘유관정보만을 출력하거나 복제한 기존 압수 · 수색의 결과물’을 ‘열람’할 수 있을 뿐이다”(위 2018도19782; 위 2023도8752; 위 2020도3050).[2)]

6) 원본 동일성의 증명 “전자문서를 수록한 파일 등의 경우에는, 원본임이 증명되거나 혹은 복사 과정에서 편집되는 등 인위적 개작 없이 원본의 내용 그대로 복사된 사본임이 증명되어야만 하고, 그 증명이 없는 경우에는 쉽게 증거능력을 인정할 수 없다. 증거로 제출된 ‘전자문서 파일의 사본이나 출력물’이 ‘복사 · 출력 과정에서 편집되는 등 인위적 개작 없이 원본 내용을 그대로 복사 · 출력한 것’이라는 사실은, 전자문서 파일의 사본이나 출력물의 생성과 전달 및 보

---

1) (종래 판례의 확인) 무관정보를 반환하지 않고 수사기관에 보관하다가 영장을 받아 압수함은 위법하다(대결 2022.1.14.자 2021모1586).

2) [사안: 2018도19782] 제1영장으로 압수한 전자정보에 기해 甲의 기밀수집 유죄판결이 확정된 후, 폐기하지 않고 검찰에 계속 보관 중이던 압수물을 대출 받아 유관정보와 무관정보가 뒤섞여 있는 이미징 사본을 제1차 탐색한 다음, 그 탐색결과 취득한 정자정보(이메일, 카카오톡 대화내역)를 기초로 제2영장을 받아 B의 기밀누설의 증거를 수집한 사안이다. 제1차 탐색은 위법하고, 이를 기초로 제2영장을 받아 증거를 압수한 것 역시 위법하며, 새로운 범죄혐의 수사를 위해 필요한 경우에도 유관정보만의 결과물을 열람할 수 있을 뿐이라고 한 사례이다. ‘사용의 관련성’ 법리를 판시한 위 2018도18866과 동일한 날짜에 선고된 판결이다.

관 등의 절차에 관여한 사람의 증언이나 진술, 원본이나 사본 파일 생성 직후의 해시(Hash)값 비교, 전자문서 파일에 대한 검증·감정 결과 등 '제반 사정을 종합하여' 판단할 수 있다. 이러한 원본 동일성은 **증거능력의 요건**이므로 검사가 그 존재에 대하여 구체적으로 주장·증명해야 한다"(위 2017도13263).

(2) 원격지 압수·수색, 역외 압수·수색

"㉠ 피의자의 이메일 계정에 대한 접근권한에 갈음하여 발부받은 압수·수색영장에 따라, **원격지의 저장매체**에 '적법하게 **접속**'하여 **내려받거나 현출**된 전자정보를 대상으로 하여 범죄 혐의사실과 관련된 부분에 대하여 압수·수색하는 것은, 대물적 강제처분 행위로서 허용되며, 압수·수색영장의 **집행에 필요한 처분**에 해당한다. ㉡ 이러한 법리는 원격지의 저장매체가 **국외에 있는 경우라 하더라도** 달리 볼 것은 아니다"(대판 2017.11.29. 2017도9747). ㉠을 원격지 압수·수색, ㉡을 역외 압수·수색이라 한다.

[외국계 이메일] 이메일 압수는 인터넷서비스'제공자'(이하 '제공자')를 대상으로 이루어지는 경우가 많다. 외국계 제공자에 대하여는 영장의 집행이 용이하지 않을 뿐만 아니라 사법관할권의 문제도 있다. 위 2017도9747 판결의 사안은, 수사기관이 적법하게 취득한 인터넷서비스'이용자'(이하 '이용자')의 이메일 주소와 암호를 이용하여, 한국인터넷진흥원(KISA)의 PC에서 이용자의 '**중국 이메일 계정**'에 접속한 뒤, 화면캡처나 내려받기의 방법으로 전자정보를 압수수색한 것으로, '원격지'와 '역외'가 함께 문제되었다. i) 원격지 압수수색은 2015년 종근당 판결의 보충의견에서 이미 그 허용성을 시사한 바 있다. 위 판결은, ㉠ 이용자는 전자정보의 소유자나 소지자로서 압수수색의 대상자가 되고, 이용자의 접근권한에 갈음하여 발부받은 영장에 따라 통상적인 방법으로 원격지 서버에 접속하여 압수수색하는 것은 제공자의 의사에 반하는 것이 아니며, ㉡ 수색장소(한국인터넷진흥원)에 있는 단말기기를 이용하여 접속하는 것은 집행의 장소적 범위를 확대하는 것이 아니고, 수색에서 압수에 이르는 일련의 과정이 모두 압수·수색영장에 기재된 장소에서 행해진다는 점을 근거로, '원격지 압수수색'의 적법성을 인정하였다. ii) 나아가 위 판결은 원격지 서버가 국외에 있는 경우라도 마찬가지라고 하여 '역외 압수수색'의 적법성도 명시적으로 인정하였다. iii) 참고로, 일본, 독일, 프랑스 형사소송법은 원격지 압수를 허용한다. 역외 압수는 일명 부다페스트 조약으로도 불리는 유럽평의회(Council of Europe) 사이버범죄협약(Convention on Cybercrime, 2001) 제32조에서 '이용자의 자발적인 동의'를 전제로 허용한다. '역외'에 대해서는 상반된 고등법원의 판결이 있었고, 그 허용 여부에 대해 견해 대립이 있었다.

(3) 전자정보 보전요청 제도의 도입

2025.12.30. 개정으로, 전자정보의 멸실·변경을 방지하기 위한 '전자정보 보전요청 제도'가 도입되었다(2026.7.1. 시행 예정). 즉, i) (보전요청) ㉠ 검사는 (직권 또는 사법경찰관의 신청에 따라) '정보통신서비스 제공자'에게 '**보전대상 전자정보**'[1]의 (60일의 범위 내에서의) **보전을** (서면으로) 요청할 수 있다(215의2①). ㉡ 사법경찰관은 증거의 '멸실'('변경' 포함) 우려 등으로 검사에게 보전 신청을 할 시간적 여유가 없는 경우에 직권으로 '정보통신서비스 제공자'에게 보전을 요청할 수 있으나, 즉시 검사의 승인을 받아야 한다(동②).[2] ii) (보전조치) '정보통신서비스 제공자'는 보전대상 전자정보에 대해 '**보전조치**'(='멸실의 방지 등 보전에 필요한 조치')를 즉시 취한 다음, 그 조치 결과를 검사 또는 사법경찰관에게 통보하여야 한다(동⑤). iii) (보전기간의 1회 연장과 법원의 허가) 검사는 (직권 또는 사법경찰관의 신청에 의하여) 30일의 범위에서 1회 보전 연장을 요청할 수 있고(동①단서), 이 경우 법원의 허가를 받아야 한다(동③). 그러나 보전요청은 동일한 보전대상 전자정보에 대하여 재차 요청할 수는 없다(동④). iv) ('보전'만 가능) 보전요청 제도는 전자정보의 '보전'만을 허용한다. 해당 증거의 '취득'에는 압수영장 등을 통한 후속절차가 필요하다.

종래 형사소송법상 전자증거의 소멸을 방지하는 제도가 없었던 관계로, 중요한 전자증거가 삭제되거나 변경될 경우 그 대응에 차질을 빚는 사례가 적지 않았다. 또한 전자증거가 해외 플랫폼·서버에 보관되는 경우가 급증함에 따라, 해외 소재 전자증거를 신속하게 보전·확보할 필요성도 계속 제기되어 왔다. 디지털 성범죄를 비롯한 사이버 범죄는 그 특성상 해외 정보통신 서비스와 관련되는 경우가 많은데도 국제공조가 미흡하였다.[3]

---

1) [보전대상 전자정보] "정보통신서비스 제공자가 소유(관리, 소지 또는 보관을 포함한다)하고 있는 '전자문서'(=컴퓨터 등 정보처리능력을 가진 장치에 의하여 전자적인 형태로 작성되어 송수신되거나 저장된 문서형식의 자료로서 표준화된 것) 등 정보저장매체 등에 기억된 정보 중 해당 사건과 관계가 있다고 인정할 수 있는 부분"(215의2①).

2) [보전요청의 요건] 요건은, ⓐ 피의자가 사형, 무기 또는 장기 3년 이상의 징역이나 금고에 해당하는 죄를 범하였다고 의심할 만한 정황이 있는 경우일 것, ⓑ 압수·수색·검증 영장을 청구하거나 '통신사실 확인자료제공 요청'을 하기 위하여 필요한 경우일 것, ⓒ 증거의 멸실(변경을 포함) 우려 등 미리 압수·수색·검증 영장을 발부받거나 법원의 '통신사실 확인자료제공 허가'를 받기 어려운 긴급한 사정이 있는 경우일 것(동①본문)이다.

3) [사이버범죄협약의 이행입법] 정부는 2022.10. 유럽평의회에 '부다페스트 사이버범죄협약' 가입 의향서를 제출하고, 2023.2. 유럽평의회로부터 가입 초청을 받은 이후, 협약가입을 위한 이행입법 등 관련 절차를 추진하였다. 그 이행입법으로서 '전자정보 보전요청 제도'가 완비됨에 따라 협약 가입이 가능하게 되었다. 협약 가입시 해외 플랫폼으로부터 필요한 전자정보를 형사사법공조 절차로 보전·확보할 수 있게 되어, 사이버 범죄 대응 역량이 한층 강화될 전망이다.

'전자정보 보전요청 제도'의 도입으로, 국내외 플랫폼에서 단기간만 보관되는 로그기록 자료 등의 소멸을 일시적으로 방지할 수 있게 되었다. 이를 통해 온라인 단체방을 매개로 한 디지털 성범죄, 금융상품 리딩방 사기 및 개인정보 침해 등 해킹 사건의 수사에서 효과적인 증거 확보가 가능하게 되었다. 요컨대, 사이버 범죄 대응 및 피해자 보호가 강화된 것이다.[1]

6. 통신제한조치

1) '통신제한조치' 및 '통신사실 확인자료 제공요청' 휴대전화 · 전자우편 등 전기통신을 대상으로 한 강제처분에는 3유형이 있다. 즉, ㉠ 형사소송법상 압수 · 수색, ㉡ 통신비밀보호법상 통신제한조치 및 ㉢ 통신사실 확인자료의 제공요청이다. i) **통신제한조치**는 **'현재'** 진행되고 있거나 **'장래'**에 이루어질 우편물 또는 전기통신의 **'내용'**이 대상이다. ii) **통신사실 확인자료 제공요청**은 전기통신 일시, 인터넷 로그기록자료, 발신기지국의 위치추적자료, 접속지의 추적자료 등 **'통신사실의 외형적 존재와 그 내역'**이 대상이다. iii) 그리고 이미 수신이 끝난 **'과거'**의 우편물, 휴대전화의 문자 · 음성메시지, 전자우편 등 전기통신의 **'내용'**을 지득 · 채록하는 것은 일반 **압수 · 수색**의 대상이 된다. 즉, 전기통신의 "'감청'이란 대상이 되는 전기통신의 송 · 수신과 동시에 이루어지는 경우만을 의미하고, 이미 수신이 완료된 전기통신의 내용을 지득하는 등의 행위는 포함되지 않는다"(대판 2012.10.25. 2012도4644). 감청은 대상범죄를 한정하여 전통적인 압수방법을 넘어서는 수단을 제공한다.

통신제한조치의 요건과 절차는 통신비밀보호법에 규정되어 있다. ㉠ '통신제한조치'는 '우편물의 검열' 또는 '전기통신의 감청'으로 규정되어 있고(통비법3②), 엄격한 법적 규제를 받는다. 통신제한조치의 대상범죄는 제한적으로 열거되어 있는데(동법5①), 주로 중범죄 또는 통신제한조치가 그 범죄의 예방이나 증거수집에 적합성이 있는 범죄들이다. ㉡ 그 밖에 '통신사실 확인자료의 제공요청' 또는 '비공개대화의 녹음 · 청취'도 통신제한조치에 준하여 규정되어 있다.

통신비밀보호법상 국가기관에 의한 통신비밀 침해행위는 원칙적으로 금지

---

1) [참고: 그 밖의 개정 내용(미확정 형사판결서의 열람 · 복사 허용)] 종래 '확정'된 사건의 판결서만 열람 · 복사가 허용되었으나, '확정되지 아니한 형사사건의 판결서'도 열람 · 복사가 가능하게 되었다(59의3. 공포후 2년이 경과한 날인 2027.12.31.부터 시행될 예정). 이는 국민의 알 권리 및 사법정보 접근권을 실질적으로 보장하고 재판에 대한 투명성과 공정성 및 책임성을 강화하기 위함이다.

된다. 다만 영장주의를 도입하여 법원의 허가를 얻은 때에 한하여 예외적으로 허용된다.

[통신이용자정보 제공요청] '통신제한조치'(예: 감청)나 '통신사실확인자료 제공요청'(예: 통신일시)은 통신비밀보호법에 따라 법원의 허가를 받아야 한다. 그러나 '통신이용자정보 제공요청'(예: 이용자의 성명, 주민등록번호, 주소, 전화번호, 아이디, 가입일 또는 해지일)은 전기통신사업법(83)에 따라 법원의 허가 없이 가능하다(전기통신사업법 제83조는 2023.12.29. 개정에서 용어를 변경하여 종래의 '통신자료 제공'을 '통신이용자정보 제공'으로 순화하였다). 한편, 정보주체의 자기결정권 보장을 위해, 헌법불합치결정(헌재 2022.7.21. 2016헌마388등)에 따른 위 2023년 개정으로, 제83조의2(통신이용자정보 제공을 받은 사실의 통지) 등을 신설함에 따라, 대상자에 대한 사후통지절차가 마련되었다.

수사기관등의 '통신이용자정보 제공요청'의 경우 전기통신사업자가 '그 요청에 따를 수 있다'고 규정되어 있을 뿐 그 요청에 응할 의무가 부과된 것은 아니라는 점에서, 임의수사에 해당하고 영장주의가 적용되지 않는다고 한다(헌재 2012.8.23. 2010헌마439, 5:3). 다만, 이에 대해 최근의 헌재 결정(위 2016헌마388등, 4:5)은, 같은 취지의 법정의견(4인)과 달리, 별개의견(5인)에서 '수사기관의 요청을 받은 전기통신사업자도 상당한 부담을 가질 수밖에 없고, 실질적 상대방인 정보주체에 대한 권력적 사실행위로서 공권력 행사'라고 하였는데, 이에 따르면 '통신이용자정보 제공요청'도 영장주의의 적용을 받는다고 하게 된다.

2) **통신제한조치의 허가** 통신제한조치는 범죄수사 목적인 경우와 국가안보 목적인 경우로 구분된다.

i) (범죄수사) 범죄수사 목적의 통신제한조치는 ㉠ 통신비밀보호법 제5조의 (중대한) 범죄를 계획 또는 실행하고 있거나 실행하였다고 의심할만한 충분한 이유가 있고(중대범죄 혐의), ㉡ 다른 방법으로는 그 범죄의 실행을 저지하거나 범인의 체포 또는 증거의 수집이 어려운 경우에 한하여(보충성) 허가할 수 있다(동법5①). **통신제한조치 허가서**는, 검사가 관할 지방법원 또는 지원에 청구하여 법원이 허가한다(동법6①③⑤). 통신제한조치의 기간은 2월을 초과하지 못하고, 그 기간 중 통신제한조치의 목적이 달성되었을 경우에는 즉시 종료하여야 한다(동⑦). 한편, 긴급한 사유가 있는 때 법원의 허가 없이 **긴급통신제한조치**를 할 수 있다(동법8). 이 경우 집행착수 후 지체 없이 법원에 허가청구를 하여야 하며, 긴급통신제한조치를 한 때부터 36시간 이내에 법원의 허가를 받지 못한 때에는 즉시 이를 중지하여야 한다(동법8②). 법원의 허가를 받지 못한 감청은 **불법감청**이 된

다. 불법검열에 의하여 취득한 우편물이나 그 내용 및 불법감청에 의하여 지득 또는 채록된 전기통신의 내용은 **위법수집증거**로서 증거능력이 없다(동법3 · 4).

ii) (국가안보) 통신제한조치는 범죄수사의 목적 이외에 국가안전보장 등을 위해 특히 필요한 경우에도 허용된다.

[국가안보 목적의 통신제한조치] 여기에는 허가 또는 승인의 주체에 따라 2유형이 있다. ① 통신의 일방 또는 쌍방 당사자가 내국인인 때에는 고등법원 수석부장판사의 허가를 받아야 한다(동법7①i). ② 대한민국에 적대하는 국가 등의 구성원의 통신인 때에는 대통령의 승인을 얻어야 한다(동ii). 위 ①의 경우 고등검찰청 검사가 청구하며, 정보수사기관의 장은 고등검찰청의 검사에게 그 청구를 서면으로 신청한다(동시행령7③). 위 ②의 경우에는 국정원장이 신청한다(동8④). 양자 모두 그 기간은 4월을 초과하지 못하고, 4월의 범위 내에서 연장할 수 있다(동법7②).

3) 통신사실 확인자료 제공요청의 허가 통신사실 확인자료란, 전기통신사실에 관한 자료로서, ㉠ 가입자의 전기통신일시, ㉡ 전기통신개시 · 종료시간, ㉢ 발 · 착신 통신번호 등 상대방의 가입자번호, ㉣ 사용도수, ㉤ 컴퓨터통신 또는 인터넷의 로그기록자료, ㉥ 발신기지국의 위치추적자료, ㉦ 정보통신기기의 위치를 확인할 수 있는 접속지의 추적자료를 말한다. **통신사실 확인자료 제공요청 허가서는**, 검사 또는 사법경찰관이 관할 지방법원 또는 지원에 요청하여 **법원**이 허가한다. 다만, 법원의 허가를 받을 수 없는 **긴급한 사유**가 있는 때에는 통신사실 확인자료제공을 요청한 후 지체 없이 그 허가를 받아 전기통신사업자에게 송부하여야 한다(동법13①②). 긴급한 사유로 통신사실 확인자료를 제공받았으나 법원의 허가를 받지 못한 경우에는 지체 없이 제공받은 통신사실 확인자료를 폐기하여야 한다(동③).

[인터넷회선 감청(패킷감청)] 인터넷회선 감청이란 인터넷회선을 통하여 송 · 수신하는 전기통신의 감청으로, 인터넷회선을 통하여 흐르는 전기신호('패킷')를 중간에 확보한 다음 재조합 기술을 거쳐 감청 대상자가 보는 컴퓨터 화면을 수사기관에서도 똑같이 실시간으로 보는 이른바 '**패킷감청**'의 방식으로 이루어진다. '패킷감청'을 가능하게 하는 통신비밀보호법 제5조 제2항 중 '인터넷회선을 통하여 송 · 수신하는 전기통신'에 관한 부분은, 헌법재판소에서 헌법불합치결정이 선고되었다(헌재 2018.8.30. 2016헌마263). 다른 통신제한조치에 비하여 패킷감청을 통해 수사기관이 취득하는 통신자료의 양이 비교할 수 없을 정도로 매우 방대함에도, 이에 대한 법적 통제수단이 미비하여 개인의 통신 및 사생활 비밀과 자유를 침해한다는 취지이다.

이에 따라 2020. 3. 24. 개정된 통신비밀보호법은, 수사기관이 인터넷회선을 통하여 송·수신하는 전기통신에 대한 통신제한조치로 취득한 자료에 대해서는, 집행 종료 후 범죄수사나 소추 등에 사용하거나 사용을 위하여 보관하고자 하는 때에는, 보관 등이 필요한 전기통신을 선별하여 법원으로부터 보관 등의 승인을 받도록 하고, 승인 청구를 하지 아니한 전기통신 등의 폐기 절차를 마련하였다(12의2신설).

4) **통신제한조치의 집행** 통신제한조치는 수사기관이 집행하거나, 통신기관 등에 그 **집행을 위탁**할 수 있다(동법9①). 통신제한조치는 허가서에 기재된 집행방법 등을 준수하여 집행한다. 수사기관이 통신기관 등에 그 집행을 위탁하는 경우에는 집행에 필요한 **설비를 제공**하여야 한다(동시행령21③). 따라서 통신제한조치('감청') 허가서에 의하여 '이미 수신이 완료되어 서버에 저장되어 있는 전자정보'를 수집하는 것은, 감청의 집행을 압수·수색의 방법으로 우회한 것으로 적법절차에 위반되고, 수집된 대화내용은 '위법수집증거'로서 증거능력이 없다(대판 2016.10.13. 2016도8137).

[카카오톡 감청] "'전기통신의 감청'은 전기통신이 이루어지고 있는 상황에서 실시간으로 전기통신의 내용을 지득·채록하는 경우와 통신의 송·수신을 직접적으로 방해하는 경우를 의미하는 것이지, 이미 수신이 완료된 전기통신에 관하여 남아 있는 기록이나 내용을 열어보는 등의 행위는 포함하지 않는다. 수사기관 또는 그 집행을 위탁받은 통신기관 등은 통신비밀보호법이 정한 '감청'의 방식으로 집행하여야 하고 그와 다른 방식으로 집행하여서는 안 된다. 집행을 위탁받은 통신기관 등이 집행에 필요한 설비가 없을 때에는 수사기관에 설비의 제공을 요청하여야 하고, 그러한 요청 없이 통신제한조치허가서에 기재된 사항을 준수하지 아니하고 통신제한조치를 집행하여 취득한 전기통신의 내용 등은, 위법수집증거로서 증거능력이 없다"(위 2016도8137). 이 판결의 사안은, 수사기관이 카카오톡 대화에 대한 통신제한조치허가서를 받아 주식회사 카카오에 집행을 위탁하였는데, 실시간 감청할 수 있는 설비를 보유하고 있지 않은 카카오가 통신제한조치기간 동안 정기적으로 서버에 저장된 카카오톡 대화내용을 추출하여 수사기관에 제공한 내용이다. 수사기관에 의한 카카오톡 감청이 알려지자 이른바 '사이버망명' 사태로까지 비화되었는데, 위 판결은, 감청의 동시성 또는 현재성 요건을 충족하지 못한 집행으로 그 집행은 위법하고, 수집된 대화내용은 적법절차의 실질적 내용을 침해한 위법수집증거로서 증거능력이 없다고 판시하였다. 서버에 저장된 정보는 형사소송법상 압수영장에 의하여 수집할 방법이 있으나, 장래의 정보에 대하여 압수영장을 받을 수 없었기 때문에 감청이라는 우회수단을 사용하던 수사실무의 편법에 제동을 건 판결이다. 감청의 집행이 위법이라는 것으로 그 후

이러한 편법적 관행은 사라졌다.

5) 통신제한조치 내용 및 통신사실 확인자료: '사용제한' 통신제한조치의 집행으로 인하여 취득된 우편물 또는 그 내용과 전기통신의 내용은, '통신제한조치의 **목적이 된 범죄**'나 '이와 **관련되는 범죄**'를 수사·소추하거나 그 범죄를 예방하기 위한 경우 **외에는 사용할 수 없다**(동법12). 이러한 사용제한은 통신사실 확인자료의 경우에도 준용한다(동법13의5).

[통비법의 관련성과 형소법의 관련성] i) (통신제한조치 내용 및 통신사실 확인자료의 사용제한) 통신비밀보호법('통비법')은 통신제한조치의 요건으로 관련성을 규정하고 있지 않다. 통신제한조치는 미리 대화내용을 알 수 없고, 동시성 또는 현재성이라는 특성이 있기 때문이다. 그 대신 제정 당시부터 통신제한조치로 취득한 자료의 사용범위를 '목적범죄' 및 '관련범죄'로 한정하는 '사용제한' 규정(동법12)을 두고, 이를 통신사실 확인자료에도 준용하고 있다(동법13의5). 판례도 이러한 사용제한을 확인하고 있다. 예컨대, "통신사실확인자료 제공요청에 의하여 취득한 통신사실 확인자료를 범죄의 수사·소추 또는 예방을 위하여 사용하는 경우 그 대상범죄는 통신사실확인자료 제공요청의 목적이 된 범죄나 이와 관련된 범죄에 한정된다"(앞 2014도2121).

ii) (형소법 및 통비법의 관련성) 형소법의 관련성은 '**압수범위**'의 문제이고, 통비법의 관련성은 '**사용범위**'의 문제로서, 양자는 서로 다른 차원의 것이다. 즉, 전자가 '증거수지의 제한'(수집의 관련성 문제)이라면, 후자는 '증거사용의 제한'(사용의 관련성 문제)이다. 판례는 양자의 내용을 **동일한 의미로** 파악하고 있다. 후자의 통비법의 관련성에 관한 판결(대판 2017. 1.25. 2016도13489)이 먼저 있었고, 전자의 형소법의 관련성에 관한 판결(위 2017도13458)이 곧이어 선고되었다. 그런데 최근, 형소법상 압수·수색 영역에서도 '사용의 관련성'을 요구함으로써 '증거사용의 제한'을 요구하는 판결이 선고된 바 있다(위 2018도18866. 前述).

6) 동의에 의한 감청 누구든지 공개되지 아니한 **'타인 간의 대화'**를 녹음하거나 전자장치 또는 기계적 수단을 이용하여 청취할 수 없다(동법3·14②). i) (제3자의 녹음) ㉠ 대화에 원래부터 참여하지 않는 제3자가 법원의 허가 없이 일반 공중이 알 수 있도록 공개되지 아니한 타인 간의 발언을 녹음·청취하는 것은 위법하다(대판 2016.5.12. 2013도15616). ㉡ 제3자가 전화통화자 중 일방만의 동의를 얻어 통화내용을 녹음하는 것도 '감청'에 해당하여 위법하다(대판 2010.10.14. 2010도9016). ii) (대화당사자의 녹음) 반면, ㉠ 전화통화의 당사자 일방이 상대방과의 통화내용을 녹음하는 것은 '감청'에 해당하지 않고(대판 2008.10.23. 2008도1237), ㉡ 3

인 간의 대화에서 그중 한 사람이 그 대화를 녹음·청취하거나 그 내용을 공개·누설하는 것도 마찬가지이다. 다만, 다른 두 사람의 발언이 그 녹음자에 대한 관계에서 '타인 간의 대화'라고 할 수 없으므로, 통신비밀보호법 제3조에 위반되는 것이 아니다(대판 2014.5.16. 2013도16404).

7. 압수물의 처리

(1) 보관과 폐기

1) 보관 i) (자청보관) 압수물은 압수한 법원 또는 수사기관의 청사로 운반하여 **직접 보관**하는 것이 원칙이다(131·219). 이를 자청보관의 원칙이라 한다. 압수물의 보관에는 선량한 관리자로서의 주의의무가 있다. ii) (위탁보관) 운반 또는 보관이 불편한 압수물은 간수자를 두거나 소유자 또는 적당한 자의 승낙을 얻어 보관하게 할 수 있다(130①·219). 이를 **위탁보관**이라 한다. iii) (대가보관) 몰수하여야 할 압수물로서 멸실·파손·부패 또는 현저한 가치 감소의 염려가 있거나 보관하기 어려운 압수물은 매각하여 대가를 보관할 수 있다(132①·219). 이를 **대가보관** 또는 환가처분이라 한다. 대가보관은 몰수하여야 할 압수물 이외에, 환부하여야 할 압수물에 대해서도 불가피한 경우라면 허용된다(대가보관의 확대). 즉, 환부하여야 할 압수물 중 환부받을 자가 누구인지 알 수 없거나 그 소재가 불명(不明)한 경우로서 그 압수물의 멸실·파손·부패 또는 현저한 가치 감소의 염려가 있거나 보관하기 어려운 압수물은 매각하여 대가를 보관할 수 있다(132②·219). 사법경찰관이 대가보관을 함에는 검사의 지휘를 받아야 한다(219). 수사기관이 대가보관을 함에는 피해자, 피의자 또는 변호인에게 통지하여야 하고, 법원이 대가보관을 함에는 검사, 피해자, 피고인 또는 변호인에게 통지하여야 한다(135·219).

2) 폐기 위험발생의 염려가 있는 압수물은 폐기할 수 있다(130②·219). 법령상 생산·제조·소지·소유 또는 유통이 금지된 압수물로서 부패의 염려가 있거나 보관하기 어려운 압수물은 소유자 등 권한 있는 자의 동의를 받아 폐기할 수 있다(130③·219).

(2) 수사 단계의 환부와 가환부

압수물은 원칙적으로 종국재판에 이르기까지 자청보관하다가 몰수의 선고가 없는 때에는 압수를 해제한 것으로 간주하여(332) 피압수자에게 반환하게 된다. 물론 압수한 장물은 판결로써 피해자에게 환부한다(333①). 종래 수사기관의 압수물 환부·가환부에 대해서는 제219조에 의하여 법원의 환부·가환부에 관한 제133조가 준용되었으나, 2011년 개정에서 제218조의2 신설을 통해 별도로 독자적인 규정이 마련되었다(아울러 제219조에서 제133조 준용 부분을 삭제하였다). 즉, 검사는 사본을 확보한 경우 등 **압수를 계속할 필요가 없다고 인정되는 압수물**(환부 대상) 및 **증거에 사용할 압수물**(가환부 대상)에 대하여 공소제기 전이라도 소유자, 소지자, 보관자 또는 제출인의 청구에 의하여 **환부 또는 가환부하여야 한다**(218의2①). 사법경찰관은 검사의 지휘를 받아야 한다(동④).[1] 그런데 제218조의2[2]는 환부·가환부를 한 문장으로 규정한 입법기술상 미숙함으로, 제133조와는 달리 해석상 혼란이 생겼다. 확립된 해석론은 다음과 같다.

1) 환부 i) (뜻) 환부란 '압수를 계속할 필요가 없게 된 경우'에 압수의 효력을 소멸시키고 압수물을 소유자 등에게 '**종국적으로 반환**'하는 것을 말한다. ii) (대상) 환부의 대상은 '**압수를 계속할 필요가 없는 압수물**'이다. 따라서 '압수를 계속할 필요가 있는 압수물'인 경우, 즉 '증거물로 사용할 물건' 및 '몰수대상물'은 환부할 수 없다(기껏해야 가환부의 대상이 될 수 있을 뿐이다). '압수를 계속할 필요가 없는 경우'의 대표적인 예는 피의사건에 대하여 불기소처분을 하는 경우이다. 혐의 없음, 죄가 안됨, 공소권 없음은 물론, '기소중지'한 경우도 여기에 해당한다. 예컨대, "관세포탈된 물건인지 불명하여 **기소중지** 처분을 한 경우에는 그 압수물은 관세장물이라고 단정할 수 없어 이를 국고에 귀속시킬 수 없을 뿐만 아니라 압수를 더 이상 계속할 필요도 없다"(대결 1996.8.16.자 94모51 전합).[3] iii) (의무) 소유자 등의 청구가 있는 경우 '압수를 계속할 필요가 없는 압수물'은 **반드시** 환부하여야 한다[필요적]. 제134조가 준용되므로 압수한 장물은 피해자에게 환부하는 것도 가능하다(219·134). iv) (효과) 환부가 되면 압수는 효력을 상실한다. 그러나 환부처분에는 압수해제의 효력만 인정될 뿐 실체법상의 권리를 부여하

---

1) 검사가 이를 거부하는 경우에는 신청인은 해당 검사의 소속 검찰청에 대응하는 법원에 압수물의 환부 또는 가환부를 청구할 수 있다(동②). 사법경찰관의 경우에도 준용한다.

2) 제218조의2(압수물의 환부, 가환부) ① 검사는 사본을 확보한 경우 등 압수를 계속할 필요가 없다고 인정되는 압수물 및 증거에 사용할 압수물에 대하여 공소제기 전이라도 소유자, 소지자, 보관자 또는 제출인의 청구가 있는 때에는 환부 또는 가환부하여야 한다.

3) (사후 압수·수색영장을 발부받지 못한 경우) 한편, 수사기관이 ㉠ 피의자의 체포현장에서 압수한 물건(216①ii·217③), ㉡ 긴급체포된 자가 소유·소지 또는 보관하는 것으로 긴급히 압수한 물건(217②③), ㉢ 범행 중 또는 범행직후의 범죄장소에서 압수한 물건(216③)에 대하여, 청구한 압수·수색영장을 발부받지 못한 때에는 압수한 물건을 즉시 반환하여야 한다.

거나 이를 확인하는 효력은 없다. 즉, "압수물의 환부는 단지 압수를 해제하여 압수 이전의 상태로 환원시키는 것뿐으로서, 이는 실체법상의 권리와 관계없이 압수 당시의 소지인에 대하여 행하는 것이므로, 실체법인 민법(사법)상 권리의 유무나 변동이 압수물의 환부를 받을 자의 절차법인 형사소송법(공법)상 지위에 어떠한 영향을 미치는 것이 아니다"(위 94모51 전합). 이해관계인이 민사소송절차에 따라 그 권리를 주장함에는 영향이 없다(333④). v) [실체법상 권리 또는 환부청구권의 포기] "피압수자 등 환부를 받을 자가 압수 후 ㉠ 그 **소유권을 포기**하는 등 실체법상의 권리를 상실하더라도, 수사기관의 환부의무에 어떠한 영향을 미칠 수 없다. ㉡ 또한 수사기관에 대하여 형사소송법상의 **환부청구권을 포기**한다는 의사표시를 하더라도, 그 효력이 없어 수사기관의 필요적 환부의무가 면제되지 않는다. ㉢ 따라서 압수물의 소유권이나 그 환부청구권을 포기하는 의사표시로 인하여 환부의무에 대응하는 압수물에 대한 **환부청구권이 소멸하는 것은 아니다**"(위 94모51 전합). 압수물의 환부의무는 실체법상의 권리와 관계없이 수사기관이 부담하는 의무이고, 피압수자 등이 갖는 환부청구권은 포기할 수 없는 공권이기 때문이다. 즉, 압수물에 대한 권리를 포기하는 대가로 피의자에게 기소유예·기소중지 등의 처분을 하고 그 압수물을 국고귀속시키는 행위는 허용되지 않는다.[1)]

2) 가환부 i) (뜻) 가환부란 '압수를 계속할 필요가 있는 경우'에 압수의 효력을 유지하면서 압수물을 소유자 등에게 '**잠정적으로 반환**'하는 것을 말한다. 압수의 효력이 그대로 유지된다는 점에서 압수의 효력이 소멸되는 환부와 구별된다. ii) (대상) 가환부의 대상은 '**증거에 사용할 압수물**', 즉 증거물이다. iii) (의무) 소유자 등의 청구가 있는 경우 '증거에 사용할 압수물'은 특별한 사정이 없는 한 가환부하여야 한다[필요적]. 즉, 수사기관은 "증거에 사용할 압수물에 대하여 **가환부의 청구가 있는 경우** 가환부를 거부할 수 있는 '**특별한 사정이 없는**

---

1) 이 판결을 계기로, 소유권을 포기하더라도 '직권 또는 피압수자나 소유자의 신청에 의하여 환부할 수 있다'는 내용으로 검찰압수물사무규칙이 개정되었다(48②단서). 그런데도 실무상 수사기관은 위 규칙 제47조(소유권포기) 및 제48조(소유권포기 압수물의 처분)에 근거하여 '피의자로부터 소유권 포기 받아 국고에 귀속'시키는 사례가 있다. 현실적으로는 '피압수자의 범죄사실이 인정되지만 불기소처분하는 경우 압수물을 반환하는 것이 부당한 때'(예: 기소유예의 경우, 형사미성년자·공소시효완성으로 죄가 안됨·공소권 없음 처분의 경우에 압수한 음란물·마약 등의 반환 여부 등) 주로 문제된다. 그러나, 이러한 실무례가 위법하다는 점은 위 94모51 전원합의체 결정 이후 학계에서 이미 여러 차례 지적된 바 있다. 근본적으로는 관련 규정의 체계적 정비가 필요하다.

한' **가환부에 응하여야** 한다"(대결 2017.9.29.자 2017모236).[1] 이와 같이 '증거로 사용할 압수물'에 대한 수사기관의 가환부는 **필요적 가환부**이므로, 소유자 등의 청구가 있으면 사본 확보 등 필요한 조치를 취하고 신속히 가환부하여야 한다. 비록 제133조(특히 '② 사진촬영 기타 원형보존의 조치를 취하고')가 준용되지는 않지만(217 참조), 별도로 '사본을 확보한 경우 등'이 규정되어 있는데(218의2①), 여기서 '사본을 확보한 경우 등'이라는 문구는 그 위치에도 불구하고 가환부 대상인 '증거에 사용할 압수물'을 수식하며,[2] '사본 확보 등'은 '사진촬영 기타 원형보존의 조치'를 의미한다(133② 참조). iv) (효과) 압수 자체의 효력은 유지된다. 가환부 받은 자는 임의로 처분할 수 없고 **보관의무**가 있으며, 수사기관·법원의 요구가 있으면 **제출할 의무**가 있다(대결 1994.8.18.자 94모42). 가환부한 장물에 대하여 종국재판에서 별단의 선고가 없으면 환부의 선고가 있는 것으로 간주한다(333③).

3) 절차 및 불복 i) (청구) 압수물의 소유자, 소지자, 보관자 또는 제출인의 **청구**가 있는 경우에는 공소제기 전이라도 검사는 환부 또는 가환부해야 한다(218의2①). 이 경우 사법경찰관은 검사의 지휘를 받아야 한다(동④). (통지) 수사기관이 환부 또는 가환부 처분을 함에는 피해자, 피의자 또는 변호인에게 **미리 통지**해야 한다(219·135). 이는 의견진술 기회를 주기 위한 것으로, 의견진술의 기회를 부여하지 아니한 채 행한 가환부처분은 위법하다(대결 1980.2.5.자 80모3).

ii) (불복) 소유자 등의 환부·가환부 청구에 대해 수사기관이 이를 거부한 경우에는 ㉠ 신청인은 해당 검사의 소속 검찰청에 대응한 법원에 압수물의 **'환부 또는 가환부** 결정을 **청구'**할 수 있다(218의2②). 이 경우 법원이 환부 또는 가환부를 결정하면 수사기관은 신청인에게 압수물을 환부 또는 가환부해야 한다(동③④). 법원의 결정에 대하여는 보통항고를 할 수 있다(403②). ㉡ 물론 이와 별도로 압수물의 환부에 관한 수사기관의 처분(가환부에 관한 처분도 포함)에 대하여는 **'준항고'**(417)를 제기할 수도 있고, 이에 대해서는 재항고를 할 수 있다.

[수사기관의 거부처분에 대한 환부·가환부 청구(218의2②)**와 준항고**(417)**의 관계]** 소유자 등의 압수물 환부·가환부 신청과 관련한 불복방법에 대해, 2011년 개정에서 환

1) (대상) 자동차는 범인이 간접 점유하는 물품으로 필요적 몰수의 대상인데, 밀수출범죄와 무관한 제3자(갑 회사)의 소유이어서 범인에 대한 몰수는 범인으로 하여금 소지를 못하게 함에 그치는 점 등 여러 사정을 감안하면, 검사에게 갑 회사의 가환부청구를 거부할 수 있는 특별한 사정이 있는 경우라고 보기 어렵다는 이유로, 준항고를 받아들여 가환부결정을 한 사례.

2) 환부의 대상인 '압수를 계속할 필요가 없는 압수물'은 증거로서의 가치가 없고 몰수대상물도 아니므로, 사본을 확보할 필요조차 없기 때문이다. 이것 또한 입법기술상 미숙이다.

부·가환부 청구(218의2)가 신설되어 기존의 준항고(417)와는 별도로 입법화되었다. 환부·가환부 청구(218의2②)와 준항고(417)는 별개의 제도로서 **특별규정과 일반규정의 관계**에 있고, 신청인은 **선택에 따라 어느 권리든 행사**할 수 있다.

우선, 제218조의2(환부·가환부 청구)의 경우 사물관할은 지방법원 단독판사이고, 토지관할은 검사의 처분이면 해당 검사 소속 검찰청의 대응 법원, 사법경찰관의 처분이면 사법경찰관을 지휘한 검사 소속 검찰청의 대응 법원(또는 사법경찰관 소속 경찰서 관할법원)이다. 인용결정의 주문은 '압수물을 환부·가환부하라'는 결정 형식이 되고(사건번호는 '초기'), 불복방법은 보통항고(402·403)가 된다.

한편, 제417조(준항고)의 경우 사물관할은 동일(지방법원 단독판사)하나, 토지관할이 검사의 처분이면 동일(해당 검사 소속 검찰청의 대응 법원), 사법경찰관의 처분이면 (제218조의2와 달리) 직무집행지의 관할법원이다. 인용결정의 주문은 '압수물 환부·가환부 거부처분을 취소하거나 변경하라'는 결정 형식이 되고(사건번호는 '보'), 불복방법은 재항고(419·415)가 된다.

[전자정보에 대한 준항고에서 처분취소의 범위: '전체적 평가설'] 전자정보에 대하여 현장에서의 저장매체 압수·이미징·탐색·복제 및 출력행위 등 일련의 행위가 모두 진행되어 압수·수색이 종료된 경우 전체 압수·수색 과정을 단계적·개별적으로 구분하여 위법이나 취소 여부를 판단할 것이 아니라, 당해 과정 전체를 하나의 절차로 파악하여 그 과정에서 나타난 위법이 압수·수색 절차 전체를 위법하게 할 정도로 중대한지 여부에 따라 전체적으로 압수·수색 처분을 취소할 것인지를 가려야 한다(위 2011모1839 전합). 이를 '전체적 평가설'이라 한다. i) **종근당 결정**에서는, 제1처분의 과정이 적법하더라도, 제2, 3처분에 참여권이 보장되지 않았고 무관정보까지 출력한 점에서 위법하고, 이 위법성은 전체적으로 제1영장에 기한 압수·수색 전부를 위법하게 한다고 판시하였다. ii) 반면, 복호화 과정에서는, 참여기회를 주지 않은 것은 위법하지만, 다만 **복호화 작업**은 탐색하는 과정 그 자체라기보다는 탐색을 위한 준비과정에 불과하여 참여권이 가지는 의미가 상대적으로 크지 않기 때문에, 압수수색과정 전체를 위법하게 할 정도로 중대하다고 보기는 어렵다고 판시하였다(위 2014도10978 전합; 2013모1969).

(3) 공판 단계의 환부와 가환부

공소제기된 이후 법원의 환부·가환부에 대해서도 이해의 편의상 여기에서 함께 서술한다. 법원의 환부·가환부는 '검사가 **공소제기하면서** 해당 압수물에 대해 아직 **환부·가환부 처분을 하지 않은 경우**'에만 비로소 문제된다.

1) 환부 i) (뜻) 환부란 '압수를 계속할 필요가 없게 된 경우'에 압수의 효력을 소멸시키고 압수물을 소유자 등에게 '종국적으로 반환'하는 것이다. ii) (대

상·의무) 법원의 환부 역시 **필요적**이며, 그 대상 또한 수사기관의 경우와 다를 바 없다. 즉, "**압수를 계속할 필요가 없다고 인정되는 압수물**은 피고사건 종결 전이라도 결정으로 환부하여야 한다"(133①전단). 압수한 장물은 피해자환부도 가능하다(134). iii) (직권) 다만 법원의 환부는 수사기관의 경우와 달리 법원이 '**직권으로**' 결정하며, 소유자 등의 청구를 요하지 않는다(즉, 신청권이 없다).

2) **가환부** i) (뜻) 가환부란 '압수를 계속할 필요가 있는 경우'에 압수의 효력을 그대로 유지하면서 압수물을 소유자 등에게 '잠정적으로 반환'하는 것이다. ii) (대상) 법원의 가환부에는 '필요적 가환부'와 '임의적 가환부'의 2유형이 있다(주의). 그 논리적 순서상 신청인에게 유리한 필요적 가환부를 먼저 검토하게 된다.

우선, ㉠ **필요적 가환부**이다. 공판 단계에서의 필요적 가환부는 그 대상이 '증거에만 공할 목적으로 압수한 물건'으로서 '그 소유자 또는 소지자가 계속 사용하여야 할 물건'이다. 즉, "**증거에만 공할 목적으로 압수한 물건**으로서 그 소유자 또는 소지자가 **계속 사용하여야 할 물건**은, 사진촬영 기타 원형보존 조치를 하고 신속히 가환부하여야 한다"(133②). 원래 압수의 대상은 '증거물로 사료되는 물건'과 '몰수할 것으로 사료되는 물건'인데(106①), 필요적 가환부는 몰수와는 관계 없는 압수물, 즉 증거물에 대해서만 가능한 것이 된다. 몰수의 가능성이 거의 없는 경우에는 '증거에만 공할 목적으로 압수된 물건'이라고 해도 무방하다. 여기서 사진촬영 등 원형보존 조치는 증거물의 필요적 가환부를 위해 요구되는 당연한 조치이다(주의적 규정).

다음, ㉡ **임의적 가환부**이다. 공판 단계에서의 임의적 가환부는 그 대상이 '증거에 공할 압수물'(즉, 증거물)이며, 소유자 등의 청구가 필요하다. 즉, "**증거에 공할 압수물**은 소유자, 소지자, 보관자 또는 제출인의 청구에 의하여 가환부할 수 있다"(133①후단). 여기서의 '증거에 공할 압수물'에는, '증거물로서의 성격'과 '몰수할 것으로 사료되는 물건으로서의 성격'을 가진 압수물이 포함된다(대결 1998.4.16.자 97모25).[1] 물론 몰수는 형법 제48조 제1항에 해당하거나 특별법상 별도의 규정이 있는 경우에만 가능한데, 필요적 몰수의 대상이거나 누구의 소유도 허용되지 아니하여 몰수할 것에 해당하는 물건(대결 1984.7.24.자 84모43)은 가환부

1) 왜냐하면 제133조는 임의적 가환부의 대상을 '증거에 공할' 압수물(133①후단)이라고 하여 필요적 가환부의 대상인 '증거에만 공할' 압수물(133②)과는 따로 구분하여 규정하고 있기 때문이다. 즉, 증거에만 공할 압수물이 아니라면 '임의적 몰수의 대상물'이라도 '증거에 공할 압수물'에 포함되고 '임의적 가환부의 대상'이 된다.

대상이 될 수 없다. 다만 **임의적 몰수**(형법48)의 **대상인 압수물**은 그 몰수 여부가 법원의 재량에 맡겨진 것이므로 수소법원이 종국판결에 앞서 (임의적) **가환부**함에 법률상의 지장은 없는 것이 된다(위 97모25).[1)]

임의적 가환부의 경우 법문상 그 요건이 더는 명백히 규정되어 있지 않다. 따라서 '증거에 공할 압수물을 임의적 가환부할 것인지 여부'는 여러 사정(범죄의 태양·경중, 압수물의 증거로서의 가치, 압수물의 은닉·인멸·훼손될 위험, 수사나 공판수행상의 지장 유무, 압수에 의하여 받는 피압수자 등의 불이익의 정도 등)을 검토하여 종합적으로 판단한다(대결 1994.8.18.자 94모42). 여기서 '임의적'이라는 표현은 법원의 '재량'이라는 의미가 아니라 '여러 사정을 비교형량하여 가환부 여부를 결정한다'라는 의미에서 '임의적'이다. 임의적 가환부는 결국 법원이 점유를 계속하지 않아도 심리에 지장이 없는 경우에 한정된다.

3) 절차 및 불복 i) (직권·청구) 공판 단계에서의 환부 및 필요적 가환부는 법원이 직권으로 결정하지만, 임의적 가환부는 소유자 등의 청구가 필요하다. (통지) 법원이 환부 또는 가환부의 결정을 함에는 검사, 피해자, 피고인 또는 변호인에게 **미리 통지**하여야 한다(135). 피고인에게 의견을 진술할 기회를 주지 아니한 채 행한 법원의 가환부결정은 위법하다(위 80모3).

ii) (불복) 법원의 결정에 대해서는 보통항고(403②)를, 재판장 또는 수명법관의 처분에 대하여는 준항고(416①)를 할 수 있다.

(4) 피해자환부(교부)

압수한 장물이 피해자에게 환부할 이유가 명백한 때에는 피의(피고)사건의 종결 전이라도 결정으로 피해자에게 환부할 수 있다(134·219). 다만, 압수장물의 재산권행사를 둘러싼 분쟁이 발생할 우려가 있으므로 환부할 이유가 '명백'한 경우에 한정된다(대결 1984.7.16.자 84모38). 압수한 장물을 처분했을 경우에는 판결로써 그 대가로 취득한 것을 피해자에게 교부하여야 한다(333②·219).

---

1) [유형화: 공판 단계에서 법원의 '가환부 대상'이 되는 압수물] 다음의 표 참조.

증거물의 성격	임의적 몰수대상물의 성격	계속 사용의 필요	
○	×	○	필요적 가환부
○	×	×	임의적 가환부
○	○	○, ×	

8. 법원의 압수 · 수색

형사소송법은 수소법원의 압수 · 수색을 자세히 규정하고(106내지145), 수사상 압수 · 수색에서 이를 대부분 준용하는 입법형식을 채택하고 있다(219). 수소법원의 압수 · 수색은 다음의 점에서 수사상 압수 · 수색과 명백히 구별된다. i) (발부) **공판정**에서 압수 · 수색은 영장을 요하지 않는다. **공판정 외**에서 압수 · 수색은 법원이 발부하는 영장에 의한다(113). 다만, 검사의 청구 없이 **직권으로** 발부한다. ii) (집행) 영장은 검사의 지휘에 의하여 사법경찰관리가 집행한다. 단, 필요한 경우에 재판장은 법원사무관등에게 그 집행을 명할 수 있다(115①).

Ⅱ. 수사상 검증

1. 의의

1) 뜻　검증은 감각기관(5官)의 작용에 의하여 사람, 물건, 장소의 성질 · 형상을 인식하는 강제처분을 말한다. 교통사고 · 화재사고의 현장검증이 그 예이다. 원래 검증은 수소법원이 행하는 증거조사 방법의 하나이며, 영장이 필요 없다(139 · 184). 그런데 증거물의 성질이나 장소의 상태에 따라서는 멸실 · 훼손의 염려가 있을 수 있다. 따라서 수사단계에서 미리, 수사기관이 법관의 영장을 받아 이를 오관으로 인식하고 그 결과를 검증조서에 기재한 다음, 공판절차에서 그 조서를 증거로 활용하도록 하고 있다(312⑥). 이와 같이 법관의 심증형성에 직접적인 영향을 미치는 수사기관의 검증은 법률에 특별한 근거가 있어야 하며, 원칙적으로 지방법원판사가 발부한 영장에 의한다(215). 형사소송법은 압수 · 수색과 마찬가지로, 법원의 검증을 앞에 규정하고, 이를 수사상 검증에 준용한다(219).

2) 대상　검증의 대상에는 제한이 없다. 물건 · 장소는 물론, 사람의 신체 · 사체도 그 대상이 되며, 신체의 내부도 검증의 대상이 될 수 있다. 검증의 대상은, 크게 ㉠ 물건 · 장소에 대한 경우, ㉡ 사람의 신체에 대한 경우로 구분된다. 양자는 모두 검증에 속하지만, 사람의 신체에 대한 경우는 피검증자의 인격을 고려하여, 특히 '신체검사'라고 명명하고 그 절차에 관하여 별도의 규정을 두고 있다(219 · 141).

3) 실황조사　실황조사는 수사기관이 범죄현장 또는 기타 장소에 임하여

실제 상황을 조사하는 활동을 말한다. 검증과 실질적으로 동일하나, 상대방의 임의의 동의하에 행하는 임의수사로서 허용되며, 영장을 요하지 않는다. 그러나 피의자가 조사에 응하지 않는 경우에는 임의수사인 실황조사는 불가능하며, 검증으로서 영장주의 원칙이 적용된다(대판 1989.3.14. 88도1399).

2. 절차

1) 절차　검증영장의 청구와 발부, 그리고 집행도 압수·수색영장의 경우에 준한다(219). 특히, 신체검사를 내용으로 하는 검증을 위한 영장청구서에는 신체검사를 필요로 하는 이유와 신체검사를 받을 자의 성별, 건강상태를 기재하여야 한다(규107②). 그리고 검사가 변사자의 검시로 범죄혐의를 인정하고 긴급을 요할 때에는 영장 없이 검증할 수 있다(222②).

검증을 함에는 신체검사, 시체해부, 분묘발굴, 물건의 파괴 기타 필요한 처분을 할 수 있다(140·219). 사체의 해부 또는 분묘의 발굴을 하는 때에는 예에 어긋나지 않도록 주의하고 미리 유족에게 통지해야 한다(141④·219).

2) 검증조서　검증에서는 검증결과를 기재한 검증조서를 작성해야 한다(49①). 검증조서에는 검증목적물의 현상을 명확하게 하기 위하여 도화나 사진을 첨부할 수 있다(동②). 검사 또는 사법경찰관의 검증조서는 공판준비 또는 공판기일에서 원진술자, 즉 검증을 행한 검사 또는 사법경찰관의 진술에 의하여 그 성립의 진정함이 증명된 때에는 증거로 할 수 있다(312⑥).

3. 신체검사

(1) 의의

1) 뜻　신체검사란 사람의 신체 자체를 대상으로 하는 검사를 말한다. 대체로 특수한 검증의 성격을 갖는 것이 보통이나, 감정의 성격을 갖는 것도 있다. 지문채취, 신체의 문신·상처부위 확인 등은 **검증**에 해당하고, 혈액채취나 X－선 촬영 등은 전문 지식과 경험을 요하는 **감정**에 해당한다. 이와 달리 신체수색은 신체외부에서 증거물을 찾는 것으로, 검증·감정과 구별된다.

2) 주의사항　신체검사에서는 피검사자의 성별·나이·건강상태 그 밖의 사정을 고려하여 그 사람의 **건강과 명예**를 해하지 않도록 주의해야 한다. 피고인 또는 피의자 '아닌 자'의 신체검사는 증거가 될 만한 흔적(=증적)의 존재를 확인할 수 있는 현저한 사유가 있는 경우에만 할 수 있다. '여자'의 신체를 검사

하는 경우에는 의사나 성년의 여자를 참여하게 해야 한다(141 · 219).

3) 체내검사 신체검사는 특히 체내검사가 문제된다. 체내검사란 신체 내부에 대한 강제수사이다. 다른 검증과 달리 인간의 존엄성과 인격권을 침해할 위험이 높다. 엄격한 수사비례원칙이 적용된다. ㉠ 체내 강제수색(구강, 항문, 질 등의 내부를 자연적 관찰의 정도를 넘어 증거물을 찾음)이나 ㉡ 연하물의 강제배출(Stomach Pumping, '입으로 삼킨 물건', 즉 연하물을 구토제 · 설사제 등을 사용하여 강제로 배출하는 것)도 논의되나, 주로 ㉢ 강제채혈과 ㉣ 강제채뇨가 문제된다.

(2) 강제채혈 · 강제채뇨

1) 뜻 강제채혈은 음주운전 혐의자의 혈중알코올농도 측정에서 문제되고, 강제채뇨는 마약사범의 소변검사에서 문제된다. 채혈과 채뇨는 '본인'의 동의가 있으면 임의수사로서 허용되나, 문제는 본인의 유효한 동의가 없는 경우인데, 여기에는 영장주의가 적용된다. ㉠ '강제채혈'은 강제력을 사용해서 신체 침해를 수반하는 것이므로, '부득이한 경우에 최후의 수단으로 엄격한 요건하에서 의료인으로 하여금 상당한 방법으로 행해지는 경우에 한하여' 허용된다. ㉡ '강제채뇨'는 허용성 자체에 대해 논란이 있다.[1)]

2) 감정처분허가장 또는 압수 · 수색영장 강제채혈 · 강제채뇨의 법적 성격에 대해, 검증영장설, 압수 · 수색영장설, 감정처분허가장설 등 다양한 견해가 대립한다. 판례는 '**감정처분허가장 또는 압수 · 수색영장**'이 필요하다는 입장이다. 즉, 강제채혈과 강제채뇨 모두 "감정처분허가장을 받아 '감정에 필요한 처분'으로 할 수 있지만, 압수 · 수색의 방법으로도 할 수 있고 이때 수사기관은 원칙적으로 압수 · 수색영장을 발부받아 집행해야 한다"(대판 2012.11.15. 2011도15258(채혈); 2018.7.12. 2018도6219(채뇨)). '감정'이 원칙이나 '압수'의 방법으로도 가능하다고 한다.

채혈의 경우 통상 "㉠ 의료인의 '혈액채취'(제1단계 채혈절차) → ㉡ 혈액의 점유를 취득하는 '혈액의 취득 · 보관'(제2단계 혈액취득 · 보관절차) → ㉢ 감정기관의 혈액분석(제3단계 혈액분석절차)"을 거친다. 양자의 차이는, i) '감정'의 방법에 의하는 경우에는, 제3단계 혈액분석은 '감정'에 해당하고(감정수탁자 위촉), 그 사전절차인 제1단계 채혈은 검사의 청구로 '감정처분허가장'을 받아 '감정수탁자'가 행하게 된다. 반면, ii) 압수영장에 의한 '**압수**'의 **방법**인 경우에는, 제2단계 혈액취득은

1) 강제채뇨는 임의로 소변을 제출하지 않는 경우 강제력을 사용해서 도뇨관(catheter)을 요도를 통하여 방광에 삽입한 뒤 체내에 있는 소변을 배출시켜 소변을 취득 · 보관하는 행위이다.

수사기관의 '압수'에 해당하고, 그 사전절차인 제1단계 '채혈'은 '압수영장의 집행에 필요한 처분'(120①)으로 '의료인'이 행하며, 제3단계 혈액분석 역시 압수한 대상물에 대한 감정으로 별도의 영장 없이 **임의수사**로서 '전문가'가 하게 된다.

채뇨의 경우도 같다. 실무에서는 감정수탁자 위촉 등 번잡한 '감정처분허가장'의 방법(i)보다는, 편리하고 효율적인 '압수·수색영장'의 방법(ii)이 선호된다.

3) 유형력 행사 (예컨대, 강제채뇨의 경우) "압수·수색의 방법으로 (소변을) 채취하는 경우 피의자가 소변채취장소로 이동에 동의하지 않거나 저항하는 등 임의동행을 기대할 수 없는 사정이 있는 때에는, 수사기관은 인근 병원 등 **채취에 적합한 장소로** 피의자를 데려가기 위해 **필요 최소한의 유형력을** 행사하는 것이 허용된다. 이는 '압수·수색영장의 **집행에 필요한 처분**'(120①·219)에 해당한다. 그렇지 않으면 피의자의 신체와 건강을 해칠 위험이 적고 굴욕감을 최소화하기 위한 절차에 따른 강제채뇨가 불가능하여 압수영장의 목적을 달성할 방법이 없기 때문이다"(위 2018도6219).

4) 위반의 효과 수사기관이 압수·수색영장 또는 감정처분허가장을 발부받지 아니한 채 '피의자의 동의 없이' 그 신체로부터 채취한 혈액을 이용하여 이루어진 혈중알코올농도 등의 감정결과는 **영장주의 원칙을 위반**하고 적법절차의 실질적 내용을 침해한 **위법수집증거**로서 증거능력이 없다(위 2011도15258).

Ⅲ. 영장주의의 예외

<table>
<tr><th>유형</th><th colspan="2">조문</th><th colspan="2">사후영장 여부</th></tr>
<tr><td>① 체포구속 목적
피의자수색</td><td>216①
1호</td><td>요급처분(220)
○</td><td colspan="2">×</td></tr>
<tr><td rowspan="2">② 체포구속 현장에서의
압수·수색·검증</td><td>216①
2호</td><td>○</td><td>계속압수 필요시 지체 없이,
체포 후 48시간 내 청구</td><td>217②</td></tr>
<tr><td>216②</td><td>○</td><td>×(피고인 구속현장)</td><td></td></tr>
<tr><td>③ 범죄장소에서의
압수·수색·검증</td><td>216③</td><td>○</td><td>사후에 지체 없이 받아야</td><td>216③</td></tr>
<tr><td>④ 긴급 압수·수색·검증
(24시간 내)</td><td>217①</td><td>×</td><td>계속압수 필요시 지체 없이,
체포 후 48시간 내 청구</td><td>217②</td></tr>
<tr><td>⑤ 유류물의 압수</td><td rowspan="2" colspan="2">218</td><td rowspan="2" colspan="2">×</td></tr>
<tr><td>⑥ 임의제출물의 압수</td></tr>
</table>

영장주의(헌법12③)는 헌법상 요청으로서, 수사기관의 압수·수색에 대한 사법적 통제에 의하여 개인의 사생활의 비밀·재산권·주거권·인격권 등을 보호함에 목적이 있다. 그런데 i) 압수·수색·검증에는 그 '**긴급성**'을 감안하여 일정한 **영장주의의 예외**가 인정되고 있다. 이 경우에도 지체 없이 사후영장을 받아야 하므로(단, 216①i·218은 제외), 엄밀히 말하면 '**사전영장주의의 예외**'이다. ii) 또한 몇몇의 경우에는 **요급처분**이 인정된다. 제216조에 의한 처분의 경우에 '급속을 요하는 때'에는 타인의 주거 등에서 주거주·간수자 또는 이에 준하는 사람의 참여 규정(123②), 야간집행의 제한 규정(125)이 적용되지 않는다(220). 즉, '주거주 등의 참여 없이' '야간에도' 가능하다는 의미이다. iii) 만일 그 요건이 흠결되거나 사후영장을 받지 않는다면, 압수물 등은 **영장주의를 위반**한 위법수집증거로서 증거능력이 없다.

1. 체포·구속 목적의 피의자·피고인 수색

(1) 피의자 수색

1) 뜻 검사 또는 사법경찰관은 체포영장에 의한 체포, 긴급체포, 현행범인 체포 또는 구속영장에 의하여 피의자·피고인을 구속하는 경우에, (그 발견을 위하여) 필요한 때에는 '영장없이' 타인의 주거나 타인이 간수하는 가옥·건조물·항공기·선박 내에서 '피의자 또는 피고인을 수색'[1]할 수 있다(216①i·137). 이는 체포·구속하려는 피의자·피고인이 타인의 주거 등에 숨어 있을 개연성이 인정되는 경우 '수색'할 수 있음을 의미한다. 피의자·피고인의 발견이 목적이므로, '그 장소에 소재할 개연성'이 있어야 한다.

영장주의(헌법12③·16)는 헌법상 요청이다. 문제는 제216조 제1항 제1호가 '헌법이 명시하지 않은 영장주의의 예외'라는 점이다. 따라서 이 규정은 ㉠ 피의자가 '그 장소에 소재할 개연성'(발견개연성)이 소명되고, ㉡ '미리 수색영장을 발부받기 어려운 긴급한 사정이 있는 경우에 한하여'(긴급성) 적용될 수 있다. 그런데 현행범체포 또는 긴급체포에서는 수색의 긴급성이 이미 구비되어 있지만,[2] 체포영장에 의한 체포에서는 그 긴급성이 항상 구비되는 것은 아니다. 후자의

1) [피의자'수사'] 구 형사소송법(2019.12.31. 개정되기 전의 것) 제216조 제1호는 피의자'수사'로 규정하고 있었다. 이는 '압수를 위한 수색'은 '수색'으로, '피의자 체포를 위한 수색'은 '수사'로 표현을 달리함으로써 양자의 법적 성격이 서로 다르다는 점을 명시한 것으로 생각된다.

2) 현행범인의 경우 그 성격상 '긴급한 체포의 필요성'이 인정되고, 긴급체포의 경우 법률상 '긴급을 요하여 지방법원판사의 체포영장을 받을 수 없을 때'라는 긴급성 요건이 명시되어 있다(200의3①).

경우 곧바로 예외를 인정하는 것은 영장주의에 위반되므로, "'미리 수색영장을 발부받기 어려운 긴급한 사정이 있는 경우'에 한하여 적용되어야 한다"(헌재 2018.4.26. 2015헌바370 · 2016헌가7[헌법불합치]). 구속영장 집행의 경우에도 마찬가지이다. 2019년 개정에서 '체포영장(200조의2) 또는 구속영장(201조)에 따라 피의자를 체포 또는 구속하는 경우의 피의자 수색은, 미리 수색영장을 발부받기 어려운 긴급한 사정이 있는 때에 한정한다'(216①단서i)라고 규정하였다.[1] 이는 체포구속에 수반한 압수수색에 대해, 부수처분설이 아닌 긴급행위설의 입장인 셈이다.

2) 수색의 주체와 범위 i) (주체) 이와 같이 수색할 수 있는 주체는 검사 또는 사법경찰관에 한정된다. 일반 사인은 현행범체포가 가능하지만, 현행범체포를 위하여 타인의 주거를 수색하지는 못한다. ii) (적용범위) ㉠ 여기서의 피의자 수색은 체포 전에 행해져야 한다. 즉, 피의자를 발견하기 위해 타인의 주거 등에 들어가 피의자를 수색하는 것이므로, 체포한 후에 타인의 주거에 들어가 수색하는 것은 허용되지 않는다. 물론 피의자 수색과 체포가 시간적으로 반드시 접속해야 할 필요는 없다. ㉡ 타인의 주거 밖에서 피의자를 발견하고 추적하는 가운데 피의자를 따라 타인의 주거 등에 들어가는 것은, 본호와 관계 없이 허용된다. 이는 피의자의 '발견'이 필요한 경우가 아닌 이상, 체포·구속행위 그 자체에 포함된다. iii) 특히, 법문상 수색대상이 '타인'의 주거 등으로 규정되어 있는 관계로, 여기의 수색대상에 '피의자'의 주거가 포함되는지 여부가 문제된다. 여기서의 '타인'은 수사기관을 기준으로 그 이외의 자, 즉 '수사기관 이외의 자'를 의미한다. 따라서 여기의 수색대상에는 제3자의 주거뿐만 아니라 피의자의 주거도 포함된다(통설). 따라서 검사 또는 사법경찰관은 (체포 · 구속의 집행을 위하여) 필요한 때에는 '영장없이' '피의자의 주거에서' 피의자를 수색할 수 있다. 그 이유는, ㉠ 만일 피의자의 주거를 제외한다면, 제3자의 주거에서 피의자를 수색한 경우에는 사후 수색영장이 필요 없으나, 피의자의 주거에서 피의자를 수색한 경우에는

---

1) 대판 2021.5.27. 2018도13458(무죄): 주요내용은, ㉠ 헌법재판소에서 구법조항에 대해 헌법불합치결정을 하면서 2020.3.21.을 시한으로 계속 적용된다고 결정하였는데, 해석상 '수색영장 없이 타인의 주거 등을 수색하여 피의자를 체포할 긴급한 필요가 없는 경우' 부분은 영장주의에 위반되는 것으로서 개선입법 시행 전까지 적용중지 상태에 있었다. ㉡ 헌법불합치결정에 따른 개선입법은 부칙에 소급적용에 관한 아무런 규정을 두고 있지 않다. 그러나 구법 조항에 대한 헌법불합치결정의 취지나 위헌심판의 구체적 규범통제 실효성 보장이라는 측면을 고려할 때, 적어도 헌법불합치결정을 하게 된 당해 사건 및 헌법불합치결정 당시에 구법 조항의 위헌 여부가 쟁점이 되어 법원에 계속 중인 사건에 대하여는 헌법불합치결정의 소급효가 미친다고 해야 하므로, 비록 현행 형사소송법 부칙에 소급적용에 관한 경과조치를 두고 있지 않더라도 이들 사건에 대하여는 구법 조항을 그대로 적용할 수는 없고, 위헌성이 제거된 현행 형사소송법의 규정을 적용하여야 한다.

제217조 제2항에 의하여 사후 수색영장이 필요하다는 것이 되어, 불합리한 결과가 발생하기 때문이다. ㉡ 또한, 형사소송법은 피의자 이외의 타인을 지칭할 때에는 일반적으로 '피의자 이외의 자'라는 용어를 사용하고 있기 때문이다. 요컨대, 여기서의 수색대상에 피의자의 주거 또한 포함되므로, 피의자의 체포·구속을 목적으로 '피의자의 주거'에서도 영장 없이 수색이 가능하며(단, 체포영장에 의한 체포에서는 미리 수색영장을 받기 어려운 긴급한 사정이 있는 경우에 한한다), 사후 수색영장은 필요 없다.

3) **관련문제** 　요급처분이 적용되며, 피의자수색은 사후(수색)영장이 필요 없다.

(2) 피고인 수색

피고인을 구속하기 위한 수색은 제137조에 의하여 허용된다. 피고인을 구속하기 위한 수색의 경우에도 2019년 개정에서 제137조(구속영장집행과 수색)에 '미리 수색영장을 발부받기 어려운 **긴급한 사정**이 있는 경우에 한정하여'라는 문구가 추가되었다.

2. 체포·구속 현장에서의 압수·수색·검증

(1) 의의

1) **뜻** 　검사 또는 사법경찰관이 피의자를 체포·구속하는 경우에, 필요한 때에는 영장 없이 '체포현장'에서의 압수·수색·검증을 할 수 있다(216①ii). 피고인에 대한 구속영장의 집행의 경우에 준용한다(동②). '체포현장에서의'는 '체포현장에 들어가'를 의미한다. 여기서 체포현장은 '피의자 구속'현장까지 포함하는 것이므로 '체포 또는 구속현장'을 의미한다.

2) **근거** 　이에 대해서는 긴급행위설과 부수처분설이 있다. i) 긴급행위설은, 체포하는 수사기관의 **안전**을 위해 무기·도구 등을 빼앗거나, 현장에서 **증거**의 파괴·은닉을 예방하기 위한 **긴급행위**로서 허용된다는 견해이다. ii) 부수처분설은 '대는 소를 포함한다'는 논리명제에 따라, 가장 강력한 기본권 침해인 신체구속이 허용되는 이상, 이에 수반되는 경한 기본권 침해인 압수·수색·검증은 별도의 영장 없이도 가능하다는 견해이다. iii) 긴급행위설이 타당하다(다수설). 즉, ㉠ 부수처분설은 대물적 강제처분의 독자성을 간과한 것으로, 대물적 강제수사가 긴급한 범위를 넘어 부당하게 확대될 위험이 있다. ㉡ 인신구속된

자와 '압수 · 수색으로 프라이버시가 침해되는 자'(침해되는 법익의 주체)가 항상 일치하는 것도 아니다. 부수처분설은 긴급성을 요건으로 하지 않는다는 것인데, 이는 제216조 제1항 제1호(피의자 · 피고인 수색)의 문언에도 부합하지 않는다.

(2) 체포현장: '체포하는 현장'

1) 체포 · 구속의 적법 피의자의 체포는 적법한 체포 · 구속일 것을 전제로 한다. 체포가 불법이면 영장 없는 압수 · 수색 · 검증이 허용되지 않는다.

2) '체포하는 현장' 체포현장에서의 영장 없는 압수 · 수색 · 검증은, 체포와 압수 · 수색 · 검증 사이에 시간적 · 장소적 접착성이 요구된다. 즉, ① 시간적으로 체포와 이들 행위 사이에 시간적 접속이 있어야 하고, ② 장소적으로는 피체포자의 신체와 그의 직접적 지배 아래 있는 장소에 국한된다. 이는 긴급행위설의 당연한 귀결이다. 체포현장이 아닌 경우, 예컨대, ㉠ "경찰이 피고인을 체포하여 수갑을 채운 후 20m 떨어진 곳에 위치한 피고인 집으로 가서 그 집안을 수색하여 칼과 합의서를 압수한 것"은 위법하다(대판 2010.7.22. 2009도14376). ㉡ 운전자를 체포하면서 차량은 수색 없이 '경찰서 주차장에 견인한 뒤'에 비로소 그 차량을 수색하는 것 또는 피의자를 체포하여 안전하게 구금한 후 '1시간이 경과한 뒤'에 비로소 그 가방을 수색하는 것은 모두 체포가 완료된 이후이고, 시간 · 장소적으로 체포에서 이격되어 있음이 분명하므로, 허용되지 않는다.

다만, 어느 정도의 시간적 접속이 요구되는지 등에 대해 견해가 대립한다. i) 근접설 내지 시간적 · 장소적 접착설(체포 전후를 불문하고, 시간적 · 장소적 근접성 내지 접착성이 있으면 충분하다는 견해), ii) 현장설(피의자가 현장에 현존하고 있어야 한다는 견해), iii) 체포착수설(피의자가 현장에 있고 체포에 착수한 이상, 체포성공 여부는 불문한다는 견해), iv) 체포설(체포에 착수한 외에, 현실적으로 체포의 성공이 필요하다는 견해) 등 다양한 견해가 대립한다. '체포 전'에도 또는 피체포자가 '도주'한 경우에도 영장 없는 압수 · 수색 등이 가능한지와 관련하여 실익이 있다.

생각건대, 체포설(체포의 착수 및 체포의 성공이 필요)이 타당하다. i) 우선, '체포하는 경우'와 '체포현장'이라는 그 문언상 '피의자가 그 자리에 있음'(현존)을 전제로 함은 분명하다. 피의자가 현존하지 않는다면 그 압수 · 수색 · 검증은 체포에 수반된 것이 아니기 때문이다. ii) 또한 체포현장은 '체포에 착수'하였을 것을 요한다. 아직 체포에 착수하지 아니한 상태, 즉 체포절차가 개시되지 않은 이상 '체포현장' 개념은 성립할 수 없다.[1] 여기서의 압수 · 수색 · 검증은 요컨대, 적어도 피의자가 '현장에 있고' 현실적으로 '체포에 착수'하였을 것('체포하는 현장')을 요한다. 체포에 선행하는 압수·수색·검증은 허용되지 않는다. 판례도 같다. 즉, "체포에 착수하지 아니한 상태는 '체포현장에서의 압수·수색' 요건을 갖추지 못하였으므로, 영장 없는 압수·수색은 위법한 공무집행이다"(대판 2017.11.29. 2014도16080).

iii) 문제는 착수한 체포가 성공해야 하는가이다. 체포현장에서의 영장 없는 압수·수색은 피의자를 '체포한 때', 즉 체포가 성공한 때로 한정해야 한다고 본다('체포설'). 즉, 여기서의 압수·수색·검증은 체포와 동시에 이루어지는 경우로 한정된다(즉, '도주' 제외).

[체포에 실패한 경우('도주') 압수물의 증거능력] ㉠ 피의자의 체포에 착수하였으나 도주로 인하여 실패한 경우, 그 시점에서는 압수·수색·검증의 긴급성이 더 이상 인정되지 않는다. 즉, 피의자가 도주한 경우 긴급성(경찰관의 안전이 우려되거나 피의자의 증거에 대한 파괴·은닉을 방지할 필요성)을 상정하기 어렵다. 영장주의의 예외를 인정하는 근거가 긴급성에 있고(긴급행위설), 그 긴급성이 소멸한 이상 영장주의 원칙으로 회귀하는 것은 헌법상 당연한 요청이다. ㉡ 2007년 개정에서 제217조 제2항을 신설하여 사후영장의 청구기간을 '체포한 때부터 48시간 이내'로 한정한 점에 주목할 필요가 있다. '체포한 때부터'라는 명시적인 문언은 '체포가 성공한 때'를 전제하는 것으로, 체포가 실패한 경우를 포함한다면 이러한 해석은 문언에 반한다. ㉢ 보충규정인 제216조 제3항(범죄장소에서의 압수·수색·검증)·제217조 제1항(긴급체포 후의 압수·수색·검증)의 존재를 감안할 때, 체포현장의 의미는 엄격하게 해석할 필요가 있다. 그렇지 않으면 제216조 제1항 제2호는 체포를 빙자한 수사기관의 압수·수색의 남용을 정당화하는 수단이 되고, 헌법상 영장주의 원칙을 훼손할 위험이 있다. ㉣ 사후영장의 기산점인 '체포한 때'라는 요건을 충족하지 못하였음에도, 현행범인 상황에 관한 제216조 제3항(범죄장소에서의 압수·수색·검증)을 유추하여 그 사후영장의 시간적 한계인 '지체 없이'로 해석할 수도 없다. 이는 영장주의의 예외를 문언과 달리 피의자에게 불리하게 해석하는 것으로 '형사절차 법정주의'에 반하기 때문이다. ㉤ 한편, 체포에 착수한 것은 적법하므로 압수·수색행위라는 적법한 직무집행 중인 공무원에 대한 피의자의 폭행·협박행위는 공무집행방해죄에 해당한다. 그러나 그 후 체포가 실패한 경우 그 압수물의 증거능력까지 당연히 인정되는 것은 아니다. 공무집행의 적법성과

1) 특히 체포현장의 범위는 제1호(피의자·피고인 수색)와의 관계에서 제한될 수 있는데, 피의자가 발견되기 전에는 영장 없이 할 수 있는 것은, 타인의 주거 등에서 피의자 수색뿐이므로, 피의자가 발견되기 전에는 (증거물·몰수대상물에 대해) 영장없이 압수·수색할 수는 없는 일이다. 예컨대, 타인의 주거 등에 들어가 피의자를 수색하여 체포하는 경우 제216조 제1호와 제2호가 순차적으로 적용될 수 있다. 피의자를 수색하는 것에는 제1호가 적용되고, 피의자를 발견하여 체포하는 것에는 제2호가 적용된다. 이러한 의미에서도 제2호의 '체포현장'은 '체포에 착수한 때'부터 시작된다는 것은 의문의 여지가 없다.

압수물의 증거능력 여부는 별개의 문제이기 때문이다(이와 관련하여, '공소제기 후 수사' 부분 참조).[1] ⓗ 실익도 별로 없다. 어차피 사후영장을 받을 수도 없고, 따라서 즉시 반환해야 하는데, 즉시 반환하지 않은 압수물은 위법수집증거가 되어 유죄의 증거로도 사용할 수 없기 때문이다. ⓢ 그렇다면 피의자의 체포에 실패한 경우 그 압수·수색은 현장을 보존하고 별도의 사전 영장을 발부받아 집행함이 바람직하다. 다만, 체포가 실패한 이후의 압수·수색행위는 ⓐ 보충규정인 제216조 제3항(범죄장소)의 요건을 충족한 경우에는 그 조항이 적용될 수 있고, ⓑ 유류물에 대한 영장 없는 압수로서 가능할 여지는 있다.

ⅳ) 체포가 완료된 경우라면 원칙적으로 사후의 압수·수색은 허용될 수 없다. 다만, 체포가 완료되더라도 체포와 압수·수색 사이에 시간적 접착성이 인정되는 범위 내에서는 압수·수색이 허용된다. 경찰관의 안전이 우려되거나 피의자의 증거인멸을 방지할 긴급상황이 잔존할 수 있기 때문이다.

[체포현장에서 수색의 범위] 긴급행위설에 따르면, 체포현장에서 수색의 범위는 피의자가 무기를 잡거나 증거를 인멸할 수 있는 범위, 즉 피체포자의 '신체' 및 그의 '즉각적인 통제범위 안에 있는 영역'(with the immediate control)이 된다. 이는 피체포자가 무기 또는 인멸할 수 있는 증거를 손에 넣을 수 있는 영역을 말한다(chimel v. Califonia). 정확한 경계는 일률적으로 획정될 수 없다. i) 피의자가 체포장소에서 움직인다면 그에 따라 수색범위도 넓어진다. ii) 피의자에게 수갑이 채워졌는지 여부, 피의자의 신체 크기와 민첩성의 정도, 체포공간의 크기, 체포한 경찰관의 수, 공간 내 상자의 잠금 여부 등도 고려대상이 된다. iii) 자동차 탑승자라면 자동차의 내부 전체(앞·뒷좌석, 수납공간, 수하물·가방 등)를 포함하나, 트렁크나 엔진부분은 제외된다.[2]

3) 관련성 요건 그 대상은 당해 체포의 사유로 된 범죄 혐의사실과 '관련된 증거'에 한정된다(215참조). 압수·수색영장에서 요구되는 관련성 요건은 영장주의의 예외에서도 그대로 요구됨은 당연한 것이다. 따라서 ㉠ 체포자에게 위해를 가할 염려가 있는 무기·흉기 또는 도주 수단이 되는 도구·물건, ㉡ 당해 범죄사실과 관련성 있는 증거에 한정된다. "무관한 별개의 증거를 압수하였을 경

---

1) 공무집행(압수·수색)의 적법성과 그 압수물의 증거능력 여부는 별개의 문제이다. 이는 ㉠ 제216조 제1항 제2호(체포·구속현장)는 물론, 보충규정인 ㉡ 제216조 제3항(범죄장소) 및 ㉢제217조 제1항(긴급체포 후의 압수·수색·검증)에서도 마찬가지다. 즉, 압수수색이 적법하더라도, 사후영장을 발부받지 않은 경우 증거능력이 부정된다.

2) [자동차 수색] 자동차 수색은 제216조 제3항(범죄장소에서의 압수수색) 또는 제217조 제1항(긴급 압수수색)의 경우 차량 자체를 대상으로 하는 압수수색으로서, 트렁크를 포함한 차량 전체에 대해 영장 없는 압수·수색이 허용될 수 있다.

우 원칙적으로 유죄의 증거로 사용할 수 없다"(대판 2016.3.10. 2013도11233).

만일 '**별건 증거**'를 발견한 때에는 어떻게 해야 되는가? **임의제출**을 받거나 **별도의 영장**을 발부받아야 한다. "현행범 체포현장이나 범죄장소에서도 소지자 등이 **임의로 제출하는 물건**은 영장 없이 압수할 수 있고, 이 경우에는 사후영장을 받을 필요가 없다"(대판 2016.2.18. 2015도13726; 2019.11.14. 2019도13290).

4) 요급처분 **요급처분**이 가능하다. 즉, 급속을 요하는 때에는 '주거주 등의 참여 없이' '야간집행도' 할 수 있다(220).

[일반 사인(私人)] 체포현장에서의 압수·수색의 주체가 아니지만, 현행범 체포현장에서 상당한 방법에 의하여 범행도구나 장물을 빼앗은 경우 위법이라 할 수는 없다.

(3) 사후 압수·수색영장

체포현장에서 압수한 물건을 계속 압수할 필요가 있는 경우에는 '지체 없이' **압수·수색영장을 청구**하여야 한다(단, 검증은 사후영장이 필요 없다). 이 경우 압수·수색영장의 청구는 '**체포한 때로부터 48시간 이내**'에 하여야 한다(217②).

사후 압수·수색영장을 발부받지 못한 때에는 압수한 물건을 **즉시 반환**하여야 한다(동③). "압수수색영장을 청구하여 이를 발부받지 아니하고도 즉시 반환하지 아니한 압수물은 이를 유죄 인정의 증거로 사용할 수 없다"(대판 2009.12. 24. 2009도11401). 예컨대, "현행범으로 체포하면서 대마를 압수하였으나 다음날 석방하고도 '사후 압수수색영장을 발부받지 않은 경우' 그 압수물과 압수조서는 증거능력이 부정된다"[증거능력에 의한 통제](대판 2009.5.14. 2008도10914). 즉, 압수·수색행위 자체는 적법하지만(적법한 공무집행), 그 압수물은 사후 영장 발부라는 적법요건을 구비하지 못하여 '위법수집증거'가 된다.

(4) 피고인 구속현장에서의 압수·수색·검증

검사 또는 사법경찰관이 피고인에 대한 구속영장을 집행하는 경우에도 필요한 때에는 그 집행현장에서 영장 없이 압수·수색·검증을 할 수 있다(216②). 피고인에 대한 구속영장의 집행은 재판의 집행기관으로서 행하는 것인데, '피고인 구속'현장에서의 압수·수색·검증은 수사기관의 수사처분에 속한다. 이는 '**공소제기 후의 수사**'에 해당한다. 따라서 그 결과를 법원에 보고하거나 **압수물을 반드시 제출할 필요는 없다**. 별도로 사후영장을 받을 필요도 없다.

3. 범죄장소에서의 압수 · 수색 · 검증

(1) 의의

1) 뜻 (검사 또는 사법경찰관은) 범행 중 또는 범행 직후의 범죄장소에서 긴급을 요하여 판사의 영장을 받을 수 없는 때에는 영장 없이 압수 · 수색 또는 검증을 할 수 있다. 이 경우에는 사후에 '지체 없이' 영장을 받아야 한다(216③). "그 요건 중 어느 하나라도 갖추지 못하면 위법하고, 사후에 영장을 발부받았다고 하여 그 위법성이 치유되지 않는다"(대판 2017.11.29. 2014도16080).

2) 특징 현행범체포에 실패한 경우 등 긴급한 상황[1]에 대처하기 위해, 1961년 개정에서 신설된 것이다. 제216조 제1항 제2호에 대한 보충규정의 성격을 갖는다. 즉, 현행범인의 범죄장소로서 긴급한 상황이 있는 경우에, 체포현장이 아니라도 체포 · 구속과 관계없이 영장주의의 예외를 인정한 유일한 경우이다. 피의자가 체포될 필요도 없고, 피의자가 범죄장소에 현존할 필요도 없다.

(2) 범죄장소

1) 뜻 범행 중 또는 범행 직후의 범죄장소에 한정된다. 즉, 범행과 시간적 · 장소적 접착성이 있는 장소를 말한다. 현행범의 범죄장소라면, '체포 전'이라도 또는 체포에 실패하여 피의자가 '도주'하였더라도, 긴급성이 있으면 모두 가능하다. 즉, 체포가 아예 없더라도 무방하다. 예컨대, "음주운전자를 구속 · 체포하지 아니한 경우에도, 필요하다면 그 차량열쇠는 범죄장소에서의 압수로서 영장 없이 압수할 수 있다"(대판 1998.5.8. 97다54482).

2) 긴급성 긴급한 경우에 한한다. 체포현장(216①ii)의 보충규정이자 긴급행위라는 성격상 별도로 명시된 요건이다. 긴급성 요건은 특히 명문으로 규정되어 있다. 긴급성 요건을 흠결하면 부적법하다. 예컨대, 불법게임장 주변에서 순찰 도중 우연히 따라 들어가 압수 · 수색한 사안에서, 불법게임기는 상당한 부피와 무게 때문에 은폐나 은닉이 쉽지 않으므로, 긴급성이 없다고 한 사례(대판 2012.2.9. 2009도14884)가 있다.

3) '준'범죄장소 준현행범 상황에 있는 경우 범죄장소가 아니라도 '준'범죄장소로 보아 이를 허용한 이례적인 경우가 있다. 즉, "음주운전 교통사고 직후 피의자가 의식불명 상태에 있는 경우에, 그 신체 내지 의복류에 주취가 강하

---

1) 범인이 이미 도주한 경우, 체포필요성이 없는 경우, 경미범죄로 체포가 불가능한 경우, 사인이 체포 후 수사기관에 현행범인을 인도한 경우(213①) 등

게 나는 등 범죄의 증적이 현저한 **준현행범인의 요건**(211②iii)이 갖추어져 있고, 교통사고 발생 시각으로부터 **사회통념상 범행 직후**라고 볼 수 있는 시간 내라면, 사고현장에서 **곧바로 후송된 병원 응급실 등의 장소**는 범죄장소에 '준'한다"(대판 2012.11.15. 2011도15258)고 한다. 따라서 의식불명의 음주운전자에 대해 강제채혈한 후 그 혈액을 '영장 없이 압수'할 수 있다는 것이다. 이는 범죄 직후의 시간적·장소적 접착성을 다소 완화하고 현행성 또한 완화한 극히 이례적인 경우인데,[1] 채혈의 적법성을 인정하기 위한 고육지책에서 나온 확장해석이므로, 일반화하는 것은 매우 곤란하다.

4) 관련성 요건 영장주의의 예외에서도 **관련성 요건**은 마찬가지로 요구된다. 해당 범죄사실과 **관계가 없는 것**은 압수가 허용되지 않는다. 현행법 해석상 육안발견의 예외(plain view doctrine)는 인정되지 않는다. 별도의 압수·수색 영장을 받아야 한다.

5) 요급처분 **요급처분**이 가능하다. 급속을 요하는 때에는 '주거주 등의 참여'(123③)와 '야간집행의 제한'(125)이 적용되지 않는다(220).

(3) 사후영장

이 경우에는 사후에 **'지체 없이'** 압수·수색·검증영장을 받아야 한다(216③. '체포한 때로부터 48시간 이내'와 달리, '지체 없이'라고 규정한 것은 그 기산점을 특정하기 곤란하기 때문으로 보인다). i) 체포를 수반하는 것이 아니므로 '체포한 때로부터 48시간 이내'라는 규정은 적용되지 않지만, 지체 없이 청구하지 않거나 압수·수색한 때로부터 48시간이 경과한 후에 청구하면, 부적법하다고 해야 한다. ii) 수사기관의 검증이 사건발생 후 범행장소에서 긴급을 요하여 영장 없이 시행된 경우라도, "사후영장을 받은 흔적이 없다면, 그 검증조서는 유죄의 증거로 할 수 없다"(대판 1984.3.13. 83도3006). 즉, 압수·수색행위 자체는 적법하지만(적법한 공무집행), 그 압수물은 사후 영장 발부라는 적법요건을 구비하지 못하여 '위법수집증거'가 된다. iii) 의식불명의 음주운전자에 대해 후송된 응급실 등 준범죄장소에서 '강제채혈'한 경우에도 사후영장이 필요하다.

---

1) 시간상 사전영장을 받을 수도 없고, 의식불명상태이므로 체포현장에서의 압수수색이나 긴급압수수색도 불가능하며, 운전자 본인의 동의를 얻어 채혈할 수도 없다.

4. 긴급체포 후의 압수 · 수색 · 검증

(1) 의의

1) 뜻 검사 또는 사법경찰관은 긴급체포된 자가 소유 · 소지 또는 보관하는 물건에 대해 긴급히 압수할 필요가 있는 경우에는 '체포한 때부터 24시간 이내'에 한하여 영장 없이 압수 · 수색 · 검증을 할 수 있다(217①).

2) 취지 "긴급체포된 사실이 공범이나 관련자들에게 알려짐으로써 관련자들이 증거를 파괴하거나 은닉하는 것을 방지하고, 범죄사실과 관련된 증거물을 신속히 확보하기 위한 것이다"(대판 2017.9.12. 2017도10309).

(2) 적용범위

1) 긴급체포의 적법 적법한 긴급체포일 것을 전제로 한다.

2) 대상 긴급체포된 자가 소유 · 소지 또는 보관하는 물건이다. i) 현실적으로 '긴급체포된 자'에 한정된다. 영장 없이 압수한 후 비로소 긴급체포한 경우에는 적용될 여지가 없다. ii) 피의자의 소유라면, 타인이 소지 · 보관하는 경우를 포함한다(피의자가 소지 · 보관하는 물건은 타인의 소유라도 무방하다). 따라서 긴급체포의 경우에는 다른 체포와는 달리 체포현장이 아닌 장소(약 2km 떨어진 피의자의 주거지)에서도 긴급 압수 · 수색이 가능하다(위 2017도10309). 2007년 개정에서 소유물을 제외하려고 하였으나 그대로 유지된 이상 이러한 해석은 불가피하다.

3) 긴급히 압수할 필요 '긴급히 압수할 필요'(긴급성과 필요성)가 있어야 한다. 체포현장(216①ii)의 보충규정이자 긴급행위라는 성격상 별도로 명시된 요건이다. 이는 i) 긴급체포에 부수하여 당연히 인정되는 것은 아니며, 압수의 긴급성이 별도로 필요하다. 긴급을 요하는 경우란 판사로부터 '미리 압수 · 수색영장을 발부받을 시간적 여유가 없는 경우'(즉, '지금이 아니면 안 된다'는 긴급한 사정이 있는 경우)로 해석된다. 또한, ii) 긴급성이 있더라도 '압수할 필요'가 별도로 있어야 하므로(즉, 압수의 필요성), 압수의 범위도 제한된다. 즉, "긴급체포의 사유가 된 범죄사실 수사에 '필요한 최소한의 범위 내에서' 압수할 수 있다"(대판 2008. 7.10. 2008도2245).

4) 시간적 한계 '체포한 때부터 24시간 이내'에만 허용된다(체포시점을 항상 확인할 필요가 있다).

5) 관련성 요건 여기에도 관련성 요건은 마찬가지로 요구된다. "당해 범

죄사실과 관련된 증거물 또는 몰수대상물"에 한정된다(위 2008도2245). 별건증거를 우연히 발견한 경우에는 그에 대하여 법원에서 별도의 압수·수색영장을 발부받아야 한다.

6) 요급처분 불인정 여기에는 요급처분 특칙(220)이 적용되지 않는다. 즉, 긴급 압수·수색에는, **주거주 등의 참여**(123③)와 **야간집행의 제한**(125) 규정이 그대로 적용된다. 입법과정에서 시한이 12시간에서 24시간으로 수정된 이유도 야간집행을 피하려는 것이었다. 따라서 이 경우 야간 압수수색은 부적법하다. 야간집행에는 그 필요성에 대해 엄격한 심사가 요구된다. 그런데 이와 관련하여, 야간집행의 적법성을 인정한 것인지 여부에 대해 논란이 있는 판례가 있다(대판 2017.9.12. 2017도10309). 실제로는 (10월 5일 야간인 20:00경 긴급체포한 뒤) 20:24경(=초저녁) 야간 압수수색한 사안임에도, 그 압수물에 대해 사후영장이 발부되고 그 증거능력이 인정된 사례이다.

[야간 압수수색과 위법수집증거 배제 여부: 2017도10309 판결] 긴급 압수수색에는 요급처분 특칙이 적용되지 않으며(220), 야간집행 제한에 관한 제125조는 영장없는 압수수색에도 준용되므로(219), 이 경우에도 야간 압수수색은 여전히 위법하다(통설). 그런데 '긴급체포 후에 야간 압수수색한 사안'에 대한 위 2017도10309 판결은, "긴급체포 사유, 압수·수색의 시각과 경위, 사후 영장의 발부 내역 등에 비추어 보면, 긴급 압수한 메트암페타민 4.82g은 '형사소송법 제217조에 따라 적법하게 압수'되었고, 이를 증거로 삼아 유죄로 인정한 것은 위법수집증거 배제의 법칙에 관한 법리를 오해한 잘못이 없다"고 판시하였다. 이 판결을 놓고, 야간 압수 자체의 적법성 여부, 사후영장에 의해 야간 압수의 적법성을 인정한 것인지 여부 등에 대해 논란이 있다. 대상판결은 야간 압수수색의 적법성 자체가 주된 쟁점으로 된 사안이 아니다. 즉, 대상판결은 '야간' 압수수색의 적법성 자체에 대한 판단이라거나 그 적법성 자체에 중점을 둔 판단으로 보기는 어렵고, 단지 그 증거능력을 인정한 원심판단에 대해 그 시각 등 여러 사정을 고려하여 그대로 유지한 판시에 불과한 것으로 보인다.[1] 다시 말하면, 야간 압수의 위법·적법성 여부에 대해 증거능력의 관계를 염두에 두고 이를 명

---

1) 만일 야간 압수의 적법성 자체가 주된 쟁점이고 그 적법성 자체에 대한 판단이거나 그에 중점을 둔 판단이었다면, 적어도 '피의자의 주거에 대한 야간에 이루어진 압수라도 현행법 해석상 적법한 것으로 해석하여야 한다'라는 방식으로 정면으로 판시했을 것이고, 구태여 '긴급체포의 사유, 시각과 경위, 사후영장의 발부 내역 등'을 고려하면서까지 구구하게 판단할 이유는 없었을 것으로 보인다. 통상적인 형식이나 방식이 아니라는 점에서, 야간 압수의 적법성 자체에 대한 판단으로 보기는 어렵다. 따라서 이 판결 내용 중 '적법하게'라는 4글자 표현에 큰 의미를 부여할 것은 아니라고 본다. 오히려 그러한 해석이야말로 형사소송법의 명문 규정이나 입법취지 등에 반하는 잘못된 해석이 될 것이다.

백히 전제로 한 판시라고 보기 어렵고, 단지 그 압수물의 증거능력 판단에 중점이 있는 판시라는 것이다.

야간 압수의 적법성 및 그 증거능력에 대해 검토해 보기로 한다.

(i) (피의자의 주거에서의 야간압수) 긴급체포의 경우 '피의자의 주거'에 대해서는 야간 압수가 적법한지 문제이다. 이는 제125조에 야간 집행의 제한대상이 '타인'의 주거 등으로 규정되어 있는 관계로, 여기의 대상에 '피의자의 주거'의 포함 여부와도 관련되는 문제이다. i) 적법설(긴급체포된 자의 주거는 타인의 주거에 포함되지 않기 때문에, 긴급체포된 자의 주거에 대한 야간압수가 적법하다는 견해. 긴급체포의 경우 가족이나 공범 등 피의자와 관련된 사람에 의한 증거인멸의 위험이 높고, 피의자의 주거에 대한 야간의 사생활의 평온을 보호할 이익은 상대적으로 크지 않다는 것을 논거로 한다), ii) 위법설(요급처분 특칙이 적용되지 않으므로 야간 압수 자체가 위법하다는 견해), iii) 사후추인설(원칙적으로 위법하지만, 사후에 발부된 영장에서 야간 집행을 허용하는 기재가 있으면, 법관의 사후추인에 의해 적법하게 된다는 견해) 등이 있다.

생각건대, 야간 압수는 그 자체가 위법하며 피의자의 주거라 하더라도 마찬가지라는 위법설이 타당하다. ㉠ 제125조의 집행주체는 수사기관이고 '타인'은 수사기관을 기준으로 그 이외의 자, 즉 '수사기관 이외의 자'를 의미하며, 제125조의 문언상 야간집행의 제한대상은 '타인'으로 포괄하여 규정할 뿐, '피의자 아닌 자'로 한정하고 있는 것도 아니므로, 야간 집행이 제한되는 타인의 주거에는 '피의자의 주거'도 포함된다. ㉡ 제216조 제1항 제1호(체포구속 목적의 피의자수색)의 경우에도 타인의 주거에 '피의자의 주거'가 포함된다고 해석하는데 이와 통일적 해석이 요구된다. ㉢ 피의자의 주거라도 그 가족의 사생활의 평온은 보장되어야 하며, 사전 압수수색영장을 발부받아 집행하는 경우 피의자의 주거라도 야간집행 허용의 기재가 없는 야간집행이 제한되는 것과 달리 해석할 이유가 없다.

(ii) (증거능력) 위 압수물(메트암페타민 4.82g)의 증거능력 문제이다.

생각건대, ㉠ [사후추인 여부] 앞서 본 바와 같이 긴급 압수수색에는 요급처분이 적용되지 않으므로 야간압수는 위법하다. 위법한 압수수색은 사후에 법원으로부터 영장이 발부되었더라도 여전히 위법하다. 우리 판례는 미국과 달리, 위법수집증거배제법칙에서 '선의의 예외이론'을 명시적으로 부정하며(대판 2011.4.28. 2009도10412 등), 또한 사후추인을 인정할 여지도 없다(대판 2021.11.18. 2016도348 전합).[1] ㉡ [증거배제 여부] 다만 위법수집증거의 증거능력 배제 여부는 원칙적 배제, 예외적 허용이라는 것이 판례의 확립된 입장이다. 즉, '예외적으로 수사기관의 절차위반행위가 적법절

---

1) "임의제출된 정보저장매체에서 압수의 대상이 되는 전자정보의 범위를 넘어서는 전자정보에 대해 수사기관이 영장 없이 압수·수색하여 취득한 증거는 위법수집증거에 해당하고, 사후에 법원으로부터 영장이 발부되었다거나 피고인이나 변호인이 이를 증거로 함에 동의하였다고 하여 그 위법성이 치유되는 것도 아니다."(대판 2021.11.18. 2016도348 전합)

차의 실질적인 내용을 침해하는 경우가 아니고, 오히려 그 증거의 증거능력을 배제하는 것이 형사사법의 정의실현에 반하는 결과를 초래하는 예외적인 경우'에는 그 증거를 유죄의 증거로 사용할 수 있다(대결 2007.11.15.자 2011모1839 전합 등)는 것이다. 결국 위법한 압수수색의 경우 그 증거능력은 사안별로 예외를 허용하기는 하지만, 이는 구체적 사안의 문제에 불과하다. 위 판례사안의 경우, 야간압수라서 위법하지만, 그 압수물은 예외적으로 증거능력을 인정할 수 있는 사안으로 보인다. 즉, 압수수색의 시각이 심야가 아닌 점(20:24경), 사후영장이 발부된 점, 야간집행의 제한은 절대적 금지가 아니라 '상대적 제한'에 불과한 점 등 제반 사정을 감안하면, 야간 압수수색 자체는 위법하지만, 예외적으로 그 증거는 유죄인정의 증거로 사용할 수 있는 경우에 해당한다고 보는 것이 타당하다.

(3) 사후 압수 · 수색영장

압수한 물건을 계속 압수할 필요가 있는 경우에는 지체 없이 **압수수색영장을 청구**하여야 한다(단, 검증은 사후영장에 의한 통제대상이 아니다). 이 경우 압수수색영장의 청구는 '체포한 때부터 48시간 이내'에 해야 한다(217②). 청구한 압수수색영장을 발부받지 못한 때에는 압수한 물건을 **즉시 반환**하여야 한다(동③). "즉시 반환하지 아니한 압수물은 이를 유죄 인정의 증거로 사용할 수 없다"[증거능력에 의한 통제](앞 2009도11401). 즉, 압수 · 수색행위 자체는 적법하지만(적법한 공무집행), 그 압수물은 사후 영장 발부라는 적법요건을 구비하지 못하여 '위법수집증거'가 된다. 따라서 사후 영장을 받지 못하면 그 증거능력이 배제되나, 수사기관의 압수 · 수색 행위 자체는 적법한 공무집행이므로 공무집행 중인 공무에 대한 폭행 · 협박은 공무집행방해죄에 해당한다.

5. 유류물 또는 임의제출물의 압수(영치)

(1) 의의

1) 뜻　검사, 사법경찰관은 '피의자 기타인이 **유류한 물건**'이나 '소유자, 소지자 또는 보관자가 **임의로 제출한 물건**'을 영장 없이 압수할 수 있다(218). 이를 영치라고 한다.

2) **특징**　i) 영치는 점유취득 과정에 강제력이 행사되지는 않는다는 점에서 압수영장이 필요 없고, **사후영장도 필요 없다**. 그러나 일단 영치된 이상 제출자가 임의로 점유를 회복하지 못한다는 점에서, 점유의 '계속'에 대해 강제처분이 된다. 영치의 효과는 압수조서 작성(49), 압수목록 교부(129 · 219) 등에서 압수

와 동일하다. ii) 반드시 증거물 또는 몰수대상물에 한정되지 않는다. iii) "현행범 체포현장이나 범죄장소에서도 소지자 등이 임의로 제출하는 물건은 영장 없이 압수할 수 있다. 사후영장을 받지 않아도 된다"(앞 2015도13726).

(2) 유류물

유류물의 사전적 의미는 '잊어버리고 놓아둔 물건'이다(국립국어원의 '표준국어대사전'). 유실물보다 넓은 개념으로, 주로 잃어버린 물건, 버리고 간 물건 등을 뜻한다. 술을 마신 테이블 위에 놓여 있던 맥주컵의 지문(대판 2008.10.23. 2008도7471), 차량이 도로 옆의 대전차 방호벽을 들이받은 살인사건에서 위 방호벽 안쪽 벽면에 설치된 철제구조물에 끼어 있던 (차량의) 강판조각(대판 2011.5.26. 2011도1902) 등도 여기에 해당한다. 즉, "유류물 압수는 수사기관이 ㉠ '소유권이나 관리처분권이 처음부터 존재하지 않거나, 존재하였지만 적법하게 포기된 물건', 또는 ㉡ '그와 같은 외관을 가진 물건' 등의 점유를 수사상 필요에 따라 취득하는 수사방법을 말한다"(대판 2024.7.25. 2021도1181).

유류물의 압수에는 ㉠ **관련성의 제한이 적용되지 않고**, ㉡ **참여권자의 참여가 필수적이지 않다**(위 2021도1181).[1] 첫째, 관련성의 제한이 적용되지 않는 이유는, 임의제출물 압수와 달리 (압수의 대상을 개별적으로 지정하거나 그 범위를 한정할 수 있는) **제출자의 존재를 생각하기 어렵기 때문**이다. 둘째, 참여권자의 참여가 필수적이지 않는 이유는, ('분실'한 경우와 같이 그 권리를 포기하였다고 단정하기 어려운 경우에도, 수사기관이 그러한 사정을 알거나 충분히 알 수 있었음에도 유류물로 압수하였다는 등의 특별한 사정이 없는 한) 임의제출물 압수와 달리 **참여권의 주체가 되는 피압수자가 존재하지 않기 때문**이다(유류물 압수에서는 정보저장매체의 현실적 지배·관리 혹은 이에 담겨있는 전자정보 전반에 관한 전속적인 관리처분권을 인정하기 어렵다). 요컨대, "정보저장매체를 소지하던 사람이 그에 관한 권리를 포기하였거나 포기한 것으로 인식할 수 있는 경우에는, 수사기관이 유류한 정보저장매체를 영장 없이 압수할 때 [㉠] 해당 사건과 관계가 있다고 인정할 수 있는 것에 압수의 대상이나 범위가 한정된다거나, [㉡] 참여권자의 참여가 필수적이라고 볼 수는 없다"(위 2021도1181).

---

1) [피고인이 주거지 밖으로 집어던진 저장매체를 수사기관이 유류물로 영장 없이 압수한 사건] 피고인이 압수·수색영장 집행사실을 알고 고층 아파트 바깥으로 SSD카드파일(음란물, 카메라등이용촬영물) 등이 든 신발주머니를 투척하였고, 투척 추정 장소에서 이를 발견한 경찰관의 질문을 받고 소유권을 부인하였는데, 그 매체에 들어있는 전자정보의 탐색·출력 과정에서 피고인의 참여권을 보장하지 않았고, SSD카드파일과 위 압수·수색영장에 기재된 혐의사실 사이에 객관적 관련성이 없는 사안에서, 유류물 압수의 적법성을 인정한 사례.

(3) 임의제출물

임의제출물의 영장 없는 압수의 적법요건은, ㉠ '제출권한 있는 자'의 제출 및 ㉡ 제출의 '임의성'이다.

1) **제출권한** 제출자는 '제출권한 있는 자'이어야 한다. i) '소유자 · 소지자 또는 보관자'에 한정된다. "소유자, 소지자 또는 보관자가 '**아닌 자**'로부터 제출받은 물건을 영장 없이 압수한 경우 그 '압수물' 및 '압수물을 찍은 사진'은 이를 유죄 인정의 증거로 사용할 수 없다"(대판 2010.1.28. 2009도10092).[1] ii) '소지자'란 자기를 위하여 물건을 점유하는 자를 말하며, '보관자'란 타인을 위하여 물건을 점유하는 자를 말한다. 즉, 보관은 위탁관계를 전제하고 있는 개념이므로, 보관자는 위탁관계에 의한 점유자를, 소지자는 소유자에 대한 관계에서 위탁관계 없는 점유자를 의미한다. 따라서, ㉠ 제출자가 반드시 **적법한 권리자일 필요는 없다**(특히 '**소지자**'는 적법한 권리자가 아닐 수 있다). 예컨대, 절도범인이 절취장물을 수사기관에 임의제출할 수 있다. ㉡ 제출자가 반드시 **소유자 본인의 동의를 받아야 하는 것도 아니다**(대판 2008.5.15. 2008도1097). 즉, 명문으로 소지자 · 보관자의 임의제출을 인정하는 이상 소유자의 반대 의사가 있더라도 임의제출의 적법성에는 영향이 없다. iii) 그런데 임의제출의 주체가 '소유자가 아닌' **소지자 · 보관자**인 경우에는, 소유자에 대한 관계에서 **특별한 제한**이 있다. ㉠ "'소유자의 사생활의 비밀 기타 **인격적 법익**이 침해되는 등의 특별한 사정'이 없어야 한다"(대판 1999.9.3. 98도968; 위 2008도1097; 2013.9.26. 2013도7718). 소유자의 인격적 법익 침해 등의 특별한 사정이 있는 때에는, 소유자 본인의 동의가 있어야만 임의제출 방식에 의한 압수의 적법성이 인정된다는 의미이다. 다만, ㉡ '세관공무원이 통관검사를 위하여 직무상 소지하거나 보관하는 물품을 수사기관에 임의로 제출한 경우'에는 이러한 제한이 요구되지 **않는다**(통제배달에 관한 위 2013도7718; 2017.7.18. 2014도8719). 이는 통관검사절차 자체가 (국경을 넘는) 관련자의 '사생활의 비밀 기타 인격적 법익'에 대한 어느 정도의 제약을 전제로 하고 있고, 마약류 · 총기 등 금제품을 밀수출입하려는 자에게는 '프라이버시에 대한 정당한 기대'를 주장할 적격이 인정되지 않는다는 점을 고려한 것으로 보인다.

---

1) 경찰이 피고인 소유의 쇠파이프를 피고인의 주거지 앞마당에서 발견하였으면서도 그 소유자, 소지자 또는 보관자가 아닌 '피해자'로부터 임의제출을 받는 형식으로 압수한 경우 그 압수물인 쇠파이프 및 쇠파이프를 촬영한 사진은 위법수집증거로서 증거능력을 부정한 사례.

[판례사례: '재소자의 비망록' 및 '진료목적 혈액' 등의 임의제출] i) '재소자의 비망록'은, 공무원에게 제출권한이 있다. 즉, "교도관이 재소자가 맡긴 비망록을 수사기관에 임의로 제출하였다면, 그 비망록의 증거사용에 대하여도 재소자의 사생활의 비밀 기타 인격적 법익이 침해되는 등의 특별한 사정이 없는 한, 반드시 그 재소자의 동의를 받아야 하는 것은 아니고, 적법하다"(위 2008도1097).

ii) 한편, '진료 목적 혈액'은 간호사에게 제출권한이 있다. 즉, "수사 목적이 아닌 진료 목적으로 채혈한 환자의 혈액을 (간호사가) 수사기관에 임의로 제출한 경우에도, 간호사는 '그 혈액의 소지자 겸 보관자인 병원 또는 담당 의사를 대리하여 임의로 제출할 권한'이 있으므로, 그 혈액의 증거사용은 환자의 사생활의 비밀 기타 인격적 법익이 침해되는 등의 특별한 사정이 없는 한, 적법하다"(위 98도968)고 한다. 이에 대해서는 업무상 비밀에 관한 압수거부(112)의 예외 사유(그 타인의 승낙 또는 중대한 공익상 필요)에 부합되지 않는 부당한 해석이라는 비판이 있다.

iii) '통관검사 물품'은 세관공무원에게 제출권한이 있다. 즉, "세관공무원이 통관검사를 위하여 직무상 소지하거나 보관하는 물품을 수사기관에 임의로 제출한 경우에는, 비록 소유자의 동의를 받지 않았다고 하더라도, 수사기관이 강제로 점유를 취득하지 않은 이상 해당 물품을 압수하였다고 할 수 없다"(앞 2013도7718). '사생활의 비밀 기타 인격적 법익'에 대한 어느 정도의 제약을 허용한다.

iv) '외관상 제출권한'을 인정할 것인가에 대해서는 논란의 여지가 있다.[1)]

2) 임의성　임의제출물의 압수가 적법하기 위해서는, 그 제출이 오로지 제출자의 자발적인 의사에 기한 것이어야 한다. 제출과정에서 수사기관의 우월적 지위를 이용하여 임의제출의 형식으로 헌법상 영장주의를 잠탈하는 편법수단으로 악용될 여지가 있기 때문에, 임의제출의 임의성 판단을 엄격히 할 필요가 있다. 즉, "오로지 제출자의 자발적 의사에 기한 것이라는 점이 객관적 사정에 의하여 명백하게 입증된 경우에 한하여" 임의성을 인정하는 것이 타당하다[대판 2010.7.22. 2009도14376(불심검문); 2015.7.9. 2014도16051(채혈에 의한 음주측정) 참조]. i) 자발성 여부는 제출자의 나이, 교육정도, 지능, 정신적·육체적 상태, 체포 여부 등을 고려하여 판단하여야 한다. 예컨대, 제출자가 정신능력이 부족한 상태인 경

1) 제출권한이 있었는지 여부에 대해 임의제출 당시 상황을 기초로 이에 관한 수사기관의 판단에 상당한 재량의 여지가 있다고 할 것인지 문제될 수 있다. 즉, 실제로는 적법한 권한이 없었던 경우라도 외관상 적법한 권한이 있다고 객관적으로 믿을 만한 합리적 근거는 있었다면, '표현대리'(apparent authority)의 관념에 따라 정당하다고 볼 여지가 있을 수도 있겠으나, 미국과 달리, 우리 판례는 '선의의 예외이론'을 명시적으로 부정한다(대판 2011.4.28. 2009도10412; 2012.2.9. 2009도14884; 2017.11.29. 2014도16080 등). 즉, 위법한 압수·수색은 사후에 법원으로부터 영장이 발부되었더라도 여전히 위법하다(앞 2011모1839 전합; 2016도348 전합 등).

우, 수사기관의 기망이나 협박이 있는 경우 등에는 당연히 그 임의성을 인정할 수 없다. ii) 수사기관이 제출자에게 '임의제출 거부권'을 고지할 의무가 있는지에 대해 견해가 대립하나, 적어도 **임의제출 거부권의 고지**는 임의성의 존재 증명에 유리한 사정이 된다. 이와 관련하여, 제출의 임의성을 담보하기 위해서는 제출에 앞서 대상자에게 제출을 거부할 수 있음을 알려주도록 하는 내용의 **임의제출거부권** 제도를 입법화할 필요가 있다. iii) 법원과 달리 수사기관에게는 '제출명령'이 인정되지 않는다(106②참조). 수사기관의 **제출요구**에 의한 경우 수사기관의 우월적 지위에 비추어 임의성이 쉽게 인정되기는 어려울 것이다. 그렇다고 하여 제출요구가 있었다는 사정만으로 곧바로 임의성이 부정되는 것은 아니다. iv) "임의제출물을 압수한 경우 임의성에 관하여 다툼이 있을 때에는, 검사가 그 임의성의 **의문점을 없애는 증명**을 해야 한다. 검사가 임의성의 의문점을 없애는 증명을 다하지 못하였다면, 그 압수물은 **'위법수집증거'**에 해당하여 증거능력이 없다"(대판 2022.8.31. 2019도15178).[1] v) 그런데 관련성 요건과 관련하여, 유체물증거에 대한 임의제출의 압수에서는 관련성 요건이 별도로 문제되지 않는다(대판 2016.2.18. 2015도13726). 다만, 휴대폰 등 정보저장매체에 대한 임의제출물의 압수에서는 관련성 요건도 영장에 의한 압수에 준하여 별도로 문제된다(後述).

3) 쟁점: 체포현장 등에서 임의제출 및 위법한 압수물의 반환 직후 임의제출

첫째, 임의제출물의 압수는 **체포현장 등**에서도 허용된다. 즉, "**현행범 체포현장이나 범죄현장에서도** 소지자 등이 임의로 제출하는 물건은 제218조에 의하여 영장 없이 압수하는 것이 허용되고, 이 경우 검사나 사법경찰관은 별도로 사후

---

1) **[임의성에 대한 증명부족 사례(=위법수집증거)]** 피고인이 자신의 휴대전화 카메라를 이용하여 저질렀다는 성폭법위반(카메라등이용촬영)의 공소사실과 관련하여, 수사기관이 피고인을 현행범으로 체포할 당시 임의제출 형식으로 압수한 휴대전화의 증거능력이 문제된 사안에서, 제반 사정에 비추어 볼 때, 휴대전화 제출에 관하여 검사가 임의성의 의문점을 없애는 증명을 다하지 못하였으므로 휴대전화 및 그에 저장된 전자정보는 위법수집증거에 해당하여 증거능력이 없다고 한 사례(대판 2024.3.12. 2020도9431). 즉, ㉠ 피고인이 체포 당시 목격자에게 휴대전화를 빼앗겨 위축된 심리상태였고, 목격자 및 경찰관으로부터 휴대전화를 되찾기 위해 달려들기도 하였던 점, ㉡ 경찰서로 연행되어 변호인의 조력을 받지 못한 상태에서 피의자로 조사받으면서 일부 범행에 대하여 부인하고 있던 상황이었으므로, 피고인이 자발적으로 휴대전화를 수사기관에 제출하였는지를 엄격히 심사해야 하는 점, ㉢ 수사기관이 임의제출자인 피고인에게 임의제출의 의미, 절차와 임의제출할 경우 피압수물을 임의로 돌려받지는 못한다는 사정 등을 고지하였음을 인정할 자료가 없는 점, ㉣ 피고인은 당시 "경찰관으로부터 '휴대전화를 반환할 수 있다'는 말을 들었다"라고 진술하는 등 휴대전화를 임의제출할 경우 나중에 번의하더라도 되돌려받지 못한다는 사정을 인식하고 있었다고 단정하기 어려운 점 등의 제반 사정이 있었던 사례임.

에 영장을 받을 필요가 없다"(대판 2019.11.14. 2019도13290).[1]

둘째, 위법한 압수물의 반환 직후 임의제출이 특히 문제된다. i) 즉, 위법한 압수물을 일단 반환하고 다시 임의제출받는 경우이다. 예컨대, '영장에 의한 압수·수색'의 도중에 우연히 발견한 별개의 증거(별건증거)는 그대로 압수할 수 없고 별도의 영장을 발부받아야 한다. 그런데도 "수사기관이 그 별개의 증거를 피압수자 등에게 환부하고 후에 임의제출받아 다시 압수하였다면, '증거를 압수한 최초의 절차 위반행위'와 '최종적인 증거수집' 사이의 인과관계가 단절되었다고 평가할 여지는 있다. 그러나 환부 후 다시 제출하는 과정에서 수사기관의 '우월적 지위'에 의하여 임의제출 명목으로 '실질적으로 강제적인 압수'가 행하여질 수 있다. 제출의 임의성은 검사가 합리적 의심을 배제할 수 있을 정도로 증명하여야 한다. 임의로 제출된 것이라는 증명이 실패한 경우에는 증거능력을 인정할 수 없다"(대판 2016.3.10. 2013도11233: 한국까르푸 사건).[2] 일반적으로, 위법한 압수가 있은 직후에 곧바로 임의제출이 이루어지는 경우 임의성은 쉽게 인정되기 어려울 것이다. 즉, "헌법과 형사소송법이 선언한 영장주의의 중요성에 비추어, '위법한 압수가 있은 직후'에 피고인으로부터 작성받은 그 압수물에 대한 임의제출동의서도, 특별한 사정이 없는 한 마찬가지로 유죄 인정의 증거로 사용할 수 없다"(대판 2010.7.22. 2009도14376).[3]

ii) 다만, 수사기관의 '위법한 수색' 이후 사실상 압수된 상태임에도, 구체적인 사정을 종합하여, 제출의 임의성을 인정한 이례적인 사례가 있다(위 2015도13726: 바지선 필로폰수색 사건).[4] 그러나 이미 수사기관에 위법하게 사실상 압수된

---

1) 반면, 항소심은, 현행범체포시 제216조 제1항 제2호(체포현장에서의 영장 없는 압수)에 따라 휴대폰 자체를 체포현장에서 영장 없이 긴급 압수할 수 있다고 하더라도, 휴대폰 속에 저장된 정보까지 영장 없이 탐색할 수 있는 것은 아니라고 판단했다. 즉 "막대한 양의 민감한 개인정보가 담겨 있는 휴대폰 저장정보를 영장 없이 압수수색하는 현재의 관행은, 개인의 사생활과 비밀의 자유를 침해하므로, 긴급한 경우가 아니라면, 휴대폰 저장정보 압수수색에 대한 사전 영장이 필요하다"는 것이다.

2) 위법한 압수물인 별건증거를 검찰청에서 피고인의 동생에게 돌려준 후 바로 그 자리에서, 조세포탈사건의 조사권한이 있는 세무공무원에게 다시 제출하도록 한 경우 위법으로 본 사례. 이는 곧 가급적 '환부한 후 별도 영장을 받아 집행해야 한다'는 점을 시사한다.

3) 경찰이 피고인을 체포한 후 20m 떨어진 피고인의 집에서 집안을 수색하여 칼과 합의서를 압수하였고 사후영장을 청구하지도 않은 사안에서, 위 칼과 합의서는 물론, 그 '임의제출동의서', '압수조서 및 목록', '압수품 사진' 역시 증거능력이 없다고 한 사례.

4) 밀입국하면서 필로폰을 밀수입하는 피의자에 대해, 위법한 수색을 통해 바지선의 다른 장소에서 필로폰 약 6.1kg(약 20만명 동시투약 분량)을 발견한 다음, 피의자를 현행범체포하면서 그 필로폰을 임의제출 형식으로 압수한 사안에서, (위법한 수색을 통해 이미 사실상 압수한 것으로 보이는) 그 필로폰에 대해, 검찰수사관이 피고인에게 임의제출의 의미, 효과 등에 관하여

상태라면 그 직후에 행해진 제출에 임의성을 인정하는 것은, 헌법상 영장주의 원칙을 훼손할 위험이 있다. 따라서 위법한 압수상태에 의한 영향이 '완전하게' 배제되고 제출자의 의사결정의 자유가 '확실하게' 보장되었다고 볼 만한 다른 사정이 개입되지 않은 이상, 위법압수와 임의제출 사이의 인과관계가 단절되었다고 평가하기는 어렵다고 본다(대판 2013.3.14. 2010도2094 참조: 스스로 채혈요구한 사건). 이와 같은 이례적인 사례를 일반화한다면, 압수·수색영장 및 사후영장제도를 사실상 형해화하는 결과를 용인하는 것이 된다. "예외는 좁게 해석해야 한다"(singularia non sunt extendenda).

4) 압수조서의 작성 및 압수목록의 작성·교부 의무 임의제출물의 압수에서도 영장에 의한 압수와 마찬가지로, **압수조서**의 작성, **압수목록**의 작성·교부가 요구된다. 즉, ㉠ "사법경찰관이 임의제출된 증거물을 압수한 경우 압수경위 등을 구체적으로 기재한 **압수조서**를 작성하여야 한다(106·218·219, 규62·109). 이는 사법경찰관으로 하여금 압수절차의 경위를 기록하도록 함으로써 사후적으로 압수절차의 적법성을 심사·통제하기 위한 것이다"(대판 2023. 6.1. 2020도2550).[1] ㉡ "임의제출에 따른 압수(218)에서도 수사기관은 영장에 의한 압수와 마찬가지로, 객관적·구체적인 **압수목록**을 신속하게 작성·교부할 의무를 부담한다"(대결 2024.1.5.자 2021모385). 압수물에 대한 수사기관의 점유 취득이 제출자의 의사에 따라 이루어진다는 점에서만 차이가 있을 뿐, 범죄혐의를 전제로 한 수사 목적이나 압수의 효력은 '영장에 의한 압수'의 경우와 동일하기 때문이다(대판 2021.11. 18. 2016도348 전합).

(4) 휴대폰 등 저장매체의 임의제출 및 전자정보의 탐색·출력

휴대폰 등 정보저장매체의 **임의제출**과 관련하여, 최근 대법원은 기존의 전자정보 압수의 법리를 적용·발전시킨 새로운 전원합의체 판결(대판 2021.11.18. 2016도348 전합)을 비롯하여 일련의 판결을 쏟아내고 있다. 그 주요내용은 다음과 같이 요약된다.

1) 기본법리 휴대폰등 정보저장매체의 임의제출에 대한 기본법리는, 위 2016도348 전원합의체 판결이 제시하고 있다.

고지하였던 점, 임의제출받기 위하여 피고인을 기망하거나 협박하였다고 볼 아무런 사정이 없는 점 등을 감안하여, 임의제출로서의 압수가 적법하다고 한 사례.

1) 구 범죄수사규칙 제119조 제3항에 따라 피의자신문조서 등에 압수의 취지를 기재하여 압수조서를 갈음할 수 있도록 하더라도, 압수절차의 적법성 심사·통제 기능에 차이가 없다고 한 사례.

첫째, 압수의 범위는 '제출자의 의사'에 따라 특정된 대상에 한정한다. 만일 그 범위가 명확하지 않는 경우에는 관련성 있는 전자정보에 한하여 압수의 대상이 된다. 관련성의 범위와 관련하여, ㉠ 기존의 '소송물기준설'의 입장을 재차 확인하고, 다만, '스마트폰을 범행도구로 이용한 불법촬영범죄'에서는 관련성의 범위를 상대적으로 폭넓게 인정한다(압수대상인 전자정보의 유형이 비교적 명확히 특정되기 때문). ㉡ 한편, '피의자가 소유·관리하는 정보저장매체'를 피의자 아닌 '피해자 등 제3자'가 '임의제출'하는 경우에는, 예외적으로 '혐의사실기준설'의 입장을 새롭게 선언하고, 관련성의 범위를 더욱 제한한다(피의자의 인격적 법익이 현저히 침해될 우려가 있기 때문).

둘째, 탐색과정에서 무관정보를 우연히 발견한 경우라면, 수사기관은 더 이상의 추가 탐색을 중단하고 법원에서 별도의 압수·수색영장을 발부받은 경우에 한하여, 그 정보에 대하여도 적법하게 압수할 수 있다.[1)]

셋째, 탐색과정에서 참여권은 피압수 당사자(=피압수자)와 변호인에게 보장해야 한다. 이에 더하여, '피의자의 소유·관리에 속하는 정보저장매체'를 '제3자가 임의제출'하는 경우에는 '실질적 피압수자인 피의자'에게도 참여권을 보장하고, 압수목록을 작성·교부해야 한다.

2) '실질적 피압수자인 피의자' 해당 여부 '피의자의 소유·관리에 속하는 정보저장매체'를 제3자가 임의제출하는 경우 '실질적 피압수자인 피의자'에 해당 여부와 관련하여, 2개의 중요한 후속 판결을 내어놓고 있다.

첫째, '피의자의 소유·관리에 속하는 정보저장매체'의 의미에 대해서는, 대법원 2021도11170 판결이 이를 더욱 구체화하고 있다. 즉, "임의제출한 피압수자에 더하여 임의제출자 아닌 피의자에게도 참여권이 보장되어야 하는 '피의자의

1) 경찰이 성폭범법위반(카메라등이용촬영)죄의 피해자가 임의제출한 피고인 소유·관리의 휴대전화 2대의 전자정보를 탐색하다가, 피해자를 촬영한 휴대전화가 아닌 다른 휴대전화에서 다른 피해자 2명에 대한 동종의 범행 등에 관한 1년 전 사진·동영상(2013년 범행에 관한 것)을 발견하고 영장 없이 이를 복제한 CD를 증거로 제출한 사안이다.

다른 휴대전화에 담긴 전자정보 중 임의제출을 통해 압수된 범위는 임의제출 및 압수의 동기가 된 피고인의 2014년 범행 자체와 구체적·개별적 연관관계가 있는 전자정보로 제한적으로 해석하는 것이 타당한바, 범죄발생 시점 사이에 상당한 간격이 있고 피해자 및 범행에 이용한 휴대전화도 전혀 다른 피고인의 2013년 범행에 관한 동영상은 임의제출에 따른 압수의 동기가 된 범죄혐의사실(2014년 범행)과 구체적·개별적 연관관계가 있는 전자정보로 보기 어려우므로, 수사기관이 사전 영장 없이 이를 취득한 이상 증거능력이 없고, 사후에 압수·수색영장을 받아 압수절차가 진행되었더라도 달리 볼 수 없다는 이유로, 2013년 범행을 무죄로 판단한 원심의 판단을 유지한 사례(상고기각).

소유·관리에 속하는 정보저장매체'란, '피의자가 [㉠] 해당 **매체를 현실적으로 지배·관리**하면서, [㉡] 그 매체 내에 저장된 **정보 전반에 관한 전속적인 관리처분권을 보유·행사**하고, [㉢] 달리 이를 **제3자에게 양도하거나 포기하지 아니한 경우**'로써, 피의자를 그 정보에 대하여 **실질적인 피압수자**로 평가할 수 있는 경우를 말한다. 이에 해당하는지 여부는 압수·수색 당시 **외형적·객관적**으로 인식 가능한 **사실상의 상태**(외형적·객관적인 지배·관리 등 상태)를 기준으로 판단한다"(대판 2022.1.27. 2021도11170).1)

둘째, '피의자의 소유·관리에 속하는 정보저장매체'를 제3자가 임의제출한 경우 '실질적 피압수자'의 참여권 보장 문제와 관련하여, 대법원 2022도7453 전원합의체 판결에 따르면, '**증거은닉범에 대한 압수에서 본범의 참여권은 없다**'. 즉, "**증거은닉범**(乙)이 본범(甲)으로부터 은닉을 교사받고 소지·보관 중이던 본범의 정보저장매체를 임의제출하는 경우에, **본범**(甲)**은 참여권 보장의 대상에 포함되지 않는다**"(대판 2023.9.18. 2022도7453 전합). 그 논거를 요약하면, "**증거은닉범**(乙)이 [㉠] **하드디스크를 현실적으로 점유**하면서, [㉡] 저장된 **전자정보에 관한 관리처분권을 사실상 보유·행사**할 수 있는 지위에 있고 실질적 이해관계가 있는 자에 해당하며, [㉢] **본범**(甲)은 (임의제출의 원인이 된 범죄혐의사실인) 증거은닉범행의 **피의자가 아닐 뿐만** 아니라, 자신과 하드디스크 및 그에 저장된 전자정보 사이의 **외형적 연관성을 은폐·단절하겠다는 목적** 하에, 그 목적 달성에 필요하다면 '수사 종료'라는 불확정 기한까지 **하드디스크에 관한 전속적인 지배·관리권을 '포기'**하거나 **전적으로 '양도'**한 것이므로, '증거은닉범행의 피의자로서 피압수자인 乙(증거은닉범)'에게 참여의 기회를 부여하면 족하다"(위 2022도7453 전합)라고 한다(사안은 각주 참고).2)

---

1) 피의자가 사용한 후 강사휴게실에 보관중이던 PC를 대학측이 임의제출한 경우에, PC나 그에 저장된 전자정보가 피의자의 소유·관리에 있지 않고, 대학측에 포괄적 관리처분권이 있다는 이유로, 피의자는 실질적 피압수자가 아니며 참여권 보장의 대상이 되지 않는다고 한 사례.

2) [사안] 甲 등이 주거지에서 사용하던 정보저장매체(하드디스크)에, 甲의 자녀 입시에 활용된 인턴십 확인서 등이 저장되어 있었는데, 甲은 자신에 대한 수사가 본격화되자 乙에게 증거은닉을 교사하여 乙이 하드디스크를 은닉하였다. 이후 증거은닉혐의 피의자 乙이 이를 임의제출하였는데, 전자정보에 관한 탐색·복제·출력 과정에서 乙에게만 참여권을 보장하고, 甲 등에게는 참여 기회를 부여하지 않았다.

대상판결은, 피고인(丙)이 위 인턴확인서를 허위로 발급하여 甲의 자녀 입시에 활용하는 방법으로 甲과 공모하여 업무방해하였다는 공소사실과 관련하여, 위 인턴확인서의 증거능력이 문제된 사안이다(=증거능력 인정).

대상판결은 '실질적 피압수자인 피의자'의 의미를 구체화한 위 2021도11170의 법리를 토대로, 증거은닉범(乙)에 대한 압수에 본범(甲)은 참여권이 없다는 법리를 선언한 것이다. 그런데 셋째, 원본 전자정보를 제3자가 자신의 정보저장매체에 복제하여 임의제출하는 경우 특별한 사정이 없는 한 '원본 전자정보 관리처분권자'에게 참여권을 인정해야 하는 것은 아니다. 즉, "전자정보가 제3자 소유·관리의 정보저장매체에 복제되어 임의제출되는 경우에 복제 전자정보와 원본 전자정보의 내용이 완전히 동일하다고 하더라도, (원본 전자정보 임의제출이 충분히 가능함에도 오직 원본 전자정보 관리처분권자의 참여를 배제할 목적으로 원본 전자정보 대신 복제 전자정보를 임의제출하는 경우 등과 같이) 복제 전자정보를 임의제출하는 사람에게만 참여의 기회를 부여하는 것이 현저히 부당하다는 등의 특별한 사정이 없는 한, 그 정보의 동일성을 들어 복제 전자정보 임의제출자 외에 원본 전자정보 관리처분권자를 실질적 피압수자로 평가하고 그에게 참여권을 인정해야 하는 것은 아니다"(대판 2024.12.24. 2023도3626).[1)]

3) 임의제출에 의한 원격압수 임의제출에 의한 원격압수에 대해서도 그 '대상의 특정'에 관한 일련의 판결을 선고하고 있다. 즉, ㉠ 원격압수와 역외압수에 대해서는 판례가 이미 그 적법성을 인정한 바 있음은 앞서 본 바와 같다(대판 2017.11.29. 2017도9747). 여기서 더 나아가, "피의자가 휴대전화를 임의제출하면서 (원격지에 저장되어 있는 전자정보를 수사기관에 제출한다는 의사로) 수사기관에게 클라우드 등에 접속하기 위한 아이디와 비밀번호를 임의로 제공한 경우, 위 클라우드 등에 저장된 전자정보를 임의제출하는 것으로 볼 수 있다"(대판 2021.7.29. 2020도14654)고 한다.[2)] 이는 임의제출에 의한 원격압수에 대해서는 판례가 다소 관대한 태도임을 보여준다. ㉡ 반면, 영장에 의한 원격압수에 대해서는, 원격압수의 과도한 확대를 방지하려는 의도 하에, '원격지에 존재하는 정보'에 대한 '특정'을 요구하고 있다(前述). 즉, "(압수·수색영장에 적힌 '수색할 장소'에 있는 컴퓨터 등

대상판결의 사안은 본범도 증거은닉범도 아닌 피고인(丙)의 허위 확인서 발급에 관한 공소사실이므로, 압수의 범죄사실인 증거은닉 사실과는 별건에 해당한다. '압수의 적법성'과 '수집의 관련성'은 인정되지만, 별건에 대한 '사용의 관련성'이 문제될 여지가 있다. 그러나 '사용의 관련성'을 최초 판시한 대판 2023.6.1. 2018도18866 이후인 그 해 9.18. 선고된 판결임에도, 이에 관한 아무런 언급이 없이 유죄를 인정한 사례이다.

1) 음란물의 피해자들이 피고인 소유 USB에 저장된 사진 등의 일부를 임의로 선별, 복제하여 피해자들 소유 USB에 저장한 다음 임의제출한 사안에서, 피고인은 실질적 피압수자가 아니라고 한 사례.

2) 휴대전화 이용자가 자신의 휴대전화에 '클라우드 등에 접속하기 위한 자동접속 기능'을 설정한 경우에는 휴대전화 이용자로부터 전자정보를 제출한다는 의사로 아이디와 비밀번호를 임의로 제공하는' 별도의 허락이 없는 한, 수사기관은 클라우드 등에 저장된 전자정보를 압수할 수 없다고 봄이 타당하다.

정보처리장치에 저장된 전자정보 외에) 원격지 서버에 저장된 전자정보를 압수 · 수색하기 위해서는, 압수 · 수색영장에 적힌 '압수할 물건'에 별도로 '원격지 서버 저장 전자정보'가 '특정'되어 있어야 한다. 압수 · 수색영장에 적힌 '압수할 물건'에 '컴퓨터 등 정보처리장치 저장 전자정보'만 기재되어 있다면, 컴퓨터 등 정보처리장치를 이용하여 '원격지 서버 저장 전자정보'를 압수할 수는 없다"(위 2020모735; 위 2022도1452)고 한다(원격압수 참조).

[휴대폰의 임의제출: 위 2016도348 전합] i) (임의제출에 따른 전자정보 압수의 방법: 유관정보) "(정보저장매체에 관한 선별압수 원칙) 위와 같은 법리는 정보저장매체에 해당하는 임의제출물의 압수(218)에도 마찬가지로 적용된다. 임의제출물의 압수는 압수물에 대한 수사기관의 점유 취득이 제출자의 의사에 따라 이루어진다는 점에서 차이가 있을 뿐 범죄혐의를 전제로 한 수사 목적이나 압수의 효력은 영장에 의한 경우와 동일하기 때문이다. 따라서 수사기관은 특정 범죄혐의와 관련하여 전자정보가 수록된 정보저장매체를 임의제출받아 그 안에 저장된 전자정보를 압수하는 경우 그 동기가 된 범죄혐의사실과 관련된 전자정보의 출력물 등을 임의제출받아 압수하는 것이 원칙이다. 다만 현장의 사정이나 전자정보의 대량성과 탐색의 어려움 등의 이유로 범위를 정하여 출력 또는 복제하는 방법이 불가능하거나 압수의 목적을 달성하기에 현저히 곤란하다고 인정되는 때에 한하여 예외적으로 정보저장매체 자체나 복제본을 임의제출받아 압수할 수 있다."

ii) (압수의 대상과 범위) ㉠ (임의제출의 범위: 제출자의 의사) "정보저장매체를 임의제출받는 수사기관은 제출자로부터 임의제출의 대상이 되는 전자정보의 범위를 확인함으로써 압수의 범위를 명확히 특정하여야 한다. 수사기관이 제출자의 의사를 쉽게 확인할 수 있음에도 이를 확인하지 않은 채 특정 범죄혐의사실과 관련된 전자정보와 그렇지 않은 전자정보가 혼재된 정보저장매체를 임의제출받은 경우, 그 정보저장매체에 저장된 전자정보 전부가 임의제출되어 압수된 것으로 취급할 수는 없다."

㉡ (소송물기준설) "제출자의 구체적인 제출범위에 관한 의사를 제대로 확인하지 않는 등의 사유로 인해 임의제출자의 의사에 따른 전자정보 압수의 대상과 범위가 명확하지 않거나 이를 알 수 없는 경우에는 임의제출에 따른 압수의 동기가 된 범죄혐의사실과 관련되고 이를 증명할 수 있는 최소한의 가치가 있는 전자정보에 한하여 압수의 대상이 된다. 이때 범죄혐의사실과 관련된 전자정보에는 범죄혐의사실 그 자체 또는 그와 기본적 사실관계가 동일한 범행과 직접 관련되어 있는 것은 물론 범행 동기와 경위, 범행 수단과 방법, 범행 시간과 장소 등을 증명하기 위한 간접증거나 정황증거 등으로 사용될 수 있는 것도 포함될 수 있다. 다만 그 관련성은 임의제출에 따른 압수의 동기가 된 범죄혐의사실의 내용과 수사의 대

상, 수사의 경위, 임의제출의 과정 등을 종합하여 구체적·개별적 연관관계가 있는 경우에만 인정되고, 범죄혐의사실과 단순히 동종 또는 유사 범행이라는 사유만으로 관련성이 있다고 할 것은 아니다(대판 2021.8.26. 2021도2205 등). 특히 범죄혐의사실과 관련된 전자정보인지를 판단할 때는 범죄혐의사실의 내용과 성격, 임의제출의 과정 등을 토대로 구체적·개별적 연관관계를 살펴볼 필요가 있다."

ⓒ (스마트폰을 범행도구로 이용한 불법촬영범죄의 특수성: 폭넓게 관련성 인정) "특히 카메라의 기능과 정보저장매체의 기능을 함께 갖춘 휴대전화인 스마트폰을 이용한 불법촬영 범죄와 같이 범죄의 속성상 해당 범행의 상습성이 의심되거나 성적 기호 내지 경향성의 발현에 따른 일련의 범행의 일환으로 이루어진 것으로 의심되고, 범행의 직접 증거가 스마트폰 안에 이미지 파일이나 동영상 파일의 형태로 남아 있을 개연성이 있는 경우에는, 그 안에 저장되어 있는 같은 유형의 전자정보에서 그와 관련한 유력한 간접증거나 정황증거가 발견될 가능성이 높다는 점에서 이러한 간접증거나 정황증거는 범죄혐의사실과 구체적·개별적 연관관계를 인정할 수 있다. 이처럼 범죄의 대상이 된 피해자의 인격권을 현저히 침해하는 성격의 전자정보를 담고 있는 불법촬영물은 범죄행위로 인해 생성된 것으로서 몰수의 대상이기도 하므로 임의제출된 휴대전화에서 해당 전자정보를 신속히 압수·수색하여 불법촬영물의 유통 가능성을 적시에 차단함으로써 피해자를 보호할 필요성이 크다. 나아가 이와 같은 경우에는 간접증거나 정황증거이면서 몰수의 대상이자 압수·수색의 대상인 전자정보의 유형이 이미지 파일 내지 동영상 파일 등으로 비교적 명확하게 특정되어 그와 무관한 사적 전자정보 전반의 압수·수색으로 이어질 가능성이 적어 상대적으로 폭넓게 관련성을 인정할 여지가 많다는 점에서도 그러하다."

ⓓ (피의자가 소유·관리하는 정보저장매체를 제3자가 임의제출하는 경우의 관련성: 혐의사실기준설) "다만 피의자가 소유·관리하는 정보저장매체를 피의자 아닌 피해자 등 제3자가 임의제출하는 경우에는, 그 임의제출 및 그에 따른 수사기관의 압수가 적법하더라도 임의제출의 동기가 된 범죄혐의사실과 구체적·개별적 연관관계가 있는 전자정보에 한하여 압수의 대상이 되는 것으로 더욱 제한적으로 해석하여야 한다. 피의자 개인이 소유·관리하는 정보저장매체에는 그의 사생활의 비밀과 자유, 정보에 대한 자기결정권 등 인격적 법익에 관한 모든 것이 저장되어 있어 제한 없이 압수·수색이 허용될 경우 피의자의 인격적 법익이 현저히 침해될 우려가 있기 때문이다."

iii) (참여권 보장: 실질적인 피압수자－피의자등·변호인) "압수의 대상이 되는 전자정보와 그렇지 않은 전자정보가 혼재된 정보저장매체나 그 복제본을 임의제출받은 수사기관이 그 정보저장매체 등을 수사기관 사무실 등으로 옮겨 이를 탐색·복제·출력하는 경우, 그와 같은 일련의 과정에서 형사소송법 제219조, 제121조에서 규정하는 피압수·수색 당사자(이하 '피압수자'라 한다)나 그 변호인에게 **참여의 기회를 보장**하고 압수된 전자정보의 파일 명세가 특정된 **압수목록을 작성·교부**하여야 하며 범죄혐의사실과 무관한 전자정보의 임의적인 복제 등을 막기 위한 적절한 조치를 취하는 등 영장주의 원칙과 적법절차를 준수하여야 한다. 만약 그러한 조치가 취해지지 않았다면 피압수자 측이 참여하지 아니한다는 의사를 명시적으로 표시하였거나 임의제출의 취지와 경과 또는 그 절차 위반행위가 이루어진 과정의 성질과 내용 등에 비추어 피압수자 측에 절차 참여를 보장한 취지가 실질적으로 침해되었다고 볼 수 없을 정도에 해당한다는 등의 특별한 사정이 없는 이상 압수·수색이 적법하다고 평가할 수 없고, 비록 수사기관이 정보저장매체 또는 복제본에서 범죄혐의사실과 관련된 전자정보만을 복제·출력하였다 하더라도 달리 볼 것은 아니다(위 2011모1839 전합; 대결 2020.11.17.자 2019모291 등). 나아가 피해자 등 **제3자**가 피의자의 소유·관리에 속하는 정보저장매체를 영장에 의하지 않고 **임의제출한 경우**에는 실질적 피압수자인 피의자가 수사기관으로 하여금 그 전자정보 전부를 무제한 탐색하는 데 동의한 것으로 보기 어려울 뿐만 아니라 피의자 스스로 임의제출한 경우 피의자의 참여권 등이 보장되어야 하는 것과 견주어 보더라도 특별한 사정이 없는 한 형사소송법 제219조, 제121조, 제129조에 따라 **피의자에게 참여권을 보장하고 압수한 전자정보 목록을 교부**하는 등 피의자의 절차적 권리를 보장하기 위한 적절한 조치가 이루어져야 한다."

iv) (탐색과정에서 무관정보 발견시 조치: 탐색 중단－별도 영장) "임의제출된 정보저장매체에서 압수의 대상이 되는 전자정보의 범위를 초과하여 수사기관 임의로 전자정보를 탐색·복제·출력하는 것은 원칙적으로 위법한 압수·수색에 해당하므로 허용될 수 없다. 만약 전자정보에 대한 압수·수색이 종료되기 전에 범죄혐의사실과 관련된 전자정보를 적법하게 탐색하는 과정에서 **별도의 범죄혐의와 관련된 전자정보를 우연히 발견한** 경우라면, 수사기관은 더 이상의 추가 **탐색을 중단**하고 법원으로부터 **별도의 범죄혐의에 대한 압수·수색영장**을 발부받은 경우에 한하여 그러한 정보에 대하여도 적법하게 압수·수색을 할 수 있다. 따라서 임의제출된 정보저장매체에서 압수의 대상이 되는 전자정보의 범위를 넘어서는 전자정보에 대해 수사기관이 영장 없이 압수·수색하여 취득한 증거는 위법수집증거에 해당하고, 사후에 법원으로부터 영장이 발부되었다거나 피고인이나 변호인이 이를 증거로 함에 동의하였다고 하여 그 위법성이 치유되는 것도 아니다."

[참여권 보장: '실질적 피압수자인 피의자'의 의미(2021도11170 판결)] "이와 같이 정보저장매체를 임의제출한 피압수자에 더하여 임의제출자 아닌 피의자에게도 참여

권이 보장되어야 하는 '피의자의 소유·관리에 속하는 정보저장매체'란, 피의자가 압수·수색 당시 또는 이와 시간적으로 근접한 시기까지 해당 정보저장매체를 현실적으로 지배·관리하면서 그 정보저장매체 내 전자정보 전반에 관한 전속적인 관리처분권을 보유·행사하고, 달리 이를 자신의 의사에 따라 제3자에게 양도하거나 포기하지 아니한 경우로써, 피의자를 그 정보저장매체에 저장된 전자정보에 대하여 실질적인 피압수자로 평가할 수 있는 경우를 말하는 것이다. 이에 해당하는지 여부는 민사법상 권리의 귀속에 따른 법률적·사후적 판단이 아니라 압수·수색 당시 외형적·객관적으로 인식 가능한 사실상의 상태를 기준으로 판단하여야 한다. 이러한 정보저장매체의 외형적·객관적 지배·관리 등 상태와 별도로 단지 피의자나 그 밖의 제3자가 과거 그 정보저장매체의 이용 내지 개별 전자정보의 생성·이용 등에 관여한 사실이 있다거나 그 과정에서 생성된 전자정보에 의해 식별되는 정보주체에 해당한다는 사정만으로 그들을 실질적으로 압수·수색을 받는 당사자로 취급하여야 하는 것은 아니다.[1]

[판례사례] [임의제출과 관련성 여부]

(1) 관련성 인정사례 판례가 관련성을 인정한 사례로는,

i) 다른 범행에 관한 동영상 사건[대판 2021.11.25. 2019도6730]: (경찰이 성폭법위반(카메라등이용촬영) 혐의로 임의제출받은 휴대전화를, 피고인과 함께 탐색하다가 다른 범행에 관한 동영상을 발견하고 이를 함께 기소한 사건) "다른 범행에 관한 동영상은 임의제출에 따른 압수의 동기가 된 범행의 동기와 경위, 범행 수단과 방법 등을 증명하기 위한 간접증거나 정황증거 등으로 사용될 수 있으므로 구체적·개별적 연관관계가 인정되어 관련성이 있는 증거에 해당하고, 경찰관이 피의자 신문 당시 휴대전화를 피고인과 함께 탐색하는 과정에서 발견된 다른 범행에 관한 동영상을 추출·복사하였고, 피고인이 직접 다른 범행에 관한 동영상을 토대로 '범죄일람표' 목록을 작성·제출하였으므로, 실질적으로 피고인에게 참여권이 보장되고, 전자정보 상세목록이 교부된 것과 다름이 없다"는 이유로, 다른 범행에 관한 동영상의 증거능력을 인정한 사례.

ii) 다른 3개 호실의 범행에 관한 영상 사건[대판 2021.11.25. 2019도7342]: (경찰이 피해자로부터 피고인이 모텔 방실에 침입한 혐의로 임의제출받은 위장형 카메라의 메모리카드를 탐색하다가, 다른 3개 호실에 설치된 위장형 카메라의 메모리카드에서 성폭법위반(카메라등이용촬영) 범행에 관한 영상을 발견하고 이를 함께 기소한 사건) "모텔 내 3개 호

1) 실질적 피압수자에 관한 법리는 대판 2023.12.14. 2020도1669에서 재확인된다. 피고인이 분실한 휴대전화를 피해자가 습득하여 임의제출한 사안에서, 피고인의 참여권이 보장되지 않아 위법하다고 한 사례이다.

실에서 촬영된 영상은 임의제출에 따른 압수의 동기가 된 다른 호실에서 촬영한 범행과 범행의 동기와 경위, 범행 수단과 방법 등을 증명하기 위한 간접증거나 정황증거 등으로 사용될 수 있으므로 구체적·개별적 연관관계가 인정되어 관련성이 있는 증거에 해당하고, 임의제출된 이 사건 각 위장형 카메라 및 그 메모리카드에 저장된 전자정보처럼 오직 불법촬영을 목적으로 방실 내 나체나 성행위 모습을 촬영할 수 있는 벽 등에 은밀히 설치되고, 촬영대상 목표물의 동작이 감지될 때에만 카메라가 작동하여 촬영이 이루어지는 등, 그 설치 목적과 장소, 방법, 기능, 작동원리상 소유자의 사생활의 비밀 기타 인격적 법익의 관점에서 그 소지·보관자의 임의제출에 따른 적법한 압수의 대상이 되는 전자정보와 구별되는 별도의 보호 가치 있는 전자정보의 혼재 가능성을 상정하기 어려운 경우에는 피고인 내지 변호인에게 참여의 기회를 보장하지 않고 전자정보 압수목록을 작성·교부하지 않았다는 점만으로 곧바로 증거능력을 부정할 것은 아니다"라는 이유로, 모텔 내 다른 3개 호실에서 촬영된 영상의 증거능력을 인정한 사례.

iii) 다른 범행에 관한 (약 10개월 전에 촬영된) 영상 사건[대판 2022.1.13. 2016도9596]: (경찰이 성폭법위반(카메라등이용촬영) 혐의로 임의제출받은 휴대전화를 탐색하다가, 약 10개월 전에 촬영된 다른 범행에 관한 영상을 발견하고 이를 함께 기소한 사건) "다른 범행에 관한 영상은 임의제출에 따른 압수의 동기가 된 범행의 동기와 경위, 범행 수단과 방법 등을 증명하기 위한 간접증거나 정황증거 등으로 사용될 수 있으므로 구체적·개별적 연관관계가 인정되어 관련성이 있는 증거에 해당하고, 경찰이 1회 피의자신문 당시 휴대전화를 피고인과 함께 탐색하는 과정에서 다른 범행에 관한 영상을 발견하였으므로 피고인이 휴대전화의 탐색 과정에 참여하였다고 볼 수 있으며, 경찰은 같은 날 곧바로 진행된 2회 피의자신문에서 이 사건 사진을 피고인에게 제시하였고, 5장에 불과한 이 사건 사진은 모두 동일한 일시, 장소에서 촬영된 다른 범행에 관한 영상을 출력한 것임을 육안으로 쉽게 알 수 있으므로, 비록 피고인에게 전자정보의 파일 명세가 특정된 압수목록이 작성·교부되지 않았더라도 절차 위반행위가 이루어진 과정의 성질과 내용 등에 비추어 피고인의 절차상 권리가 실질적으로 침해되었다고 보기도 어렵다"는 이유로, 다른 범행에 관한 영상의 증거능력을 인정한 사례.

(2) **관련성 부정사례** 판례가 관련성을 부정한 사례로는,

i) 다른 휴대전화에서 다른 피해자에 관한 1년 전 사진·동영상(2013년 범행) 사건[대판 2021.11.18. 2016도348 전합]: (경찰이 성폭력범죄처벌법위반(카메라등이용촬영)죄의 피해자가 임의제출한 피고인 소유·관리의 휴대전화 2대의 전자정보를 탐색하다가, 피해자를 촬영한 휴대전화가 아닌 다른 휴대전화에서 다른 피해자 2명에 대한 동종의 범행 등에 관한 1년 전 사진·동영상(2013년 범행에 관한 것)을 발견하고 영장 없이 이를 복제한

CD를 증거로 제출한 사건). "다른 휴대전화에 담긴 전자정보 중 임의제출을 통해 압수된 범위는 임의제출 및 압수의 동기가 된 피고인의 2014년 범행 자체와 구체적·개별적 연관관계가 있는 전자정보로 제한적으로 해석하는 것이 타당한바, 범죄발생 시점 사이에 상당한 간격이 있고 피해자 및 범행에 이용한 휴대전화도 전혀 다른 피고인의 2013년 범행에 관한 동영상은 임의제출에 따른 압수의 동기가 된 범죄혐의사실(2014년 범행)과 구체적·개별적 연관관계가 있는 전자정보로 보기 어려우므로, 수사기관이 사전 영장 없이 이를 취득한 이상 증거능력이 없고, 사후에 압수·수색영장을 받아 압수절차가 진행되었더라도 달리 볼 수 없다"는 이유로, 2013년 범행을 무죄로 판단한 사례(상고기각).

ii) 다른 장소 다른 피해자에 대한 범행에 관한 동영상 사건[대판 2021.11.25. 2016도82]: (경찰이 지하철 내에서 여성을 촬영한 혐의로 임의제출받은 휴대전화를 복원하여, 주택에서 몰래 '당시 교제 중이던 여성의 나체와 음부를 촬영한' 동영상을 발견하고 이를 함께 기소한 사건) "공중밀집장소인 지하철 내에서 여성을 촬영한 행위와 다세대 주택에서 몰래 당시 교제 중이던 여성의 나체와 음부를 촬영한 행위는 범행 시간과 장소뿐만 아니라 범행 동기와 경위, 범행 수단과 방법 등을 달리하므로, 간접증거와 정황증거를 포함하는 구체적·개별적 연관관계 있는 관련 증거의 법리에 의하더라도, 여성의 나체와 음부가 촬영된 사진은 임의제출에 따른 압수의 동기가 된 범죄혐의사실과 구체적·개별적 연관관계 있는 전자정보로 보기 어렵고, 위 사진 및 이 사건 휴대전화에서 삭제된 전자정보를 복원하여 이를 복제한 시디는 경찰이 피압수자인 피고인에게 참여의 기회를 부여하지 않은 상태에서 임의로 탐색·복제·출력한 전자정보로서, 피고인에게 압수한 전자정보 목록을 교부하거나 피고인이 그 과정에 참여하지 아니할 의사를 가지고 있는지 여부를 확인한 바가 없으므로, 수사기관이 영장 없이 이를 취득한 이상 증거능력이 없다"는 이유로 여성의 나체와 음부가 촬영된 사진의 증거능력을 부정한 사례.

Ⅳ. 수사상 감정

1) 뜻 감정은 특수한 전문지식과 경험을 가진 제3자가 그 지식이나 경험을 적용하여 얻은 사실판단을 보고하는 것을 말한다. 검사 또는 사법경찰관은 수사에 필요한 경우에 감정을 위촉할 수 있다(221②). 여기서 감정을 위촉받은 자를 '감정수탁자'라 하는데, 법원 또는 법관으로부터 감정의 명을 받은 '감정인'과 구별된다. 감정인과 달리 감정수탁자에게는 선서의무가 없고 허위감정의 제재도 받지 않는다. 수사상 감정은 임의수사의 일종이다.

2) 감정유치 감정유치는 감정을 위하여 일정기간 동안 병원 기타 적당한 장소에 피의자를 유치하는 강제처분을 말한다(172③). 검사는 감정을 위촉하는 경우에 감정유치처분이 필요할 때에는 판사에게 청구하고, 판사는 검사의 청구가 상당하다고 인정할 때에는 **감정유치장**을 발부하여 유치처분을 한다(221의3①②). 감정유치도 피의자의 신체의 자유를 제한하는 강제처분이라는 점에서 구속에 관한 규정이 준용된다(동② · 172).

3) 감정에 필요한 처분 감정의 위촉을 받은 자는 필요하면 판사의 허가를 얻어 타인의 주거, 간수자 있는 가옥 · 건조물 · 항공기 · 선차(船車) 내에 들어갈 수 있고, 신체의 검사, 사체의 해부, 분묘의 발굴, 물건의 파괴를 할 수 있다(221의4① · 173①). 검사가 청구하여 판사가 **감정처분허가장**을 발부한다(221의4②③). 감정수탁자는 감정에 필요한 처분을 받은 자에게 허가장을 제시해야 하고, 여기에도 신체검사에 관한 주의(141) 및 야간집행 제한(143) 규정이 준용된다(221의4④).

제3절 증거보전과 수사상 증인신문

Ⅰ. 증거보전

1. 의의

1) 뜻 증거조사는 본래 공판기일에 공판정에서 수소법원이 행한다. 만일 수소법원이 공판기일에 증거조사할 때까지 기다린다면, 어떤 증거는 그 사용이 곤란하게 될 수 있다. 증거보전이란 '미리 증거를 보전하지 아니하면 그 증거를 사용하기 곤란한 사정이 있는 경우'에 제1회 공판기일 전에 검사, 피의자 · 피고인 · 변호인의 청구에 의하여 판사가 **미리 '압수 · 수색 · 검증, 증인신문, 감정'을 하여 그 결과를 보전**하는 제도를 말한다(184). 미리 법원에 증거를 보전해 두는 것을 의미한다.

2) 취지 이는 원래 검사와 달리 강제처분권이 없는 열악한 지위의 피의자 · 피고인을 보호하는 제도로서, 방어활동에 필요한 유리한 증거를 강제로 미리 확보함에 그 취지가 있다(무기대등). 그런데 제184조는 당사자주의를 형식적 · 평면적으로 이해하여 유례 없이 검사에게도 이를 인정한다.

2. 요건

증거보전은 '미리 증거를 보전하지 않으면 그 증거를 사용하기 곤란한 사정이 있는 경우'에 '제1회 공판기일 전'에 한하여 허용된다(184).

(1) 증거보전의 필요성: 증거의 사용 곤란

'미리 증거를 보전하지 않으면 그 **증거를 사용하기 곤란한 사정**'(필요성 및 긴급성)이 있어야 한다. 이는 해당 증거의 공판정에서에서의 **증거조사**가 불가능하거나 **곤란**한 경우뿐만 아니라 진술의 번복 등 본래의 **증명력**에 변화가 예상되는 경우도 포함한다. 예컨대, 증거물의 멸실 · 훼손 · 은닉 및 변경(성상변경)의 염려, 증인의 사망 · 질병 · 장기해외체류(진술곤란) 또는 진술번복의 염려,[1] 검증현장의 보존 곤란, 그리고 감정대상의 멸실 · 훼손 · 변경의 염려 또는 감정인을 증인으로 신문하지 못할 염려 등의 사정이 여기에 해당한다.

(2) 제1회 공판기일 전

증거보전은 '제1회 공판기일 전'에 한하여 허용된다. 제1회 공판기일 후에는 수소법원의 직접 증거조사가 가능하므로, 증거보전의 필요가 없기 때문이다. 제1회 공판기일 전이라면, 공소제기 전후를 불문한다. 제1회 공판기일은 수소법원에서 실질적인 증거조사가 가능한 단계를 의미하므로, '제1회 공판기일 전'이란 **'모두절차가 끝난 때까지'**를 뜻한다. 따라서 상소심이나 파기환송 후의 절차에서는 증거보전이 허용되지 않는다. "재심청구사건에서도 증거보전은 허용되지 않는다"(대결 1984.3.29.자 84모15).

3. 절차

1) 청구 i) 증거보전의 청구권자는 피의자 · 피고인 · 변호인 또는 검사이다(법원의 직권은 불가). 내사대상자나 거동수상자와 같이 형사입건도 되기 이전의 자는 증거보전을 청구할 수 없다. 검사도 "피의자가 형사입건도 되기 전에는 증거보전을 청구할 수 없다"(대판 1979.6.12. 79도792). ii) 증거보전의 내용은 ㉠ **압수 · 수색 · 검증**, ㉡ **증인신문** 또는 ㉢ **감정**이다. 따라서 증거보전의 방법으로 피

---

1) [진술번복의 염려] 피의자 · 피고인은 진술번복의 염려가 있는 참고인 · 증인에 대한 증거보전(증인신문)의 필요성이 인정된다. 그러나 검사의 경우 '진술번복의 염려'는 제221조의2와의 균형상 증거보전의 필요성이 제한될 여지가 있고(94헌바1 참조), 견해가 대립한다.

의자 또는 피고인의 신문을 청구할 수는 없다(대판 1972.11.28. 72도2104; 위 79도792). 다만 증거보전절차에서 공동피고인 또는 공범자를 증인으로 신문하는 것은 허용된다(대판 1988.11.8. 86도1646: 뇌물을 주고받은 필요적 공범 사안).[1] iii) 증거보전의 청구는 해당 증거를 관할하는 지방법원판사에게 하며(규91), 서면으로 사유를 소명해야 한다(184③).

2) 기각결정　청구를 받은 판사는 청구가 부적법하거나 필요 없다고 인정되면 청구기각의 결정을 한다. 증거보전의 청구를 기각하는 결정에 대하여는 "3일 이내에 항고"할 수 있다(동④). 피의자 · 피고인의 보호규정이다.

3) 증거보전처분　청구를 받은 판사는 청구가 적법하고 필요하다고 인정되면 증거보전, 즉 '압수 · 수색 · 검증, 증인신문 또는 감정'을 한다. 증거보전청구를 받은 판사는 그 처분에 관해 법원 또는 재판장과 동일한 권한이 있다(동②). 따라서 수소법원의 압수 · 수색 · 검증 · 증인신문 및 감정에 관한 규정이 준용된다. 증인신문의 전제가 되는 소환 · 구인을 할 수 있고, 특히 증인신문에서는 당사자의 참여권 및 신문권을 보장하여야 한다(163). 즉, 판사는 증인신문의 일시나 장소를 당사자에게 미리 통지하여야 한다.

4. 증거보전 후의 조치

1) 보관 및 열람등사　i) 증거보전절차에서 압수된 물건 또는 작성한 각종 서류(압수 · 수색조서, 검증조서, 증인신문조서, 감정인신문조서, 감정서 등)는 증거보전을 행한 판사가 소속된 법원에서 보관한다. 검사가 청구한 경우에도 증거보전의 결과를 검사에게 송부하지 아니한다. ii) 피고인 · 피의자 · 변호인 또는 검사는 '판사의 허가를 얻어' 열람 또는 등사할 수 있다(185①). 나아가, 2025.12.23. 개정(2026.6.24. 시행 예정)으로 피해자 등의 열람 · 등사권이 신설되었다. 즉, 피해자 등은 증거보전 후 서류와 증거물의 열람 또는 등사를 판사에게 신청할 수 있고(동②), 판사는 피해자 등의 권리구제 및 재판절차 진술권을 보장하기 위하여 필요하다고 인정되면 특별한 경우를 제외하고는 열람 또는 등사를 허가해야 한다(동③④).

2) 조서의 증거능력　증거보전절차에서 작성된 조서는 법관의 면전조서로

1) 원래 공범인 공동피고인은 증인적격이 없다. 그런데 수사단계에서는 아직 '공동피고인'이라는 관념을 생각할 수 없으므로 '공동피의자 또는 공범자'는 증인적격이 있다. 공판단계에서는 '공범인 공동피고인'일지라도 증거보전절차에서만큼은 '변론분리'된 것과 같은 상태가 되므로 '공범이지만 공동피고인 아닌' 자가 되어 증인적격이 있다.

서 무조건 증거능력이 인정된다(311). 물론 증인신문의 결과를 유죄의 증거로 사용하려면, 공판기일에서 증인신문조서에 대해 낭독 등의 방법으로 서증조사를 거쳐야 한다. 다만 "증거보전절차에서 증인신문을 하면서 그 일시와 장소를 피의자 및 변호인에게 미리 통지하지 아니하였고 변호인이 후에 이에 대하여 이의신청한 경우 그 증인신문조서는 증거능력이 없다"(대판 1992.2.28. 91도2337). 한편, 감정서의 증거능력은 제313조에 의한다(313③).

Ⅱ. 수사상 증인신문

1. 의의

1) 뜻　증인이 아닌 참고인에 대한 조사는 임의수사이므로 참고인은 수사기관에 대해 출석의무가 없으며 일단 출석한 후에도 진술의무가 없다. 수사상 증인신문이란 중요참고인이 수사기관의 출석 또는 진술을 거부하는 경우에 제1회 공판기일 전에 검사의 청구에 의하여 판사가 증인신문을 하여 그 진술증거를 수집·보전하는 제도를 말한다(221의2). 검사가 법원의 힘을 빌려 미리 증언을 확보해 두는 것을 의미한다. 수사기관을 위한 대인적 강제처분이다.

2) 취지　이는 실체적 진실발견을 위해 일정한 요건 아래 참고인의 출석과 진술을 강제하는 제도이다. '법원의 힘을 빌린 수사기관의 강제처분'의 성격을 갖는다. 내부자증언이 필요한 조직범죄·뇌물범죄 등에 대비하여 1973년 신설되었다. 과거 '진술번복의 염려'도 대상이었으나, 그 부분은 1996년 위헌결정(헌재 1996.12.26. 94헌바1)[1]으로 2007년 개정에서 삭제되었다.

2. 요건

수사상 증인신문은 '범죄수사에 없어서는 아니될 사실을 안다고 명백히 인정되는 자가 수사기관에 출석 또는 진술을 거부한 경우'에 '제1회 공판기일 전'에 한하여 허용된다(221의2). 공소제기 전에도 검사가 청구할 수 있다.

(1) 증인신문의 필요성: 중요참고인의 출석·진술의 거부

1) "(수사기관에서) 임의의 진술을 한 자가 공판기일에 전의 진술과 다른 진술을 할 염려가 있는 경우" 부분(221의2②)은, 법관의 자유심증을 방해한 채 범인필벌의 요구만을 앞세워, 과잉된 입법수단으로 법관의 합리적이고 공정한 자유심증을 방해하여 헌법상 보장된 법관의 독립성을 침해할 우려가 있고, 그 자체로서도 적법절차의 원칙 및 공정한 재판을 받을 권리에 위배되는 것이다."

'범죄수사에 없어서는 아니될 사실을 안다고 명백히 인정되는 자'(중요 참고인)가 '수사기관에 출석 또는 진술을 거부한 경우'(증인신문의 필요성)이어야 한다. i) '범죄수사에 없어서는 아니될 사실'이란 유죄판결을 위한 범죄의 '증명'에 필요한 사실보다 넓은 개념으로, 범죄의 '수사', 즉 기소·불기소 결정과 '양형'에 영향을 미치는 사실도 포함한다. 즉, 범죄의 성립에 관한 사실뿐만 아니라 정상에 관한 사실도 포함하며, 피의자의 소재 또는 범죄의 증명에 불가결한 중요참고인의 소재를 알고 있는 경우도 포함한다. 물론 **공범자나 공동피의자**도 다른 피의자에 대한 관계에서 증인이 될 수 있으므로, 증인신문이 가능하다. ii) 진술거부란 진술의 전부 또는 일부를 거부한 경우를 말한다. 참고인이 수사기관에서 진술하였으나, 진술조서에 서명·날인을 거부한 경우에도 진술거부에 준하여 증인신문이 허용된다. iii) 증인의 진술로써 증명할 대상인 피의사실이 존재하여 하여야 한다. 피의사실은 수사기관의 내심의 상태만으로는 부족하고, 고소·고발·자수 또는 범죄의 인지 등 수사기관이 수사의 대상임을 외부적으로 표현한 때에 비로소 그 존재를 인정할 수 있다(대판 1989.6.20. 89도648).

(2) 제1회 공판기일 전

'제1회 공판기일 전'에 한하여 허용된다. 증거보전의 경우와 같다.

3. 절차

1) 청구 수사상 증인신문은 **검사만**이 청구할 수 있다(법원의 직권 불가). 검사가 증인신문을 청구할 때에는 서면으로 그 사유를 소명하여야 한다(221의2③).

2) 기각결정 청구가 부적법하거나 필요 없다고 인정되면 청구기각의 결정을 한다. 청구기각결정에 대해서는 **불복할 수 없다**.

3) 증인신문 증인신문을 하는 판사는 증인신문에 관하여 법원 또는 재판장과 동일한 권한이 있다(동④). 따라서 수소법원의 증인신문에 관한 규정이 준용된다. 특히 당사자의 **참여권**이 보장된다. 즉, 판사는 증인신문기일을 **피고인·피의자 또는 변호인**에게 **통지**하여 증인신문에 참여할 수 있도록 해야 한다(동⑤).

4. 증인신문 후의 조치

1) 송부 및 열람등사불가 증거보전과 달리, i) 증인신문을 한 때에는 지체없이 그 서류(즉, 증인신문조서)를 **검사에게 송부**해야 한다(동⑥). 일종의 수사기밀

유지이다. ii) 피의자 · 피고인 · 변호인에게 **열람등사권은 인정되지 않는다**(수사서류의 비공개 원칙). 공소제기 후 증거개시절차에서 열람할 수밖에 없다.

2) 조서의 증거능력 증인신문절차에서 작성된 증인신문조서는 법관의 면전조서로서 **무조건 증거능력**이 인정된다(311). 물론 증인신문의 결과를 유죄의 증거로 삼으려면, 공판기일에서 그 증인신문조서에 대해 낭독 등의 방법으로 서증조사를 거쳐야 한다. 증인신문을 한 판사는 당해 사건의 직무집행에서 제척된다고 해석해야 한다(통설).

<table>
<tr><th colspan="2">비교</th><th>증거보전</th><th>수사상 증인신문</th></tr>
<tr><td colspan="2">유사점</td><td colspan="2">– 수임판사가 담당 (수소법원 또는 재판장과 동일한 권한)
– 제1회 공판기일 전에, 청구권자의 청구(직권 불가)
– (당사자) 참여권 보장
– 법관의 면전조서로서 무조건 증거능력 인정 (311)</td></tr>
<tr><td rowspan="6">차이점</td><td>청구권자</td><td>피의자 · 피고인 · 변호인, 검사(도)</td><td>검사(만)</td></tr>
<tr><td>요건</td><td>증거의 사용곤란 (조사, 증명력)</td><td>(중요참고인) 출석거부 · 진술거부</td></tr>
<tr><td>내용</td><td>압수 · 수색 · 검증, 증인신문,
감정</td><td>증인신문(만)</td></tr>
<tr><td>불복</td><td>3일 이내 항고</td><td>×</td></tr>
<tr><td>증거보관</td><td>(판사 소속) 법원이 보관</td><td>검사에게 송부</td></tr>
<tr><td>열람등사</td><td>당사자의 열람등사권 ○</td><td>열람등사권 × (수사기밀 유지)</td></tr>
<tr><td colspan="2">문제점</td><td>검사에게도 인정</td><td>열람등사 못함에도 무조건 증거능력인정</td></tr>
</table>

제 3 장

수사의 종결

제 1 절 수사종결처분

Ⅰ. 의의

수사는 수사기관이 공소제기 여부를 판단할 수 있을 정도로 그 혐의가 해명됨으로써 종결된다. 수사를 종결하는 처분을 수사종결처분이라고 한다.

2020년 개정으로 검 · 경 수사권 조정이 입법화됨에 따라, 검사의 일반 사법경찰관리에 대한 수사지휘가 폐지되고(197 참조), 일반 사법경찰관은 제1차적 수사종결권이 인정되었다(245의5). 이하 서술의 편의상 경찰공무원인 일반 사법경찰관을 단순히 '사법경찰관'으로 줄여서 표현한다.

[예외] 그러나 이러한 설명이 적용되지 않는 예외적인 경우가 있다.

i) 검찰청 직원인 사법경찰관(245의9), 특별사법경찰관(245의10)의 경우인데, 이들은 종래와 마찬가지로 검사의 수사지휘를 받으며(245의9② · 245의10②), 제1차적 수사종결권 규정이 적용되지 않는다(245의9④ · 245의10⑥). 따라서 수사의 종결은 검사만이 할 수 있다. 특별사법경찰관은 범죄를 수사한 때에는 지체 없이 검사에게 사건을 송치하고, 관계서류와 증거물을 송부해야 한다(245의10⑤).

ii) 공수처법에 따르면, 수사처검사는 대법원장 및 대법관, 검찰총장, 판사 및 검사, 경무관 이상의 경찰공무원에 해당하는 고위공직자로 재직 중에 본인 또는 본인의 가족이 범한 고위공직자범죄등의 경우에 예외적으로 공소제기와 공소유지의 직무까지도 수행한다(동법3①ii). 나머지 고위공직자범죄등은 수사만 가능하다. 수사처수사관인 사법경찰관(동법21②)은 수사처검사의 수사지휘를 받는다(동①). 따라서 수사의 종결은 수사처검사만이 할 수 있다.

Ⅱ. (일반) 사법경찰관의 결정

사법경찰관		검 사
송치결정 (혐의인정)	사건송치	보완수사요구 or 직접 보완수사 기소여부결정
불송치결정 (그밖의경우)	기록송부	기록반환 or (위법·부당→) 재수사요청 (90일) (90일+α)
	*이의신청⇒사건송치 (고소인등, 기간제한×)	
	*다시 불송치 (통보)	다시 재수사요청×, 송치요구× (예외) 송치요구(30일)(위법·부당)
수사중지	기록송부 (이의신청·구제신청)	기록반환 or 시정조치요구, 송치요구 (30일)
※ 참고:[구제신청·수사감독 관련] 사법경찰관의 고지의무 (197의3⑧)		[수사감독] 시정조치등요구(법령위반·인권침해·현저한 수사권남용) 즉, 등본송부요구·시정조치요구·사건송치요구 및 징계요구

(1) 송치 결정

사법경찰관은 범죄를 수사한 후 '범죄의 혐의가 있다고 인정되는 경우'에는 지체 없이 검사에게 '사건을 송치'하고[사건송치], 관계 서류와 증거물을 검사에게 송부해야 한다(245의5i). 검사가 기소 여부를 결정한다.

검사는 송치사건의 공소제기 여부 결정 또는 공소의 유지에 관하여 필요한 경우 '사법경찰관에게 보완수사를 요구' 할 수 있다[보완수사요구](197의2①i). 이때 사법경찰관은 정당한 이유가 없는 한 지체 없이 이를 이행하고, 그 결과를 검사에게 통보해야 한다(동②). 한편, 검사는 송치받은 사건에 대해 특별히 '직접' 보완수사가 필요하다고 인정하는 경우에는 '직접 보완수사'를 할 수도 있다[직접 보완수사](수사준칙59①).[1] 검사의 보완수사요구 규정은, 과거의 수사지휘와 달리 사법경찰관이 제1차적 수사종결권자로서 스스로의 책임 하에 보완수사하도록 하고, 검사의 직접수사를 최소화함으로써 검사의 역할을 수사에서 공소의

1) 자세한 것은 최근 개정된 수사준칙(2023.11.1. 시행) 제59조 참조. 송치사건의 공소제기 여부 결정에 필요한 경우로서 동조 제1항 각호에 열거된 경우에는 검사의 직접 보완수사를 원칙으로 규정하였다.

제기 · 유지로 이동시키기 위한 것이다.

(2) 불송치 결정

1) 사법경찰관의 기록송부 및 검사의 기록반환 · 재수사요청 사법경찰관은 범죄를 수사한 후 **'그 밖의 경우'**(즉, 범죄의 혐의가 있다고 인정되지 않는 경우. 즉, 혐의없음 · 죄가안됨 · 공소권없음 · 각하의 경우)에는 검사에게 **사건을 송치하지 않는다**. 즉, 사법경찰관이 자체적으로 불송치 결정을 한다. 사건불송치의 경우에 사법경찰관은 그 이유를 명시한 서면과 함께 '관계 서류와 증거물을' 지체 없이 검사에게 '송부'해야 한다[**기록송부**]. 이 경우 검사는 송부받은 날부터 90일 이내에 사법경찰관에게 '반환'해야 한다[**기록반환**](245의5ii).

검사는 사법경찰관이 사건을 송치하지 아니한 것이 '위법 또는 부당'한 때에는 그 이유를 문서로 명시하여 사법경찰관에게 '재수사를 요청'할 수 있다[**재수사요청**](245의8①). 이때 사법경찰관은 사건을 재수사하여야 한다(동②). 재수사요청은 기록을 송부받은 날로부터 90일 이내에 해야 하나, 예외적인 경우에는 90일 이후에도 재수사요청을 할 수 있다(수사준칙63①).[1] 다만, 재수사요청은 1회에 한정된다.

사법경찰관은 재수사를 한 후 '범죄의 혐의가 있다고 인정되는 경우'에는 검사에게 '사건을 송치'하고 관계서류와 증거물을 송부하며[**사건송치**], 한편 '기존의 불송치 결정을 유지하는 경우'에는 재수사 결과서에 그 내용과 이유를 구체적으로 적어 검사에게 '통보'한다[**통보**](수사준칙64①).

['재수사요청'의 횟수 제한과 검사의 송치요구] 수사준칙 제64조 제2항에 따르면, 검사의 재수사요청에도 사법경찰관이 불송치 결정을 유지하는 경우에는, 다시 재수사요청등을 할 수 없도록 함으로써, <u>재수사요청의 횟수를 1회로 제한</u>하고 있다. 다만, 검사가 사법경찰관의 <u>재차 불송치 결정이 위법 · 부당하다고 판단하는 경우</u>에는, 일정한 요건에 따라 <u>예외적으로 '**송치요구**'</u>를 할 수 있도록 규정하고 있다. 국가수사력의 낭비와 불필요한 기관 간 갈등 유발을 방지하는 한편, 사법경찰관의 위법 · 부당한 처리에 대한 일정한 보완장치도 마련한 것이다. 즉, "검사는 사법경찰관이 <u>재수사 결과를 통보한</u> <u>사건에 대해</u>서 <u>다시 재수사를 요청을 하거나 송치 요구를 할 수 없다</u>. 다만, 사법경찰관의 재수사에도 불구하고, 관련 법리에 위반되거나, 송부받은 관계 서류 및

1) ㉠ 불송치결정에 영향을 줄 수 있는 명백히 새로운 증거 또는 사실이 발견된 경우, ㉡ 증거등에 대해 허위 · 위조 또는 변조를 인정할 만한 상당한 정황이 있는 경우에 한정된다. 이는 90일 이후에도 재수사요청을 예외적으로 허용함으로써, 수사기관 스스로 오류를 시정할 기회를 부여하고, 진실발견 및 국민의 권리보호를 위한 것이다.

증거물과 재수사결과만으로도 공소제기를 할 수 있을 정도로 명백히 채증법칙에 위반되거나, 공소시효 또는 형사소추의 요건을 판단하는 데 오류가 있어 사건을 송치하지 않은 위법 또는 부당이 시정되지 않은 경우에는 재수사 결과를 통보받은 날부터 30일 이내에 법 제197조의3에 따라 사건송치를 요구할 수 있다."(수사준칙64②).

2) 사건불송치 통지 및 이의신청 · 사건송치 i) 사법경찰관은 사건불송치의 경우에는 사건기록을 송부한 날부터 7일 이내에 서면으로 고소인 · 고발인 · 피해자 또는 그 법정대리인(피해자가 사망한 경우에는 그 배우자 · 직계친족 · 형제자매를 포함한다)에게 사건을 검사에게 송치하지 아니하는 취지와 그 이유를 '통지'해야 한다[통지](245의6). ii) 그 통지를 받은 사람(2022.9.10. 이후에는 고발인을 제외한다)[1]은 해당 사법경찰관의 소속 관서의 장에게 '이의를 신청'할 수 있다[이의신청](245의7①). 이때 사법경찰관은 지체 없이 검사에게 '사건을 송치'하고[사건송치] 관계서류와 증거물을 송부해야 하며, 처리결과와 그 이유를 제1항의 신청인에게 통지해야 한다(동②). 불송치결정에 대한 이의신청은 기간 제한이 없다. 사건을 송치받은 검사는 이를 다시 검토하여 보완수사 등을 거쳐 기소 여부를 결정한다.

(3) 수사중지 결정

불송치결정에서 제외된 별개의 처분으로 수사중지 결정이 있다. 사법경찰관은 수사하다가 피의자나 참고인의 소재를 알 수 없는 경우에는 수사중지(즉, 피의자중지 · 참고인중지)의 결정을 하고, 7일 이내에 사건기록을 검사에게 송부해야 한다[기록송부]. 이 경우 검사는 사건기록을 송부받은 날부터 '30일 이내에 (검토하여) 반환'해야 하며, 그 기간 내에 '시정조치요구'(197의3)를 할 수 있다(수사준칙51①iv · ④). 즉, 검사는 수사중지 결정이 법령위반, 인권침해 또는 수사권남용 등에 해당하는지 여부를 검토하고, 필요한 경우 그 시정조치를 요구할 수 있는 것이다.[2]

1) 2022년 형사소송법 개정(2022.5.9. 개정, 2022.9.10. 시행)으로, 사법경찰관의 불송치결정에 대해 이의신청할 수 있는 주체에서 고발인은 제외되었다. 즉, 고발사건의 경우 불송치결정에 대해 고발인은 이의신청을 할 수 없다. 고발사건의 불송치결정에 대해서는 사법경찰관이 검사에게 사건송치도 하지 않게 된다. 사법경찰관의 불송치결정에 대한 이의신청권자는 고소인 · 피해자 또는 그 법정대리인으로 한정된다.

2) 수사중지의 경우 피의자의 소재발견 등 사건이 재기될 가능성이 있고, 경찰수사의 자율성을 보장하는 한편, 검사의 직접수사를 최소화한다는 취지에서, 수사중지를 불송치와 별도로 규정한 것이다. 다만, 수사중지, 특히 참고인중지가 편의적인 사건종결 수단으로 악용되는 것을 방지하고, 국민의 권익을 보호하기 위한 최소한의 사법통제 절차로서, 검사에게 수사중지 '기록을 송부'하여 보완 여부를 검토하도록 하되, 불송치의 경우(90일)보다 단기인 30일 내에 검토

한편, 고소인·피해자 또는 그 법정대리인(2022.9.10. 이후에는 고발인 제외)은 수사중지 결정에 대하여 경찰관서의 장에게 이의신청을 할 수도 있고[이의신청](245의7①), 그와 별도로 수사중지 결정에 법령위반, 인권침해 또는 현저한 수사권 남용이 의심되는 경우에는 이를 검사에게 신고할 수도 있다[구제신청](197의3①).

[구제신청 및 시정사건] 피의자, 고소인·고발인, 피해자 등 사건관계인은 사법경찰관의 수사과정에서 법령위반, 인권침해 또는 현저한 수사권 남용이 있었다고 의심되면, 누구든지 검사에게 구제신청(신고, 진정)을 할 수 있다. 검사는 해당 구제신청을 검토하여 사법경찰관에게 '시정조치를 요구'(시정요구)하거나, 관련 사건을 검사에게 '송치하도록 요구'(송치요구)할 수 있다(197의3①).

(4) 즉결심판청구

'20만원 이하의 벌금 또는 구류나 과료에 처할 범죄사건'으로서 즉결심판절차에 의하여 처리될 경미사건의 경우(즉결심판법2)에는 경찰서장이 판사에게 즉결심판을 청구함으로써 수사절차를 종결한다(동법3①). 여기서 '20만원 이하의 벌금 또는 구류나 과료에 처할 범죄사건'은 법정형이 아니라 선고형을 기준으로 한다.

Ⅲ. 검찰청검사의 결정

1. 검사의 종결처분

검사는 사법경찰관으로부터 사건을 송치받거나 직접 수사한 경우에 다음과 같이 결정한다(수사준칙52②).[1] 주의할 점이 2가지 있다. ㉠ 검사는 사법경찰관으로부터 송치받은 사건에 관하여는 해당 사건과 '동일성을 해치지 아니하는 범위 내에서' 수사할 수 있다(196②. 2022.9.10. 시행). ㉡ "검사는 자신이 수사개시한 범죄에 대하여는 공소를 제기할 수 없다. 다만, 사법경찰관이 송치한 범죄에 대하여는 그러하지 아니하다"(검찰청법4②. 2022.9.10. 시행). 즉, 검사의 **'수사와 기소는 분리'**된다(예외: 공수처법47).[2]

하도록 규정되었다.

1) 수사처검사로부터 고위공직자범죄등의 관계 서류와 증거물을 송부받아 사건을 처리하는 '서울중앙지방검찰청 소속 검사'의 경우도 마찬가지이다(후술).

2) 수사처검사의 경우에는 검찰청법 제4조 제2항을 준용하지 않는다(동법47). 작은 조직, 좁은 대상, 선정의 특수성 등이 감안된 예외적 규정으로 보인다.

(1) 공소제기

검사는 피의사건에 대해 객관적으로 범죄혐의가 충분하고 소송조건이 구비되어 유죄판결을 받을 수 있다고 인정할 때에는 공소를 제기한다. 공소제기에는 공판청구(구공판)와 약식명령청구(구약식)의 2가지 방법이 있다.

(2) 불기소결정

검사가 피의자에 대해 공소를 제기하지 않기로 하는 결정을 불기소결정이라 한다. 여기에는 '혐의의 불기소결정'(즉, 혐의없음 · 죄가안됨 · 공소권없음 · 각하) 및 '기소유예'가 있다. 불기소결정은 법원의 재판이 아니므로 법원의 종국재판과 달리 일사부재리의 효과가 인정되지 않는다(대판 1987.11.10. 87도2020).

1) **혐의없음** '혐의없음(범죄 인정안됨)'은 피의사실이 범죄를 구성하지 않거나 피의사실이 인정되지 않는 경우이고, '혐의없음(증거불충분)'은 피의사실을 인정할 만한 충분한 증거가 없는 경우이다(검찰사건사무규칙115③ii).

2) **죄가안됨** 피의사실이 범죄구성요건에 해당하지만, 법률상 범죄의 성립을 조각하는 사유가 있어 범죄를 구성하지 않는 경우이다(동iii). 즉, 위법성조각사유나 책임조각사유가 있는 경우이다.

3) **공소권없음** 피의사건에 대해 소송조건이 결여된 경우이다. 한편, 형면제사유가 있는 경우 (공소권은 있지만) 실무상 '공소권없음'을 한다(동iv).[1)]

4) **각하** 특별한 조사 없이 종결하는 결정이다(동v).

[각하사유] ㉠ 고소 · 고발 사건에서 고소장 · 고발장 등에 의하여 혐의 없음, 죄가 안됨, 공소권 없음의 사유에 해당함이 명백한 경우, ㉡ 제224조, 제232조 제2항 또는 제235조에 위반한 고소 · 고발의 경우, ㉢ 같은 사건에 관하여 검사의 불기소결정이 있는 경우(새로이 중요한 증거가 발견되어 고소인 · 고발인 또는 피해자가 그 사유를 소명한 경우는 제외), ㉣ 고소권자가 아닌 자가 고소한 경우, ㉤ 고소인 또는 고발인이 고소 · 고발장을 제출한 후 자료제출 등 수사기관의 요청에 불응하거나 소재불명이 되는 등 고소 · 고발사실에 대한 수사를 개시 · 진행할 자료가 없는 경우, ㉥ 고발이 진위 여부가 불분명한 언론 보도나 인터넷 등 정보통신망의 게시물, 익명의 제보, 고발 내용과 직접적인 관련이 없는 제3자로부터의 전문(傳聞)이나 풍문 또는 고발인의 추측만을 근거로 한 경우 등으로서 수사를 개시할만한 구체적인 사유나 정황이 충분하지 않은 경우, ㉦ 고소 · 고발사건에서 사안의 경중 등을 고려할 때 수사 또는 소추

1) 종래 친족상도례 중 근친이 피해자인 경우 형면제사유로 규정되었으나, 2025.12.31. 형법 개정으로 근친 · 원친을 불문하고 모두 친고죄로 일원화되었다(형법328).

에 관한 공공의 이익이 없거나 극히 적은 경우로서 수사를 개시·진행할 필요성이 인정되지 않는 경우이다(동v).

5) **기소유예** 범죄의 객관적 혐의가 충분하고 소송조건이 구비되었지만 검사가 형사정책적 이유에서 재량껏 공소제기하지 않는 경우이다(247).

(3) 중간처분

1) **기소중지** **피의자의 소재불명** 등 피의자 조사불능으로 수사를 종결할 수 없는 경우 그 사유가 해소될 때까지 수사를 중지하는 결정이다.

2) **참고인중지** 피의자는 수사할 수 있으나, 고소인·고발인 또는 **중요참고인 등의 소재불명**으로 수사를 종결할 수 없는 경우 그 사유가 해소될 때까지 수사를 중지하는 결정이다.

3) (송치사건에 대한) **보완수사요구** 사법경찰관이 송치한 사건에 대해 검사가 보완수사요구를 하는 경우 이는 별도의 처분에 해당한다(수사준칙52①v).[1] 만일 검사가 보완수사요구를 하면서 사건종결(및 사경에게의 이전) 처분을 하지 않는다면, 동일한 사건이 검사와 사법경찰관 사이에 2개의 절차로 진행되는 혼란이 발생할 수 있다.

4) **공소보류** 국가보안법 제20조에 의하여 그 위반사건의 피의자에 대하여 형법 제51조의 사항을 참작하여 공소제기를 보류하는 경우이다. 공소보류를 받은 자가 공소제기 없이 2년을 경과한 때에는 소추할 수 없게 된다(국가보안법20②). 공소보류는 기소유예의 특별한 형태이다.

(4) 송치처분

1) **보호사건 송치** 여기에는 '소년보호사건 송치'와 '가정보호사건 송치' 등이 있다. ㉠ [소년보호사건 송치] 소년에 대한 피의사건이 보호처분에 해당하는 사유가 있다고 인정한 경우 사건을 관할 소년부에 송치한다(소년법49①). ㉡ [가정보호사건 송치] 가정폭력범죄로서 보호처분이 적절하다고 인정하는 경우 가정보호사건으로 그 사건을 관할 가정법원 또는 지방법원에 송치한다(가정폭력처벌법 9·11①).

---

1) 사법경찰관은 송치했던 사건을 보완수사한 결과, 혐의가 인정되지 않는 관계로 기존의 결론을 변경하여 '불송치'할 수도 있고, 피의자나 중요참고인의 소재가 불분명하여 '수사중지'할 수도 있다. 이를 전제로 한다면, 검사가 보완수사요구를 할 때에는 '송치된 사건을 종결하고 사법경찰관에게 이전하는 별도의 처분'이 필요하다.

2) 타관송치 검사는 사건이 소속 검찰청에 대응한 법원의 관할에 속하지 않는 때에는 사건을 서류, 증거물과 함께 관할법원에 대응하는 검찰청 검사에게 송치한다(256). 이를 타관송치(他管送致)라 한다. 사건이 군사법원의 재판권에 속하는 때에도 마찬가지로 관할 군검찰부 군검사에게 송치한다(256의2).

2. 통지의무와 불복방법

(1) 검사의 통지의무

1) 고소인·고발인에 대한 통지 검사는 고소 또는 고발 사건에 대하여 공소를 제기하거나 제기하지 아니하는 처분, 공소취소 또는 타관송치를 한 때에는 그 처분을 한 날로부터 7일 이내에 서면으로 고소인 또는 고발인에게 그 취지를 통지하여야 하고(258①), 고소인·고발인의 청구가 있는 때에는 7일 이내에 고소인·고발인에게 그 이유를 서면으로 설명하여야 한다(259). 이는 검찰항고·재정신청 등 불복의 기회를 보장하는 전제가 된다.

2) 피의자에 대한 통지 검사는 불기소 또는 타관송치의 처분을 한 때에는 피의자에게 즉시 그 취지를 통지해야 한다(258②). 이는 불안한 피의자의 보호를 위한 것으로, 고소·고발사건은 물론 모든 피의사건에 적용된다.

3) 피해자 등에 대한 통지 검사는 범죄로 인한 피해자 또는 그 법정대리인(피해자가 사망한 경우에는 그 배우자·직계친족·형제자매를 포함한다)의 신청이 있는 때에는 ㉠ 당해 사건의 공소제기 여부, ㉡ 공판의 일시·장소, 재판결과, ㉢ 피의자·피고인의 구속·석방 등 구금에 관한 사실 등을 신속하게 통지해야 한다(259의2). 고소·고발인이라면 신청과 관계 없이 통지해야 한다(前述).

(2) 불복: 재정신청과 검찰항고

1) 재정신청 검사의 불기소처분에 대하여 관할 고등법원에 그 당부에 관한 재정을 신청하는 제도이다. 재정신청에 앞서 검찰청법에 따른 항고를 거쳐야 한다[항고전치주의]. 재정신청이 이유 있는 때에는 공소제기 결정을 하게 된다.

2) 항고·재항고 고소인 또는 고발인은 검사의 불기소처분에 대해 서면으로 관할 고등검찰청 검사장에게 항고할 수 있고(검찰청법10①), 항고를 기각하는 처분에 대해 불복하거나 항고를 한 날부터 3개월이 지났을 때에는 서면으로 검찰총장에게 재항고할 수 있다(동③). 검사의 불기소처분에 대한 내부적 견제장치이다. 다만, 고소사건에서는 재항고가 문제되지 않는다. 고소사건에 대한 불기

소처분은 모두 재정신청의 대상이 되고 재정신청을 할 수 있는 자는 재항고하지 못하기 때문이다(동⑤).

(3) 헌법소원

헌법소원은 공권력의 행사 또는 불행사로 인하여 헌법상 보장된 기본권을 침해받은 자가 헌법재판소에 권리구제를 청구하는 제도를 말한다(헌재법68①). 검사의 **불기소처분**에 의해 기본권을 침해받은 자도 헌법소원을 제기할 수 있다.

1) 고소인 · 고발인 i) (고소인) 고소인은 헌법소원을 제기할 수 없다. 고소인은 검사의 불기소처분에 대해 재정신청을 할 수 있고, 이를 기각한 법원의 결정에 대해서는 헌법소원이 허용되지 않기 때문이다. 헌법소원은 다른 법률에 구제절차가 있는 경우에는 그 절차를 모두 거친 후에 청구할 수 있고, 법원의 재판은 헌법소원의 청구대상에서 제외된다(동법68①). 결국 고소사건은 헌법소원의 대상이 아니다.

ii) (고발인) 한편, 고발인도 헌법소원을 제기할 수 없다. 고발인은 헌법소원청구의 요건인 자기관련성이 없기 때문이다(헌재 1989.12.22. 89헌마145). 결국 고발사건도 헌법소원의 대상이 아니다.

2) 고소하지 않은 피해자 반면, 고소를 제기한 바 없는 범죄피해자는 곧바로 헌법소원심판을 청구할 수 있다(헌재 2008.11.27. 2008헌마399 · 400). 이러한 피해자는 항고나 재정신청을 제기할 수 없기 때문이다.

3) 기소유예 처분을 받은 피의자 검사의 기소유예처분에 대해서는 피의자도 평등권과 행복추구권 침해를 이유로 헌법소원을 제기할 수 있다(헌재 2009.11.10. 2009헌마594). 피의자는 재정신청을 할 수 없기 때문이다.

Ⅳ. 수사처검사의 결정

(1) 기소대상사건과 종결처분

1) 기소대상사건 수사처검사는 고위공직자범죄 중 일정한 범죄에 대해서만 기소권이 있다. 즉, 수사처검사는 '재판 · 수사 관련 고위공직자'인 **대법원장 및 대법관, 검찰총장, 법관 및 검사, 경무관 이상 경찰공무원**(공수처법3①ii)으로 재직 중에 본인이나 그 가족이 범한 고위공직자범죄등(동법2ii · iii · iv)에 관하여 수사를 한 때에는 공소제기 또는 불기소의 결정을 해야 한다(동법20①).

2) 형사소송법 준용 공수처법은, "수사처검사의 직무와 권한 등에 관하여는 이 법의 규정에 반하지 않는 한 검찰청법 · 형사소송법을 준용한다"(47). 따라서 검사의 수사종결처분에 관한 설명은 여기에도 그대로 준용된다. 즉, 수사처검사의 **공소제기**, 협의의 **불기소처분**(즉, 혐의없음 · 죄가안됨 · 공소권없음 · 각하), **기소유예**, **기소중지 · 참고인중지** 등은 원칙적으로 검사의 경우와 같다. 다만, 일반 사법경찰관의 송치사건을 전제로 하는 '보완수사요구' 부분은 준용될 여지가 없다. 공수처법에는 수사종결과 관련된 특례규정이 있다.

3) 공수처법의 특례규정 i) [공소제기] 수사처검사가 공소를 제기하는 고위공직자범죄등 사건의 제1심 재판은 '서울중앙지방법원의 관할'로 한다(동법31본문). ii) [불기소] ㉠ (관련인지 사건의 이첩) 수사처검사가 고위공직자범죄에 대해 불기소 결정을 하는 경우에, 수사처 처장은 해당 범죄의 수사과정에서 알게 된 관련범죄 사건을 대검찰청에 이첩해야 한다(동법27). ㉡ (고소인 · 고발인 통지) 수사처검사는 고위공직자범죄등에 대하여 불기소 결정을 하는 경우에 고소 · 고발인에게 통지를 해야 한다(동법29①). ㉢ (재정신청) 고소 · 고발인은 수사처검사로부터 공소를 제기하지 아니한다는 통지를 받은 때에는, 서울고등법원에 그 당부에 관한 '재정을 신청'할 수 있다(동법29①). 이때 그 통지를 받은 날부터 30일 이내에 처장에게 재정신청서를 제출해야 한다(동②). 재정신청서에는 재정신청의 대상이 되는 사건의 범죄사실 및 증거 등 재정신청을 이유 있게 하는 사유를 기재해야 한다(동③).[1)]

(2) 나머지 수사대상사건의 처리: 사건송부

수사처검사는 기소권 있는 사건을 제외한 고위공직자범죄등에 관한 수사를 한 때에는, 관계 서류와 증거물을 지체 없이 '서울중앙지방검찰청 소속 검사'에게 송부해야 한다(26①). 이를 송부받아 사건을 처리하는 검사는 처장에게 해당 사건의 공소제기 여부를 신속하게 통보해야 한다(동②).

---

1) 재정신청서를 제출받은 처장은 재정신청서를 제출받은 날부터 7일 이내에 재정신청서, 의견서, 수사 관계 서류 및 증거물을 서울고등법원에 송부하여야 한다. 다만, 신청이 이유 있는 것으로 인정하는 때에는 즉시 공소를 제기하고 그 취지를 서울고등법원과 재정신청인에게 통지한다(29④). 재정신청에 관한 그 밖의 사항에 관하여는 형사소송법의 관련규정을 준용한다(30⑤).

Ⅴ. 공소제기 후의 수사 제한

1. 의의

1) 뜻 수사기관이 공소제기 후에 당해 피고사건에 대하여 공소유지를 위해 또는 공소유지 여부를 결정하기 위해 행하는 수사를 말한다.

2) **필요성** 수사는 범인의 발견과 증거의 수집을 목적으로 하므로 주로 공소제기 전에 행해지고, 공소제기한 이후 수사는 원칙적으로 종결된다. 그러나 공소제기 후에도 수사가 필요한 경우가 있다. 예컨대, ㉠ 공소제기 후 공소사실의 일부인 여죄(예: 포괄1죄)가 추가로 밝혀진 경우, ㉡ 진범으로 보이는 자가 발견되어 피고인의 공소취소 여부를 결정해야 하는 경우, ㉢ 공범이 검거 후 범행을 부인하여 피고인에 대해 참고인수사가 필요한 경우 등이다.

3) **한계** 공소제기 후의 수사가 무제한 허용될 수는 없다. 이는 법원의 심리에 지장을 초래하고 피고인의 당사자 지위를 위협하기 때문이다.

2. 강제수사

(1) 피고인 구속

공소제기 후 수사기관에 의한 피고인의 구속은 **허용되지 않는다**. 공소제기 후의 피고인 구속은 **수소법원의 권한**에 속한다(70). 검사의 청구가 있어야 하는 것도 아니다. 공판절차에서 피고인은 검사와 대등한 지위를 가지므로, 당사자대등 원칙의 관점에서 검사에게 '피고인을 구속할 권한'은 인정되지 않는다(통설). 즉, 불구속으로 기소된 피고인이 도망하거나 증거를 인멸할 염려가 있는 경우에도, 검사는 당해 피고사건에 관하여 지방법원판사로부터 영장을 발부받아 피고인을 구속할 수는 없다.

(2) 압수 · 수색 · 검증

공소제기 후에 당해 피고사건에 대하여 수사기관에 의한 압수 · 수색 · 검증이 허용되는가의 문제이다. 통설 · 판례는 **소극설**의 입장이다.

[학설] i) 적극설은 제1회 공판기일 전에 한하여 허용된다고 하나, ii) 소극설은 공소제기 후에는 강제처분에 관한 권한이 수소법원으로 이전되고, 제1회 공판기일 전에는 증거보전절차에 따르면 된다는 점에서 허용되지 않는다고 한다(통설).

특히, 판례는 오히려 **위법수집증거**(308의2)로 보고 그 증거능력마저도 절대적으로 배제하고 있다. 즉, "검사가 공소제기 후 수소법원 이외의 지방법원 판사에게 청구하여 발부받은 영장에 의하여 압수·수색을 하였다면, 그와 같이 수집된 증거는 기본적 인권 보장을 위해 마련된 적법한 절차에 따르지 않은 것으로서 원칙적으로 **유죄의 증거로 삼을 수 없다**"(대판 2011.4.28. 2009도10412).

다만, 당해 피고사건에 대한 압수·수색이 예외적으로 허용되는 경우가 2개 있다. i) 검사 또는 사법경찰관이 피고인에 대한 **구속영장**을 집행하는 경우에는 그 **집행현장**에서 영장 없이 압수·수색·검증을 할 수 있다(216②). 피고인에 대한 구속 자체는 법원의 강제처분이지만, 그 집행과정에서의 압수·수색·검증은 수사에 속하는 강제처분에 해당한다. 따라서 압수물 등은 법원에 제출하는 것이 아니라 수사기관이 보관한다. ii) 공소제기 후에도 수사기관은 피고인 또는 제3자가 당해 피고사건에 대한 증거물을 제출하는 경우 그 **임의제출물**은 압수할 수 있다. iii) 당해 피고사건이 아닌 **별건**에 대해서는 별도의 강제수사가 허용됨은 물론이다.

3. 임의수사

(1) (수사기관에서의) 피고인 신문

공소제기 후에 수사기관이 당해 사건에 대하여 피고인을 피의자로서 신문할 수 있는지에 대하여 견해가 대립한다. 판례는 **적극설**의 입장이다. 즉, "검사 작성의 피고인에 대한 진술조서가 공소제기 후에 작성된 것이라는 이유만으로는 곧 그 증거능력이 없는 것은 아니며"(대판 1984.9.25. 84도1646), (이 경우 피의자신문조서가 아닌 '진술조서'의 형식으로 작성하게 되는데) "진술조서의 형식을 취하였다고 하더라도 피의자신문조서와 달리 볼 수 없다"(대판 2009.8.20. 2008도8213)고 한다. 조서의 **형식은 진술조서**이나, **피의자신문조서로 취급**하여 그 요건을 구비하면 증거능력을 인정하고 있는 것이다.

[학설] i) 적극설은 제199조 제1항이 임의수사의 시기에 대해 법적 제한을 두고 있지 않으므로 허용된다는 견해이고, ii) 소극설은 당사자주의 소송구조에서 당사자지위와 모순되므로 허용되지 않는다는 견해이며, iii) 절충설은 원칙적으로 허용되지 않지만 제1회 공판기일 전에 한하여 허용된다는 견해이다. 소극설이 통설이다. iv) 이론적으로는 소극설이 타당하다. 다만, 피고인 스스로 요청하거나 공범·진범의 발견으로 불가피한 경우와 같이, "피고인에게 '이익'이 되거나, 피고인이 '동의'하는 경우"에는 예외적으로 이를 허용해도 무방할 것이다.

(2) 참고인조사

참고인조사는 임의수사의 일종이므로 공소제기 후에도 **기본적으로 허용된다.** 공소제기 후라도 법원이 '고유의 수사권'을 갖는 것은 아니고, 공소제기 후에도 검사는 법원의 정당한 법적용에 협력하는 지위에 있는 이상 수사기관의 수사권한이 박탈된다고 할 수는 없기 때문이다. 그러나 일단 공소가 제기된 이상 **무제한으로 허용될 수는 없다.** 즉, 임의수사의 형식을 빌려 공판절차를 형해화하는 것은 허용될 수 없다. 공소제기 후의 수사권한은 적어도 당사자주의, 공판중심주의, 직접심리주의 등과 같은 공판절차의 기본원칙을 침해하지 않는 한도 내라는 제한이 따를 수밖에 없다.

그런데, 공소제기 이후에 수사가 가능한지 또는 필요한지 여부와 그 과정에서 작성된 진술조서가 **증거능력을 갖는지 여부**는 별개의 문제이다. 즉, "어떠한 증거가 공소 제기 이후에 수집되었다는 이유만으로 위법한 것으로 단정할 수 없는 것임은 물론이고, 공익기관인 검사가 공소의 유지를 위하여 공소가 제기된 이후에 있어서도 계속하여 증거의 수집 등 수사활동을 전개함을 결코 나무랄 수만은 없다. 그러나 수사가 가능하다고 하여 그 과정에서 작성·수집된 조서나 서류가 당연히 증거능력을 갖는 것은 아니고, 인권의 보장 및 당사자주의·공판중심주의·직접주의 등의 입장에서, 법률이 증거방법에 관하여 설정한 제한과 요건에 따라 그 증거능력이 결정되는 것일 뿐이다"(대판 2000.6.15. 99도1108 전합의 별개의견). 공소제기 후 작성된 참고인진술조서의 증거능력에 대해서는, 특히 ① **'증언번복 진술조서'**(위 99도1108 전합)와 ② 공소제기 후 작성된 **'증인예정자 진술조서'**(대판 2019.11.28. 2013도6825)의 각 증거능력에 대한 다음의 판례를 유념할 필요가 있다.

['증인번복 진술조서'와 '증인예정자 진술조서'의 증거능력] i) 우선, '증언번복 진술조서'의 경우이다. 피고인이 '증거로 할 수 있음에 동의하지 않는 한' 그 증거능력이 없다. 즉, "공판기일에서 이미 증언을 마친 증인을 검사가 소환(정확히는 '출석요구')한 후 피고인에게 유리한 증언 내용을 추궁하여 이를 일방적으로 번복시키는 방식으로 작성한 진술조서는, 피고인이 **증거동의하지 않는 한 그 증거능력이 없다.** 이는 당사자주의·공판중심주의·직접주의를 지향하는 현행 형사소송법의 소송구조에 어긋나는 것일 뿐만 아니라, 헌법 제27조가 보장하는 기본권, 즉 법관의 면전에서 모든 증거자료가 조사·진술되고 이에 대하여 피고인이 공격·방어할

수 있는 기회가 실질적으로 부여되는 재판을 받을 권리를 침해하는 것이기 때문이다. 그 후 원진술자인 종전 증인이 다시 법정에 출석하여 증언하면서 그 진술조서의 '성립의 진정을 인정'하고 피고인측에 '반대신문의 기회가 부여'되었다고 하더라도, 그 진술조서의 증거능력이 없다는 결론은 달라지지 않는다"(위 99도1108 전합). 단, 피고인이 증거동의한 경우에는 예외적으로 그 증거능력이 인정된다(즉, 적어도 위법수집증거는 아니다는 의미). 그리고 법정에서의 '번복 증언' 자체는, 물론 증거능력이 인정되고 유죄의 증거로 할 수 있다.

이러한 법리는 증언번복 방식인 이상 서류의 형식이 ㉠ 진술서(대판 2012.6.14. 2012도534: '증언번복 진술서') 또는 ㉡ (그 증인을 상대로 위증의 혐의를 조사하여 작성한) 피의자신문조서(대판 2013.8.14. 2012도13665: '증언번복 피신조서')인 경우에도 마찬가지로 적용된다.

ii) 다음, 공소제기 후 작성된 '증인예정자 진술조서'의 경우이다. '공판기일에 증인으로 신청하여 신문할 수 있는 사람을 특별한 사정 없이 미리 수사기관에 소환('출석요구')하여 작성한 진술조서'에도, 같은 법리가 적용된다(대판 2019.11.28. 2013도6825). 이 진술조서도 피고인이 **증거동의하지 않는 한 그 증거능력이 없다.**[1)]

단, 증언번복 진술조서의 경우와는 달리, 증인신문 전에 미리 수사기관에 소환(정확히는 '출석요구')하여 진술조서를 작성할 '특별한 사정'이 있는 경우에는, 증거동의가 없더라도 전문법칙의 예외 요건을 갖춘다면, 예외적으로 증거능력이 인정될 여지가 있다.

iii) 물론 이러한 진술조서의 증거능력이 부정된다고 하여 공소제기 이후의 수사가 당장에 위법하게 되는 것은 아니다(위 99도1108 전합의 별개의견 참조).

(3) 기타

수사기관은 공소제기 후에도 필요한 감정·통역·번역의 위촉, 공무소 등에의 **사실조회**를 할 수 있다. 제1회 공판기일 전후를 불문하고 허용된다.

1) 그 진술조서와 같은 취지의 증언을 한 경우 그 증명력도 제한된다. 즉, "위 참고인이 법정에서 위와 같이 증거능력이 없는 진술조서와 같은 취지로 피고인에게 불리한 내용의 진술을 한 경우, 그 진술에 신빙성을 인정하여 유죄의 증거로 삼을 것인지는 증인신문 전 수사기관에서 진술조서가 작성된 경위와 그것이 법정진술에 영향을 미쳤을 가능성 등을 종합적으로 고려하여 신중하게 판단하여야 한다"(위 2013도6825).

제 2 절 재정신청

Ⅰ. 의의와 신청대상

1) 뜻 재정신청제도는 검사의 불기소처분에 대하여 관할 고등법원이 그 위법·부당 여부를 심리하여 공소제기 여부를 결정하는 절차를 말한다. 검사의 불기소처분에 대한 통제로서, 기소독점주의와 기소편의주의에 대한 견제장치이다. 법원의 결정은 공소제기의 의제가 아니라 검사에게 공소제기를 강제하는 것이므로, 기소강제절차이다.

2) 대상 재정신청의 대상은 검사의 불기소처분이다.[1] 혐의 없음(범죄인정 안됨, 증거불충분), 죄가 안 됨, 공소권 없음, 각하와 같은 협의의 불기소처분은 물론, 불기소처분의 이유에 제한이 없는 이상 기소유예처분도 재정신청의 대상이 된다(대결 1988.1.29.자 86모58). 그러나 불기소처분이 아닌 것, 즉 내사종결이나 공소취소는 재정신청의 대상이 아니다. 대상범죄는 고소사건의 경우 모든 범죄이나, 고발사건은 형법 제123조부터 제126조의 범죄에 한정된다.

Ⅱ. 재정신청의 절차 및 효력

1. 신청절차

(1) 신청권자

신청권자는 불기소처분의 통지를 받은 고소권자로서 고소를 한 자(즉, 고소인) 또는 고발인이다. i) (모든 고소인·일부 고발인) 고소인은 모든 범죄에 대해, 고발인은 형법 제123조부터 제126조까지의 죄에 대해서만 가능하다(260①). 다만, 피의사실공표죄(형법126)는 피공표자의 명시한 의사에 반하여 재정신청할 수 없다(260①단서). 고소·고발을 취소한 자는 신청할 수 없다. ii) (피해자 개념) 고소권자가 되는 피해자는 "보호법익의 주체에 한하지 않고 문제된 범죄행위로 말미암

1) [재정신청 대상의 축소] 2020년 형사소송법 개정으로 검·경 수사권 조정이 입법됨에 따라 재정신청의 대상은 검사의 불기소처분이 있는 사건으로 축소되었다. 즉, 검사가 직접 불기소한 사건(사법경찰관이 혐의인정하여 송치한 사건, 검사가 직접 수사개시한 사건 등)에 대해서만 검찰항고 및 재정신청이 가능하다. 반면, 사법경찰관의 불송치결정에 따라 기록반환된 사건 등에 대해서는 검찰항고 또는 재정신청이 불가능하다.

아 '법률상 불이익'을 받게 되는 자도 포함된다"(대결 2011.2.28.자 2008모1220). 불기소처분에 대한 통제장치라는 점을 고려하면, 피해자 개념은 넓게 해석될 필요가 있다. 즉, 사회적·국가적 법익에 대한 범죄일지라도, 개인의 이익보호가 부수적 목적인 경우에는 해당 개인을 피해자로 볼 수 있다(예: 공무집행방해죄에서 폭행당한 공무원 등). '법률상 불이익'이 불확정 개념이기는 하나, 적어도 헌재가 헌법소원 사건에서 청구인적격을 인정한 경우[1]에는 여기의 피해자에 포함해도 무방하다.

(2) 검찰항고전치주의

재정신청을 하려면 검찰청법 제10조에 따른 항고를 거쳐야 한다(260②). 고소인에게 신속한 권리구제의 기회를 부여하고 검사에게 자체 시정의 기회를 갖도록 한 것이다. 다만, 신청권자의 불이익을 방지하기 위하여 예외적으로, ㉠ 항고신청 후 항고에 대한 처분 없이 3개월이 경과한 경우, ㉡ 재기수사 후 다시 공소를 제기하지 아니한다는 통지를 받은 경우, ㉢ 검사가 공소시효 만료일 30일 전까지 공소를 제기하지 아니하는 경우에는 검찰항고를 거치지 않고 곧바로 재정신청을 할 수 있다(동단서). 그리고 재정신청을 할 수 있는 자는 검찰청법에 따른 재항고는 할 수 없다(검찰청법10③).

(3) 신청절차

1) 방식 항고기각결정을 통지받은 날 또는 항고를 요하지 않는 사유가 발생한 날부터 10일 이내에 지방검찰청 검사장 또는 지청장에게 재정신청서를 제출하여야 한다(260③). 다만, 검사가 공소시효 만료일 30일 전까지 공소를 제기하지 않는 경우에는 공소시효 만료일 전날까지 제출할 수 있다(동단서). 재소자 특례규정이 없으므로 '재소자 특칙'은 적용이 없다(헌재 2002.10.31. 2002헌마453; 대결 1998.12.14.자 98모127). 재정신청서에는 재정신청의 대상이 되는 사건의 범죄사실 및 증거 등 재정신청을 이유 있게 하는 사유를 기재하여야 한다(동④).

2) 검사장·지청장의 처리 i) (검찰항고를 거친 경우) 지방검찰청 검사장 또는 지청장은 재정신청서를 제출받은 날부터 7일 이내에 재정신청서·의견서·수사

1) [피해자] 헌재는 ① 문서죄에서 문서의 명의자, 허위공문서작성·동행사로 말미암아 소유 토지상의 건물 신축이 중지당하는 불이익을 입은 자, ② 위증죄에서 위증으로 인하여 불이익한 재판을 받게 되는 사건 당사자, 무고죄의 피무고자, 직권남용죄에서 의무 없는 일을 하도록 요구받은 자나 권리행사를 방해받은 자, ③ 민사소송에서 상대방의 공문서 변조·제출로 불이익을 받을 위험에 처한 자, ④ 주주총회·이사회의 회의록이 위조된 경우 또는 임원의 업무상횡령 사건에서 그 회사의 주주 등에 대해, 청구인적격을 인정하였다.

관계서류 및 증거물을 관할 고등검찰청을 경유하여 관할 고등법원에 송부한다. ii) (검찰항고를 거치지 않은 경우) 검찰항고를 거치지 않은 재정신청은, ㉠ 신청이 이유 있는 것으로 인정하는 때에는 즉시 공소를 제기하고 그 취지를 관할 고등법원과 재정신청인에게 통지하고, ㉡ 신청이 이유 없는 것으로 인정하는 때에는 30일 이내에 (곧바로) 관할 고등법원에 송부한다(261).

2. 재정신청의 효력

1) 공소시효의 정지 재정신청이 있으면 재정결정이 확정될 때까지 공소시효의 진행이 정지된다(262의4①).

2) 신청 및 취소 i) 재정신청은 대리인에 의하여 할 수 있으며, 공동신청권자 중 1인의 신청은 그 전원을 위하여 효력을 발생한다(264①). ii) 재정신청은 법원의 재정결정이 있을 때까지 취소할 수 있다. 취소한 자는 다시 재정신청을 할 수 없다(동②). 신청권자 중 1인의 취소는 다른 공동신청권자에게 효력을 미치지 아니한다(동③).

Ⅲ. 고등법원의 심리와 재정결정

1. 기소강제절차의 구조

재정신청사건에 대해 법원은 항고절차에 준하여 결정한다(262②). 즉, 기소강제절차는 수사절차가 아닌 재판절차로서, 형사항고에 유사한 재판절차이다. 다만, 공소제기 전의 절차로서 수사와 공판의 중간단계에 위치하며, 수사와 유사한 성격도 있다. 따라서 당사자대립구조의 소송절차가 아니라, 밀행성 원칙과 직권주의가 지배하는 특수한 소송절차이다[형사항고유사설].

2. 심리

1) 관할 및 통지 불기소처분을 한 검사 소속의 지방검찰청 소재지를 관할하는 고등법원이 관할한다(260①). 법원은 재정신청서를 송부받은 날부터 10일 이내에 피의자에게 그 사실을 통지하여야 하며(262①), 재정신청인에게도 그 사유를 통지하여야 한다(규120). 법원은 재정신청서를 송부받은 날부터 3개월 이내에 항고의 절차에 준하여 결정한다(262②).

2) **증거조사** 법원은 필요한 때에는 **증거를 조사**할 수 있다(동②). 항고절차를 준용하므로 필요한 경우에는 사실을 조사할 수 있음에도(37③), 별도로 증거조사 규정을 둠으로써, 단순한 수사절차가 아니라 재판절차임을 분명히 하였다. 따라서 재정신청사건의 심리절차에서 i) **피의자신문, 참고인조사, 증인신문, 검증, 감정** 등이 가능하다는 점에는 다툼이 없다. ii) **구인, 압수·수색 등 강제처분**에 대해서는, 필요한 경우 사실조사 또는 증거조사를 할 수 있도록 규정한 취지에 비추어, 수소법원에 준하여 강제처분권이 인정된다는 견해(강제처분허용설)가 다수설이다. 다만, 재정법원의 피의자 구속(구금)의 가부에 대해서는 구속기간 등과 관련하여 견해가 대립한다.

3) **비공개** 심리는 특별한 사정이 없는 한 공개하지 아니한다(동③).

4) **열람등사 제한** 재정신청사건의 심리 중에는 관련 서류 및 증거물을 **열람 또는 등사할 수 없다**(262의2본문). 이는 민사사건에 악용하기 위하여 재정신청을 남발하는 문제를 방지하기 위한 것이다(헌재 2011.11.24. 2008헌마578·2009헌마41·98). 다만, 법원은 그 증거조사과정에서 작성된 서류의 전부 또는 일부의 열람 또는 등사를 허가할 수 있다(동단서).

3. 재정결정

(1) 기각결정

1) **뜻** 재정신청이 법률상의 방식에 위배되거나 이유 없는 때에는 신청을 기각한다(262②i). i) '법률상의 방식에 위배된 때'란, 예컨대, 재정신청이 신청기간 경과한 후인 경우, 재정신청서에 재정신청을 이유 있게 하는 사유를 기재하지 않은 경우(대결 2002.2.23.자 2000모216) 등을 가리킨다. ii) '신청이 이유 없는 때'란, 검사의 불기소처분이 정당한 경우를 말한다. 한편, "검사의 무혐의 불기소처분이 위법하더라도, 기록에 나타난 여러 사정을 고려하여 **기소유예의 불기소처분을 할 만한 사건**이라고 인정되는 경우에는, **재정신청을 기각할 수 있다**"(대결 1997.4.22.자 97모30). 또한, 불기소처분 당시 공소시효가 완성되어 **공소권이 없는 경우**에도, 마찬가지로 재정신청을 기각할 수 있다(대결 1990.7.16.자 90모34). iii) 이유 유무의 판단은 **재정결정의 시점**을 기준으로 하므로 불기소처분 후에 발견된 증거도 판단자료로 삼을 수 있다. 예컨대, 친고죄에 대한 재정신청 심리단계에서 고소취소가 있으면 재정신청을 기각한다.

2) **불복** 기각결정에 대하여는 법령위반을 이유로 대법원에 즉시항고할

수 있다(262④; 2016.1.6. 개정으로 허용). 성질상 **재항고**에 해당한다. 단, "법정기간의 준수 여부는 도달주의 원칙에 따라 재항고장이 법원에 도달한 시점을 기준으로 하고, '재소자 특칙'은 준용되지 않는다"(대결 2015.7.16.자 2013모2347 전합).

3) 소추금지 기각결정이 확정된 사건에 대하여는 '**다른 중요한 증거를 발견한 경우를 제외하고는' 소추할 수 없다**(262④후문). 소추금지를 원칙으로 한 것은 **피의자의 법적 안정성 보호**와 사법인력의 낭비 방지를 위한 것이고, 예외적 소추허용은 유죄의 명백한 증거가 발견된 경우 **사법정의**를 함께 고려한 것이다(대판 2015.9.10. 2012도14755). i) (적용대상) "여기서 '기각결정이 확정된 사건'은 재정신청사건을 담당하는 법원에서 공소제기의 가능성과 필요성 등에 관한 심리와 판단이 **현실적으로** 이루어져 **기각결정의 대상이 된 사건만**을 의미한다. 따라서 기각결정의 **대상이 되지 않은 사건**은 이에 해당하지 않고(즉, 제한 없이 소추가능), 기각결정의 대상이 되지 않은 사건이 고소인의 고소내용에 포함되어 있었더라도 마찬가지이다"(위 2012도14755). ii) (다른 중요 증거의 발견) 예외사유인 '다른 중요한 증거'의 의미는 엄격하게 제한해석한다(이를테면 '엄격설'). 즉, "여기에서 '다른 중요한 증거를 발견한 경우'란 재정신청 기각결정 당시에 제출된 증거에 새로 발견된 증거를 추가하면 **충분히 유죄의 확신을 가지게 될 정도의 증거**가 있는 경우를 말한다. 단순히 재정신청 기각결정의 정당성에 의문이 제기되거나 범죄피해자의 권리를 보호하기 위하여 형사재판절차를 진행할 필요가 있는 정도의 증거는 여기에 해당하지 않는다. 관련 **민사판결**에서의 사실인정 및 판단은, (그 근거가 된 증거자료가 새로 발견된 증거에 해당할 수 있음은 별론으로 하고) 그 자체가 새로 발견된 증거라고 할 수는 없다"(대판 2018.12.28. 2014도17182). iii) (위반의 효과) '다른 중요한 증거를 발견한 경우'라는 요건의 충족 없이 공소제기된 경우에는 공소기각의 판결(327ii 기소절차의 위법)이 선고된다(위 2014도17182).

4) 비용부담 재정신청의 기각결정 또는 그 취소가 있는 경우에는 법원은 결정으로 **재정신청인에게** 신청절차에 의하여 생긴 비용(피의자가 부담한 변호인선임료 등)의 전부 또는 일부를 부담하게 할 수 있다(262의3①②).

(2) 공소제기결정

1) 뜻 재정신청이 이유 있는 때에는 공소제기결정을 한다(262②ii). 공소를 제기함이 상당하다고 인정되는 경우(예: 증거불충분을 이유로 한 혐의 없음 처분에 대해, 유죄로 인정할 증거가 충분하다고 인정되는 경우 등)이다. 공소제기를 결정하는 때에는 죄

명과 공소사실이 특정될 수 있도록 이유를 명시하여야 한다(규122). 검사에게 공소제기를 강제하는 의미가 있다.

2) 불복 공소제기결정에 대하여는 **불복할 수 없다**(262④). 검사는 물론, (공소제기결정으로 불이익을 받은) **피의자도** 불복할 수 없다. 피의자도 불복할 수 없기 때문에, 설령 공소제기결정에 잘못이 있는 경우라도, "본안사건의 절차가 개시된 후에는 (피고인이) **본안사건에서 그 잘못을 다툴 수 없다.**" 이 경우 "그 잘못은 본안사건에서 공소사실 자체에 대한 무죄·면소·공소기각 등의 판결로써 이를 바로잡을 수 있고, 또한 본안사건에서 심리한 결과 유죄로 인정되는 때에는 이를 처벌하는 것이 오히려 형사소송의 이념인 실체적 정의에 부합하기 때문이다"(대판 2010.11.11. 2009도224).[1)]

[잘못된 공소제기결정에 대한 불복 불허(판례)] 예컨대, ㉠ 재정신청서에 재정신청을 이유 있게 하는 사유가 기재되어 있지 않음에도 이를 간과한 경우(위 2009도224), ㉡ 재정신청서를 송부받은 날부터 10일 안에 피의자에게 그 사실을 통지하지 아니한 채 공소제기결정을 한 경우(대판 2017.3.9. 2013도16162), ㉢ 재정신청 대상사건이 아님에도 이를 간과한 경우(대판 2017.11.14. 2017도13465)에도 다른 특별한 사정이 없는 한 본안사건에서 그 잘못을 다툴 수 없다.

3) 공소시효의 정지 공소제기결정이 있는 때에는 공소시효에 관하여 그 결정이 있는 날에 공소가 제기된 것으로 본다(262의4②). 향후 공소제기까지의 사이에 공소시효가 완성되는 사태를 방지하기 위한 것이다.

Ⅳ. 검사의 공소제기와 공소유지

1) 공소제기 재정결정서를 송부받은 관할 지방검찰청 검사장 또는 지청장은 지체 없이 **담당 검사를 지정**하고 지정받은 검사는 **공소를 제기**하여야 한다(262⑥). 공소유지도 검사가 한다. 종래에는 '지정변호사'가 담당했다.

2) 공소장변경 공소를 제기한 검사는 통상의 공판절차에서와 마찬가지로

---

1) 본안사건에서 그 잘못을 다툴 수 있는지 여부에 대해서는 견해가 대립한다. 공소기각설(본안사건에서 다툴 수 있다), 실체판결설(본안사건에서 다툴 수 없다), 절충설(원칙적으로 다툴 수 없으나, 실체면의 하자인 경우 본안사건에 승계되어 예외적으로 다툴 수 있다)이 대립한다. 판례는 실체판결설의 입장이다.

권한을 행사한다. 공소사실의 동일성이 인정되는 범위 내에서 공소사실 및 적용 법조의 변경이 가능하다(대판 1989.3.14. 88도2428). 다만, **공소취소는 할 수 없다**(264의2). 공소제기결정의 취지가 몰각될 수 있기 때문이다.

제 3 편

공소와 심판대상

제 1 장

공소의 제기

제 1 절 공소의 기초

Ⅰ. 공소와 공소권

공소는 검사가 법원에 대해 특정한 형사사건의 심판을 청구하는 법률행위적 소송행위를 말한다. 공소권은 검사에게 있다. 즉, "공소는 검사가 제기하여 수행한다"(246. 국가'소추'주의).[1] '공소의 제기 및 그 유지에 필요한 사항'은 공익의 대표자로서 검사의 직무와 권한에 속한다(검찰청법4①i본문). 따라서 검사의 공소제기가 없으면 법원은 당해 사건을 심리하지 못하고, 검사가 공소제기한 범죄사실로 법원의 심판대상이 한정된다. **'불고불리**(不告不理) 원칙'이다. 이는 국가형벌권 행사에 대한 권력분립 원칙에서 비롯되었다.

공소권이란 공소를 제기하고 유지하는 검사의 지위를 권한의 측면에서 파악한 것이다. 검사의 공소권은 법원의 심판권, 피고인의 방어권과 함께 형사소송의 기본골격을 구성하는 개념이다. 공소권은 소송법상 개념이므로 실체법상 개념인 형벌권과 구별된다.

Ⅱ. 공소권이론과 공소권남용이론

1. 공소권이론

공소권이론이란 검사가 갖는 공소권의 본질과 성격을 규명하기 위한 이론

1) 형사소송법상 '소추'란 '공소제기'와 '공소수행'(공소유지 및 공소변경)의 결합개념이다. 공소권은 공소제기권 · 공소유지권 · 공소변경권을 포함한다.

을 말한다. 이는 검사의 공소권을 피고인의 방어권과 대립시켜 검사의 공소권남용에 대한 법적 통제를 마련할 수 있다는 점에 그 유용성이 있다.

[학설] 이에 대한 견해로, i) 추상적 공소권설은, 공소권을 구체적 사건과 관계없이 형사사건 일반에 대해 검사가 공소제기할 수 있는 일반적 권한으로 파악하는 견해이다. 그러나 이는 공소권의 구체적 내용을 규명함에 있어서는 아무런 의미가 없다. 따라서 '구체적 사건과의 관계에서' 공소권을 파악하는 견해가 등장하게 되는데, 여기에는 '구체적 공소권설(유죄판결청구권설)'과 '실체판결청구권설'이 있다.

ii) 우선, **구체적 공소권설**은 공소권을 구체적 사건에 대해 '유죄'판결을 청구하는 권한으로 이해하는 견해이다. 수사결과 증거가 충분하여 범죄의 객관적 혐의가 인정되고 통상의 소송조건이 구비되어 있어 유죄판결의 충분한 가능성이 있는 경우에 비로소 공소권이 발생한다는 견해이다. '유죄판결청구권설'이라고도 하는데, 민사소송의 '구체적 소권설'에 상응하는 이론이다. 무죄판결을 할 경우의 공소권을 설명할 수 없다는 비판을 받기도 하지만, 공소권을 유죄판결의 충분한 개연성이라는 의미로 이해한다면 설명될 수 있다고 한다.[1)]

iii) 다음, 실체판결청구권설은 공소권을 구체적 사건에 대해 '유죄 또는 무죄의' '실체판결'을 청구하는 권한으로 보는 견해이다. 민사소송의 '본안판결청구권설'에 상응하는 이론이다. 그러나 이 견해는 형벌권을 실현하는 '형사소송'과 분쟁해결을 도모하는 '민사소송' 사이의 본질적 차이를 간과한 채, '무죄'판결을 청구하는 권한까지 포함시킴으로써, 검사의 공소권남용을 통제할 수 없는 결과가 된다.

공소권이론은 그 중점이 검사의 공소권남용을 억제하는 정책적 기능에 있다는 점에서, '**구체적 공소권설**(유죄판결청구권설)'이 다수설의 입장이다. 그러나 공소권이론이 실제의 문제를 '직접' 해결해 주는 것은 별로 없다.

2. 공소권남용이론

(1) 의의 및 근거

1) 뜻 공소권남용이란 공소권의 행사가 형식적으로 적법하지만 실질적으로는 부당하여(=적정성 결여) 위법한 경우이다. 한편, 공소권남용이론이란, 검사의 공소제기가 형식적으로는 적법요건을 구비하고 공소권 행사에 하자가 없는

1) 실무상 검사가 무죄판결을 예상하면서도 기소하는 경우로는, 대법원 판례에 따라 법리상 무죄로 판단되는 사건에 대해 법리를 다투거나 판례의 변경을 목적으로 기소하는 경우가 있는데, 이는 극히 예외적인 경우인데다가 종국적으로는 유죄판결을 전제로 하는 것이므로, 그 합리성이 인정되는 한도에서는, 구체적 공소권설에 반드시 저촉되는 것은 아니다.

것처럼 보이지만, 실질적으로는 공소권의 행사가 그 재량의 한계를 일탈한 경우에, 공소의 '효력을 부인'(=무효)하고, 유·무죄의 실체판결이 아니라 공소기각 또는 면소판결과 같은 **형식재판으로 소송을 종결**하여야 한다는 이론을 말한다.

공소권남용이론은, 검사의 공소권 행사에 대해 '권한남용이론'을 적용하여, 검사의 자의적인 공소권 행사로 인하여 '실질적으로 위법한' 공소제기를 시정·억제함으로써, '피고인을 신속하게 형사절차에서 해방'시키고 '검사의 공소권 행사의 적정성을 담보'할 수 있다는 점에 그 이념적 가치가 있다. 특히 헌법상 '적법절차 원칙'을 공소 단계에서 구현한다는 점에서 그 **실천적 의의**가 강조된다.

[이론적·실정법적 근거와 한계] 형사소송법에는 검사의 공소권남용을 직접 규제하는 규정이 없다. 오히려 형사소송법은 기소편의주의(247)를 규정함으로써 검사의 공소권 행사에 폭넓은 재량을 인정하고 있다. 검사는 범죄의 객관적 혐의가 인정되고 유죄의 판결을 받을 수 있다고 판단될 때에는 공소를 제기할 권한을 갖는다. 그러나 공소권도 어디까지나 '헌법과 형사소송법의 정신'을 해치지 않는 범위 내에서 적정하게 행사되어야 한다. 헌법과 형사소송법이 검사에게 무제한의 소추권을 부여한 것은 아니고, 모든 공법상 권한은 설령 재량행위라고 하더라도 그 행사에 일정한 한계가 있다. 그리고 권한(權限)은 그 사전적 의미가 '권력이 미치는 범위'라는 뜻으로, 이는 '권능의 한계'를 나타내는 용어이다. 권한은 권리와 구별된다. 권리의 행사에는 이익이 따르지만, 권한의 행사에는 책임이 따른다.

i) [근거] 헌법과 형사소송법·검찰청법의 규정 및 그 정신에 비추어, 검사의 소추재량을 무한정한 재량행위로만 볼 수는 없다.

㉠ [기속재량] 검사의 공소권 행사에는 내재적 한계가 있다. 즉, "형사소송법 제246조와 제247조가 검사에게 자의적이고 무제한의 소추권을 부여한 것은 아니다"(대판 1990.9.25. 90도1613). "검사의 소추재량은 **객관적 입장**에서 **'형사소추의 적정성 및 합리성'**을 기하기 위한 것이므로, **스스로 내재적인 한계**가 있다"(대판 2017.8.23. 2016도5423). 따라서 자유재량이 아니라 기속재량(羈束裁量)이다.

㉡ [객관의무] 검사는 공익의 대표자로서 진실과 정의의 원칙에 따라 그 권한을 행사해야 하는 **객관의무**가 있다. 재량의 내재적 한계를 일탈한 공소권 행사는 객관의무 위반이고 이는 궁극적으로 공소권의 남용에 해당하게 된다(민사판결인 대판 2022.2.22. 2002다23447 참조).

㉢ [권한남용금지 규정] "검사는 공익의 대표자로서 범죄수사·공소제기와 그 유지에 관한 사항 및 법원에 대한 법령의 정당한 적용의 청구 등의 직무와 권한을 가진다"(검찰청법4①). 특히 "검사는 그 직무를 수행함에 있어 국민 전체에 대한 봉사자로서 헌법과 법률에 따라 국민의 인권을 보호하고 적법절차를 준수하며, 주어진 **권한을**

남용하여서는 아니된다"(동법4②).

㉣ [형사정책적 관점] 헌법의 기본원리인 '적법절차원칙' 및 '형사피고인의 공정하고 신속한 재판을 받을 권리'의 헌법상 보장 등 헌법원칙에 비추어, 법원은 소추재량의 한계 일탈 여부까지도 심사할 필요가 있다. 이는 형사정책적 관점에서 검사의 소추의 타당성을 심사·비판하여, 재량의 한계를 일탈한 위법·무효인 소추에 대해, 피고인을 절차적 위험으로부터 해방시키는 것이다.

ii) [한계] 한편, 공소권남용의 이념적 가치가 충분히 인정된다고 할지라도, 법원의 본래 임무가 절차의 정형성 확보와 사안의 적정한 해명에 있다고 본다면, 피고인보호와 검사의 소추재량에 대한 통제를 앞세워 형식재판을 통한 절차종결을 지나치게 강조하는 것은 바람직하지 않은 측면이 있다. 검사의 공소권 행사에 폭넓은 재량이 인정되는 이상, 공소권남용으로 인정하는 것은 '소추재량권을 현저히 일탈한' 경우에 한하여 엄격한 요건 하에 예외적·제한적으로 인정해야 한다.

2) 판례: 제한적 긍정설 판례는 기본적으로 공소권남용이론을 긍정하는 입장이지만, '자의적인 공소권 행사'에 대해 적어도 '미필적 의도'가 있어야 된다고 함으로써, 실제 사건에서는 거의 적용하지 않는, 극히 미온적인 태도를 보이고 있다[제한적 긍정설]. "검사가 '자의적으로 공소권을 행사'하여 '피고인에게 실질적인 불이익'을 줌으로써, '소추재량권을 현저히 일탈'하였다고 보여지는 경우에, 이를 공소권의 남용으로 보아 공소제기의 '효력을 부인'(=무효)할 수 있다. 여기서 '자의적인 공소권의 행사'라 함은 단순히 '직무상의 과실에 의한 것만으로는 부족'하고 적어도 '미필적이나마 어떤 의도'가 있어야 한다"(대판 1999.12.10. 99도577; 2021.11.18. 2016도348).

즉, 판례는 공소권남용의 판단기준으로 '소추재량권의 현저한 일탈'을 제시하고, 그 판단요소로서 [㉠] 검사의 '자의적'인 공소권 행사, [㉡] 그로 인한 피고인의 '실질적 불이익'을 들고 있으며(객관적 요소), 특히 위 '자의적'인 공소권 행사(㉠)와 관련하여서는 그 외연을 (단순한 직무상의 과실에 의한 경우를 제외하고) 검사에게 '미필적이나마 어떤 의도'가 있는 경우로 판시하고 있다(주관적 요소). 결국 이를 종합하면, 판례상 공소권남용의 인정기준은, "검사가 미필적으로나마 어떤 의도를 가지고 자의적으로 공소권을 행사하여 피고인에게 실질적인 불이익을 줌으로써, 소추재량권을 현저히 일탈한 위법이 있을 것"으로 정리된다. 법원의 소극적 태도는 검사의 공소권 행사에 대한 관여를 가급적 자제하겠다는 경향으로 보인다.

[판단요소] 판례는, 공소권남용의 인정기준으로 '소추재량권의 현저한 일탈'이라는 엄격한 요건 외에 추가적으로 '어떤 의도'라는 주관적 요소를 별도로 요구하고 있다. 즉, "여기서 '**자의적인 공소권의 행사**'라 함은 단순히 '직무상의 과실'에 의한 것만으로는 부족하고 적어도 '미필적이나마' '어떤 의도'가 있어야 한다."

여기서 '어떤 의도'의 법적 성격에 대해 좀더 규명될 필요가 있다. 공소권 행사의 정당성 여부 판단에서, 검사의 의도나 중대한 과실과 같은 주관적 요소는 중요한 역할을 한다. 주관적 요소의 가치를 과소평가할 수 없다. 여기서 '어떤 의도'는 공소권남용의 독립된 요건이라기보다는 단지 공소권남용의 여러 판단요소의 하나, 즉 공소권남용 판단의 고려요소일 뿐으로 이해해야 한다(정당행위의 요건 중 '긴급성·보충성'에 관한 대판 2023.5.18. 2017도2760 등 참조). 즉, '미필적이나마 어떤 의도'는 '자의적인 공소권 행사'에서 '자의성 판단의 한 요소' 내지 사정으로 보는 것 타당하다. 항고소송이나 민사소송에서도 다를 바 없다.

(2) 공소권남용의 유형

공소권남용이론상 논의되는 공소권남용의 유형은 다음과 같다.

1) 무혐의사건의 기소 범죄의 객관적 혐의가 없음에도 검사가 공소제기한 경우이다. 이에 대해 공소기각결정설(328①iv), 공소기각판결설(327ii), 무죄판결설이 대립한다. 이 경우는 공소기각의 사유에 해당하지 않고, 형식재판이 피고인에게 반드시 유리한 것도 아니라는 이유로, 일사부재리 효력이 있는 무죄판결설이 지배적이다(다수설).

2) 기소유예 상당사건(경미사건)의 기소 소추재량을 일탈한 공소제기, 즉 사건이 경미하여 기소유예하는 것이 마땅함에도 검사가 공소제기한 경우이다. 이에 대해 공소기각판결설(327ii), 면소판결설, 유죄판결설이 대립한다. 이 경우는 공소기각 또는 면소의 사유에 해당하지 않고, 법원의 심판대상은 공소사실일 뿐 소추재량의 당부는 아니라는 이유로, 유죄판결을 할 수밖에 없다는 것이 지배적이다(다수설).

3) 불평등기소 동일한 사건으로 입건된 다수의 공동피의자 중 일부만 기소하고 다른 일부는 기소유예처분을 하는 경우이다. 평등원칙 위반이 문제된다. **차별기소**(선별기소)라고도 한다. 이에 대해 공소기각판결설(327ii), 실체판결설이 대립한다. 이 경우는 검사에게 소추재량이 있고, 동일한 구성요건에 해당하여도 위법성·책임은 조각 여부 내지 그 정도가 행위자마다 상이하므로, 특별한 사정이 없는 한 실체판결을 할 수밖에 없다(다수설). 판례도 같다. 즉, "피고인과 동일

하거나 다소 중한 범죄구성요건에 해당하는 행위를 하였음에도 불기소된 사람이 있다는 이유만으로는 피고인에 대한 공소제기가 평등권 내지 조리에 반하는 것으로서 공소권남용에 해당하는 것은 아니다"(대판 2012.7.12. 2010도9349). 나아가 자의적인 공소권의 행사로 인정되려면 "적어도 **미필적으로나마** (차별취급할) **의도**"가 있어야 한다(위 2010도9349)는 입장이다.[1] 그러나 선별기소가 문제된 모든 사건에서 "차별취급할 의도로 소추재량권을 현저히 일탈하여 자의적으로 공소권을 행사한 것으로 볼 수는 없다"(위 2010도9349 등)고 한다.

4) 악의적 분리기소 경합범에 해당하는 수개의 공소사실에 대하여 동시에 기소할 수 있음에도 피고인이 병합심리를 받지 못하게 할 의도로 검사가 일부를 누락하고, 관련사건의 항소심 판결선고 후에 비로소 누락사건을 뒤늦게 기소하는 경우이다. 피고인은 관련사건을 함께 재판받을 이익을 박탈당하고, 병합심리에 의한 양형상의 혜택 기회를 상실하며, 재판과 처벌을 반복하는 등 절차적 불이익을 부담하게 된다. 이에 대해 공소기각판결설(327ii), 실체판결설이 대립한다.

판례는 **제한적 긍정설**(즉, 제한적 공소기각판결설)의 입장이다. 즉, '자의적으로 공소권을 행사하여 피고인에게 실질적인 불이익을 줌으로써 **소추재량권을 현저히 일탈한** 경우로서, (자의적인 공소권의 행사가 되기 위해서는) **적어도 미필적 의도**가 인정되는 경우'에 한하여, 공소권남용을 인정한다. 그리고 대부분의 경우에서 분리기소는 공소권의 자의적 행사가 아니라고 한다. 예컨대, "일괄기소하지 아니하고 수사진행 상황에 따라 여러 번에 걸쳐 분리기소한 경우 소추재량권의 일탈에 해당하지 않는다"(대판 2007.12.27. 2007도5313). 즉, 원칙적으로 '동시소추의무는 없다'는 것이다. 다만, 검사의 동시소추의무 유무를 떠나서, 공소권행사의

---

1) [불평등기소] 미국의 경우 공소권남용의 예로는 불평등기소와 보복기소가 논의된다.
미국에서는 불평등 기소(selective prosecution)에 대해 수정헌법 제14조의 평등원칙 위반으로서 공소기각(dismissal)에 의하여 절차를 종결하도록 하고 있다. 미국의 판례와 학설은 이러한 불평등기소가 인정되기 위한 요건으로 차별효과(discriminatory effect)와 차별의도(discriminatory intent or purpose)의 2원적 기준(two prong test)을 요구한다. 즉, 유사한 상황에 놓여 있는 다른 범죄자가 기소되지 않는다는 객관적 요건과 정당하지 않은 기준에 의한 의도적(deliberately) 차별이라는 주관적 요건이 있어야 한다는 것이다. 차별효과와 차별의도에 대한 증명책임은 '피고인'에게 있다고 하며, 다만 이 경우 피고인은 검사에게 증거개시(discovery)를 신청하게 되는바, 증거개시신청이 인용되기 위한 증명의 정도에 대해, 연방대법원은 증거개시를 위해 '신뢰할 만한 증명'(credible showing)이 요구된다는 입장(United States v. Armstrong, 1996)이며, 이는 '가능성을 인정할 정도의 증명'(colorable showing)에 상응하는 것으로 이해되고 있다.

내재적인 재량의 한계를 현저히 벗어난 경우에, 예외적으로 공소권남용을 긍정한 사례가 있다(대판 2001.9.7. 2001도3026).

그런데 분리기소에 대한 공소권남용론은 2005년 형법개정으로 문제상황이 희석되어 이제는 문제될 여지가 별로 없게 되었다. 2005년 형법개정으로, 선행사건의 판결 확정 전에 범한 죄에 대해서는 '형의 임의적 감면'이나 '집행유예의 선고'가 가능하게 되었기 때문이다. 즉, ① 제37조 후단 경합범의 경우 형의 임의적 감면 규정(형법39①)이 신설된 점이다. 그 결과 이제는 후행사건에 대하여 선행사건과 동시에 판결할 경우와의 형평을 고려하여 그 형을 감경 또는 면제까지 가능하게 되었다. ② 집행유예의 결격 요건(형법62단서)도 과거에 비해 대폭 완화된 점이다. 집행유예의 결격사유가 "금고 이상의 형을 선고한 판결이 확정된 때부터 그 집행을 종료하거나 면제된 후 3년까지의 기간에 범한 죄"로 축소되었다. 그 결과 선행사건의 판결 확정 전에 범한 죄가 이제는 더 이상 집행유예 결격사유가 아니므로, 후행사건에 대해서도 집행유예의 선고가 가능하게 되었다.

5) 보복기소 등 견해에 따라서는 '악의의 기소 내지 보복기소',[1] '위법수사에 의한 기소'[2]를 공소권남용의 유형에 포함시키기도 한다.

(3) 판례상 공소권남용 긍정 사례

공소권남용을 긍정한 2개의 **판례사례**가 있다.

1) 사실심 판결선고 후 누락사건 기소 우선, "피고인은 절취한 차량을 무면허로 운전하다가 적발되어 절도 범행의 기소중지자로 검거되었는데, 그럼에

---

1) [악의의 기소 내지 보복기소] 악의의 기소란 <u>형사재판 이외의 목적을 가지는 검사의 악의 또는 직무태만에 의한 형사절차의 남용</u>(예: 정치적 목적으로 기소)을 의미한다.

한편, 미국의 경우 보복기소(vindictive prosecution)란, 검사가 헌법 또는 제정법상 인정되는 권리를 행사하는 피고인에게 <u>제재를 가할 목적으로 '기소를 추가'하거나 '중한 범죄로 기소를 변경'하는 경우</u>에 인정된다. 이처럼 악의(bad faith)에 의한 보복기소가 인정되는 경우에 수정헌법 제5조의 적법절차 위반으로서 공소기각의 대상이 된다. 그런데 연방대법원은 Blackledge v. Perry 사건(1974)에서, (공판개시 전의 기소에서는 보복이 추정되지 않지만) 공판개시 후 검사가 기소를 추가하거나 중한 죄로 기소를 변경하는 경우 보복을 <u>추정</u>하여야 하며, 이러한 추정은 검사가 기소변경을 정당화하는 객관적 증거를 제시한 경우에 한하여 번복될 수 있지만, 검사가 그러한 증거를 제시하지 못하는 이상 보복기소 주장을 인용하여야 한다고 판시한 바 있다.

2) [위법수사에 의한 기소] 수사절차에 중대한 위법이 있을 경우, 즉 <u>위법수사와 공소제기가 불가분의 일체성이 있을 경우</u>에는 공소제기가 무효인 경우에 해당하여 공소기각 판결을 해야한다는 견해(긍정설)이다. 반면, 함정수사의 적법성 내지 위법수집증거배제법칙을 매개로, 위법수집증거를 배제하고 유·무죄의 실체판결로 해결하는 것이 타당하다는 견해(부정설)도 있다.

도 검사는 무면허운전만으로 1차 기소하여 징역 6월의 확정판결을 받고 그 형의 집행 중 가석방되자, 다시 절도 범행의 기소중지자로 긴급체포하여 절도 범행과 이미 처벌받은 무면허운전의 일부 범행까지 포함하여 2차 기소한 사안"(대판 2001.9.7. 2001도3026)이다. 이는 공소권남용의 유형 가운데 '분리 기소 내지 누락사건의 추가기소'에 해당하는데, 그 후행기소에 대해 공소권남용에 해당한다는 이유로 **공소기각의 판결**(327ii)이 선고되었다.

2) **기소유예처분 후 다시 기소** 최근에는, "피고인이 2005년 미리 기획재정부장관에게 등록하지 않고 중국으로 송금하였다는 내용의 외국환거래법위반 사건에 대해, 검사가 2010. 3. 29. 기소유예 처분을 하였는데, 그 후 특별한 사정변경이 없음에도 만 4년이 지난 2014. 5. 9. 별도로 이를 기소한 사안"(대판 2021.10.14. 2016도14772)이다. 이는 공소권남용의 유형 중 '보복적 기소'의 일종[1]으로 보이는데, 이 경우에도 소추재량권의 현저한 일탈로서 공소권남용에 해당한다는 이유로 **공소기각의 판결**(327ii)이 선고되었다.[2]

3) **기타** 그 밖에, '가정보호사건에 대해 불처분결정이 확정된 후 그 효력을 뒤집을 특별한 사정이 없음에도 다시 같은 범죄사실에 대해 기소한 사례에서, 공소권남용의 가능성'을 시사하였다(대판 2017.8.23. 2016도5423).[3]

---

1) [보복기소] 피고인은 제1심 공판에서 "피고인에게 실질적 불이익을 주려는 의도로 한 차별적·보복적 기소"라고 주장하였고(서울중앙지법 2015.7.16. 2014고합539 판결의 제7면), 항소이유에서는 "검찰은 피고인에 대한 국가보안법위반 등 사건에서 수사기관의 증거조작 사실이 밝혀지고, 피고인이 국가보안법위반의 점에 관하여 무죄판결을 받자, 추락한 검찰의 위신을 세우고 피고인에게 범죄자라는 낙인을 찍기 위하여 과거에 기소유예한 바 있는 외국환거래법위반 혐의로 피고인을 보복 기소하였다"(서울고법 2016. 9.1. 2015노2312 판결의 제3면)라고 주장하였다. 다만, 항소심판결이나 대법원판결에서, 구체적으로 '어떤 의도가 있었다'고 인정하거나 '그러한 의도가 추정된다'고 판단한 바는 없다.

2) [소송의 경과] 국민참여재판으로 진행된 제1심에서 배심원 7명 중 4명이 외국환거래법 위반 부분에 대한 기소가 검사의 공소권남용에 해당한다고 지적하였으나, 제1심 법원은 이와 달리 이 부분을 유죄로 인정하고 벌금 1,000만원을 선고하였다. 제2심은 공소권남용에 해당한다는 이유로 제1심 판결을 파기하고 공소기각의 판결을 선고하였다. 즉, 종래 사건에 대한 기소유예 처분 이후, 피고인에 대한 국가보안법위반 사건의 재판과정에서 국가정보원 직원들이 피고인에 대한 출입경 기록 등 증거를 위조한 사실이 드러나 피고인에 대한 무죄판결이 선고되었는데, 그 직후 종전의 기소유예처분을 번복하고 공소제기한 것으로, 그 사이에 의미 있는 사정변경은 없고, 재수사의 단서가 된 고발이 있었으나 이는 검찰사건사무규칙(115③v)에 따라 각하되었어야 할 것이라는 등의 이유로, 소추재량권의 현저한 일탈에 해당한다고 판단하였다. 검사가 상고하였으나 상고기각되었다.

3) [위 2016도5423(상해)] "종전 가정보호사건의 확정된 불처분결정의 효력을 뒤집을 특별한 사정이 없음에도 불구하고 이 사건 공소제기가 단지 고소인의 개인적 감정에 영합하거나 이혼소송에서 유리한 결과를 얻게 할 의도만으로 이루어진 것이라면 이러한 조치는 공소권의 남용으로서 위법한 것으로 볼 수 있다."

Ⅲ. 공소제기의 기본원칙

1. 국가소추주의와 기소독점주의

(1) 국가소추주의

국가소추주의란 공소제기의 권한을 국가기관이 가짐을 뜻한다. 공소는 검사가 제기하여 수행한다(246. 국가'소추'주의). 형사소송법상 소추란 공소제기와 공소수행을 포함하는 개념이다. 국가기관(검사)에 의한 국가소추주의를 규정한 것이다.

국가소추주의에 대비되는 개념으로 사인소추주의가 있다. 예컨대 미국의 공중소추제도인 대배심, 독일의 사인소추제도(예외적으로 주거침입 · 비밀침해 · 모욕 등 경미한 범죄에서 보충적으로 허용) 등이다.

(2) 기소독점주의

1) 뜻　국가기관 중에서도 **검사만**이 공소제기의 권한을 독점하는 것을 말한다. 제246조는 국가소추주의와 함께 기소독점주의를 규정하고 있다. 공정한 공소제기, 통일된 공소권행사 등의 장점이 있으나, 관료주의와 결합하여 자의적 공소권행사의 위험성 등 단점도 있다.

2) 규제　기소독점에 대한 법적 규제로는, 재정신청, 검찰항고, 헌법소원 등의 직접규제, 불기소처분의 통지 · 이유고지제도 등의 간접규제가 있다.

3) 예외　기소독점주의의 예외로는 **경찰서장의 즉결심판청구**가 있다. 즉결심판은 20만원 이하의 벌금, 구류 또는 과료에 처할 사건에 대하여 경찰서장이 법원에 그 처벌을 청구한다(즉심법3). 법정형이 아니라 **선고형을 기준**으로 정해진다는 점에서 대상사건의 범주는 현실적으로 매우 광범위하다.

2. 기소편의주의와 공소변경주의

(1) 기소편의주의(기소유예)

1) 뜻　기소편의주의란 검사에게 형사소추와 관련한 기소 · 불기소의 재량을 인정하는 제도를 말한다. 수사결과 범죄의 객관적 혐의가 충분히 인정되고 소송조건이 구비된 경우에도 검사의 **재량에 의한 불기소**를 인정하는 것이다. 제247조는 기소편의주의를 채택하고 있다. 기소편의주의는 형사사법의 탄력적 운영을 통하여 구체적 정의를 실현할 수 있다는 장점이 있으나, 검사의 자의와 정치적 영향을 배제할 수 없고 이로 인해 국민의 신뢰를 파괴할 위험이 있다는 단

점도 있다. 기소편의주의는 **공소취소**를 허용한다.

> **[기소법정주의]** 기소편의주의에 대비되는 개념으로 **기소법정주의**가 있다. 이는 수사 결과 범죄의 객관적 혐의가 인정되고 소송조건이 구비된 경우에는 반드시 공소를 제기해야 한다는 원칙을 말한다. 물론 공소취소를 허용하지 않는다. 독일의 경우 원칙적으로 기소법정주의를 채택하고 있다.

2) **기소유예** 검사는 형법 제51조의 사항을 참작하여 공소를 제기하지 아니할 수 있다(247). 기소유예는 검사의 처분이므로 법원의 확정판결과는 달리 **확정력**(내지 일사부재리 효력)**이 인정되지 않는다**. 따라서 검사가 기소유예처분을 한 사건을 다시 재기하여 기소하여도, 공소권남용이 아닌 한 그 효력에 영향이 없고, 법원이 이에 대해 유죄판결을 선고해도 일사부재리 원칙에 반하지 않는다(대판 1983.12.27. 83도2686. 공소권남용에 대해서는 위 2016도14772 참조). 한편, 조건부 기소유예, 일부기소유예(부분기소)의 허용 여부에 대해서는 견해가 대립한다. 다만 선도조건부 기소유예는 이를 허용하는 명문의 규정이 있다(소년법49의3).

3) **기소편의주의의 규제** 기소유예처분에 대해서는 **재정신청**, 검찰항고, 헌법소원 및 불기소처분의 통지·이유고지제도 등이 가능하고, 적극적인 공소제기에 대해서는 해석상 공소권남용이론이 주장되고 있다.

(2) **공소변경주의**(공소취소)

1) **공소취소** 공소취소란 검사가 제기한 공소를 스스로 철회하는 것, '공소제기 그 자체의 철회'를 말한다. '공소취소'를 인정하는 입법형식을 공소변경주의라고 하며, 이는 기소편의주의의 표현이자 그 연장이다. i) (시기, 사유, 방식) 공소취소는 **제1심 판결선고 전까지** 할 수 있다(255). 그 취지는 검사의 취소에 의해 법원 판결의 효력이 좌우되는 것을 방지하기 위한 것이다. 공소취소의 사유는 **법률상 제한이 없다**. 공소취소는 취소사유를 기재한 서면으로 하여야 하며, 단 **공판정에서는 구술**로써 할 수 있다(255②). ii) (공소취소의 효력범위) 공소취소한 당해 피고인에게만 효력이 있다. 공소취소의 효력은 공소장에 기재된 사실과 단일성·동일성이 인정되는 한 그 전부에 미친다. 그러나 경합범 관계에 있는 수개의 공소사실 중 일부에 대해서 공소취소하더라도 그 효력은 다른 공소사실에는 미치지 않는다(경합범 관계에 있는 수개의 공소사실 사이에는 단일성·동일성이 인정되지 않기 때문이다). iii) (결정) 법원은 공소기각의 **결정**을 선고한다(328①i).

2) 재기소의 제한 공소취소에 의한 공소기각의 결정이 확정된 때에는, 공소취소 후 그 범죄사실에 대한 **다른 중요한 증거를 발견**한 경우에 한하여 다시 공소를 제기할 수 있다(329).[1] 동일사건에 대해 공소취소 후의 재기소를 제한한 것은 법적 안정성과 피고인 보호를 위한 것이다. 여기서 '다른 중요한 증거'란 '충분히 **유죄의 확신**을 갖게 될 정도의 증거'를 말한다(대판 1977.12.27. 77도1308). 이에 위반하면 판결로써 공소기각을 한다(327iv).

제 2 절 공소제기의 방식

Ⅰ. 공소장의 제출

공소를 제기함에는 **공소장**을 관할법원에 제출하여야 한다(254①). 민사소송의 경우와는 달리, 구두나 전보 또는 팩시밀리에 의한 공소제기는 허용되지 않는다. 즉, 국가형벌권의 행사인 공소제기에는 엄격한 **서면주의**가 적용된다. 공소제기의 서면주의는 '법원의 심판대상(공소사실 및 피고인)'을 명확히 하고, '피고인의 방어권을 보장'하기 위한 것이므로, 공소장의 제출은 **공소제기의 본질적 요소**이다(대판 2003.11.14. 2003도2735). 공소장의 제출이 없는 이상 기록을 법원에 송부한 사실만으로 공소제기가 성립되었다고 볼 수 없다(위 2003도2735). 검사는 공소장을 제출할 때 피고인의 수에 상응하는 **부본**을 첨부해야 한다(254②). 법원은 늦어도 제1회 공판기일 **5일 전까지** 피고인 또는 변호인에게 부본을 송달해야 한다(266).

한편, **저장매체**를 공소장에 첨부하여 제출하는 것은 서면주의에 위반된다. 즉, "검사가 공소사실의 일부가 되는 범죄일람표를 전자적 형태의 문서로 작성한 후, 종이문서로 출력하여 제출하지 아니하고 전자문서가 저장된 저장매체 자체를 공소장에 첨부하여 제출한 경우[2]에는, **서면인 공소장에 기재된 부분에 한**

---

1) 이는 "종전 범죄사실 그대로 재기소하는 경우뿐만 아니라, 범죄의 태양, 수단, 피해의 정도, 범죄로 얻은 이익 등 범죄사실의 내용을 추가 변경하여 재기소하는 경우에도 마찬가지로 적용된다. 따라서 종전의 범죄사실을 변경하여 재기소하기 위하여는 변경된 범죄사실에 대한 다른 중요한 증거가 발견되어야 한다"(대판 2009.8.20. 2008도9634).

2) 공소장에는 별지로 '범죄일람표 1, 2, 3.'만이 첨부되어 있을 뿐, 나머지 범죄일람표에 대해서는 별도의 첨부 없이 별지 범죄일람표 말미에 "종이문서로 출력할 경우 그 분량이 방대한 관계로 CD로 제출한다."는 취지로 기재하고 CD를 첨부한 사례.

하여 공소제기된 것일 뿐, 저장매체에 저장된 전자문서 부분까지 공소제기된 것이라고 할 수는 없다. 그 이유는, ㉠ 이러한 형태의 공소제기를 허용하는 별도의 규정이 없고, ㉡ 저장매체나 전자문서를 공소장의 일부로서의 '서면'으로 볼 수도 없기 때문이다. 이는 전자문서의 양이 방대하여 이를 허용할 현실적인 필요가 있다거나 피고인·변호인이 이의를 제기하지 않고 변론에 응하였다고 해도 마찬가지이다"(대판 2016.12.15. 2015도3682).

Ⅱ. 공소장의 기재사항

1. 필요적 기재사항

공소장에 반드시 기재하여야 하는 사항은 피고인을 특정할 수 있는 사항, 죄명, 공소사실 및 적용법조이다(254③). 그리고 피고인의 구속 여부(규117①)도 필요적 기재사항이다.

한편, 공소장에는 검사가 기명날인 또는 서명하여야 한다(57①). "검사가 기명날인 또는 서명이 없는 상태로 공소장을 법원에 제출한 것은 제57조 제1항에 위반되어 '공소제기가 무효인 때'에 해당한다(327ii. 공소기각 판결). 다만, 이 경우 공소를 제기한 검사가 공소장에 기명날인 또는 서명을 추후 보완하는 등의 방법으로 공소제기가 유효하게 될 수 있다"(대판 2012.9.27. 2010도17052). 그러나 "이러한 하자에 대한 추후 보완 요구는 법원의 의무가 아니다"(대판 2021.12.16. 2019도17150). 반면, 간인의 일부 누락은 통상 문제되지 않는다. 즉, "공소장에 검사의 간인이 없더라도 공소장의 형식과 내용이 연속된 것으로 일체성이 인정되는 한 효력이 없는 서류라고 할 수는 없다. 공소제기가 무효인 것은 아니다"(대판 2021.12.30. 2019도16259).

(1) 피고인 특정(성명 등)

공소장에는 피고인의 성명 기타 피고인을 특정할 수 있는 사항(즉, 주민등록번호, 직업, 주거 및 등록기준지)을 기재하여야 한다(254③i·규117①). 법인은 사무소 및 대표자의 성명과 주소를 기재한다. 피고인이 성명 등을 묵비하여 성명을 알 수 없는 때에는 인상·체격의 묘사나 사진의 첨부 등의 방법도 가능하다. 특정의 정도는 피고인을 타인과 구별할 수 있는 정도이면 된다.

"피고인이 타인의 성명을 모용하여 공소장에 피모용자가 피고인으로 표시된 경우 이는 표시상의 착오일 뿐이므로 모용자가 피고인이 되고 피모용자에게는 공소의 효력이 미치지 않는다. 다만 피고인이 특정된 것은 아니므로, 검사는 공소장'정정'절차에 따라 그 표시를 바로 잡아야 하고, 이를 바로잡지 않은 경우에는 공소기각의 판결을 선고한다"(대판 1993.1.19. 92도2554).

(2) 죄명 및 적용법조

공소장에는 죄명 및 적용법조를 기재하여야 한다. i) 죄명은 구체적으로 표시한다. 형법범의 죄명은 대검찰청에서 제정한 형법죄명표에 의하고, 특별형법범의 죄명은 명칭 다음에 '위반'을 덧붙여 표시한다('공소장 및 불기소장에 기재할 죄명에 관한 예규'). ii) 적용법조는 형법각칙 및 특별형법의 본조는 물론, 총칙상의 미수·공범·누범·죄수 등에 관한 법조도 기재한다. '제○조 제○항'과 같이 명시적으로 기재한다. 적용법조의 기재 이유는 공소사실의 법률적 평가를 명확히 하여 피고인의 방어권을 보장하기 위함이다.[1] iii) 다만, 죄명·적용법조에 약간의 오기나 누락이 있더라도, 피고인의 방어에 실질적인 불이익을 주지 않는 한 공소제기의 효력에는 영향이 없고, 법원으로서도 '공소장변경의 절차를 거침이 없이' 곧바로 공소장에 기재되지 않은 법조를 적용할 수 있다(대판 2006.4.28. 2005도4085).

(3) 공소사실

1) 공소사실의 특정 공소사실은 법원에 심판을 청구한 사실로서 공소장에 기재된 범죄사실을 말한다. "공소사실의 기재는 범죄의 일시·장소와 방법을 명시하여 사실을 특정할 수 있도록 하여야 한다"(254④). 이와 같이 공소사실의 특정을 요구하는 법의 취지는, "법원에 대하여 '심판의 대상을 한정'하고, 피고인에게 '방어의 범위를 특정'하여 그 '방어권 행사를 쉽게' 해주려는 데 있다"(대판 2023.4.27. 2023도2102). 그렇다면, 공소사실은 범죄구성요건 해당사실을 다른 범죄사실과 구별할 수 있는 정도로 '구체적으로 특정하여 기재'해야 한다.

2) 특정의 정도 따라서 "[㉠] '시일'은 이중기소나 시효에 저촉되지 않는 정도, [㉡] '장소'는 토지관할을 가름할 수 있는 정도, [㉢] '방법'은 범죄의 구성요건을 밝히는 정도의 기재를 요한다. 공소사실은 이 3가지의 특정요소를 종합

1) 공소장에 적용법조를 개괄적으로 단순 나열하는 현재와 같은 기재방식은 지양되어야 한다. 적용법조에 대한 가독성·명확성을 높이고 피고인의 방어권행사를 실질적으로 보장하기 위해서는, 공소사실 별로 구분하여 구체적으로 적용법조를 특정하는 기재방식으로 개선되어야 한다.

하여 구성요건에 해당하는 구체적 사실을 다른 사실과 판별할 수 있는 정도로 기재하면 된다”(위 89도112).

3) **특정의 방법** 실무상 공소사실의 특정은 일시 · 장소 · 방법을 포함하여 '6하 원칙' 또는 '8하 원칙'에 맞게 기재한다. 즉, 주체 및 공범, 일시, 장소, 동기, 객체(또는 피해자), 수단 · 방법, 행위 · 결과의 8개 항목을 '8하 원칙'이라 하고, 공범관계 · 동기를 제외한 6개 항목을 '6하 원칙'이라 한다. 범죄의 유형에 따라 그 특정의 방법에는 차이가 있다. 예컨대, i) 실체적 경합범의 경우에는 수개의 범죄사실을 각 범죄사실별로 특정하여야 한다. ii) 공동정범의 경우에는 행위자별로 기능적 행위지배의 존부를 판단할 수 있을 정도로 공모자별로 행위분담을 기재하여야 한다. iii) 교사범 · 방조범의 경우에는 그 전제되는 정범의 범죄사실도 구체적으로 기재하여야 한다(대판 2001.12.28. 2001도5158).

4) **특정의 완화** 그런데 특정을 너무 엄격하게 요구하면 공소에 지장이 초래될 수 있다. 구체적 사안에 따라 피고인의 방어권행사에 실질적인 불이익을 주지 않는 범위 내에서, 특정의 요구 정도는 완화될 필요가 있다. 판례도 같다. 즉, “공소의 원인이 된 사실의 일부가 다소 불명확하더라도, 그와 함께 적시된 다른 사항들에 의하여 그 공소사실을 특정할 수 있고, 그리하여 피고인의 방어권 행사에 지장이 없다면, 공소제기의 효력에는 영향이 없다”(대판 2006.4.14. 2005도9561). 예컨대, ㉠ 위조문서가 압수되어 현존하고 있는 경우(대판 2009.1.30. 2008도6950) 등이다.[1] ㉡ 변조의 경우도 같다.

특히 공소범죄의 성격에 비추어 그 개괄적 표시가 부득이한 경우에서 문제된다. 여기서도 피고인의 방어권 행사에 지장이 있는지 여부가 관건이 된다. 즉, “공소장에 범죄의 일시, 장소, 방법 등이 구체적으로 적시되지 않았더라도, 공소범죄의 성격에 비추어 그 개괄적 표시가 부득이하며 또한 피고인의 방어권 행사에 지장이 없는 경우에는 그 공소내용이 특정되지 않아 공소제기가 위법하다고 할 수 없다”(대판 1991.10.25. 91도2085; 2013.12.12. 2013도12803). 그러나 “비록 공소범죄의 특성에 비추어 개괄적인 기재가 불가피한 경우가 있다 하더라도, 사실상 피고인의 방어권 행사에 지장을 가져오는 경우에는 구체적인 기재가 있는 공소장이라고 할 수 없다(대판 2000.11.24. 2000도2119; 2017.2.21. 2016도19186). 개괄적 표시

---

1) [특정] 유가증권변조의 경우에도 같다. 즉, 유가증권변조의 공소사실이 범행일자를 “2005. 1. 말경에서 같은 해 2. 4. 사이”로, 범행장소를 “서울 불상지”로, 범행방법을 “불상의 방법으로 수취인의 기재를 삭제”한 것으로 된 경우, 변조된 유가증권이 압수되어 현존하고 있는 이상 그 공소사실은 특정되었다(대판 2008.3.27. 2007도11000).

가 허용되는 대표적인 경우는 i) '마약범죄('소변'감정 결과)'와 ii) '포괄1죄'이다.

i) 마약범죄에서 ㉠ '소변'감정 결과에 기초한 공소사실은 특정된 것(예: '8월 10일부터 19일까지 사이')으로, 반면, ㉡ '모발'감정 결과에 기초한 공소사실은 불특정된 것(예: '11월경')으로 취급하는 경향이다.[1] 이러한 구별은 소변과 모발에 대한 ㉠ 감정 결과의 정확성, ㉡ 추정투약기간, ㉢ 외부오염가능성 등의 차이에서 비롯된다.[2] 즉, '모발'감정 결과는 방어권행사에 지장을 주기 때문이다(공소기각 판결). 한편, 검사는 가능한 한 기소 당시의 증거에 의해 특정함으로써, 피고인의 방어권 행사에 지장을 초래하지 않도록 해야 한다.[3]

ii) 포괄1죄에서는 "그 1죄의 일부를 구성하는 개개의 행위에 대하여 구체적으로 특정되지 아니하더라도, 그 전체 범행의 시기와 종기, 범행방법, 피해자나 상대방, 범행횟수나 피해액의 합계 등을 명시하면 이로써 그 범죄사실은 특정된다"(대판 1995.2.27. 94도3297; 2012.8.30. 2012도5220).

5) 불특정의 효과 공소사실이 특정되지 않으면 '공소제기의 절차가 법률의 규정에 위반하여 무효인 때'에 해당하여 **공소기각의 판결**을 선고하여야 한다(327ii). 다만, "공소장의 기재가 불명확한 경우 법원은 **검사에게 석명**(규141①)을 구한 다음, 그래도 검사가 이를 명확하게 하지 않은 때에야 비로소 공소사실의 불특정을 이유로 공소를 기각함이 상당하다.[4] **석명 없이** 곧바로 공소기각의 판

---

1) [소변감정－특정] 대판 2010.8.26. 2010도4671 (메스암페타민의 양성반응이 나온 소변감정결과에 의해 그 투약일시를 '2009.8.10.부터 2009.8.19.까지 사이'로, 투약장소를 '서울 또는 부산 이하 불상'으로 공소장에 기재한 사안에서, 공소사실이 향정신성의약품투약 범죄의 특성을 고려하여 합리적인 정도로 특정된 것으로 볼 수 있다고 한 사례) 등.
[모발감정－불특정] 대판 2012.4.26. 2011도11817 (필로폰 투약 관련하여 공소장에 범행일시를 모발감정 결과에 기초하여 투약가능기간을 역으로 추정한 '2010.11.경'으로, 투약장소를 '부산 사하구 이하 불상지'로 기재한 사안에서, 마약류 투약범죄의 특성 등에 비추어 공소사실이 특정되었다고 보기 어렵다고 한 사례) 등.

2) [양자의 구별이유]는 다음의 표 참조.

	소변	모발
감정의 정확성	양성판정대사체가 300ng	0.5ng(정확성 낮음)
추정투약기간	길어야 10일	수개월, 심지어 1년 (너무 길다)
외부오염가능성	체내흡수－오염가능성 배제	모발자체에 대한 외부오염 가능성

3) "특정할 수 없는 부득이한 사정이 존재하지 아니함에도, 공소의 제기 혹은 유지의 편의를 위하여 범죄의 일시·장소 등을 지나치게 개괄적으로 표시함으로써, 사실상 피고인의 방어권 행사에 지장을 가져오는 경우에는, 제254조 제4항의 구체적인 범죄사실의 기재가 있는 공소장이라고 할 수 없다. 공소사실이 특정되지 아니한 부분이 있다면, 법원은 검사에게 석명을 구하여 특정을 요구하여야 하고, 그럼에도 검사가 이를 특정하지 않는다면 그 부분에 대해서는 공소를 기각할 수밖에 없다"(대판 2023.4.27. 2023도2102).

결을 하면 위법하다"(대판 2006.5.11. 2004도5972; 2022.11.17. 2022도8257). 한편, 저장매체를 공소장에 첨부하여 제출한 경우에는, "(저장매체에 저장된 전자문서 부분을 고려함이 없이) 서면인 공소장에 기재된 부분만으로 공소사실 특정 여부를 판단해야 한다"(앞 2015도3682).

[공소사실 불특정] 공소사실 불특정으로 공소기각 판결이 선고된 대표 사례로는,

㉠ 공소시효 완성 여부(판별 불능) : "피고인은 2020. 12. 30. '2013. 12.경부터 2014. 1.경 사이 업무방해하였다'는 공소사실로 기소되었다. 공소시효가 2014. 1. 31.부터 진행한다고 보면 그로부터 7년이 지나기 전에 기소하여 공소시효가 완성되지 않겠지만, 이는 반복적 행위가 아니라 특정일에 발생한 행위이므로, 범행일이 2013. 12. 31. 이후인지 여부에 따라 공소시효의 완성 여부가 달라지는데, 위 공소사실의 일시는 '2013. 12.경부터 2014. 1.경 사이'이므로, 공소시효 완성 여부를 판별할 수 없다. 따라서 위 공소사실은 구체적으로 특정되었다고 할 수 없다"(대판 2022.11.17. 2022도8257).

㉡ 선행판결의 기판력 작용 여부(판별 불능) : "피고인은 선행판결에서 '2021. 6. 10. 19:00경부터 20:00경 사이에 향정신성의약품인 메트암페타민을 투약하였다'는 범죄사실로 징역 2년을 선고받아 확정되었다. 이 사건 공소사실은 '2021. 3.경부터 같은 해 6월경 사이에 메트암페타민을 총 2회에 걸쳐 투약하였다'는 공소사실로 기소되었다. 선행판결과 이 사건 공소사실은 범행일시가 겹칠 가능성을 배제할 수 없고, 그 경우 선행판결의 효력이 이 사건 공소사실에도 미치는데, 위 공소사실의 '일시' 기재만으로는 위 공소사실이 선행판결의 범죄사실과 동일한지 판단할 수 없어 심판의 대상이나 방어의 범위가 특정되었다고 볼 수 없다"(대판 2023.4.27. 2023도2102).

2. 임의적 기재사항: 예비적·택일적 기재

(1) 의의

공소장에는 '수개의' 범죄사실과 적용법조를 예비적 또는 택일적으로 기재할 수 있다(254⑤). i) 예비적 기재란 수개의 범죄사실 또는 적용법조에 대하여 **심판의 순서를 정하는** 것을 말한다(예: 주위적으로 절도, 예비적으로 점유이탈물횡령). 선순위를 주위적 공소사실, 후순위를 예비적 공소사실이라 한다. 법원은 검사가 정한 순서에 기속된다. ii) 택일적 기재란 **심판의 순서를 정하지 않고** 수개의 범죄사실 또는 적용법조에 대하여 선택적으로 심판을 구하는 것을 말한다. 법원이 어느

---

4) 여기서의 법원의 석명은 형식재판을 억제하고 검사에게 실체심리의 기회를 부여하기 위한 것으로, 민사소송의 '소장 보정명령'(민소 254)에 대응하는 것으로 이해하면 된다.

사실부터 먼저 심판해도 무방하다.

예비적·택일적 기재는 검사가 공소사실에 대해 충분한 심증을 형성하지 못하였거나 법률적 구성을 확정하기 곤란한 경우에 검사에게 **융통성을 부여**한다.

(2) 허용범위

공소사실의 동일성이 인정되지 않는 경우에는 공소장변경이 허용되지 않는다(후술). 즉, 공소장변경에서는 원래의 공소사실과 예비적으로 추가한 공소사실 사이에 동일성이 인정되지 않는 경우 공소장변경허가결정은 위법하다(대판 2001.3.27. 2001도116). 그런데 공소장변경과는 달리, '공소제기 단계'에서만큼은 그 동일성이 없는 경우에도, 예비적·택일적 기재가 허용되는지 여부가 문제된다. 이에 대해서는 한정설(공소사실의 동일성이 인정되는 범위에서만 허용), 비한정설(동일성이 인정되지 않는 실체적 경합관계에 있는 수개의 범죄사실에 대하여도 허용)이 대립한다. 한정설이 다수설이나, 비한정설이 타당하다. 즉, 경합범으로 기소된 경우에 비해 피고인의 방어부담이 큰 것은 아니며, 특히 '수개의'라는 법률문언(254⑤)에 비추어, 동일성이 없더라도 무방하다는 것이다.

판례도 **비한정설**(적극설)의 입장이다. 즉, "수개의 범죄사실 사이에 범죄사실의 동일성이 인정되는 범위 내에서는 물론, 그들 상호간에 범죄의 일시, 장소, 수단 및 객체 등이 달라서 수개의 범죄사실로 인정되는 경우에도, 이들 수개의 범죄사실을 예비적 또는 택일적으로 기재할 수 있다"(대판 1966.3.24. 65도114 전합). 이는 ㉠ 공소장에 수개의 범죄사실을 특정하여 기재하고 있는 만큼 '경합범으로 기소된 경우에 비하여' 피고인의 방어권행사에 더 큰 지장이나 불이익을 준다고 볼 수 없고, ㉡ 예비적 기소는 검사의 기소편의주의에서도 법률상 용인될 것임이 명백하다는 것이 그 이유이다. 요컨대, **공소장변경과 달리**, 공소제기 단계에서는 구태여 공소사실의 **동일성이 요구되지는** 않는다.

(3) 법원의 심리와 판단순서

1) 예비적 기재 주위적·예비적 기재에서, 법원의 **심판순서**는 검사의 **기재순위에 기속**된다. 먼저 주위적 공소사실을 심리·판단하고, 유죄로 인정되지 않는 경우 비로소 예비적 공소사실을 심리·판단한다. 법원이 주위적 공소사실은 판단하지 않고 예비적 공소사실만을 판단하는 것은 위법이다. 즉, i) 주위적 공소사실이 유죄라면, 예비적 공소사실은 판단할 필요가 없다. ii) 주위적 공소사실이 무죄, 예비적 공소사실이 유죄라면, **판결이유**에서 주위적 공소사실에 대한

무죄의 이유를 반드시 명시해야 한다(적극설). iii) 주위적·예비적 공소사실이 모두 무죄라면, 판결이유에서 모두 무죄임을 명시한다.

주위적·예비적 기재의 경우 ㉠ 예비적 공소사실도 (공소장에 기재된 이상) 현실적 심판의 대상이 된다. ㉡ 확정판결의 기판력은 전부에 미친다.

2) 택일적 기재　택일적 기재에서, 법원의 심판순서는 제한이 없다. 어느 것을 먼저 심판하든 법원의 재량이다. 즉, i) 어느 공소사실이 유죄라면 나머지는 판단할 필요가 없다. ii) 택일적 공소사실이 전부 무죄라면, 판결이유에서 전부 무죄임을 명시한다.

택일적 기재의 경우에도 ㉠ 택일적 공소사실 전부가 현실적 심판의 대상이 된다. ㉡ 확정판결의 기판력은 전부에 미친다.

Ⅲ. 공소장일본주의

1. 의의

1) 뜻　"공소장에는 사건에 관하여 법원에 예단(豫斷)이 생기게 할 수 있는 서류 기타 물건을 첨부하거나 그 내용을 인용하여서는 아니된다"(규118②). 공소장일본(一本)주의란, 공정한 재판을 위하여 검사가 공소를 제기할 때 법원에 공소장 하나만을 제출하여야 한다는 원칙이다(형소법상 근거규정은 254③).[1]

2) 이론적 근거　공소장일본주의는 예단배제의 원칙, 공판중심주의 실현, 그리고 위법증거에 대한 접촉 차단을 위한 제도이다. 당사자주의에서는 물론이고, 직권주의에서도 구술주의·직접주의의 요청상 공소장일본주의가 필요하다.

2. 내용

(1) 첨부와 인용의 금지

1) 첨부의 금지　공소장에는 사건에 관하여 법원에 예단(豫斷, 선입견)이 생기게 할 수 있는 서류 기타 물건을 첨부해서는 안 된다. 첨부가 금지되는 것은 '법원에 예단이 생기게 할 수 있는 서류 기타 물건', 즉 사건의 실체심리 이전에 법관의 심증형성에 영향을 줄 수 있는 자료이다. 공소사실을 증명하는 수사서류·증거물 등 증거는 물론, 증거가 아니라도 법관의 심증형성에 영향을 줄 수

1) 제254조(공소제기의 방식과 공소장) ③ 공소장에는 다음 사항을 기재하여야 한다.
1. 피고인의 성명 기타 피고인을 특정할 수 있는 사항 2. 죄명 3. 공소사실 4. 적용법조

있는 자료는 첨부할 수 없다.

다만, 법원에 예단을 줄 염려가 없는 서류는 공소장에 첨부하여도 상관없고, 이를 첨부하더라도 공소장일본주의 위반이 아니다. 형사소송규칙도 공소장에 **변호인선임서**·보조인신고서·특별대리인 선임결정등본, 체포영장·긴급체포서·구속영장 기타 **구속에 관한 서류**를 **첨부하여야 한다**고 규정하고 있다(규118①). 이들 서류는 법원에 예단을 줄 염려가 없는 서류들이다.

2) 인용의 금지 공소장에는 사건에 관하여 법원에 예단을 줄 수 있는 서류 기타 물건의 **내용을 인용해서도 안 된다**. 인용은 곧 현물의 존재를 암시하는 것이다.

다만, **문서를 수단으로 한 협박·공갈·명예훼손** 등의 경우에는 문서의 기재내용 그 자체가 범죄사실의 중요 요소이므로, 공소사실을 특정하기 위해 그 내용을 인용하는 것이 허용된다. 즉, "특히 **명예훼손·모욕·협박** 등과 같이 특정한 표현의 구체적인 내용에 따라 범죄의 성부가 판가름되는 경우나, **특허권·상표권 침해사범**처럼 사안의 성질상 도면 등에 의한 특정이 필요한 경우 등에는, 서류 기타 물건의 내용을 직접 인용하거나 요약 또는 사본하여 첨부할 수밖에 없다" (대판 2009.10.22. 2009도7436 전합).

(2) 여사기재의 금지

여사기재(餘事, 즉 '그 밖의 사실'의 기재)란 공소장에 '공소장의 필요적·임의적 기재사항'(254③⑤) **이외의 사항**을 기재하는 것을 말한다. "공소장일본주의 위반 여부는 공소사실로 기재된 범죄의 유형과 내용 등에 비추어 볼 때, **'법령이 요구하는 사항 이외에' 공소장에 기재된 사실**이 법관 또는 배심원에게 **예단**을 생기게 하여 **법관 또는 배심원이 범죄사실의 실체를 파악하는 데 장애**가 될 수 있는지 여부를 기준으로 당해 사건에서 구체적으로 판단하여야 한다"(앞 2009도7436 전합). 문제되는 것은 i) 전과사실, ii) (전과 이외의) 악경력·악성격, iii) 범죄동기, iv) 여죄 등이다.

i) '전과' 가운데 ㉠ 구성요건인 전과(예: 상습범 전과 등), ㉡ 범죄사실의 내용을 이루는 전과(예: 공갈·협박의 수단인 전과 등), ㉢ **누범 전과**, ㉣ **집행유예 결격인 전과**는 기재가 허용된다(통설·판례).

한편, ㉤ 그 밖의 전과에 대해서는 견해가 대립된다. 전과가 예단을 줄 수 있는 사항인 점에는 의문이 없으므로, 공소사실과 동종의 전과이든 이종의 전과

이든 공소사실과 함께 기재해서는 안 된다. 그러나 판례는 "공소사실의 첫머리에 범죄전력을 기재하였더라도 이는 '피고인의 특정에 관한 사항'에 속하는 것으로서 그 공소장 기재는 적법하다"(대판 1966.7.29. 66도793; 1990.10.16. 90도1813)고 한다.

ii) '악경력 · 악성격'은, 범죄구성요건의 요소(예: 공갈 · 강요의 수단)나 구성요건적 행위와 밀접불가분의 관계에 있는 경우에는 그 기재가 허용된다. 그러나 그 밖의 악경력 · 악성격에 대해서는 공소장에 기재하면 안 된다.

iii) '범죄동기'는 범죄사실이 아니므로 일반적으로 그 기재가 허용되지 않는다. 다만, **동기범죄**(예: 살인죄 · 방화죄 등)나 중대범죄에서는 그 기재가 허용된다. 즉, "살인, 방화 등의 경우 범죄의 직접적인 동기 또는 공소범죄사실과 밀접불가분의 관계에 있는 동기를 공소사실에 기재하는 것이 공소장일본주의 위반이 아님은 명백하다. 그러나 판례는, 설사 **직접적인 동기가 아닌 경우에도**, 동기의 기재는 공소장의 효력에 영향을 미치지 아니한다"(대판 2007.5.11. 2007도748)고 한다.

iv) '여죄'의 기재에 대해서도, 판례는 부적절하지만 위법은 아니라고 한다. 즉, "공소시효가 완성된 범죄사실을 공소사실 이외의 사실로 기재한 공소장이 제254조 제3항에 위배된다고 볼 수 없다"(대판 1983.11.18. 83도1979).

(3) 적용범위

공소장일본주의는 i) **공소제기에 한하여** 적용된다. (공소제기가 아닌) 공판절차 갱신 후의 절차, 상소심절차, 파기환송 후의 절차에는 적용되지 않는다. ii) **정식재판절차에만** 적용된다. 정식재판절차가 아닌 **약식절차**(서면심리)나 **즉결심판절차**에는 공소장일본주의가 적용되지 않는다(예외). 검사는 약식명령을 청구하는 때에는 공소제기와 동시에 수사기록과 증거물을 제출하여야 한다(449).

3. 위반의 효과

1) 공소기각 공소장일본주의 위반은 공소제기 방식의 **중대한 위반**이다. 따라서 "공소제기절차가 법률의 규정을 위반하여 무효인 때(327ii)에 해당하여 **공소기각의 판결을 선고함이 원칙이다**"(앞 2009도7436 전합).

공소기각의 판결이 확정되더라도 재기소에는 아무런 제한이 없다.[1] 다시 제대로 된 공소장에 의하여 **얼마든지 재기소할 수 있다**.

---

1) [재기소제한] 공소취소의 경우는 공소장일본주의 위반의 경우와 차이가 있다. 즉, 검사가 공소취소한 때에는(→ 공소기각 결정), 그 범죄사실에 대하여 '다른 중요한 증거가 발견된 경우'에 한하여 다시 공소를 제기할 수 있다(329).

2) 하자의 치유 견해가 대립하나, 판례는 하자의 치유를 인정한다. 즉, "피고인 측으로부터 아무런 이의가 제기되지 않았고, 증거조사절차가 마무리되어 법관의 심증형성이 이루어진 단계에서는, 소송절차의 동적 안정성 및 소송경제의 이념 등에 비추어, 이제는 더 이상 공소장일본주의 위배를 주장하여 이미 진행된 소송절차의 효력을 다툴 수는 없다"(위 2009도7436 전합).[1] 반면, "피고인 측으로부터 이의가 유효하게 제기되어 있는 이상, 공판절차가 진행되어 법관의 심증형성의 단계에 이르렀다고 하여, 공소장일본주의 위배의 하자가 치유된다고 볼 수 없다"(대판 2015.1.29. 2012도2957).

제 3 절 공소제기의 효과

Ⅰ. 소송계속과 공소시효정지

1. 소송계속

(1) 의의

1) 뜻 검사의 공소제기에 의하여 사건은 법원에 계속된다. 피고사건이 수소법원의 심리와 재판의 대상이 되는 상태를 일컬어 소송계속(訴訟係屬)이라 한다. 소송계속이 발생하면 피고사건은 수소법원이 지배한다.[2]

그 결과, i) 피의자는 피고인으로 지위가 전환되고, 피고인은 검사와 대등한 당사자로서, 검사와 함께 소송주체가 된다. ii) 수사절차로부터 공판절차로 이행되고, 법원에게 절차주재권이 이전된다. 강제처분의 권한도 마찬가지이다. 예컨

---

1) [사안] 정당 대표인 피고인이 정당의 후보자 추천 관련 6억원의 금품을 수수하였다는 공소사실(공직선거법위반·정치자금법위반)에 대해, 대개는 공소장이 1~2장이지만, 본건은 범행을 전후하여 관계자들이 주고받은 대화와 이메일 내용, 수첩의 메모 내용, 세세한 주변사실 등을 공소장에 14면 가량 장황하게 기재한 사안에서, 공소기각의 판결사유에 해당하지 않는다고 한 사례.

그러나 공소장일본주의를 위반하는 것은 소송절차의 생명이라 할 수 있는 공정한 재판의 원칙에 치명적인 손상을 가하는 것이므로, 시기와 위반의 정도와 무관하게 항상 공소기각의 판결을 하는 것이 타당하다(위 판결의 반대의견 참조). 배심원이 참여하는 국민참여재판의 경우에는 더욱 그러하다. 아직도 갈 길이 멀다.

2) "공소가 제기된 후에는 그 사건에 관한 형사절차의 모든 권한이 사건을 주재하는 수소법원에 속하게 되며, 수사의 대상이던 피의자는 검사와 대등한 당사자인 피고인의 지위에서 방어권을 행사하게 된다"(대판 2021.6.10. 2020도15891).

대, 검사는 소송계속 중인 피고인을 구속하거나 구속기소한 피고인을 석방하지 못한다.

2) **형식적 소송계속과 실체적 소송계속** i) 소송조건이 결여된 상태(부적법·무효인 공소)의 소송계속을 '형식적 소송계속'이라 한다. 이 경우 형식재판으로 절차를 종결한다. 이때에도 공소시효는 정지된다. ii) 공소제기가 소송조건을 구비하여(적법·유효한 공소) 수소법원이 유·무죄의 실체판결을 행할 수 있는 상태를 '실체적 소송계속'이라 한다. 이 경우 실체판결을 선고한다.

(2) 소송계속의 효과

1) **적극적 효과** 공소제기에 의하여 법원은 당해 피고사건을 **심판할 권리**와 **의무**를 가지며, 검사와 피고인은 당사자로서 당해 사건의 심리에 관여하고 법원의 심판을 받을 권리·의무를 갖게 된다. 당해 **피고사건 그 자체**에 대하여 발생하는 효과라는 점에서, 공소제기의 '내부적 효과'라고도 한다.

2) **소극적 효과** 공소제기에 의하여 소송계속이 발생하면, 검사는 동일사건에 대하여 다시 공소를 제기할 수 없다[**이중기소 금지**]. 이중기소에 대해서는 판결(327iii) 또는 결정(328iii)으로 공소기각을 한다. 즉, 공소기각의 재판은, 동일법원에 이중기소하면 '판결'로써, 다른 수개의 법원에 이중기소하면 '결정'으로써 한다. 당해 피고사건 이외의 **다른 사건**에 대하여 소송장애사유로 작용한다는 점에서, 공소제기의 '외부적 효과'라고도 한다.

2. 공소시효의 정지

공소시효는 공소제기로 진행이 정지되며, 공소기각 또는 관할위반의 재판이 확정된 때로부터 다시 진행한다(253①). 소송조건이 결여된 경우(즉, 형식적 소송계속)에도 그 진행은 정지된다. 공범의 1인에 대한 (공소제기로 인한) 시효정지는 다른 공범자에 대하여도 효력이 미친다[공범특칙](동②). 공소시효에서 상술한다.

Ⅱ. 공소제기의 효력범위: 심판범위의 한정

1. 인적 효력범위

공소제기의 효력은 **검사가 피고인으로 지정한 자**에게만 미친다(248①). 따라서 법원은 공소장에 특정하여 기재한 피고인에 대해서만 심판할 수 있고, 그 밖의 다른 사람에 대해서는 심판할 수 없다. 즉, 공소제기 후에 진범이 발견되어도 공소제기의 효력은 진범에게 미치지 않으며, 공범 중 1인에 대한 공소제기가 있어도 다른 공범자에게는 그 효력이 미치지 않는다. 이 점은 고소의 효력(233)과 차이가 있다. 피고인의 특정과 관련하여 ㉠ 성명모용, ㉡ 위장출석이 문제된다(前述).

2. 물적 효력범위

(1) 공소불가분의 원칙

"범죄사실의 일부에 대한 공소의 효력은 범죄사실 전부에 미친다"(248②).

1) 뜻　여기서 '범죄사실의 전부'는 공소장에 기재된 공소사실 및 '그와 단일성·동일성이 인정되는' 범죄사실 '전체'를 뜻한다(광의설, 통설·판례).[1] 이와 같이 공소제기의 효력은 공소사실과 단일성·동일성이 인정되는 사실 '전부'에 대하여 미친다. 이를 공소불가분의 원칙이라 한다.

2) '일부'와 '전부'의 관계　"공소장에 기재된 공소사실은 법원의 '현실적' 심판대상이 되고, 공소사실과 단일성·동일성이 인정되는 사실은 '잠재적' 심판대상에 불과하다"는 2원적 구조로 설명된다(이원설, 통설·판례).

3) 공소장변경　잠재적 심판대상을 현실적 심판대상으로 포함시키기 위해서는 '공소장변경'의 절차를 거쳐야 한다.

4) 요약　공소제기의 물적 효력범위는, ㉠ 법원의 잠재적 심판범위, ㉡ 기판력의 객관적 범위, ㉢ 공소기각의 대상인 2중기소의 범위, ㉣ 공소장변경의 한계범위와 일응 모두 일치한다(본장 맨 뒷부분의 그림 참조).

(2) 1죄의 일부기소

1) 뜻　1죄의 전부에 대하여 충분히 범죄혐의가 인정되고 소송조건이 구비되어 있음에도 그 일부만의 공소제기가 허용되는지 여부의 문제이다. 단순일죄, 포괄1죄 또는 과형상 일죄의 일부기소에서 문제된다. 예컨대 ㉠ 결합범의 일부만 기소(예: 강도상해를 강도만 또는 폭행·협박만 기소), ㉡ 결합범을 수개의 죄로 분리하여 경합범으로 기소(예: 강도상해를 절도+상해로 기소), ㉢ 일반법과 특별법에 모두 해당함에도 가벼운 일반법의 죄로 기소(예: 이득액 5억원 이상의 사기범행을 특경법위반이 아닌 형법상 단순사기로만 기소) 등이다. 이와 달리, 수개의 부분행위 가운데 '일부만' 범죄혐의가 있고 소송조건이 구비된 경우에 '그 부분'만의 기소(예: 강도상해가 문제

---

1) 단일성·동일성의 의미는 '심판대상론' 부분에서 상술한다(본편 제2장 제1절 Ⅲ. 참조).

된 사안에서 폭행·협박만 인정되는 경우)는 애당초 '1죄의 일부기소'의 문제가 아니다.

2) 허용 여부 적극설(전면허용), 소극설(전면부정), 절충설(예비적·택일적 기재에 만 예외적 허용)이 대립한다. 판례는 1죄의 일부기소를 허용하는 입장이다. 즉, ㉠ "하나의 행위가 여러 범죄의 구성요건을 동시에 충족하는 경우 공소제기권자는 (자의적으로 공소권을 행사하여 소추재량을 현저히 벗어났다는 등의) 특별한 사정이 없는 한, 증명의 난이 등 여러 사정을 고려하여 그중 일부 범죄에 관해서만 공소를 제기할 수도 있다"(대판 2017.12.5. 2017도13458). 예컨대, 상상적 경합범 중 일부만(위 2017도13458), 작위범과 부작위범 중 부작위범으로만[1] 기소할 수 있다. ㉡ "어느 범죄사실이 일반법과 특별법에 모두 해당하는 경우에도, 검사가 형이 더 가벼운 일반법의 죄로 기소한 이상, 법원은 형이 더 무거운 특별법을 적용하여 특별법 위반의 죄로 처단할 수는 없다"(대판 2006.4.14. 2005도9743).

이는 ㉠ 기소편의주의하에서 공소제기는 검사의 재량이고, ㉡ 일죄의 일부기소가 바람직하지는 않으나 부적법한 것은 아니며, ㉢ 제248조 제2항[2]의 문언상 일죄의 일부기소가 허용되고, ㉣ 나머지 부분에도 어차피 공소제기의 효력이 미치고 확정판결의 일사부재리 효력이 발생하는 결과, 1죄의 일부기소가 피고인에게 결코 불리하지 않다는 점을 감안한 것으로 보인다.

3) 일부기소의 효력 1죄의 일부기소는 그 전부에 효력이 미친다. 나머지 부분에 대해 별도로 기소하면 2중기소가 된다(공소기각). 나머지 부분은 잠재적 심판대상일 뿐이고, '현실적' 심판대상이 되려면 공소장변경이 필요하다.

(3) 친고죄의 일부기소

1) 뜻 친고죄에서 고소가 없거나 고소가 취소된 경우 또는 고소기간이 경과한 후에 고소가 있는 경우 (결합범의 일부로서 법조경합관계에 있는) 그 수단인 폭행·협박만을 따로 떼어 공소제기할 수 있는가의 문제이다. 예컨대, 공갈죄 또는 폭처법위반(공동공갈)죄는 친족상도례가 적용되는데, 친고죄 대상인 친족(원친)에 대한 공갈범행에서 고소가 흠결된 경우 폭행·협박만을 따로 떼어 형법상 단순 폭행·협박 또는 폭처법위반(공동폭행)만으로 기소하는 것이 허용되는지 여부이

---

1) 작위범과 부작위범의 구성요건을 동시에 충족하는 경우에 "작위범인 범인도피죄로 기소하지 않고, 부작위범인 직무유기죄로만"(대판 1999.11.26. 99도1904), "작위범인 허위공문서작성·행사죄로 기소하지 않고, 직무유기죄로만"(대판 2008.2.14. 2005도4202) 기소할 수 있다.

2) 제248조(공소효력의 범위) ② 범죄사실의 일부에 대한 공소의 효력은 범죄사실의 전부에 미친다.

다. 이와 달리, 유효한 고소의 존재라는 소추조건을 이미 구비한 경우라면, 이는 단지 '1죄의 일부기소' 문제에 불과하다.

2) **공소기각** 과거 친고죄였던 강간죄 사례에서, 판례는 "강간죄의 경우 그 수단인 폭행·협박만을 따로 떼어 공소제기할 수 없고, 만일 그 수단인 폭행·협박만을 따로 떼어 공소제기한다면 **공소제기의 절차가 법률에 위반되어 무효인 때**(327ii)에 해당하여 공소기각의 판결을 선고하여야 한다"(대판 2002.5.16. 2002도51 전합)는 입장이다. 그 이유는 ㉠ 그 수단인 폭행·협박은 강간죄의 구성요소로서 그에 흡수되는 **법조경합**의 관계에 있는 만큼 이를 따로 떼어내어 폭행·협박죄 또는 폭처법위반죄로 공소제기할 수 없고, ㉡ 만일 이러한 공소제기를 허용한다면 **친고죄로 규정한 취지**에 반하기 때문이라고 한다.[1] 이에 따르면, 상대적 친고죄인 공갈죄 또는 폭처법위반(공동공갈)죄에서 고소가 취소된 이상 그 수단인 폭행·협박만을 따로 떼어 형법상 폭행·협박죄 또는 폭처법위반(공동폭행·협박)죄로 기소한 경우 법원은 **공소기각**의 판결을 선고해야 한다(327ii).

제 4 절 공소시효

Ⅰ. 의의와 본질

1) **뜻** 공소시효란 범죄행위가 종료한 후 공소제기 없이 일정 기간을 경과하면 국가의 소추권이 소멸되는 제도를 말한다. 공소시효제도는 그 취지가 ㉠ 시간의 경과로 처벌필요성 감소, ㉡ 증거의 멸실·산일로 진실발견의 곤란, ㉢ 국가의 태만을 범인에게만 전가하는 것의 부당함, ㉣ 기왕의 사실상태의 존중 등에 있다. 반면, 공소시효와 구별되는 개념으로 '형의 시효'(형법77)가 있는데, 이는 확정판결 후에 형벌의 집행권이 소멸되어 그 집행이 면제되는 제도이다.

2) **본질** 이에 대해 실체법설(가벌성 감소로 형벌권이 소멸, 무죄 또는 형면제의 대상), 소송법설(증거의 산일로 소추권이 소멸, 공소기각 또는 면소의 대상), 신소송법설(개인의 법적 지위 안정), 결합설(형벌필요성의 탈락사유인 동시에 소추권이 소멸되는 소송조건, 면소의 대상)이 대립한다. 본질론은 주로 사후적으로 공소시효기간을 연장하는 개정

1) 강간죄(2013.6.19. 이후의 범행)는 2012.12.18. 형법 개정으로 비친고죄로 되었으므로 이제는 '1죄의 일부기소' 문제로 취급하면 된다.

법률의 소급효와 관련하여 논의된다. 적어도 이미 공소시효가 완성된 범죄에 대해서만은 소급효를 부정하는 견해(='결합설')가 타당하다. 2007년 12월 개정에서 시효기간을 연장하되(249①), 소급적용은 배제하는 명문규정(부칙3)을 두었다. 이는 결합설의 입장으로 볼 수도 있다.

Ⅱ. 3요소: (시효)기간, 기산점, 기소일자

1. 공소시효기간

(1) 법정형 기준

1) 시효기간 시효기간은 **법정형**을 기준으로 한다(249①). 과학수사의 발달, 범죄의 지능화·흉포화에 따라 2007년 12월 개정에서 그 기간이 연장되었다. 즉, 법정형이 ① 사형: 25년, ② 무기징역·금고: 15년, ③ 장기 10년 이상의 징역·금고: 10년, ④ 장기 10년 미만(5년 이상)의 징역·금고: 7년, ⑤ 장기 5년 미만의 징역·금고, 장기 10년 이상의 자격정지·벌금: 5년, ⑥ 장기 5년 이상(장기 10년 미만)의 자격정지: 3년, ⑦ 장기 5년 미만의 자격정지, 구류·과료·몰수: 1년의 기간이다. 한편, 공소가 제기된 범죄는 판결의 확정 없이 공소를 제기한 때로부터 25년이 경과하면 공소시효가 완성된 것으로 간주한다(249②). 영구미제 사건을 종결하기 위한 실무적 제도이며, **의제공소시효**라 한다. 다만 2007.12.21. **전에 범한 죄는** 시효기간에 관하여 **종전의 규정을** 적용한다(부칙3). 예컨대, 2027.12.21. 이전에 범한 죄의 의제공소시효 기간은 구법에 따라 '15년'이다(대판 2022.8.19. 2020도1153).[1]

2) 결정기준 시효기간의 기준은 처단형이 아니고 법정형이다. i) 법정형이 2개 이상인 경우(병과형 또는 선택형)에는 **무거운 형**을 기준으로 시효기간을 결정한다(250). ii) (가중·감경) 형법에 의하여 형을 가중·감경할 경우에는 가중 또는 감경하지 아니한 형을 기준으로 하나, 특별법에 의한 형의 가중·감경의 경우에는 특별법상의 법정형을 기준으로 결정한다(대판 1980.10.14. 80도1959). iii) (공범) 교사범·종범은 **정범**의 형을 기준으로 한다. 다만, 필요적 공범은 개별 행위

---

1) 이는 1999년경 범한 죄에 대해 검사가 2000.6.26. 기소한 사안에서, 공소가 제기된 때로부터 '15년'이 경과하였다는 이유로 면소한 사례이다. 부칙 제3조(공소시효에 관한 경과조치)는, 이는, 시효의 기간을 연장하는 형사소송법 개정이 피의자 또는 피고인에게 불리한 조치인 점 등을 고려하여, 개정 형사소송법 시행 전에 이미 저지른 범죄에 대하여는 개정 전 규정을 그대로 적용하고자 함에 그 취지가 있다.

자를 기준으로 공소시효를 결정한다(예: 수뢰죄와 증뢰죄). iv) 양벌규정에 의하여 행위자 이외에 법인 등 사업주를 처벌하는 경우에 그 공소시효에 관하여 행위자기준설, 사업주기준설 등이 대립한다. 실무는 행위자기준설을 따르는 것으로 보인다. v) "범죄 후 법률의 개정에 의하여 법정형이 가벼워진 경우에는 형법 제1조 제2항에 의하여 당해 범죄사실에 적용될 **가벼운 법정형**(신법의 법정형)이 시효기간의 기준이 된다"(대판 2008.12.11. 2008도4376).

(2) 공소사실 기준

법정형 판단의 기초되는 범죄사실은 '공소장에 기재된 공소사실'이다.[1)]

1) 예비적·택일적 기재 수개의 공소사실이 예비적·택일적으로 기재된 경우에는 각 범죄사실에 대하여 **개별적으로** 시효기간을 결정한다.

2) 상상적 경합범 마찬가지로 각 죄마다 시효기간을 **따로** 따져야 한다(대판 2006.12.8. 2006도6356).

3) 공소장변경 **변경된 공소사실**을 기준으로 시효기간을 결정한다. 다만, 공소장변경시가 아니라 **당초의 공소제기시**가 기준이 된다. 따라서 "공소제기 당시의 공소사실에 대한 법정형을 기준으로 하면 공소제기 당시 아직 공소시효가 완성되지 않았으나, 변경된 공소사실에 대한 법정형을 기준으로 하면 공소제기 당시 이미 공소시효가 완성된 경우에는 공소시효의 완성을 이유로 면소판결을 선고하여야 한다"(대판 2001.8.24. 2001도2902).[2)]

4) 공소장변경 없이 직권 인정 법원이 공소장변경 없이 **다른 사실**을 인정하는 경우에도, (인정되는) 그 다른 사실에 대한 법정형을 기준으로 한다(대판 2013.7.26. 2013도6182).

2. 기산점

(1) 범죄 종료시

공소시효는 '범죄'행위가 '종료'한 때로부터 진행한다(252①). 행위시설과 **범죄종료시설**이 대립하나, 후자가 통설·판례이다. 즉, '범죄행위가 종료한 때'는 '**범죄**가 종료한 때'를 말하는 것인데, 구성요건에 해당하는 행위를 한 때가 아니

1) 이는 소송의 실체면이 절차면에 영향을 미치는 대표적인 경우이다.

2) 검사가 2000.2.20. 피고인을 '1995.7. 하순경의 절도죄'(당시 공소시효 5년)로 공소제기하였다가, 2003.3.21. '건조물침입죄'(당시 공소시효 3년)로 공소장변경한 사안에서, 변경된 공소사실인 건조물침입죄의 공소시효가, 당초의 공소제기시점인 2000.2.20. 당시 완성되었다고 한 사례.

라, 구성요건에 해당하는 결과가 발생한 때를 의미한다(대판 2003.9.26. 2002도3924). i) 결과범은 결과가 발생한 때(결과적 가중범은 '중한 결과가 발생한 때'), ii) 계속범은 법익침해가 종료한 때(대판 2001.9.25. 2001도3990), iii) 과실범은 (교량붕괴사고로 인하여 사상의) 결과가 발생한 때로부터 진행한다(대판 1996.8.23. 96도1231). iv) 그러나 거동범이나 미수범은 행위시부터 진행한다. v) 소송사기 미수범은 소송종료시부터 기산한다.

(2) 최종행위 종료시

1) 포괄1죄 포괄1죄는 최종 범죄행위가 종료한 때부터 진행한다.

2) 공범 공범의 경우에는 최종행위가 종료한 때로부터 공범 전체에 대한 시효기간을 기산한다(252②). 공범 전체의 일률적 취급으로 처벌의 형평을 도모하기 위한 것이다. 공동정범, 교사범·종범 및 필요적 공범(집합범)을 포함한다.

[기산점(판례)] i) 뇌물수수죄: '투기적 사업에 참여하는 행위가 종료한 때'(대판 2001.9.25. 2001도3990) 또는 '금전을 무이자로 차용한 때'(대판 2012.2.23. 2011도7282). ii) 공무원이 정당 등 정치단체에 가입한 죄: '정당 등에 가입한 때'(즉시범: 대판 2014.5.16. 2012도12867). iii) 미수범: '행위를 종료하지 못하였거나 결과가 발생하지 아니하여 더 이상 범죄가 진행될 수 없는 때'(대판 2017.7.11. 2016도14820). iv) 강제집행면탈의 목적으로 채무자가 제3채무자에 대한 채권을 허위로 양도한 경우, 강제집행면탈죄: '제3채무자에게 채권양도의 통지가 행해진 때'(대판 2011.10.13. 2011도6855). v) 폭처법 제4조 소정의 단체등의 '조직'죄는 '단체 또는 집단을 구성한 때'(즉시범: 대판 1995.1.20. 94도2752)이나, 범죄단체를 구성하거나 가입한 자가 더 나아가 구성원으로 활동하는 '활동'죄의 경우에는 '그 구성원으로서의 활동의 범죄행위가 종료한 때'(포괄1죄: 대판 2015.9.10. 2015도7081), vi) 증뢰물전달죄 중 제3자 뇌물교부죄는 '공여자가 뇌물에 제공할 목적으로 제3자에게 금품을 교부한 때'(대판 1985.1.22. 84도1033 참조)로부터 기산한다.

3. 공소제기일자

공소시효의 완성 여부는 공소제기일자를 기준으로 한다. 공소장변경의 경우에도 당초의 공소제기시점이 기준이 된다(대판 2002.10.11. 2002도2939). 기존의 공소사실에 예비적으로 추가하는 공소장변경의 경우에도 마찬가지이다(대판 1992.4.24. 91도3150).

Ⅲ. 공소시효의 정지

공소시효의 정지란 일정한 사유가 있으면 공소시효의 진행이 정지되고, 그 사유가 소멸함과 동시에 남은 시효기간만이 다시 진행하는 제도이다. 시효의 정지는 시효의 중단(중단사유가 소멸하면 시효가 처음부터 다시 진행)과 구별된다. 현행법상 공소시효의 중단은 인정되지 않는다. **정지사유**는 다음과 같다.

(1) 공소제기

공소시효는 공소가 제기되면 진행이 정지되고, 공소기각 또는 관할위반의 재판이 확정된 때로부터 다시 진행한다(253①). 이때 공소제기는 반드시 적법·유효하지 않더라도 상관없다.

1) 객관적 효력 시효정지의 객관적 효력은 공소사실의 단일성·동일성이 인정되는 사건 전체에 미친다. 예컨대, 포괄1죄 또는 과형상 1죄의 일부에 대해서만 공소가 제기되면 다른 부분에 대해서도 공소시효가 정지된다.[1)]

2) 주관적 효력 시효정지의 주관적 효력은 원칙적으로 **공소제기된 피고인**에 대해서만 미친다. 따라서 진범 아닌 자에 공소제기는 진범에 대한 시효진행을 정지시키지 못한다. 다만, **공범 특칙**이 있다.

3) 공범 특칙 공범 사이의 처벌에 형평을 기하기 위하여, 공범의 1인에 대한 공소의 제기로 인한 시효정지는 다른 공범자에게도 효력이 미치고, 당해 사건의 재판이 확정된 때로부터 진행한다(253②). 다만 공범의 개념이나 유형에 관하여는 따로 언급이 없다.

i) (실체재판·형식재판 불문) 이때 재판은 종국재판이면 그 종류를 묻지 않는다. 즉, 공소기각 또는 관할위반인 경우뿐 아니라 유죄, 무죄, 면소인 경우에도 그 재판이 확정된 때로부터 다시 공소시효가 진행되고, 이는 **약식명령**이 확정된 때에도 마찬가지이다(대판 2012.3.29. 2011도15137). ii) (공범관계의 존부) 여기서 공범관계의 존부는 **'현재 시효가 문제된 사건을 심판하는 법원'**이 판단한다[심리결과 기준설]. 검사가 단독범으로 기소한 경우에도 '현재 시효가 문제된 사건을 심판하는

1) "동일한 공무를 집행하는 여러 공무원의 공무집행을 방해한 경우 공무원의 수에 따라 여럿의 공무집행방해죄가 성립하고 상상적 경합의 관계에 있다"(대판 2009.6.25. 2009도3505). 어느 공무원(A)에 대한 공무집행방해죄에 대해서만 공소가 제기되면, 나머지 공무원(B) 부분에 대한 공무집행방해죄에 대해서도 공소시효가 정지된다.

법원'이 심리결과 공범관계의 존재를 인정하는 때에는, 시효정지의 효력이 공범자에게도 미친다. 선행한 다른 법원의 판단에 구속되는 것이 아니다. 이때 공범관계의 존재는 '객관적 측면'에서 인정되면 충분하다. 즉, "피고인과 공범으로 기소된 자가 범죄의 증명이 없다는 이유로 무죄판결이 확정된 경우에는 그를 공범이라고 할 수 없어 피고인에 대해서는 공소시효정지의 효력이 없다. 그러나 (공범 중 1인에 대해) 구성요건에 해당하는 위법행위를 공동으로 하였다고 인정되기는 하나 책임조각을 이유로 무죄로 되는 경우에는 공범 중 1인에 대한 공소제기는 다른 공범자에 대하여 시효정지의 효력이 있다"(대판 1999.3.9. 98도4621).

iii) (시효정지의 객관적 범위) 공범의 시효정지 효력이 다른 공범자에게도 미치는 객관적 범위는, 공범에 대한 공소제기의 객관적 효력 범위, 즉 공소사실과 동일성이 인정되는 범위 전체가 된다. 예컨대, ㉠ 과형상 1죄인 업무방해죄와 (허위사실적시)명예훼손죄(대판 2007.2.23. 2005도10233) 가운데 공범 중 1인에 대해 명예훼손죄 부분만 공소가 제기되더라도, 업무방해죄 부분에 대해서도 다른 공범자에게 시효정지의 효력이 있다. ㉡ 과형상 1죄인 2인 이상의 연명문서를 위조한 경우(대판 1987.7.21. 87도564: 하나의 동의서에 연명인 A, B 명의를 각 위조)도 같다. 공범 중 1인에 대해 A 명의를 위조한 죄만 공소제기되더라도, B 명의를 위조한 죄 부분도 다른 공범자에게 시효정지의 효력이 미친다.

iv) (공범의 범위) 여기의 공범에는 임의적 공범은 물론, 필요적 공범을 포함한다(단, 대향범은 제외). 그런데 공범특칙은 공소제기 효력의 인적 범위를 확장하는 예외규정이므로, 원칙적으로 엄격하게 해석하여야 하고, 피고인에게 불리한 방향으로 확장하여 해석해서는 안 된다. 따라서 ㉠ "여기의 '공범'에는 뇌물공여죄와 뇌물수수죄 사이와 같은 대향범 관계에 있는 자는 포함되지 않는다"(대판 2015.2.12. 2012도4842). (필요적 공범, 특히 대향범은 각자 행위지배가 있는 '정범'인데) 대향범 관계에 있는 자는 각자 자신의 구성요건을 실현하고 별도의 형벌규정에 따라 처벌되는 것이어서, 2인 이상이 가공하여 공동의 구성요건을 실현하는 공범관계에 있는 자와는 본질적으로 다르기 때문이다.

㉡ 양벌규정의 경우 행위자에 대한 공소제기에 의해 사업주에 대한 공소시효가 정지되는지 여부에 관해서는 견해의 대립이 있다. 판례는 부정설의 입장이다. 즉, "여기의 '공범'에는 양벌규정에서 사업주와 행위자 관계에 있는 사람은 포함되지 않는다"(대판 2025.5.1. 2024도15290). "양벌규정에서 '행위자가 아닌 법인 또는 개인'은 국가형벌권 행사의 대상으로서 구성요건에서 정한 위반행위의 방

지를 위한 주의와 감독의 해태 등을 근거로 별도의 형벌규정에 따라 법인 또는 개인의 직접책임 내지 자기책임에 기초하여 처벌되는 것이므로, 양벌규정에서의 사업주와 행위자의 관계는 2인 이상이 가공하여 공동의 구성요건을 실현하는 공범관계에 있는 자와 동일하게 볼 수 없기 때문이다"(위 2024도15290).

[공범특칙의 특수문제: 상소권회복결정과 공범의 공소시효 정지] 한편, 확정된 약식명령에 대한 '정식재판청구권 회복결정' 또는 '상소권 회복결정'이 있는 경우에는 주의가 필요하다. ㉠ "공범 중 1인에 대해 약식명령이 확정된 후 그에 대한 정식재판청구권회복결정이 있는 경우 **그 사이의 기간 동안**에는 다른 공범자에 대한 공소시효는 정지함이 없이 **계속 진행**한다"(대판 2012.3.29. 2011도15137).[1] 즉, 그 **회복결정**이 **확정된** 경우 그 결정일(확정일이 아님)을 기준으로 하여, 공소시효는 그 **결정일부터** 진행이 다시 정지되고, 그 본안재판이 확정된 때로부터 다시 진행한다.[2] ㉡ 이러한 법리는 공범 중 1인에 대해 '상소권회복결정'이 있는 경우에도 같다. 즉, 재판의 확정시부터 상소권회복의 결정시까지는 공소시효가 계속 진행한다. 회복결정이 '약식명령의 확정으로 다시 진행된 공소시효기간'을 소급하여 무효로 만드는 사유는 아니다(위 2011도15137).

(2) 국외도피

범인이 형사처분을 **면할 목적**으로 국외에 있는 경우 그 기간 동안 공소시효는 정지된다(253③). 범인의 국외체류가 도피수단으로 악용되는 경우를 대비한 규정이다. i) 범인의 국외체류가 형사처분을 **면할 목적**이라야 한다. 반면, "피고인이 당해 사건으로 처벌받을 가능성이 있음을 **인지**하였다고 보기 어려운 경우라면, 다른 고소사건과 관련하여 형사처분을 면할 목적이 있었더라도, 당해 사건의 형사처분을 면할 목적으로 국외에 있었다고 볼 수 없다"(대판 2014.4.24. 2013도9162). ii) 이때 "'형사처분을 면할 목적'은 국외체류의 유일한 목적에 한정되지 않고 범인이 가지는 **여러 국외체류 목적 중에 포함**되어 있으면 족하다"(대판 2008.

---

1) "공범 중 1인에 대해 약식명령이 확정되고 그 후 정식재판청구권이 회복된 것만으로는, 그 사이에 검사가 다른 공범자에 대한 공소를 제기하지 못할 법률상 장애사유가 있다고 볼 수 없을 뿐만 아니라, 그 기간 동안 다른 공범자에 대한 공소시효가 정지된다고 볼 아무런 근거도 없다. 더욱이 정식재판청구권이 회복되었다는 사정이 약식명령의 확정으로 인해 다시 진행된 공소시효기간을 소급하여 무효로 만드는 사유가 된다고 볼 수도 없다"(피고인의 공소시효는 공범인 공소외 1에 대해 약식명령이 청구된 2010.6.24. 일단 정지되었다가 그 약식명령이 확정된 때인 2010.10.8.부터 다시 진행하여, 그에 대한 정식재판청구권회복결정이 내려진 2010.11.17. 전에 공소시효가 완성되었다고 한 사례).

2) 요컨대, 이 경우 공소시효의 정지기간은 "㉠ 약식명령 청구일부터 그 확정일 전날까지 및 ㉡ 그 회복'**결정일**'부터 당해 사건(본안) 재판의 **확정일 전날까지**"의 기간이다.

12.11. 2008도4101). "범인이 국외에 있는 것이 형사처분을 면하기 위한 방편이었다면, 국외 체류기간 동안에는 별다른 사정이 없는 한 '형사처분을 면할 목적'이 있었다(=시효정지)고 볼 수 있고, '형사처분을 면할 목적'과 양립할 수 없는 범인의 주관적 의사가 명백히 드러나는 객관적 사정이 존재하지 않는 한 '형사처분을 면할 목적'은 계속 유지된다"(위 2008도4101). 그러나 "통상 범인이 외국에서 다른 범죄로 외국의 수감시설에 수감된 경우, 그 범행에 대한 법정형이 당해 범죄의 법정형보다 월등하게 높고, 실제 그 범죄로 인한 수감기간이 당해 범죄의 공소시효 기간보다도 현저하게 길다는 등의 사정이 있다면, 그 수감기간에는 '형사처분을 면할 목적'이 유지되지 않는다(=시효진행)고 볼 여지가 있다('면할 목적'과 양립할 수 없는 객관적 사정에 해당하기 때문이다). 그럼에도 그러한 목적(=면할 목적)이 유지되고 있었다는 점은 검사가 입증하여야 한다"(위 2008도4101).[1] iii) "범인이 국외에서 범죄를 저지르고 형사처분을 면할 목적으로 국외에서 체류를 계속하는 경우도 포함된다(=시효정지)"(대판 2015.6.24. 2015도5916).

iv) 이러한 '국외도피로 인한 공소시효 정지'는 의제공소시효에도 마찬가지로 적용된다(2024.2.13. 신설 · 시행). 즉, "피고인이 형사처분을 면할 목적으로 국외에 있는 경우 그 기간 동안 의제공소시효(249②) 기간의 진행은 정지된다"(253④).[2] 이 규정은 "그 시행 전에 공소가 제기된 범죄로서 '그 시행 당시 공소시효가 완성한 것으로 간주되지 아니한 경우'에도 적용된다. 이 경우 '정지되는 기간'에는 '그 시행 전에 피고인이 형사처분을 면할 목적으로 국외에 있던 기간'을 포함한다"(부칙2).[3]

---

1) [부정사례] i) 법정최고형이 징역 5년인 부정수표단속법 위반죄를 범한 사람이 중국으로 출국하여 체류하다가 그곳에서 징역 14년을 선고받고 8년 이상 복역한 후 우리나라로 추방되어 위 죄로 공소제기된 사안에서, 위 수감기간 동안에는 '형사처분을 면할 목적'을 인정할 수 없어 공소시효의 진행이 정지되지 않는다고 한 사례. ii) 여권을 소지하지 않은 채 출국한 밀항단속법위반 사건에서, "피고인의 출국 자체가 생업에 종사하기 위함이고, 피고인이 의도했던 국외 체류기간이나 실제 체류기간이 모두 밀항단속법 위반죄의 법정형이나 공소시효기간에 비해 매우 장기인 점, 피고인이 다시 국내로 입국하게 된 경위 등 제반 사정에 비추어, 형사처분을 면할 목적을 인정하기에 부족하여 공소시효 진행이 정지되지 않는다"고 한 사례(면소).

2) 구 형사소송법(2024.2.13. 개정되기 전의 것)에서는 의제공소시효에는 국외도피로 인한 공소시효 정지가 적용되지 않았다. 즉, "공소제기 후 피고인이 처벌을 면할 목적으로 국외에 있는 경우에도, 그 기간 동안 제249조 제2항(의제 공소시효)에서 정한 기간의 진행이 정지되지는 않는다"(대판 2022.9.29. 2020도13547). 구 법에 관한 해석론이다.

3) 따라서 구법에 관한 위 판례의 해석론은, '구법 시행 당시 이미 공소시효가 완성된 것으로 간주된 경우'에 한하여 적용될 뿐, 나머지의 경우는 입법에 의해 사실상 폐기된 해석이므로 오로지 신법인 현행법이 적용된다.

한편, 국외도피로 인한 공소시효 정지에는 공범 특칙(253②)이 적용되지 않는다. 공범 중 1인의 국외도피는 다른 공범자에게 시효정지의 효력이 미치지 않는다. 즉, 공범 중 1인의 국외도피기간 동안에도 다른 공범자에 대한 공소시효는 그대로 진행된다.

(3) 기타 사유

1) 재정신청 재정신청이 있으면 고등법원의 재정결정이 확정될 때까지 공소시효의 진행이 정지된다(262의4①). 공소제기의 결정이 있는 때에는 그 결정이 있는 날에 공소가 제기된 것으로 본다(동②).

2) 소년보호사건 소년부 판사가 소년보호사건의 심리개시결정을 한 경우에는 그 심리개시결정이 있는 때로부터 그 사건에 대한 보호처분의 결정이 확정될 때까지 공소시효는 그 진행이 정지된다(소년법54).

3) 기타 대통령의 재직 중에는 (내란·외환의 죄를 범한 경우를 제외하고는) 공소시효의 진행이 정지된다(헌재 1995.1.20. 94헌마246; 대판 2020.10.29. 2020도3972).

그러나 검사의 불기소처분에 대한 헌법소원은 심판에 회부된 경우에도 공소시효가 정지되지 않는다(헌재 1993.9.27. 92헌마284). 공소시효의 정지는 특별히 법률로서 명문의 규정을 둔 경우에 한하고, 다른 규정의 유추적용은 허용되지 않는다(위 92헌마284).

Ⅳ. 계산 및 공소시효 완성의 효과

1) 계산 시효기간의 초일은 시간을 계산함이 없이 1일로 산정한다[초일산입의 원칙](66①단서). 기간의 말일이 공휴일 또는 토요일이라도 시효기간에 산입한다(동③단서).

2) 정지기간 공소시효의 완성 여부는 '범죄종료일로부터 공소제기일까지의 기간(a)에서 그 정지기간(b)을 공제한 기간'(a-b)과 '법정 시효기간'(c)을 비교하여 결정한다(대판 1989.11.14. 89도348; 1995.1.20. 94도2752). 결국 공소시효 만료일은 범행종료일로부터 '시효기간'(c)에 '정지기간'을 가산한 날('+b')과 일치한다[정지기간가산설(+b)]. 공소시효는 재판이 확정된 때로부터 다시 진행하므로(253②), 가산되는 정지기간은 "공소제기일부터 재판확정일 전날까지"이다.

3) 면소 공소시효가 완성되면 검사는 공소권 없음의 불기소처분을 하고,

법원은 면소판결을 한다(326). 의제공소시효가 완성된 경우에도 같다.

Ⅴ. 특례

공소시효의 특례조항에는 정지, 연장, 배제가 있다.

1) 정지(성폭법 · 아청법) 성폭법 · 아청법의 경우 해당범죄의 공소시효는 피해자가 성년에 달한 날부터 진행한다. 즉, ㉠ (성폭법) 미성년자에 대한 성폭력범죄의 공소시효는 해당 성폭력범죄로 피해를 당한 미성년자가 성년에 달한 날부터 진행한다(성폭법21①). ㉡ (아청법) 아동 · 청소년 대상 성범죄의 공소시효는 해당 피해를 당한 아동 · 청소년이 성년에 달한 날부터 진행한다(아청법20①). 기산점의 특칙으로 '정지'의 일종이다.

2) 연장(일부 성폭법 · 아청법) 일부 성폭력범죄의 공소시효는 디엔에이(DNA) 등 그 죄를 증명할 수 있는 과학적 증거가 있는 경우 10년 더 연장된다(성폭법21②). 아동 · 청소년 대상 성범죄의 공소시효도 마찬가지이다(아청법20②).

3) 배제(살인, 일부 성폭법 · 아청법, 헌정질서 파괴범죄) i) 사람을 살해한 범죄(종범은 제외)로 사형에 해당하는 범죄는 공소시효가 배제된다(253의2). 그 시행 전에 범한 범죄로 아직 공소시효가 완성되지 아니한 범죄도 같다(부칙2). ii) 성폭법상 ㉠ 13세 미만의 사람 및 신체적인 또는 정신적인 장애가 있는 사람에 대한 강간등의 죄(성폭법21③), 그리고 ㉠ (일반인에 대한) 강간등 살인의 죄(동④)는 공소시효가 배제된다. iii) 아청법상 아동 · 청소년 대상인 범죄도 같다(아청법20③ · ④. 주의: ㉠ 아동 · 청소년 중 13세 미만자 및 장애인에 대한 강간등의 죄만 공소시효가 배제될 뿐, ㉡ 그 밖의 아동 · 청소년에 대한 강간등의 죄는 공소시효가 배제되지 않는다. 한편, ㉢ 2021년 아청법 개정으로 '아동 · 청소년성착취물제작 · 수입 · 수출'의 죄 ─ 11① ─ 도 공소시효 배제 대상에 추가되었다).

iv) 그 밖에 헌정질서 파괴범죄(내란 · 외환죄, 군형법상 반란 · 이적죄), 집단살해죄(특례법3), 국제형사재판소 관할 범죄(법6)도 공소시효가 배제된다.

[특례조항의 소급적용에 관한 명시적 경과규정이 없는 경우] 한편, 공소시효를 정지 · 연장 · 배제하는 특례조항에서 소급적용에 관한 명시적인 경과규정을 두지 않은 경우 그 소급적용 여부는, "보편타당한 일반원칙은 없으므로, 적법절차원칙과 소급금지원칙을 천명한 헌법 정신을 바탕으로 법적 안정성과 신뢰보호원칙을 포함한 법치주의 이념을 훼손하지 않도록 신중히 판단하여야 한다"(대판 2016.5.28. 2015도1362).[1] 이

1) 결국 공소시효 '배제'조항에 대해 소급적용에 관한 명시적인 규정이 없다는 이유로 그 소급적

경우 판례는, '시행일 당시 아직 공소시효가 완성되지 않은 범죄'에 대한 해당 특례조항의 부진정 소급효 여부와 관련하여, 공소시효의 '**정지**'를 규정한 특례조항은 소급적용되고(대판 2016.9.28. 2016도7273; 2021.2.25. 2020도3694), 공소시효의 '**배제**'를 규정한 특례조항은 소급적용되지 않는다(위 2015도1362)고 한다.

[공소의 효력범위]

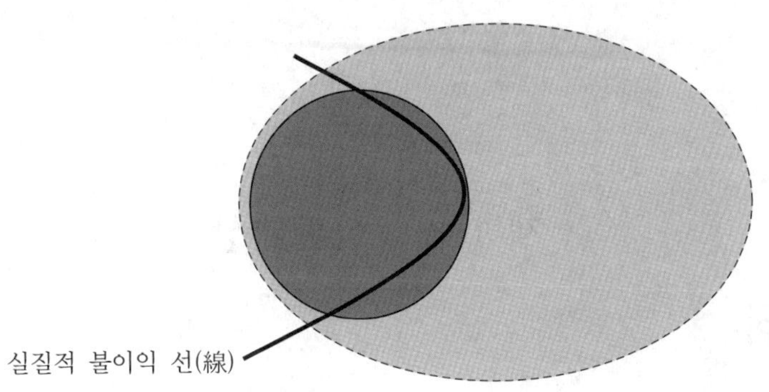

(1) 일부(●)와 전부(⬭) (이원설) *(공소효력범위, 심판대상 참조)

일 부	전 부
– 공소장에 기재된 공소사실 – 현실적 심판대상 [가시 부분]	– 단일/동일성이 인정되는 사실 – 잠재적 심판대상 – 기판력의 범위 – 2중기소의 범위 – 공소장변경의 한계 [잠긴 부분]

(2) 공소장변경의 요부 (공소사실과 다른 사실의 인정) *(공소장변경 요부 참조)

직권 가능	변경 필요
– 동일성 범위 내 (⬭) + 실질적 불이익 염려 없음 (>)	– 방어권 행사에 실질적 불이익 염려 있음

※ > : 실질적 불이익 선(線)

용을 부정하고 공소시효가 완성되었다고 한 사례.

제 2 장

심판의 대상

제 1 절 심판대상

Ⅰ. 의의

1) 뜻 법원은 "소추가 없으면 심판할 수 없다." 이를 불고불리의 원칙이라 한다. 형사재판에서 심판대상은 공소제기된 피고인과 범죄사실에 한정된다. 심판대상의 특정은 피고인의 방어대상을 분명히 하는 의미도 있으며, 피고인의 방어권 보장의 전제가 된다.

2) 심판대상의 유동성 범죄사실의 일부에 대한 공소의 효력은 범죄사실 전부에 미친다(248②). 즉, 공소제기의 효력은 공소장에 기재된 공소사실 및 그와 동일성이 인정되는 범죄사실 전부에 대하여 미친다. 물론 '공소사실과 동일성이 없는' 범죄사실은 별도의 기소가 없는 한 법원의 심판대상이 될 수 없다.

그런데 법원의 (현실적) 심판대상은 소송의 진행에 따라 유동적으로 변화한다. 즉, 공판과정에서 증거조사 결과 사실관계가 달라질 수 있으며 그에 따라 적용법령도 달라질 수 있다[형사소송(실체면)의 동적·발전적 성격]. 검사는 공소사실의 동일성이 인정되는 한도에서 법원의 허가를 얻어 공소사실 또는 적용법조를 추가·철회 또는 변경할 수 있다[공소장변경](298①).

3) 기능 법원의 심판대상이 단지 '공소장에 기재된 공소사실'에 한정되는지, 아니면 '공소사실과 동일성이 인정되는 범죄사실 전부'에까지 확대되는지 여부가 문제된다. 당사자주의는 전자로 한정하나, 직권주의는 후자를 수용한다.

심판대상의 문제는, 사건의 단위로서 소송절차 전 과정에서 그 의미를 갖는다. 수사단계에서도 특정된 피의사실을 대상으로 진행된다. 또한 심판대상의 확정은 공소제기의 효력범위(248), 법원의 심판범위(298), 공소장변경의 허용범위(298), 확정판결의 효력범위(328i)를 결정하는 표준이 된다.

Ⅱ. 심판대상: 이원설

[학설] i) 범죄사실대상설: '공소장에 기재된 범죄사실' 및 '그와 동일성이 인정되는 사실'이 전부 법원의 현실적 심판대상이라는 견해이다. 이에 따르면, 공소제기의 효력범위, 법원의 심판범위 및 확정판결의 효력범위가 모두 일치하게 된다. 그리고 공소장변경제도는 피고인의 방어권보장을 위한 절차적 담보장치로 이해하며, 심판대상 자체에는 아무런 영향을 미치지 않는다고 한다. 이는 공소제기 이후의 실체발견의 권한과 책임을 법원에 일임하는 직권주의적 소송구조를 기초로 하는 이론이다.

ii) 소인대상설: 소인(訴因, count의 번역) 개념을 전제로, 심판대상은 공소사실이 아니라 소인이며, 공소사실은 소인변경을 한계 짓는 기능적 개념에 불과하다는 견해이다. 소인이란 검사가 공소장에 구체적으로 특정한 범죄사실로서, 구성요건에 대입하여 법률적으로 재구성한 공소의 원인이 된 사실이며, 사건의 핵심적 논점을 요약정리한 것으로 공격방어의 초점이 된다고 한다. 당사자주의적 소송구조를 기초로 하는 이론이다.

iii) 이원설: '공소장에 기재된 공소사실'은 현실적 심판대상이고, '공소사실과 동일성이 인정되는 사실'은 잠재적 심판대상이며, 잠재적 심판대상은 공소장변경에 의하여 현실적 심판대상으로 된다는 견해이다. 이에 따르면, 공소제기의 효력범위, 공소장변경의 한계, 법원의 '잠재적' 심판대상 및 확정판결의 효력범위는 모두 '공소사실과 동일성이 인정되는 사실'과 일치하게 된다. 그리고 공소장변경제도는 현실적 심판대상의 변경을 위한 장치인 동시에, 피고인의 방어권 보장을 위한 제도가 된다. '공소사실과 동일성이 인정되는 사실' 전부에 대해 기판력이 미치는 근거를 잘 설명하는 강점이 있다.

iv) 결론: 학설은 대부분 소송법적 효과에서는 실체적 차이는 없고 이론구성에서 차이가 있다. 공소불가분의 원칙은 법원의 심판가능성을 기초로 확정판결의 효력을 그 범죄사실 전체에 미치게 하는 원칙이며, 소송법적 효과를 설명하는 이론구성의 명확성 등에 비추어 이원설이 타당하다.

다수설 · 판례는 이원설의 입장이다. 즉, "법원의 심판대상은, 잠재적으로는 공소사실과 단일성 및 동일성이 인정되는 한 그러한 사실의 전부에 미칠 것이나, 현실적 심판대상은 '공소장에 기재된 공소사실'과 '예비적 또는 택일적으로 기재된 공소사실', 그리고 소송의 발전에 따라 '추가 또는 변경된 사실'에 한정된다"(대판 1959.6.26. 4292형상36; 1991.5.28. 90도1977).

[빙산] '바다의 빙산' 또는 '(강릉)경포호수의 새바위'에 비유할 만하다. 그 '가시(可視)부분'은 공소장에 기재된 공소사실(현실적 심판대상)이고, '잠긴 부분'은 그와 단일성·동일성이 인정되는 사실(잠재적 심판대상)인 셈이다. 수면의 변동(바닷물의 유입 등)에 의해 '가시 부분'이 변동되듯이, 검사의 공소장변경에 따라 '현실적' 심판대상은 축소 또는 확대된다.

Ⅲ. 사건의 단일성·동일성

'공소제기의 효력'범위는 '공소사실과 단일성 및 동일성이 인정되는 사실의 전부'에 미친다. 그리고 이원설에 따르면, 그 범위는 법원의 '잠재적' 심판범위와 일치한다. 단일성과 동일성의 개념이 문제된다. 개념적으로 i) 단일성은 동일성의 전제가 된다. ii) 또한, 단일성은 1인의 피고인을 전제로 한다. 피고인이 다르면 사건도 다르며, 수인의 피고인은 수개의 사건이 된다.

1. 단일성(單一性)

(1) 뜻

사건의 단일성이란 사건이 '1개', 즉 '하나의 사건'임을 뜻한다. 이는 특정시점에서 범죄사실이 1개라는 것으로서, 사건의 '객관적 자기동일성'을 의미한다. 형법상의 죄수론이 아니라 형사소송법상의 독자적인 사건개념으로, '생활의 한 단면' 또는 '하나의 역사적 사실'을 의미한다.

(2) 판단기준

1) 일반인의 생활경험　　사건의 단일 여부의 결정기준은 일반인의 생활경험에 의한다(통설). 즉, 대상사건이 일반인의 생활경험상 '하나의 사건'으로 취급될 수 있는 경우를 뜻한다.

2) 죄수론과의 관계　　일반인의 생활경험상 '하나의 사건'으로 취급될 수 있는 경우를 구체화할 필요가 있다. 일응 죄수론의 개념이 유용하고, 대부분 형법상의 죄수론에 의하여 결정된다고 해도 과언은 아니지만, 죄수론과 반드시 일치하는 것은 아니다. 즉, 실체적 경합관계라도 일반인의 생활경험에 비추어 소송

법상 '하나의 사건'이 될 여지가 있다.

(3) 하나의 사건

여기에는 두 가지 원칙이 있다. i) 행위단일성이 인정되면 소송법상으로도 '하나의 사건'이다. 예컨대, 단순1죄, **상상적 경합범**의 경우이다. ii) 행위다수성이 인정되면 원칙적으로 별개의 사건이다. 다만, ㉠ **포괄1죄**, ㉡ '연결효과에 의한 상상적 경합'의 경우, ㉢ 상반되는 사실을 전제로 하는, 서로 양립할 수 없는 **택일적 관계**, ㉣ 실체적 경합관계가 성립하더라도, **수단과 결과의 관계**(수단·목적의 관계보다 넓은 개념. 208② 참조)에서 행해진 경우에는, 소송법상 '하나의 사건'으로 된다. 일반인의 생활경험상 '수단·목적 관계' 내지 '1개의 목적을 위한 수단·결과 관계'에 있는 일련의 행위는 '하나의 생활관계'이기 때문이다. 이는 특히 재구속의 제한에서도 마찬가지로 기능한다. 즉, "1개의 목적을 위하여 동시 또는 **수단결과의 관계**에서 행하여진 행위는 동일한 범죄사실로 간주한다"(208②). 또한 하나의 사건은 헌법 제13조 ①항(일사부재리의 효력)의 '동일한 범죄' 개념과도 같아야 한다. 판례도 같다.

[판례사례(1개 사건)] ㉠ 단순1죄(대판 1996.9.24. 96도2151), ㉡ 포괄1죄(대판 2006.4.27. 2006도514)는 물론, ㉢ 상상적 경합범(대판 1990.1.25. 89도1317) 또한 소송법상으로는 '단일한 사건'에 해당한다.

㉣ 양립할 수 없는 **택일적 관계**, 예컨대, ⓐ 피고인의 '특수절도'의 공소사실과 예비적으로 추가한 '장물운반'의 공소사실(대판 1999.5.14. 98도1438), ⓑ 피고인의 일련의 행위에 대한 법률적 평가에서 범죄의 비양립성이 인정되는 경우(**비양립적 관계**)[1]인 '사기'의 점과 '횡령'의 점(대판 2011.5.13. 2011도1442), ⓒ 같은 관계인 '사기'의 점과 '배임'의 점(대판 2017.2.15. 2016도15226)[기망행위와 위탁신임관계는 비양립적 관계]은 소송법상 '단일한 사건'이다.

㉤ **수단과 결과의 관계**, 예컨대, 피고인(甲)이 참고인(A)에 대하여 허위진술을 하여 달라고 요구하면서 '참고인을 협박하였다는 공소사실'(협박)과 위와 같이 '협

---

1) "외형상으로는 공소사실의 기초가 되는 피고인의 일련의 행위가 여러 개의 범죄에 해당되는 것 같지만, 그 일련의 행위가 합쳐져서 하나의 사회적 사실관계를 구성하는 경우에 그에 대한 법률적 평가는 하나밖에 성립되지 않는 관계, 즉 일방의 범죄가 성립되는 때에는 타방의 범죄는 성립할 수 없고, 일방의 범죄가 무죄로 될 경우에만 타방의 범죄가 성립할 수 있는 비양립적인 관계가 있을 수 있다"(위 2011도1442). 이는, 피고인이 피해자(갑)에게서 돈을 빌리면서 담보 명목으로 을에 대한 채권을 양도하였는데도 을에게 채권양도 통지를 하기 전에 이를 추심하여 임의로 소비한 사안에서, '차용금 편취'의 점과 '담보로 양도한 채권을 추심하여 임의 소비한 횡령'의 점은 비양립적 관계라고 한 사례.

박하여 겁을 먹은 참고인으로 하여금' 허위로 진술케 함으로써 '검거된 채 조사를 받고 있던 자'(乙)를 증거불충분으로 풀려나게 하여 '도피케 하였다는 공소사실'(범인도피)(대판 1987.2.10. 85도897)은, 비록 실체적 경합관계에 있기 때문에 형법상 별개의 범죄이나, 일반인의 관점에서 보면 甲의 협박은 乙의 도피와 사이에 수단·결과의 관계라는 점에서 소송법상 '하나의 사건'이다.

2. 동일성(同一性)

(1) 뜻

사건의 동일성이란 사건이 '같음', 즉 '같은 사건'임을 뜻한다. '같음' 또는 '다름'이란, 비교 개념으로서 비교 대상의 존재를 전제로 한다. 동일성은 형사소송의 동적·발전적 성격에 따라 그 진행과정 또는 그 후에 발생한 사실관계의 변동에도 불구하고, 비교되는 두 시점에서 전후의 범죄사실이 그 동질성을 유지한다는 것으로서, 사건의 '시간적 전후동일성'을 의미한다.

동일성 여부의 문제, 즉 동일 사건인지 또는 별개 사건인지의 문제가 수면위로 부상(浮上)하여 가시화되는 것은, 곧 ㉠ 2중기소, ㉡ 공소장변경, ㉢ 확정판결 후 재기소(일사부재리 효력)에서 전후의 비교가 문제될 때이다.

(2) 판단기준

사건의 동일 여부의 판단기준에 대해 기본적 사실관계동일설, 죄질동일설, 구성요건공통설, 소인공통설, 범죄행위동일설 등의 다양한 견해가 대립한다.

1) **통설**(기본적 사실동일설) 통설인 **기본적 사실관계동일설**은, 비교대상인 두 사실을 각각 그 기초가 되는 사회적 사실로 환원하여 '그 기초가 되는 사회적 사실관계'가 서로 다소의 차이가 있더라도 '기본적인 점에서 동일'하면, 두 사실이 동일하다고 판단하는 견해이다. 범죄사실의 동일성을 일체의 법률적 관점을 배제하고 순수하게 자연적·전법률적 관점에서 판단한다는 점에 특색이 있다. 예컨대, 폭행한 사실이 인정되는 이상 상해죄와 상해치사죄는 동일한 사건이다. 이는 **순수한 사실론**이다. '기본적 사실관계동일설'('기본적 사실동일설') 내지 순수한 '사실적 사건개념'이라 한다(비유건대, 두 사실의 기초가 되는 사회적 사실관계가 기본적인 점에서 동일하면, 즉 '그 밑둥이 동일'하면, 두 사실은 동일하다는 의미이다).

순수한 사실론의 관점에서 '같은 사건'으로 취급될 수 있는 경우를 구체화하면, 한 범죄가 성립하면 다른 범죄가 성립할 수 없을 정도로 양자가 밀접한 관계에 있는 것을 의미한다. 즉, ① 시간적 · 장소적으로 **밀접**하고(밀접관계), ② 서로 양립할 수 없는 **비양립관계**(택일관계)가 인정되면, 사건의 동일성이 인정된다. 좀더 정확히 말하자면, (현실적 비교대상인 두 사실이) 시간적 · 장소적으로 **밀접**하고(밀접관계), (잠재적 비교대상인 두 사실의 각 그 기초가 되는 사회적 사실관계가 기본적인 점에서) 서로 양립할 수 없는 **비양립관계**(택일관계)에 있다고 인정되면, 두 사실 사이에는 동일성이 인정된다는 뜻이다.

2) 판례(규범적 사실동일설) 판례는 종래 순수한 의미의 '기본적 사실관계동일설'의 입장에 있었다. '목을 조르고 폭행한 사실'에 대해 살인미수죄를 강간치상죄로 변경할 수 있고(대판 1984.6.26. 84도666), '돈을 수령한 사실'에 대해 횡령죄를 사기죄로 변경할 수 있다(대판 1983.11.8. 83도2500)고 하였다.

그런데 1994년 전원합의체 판결 이래, "동일성 여부는 사실의 동일성이 갖는 법률적 기능을 염두에 두고, 피고인의 행위와 그 사회적 사실관계를 기본으로 하되, 죄질이나 보호법익과 같은 **규범적 요소도 고려**하여야 한다"[1]는 수정된 입장으로 전환하였다. 즉, "공소사실이나 범죄사실의 동일성은 형사소송법상의 개념이므로 이것이 형사소송절차에서 가지는 의의나 소송법적 기능을 고려하여야 한다. 따라서 두 죄의 기본적 사실관계가 동일한가의 여부는 그 규범적 요소를 전적으로 배제한 채 순수하게 사회적, 전법률적인 관점에서만 파악할 수는 없다. 그 **자연적, 사회적 사실관계**나 피고인의 행위가 동일한 것인가 외에, 그 **규범적 요소도** 기본적 사실관계동일성의 실질적 내용의 일부를 이루는 것이라고 보는 것이 상당하다"(대판 1994.3.22. 93도2080 전합)고 한다. 그리하여 장물취득죄와 강도상해죄 사이에는 "피해법익도 다르고 죄질에도 **'현저한' 차이**가 있어, 동일성이 있다고 보기 어렵다"는 것이다. 이러한 판례의 입장을 **'수정된** 기본적 사실관계동일설'('규범적 사실동일설') 내지 '사실적 · 규범적 사건개념'이라 한다.[2]

3) 평가 그러나 사건의 동일 여부는 순수한 의미의 '기본적 사실관계동일설'에 의하는 것이 타당하다. 그 이유는 우선, ㉠ 기본적 사실의 동일성 판단과 규범적 요소의 고려는 논리적으로 서로 양립하기 어렵기 때문이다. 즉, '기본적 사실관계동일설'은 법률적 관점에서 동일 여부를 판단하는 것이 아니라, 오히려

---

1) 이는 민사소송의 '구소송물이론'과 유사한 점이 있다.

2) 판례는, 이러한 사건개념을 ㉠ '구속영장의 효력범위'에도 적용하고(대결 2001.5.25.자 2001모85), ㉡ '압수 · 수색영장의 효력범위'에도 적용하며(대판 2017.12.5. 2017도13458등 다수), 나아가 ㉢ '압수수색의 객관적 관련성'에도 확대 적용한다.
물론, ㉣ 공소장변경의 허용범위에도 적용하고, ㉤ '기판력의 효력범위'에도 적용한다.

대상이 되는 사회적 사건을 일반인의 관점에서 하나의 사건 내지 같은 사건인지 여부를 사실적 관점에서 판단하는 것이다. ㉡ 나아가 규범적 요소를 고려하게 되면, 밀접한 비양립의 관계상 결코 경합범이 될 수 없는 '1개의 동일한 사실'을, 억지로 '2개의 다른 사실'로 의제하여 '(사후적)경합범 취급'하는 불합리한 결과를 야기할 수 있기 때문이다. 즉, 사회적으로 동일한 사건을 '규범적'이라는 명목으로 별개의 사건으로 분리하는 결과가 된다. ㉢ 또한, '규범적 요소'는 모호한 기준이고, '현저한' 차이 여부는 더욱 모호한 개념이며, 이는 자의적 기준으로 될 위험도 있기 때문이다. 동일한 사건은 헌법 제13조 제1항(일사부재리의 효력)의 '동일한 범죄' 개념과 같아야 한다.

[잠재적 심판대상] 공소사실과 '단일성 · 동일성이 인정되는 사실', 즉 잠재적 심판대상 영역에는, 단순일죄, 포괄1죄, 상상적 경합, 양립할 수 없는 택일적 관계, 경합범 관계라도 수단 · 결과 관계에 있는 경우가 모두 포함되고, 이는 잠재(潛在)되어 있다. 2중기소, 공소장변경, 확정판결 후 재기소로 가시화되면, 동일성 여부가 현실적 문제로 부상(浮上)하게 된다.

제 2 절 공소장변경

Ⅰ. 의의

1) 뜻 공소장변경이란 검사가 공소사실의 동일성이 인정되는 범위 안에서 법원의 허가를 얻어 공소장에 기재된 공소사실 또는 적용법조를 추가 · 철회 또는 변경하는 것을 말한다(298①). '죄명'의 변경도 포함된다.

여기서 i) '추가'는 새로운 공소사실이나 적용법조를 부가하는 것, ii) '철회'는 공소장에 기재된 수개의 공소사실이나 적용법조 가운데 일부를 제외하는 것, iii) '변경'은 기존의 공소사실과 적용법조를 새로운 공소사실과 적용법조로 교환적으로 대체하는 것을 뜻한다. 특히 추가에는 동일성 있는 공소사실의 **예비적 · 택일적 추가**도 포함된다. 공소제기시의 예비적 · 택일적 기재와 달리, 공소장변경으로서의 예비적 · 택일적 추가에는 공소사실의 **동일성**이 요구된다.

[구별개념] 공소장변경은 추가기소 · 일부 공소취소, 공소장정정과 구별된다. i) 공소장변경은 동일성이 인정되는 범위 내에서 부분적으로 변경하는 제도이다. 반면, '추가

기소'는 공소사실의 동일성이 인정되지 않는 새로운 범죄사실에 대하여 별도로 심판을 구하는 것이고, '일부 공소취소'는 공소사실의 동일성이 인정되지 않는 수개의 공소사실이 경합범으로 기소된 상태에서 그 일부를 철회하여 법원의 소송계속을 종결시키는 것이다. 공소취소의 경우에는 별도로 공소기각의 결정을 하여야 한다(328i). ii) 공소장변경은 심판대상에 실질적인 변경을 가하는 것으로 법원의 허가가 필요하다. 반면, '공소장정정'은 공소장의 명백한 오기나 누락을 보충하는 것으로서 법원의 허가를 받을 필요가 없다.

2) 취지 공소장변경제도는 '**피고인의 방어권보장**'과 '**형벌권의 적정한 실현**'에 그 취지가 있다. 즉, i) '공소장에 기재된 공소사실과 다른 사실'은 '공소사실과 동일성이 인정되는 범죄사실'이라도 공소장변경이 있는 경우에만 법원의 '현실적' 심판대상이 된다. 공소장변경이 없는 한 현실적 심판대상이 되지 않는다는 점에서, 피고인의 방어활동에 대한 불의타를 방지하고 기습재판을 예방하며, 피고인의 방어권을 보장하는 역할을 수행한다. ii) 동시에 공소장변경을 통하여 법원의 현실적 심판대상이 될 수 있다는 점에서, 장차 확정판결의 효력에 의해 차단될 수도 있는 형벌권의 행사를 현재의 시점에서 가능하게 한다.

Ⅱ. 공소장변경의 한계

1) 공소사실의 동일성 공소장변경은 공소사실의 동일성을 해하지 않는 범위 안에서만 허용된다(298①). 여기서 공소사실의 동일성은 공소사실의 '단일성'과 협의의 '동일성'을 포함하는 개념이다(광의설, 다수설).

2) 협의의 동일성 판단기준 판례는 '수정된 기본적 사실관계동일설'('규범적 사실동일설')이다. 그 사실의 기초가 되는 사회적 사실관계를 기본으로 하되, 규범적 요소도 아울러 고려한다(대판 1999.5.14. 98도1438).

우선, 비교되는 두 사실 사이에 i) 시간·장소적 '**밀접관계**' 및 양립할 수 없는 '**비양립관계**(택일관계)'가 인정되면 동일성이 인정된다. 예컨대, 피고인이 '과실치상'으로 공소제기된 후 피해자가 사고후유증으로 '사망에 이른' 경우 과실치상과 과실치사는 공소사실의 동일성이 인정된다(양자는 과실행위라는 하나의 사실관계에 기초한 것으로서 서로 양립할 수 없는 관계에 있기 때문이다). 주의할 점은, "그 일시만 달리하는 경우에, 사안의 성질상 2개의 공소사실이 양립할 수 있다고 볼 사정이 있으면, 그 기본인 사회적 사실을 달리할 위험이 있으므로, 기본적 사실은 동일하다고 볼 수 없다. 그러나 일방의 범죄가 성립되는 때에는 타방의 범죄의 성립은 인정할 수 없을 정도로 양자가 밀접한 관계에 있는 경우에는, 양자의 기본적 사실관계는 동일하다"(대판 2012.5.24. 2010도3950)는 것이다. 양자 사이의 '시간적 간격이 긴 경우'(예: 폭행일시만 '1981.4.14.→1979.1. 중순경'으로 변경)에도, '밀접한 비양립의 관계'에 있는 이상 '1개의 동일한' 사실로 그 동일성을 인정한 사례도 있다(대판 1982.12. 28. 82도2156). ii) 그럼에도 불구하고, 판례는 규범적 요소도 고려하여, 피해법익도 다르고 죄질에도 현저한 차이가 있으면 동일성이 부정된다고 한다.

[판례사례] [공소사실 내지 범죄사실의 동일성 여부]

(1) 동일성 인정사례 (동일) 판례가 동일성을 인정한 사례로는,

i) [(사회적 사실의) 비양립관계(택일관계)] ① [특수절도와 장물운반] '특수절도'의 공소사실 → 예비적으로 추가한 '장물운반'의 공소사실: "침해되는 법익이 다르다고 볼 수 없으므로 기본적 사실관계가 동일"(대판 1999.5.14. 98도1438), ② [금전수령] ㉠ 공소장변경 전의 '횡령'의 공소사실 → 변경 후의 '사기' 공소사실(대판 1983.11.8. 83도2500; 1984.2.28. 83도3074), ㉡ '공인중개사법위반'(공인중개사자격 없이 중개)의 확정판결 → '횡령'(위탁받아 임의소비)의 공소사실은 양립할 수 없는 관계(대판 2012.5.24. 2010도3950), ③ [의사면허증] 당초의 '의사면허증을 대여하였다'는 공소사실 → '의사면허 없는 자와 공모하여 병원을 개설하였다'는 변경된 공소사실(대판 2012.9.13. 2010도11338) 등.

ii) [수단결과 관계] ① [협박과 범인도피] 피고인(甲)이 참고인(A)에 대하여 허위진술을 하여 달라고 요구하면서 '참고인을 협박하였다는 공소사실' → 참고인의 허위진술로 乙이 풀려나게 하여 '도피케 하였다는 공소사실': "피고인이 허위진술을 하도록 A를 강요, 협박하였다는 기본적 사실관계가 동일하여 공소사실의 동일성이 있다"(대판 1987.2.10. 85도897), ② [감금과 공갈] 10일간 감금의 공소사실→ 그 감금 상태에서 피해자의 인감증명서를 이용하여 회사의 대표이사 명의 등을 변경하여 경영권을 빼앗았다(공갈)는 내용의 공소사실: "갈취하려는 단일의 범의하에 저지른 상호 수단과 결과의 관계에 있는 일련의 행위로서 밀접한 인과관계가 있다"(대판 1998.8.21. 98도749). ③ [폭행과 공갈 · 감금 · 업무방해] '폭행하였다는 확정판결의 범죄사실'→ '폭처법위반(공동공갈미수 · 공동감금) 및 업무방해의 공소사실': "그 범행 일시 · 장소가 동일하고, 공사대금을 받아내려는 과정에서 이루어진 것으로서 그 범행동기와 상대방이 동일하며, 폭행행위가 공갈미수 등 범행의 수단으로 쓰인 것으로, 상호 수단과 결과의 관계에 있는 일련의 행위로서 밀접한 인과관계가 있다(대판 2007.2.23. 2005도10233). ④ [흉기휴대와 특수상해] '흉기휴대

행위'→'그 흉기로 상해를 가한 행위': "피고인이 피해자에게 상해를 가하려는 "단일한 범의하에 저지른 상호 수단과 결과의 관계에 있는 일련의 행위이므로, 기본적 사실관계가 동일하다"(대판 2009.11.12. 2009도9189), ⑤ [강도예비와 우범자] '흉기를 휴대하고 강도예비를 하였다는 공소사실'→'정당한 이유 없이 흉기를 휴대하고 있었다는 폭처법 제7조의 죄로 변경': "그 기본적 사실이 동일하므로 공소장변경은 적법하다"(대판 1987.1.20. 86도2396) 등.

iii) [기타: 피해자만 상이] 공소사실 중 나머지 사실은 그대로 둔 채 공소사실의 피해자만 변경한 경우 나머지 공소사실에 비추어 공소장변경 전후의 공소사실에 대해 동일성을 인정할 수 있다고 사례(대판 2008.2.28. 2007도8705).

(2) 동일성 부정사례 (별개) 판례가 동일성을 부정한 사례(별개 사건)로는,

i) [(규범적 요소에 의한) 택일관계 제한] ① [장물취득과 강도상해] 유죄로 확정된 장물취득죄→강도상해죄: "피해법익도 다르고 죄질에도 현저한 차이가 있어 동일성이 있다고 보기 어렵다"(대판 1994.3.22. 93도2080 전합), ② [교특법위반(과실)과 보험사기(고의)] 과실로 교통사고를 발생시켰다는 각 '교특법위반죄'→고의로 교통사고를 낸 뒤 보험금을 청구하여 수령하거나 미수에 그쳤다는 '사기 및 사기미수죄': "서로 행위 태양이 전혀 다르고, 교특법위반죄의 피해자는 교통사고로 사망한 사람들이나, 사기 및 사기미수죄의 피해자는 운전자보험계약을 체결한 보험회사들로서 역시 서로 다르다. 기본적 사실관계가 동일하다고 볼 수 없다"(대판 2010.2.25. 2009도14263).

ii) [수단결과 관계: 경범죄와 일반범] ① [인근소란(범칙행위)과 특수상해] '인근소란'의 범칙행위→'흉기휴대상해'의 공소사실: "피해법익이 다르고, 그 죄질에도 현저한 차이가 있으며, 위 범칙행위의 내용 등에 비추어 그 행위과정에서나 이로 인한 결과에 통상적으로 흉기휴대상해 행위까지 포함된다거나 이를 예상할 수 있다고는 볼 수 없어 기본적 사실관계가 동일한 것으로 평가할 수 없다"(대판 2011.4.28. 2009도12249), ② [인근소란(범칙행위)과 중상해] 경범죄처벌법상 '인근소란' 범칙행위→상해를 가하여 생명에 대한 위험을 발생하게 하였다는 '중상해'의 공소사실: "피해법익이 전혀 다르고, 그 죄질에도 현저한 차이가 있다"(대판 2012.9.13. 2011도6911).

iii) [기타] 비자금사용으로 인한 업무상횡령→비자금조성으로 인한 업무상배임: 별개(대판 2009.2.26. 2007도4784) 등.

[처분사유 추가 · 변경(항고소송)과 공소장변경(형사소송)] "행정소송에서 처분사유의 추가 · 변경이 허용되지 않는 취지의 대법원판결이 선고 · 확정되었더라도, 행정처분의 취소를 구하는 항고소송과 형사소송은 그 구조 및 법원칙을 달리하므로, 처분사유의

추가 · 변경과 공소장변경에서 요구하는 '동일성'이 완전히 일치하는 것이라고 볼 수 없다"(대판 2022.12.29. 2022도9845).[1]

3) 공소장변경과 기판력에서의 차별 여부(공소장변경의 동일성 완화 경향) 판례가 규범적 요소도 함께 고려하여 동일성을 제한하는 경우는 대부분 '기판력의 범위'에서이다. 즉, 기판력이 미치는 범위에서는, 선행사건의 판결에서 그 처벌이 너무 가벼웠다는 규범적 결론에 따라 동일성을 규범적으로 부정하여, 후행사건에 미치는 기판력을 제한하고 있다. 반면, '공소장변경'에서는 동일성을 넓게 인정 · 완화하여 공소장변경을 일부 허가한 바 있었으나, 최근에는 동일성을 엄격하게 적용하는 경향을 보이고 있다.

[공소장변경에서의 동일성 완화 경향] i) (과거) 판례는 때로는 이를 완화하여 공소장변경을 허가한 경우가 있었다. 즉, 판례는, '살인미수'의 공소사실('살해하려고 목을 누르는 등 폭행을 가하였으나 미수에 그쳤다')에 대하여, 예비적으로 '강간치상'의 공소사실('강간하려고 폭행을 가하였으나 미수에 그치고 상해를 입혔다')을 추가하는 공소장변경 사안에서, "공소사실의 동일성을 해친다고 볼 수 없다"(대판 1984.6.26. 84도666)라고 하여, 공소장변경허가를 용인한 바 있다.

ii) (최근) 그러나 최근에는 공소장변경 사안에서도 '규범적 사실동일설'을 엄격하게 적용하여, 동일성이 없는 공소장변경을 허가한 것은 위법하다고 한 사례가 점차 증가하고 있다(각주 참고).[2] 이 경우에는 별도로 공소제기 절차를 거쳐야 한다.

---

1) 제1심이 '피고인이 건축물인 컨테이너를 허가 없이 건축하였다'는 기존의 공소사실을, '피고인이 가설건축물인 컨테이너를 신고 없이 축조하였다'는 공소사실로 변경하는 내용의 공소장변경 사안에서, 관련 행정소송에서는 처분사유의 추가 · 변경이 허용되지 않는다는 대법원판결이 선고 · 확정되었다고 하더라도, 기존의 공소사실과 변경된 공소사실은 형사소송의 공소장변경에서 요구하는 기본적 사실관계의 동일성이 인정된다는 이유로 공소장변경이 적법하다고 한 사례이다.

2) 즉, ㉠ '상해'의 공소사실('말다툼하다가 발로 수회 차 2주의 흉부좌상을 가하였다')에 '특수협박'의 공소사실('계속하여 위험한 물건인 전지가위를 갖고 와 피해자를 협박하였다')을 추가하는 공소장변경 사안에서, "죄질에도 현저한 차이가 있어 그 기본적인 사실관계가 동일하다고 할 수 없다"(대판 2008.12.11. 2008도3656)고 하였다.

㉡ 또한, '사기' 범행을 기소하였다가 '범죄단체 조직 · 가입 · 활동죄'를 추가하는 공소장변경 사안에서, "실체적 경합범 관계에 있는 '사기' 공소사실과 '범죄단체' 공소사실은 (범행 일시 · 태양 · 공모관계 등 범죄사실의 내용이 다르고 죄질의 현저한 차이가 있어) 동일성이 없으므로, 그 공소장변경은 허가될 수 없다"(대판 2020.12.24. 2020도10814)고 하였다.

㉢ 폭처법위반(단체등의 구성 · 활동)죄와 그 활동과정에서 발생된 개별적 범행인 폭처법위반(단체등의 공동강요)죄는 상상적 경합이 아닌 실체적 경합관계에 있다. 전자로 공소제기된 후, 항소심에서 후자를 추가하는 공소장변경 사안에서, "각 공소사실이 동일하다고 볼 수 없어 공소장변경을 허가할 수 없고, 그 죄수관계는 실체적 경합관계에 있다"고 보아, 위 공소장변경을 허가한 원심을 파기하였다(대판 2022.9.7. 2022도6993).

Ⅲ. 공소장변경의 절차

1. 검사의 신청에 의한 변경

(1) 검사의 신청

1) 서면 공소장변경은 검사의 신청에 의한다. 검사는 원칙적으로 서면인 '공소장변경허가 신청서'를 법원에 제출하여야 한다(규142①).[1] 검사는 공소사실 등을 예비적·택일적으로도 변경할 수 있다.

2) 구술 다만, 법원은 피고인이 재정하는 공판정에서는 피고인에게 이익이 되거나 피고인이 동의하는 경우 구술로도 신청할 수 있다(동⑤). 이는 공판기일의 공전을 방지하고 절차의 신속을 도모하기 위함이다. 한편, "검사가 구술로 변경하려는 공소사실의 일부만 진술하고 나머지는 저장매체를 제출하였다면, 구체적으로 진술한 부분에 한하여 공소장변경허가신청이 있을 뿐이다. 저장매체에 저장된 전자문서는 그 신청이 된 것이라고 할 수 없고, 법원이 그 부분에 대해서까지 공소장변경허가를 하였더라도 공소장변경이 된 것으로 볼 수 없다"(대판 2016.12.29. 2016도11138).

(2) 법원의 허가결정

1) 고지의무 검사의 공소장변경허가신청이 있으면 법원은 신속히 그 사유를 피고인 '또는' 변호인에게 고지하여야 한다(298③). 신청서의 부본을 즉시 송달하는 방법에 의한다(규142③). '또는'이라는 문언상 부본을 피고인과 변호인 중 어느 한쪽에만 송달하더라도 위법은 아니다(대판 2001.4.24. 2001도1052). 만일 "부본을 송달·교부하지 않은 채 공소장변경을 허가하고 유죄판결을 한 경우 원칙적으로 '판결에 영향을 미친 법령위반'이 된다. 다만, 피고인의 방어권이나 변호인의 변호권이 본질적으로 침해되지 않았다고 볼 만한 특별한 사정이 있다면, 판결에 영향을 미친 법령위반이라고 볼 수 없다"(대판 2021.6.30. 2019도7217).[2]

㉣ 사기죄와 관련하여, 각 공소사실의 동일성을 인정할 수 없어 공소장변경을 허가할 수 없다는 이유로 공소장변경을 허가한 원심을 파기한 사례(대판 2025.4.15. 2025도1302).

1) "공소사실에 대한 검사의 의견을 기재한 서면을 제출하였더라도 곧바로 공소장변경허가신청서를 제출한 것이라고 볼 수는 없다"(대판 2022.1.13. 2021도13108).

2) [예외] "공소장변경 내용이 피고인의 방어권과 변호인의 변호권 행사에 지장이 없는 것이거나 피고인과 변호인이 공판기일에서 변경된 공소사실에 대하여 충분히 변론할 기회를 부여받는 등 피고인의 방어권이나 변호인의 변호권이 본질적으로 침해되지 않았다고 볼 만한 특별한 사정이 있다면 판결에 영향을 미친 법령 위반이라고 할 수 없다".

[판결에 영향을 미친 법령위반 인정 사례] 검사가 강제추행죄로 기소하였다가 (항소심에서)

2) **법원의 허가** 법원은 공소사실의 동일성을 해하지 않는 한도에서 결정으로 이를 허가하여야 한다(298①).[1] 이 경우 법원의 **허가는 의무적**이다(대판 1999.4.13. 99도375). 심판대상의 특정은 검사의 직무에 속하기 때문이다. 그러나 법원이 변론을 종결한 후에는 심리를 재개하면서까지 공소장변경을 허가할 '의무'는 없다(대판 2003.12.26. 2001도6484). 만일 동일성이 인정되지 않는 경우라면 그 신청을 불허가해야 함은 당연하다.

포괄1죄에서 동일성 여부 판단은 기존의 공소사실과 변경된 공소사실 사이의 기계적인 비교가 아니라 변경된 공소사실이 '전체적으로 포괄1죄의 범주 내에 있는지 여부'에 초점을 맞추어야 한다(대판 2015.4.15. 2025도903).[2]

3) **불복** 법원의 허가결정은 판결 전의 소송절차에 관한 결정이므로 그 결정에 대하여 **독립하여 항고할 수 없다**(403①). 다만, 허가결정의 위법이 판결에 영향을 미친 경우에 판결에 대하여 상소할 수 있을 뿐이다.

4) **직권취소** 공소사실의 동일성이 인정되지 않는 등 허가결정에 위법사유가 있는 경우에는 공소장변경허가를 한 법원이 **스스로 이를 취소**할 수 있다(대

공연음란죄를 예비적으로 추가하는 공소장변경허가신청서를 제출하였는데, 그 부본을 송달·교부하지 않은 채 이를 허가하고 예비적 공소사실을 유죄로 판단한 사안에서, 공연음란죄는 강제추행죄와 비교하여 행위 양태, 보호법익, 죄질과 법정형 등에서 차이가 있어, 기존 공소사실과 예비적 공소사실은 심판대상과 피고인의 방어대상이 서로 달라 피고인의 방어권이나 변호인의 변호권을 본질적으로 침해한 것으로 볼 수 있으므로, 판결에 영향을 미친 법령위반의 잘못이 있다고 한 사례(위 2019도7217).

1) "포괄일죄에서는 공소장변경 허가 여부를 결정할 때 포괄일죄를 구성하는 개개 공소사실별로 종전 것과의 동일성 여부를 따지기보다는 변경된 공소사실이 전체적으로 포괄일죄의 범주 내에 있는지 여부에 초점을 맞추어야 한다"(대판 2018.10.25. 2018도9810).

[동일성 긍정 사례(대판 2022도8806)] 피고인이 저녁 시간에 무면허 운전을 하고(제1 무면허운전), 약 3시간이 경과한 후 같은 차량에서 술에 취해 잠이 든 상태로 발견되었는데(제2 무면허운전 및 음주운전), 검사가 제2 무면허운전과 음주운전 부분을 기소하였다가, 항소심에서 제2 무면허운전을 제1 무면허운전으로 공소장변경허가 신청을 한 사안에서, 공소장변경으로 '철회하려는 공소사실'(제2 무면허운전)과 '추가하려는 공소사실'(제1 무면허운전)은 포괄1죄에 해당하고 그 공소사실이 동일하다는 이유로 공소장변경을 허가해야 한다고 한 사례이다.

[동일성 부정 사례(대판 2022도10660] 상습범을 신설하는 개정 이전의 행위는 개정 이후의 행위와 포괄일죄가 아니라 경합범이므로 이를 추가하는 공소장변경은 허용되지 않는다(대판 2022.12.29. 2022도10660). 공소장변경은 공소사실의 동일성이 인정되는 범위 내에서만 허용되기 때문이다(298①).

2) 즉, "포괄일죄에서는 공소장변경을 통한 종전 공소사실의 철회 및 새로운 공소사실의 추가가 가능한 점에 비추어, 공소장변경허가 여부를 결정할 때는 포괄일죄를 구성하는 개개 공소사실별로 종전 것과의 동일성 여부를 따지기보다는 변경된 공소사실이 전체적으로 포괄일죄의 범주 내에 있는지 여부, 즉 단일하고 계속된 범의하에 동종의 범행을 반복하여 행하고 피해법익도 동일한 경우에 해당하는지에 초점을 맞추어야 한다."

판 2001.3.27. 2001도116).

(3) 허가 후의 공판절차

1) 신청서 낭독 검사는 공판기일에 공소장변경허가신청서에 의하여 변경된 공소사실·죄명 및 적용법조를 낭독하여야 한다[필요적]. 다만, 재판장은 필요한 경우에는 공소장변경의 요지를 진술하게 할 수 있다(규142④).

2) 공판절차 정지 공소장변경이 피고인의 방어에 불이익을 증가시킬 염려가 있다고 인정한 때에는, 법원은 직권 또는 피고인이나 변호인의 청구에 의하여 결정으로, 피고인으로 하여금 방어준비를 할 수 있도록 필요한 기간 공판절차를 정지할 수 있다(298④). 피고인의 방어준비를 위한 것이므로, 이 경우 정지는 **임의적**이다. 예컨대, '경합범'으로 기소된 수개의 사건을 '상습범'으로 변경한 정도라면, 굳이 공판절차를 정지할 필요가 없다. 즉, 이는 공판절차를 정지할 정도로 피고인들의 방어권행사에 불이익을 초래하는 것이라 할 수 없다(대판 1985.8.13. 85도1193).

2. 법원의 공소장변경 요구

1) 뜻 법원은 심리의 경과에 비추어 상당하다고 인정할 때에는 검사에게 공소사실 또는 적용법조의 추가 또는 변경을 요구하여야 한다(298②). 그 취지에 대해서는 대개, 법원이 다른 사실에 대하여 유죄의 확신을 갖고도 불고불리의 원칙상 무죄를 선고하는 불합리를 방지하고, 형벌권의 적정한 실현을 위한 제도라고 설명된다(무죄판결억제설·통설). 그러나 과연 그런 것인지는 의문이다.[1)]

2) 법적 성격 문언('하여야 한다')과는 달리 의무설, 재량설, 예외적 의무설(원칙상 재량이나, 무죄판결이 현저히 정의에 반하는 예외적인 경우에는 법원의 의무)이 대립한다. 다수설은 예외적 의무설이나, 판례는 재량설로 확립되어 있다. 즉, "법원이 검사에게 공소장의 변경을 요구할 것인지 여부는 **법원의 재량**이다"(대판 1997.8.22. 97도1516). 심판대상의 변경은 검사의 권한이자 책무에 속한다는 것이다.

3) 효력 법원의 변경요구에 검사가 불응한 경우에 대해, 형성력설(요구 그

---

1) [연혁] 유신헌법이 공포된 직후 부칙 제4조에 의해 구성된 비상국무회의라는 행정기관이 1973. 1. 25. 제3차 회의에서 도입한 조항이다. "종래 대법원이 사실기재설을 취하여, 검사가 공소장변경 신청을 빠뜨려 범인이 무죄가 되는 사례를 막으려는 취지"라고 한다.

그러나 이것은 사법권의 본질적 속성인 법원의 독립성·중립성 등 헌법 원리에 반하고, 소송절차의 공정성 이념에 반하는 발상이다. 참고로 일본형사소송법 제312조 제2항에는 의무사항이 아닌 '재량사항' 형식으로 규정되어 있다.

자체에 공소장변경의 효력 인정), 명령효설(검사의 복종의무 인정), 권고효설(검사의 복종의무 부정)이 있다. 명령효설이 통설이나, 실무상 검사가 불응해도 **방법이 없다**(권고효). 검사의 공소장변경이 없는 한, 법원은 기존의 공소사실에 대하여 심판할 수밖에 없다.

3. 공소장변경의 효과

1) 공소제기시점 공소장이 변경되면, 새로운 공소사실은 당초의 공소사실과 동일성이 유지되므로 최초의 **공소제기시점**에 기소된 것으로 취급된다. 예컨대, 공소시효의 완성 여부, 친고죄의 고소 여부 등에서도 그러하다.

2) 상소심과 공소장변경 공소장변경은 법률심인 상고심에서는 허용되지 않는다. 항소심은 사후심적 속심이므로 **항소심에서도** 공소장변경을 할 수 있고(대판 1995.2.17. 94도3297), 상고심에서 **파기하여 항소심에 환송한 경우에도** 공소장변경이 허용된다(대판 1980.3.25. 79도2105; 2004.7.22. 2003도8153). 그러나 항소심에서의 공소장변경이 **무한정 허용되는 것은 아니다.**

[항소심에서의 공소장변경의 제한] i) 즉, "헌법 제13조 제1항 후문 '거듭처벌금지의 원칙'의 정신에 비추어 소송절차에서 불안정한 지위에 놓이게 될 수 있는 피고인의 인권과 법적 안정성 보장의 관점에서 그러한 공소장변경이 얼마든지 허용된다고 볼 수는 없다. 따라서 공소장변경이 소송절차에서 '피고인의 지위를 과도하게 불안정'하게 하고, '피고인의 방어권을 본질적으로 침해'하는 것과 같은 **특별한 사정**이 있는 경우 그러한 공소장변경은 원칙적으로 허용될 수 없다. 다만 '현저히 정의와 형평에 반하는 결과를 초래하는 경우'에는 예외적으로 그러한 공소장변경도 허용될 여지가 있으나, 그러한 예외가 인정되는지도 피고인의 법적 안정성 보장과 공소장변경제도의 가치 등을 고려하여 '매우 엄격하고 신중하게' 판단해야 한다"(대판 2024.12.12. 2020도11949).[1] 주의를 요한다.

ii) 이는 '공소권남용'이라는 표현을 직접 사용하고 있지는 않지만 사실상 '공소권남용의 가능성'을 제한적이나마 인정한 판례로 평가된다. 주로, 제1심에서 무죄판결이 선고된 사건에서 검사가 항소한 다음 항소심에서 공소장을 변경하는 경우(예비적 추가·택일적 추가·교환적 변경 등)에서 크게 문제된다. 자세한 것은 항소편 '항소심의 구

---

1) [위 2020도11949: 특별한 사정 부정(=변경 허용)] 제1심에서 군검사가 A죄(군사기밀보호법13 ① 위반)를 B죄(동법11 · 12① 위반)로 교환적으로 변경한 후 B죄에 대해 유죄판결이 선고되었는데, 항소한 군검사가 항소심에서 다시 A죄를 주위적 공소사실로 추가하고 B죄를 예비적 공소사실로 변경하자 A죄를 유죄로 인정한 사안에서, 공소장변경이 허용될 수 없는 특별한 사정이 있는 경우라고 보기 어렵다고 한 사례.

조'에서의 설명을 참조할 것.

3) 관할 변동 단독사건이 합의부사건으로 공소장변경되면 사건을 합의부로 이송하여야 하나(8②), 반대의 경우에는 단독판사에게 재배당할 수 없다(대판 2013.4.25. 2013도1658). 항소심에서 공소장변경에 의하여 단독판사의 관할 사건이 합의부 관할 사건으로 변경되는 경우(예: 상해 → 상해치사)에는 (먼저 그 공소장변경의 신청을 '허가'한 다음) 사건을 "관할권이 있는 고등법원으로 이송하여야 한다"(대판 1997.12.12. 97도2463). 반대의 경우(즉, 고등법원 계속 중 단독사건으로 변경)에는 지방법원 본원합의부(본원항소부)로 이송할 수 없다.

Ⅳ. 공소장변경의 요부(要否)

1. 의의

법원이 '공소장에 기재된 공소사실'과 다른 사실을 인정하려면 원칙적으로 공소장변경절차를 거쳐야 한다. 공소장변경의 제도적 가치는 피고인의 방어대상 한정 및 방어권 행사의 실질적 보장에 있는 것이다. 그런데 방어권에 별다른 영향이 없고 그 '다름의 정도'가 경미한 경우에도 항상 공소장변경절차를 요구한다면 소송경제에 반한다. 따라서 법원이 어떤 범위에서 공소장변경 없이 다른 사실을 인정할 수 있는지가 문제된다. 공소장변경의 요부(필요 여부)는, 결국 '직권 가능'과 '변경 필요' 사이에 '한계를 긋는 문제'로 귀착된다.

2. 판단기준

동일벌조설, 법률구성설도 있었으나, 현재 사실기재설이 통설·판례이다.

1) 사실기재설 심판대상을 법률적 평가와는 상관없이 사실적 측면을 강조하여, '공소사실에 기재된 사실'과 '실질적으로 다른 사실'을 인정할 때에는 공소장변경이 필요하다는 견해이다. 이때 사실에 실질적 차이 여부는 결국 사실관계의 변화가 피고인의 방어권 행사에 실질적 불이익의 염려가 있는지 여부를 기준으로 한다. 즉, 실질적 차이가 없고 방어권행사에 실질적 불이익의 염려가 없는 경우에는 공소장변경 없이 직권 인정이 가능하지만, 방어권 행사에 실질적 불이익의 염려가 있는 사실관계 변경인 경우에는 공소장변경이 필요하다는 입장이

다. 즉 "피고인의 방어권 행사에 실질적인 불이익을 초래할 염려가 없는 경우에는 법원이 공소장변경절차 없이 일부 다른 사실을 인정하거나 적용법조를 달리하여도 불고불리의 원칙에 위배되지 않는다"(대판 2007.12.27. 2007도4749). '실질적 불이익설'이라고도 한다.[1]

2) 기준 "방어권 행사에 실질적인 불이익 여부는, 공소사실의 기본적 동일성이라는 요소 외에도 법정형의 경중 및 그러한 경중의 차이에 따라 피고인이 자신의 방어에 들일 노력·시간·비용에 관한 판단을 달리할 가능성이 뚜렷한지 여부 등의 여러 요소를 종합하여 판단한다"(위 2007도4749). 경우에 따라서는 그 판단기준의 하나로 처단형의 경중(예: 미수감경 가능 여부)도 고려한다.[2]

3. 유형화

"공소사실의 동일성이 인정되는 범위 내에서, 심리의 경과에 비추어 피고인의 방어권 행사에 실질적 불이익을 초래할 염려가 없다고 인정되는 때에는, 공소장 변경 없이 직권으로 다른 사실을 인정할 수 있다"(대판 1999.4.15. 96도1922 전합). 유형화하면 다음과 같다.

---

1) [방어권 행사에 실질적 불이익] '성명불상자'에 대한 무고로 기소된 경우 공소장변경 없이 '특정인'에 대한 무고로 인정할 수 없다(대판 2022.9.29. 2020도11754). '성명불상자'에 대한 무고죄는 성립할 수 없는바, 그에 대응할 피고인의 방어행위가 달라질 수 밖에 없기 때문이다. 참고로, "특정되지 않은 '성명불상자'에 대한 무고죄는 성립하지 않는다. 공무원에게 무익한 수고를 끼치는 일은 있어도, 심판 자체를 그르치게 할 염려가 없으며 피무고자를 해할 수도 없기 때문이다"(대판 2009.9.10. 2009도5073).

[방어권 보장의 강화: 방어권 행사에 실질적 불이익이 없음에도 굳이 공소장변경(적법)] 공소장변경 없이 직권 인정이 가능한 경우임에도 공소장변경절차를 거쳐 유죄로 인정하는 것은 물론 적법하다. 즉, "공소장변경절차를 거치지 않고서도 직권으로 당초 공소사실과 다른 공소사실에 대하여 유죄를 인정할 수 있는 예외적인 경우임에도 공소장변경절차를 거친 다음 변경된 공소사실을 유죄로 인정하는 것은 심판대상을 명확히 특정함으로써 피고인의 방어권 보장을 강화하는 것이므로 특별한 사정이 없는 한 위법하다고 볼 수 없다"(대판 2022.12.15. 2022도10564).

2) [처단형의 경중] 판례는 공소장변경의 요부에서는 처단형의 경중도 고려한다. 즉, 성폭법상 주거침입에 의한 강간미수죄(동법5① · 미수범15)와 주거침입에 의한 강제추행죄(동법5①)의 경우 법정형은 동일하지만 미수감경 여부에 따라 처단형의 하한에 차이가 발생할 수 있으로 공소장변경 없이 직권으로 전자의 공소사실을 후자의 공소사실로 인정하는 것은 방어권 행사에 실질적인 불이익을 초래할 염려가 있어 위법하다(대판 2008.9.11. 2008도2409). 다만 죄수평가에서는 처단형의 경중을 고려하지 않는다(대판 2005도5996: 포괄1죄→실체적 경합범 인정).

	"직권 가능"	"변경 필요"	비고
구성 요건 同一	(1) 약간 달리 (오기, 일시장소, 수단방법, 피해자·피해품, 객체결과) (인과과정, 구체화 포함)	현저한 차이·중요부분 차이 -[실질적 불이익]있는 경우 (실질적 불이익 있는 일시장소, 수단방법, 객체결과 등)	■ 공범관계의 변경(?) □ 단독범→공동정범 □ 공동정범→방조범
구성 요건 相異		(2) 질적 변경	▪ 미수→예비 (필요)
	1) 양적 축소(축소사실 인정)		
	2) 법적 평가만 달리	법정형이 重하게 되는 경우	
죄수	(3) 죄수 평가 : 직권 □ (실체적 경합→포괄1죄) □ (포괄1죄→실체적 경합) : = 처단형 변경	법정형이 重하게 되는 경우 (방어부담 가중)	

(1) 구성요건 동일

판례는 구성요건에 변동이 없는 경우에는 대부분 공소장변경이 필요 없다고 하여, 순수한 사실기재설보다 직권 인정의 범위를 넓히고 있다. 즉, "범죄의 일시 등은 공소사실의 특정을 위한 요건이지 범죄사실의 기본요소는 아니므로, 다소 다르게 인정할 수도 있다"(대판 1992.12.22. 92도2596 참조).

1) 원칙: 직권 가능 판례상 공소장변경 없이 다른 사실을 직권으로 인정할 수 있는 대표적인 경우는 다음과 같다.

[직권 가능] i) 공소장의 사소한 오류 또는 명백한 오기, 누락의 정정·보충은 직권으로 가능하다. 예컨대, 범행일시의 분명한 오기(대판 1989.5.9. 87도1801), 위증내용(대판 1986.11.11. 86도866), 수표발행일자(대판 1987.7.21. 87도546), 적용법조 누락(대판 2004.11.26. 2003도1791) 등.

ii) 공소사실을 정리 또는 명확하게 하기 위한 보충설명 내용의 추가 등은 직권으로 가능하다. 예컨대, 추상적인 적시사실을 구체적으로(대판 1990.6.8. 89도1417), 공범의 범죄 경위를 구체적으로 정리·보충(대판 1992.9.22. 92도1751) 등.

iii) 범죄일시·장소의 변경(대판 1994.9.9. 94도998)은 대개 직권으로 한다.

다만, 사안의 성질상 단순한 오기로 볼 수 없거나 범죄의 성부에 중대한 관계가 있어 피고인에게 **예기치 않은 타격**을 주어 방어권 행사에 불이익을 줄 우려가 있는 경우에는 공소장변경이 필요하다. 예컨대, 범죄단체의 가입일자(위 92도2596) 등.

iv) 범죄의 경위, 피해의 정도 등에 다소 변경이 있으나 피고인의 방어권 행사에 불이익이 없는 경우도 직권으로 가능하다. 예컨대, ㉠ 단지 상해 정도의 차이(요치 4개월 → 8개월)(대판 1984.10.23. 84도1803), ㉡ 사기죄에서 재산상의 '피해자'를 달리 인정(대판 1987.12.22. 87도2168; 2002.8.23. 2001도6876),[1] ㉢ 사기죄에서 재물편취를 이익편취로 인정(대판 2004.4.9. 2003도7828), ㉣ 뇌물전달자를 달리 인정(대판 1984.5.29. 84도682), ㉤ 범행도구를 미리 준비한 방법을 달리 인정(대판 2006.6.15. 2006도1667) 등.

다만, 피고인의 방어권 행사에 실질적 불이익의 염려가 있는 경우에는 공소장변경이 필요하다. 예컨대, ㉠ **기망의 내용이 달라지는** 경우(자동차매도 사기에서 잔존 할부금채무의 불고지 → 대리권 있는 양 행세)(대판 2010.4.29. 2010도2414), ㉡ '절취한' 신용카드를 사용한 사기 → 단순히('절취 여부와 관계없이') 신용카드를 사용한 사기(대판 2003.7.25, 2003도2252),[2] ㉢ '흉기휴대'공갈 → '집단'공갈(대판 2013.6.27. 2013도3983)[3] 등.

v) 과실범에서 인과관계의 진행과정만 달리 인정(대판 1989.12.26. 89도1557), 과실을 보다 구체적으로 적시(대판 1998.3.27. 97도3079) 등도 가능하다.

다만, **과실의 내용이 달라지는** 경우 등 피고인의 방어권 행사에 영향을 미치는 중요한 사실의 변경에는 공소장변경이 필요하다. 예컨대, ㉠ '횡단보도 앞에서 신호 위반하여 시속 50킬로미터로 진행한 과실'→'보조제동장치나 조향장치를 조작하지 아니한 과실'(대판 1989.10.10. 88도1691), ㉡ 교특법 제3조 제2항 단서 제1호 '신호위반'→제6호 '횡단보도'(대판 1992.10.13. 91도2674) 등.

2) **공범관계의 변경** 문제가 약간 다르다. 그때그때의 심리과정, 피고인의 주장·방어활동, 인정사실에 대한 충분한 공방 내지 심리 여부 등을 종합하여, 피고인에게 **불의의 타격**을 주어 방어권행사에 실질적 불이익을 줄 우려가 **없는 경우**에는 직권으로 달리할 수 있다(대판 1991.5.28. 90도1977).

i) [단독범 → 공동정범] 단독범으로 기소된 것을 다른 사람과의 공동정범으로 인정할 수 있는지의 문제이다. 피고인이 심리과정에서 극구 부인하고 '공범관계에 대해 **전혀 언급하지 않았던**' 경우(대판 1997.5.23. 96도1185)에는, 공소장변경이 필요하다. 타인의 행위 부분까지 책임지는 것은 방어권 행사에 실질적인 불이익의 염려가 있기 때문이다.

다만, ㉠ 피고인이 심리과정에서 '공범과 상의하였다'고 변소한 경우(대판 1991.5.28. 90도1977), ㉡ 공소사실의 내용이 실질적으로는 공모관계를 전제한 것이

1) 대판 2017.6.19. 2013도564(임의경매사기 사건)도 같은 취지.
2) "그 범죄행위의 내용 내지 태양에서 서로 달라 피고인의 방어행위 역시 달라질 수밖에 없어, 방어권행사에 실질적인 불이익을 초래할 염려가 있다."
3) "비록 같은 조항에서 함께 규정되어 있기는 하지만, 그 행위태양이 전혀 다르고 그에 대응할 피고인의 방어행위 역시 달라질 수밖에 없다."

명백하고, 공모의 점을 다투어 증인조사까지 시행된 경우(대판 2007.4.26. 2007도309)에는, 공소장변경 없이 직권으로 인정할 수 있다.

ii) [공동정범 → 방조범] 공동정범으로 기소되었는데 판명사실은 방조범인 경우에도 마찬가지이다. 즉, ㉠ 심리과정에서 방조범의 인정 가능성에 대해 '전혀 언급이 없거나 공방이 이루어지지 아니하였고, 공소장변경과 관련된 논의도 없었던' 경우(대판 2011.11.24. 2009도7166), ㉡ 심리과정에서 방조사실이 **단 한번도 언급된 바 없는** 경우(대판 1996.2.23. 94도1684)에는, 공소장변경이 필요하다(기능적 행위지배가 없는 경우 방조범이 성립할 여지가 있는데, 공소장변경없이 방조범을 인정하는 것은 방어권 행사에 실질적 불이익을 초래할 염려가 있기 때문이다).

다만, 공동정범으로 기소된 피고인이 심리과정에서 '유죄라도 공동정범이 아닌 방조범에 해당한다'고 주장하여 방어활동을 전개한 경우에는, 공소장변경 없이 방조범으로 처벌할 수 있다(대판 1982.6.8. 82도884).

iii) [간접정범 → 방조범] 간접정범으로 기소되었는데 방조범 여부를 심리하여 판단하는 것은 방어권 행사에 실질적 불이익을 초래할 염려가 있다(대판 2007.10.25. 2007도4663).

iv) [공동정범 → 단독범] 한편, 반대로 공동정범으로 기소되었는데 판명사실은 단독범인 경우 심리과정에서 피고인의 방어권 행사에 실질적 불이익이 없는 경우에는, 공소장 변경 없이 직권으로 유죄로 인정할 수 있다.

(2) 구성요건 상이

1) 원칙: 변경 필요(질적 변경) 공소사실과 법원의 인정사실 사이에 실체법상 다른 구성요건이 적용되는 경우에는 사실의 변경과 함께 적용법조까지 달라진다[죄질의 질적 변경]. 방어권 행사에 실질적 불이익을 미치므로, 원칙상 공소장변경이 필요하다.

원칙 [질적 변경]		공소사실	다른 사실 (변경 필요)	비 고
변경 필요	1. 일반	㉠ 강간(치상) 강제추행	강제추행(치상) 공연음란	68도776 2019도7217
		㉡ 명예훼손	모욕	70도1849
		㉢ 공무집행방해	다른 폭력행위의 범죄	91도2395
	재산	㉠ (특수)강도 강도상해교사	(특수)공갈 공갈교사	68도995 92도3156

		㉡ 특수절도	장물운반	64도681
		㉢ 강제집행면탈	권리행사방해	72도1090
		㉣ 배임 권리행사방해	권리행사방해 배임	2020도14735 94도1888참조
	2. 고의→과실	㉠ (고의)살인	폭행치사	2001도1091[1]
		㉡ (고의)장물보관	업무상과실 장물보관	83도3334
	미수→예비	미수	예비 · 음모	82도2939
	3. 중한 법정형	㉠ 사실적시 명예훼손	허위사실적시 명예훼손	2001도5008
		㉡ 사기	상습사기	99도4797
		㉢ 미수 예비 · 음모	기수 미수	
	4. 특별	㉠ '정신장애로 항거불능' 상태인 피해자 간음 · 추행	'심신미약자에 대한 위력'으로 간음 · 추행	2013도13567[2]
		㉡ 특가법위반(도주차량)	도교법위반(미조치)	91도711[3]
		㉢ 도교법위반 (손괴 후 미조치)	도교법위반 (교통사고 후 미신고)	90도2642
		㉣ 성폭법위반 (주거침입 '강간미수')	성폭법위반 (주거침입 '강제추행')	2008도2409[4]

다만, 죄질의 질적 변화라도 피고인의 방어권행사에 **불이익이 없다면** 직권심판이 가능하다. 예컨대, 강간치상→**준강제추행**(대판 2008.5.29. 2007도7260: "준강제추행죄는 동일성이 인정되고, 공소제기된 범죄사실(강간치상)에 포함되어 **충분히 심리되었으므로**")의 사례가 있다.

한편, 공소장변경 없이 직권으로 달리 인정이 가능한 예외유형이 있다.

2) 예외①: 축소사실의 인정(양적 축소) 구성요건을 달리하는 다른 사실(小)이 공소사실(大)에 포함되는 경우에는, '대는 소를 **포함**한다'는 이론에 따라 공소

1) [고의→과실] 과실은 고의에 비해 그 처벌이 가벼운 것이 사실이지만, 서로 구성요건을 달리하므로, 피고인의 방어방법이 크게 달라지기 때문이다.

2) "행위의 객체, 상대방의 상태, 행위의 내용과 방법 등에서 서로 달라서 피고인의 소송상 방어의 내용이나 수단 등 역시 달라질 수밖에 없다."

3) 미조치죄(교통사고발생시 조치의무 위반죄)에서 조치의무는 "운전자에게 사고발생에 있어서 고의·과실 혹은 유책·위법의 유무에 관계 없이 부과된 의무"인데(대판 2005.2.17. 2004도8656 등), "특가법위반(도주차량)의 공소사실에 대해 업무상 과실이 인정되지 않는 경우, 공소장변경 없이 미조치죄로 처벌할 수 없다."

4) "법정형은 동일하지만, 전자의 경우 미수감경을 할 수 있어 법원의 감경 여부에 따라 처단형의 하한에 차이가 발생할 수 있다. 따라서 미수감경의 가능성을 배제하는 것은 피고인의 방어권 행사에 실질적인 불이익을 초래할 염려가 있어 위법하다."

장변경 없이 직권으로 달리 인정할 수 있다. 이미 포함된 보다 가벼운 사실의 인정은 피고인의 방어권 행사에 실질적 불이익을 초래할 염려가 없기 때문이다. 공소장변경 없이 직권으로 가능한 경우는 다음 [표]와 같다.

<table>
<tr><th colspan="2">예외① [양적 축소]</th><th>공소사실</th><th>인정사실 (직권 가능)</th><th>비고</th></tr>
<tr><td rowspan="18">직권
가능</td><td rowspan="6">1. 일반</td><td>㉠ '강간'치상
'강제추행'치상</td><td>강간 *(의무★)
강제추행</td><td>80도1227[1]
96도1922전합</td></tr>
<tr><td>㉡ 준강간'장애'미수</td><td>준강간'불능'미수*(의무★)</td><td>2021도9043[2]</td></tr>
<tr><td>㉢ '강간'치사
특수'절도'</td><td>강간미수
절도</td><td>63도1601
73도1256</td></tr>
<tr><td>㉣ 강도'강간'
성폭법위반
('특수강도' 강간미수)</td><td>강간
특수강도</td><td>87도792
96도1232</td></tr>
<tr><td>㉤ '수뢰' 후 부정처사
위력자살결의</td><td>뇌물수수
자살교사</td><td>99도2530
2005도5775</td></tr>
<tr><td>㉥ 업무상 '과실'치상</td><td>과실치상</td><td>2016도16738</td></tr>
<tr><td rowspan="3">'폭행'만</td><td>㉠ 상해</td><td>'폭행'</td><td>93도3058</td></tr>
<tr><td>㉡ 상해치사</td><td>'폭행'</td><td>90도1229</td></tr>
<tr><td colspan="2">다만, 반대되는 판례도 있다.[3]</td><td></td></tr>
<tr><td rowspan="3">2. 결합범을
수죄로 분할</td><td>㉠ 강도상해</td><td>(야간주거침입)절도＋상해</td><td>65도559</td></tr>
<tr><td>㉡ 강도상해</td><td>주거침입＋상해</td><td>96도755</td></tr>
<tr><td>㉢ 강도강간</td><td>특수강도미수＋강간</td><td>87도792</td></tr>
<tr><td>기수→미수</td><td>기수</td><td>미수</td><td>2013도9162[4]</td></tr>
<tr><td>3. 경한
법정형</td><td>'허위'사실적시 명예훼손
(출판물)</td><td>사실적시 명예훼손</td><td>96도2234
2006도7915[5]</td></tr>
<tr><td rowspan="4">4. 특별</td><td>㉠ 특가법위반
(도주차량)</td><td>교특법위반 *(의무★)
(＝업무상과실치사상)</td><td>94도2349</td></tr>
<tr><td>㉡ 폭처법위반
(공동 폭행 · 협박)</td><td>형법상 *(의무★)
단순 폭행 · 협박</td><td>90도2022</td></tr>
<tr><td>㉢ 성폭법위반
(강제추행)</td><td>성폭법위반
('위력에 의한' 추행)</td><td>2013도12803</td></tr>
<tr><td>㉣ 성폭법위반
(장애인강간 · 강제
추행)</td><td>성폭법위반
(장애인'위력'간음 · '위력'
추행')</td><td>2014도9315</td></tr>
</table>

1) "공소제기된 범죄는 친고죄나 반의사불벌죄가 아닌 반면, 법원이 직권으로 인정하는 범죄는 친고죄나 반의사불벌죄인 경우에도 다르지 않다"(앞 96도1922 전합).

다만, 축소사실의 인정이라도, 피고인의 방어권 행사에 실질적 불이익을 초래하는 경우에는, 공소장변경 없이 심판할 수 없다(예: 공범관계의 변경).

축소사실의 인정은 법원의 직권으로 가능하나, 나아가 법원의 의무 여부가 별도로 문제된다. 판례는 원칙적 재량이되, 예외적 의무라는 입장이다.

3) 예외②: 법적 평가만 달리 사실에 변경 없이 법적 평가만 달리하는 경우에는 원칙적으로 공소장변경 없이 직권으로 달리 인정할 수 있다. 동일한 범죄사실에 대해 법률적용만 달리하는 것이기 때문이다. 다음 [표]와 같다.

예외② [법적 평가]		공소사실	인정사실 (직권 가능)	비 고
직권 가능	1. 일반	㉠ 횡령 배임	배임 *(재량) 횡령	2000도258 99도2651
		㉡ 준강간'장애'미수	준강간'불능'미수*(의무★)	2021도9043
		㉢ 장물'취득'	장물'보관' *(의무★)	2003도1366
		㉣ 뇌물수수	뇌물수수'약속'	87도792
	2. 특별	㉠ 특가법위반(누범 준강도)	(형법상) 단순 준강도	82도1716
		㉡ 형법상 상습강도→특가법위반(강도누범) – 3회 이상의 전과가 공소장에 적시된 경우만 가능		2007도2956
	3. 기타	법정형의 경중에 차이 없으면, 신법→구법 적용		2000도3350

다만, 공소장에 기재된 적용법조보다 법정형이 중하게 되는 경우에는 공소

---

2) 항거불능 상태의 피해자를 간음하려 하였으나 정신을 차린 피해자가 거부하는 바람에 미수에 그쳤다면서 준강간죄의 장애미수로 기소된 사안에서, 제1심과 항소심은 항거불능 상태가 증명되지 않아 준강간죄의 장애미수가 성립하지 않고 공소장변경이 없어 불능미수도 인정할 수 없다고 하였으나. 대법원은 직권으로 불능미수를 인정할 수 있고 직권심판의무까지 있다고 한 사례(위 2021도9043).

반면, 유사한 사안에서 공소장변경 없이 준유사강간 불능미수를 인정할 수 없다고 한 과거 2015년 판례(2015도7343)도 있다.

3) 대판 1971.1.12. 70도2216 ['폭행치상→폭행' 사안] : "폭행치상죄의 공소(폭처법 제2조에 경우도 같다)를 받고 심리한 결과, 폭행사실만을 인정한 법원은 검사의 폭행죄로의 공소장변경절차 없이는 폭행죄로 단죄할 수는 없다. 이는 공소권을 독점하는 검사가 편의주의도 아울러 행사하는 점으로 미뤄, 폭행치상죄의 공소에 폭행죄가 포함되어 있다고 해석하기는 어렵다고 이해되기 때문이다."

4) 다만, 미수→예비는 '질적 변경'이다(공소장변경 필요).

5) "제309조 제2항의 허위사실적시 출판물에 의한 명예훼손의 공소사실에는 제1항의 사실적시 출판물에 의한 명예훼손의 공소사실도 포함되어 있으므로, 피고인이 적시한 사실이 허위사실이 아니거나 피고인에게 적시한 사실이 허위사실이라는 인식이 없다면 법원은 공소장변경절차 없이도 제1항의 사실적시 출판물에 의한 명예훼손죄로 인정할 수 있다". 다만 주의할 것은, 구성요건이 다른 경우이므로 엄밀히 말하면 축소사실 내지 양적 축소의 관계는 아니라는 점이다.

장변경이 필요하다. 비록 그 적용법조의 구성요건이 완전히 동일하더라도, 피고인의 방어권 행사에 실질적인 불이익을 초래하기 때문이다. 예컨대, ㉠ 형법상 제3자뇌물공여(형법130)교사 → 특가법위반(뇌물수수)교사(대판 2008.3.14. 2007도10601), ㉡ 횡령 → 절도, ㉢ 일반법 → (중한 법정형의) 특별법 적용, ㉣ 2회째 음주운전에 대해 적용법조를, 도교법 제148조의2 제2항 제2호 → (중한 법정형의) 제1항[1] 제1호(대판 2019.6.13. 2019도4608) 등과 같이, 특히 법정형이 중하게 될 때에는 공소장변경이 반드시 필요하다.[2]

(3) 죄수

죄수에 대한 법적 평가만을 달리하는 경우에도, 마찬가지로 공소장변경은 필요 없다. 즉, "다른 사실을 인정한 것도 아니고 또 피고인의 방어권행사에 실질적으로 불이익을 초래할 우려도 없으므로, 불고불리의 원칙에 위반되는 것이 아니다"(대판 2005.10.28. 2005도5996). 예컨대, ㉠ 실체적 경합범 → 포괄일죄(대판 1987.7.21. 87도546), 실체적 경합범→상상적 경합범(대판 1980.12.9. 80도2236)은 물론, ㉡ 포괄1죄 → **실체적 경합범**(위 2005도5996)에도, 공소장변경은 필요 없다. 다만 죄수 평가는 직권이라도 그 결과 법정형이 중하게 될 때에는, 더 무거운 적용법조를 적용하여 처단할 수는 없고, 별도로 공소장변경이 필요하다.[3]

4. 예외적 심판의무

1) 축소사실의 인정 축소사실의 인정은 공소장변경 없이 법원의 직권으로 가능하다. 나아가 법원의 의무인지 문제되나, 판례는 **원칙적으로 재량**이라는 입장이다. 즉, "법원이 직권으로 그 범죄사실을 인정하지 아니하였다고 하여 위법하다고 볼 수는 없다"(대판 1990.10.26. 90도1229). 다만 예외적으로, "실제로 인정되

---

1) 다만 도교법 제148조의2 제1항은 그 후 위헌결정이 선고되었다(헌재 2021.11.25. 2019헌바446; 2022.5.26. 2021헌가30).

2) 한편, "공소장의 (잘못 기재된) 적용법조의 오기나 누락을 바로잡는 경우에는, 직권으로 적용한 법조에 규정된 법정형이 더 무겁더라도, 그 법령적용이 불고불리의 원칙에 위배되어 위법하다고 할 수 없다"(대판 2006.4.14. 2005도9743).

그러나 "공소장에 기재된 적용법조를 단순한 오기나 누락으로 볼 수 없고 그 구성요건이 충족된 경우에는, 법원이 공소장변경의 절차를 거치지 아니하고 임의적으로 다른 법조를 적용하여 처단할 수는 없다"(대판 2015.11.12. 2015도12372). 이는 폭처법위반(상습공갈. 이는 '포괄적인 폭력행위의 습벽')에 대해 그 적용법조(제2조 제1항)의 위헌결정으로 공소장변경 없이 직권으로 형법상 상습공갈('공갈의 습벽')을 적용한 원심을 파기한 사안이다.

3) 예컨대, 사기의 경합범으로 기소되었으나 포괄1죄인 경우(이득액이 5억원 이상)인 경우에도, 검사가 일반법으로 기소한 이상, 형이 더 무거운 특별법을 적용하여 처단할 수는 없다.

는 범죄사실의 사안이 중대하여, 공소장이 변경되지 않았다는 이유로 이를 처벌하지 않는다면, **현저히 정의와 형평에** 반하는 것으로 인정되는 경우"에는, 직권으로 그 범죄사실을 인정하여야 한다[**예외적 심판의무**](위 90도1229).

2) **법적 평가만 달리** 법적 평가만의 변경에서도 같다. 공소사실의 변경이 없더라도 다른 범죄를 인정할 수 있으나(원칙적 재량), 예외적인 경우에는 법원이 직권으로 유죄를 인정하여야 한다(예외적 심판의무). 즉, "공소가 제기된 범죄사실과 대비하여 볼 때 실제로 인정되는 범죄사실의 사안이 가볍지 아니하여 공소장이 변경되지 않았다는 이유로 이를 처벌하지 않는다면, **현저히 정의와 형평에** 반하는 것으로 인정되는 경우"라면, 직권으로 그 범죄사실을 인정하여야 한다(대판 2003.5.13. 2003도1366).

3) **주의: 재량사항**(심판의무 부정) 그럼에도 불구하고 판례가 여전히 '재량'으로 보는 사례는 다음과 같다. ㉠ 허위사실적시 명예훼손 → **사실적시 명예훼손**(대판 1997.2.14. 96도2234; 2008.10.9. 2007도1220), ㉡ 상해치사 → **폭행**(대판 1990.10.26. 90도1229), ㉢ 상해 → **폭행**(대판 1993.12.28. 93도3058), ㉣ 기수 → **미수**(대판 2014.4.24. 2013도9162), ㉤ 공동정범 → **방조범**(대판 2001.12.11. 2001도4013) 등의 경우에는, 인정되는 사실에 대해 법원에게 **심판의무가 없다**는 것이므로, 공소장변경이 없는 한 무죄를 선고해도 위법이 아니다. 주의를 요한다.

4) **예외적 심판의무 사례** 다음은, 무죄판결이 '현저히 정의·형평에 반하는 경우'로서 예외적으로 심판의무를 인정하여 유죄판결을 선고한 사례들이다.

[심판의무]		공소사실	인정사실 (예외적 의무)	비고
축소 사실 인정	1. 강간	강간치상	강간 *(의무★)	2001도6777
		(준강간의) 장애매수	(준강간)불능미수*(의무★)	2021도9043[1)]
	2. 살인	살인	폭행, 상해, 체포·감금 등	2007도616
	3. 향정 (필로폰)	투약 기수	투약 미수	99도3674
		영리목적 소지	제조목적 소지	2002도3881
	4. 폭력행위	폭처법위반 (공동 폭행·협박)	(형법상) *(의무★) 단순 폭행·협박	90도2022[2)]
	5. 도주차량	특가법위반(도주차량)	교특법위반 *(의무★)	94도2349
	6. 수뢰액	특가법위반(뇌물)	형법상 뇌물죄	
	7. 이득액	특경법위반	형법상	

		(사기 · 공갈 · 횡령 · 배임)	사기 · 공갈 · 횡령 · 배임	
법적 평가 달리	1. 장물	장물취득	장물보관 *(의무★)	2003도1366
	2. 사기	제1항 사기	제2항 사기 (제3자 취득)	2000도4419
	3. 사문서위조	2인 공모	3인 공모	2005도9268

V. 관련문제: 이중기소와 공소취소

1. 이중기소와 공소장변경 의제 여부

포괄1죄의 경우 먼저 그 일부에 대해 단순1죄로 기소하더라도 그 효력은 포괄1죄의 나머지 부분에도 미친다. 그 나머지 부분에 대한 검사의 추가기소는 이중기소에 해당한다. 따라서 "심리과정에서 전후에 기소된 범죄사실이 모두 포괄하여 1죄로 밝혀진 경우에는, 검사가 원칙적으로 '먼저 기소한 사건'의 범죄사실에 추가기소한 범죄사실을 추가하여 전체를 포괄1죄로 변경하는 '공소장변경신청'을 하고, '추가기소한 사건'에 대하여는 '공소취소'를 하는 것'이 형사소송법의 규정에 충실한 온당한 처리이다"(대판 1996.10.11. 96도1698).

그런데도 검사가 이러한 공소장변경을 하지 않는 경우 '이중의 추가기소'에 대한 법원의 처리가 문제된다. 법원이 '공소기각'을 해야 하는가 또는 '공소장변

1) [준강간의 장애미수→불능미수: 예외적 심판의무(긍정)] "준강간의 불능미수는 중대한 범죄이고, 준강간의 장애미수와 사이에 범죄의 중대성, 죄질, 처벌가치 등 측면에서 별다른 차이가 없다. 양자는 미수의 원인이 실행의 착수 이전부터 존재하였는지, 실행의 착수 이후 발생하였는지에 관하여만 차이가 있을 뿐인데, 이는 피고인이 행위 당시 인식하지 못한 우연한 사정으로, 본질적 차이에 해당한다고 보기 어렵다. 준강간의 장애미수에 대한 무죄판결이 확정되면 기판력이 발생하여 준강간죄의 불능미수로 다시 기소할 수도 없다. 이와 같은 상황에서 공소장이 변경되지 않았다는 이유로 이를 처벌하지 않는다면 적정절차에 의한 신속한 실체적 진실의 발견이라는 형사소송의 목적에 비추어 현저히 정의와 형평에 반한다"(대판 2024.4.12. 2021도9043).

2) [폭처법상 공동폭행등→형법상 단순폭행등: 예외적 심판의무(긍정)] "폭처법상 공동 폭행 · 협박의 공소사실에는 형법상 폭행 · 협박의 공소사실도 포함되어 있고, 법원이 형법상 폭행 · 협박을 사실을 인정하더라도 피고인의 방어에 실질적 불이익을 초래할 염려가 없으므로, 2인 이상의 공동사실이 인정되지 아니할 때에는 법원은 공소장변경절차 없이도 형법상 폭행 · 협박의 사실에 관하여 심리 · 판단할 수 있고, 법원이 이와 같이 심판이 청구된 폭행, 협박의 공소사실에 대하여 판단하지 아니하였다면 잘못이다"(대판 1990.10.30. 90도2022).

다만, "공소장변경절차 없이도 심리 · 판단할 수 있는 죄가 한 개가 아니라 여러 개인 경우에는, 법원이 그중 어느 하나를 임의로 선택할 수 있는 것이 아니라, 검사에게 공소사실 및 적용법조에 관한 석명을 구하여 공소장을 보완하게 한 다음 이에 따라 심리 · 판단하여야 한다"(대판 2005.7.8. 2005도279).

경이 이루어진 것으로 보아 실체판단'을 해야 하는가의 문제이다.

(1) 선행기소가 상습범죄인 경우

우선, 검사가 일단 상습사기죄로 공소제기한 후, 그 공소의 효력이 미치는 위 기준시까지의 사기행위 일부를 별개의 독립된 상습사기죄로 공소제기를 하는 경우이다(제1기소: 상습범죄, 제2기소: 상습 또는 단순범죄 ⇒ 제2기소: 공소기각). 이 경우에는, "비록 그 공소사실이 먼저 공소제기를 한 상습사기의 범행 이후에 이루어진 사기 범행을 내용으로 한 것일지라도, 공소가 제기된 동일사건에 대한 이중기소에 해당되어 허용될 수 없다"(대판 2004.8.20. 2004도3331). 따라서 제2기소에 대해 공소기각 판결을 선고해야 한다. 법원이 별도로 석명권을 행사할 필요는 없다.[1)]

(2) 선행기소가 단순범죄인 경우

문제는, 검사가 일단 단순1죄로 공소제기한 후 포괄1죄로 추가기소한 경우 등이다(제1기소: 단순범죄, 제2기소: 상습범죄 내지 포괄1죄 ⇒ 제2기소에 대해 원칙적 석명, 방어권행사에 지장 없다면 예외적 변경의제). 이에 대해서는 ㉠ 공소기각설, ㉡ 석명후 판단설(검사의 '석명에 의하여' 추가기소의 공소장의 제출은 먼저 기소된 공소장에 누락된 것을 추가 보충하고 포괄일죄의 죄명과 적용법조로 변경하는 취지의 것으로서 중복 기소가 아님이 분명하여진 경우에는, 추가기소에 의하여 '공소장변경이 이루어진 것으로 보아' 전부에 대하여 실체판단을 하여야 하고, 추가기소에 대하여 공소기각판결을 할 필요가 없다는 견해), ㉢ 공소장변경 의제설(검사의 '공소장변경절차 없이' 실체판단) 등이 있다.

생각건대, 기본적으로 '석명후 판단설'이 타당하고, 예외적으로 '공소장변경 의제설'이 무방한 경우도 있다. '석명후 판단설'과 '공소장변경 의제설'은 검사에게 석명을 요구할 필요가 있는지 여부만 다를 뿐 실체판단을 허용한다는 점에서는 동일하다. i) **'석명후 판단설'이 원칙적으로 타당하다**(예: 상습범죄의 경우 '석명후 판단'). 법원의 **석명권행사**는 형식재판을 억제하고 검사에게 실체심리의 기회를 부여함과 동시에, 피고인의 방어권을 보장하기 위한 것이다. 법원이 유죄판결을 담보해 줄 의무는 없지만, 검사에게 실체심리의 기회를 부여할 필요는 있는 것이다. ii) 다만, **'공소장변경 의제설'**이 무방한 경우도 있다. 즉, 공소장변경으로 보더라도 **방어권행사**에 아무런 **지장이** 없고, 병합심리하더라도 이중의 위험이나 2개의 실체판결 가능성이 없는 경우라면, 곧바로 실체판단을 허용하는 것이 절차유지 원칙이나 소송경제에 부합한다(예: 나머지 포괄1죄의 경우 '공소장변경

---

1) 만일 석명에 의해 2중기소 아님이 분명해진 경우라면 실체판단을 해야 한다.

의제'). 일종의 '실질설'이다.

판례도 같다. 전후에 기소된 범행이 모두 '상습범'으로 밝혀진 경우('석명후 판단')와 그 밖의 '포괄1죄'로 밝혀진 경우('공소장변경 의제')를 구별하여, 석명 여부를 결정하고 사건을 처리한다.

1) **상습범죄** ('석명후 판단') 판례는, 포괄1죄 중 상습범죄에 대해서는 **석명후 판단설**의 입장이다. 즉, 상습절도(대판 1996.10.11. 96도1698), 상습사기(대판 1999.11.26. 99도3929)[1)] 등 **상습범**으로 추가기소된 경우에서, "포괄일죄를 구성하는 일부 범죄사실이 먼저 '단순일죄'로 기소된 후 그 나머지 범죄사실이 '포괄일죄'로 추가기소되었으나 심리과정에서 **모두 포괄하여 상습범행을 구성**하는 것으로 밝혀진 경우라면, 우선 석명권을 행사하여 '석명'한 결과 위 추가기소에 의하여 전후에 기소된 각 범죄사실 전부를 포괄일죄로 처벌할 것을 신청하는 취지가 **포함**되었다고 볼 수 있고, (이 경우) 공소사실을 추가하는 등의 공소장변경과는 절차상 차이가 있을 뿐 그 **실질**에서는 별 차이가 없다"(위 99도3929 등)고 한다.[2)] 즉, 석명 없이 곧바로 공소기각 판결을 할 것이 아니라, "석명에 의하여 추가기소의 공소장제출이 2중기소가 아님이 분명해진 경우에는 전후에 기소된 범죄사실 전부에 대하여 실체판단을 해야 한다"(위 99도3929 등)는 것이다. 상습범의 경우 '석명후 판단설'이 타당하다. 전후의 공소사실 사이에 상습성이 없을 가능성도 있으므로, 상습범으로 처벌하기 위해서는 '추가기소는 공소장변경의 취지'라는 검사의 석명이 필요하기 때문이다(상습범은 경합범에 비해 양형상으로도 피고인에게 대체로 불리하다).

2) **포괄1죄** ('공소장변경 의제') 판례는, '석명 없이 곧바로 공소장변경으로 평가해도 피고인의 방어권행사에 지장이 없는 경우'에는 **공소장변경 의제설**을 취하고 있다. 예컨대, ㉠ 공중위생법위반(대판 1993.10.22. 93도2178) 등 **영업범**에 대해 **공소장변경 의제설**의 입장이다. 즉, "그 일부에 관한 추가기소는 누락된 부분을 추가 보충하는 취지"라는 점을 근거로 든다. 이 경우에는 피고인도 누락 부분을 쉽게 예상할 수 있으므로, **석명이 없더라도** 방어권행사에 별다른 지장이 없다('누락된 부분을 추가 보충하는 취지'라는 근거 설명은 충분히 납득된다). ㉡ "수개의 협박 범행을 먼저 기소하고 다시 별개의 협박 범행을 추가기소하였는데, 병합심리

---

1) 단순1죄라고 하여 사기 범행을 기소한 후 포괄1죄인 상습사기 범행을 추가기소한 사안.

2) 예외적으로 '공소장변경 의제설'인 판례도 있다. 대판 2012.1.26. 2011도15356[미간행] ("존속상해 범행을 먼저 '단순1죄'로 기소하고 다시 별개의 '상습'존속상해 범행을 추가로 기소하였는데, 병합심리과정에서 전후에 기소된 각각의 범행이 포괄1죄로 밝혀진 경우).

과정에서 전후의 범행이 모두 포괄하여 하나의 협박죄를 구성하는 것으로 밝혀진 경우"에도 공소장변경 의제설의 입장이다. 즉, "비록 공소장변경절차가 없었다거나, 추가기소가 누락된 것을 추가 보충하는 취지의 것이라는 석명절차를 거치지 아니하였더라도, 전부에 대해 실체판단을 할 수 있고, 추가기소된 부분에 대해 공소기각 판결을 할 필요는 없다"(대판 2007.8.23. 2007도2595)[1]는 것이다. 그 근거로는 "(단지) 죄수에 관한 법률적 평가만을 달리하는 것으로, 포괄1죄로 처단하는 것이 피고인의 방어에 불이익을 주는 것이 아니다"(경합범에 비해, 포괄1죄는 양형상 피고인에게 유리하다)는 점을 든다.

(3) 상상적 경합범의 경우: 석명후 판단

판례는 상상적 경합관계에 있는 공소사실 중 일부가 먼저 기소된 후 나머지 공소사실이 추가기소된 경우에도, 석명후 판단설의 입장이다(대판 2012.6.28. 2012도2087). 즉, 법원은 우선 석명권을 행사하여, 검사의 석명에 의하여 추가기소가 먼저 기소된 공소장에 누락된 것을 추가 보충하는 취지로서 이중기소가 아님이 분명해진 경우에는, 전후에 기소된 공소사실 전부에 대하여 실체판단을 하여야 하고, 추가기소에 대하여 공소기각판결을 할 필요가 없다고 한다. 이때 법원의 석명은 형식판결을 억제하고 검사에게 실체심리의 기회를 부여하기 위한 것이다.

2. 공소장변경과 공소취소의 구별

'공소사실의 철회'는 공소취소와 구별된다. 공소사실의 철회는 동일성이 인정되는 하나의 공소사실의 일부에 대한 철회를 뜻한다. 반면, 공소취소는 '공소제기 그 자체의 철회'를 뜻하는 것으로, 동일성이 없는 수개의 공소사실의 전부 또는 그 일부의 철회를 말한다.

i) (방식) 공소사실의 '철회'는 '공소장변경' 절차로 진행되고, 공소취소는 '공소취소' 절차로 진행된다. 따라서 포괄일죄로 기소된 공소사실 중 일부에 대한 '철회'는 '공소장변경 방식'으로 이루어지는 반면, "실체적 경합관계에 있는 수개의 공소사실 중 일부를 소추대상에서 철회하는 것(즉 공소취소)은, 공소장변경 방식이 아니라, '공소의 일부취소' 절차에 의하여야 한다"(대판 1986.9.23. 86도1487).

---

1) 제1기소에서 ㉮㉯㉰ 협박 범행을 협박죄의 실체적 경합범으로 기소하고, 제2기소에서 ㉱ 협박 범행을 추가기소한 사안에서, 위 각 행위가 통틀어 포괄1죄에 해당하는 경우 위 추가기소에 의해 공소장변경이 이루어진 것으로 보고, 전후에 기소된 범죄사실 전부에 대해 실체판단을 할 수 있다고 한 사례.

여기서 주의할 점은, '공소사실의 철회'인지 '공소의 일부취소'인지 여부는 그 실질을 따져야 한다는 것이다. '공소취소'는 형식이 공소장변경신청인 경우에도 "그 부분의 소송을 취소하는 취지가 명백하다면, 공소취소신청이라는 형식을 갖추지 아니하였더라도 공소취소로 보아 공소기각을 해야 한다"(대판 1988.3.22. 88도67).

ii) (시간적 한계) '철회'는 시기에 제한이 없으므로 항소심에서도 가능하고, 공소취소와 달리 재기소의 제한도 적용되지 않는다(대판 2004.9.23. 2004도3203). 반면, '공소취소'는 제1심 판결의 선고 전까지만 가능하고(255①), 공소취소로 인하여 공소기각 결정이 확정된 때에는 다른 중요한 증거를 발견한 경우에 한하여 다시 공소제기할 수 있을 뿐이다(329). 따라서 항소심에서 '경합범' 중 '일부'를 삭제하는 내용의 철회는 허용되지 않는다. 항소심에서는 공소취소가 불가능하므로, '경합범' 중 '일부'를 삭제하는 내용의 철회는 그 실질이 일부 공소취소에 해당하고, 항소심에서의 그러한 신청은 허가될 수 없다(주의).

제 4 편

공 판

제 1 장

공판절차

제 1 절 공판의 기초

Ⅰ. 공판절차와 공판중심주의

넓은 의미의 공판절차는 공소제기에 의해 사건이 법원에 계속(係屬)된 후부터 소송절차가 종료할 때까지의 모든 절차를 말한다. 좁은 의미의 공판절차는 특히 '공판기일의 절차'만을 가리킨다.

제1심의 공판심리는 실제 사건에 가장 가까운 심리로서 향후 재판의 기초가 된다. 가장 중시되는 기본원칙은 **공판중심주의**이다. 공판중심주의는 "형사사건에 대한 유죄·무죄의 심증형성은 법정에서의 심리에 의하여야 한다"는 원칙이다(대판 2006.12.8. 2005도9730). 피고사건의 실체에 대한 법관의 심증형성은 공판기일에 공판정에서 진행되는 심리를 중심으로 이루어져야 하고, 그 이전에 미리 예단을 가져서는 안 된다. 공판중심주의를 실질적으로 보장하는 원칙으로, 공개주의·구두변론주의·직접주의·집중심리주의가 있다. 특히 우리의 공판중심주의는 '실질적 직접심리주의'를 그 주요 원리로 삼고 있다(위 2005도9730). 실질적 직접주의란 법관의 정확한 심증형성을 위해 '**원본증거**를 재판의 기초로 삼아야 한다'는 원칙을 말한다.

Ⅱ. 공판절차의 기본원칙

1. 공개주의

(일반)공개주의는 일반 국민에게 법원의 재판과정에 대한 방청을 허용하는 것을 말한다. 밀행주의와 당사자공개주의에 대립하는 개념이다. 헌법은 공개재판을 받을 권리(헌법27③)와 공개재판 원칙(헌법109)을 선언하고, 법원조직법도 "재판의 심리와 판결은 공개한다"(동법57①)는 규정을 두고 있다. 공개주의는 재판의 투명성을 보장하고 형사사법에 대한 국민의 신뢰를 높이는 기능을 한다. 재판의 공개에 위반한 때에는 항소심에서는 절대적 항소이유(361의5 ⅸ)가 되고 상고심에서도 상고이유(383 ⅰ)가 된다.

1) **내용** 누구나 방청할 수 있다. 누구든지 공판의 일시·장소를 알 수 있어야 하고, 그 공판정 출입을 보장해야 한다. 다만, 일반적 가능성의 보장일 뿐 모든 사람의 현실적 방청을 예외 없이 보장해야 하는 것은 아니다. 공판정의 크기에 따라 방청의 제약이 생기는 것은 어쩔 수 없다.

2) **예외**(비공개) 재판장은 법정의 존엄과 질서를 해할 우려가 있는 자의 입정금지 또는 퇴정을 명할 수 있다(법원조직법58②). 재판의 심리가 국가의 안전보장 또는 안녕질서를 방해하거나 선량한 풍속을 해할 염려가 있을 때에는, 법원은 결정으로 재판을 공개하지 않을 수 있다(동법57①).[1] 그러나 판결의 선고만큼은 반드시 공개해야 한다. 즉, 선고의 비공개는 허용되지 않는다.

3) **매스컴공개** 공개주의는 공판정의 공개를 의미할 뿐, 녹음·녹화·촬영·중계방송 등에 의한 공개를 뜻하는 것은 아니다. 재판과정의 매스컴공개는 여론재판의 염려가 있고 피고인의 인격권을 침해하며 그 사회복귀에도 장애가 된다. 따라서 "누구든지 법정 안에서는 재판장의 허가 없이 녹화·촬영·중계방송 등의 행위를 하지 못 한다"(법원조직법59). 재판장의 허가사항이다. 재판장은 피고인의 동의가 있는 때 또는 공공의 이익을 위하여 촬영 등을 허가할 수 있다(법정 방청 및 촬영 등에 관한 규칙4②).

---

1) "공개금지사유가 없음에도 한 공개금지결정은 피고인의 공개재판을 받을 권리를 침해한 것으로서 그 증인신문절차에서 이루어진 증인의 증언은 증거능력이 없다. 변호인의 반대신문권이 보장되었더라도 마찬가지이다"(대판 2005.10.28. 2005도5854; 2013.7.26. 2013도2511).

2. 구두변론주의

구두변론주의는 법원이 당사자의 구두에 의한 공격·방어를 기초로 심리·재판하여야 한다는 원칙을 말한다. 공판정에서의 변론은 구두로 하여야 하며(275조의3), 결정이나 명령과는 달리, 판결은 구두변론에 의하여야 한다(37①). 구두주의와 변론주의를 그 내용으로 한다.

1) 구두주의 구술로 제공한 소송자료에 근거하여 재판해야 한다는 원칙을 구두주의(또는 구술주의)라 한다. 서면주의, 즉 서면 형식으로 제공한 소송자료에 근거하는 재판에 대립하는 개념이다. 구두주의는 법관에게 신선한 인상을 주고 진술자의 태도 등에 의하여 정확한 심증형성이 가능하며 방청인에게 변론내용을 알려주는 장점이 있다. 따라서 실체형성행위에 대해서는 실체적 진실발견에 유리한 구두주의가 적용된다.

한편, 구두주의는 시간의 경과에 따라 기억이 흐려지고 변론내용의 증명이 곤란하다는 단점도 있다. 따라서 공판기일의 소송절차에 관하여는 공판조서의 작성을 통해 이를 보완하고 있다(51①). 형식적 확실성이 요구되는 절차형성행위에 대해서는 소송행위의 정확성을 서면에 의해 담보할 필요가 있으므로 서면주의를 원칙으로 한다.

2) 변론주의 당사자의 변론, 즉 당사자의 주장·입증에 의해 재판하는 원칙을 변론주의라 한다. 대립되는 개념인 직권탐지주의는 당사자의 변론에 구애되지 않고 법원이 스스로 확정한 사실에 근거하여 재판하는 원칙이다. 변론주의는 민사소송과 형사소송에서 차이가 있다. 완전한 의미의 변론주의가 채택된 민사소송과 달리, 형사소송에서는 진실 발견을 위하여 법원이 직권으로 사실과 증거를 수집하는 직권주의가 보충적으로 발동한다(직권주의). 특히 형사소송에서 변론주의는 당사자에게 공격과 방어의 기회를 최대한 부여하고, 당사자의 주장·입증을 소송자료로 삼는다는 것을 그 내용으로 할 뿐, 민사소송처럼 당사자에게 심판대상에 대한 처분권을 인정하는 것은 아니다. 즉, 피고인이 자백하더라도 유죄를 인정하려면 보강증거가 요구되며(310), 증거동의도 진정성이 인정되는 경우에 한하여 효력이 있다(318①).

3. 직접주의

직접주의 또는 직접심리주의는 법원이 공판기일에 공판정에서 직접 조사한 증거만을 재판의 기초로 삼는다는 원칙을 말한다. 직접주의는 법관의 정확한 심증형성을 가능하게 함으로써 실체적 진실발견에 기여하고, 피고인에게 반대신문의 기회를 주어 피고인의 이익을 보호하는 기능을 한다.

1) **형식적 직접주의** 형식적 직접주의는 피고사건에 관한 심증형성의 주체, 시간, 장소가 각각 법원, 공판기일, 공판정이어야 한다는 요청을 말한다. 즉, "법관의 면전에서 직접 조사한 증거만을 재판의 기초로 삼을 수 있다"는 원칙이다(앞 2005도9730). 공판개정 후 판사경질이 있을 경우 공판절차를 갱신하는 것(301) 등은 형식적 직접주의의 요청이다.

2) **실질적 직접주의** 실질적 직접주의는 "증명대상이 되는 사실과 가장 가까운 원본 증거를 재판의 기초로 삼아야 하며, 원본 증거의 대체물 사용은 원칙적으로 허용되어서는 안 된다"는 원칙이다(위 2005도9730). 타인의 진술을 내용으로 하는 서류나 진술의 증거능력을 배제하는 전문법칙(310조의2)은 실질적 직접주의를 실현하는 규정이다. 이는 "법관이 법정에서 직접 원본 증거를 조사하는 방법을 통하여 사건에 대한 신선하고 정확한 심증을 형성할 수 있고, 피고인에게 원본 증거에 관한 직접적인 의견진술의 기회를 부여함으로써, 실체적 진실을 발견하고 공정한 재판을 실현할 수 있기 때문이다"(대판 2009.1.30. 2008도7917).

4. 집중심리주의

집중심리주의란 법원이 공판기일에 하나의 사건을 집중적으로 심리하고, 공판기일이 연장되는 경우에도 시간적 간격을 두지 않고 연일 계속적으로 심리해야 한다는 원칙을 말한다. 계속심리주의라고도 한다. 신속한 재판의 이념을 실현하고, 심리중단으로 법관의 심증형성이 약화되는 것을 방지하여 공정한 재판과 심증형성의 합리성을 확보하는데 기여한다.

1) **내용** 공판기일의 심리는 집중되어야 한다(267조의2①). 집중심리를 위하여 법원은 심리에 2일 이상이 필요한 경우에는 부득이한 사정이 없는 한 매일 계속 개정해야 한다(동②). 재판장은 여러 공판기일을 일괄하여 지정할 수 있다(동③). 부득이한 경우에도 특별한 사정이 없는 한 전회의 공판기일부터 14일 이내로 다음 공판기일을 지정해야 한다(동④). 소송관계인은 협력의무가 있다. 즉, 소송관계인은 기일을 준수하고 심리에 지장을 초래하지 아니하도록 해야 하며, 재판장은 이에 필요한 조치를 할 수 있다(동⑤). 또한, 판결의 선고는 변론을 종결한 기일에 해야 한다(318의4①). 즉일선고가 원칙이다.

2) **피고인의 방어권** 지나친 집중심리는 역기능이 있을 수 있다. 즉, 피고인의 공판준비를 어렵게 하고, 강력범죄의 경우 국민여론을 의식한 졸속재판의 우려가 있다. 중범죄일수록 피고인에게 공판준비를 위한 충분한 시간적 여유를 주어야 한다. 집중심리는 피고인의 방어권 보장에 특히 유념해야 한다.

Ⅲ. 소송지휘권과 법정경찰권

법원이 공판심리를 원활하고 질서 있게 진행할 수 있도록 법원 또는 재판장에게 소송지휘권과 법정경찰권이 부여되어 있다.

1. 소송지휘권

1) **뜻** (수소)법원은 당사자의 공격·방어 등 소송활동에 대해, 소송이 적정·원활하게 진행되도록 공정한 입장에서 통제하는 역할을 맡는다. 이러한 법원의 활동을 **소송지휘**라 한다. 소송지휘권은 소송절차를 원활하게 진행하기 위한 법원의 합목적적 활동권한이다. 넓게는 법정경찰권(법정질서유지)을 포함한다.

2) **내용** 소송지휘권은 법원의 권한이다. 예컨대, 국선변호인의 선정(283), 증거신청에 대한 결정(295), 증거조사의 이의신청에 대한 결정(296②), 변론의 분리·병합 및 재개(300·305), 공판절차의 정지(293④·306①②), 공소장변경의 요구와 허가(293), 재판장의 처분에 대한 이의신청에 대한 결정(304②) 등이다. 공판기일의 소송지휘 가운데 중요한 사항은 (재판장이 아니라) 법원에 유보되어 있다(예: 증거신청에 대한 결정 등).

다만, "공판기일의 소송지휘는 재판장이 한다."(279) 즉, 공판기일에서 소송지휘권의 행사는 신속성·효율성의 관점에서 재판장에게 포괄적으로 위임되어 있다. 예컨대, 공판기일의 지정·변경(267·270), 인정신문(234), 증인신문순서의 변경(161의2), 불필요한 변론의 제한(299), 석명권(규141) 등이다. 그중 특히 문제되는 것은 변론의 제한과 석명권의 행사이다.

i) [불필요한 변론의 제한] 재판장은 소송관계인의 진술 또는 신문이 중복된 사항이거나 그 소송에 관계없는 사항인 때에는, '소송관계인의 본질적인 권리를 해하지 않는 범위 안에서' 이를 제한할 수 있다(299). 여기에서 '소송에 관계없는 사항'이란 피고사건과 관련이 없는 사항을 말한다.

ii) [석명권의 행사] 석명이란 소송관계를 명확하게 하기 위하여 당사자(검사·피고인 또는 변호인)에게 사실상 및 법률상의 사항에 관해 질문하고, 그 진술 내지 주장을 보충 또는 정정할 기회를 부여하는 것이다. 필요한 사항의 입증을 촉구하기도 한다. 석명권은 재판장뿐만 아니라 합의부원에게도 인정된다. 즉, 재판장은 검사·피고인 또는 변호인에게 석명을 구하거나 입증을 촉구할 수 있고, 합의부원은 재판장에게 말하고 석명을 구하거나 입증을 촉구할 수 있다(규141①②). 또한 검사·피고인·변호인은 재판장에 대해 석명을 위한 발문(發問)을 요구할 수 있다(동③). 어떤 사항에 대한 당사자의 진술 내지 주장이 명확한 경우 그 사항은 석명의 대상이 되지 않는다(대판 1999.6.11. 99도1238).

3) 형식 재판장의 소송지휘는 명령의 형식이나, 법원의 소송지휘는 결정의 형식에 의한다. 재판장은 명문의 규정이 있는 경우에 한하여 법원(합의부)의 의사에 반하지 않는 범위 안에서만 소송지휘권을 행사할 수 있다.

4) 불복 법원의 소송지휘권 행사는 이의신청할 수 없는 것이 원칙이다. 그러나 재판장의 소송지휘에 대하여는 법령위반에 한하여 검사·피고인·변호인은 이의신청할 수 있다(304①). 즉, 법원의 증거결정(295) 또는 재판장의 소송지휘(304①)에 대해서는 이의신청이 허용되는데, 그 사유가 법령위반에 한정된다.[1] 이의신청에 대한 (허부)재판은 합의부(수소법원)가 결정으로 한다. 이의신청에 대한 법원의 결정에 대해서는 다시 이의신청을 할 수 없고(규140), 판결 전 소송절차에 관한 결정이므로 항고로도 불복할 수 없다(403).

2. 법정경찰권

1) 뜻 법정질서를 유지하기 위한 (수소)법원의 소송활동을 법정경찰이라 한다. 법정경찰권은 법원이 법정질서를 유지하기 위해 공판심리의 방해를 예방·배제하거나 법정질서 소란자를 제재하는 권력작용을 뜻한다. 법정경찰은 넓은 의미에서는 소송지휘의 한 내용이지만, 사건의 실체와 직접적인 관계가 없는 사법행정상의 법정의 질서유지 작용이라는 점에서 (고유한 의미의) 소송지휘와 구별된다.

"법정의 질서유지는 재판장이 담당한다"(법조법58①). 법정경찰권은 원래 법원의 권한이지만, 질서유지를 위하여 특히 신속성이 요구되기 때문에 재판장에게 위임된 것이다. 공판정의 입정금지, 퇴정명령, 기타 법정의 질서유지에 필요한 명령(동②), 녹화·촬영등 허가(동법59)는 재판장의 권한이다. 반면, 법정질서를

---

1) 증거조사에 관한 이의신청(296①)은 '법령위반/상당하지 아니함'을 이유로 한다(규135의2).

위반한 사람에 대한 제재조치(동법61①)는 (수소)법원의 권한으로 유보되어 있다.

2) 내용 법정경찰작용으로는 방해의 예방과 배제 및 제재가 있다.

i) [(미리) 예방] 재판장은 법정질서와 존엄을 해할 우려가 있는 자의 입정금지 또는 퇴정을 명하거나 기타 법정의 질서유지를 위한 필요한 명령을 내릴 수 있다(동법58②). 방해예방에는 방청권 발행과 소지품검사(법정 방청 및 촬영 등에 관한 규칙2), 입정 금지, 국가경찰공무원 파견요구 및 지휘(동법60) 등이 있다.

ii) [(사후) 배제] 법정모욕죄(형법138)의 형벌, 그밖에 구두경고, 주의촉구, 발언금지명령, 퇴정명령(법조법58②, 감치 · 과태료재판(동법61①)) 등이 그 예이다.

iii) [재제조치] 법원은 법정내외의 질서유지를 위해 재판장이 한 명령 또는 녹화 등의 금지규정에 위반되는 행위를 하거나, 폭언 · 소란 등의 행위로 법원의 심리를 방해하거나, 재판의 위신을 현저히 훼손한 자에 대해서는, **20일 이내의 감치 또는 100만원 이하의 과태료**에 처하거나 이를 병과할 수 있다(동법61①). 검사의 공소제기 없이 가능한 사법행정상의 질서벌이다. 제재조치는 **'법원의 권한'**이다. 제재조치의 형식은 명령 아닌 '결정'이다.

법원은 감치를 위해 즉시 행위자를 구속할 수 있으며, 구속한 때로부터 24시간 이내에 감치에 처하는 재판을 하지 않으면 즉시 석방해야 한다(동②). 감치는 경찰서 유치장, 교도소 또는 구치소에 유치함으로써 집행한다(동③). 감치에 처하는 재판에 대해서는 항고 · 특별항고를 할 수 있다(동⑤).

3) 범위 i) (시적 범위) 시간적으로는 개정부터 폐정까지 및 그와 인접한 전후시간을 포함한다. ii) (장소적 범위) 장소적으로는 법정 안은 물론, 법정 밖이라도 법정의 질서유지에 필요하면 법관이 방해행위를 직접 목격하거나 들을 수 있는 (법정 밖의) 장소에까지 미친다. iii) (대상자) 공판진행과 관계되는 모든 사람에게 미친다. 방청인은 물론, 검사 · 피고인 · 변호인이나 법원사무관에 대해서도 행사할 수 있다.

Ⅳ. 공판정의 구성

공판정은 공판을 행하는 법정을 말하며, 법원에서 개정하는 것이 원칙이다. 공판정은 판사와 검사, 법원사무관 등이 출석하여 개정한다(275②). 검사의 좌석과 피고인 및 변호인의 좌석은 대등하며, 법대의 좌우측에 마주 보고 위치한다. 증인의 좌석은 법대의 정면에 위치한다. 다만, 피고인신문을 하는 때에는 피고인은 증인석에 좌석한다(동③).

제 2 절 공판의 준비

Ⅰ. 공판준비의 의의와 종류

1) 의의　공판의 준비란 공판기일의 심리를 준비하기 위하여 수소법원이 행하는 일련의 절차를 말한다. 공판준비는 제1회 공판기일 전은 물론 제1회 공판기일 이후에도 행할 수 있다. 수소법원이 하는 절차이므로, 수소법원과 독립하여 소송법상 권한을 행사할 수 있는 개개의 법관, 즉 수임판사가 행하는 증거보전절차(184), 수사상 증인신문절차(221조의2), 각종의 영장의 발부(201)는 공판준비에 포함되지 않는다.

공판심리에서 가장 중시되어야 할 기본원칙은 **공판중심주의**이다. 공판준비는 바로 공판기일에 행하는 법원의 심리가 신속하고 능률적으로 이루어질 수 있도록 준비하는 것에 불과하다. 공판준비절차에서의 심리가 지나치게 과도하면, 공판정에서 행해지는 공판기일의 절차에서의 심리가 형해화 내지 유명무실하게 될 위험이 있다. 특히 공판기일 전의 증거조사는 공판중심주의의 요청에 비추어 가능한 한 제한된 범위에서 이루어져야 한다.

2) 종류　공판준비는 넓은 의미의 공판준비와 좁은 의미의 공판준비로 구별된다. 넓은 의미의 공판준비는 공판준비절차라는 형식적 절차와 상관없이 공판기일 전에 공판을 준비하는 일련의 모든 절차를 의미한다. 여기에는 공소장부본의 송달(266), 피고인의 의견서제출(266의2), 공판기일의 지정(267①), 피고인 소환(동②) 및 증거개시절차(266의3) 등이 포함된다. 좁은 의미의 공판준비는 그중 특별히 '공판준비절차'라는 형식적 절차에 의해 진행되는 절차를 말한다. 공판준비절차는 공판기일의 집중심리를 위하여 2007년 도입된 일정한 형식의 준비절차이다(266의5).

Ⅱ. 공판준비의 내용

1) 공소장부본 송달　법원은 공소제기가 있으면 지체 없이, 늦어도 제1회

공판기일 전 5일까지 공소장부본을 피고인 또는 변호인에게 송달하여야 한다(266). '제1회 공판기일 전 5일까지'란 공소장부본의 송달 후 제1회 공판기일까지의 기간이 최소한 5일은 넘어야 한다는 뜻이다. 피고인에게 최소한의 방어준비시간을 주기 위한 것이다. 피고인이 구치소나 교도소 등에 있는 경우에는 종전 주소지로 송달하거나 공시송달해서는 안 된다(대판 2013.6.27. 2013도2714).

공소장부본의 송달이 없거나 5일의 유예기간을 두지 아니한 송달이 있는 때에 피고인은 공판기일의 모두진술(冒頭陳述) 시점까지 심리개시에 대해 이의신청을 할 수 있다. 이 경우 법원은 다시 공소장부본을 송달하거나 공판기일의 지정을 취소하거나 변경하여야 한다. 피고인이 이의를 제기하지 않고 사건의 실체에 대해 충분히 진술할 기회를 부여받으면 그 하자는 치유되는 것으로 본다.[1)]

2) 의견서 제출 피고인 또는 변호인은 공소장부본을 송달받은 날부터 7일 이내에 공소사실에 대한 인정 여부, 공판준비절차에 관한 의견 등을 기재한 의견서를 법원에 제출하여야 한다. 법원은 피고인의 의견서를 검사에게 송부하여야 한다(266조의2). 법원은 공소사실에 대한 피고인의 입장을 조기에 확인하여 심리계획을 수립할 수 있고, 피고인도 의사표시의 기회로 활용하여 방어에 도움이 될 수 있다. '피고인이 자백하는 사건'과 '쟁점이 복잡하고 다투는 사건'을 미리 분류함으로써, 효율적 재판진행이 가능하므로, 의견서 제출은 집중심리주의(267조의2)를 실현하는 첫 단계가 된다. 그러나 피고인은 진술거부권이 있으므로 의견서를 제출하지 않더라도 강제하거나 불이익을 줄 수 없다.

피고사건이 국민참여재판의 대상사건인 경우에는 피고인은 공소장부본을 송달받은 날부터 7일 이내에 국민참여재판을 원하는지 여부에 관한 의사가 기재된 서면을 제출하여야 하며, 피고인이 서면을 제출하지 아니한 때에는 국민참여재판을 원하지 아니하는 것으로 본다(참여재판법8).

3) 국선변호인 선정 i) 필요적 변호사건의 공소제기가 있는 때 재판장은 변호인이 없는 피고인에게 국선변호인을 선정하게 한다는 취지, 국선변호인의 선정을 청구할 수 있다는 취지를 서면으로 고지하여야 한다(규17①②). ii) 나아가 법원은 직권 내지 청구에 의하여 국선변호인을 선정하고, 피고인 및 변호인에게 그 뜻을 고지한다(동③).

---

1) 즉, "제1심이 공소장부본을 피고인 또는 변호인에게 송달하지 아니한 채 공판절차를 진행하였다면 이는 소송절차에 관한 법령을 위반한 경우에 해당한다. 이러한 경우에도 피고인이 제1심 법정에서 이의함이 없이 공소사실에 관하여 충분히 진술할 기회를 부여받았다면 판결에 영향을 미친 위법이 있다고 할 수 없다"(대판 2014.4.24. 2013도9498).

4) 공판기일 지정 · 변경 · 통지 및 피고인 소환 ① (공판기일 지정) 공소장부본이 송달되고 국선변호인선정절차가 완료되면 재판장은 공판기일을 정해야 한다(267①). ② (공판기일 변경) 재판장은 직권 또는 검사 · 피고인이나 변호인의 신청에 의하여 공판기일을 변경할 수 있다(270①). 공판기일의 '변경'은 (공판의 개정에 앞서) 먼저 지정한 공판기일을 취소하고 새로운 공판기일을 지정하는 것을 말한다. 한편, 기일이 도래하여 일단 공판을 개정한 후 실질적 심리에 들어가지 않고 다음 기일을 지정하는 것을 기일의 '연기'라고 한다. ③ (공판기일 통지) 공판기일이 지정되면 검사 · 변호인과 보조인에게 이를 통지하여야 한다(267③). ④ (피고인등 소환) 공판기일에는 피고인 · 대표자 또는 대리인을 소환하여야 한다(267②). 피고인의 소환은 소환장을 발부하여야 하며(73), 소환장은 송달하여야 한다(76①). 다만, 법원의 구내에 있는 피고인에 대해 공판기일을 통지한 때에는 소환장송달의 효력이 있다(268). "피고인에 대한 공판기일 소환은 형사소송법이 정한 소환장의 송달 또는 이와 동일한 효력이 있는 방법에 의하여야 하고, 그 밖의 방법에 의한 사실상의 기일의 고지 또는 통지 등은 적법한 피고인 소환이라고 할 수 없다"(대판 2018.11.29. 2018도13377).

제1회 공판기일은 소환장의 송달 후 5일 이상의 유예기간을 두어야 한다. 그러나 피고인의 이의가 없는 때에는 유예기간을 두지 않을 수 있다(269). 다만, 이의는 검사가 모두진술한 후에 지체 없이 하여야 한다(286).

5) 공판기일 전의 증거조사 공판기일에서 신속하고 충실한 심리가 이루어지려면 공판기일 전에 미리 증거를 어느 정도 수집 · 정리할 필요가 있다. 이들 증거는 공판기일에서의 증거조사를 거쳐야 증거로 할 수 있다.

i) [공무소 등에 대한 조회] ㉠ 법원은 직권 또는 검사 · 피고인이나 변호인의 신청에 의하여 공무소 또는 공사단체(公私團體)에 조회하여 필요한 사항의 보고 또는 그 보관서류의 송부를 요구할 수 있다(272①). 예컨대, 전과사실, 출소일자 등을 조회하는 경우이다. ㉡ 보관서류의 송부요구신청은 법원, 검찰청, 기타의 공무소 또는 공사단체가 보관하고 있는 서류의 일부에 대하여도 할 수 있다(규132조의4①). 법원이 송부요구신청을 채택하는 경우에는 그 서류 중 신청인 또는 변호인이 지정하는 부분의 인증등본을 송부하여 줄 것을 요구할 수 있다(동②). 서류의 송부요구를 받은 법원등은 신청인 또는 변호인에게 당해서류를 열람하게 하여 필요한 부분을 지정할 수 있도록 해야 하며 정당한 이유없이 이에 대한 협력을 거절하지 못한다(동③). 당해서류를 보관하고 있지 아니하거나 기타

송부요구에 응할 수 없는 사정이 있는 때에는 그 사유를 요구법원에 통지해야 한다(동④).

㉢ "검찰청이 보관하고 있는 불기소처분기록에 포함된 **불기소결정서**도 변호인의 열람·지정에 의한 공개의 대상이 된다"(대판 2012.5.24. 2012도1284). "법원이 송부요구한 서류가 피고인의 무죄를 뒷받침할 수 있거나 적어도 법관의 유·무죄에 대한 심증을 달리할 만한 상당한 가능성이 있는 중요증거에 해당하는데도 정당한 이유 없이 피고인 또는 변호인의 열람·지정 내지 법원의 송부요구를 거절하는 것은, 피고인의 신속·공정한 재판을 받을 권리와 변호인의 조력을 받을 권리를 중대하게 침해하는 것이다. 이러한 경우에는, 서류의 송부를 요구하는 법원으로서도 해당 서류의 내용을 가능한 범위에서 밝혀보아, 서류가 제출되면 유·무죄의 판단에 영향을 미칠 상당한 개연성이 있다고 인정될 경우에는, 합리적 의심의 여지 없이 공소사실이 증명되었다고 보아서는 안 된다"(위 2012도1284).

ii) [증인신문 등] 법원은 검사·피고인 또는 변호인의 신청에 의하여 공판준비에 필요하다고 인정되는 경우에는 공판기일 전에 피고인 또는 증인을 신문할 수 있고 검증·감정 또는 번역을 명할 수 있다(273①). 당사자의 신청이 있는 때에만 가능하다. 재판장은 부원으로 하여금 증거조사하게 할 수 있다(동②).

iii) [서류나 물건의 제출] 또한 검사·피고인 또는 변호인은 공판기일 전에 서류나 물건을 증거로 법원에 제출할 수 있다(274).

Ⅲ. 증거개시

1. 의의

증거개시(開示)란 검사 또는 피고인·변호인이 자신이 보관하고 있는 증거를 상대방에게 열람·등사(복사)하도록 하는 것을 말한다. 형사소송법은 검사와 피고인 간의 무기대등 원칙을 통한 피고인의 방어권 보장과 신속하고 집중적인 심리를 통한 공정한 재판을 실현하기 위해, 공판준비단계에서의 증거개시제도를 도입하였다. 즉, 피고인 또는 변호인이 **'공소제기 후 검사가 보관하고 있는'** 서류·물건을 열람·등사(복사)할 수 있는 근거를 마련하고, 검사에게도 **'피고인 또는 변호인이 보관하고 있는'** 서류·물건을 열람·등사(복사)할 수 있도록 한 것이다. 수사기관의 서류·물건은 그 절차단계에 따라, 크게 ① 공소제기 전의 '수사 중인 서류·물건', ② 공소제기 후 (법원에 증거제출하기 전의) '검사가 보관하는 서류·물건', ③ 증거제출한 이후 '법원이 보관하는 서류·물건'으로 구분된다. 공판준비 단계에서 특히 문제되는 것은, 위 ②의 **'공소제기 후 검사가 보관하는 서류·물건'**이다(③ '법원 보관 서류·물건'은 제35조 참조).

2. '공소제기 후 검사가 보관하는 서류등'의 열람·복사

1) 신청 주체와 내용 피고인 또는 변호인은 검사에게 그 열람·등사 또는 서면의 교부를 신청할 수 있다. 다만, 피고인에게 변호인이 있는 경우에는 피고인은 '열람만' 신청할 수 있다(266의3①).

2) 열람·등사의 대상 공소제기된 사건에 관한 서류·물건(이하 '서류등')의 목록과 공소사실의 인정 또는 양형에 영향을 미칠 수 있는 서류등이 **모두** 열람·등사의 대상이다. 검사가 증거로 신청할 예정인 서류·물건 외에 피고인에게 유리한 증거도 그 대상에 포함된다. 공소사실의 인정 또는 양형에 영향을 미칠 수 있는 모든 유형의 증거들을 대상에 포함시켰기 때문에, 사실상 **전면적 개시제도**를 채택한 것이다. 즉, i) 검사가 증거로 **신청할 서류등**, ii) 검사가 **증인으로 신청할 사람**의 성명, 사건과의 관계 등을 기재한 서면 또는 그 사람이 공판기일 전에 행한 진술을 기재한 서류등, iii) 위 i) 또는 ii)의 서면 또는 서류등의 **증명력과 관련된 서류등**, iv) 피고인 또는 변호인이 행한 법률상·사실상 **주장과 관련된 서류등**(관련 형사재판 확정기록, 불기소처분기록 등을 포함)이 이에 해당한다(266의3①). 피의자가 범행을 부인하는 피의자신문조서도 수사기록에 편철해야 하며 열람·등사의 대상이 된다.

여기서의 서류등은 도면·사진·녹음테이프·비디오테이프·컴퓨터용 디스크, 그 밖에 정보를 담기 위하여 만들어진 물건으로서 문서가 아닌 특수매체를 포함한다. 다만 특수매체에 대한 등사는 필요한 최소한의 범위에 한한다(동⑥). 이러한 특수매체는 사생활의 침해 및 전파가능성이 높기 때문이다.

열람·등사의 대상에는 **'목록'**이 포함되어 있다. 특히 검사는 공소제기된 사건에 관한 서류등의 '목록'에 대하여는 열람 또는 등사를 거부할 수 없다(동⑤). 이와 같이 목록을 필수적 개시대상으로 규정한 것은, 서류등의 내용을 열람할 수 없더라도 검사에게 어떤 증거가 있는지 적어도 그 목록은 확인할 수 있도록 함으로써, 증거개시제도의 실효성을 확보하기 위한 것이다. 여기서의 '목록'은 공소제기 후 검사가 법원에 증거로 신청할 서류등의 목록('증거목록')만을 의미하는 것이 아니라, 공소제기된 사건에 관한 수사자료 일체의 목록('일체의 목록')을 의미하므로, 피고인에게 유리한 자료의 목록까지 포함한다. 특히, 그 실효성을 담보하고자 **수사기관의 목록작성의무**까지 명시적으로 규정되어 있다(2011.7.18. 신설). 즉, "검사·사법경찰관리와 그 밖에 직무상 수사에 관계있는 자는 수사과정에서 수사와 관련하여 작성하거나 취득한 서류 또는 물건에 대한 목록을 **빠짐없이** 작성하여야 한다"(198③).

3) **열람·등사의 제한** 검사는 일정한 경우 그 거부 또는 범위 제한이 가능하다. 즉, **국가안보, 증인보호의 필요성, 증거인멸의 염려, 관련 사건의 수사에 장애**를 가져올 것으로 예상되는 구체적인 사유 등 열람·등사 또는 서면의 교부를 허용하지 아니할 상당한 이유가 있다고 인정하는 때에는 열람·등사 또는 서면의 교부를 거부하거나 그 범위를 제한할 수 있다(동②). 이 때 검사는 **지체 없이 그 이유를 서면으로 통지**하여야 한다(동③). 검사는 그 사유 등을 구체적으로 명시하여야 함은 물론이다. 그러나 어떠한 경우에도 서류등의 '**목록**'에 대하여는 열람 또는 등사를 거부할 수 없다(266의3⑤).

4) **법원에의 신청** 검사가 서류등의 열람·등사·서면교부를 거부하거나 그 범위를 제한한 때에는, 피고인 또는 변호인은 '법원에' '그 서류등의 열람·등사·서면교부를 허용하도록 할 것'을 신청할 수 있다(266의4①). 검사가 열람·등사의 신청을 받은 때부터 48시간 이내에 '거부 또는 범위제한의 통지'를 하지 아니하는 때에도 마찬가지다(266의3④).

5) **법원의 결정** 법원은 신청이 있는 때에는 열람·등사 또는 서면의 교부를 허용하는 경우에 생길 폐해의 유형·정도, 피고인의 방어 또는 재판의 신속한 진행을 위한 필요성 및 해당 서류 등의 중요성 등을 고려하여, 검사에게 열람·등사 또는 서면의 교부를 허용할 것을 명할 수 있다. 이 경우 열람 또는 등사의 시기·방법을 지정하거나 조건·의무를 부과할 수 있다(동②). 법원이 이러한 결정을 하는 때에는 검사에게 의견을 제시할 수 있는 기회를 부여하여야 한다(동③). 또한 법원은 필요하다고 인정하는 때에는 상대방에게 해당 서류등의 제시를 요구할 수 있고, 피고인이나 그 밖의 이해관계인을 심문할 수 있다(동④).

법원의 열람·등사 허용 결정에 대해, 검사는 즉시항고 또는 제402조에 의한 (일반)항고의 방법으로 **불복할 수 없다**. 즉, "이 결정은 제403조에서 말하는 '판결 전의 소송절차에 관한 결정'에 해당한다. 그런데 위 결정에 대해서는 형사소송법에서 별도로 즉시항고에 관한 규정을 두고 있지 않으므로, 제402조에 의한 항고의 방법으로 불복할 수 없다"(대결 2013.1.24.자 2012모1393). 그 결과 법원의 열람·등사 허용 결정은 "그 결정이 고지되는 즉시 집행력이 발생한다"(헌재 2010.6.24. 2009헌마257).

6) 검사의 불이행과 제재 i) 검사는 열람·등사 또는 서면의 교부에 관한 법원의 결정을 '지체 없이 이행하지 아니하는 때'에는 해당 증인 및 서류등에 대한 증거신청을 할 수 없다(동⑤). 애당초 검사가 증거신청을 의도하지 않은 증거에 대해서는 불완전한 제재수단이라는 지적이 있다. ii) 나아가, 단순히 "검사가 그 불이익을 감수하기만 하면 법원의 열람·등사 결정을 따르지 않을 수도 있다는 의미가 아니다." 즉, 검사의 거부행위는 "피고인의 목록열람·등사권을 침해하고, 나아가 (헌법상) 피고인의 신속·공정한 재판을 받을 권리 및 변호인의 조력을 받을 권리까지 침해하는 것이 된다"(위 2009헌마257). 따라서 해당 피고인은 헌법재판소에 헌법소원을 청구할 수 있다(헌재 2017.12.28. 2015헌마632).[1] iii) 또한, "법원이 (피고인의) 수사서류에 대한 열람·등사를 허용하는 결정을 하였는데도, 검사가 일부 서류의 열람·등사를 거부하였다면, 거부행위 당시 검사에게 국가배상법상 과실(2①)이 인정되므로, 국가는 (피고인에게) 정신적 피해를 배상해야 한다(대판 2012. 11.15. 2011다48452. 위자료 300만원 인정).

7) 피고인·변호인의 남용금지 피고인 또는 변호인(피고인 또는 변호인이었던 자 포함)은 검사가 열람 또는 등사하도록 한 서면 및 서류등의 사본을 당해 사건 또는 관련 소송의 준비에 사용할 목적이 아닌 다른 목적으로 다른 사람에게 교부 또는 제시(전기통신설비를 이용한 제공 포함)하여서는 안 된다. 위반행위는 처벌된다(1년 이하의 징역 또는 500만원 이하의 벌금. 266의16).

3. '피고인·변호인이 보관하는 서류등'의 열람·복사

검사와 피고인측이 서로 균형을 이루도록 피고인측의 증거개시에 대해서도 검사의 경우와 상응하게 규정되어 있다(266조의11). 다만 검사의 증거개시가 전면적 개시라면, 피고인측의 증거개시는 사유가 한정된 제한적 개시이다.

1) 열람·등사의 사유와 대상 검사는 피고인 또는 변호인이 공판기일 또는 공판준비절차에서 현장부재·심신상실 또는 심신미약 등 법률상·사실상의 주

1) 법원의 수사서류에 대한 열람·등사 허용 결정에 대해, 검사가 '열람'만 허용하고, '등사'를 거부한 사안에서, 헌법상 권리의 침해를 인정한 사례이다. 나아가 '별건으로 공소제기되어 확정된 관련 형사사건'의 서류에 대해서도 마찬가지로 신속·공정한 재판을 받을 권리 및 변호인의 조력을 받을 권리의 침해를 인정한다(헌재 2022.6.30. 2019헌마356).

장을 한 때에 피고인 또는 변호인에게 서류 등의 열람·등사 또는 서면의 교부를 요구할 수 있다(동①). 열람·등사의 대상은 '피고인 또는 변호인이 보관하고 있는 서류등'이고, 여기서의 서류등은 검사의 경우와 같다(동항 i 내지 iv).

2) 열람·등사의 거부 및 법원에의 신청 피고인 또는 변호인이 서류등의 열람·등사 또는 서면의 교부 요구를 거부한 때에는, 검사는 법원에 '그 서류등의 열람·등사 또는 서면의 교부를 허용하도록 할 것'을 신청할 수 있다(동③). 법원의 결정절차는 앞서 본 공소제기 후 검사가 보관하는 서류 등의 열람·등사에 관한 절차(266조의4②내지⑤) 규정을 준용한다. 따라서 피고인·변호인이 법원의 열람·등사 허용결정을 지체 없이 이행하지 아니하는 때에는 피고인·변호인은 해당 증인 및 서류등에 대한 증거신청을 할 수 없다.

3) 검사의 열람·등사 거부에 대응한 피고인측의 거부 검사가 (피고인측의 신청에 대해) 서류등의 열람·등사 또는 서면의 교부를 거부한 때에는, 피고인 또는 변호인은 (검사의 요구에 대해) 서류등의 열람·등사 또는 서면의 교부를 거부할 수 있다. 다만, 법원이 열람·등사를 위한 피고인·변호인의 신청을 기각하는 결정을 한 때에는 그러하지 아니하다(266의11②).

Ⅳ. 공판준비절차

1. 의의

1) 뜻 재판장은 공판기일의 효율적이고 집중적인 심리를 위해 사건을 공판준비절차에 부칠 수 있다(266조5①). 넓은 의미의 공판준비 중에서 법원이 특히 형식적으로 공판준비절차에 부치는 경우를 좁은 의미의 공판준비절차라 한다. 이는 쟁점이나 증거관계가 복잡한 사건에서 수소법원의 주도하에 사건의 쟁점과 증거를 정리하는 절차로서, 공판중심주의를 실현하는 수단이 된다. 그리고 그 실효성을 담보하기 위해 검사·피고인 또는 변호인에게 협력의무가 규정되어 있다. 즉, 검사, 피고인 또는 변호인은 증거를 미리 수집·정리하는 등 공판준비절차가 원활하게 진행될 수 있도록 협력하여야 한다(동③). 형사소송법상 공판준비절차는 2007년 개정에서 민사소송법의 변론준비절차제도를 응용하여 도입한 것이다.

공판준비절차의 활용 여부는 수소법원의 판단에 따른 임의적 절차이나, 국민참여재판에서는 반드시 거쳐야 하는 필수적 절차이다(참여재판법36①).

공판준비절차는 ㉠ 공판준비서면에 의한 경우('기일외 공판준비' 내지 준비서면 방식)와 ㉡ 공판준비기일에 의한 경우(준비기일 방식)로 구별된다(동②).

2) 공판준비행위의 내용 서면제출이나 준비기일에 의한 공판준비절차에서, 법원은 다음 행위를 할 수 있다(266의9①).

[공판준비행위] ① (공소장의 보완·변경) 검사에게 공소사실 또는 적용법조를 명확하게 하는 행위 및 공소사실 또는 적용법조의 추가·철회 또는 변경을 허가하는 행위(동항 i·ii), ② (쟁점 정리) 검사, 피고인 및 변호인에 대하여, 공소사실과 관련하여 주장할 내용을 명확히 하여 사건의 쟁점을 정리하도록 하거나(동 iii), 계산이 어렵거나 그 밖에 복잡한 내용에 관하여 설명하도록 하는 행위(동 iv), ③ (증거신청 및 증거결정) 검사, 피고인 및 변호인에 대하여 증거신청을 하도록 하는 행위, 신청된 증거와 관련하여 입증 취지 및 내용 등을 명확하게 하는 행위, 증거신청에 관한 의견을 확인하는 행위, 증거채부(採否)의 결정을 하는 행위,[1] 증거조사의 순서 및 방법을 정하는 행위(동 vi－ix), ④ (증거개시 결정) 서류등의 열람 또는 등사와 관련된 신청의 당부를 결정하는 행위(동 x), ⑤ (기타) 공판기일을 지정 또는 변경하는 행위 및 기타 공판절차의 진행에 필요한 사항을 정하는 행위(동 xi·xii).

2. 기일 외 공판준비: 공판준비명령에 의한 공판준비서면 제출

공판준비기일 외 공판준비절차('기일외 공판준비')는 검사·피고인·변호인의 공판준비를 위한 주장 제출과 증거신청 및 이를 위한 법원의 명령의 형태로 나타난다. 즉, 재판장은 검사·피고인 또는 변호인에게 '기한을 정하여' 공판준비절차의 진행에 필요한 사항을 미리 준비하게 하거나 그 밖에 '공판준비에 필요한 명령'을 할 수 있다(규123의9①). 물론 검사, 피고인 또는 변호인은 법률상·사실상 주장의 요지 및 입증취지 등이 기재된 서면을 법원에 제출할 수 있고(266의6①), 재판장은 '기한을 정하여' 검사, 피고인 또는 변호인에 대하여 위 서면의 제출을 명할 수도 있다(동②·규123의9②). 실제 공판준비서면의 제출은 자발적인 제출이 드물고 제출명령에 의한 제출이 대부분이다. 위 서면에는 필요한 사항을 구체적이고 간결하게 기재하여야 하고, 증거로 할 수 없거나 증거로 신청할 의사가 없는 자료에 기초하여 법원에 사건에 대한 예단 또는 편견을 발생하게 할

1) 주의할 점은, 공판준비기일에서는 증거신청과 의견진술 및 증거채부결정까지만 하고 증거조사의 실시는 공판기일에서 한다는 것이다. 다만, 증거채부결정을 위해서는 해당 증거의 증거능력 유무를 판단하여야 하는데, 증거능력 유무에 관한 입증 및 조사가 필요한 경우도 있으나, 이는 단순히 증거결정을 위한 것으로, 실체에 관한 내용이 아니라 해당 증거의 증거능력 유무만을 조사하는 것에 불과하다.

염려가 있는 사항을 기재하여서는 아니 된다(동③).

3. 공판준비기일에 의한 공판준비

법원은 검사, 피고인 또는 변호인의 의견을 들어 공판준비기일을 지정할 수 있다(266조의7①). 검사, 피고인 또는 변호인은 법원에 공판준비기일의 지정을 신청할 수 있고, 그 신청에 관한 법원의 결정에 불복할 수 없다(동②).

공판준비기일에 검사 및 변호인의 출석은 필수요건이며(266조의8①), 공판준비기일이 지정된 사건에 관하여 변호인이 없는 때에는 법원은 직권으로 변호인을 선정하여야 한다(동④). 피고인의 출석은 임의사항이다. 법원은 필요하다고 인정하는 때에 피고인을 소환할 수 있으며, 피고인은 법원의 소환이 없는 때에도 공판준비기일에 출석할 수 있다(동⑤). 피고인이 출석하면 재판장은 피고인에게 진술을 거부할 수 있음을 알려주어야 한다(동⑥).

공판준비기일은 공개진행을 원칙으로 하되, 공개하는 것이 절차의 진행을 방해할 우려가 있는 때에는 비공개로 진행할 수 있다(266조의7④). 법원은 합의부원으로 하여금 공판준비기일을 진행하게 할 수 있으며, 이 경우 수명법관은 공판준비기일에 관하여 법원 또는 재판장과 동일한 권한이 있다(동③). 공판준비기일에는 법원사무관등이 참여한다(동②). 한편, 영상재판 방식(이른바 '비대면' 방식), 즉 '비디오 등 중계장치 등에 의한 공판준비기일'의 진행도 허용된다(266의17).[1)]

법원은 쟁점 및 증거에 관한 정리결과를 **공판준비기일조서**에 기재하여야 한다(266의10②). 이 조서는 제311조에 의하여 그 증거능력이 인정된다.

4. 공판준비절차의 종결

1) 종결사유 및 결과확인 법원은 ㉠ 쟁점 및 증거의 정리가 완료된 때, ㉡ 사건을 공판준비절차에 부친 뒤 3개월이 지난 때, ㉢ 검사·변호인 또는 소환받은 피고인이 출석하지 아니한 때에는 공판준비절차를 종결하여야 한다(266조의12). 법원은 공판준비기일을 종료하는 때에는 검사, 피고인 또는 변호인에게 쟁점 및 증거에 관한 정리결과를 고지하고, 이에 대한 이의의 유무를 확

---

1) 제266조의17(비디오 등 중계장치 등에 의한 공판준비기일) ① 법원은 피고인이 출석하지 아니하는 경우 상당하다고 인정하는 때에는 검사와 변호인의 의견을 들어 비디오 등 중계장치에 의한 중계시설을 통하거나 인터넷 화상장치를 이용하여 공판준비기일을 열 수 있다.
② 제1항에 따른 기일은 검사와 변호인이 법정에 출석하여 이루어진 공판준비기일로 본다.
③ 제1항에 따른 기일의 절차와 방법, 그 밖에 필요한 사항은 대법원규칙으로 정한다.

인하여야 한다(266조10①). 법원은 필요하다고 인정하는 때에는 직권 또는 당사자의 신청에 의하여 종결한 공판준비기일을 재개할 수 있다(266조의14 · 305).

2) 실권효 　공판준비'기일'의 종결로 실권효가 생긴다. 즉, 공판준비기일에서 신청하지 못한 증거는 원칙적으로 공판기일에 증거로 신청할 수 없다. 공판준비절차의 실효성을 담보하기 위한 것이다. 다만, ㉠ 그 신청으로 인하여 소송을 현저히 지연시키지 아니하는 때, 또는 ㉡ 중대한 과실 없이 공판준비기일에 제출하지 못하는 등 부득이한 사유를 소명한 때의 어느 하나에 해당하는 경우에 한하여 공판기일에 신청할 수 있다(266의13①). 한편, 법원은 실체적 진실발견을 위해 제한 없이 직권으로 증거조사를 할 수 있다(동②).

3) 기일간 공판준비절차 　법원은 쟁점 및 증거의 정리를 위하여 필요한 경우에는 제1회 공판기일 후에도 사건을 공판준비절차에 부칠 수 있다(266조의15).

제 3 절 공판기일의 절차

Ⅰ. 소송관계인의 출석

1. 피고인의 출석

(1) 출석의무와 재정의무

피고인의 출석은 공판개정의 요건이다. 피고인이 공판기일[1]에 출석하지 않으면 특별한 규정이 없는 한 개정하지 못한다(276). 피고인의 출석은 권리이자 의무(출석의무)이며, 출석한 피고인에게는 재정의무가 있다. 피고인은 재판장의 허가 없이 심리 도중에 퇴정하지 못하며, 재판장은 피고인의 퇴정을 제지하거나 법정의 질서를 유지하기 위해 필요한 처분을 할 수 있다(281).

한편, 특별히 보호가 필요한 피고인을 위해 신뢰관계자 동석제도가 있다. 즉, 재판장 또는 법관은 피고인을 신문할 때 심리적 안정의 도모와 원활한 의사소통을 위해 필요한 경우 직권 또는 피고인 · 법정대리인 · 검사의 신청에 따라 피고인과 신뢰관계에 있는 자를 동석하게 할 수 있다(276의2①).

[공판정에서 신체구속 금지 및 사복 착용] 공판정에서는 피고인의 신체를 구속하지

1) 공판기일은 증거조사기일(예: 증인신문기일)과 개념상 구별된다.

못한다. 다만, 재판장은 피고인이 폭력을 행사하거나 도망할 염려가 있다고 인정하는 때에는 피고인의 신체의 구속을 명하거나 기타 필요한 조치를 할 수 있다(280).

공판정에서 피고인은 상대방인 검사와 동등한 지위에서 좌석도 대등할 뿐만 아니라, 외양에서도 대등하여야 한다. 죄수복 아닌 사복의 착용도 허용된다.

(2) 피고인 불출석재판

출석의무와 재정의무에 대한 예외이다.

1) 의사무능력자와 법인 형법의 책임능력 규정(형법9내지11)이 적용되지 않는 사건(예: 조세범처벌법위반)의 피고인이 의사무능력자인 경우 **법정대리인 또는 특별대리인**이 출석한 때에는 피고인의 출석이 필요 없다(26 · 28). 피고인이 법인이면 **대표자**가 출석하고(27①), 대리인이 출석해도 무방하다(276단서).

2) 경미한 사건 i) [**다액 500만원 이하의 벌금 · 과료사건**] (법정형이) 다액 500만원 이하의 벌금 또는 과료에 해당하는 사건은 피고인의 출석이 필요 없다. 대리인이 출석할 수 있다(277i). 피고인에게 출석권은 있다. 구류는 해당 없다. ii) [**즉결심판사건**] 즉결심판사건에서 벌금이나 과료를 선고하는 경우(구류는 제외)에는 피고인의 출석 없이 심판할 수 있다(즉심법8의2).

3) 불출석허가사건 (법정형이) 장기 3년 이하의 징역 또는 금고, 다액 500만원을 초과하는 벌금 또는 구류에 해당하는 사건에서, 피고인의 불출석허가신청이 있고 법원이 피고인의 불출석이 그의 권리를 보호함에 지장이 없다고 인정하여 이를 허가한 경우에는, 피고인의 출석 없이 개정할 수 있다. 다만, 피고인은 인정신문절차와 판결을 선고하는 공판기일에는 반드시 출석하여야 한다(277iii).

4) 유리한 재판 i) [**공소기각 · 면소**] 공소기각이나 면소할 것이 명백한 경우 피고인의 출석이 필요 없다. 대리인이 출석할 수 있다(277 ii). 무죄를 선고하는 경우에도 마찬가지이다. ii) [**의사무능력자 · 질병자에 대한 무죄 등**] 피고인에게 사물의 변별능력 또는 의사결정능력이 없는 경우, 피고인이 질병으로 출정할 수 없는 경우에는 공판절차를 정지하여야 한다(306). 다만 피고인에게 무죄 · 면소 · 형 면제 · 공소기각할 것이 명백한 때에는 피고인의 출정 없이 재판할 수 있다(동④).

5) 궐석재판 i) [**소재불명**] 소촉법에 의하면, 제1심 공판절차에서 피고인에 대한 **송달불능보고서가 접수된 때로부터 6개월이 경과하도록**, 피고인의 소재를 확인할 수 없는 경우 대법원 규칙이 정하는 바에 따라 피고인의 진술 없이

재판할 수 있다. 다만, 사형, 무기 또는 장기 10년이 '넘는' 징역이나 금고에 해당하는 사건의 경우에는 그렇지 않다(동법23). 따라서 법정형이 '장기 징역 10년 이하'인 사건만이 대상이다. 대법원 규칙에 따르면, 피고인에 대한 송달은 **'공시송달의 방법으로'** 하고(소송촉진등에관한특례규칙19①), 피고인은 공판기일의 소환을 **'2회 이상'** 소환을 받고도 불출석한 때라야 한다(동규칙19②). 즉, 공시송달의 방법으로 소환한 피고인이 불출석하는 경우, 다시 공판기일을 지정하고 공시송달의 방법으로 피고인을 재소환한 후 그 기일에도 불출석해야, 비로소 피고인 불출석 상태에서 재판절차를 진행할 수 있다(대판 2011.5.13. 2011도1094). 장기미제를 방지하기 위한 대책이다. 이러한 궐석재판의 적법요건은, 요약하면 ㉠ 법정형이 '장기 징역 10년 이하'인 사건 + ㉡ 소재불명(송달불능 보고서가 접수된 때부터 6개월이 경과하도록 소재확인 불능. 즉, 소재탐지 불능) + ㉢ '공시송달의 방법으로' '2회 이상 소환'이다.

이에 대한 사후적인 구제방법으로는 상소권회복청구(345) · 재심청구(소촉법23의2)가 있다. 예컨대, 부적법한 공시송달에 터잡아 판결이 선고된 경우에는 피고인이 자기 또는 대리인이 책임질 수 없는 사유로 상소기간 내에 상소를 하지 못한 것이 되어 상소권회복청구가 가능하다. 이때 '적법한 공시송달'이 되기 위해서는, 소환장 송달불능(및 소재탐지 불능) 외에도, **'기록상 피고인의 주소지 · 전화번호 확인 및 연락'**이 필수적으로 요구된다.[1)]

ii) **[구속된 피고인의 출석거부 · 인치불능]** 구속된 피고인이 정당한 사유 없이 출석을 거부하고, 교도관에 의한 인치(引致)가 불가능하거나 **'현저히 곤란'**(*) 하다고 인정되는 때에는 피고인의 출석 없이 공판절차를 진행할 수 있다(277의2①). 이 경우 출석한 검사 및 변호인의 의견을 들어야 한다(동②). 이는 구속된 피고인의 공판정 출석거부로 인한 공판심리의 지연을 막기 위한 것인데, 그 악용을 방지하기 위한 장치가 마련되어 있다(규126의4 · 5 · 6). 즉, "단지 피고인이 정당한 사유 없이 출석을 거부하였다는 것만으로는 부족하고, 교도관에 의한 인치가 불가능하거나 현저히 곤란하다고 인정되어야 한다. 법원이 피고인의 출석거

---

1) "피고인에 대한 소환장이 송달불능되었더라도, 법원은 기록에 주민등록지 이외의 주소가 나타나 있고 피고인의 집 전화번호 또는 휴대전화번호 등이 나타나 있는 경우에는 위 주소지 및 전화번호로 연락하여 송달받을 장소를 확인하여 보는 등의 시도를 해 보아야 하고, 그러한 조치 없이 곧바로 공시송달 방법으로 송달하는 것은 제63조 제1항 등에 위배되어 허용되지 아니하는데, 이처럼 허용되지 아니하는 잘못된 공시송달에 터 잡아 피고인의 진술 없이 판결이 선고된 경우에는, 피고인은 자기 또는 대리인이 책임질 수 없는 사유로 상소 제기기간 내에 상소를 하지 못한 것"(대결 2022.5.26.자 2022모439).

부사유만을 조사한 후 교도관에 의한 인치가 불가능하거나 현저히 곤란하였는지 여부에 대한 '조사'를 아니한 채 피고인의 출석 없이 공판절차를 진행한 것은 위법하다"(대판 2001.6.12. 2001도114).

iii) [(피고인만의) **정식재판청구사건**에서 2회 연속 불출석 · 판결선고] 우선, ㉠ 약식명령에 대해 피고인만 정식재판을 청구한 사건에서 '**2회 연속**' 출석하지 아니한 경우(458 · 365) 피고인의 진술 없이 재판을 할 수 있다. 즉, 피고인이 출석하지 않으면 다시 기일을 정하고, 다시 정한 기일에도 정당한 사유 없이 출석하지 않는 경우이다. 이 경우 소촉법 제23조는 적용되지 않으므로, 6개월이 경과하지 않아도 무방하다(대판 2013.3.28. 2012도12843). 또한, ㉡ 약식명령에 대해 피고인만 정식재판을 청구한 사건에서 **판결의 선고**(277iv)는 피고인의 출석을 요하지 않는다. 물론 공판기일의 통지는 적법해야 한다(대판 2012.6.28. 2011도16166).

6) 피고인의 무단퇴정 · 퇴정명령 피고인이 **무단 퇴정**하거나 재판장의 **질서유지를 위한 퇴정명령**을 받은 경우에는 피고인의 진술 없이 판결할 수 있다(330). 이때 문제되는 것은 '공판심리'와 '증거동의 의제 여부'[즉, ㉠ 제330조(피고인의 진술 없이 판결)와 ㉡ 제318조 제2항(증거동의 의제)의 유추적용 여부]이다. 필요적 변호사건에서 변호인이 무단퇴정하거나 재판장의 퇴정명령을 받은 경우에도 같은 문제가 발생한다. 판례는 **적극설**의 입장이다. 즉, "필요적 변호사건에서 피고인이 재판거부의 의사를 표시하고 재판장의 허가 없이 퇴정하고 변호인마저 이에 동조하여 퇴정해 버린 것은 모두 피고인측의 **방어권의 남용 내지 변호권의 포기**이므로, 수소법원으로서는 제330조에 의하여 **피고인이나 변호인의 재정 없이도** 심리판결할 수 있다. 제318조 제2항의 규정상 피고인의 진의와는 관계없이 제318조 제1항의 (증거) **동의가 있는 것으로 간주된다**"(대판 1991.6. 28. 91도865). 그리고 재판장의 퇴정명령을 받은 경우에도 귀책사유에 의한 방어권의 상실(피고인) 내지 변호권의 상실(변호인)이므로, 무단퇴정의 경우와 다를 바 없다는 입장이다.

[학설] i) 적극설은 피고인과 변호인이 허가 없이 임의로 퇴정한 것은 방어권 남용 내지 변호권 포기이므로, 제330조를 유추적용하여 변호인의 재정 없이도 심리 · 판결할 수 있고, 이 경우 제318조 제2항도 적용되어 증거동의도 의제된다는 견해이다. ii) 소극설은 피고인에게 불리한 유추적용은 허용되지 않으므로 피고인과 변호인 없이 심리할 수 없고, 피고인의 퇴정은 반대신문권의 포기가 아니고 제330조가 불출석 자체에 대한 제재는 아니므로 증거동의도 의제되지 않는다는 견해이다. iii) 제한적 적극설은 소극설의 입장이나 피고인의 경우와 마찬가지로 심리가 끝난 경우에만 제330

조의 유추적용을 허용하는 견해이다. iv) 이원설은 무단퇴정이 적법한 공판진행에 대한 위법한 방어전략인 경우에는 330조를 적용하되 증거동의 의제는 배제하고, 무단퇴정이 위법한 공판진행에 대한 불가피한 항의인 경우에는 방어권 보장을 위하여 제330조의 적용을 배제하는 견해이다. v) 소극설이 타당하다. 피고인에게 불리한 규정의 유추적용은 허용되지 않고, 제282조는 판결만 선고하는 경우 외에는 변호인 없이 개정하지 못한다고 규정하고 있으며 국선변호인의 선정도 가능하기 때문이다.

7) 피고인의 일시퇴정 재판장은 증인 또는 감정인이 피고인 앞에서 충분한 진술을 할 수 없다고 인정한 때에는 그 피고인에게 일시퇴정을 명령할 수 있다. 피고인이 다른 피고인 앞에서 충분한 진술을 할 수 없다고 인정한 때에도 같다(297①). 이 경우 증인이나 감정인, 공동피고인의 진술이 끝난 후에는 피고인을 입정시켜 공판을 진행할 때 법원사무관 등으로 하여금 진술요지를 고지하게 하여야 한다(동②). 이러한 경우에도 피고인에게 실질적인 반대신문의 기회를 부여하지 아니한 채 피고인의 반대신문권을 배제하는 것은 허용될 수 없다(대판 2010.1.14. 2009도9344).

8) 항소심의 특칙 및 상고심 i) [항소심의 특칙(2회 연속 불출석)] 항소심에서 피고인이 적법한 소환을 받고도 2회 이상 정당한 사유 없이 공판기일에 출정하지 않으면 피고인의 진술 없이 재판을 진행할 수 있다(365①②).[1] 불출석이 2회 이상 '계속'되어야 한다(대판 2016.4.29. 2016도2210). 즉, 적법한 공판기일 통지를 받고서도 '2회 연속'으로 정당한 이유 없이 출정하지 않은 경우이어야 한다(대판 2019. 10.31. 2019도5426). 판결뿐만 아니라 심리도 진행할 수 있다. ii) [상고심] 상고심의 공판기일에는 피고인의 소환이 필요 없다(389의2). 상고심은 원칙상 법률심이고 사후심이기 때문이다.

2. 검사와 변호인의 출석

1) 검사 검사의 출석은 공판개정의 요건이다(275②). 검사의 출석 없이는 공판기일을 개정하지 못한다. 다만 검사가 공판기일의 통지를 2회 이상 받고도 출석하지 아니하거나 판결만을 선고하는 때에는 검사의 출석 없이 개정할 수 있다(278). 이는 검사의 불출석으로 인한 공판절차의 지연을 방기하기 위한 것이다. 2회 이상이란, 검사가 '(통산) 2회'에 걸쳐 출석하지 아니하면 그 기일에 바로

1) "감염을 의심할 만한 사정을 밝히지 않은 채, 코로나-19 의심을 이유로 공판기일에 불출석한 것은 정당한 사유에 해당하지 않는다"(대판 2020.10.29. 2020도9475).

개정할 수 있다는 뜻이고, 반드시 계속하여 2회 이상 불출석할 필요는 없다(대판 1966.11.29. 66도1415).

2) 변호인 소송주체가 아니므로 변호인의 출석은 공판개정의 요건이 아니다. 다만 필요적 변호사건은 변호인 없이 개정하지 못한다(282). 이때 변호인이 출석하지 않으면 법원은 직권으로 국선변호인을 선정해야 한다(283). 단, 판결의 선고는 변호인 없이 개정할 수 있다(282). 필요적 변호사건에서 변호인 없이 개정한 경우 위법한 공판절차에서 이루어진 소송행위는 무효이고, 판결은 상소심에서 파기된다(대판 1989.9.26. 89도550; 2006.1.13. 2005도5925)[항소심은 자판].

3) 필요적 변호사건에서 변호인의 임의퇴정·퇴정명령 필요적 변호사건에서 변호인이 재판장의 허가 없이 퇴정하거나, 재판장의 퇴정명령을 받은 경우 변호인의 재정 없이 심리할 수 있는지 여부[즉, ㉠ 제330조(피고인의 진술 없이 판결)와 ㉡ 제318조 제2항(증거동의 의제)의 유추적용 여부]가 문제된다(전술).

[전문심리위원] 법원은 소송관계를 분명하게 하거나 소송절차를 원활하게 진행하기 위하여 필요한 경우에는, 직권으로 또는 당사자의 신청에 의해 결정으로 **전문심리위원**을 지정하여 소송절차에 참여하게 할 수 있다(279의2①). 전문심리위원은 **전문적인 지식에 의한 설명 또는 의견**을 서면으로 제출하거나 기일에서 진술할 수 있다. 다만 재판의 합의에는 참여할 수 없다(동②). 전문심리위원의 설명이나 의견은 법원의 심증형성에 상당한 영향을 미칠 가능성이 있다. 법원은 전문심리위원에 관한 각각의 규정들을 지켜야 하고, 적법절차 원칙을 특별히 강조하는 헌법 제12조 제1항을 고려하여 '전문심리위원과 관련된 절차진행 등에 관한 사항'을 당사자에게 적절한 방법으로 적시에 통지하여, **당사자가 참여할 기회**가 실질적으로 보장되도록 해야 한다(대판 2019.5.30. 2018도19051). 이는 피고인에게 실질적인 반론의 기회가 보장되어야 한다는 매우 획기적인 내용의 판결이다.

Ⅱ. 공판기일의 절차

1. 모두절차

모두절차는 ㉠ 재판장의 진술거부권 고지와 인정신문, ㉡ 검사의 모두진술, ㉢ 피고인의 모두진술, ㉣ 변호인의 모두진술, ㉤ 쟁점정리 순으로 진행된다.

1) 진술거부권 고지 재판장은 인정신문에 앞서 피고인에게 진술을 하지 아니하거나 개개의 질문에 대하여 진술을 거부할 수 있음을 고지하여야 한다

(283의2). 또한 재판장은 진술거부권 고지와 함께 피고인에게 이익 되는 사실을 진술할 수 있음도 알려주어야 한다(규127).

2) **인정신문** 재판장은 피고인의 성명·연령·등록기준지·주거와 직업을 물어서 피고인임에 틀림없음을 확인하여야 한다(284). 이처럼 피고인으로 출석한 사람이 공소장에 기재된 피고인과 동일인인가를 확인하는 절차가 인정신문이다. 인정신문에 대해서도 진술거부권을 행사할 수 있다.

3) **검사의 모두진술** 인정신문이 끝나면 검사는 공소장에 의하여 공소사실·죄명·적용법조를 낭독하여야 한다. 다만, 재판장은 필요하다고 인정하는 때에는 검사에게 공소의 요지를 진술하게 할 수 있다(285). 검사의 모두진술은 사실심리에 앞서 사건의 개요와 쟁점을 명확하게 밝히는 것이다.

4) **피고인·변호인의 모두진술** 피고인은 검사의 모두진술이 끝난 뒤에 공소사실의 인정 여부를 진술하여야 한다. 다만, 진술거부권을 행사하는 경우에는 예외이다(286①). 이 기회에, 피고인 및 변호인은 이익이 되는 사실 등을 진술할 수 있다(동②). 이익 되는 사실은 알리바이의 주장, 범행동기, 정상관계 등 피고인에게 유리한 일체의 사정을 포함한다. 만일 피고인이 이 단계에서 자백하면 **간이공판절차**로 이행하는 계기가 된다(286조의2).

피고인은 모두진술의 기회에 '소송절차에 관한 주장', 즉 관할이전신청(15), 국선변호인 선정청구(33②), 변론의 병합·분리의 신청(300) 등을 할 수 있다. 특히 토지관할위반의 신청(320②), 공소장부본송달의 하자(266) 및 제1회 공판기일의 유예기간(269) 등은 늦어도 이때까지는 해야 하며, 그렇지 않으면 하자가 치유되어 더 이상 다툴 수 없게 된다.

5) **쟁점정리와 증거관계 진술** 재판장은 모두진술이 끝난 다음에 피고인 또는 변호인에게 쟁점의 정리를 위하여 필요한 질문을 할 수 있다(287①). 또한 증거조사에 앞서 검사 및 변호인으로 하여금 공소사실 등의 증명과 관련된 주장 및 입증계획 등을 진술하게 할 수 있다(동②). 향후 효율적 심리를 위한 것이다. 그러나 증거로 할 수 없거나 증거로 신청할 의사가 없는 자료에 기초하여 법원에 사건에 대한 예단 또는 편견을 발생하게 할 염려가 있는 사항은 진술할 수 없다(동단서). 증거능력 없는 증거에 의한 심증형성을 방지하기 위함이다.

2. 사실심리절차(1): 증거조사

재판장의 쟁점정리와 검사 및 변호인의 증거관계 등에 대한 진술이 끝나면,

증거조사를 실시한다(290). 증거재판주의의 원칙상 형사소송의 가장 핵심은 사실심리이고, 사실심리의 가장 핵심은 증거조사이다.

1) 증거신청과 증거조사의 순서　당사자의 신청에 의한 증거조사와 직권에 의한 증거조사가 있다. 원칙적인 모습은 당사자의 신청에 의한 경우이며, 법원의 직권에 의한 증거조사는 보충적이다. 증거조사의 순서는 검사가 신청한 증거를 조사한 후 피고인 또는 변호인이 신청한 증거를 조사하고(291의2①), 그 다음에 직권에 의한 증거조사를 실시한다(동②). 다만, 법원은 직권 또는 신청에 따라 그 순서를 변경할 수 있다(동③).

2) '증거결정 전' 당사자의 의견진술　i) (임의적 의견진술) 법원은 증거결정을 함에 있어 필요하다고 인정되면 그 증거에 대한 검사 · 피고인 · 변호인의 의견을 들을 수 있다(규134①). 필수적인 것은 아니다. ii) (필수적 의견진술) 그러나 '서류 또는 물건'이 증거로 제출된 경우에 이에 관한 '증거결정'을 할 때에는 제출자로 하여금 그 서류 또는 물건을 상대방에게 '제시'하게 하여 상대방이 그 서류 또는 물건의 증거능력 유무에 관한 '의견'을 진술하게 하여야 한다(동②).[1] 이는 필수적이며, 증거능력 없는 증거에 대한 불필요한 증거조사를 예방하려는 것이다. 여기의 제시는 상대방의 의견진술을 위한 전제일 뿐, 증거결정 후의 증거조사 방식인 제시(292의2①)와는 명백히 구별된다. iii) (실질성립 부인 부분의 특정) 피고인 또는 변호인은 검사 작성의 피고인에 대한 피의자신문조서(2021.12.31.까지 기소된 사건)에 기재된 내용이 피고인이 진술한 내용과 다르다고 진술할 경우, 당해 조서 중 피고인이 진술한 부분과 '같게 기재되어 있는 부분'과 '다르게 기재되어 있는 부분'을 구체적으로 '특정'하여야 한다(대판 2005.6.10. 2005도1849 참조).

3) 법원의 증거결정　여기에는 증거조사하기로 하는 '채택'결정과 하지 않기로 하는 '각하' 또는 '기각'결정이 있다. 증거결정의 법적 성질에 대하여, 판례는 **자유재량설** 입장이다. 즉, "증거신청의 채택 여부는 법원의 재량으로서 법원이 필요하지 아니하다고 인정할 때에는 이를 조사하지 아니할 수 있다"(대판 1995.6.13. 95도826). 법원은 당사자의 증거신청에 대하여 증거능력이 있는 증거로서 증거조사가 필요하다고 인정하는 경우에는 채택결정을 하고 증거조사를 시

1) 이때 진술하는 의견에는 i) '적법한 절차와 방식에 따라 작성된 것인지 여부' 및 '실질적 진정성립의 인정 여부'(312①④⑤⑥ · 312), ii) '내용의 인정 여부'(312③), iii) '진술의 임의성 인정 여부'(309 · 317), iv) 증거에 대한 동의 여부(318), v) 위법수집증거, 즉 적법한 절차에 따르지 아니하고 수집한 증거인지 여부(308조의2) 등이 있다.

행하게 된다. 그러나 당사자의 증거신청이 부적법하거나 이유 없는 경우 이는 기각결정의 사유가 된다.

각하사유에는 ㉠ 고의로 증거를 뒤늦게 신청함으로써 공판의 완결을 지연하는 때(294②). ㉡ 공판준비절차의 공판준비기일에서 신청하지 못한 증거로서 예외사유가 있는 경우가 아닌 때(266의13①)가 있다. ㉠은 효율적인 집중심리를 위해 고의지연을 규제하는 것, ㉡은 실권효를 규정한 것이다.

법원은 증거신청을 기각·각하하거나, 그 결정을 보류하는 경우, 증거신청인으로부터 당해 증거서류·증거물을 제출받아서는 아니 된다(규134④).

[불출석한 핵심증인과 증인취소결정] "다른 증거나 증인의 진술에 비추어 굳이 추가 증거조사를 할 필요가 없다는 등 특별한 사정이 없고, 소재탐지나 구인장 발부가 불가능한 것이 아님에도 불구하고, 불출석한 핵심 증인에 대하여 '소재탐지나 구인장 발부 없이' 증인채택 결정을 취소하는 것은 법원의 재량을 벗어나는 것으로서 위법하다"(대판 2020.12.10. 2020도2623). 형사소송법이 증인의 법정 출석을 강제할 수 있는 권한을 법원에 부여한 취지는, 사건의 실체를 규명하는 데 가장 직접적이고 핵심적인 증인으로 하여금 공개된 법정에 출석하여 선서 후 증언하도록 하고, 법원은 출석한 증인의 진술을 토대로 형성된 유죄·무죄의 심증에 따라 사건의 실체를 규명하도록 하기 위함이기 때문이다.

4) 증거조사의 방식　증거의 종류에 따라 조사방식이 각각 상이하다. 즉, ㉠ (인증) 인증은 사람의 진술내용이 증거(증거자료)로 되는 것이므로, 증거조사방식은 '신문'이 된다. ㉡ (물증) 물증은 물건의 존재 또는 상태가 증거(증거자료)로 되는 것이므로, 증거조사방식은 '제시'만으로 충분하다(292조의2). ㉢ (증거서류) 증거서류는 서류의 기재내용이 증거(증거자료)로 되는 것이므로, 증거조사방식은 원칙적으로 '낭독'(예외적으로 내용고지 또는 열람)이며, '제시'를 요하지 않는다(292). 반면, ㉣ (증거물인 서면) 증거물인 서면은 그 기재내용뿐만 아니라 그 존재와 상태도 증거(증거자료)로 되는 것이므로, 증거조사방식은 '제시' 이외에 '낭독'(예외적으로 내용고지 또는 열람)도 필요하다.

증거방법(유형물)		증거조사(방식)	증거자료(결과물)	법관
인증(증인, 피고인 등)		신문	증언, 진술	귀(눈)
물증(증거물)		(법관에게) 제시	존재 · 상태	눈(코 · 촉각등)
서증	증거서류(각종 조서)	낭독(내용고지/열람)	기재내용	귀(눈)
	증거물인 서면 (협박편지)	제시 + 낭독(내용고지/열람)	존재 · 상태 + 기재내용	눈 · 귀(촉각)

[증거조사 방식] i) [증인] **신문**이다. 별도로 후술한다(본장 제4절 Ⅰ. 증인신문)

ii) [증거물] 증거물의 조사는 **제시**에 의한다. 당사자가 신청한 증거물은 신청인이, 법원이 직권 조사하는 증거물은 소지인 또는 재판장이 제시한다(292조의2①②). 다만 재판장은 법원사무관 등으로 하여금 이를 제시하게 할 수 있다(동③).

iii) [증거서류] 낭독이 원칙적이고, 예외적으로 내용고지 또는 열람에 의한다. 증거서류의 내용을 법정에 현출하는 주체는 당해 증거내용을 잘 알고 있는 증거신청인이다. ㉠ 당사자가 신청한 증거서류는 신청인이, 법원이 직권 조사하는 증거서류는 소지인 또는 재판장이 **낭독**한다(292①②). ㉡ 다만, 재판장이 필요하다고 인정하는 때에는 낭독 대신 그 **내용**을 **고지**하는 방법으로 할 수 있고, 법원사무관 등으로 하여금 증거서류의 낭독이나 그 내용의 고지를 대신하게 할 수 있다(동③④). 증거서류의 '내용의 고지'는 그 '요지를 고지'하는 방법으로 한다(규134의6①). 반면, 증거서류는 제시가 필요 없다. ㉢ 다만, 재판장은 열람이 다른 방법보다 적절하다고 인정하는 때에는 증거서류를 제시하여 **열람**하게 하는 방법으로 조사할 수 있다(동⑤). 예컨대, 회계장부나 도표, 교통사고실황조사서 등과 같이 낭독이나 내용고지가 곤란하거나 부적절한 경우 '열람'의 방법이 더 적절하다.

iv) [증거물인 서면] **제시**와 **낭독등**의 방식을 병행한다. 그 본질은 증거물이지만 증거서류의 성질도 함께 갖고 있기 때문이다.

v) [정보저장매체 등] 특수매체기록의 증거조사방식은 대법원규칙에 규정이 있다. 즉, ㉠ 컴퓨터용디스크 등에 저장된 문자정보는 읽을 수 있도록 출력하여 인증한 등본을 조사한다(규134조의7①②). ㉡ 녹음·녹화매체는 재생하여 청취 또는 시청하는 방법으로 한다(규134조의8③). ㉢ 도면·사진, 그 밖에 정보를 담기 위하여 만들어진 물건으로서 문서가 아닌 증거의 조사는 특별한 규정이 없으면 증거서류의 조사방식(292)이나 증거물의 조사방식(292의2)을 준용한다(규134의9).

[증거조사의 실태와 문제점: 증거조사 방식의 형해화와 조서재판] (1) [증거조사 방식의 형해화] 공판중심주의가 형사소송의 대원칙으로 천명되고 있음에도, 과거 우리의 형사재판을 지배해 온 원리는 '효율성'이었다고 해도 과언이 아니다. 그 결과 피고인

보호 및 절차의 공정성을 보장하는 여러 원칙이 무시되거나 의도적으로 배제되고, 절차적 불이익은 주로 피고인에게 전가되는 바람직하지 못한 실무례가 형성되었다. 대표적인 문제가 증거조사 방식이다.

공판과정에서 제출되는 증거는 대부분 증거서류인 수사서류이다. 수사서류 가운데 특히 문제되는 것은 문답식 조서로서, 수사기관이 생산하는 전문증거(傳聞證據)이다. 문답식 조서에는 조서의 작성권한자인 조사관과 그 상대방인 진술자 사이에 명백한 질적 불균등이 존재한다. 양자 사이에는 권력의 차이, 법률지식의 차이는 물론, 사건의 향후 전개양상에 대한 인식과 경험, 예견, 의도의 질적 수준 차이 등이 존재하며, 이러한 차이에 기반하여 일종의 함정질문이 제기되고, 진술자가 그에 대한 정확한 예견이 없거나 부족한 상태에서 상응하게 답변할 가능성이 있다. 무엇보다도 양자의 문답 과정이나 진술의 내용은 작성권자가 그 요지만을 정리하는 과정에서 작성자에게 유리한 뉘앙스로 조서정리될 개연성을 배제할 수 없다. 나아가 문답식 조서는 누구나 읽는 순간 예단이 생기는 것을 피할 수 없기 때문에 증거능력의 인정은 곧 증명력의 인정과도 직결되는 것이기도 하다.

i) (수사서류) 과거 증거조사는 수사서류에 증거능력을 부여하기 위한 심리를 우선적으로 행하였다. 그 결과 피고인이 증거동의한 증거(대부분이 수사서류)는 그대로 증거능력을 인정하고, 부동의한 증거에 대해서만 예외적으로 전문법칙의 예외규정에 따라 원진술자를 소환하여 진정성립의 인정 등을 위한 증인신문절차가 개시되었다. 그리고 증거능력을 획득한 수사서류에 대한 증거조사는 공개법정에서 법정의 방식대로 실시하는 것이 아니라, 법관이 자신의 사무실에서 (심지어 야간이나 휴일에, 때로는 집에서도) 공개심리 없이 나홀로 그 서류를 열독(閱讀)함으로써 헌법과 법률에 규정된 재판공개의 원칙을 위반하는 결과가 되었다.

ii) (증인신문) 과거 주신문에서는 수사서류의 진정성립 인정 여부에 대해서만 신문한 채 바로 반대신문을 하게 함으로써 증인신문이 형해화하였고 사실상 증명책임을 피고인에게 전가하는 결과가 되었다. 검사의 주신문에서 유도신문이 횡행하는데도 이를 제지하지 않음으로써 위증에 의한 심증형성의 위험성을 자초하고 직접주의 원칙을 위반하는 결과가 되었다.

(2) [조서재판] 여기에는 '조서재판'이라는 특유의 오랜 관행이 자리잡고 있다. 문답식 조서와 그것에 증거능력을 부여하는 증거동의 제도는 조서재판을 지탱하는 양대 요소이며, 이에 더하여 '증거조사 방식의 형해화'는 조서재판을 고착화하고 사실상 '수사에 대한 재판의 종속 현상'을 심화시키는 결정적 요인으로 작용하였다. 여기에는 또한, 과거 권위적 엘리트주의에 기초한 이른바 '법원편의주의'와 증거동의의 편의성에 의존하던 이른바 '변호인편의주의'가 결합 내지 가공한 결과였다는 비판도 있다. 2007년 형사소송법 개정 이후 제도 개선을 위한 많은 노력이 있었고 또 실제적인 성과가 있었던 것도 사실이다. 그럼에도 여전히 많은 일반 사건에서 인적 증거에 대

한 '조서(수사서류) 우선'이라는 현실의 원칙은 아직도 계속 유지되고 있으며, 증거조사 과정이 조서의 증거능력 부여에 초점을 맞추어 진행되는 것 또한 예나 지금이나 별반 크게 다를 바 없다. 조서재판의 극복은 우리 모두의 과제이다.

3. 증거조사 결과에 대한 이의신청 및 증거조사 후의 조치

(1) 증거조사에 관한 이의신청

검사·피고인 또는 변호인은 증거조사에 관하여 이의신청을 할 수 있다. 법원은 이의신청에 대하여 즉시 결정하여야 한다(296).

1) 대상 및 사유 이의신청은 증거조사의 절차 및 증거조사단계에서 행해지는 모든 처분(증거신청, 증거결정, 증거조사의 순서와 방법, 증거능력의 유무 등)에 대해 가능하다. 이의신청의 사유는 법령위반(위법) 또는 '상당하지 아니함'(부당)이다. 단, 증거결정에 대해서는 법령위반(위법)만 그 사유가 된다.

2) 시기와 방법 이의신청은 개개의 행위·처분·결정시마다 그 이유를 간결하게 명시하여 즉시 해야 한다(규137). 서면 또는 구술로 한다(규176①).

3) 법원의 결정 법원은 이의신청이 있을 때마다 즉시 결정하여야 한다(규138). 합의부의 재판진행시 각종 결정할 때에는 합의를 거쳐야 한다.

i) (기각결정) 시기에 늦은 이의신청, 소송지연만 목적임이 명백한 경우, 이유없는 경우에는 결정으로 기각한다(규139①②). 다만, 시기에 늦은 이의신청이 중요한 사항을 대상으로 하는 경우에는 시기에 늦은 것만을 이유로 기각해서는 안 된다(규139①단서). 이의신청이 부적법한 경우도 마찬가지다.

ii) (신청에 상응한 결정) 이의신청이 이유있다고 인정되는 경우에는 결정으로 이의신청의 대상이 된 행위, 처분 또는 결정을 중지, 철회, 취소, 변경하는 등 그 이의신청에 상응하는 조치를 취하여야 한다(규139③).

iii) (증거배제결정) 증거조사를 마친 증거가 증거능력이 없음을 이유로 한 이의신청을 이유있다고 인정할 경우에는 그 증거의 전부 또는 일부를 배제한다는 취지의 결정을 하여야 한다(규139④). 증거배제결정은 이의신청이 없더라도 직권으로 할 수 있다고 해석된다.

4) 결정에 대한 불복 이의신청에 대한 법원의 허부결정에 대해서는 다시 이의신청하거나 불복할 수 없다. 즉, 이의신청에 대한 결정에 의하여 판단된 사항에 대해서는 다시 이의신청을 할 수 없다(규140). 판결 전 소송절차에 관한 결정이므로 항고가 허용되지 않는다(403). 이 경우 그 신청을 기각한다.

5) 이의신청권 불행사의 효과 하자의 치유가 문제된다. 대상인 행위의 위법사유에 따라 다르다. i) 위법이 심리의 실질에 관한 것(예: 증거능력 없는 증거를 조사, 부적법한 증거조사 등)이면, 하자는 치유되지 않지만, 형식적 절차 위반(예: 피고인이 신청한 증인을 검사가 먼저 신문)이면, 대부분 하자가 치유된다. ii) 위법이 당사자가 처분할 수 없는 권리에 속하는 것(예: 공개재판을 받을 권리, 피고인의 출석권)이면, 하자는 치유되지 않지만, 당사자가 처분할 수 있는 권리에 속하는 것(예: 소송행위를 하면서 당사자의 의견을 듣도록 되어 있는 경우)이면, 하자가 치유된다. iii) 임의규정이나 훈시규정 위반인 경우(예: 제1회 공판기일 전 5일의 유예기간 미달)에는 이의신청이 없으면 그 하자가 치유된다.

(2) 증거조사 후의 조치

1) 증거조사결과에 대한 피고인의 의견청취 재판장은 피고인에게 각종 증거조사결과에 대한 의견을 물어야 한다(293 전단). 이는 피고인의 의견진술의 기회를 보장함과 동시에, 법원이 피고인의 의견을 그 증거조사에 의한 심증형성에 참고하기 위한 것이다. 법적 청문권의 한 내용이 된다. 따라서 이 단계에서의 피고인의 의견진술은 ㉠ 증거결정 전 단계에서 이루어지는 증거능력의 유무에 관한 당사자의 의견진술과 구별되고, ㉡ 증거조사 자체의 적법·타당 여부에 관한 이의신청과도 명백히 구별된다.

2) 증거신청권 고지 재판장은 피고인에게 권리를 보호하는 데 필요한 증거조사를 신청할 수 있음을 고지하여야 한다(293후단). 이는 피고인의 증거신청권(294)을 절차적으로 보장하기 위한 것으로, 법률전문가 아닌 피고인에게 안내의 의미가 있다.

4. 사실심리절차(2): 피고인신문

피고인신문은 피고인이 사건을 직접 겪은 증거방법이기도 하다는 점에 기반을 둔 제도이다. i) (시기) 증거조사가 끝난 후에 실시하는 것이 원칙이나, 재판장이 필요하다고 인정하는 때에는 증거조사가 완료되기 전이라도 허가할 수 있다(296의2①). ii) (순서) 검사와 변호인이 순차로 실시하고, 재판장은 필요하다고 인정하는 경우 어느 때에나 피고인을 신문할 수 있으며, 그 순서를 변경할 수도 있다(동②③). iii) (방식) 증인신문 규정을 준용한다(동③). 이때 피고인은 증인석에 좌석한다(275③단서). 진술을 강요하거나 답변을 유도하거나 그 밖에 위압적·모욕적

신문을 하여서는 안 된다(규140의2). iv) (일시퇴정) 재판장은 피고인이 다른 피고인의 면전에서 충분한 진술을 할 수 없다고 인정한 때에는 그를 퇴정하게 하고 진술하게 할 수 있다(297①). 재판장은 피고인이 어떤 재정인의 앞에서 충분한 진술을 할 수 없다고 인정한 때에는 그 재정인을 퇴정하게 하고 진술하게 할 수 있다(규140조의3).

5. 최종변론

검사의 의견진술, 변호인과 피고인의 최후진술의 순서로 진행된다. 재판장은 필요하다고 인정하는 경우 검사, 피고인 또는 변호인의 본질적인 권리를 해치지 않는 범위 내에서 의견진술의 시간을 제한할 수 있다(규145).

1) 검사의 의견진술(논고와 구형) 검사는 사실과 법률적용에 관하여 의견을 진술하여야 한다(302). 단, 검사의 출석 없이 개정한 때에는 공소장의 기재사항에 의하여 의견진술이 있는 것으로 간주한다(동단서). 이를 논고라 하며 양형에 관한 의견을 특히 구형이라 한다. 검사의 구형은 의견진술에 불과하여 법원은 구속되지 않는다(대판 2001.11.30. 2001도5225).

2) 변호인의 의견진술(변론) **및 피고인의 의견진술**(최후진술) 재판장은 검사의 의견을 들은 후 피고인과 변호인에게 최종의 의견을 진술할 기회를 부여하여야 한다(303). 실무상 변호인이 먼저 최종변론을 하고, 이어서 피고인에게 최후진술의 기회를 준다. 최종의견진술의 기회는 피고인과 변호인 모두에게 주어져야 하며, 어느 한 쪽에만 주어지거나 생략된 채 심리를 마치고 판결을 선고하는 것은 위법하다(대판 1975.11.11. 75도1010). (일반사건에서는) 변호인이 공판기일 통지서를 받았다면 공판기일에 변호인의 출석 없이 변론을 종결한 경우 변호인에게 변론기회를 준 것이 된다(대판 1977.7.26. 77도835). 필요적 변호사건에서는 변호인의 출석이 공판개정의 요건이다(282).

3) 변론종결 및 재개 피고인의 최종진술을 끝나면 변론은 종결된다. 이를 결심(結審)이라고도 한다. 그러나 법원은 필요하다고 인정하는 때에는 직권 또는 검사, 피고인이나 변호인의 신청에 의하여 결정으로 종결한 변론을 재개할 수도 있다(305). 법원의 재량에 속한다(대판 2014.4.24. 2014도1414). 변론이 재개되면 검사의 의견진술 이전의 상태로 복귀하게 된다. 변론종결을 위해서는 최종변론절차를 다시 거쳐야 한다.

6. 판결의 선고

1) 판결을 위한 심의 심리가 종료되면 판결을 위한 심의를 한다. 단독판사는 단독으로 심의하나, 합의부는 합의가 필요하다. 합의는 공개하지 않으며, 헌법과 법률에 다른 규정이 없으면 과반수로 결정한다(법조법65 · 66①).

2) 선고기일 판결의 선고는 변론을 종결한 기일에 하여야 한다(즉일선고의 원칙). 다만, 특별한 사정이 있는 때에는 변론종결 후 14일 이내의 기한 내에서 따로 선고기일을 지정할 수 있다(318의4①③).

3) 선고의 방식 판결의 선고는 공판정에서 재판서에 의하여야 한다(42). 다만 즉일 선고의 경우에는 선고 후 5일 내에 판결서를 작성하면 된다(318의4② · 규146). 판결의 선고는 재판장이 하며 주문(主文)을 낭독하고 이유요지를 설명한다(43). 재판장은 판결을 선고하면서 피고인에게 적절한 훈계를 할 수 있다(규147). 형을 선고하는 경우에는 재판장은 피고인에게 상소할 기간과 상소할 법원을 알려주어야 한다(324). 판결의 선고로써 공판절차는 그 심급에서 종료되며, 상소기간이 진행된다(358 · 374). "재판장이 일단 주문을 낭독하여 선고 내용이 외부적으로 표시된 이상, 재판서에 기재된 주문을 잘못 낭독하는 등 특별한 사정이 있는 경우에만 변경 선고가 허용된다"(대판 2022.5.13. 2017도3884. 선고절차에서 선고형을 징역 1년에서 3년으로 변경 선고는 위법).[1)]

4) 피고인의 출석 판결을 선고하는 공판기일에도 피고인은 출석하여야 한다. 다만, 피고인의 출석 없이 개정할 수 있는 경우에는 피고인의 출석 없이 판결할 수 있다. 변호인이나 검사의 출석은 필요 없다(278). 통역인의 출석은 필요하다.

5) 판결선고 후의 조치 선고일로부터 7일 이내에 피고인에게 판결서 등본을 송달한다(규148). 판결선고 후에도 (원심)법원은 (구속에 관한 결정) 소송기록이 상소법원에 도달하기 전까지는 상소기간 중 또는 상소 중의 사건에 관하여 피

---

1) [선고의 종료시점과 변경 선고의 한계] "판결선고는 전체적으로 하나의 절차로서 선고절차를 마쳤을 때에 비로소 종료된다. 재판장이 주문을 낭독한 이후라도 선고가 종료되기 전까지는 일단 낭독한 주문의 내용을 정정하여 다시 선고할 수 있다. 그러나 변경 선고가 무제한 허용된다고 할 수는 없다. 재판장이 일단 주문을 낭독하여 선고 내용이 외부적으로 표시된 이상 재판서를 잘못 낭독하거나 설명하는 등 실수가 있거나, 판결 내용에 잘못이 있음이 발견된 경우와 같이 특별한 사정이 있는 경우에 한하여, 변경 선고가 허용된다"('징역 1년에 처한다'는 주문을 낭독한 후 피고인이 난동을 부리자 선고형을 '3년'으로 변경 선고한 것은 위법하다고 한 사례).

고인의 '구속', 구속기간갱신, 구속취소, 보석, '보석의 취소', 구속집행정지와 그 정지의 취소에 대한 결정을 한다(105 · 규57). 이는 상소절차의 일부이다.

[공판절차의 개요][1)]

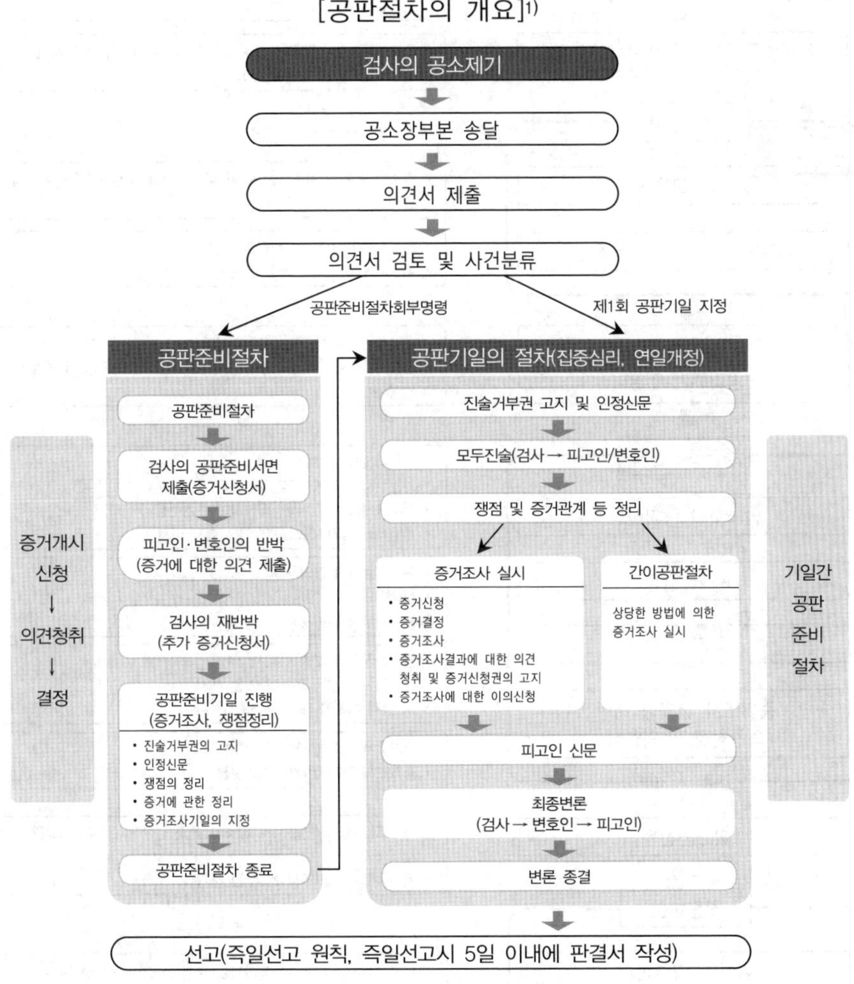

1) 새로운 형사재판의 이해, 법원행정처(2007), 15면.

[공판절차 단계별 구체적 소송행위][1]

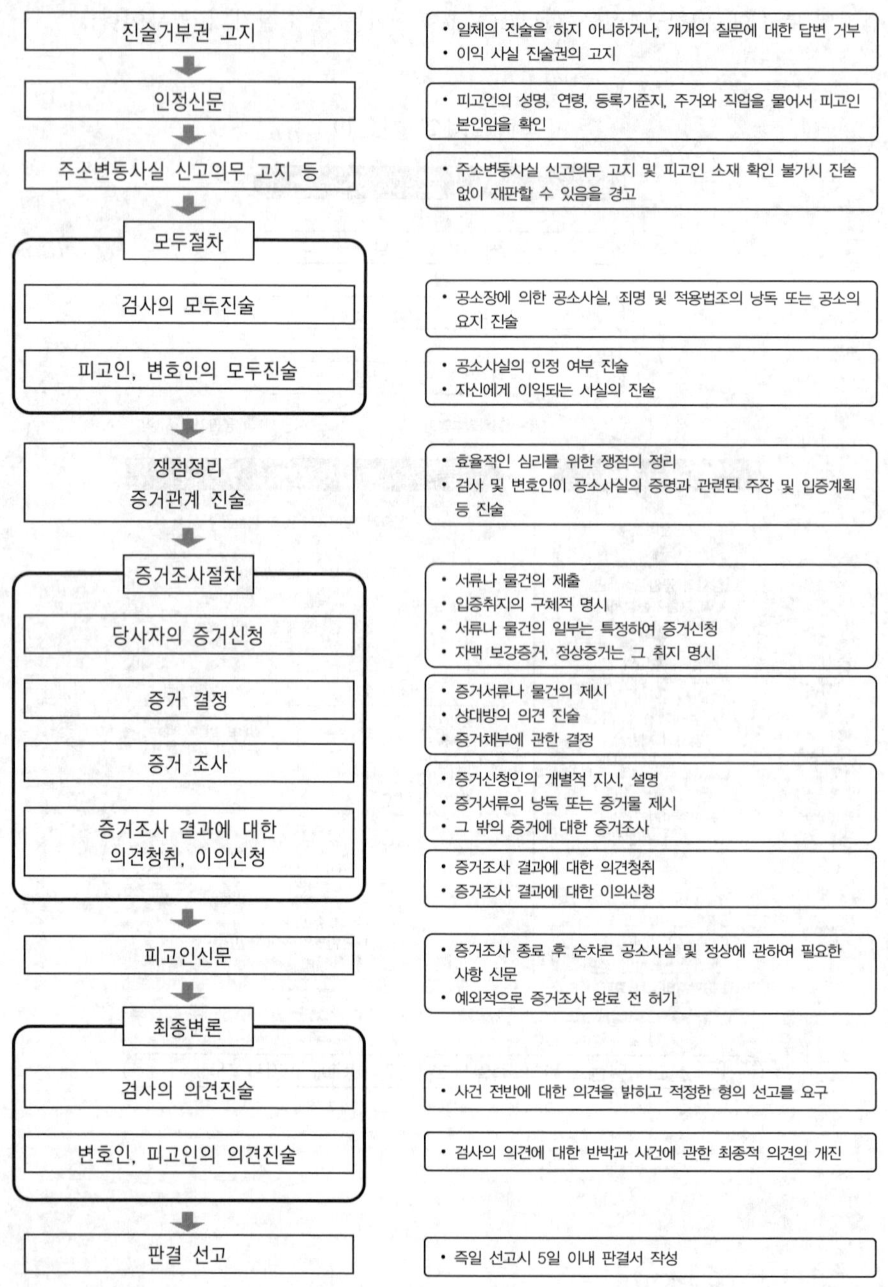

1) 새로운 형사재판의 이해, 법원행정처(2007), 147면.

Ⅲ. 공판절차 2분론

1. 의의

공판절차 2분론이란 유죄의 증거와 양형의 자료가 함께 심리되는 현행의 일원적인 공판절차 진행방식에 대신하여, 공판절차를 '피고사건에 대한 **범죄사실 인정절차**(유·무죄 판단절차)'와 '유죄로 인정된 피고인에 대한 **양형절차**'로 2분하자는 논의를 말한다. 이는 영미의 배심제판제도에서 유래하는 모델로서, 배심재판에서는 범죄사실의 인정이 배심원에 의해 유·무죄 평결로써 행해지고, 그 후 양형은 통상 직업법관에 의해 행해진다. 이러한 공판절차 2분론은 독일, 일본은 물론, 우리나라에서도 기존의 일원적인 공판절차 진행방식에 대한 개선책으로 그 도입이 주장되고 있다. 특히 독일의 학계에서는 범죄사실 인정단계에서는 유죄의 선고만을 행하고, 유죄가 인정되는 경우에 비로소 양형판단을 하자는 입법론이 전개되고 있는데, 이때 공식적으로 범죄사실의 인정을 선언하고 양형절차를 개시하는 절차를 '**중간유죄판단**'이라고 한다.[1]

2. 입법론: 사실인정법관과 양형법관의 분리

공판절차 2분론은 사실심리법원과 양형법원의 조직적 분리에 관한 논의이다. 이는 4가지로 요약된다. 즉, ㉠ 공판절차는 사실심리절차와 양형절차로 2분한다. ㉡ 담당재판부를 사실심리법원과 양형법원으로 분리한다. ㉢ 양형절차에서는 유죄인정에 대한 의문이 생긴 경우에도 유죄결정을 번복할 수 없다. ㉣ 양

1) [공판절차 2분화의 모델] 영미법계의 공판절차(배심제)는 배심원에 의한 '유·무죄평결 절차'와 직업법관에 의한 '양형 절차'로 구성된다.

한편, 대륙법계의 공판절차 2분화 모델에는 ㉠ '책임'중간판단모델, ㉡ '행위'중간판단모델, ㉢ '행위책임'중간판단모델과 ㉣ '판단여지'중간판단모델 등이 있다. 여기서 ㉠ '책임'중간판단모델은 공판절차의 제1단계에서는 피고인의 책임문제(즉, 유·무죄에 관한 사실인정 문제)에 집중하여 중간판단(중간재판)을 하고, 제2단계에서 형사제재의 종류와 범위(즉, 양형 문제)에 관한 심리를 진행하는 방식이다. ㉡ '행위'중간판단모델은 제1단계에서 피고인이 공소사실을 범했는지 여부에 관한 문제(책임능력 유무는 제외)에 집중하여 중간판단을 하고, 제2단계에서 양형 및 책임능력 유무를 심리하는 방식이다.

그런데 독일의 논의에서는 '양형에서 책임과 예방'의 관계에 관한 다양한 이론을 구체화하는 시도로서, ㉢ '행위책임'중간판단모델과 ㉣ '판단여지'중간판단모델이 등장하였는데, 전자(㉢'행위책임'중간판단모델)는 제1단계에서 유·무죄에 관한 판단은 물론 책임주의 관점에서 '형벌의 양'까지 결정하고 제2단계에서는 예방적 관점에서 형벌의 종류를 정하는 방식이고, 후자(㉣'판단여지'중간판단모델)는 제1단계에서 피고인의 유·무죄는 물론 양형까지도 심리하되 양형의 책임판단여지까지만 확정하고, 제2단계에서는 특별예방적 관점을 고려하여 책임형벌을 정하거나 책임의 최하한을 넘어 형을 정하는 방식이다.

형절차는 비공개로 진행되어야 한다. 이러한 공판절차 2분론의 입법과 관련하여, 제도적 장점은 이론적으로 이미 충분히 근거있는 것들이며, 지적되는 문제점 또한 모두 제도적 보완으로 극복이 가능한 것들이다. 특히 헌법상 피고인의 방어권 보장 측면에 중점을 둔다면, 공판절차 2분론은 입법을 적극적으로 고려할 필요가 있다. 즉, 우리 형사소송의 현실에서는 피고인과 변호인이 공판과정에서 공소사실에 대해 사실관계를 치열하게 다투거나 다양한 법률상의 주장을 개진하기 위해서는, 나중에 유죄로 판단될 경우 피고인이 입을지도 모를 '양형상의 불이익'을 각오해야 하는 위험에 직면하고 있다. 이것을 통상 '괘씸죄'라고도 한다. 그러나 이는 피고인의 방어권과 변호인의 변호권에 대한 중대한 침해가 될 수 있다. 형사사법제도의 본질과 근간에 직결되는 중요한 문제가 아닐 수 없다. 그런데 사실심리절차와 양형절차를 분리하게 되면, 다음에서 보는 바와 같이 사실심리절차를 순화하고 양형의 합리화를 도모하는 것은 물론, 피고인에 대한 불필요한 사생활의 침해를 방지하고, 피고인의 인격권과 방어권을 보장하며, 헌법상 비례성 원칙을 절차적으로 실현할 수 있게 된다. 따라서 공판절차를 사실심리절차와 양형절차로 분리하고, 유·무죄를 판단하는 법관과 양형법관을 분리하고, 이를 위해 민사소송법에서 인정되는 '중간판결'과 유사한 제도를 형사소송에도 도입할 필요가 있다(즉, 유·무죄판단의 중간판결).

[이론적 근거와 문제점] **(1) 이론적 근거**: 공판절차 2분론의 이론적 근거에 대해, 일본에서는 사실인정절차의 순수화와 양형의 합리화, 독일에서는 그 밖에도 피고인의 인격권 보호, 변호인의 변호권 보장 및 소송경제의 도모가 제시되고 있다.

1) **사실인정절차의 순수화** 하나의 공판절차에서 유·무죄 판단의 자료와 양형자료가 함께 심리되면, 피고인의 전과, 경력, 교육정도, 가족관계 등 범죄사실의 인정 그 자체와 관련이 없는 자료들까지 한꺼번에 노출된다. 그 결과 피고인에게 불리한 자료들이 법관에게 유죄의 선입견을 갖게 할 수 있고, 이는 무죄추정의 원칙 및 공소장일본주의라는 헌법과 형사소송법의 취지에 위반될 수 있다. 공판절차 2분론은 이러한 불합리를 제거할 수 있다.

2) **양형의 합리화** 공판절차를 2분하여 양형절차가 분리되면, 양형의 합리화·과학화가 가능하다. 범죄인에 대한 처우의 개별화와 재사회화의 촉진이라는 양형의 목적을 달성하기 위해서는 피고인의 인격에 대한 철저한 심리가 필요한데, 엄격한 증거법칙이 적용되는 공판절차에서는 양형자료의 충분한 수집에 한계가 있다. 양형절차가 분리되면, 양형법관은 공판절차 밖에서 판결전 조사제도를 통해 양형자료만을 전문적으로 조사하는 양형조사관의 보고서를 활용할 수 있다.

3) **피고인의 인격권 보호** 양형절차가 분리되지 않을 경우 양형자료의 조사를 이유로 피고인의 사생활 자료가 공판절차에서 공개된다. 이는 피고인의 일반적 인격권을 침해하고, 나중에 무죄로 판명되더라도 회복되지 않는다. 그러나 양형절차가 분리되면, 피고인에 대한 불필요한 사생활의 침해를 방지하고, 피고인의 인격권을 보장하며, 헌법상 비례성 원칙을 절차적으로 실현할 수 있게 된다.

4) **변호인의 변호권 보장** 양형절차가 분리되지 않는 현재의 공판절차에서는 변호인이 무죄를 주장하는 경우에도 나중에 유죄로 판단될 경우에 대비하여 예비적으로 양형자료의 제출이나 관대한 처벌을 변론하게 된다. 이는 변호인 자신이 무죄를 확신하지 못한다는 오해를 법관에게 불러일으키기 쉽다. 그러나 양형절차가 분리되면, 사실심리단계에서는 무죄변론에 전념하고, 유죄가 인정되더라도 양형절차에서 정상론을 전개할 수 있으므로, 변호권이 실질적으로 보장된다.

5) **소송경제의 도모** 공판절차가 분리되면, 무죄로 판명된 피고인에 대해서는 양형자료를 조사할 필요가 없다. 불필요한 절차적 낭비가 제거되어 공판절차가 오히려 단축될 수 있으므로, 소송경제를 도모하는 수단이 된다.

(2) **문제점** : 공판절차 2분론에 대한 문제점도 지적되고 있다. 공판절차의 지연, 범죄사실과 양형사실의 구별 곤란, 재판부구성의 미분화 등이 거론되고 있다.

1) **공판절차의 지연** 공판절차 2분론이 성공하기 위해서는 양형자료를 조사하는 전문조사관의 확보가 필수적이다. 그런데 입법 현실은 아직 전문조사관제도가 도입되어 있지 못하고 단지 소년법상 소년사건에 대한 판결전 조사 제도(조사기관은 법무부 소속의 보호관찰소 또는 그 지소) 정도만이 도입되어 있는 실정이다. 양형조사관이 충분히 확보되지 않은 상황에서 양형절차가 분리되면, 양형심리가 장기화되고 절차가 지연될 위험이 있다는 것이다. 그러나 이에 대해서는 사법부 소속의 순수한 양형조사관제도의 법제화, 양형심리의 기간제한, 사실인정절차에서 조사관의 조사개시 등 심리지연 방지방안이 제시되고 있다.

2) **범죄사실과 양형사실의 구별 어려움** 범죄사실과 양형사실의 엄격한 구분이 곤란하다는 것이다. 예컨대, 상습범의 경우 피고인의 인격조사는 이미 유·무의 판단단계에서 다룰 수밖에 없고, 우리 형법은 다른 입법례에 비해 상습범규정이 유난히 많다는 것이다. 이론적으로 보면 물론 범죄사실과 양형사실의 엄격한 구분이 불가능한 측면이 있다. 그러나 양형절차가 분리된다면 피고인의 인격권은 상대적으로 더 충실하게 보호될 수 있다는 점은 분명하다. 즉, 피고인의 인격요소가 범죄의 구성요건요소가 아닌 경우에는 인격요소에 대한 심리를 상당히 배제할 수 있고, 한편 피고인의 인격요소가 범죄의 구성요건요소인 경우에도 그와 같이 필요한 부분만 사실인정절차에서 심리하고 나머지 양형자료는 양형절차에서 심리하는 것이 가능하기 때문이다.

3) **재판부구성의 미분화** 공판절차 2분론은 영미식 배심재판제도를 모델로 한

이론이며, 독일과 같이 재판부에 민간인이 참여하는 참심재판제도에서 가능한 입법론적 논의라는 것이다. 우리의 경우 국민참여재판제도가 도입되어 있으나 배심원의 평결에 대해 기속력을 인정하지 않는 등 현실적·제도적 여건이 충분하지 못하며, 대부분의 사건이 아직은 직업법관으로 구성된 재판부에서 심리되고 있다는 것이다. 그러나 공판절차 2분론이 민간인의 재판참여를 논리필연적으로 전제하는 것은 아니며, 직업법관 사이에서도 사실심리법관(유·무죄 판단법관)과 양형법관의 기능적 구분이 가능하다는 점에서, 공판절차 2분론은 충분히 그 유용성이 있다.

제 4 절 증거조사의 실시

Ⅰ. 증인신문

1. 증인과 증인신문

(1) 증인

증인이란, 법원 또는 법관에 대하여 자신이 과거에 체험한 '사실'을 진술하는 제3자('피고인 아닌 자' 내지 '피고인 이외의 자')를 말한다. 증인은 **참고인**과 구별된다. 참고인은 수사단계에서 수사기관에 대하여 이러한 진술을 하는 제3자('피의자 아닌 자' 내지 '피의자 이외의 자')를 말한다.

증인은 **감정인**과도 구별된다. 감정인은 전문지식과 경험에 의해 법원이 지시하는 사실에 관한 전문적 '판단'결과를 보고하는 자를 말한다. 증인은 자신이 체험한 '사실'을 진술하기 때문에 다른 사람으로 대체될 수 없으나, 감정인은 같은 전문지식과 경험을 가진 다른 감정인으로 대체될 수 있다. 이러한 차이로 증인은 구인이 허용되나(152), 감정인은 구인이 허용되지 않는다(177).

전문지식과 경험이 감정인과 증인의 구별기준은 아니다. 증인도 특별한 전문지식과 경험에 의해 과거사실을 체험할 수 있기 때문이다. 특별한 지식과 경험에 의해 알게 된 과거의 '사실'을 진술하는 자를 **감정증인**(179)이라 한다. 감정증인도 증인에 속한다. 따라서 감정인은 감정인신문절차(177)에 따라 신문하나, 감정증인은 증인신문절차에 의하여 신문한다(179).

(2) 증인신문

증인신문은 증인으로부터 체험사실을 내용으로 하는 진술을 듣는 증거조사를 말한다. 증인의 진술내용('증언 그 자체')뿐만 아니라, 진술할 때의 목소리, 표정과 진술태도('태도증거') 또한, 법관의 심증형성에 큰 영향을 미치는 중요한 증거자료이다.[1] 증인은 형사소송법상 출석의무, 선서의무 및 증언의무가 있으며, 위반하면 직접 · 간접의 제재를 받는다. 증인의 법정출석은 강제된다. 따라서 증인신문은 강제처분의 성질을 가진다.[2]

2. 증인적격과 증인거부권

(1) 증인적격

증인적격이란 증인으로 선서하고 진술할 수 있는 자격을 말한다. 법원은 법률에 다른 규정이 없으면 누구든지 증인으로 신문할 수 있다(146). 즉, 책임무능력자나 어린아이, 피고인의 친 · 인척, 피고인과 적대적 또는 우호적 관계에 있는 자 모두 증인적격이 인정된다. 그러나 예외적으로 증인거부권이 인정되는 경우(147)가 있고, 증인적격의 인정 여부가 문제되는 경우가 있다(예: 피고인, 공범인 공동피고인은 증인적격이 인정되지 않는다). **증인적격 없는 자의 증언은 증거능력이 인정되지 않는다.**

(2) 증인(證人)거부권

공무원이나 공무원이었던 자가 직무에 관하여 알게 된 사실에 관하여, 본인 또는 당해 공무소가 직무상 비밀에 속한 사항임을 신고한 때에는, 그 소속공무소 또는 감독관공서의 승낙 없이는 증인으로 신문하지 못한다(147①). 다만, 그 소속공무소 또는 감독관공서는 국가의 중대한 이익을 해하는 경우를 제외하고는 승낙을 거부하지 못한다(동②). 이는 특별한 사유가 있는 경우에는 범인의 처벌보다 국가의 이익을 우선시키되, 그 밖의 경우에는 진실발견과 국가형벌권의 행사를 적정하게 조화시키기 위한 규정이다. 증인거부권자는 당연히 출석의무가 없다.

---

1) 증인의 증언은 "목격 또는 **경험**(지각) → **기억** → **서술**(표현)"의 과정을 거치는데, 그 과정에서 오류가 개입될 여지가 있다. 이러한 오류를 제거하고 증언의 정확성 · 성실성을 담보하는 장치에는, ㉠ **선서**와 위증의 벌 경고, ㉡ **반대신문**, ㉢ 법원에 의한 증언태도 등에 대한 **직접 관찰**이 있다. 자세히는, 전문증거 중 '전문진술의 특성' 부분의 설명 참조(본편 제2장 제5절).

2) [증인의 법정출석을 강제하는 취지] "다른 증거나 증인의 진술에 비추어 굳이 추가 증인신문을 할 필요가 없다는 등 특별한 사정이 없는 한, 사건의 실체를 규명하는 데 가장 직접적·핵심적인 증인으로 하여금 공개된 법정에 출석하여 선서 후 증언하도록 하고, 법원은 출석한 증인의 진술을 토대로 형성된 유죄·무죄의 심증에 따라 사건의 실체를 규명하도록 하기 위함"이다(대결 2024.10.31.자 2023모358).

(3) 소송관계인의 증인적격 여부

1) 법관 · 검사 · 변호인　당해 피고사건을 직접 담당하는 법관은 증인적격이 없다. '공판관여 검사'도 소송의 주체이고 제3자가 아니므로 증인적격이 없다(수사검사는 제외). 변호인의 경우에는 견해가 대립하나, 피고인의 보호자로서 피고인에 준하는 지위에 있고 피고인에게 불리한 사실에 대해서는 증언거부권(149)을 행사할 수 있으므로, 증인적격을 부정하는 것이 통설이다.

2) 피고인　피고인은 당사자일 뿐 제3자가 아니므로 증인적격이 없다. 피고인에게 증인적격을 인정하여 증언의무를 부과하는 것은 헌법상 보장된 피고인의 진술거부권(283조의2 · 헌법12②)을 무의미하게 하므로, 증인적격을 부정함이 타당하다. 따라서 진실발견을 위해 필요하더라도 **법원은 피고인을 증인으로 신문할 수는 없다.**

미국법에서는 피고인이 자기부죄금지의 특권을 포기하고 증언대에 올라 증인으로 선서하고 체험사실을 진술할 수 있다. 그러나 우리 법제는 사정이 다르다. 우리의 경우 피고인신문절차를 인정하고 피고인에게 진술거부권을 부여하며, 진술거부권은 헌법상 주관적 공권으로서 그 포기가 인정되지 않는다.

3) 수사기관(수사검사 · 수사경찰 · 참여자)　경찰공무원은 피고인에 대한 공판절차에서 제3자이고, 피고인 또는 변호인의 반대신문권이 보장되어 있다는 점에서 증인적격이 인정된다(헌재 2001.11.29. 2001헌바41). 형사소송법상 '조사자증언제도'(316①)가 채택되어 있는데, 이는 '수사검사, 사법경찰관 또는 피의자신문 참여자'(즉, 수사기관)에게 '증인적격이 있음'을 전제로 한다.

(4) 공범인 공동피고인의 증인적격 여부

공동피고인이란 2인 이상의 피고인이 동일한 형사절차에서 함께 심판받게 될 경우 그 각각의 피고인을 말한다. 공동피고인은 자신의 피고사건에 대해서는 '피고인 지위'에 있지만, 다른 공동피고인에 대한 관계에서는 '제3자 지위'에 있다(2중적 지위). 그리하여, 공동피고인의 진술은 '피고인진술'이자 동시에 다른 피고인에 대해서는 '제3자의 진술'이라는 2중적 특성이 있다. 여기에서 공동피고인이 다른 공동피고인에 대한 관계에서 증인적격이 있는지 여부가 문제된다(예: 합동절도의 A와 B, 쌍방폭행의 A와 B).

[학설] 공동피고인의 증인적격에 대하여 견해가 대립한다. i) 긍정설은, 공동피고인은 다른 피고인에 대한 관계에서는 제3자이므로 병합심리 중에 있는 공동피고인도 증인으로 신문할 수 있다는 견해이다. 이 견해는 증인도 형사상 증언거부권(148)이 있으므로, 자신과 관련된 사건의 증인이 되더라도 공동피고인의 권리는 보호될 수 있다고 강조한다. ii) 부정설은, 공동피고인의 공범관계 여부와 상관없이 변론을 분리하지 않는 한 증인적격이 없다는 견해이다. 이 견해는 사건에 관계된 공동피고인은 모두 진술거부권이 있으므로, 변론을 분리하지 않는 한 공동피고인을 증인으로 신문하면 진술거부권이 보장될 수 없다는 것을 근거로 내세운다. iii) 절충설은, 공동피고인 상호간의 사건의 실질적 관련성을 기준으로, 공범인 공동피고인은 증인적격이 없지만, 자신의 피고사건과 실질적인 관계가 없는 사건에 대하여는 공동피고인이라도 증인적격이 있다는 견해이다. 이 견해는 공범인 공동피고인의 경우 증언의 강제는 진술거부권의 취지에 반할 뿐만 아니라 피고인 진술에 증거능력이 인정되는 이상 굳이 증인적격을 인정할 필요가 없지만, 공범 아닌 공동피고인은 실질적인 제3자이므로 증인의 지위에 있다는 것을 이유로 한다.

1) 판례 판례는 절충설의 입장이다. 공범인 공동피고인은 증인적격을 부정하고, 공범 아닌 공동피고인은 증인적격을 인정한다.

i) ['공범인 공동피고인'] 예컨대 A와 B가 절도죄의 공범으로 함께 공동피고인으로 재판을 받게 된 경우, A가 범행을 부인한다면, 자백하는 B를 A에 대한 증인으로 신문할 수 있는가의 문제이다. 이 경우 실질적으로 범죄사실이 동일하여 자신의 범죄사실에 대한 진술도 된다(예: 특수절도). 따라서 공범인 공동피고인은 다른 피고인에 대한 관계에서 **증인적격이 없다**. 즉, "공범인 공동피고인(B)은 당해 소송절차에서는 피고인의 지위에 있으므로 다른 피고인(A)에 대한 공소사실에 관하여 **증인이 될 수 없다**"(대판 2008.6.26. 2008도3300; 2012.10.11. 2012도6848). 이 경우에는 "**공범인 공동피고인**(B)의 법정에서의 (피고인)**진술**은 '다른 피고인(A)의 반대신문권이 보장되어 있어 증인으로 신문한 경우와 다를 바 없으므로' **독립한 증거능력**이 있다. 이는 **피고인들 사이에 이해관계가 상반된다고 하여도 마찬가지**다"(대판 1985.6.25. 85도691; 1992.7.28. 92도917; 특히 2006.5.11. 2006도1944).

한편, (소송절차의 분리) 변론을 분리하면 공범관계라는 사실 자체에는 영향이 없겠으나 공동피고인의 관계는 이로써 일단 해소된다. 즉, '공범이지만 공동피고인은 아닌 자'가 되어 다른 피고인에 대한 관계에서 증인적격이 있게 된다. '공동피고인 아닌 공범자'는 다른 공범자에 대한 관계에서 당연히 증인적격이 인정되고, 다만 증언거부권이 문제될 뿐이다. 즉, "**소송절차가 분리되어 피고인의 지위에서 벗어나게 되면** 다른 피고인(A)에 대한 공소사실에 관하여 **증인이** 될 수 있다"(위 2008도3300; 2012도6848). "**소송절차가 분리된** 공범인 공동피고인이 증인신문절차에서 (증언거부권을 고지받은 상태에서) 자기의 범죄사실에 대하여 증언거부권을 행사하지 아니한 채 허위로 진술하였다면 **위증죄**가 성립된다"(위 2012도6848). 아직 소송절차가 분리되지 아니한 이상 증인적격이 없어 허위로 진술하더라도 위증죄가 성립하지 않는다(위 2008도3300).

공범 중 1인이 먼저 기소되어 유죄의 확정판결을 받은 후 다른 공범의 공판절차가 진행되는 경우 공범자는 물론 증인적격이 있다.

> **[피고인 지위의 우선 원칙]** 공범자를 변론분리하여 증인 신문할 것인지, 변론분리 없이 피고인 신문할 것인지 여부에 대해 실무는 나뉜다. 법원의 적절한 소송지휘가 필요한 영역으로 이해하는 듯하다. 그런데 공범인 당해 피고인의 입장에서 보면, 형식적 변론분리를 통하여 증인으로 신문하는 것은, 단순히 허위진술 방지차원을 넘어 사실상 그 방어권을 위축시킬 염려가 있다. 즉, 당해 피고인의 의사와 관계없이 일률적으로 증언을 강제하는 것은 피고인의 지위에 대한 훼손으로 이어질 위험이 있다.

ii) ['공범 아닌 공동피고인'] 예컨대 A와 B가 쌍방 폭행사건에서 함께 공동피고인으로 재판을 받게 된 경우, A가 가해 범행을 부인한다면, B를 A의 공소사실에 대한 증인으로 하여 'A로부터 입은 피해'사실을 신문할 수 있는가의 문제이다. 이 경우(맞고소사건 또는 쌍방 폭행사건) 공동피고인은 공범에서 유래하는 이해관계와 무관하게 지극히 우연히 함께 재판받게 된 경우로서 제3자성이 뚜렷이 부각된다. 따라서 공동피고인은 다른 피고인에 대한 관계에서 증인적격이 있다. 변론을 분리하지 않더라도 제3자성이 유지되고 증인적격을 인정할 수 있다. 즉, "피고인(A)과 **별개의 범죄사실로 기소되어 단순히 병합심리 중인 공범 아닌 공동피고인**(B)은 피고인의 범죄사실에 관하여는 **증인의 지위**에 있고(즉, 증언의 방식에 따라 증언해야 한다), 따라서 **선서 없이 한 공동피고인의 법정진술**이나, **피고인이 증거로 함에 동의한 바 없는 공동피고인에 대한 피의자신문조서는**, 피고인에 대한 공소범죄사실을 인정하는 **증거로 사용할 수 없다**"(대판 1982.9.14. 82도1000; 2006.1.12. 2005도7601).

'공범도 공동피고인도 아닌 자'는 명백한 제3자이며, 증인적격이 있다.

2) **공범관계 여부** 주로 공범의 '범위'와 공범의 '기준'이 문제된다.

i) [공범의 범위] 공동피고인 상호간에 공범관계가 인정되는 범위에 대해 견해가 대립하나, 판례에 따르면, ㉠ 여기의 공범에는 **임의적 공범**(공동정범, 교사범, 방조범)은 물론 **필요적 공범**도 포함된다. 즉, 공동정범(대판 1987.12.22. 87도1020; 1994.3.22. 93도3612 등), 합동범(특수절도: 대판 1984.10.23. 84도505)은 물론, 필요적 공범 중 대향범(뇌물수수자와 뇌물공여자: 대판 1996.7.12. 96도667)도 포함된다.[1] 공범인 공동피고인은 증인적격이 없으므로, 공범의 **피고인진술**은 그 자체로 독립한 증거능력이 있고, 선서하고 행한 증언은 증인적격이 없는 관계로 오히려 증거능력이 없다. ㉡ 반면, 본범과 장물범, 본범과 범인은닉·증거인멸의 범인 등과 같은 사후종범은 공범에 포함되지 않는다. 즉, "**절도범과 그 장물범**은 서로 다른 범죄사실로서 **증인의 지위**에 있다"(대판 2006.1.12. 2005도7601). 선서하고 증언하여야 하며, 피고인으로서의 진술은 증거능력이 없다.

ii) [공범의 기준] 형사절차 중 어느 단계의 어떤 사실을 기준으로 공범으로 볼 것인가의 문제이다. 형사소송에서 '공범' 여부는 판결의 확정 이전에는 유동적이기 때문이다. (형사소송의) 실체면의 부동성(浮動性)에 비추어, 실무상 공범관계 여부는 실제를 불문하고 **공소사실을 기준**으로 한다[**공소장기준설**].

[요약 : A에 대한 관계에서, B의 <u>법정진술</u>/검사피신/경찰피신의 증거능력]

피고인진술? or 증언? (※ 312①② 개정 관련)

<table>
<tr><td colspan="3" rowspan="2">[A에 대한 관계에서]</td><td>공동피고인인 경우</td><td>공동피고인 아닌 경우</td><td rowspan="2">314 적용?</td></tr>
<tr><td colspan="2">⟶ (변론분리)</td></tr>
<tr><td rowspan="3">1) 공범</td><td>B법정진술</td><td></td><td>피고인진술○ (증언×)</td><td>증언○ (피고인진술×)</td><td></td></tr>
<tr><td>B경찰피신</td><td>경찰 피신 취급</td><td>A의 내용인정</td><td>A의 내용인정</td><td>×</td></tr>
<tr><td>B검사피신 (※주의)</td><td>진술 조서 취급</td><td>B의 진정성립 인정 (방식: B의 피고인진술)</td><td>B의 진정성립 인정 (방식: B의 증언)</td><td>○</td></tr>
<tr><td rowspan="3">2) 단순 (공범 ×)</td><td>B법정진술</td><td></td><td>증언○ (피고인진술×)</td><td>증언○ (피고인진술×)</td><td></td></tr>
<tr><td>B경찰피신</td><td rowspan="2">진술 조서 취급</td><td colspan="2" rowspan="2">B의 진정성립 인정 (방식: B의 증언)</td><td>○</td></tr>
<tr><td>B검사피신</td><td>○</td></tr>
</table>

※ **주의**: 위 '1) 공범 중 B의 검사피신' 부분의 설명은 <u>'2022. 1. 1. 이전에 공소제기된 사건'에만 적용된다</u>. 즉, "제312조 제1항(검사의 피의자신문조서)의 개정규정(2022. 1. 1. 시행)은 시행 전

1) 대향범의 경우 공소시효 정지의 효력이 미치지 않는 것과 구별된다(공소시효 부분 참조).

에 공소제기된 사건에 관하여는 종전의 규정에 따른다"(부칙1의2②)라고 규정되어 있기 때문이다. 2022. 1. 1. 시행 후에 공소제기된 사건에 대해서는 'B의 경찰피신'의 경우와 동일하게 된다. 즉, 2022. 1. 1.부터 검사작성 피의자신문조서의 증거능력은 사법경찰관 작성의 그것과 비교하여 같은 수준으로 제한되어 있기 때문이다.

3) 피고인진술과 증언의 차이 피고인진술도 편의상 증인석에서 행해지나, 서로 차이점이 있다. i) 피고인진술의 경우 피고인은 선서의무도 없고 진술의무도 없으며(위증죄의 대상이 아님), 오히려 헌법상 진술거부권이 보장된다. 반면, 증인은 선서의무가 있고 증언의무도 있으며(위증죄의 대상), 단지 증언거부권 행사가 문제될 뿐이다. ii) 피고인진술은 공판조서 중 **기본조서**에 기재되는 반면, 증인의 증언은 공판조서 중 **증인신문조서**에 기재된다.

3. 증인의 의무

1) 출석의무 증인은 법원이 소환하면 출석할 의무가 있다. 법원은 소환장의 송달, 전화, 전자우편, 그 밖의 상당한 방법으로 증인을 소환하며(150조의2①), 증인을 신청한 자도 증인이 출석하도록 합리적인 노력을 할 의무가 있다(동②). 다만, 증인 자체를 거부할 수 있는 '증인(*)거부권자'(147)는 출석의무가 없으나, 증언을 거부할 수 있을 뿐인 증언거부권자(148 · 149)는 출석의무와 선서의무가 있다.

2) 선서의무 출석한 증인은 신문에 앞서 증인선서를 하여야 한다(156). 즉, 출석한 증인은 선서의무가 있다. 선서란 증인이 법원에 대해 진실만을 말할 것을 맹세하는 것이다. 선서한 후에 거짓증언을 하면 위증죄로 처벌된다. 증언의 진실성과 확실성을 담보하는 장치이다. 따라서 **선서능력 있는 증인이 선서 없이 한 증언은 증거능력이 인정되지 않는다.** 민사소송(민소324)과 달리, 형사소송에서는 선서능력 있는 증인이 선서만 거부한 채 증언하는 것은 허용되지 않는다.

[★ '선서 없는 진술'과 그 '형식적 변형물(녹음파일 등)'의 증거능력] "증거조사는 특별한 사정이 없는 한 공개된 법정에서 법률이 그 증거방법에 따라 정한 방식으로 하여야 한다. 형사소송법에서 정한 절차와 방식에 따른 증인신문절차를 거치지 아니한 채 증인에 대하여 선서 없이 법관이 임의의 방법으로 청취한 진술과 그 진술의 형식적 변형에 불과한 증거(녹음파일 등)는 적법한 증거조사 절차를 거치지 않은 증거로서 증거능력이 없다. 따라서 사실인정의 자료로 삼을 수도 없고, 피고인이나 변호인이 그러한 절차 진행에 동의하였다거나, 사후에 그와 같은 증거조사 결과에 대하여 이의

를 제기하지 아니하고 그 녹음파일 등을 증거로 함에 동의하였더라도, 그 위법성이 치유되지 않는다"(대판 2024.9.12. 2020도14843). 제2심이 말레이시아에 체류 중인 증인에 대하여 인터넷화상장치를 이용하여 그 진술을 청취하는 우회적 방법으로 증거조사를 하였는데, 그 진술 및 그 진술의 형식적 변형(녹취파일과 녹취서 등본)은 그 증거능력이 배제된다고 한 사례이다.

선서무능력자, 즉 '16세 미만의 자'와 '선서취지를 이해하지 못하는 자'는 선서를 하게 하지 않고 신문하여야 한다(159). 여기서 선서취지를 이해하지 못하는 자란, 정신능력의 이상으로 선서의 뜻을 알지 못하는 사람을 말한다. 선서무능력자가 한 선서는 효력이 없고, 설령 거짓이 있더라도 **위증죄가 성립하지 않는다**. 그러나 증언능력이 있는 한 **증언 자체의 효력은 변함이 없다**(대판 1987.8.18. 87도1268).

선서는 증인신문에 앞서 행하며 재판장은 선서 전에 위증의 벌을 경고하여야 한다(158). 선서는 선서서(宣誓書)에 따라 한다: "양심에 따라 숨김과 보탬이 없이 사실 그대로 말하고, 만일 거짓말이 있으면 위증의 벌을 받기로 맹세합니다." 재판장은 증인에게 선서서를 낭독하고 기명날인 또는 서명하게 한다. 증인의 낭독 및 서명이 불가능한 경우에는 법원사무관 등이 대신할 수 있다. 선서는 일어서서 엄숙하게 한다(157①-④). 선서는 각 증인마다 하며, 대표선서는 허용되지 않는다. 동일 심급에서 선서는 한 번으로 족하다.

3) 증언의무 증인은 신문받은 사항에 대해 양심에 따라 숨김과 보탬이 없이 증언할 의무가 있다(157②). 법원 또는 법관의 신문뿐만 아니라 검사와 피고인·변호인의 신문에 대해서도 증언하여야 한다. 또한 주신문과 반대신문에 모두 증언해야 한다. 주신문에 대한 증언만 하고 반대신문에 대한 증언을 하지 아니함으로써, '(증인에 의해) 반대신문의 기회가 봉쇄된 경우'에도 그 정확성이 의심스러우나 증거능력이 있음에는 영향이 없다고 본다.[1)]

---

1) '반대신문에 묵비한 법정증언 자체의 증거능력'에 대해 자세한 것은, 전문서류 중 '진술조서'(312④) 부분에서 상술한다(본편 제2장 제5절 Ⅳ. 3. 진술조서 참조).

참고판결로는 대판 2022.3.17. 2016도17054 참조("피고인에게 불리한 증거인 증인이 주신문의 경우와 달리 반대신문에 대하여는 답변을 하지 아니하는 등 진술 내용의 모순이나 불합리를 그 증인신문 과정에서 드러내어 이를 탄핵하는 것이 사실상 곤란하였고, 그것이 피고인 또는 변호인에게 책임 있는 사유에 기인한 것이 아닌 경우라면, 관계 법령의 규정 혹은 증인의 특성 기타 공판절차의 특수성에 비추어 이를 정당화할 수 있는 특별한 사정이 존재하지 아니하는 이상, 이와 같이 실질적 반대신문권의 기회가 부여되지 아니한 채 이루어진 증인의 법정진술은 위법한 증거로서 증거능력을 인정하기 어렵다").

4) 의무위반에 대한 제재 i) **출석의무 위반**에 대한 제재는, **과태료**(500만원 이하), **감치**(7일 이내), **구인**이다. ㉠ (소송비용 부담과 과태료) 증인이 정당한 사유 없이 출석하지 아니한 경우 결정으로 당해 불출석으로 인한 소송비용 부담을 명하고, 500만원 이하의 과태료를 부과할 수 있다(151①). 법원의 재량이다. ㉡ (감치) 증인이 과태료 재판을 받고도 정당한 사유 없이 다시 출석하지 아니한 때에는 결정으로 증인을 7일 이내의 감치에 처한다(동②). 증인의 감치는 그 재판을 한 법원의 재판장의 명령에 따라 사법경찰관리 · 교도관 · 법원경위 또는 법원사무관등이 교도소 · 구치소 또는 경찰서유치장에 유치하여 집행하고, 증인이 유치되면 그 시설의 장은 즉시 법원에 통보하여야 한다(동⑤). 감치시설의 장의 통보를 받은 법원은 지체 없이 증인신문기일을 열어야 하며, 감치의 재판을 받은 증인이 감치의 집행 중에 증언을 한 때에는 즉시 감치결정을 취소하고 그 증인을 석방하도록 명하여야 한다(동⑥⑦). 과태료결정과 감치결정에 대해서는 즉시항고할 수 있지만, 집행은 정지되지 않는다(동⑧). ㉢ (구인) 법원은 정당한 사유 없이 소환에 응하지 아니하는 증인은 구인할 수 있다(152). 피고인의 구인에 관한 규정이 대부분 준용된다(155).

ii) **선서의무위반** 또는 **증언의무위반**에 대한 제재는 각각 **과태료**(50만원 이하)이다. 즉, 증인이 정당한 이유 없이 선서나 증언을 거부할 때에는 결정으로 50만원 이하의 과태료에 처할 수 있다. 즉시항고할 수 있다(161). 정당한 이유 없는 증언거부를 방지하기 위해서는 (재산명시 거부에 준하는 정도로) 제재수준을 훨씬 더 강화할 필요가 있다.[1)]

5) 증언능력 증인에게는 증언능력이 있어야 한다. 증언능력이란 증인으로서 법정에 나온 사람이 자신이 과거에 경험한 바를 이해하고 타인에게 전달할 수 있는 사실상의 능력을 의미한다. 따라서 형사미성년자라도 증언능력이 있다. 특히 "**유아의 증언능력**의 유무는 단지 연령만에 의할 것이 아니라, 경험한 과거의 사실이 증인의 이해력, 판단력 등에 의하여 변식될 수 있는 범위 내에 속하는가의 여부도 충분히 고려하여 판단하여야 한다"(대판 2006.4.14. 2005도9561). 판례상 사건 당시 **만 3세 3개월** 내지 만 3세 7개월 가량이던 피해자인 여아의

---

1) [증인의 선서 등을 강제하는 취지] "이는 사건의 실체를 규명하는 데 가장 직접적이고 핵심적인 증인으로 하여금 원칙적으로 공개된 법정에 출석하여 법관 앞에서 '선서'한 후 '정해진 절차에 따른 신문의 방식으로 증언'하도록 하여 재판의 공정성과 증언의 확실성·진실성을 담보하고, 법관은 그러한 증인의 진술을 토대로 형성된 유무죄의 심증에 따라 사건의 실체를 규명하도록 하기 위함이다"(대판 2024.9.12. 2020도14843).

증언능력 및 그 진술의 신빙성까지 인정한 경우도 있다(위 2005도9561).

4. 증인의 권리

(1) 증언(證言)거부권

증언거부권이란 일단 증언의무가 인정되는 증인이 일정한 사유를 들어 증언을 거부할 수 있는 권리이다. 증언만을 거부할 수 있을 뿐, 출석을 거부하거나 출석한 후 선서를 거부할 수는 없다. 반면, 증인거부권(147)은 증인신문 자체를 거부할 권리이므로 출석까지 거부할 수 있다.

1) 자기 또는 근친자의 형사책임에 관한 증언거부 누구든지 '자기'나 '친족이거나 **친족이었던 사람** 또는 법정대리인·후견감독인'의 어느 하나에 해당하는 자가 형사소추 또는 공소제기를 당하거나 유죄판결을 받을 사실이 드러날 염려가 있는 증언을 거부할 수 있다(148). '자기'에게 불리한 진술을 하지 않을 권리는 헌법상 진술거부권(헌법12②)에서 도출된다. 한편 '근친자'에 관한 증언거부권은 가족관계 등 특별한 사회적 관계를 보호하기 위하여 형사처벌의 공익을 후퇴시킨 것이다.

i) [**공소제기 당할 사실**이 드러날 염려] 형사소추 또는 공소제기를 당할 사실이 드러날 염려 있는 증언이란, 공소제기 전에 타인의 사건에서 증언하면 자기나 근친자 등에 대해 공소제기가 가능한 자료를 주게 되는 경우를 말한다. "여기서의 형사소추는 증인이 이미 저지른 범죄사실에 대한 것을 의미한다. 증인의 **증언에 의하여 비로소 범죄가 성립하는 경우**에는 **증언거부권 고지대상이 되지 않는다**"(대판 2011.12.8. 2010도2816).[1] ii) [**유죄판결 받을 사실**이 드러날 염려] 유죄판결을 받을 사실이 드러날 염려 있는 증언은, 공소제기 후 아직 판결선고가 없는 상태에서 타인의 사건에 대한 증언을 함으로써 자기 또는 근친자에게 유죄인정의 자료를 제공하게 되는 경우를 의미한다. "자신이 범행을 한 사실뿐만 아니라 범행을 한 것으로 오인되어 유죄판결을 받을 우려가 있는 사실 등도 포함된다. 따라서 범행을 하지 아니한 자가 범인으로 공소제기가 되어 피고인의

---

1) [위 2010도2816의 사안] 甲이 A회사의 홈페이지에 A회사가 협찬하는 '연예인축구단과 대검찰청과의 축구경기'에 대해 글을 올린 것과 관련하여, 법정에서 'A회사가 자신인 甲을 협박하였다'고 증언하였는데, 甲이 위증죄로 기소된 사안이다. 증인 甲의 위 증언(='A회사가 甲을 협박하였다'는 내용)은, "증인이 이미 저지른 범죄사실에 대한 것이 아님이 분명하므로"(註. 증인 甲이 저지른 것이 아니라 'A회사'가 저지른 범죄사실에 대한 것), 위 증언은 (증언거부권의 대상이 아니고) 증언거부권 고지대상도 아니다라고 하여, 위증죄의 성립을 긍정한 사례.

지위에서 범행사실을 허위자백하고, 나아가 공범에 대한 증인의 자격에서 증언을 하면서 그 공범과 함께 범행하였다고 허위의 진술을 한 경우에도, 그 증언은 자신에 대한 유죄판결의 우려를 증대시키는 것이므로, 증언거부권의 대상이 된다"(대판 2012.12.13. 2010도10028). iii) [거부할 수 있는 증언 내용] 증언거부의 대상은 형사책임의 존부와 양형에서 불이익이 미칠 수 있는 모든 사실이다. 즉, 범죄구성요건에 관한 진술은 물론, 누범·상습범인정의 기초가 되는 사실, 형의 가중사유에 해당하거나 형의 선고유예나 집행유예판결의 실효나 취소에 해당하는 사실 등이 여기에 해당된다. 형사소추나 유죄판결 가능성을 새롭게 발생시키는 경우뿐만 아니라 단지 그 가능성을 높이는 경우에도 증언거부가 가능하다. iv) [이미 판결이 확정된 경우] 그러나 이미 유죄·무죄 또는 면소판결이 확정되어 더 이상 공소제기나 유죄판결의 가능성이 없는 경우에는 증언거부권을 행사할 수 없다. 즉, "자신에 대한 유죄판결이 확정된 증인은 공범에 대한 사건에서 증언을 거부할 수 없고, 허위의 진술에 대하여 위증죄가 성립한다. 한편 이 경우 증언할 당시 앞으로 재심을 청구할 예정이라고 하여도, 이를 이유로 증인에게 형사소송법 제148조에 의한 증언거부권이 인정되지는 않는다"(대판 2011.11.24. 2011도11994).

[진정성립 인정진술에 대한 증언거부와 위증죄 여부] 진정성립 인정진술은 증언거부권의 대상이 된다(판례). 판례는 진술서나 진술기재서류의 진정성립에 관한 진술거부를 정당한 증언거부권 행사로 인정하고 있다(대판 2012.5.17. 2009도6788 전합).

그런데 진정성립 인정 여부의 진술이 위증죄의 대상인지 여부는 판례상 불분명하다.[1] 사견으로는, 진정성립 인정 여부의 진술을 원칙적으로 위증죄의 대상이 되지 않는다고 본다. 왜냐하면 ㉠ 진정성립 인정진술은 순수한 의미의 증언(경험사실의 진술)

---

1) 참고판결로는, 대판 1989.9.12. 88도1147가 있다. 즉, "판사가 피고인이 경찰과 검사에게 진술한 내용이 사실이냐고 묻고 수사기록을 제시하고 그 요지를 고지한 즉 피고인이 '사실대로 진술하였으며 그 내용도 상위 없다'고 답변하였을 뿐임이 인정되는바, 그렇다면 피고인은 수사기록에 있는 그의 진술조서에 기재된 내용을 기억하여 반복 진술한 것이라고 할 수는 없을 것이고, 그러므로 설사 위 진술조서에 기재된 내용 중의 일부가 피고인의 기억에 반하는 부분이 있다고 하여도 '그 기재내용이 상위 없다'고 하는 진술 자체가 위증이 되는 경우가 있을 수 있을 것임은 별론으로 하고 피고인이 위와 같은 진술기재내용을 위증한 것이라고 할 수는 없는 것이다."

물론 이 판결을 조서의 진정성립 여부에 관한 증언이 위증죄의 대상이 되는지 여부의 판례로 보기는 어렵다. "그 기재내용이 상위 없다고 하는 진술 자체가 위증이 되는 경우가 있을 수 있을 것임은 별론으로 하고" 가운데 '그 기재내용이 상위 없다고 하는 진술'은 '그 기재내용이 (사실과) 상위 없다고 하는 진술'을 의미할 뿐, 실질적 진정성립 여부, 즉 '그 기재내용이 (진술내용과) 상위 없다고 하는 진술'을 의미하는 것은 아니기 때문이다.

이라기보다는, 기본적으로 전문서류에 대하여 증거능력을 부여하는 소송행위(절차형성행위)의 성격을 갖고 있으며, ㉡ 만일 위증죄의 대상이라면, 전문증거의 증거능력을 배제하는 형사소송법상 원칙규정을 도외시하고, 전문법칙의 예외규정에 대해 오히려 형법적 보호를 부여하는 본말이 전도된 결과가 되는데, 이는 결국 수사기관 작성의 조서에 대한 진정성립의 부인은 곧 위증죄로 직결된다는 불합리한 결과를 초래할 것이기 때문이다.

2) 업무상 비밀에 관한 증언거부 변호사, 변리사, 공증인, 공인회계사, 세무사, 대서업자, 의사, 한의사, 치과의사, 약사, 약종상, 조산사, 간호사, 종교의 직에 있는 자 또는 이러한 직에 있었던 자가 업무상 위탁을 받은 관계로 알게 된 사실로서 타인의 비밀에 관한 것은 증언을 거부할 수 있다. 단, 본인의 승낙이 있거나 중대한 공익상 필요 있는 때에는 예외이다(149).

i) (근거) 위탁자의 업무상 비밀은 개인의 프라이버시(헌법17)에 속하는 사항이고 업무자의 비밀준수는 직업윤리에 속한다. 이 증언거부권은 개인의 프라이버시권과 직업윤리를 보호하기 위한 것이다. ii) (업종의 범위) 여기의 업종은 제한적 열거라고 보는 것이 통설이다. 증언거부권이 인정되는 직업군을 넓힐수록 형사사법의 기능은 그 만큼 더 침해되기 때문이다.

3) 증언거부권의 고지 증인이 증언거부권자에 해당하는 경우에는 재판장은 신문 전에 증언을 거부할 수 있음을 설명하여야 한다(160). 재판장의 증언거부권 **고지의무 규정**은 형사소송법에만 있다. 민사소송법의 경우 증언거부권에 관한 규정(민소법314·315)은 있으나 재판장의 고지의무에 관한 규정은 없다.

문제는 '증언거부권의 **불고지의 효과**'이다. ㉠ (증거능력: 증언은 유효) 우선, 증언거부권을 고지하지 않고 신문하여 얻은 **증언의 증거능력**에 대해, 판례는 **긍정설**의 입장이다. 즉, "증언거부권 있음을 설명하지 아니한 경우라도 증인이 선서하고 증언한 이상 그 증언의 효력에는 영향이 없고 유효하다"(대판 1957.3.8. 4290형상23). 이에 대해서는 증언거부권은 증인의 보호를 위한 것이지 피고인의 보호를 위한 것은 아니기 때문이라는 설명이 있다. ㉡ (위증죄 여부) 이와 별도로, 형사소송의 증인이 증언거부권을 고지받지 못한 채 위증한 경우 **위증죄의 성립 여부**도 문제된다.[1)]

1) [위증죄] 형사재판에서 증언거부사유가 있음에도 증언거부권을 고지받지 못하고 위증한 경우에, 판례는 증언거부권 행사에 사실상 장애가 없었다면 위증죄의 성립을 인정하되, '증언거부권을 고지받지 못함으로 인하여 그 증언거부권을 행사하는 데 사실상 장애가 초래되었다고 볼 수 있는 경우'에 한하여 위증죄 성립을 부정하고 있다(대판 2010.1.21. 2008도942 전합). 그리

4) **증언거부권의 행사와 포기** 증언거부권은 증인의 권리일 뿐 의무는 아니므로, 그 행사는 증인의 자유이다. 증인은 전체신문에 대하여 증언을 거부할 수도 있고, 개별신문에 대하여 증언을 거부할 수도 있다. i) [증언거부사유] 증언을 거부하는 자는 거부사유를 소명하여야 한다(150). 예컨대, ㉠ 증인이 피고인과 친족관계에 있거나 있었던 경우, ㉡ 공동피고인이 변론분리된 후에 증인으로 증언하는 경우, ㉢ 기소되지 아니한 공범이 증인으로 출석하여 증언하는 경우, ㉣ 쌍방 폭행(상해)사건의 경우 등은 증언거부사유가 있는 경우에 해당한다. ii) [증언거부권의 포기] 반대로 증인이 증언거부권을 포기하고 증언을 할 수도 있다.[1] 만일 증인신문절차에서 증언거부권을 고지받았음에도 증인이 자기의 범죄사실에 대하여 증언거부권을 행사하지 아니한 채 허위로 진술하였다면 위증죄가 성립된다(대판 2012.10.11. 2012도6848).

(2) 비용청구권

소환받은 증인은 여비, 일당과 숙박료를 청구할 수 있다. 단, 정당한 사유 없이 선서 또는 증언을 거부한 자는 예외이다(168).

(3) 증인신문조서의 열람 · 등사권

증인은 자신의 증인신문조서 및 그 일부로 인용된 속기록, 녹음물, 영상녹화물 또는 녹취서의 열람 · 등사 또는 사본을 청구할 수 있다(규84조의2).

5. 증인신문의 절차와 방법

(1) 당사자의 참여권

1) **참여권 및 신문청구** 검사, 피고인 또는 변호인은 증인신문에 참여할 권리가 있다(163①). 따라서 법원은 증인신문의 시일과 장소를 미리 검사, 피고인 또는 변호인에게 통지하여야 한다. 단, '참여하지 아니한다는 의사를 명시한

하여 (형사재판의 증인이 증언거부권을 고지받지 못했더라도) 증언거부권 행사에 사실상 장애가 없었던 경우(예: ㉠ 증인이 증언거부권의 존재를 이미 알고 있었던 경우, ㉡ 증언거부권을 고지받았더라도 그와 같이 증언하였을 것이라고 볼만한 정황이 있는 경우 등)에는, 증언거부권을 고지받지 못했다 하더라도 이로 인하여 증언거부권이 사실상 침해당한 것으로 평가할 수는 없으므로, 위증한 경우 위증죄의 성립을 긍정한다(대판 2010.2.25. 2007도6273 참조).

1) 변호사 등이 증언거부권을 행사하지 않고 증언한 경우 업무상비밀누설죄의 성립 여부와 관련하여 위법성조각 여부가 문제된다. 그러나 증언거부권을 행사하지 않는 경우 증언의무가 있으므로 비밀준수의무에서 벗어나는 것이고, 진실발견과 사생활보호의 이익형량을 통하여 진실발견의 이익이 우월하게 되는 경우에는 위법성이 조각된다(다수설).

때'에는 예외로 한다(동②). 당사자의 참여권은 증인신문에서 당사자주의의 강화를 뜻한다. 특히 피고인의 참여권은 증인에 대한 반대신문권 행사의 전제이자 방어권행사에 중요한 의미를 가진다.

피고인과 변호인은 모두 참여권과 (반대)신문권을 갖는다. 변호인의 권리는 고유권으로 해석되므로, 법문언상 '또는'으로 규정되어 있음에도 피고인과 변호인 쌍방에게 모두 그 권리가 보장되어야 한다(변호인의 고유권: 대판 2020.11.26. 2020도10729 참조). 당사자주의에서 법률전문가인 변호인과 관계 없이 그 권리를 피고인에게만 보장하는 것만으로는 적법절차라 하기 어렵기 때문이다. 피고인 본인의 참여신청이 있었다면 피고인의 참여 없이 변호인만 참여한 경우에도 본조에 위반된다(대판 1967.7.25. 68도1481). 증인신문은 가장 중요한 증거조사 방법의 하나이다.

증인신문에서 당사자의 참여권 보장은 법원이 미리 그 일시 · 장소를 **통지**만 하면 된다는 의미이다. 즉, 참여의 기회만 부여하면 충분하고, 현실적으로 반드시 참여하여야 하는 것은 아니다. 따라서 통지를 받은 피고인 또는 변호인이 증인신문기일에 스스로 참여(출석)하지 않더라도, 증인신문을 그대로 진행할 수 있다. 이 경우 증인신문기일에 불출석하는 당사자에게는 **3가지 권리**가 인정된다. 즉, i) [(법원에 대한) 신문청구권] 검사, 피고인 또는 변호인이 증인신문에 참여하지 아니할 경우에는 법원에 대해서 필요한 사항의 신문을 청구할 수 있다(164①). ii) [(법원으로부터) 증언내용을 고지받을 권리] 피고인 또는 변호인의 참여 없이 증인을 신문한 경우에, 피고인에게 예기하지 아니한 **불이익한 증언**이 진술된 때에는, 법원은 반드시 그 진술내용을 피고인 또는 변호인에게 알려주어야 한다(164②). 특히 증인으로 하여금 충분히 진술하게 하기 위하여 피고인을 '일시 퇴정'시킨 경우(297)에는, 이익 · 불이익을 불문하고 증인의 진술의 요지를 피고인에게 고지하여야 한다(297②). iii) [조서열람권] 피고인의 참여 없이 이루어진 증인신문조서도 열람할 권리가 있음은 당연하다(35① 참조).

한편, 제163조(당사자의 참여권)는 주로 **'공판기일 외**에서의 증인신문'을 가능하게 하는 규정이다. 일반적으로 증인신문은 '공판기일'에 진행되는데, 이 경우 항상 공판기일의 통지가 미리 행해지고 당사자가 공판기일에 출석하므로, 제163조가 적용될 여지는 없다. 만일 피고인이 공판기일에 출석하지 않는다면, 피고인 불출석재판이 허용되는 경우가 아닌 이상, 원칙적으로 공판기일 자체를 개정하지 못하고 다른 공판절차를 진행하는 것도 불가능하다(공판기일의 '연기'). 다만 이 경우에도 오로지 **증인신문**을 하는 것만은 가능한데, 이는 제163조 제2항 본문(증인신문의 일시·장소를 미리 통지)에 따라 허용되는 것이다('공판기일 외' 증인신문).

2) 참여권 침해의 효과 피고인의 참여권을 침해한 채 이루어진 증인신문은 위법하고, 그 증언은 증거능력이 없다. 그러나 다음 공판기일에서 **책문권의 포기**에 의하여 하자(흠)가 치유된다. 이의신청하면 당연히 하자가 치유되지 않는다(판례). 주로 법정 외의 증인신문, 증거보전절차의 증인신문 등에서 문제된다.

i) ㉠ "(법정 외) 증인신문의 일시와 장소를 피고인에게 **통지**하지 아니한 절차상 흠결이 있으면 그 절차에서의 법정 외의 증인신문은 위법하다. 물론 그 '절차상의 흠결'은 공판기일에서 그 증인신문조서에 대한 증거조사를 하면서 그 증인신문결과를 고지하였던바, 피고인이나 변호인이 '이의가 없다'고 진술한 경우라면 **책문권의 포기**로 보아 그 절차상 흠결은 치유된다"(대판 1967.7.4. 67도613; 1974.1.15. 73도2967).[1] ㉡ "(증거보전절차에서) 증인신문에 참여의 기회를 주지 아니한 경우라도, 피고인과 변호인이 증인신문조서를 증거로 할 수 있음에 '동의'하여 별다른 이의 없이 적법하게 증거조사를 거친 경우에는, 위 증인신문조서는 증인신문절차가 위법하였는지의 여부에 관계없이 증거능력이 부여된다"(대판 1988.11.8. 86도1646).[2] 물론 "(피고인 또는) 변호인이 '이의신청'하였다면 그 증인신문조서는 증거능력이 없다"(대판 1992.2.28. 91도2337).

ii) (공판기일 외) 증인신문에서 "변호인이 참여하여 반대신문의 기회를 가졌다면, 굳이 피고인 본인의 참여가 없었더라도 위법은 아니다. 그러나 **피고인 본인이 미리 '증인신문에 참여케 해 달라'고 신청**한 경우에는, 변호인이 참여하였다고 해도 피고인의 참여 없이 실시한 (공판기일 외) 증인신문은 위법하다"(대판 1967.7.25. 68도1481). 이 경우 그 증인신문조서는 증거능력이 없다(위 68도1481; 대판 1955.7.15. 4288형상128).

3) 반대신문권 침해의 효과 피고인은 증인에 대한 반대신문권이 있다. 현행법상 반대신문의 기회를 보장하는 법리는 '교호신문제도에 포함된 반대신문권'과 '전문법칙'이다. 증인에 대한 피고인의 반대신문권은 '실질적'으로 보장되어야 한다. 특히 일시 퇴정(297)의 경우에도 반대신문의 기회는 반드시 보장되어

---

1) 다만 참여권 침해의 절차상 위법이 치유되지 않는 경우라면, 증언 자체(정확히는 증인신문조서)는 그 증거능력이 없다는 것이 판례이다(대판 1955.7.15. 4288형상128 등).

2) 여기서 '증거동의'는 '책문권의 포기' 내지 적어도 '법원의 절차적 위법을 문제 삼지 아니할 의사를 명백히 표시한 경우'에 준하는 것(대판 2012.4.26. 2012도1225; 2018.7.20. 2018도7036 참조)으로도 볼 수 있다. 따라서 증거동의한 경우에는 하자의 치유를 인정해도 무방하다고 본다.

야 한다. 즉, "피고인의 직접적인 증인 대면을 제한할 수 있지만, 이러한 경우에도 반대신문권을 배제하는 것은 허용되지 않는다"(대판 2010.1.14. 2009도9344). **실질적인 반대신문의 기회가 부여되지 아니한 채** 이루어진 증언은, '위법한 증거'로서 증거능력이 없다. 그러나 이 경우에도 다음 공판기일에서 **책문권의 포기**에 의하여 하자(흠)가 치유된다(판례). 즉, ㉠ (변호인 없는 경우) "변호인이 없는 피고인을 일시 퇴정하게 하고 (미리 피고인으로부터 신문사항을 제출받아 피고인을 대신하여 재판장이 증인신문을 행하기는 하였으나) 증인신문을 한 다음, 피고인에게 '실질적인 반대신문의 기회를 부여하지 아니'한 채 증인신문이 이루어진 경우, 그 증인의 법정진술은 '**위법한 증거**로서 증거능력이 없다'고 볼 여지가 있다. 그러나 다음 공판기일에서 재판장이 증인신문 결과 등을 공판조서(증인신문조서)에 의하여 고지하였는데 피고인이 '변경할 점과 이의할 점이 없다'고 진술하여 **책문권 포기** 의사를 명시함으로써, 실질적인 반대신문의 기회를 부여받지 못한 하자가 치유된다"(앞 2009도9344). 반면, ㉡ (변호인 있는 경우) "피고인의 퇴정을 명하고 증인신문을 실시하는 과정에서 변호인을 참여시키는 한편, 피고인을 입정하게 하고 법원사무관 등으로 하여금 진술의 요지를 고지하게 한 다음, '변호인을 통하여 반대신문의 기회를 부여'한 경우에는, 증인신문절차에 어떠한 위법이 없다"(대판 2012.2.23. 2011도15608).

['위법수집증거' 여부(소극)] 참여권이 침해되거나 반대신문의 기회가 박탈된 경우 그와 같이 위법한 증인신문절차에 의하여 이루어진 증인의 증언이 '위법수집증거'에 해당하는지 문제된다. 판례는 책문권 포기에 의해 그 증인신문조서(또는 증언)의 증거능력을 인정한다. 판례가 이를 단지 절차상의 흠결 내지 절차적 위법에 불과한 것으로 보고 <u>책문권의 포기대상이 된다고 한 것은</u>, 결국 <u>위법수집증거가 아니라는 것을 의미</u>한다(소극설).

생각건대, i) 판례상 '위법한 증거'라는 표현은, '헌법상 적법절차를 위반하여 수집한 증거', 즉 '제308조의 위법수집증거'라는 의미라기보다는, 단순히 '형사소송법상 법정된 절차를 위반하여 수집한 증거', 즉 '절차적 위법이 있는 증거'라는 정도의 의미만 있다고 보아야 한다. ii) 여기서의 책문권 포기는 그 실질이 향후의 추가적인 반대신문 기회의 포기, 즉 '반대신문권의 포기'(정확히는, 반대신문권 불행사의 용인 내지 감수)라고 보아야 한다. 즉, 형식적으로는 기존의 절차적 위법을 제거하는 절차이의권의 포기이지만, 실질적으로는 장래의 절차적 보장인 반대신문권을 포기함으로써 '결과적으로' 그 증언의 증거능력을 부여하는 소송행위가 된다. 즉, 이 절차이의권은 반대신문의 기회보장이 없었다는 위법의 제거를 내용으로 하는 것이므로, 그 내용으로 반대신문권의 포기를 포함한다. 절차이의권의 포기는 반대신문권의 포기를 내용으로 하지만, 그 외에도 상대적으로 위법한 절차의 위법성을 제거한다는 의미도 아울러 갖는다. 다만 절차이의권의 포기는 피고인에게 불리한 중대한 것이므로, 그 의사는 적극적·명시적인 것이어야 함은 당연하다. 최근에 선고된 판례 중에는 같은 취지에서 "책문권 포기의 의사는 명시적인 것이어야 한다"(대판 2022.3.17. 2016도17054)라고 판시한 것이 있다.

(2) 증인신문의 방법

1) 증인신문의 준비절차 증인이 출석하면 먼저 ㉠ 재판장의 증인 동일성 확인(규71), ㉡ 위증의 벌 경고(158), ㉢ 증인의 선서(156), ㉣ 재판장의 증언거부권 고지(160)를 한다. 한편, 증인신문사항의 사전 제출제도가 있다(규66). 즉, 재판장은 필요하다고 인정할 때에는 증인의 신문을 청구한 자에 대하여 사전에 신문사항을 기재한 서면의 제출을 명할 수 있다.

2) 개별신문과 대질 증인신문은 각 증인에게 개별적으로 하여야 하며, 신문하지 아니한 증인이 재정한 때에는 퇴정을 명하여야 한다. 그러나 필요한 경우에는 다른 증인 또는 피고인과 대질하게 할 수 있다(162). 다른 증인의 퇴정 여부는 법원의 재량이므로, 다른 증인 앞에서 증인을 신문하게 했다고 하여 위법한 것은 아니다(대판 1961.3.15. 4292형상725).

한편, 증인이 피고인 또는 어떤 재정인의 면전에서 충분한 진술을 할 수 없다고 인정한 때에는 재판장은 그를 퇴정하게 하고 진술하게 할 수 있다. 피고인을 퇴정하게 한 경우에 증인의 진술이 종료한 때에는 퇴정한 피고인을 입정하게 한 후 법원사무관등으로 하여금 진술의 요지를 고지하게 하여야 한다(297①). 이때에는 피고인의 반대신문권 보장이 문제된다.

3) 증인신문의 원칙 i) (구술주의) 증인신문은 원칙적으로 말로 해야 한다. 이는 반대신문이 가능하도록 하기 위한 것이다. 다만 증인이 들을 수 없을 때에는 서면으로 묻고, 말할 수 없는 때에는 서면으로 답하게 할 수 있다(규73). ii) (포괄신문금지) 증인을 신문할 때에는 증명할 사항에 관하여 가능한 한 증인으로 하여금 개별적이고 구체적인 내용을 진술하게 하여야 한다(규74①). iii) (공정처우) 위협적이거나 모욕적인 신문은 언제든지 금지되고, 정당한 이유가 없는 한 이전의 신문과 중복되는 신문, 의견을 묻거나 의논에 해당하는 신문, 증인이 경험하지 아니한 사항에 해당하는 신문은 허용되지 않는다(규74②).

4) 증인신문의 순서(교호신문제도) 증인은 신청한 당사자가 먼저 신문하고

그 다음에 반대당사자가 신문하며 재판장은 당사자의 신문이 끝난 뒤에 신문할 수 있다(161의2①②). 이와 같이 신청한 당사자의 주신문→상대방의 반대신문→(신청자) 재주신문→(상대방) 재반대신문의 순서로 번갈아 가면서 신문하는 증인신문방식을 교호신문이라고 한다. 당사자주의적 증인신문방식이다.

i) [주신문] 주신문이란 증인을 신청한 당사자가 신문하는 것을 말한다. 주신문은 증명할 사항과 이와 관련된 사항에 대하여 한다(규75①). 주신문에서 **유도신문은 금지**된다(규75②). 유도신문이란 신문자가 바라는 방향으로 진술하도록 증인을 유인하는 신문을 말한다. 주신문에서 신문자와 증인은 대개 긴밀한 우호적 관계가 있기 때문에 이를 허용하면 증인이 있는 그대로 증언하기보다는 신문자의 질문에 영합할 위험이 있기 때문이다. 다만, 이러한 염려가 없는 경우에는 **예외적으로 유도신문이 허용된다**(동항단서).[1)]

"검사가 증인에게 주신문을 하면서 허용되지 않는 **유도신문**을 하였더라도, 그 다음 공판기일에 재판장이 증인신문 결과 등을 공판조서(증인신문조서)에 의하여 고지하였음에도 피고인과 변호인이 '변경할 점과 이의할 점이 없다'고 진술하였다면, 피고인이 **책문권 포기** 의사를 명시함으로써 유도신문에 의한 주신문의 **하자가 치유**되었다"(대판 2012.7.26. 2012도2937).

ii) [반대신문] 반대신문은 주신문을 한 후에 반대당사자가 하는 신문을 말한다. 반대신문은 주로 주신문의 모순을 지적하고 주신문에 대한 증언에서 누락된 부분을 질문하여 반대당사자에게 유리한 진술을 이끌어 내는 데 목적이 있다. 반대신문은 주신문에서 나타난 사항과 **이와 관련한 사항** 및 증언의 증명력을 다투기 위한 사항에 관하여 할 수 있다(규76①·77). 반대신문에서는 필요한 경우 **유도신문이 허용**된다(규76②). 반대신문자와 증인 사이에 긴밀한 우호관계가 없고, 반대신문은 주신문의 모순을 드러내고 왜곡을 바로잡아 새로운 증언을 얻어내는 신문이기 때문이다. 반대신문에서 **새로운 사항**을 신문하는 것은 재판장의 허가가 있을 때에만 허용되고, 이 경우 반대신문은 주신문이 된다(동④⑤).

iii) [재주신문] 재주신문은 반대신문이 끝난 후 주신문자가 반대신문에 나

---

1) 주신문에서 유도신문이 허용되는 예외적인 경우는 다음과 같다(규75②).
1. 증인과 피고인과의 관계, 증인의 경력, 교우관계등 실질적인 신문에 앞서 미리 밝혀둘 필요가 있는 준비적인 사항에 관한 신문의 경우
2. 검사, 피고인 및 변호인 사이에 다툼이 없는 명백한 사항에 관한 신문의 경우
3. 증인이 주신문을 하는 자에 대하여 적의 또는 반감을 보일 경우
4. 증인이 종전의 진술과 상반되는 진술을 하는 때에 그 종전진술에 관한 신문의 경우
5. 기타 유도신문을 필요로 하는 특별한 사정이 있는 경우

타난 사항과 이와 관련된 사항에 관하여 다시 신문하는 것을 말한다. 재주신문은 주신문과 같은 방법으로 하며, 이때에도 새로운 사항에 관한 신문은 재판장의 허가가 있을 때에만 허용된다(규73).

iv) [추가신문] 형사소송규칙상 교호신문절차는 재주신문으로 끝난다. 다만, 재주신문이 끝난 후에는 재판장의 허가를 얻어 다시 신문할 수 있다(규79).

v) [교호신문제도의 직권주의적 수정] 한편, 진실발견에 대한 법원의 의무를 고려하여, 형사소송법은 교호신문제도에 대한 직권주의적 수정을 규정하고 있다. 즉, ㉠ (재판장의 개입권) 재판장은 필요하다고 인정하면 어느 때나 신문할 수 있고, 이때 증인신문의 순서도 변경할 수 있다(161조의2③). ㉡ (직권증인신문) 법원은 직권으로 증인을 신문할 수 있고, 이 경우 신문할 증인의 신문방식은 재판장이 정하는 바에 의한다(161조의2④). 이때 당사자의 신문은 반대신문의 예에 의한다(규81). ㉢ (간이공판절차) 간이공판절차에서는 교호신문의 방식에 의하지 않고 법원이 상당하다고 인정하는 방법으로 신문할 수 있다(297의2).

5) 직접주의의 예외 공판중심주의와 직접주의 원칙상 증인신문은 수소법원이 '공판기일에 공판정에서' 행하여야 한다. 그러나 예외가 있다.

i) ['공판기일 외(外) 신문'(163)] 검사·피고인 또는 변호인의 증인신문 참여권은 그 일시와 장소를 미리 통지함으로써 보장되므로(163), 증인신문기일에 실제로 출석하지 않더라도 증인신문을 진행할 수 있다. 피고인에게 예기치 못한 불이익한 증언은 그 내용을 다음 공판기일에서 알려만 주면 되기 때문이다(164②). 따라서 법원이 다음 공판기일에 증인신문을 하기로 고지하였으나 피고인이 정당한 사유 없이 출석하지 아니한 경우, 그 기일에서 증인신문 이외에 다른 공판절차를 진행할 수는 없으나, 증인신문절차는 진행할 수 있다. 이를 '공판기일 외 증인신문' 또는 간단하게 '공판기일 외 신문'이라 한다. 제276조에 따라 공판기일을 연기할 수밖에 없는 이상 이는 공판기일의 증인신문이 아니기 때문이다.

재판실무상 ㉠ 먼 곳에서 증인이 출석하였는데 피고인이 불출석한 경우 증인에게 다음 기일에 출석하지 못할 사유가 있는 때 또는 증인 재소환이 불편하거나 불응할 기미가 있는 때에 '공판기일 외 신문'이 행해진다. ㉡ 또한, 공판기일에 증인신문하기로 하였으나 공동피고인 중 일부가 불출석한 경우에도 통상 그 불출석 피고인에 대한 변론을 분리하고 증인신문을 행하는데, 불출석 피고인에 대한 관계에서 '공판기일 외 신문'에 해당한다.

'공판기일 외(外) 신문'의 경우 다음 공판기일에서 그 조서를 현출시켜 그 증인신문조서에 대해 낭독 등의 방법으로 **서증조사**절차를 거쳐야 한다(판례). 즉, "법원이 공판기일에 증인을 채택하여 다음 공판기일에 증인신문을 하기로 피고인에게 고지하였으나 피고인이 정당한 사유 없이 출석하지 아니한 경우, 이미 출석하여 있는 증인에 대하여 **공판기일 외**의 신문으로서 **증인신문**을 하고, **다음 공판기일에 그 증인신문조서에 대한 서증조사**를 하는 것이 증거조사절차로서 적법하다"(대판 2000.10.13. 2000도3265).[1] 즉, 이 조서(공판외 증인신문조서)는 **'공판준비를 위한 기일의 조서'**에 해당하므로 증거능력에 대해서는 제311조가 적용되고, 다음의 공판기일에 서증으로 증거조사를 거쳐야 한다.

ii) [**'법정 외**(外) **신문'**(165)] 증인의 연령, 직업, 건강상태 기타 사정을 고려하여 검사, 피고인 또는 변호인의 의견을 묻고 증인을 **'법정 아닌 장소'**로 소환하거나 **'증인의 현재지'**에서 신문할 수 있다(165). 이를 '법정 외 증인신문' 또는 간단하게 '법정 외 신문'이라 한다. ㉠ 여기서 '법정 외'란, 그 장소가 병원, 교도소·구치소, 사건현장 등의 법원 외는 물론, 법원 내라도 시설로서의 법정이 아닌 곳(판사실, 심문실 등)을 포함한다. ㉡ **수명법관·수탁판사에 의한 법정 외 신문**도 가능하다. 즉, 법원은 합의부원에게 법정 외의 증인신문을 명할 수 있고 또는 증인 현재지의 지방법원 판사에게 그 신문을 촉탁할 수 있다(167①). ㉢ 동행명령과 구인이 가능하다. 즉, 법원은 필요한 때에는 결정으로 지정한 장소에 증인의 동행을 명할 수 있고, 증인이 정당한 사유 없이 동행을 거부하는 때에는 구인할 수 있다(166①②).

'법정 외(外) 신문'의 경우 (공판기일에 행해진 것이 아니라면) **다음 공판기일에서 그 조서를 현출시켜 그 증인신문조서**에 대해 낭독 등의 방법으로 **서증조사**절차를 거쳐야 한다. 이 조서(공판외 증인신문조서)는 **'공판준비를 위한 기일의 조서'**(291·311)에 해당하고, 증거능력에 대해서는 제311조가 적용된다. "(소송관계인의 참여 여부와 관계 없이) 법정 외에서 시행한 증인신문조서에 대하여, 공판기일에서 증거조사 그 자체를 시행하지 아니 하였다면, 그 증인신문조서는 증거능력이 없다"(대판 1967.7.4. 67도613).

> **['법정 외 신문'과 '공판기일 외 신문'의 구별]** i) (공판기일의 증인신문) 대개의 증인신문은 공판기일에 법정에서 진행된다. 공판기일을 법원 외에서 열 수도 있다. **'공판기일'을 법원 외**에서 열려면 법원장의 허가가 필요하다(법조법56②). 증인신문의 장소가 '법정 외'라도 그 기일이 공판기일인 경우에는, '공판기일의 신문'이 된다. 이때 그 기

1) 이 경우 증거목록의 비고란에 '○회 기일 조서 현출'이라고 기재한다.

일은 기본적으로 공판기일이므로 당사자의 출석을 요한다. 다음 공판기일에 그 조서에 대한 서증조사를 별도로 거쳐야 할 필요는 당연히 없다.

ii) ㉠ (공판기일 외 증인신문) 증인신문의 장소가 '법정 내'라도 공판기일이 아닌 경우에는, ('법정 외 신문'은 아니지만) '공판기일 외 신문'이 된다. 따라서 증인신문기일을 미리 통지하면 충분하고, 당사자의 출석은 요하지 않는다. ㉡ (법정 외 증인신문) 증인신문의 장소가 '법정 외'이고 그 시간이 공판기일이 아닌 경우에는, 공판기일이 아닌 이상 다른 공판절차는 진행할 수 없고, 단지 증인신문만 가능한 순수한 의미의 '증인신문기일'에 불과하다. 결국 '공판기일 외 신문'이 된다. 따라서 당사자의 현실적 출석은 요하지 않고, 단지 증인신문기일을 미리 통지하면 충분하다(163②).

iii) 결국 논리적으로 보면 '공판기일 내(內)인지(위i) 외(外)인지(위ii㉠㉡)' 여부가 '법정 내(內)인지(㉠) 외(外)인지(㉡)' 여부에 선행하는 선결문제에 해당한다. 그래서 공판기일 외 신문은 제163조에, 법정 외 신문은 제165조에 순차적으로 규정되어 있는 것이다. 한편, 이들 증언의 증거능력과 관련하여, 그 증인신문조서('기일 외 신문', '법정 외 신문')는, '공판외 증인신문조서'로서, 모두 '공판준비를 위한 기일의 조서'(291·311)에 해당하므로, 다음의 공판기일에 서증으로서 증거조사를 거쳐야 한다.

<table>
<tr><td>공판기일</td><td colspan="2">공판기일의 증인신문
(법정) (법원 외)</td></tr>
<tr><td rowspan="2">공판기일 외
(오로지 증인신문만)</td><td colspan="2">공판기일 외 증인신문 (163)</td></tr>
<tr><td>(법정)</td><td>(법정 외) = 법정 외 신문 (165)</td></tr>
</table>

iii) [공판절차상 증인의 보호] 증인은 공개된 법정이나 피고인의 면전에서 증언함에 있어 정신적 고통이나 심리적 압박을 받게 될 위험이 있다. 그 완화를 위한 보호제도가 있다. ㉠ (중계시설·차폐시설 등) 법정 외의 장소에서 비디오 등 중계장치를 통하여 신문하거나 '가림시설'(=차폐시설) 등을 설치하고 신문할 수 있고(165조의2①·규84조의9), 증인의 보호를 위한 가림시설의 설치는 증인과 피고인 사이뿐만 아니라 "제165조의2 제3호의 요건이 충족될 경우 (증인과) 검사, 변호인, 방청인 등에 대하여도 가능하다(규84의9 참조). 다만, 피고인뿐만 아니라 변호인에 대해서까지 차폐시설을 설치하는 경우 피고인과 변호인 모두 증인이 증언하는 모습이나 태도 등을 관찰할 수 없게 되어 반대신문권이 제한될 수 있다. **변호인에 대한 차폐시설의 설치는** 특별한 사정이 있는 경우에 한하여 예외적으로 허용될 수 있을 뿐이다"(대판 2015.5.28. 2014도18006).[1] ㉡ (신문의 비공개) 증인의

1) 변호인에 대한 차폐시설의 설치까지도 예외적으로 허용한 사안이다. "변호인에 대한 차폐시설의 설치는, 특정범죄신고자 등 보호법 제7조에 따라 범죄신고자 등이나 친족 등이 보복을 당

보호를 위하여 필요하다고 인정하는 경우에는 결정으로 이를 공개하지 아니할 수 있다(규84조의6①).

iv) [영상증인신문] 영상재판 방식(이른바 '비대면방식')의 증인신문, 즉 '비디오 등 중계장치 등에 의한 증인신문'이 추가로 규정되었다. 즉, "법원은 증인이 멀리 떨어진 곳 또는 교통이 불편한 곳에 살고 있거나, 건강상태 등 그 밖의 사정으로 말미암아, 법정에 직접 출석하기 어렵다고 인정하는 때에는, 검사와 피고인 또는 변호인의 의견을 들어, 비디오 등 중계장치에 의한 중계시설을 통하여 신문할 수 있다"(165의2②). 이 경우 증인이 법정에 출석하여 이루어진 증인신문으로 보며(동③), 증인신문의 실시에 필요한 사항은 대법원규칙으로 정한다(동④).

6. 형사절차상 피해자의 정보권과 참여권

범죄 피해자의 알 권리와 형사절차 참여권을 실질적으로 보장하기 위하여 피해자에게는 **정보권**(259의2 · 294의4 · 294의5)과 **진술권**(294의2 · 294의6)이 보장되어 있다. 이는 피해자에게 형사사법의 감시권을 부여하고 형사절차에서 피해자의 지위를 강화하기 위한 것이다. 특히 진술권과 관련하여, 피해자에게는 헌법상 재판절차에서의 진술권이 보장되어 있고(헌법27⑤), 형사소송법에도 공판정에서의 진술권이 규정되었다(294조의2 · 294의6). 다만, 피해자는 법원이 증인으로 채택하지 않는 한 스스로 공판정에서 진술할 기회가 주어지는 것은 아니다. **피해자 증인**은 공판절차상 **특별한 보호**를 받는다.

1) 피해자의 정보권 피해자가 법정진술권을 행사하기 위해서는 범죄피해를 당한 사건의 절차적 진행상황과 그 내용을 알 수 있어야 한다. '피해자에 대한 통지제도'와 '피해자의 공판기록등 열람 · 등사권'이 있다. 즉,

i) (피해자 통지제도) 검사는 범죄피해자 또는 그 법정대리인의 신청이 있는 때에는 당해 사건의 ⓐ 공소제기 여부, ⓑ 공판의 일시 · 장소, ⓒ 재판결과, ⓓ 피의자 · 피고인의 구속 · 석방 등 구금에 관한 사실 등을 신속하게 통지하여야 한다(259의2).

ii) (피해자의 공판기록등 열람등사권) '소송계속 중인 사건'의 피해자 등은 '**소송기록**'의 열람 또는 등사를 재판장에게 신청할 수 있다(294의4①). 이때 재판장은 권

할 우려가 있다고 인정되어 조서 등에 인적사항을 기재하지 아니한 범죄신고자 등을 증인으로 신문하는 경우와 같이, 이미 <u>인적사항에 관하여 비밀조치가 취해진 증인이</u> <u>변호인을 대면하여 진술함으로써 자신의 신분이 노출되는 것에 대하여 심한 심리적인 부담을 느끼는 등의</u> <u>특별한 사정이 있는 경우에 예외적으로 허용될 수 있을 뿐</u>이다."

리구제 또는 진술권 보장을 위하여 이를 원칙적으로 허가하되, 예외적으로 심리의 상황을 고려하여 상당한 이유가 있는 경우에는 이를 허가하지 아니할 수 있다(동③). 한편 등사를 허가하는 경우에는 사용목적을 제한하거나 적당한 조건을 붙일 수도 있다(동④). 열람·등사를 허가하지 않거나, 등사한 소송기록의 사용목적의 제한 또는 조건을 붙여 허가하는 경우에는 그 신청자에게 그 이유를 통지하여야 한다(동⑤). 나아가, 2025.12.23. 개정(2026.6.24. 시행 예정)으로 '검사 보관 서류등'에 대해서도 (소송기록과 마찬가지로) 피해자 등의 열람·등사권이 신설되었다. 즉, '소송계속 중인 사건'의 피해자 등은 '검사가 증거로 신청할 서류등'의 열람 또는 등사를 검사에게 신청할 수 있다(294의5①). 이때 검사는 이를 원칙적으로 허가하되, 허가하지 아니하는 등의 경우에는 그 이유를 통지해야 한다(동②③④). 같은 취지에서 '증거보전 후 서류와 증거물'에 대해서도 피해자 등의 열람·등사권을 신설된 점은 앞서 서술하였다.

2) 공판절차상 피해자 진술권 법원은 피해자가 신청하면 증인으로 신문하여야 하고 의견진술의 기회를 제공하여야 한다. 즉,

i) (증인신문) 범죄로 인한 피해자 또는 그 법정대리인(피해자가 사망한 경우에는 배우자·직계친족·형제자매를 포함한다. 이하 "피해자등"이라 한다)의 신청이 있는 때에는 그 피해자등을 증인으로 신문하여야 한다. 다만, 피해자등 이미 당해 사건에 관하여 충분히 진술하여 다시 진술할 필요가 없다고 인정되는 경우, 피해자등의 진술로 인하여 공판절차가 현저하게 지연될 우려가 있는 경우에는 제한할 수 있다(294조의2①). 피해자의 신청에 의한 증인신문은 교호신문방식에 의하지 아니하고 '재판장이 정하는 바에 의한다'(161의2④).

ii) (의견진술의 기회) 법원은 증인으로 피해자등을 신문하는 경우 피해의 정도 및 결과, 피고인의 처벌에 관한 의견, 그 밖에 당해 사건에 관한 의견을 진술할 기회를 주어야 한다(294의2②). 단순히 증인의 지위를 넘어 당해 사건에 대한 의견진술의 권리까지 부여하고 있는 것이다. 다만, 이에 따른 피해자의 '의견'은 피고인에 대한 유죄의 증거로 사용할 수 없다.[1] 법원은 동일한 범죄사실에서 진술할 자의 수를 제한할 수 있다(동③).

1) "법원은 필요하다고 인정하는 경우 피해자 등을 공판기일에 출석하게 하여 법 제294조의2 제2항에 정한 사항으로서 범죄사실의 인정에 해당하지 않는 사항에 관하여 증인신문에 의하지 아니하고 의견을 진술하거나 의견진술에 갈음하여 의견을 기재한 서면을 제출하게 할 수 있다(규134의10①·134의11①). 다만, 이에 따른 진술과 서면은 범죄사실의 인정을 위한 증거로 할 수 없다(규134의12). 범죄사실 아닌 사항에 관한 의견에 불과하다.

iii) (금전공탁과 의견청취의무) 법원은 피고인이 피해자 등의 권리회복에 필요한 금전을 공탁한 경우에는 판결을 선고하기 전에 피해자 등의 의견을 들어야 한다. 다만, 그 의견을 청취하기 곤란한 특별한 사정이 있는 경우에는 의견청취의무의 예외를 인정한다(294의6①). 이는 피고인이 판결 선고가 임박한 시점에 공탁(이른바 '기습 공탁')하였을 때 피해자의 의사와 무관하게 피고인의 감경사유로 양형에 반영되는 것을 방지하기 위함이다.

3) 공판절차상 피해자증인 보호 범죄로 인한 피해자를 증인으로 신문하는 경우 피해자 보호책으로 신뢰관계자의 동석제도, 피해자 진술의 비공개제도 및 비디오중계장치 등에 의한 증인신문제도가 규정되어 있다. 즉,

i) (신뢰관계자의 동석) 법원은 범죄로 인한 피해자를 증인으로 신문하는 경우 증인의 연령, 심신의 상태, 그 밖의 사정을 고려하여 증인이 현저하게 불안 또는 긴장을 느낄 우려가 있다고 인정하는 때에는, 직권 또는 피해자·법정대리인·검사의 신청에 따라 피해자와 신뢰관계에 있는 자를 동석하게 할 수 있다(163의2①). 이는 피해자의 배우자, 직계친족, 형제자매, 가족, 동거인, 고용주, 변호사, 그 밖에 피해자의 심리적 안정과 원활한 의사소통에 도움을 줄 수 있는 사람을 말한다(규84의3①). 범죄피해자가 13세 미만이거나 신체적 또는 정신적 장애로 사물을 변별하거나 의사를 결정할 능력이 미약한 경우에는, 재판에 지장을 초래할 우려가 있는 등 부득이한 경우가 아닌 한, 신뢰관계에 있는 자를 동석하게 해야 한다(163의2②).

ii) (피해자 진술의 비공개) 법원은 범죄로 인한 피해자를 증인으로 신문하는 경우 당해 피해자·법정대리인 또는 검사의 신청에 따라 피해자의 사생활의 비밀이나 신변보호를 위하여 필요하다고 인정하는 때에는 결정으로 심리를 공개하지 아니할 수 있다(294의3).

iii) (중계시설을 통한 증인신문·가림시설 등 설치 후 증인신문) 법원은 일정한 피해자를 증인으로 신문하는 경우 검사와 피고인 또는 변호인의 의견을 들어, 비디오 등 중계장치에 의한 중계시설을 통하여 신문하거나, 가림시설 등을 설치하고 신문할 수 있다(165조의2①). 다만 변호인에 대한 가림시설의 설치는 특별한 사정이 있는 경우에 예외적으로 허용될 뿐이다(위 2014도18006).

Ⅱ. 검증·감정 및 통역·번역

1. 검증

1) **검증의 뜻** 검증이란 법관이 감각기관(5官)의 작용에 의하여 사물의 존재와 상태 등을 직접 인식하는 증거조사방법을 말한다.[1] 특히 범죄현장에서 하는 검증을 '현장검증'이라고 한다. 수사기관의 검증과 달리, 법원의 검증은 증거조사의 한 방법이므로 영장주의가 적용되지 않는다.

2) **검증절차** i) (주체·대상) 법원은 사실을 발견함에 필요한 때에는 검증을 할 수 있다(139). 검증의 목적물에는 제한이 없다. 수명법관 또는 수탁판사에게 촉탁할 수 있다(145·136). 검증을 함에 필요한 때에는 사법경찰관리에게 보조를 명할 수 있다(144). ii) (절차) 공판기일의 검증에는 별도의 절차가 필요 없으나, 공판기일 이외의 검증에는 검증기일을 지정하여야 한다. 검사·피고인 또는 변호인은 검증에 참여할 권리를 가진다(121·145). 재판장은 미리 검증의 일시·장소를 통지하여야 한다. 다만 검증참여권자가 참여하지 아니한다는 의사를 명시한 때 또는 급속을 요하는 때에는 예외로 한다(122·145). iii) (검증에 필요한 처분) 검증을 함에는 신체의 검사, 사체의 해부, 분묘의 발굴, 물건의 파괴 기타 필요한 처분을 할 수 있다(140).

3) **신체검사의 특칙** 신체검사란 사람의 신체를 대상으로 하는 검증을 말한다. i) 피고인은 물론, 피고인 아닌 자에 대해서도 할 수 있다. 다만, 피고인 아닌 자에 대한 신체검사는 증적(證跡)의 존재를 확인할 수 있는 현저한 사유가 있는 경우에 한하여 할 수 있다(141②). 또한 법원은 신체검사를 위하여 피고인 또는 피고인 아닌 자를 법원 기타 지정한 장소에 소환할 수 있다(63·142). 다만 명문의 규정이 없으므로 소환에 불응하더라도 구인이나 과태료 등의 제재를 부과할 수는 없다. ii) 신체검사에 있어서는 피검사자의 건강과 명예를 해하지 아니하도록 주의하여야 한다. 여자의 신체를 검사하는 경우에는 의사나 성년의 여자를 참여하게 하여야 한다(141①③). 특히 체내검사에서는 인간의 존엄성과 인격권의 보호가 문제된다. iii) 피검사자가 신체검사를 거부하는 경우에 강제할 방

---

1) 예컨대, 녹음테이프에 대한 검증의 내용이 '녹음된 대화의 내용'이 아니라 그 진술 당시 '진술자의 상태 등을 확인'하기 위한 것인 경우(예컨대, 당시 진술자가 술에 취한 상태에서 횡설수설한 것인지 여부 등의 확인)에는, 오관의 작용에 의하여 사물의 성상을 인식하는 것이므로, 검증에 해당한다. 이와 달리 '녹음된 대화의 내용'을 증거로 사용하는 경우에는 전문법칙에서의 녹음테이프 법리가 적용된다(대판 2008.7.10. 2007도10755 참조).

법은 없다. 간접강제든 직접강제든 법에 아무런 규정을 두고 있지 않기 때문이다.

4) **검증결과와 검증조서** 검증에 관하여는 검증결과를 기재한 검증조서를 작성하여야 한다(49①). 검증조서에는 검증목적물의 현상을 명확하게 하기 위하여 도화나 사진을 첨부할 수 있다(동②). 주의할 점이 있다.

i) **공판정에서 행한 검증**은 독립한 검증조서를 작성하지 않고 공판조서(정확하게는, 공판조서의 일부가 되는 검증조서)에 기재하는데(51② x), 수소법원의 **검증 결과**가 바로 증거로 되며, 검증조서의 증거조사 문제는 생기지 않는다. 즉, "수소법원이 공판기일에 검증을 행한 경우에는 그 검증결과, 즉 법원이 오관의 작용에 의하여 판단한 결과가 바로 증거가 되고, 그 검증의 결과를 기재한 검증조서가 서증으로서 증거가 되는 것은 아니다"(대판 2009.11.12. 2009도8949: 공판기일에 실시한 아파트 엘리베이터에 설치되어 있던 CCTV 동영상에 대한 검증). ii) 그러나 **공판기일 외의 검증**은 수소법원이 한 것이든 수명법관·수탁판사가 한 것이든 검증결과가 바로 증거로 되는 것이 아니라, **검증조서**가 **서증**으로 증거가 된다. 이러한 법원 또는 법관의 검증조서는 **제311조**에 의해 무조건 증거능력이 있다. 다만, 공판정에서 별도로 낭독 등의 방법으로 증거조사를 거쳐야 한다.

2. 감정

1) **감정과 감정인** 감정이란 특수한 전문지식과 경험을 가진 제3자가 그 지식이나 경험을 적용하여 얻은 사실판단을 법원에 보고하는 것을 말한다. 형사사건에서 감정이 필요한 경우에는 정신감정이나 신체감정 또는 진료기록감정(신체감정등), 필적·문서·인영·문자·지문 등의 감정(문서감정등)이 있고, 드물지만 시가감정이나 측량감정도 있다. 감정인이란 법원으로부터 감정의 명을 받은 자이다. ㉠ (감정수탁자와 구별) 수사기관으로부터 감정을 위탁받은 자인 '감정수탁자 또는 수탁감정인'과 구별된다. 감정인과 달리, 감정수탁자는 선서의무가 없고, 허위감정죄로 처벌받지도 않고, 감정수탁자의 절차에는 당사자의 참여권도 인정되지 않는다. ㉡ (증인과 구별) 자신의 체험사실을 진술하는 관계로 대체될 수 없는 증인과도 구별된다(감정인은 대체가능하며, 그 결과 구인이 불가능). 감정증인은 증인이다. ㉢ 검사·피고인 또는 변호인은 감정에 참여할 수 있다(176). ㉣ 감정인의 신문은 증거조사의 성질을 가지므로, 구인에 관한 규정을 제외하고는 증인신문에 관한 규정이 감정에 준용된다.

2) 감정절차 i) (감정인 지정과 소환) ㉠ 법원은 학식·경험 있는 자에게 감정을 명할 수 있다(169). 개인에게 '명'하는 것이 원칙이나, 공무소·학교·병원 등 단체·기관에게 '촉탁'하는 것도 가능하다(179조의2①전문 참조). 감정인의 지정은 법원의 전권사항이고 당사자의 감정인의 특정은 법원에 대한 희망의 의사표시에 불과하다. ㉡ 감정인이 지정되면 감정인신문을 위하여 감정인을 출석시켜야 한다. 감정인의 소환은 증인소환방법에 의한다(177). 이에 불응하는 경우 감정인에 대하여 과태료·비용배상을 명할 수는 있으나, 감정인은 증인과 달리 대체성이 있으므로 감정인의 구인은 허용되지 않는다(177).

ii) (감정인 선서와 감정인 신문) ㉠ 감정인에게는 감정 전에 선서하게 하여야 한다(170①). 선서는 선서서에 의한다(동②). 선서서에는 '양심에 따라 성실히 감정하고 만일 거짓이 있으면 허위감정의 벌을 받기로 맹세합니다'라고 기재하여야 한다(동③). 선서하지 않은 감정인의 감정은 증거능력이 없다. 다만, 공무소·학교·병원 등 단체 또는 기관에 대하여 감정을 촉탁한 경우에는 선서에 관한 규정이 적용되지 않는다(179의2①). ㉡ 감정인 선서 후 감정사항을 알리고 서면에 의한 감정결과를 보고하도록 명하는 절차가 이어진다. 감정인 신문을 통하여 감정인의 감정능력 등을 확인하는데, 이는 필수적이다. 감정인에 대한 심문은 증인신문에 관한 규정이 준용된다(177). 증인신문에 관한 제163조가 준용되는 결과, 검사·피고인 또는 변호인은 감정인심문에 참여할 권리가 있다.

iii) (감정의 실시와 감정인의 권한) 법원은 필요한 때에는 감정인으로 하여금 법원 외에서 감정하게 할 수 있다(172①). 실무에서 감정에 필요한 사실행위는 거의 법정 외에서 행해진다. 이 경우에 법원은 감정을 요하는 물건을 감정인에게 교부할 수 있다(동②). 감정인의 권한으로, ㉠ 감정에 필요한 처분, ㉡ 열람등사권, ㉢ 비용청구권이 있다. 즉, ㉠ 감정인은 감정에 필요한 때에는 **법원의 허가를 얻어** 타인의 주거, 간수자 있는 가옥, 건조물, 항공기, 선차 내에 들어갈 수 있고, 신체의 검사, 사체의 해부, 분묘의 발굴, 물건의 파괴를 할 수 있다(173①). 이러한 처분에는 법원의 **감정처분허가장**이 필요하다. 법원은 합의부원으로 하여금 감정에 관하여 필요한 처분을 하게 할 수 있다(175). ㉡ 감정인은 감정에 관하여 필요한 경우에는 **재판장의 허가를 얻어** 서류와 증거물을 열람 또는 등사하고 피고인 또는 증인의 신문에 참여할 수 있다. 감정인은 피고인 또는 증인의 신문을 구하거나 재판장의 허가를 얻어 직접 발문할 수 있다(174). ㉢ 감정인은 법률이 정하는 바에 의하여 여비, 일당, 숙박비 외에 감정료와 체당금의 변상을 청구할 수 있다(173).

iv) (감정서 제출 및 감정인신문) ㉠ 감정인은 감정을 실시한 후 감정의 경과와 결과를 **서면으로 제출**하여야 한다(171①). ㉡ 법원은 필요하다고 인정한 때에는 감정인에게 감정의 경과와 결과를 설명하게 할 수 있다(171④). 감정서 제출 후 필요한 경우에만 행하는 임의적 신문이다. "감정서에 기재된 '의견'에 관한 **감정인의 설명을 추가로 듣는 절차**(171①)는, (감정인이 과거의 사실을 진술하는 지위에 있지 않은 이상) 증인신문이 아니라 감정에 관한 **규정**(형소 제1편 제13장)에 따라 **감정인신문**으로 하여야 한다"(대결 2024.10.31.자 2023모358). ㉢ "**감정인이라도 특별한 지식**에 의하여 알게 된 과거의 '사실'에 관하여 진술하여야 하는 경우에는, 증인의 지위에 해당하는 **감정증인**으로서 증인신문절차에 따라 신문하여야 한다"(위 2023모358). 감정증인에 대한 신문은 증인신문에 관한 규정이 준용된다(179). ㉣ 이와 같이 감정인은 증인 또는 감정증인과 구별된다. 따라서 "'경험한 과거의 사실을 진술할 지위에 있지 않음이 명백한 **감정인**'을 법원이 '증인 또는 감정증인'으로 소환한 경우에도, 그 불출석에 대한 제재로서 **과태료를 부과할 수는 없다**. 이러한 법리는 공판 단계의 '감정인'은 물론, 수사 단계의 '감정을 위촉받은 사람'에게도 마찬가지로 적용된다"(위 2023모358).[1]

3) 감정서와 감정인신문결과 감정인이 작성하여 제출하는 감정의 경과와 결과가 기재된 서면을 감정서라 한다. 한편, 감정서의 증거능력은 **제313조**에 따른다. 즉, 당사자의 증거동의가 없는 한, 감정인이 감정서에 대하여 성립의 진정을 인정하여야 증거로 사용할 수 있다(313③).

4) 감정유치 피고인의 신체나 정신의 **감정**이 필요한 때에는 법원은 기간을 정하여 병원 기타 적당한 장소에 피고인을 **유치**하게 할 수 있다(172③). 이를 감정유치라 한다. 감정이 완료되면 즉시 유치를 해제하여야 한다. 감정유치를 함에는 수소법원은 **감정유치장**을 발부하여야 한다(동④). 또한 감정유치를 함에 있어서 필요한 때에는 법원은 직권 또는 피고인을 수용할 병원 기타 장소의 관리자의 신청에 의하여 사법경찰관리에게 피고인의 간수를 명할 수 있다(동⑤). 이를 **간수명령**이라 한다. 감정유치도 신체의 자유를 제한하는 강제처분이라는

1) [이유] "검사 또는 사법경찰관의 '위촉에 응하여 감정을 수행한 사람'의 진술은 다른 감정인을 통해서도 이루어질 수 있는 성질의 것인바, 그럼에도 그를 증인 또는 감정증인으로 소환하여 신문한다면, 대체가능성이 없는 증인에게 인정되는 구인 등 조치를 비롯한 법정 출석 의무를 감정인신문을 하여야 할 지위에 있는 자에게 부과하는 부당한 결과가 되어 관련 형사소송법의 취지에 부합하지 않는다"(위 2023모358).

점에서, 구속에 관한 규정을 준용하고, 다만 보석에 관한 규정은 준용이 제외된다(동⑦). 구속 중인 피고인에 대하여 감정유치장이 집행되었을 때에는 그 기간 동안 피고인에 대한 구속은 그 집행이 정지된 것으로 간주한다(172의2①).

5) 감정의 기능　과학기술이 고도로 발달함에 따라 사실인정에서 전문지식이 더욱 중요해졌다. 그러나 감정인의 전문적 판단은 증거자료의 하나에 불과하고, 그 증거자료의 의미에 관한 판단은 법원의 권한이자 의무이다(대판 1968.4.30. 68도400). 판례에 따르면, 범행 당시 심신장애상태 여부에 대한 감정의뢰는 원칙적으로 법원의 재량이고(대판 2007.4.26. 2007도2119), 예외적으로 '심신장애가 있음을 의심할 사정이 있는 경우'에는 전문가 감정을 받아야 하며(대판 1955.11.29. 4288형상315; 2006.10.13. 2006도5360), 이 경우에도 법원은 감정인의 감정결과에 구속되지 않는다.

3. 통역 · 번역

공판정에서는 국어를 사용한다(법조법62). 국어에 통하지 않는 자의 진술에는 통역인으로 하여금 통역하게 하여야 한다(180). 농자(聾者)나 아자(啞者)의 진술에는 통역인으로 하여금 통역하게 할 수 있다(181). 국어 아닌 문자 또는 부호는 번역하게 하여야 한다(182). 통역과 번역은 특별한 언어지식이 요구되므로 감정과 유사하다. 감정에 관한 규정이 준용된다(183).

제 5 절　공판절차의 특수문제

Ⅰ. 간이공판절차

1. 의의

간이공판절차란 피고인이 공판정에서 공소사실을 자백한 경우 일정한 요건을 전제로 그 공소사실에 대해 형사소송법이 규정하는 증거능력제한을 완화하고 증거조사절차를 간소화하여 심리를 신속하게 진행할 수 있도록 하는 공판절차를 말한다. 제286조의2는 "피고인이 공판정에서 공소사실에 대하여 자백한 때에는 법원은 그 공소사실에 한하여 간이공판절차에 의하여 심판할 것을 결정할 수 있다"고 규정하고 있다.

간이공판절차는 자백사건의 신속한 재판 진행을 도모하기 위한 제도일 뿐, 소송물에 대한 처분권을 당사자에게 인정한 제도가 아니다. 자백사건은 신속하게, 부인사건은 충실하게 심리하기 위한 것이다. 다만, 자백한다고 반드시 간이공판절차에 의하여야 하는 것은 아니다(재량).[1)]

2. 개시요건과 결정

(1) 개시요건

1) 제1심 관할사건 간이공판절차는 제1심 관할사건에 대하여만 인정된다. 따라서 항소심이나 상고심에서는 간이공판절차가 인정되지 않는다. 제1심 관할사건이면 단독사건이건 합의사건이건 불문한다.

2) 피고인의 자백 i) (주체) 피고인 본인의 자백이라야 한다. '변호인의 자백'이나 피고인의 출석 없이 개정할 수 있는 사건에서 '대리인의 자백'은 해당하지 않는다. 다만, 법인 대표자의 자백은 법인의 자백에 해당한다.

ii) (내용) '공소사실에 대한 자백'이란 '유죄임을 인정'하는 것을 말한다. 즉, 자신의 형사책임을 승인하는 내용이어야 한다. 따라서 단순히 공소사실을 인정할 뿐만 아니라 위법성조각사유나 책임조각사유의 부존재도 인정하는 진술이어야 한다(대판 2004.7.9. 2004도2116). 자신의 형사책임을 승인하는 것이면 충분하므로, 자신이 유죄임을 명시적으로 진술할 필요는 없다(대판 1987.8.18. 87도1269). 즉, 피고인이 공소사실을 인정하면서 위법성·책임조각사유가 되는 사실을 진술하지 아니하는 것으로 충분하다(대판 1981.6.9. 81도775). 공소사실을 인정하면서 죄명·적용법조만을 다투거나 형면제사유나 정상관계사유만을 주장하는 경우도 자백에 해당한다.

반면, 피고인이 공판정에서 사실관계는 완전히 인정하면서도, 범의만을 부인하는 경우 자백에 해당하지 않는다. 피고인이 법정에서 '공소사실은 모두 사실과 다름 없다'고 하면서도, '술에 만취되어 기억이 없다'고 진술한 경우에도, 심신상실 또는 미약상태에 있었다는 주장이므로 간이공판절차의 대상이 아니다(대판 2004.7.9. 2004도2116). 또한 상습범죄에서 상습성을 다투는 경우(대판 2006.5.11. 2004도6176), 검사의 신문에서는 자백하다가 변호인의 반대신문에서 부인한 경우도 그 대상이 아니다(대판 1998.2.27. 97도3421).

---

1) 2017년 간이공판절차에 의하여 종결된 전체 사건은 9,438건(구속 900명, 불구속 8,538명)으로 그 중 92.0%가 6월 이내에 처리되고 있음을 알 수 있다(2018 사법연감 604면).

iii) (죄수관계: 일부 자백) 경합범 관계에 있는 수개의 공소사실 중 일부만 자백하는 경우 그 자백 부분에 한하여 간이공판절차가 가능하다. 그러나 과형상 일죄나 포괄일죄 또는 예비적·택일적 공소사실 중 일부만 자백하는 경우 그 자백 부분만을 따로 분리하여 간이공판에 의할 경우 —비록 이론적으로는 가능하다고 하더라도— 실제로는 절차가 오히려 복잡하게 되므로, 그 전체를 간이공판절차에 의하지 않는 것이 바람직하다.

iv) (공동피고인: 일부 자백) 한편 수인의 피고인 중 일부만 자백하는 경우 그 자백하는 일부 피고인에 대하여는 간이공판절차로 심리할 수 있다.

3) 공판정에서의 자백 i) (장소) 자백은 공판정, 즉 공판절차에서 해야 한다. 수사절차나 공판준비절차에서의 자백으로는 간이공판절차를 개시할 수 없다. ii) (시기) 자백이 언제까지 가능한지 그 시점에 대해 형사소송법에는 규정이 없다. '모두진술을 종료한 때'라는 견해, 피고인신문을 종료한 때라는 견해, 변론종결한 때라는 견해가 대립하나, 이제는 피고인 모두진술에서 자백 여부를 확인하고 간이공판절차 개시결정을 하는 것이 원칙이다. 피고인신문은 증거조사 종료 후에 실시하는 것으로 변경되었기 때문이다.

4) 신빙성 있는 자백 공판정에서의 자백이라도 신빙성이 있어야 하며, 그 진실성에 의심이 있는 자백으로 간이공판절차를 개시하면 안 된다. 자백에 신빙성이 없으면 간이공판절차의 취소사유에 해당한다(286의3).

(2) 개시결정

1) 재량 간이공판절차의 개시요건이 구비된 경우 법원은 그 공소사실에 한하여 간이공판절차에 의하여 심판할 것을 결정할 수 있다(286의2). '결정할 수 있다'는 법문상 법원의 재량이다. 다만 취소사유(286의3)가 있는지 여부를 먼저 살펴야 한다. 재판장은 간이공판절차를 결정하고자 할 때에 미리 피고인에게 간이공판절차의 취지를 설명해야 한다(규131). 결정은 공판정에서 구술로 고지하고 공판조서에 그 취지를 기재한다(38·51② x iv).

2) 불복 간이공판절차의 개시결정은 판결전의 소송절차에 대한 결정이므로 항고할 수 없다(403①). 독립하여 불복할 수는 없으나, 본안판결에 대한 상소로 다툴 수 있다. 즉, 요건을 구비하지 못하였음에도 간이공판절차로 심판한 경우 판결에 영향을 미친 법령위반이므로, 판결 자체에 대한 상소이유가 된다.

3. 특칙

(1) 증거능력 제한의 완화

1) 증거동의 간주 간이공판절차에는 전문법칙이 적용되지 않는다. 즉, 전문증거는 제318조 제1항의 동의가 있는 것으로 간주된다(318의3본문). 피고인이 공판정에서 공소사실을 자백한 이상 개개의 증거에 대해 다툴 의사 없는 것으로 추정되기 때문이다. 그러나 검사·피고인 또는 변호인이 증거로 함에 이의가 있는 때에는 증거동의가 의제되지 않는다(동단서). 여기서 이의는 적극적인 의사표시이어야 하나 반드시 명시적일 필요는 없다.

간이공판절차에서 행한 증거동의 간주의 효력은 항소심에서 범행을 부인해도 그대로 유지된다. 즉, "제1심 법원이 간이공판절차에 의하여 상당하다고 인정하는 방법으로 증거조사를 한 이상, 항소심에 이르러 범행을 부인하였다고 하더라도 제1심 법원에서 증거로 할 수 있었던 증거는 항소법원에서도 증거로 할 수 있다. 제1심 법원에서 이미 증거능력이 있었던 증거는 항소심에서도 증거능력이 그대로 유지되어 심판의 기초가 될 수 있고, 다시 증거조사를 할 필요가 없다"(대판 1998.2.27. 97도3421; 2005.3.11. 2004도8313).

2) 전문증거에 한정 간이공판절차에서 증거능력 제한이 완화되는 것은 전문증거에 한한다. 위법수집증거배제법칙이나 자백배제법칙은 여전히 유지된다. 자백의 증명력 제한도 완화되지 않으므로 자백의 보강법칙 역시 적용된다.

(2) 증거조사 방식의 간이화

1) 상당한 방법 간이공판절차에서도 증거조사를 생략할 수 없다. 그러나 통상절차와 같은 엄격한 증거조사방식에 따를 필요는 없고, 법원이 '상당하다고 인정하는 방법'으로 증거조사할 수 있다(297의2). 여기서 상당하다고 인정하는 방법이란 공개주의 원칙에 비추어 적어도 당사자나 방청인이 증거내용을 알 수 있도록 하는 것을 의미한다. "공판조서의 일부인 증거목록에 증거방법을 표시하고 증거조사 내용을 '증거조사함'이라고 표시하는 방법으로 하였더라도 위법하지 않다"(대판 1980.4.22. 80도333). 구체적으로 '상당한 방법'이 어떤 것인지는 사실심법원의 재량에 맡겨져 있다.

2) 간이화 범위 상당한 방법으로 증거조사가 가능하므로, 증인신문 방식(161의2), 증거조사의 시기·방식(290내지292), 증거조사결과와 피고인의 의견(293),

증인신문시 피고인의 퇴정(297) 등의 규정은 적용되지 않는다(적용배제). 예컨대, 간이공판절차에서는 i) 증인신문은 교호신문 방식이 아니라 법원이 상당한 방법으로 해도 된다(161의2 적용배제). ii) 서류나 물건에 대해서는 개별적 지시·설명을 하지 않아도 된다(291 적용배제). 또한 서류나 물건에 대해 반드시 낭독·요지고지·제시 등의 형식을 갖추지 않아도 된다(292 적용배제). iii) 증거조사의 종료시 피고인에게 증거조사에 관한 의견을 묻거나 증거신청권을 알려줄 필요가 없다(293 적용배제). iv) 증인·감정인·공동피고인을 신문할 때 피고인을 퇴정시키지 않아도 된다(297 적용배제).

그러나 증인의 선서(156), 당사자의 증거조사참여권(163), 증거신청권(294), 증거조사에 대한 이의신청권(296)은 간이공판절차에서도 인정된다.

(3) 공판절차의 일반규정 적용

간이공판절차에서는 증거조사방식과 증거능력에 관한 위 특칙만이 인정된다. 그 밖의 공판절차에 대한 일반규정은 그대로 적용된다. 따라서 ㉠ 재판서의 간이 작성은 허용되지 않으며, ㉡ 유죄판결 이외에 공소기각·면소의 재판도 가능하고, 무죄판결도 선고할 수 있다. ㉢ 공소장변경도 가능하다.

4. 취소

(1) 취소사유

법원은 간이공판절차에 의하여 심판할 것을 결정한 사건에 대해 ㉠ 피고인의 자백이 신빙할 수 없다고 인정되거나, ㉡ 간이공판절차로 심판하는 것이 현저히 부당하다고 인정할 때에는 그 결정을 취소해야 한다(286의3).

1) 피고인의 자백이 신빙할 수 없는 때 이는 피고인의 자백이 진의가 아니었던 경우를 말한다. 자백의 임의성이 의심되는 경우도 이에 해당된다.

2) 간이공판절차로 심판하는 것이 현저히 부당한 때 일반적으로 2가지 경우가 있다. ㉠ 요건흠결의 경우이다. 원시적 흠결(처음부터 요건을 구비하지 못한 경우. 예컨대, 피고인이 부인)은 물론, 후발적 흠결(사후의 사정변경. 예컨대, 공소장변경에 따라 변경된 공소사실에 대하여 피고인이 부인)도 포함된다. ㉡ 제도취지상 간이심판이 부당한 경우이다. 즉, 공판의 신속한 진행목표에 비추어 부당한 때이다. 예컨대 수인의 공동피고인 중 일부만에 대하여 또는 수개의 공소사실 중 일부만에 대하여 간이공판절차의 결정을 하였는데 그 때문에 증거조사 절차가 극히 복잡하게 되어

불편한 경우가 그 전형적인 예로 설명된다.

(2) 취소결정

법원의 직권으로 하되, 사전에 검사의 의견을 들어야 한다(286의3). 검사의 증명책임이나 증명활동과 밀접한 관계가 있기 때문이다. 그리고 취소사유가 있는 때에는 반드시 취소해야 한다(법원의 의무). 이 결정은 성질상 공판정에서 하지만(원칙), 공판기일 외에서 결정서로 할 수도 있다(38).

(3) 공판절차의 갱신

취소결정이 있으면 공판절차를 갱신해야 한다. 단, 검사, 피고인 또는 변호인이 이의가 없는 때에 한하여 갱신하지 않을 수 있다(301의2). '이의 없다'는 의사를 명시한 외에는 반드시 갱신을 해야 한다.

i) 여기서의 갱신은 판사 경질의 경우와 달리 직접주의·구술주의의 요청에 의한 것이 아니고, 간이공판절차결정의 취소에 의해 위법하게 된 종전절차를 제거함에 목적이 있다. 증거조사절차를 처음부터 다시 진행하는 것이 원칙이다. 즉, 진술거부권 고지와 인정신문부터 다시 해야 한다(규144①).

ii) '이의 없다'는 의사를 명시한 경우에는 갱신할 필요가 없다. 즉, 간이공판절차 취소 전의 소송절차(간이공판에 의하여 진행된 종전 절차)가 그대로 효력을 유지한다. 전문증거도 증거조사의 효력이 유지된다. 이처럼 이의 없다는 의사표시는 중대한 효과가 있으므로 적극적으로 명시함을 요한다. 이때는 취소 후의 소송절차만을 통상의 방식에 의하여 진행하면 되는 셈이다.

Ⅱ. 공판절차의 정지와 갱신

1. 공판절차의 정지

공판절차의 정지란 심리를 진행할 수 없는 일정한 사유가 있는 경우에 그 사유가 없어질 때까지 법원의 결정으로 **심리를 진행하지 않는** 것을 말한다. 이는 '법률상' 정지되는 경우로, 피고인의 방어권 보장에 그 취지가 있다.

(1) 정지사유

1) 법원의 결정에 의한 정지 i) (심신상실 및 질병) 피고인이 **사물의 변별이나 의사 결정의 능력이 '없는' 상태**에 있는 때에는 그 상태가 계속되는 기간(306①),

피고인이 '질병'으로 출정할 수 없는 때에는 출정할 수 있을 때까지(동②) 법원은 검사와 변호인의 의견을 들어 결정으로 공판절차를 정지하여야 한다. 다만, ㉠ 피고사건에 대하여 무죄, 면소, 형의 면제 또는 공소기각의 재판을 할 것이 명백한 때(동④),[1] ㉡ 경미사건으로 제277조에 의하여 대리인이 출정할 수 있는 경우(동⑤)에는 공판절차가 정지되지 않는다. ii) (공소장변경) 법원은 공소사실 또는 적용법조의 추가·철회 또는 변경이 피고인의 불이익을 증가시킬 염려가 있다고 인정되면 직권 또는 피고인이나 변호인의 청구에 의하여 피고인으로 하여금 필요한 방어준비를 하게 하기 위해 결정으로 필요한 기간 공판절차를 정지할 수 있다(298④). 심신상실·질병과 달리, 피고인측에게 청구권이 있고, 검사의 의견은 필요 없다.

2) 소송절차의 정지로 인한 당연정지　소송절차가 정지되므로 공판절차가 당연히 정지되는 경우이다. i) (기피신청) 기피신청이 있으면 기피신청이 부적법하여 기각하는 경우를 제외하고는, 소송진행을 정지하여야 한다. 다만, 급속을 요하는 경우에는 예외로 한다(22). ii) (병합심리신청 등) 법원은 계속 중인 사건에 관하여 토지관할의 병합심리신청(6), 관할지정신청(14) 또는 관할이전신청(15)이 제기된 경우에는 그 신청에 대한 결정이 있을 때까지 소송절차를 정지하여야 한다. 다만, 급속을 요하는 경우는 예외로 한다(규7). iii) (재심청구의 경합) 재심청구가 경합된 경우에 항소법원 또는 상고법원은 하급법원의 소송절차가 종료할 때까지 소송절차를 정지하여야 한다(규169). iv) (위헌법률심판의 제청) 법원이 법률의 위헌 여부의 심판을 헌법재판소에 제청한 때에는 당해 소송사건의 재판은 위헌 여부의 결정이 있을 때까지 정지된다. 다만, 법원이 긴급하다고 인정하는 경우에는 종국재판 이외의 소송절차를 진행할 수 있다(헌재법43①). 이때 재판정지기간은 구속기간에 산입되지 않는다(동②).

(2) 정지의 효과

공판절차의 정지결정이 있으면 정지기간이 만료되거나 정지결정이 취소될 때까지 공판절차를 진행할 수 없다. 그러나 정지되는 것은 협의의 공판절차인 공판기일의 절차에 한정되므로, 구속이나 보석에 관한 재판 또는 공판준비는 정지기간 동안에도 할 수 있다. 정지기간이 만료되거나 정지결정이 취소되면 법원은 정지되었던 공판절차를 다시 진행하여야 한다. 이 경우 '공판절차를 갱신'

1) 유죄판결의 일종인 '형의 면제'도 포함된 것에 대해 비판이 있다.

할 필요는 없다. 다만, 피고인이 사물을 변별하지 못하거나 의사능력이 없는 경우에는 그 정지사유가 없어진 다음 공판기일에 공판절차를 갱신해야 한다(규143).

2. 공판절차의 갱신

공판절차의 갱신이란 일정한 사유가 발생하는 때에 법원이 이미 진행한 공판절차를 일단 무시하고 다시 그 절차를 진행하는 것을 말한다. 이는 당해 법원이 피고사건의 판결선고 이전에 공판심리절차를 다시 진행하는 것이므로, 상급법원의 파기환송이나 이송판결 후 하급법원이나 이송받은 법원이 다시 공판절차를 진행하는 것과 구별된다.

(1) 갱신사유

i) (판사의 경질) 공판개정 후 판사의 경질이 있는 때에는 공판절차를 갱신하여야 한다(301 본문). 이는 구두변론주의와 직접주의 요청에 따른 것이다. 따라서 단지 판결의 선고만을 하는 경우에는 예외로 한다(동단서). ii) (간이공판절차의 취소) 간이공판절차의 결정이 취소된 경우에는 공판절차를 갱신하여야 한다. 다만, 검사·피고인 또는 변호인의 이의가 없는 때에는 갱신을 요하지 않는다(301의2). iii) (심신상실로 인한 공판절차정지) 피고인의 심신상실로 인한 공판절차의 정지가 있는 경우에는 그 정지사유가 소멸한 후의 공판기일에 공판절차를 갱신하여야 한다(규143). 피고인이 정지 전의 소송행위를 충분히 기억하지 못하고 정지 전에 행한 피고인의 소송행위가 무효일 가능성이 높다는 점을 이유로 한다. iv) (국민참여재판에서 신규배심원 참여) 국민참여재판에서 공판절차가 개시된 후 새로 재판에 참여하는 배심원 또는 예비배심원이 있는 때에는 공판절차를 갱신해야 한다(동법45①). 판사 경질의 경우와 유사하다.

(2) 갱신의 효과

공판절차의 갱신은 종래의 절차진행을 무효로 하고 공판절차를 처음부터 다시 진행하는 것이므로, 원칙적으로 모두절차부터 다시 진행해야 한다. 갱신 여부는 검사의 증명책임이나 증명활동과 밀접한 관계가 있다.

㉠ 갱신 전의 소송행위는 실체형성행위와 절차형성행위가 모두 그 효력을 잃는다. 간이공판절차가 취소된 경우 종전의 심리가 부적법하거나 매우 부당하고, 심신상실로 인한 공판절차 정지의 경우 종전의 심리가 무효일 가능성이 높

기 때문이다. ㉡ 다만, 판사의 경질에 의하여 공판절차를 갱신하는 경우에는 구두변론주의와 직접주의의 이념에 비추어, 갱신 전의 실체형성행위는 그 효력을 잃게 되지만 절차형성행위는 영향을 받지 않고 효력을 그대로 유지한다.

공판절차를 갱신하여 새로 서류 또는 물건의 증거조사를 함에 있어서 당사자의 동의가 있는 때에는 그 전부 또는 일부에 관하여 형사소송법의 증거조사 방법에 갈음하여 상당한 방법으로 증거조사를 할 수 있다(규144②). 다만, 형사소송규칙 개정(2025.2.8.)으로 '조서의 일부로 된 녹음물'의 경우 (당사자의 동의가 없더라도) 녹취서 조사로 대체하는 규정이 신설되었다(규144①iv).

Ⅲ. 변론의 병합·분리와 재개

1. 변론의 병합과 분리

1) 변론의 병합 변론의 병합이란 수개의 관련사건(11)이 사물관할을 같이하는 동일한 법원(조직법상 의미)에 계속된 경우 이들 사건을 하나의 공판절차에서 한 사건으로 심리하는 것을 말한다. 사물관할이 같은 법원인 이상 한 재판부에 계속되었건 여러 재판부에 계속되었건 병합대상이 된다. 소송경제를 도모하기 위한 제도이다. 반면, 수개의 관련사건이 여러 법원(조직법상 의미)에 계속된 경우, 사물관할을 달리하여 합의부와 단독판사에게 각각 계속된 경우에는 관할의 병합심리(관할의 수정: 6·10)가 문제될 뿐이다.

2) 변론의 분리 변론의 분리란 변론이 병합되어 있던 수개의 관련사건을 분리하여 각각 별도의 공판절차에서 따로 심리하는 것을 말한다. 수개의 사건이 계속된 경우를 전제하므로 (과형상 일죄나 포괄일죄 또는 상상적 경합과 같이) 1개의 사건은 변론의 분리가 허용되지 않는다. 무리한 병합심리로 진실발견과 공정한 재판이 위태롭게 되는 것을 막기 위한 것이다.

[병합·분리: 재량] 법원은 필요하다고 인정한 때에는 직권 또는 검사, 피고인 또는 변호인의 신청에 의하여 결정으로 변론을 분리하거나 병합할 수 있다(300). 법원의 재량에 속한다. 따라서 동일한 피고인에 대하여 각각 별도로 2개 이상의 사건이 공소제기되었을 경우 반드시 병합심리하여 동시에 판결을 선고하여야만 되는 것은 아니다(대판 1994.11.4. 94도2354).

2. 변론의 재개

법원은 필요하다고 인정한 때에는 직권 또는 검사·피고인 또는 변호인의 신청에 의하여 결정으로 종결한 변론을 재개할 수 있다(305). i) **법원의 재량**에 속한다. 즉, '피고인이 증인신청을 한 경우'(대판 2011.1.27. 2010도7947), '검사가 공소장변경신청을 한 경우'(대판 1994.10.28. 94도1756), '변론종결 후에 선임된 변호인의 변론재개신청을 한 경우'(대판 1986.6.10. 86도769) 이를 받아들이지 않아도 위법이 아니다. ii) 재개되면 사건은 **변론종결 전의 상태로**(즉, 검사의 의견 진술 이전의 상태로) **되돌아가** 이전의 변론과 일체를 이루게 된다. 다시 변론종결할 때에는 검사의 의견진술과 변호인의 최종변론 및 피고인의 최후진술이 재차 행해진다.

제 6 절 국민참여재판

Ⅰ. 국민참여재판 제도의 의의

국민참여재판이란 「국민의 형사재판 참여에 관한 법률(이하 '국민참여재판법')」에 따라 배심원이 참여하는 형사재판을 말한다. 직업법관이 재판을 독점하는 방식에 대한 비판이 제기되자, 사법의 민주적 정당성과 신뢰를 높이기 위해 도입되었다(2008년 1월부터 시행). 형사재판에서 공판중심주의를 실현하려는 취지도 함께 고려되었다. 우리 제도의 특징은 ㉠ 피고인의 의사에 따른 **신청주의**와 ㉡ 배심원의 평결이 법원에 대해 **권고적 효력**만 갖는다는 점이다.[1)]

[배심제와 참심제] 일반국민의 형사재판참여에는 배심제와 참심제가 있다. 배심제는 배심원이 직업법관과 독립하여 사실문제(유·무죄)에 대한 평결을 내리고 법관이 그 결과에 구속되어 재판하는 제도이다. 참심제는 참심원이 법관과 함께 재판부의 일원으로 참여하여 법관과 동등한 권한을 가지고 유·무죄 및 양형판단 등 사실문제 및 법률문제를 모두 판단하는 제도이다. 현행 국민참여재판은 배심제와 참심제를 절충하여 수정한 제3의 제도이다. 법관이 관여 않는 평의 방식은 배심제적 요소이나, 다수

1) 2016년 국민참여재판 신청건수는 860건이다(2012년 756건, 2013년 764건, 이후에는 계속 감소하여 2015년 505건, 2016년에는 다시 증가하여 860건). 국민참여재판에서 제외된 건수는 2016년 402건(배제결정·통상절차회부 124건, 피고인철회 278건)이고, 선고된 비율은 2016년 305건(38.9%)이다(2017 범죄백서 24면, 349면).

결에 의한 평결과 양형토의는 참심제적 요소이다.

Ⅱ. 국민참여재판의 개시절차

1. 대상사건

1) **대상사건** 국민참여재판의 대상사건은 제1심 절차 중 지방법원 또는 그 지원의 **합의부 관할사건**(제척 · 기피 제외)이다(예: 치료감호사건은 합의부 관할사건). 그 미수죄 · 교사죄 · 방조죄 · 예비죄 · 음모죄 해당 사건과 그 관련사건으로 **병합심리하는 사건도 포함**된다(동법5①). 단독판사 사건도 재정합의결정(즉, 합의부에서 심판할 것으로 합의부가 결정하는 것)을 한 경우 대상사건이 될 수 있다. **공소사실의 변경으로** 대상사건이 아니게 된 경우에도 법원은 국민참여재판을 계속 진행하되, 여러 사정을 고려하여 결정으로 당해 사건을 지방법원 본원 합의부가 일반 절차에 따라 심판하게 할 수 있다(동법6①). 한편 국민참여재판 사건은 **필요적 변호사건**이다. 즉, 변호인이 없으면 법원은 직권으로 변호인을 선정해야 한다(동법7).

2) **관할** 지방법원 '본원' 합의부에서만 실시한다. 지방법원 지원 합의부는 회부결정을 하여 사건을 본원 합의부로 이송해야 한다(동법10①).

2. 피고인 의사의 확인

1) **필수절차** 국민참여재판은 피고인이 원하는 경우에 한하여 실시된다. ㉠ "법원은 대상사건의 피고인에 대하여 국민참여재판을 원하는지 여부에 관한 의사를 서면 등의 방법으로 **반드시 확인**하여야 한다. 이 경우 피고인의 국민참여재판을 받을 권리가 **최대한 보장**되도록 하여야 한다"(동법8①). ㉡ 그 전제로, 법원은 공소장부본과 함께 피고인 또는 변호인에게 '**국민참여재판 안내서**'를 송달하여야 한다(국민참여재판규칙3①).

2) **서면확인 또는 심문기일에 의한 확인** i) (서면확인) 피고인은 공소장부본을 송달받은 날부터 7일 이내에 국민참여재판을 원하는지 여부에 관한 의사가 기재된 서면을 제출하여야 한다. 재소자 특칙이 적용된다(동법8②). 피고인이 서면을 제출하지 아니한 때에는 국민참여재판을 원하지 아니하는 것으로 본다(동③. 다만 해석상 제1회 공판기일 전까지 '의사번복'이 가능하다). ii) (심문기일) 서면만으로는 피고인의 의사를 확인할 수 없는 경우 법원은 심문기일을 정하여 피고인을 심문하거나 서면 기타 상당한 방법으로 피고인의 의사를 확인하여야 한다. 피고인

이 서면을 제출하지 아니한 경우에도 법원은 같은 방법으로 피고인의 의사를 확인할 수 있다(동규칙4①).

3) 의사확인의 흠결 및 하자의 치유 i) (위법 · 무효) "제1심 법원에서 피고인이 국민참여재판을 원하는지에 관한 의사 확인절차를 거치지 아니한 채 통상의 공판절차로 재판을 진행하였다면, 이는 피고인의 국민참여재판을 받을 권리에 대한 중대한 침해로서 그 절차는 위법하고 이러한 위법한 공판절차에서 이루어진 소송행위도 무효이다"(대판 2011.9.8. 2011도7106). 특히 "피고인의 국민참여재판 불희망 의사를 확인하였으나, 당시 국민참여재판 안내서 등을 피고인에게 교부하거나 사전에 송달하는 등 국민참여재판절차에 관한 충분한 안내를 하거나 그 희망 여부에 관한 상당한 숙고시간을 부여하지 않았다면, 그 의사의 확인절차를 적법하게 거쳤다고 볼 수 없다"(대판 2018.7.20. 2018도7036).

ii) (충분한 안내와 상당한 숙고시간, 명시적 의사표시) 이 경우 '항소심에서 피고인이 국민참여재판을 원하지 아니한다고 하면서 제1심의 절차적 위법을 문제삼지 아니할 의사를 명백히 표시하는 경우'에는 하자가 치유되어 제1심 공판절차는 적법하게 된다(대판 2012.4.26. 2012도1225). 다만, "제1심 공판절차의 하자가 치유된다고 보기 위해서는 동법 제8조 제1항, 동규칙 제3조 제1항에 준하여 피고인에게 국민참여재판절차 등에 관한 충분한 안내와 그 희망 여부에 관하여 상당한 숙고시간이 사전에 부여되어야 한다"(위 2012도1225). 따라서 "(항소심에서) 사전에 충분한 안내와 상당한 숙고시간을 부여함이 없이, (제1회 공판기일에) 단지 피고인과 변호인이 '제1심에서 통상의 공판절차에 따라 재판을 받은 것에 대하여 이의가 없다'고 진술한 사실만으로는 (그 날 변론종결한 후 제2회 공판기일에 피고인의 항소를 기각) 제1심의 공판절차상 하자가 치유되어 판결이 적법하게 된다고 볼 수 없다"(위 2012도1225).

4) 피고인의 의사번복의 제한 법원의 배제결정 또는 회부결정이 있거나, 공판준비기일이 종결되거나 제1회 공판기일이 열린 이후에는, 피고인은 종전의 의사를 바꿀 수 없다(동법8④). 반대해석하면 "공소장부본을 송달받은 날부터 7일 이내에 의사확인서를 제출하지 아니한 피고인도 제1회 공판기일이 열리기 전까지는 국민참여재판신청을 할 수 있다"(대결 2009.10.23.자 2009모1032).

3. 법원의 결정

1) 개시결정 여부(불요) 국민참여재판은 피고인의 신청이 있는 경우라면

이로써 충분하다. i) (개시결정 불필요) 제1심 법원이 대상사건을 피고인의 의사에 따라 국민참여재판으로 진행할 때 "별도의 국민참여재판 개시결정을 할 필요는 없다"(위 2009모1032). 설령 "이의가 있어 제1심 법원이 국민참여재판으로 진행하기로 하는 결정에 이른 경우에도, 이는 판결 전의 소송절차에 관한 결정에 해당하고 특별히 즉시항고를 허용하는 규정이 없으므로, 위 결정에 대하여는 항고할 수 없다"(위 2009모1032). ii) (지원 사건의 본원 이송) 피고인이 국민참여재판을 원하는 의사를 표시한 경우 지방법원 '지원' 합의부가 배제결정을 하지 아니하는 경우에는 국민참여재판절차 회부결정을 하여 사건을 지방법원 본원 합의부로 이송하여야 한다(동법10①). 국민참여재판사건의 관할은 지방법원 '본원' 합의부에만 있기 때문이다.

2) **배제결정** i) (배제사유) 법원은 피고인의 의사에도 불구하고 '국민참여재판을 하지 아니하기로 하는 결정'을 할 수 있다. 즉, ㉠ 배심원 · 예비배심원 · 배심원후보자 또는 그 친족의 생명 · 신체 · 재산에 대한 침해 또는 침해의 우려가 있어서 출석의 어려움이 있거나 이 법에 따른 직무를 공정하게 수행하지 못할 염려가 있다고 인정되는 경우, ㉡ 공범 관계에 있는 피고인들 중 일부가 국민참여재판을 원하지 아니하여 국민참여재판의 진행에 어려움이 있다고 인정되는 경우, ㉢ 성폭력법 제2조의 범죄로 인한 피해자 또는 법정대리인이 국민참여재판을 원하지 아니하는 경우, ㉣ 그 밖에 국민참여재판으로 진행하는 것이 적절하지 아니하다고 인정되는 경우 중의 어느 하나에 해당하는 사유가 있으면 국민참여재판을 하지 아니하기로 하는 결정을 할 수 있다(동법9①). 위 ㉢의 경우 배제결정에는 여러 사정을 고려하여 신중하게 판단하여야 하고, 이러한 사정을 고려함이 없이 "성폭력범죄 피해자나 법정대리인이 국민참여재판을 원하지 아니한다는 이유만으로 배제결정을 하는 것은 바람직하지 않다."(대결 2016.3.16.자 2015모2898).

법원의 배제결정은 공소제기 후부터 공판준비기일이 종결된 다음 날까지 할 수 있다(동법9①). 법원은 배제결정 전에 검사 · 피고인 또는 변호인의 의견을 들어야 하고, 이 결정에 대해서는 즉시항고할 수 있다(동②③).[1]

---

1) 구속된 피고인이 법원의 배제결정에 대해 즉시항고한 경우 (기피신청의 경우와는 달리) 항고심의 심리기간은 피고인에 대한 '법원의 구속기간'에 산입된다(즉, '산입되지 않는다'는 규정이 없는 이상 그 배재결정의 항고사건이 확정될 때까지 법원의 구속기간이 그대로 진행한다). 또한 배제결정을 한 제1심은 그 기간 동안 공판절차를 진행할 수도 없다. 배제결정이 확정된 경우에는 통상재판으로 공판절차를 진행한다.

ii) (배제결정 누락) 피고인이 국민참여재판을 신청하였는데도 "법원이 배제결정도 하지 않은 채 통상의 공판절차로 재판을 진행하는 것은 피고인의 국민참여재판을 받을 권리 및 법원의 배제결정에 대한 항고권 등 중대한 절차적 권리를 침해한 것으로서 위법하고, 이와 같이 위법한 공판절차에서 이루어진 소송행위는 무효이다"(대판 2011.9.8. 2011도7106). 통상의 공판절차로 재판을 진행하다가 변론종결하면서 비로소 배제결정을 한 경우도, 즉시항고의 기회가 실질적으로 박탈된 것이므로 마찬가지로 위법하다.

3) 국민참여재판 개시 후 '통상절차 회부결정' 법원은 ㉠ 피고인의 질병 등으로 공판절차의 장기간 정지, ㉡ 피고인에 대한 구속기간의 만료, ㉢ 성폭력범죄 피해자 보호, ㉣ 그 밖에 심리의 제반 상황에 비추어 국민참여재판을 계속 진행하는 것이 부적절하다고 인정하는 경우에는 대상사건을 국민참여재판에 의하지 아니하고 심판하게 할 수 있다(동법11①). 법원은 직권 또는 검사·피고인·변호인이나 성폭력범죄피해자 또는 법정대리인의 신청에 따라 결정으로 대상사건을 통상절차에 회부한다(동항). 법원은 결정을 하기 전에 당사자의 의견을 들어야 하며, 법원의 결정에 대하여는 불복할 수 없다(동②③).

Ⅲ. 배심원

1. 배심원의 자격과 수

배심원이란 국민참여재판법에 따라 형사재판에 참여하도록 선정된 사람을 말한다(동법2 i). 배심원은 만 20세 이상의 국민 중에서 무작위로 선정된다(동법16). 금치산자 등 결격사유(동법17), 공무원·변호사 등 직업에 의한 제외사유(동법18), 법관에 준하는 제척사유(동법19), 만 70세 이상 등 직무수행이 어려운 사람에 대한 면제사유(동법20)가 규정되어 있다.

배심원은 사건의 경중에 따라 9인(사형·무기 사건), 7인(일반 사건), 5인(자백 사건)으로 구성된다.[1] 법정형이 사형·무기징역 또는 무기금고에 해당하는 대상사건에는 9인, 그 외의 대상사건에는 7인이 참여한다. 다만, 법원은 피고인 또는 변호인이 공판준비절차에서 공소사실의 주요내용을 인정한 때에는 5인의 배심원이 참여하게 할 수 있다(동법13①). 또한 법원은 검사·피고인 또는 변호인의 동

1) 전통적인 커먼로에 따르면 형사재판의 유죄판결은 12명의 배심원 만장일치가 필요하다.

의가 있는 경우에 한하여 결정으로 배심원의 수를 7인에서 9인으로 늘리거나 반대로 줄일 수도 있다(동②). 법원은 배심원의 결원을 대비하여 5인 이내의 예비배심원을 둘 수 있다(동법14①).

2. 배심원의 권한과 의무

1) 배심원의 권한 배심원은 국민참여재판사건에 관하여 사실의 인정, 법령의 적용 및 형의 양정에 관한 의견을 제시할 권한이 있다(동법12①). 사실의 인정뿐 아니라 법령의 적용 및 양형에 관여한다는 점에서 전형적인 배심제의 배심원과 구별되고, 사실인정과 양형 등에 관한 배심원의 의견이 법관을 기속하지 않는다는 점에서는 참심제의 참심원과 구별된다.

2) 배심원의 의무 배심원은 법령준수의무, 성실의무, 비밀유지의무,[1] 출석·선서의무 등이 있고(동법12·42), 비밀누설·금품수수 등은 형사처벌된다(동법58·59).

3) 배심원 등의 보호조치 배심원·예비배심원 또는 배심원후보자에 대한 보호조치로는 ㉠ 불이익한 처우의 금지(동법50), ㉡ 배심원 등에 대한 접촉 금지(동법51), ㉢ 배심원 등의 개인정보 공개 금지(동법52), ㉣ 신변보호조치(동법53), ㉤ 배심원 등에 대한 청탁죄 및 위협죄의 처벌(동법56·57) 등이 있다.

3. 배심원의 선정절차

1) 선정기일 이전의 절차 i) (배심원후보예정자명부 작성) 지방법원장은 매년 그 관할구역 내에 거주하는 만 20세 이상 국민의 주민등록정보를 활용하여 배심원후보예정자명부를 작성한다(동법22). ii) (배심원후보자 추출·선정기일 통지) 법원은 이 명부 중에서 필요한 수의 배심원후보자를 무작위 추출 방식으로 정하여 배심원과 예비배심원의 선정기일을 통지한다(동법23①). 통지를 받은 배심원후보자는 선정기일에 출석해야 한다(동②).

2) 선정기일의 절차 선정기일의 절차는 비공개로 진행한다(동법24②). i) (배심원후보자에 대한 질문) 법원은 배심원후보자가 결격사유, 제외사유, 제척사유 또는 면제사유 등에 해당하는지 여부 또는 불공평한 판단을 할 우려가 있는지 여부 등을 판단하기 위하여 배심원후보자에게 질문을 할 수 있다. 검사·피고인

---

1) "배심원은 평결·평의 및 토의 과정에서 알게 된 판사 및 배심원 각자의 의견과 그 분포 등을 누설하여서는 아니 된다"(동법47).

또는 변호인은 법원으로 하여금 필요한 질문을 하도록 요청할 수 있고, 법원은 검사 또는 변호인으로 하여금 직접 질문하게 할 수 있다(동법28①). 법원은 배심원후보자가 위의 사유에 해당하는지의 여부를 판단하기 위하여 질문표를 사용할 수 있다(동법25①). ii) (이유부 기피신청) 법원은 배심원후보자가 결격사유 등에 해당하거나 불공평한 판단을 할 우려가 있다고 인정되는 때에는 직권 또는 검사·피고인·변호인의 기피신청에 따라 당해 배심원후보자에 대하여 불선정결정을 하여야 한다. 검사·피고인 또는 변호인의 기피신청을 기각하는 경우에는 이유를 고지하여야 한다(동법28③). iii) (무이유부 기피신청) 또한 검사와 변호인은 각자 (과반수 범위 내에서) 배심원이 9인인 경우는 5인, 7인인 경우는 4인, 5인인 경우는 3인의 범위 내에서 배심원후보자에 대하여 이유를 제시하지 아니하는 기피신청을 할 수 있다(법30①). 법원은 검사·피고인 또는 변호인에게 순서를 바꿔가며 무이유부 기피신청을 할 수 있는 기회를 주어야 하며, 무이유부 기피신청이 있는 때에는 법원은 당해 배심원후보자를 배심원으로 선정할 수 없다(동②③). iv) (선정결정과 불선정결정) 법원은 출석한 배심원후보자 중에서 당해 재판에서 필요한 배심원과 예비배심원의 수에 해당하는 배심원후보자를 무작위로 뽑고 이들을 대상으로 직권, 기피신청 또는 무이유부 기피신청에 따른 불선정결정을 한다(법31①). 이때 불선정결정이 있으면 그 수만큼 위의 절차를 반복한다(동②). 필요한 수의 배심원과 예비배심원 후보자가 확정되면 법원은 무작위의 방법으로 배심원과 예비배심원을 선정한다. 예비배심원이 2인 이상인 경우에는 그 순번을 정하여야 한다(동③).

4. 배심원의 해임과 사임

1) 해임 법원은 배심원·예비배심원에게 해임사유가 있을 때 직권 또는 검사·피고인 또는 변호인의 신청에 따라 해임결정을 할 수 있다. 해임결정 전에는 검사·피고인 또는 변호인의 의견을 묻고 출석한 해당 배심원·예비배심원에게 진술의 기회를 부여해야 한다. 결정에 불복할 수 없다(동법32).

2) 사임 배심원과 예비배심원은 직무를 계속 수행하기 어려운 사정이 있는 때에는 법원에 사임을 신청할 수 있고, 법원은 신청에 이유가 있다고 인정하는 때에는 당해 배심원·예비배심원을 해임하는 결정을 할 수 있다. 해임결정을 할 때에는 검사·피고인 또는 변호인의 의견을 들어야 하고, 법원의 결정에 대해 불복할 수 없다(동법33).

Ⅳ. 국민참여재판의 공판절차

1. 공판전 준비절차

1) 공판준비절차(필수) 재판장은 피고인이 국민참여재판을 원하는 의사를 표시한 경우 사건을 공판준비절차에 부쳐야 한다. 단, 배제결정이 있는 때에는 예외이다(동법36①). 국민참여재판에서는 공판준비절차가 필수이다. 공판준비를 통한 신속한 집중심리로 배심원의 출석 부담을 줄이고, 공정한 평결에 방해가 되는 증거능력 없는 증거를 미리 배제하기 위한 것이다.

2) 공판준비기일 법원은 주장과 증거를 정리하고 심리계획을 수립하기 위하여 공판준비기일을 지정하여야 한다(동법37①). 공판준비절차의 하나인 공판준비기일의 개정도 필수이다. 공판준비기일은 원칙적으로 공개한다(동⑤). 공판준비기일에는 배심원이 참여하지 않는다(동④).

2. 공판기일의 심리

배심원은 재판에 참여할 뿐이며, 재판은 직업법관이 행한다.

1) 공판기일의 통지 공판기일은 배심원과 예비배심원에게 통지해야 한다(동법38). 공판정은 판사 · 배심원 · 예비배심원 · 검사 · 변호인이 출석하여 개정한다(동법39).

2) 배심원의 좌석 배심원과 예비배심원은 재판장과 검사 · 피고인 및 변호인의 사이 왼쪽에 위치하고, 증인석은 재판장과 검사 · 피고인 및 변호인의 사이 오른쪽에 배심원과 예비배심원을 마주 보고 위치한다(동법39).

3) 배심원의 선서 피고인에게 진술거부권을 고지하기 전에, 배심원과 예비배심원은 법률에 따라 공정하게 그 직무를 수행할 것을 다짐하는 취지의 선서를 하여야 한다(동법42①).

4) 재판장의 최초설명 재판장은 배심원과 예비배심원에 대하여 배심원과 예비배심원의 권한 · 의무 · 재판절차, 그 밖에 직무수행을 원활히 하는 데 필요한 사항을 '설명'하여야 한다(동법42②). 재판장의 '최초설명'은 "재판절차에 익숙하지 아니한 배심원과 예비배심원을 배려하는 차원의 설명"이다.[1] 따라서 "원

1) 재판장의 최초설명에서는, <형사재판의 기본원칙>인 ㉠ 피고인의 무죄추정, 증거재판주의, 자유심증주의의 각 원칙, ㉡ 피고인의 증거제출 거부나 법정에서의 진술거부가 피고인의 유죄를 뒷받침하는 것으로 해석될 수 없다는 점, ㉢ 형사소송법의 각 규정에 의하여 증거능력이 배제된 증거를 무시하여야 한다는 점을 설명한다(동규칙37①). 실무상 사건의 개요, 피고인의

칙적으로 이 (최초)설명의 대상에 검사가 아직 공소장에 의하여 낭독하지 아니한 공소사실 등이 포함되는 것은 아니다”(대판 2014.11.13. 2014도8377). 이러한 최초설명은, 변론종결 후 평의에 도움을 주기 위한 설명인 재판장의 ‘최종설명’(동법46①)과 구별된다.

5) 배심원의 신문요청권과 필기 배심원과 예비배심원은 피고인 · 증인에 대하여 필요한 사항을 신문하여 줄 것을 재판장에게 요청할 수 있다(동법41① i). 재판장의 허가를 받아 각자 필기를 하여 평의에 사용할 수 있다(동 ii).

6) 배심원의 절차상 의무 배심원과 예비배심원은 ㉠ 심리 도중에 법정을 떠나거나 평의 · 평결 또는 토의가 완결되기 전에 재판장의 허락 없이 평의 · 평결 또는 토의장소를 떠나는 행위, ㉡ 평의가 시작되기 전에 당해 사건에 관한 자신의 견해를 밝히거나 의논하는 행위, ㉢ 재판절차 외에서 당해 사건에 관한 정보를 수집하거나 조사하는 행위, ㉣ 평의 · 평결 또는 토의에 관한 비밀을 누설하는 행위를 하여서는 아니 된다(동법41).

3. 평의, 평결 및 양형토의

1) 변론종결 후 재판장의 최종설명 재판장은 변론이 종결된 후 법정에서 배심원에게 공소사실의 요지와 적용법조, 피고인과 변호인 주장의 요지, 증거능력, 그 밖에 유의할 사항에 관하여 ‘설명’하여야 한다. 필요한 때에는 증거의 요지에 관하여 설명할 수 있다(동법46①). ‘그 밖에 유의할 사항’에 관한 설명에는 피고인의 무죄추정, 증거재판주의, 자유심증주의의 각 원칙 등이 포함된다(동규칙37① 참조). “재판장의 최종설명은 배심원이 올바른 평결에 이를 수 있도록 지도하고 조력하는 기능을 담당하는 것으로서 배심원의 평결에 미치는 영향이 크므로, 재판장이 (최종)설명의무가 있는 사항을 설명하지 않은 것은 원칙적으로 위법한 조치이다”(위 2014도8377). 그러나 “재판장이 **최종설명 때 공소사실에 관한 설명을 일부 빠뜨렸거나 미흡**하게 한 잘못이 있더라도, 이를 두고 그 전까지 절차상 아무런 하자가 없던 소송행위 전부를 무효로 할 정도로 판결에 영향을 미친 위법이라고 쉽게 단정할 것은 아니다. 그 잘못이 배심원의 평결에 직접적인 영향을 미쳐 피고인의 국민참여재판을 받을 권리 등을 **본질적으로 침해**하고 판결의 **정당성마저 인정받기 어려운 정도**에 이른 것인지를 신중하게 판단하여야 한다”(위 2014도8377).

주장 및 쟁점, 증거관계 부분(증거목록), 평의절차 안내 등도 행해진다.

2) 평의와 평결 심리에 관여한 배심원은 재판장의 설명을 들은 후 유·무죄에 관하여 평의하고, ㉠ 전원의 의견이 일치하면 그에 따라 평결한다. 다만, 배심원 과반수의 요청이 있으면 심리에 관여한 판사의 의견을 들을 수 있다(동②). ㉡ 배심원은 유·무죄에 관하여 전원의 의견이 일치하지 아니하는 때에는 평결 전에 심리에 관여한 판사의 의견을 들어야 한다. 이 경우 유·무죄의 평결은 다수결의 방법으로 한다.[1] 심리에 관여한 판사는 평의에 참석하여 의견을 진술한 경우에도 평결에는 참여할 수 없다(동③).

3) 양형토의 평결이 유죄인 경우 배심원은 심리에 관여한 판사와 함께 양형에 관하여 토의하고 그에 관한 의견을 개진한다. 재판장은 양형에 관한 토의 전에 처벌의 범위와 양형의 조건 등을 설명하여야 한다(동④). 이때 배심원은 양형에 관하여 평결하는 것은 아니고, 단지 개별적 양형의견을 개진할 뿐이다.

4. 평결의 효과와 판결의 선고

1) 평결의 효과 배심원의 평결과 의견은 법원을 기속하지 않는다(동⑤). 권고적 효력만 인정한 것은, 배심원의 평결에 구속력을 부여할 경우 헌법상 법관에 의한 재판을 받을 권리를 침해할 가능성이 있기 때문이다. 다만 간접적인 기속의 수단으로 평결과 다른 판결을 선고하는 경우 피고인에게 그 이유를 설명하고(동법48②), 판결서에 그 이유를 기재하도록 한다(동법49②).

그런데 국민참여재판에서 배심원이 만장일치로 내린 무죄 평결이 재판부의 심증에 부합하여 그대로 채택된 경우(즉, 무죄 선고), 사실의 인정에 관한 제1심의 판단을 항소심에서 뒤집을 수 있는가에 대해, 판례는 한층 더 제한적인 입장이다. 즉, ㉠ "(일반 사건에서도) 항소심으로서는 제1심 증인이 한 진술의 신빙성 유무에 대한 제1심의 판단이 항소심의 판단과 다르다는 이유를 들어 제1심의 판단을 함부로 뒤집어서는 아니된다. 특히 공소사실을 뒷받침하는 증인의 진술의 신빙성을 배척한 제1심의 판단을 뒤집는 경우에는, 무죄추정의 원칙 및 형사증명책임의 원칙에 비추어 이를 수긍할 수 없는 '충분하고도 납득할 만한 현저한 사정'이 나타나는 경우라야 한다." 더구나 국민참여재판으로 행해진 위와 같은

1) 즉, 만장일치가 아니라도 유죄평결을 할 수 있다는 것이다. 그러나 만장일치가 아니라는 것은 '합리적 의심의 여지 없는 증명'의 원칙에 위반될 수 있다는 비판이 있다. 참고로 미국 연방대법원은 2020년 Ramos v. Louisiana 판결에서 다수결에 의한 유죄평결을 인정한 (루이지애나주와 오레곤주의) 비만장일치평결법은 위헌이라고 판단하였다. 즉, 유죄판결에는 배심원 전원의 만장일치 평결이 필요하다는 것이다.

경우라면, “제1심의 판단은 실질적 직접심리주의 및 공판중심주의의 취지와 정신에 비추어 항소심에서의 새로운 증거조사를 통해 그에 **명백히 반대되는** ‘충분하고도 납득할 만한 현저한 사정’이 나타나지 않는 한 **한층 더 존중**될 필요가 있다”(대판 2010.3.25. 2009도14065). ㉡ 나아가, 이 경우 항소심에서의 ‘추가적이거나 새로운 증거조사’의 범위도 한층 더 제한된다. 즉, “그런 면에서 (검사가 항소하여 진행되는) 제1심법원의 무죄판결에 대한 **항소심에서의 추가적이거나 새로운 증거조사는** 형사소송법과 형사소송규칙 등에서 정한 바에 따라 신중하게 이루어져야 한다. ‘**증거조사의 필요성이 분명하게 인정되는 예외적인 경우**’에 **한정**하여 실시하는 것이 바람직하다”(대판 2024.7.25. 2020도7802).[1]

이는 만장일치의 무죄평결에 **사실상의 기속력**을 부여하는 의미가 있다.

2) 판결의 선고 판결의 선고는 변론을 종결한 기일에 하여야 하며, 이 경우 판결서를 선고 후에 작성할 수 있다(동법48①). 다만, 특별한 사정이 있는 때에는 변론종결 후 14일 이내로 따로 선고기일을 지정할 수 있다(동①③). 판결서에는 배심원이 재판에 참여하였다는 취지를 기재하여야 하고, 배심원의 의견을 기재할 수 있다(동법49①). 그리고 배심원의 평결 결과와 다른 판결을 선고하는 때에는 판결서에 **그 이유**를 기재하여야 한다(동②).

5. 공판절차상의 특칙

1) 간이공판절차 규정의 배제 국민참여재판의 경우 피고인이 자백하더라도 간이공판절차를 적용하지 않는다(동법43). 간이한 방법으로 증거조사를 하게 되면, 배심원이 증거를 제대로 파악하기 어렵기 때문이다.

2) 배심원의 증거능력 판단 배제 배심원 또는 예비배심원은 법원의 증거능력에 관한 심리에 관여할 수 없다(동법44). 법률전문가가 아닌 배심원이 증거능력 없는 증거의 영향으로부터 완전히 배제되도록 하려는 것이다.

---

1) “항소심이 위에서 언급한 점들에 관한 충분한 고려 없이 증거신청을 채택하여 증거조사를 실시한 다음 가령 제1심법원에서 이미 고려하였던 사정, 같거나 유사한 취지로 반복된 진술, 유무죄 판단에 관건적이라고 보기 어려운 부수적·지엽적 사정들에 주목하여 의미를 크게 둔 나머지 제1심법원의 판단을 쉽게 뒤집는다면, 그로써 증거의 취사 및 사실의 인정에 관한 배심원의 만장일치 의견의 무게를 존중하지 않은 채 앞서 제시한 법리에 반하는 결과가 될 수 있으므로 이를 경계할 필요가 있다”(위 2020도7802).

그런데 이러한 판시는 왜 나오고 있는가? 국민참여재판에서 배심원의 만장일치 무죄평결에도 불구하고 법관재판에서 유죄를 인정하는 일이 비일비재하다는 방증인가? 도대체 ‘합리적 의심을 배제할 정도’의 증명에 이르렀다고 볼 수 있다는 것인가?

3) 공판절차의 갱신 공판절차가 개시된 후 새로 재판에 참여하는 배심원·예비배심원이 있는 때에는 공판절차를 갱신하여야 한다(동법45①).

제 2 장

증 거

제 1 절 증거법의 기초

Ⅰ. 증거의 의의와 종류

1. 증거와 증명

1) **증거** 증거란 사실을 증명하는 자료, 즉 사실인정의 근거가 되는 자료를 말한다. 공판절차는 증거에 근거하여 틀림없는 사실을 확정하는 과정이다. 사실관계의 확정은 형사소송에서 가장 중요한 과제이다. 넓은 의미의 증거는 증거방법, 증거자료를 포함한다. ㉠ **증거방법**은 사실인정의 자료가 되는 물건이나 사람 자체(예: 증인, 증거물, 증거서류)를, ㉡ **증거자료**는 증거방법을 증거조사하여 알게 된 내용(예: 증인신문으로 얻은 증언내용, 증거서류의 낭독 등으로 알게 된 증거서류의 기재내용, 증거물의 제시로 알게 된 증거물의 성질·형상)을 말한다.

2) **증명** 증명이란, 사실관계가 증거에 의하여 명백하게 확인되는 과정(즉, 법관이 증거에 의하여 요증사실의 존재에 대해 확신을 얻은 상태) 또는 이를 위한 소송관계인의 노력을 말한다. **요증사실**은 증명이 필요한 사실, 즉 증명의 대상이 되는 사실을 말하고, 증거와 요증사실과의 관계를 **입증취지**라고 한다(규132의2①). 증거는 요증사실을 인정하기 위한 수단이다. 형사소송에서 증명의 정도는, 민사소송과는 달리, 법관이 합리적 의심을 할 여지가 없을 정도로 확신을 갖는 것을 말한다(307②).[1]

---

1) 반면, **소명**이란 요증사실에 대하여 법관이 확신에 미치지 못하더라도 일응 확실할 것이라는 추측을 얻은 상태(즉, 요증사실의 존재나 부존재에 대한 개연적 판단 상태)를 말한다. 현행법

2. 증거의 종류

1) 직접증거와 간접증거　i) 직접증거란 주요사실(주로 범죄사실) 그 자체를 직접 증명하는 증거(예: 피고인의 자백, 범행현장을 직접 목격한 증인의 증언, 위조통화)를 말한다. **주요사실**이란 피고사건의 유죄증명에서 핵심적 내용을 이루는 사실(주로 범죄사실)을 말한다. ii) 주요사실을 직접 증명하는 것은 아니지만, 주요사실을 간접적으로 추인하는 사실, 즉 **간접사실**을 증명하는 증거를 간접증거 또는 정황증거라고 한다. 예컨대, 범행현장에서 채취된 피고인의 지문은, 피고인이 범행현장에 간 적이 있다는 사실(간접사실)을 증명하는 증거로서, 살인의 사실(주요사실)에 대한 간접증거이다.

그런데 이 구별은 큰 의미가 없다. 증거의 증명력은 법관의 자유판단에 의하므로(자유심증주의), 직접증거와 간접증거 사이에 증명력의 우열은 없기 때문이다. 즉, "살인죄와 같이 법정형이 무거운 범죄의 경우에도 직접증거 없이 간접증거만으로도 유죄를 인정할 수 있다"(대판 2017.5.30. 2017도1549).

2) 진술증거와 비진술증거　i) 진술증거는 사람의 진술(말)이 증거가 되는 것을 말한다. 진술증거는 구두에 의한 것과 서면에 의한 것을 포함한다. ii) 비진술증거는 진술증거 이외에 증거물이나 사람의 신체상태 등을 말한다.

이 구별은 매우 중요하다. 증거능력에서 큰 차이가 있다. i) 진술증거는 진술의 **임의성**이 인정되어야 하고(309 · 317), **전문법칙**에 의하여 증거능력이 제한될 수 있다(310의2). 그러나 비진술증거는 전문법칙이 적용되지 않는다. ii) 특히 진술증거는 **원본증거**와 **전문증거**로 나뉘는데, 증인이 직접 경험한 사실을 진술하는 것이 원본증거이며,[1] 타인으로부터 전해들은 사실을 진술하는 것이 전문증거이다. 전문증거는 증거가 될 수 없다는 원칙이 전문법칙(310의2)이다.

특히 사람의 말이라도 무엇을 요증사실로 하는가에 따라 진술증거도 되고 비진술증거도 되는데, 이는 전문법칙의 적용 여부도 좌우한다. 진술증거라면 전문법칙이 적용될 수 있지만, 비진술증거라면 전문법칙이 적용되지 않는다. 진술

상 소명의 대상은 소송법적 사실 가운데 특별히 신속한 처리가 요구되고 엄격한 증명의 대상처럼 비중도 높지 않은 경우이다. 예컨대, 기피사유의 소명(19②), 증거보전청구사유의 소명(184③), 증인신문청구사유의 소명(221의2③) 등.

1) 원본증거와 구별되는 개념으로 '**본래증거**'가 있다. 본래증거도 전문증거가 아니다. 원본증거가 직접 경험자의 경험사실에 대한 법정 진술을 의미하는 것이라면, 본래증거는 어디까지나 요증사실과의 관계에서 정해지는 상대적인 개념이다.

증거와 비진술증거의 구별은 이론적으로는 비교적 명확하지만, 실제로는 매우 미묘한 문제를 내포한다(전문증거 부분에서 후술).

3) **실질증거와 보조증거** i) 실질증거는 **주요사실**의 존부를 직·간접으로 증명하는 증거(예: 범행을 목격한 A증인의 증언)를 말한다. ii) 보조증거는 실질증거의 증명력에 영향을 미치는 사실(보조사실)을 입증하는 증거(예: A증인의 약한 기억력에 관한 B증인의 증언)를 말한다. 이는 실질증거의 증명력을 ㉠ 증강·강화(증강증거) 또는 ㉡ 감쇄(탄핵증거)하는 역할을 한다. 따라서 보조증거만으로는 주요사실을 증명할 수 없다. 탄핵증거에서 구별의 실익이 있다.

4) **인증·물증·서증**(증거서류와 증거물인 서면) i) 인증은 사람의 진술내용이 증거로 되는 것(예: 증인의 증언, 감정인의 감정, 피고인의 진술)을 말한다. ii) 물증은 물건의 존재 또는 상태가 증거로 되는 것(예: 범행에 사용된 흉기, 범행으로 취득한 장물)을 말한다. iii) 서증 가운데 ㉠ 증거서류는 서면의 내용이 증거로 되는 것(예: 공판조서, 검증조서, 피의자신문조서, 참고인진술조서, 의사의 진단서 등)이고, ㉡ '증거물인 서면'은 서면의 내용과 동시에 서면의 존재 또는 상태가 증거가 되는 것(예: 위조죄의 위조문서, 무고죄의 허위고소장, 협박죄의 협박편지, 명예훼손죄의 수단인 인쇄물, 음란문서반포죄의 음란문서, 부동산사기죄의 매매계약서 등)을 말한다. 총칭하여 **서증**이라 한다. '증거서류'와 '증거물인 서면'의 구별은 **내용기준설**(서증 가운데 내용이 문제되는 것은 '증거서류'이고, 내용뿐만 아니라 그 존재나 상태도 문제되는 것은 '증거물인 서면')에 따른 것이다.

이 구별도 중요하다. 각 증거방법의 특징이 증거조사의 방법을 결정한다. "'**증거물인 서면**'의 **증거능력**은 증거물의 예에 따른다"(대판 2015.4.23. 2015도2275). "'증거물인 서면'의 **증거조사 방식**은 증거물의 조사방식인 '제시'와 증거서류의 조사방식인 '낭독'(요지고지 또는 열람)이 함께 이루어져야 한다"(대판 2013.7.26. 2013도2511).[1)]

[본증과 반증] i) 본증은 자기가 증명책임을 부담하는 사실을 증명하기 위하여 제출하는 증거를 말하고, 반증은 상대방이 증명책임을 부담하는 사실을 부정하기 위하여 제출하는 증거를 말한다. 형사소송에서는 증명책임이 원칙적으로 검사에게 있으므로, 검사가 증명책임이 있는 사실에 대해 검사가 제출하는 증거는 본증이 되고, 이에 대

---

1) "본래 증거물이지만 증거서류의 성질도 가지고 있는 이른바 '증거물인 서면'을 조사하기 위해서는 증거서류의 조사방식인 낭독·내용고지 또는 열람의 절차와 증거물의 조사방식인 제시의 절차가 함께 이루어져야 하므로, 원칙적으로 증거신청인으로 하여금 그 서면을 제시하면서 낭독하게 하거나 이에 갈음하여 그 내용을 고지 또는 열람하도록 하여야 한다"(대판 2013.7.26. 2013도2511).

응하여 피고인이 제출하는 증거는 반증이 된다. ii) 본증과 반증은 증명의 정도가 다르다. 즉, 본증은 법관이 요증사실의 존재에 관하여 확신상태에 이르러야 성공하지만, 반증은 요증사실의 부존재에 관하여 확신에 이른 경우는 물론 요증사실의 존재에 관하여 확신을 갖지 못하는 상태, 즉 진위불명 상태가 되더라도 성공한다. 본증이 반증보다 증명하기가 훨씬 더 어렵다. 형사재판에서는 증명책임이 검사에게 있으므로, 본증·반증의 구별은 형사재판에서는 큰 실익이 없다.

Ⅱ. 증거능력과 증명력

1. 증거능력

증거능력은 어떤 증거가 유죄인정의 자료로 사용될 수 있는 법률상의 자격을 말한다. 증거능력은 미리 법률에 형식적으로 규정되어 있다(입법사항). 예컨대, 위법수집증거배제법칙(308의2), 자백배제법칙(309), 전문법칙(310의2)이 증거능력에 관한 규정이다. 제307조의 증거재판주의는 증거능력의 문제이다. 따라서 ㉠ 증거능력 없는 증거는 사실인정의 자료로 사용될 수 없다. ㉡ 증거능력 없는 증거는 제아무리 증거가치(증명력)가 있더라도, 유죄의 증거로 삼을 수 없으며, 공판정에서 증거조사조차 허용되지 않는다.

증거능력의 제한에는 절대적 제한과 상대적 제한이 있다. 위법수집증거배제법칙과 자백배제법칙은 절대적 제한이나, 전문법칙에 의한 증거능력 제한은 당사자의 동의가 있으면 증거로 쓸 수 있으므로 상대적 제한이다.

2. 증명력

증명력은 요증사실을 증명하는 증거의 힘, 즉 증거의 실질적 가치를 말한다. 이는 신빙성의 정도 문제로서 법관의 입장에서는 심증의 문제이다. 증거능력이 미리 법률에 의해 형식적으로 결정되는 반면, 증명력은 법관의 자유심증에 맡겨져 있다(사법사항). 제308조의 자유심증주의는 증명력의 문제이다. 증거능력 있는 증거라 할지라도 증명력이 없거나 부족할 수가 있다.

증명력에 관한 법관의 자유판단에도 내재적 한계가 있다. 합리적인 의심이 없는 정도의 고도의 심증을 가져야 한다(307②). 또한 증명력의 법률상 제한도 있다. 자백의 보강법칙(310), 공판조서의 증명력(56)에 관한 규정이 그러한 법률상 한계에 해당한다.

3. 증거공통의 원칙과 그 한계

증거능력 있는 증거가 제출되면, 증거의 실질가치는 법관이 자유롭게 평가한다. 제출된 증거는 제출자나 신청자의 입증취지에 구속되지 않는다. 제출자에게 불리하게 사용될 수도 있다. 이를 '증거공통의 원칙'이라 한다.

다만, 형사재판에서는 증거공통 원칙의 적용에서 한계상황이 존재한다. 즉, i) 피고인이나 변호인이 무죄에 관한 자료로 제출한 서증 가운데 도리어 유죄를을 뒷받침하는 내용이 있다 하여도, 법원이 그 서증을 유죄인정의 증거로 쓰려면, ① 상대방의 원용(동의)이 없는 한[1] ② ㉠ 그 서류의 진정성립 여부 등을 조사하고, ㉡ 아울러 그 서류에 대한 피고인이나 변호인의 의견과 변명의 기회를 주어야 한다(대판 1989.10.10. 87도966).[2] 증거공통의 원칙이란 증거의 증명력이 제출자나 신청자의 입증취지에 구속되지 않는다는 것일 뿐, 증거의 증거능력이나 증거에 관한 조사절차를 불필요하게 할 수 있는 힘은 없기 때문이다. ii) 반면, 피고인에게 유리한 '반대증거'는 증거능력이 요구되지 않으며, 검사가 제출한 유죄의 증거 가운데 도리어 무죄를 뒷받침하는 내용이 있다면 검사에게 불리하게 사용될 수 있다.

Ⅲ. 증거조사의 방법

증거조사의 방법은 증거방법의 차이로부터 도출된다. 증거의 내용이나 존재를 명백히 하는 방법이기 때문에 각 증거방법의 특징에 따라 증거조사의 방식이 정해진다. 인증, 서증, 물증으로 나누어져 법에 규정되어 있다.

i) 인증에 대한 증거조사는 신문의 방법에 의한다(증인신문, 피고인신문, 감정인신문). ii) 물증에 대한 증거조사는 '제시'의 방법에 의한다(292의2). 즉, 그 존재나 형상을 명백히 할 필요가 있으므로 보여주어야 한다. iii) '증거서류'에 대한 증거조사는 그 내용을 명백히 하기 위하여 '낭독'한다. 전부 낭독할 필요가 있는

1) "당해 서류를 제출한 당사자는 그것을 증거로 함에 동의하고 있음이 명백한 것이므로 상대방인 검사의 원용이 있으면 그 서증을 유죄의 증거로 사용할 수 있다"(대판 2014.2.27. 2013도12155).

2) "피고인의 변호인이 무죄의 자료로 제출한 '외국인 소재불명·가출신고서'에 대해 법원이 피고인이나 변호인에게 '의견과 변명의 기회를 주었다는 사정'을 찾아볼 수 없으므로, 위 신고서를 유죄인정의 증거로 삼은 것은 위법하다"(대판 2009.5.28. 2008도10787).

것은 아니므로 낭독 대신 요지의 고지(규134의6①) 또는 제시하여 열람하게 할 수 있다(292). iv) '증거물인 서면'에 대한 증거조사는 증거물의 조사방식인 '제시'와 증거서류의 조사방식인 '낭독'(요지고지 또는 열람)이 함께 필요하다(대판 2013.7.26. 2013도2511). v) 그 밖에 녹음테이프 등의 경우에는 그 내용에 따라 재생하여 청취 또는 시청하는 방법으로 한다.

제 2 절 증거법의 기본원칙

Ⅰ. 증명책임

1. 의의

형사재판에서 증명책임[1]은 검사에게 있다. 증명책임이란 말은 두 가지 의미로 사용된다. 실질적 증명책임과 형식적 증명책임이다.

1) 실질적 증명책임 실질적 증명책임이란, 형사재판에서 입증활동이 종료하였음에도, 증명이 필요한 사실(요증사실)의 존부가 증명되지 않을 경우 그 불이익을 받게 되는 당사자의 법적 지위(부담 내지 위험)를 말한다. 즉, 누가 불이익을 받는가의 문제이다. 기본적으로 이 부담은 검사가 진다. 이것을 "의심스러운 때는 피고인의 이익으로"(in dubio pro reo)의 원칙이라 한다. 형사재판에서 공소제기된 범죄사실에 대한 증명책임은 검사에게 있고, 검사가 합리적 의심이 없는 정도의 증명을 다하지 않는 한 설령 피고인에게 유죄의 의심이 간다 하더라도 피고인의 이익으로 판단할 수밖에 없다(대판 2003.2.11. 2002도6110). 즉, '유죄냐 무죄냐'의 문제가 아니라 '유죄냐 유죄가 아니냐'의 문제이다.

실질적 증명책임을 검사가 부담하는 것은 당사자주의나 직권주의와 관계가 없다. 다만, 법원이 직권주의에 따라 직권발동을 하지 않은 경우 그 책임의 범위가 넓어진다는 점에서, 상소심에서 심리미진으로 판단될 여지가 있다.

2) 형식적 증명책임 형식적 증명책임이란, 공판의 진행과정에 따라 어느

---

1) '증명책임'이라는 용어가 타당하다. 강학상 종래 '거증책임'또는 '입증책임'이라는 용어가 흔히 사용되었으나, 이는 말 그대로 단순히 '증거를 제시해야 될 책임'에 불과하고, 요증사실의 진위불명 사태에 대비한 그 불이익의 위험부담 책임은 보다 실질적인 문제이기 때문이다. 대법원도 최근에 이르러 '증명책임'이라는 용어의 사용을 강화하고 있다. 대판 2009.5.28. 2009도1040; 2010.4.29. 2007도6553; 2010.7.23. 2010도1189 전합 등 참조.

사실이 증명되지 않으면 현실적으로 불리한 판단을 받을 염려가 있는 당사자가, 그 불이익을 면하기 위해 당해 사실을 증명해야 할 부담을 말한다. 입증의 부담이라고도 한다. 실질적 증명책임의 절차면에서의 반영이다.

실질적 증명책임은 처음부터 고정되어 있으며 공판의 진행에 따라 변동되지 않지만, 형식적 증명책임 내지 입증의 부담은 공판의 진행과정에 따라 수시로 이전 또는 반전된다는 차이가 있다. 예컨대, 검사가 구성요건해당성을 증명하면 위법성과 책임은 사실상 추정되므로, 위법성조각사유와 책임조각사유에 대하여는 피고인이 입증의 필요 내지 부담을 지게 된다. 다만, 검사와 피고인의 입증부담은 정도의 차이가 있다. 검사는 법관에게 유죄확신을 갖게 할 정도의 증명부담을 지지만, 피고인은 법관에게 심증형성을 방해할 정도, 즉 의심을 일으키게 할 정도로만 증명활동을 하면 된다.

2. 증명책임의 분배

(1) 실체법적 사실

1) 공소범죄사실 검사는 공소가 제기된 범죄의 구성요건을 이루는 사실은, 그것이 객관적 요건이건 주관적 요건이건, 증명책임은 검사에게 있다(대판 2012.8.30. 2012도7377). 검사는 위법성과 책임의 기초가 되는 사실의 존재에 대해서도 증명책임이 있다. 따라서 피고인이 위법성조각사유 또는 책임조각사유를 주장하면, 검사는 그 부존재에 대해 증명책임이 있다.

동일사건의 민사재판이었더라면 그 쟁점사항에 대해 피고인이 증명책임을 지는 것이라도, 형사재판에서는 그것이 공소범죄사실인 한 검사가 증명책임을 진다. 즉, "민사재판이었더라면 증명책임을 지게 되었을 피고인이 그 쟁점이 된 사항에 대하여 자신에게 유리한 입증을 하지 못하고 있다 하여도, 형사재판에서는 공소가 제기된 범죄사실에 대한 증명책임은 검사에게 있다"(대판 2003.12.26. 2003도5255).

2) 알리바이 피고인의 알리바이(Alibi, 현장부재증명) 주장은 구성요건 해당사실의 존재에 대한 다툼이고, 결국 구성요건 해당사실을 부인하는 진술이다. 범죄사실의 존재에 대하여 검사에게 증명책임이 있는 이상, 알리바이의 부존재(즉, 현장존재)에 대하여도 검사에게 증명책임이 있다. 판례도 같은 취지이다.[1] 피

1) 대판 1982.9.28. 82도1798 참조. 이 판결은 '사실인정에 배치되는 증거에 대한 판단을 반드시 판결이유에 기재하여야 하는 것은 아니므로, 피고인이 알리바이를 내세우는 증인들의 증언에 대한 판

고인이 알리바이를 주장하는 경우 그 증거를 개시해야 하나(266의11①), 이는 입증의 부담에 불과하다.

3) 처벌조건인 사실　처벌조건인 사실은 인적 처벌조각사유(예컨대, 친족상도례에서 일정한 친족관계의 부존재 여부)이건 객관적 처벌조건(예컨대, 파산범죄에서 파산선고의 확정)이건 모두 검사에게 증명책임이 있다.

4) 형의 가중·감면의 사유가 되는 사실　형벌권의 범위에 영향을 미치는 사유이므로, 형의 가중사유가 되는 사실(예컨대, 누범전과사실)의 존재, 형의 감면사유가 되는 사실(예컨대, 자수, 자복)의 부존재도 검사에게 증명책임이 있다.

(2) 소송법적 사실

1) 소송조건　소송조건은 법원의 직권조사사항에 속한다. 그러나 소송조건은 공소제기의 적법·유효요건이므로, 소송조건에 관하여 다툼이 있으면 검사에게 증명책임이 있다. 즉, 친고죄에서 고소와 고소취소, 반의사불벌죄에서 처벌불원의사, 공소시효의 완성, 사면 등 소송조건에 관한 사실의 존부가 불분명한 경우에는 그 불이익이 검사에게 돌아간다. 따라서 검사는 적극적 소송조건의 존재(예컨대, 친고죄에서 고소의 존재 등) 또는 소극적 소송조건의 부존재(예컨대, 반의사불벌죄에서 처벌불원의사의 부존재 등)에 대하여 증명책임이 있다.

2) 증거능력의 전제 되는 사실　증거능력의 전제가 되는 사실에 대한 증명책임은 그 사실을 주장하는 당사자에게 있다고 보는 견해가 있다. 그 이유는 증거를 자기의 이익으로 이용하려는 당사자가 그 기초사실에 대한 증명책임을 부담하는 것이 공평의 이념에 합치하기 때문이라고 한다.

그러나 '형벌권의 근거와 범위에 관한 사실'에 대하여 검사에게 증명책임이 있는 이상, 그 증거의 증거능력의 전제사실에 대하여도 검사에게 증명책임이 있다. 예컨대 "서증의 증거능력을 부여하기 위한 증명책임은 그 서증을 증거로 제출한 검사에게 있다"(대판 1970.11.24. 70도2109). 우선 ㉠ (진술증거) "진술의 **임의성에 다툼이 있을 때에는**, 그 임의성을 의심할 만한 합리적이고 구체적인 사실을 피고인이 증명할 것이 아니고, **검사가 그 임의성의 의문점을 없애는 증명을 하여야 한다**. 검사가 그 임의성의 의문점을 없애는 증명을 하지 못한 경우에는 그 진술증거는 증거능력이 부정된다"(대판 2012.11.29. 2010도3029). ㉡ (비진술증거) 영장주의의 예외인 임의제출물의 압수에서도, "**제출에 임의성이 있다는 점에 관하여**

단을 하지 아니하였다 하여 위법이라 할 수 없다.'고 판시하였는바, 이는 알리바이의 부존재에 대하여 검사에게 증명책임이 있음을 전제로 한 것으로 볼 수 있다.

는 검사가 합리적 의심을 배제할 수 있을 정도로 증명하여야 하고, 임의로 제출된 것이라고 볼 수 없다면 증거능력이 없다”(대판 2016.3.10. 2013도11233).

반면, 피고인에게 유리한 증거, 즉 **공소범죄사실에 반대되는 사실에 대한 증거는 증거능력이 요구되지 않는다.** 이는 증거능력의 ‘일방성’ 내지 ‘편면성’(편파성)을 의미한다. 따라서 피고인에게 유리한 증거와 관련해서는, 그 증거능력의 전제사실에 대한 증명책임이 문제되지 않는다.

3) 양형의 기초사실 양형의 기초가 되는 사실에 관하여도 마찬가지로 검사에게 증명책임이 있다.

(3) 증명의 정도 및 증명 방법

민사소송과 달리, 형사재판에서 증명의 정도는 고도의 증명이다. 즉, 범죄사실의 인정은 ‘합리적인 의심이 없는 정도의 증명’(307②) 또는 유죄의 인정은 ‘합리적인 의심을 할 여지가 없을 정도의 **확신**’(대판 2003.2.11. 2002도6110) 내지 ‘**압도적으로 우월한 증명**’(대판 2023.1.12. 2022도14645)이 필요하다. 이를 영미법에서는 “합리적인 의심을 뛰어넘는(beyond a reasonable doubt) 정도의 증명”이라고 한다.

[증명 방법: 시공간이 특정되지 않은 사실의 부존재에 대한 증명방법] “형사소송에서는 범죄사실이 있다는 증거를 검사가 제시하여야 한다. 피고인의 변소가 불합리하여 거짓말 같다고 하여도 그것 때문에 피고인을 불리하게 할 수 없다”(대판 2018.6.19. 2015도3483). 특히 ‘시공간이 특정되지 않은 사실의 부존재에 대한 증명 방법’이 문제된다. 그 증명방법에는 다음과 같은 특수한 점이 있다.

㉠ (허위사실공표죄의 ‘허위성’ 증명) “공직선거법상 허위사실공표죄에 있어서 의혹사실이 존재한다고 주장하는 자(=피고인)는, 그 존재를 수긍할 만한 소명자료를 제시할 부담을 지고, 검사는 그 제시된 자료의 신빙성을 탄핵하는 방법으로 허위성의 증명을 할 수 있으며, 이때 소명자료는 단순한 소문만으로는 부족하고 허위성에 관한 검사의 증명활동이 가능할 정도의 구체성을 갖추어야 하며, 소명자료의 제시가 ‘없거나’ 제시된 소명자료의 신빙성이 ‘탄핵’된 때에는 허위사실 공표의 책임을 져야 한다”(대판 2018.9.28. 2018도10447).

㉡ (양심적 병역거부로 인한 병역법위반죄의 ‘정당한 사유’ 증명) 정당한 사유가 없다는 사실의 증명도 마찬가지다(대판 2018.11.1. 2016도10912 전합).

3. 증명책임의 전환

증명책임의 전환이란, 원래 검사가 부담하는 증명책임이 명문의 규정에 의하여 예외적으로 상대방(즉, 피고인)에게 전가되는 것을 말한다. 원래 "의심스러운 때는 피고인의 이익으로"(in dubio pro reo)의 원칙은 헌법상 무죄추정의 원칙(헌법 27④)에서 도출된다. 증명책임의 전환은 이러한 헌법상 무죄추정의 원칙에 대한 예외를 인정하는 것이므로, 명문규정이 있고 예외를 인정할 만한 합리적 근거가 있어야만 허용된다.

현재 증명책임의 전환이 문제되는 것으로는, ㉠ 상해죄의 동시범 특례(형법 263)와 ㉡ 명예훼손죄의 위법성조각사유(형법310) 등이 있다.

1) 상해죄의 동시범 특례 형법 제263조는 "독립행위가 경합하여 상해의 결과를 발생하게 한 경우에 있어서 원인된 행위가 판명되지 아니한 때에는 공동정범의 예에 의한다"고 규정하고 있다. 이는 상해죄의 동시범 특례를 규정한 것으로, 형법 제19조의 '독립행위의 경합(미수범으로 처벌)'에 대한 예외이다. 원래 미수범이 아닌 기수범으로 처벌하려면 인과관계의 증명이 필요하지만, 상해의 결과가 발생한 경우에는 인과관계 입증의 곤란을 덜기 위해 독립행위의 경합을(공동정범의 예에 따라) 기수범으로 처벌한다는 것이다. 제263조의 법적 성격은 증명책임의 전환 규정으로 보는 것이 일반적이다. 따라서 피고인이 인과관계의 부존재에 대하여 증명책임을 부담하게 된다.

2) 명예훼손죄에서 사실의 증명 형법 제310조는 명예훼손행위에 대해 "진실한 사실로서 오로지 공공의 이익에 관한 때에는 처벌하지 아니한다"고 규정하고 있다. 판례는 이를 피고인에게 증명책임이 전환되는 것으로 이해한다. 즉, 명예훼손행위가 형법 제310조에 따라 위법성이 조각되기 위해서는 "그것이 진실한 사실로서 오로지 공공의 이익에 관한 때에 해당된다는 점을 행위자(피고인)가 증명하여야 한다"(대판 1996.10.25. 95도1473). 다만, 피고인의 증명부담을 완화하여 "그 증명은 유죄의 인정에 있어 요구되는 것과 같이 법관으로 하여금 의심할 여지가 없을 정도의 확신을 가지게 하는 증명력을 가진 엄격한 증거에 의하여야 하는 것은 아니"며, '증거능력 없는 전문증거'(310조의2)의 사용도 허용한다(위 95도1473)는 입장이다.

[(피고인) 반대사실의 증명 문제]

1) 반대사실 및 반대증거 반대사실(예: 공소범죄사실과 반대되는 사실)을 증명하기 위한 증거를 반대증거[1]라고 할 수 있다. 형사재판에서 증명책임은 원칙적으로 검사

1) 판례는 '반대증거'의 용어를 '탄핵증거'의 의미로 사용한 경우(대판 2002.8.23. 2000도329 등)가 있으나, '유죄의 증명에 대한 반대증거' 또는 '반대사실을 인정하기 위한 증거'(대판 1992.8.

에게 있다. 따라서 반대사실은 좁은 의미로는 검사가 증명책임을 부담하는 공소범죄사실과 반대되는 사실, 즉 구성요건에 해당하고 위법·유책한 사실과 반대되는 사실을 의미하지만, 넓은 의미로는 검사가 증명책임을 부담하는 형벌권의 근거와 범위에 관한 일체의 사실(즉, 기타 처벌조건인 사실, 형의 가중·감면의 사유인 사실, 소송법적 사실 등)에 반대되는 사실을 모두 포함하는 개념이다. 예컨대, 실제 형사재판에서 자주 주장되는 구성요건사실에 반대되는 알리바이 사실, 위법성조각사유의 존재를 주장하는 정당방위의 요건사실, 책임조각사유의 존재를 주장하는 심신미약 또는 상실의 사유가 되는 사실 등을 포함한다. 이러한 반대사실을 증명하기 위한 증거는 모두 반대증거가 된다. 반대사실은 대부분 피고인이 형식적 증명책임 내지 입증의 부담을 지는 사실에 해당한다.

2) 반대증거의 증거능력　피고인에게 유리한 반대사실의 증거, 즉 반대증거는 증거능력이 요구되지 않는다(예컨대, 무죄의 증거). 증거능력이 없는 증거라도, 유죄사실을 인정하는 증거로 사용하지 않는 이상, 피고인의 이익을 위하여 얼마든지 사용할 수 있다. "의심스러운 때는 피고인의 이익으로"(in dubio pro reo)의 원칙에 따라, 형사재판에서 증명책임은 검사에게 있다. 피고인이 무죄 등 반대사실을 적극적으로 증명할 필요도 없고 증명할 책임도 없다. 따라서 피고인에게 유리한 반대사실의 증거, 즉 **반대증거는 증거능력이 요구되지 않**으며, 또한 '엄격한' 증거조사절차를 반드시 거쳐야 하는 것도 아니다.

판례는 ㉠ 전문법칙과 관련하여 "유죄의 자료가 되는 것으로 제출된 증거의 **반대증거** 서류에 대하여는, 그것이 유죄사실을 인정하는 증거가 되는 것이 아닌 이상, 반드시 그 진정성립이 증명되지 아니하거나 이를 증거로 함에 상대방의 동의가 없다고 하더라도, (피고인에게 유리한) 증거판단의 자료로 할 수 있다."(대판 1972.1.31. 71도2060; 1974.8.30. 74도1687; 1981.12.22. 80도1547) 또는 "검사가 유죄의 자료로 제출한 증거들이 그 진정성립이 인정되지 아니하고 이를 증거로 함에 상대방의 동의가 없더라도, 이는 유죄사실을 인정하는 증거가 되는 것이 아닌 이상, 공소사실과 **양립할 수 없는 사실을 인정하는 자료**로 쓸 수 있다"(대판 1994.11.11. 94도1159)라고 판시하고 있다. ㉡ 자백배제법칙과 관련하여 "검찰자백의 신빙성을 판단함에 있어 경찰에서의 (임의성 없는) 자백진술을 원용한 것은 어떠한 잘못도 없으며, 오히려 그렇게 함으로써 실체진실 발견에 접근된다"(대판 1985.2.26. 82도2413)고 한 것이 있는데, 임의성 없는 자백이라도 피고인에게 유리한 반대증거로 사용하는 것은 허용된다는 취지이다. 따라서 반대증거의 경우에는 그 증거능력의 전제사실에 대해서도 피고인의 증명책임 문제가 생기지 않는다.

3) 반대사실의 증명 정도　피고인이 무죄사실 등 반대사실의 존재를 적극적으로

---

18. 92도1494; 1986.10.28. 86도1570; 1981.12.22. 80도1547 등) 내지 '공소사실과 양립할 수 없는 사실을 인정하는 자료'(대판 1994.11.11. 94도1159)라는 의미로도 사용하고 있다.

증명할 필요는 없다. 다만, 피고인이 굳이 반대사실을 증명하는 경우에도, 그 증명의 정도는, 공소범죄사실의 부존재 내지 반대사실의 존재에 대해 확신에 이른 경우가 아니라, 단지 공소범죄사실의 존재에 관하여 확신을 갖지 못하는 상태, 즉 '합리적 의문(reasonable doubt)을 갖게 하는 상태'로도 충분하다. 즉, 피고인은 검사가 제출한 증거의 증명력을 떨어뜨리고 법관의 심증에 동요를 일으키는 정도라면 족한 것이다. 형사재판에서 증명책임은 검사에게 있고, 그 증명의 정도는 합리적인 의심을 배제할 정도의 고도의 증명이기 때문이다.

4) 피고인이 증명책임을 부담하는 경우　　피고인이 증명책임을 부담하는 경우에도 같은 맥락이다. 예컨대, 명예훼손죄의 사실증명에 관하여 판례는, 피고인에게 증명책임을 전가하면서도, 그 증명부담을 완화하여 엄격한 증명이 아닌 자유로운 증명으로 족하다는 입장이다. 즉, 증명의 방법에서 증거능력 없는 증거의 사용도 허용하며, 증명의 정도에서도 '유죄의 인정에 있어 요구되는 것과 같이 법관으로 하여금 의심할 여지가 없을 정도의 확신을 가지게 하는 증명력'을 요구하지도 않는다(앞 95도1473). 이는 피고인이 증명책임을 부담하는 경우로서, 검사가 증명책임을 부담하는 반대사실에 대한 것은 아니라는 차이는 있으나, 피고인에게 유리한 증거이고 피고인의 이익을 위한 것이라는 점에서는 차이가 없기 때문이다.

Ⅱ. 증명의 대상과 방법: 증거재판주의

1. 증거재판주의

1) 의의　　"사실의 인정은 증거에 의하여야 한다"(307①). 이를 증거재판주의라고 한다. 여기서 '사실'과 '증거'의 의미가 문제된다. '사실'은 '범죄될 사실'(323①)을 의미하고, '증거'는 '증거능력이 있고 적법한 증거조사를 거친 증거'를 의미한다. 이는 "범죄사실의 인정은 법률상 증거능력이 있고 법률이 규정한 적법한 증거조사절차를 거친 증거에 의해서만 가능하다"는, '엄격한 증명'의 법리를 표현한 것이다. 또한 "범죄사실의 인정은 합리적인 의심이 없는 정도의 증명에 이르러야 한다"(307②). 증거재판주의는 역사적으로 '신판(神判)'이나 '자백에 의존한 사실인정'을 소극적으로 배제하는 원칙으로 출발하였으나, 오늘날에는 이와 같이 특수한 규범적 의미를 갖는다. 민사재판과 다른 형사재판에서의 증거재판주의의 엄격성을 재차 확인하고 있다.

2) 엄격한 증명과 자유로운 증명　　i) 형사소송법에는 위법수집증거배제법칙, 자백배제법칙, 전문법칙 등 증거에 관하여 엄격한 증거능력 법칙이 규정되

어 있다. 또한 공판중심주의가 확립된 결과 엄격한 증거조사절차도 규정되어 있다. 법정이 공개되어 있는 취지에 비추어, 증거조사는 원칙이 수소법원은 물론 당사자 나아가 방청인에게도 그 내용이 명확히 인식될 수 있는 방법이어야 한다. **엄격한 증명**은 이와 같이 '법률상 증거능력이 있고 적법한 증거조사절차를 거친 증거에 의한 증명'을 의미한다. ii) 이에 비해 '자유로운 증명'은, 엄격한 증명 이외의 증명, 즉 '증거능력 없는 증거나 적법한 증거조사절차를 거치지 아니한 증거에 의한 증명'을 의미한다. iii) 양자는 증거능력의 유무와 증거조사방법에 차이가 있을 뿐, 심증의 정도에는 차이가 없다. 양자 모두 '합리적 의심이 없는 정도의 증명', 즉 '확신'을 요한다.

2. 엄격한 증명의 대상

엄격한 증명의 대상은 '**형벌권의 근거와 범위에 관한 사실**, 즉 주요사실'이다. **공소범죄사실**인 ㉠ 구성요건해당사실, ㉡ 위법성·책임에 관한 사실은 물론, 그 밖에 ㉢ 처벌조건, ㉣ 형의 가중·감면 사실 또한 엄격한 증명의 대상이 된다.

1) 구성요건해당사실 구성요건해당사실은 객관적 요소(주체·객체·행위·결과·인과관계 등)는 물론 주관적 요소(고의·과실·목적·공모공동정범의 공모 등) 모두 엄격한 증명의 대상이 된다.[1] 특히 교사사실(대판 2000.2.25. 99도1252), 공모사실(대판 1988.9.13. 88도1114), 고의(대판 2004.7.22. 2002도4229) 등도 엄격한 증명의 대상이다. 다만, "고의는 내심의 사실이므로 피고인이 이를 부정하는 경우에는 사물의 성질상 이와 상당한 관련성이 있는 간접사실을 증명하는 방법에 의해 입증할 수밖에 없고, 이때 무엇이 상당한 관련성이 있는 간접사실에 해당할 것인가는 정상적인 경험칙에 바탕을 두고 치밀한 관찰력이나 분석력에 의하여 사실의 연결상태를 합리적으로 판단하여 정해야 한다"(대판 2008.9.11. 2006도4806). 따라서 그 증명방법은 간접사실을 엄격한 증명으로 증명하고, 그 간접사실들로부터 고의의 유무를 경험칙에 바탕을 두고 합리적으로 추론할 수밖에 없다. 피고인이 범죄의 주관적 요소인 '공모관계'를 부인하는 경우에도 마찬가지이다(대판 2018.4.19. 2017도14322 전합).

2) 위법성과 책임에 관한 사실 구성요건에 해당하는 사실이 증명되면 그 위법성과 책임은 사실상 추정된다. 그러나 이러한 추정을 깨뜨리는 피고인의 위

---

1) "의료행위로 인한 업무상과실치사상죄는 업무상과실의 존재, 결과의 발생, 인과관계를 엄격한 증거에 따라 합리적 의심의 여지가 없을 정도로 증명해야 한다"(대판 2023.1.12. 2022도11163).

법성 또는 책임조각사유의 주장이 있으면, 위법성조각사유나 책임조각사유의 부존재도 엄격한 증명의 대상이 된다. 따라서 정당방위·긴급피난·자구행위의 요건이 되는 사실의 부존재는 엄격한 증명의 대상이 된다.

주의할 점은, 명예훼손죄에서 위법성조각사유의 증명은, 증명책임이 피고인에게 전환되는 관계상 피고인의 증명부담을 완화하여, "엄격한 증거에 의하여야 하는 것은 아니므로" 엄격한 증명의 대상이 아니다(대판 1996.10.25. 95도1473).

3) 처벌조건 (객관적)처벌조건은 공소범죄사실 자체는 아니지만, 형벌권의 발생에 직접 기초되는 사실이므로 엄격한 증명의 대상이다. 즉, 파산범죄에서 파산선고의 확정, 일정한 친족관계의 존재 여부는 엄격한 증명의 대상이다.

4) 법률상 형의 가중·감면의 근거가 되는 사실 이 경우는 둘로 나눌 필요가 있다. i) (공소범죄사실) 범죄사실에 속하는 것으로는, 미수(형법25·26)와 방조범(형법32), 상습범가중의 경우에 상습성 등이 있고, 위법성에 속하는 것으로는, 과잉방위(형법21②), 과잉긴급피난(형법22③) 등이 있으며, 책임에 속하는 것으로는, 심신미약(형법10②)[1] 등이 있다. 이들은 원래 범죄사실, 위법성 또는 책임에 관한 사실이므로, 엄격한 증명의 대상이다. ii) (누범전과·자수) 그 이외의 사유로서 누범전과, 자수 등이 있다. 범죄될 사실 그 자체는 아니지만 형벌권의 범위에 관한 사실이므로, 엄격한 증명의 대상이 된다. 다만, 누범 전과 이외의 전과는 정상관계사실로서 자유로운 증명으로 족하다(통설·판례).

3. 자유로운 증명의 대상

1) 몰수·추징에 관한 사실 판례는 몰수·추징의 대상 여부, 추징액은 자유로운 증명으로 족하다고 한다(대판 1973.4.17. 73도297; 1993.6.22. 91도3346). 그러나 몰수·추징은 부가형이고 형벌이므로 엄격한 증명의 대상이라 함이 옳다(통설).

2) 정상관계사실 피고인의 경력,[2] 성격, 환경, 범죄 후의 정황 등은 양형이 법원의 재량인 이상 엄격한 증명을 요하지 않고 **자유로운 증명**에 속한다고 한다(통설·판례). 즉, "양형의 조건에 관한 형법 제51조의 사항은 널리 형의 양정에 관한 법원의 재량사항에 속한다고 해석되므로, 법원은 범죄의 구성요건이나 법률상 규정된 형의 가중·감면의 사유가 되는 경우를 제외하고는, 법률이 규정

1) 다만 자유로운 증명으로 족하다는 판례로는, 대판 1961.10.26. 4294형상590("범인의 범행 당시의 정신상태가 심신상실이었느냐 심신미약이었느냐는 자유로운 증명으로써 족하나 일반적인 전문가의 감정에 의뢰하는 것이 타당하다").

2) '누범전과나 상습범가중'에 해당하지 않는 전과도 이에 포함된다.

한 증거로서의 자격이나 증거조사방식에 구애됨이 없이 상당한 방법으로 조사하여 양형의 조건이 되는 사항을 인정할 수 있다”(대판 2010.4.29. 2010도750). 다만, 사형의 양형요소는 충분한 심리를 요구한다.[1] 그러나 형벌권의 근거에 관한 사실 외에 그 범위에 관한 양형의 조건 사실 또한 엄격한 증명이 필요하다고 본다.[2]

3) **소송법적 사실** 소송법적 사실이란 범죄사실이나 양형사실 이외의 것으로서 형사절차와 관련된 사실을 말한다. 소송법적 사실에는 ㉠ 소송조건의 존부 및 절차진행의 적법성에 관한 사실과 ㉡ 증거의 증거능력 인정을 위한 기초사실 등이 있다. i) ‘소송조건’의 존부에 관한 사실은 자유로운 증명으로 족하다. 친고죄에서 적법한 고소 유무(대판 2011.6.24. 2011도4451) 등은 자유로운 증명의 대상이다. 다만, 교통사고처리특례법 제3조 제2항 단서 각 호의 예외사유(신호위반 등)의 유무는, 비록 구성요건요소가 아니라 소송조건으로서[3] 범죄사실 자체는 아니지만, 범죄사실에 준하여 엄격한 증명의 대상이 된다고 함이 타당하다. 왜냐하면 위 예외사유는 처벌특례의 적용 여부에 관한 것으로 필벌인지 반의사불벌인지에 관한 것, 즉 형벌권의 발생에 직접 기초되는 사실이기 때문이다. ii) ‘형사절차와 관련된 사실’(예: 피고인의 구속기간, 공소제기, 증거조사가 적법하게 행해졌는지 여부 등)도 자유로운 증명의 대상이다. iii) 증거능력의 요건에 해당하는 기초사실도 소송법적 사실로서 기본적으로 자유로운 증명의 대상이 된다. 예컨대, ㉠ ‘특히 신빙할 수 있는 상태’(312④)는 증거능력의 요건에 해당하므로 검사가 그 존재에 대하여 구체적으로 주장·증명하여야 하지만, 이는 소송상의 사실에 관한 것이므로 자유로운 증명으로 족하다(대판 2012.7.26. 2012도2937). ㉡ 자백의 임의성(309)에 관한 사실에 대하여 견해의 대립이 있으나, 판례는 자유로운 증명으로 족하다는 입장[4]이다. 즉, “피의자의 진술에 관하여 공판정에서 그 임의성 유무가 다투어지는 경우에는 법원은 자유로운 증명으로 그 임의성 유무를 판단하면 된다”(대판 1986.11.25. 83도1718)는 것이다. 다만, 근래 엄격하게 강화된 방향으로

---

1) 대판 1999.6.11. 99도763; 2002.2.8. 2001도6425; 2003.6.13. 2003도924.

2) ‘법원의 재량사항’이라는 이유로 그 전제사실이 엄격한 증명의 대상이 아니라는 논리는 설득력이 없다. 양형을 좌우하는 사실도 유무죄에 관한 사실과 마찬가지로 엄격한 증명의 대상이라고 해야 한다. 즉, 엄격한 증명은 유무죄 문제와 양형 문제에 대한 판단에 모두 적용되며, 절차 문제에 대한 판단에는 자유로운 증명이 적용된다고 해야 한다.

3) 대판 2007.4.12. 2006도4322(“이는 교특법위반죄의 구성요건요소가 아니라 공소제기의 조건에 관한 사유이다”).

4) 대판 1986.11.25. 83도1718; 1994.11.4. 94도129.

그 입장을 정리하였다.[1] 이에 대해 엄격한 증명의 대상으로 그 태도를 변경한 것으로 평가하는 견해도 있으나, 강화된 입장이기는 하나 여전히 자유로운 증명의 대상으로 봄이 타당하다. 다만, 그 운용에 있어서는 엄격한 증명에 가까운 방법으로 함이 바람직하다.

4. 간접사실 · 보조사실 · 경험법칙 · 법규

1) 간접사실 간접사실은 주요사실의 존부를 간접적으로 추인하는 사실을 말한다. 요증사실이 주요사실인 경우에는 간접사실도 엄격한 증명의 대상이 된다. 예컨대, 음주운전죄에서 위드마크공식의 경우 그 적용을 위한 자료인 음주량 · 음주시각 · 체중 등의 자료(대판 2000.6.27. 99도128), 구성요건해당사실을 증명하기 위한 근거가 되는 과학적 연구결과(대판 2010.2.11. 2009도2338) 등 전제사실에 대해서 엄격한 증명이 요구된다.

2) 보조사실 보조사실은 증거의 증명력에 영향을 미치는 사실(예컨대, 증인의 전력이나 시각 · 청각의 상태와 같이 증언의 신빙성에 영향을 미치는 사실)을 말한다. 보조사실은 둘로 나누어 볼 필요가 있다. ㉠ 보조사실이 유죄 증거의 증명력을 '감쇄'시키는 경우이다. 이 경우는 엄격한 증명을 요하지 않으며, 증거능력이 없는 전문증거로도 탄핵할 수 있다. 즉, 자유로운 증명으로 족하다(대판 1998.2.27. 97도1770). ㉡ 반면, 보조사실이 적극적으로 유죄 증거의 증명력을 '증강'시키는 경우이다. 이 경우는 피고인보호를 위하여 마련된 증거재판주의 원칙상 엄격한 증명의 대상이 된다. 즉, "증거능력이 없는 증거는 (구성요건 사실을 추인하게 하는) 간접사실이나 (구성요건 사실을 입증하는 직접증거의 증명력을 보강하는) 보조사실의 인정자료로도 사용할 수 없다(대판 2008.12.11. 2008도7112)." 이는 일종의 '백도어(back door) 금지'에 해당한다.

3) 경험법칙 경험법칙은 사실 자체가 아니라 사실판단의 전제가 되는 지식을 말한다. 여기에는 누구나 알고 있는 '일반적 경험법칙'과 특정한 사람만 알고 있는 '특별한 경험법칙'이 있다. 일반적 경험법칙은 '공지의 사실'의 일종이기 때문에 증명을 요하지 않는다. 그러나 특별한 경험법칙은 엄격한 증명이 필요한 사실 인정의 기초가 될 때에는 엄격한 증명이 요구된다.

---

1) 대판 1998.4.10. 97도3234; 2006.11.23. 2004도7900("그 임의성에 다툼이 있을 때에는 그 임의성을 의심할 만한 합리적이고 구체적인 사실을 피고인이 증명할 것이 아니고 <u>검사가 그 임의성의 의문점을 없애는 증명을 하여야 할 것</u>이고, 검사가 그 임의성의 의문점을 없애는 증명을 하지 못한 경우에는 그 진술증거는 증거능력이 부정된다").

4) 법규 법규의 존재나 그 내용은 법원의 직권조사사항이므로 증명의 대상이 되지 않는다. 그러나 외국법 · 관습법 · 자치법규와 같이 법규내용이 명백하지 않은 경우 증명이 필요하고, 엄격한 증명이 필요한 사실판단의 전제가 될 때에는 엄격한 증명의 대상이 된다. 즉, "행위지의 법률(외국법규)에 의하여 범죄를 구성"하는지는 엄격한 증명이 필요하다(대판 1973.5.1. 73도289).

5. 불요증사실

불요증사실은 '증명이 필요 없는 사실', 즉 자유로운 증명조차 필요 없는 사실을 말한다.

1) 공지의 사실 역사상 명백한 사실이나 자연계에 현저한 사실 등과 같이, 보통의 지식과 경험이 있는 사람이면 누구나 의심하지 않고 인정하는 사실을 말한다. 사실뿐만 아니라 경험법칙도 공지의 사실이 될 수 있다. 다만, 특별한 경험법칙은 그것이 엄격한 증명의 대상이 되는 주요사실에 기초가 되는 경우에는 그 자체도 엄격한 증명의 대상이 된다.[1]

2) 추정된 사실 사실의 추정이란 일반적으로 어떤 사실로부터 다른 사실을 추론하여 인정하는 것을 말한다. 추정의 전제사실인 A사실이 증명되면 본래의 증명대상인 B사실이 증명된 것으로 취급(추정)하는 것이다. 이는 증명의 편의에서 비롯된 것으로, 그 전제사실의 증명이 증명대상의 증명보다 증명하기가 훨씬 더 쉽기 때문이다.

i) [**법률상 추정**된 사실] 법률상 추정은 법률상 추정규정을 적용하여 행하는 추정을 말한다. 예컨대, 甲사실의 존재가 증명되면, 乙사실의 존재가 증명된 것으로 취급하도록 법률상 규정되어 있는 경우를 말한다. 따라서 법률상 추정된 乙사실에 대하여 별도의 증명을 요하지 않는다. 그러나 법률상 추정된 乙사실에 대하여도 그 추정된 乙사실이 진실이 아니라는 적극적인 반증이 허용되며, **반증이 성공하여 의심이 생기면 추정은 깨진다.** 추정을 깨뜨리는 반증이 성공하여 乙

1) [현저한 사실] 이와 비슷한 것으로 '법원에 현저한 사실'(즉, 법관이 직무상 다 알고 있는 사실)이 있다. 이는 당해 재판부에서 이전에 판단하였던 사건의 결과 등과 같이, 법원이 그 직무상 명백히 알고 있는 사실을 말한다. '법관이 자신의 직무활동과 관련하여 경험한 신뢰할 만한 내용'은 물론, 다른 법관이 경험한 내용일지라도 '상당히 많은 사건에서 같은 방식으로 재판의 기초가 되었던 사실'이라면 증명을 필요로 하지 않는다는 것이다.

그러나 법원에 대한 국민의 신뢰를 확보하고 공정한 재판을 담보하기 위해서는 증명을 요하며, 다만 자유로운 증명으로 족하다는 견해가 지배적이다. 법관이 개인적으로 알고 있는 사실은 물론 증명의 대상이 된다.

사실의 존재에 대해 의심이 생긴 때에는, 별도로 乙사실의 존재에 대한 증명이 필요하게 된다.

법률상 추정의 예로는, ㉠ 공무원범죄에 관한 몰수특례법상의 불법재산의 추정(동법7), ㉡ 마약류 불법거래방지에 관한 특례법상의 불법수익의 추정(동법17), ㉢ 환경범죄 등의 단속 및 가중처벌에 관한 법률상의 인과관계의 추정(동법11) 등이 있다. 전제사실이 증명되면 반대사실의 입증이 없는 한 추정사실을 인정해야 하므로, 자유심증의 제한이 된다. 진실발견이 중요한 형사재판에는 잘 어울리지 않은 관계로 극히 예외적으로 인정된다.

ii) [**사실상 추정**된 사실] 사실상 추정은 일반 경험칙을 적용하여 행하는 추정을 말한다. 즉, A사실의 존재가 증명되면, 특별한 합리적 의심이 없는 경우에 경험칙에 의하여 B사실의 존재를 논리적으로 추론하는 경우를 말한다. 예컨대, 구성요건해당사실로부터 위법성과 책임의 존재가 사실상 추정되는 경우를 말한다. 간접사실에 의하여 주요사실을 인정하는 경우에도 대부분은 사실상 추정에 의한다. 사실상 추정된 B사실은 원칙적으로 증명을 요하지 않지만, 그 존재에 대하여 의심이 생기면, 별도로 B사실의 존재에 대한 증명이 당연히 필요하게 된다. 사실상 추정은 법률상 추정만큼 강력한 것이 아니며, 추정되는 사실의 존부를 소송관계인이 **다투기만 하면 그 추정은 즉시 깨진다**. 예컨대, 피고인이 위법성조각사유나 책임조각사유를 주장하는 경우에는 검사가 위법성과 책임에 대하여 별도의 증명을 하여야 한다. 사실상 추정은 다투기만 하면 추정이 깨진다는 점에서, 반드시 반증의 형식에 의하여만 추정이 깨어지는 법률상 추정과 구별된다.[1)]

3) 증명금지사실 증명으로 얻게 될 소송법적 이익보다 초소송법적 이익이 더욱 크기 때문에 법에 의해 증명이 금지된 사실을 말한다.[2)]

---

1) 사실상 추정된 사실은 피고인이 다투기만 하면 그 추정이 깨지지만, 그렇다고 하여 증명책임이 피고인에게 전가되는 것은 아니다. 피고인은 그 불이익을 면하기 위해 '입증의 부담'을 질 뿐이고, 여전히 검사가 위법성조각사유·책임조각사유의 부존재를 증명해야 한다. 그러나 재판 실무상 그 증명이 크게 문제되지는 않는다. 구성요건해당성이 인정되면 위법성·책임이 사실상 추정되고, 그 추정이 깨지더라도 통상 간접사실이 많은 관계로 대개는 검사의 추가적인 증명이 별도로 문제되지 않기 때문이다.

2) 예컨대, 제147조의 공무원의 직무상 비밀에 속하는 사실. 단, 국가의 중대한 이익을 위한 경우(147②) 외에는 증거조사대상이 되며, 법원은 그 사실을 밝혀야 할 의무를 진다.

Ⅲ. 자유심증: 자유심증주의

1. 의의

"증거의 증명력은 법관의 자유판단에 의한다"(308). 이를 자유심증주의라고 한다. 즉, 증거의 증명력을 적극적 또는 소극적으로 **법률로 규정하지 않고 법관의 자유로운 판단에 맡기는 원칙**을 말한다(증거평가자유의 원칙). "법관이 증거능력 있는 증거 중 필요한 증거를 채택·사용하고 증거의 실질적인 가치를 평가하여 사실을 인정하는 것은 법관의 자유심증에 속한다"(대판 2015.8.20. 2013도11650 전합). 이는 법관의 사실인정에 합리성을 도모하고, 구체적으로 타당한 증거가치 판단을 통하여 **진실발견**에 기여한다. 실제 형사재판에서는 사실인정의 문제가 압도적으로 중요하다.

[증거법정주의] 자유심증주의와 반대되는 역사적 개념은 증거법정주의이다. 증거법정주의는 법관의 자의를 배제하기 위해 증거에 대한 증명력의 평가를 법률로 제약하는 것이다. 그러나 수 없이 다양한 증거의 증명력을 획일적으로 규정하는 것은 불가능할 뿐만 아니라, 설령 그것이 가능하다고 해도 구체적 사건의 진실을 밝히는 데 오히려 장애가 될 수 있다. 그리하여 근대의 이성적 합리주의에 기초하여 자유심증주의가 채택되었고 형사소송법의 기본원칙으로 자리잡게 되었다.

2. 자유심증주의의 내용

(1) 자유판단의 주체와 대상

1) 주체 개개의 법관이다. 합의부의 결론과 그 구성원인 개별법관의 심증이 달라도, 합의체의 결과일 뿐 자유심증주의와는 무관하다.

2) 대상 증거의 증명력이다. 증거의 증명력은 사실인정을 위한 증거의 실질적 가치로서, 신용력과 협의의 증명력을 포함한다. **신용력**은 증거 그 자체가 진실일 가능성을, **협의의 증명력**은 증거의 진정성을 전제로 요증사실의 존부를 인정하게 하는 힘을 뜻한다. 모두 법관의 자유판단의 대상이다.

(2) 자유판단의 유형

자유심증은 법관이 증거의 증명력을 어떤 법칙으로 제한을 받지 않고 자신의 주관적 확신에 따라 판단하는 것을 말한다.

1) 인적 증거 i) (증인의 증언) 증인의 성년·미성년, 책임능력 여부, 선서의

유무 등과 관계없이 합리적으로 취사선택하여 증명력을 판단한다. 사안에 따라 만 3세 7개월된 여아(女兒)의 증언에 신빙성을 인정할 수 있고(대판 2006.4.14. 2005도9561), 선서하지 않은 증인의 증언에 비추어 선서한 증인의 증언을 배척할 수도 있다. 또한 증인의 증언 가운데 일부만 채용할 수 있다(대판 1980.3.11. 80도145).[1] ii) (피고인 진술) 피고인의 진술도 인적 증거이므로, 법관은 다른 증거와 모순되는 피고인의 진술을 믿을 수도 있다. 피고인이 자백한 때에도 자백과 다른 사실을 인정할 수 있고, 피고인이 부인하는 때에도 피고인의 검찰 자백을 믿을 수 있다(대판 2012.6.14. 2011도15653). iii) (감정인의 의견) 감정은 법관이 부족한 지식과 경험을 보충하기 위하여 전문가의 도움을 받는 것이다. 판례는, 법관은 감정인의 감정의견에 구속되지 않고, 감정결과에 반하는 사실을 인정할 수 있다(대판 1995.2.24. 94도3163)는 입장이다. "감정의견이 상충되는 경우에 소수의견을 채용해도 되고, 여러 의견 중에서 그 일부씩을 채용하여도 무방하며, 여러 개의 감정의견이 일치되어 있어도 이를 배척하려면 특별한 이유를 밝히거나 또는 반대감정의견을 구하여야 된다는 법리도 없다"(대판 1976.3.23. 75도2068)고 한다. 단, 과학적 증거방법은 법관이 사실인정에 상당한 정도로 구속력을 가진다(후술).

2) **증거서류** 증거서류도 인적 증거와 마찬가지로 법관의 자유판단의 대상이다. 증거보전절차에서의 진술을 믿지 않을 수도 있고(대판 1980.4.8. 79도2125), 증거서류에 비해 피고인의 법정진술이 절대적인 것도 아니다. "경찰에서의 자술서, 검사작성의 각 피의자신문조서, 다른 형사사건의 공판조서의 기재와 당해 사건의 공판정에서의 같은 사람의 증인으로서의 진술이 상반되는 경우 **반드시 공판정에서의 증언은 믿어야 된다는 법칙은 없고**, 상반된 증언, 감정 중에 어느 것을 사실인정의 자료로 인용할 것인가는 오로지 사실심법원의 자유심증에 속한다"(대판 1986.9.23. 86도1547). 즉, '피고인 아닌 사람이 공판기일에 선서를 하고 증언하면서 수사기관에서 한 진술과 다른 진술을 하는 경우'에, "공판중심주의와 실질적 직접심리주의 등 형사소송의 기본원칙상 검찰진술보다 법정진술에 더 무게를 두어야 한다는 점을 감안하더라도, 검찰진술의 신빙성을 인정하여 공소사실을 유죄로 인정하는 것"도 가능하다(대판 2015.8.20. 2013도11650 전합).[2]

---

1) "인접한 시기에 <u>같은 피해자를 상대로 저질러진 동종 범죄</u>에 대해서도 각각의 범죄에 따라 피해자 진술의 신빙성이나 범죄 성립 여부를 달리 판단할 수 있다"(대판 2022.3.31. 2018도19472).

2) [반대의견] "공개된 법정에서 교호신문을 거치고 위증죄의 부담을 지면서 이루어진 자유로운 진술의 신빙성을 부정하고 수사기관에서 한 진술을 증거로 삼으려면 이를 뒷받침할 객관적인 자료가 있어야 한다. 이때 단순히 추상적인 신빙성의 판단에 그쳐서는 아니 되고, 그와 같이

[수사기관 조서의 증명력 제한] "형사소송법은 공판중심주의의 한 요소로서, '(증명 대상이 되는 사실과 가장 가까운) 원본 증거를 재판의 기초로 삼아야 한다'는 실질적 직접심리주의를 채택하고 있다. 이는 법관이 법정에서 직접 원본 증거를 조사하는 방법을 통하여 사건에 대한 신선하고 정확한 심증을 형성할 수 있고 피고인에게 원본 증거에 관한 직접적인 의견진술의 기회를 부여함으로써 실체적 진실을 발견하고 공정한 재판을 실현할 수 있기 때문이다.

반면, 수사기관이 작성한 진술조서는 [㉠] 수사기관이 (피조사자에 대하여 상당한 시간에 걸쳐 이루어진 문답 과정을 그대로 옮긴 '녹취록'과는 달리) **수사기관의 관점에서 조사결과를 요약·정리하여 기재한 것**에 불과할 뿐만 아니라, [㉡] 진술의 신빙성 유무를 판단할 때 가장 중요한 요소 중 하나인 진술 경위는 물론, (피조사자의 진술 당시 모습·표정·태도, 진술의 뉘앙스, 지적능력·판단능력 등과 같은) **피조사자의 상태 등을 정확히 반영할 수 없는 본질적 한계**가 있다. 따라서 피고인이 수사과정에서 공소사실을 부인하였고 그 내용이 기재된 피의자신문조서 등에 관하여 증거동의를 한 경우에는, 형사소송법에 따라 증거능력 자체가 부인되는 것은 아니지만, 전체적 내용이나 진술의 맥락·취지를 고려하지 않은 채 그중 **일부만을 발췌**하여 유죄의 증거로 사용하는 것은 함부로 허용할 수 없다. 특히 지적능력·판단능력 등과 같이 본질적으로 수사기관이 작성한 진술조서에 나타나기 어려운 피고인의 상태에 대해서는 공판중심주의 및 실질적 직접심리주의 원칙에 따라 검사가 제출한 객관적인 증거에 대하여 적법한 증거조사를 거친 후 이를 인정하여야 할 것이지, 공소사실을 부인하는 취지의 피고인 진술이 기재된 피의자신문조서 중 일부를 근거로 이를 인정하여서는 안 된다"(위 2023도13081).

[증언의 증명력 제한] ㉠ (증인예정자 진술조서와 같은 취지로 진술한 증언의 증명력) 증인예정자 진술조서, 즉 "수사기관이 공판기일에 증인으로 신청하여 신문할 수 있는 사람을 특별한 사정 없이 미리 수사기관에 소환하여 작성한 진술조서는 피고인이 증거로 할 수 있음에 동의하지 않는 한 증거능력이 없다. 위 참고인이 나중에 법정에 증인으로 출석하여 위 진술조서의 성립의 진정을 인정하고 피고인 측에 반대신문의 기회가 부여된다 하더라도 위 진술조서의 증거능력을 인정할 수 없음은 마찬가지이다. 위 참고인이 법정에서 위와 같이 증거능력이 없는 진술조서와 같은 취지로 피고인에게 불리한 내용의 진술을 한 경우, 그 진술에 신빙성을 인정하여 유죄의 증거로 삼을 것인지는 증인신문 전 수사기관에서 진술조서가 작성된 경위와 그것이 법정진술에 영향을 미쳤을 가능성 등을 종합적으로 고려하여 신중하게 판단하여야 한다"(대판 2019.11.23. 2013도6825).

진술이 달라진 데 관하여 그럴 만한 뚜렷한 사유가 나타나 있지 않다면 위증죄의 부담을 지면서까지 한 법정에서의 자유로운 진술에 더 무게를 두어야 함이 원칙이다."

㉡ (검사의 증인 사전 면담과 증언의 증명력) **검사의 증인 사전 면담**, 즉 "검사가 공판기일에 증인으로 신청하여 신문할 사람을 특별한 사정 없이 미리 수사기관에 소환하여 면담하는 절차를 거친 후 증인이 법정에서 피고인에게 불리한 내용의 진술을 한 경우, 검사가 증인신문 전 면담 과정에서 증인에 대한 회유나 압박, 답변 유도나 암시 등으로 증인의 법정진술에 영향을 미치지 않았다는 점이 담보되어야 증인의 법정진술을 신빙할 수 있다. 검사가 증인신문 준비 등 필요에 따라 증인을 사전 면담할 수 있다고 하더라도 법원이나 피고인의 관여 없이 일방적으로 사전 면담하는 과정에서 증인이 훈련되거나 유도되어 법정에서 왜곡된 진술을 할 가능성도 배제할 수 없기 때문이다. 증인에 대한 회유나 압박 등이 없었다는 사정은 검사가 증인의 법정진술이나 면담 과정을 기록한 자료 등으로 사전면담 시점, 이유와 방법, 구체적 내용 등을 밝힘으로써 증명하여야 한다"(대판 2021.6.10. 2020도15891).[1]

3) 간접증거와 종합증거 법관은 간접증거 내지 정황증거에 의해서도 사실을 인정할 수 있다(대판 1998.11.13. 96도1783). i) 정황증거에 의해 사실을 인정하기 위해서는, ㉮ 추리과정이 논리와 경험칙에 반하지 않아야 하고, ㉯ 정황증거가 다수이고, 근접적이며 다각적이어야 하며, ㉰ 특히 정황증거 자체의 증명이 충분하여야 한다. 예컨대, 피고인의 알리바이 입증이 실패했다든지 면책주장이 반박되었다는 정황만으로는, 피고인의 범행사실을 인정할 수 없다.[2] ii) "살인죄와 같이 법정형이 무거운 범죄도 간접증거만으로 유죄를 인정할 수 있으나, **직접증거에 버금가는 정도**로 압도적으로 우월한 증명이 있어야 한다"(대판 2023.7.27. 2023도3477).[3] "(살인 혐의를 인정할 간접증거는 있으나) **살인동기**가 발견되지 않는 상황이라면, 간접증거의 증명력은 떨어진다"(대판 2006.3.9. 2005도8675). 즉, '피고인은 무죄로 추정된다'는 것이 헌법상의 원칙이고, 그 추정의 번복은 직접증거가 존재할 경우에 버금가는 정도가 되어야 한다(위 2023도3477).

단독으로는 증명력이 없는 여러 증거가 결합하여 증명력을 가지는 경우, 이를 '종합증거'라 한다. 즉, "간접증거가 개별적으로는 범죄사실에 대한 완전한

1) 당사자대등주의에서는 일반적으로 증인친화(Witness Familiarization) 외에도 증인점검(Witness Proofing) 자체는 허용하지만, 증인훈련(training of a witness) 내지 증인조작(이른바 탬퍼링, tampering with the evidence of a witness)은 금지한다.

2) "간접증거에 의하여 주요사실의 전제가 되는 간접사실을 인정할 때에는, ㉠ 증명이 합리적인 의심을 허용하지 않을 정도에 이르러야 하고, ㉡ 하나하나의 간접사실 사이에 모순, 저촉이 없어야 하는 것은 물론, ㉢ 간접사실이 논리와 경험칙, 과학법칙에 의하여 뒷받침되어야 한다."(대판 2011.5.26. 2011도1902).

3) 보험금을 노리고 니코틴 원액을 먹여 살해했다는 공소사실이 증명되지 않았다는 사례.

증명력을 가지지 못하더라도, 전체 증거를 상호 관련 하에 종합적으로 고찰할 경우 그 단독으로는 가지지 못하는 종합적 증명력이 있는 것으로 판단되면, 범죄사실을 인정할 수가 있다"(대판 2013.2.14. 2012도11591).

4) 과학적 증거 "공소사실을 뒷받침하는 과학적 증거방법은, ㉮ 그 **전제사실**이 모두 진실인 것이 입증되고, ㉯ **추론 방법**이 과학적으로 정당하여 오류의 가능성이 전혀 없거나 무시할 정도로 극소한 것으로 인정되는 경우라야, 법관이 사실인정에 상당한 정도로 **구속력**을 가진다.[1] 이를 위해서는 ㉠ (자격) 그 증거방법이 전문적인 지식 · 기술 · 경험을 가진 감정인에 의하여, ㉡ (과학적 방법) 공인된 표준 검사기법으로 분석을 거쳐 법원에 제출된 것이어야 하고, ㉢ (보관의 연속성) 채취 · 보관 · 분석 등 모든 과정에서 자료의 동일성이 인정되고 인위적인 조작 · 훼손 · 첨가가 없었다는 것이 담보되어야 한다"(대판 2011.5.26. 2011도1902). 즉, 과학적 증거방법이 법관의 심증형성에 상당한 구속력을 갖기 위한 요건으로는, 감정인의 자격(㉠), 과학적 방법의 인정기준(㉡), 보관의 연속성(㉢)이 강조된다. 다만, 과학적 증거방법이 증명하는 대상이 무엇인지(즉, 증거방법과 쟁점과의 관련성)를 면밀히 살펴 사실인정해야 한다(대판 2022.6.16. 2022도2236).[2]

5) 관련 사건의 확정판결 i) (관련 형사판결의 인정사실) "형사재판에서 이와 관련된 다른 형사사건의 확정판결에서 인정된 사실은 특별한 사정이 없는 한 유력한 증거자료가 된다. 그러나 당해 형사재판에서 제출된 다른 증거내용에 비추어, 관련 형사사건의 확정판결에서의 사실판단을 그대로 채택하기 어렵다고 인정될 경우에는 이를 **배척할 수 있다**"(대판 2014.3.27. 2014도1200). ii) (관련 민사판결의 인정사실) "형사재판에서 관련된 민사사건의 판결에서 인정된 사실은 공소사실에 대하여 유력한 인정자료가 된다고 할지라도, 반드시 그 민사판결의 확정사실에 **구속을 받는 것은 아니다**"(대판 1996.8.23. 95도192).

---

1) 법원은 감정인만 선정하고, 감정내용의 타당성에 대해서는 그 전문가 사회에서 일반적으로 받아들여지는가 여부에 따라 판단해야 한다는 기준(미국법의 'Frye 기준') 또는 사건의 판단자인 법원이 감정내용이 신뢰할 만한가를 함께 검토하는 기준(미국법의 'Daubert 기준')을 설정할 수도 있다.

2) [사안] 피고인(甲)은 '자신이 출산한 여아'(ⓐ)와 '자신의 딸(乙)이 출산한 여아'(ⓑ)를 (乙로 하여금 ⓐ를 양육하게 하기로 마음 먹고) 몰래 바꾸어 ⓑ를 약취하였다'는 공소사실로 기소되었는데, 여기서 유전자감정결과가 증명하는 대상은 'ⓐ가 甲의 친자'라는 사실일 뿐 '약취한 사실'이 아니므로, 이 감정결과만으로 '미성년자(ⓑ) 약취의 공소사실'이 증명되었다고 할 수 없다고 한 사례.

(3) 자유판단의 기준

법관의 자유심증은 합리적 이성에 바탕을 둔 것으로서, 자의(恣意)적인 심증을 의미하는 것은 아니다. 즉, 법관의 심증형성이 합리적이어서 그것이 법관의 판결에 일반적으로 수용될 수 있음을 뜻한다. 그 최소한의 전제로서 법관의 심증형성은 ㉠ 증거자료를 최대한 활용한 것이어야 하고, ㉡ 논리법칙과 경험법칙에 위배되지 않아야 한다. 즉, "자유심증주의는 그것이 실체적 진실발견에 적합하기 때문이므로, 증거판단에 관한 전권을 가지고 있는 사실심 법관은 사실인정을 하면서 공판절차에서 획득된 인식과 조사된 증거를 남김 없이 고려하여야 한다. 또한 증거의 증명력에 대한 법관의 판단은 논리와 경험칙에 합치하여야 한다"(대판 2011.1.27. 2010도12728).

[논리법칙과 경험법칙] 한편, 자유심증주의의 내재적 한계를 이루는 논리법칙과 경험법칙을 채증법칙이라고 한다. ㉠ **논리법칙**이란 논리적 규칙이나 수학적 공리를 가리킨다. 법관의 심증은 모순 없는 논증에 의하여 형성되어야 한다. 예컨대, 계산착오, 개념의 혼동, 판결이유의 모순 등에 의한 심증은 사고법칙에 반한다. 판례는 '증인의 모순되고 일관성 없는 진술'을 유죄의 증거로 인정하는 것(대판 1984.2.28. 83도3150), 객관적 합리성이 인정되지 않아 '신빙성이 없는 증거'를 근거로 사실을 인정하는 것(대판 1993.6.11. 92도3370)은 논리법칙에 어긋난다고 한다. ㉡ **경험법칙**이란 개별적인 현상의 관찰과 귀납적 일반화에 의해 얻어지는 규칙성을 띤 지식을 말한다. 경험법칙은 엄격한 의미의 보편타당성이 있는 경우와 없는 경우가 있다. 엄격한 보편타당성이 있는 경험법칙은 자연법칙이나 예외를 허용하지 않는 경험법칙(예: 혈액감정에 의한 친자관계의 부정)을 말하는 반면, 그렇지 않은 경험법칙은 비록 규칙성은 있으나 예외가 발생할 수 있는 것으로서 사회생활상의 경험법칙을 말한다. 자연법칙은 법관의 심증형성을 구속하나, 사회생활상의 경험법칙은 그렇지 않다.

한편, ㉢ (성인지 감수성) "법원이 성폭행이나 성희롱 사건의 심리를 할 때에는 '성인지 감수성'을 잃지 않도록 유의하여야 한다(양성평등기본법5① 참조). (성폭력) 피해자의 대처 양상은 피해자의 성정이나 가해자와의 관계 및 구체적인 상황에 따라 다르게 나타날 수밖에 없다. 따라서 구체적인 사건에서 성폭행 등의 피해자가 처하여 있는 특별한 사정을 충분히 고려하지 않은 채 피해자 진술의 증명력을 가볍게 배척하는 것은 정의와 형평의 이념에 입각하여 논리와 경험의 법칙에 따른 증거판단이라고 볼 수 없다"(대판 2018.10.25. 2018도7709; 2020.8.20. 2020도6965).[1] 그러나 "이는 성

1) 성인지 감수성은 징계 관련 행정소송에서 언급된 바 있는데(대판 2018.4.12. 2017두74702) 형사소송으로 확장된 것이다. "이 법리는 성폭행 등의 피해를 입었다는 신고사실에 관하여 무고죄의 성립 여부를 판단할 때에도 마찬가지로 고려되어야 한다"(대판 2019.7.11. 2018도2614).

범죄 피해자 진술의 증명력을 제한 없이 인정하여야 한다거나, 그에 따라 해당 공소사실을 무조건 유죄로 판단해야 한다는 의미는 아니다. ⓐ 성범죄 피해자 진술에 대하여 성인지적 관점을 유지하여 보더라도, 증명력을 인정할 수 없는 경우가 있을 수 있다. ⓑ 또한 피해자 진술의 신빙성을 인정하더라도, 피해자의 진술만으로 공소사실이 진실한 것이라는 확신을 가질 수 없게 되었다면, 피고인의 이익으로 판단해야 한다"(대판 2024.1.4. 2023도13081).

또한, ㉣ (상해진단서의 증명력) "상해진단서가 주로 통증이 있다는 피해자의 주관적 호소 등에 의존하여 의학적인 가능성만으로 발급된 경우에는 (여러 사정을) 면밀히 살펴 논리와 경험칙에 따라 증명력을 판단하여야 한다"(대판 2016.11.25. 2016도15018).

특히, ㉤ (항소심에서 법정구속된 후 자백한 경우 임의성과 신빙성) "법원은 증거나 사실관계의 객관적·외부적 사정변경이 없는 상태라면, 피고인 구속에 매우 신중할 필요가 있다. 피고인의 자백이 임의성이 있어 그 증거능력이 인정된다고 하여 자백의 진실성과 신빙성까지도 당연히 인정되는 것은 아니다. 특히, 구속된 사람은 허위자백을 하고라도 자유를 얻고자 하는 유혹을 느끼는 경우가 있으므로, 부인하던 피고인이 법원의 구속 이후 갑자기 자백한 경우 그 자백의 신빙성이나 증명력을 평가할 때는 각별히 유의하여야 한다"(대판 2025.7.3. 2023도7405).

3. 심증형성의 정도와 in dubio pro reo 원칙

1) 유죄 인정을 위한 확신의 정도 "형사재판에서 유죄의 증거는 **단지 우월한 증명력을 가진 정도로서는 부족**하고 법관으로 하여금 합리적인 의심을 할 여지가 없을 정도의 **'확신'**을 생기게 할 수 있는 증명력을 가진 것이어야 한다"(대판 1987.7.7. 86도586). "유죄의 인정은 피고인이 범행한 것으로 보기에 충분할 만큼 **'압도적으로 우월한 증명'**이 있어야 한다"(대판 2023.1.12. 2022도14645). 민사재판에서는 '증거의 우월'로 충분하지만, 형사재판에서는 이것을 '현저히 뛰어 넘는 확신' 내지 **'압도적으로 우월한 증명'**이 필요하다. 형사소송법은 범죄사실의 증명 정도에 관해 증거재판주의에서 규정하고 있으나, 검사의 증명 정도는 법관의 심증형성 정도와 불가분적 관계에 있다.

2) '합리적 의문'과 '근거 없는 의심' 합리적 의심이란 "모든 의문, 불신을 포함하는 것이 아니라 논리와 경험칙에 기하여 **요증사실과 양립할 수 없는 사실의 개연성에 대한 합리적 의문**을 의미한다. 단순히 관념적인 의심이나 추상적인 가능성에 기초한 의심은 합리적 의심에 포함되지 않는다"(대판 2011.1.27. 2010도12728). 그렇다고 하여 "모든 가능한 의심을 배제할 정도에 이를 것까지 요구하는 것은 아니다. 증명력이 있는 것으로 인정되는 증거를 합리적 **근거가 없는** 의

심을 일으켜 이를 배척하는 것은 자유심증주의의 한계를 벗어나는 것으로 허용될 수 없다"(대판 2008.12.11. 2008도7112).

3) in dubio pro reo 원칙 피고인의 유죄에 관해 합리적 의심을 남기지 않을 정도에 이르지 못한 경우 법원은 피고인에게 무죄를 선고해야 한다['의심스러울 때에는 피고인의 이익으로'(in dubio pro reo) 원칙]. 즉, "유죄의 인정은, 법관으로 하여금 합리적인 의심을 할 여지가 없을 정도로 공소사실이 진실한 것이라는 '확신'을 가지게 하는 증명력을 가진 증거에 의하여야 하므로, 그와 같은 증거가 없다면, 설령 피고인에게 유죄의 의심이 간다 하더라도 피고인의 이익으로 판단할 수밖에 없다"(대판 2006.4.27. 2006도735).

[심증형성의 정도 : '확신' / '압도적으로 우월한 증명'] ㉠ "검사의 증명이 그만한 확신을 가지게 하는 정도에 이르지 못한 경우에는, 설령 피고인의 주장이나 변명이 모순되거나 석연치 않은 면이 있어 유죄의 의심이 가는 등의 사정이 있더라도, 피고인의 이익으로 판단하여야 한다(대판 2023.7.27. 2023도3477). ㉡ "피고인의 변소가 불합리하여 거짓말 같더라도 그 때문에 피고인을 불리하게 할 수 없다. 합리적 의심의 여지가 없을 정도로 증명되지 않는 한, 유죄로 할 수 없다"(대판 2007.11. 30. 2007도163; 2010.7.8. 2008도7546). ㉢ "공소사실에 대한 증명책임은 검사에 있고, 피고인이 공소사실과 배치되는 자신의 주장 사실에 관하여 증명할 책임까지 부담하는 것은 아니므로, 공소사실에 관하여 조금이라도 합리적인 의심이 있는 경우에는 무죄를 선고하여야 한다"(대판 2024.1.4. 2023도13081). ㉣ "피고인은 무죄로 추정된다는 것이 헌법상의 원칙이고, 그 추정의 번복은 직접증거에 버금가는 정도가 되어야 한다"(위 2023도3477; 위 2022도14645).

4. 자유심증주의와 상소

법관이 자유심증주의를 남용하여 증거의 증명력을 합리적으로 판단하지 못하였을 경우 상소에 의한 구제가 가능하다. 다만, "증거의 취사와 이를 근거로 한 사실인정은, 그것이 경험칙에 위배된다는 등의 특단의 사정이 없는 한, 사실심법원의 전권에 속한다"(대판 1988.4.12. 87도2709).[1]

1) 대판 2008.5.29. 2007도1755("제308조는 증거의 증명력은 법관의 자유판단에 의하도록 자유심증주의를 규정하고 있으므로, 가사 원심의 증거의 증명력에 관한 판단과 증거취사 판단에 그와 달리 볼 여지가 상당히 있는 경우라고 하더라도, 원심의 판단이 논리법칙이나 경험법칙에 따른 자유심증주의의 한계를 벗어나지 아니하는 한 그것만으로 바로 형사소송법 제383조 제1호가 상고이유로 규정하고 있는 법령 위반에 해당한다고 단정할 수 없다. 또한, 원심의 구체적인 논리법칙 위반이나 경험법칙 위반의 점 등을 지적하지 아니한 채 단지 원심의 증거취사와 사실인정만을 다투는 것은 특별한 사정이 없는 한 사실오인의 주장에 불과하다").

5. 자유심증주의의 법률상 한계

1) **자백의 보강법칙** "피고인의 자백이 그 피고인에게 불이익한 유일의 증거인 때에는 이를 유죄의 증거로 하지 못한다"(310). 자백에 대한 보강증거가 없는 경우에는 자백에 의해 유죄의 심증을 얻어도 유죄를 선고할 수 없다. 자백의 증명력 제한은 자유심증주의의 중요한 제한원리가 된다.

2) **공판조서의 증명력** "공판기일의 소송절차로서 공판조서에 기재된 것은 그 조서만으로써 증명한다"(56). 따라서 법관은 심증에 관계없이 그 기재된 내용대로 인정해야 한다. 소송경제를 위한 특칙으로, 자유심증주의의 예외가 된다.

[기타] i) (진술거부권·증언거부권 행사) 피고인은 진술거부권이 있다. 진술거부권의 의미가 퇴색되지 않고 그 실효성이 담보되려면, 법관은 피고인의 진술거부권행사를 그에게 불리한 심증형성의 자료로 삼아서는 안 된다. 또한 진술거부의 동기를 심리해서도 안 된다. 이 점에서 진술거부권의 행사는 자유심증주의의 예외에 해당한다. 증언거부권을 가진 증인이 증언거부한 경우에도 마찬가지다.

ii) (상급심재판의 기속력) "상급법원 재판에서의 판단은 해당 사건에 관하여 하급심을 기속한다."(법조법8). 이때 사건을 환송받은 하급심은 그 사건에서 상급법원이 파기이유로 한 사실상 및 법률상의 판단에 기속된다(대판 1984.9.11. 84도1379). 심급제도를 유지하기 위한 것으로, 자유심증주의의 예외에 해당한다.

제 3 절 위법수집증거배제법칙

Ⅰ. 의의 및 연혁

1. 의의

1) **뜻** 위법수집증거배제법칙(exclusionary rules)이란 적법한 절차에 따르지 아니하고 수집한 증거(즉, 위법수집증거)와 그 증거를 원인으로 얻은 2차 증거(즉, 2차적 증거)에 대해 증거능력을 부정하는 법칙을 말한다. 즉, "**적법한 절차에 따르지 아니하고 수집한 증거는** 증거로 할 수 없다"(308의2). 법원의 적법절차 위반도 문제될 수 있으나, 주로 **수사기관의 적법절차 위반**(즉, 수사기관이 수집한 증거)이 문제된다.

진술증거는 물론 비진술증거에도 적용된다. 자백에는 별도로 자백배제법칙이 있으므로, 자백 이외의 진술증거, **특히 비진술증거**에서 문제된다.

2) 근거 형사재판의 목표는 진실발견이다. 그러나 진실발견 목표가 법치국가에서 적법절차의 요청보다 오로지 우월한 이익이 될 수는 없다. 진실발견만 강조한다면 국가의 활동 자체가 범죄보다도 더 큰 기본권침해를 시민들에게 초래할 수 있기 때문이다. 따라서 위법수집증거의 배제는 형사재판에서 '적법절차 이념'을 실현하고, 장기적으로는 '수사기관의 위법수사 억제'라는 기능을 수행한다.

2. 연혁

1) 학설 학설은 위법수집증거배제법칙이 형사소송법에 도입되기 이전에 이미, 일치하여 이를 인정하였다. 헌법 제12조 제7항 전단과 형사소송법 제309조(자백배제법칙) 및 통신비밀보호법 제4조 등을 근거로 하였다.

2) 판례 i) [진술증거] 판례는 오래 전부터 **진술증거**에 대해서는 위법수집증거배제법칙을 인정하여 왔다. 즉, ㉠ 변호인과의 접견교통권이 침해된 상태에서 작성된 피의자신문조서(대판 1990.8.24. 90도1285), ㉡ 진술거부권이 고지되지 않은 채 진행된 피의자와 담당 검사와의 대화내용을 녹화한 '비디오테이프의 녹화내용'과 그 비디오테이프에 대한 법원의 검증조서(대판 1992.6.23. 92도682), ㉢ 위법한 긴급체포 중에 작성된 피의자신문조서(대판 2002.6.11. 2000도5701; 2008.3.27. 2007도11400) 등의 경우 모두 증거능력을 부정하였다. ii) [비진술증거] 반면, 비진술증거에 대해서 판례는 과거 위법수집증거라도 증거능력을 인정하는 태도를 보였었다. 즉, 제308조의2 신설 이전에는 영장주의에 위반하여 압수한 증거물에 대해, "압수물은 압수절차가 위법이라 하더라도 물건 자체의 성질·형상에 변경을 가져오는 것은 아니다. 그 형상 등에 관한 증거가치에는 변함이 없으므로 증거능력이 인정된다"(대판 1987.6.23. 87도705)는 입장[성상불변론]이었다.

3. 제308조의2 신설: '적법절차에 따르지 아니하고 수집한 증거'

1) '적법한 절차'의 뜻 마침내 2007년 개정에서 제308조의2를 신설하여 위법수집증거배제법칙을 명문으로 규정하였다.[1] 제308조의2가 배제기준으로 설정한 '적법한 절차'는 헌법상 '적법한 절차'와 동일한 의미를 갖는다. 헌법재

---

1) 다만 "위법하게 수집한 증거"가 아니라 "적법한 절차에 의하지 아니하고 수집한 증거"라고 규정함으로써 위법수집증거 배제의 범위에 관한 법원의 판단 여지를 두고 있다.

판소는 적법절차의 원칙을 '공권력에 의한 국민의 생명·자유·재산의 침해는 반드시 합리적이고 정당한 법률에 의거해서 정당한 절차를 밟은 경우에만 유효하다는 원칙'(헌재 2001.11.29. 2001헌바4)이라고 정의하고, '적법한 절차'를 '기본권 보장을 위한 정당한 절차, 즉 근본적 공정성을 담보하는 절차'(헌재 1996.12.2. 94헌바1)라고 판시한 바 있다. 이렇듯 위법수집증거배제법칙은 '헌법적 위상'을 갖는다.

2) **추상적 배제기준** 제308조의2는 적법절차라는 추상적 배제기준만을 제시할 뿐, 구체적·개별적 적용 문제는 법문상 명백하지 않다. 배제되는 증거의 범위, 배제기준인 위법의 정도, 사인의 위법에도 적용되는지 여부, 위법수집증거에 대한 증거동의가 허용되는지 여부 등은 해석론을 통해 구체화되어야 한다.

4. 판례의 변경: 비진술증거에 대한 성상불변론 폐기

대판 2007.11.15. 2007도3061 전합은, 개정 형사소송법의 시행을 앞두고 판례를 변경하여, 비진술증거에 대한 이른바 성상불변론을 폐기하고, 적법절차를 위반하여 수집한 압수물의 증거능력을 원칙적으로 부인하였다.

[판례] 위법수집증거배제법칙: 대판 2007.11.15. 2007도3061 전합

(가) 기본적 인권보장을 위하여 압수수색에 관한 적법절차와 영장주의의 근간을 선언한 헌법과 이를 이어받아 실체적 진실 규명과 개인의 권리보호 이념을 조화롭게 실현할 수 있도록 압수수색절차에 관한 구체적 기준을 마련하고 있는 형사소송법의 규범력은 확고히 유지되어야 한다. 그러므로 헌법과 형사소송법이 정한 절차에 따르지 아니하고 수집한 증거는 기본적 인권보장을 위해 마련된 적법한 절차에 따르지 않은 것으로서 원칙적으로 유죄인정의 증거로 삼을 수 없다. 수사기관의 위법한 압수수색을 억제하고 재발을 방지하는 가장 효과적이고 확실한 대응책은 이를 통하여 수집한 증거는 물론 이를 기초로 하여 획득한 2차적 증거를 유죄인정의 증거로 삼을 수 없도록 하는 것이다.

(나) 다만, 법이 정한 절차에 따르지 아니하고 수집한 압수물의 증거능력 인정 여부를 최종적으로 판단함에 있어서는, 실체적 진실 규명을 통한 정당한 형벌권의 실현도 헌법과 형사소송법이 형사소송절차를 통하여 달성하려는 중요한 목표이자 이념이므로, 형식적으로 보아 정해진 절차에 따르지 아니하고 수집한 증거라는 이유만을 내세워 획일적으로 그 증거의 증거능력을 부정하는 것 역시 헌법과 형사소송법이 형사소송에 관한 절차조항을 마련한 취지에 맞는다고 볼 수 없다. 따

라서 수사기관의 증거수집과정에서 이루어진 절차 위반행위와 관련된 모든 사정, 즉 절차조항의 취지와 그 위반의 내용 및 정도, 구체적인 위반 경위와 회피가능성, 절차조항이 보호하고자 하는 권리 또는 법익의 성질과 침해 정도 및 피고인과의 관련성, 절차 위반행위와 증거수집 사이의 인과관계 등 관련성의 정도, 수사기관의 인식과 의도 등을 전체적·종합적으로 살펴볼 때, 수사기관의 절차 위반행위가 적법절차의 실질적인 내용을 침해하는 경우에 해당하지 아니하고, 오히려 그 증거의 증거능력을 배제하는 것이 헌법과 형사소송법이 형사소송에 관한 절차조항을 마련하여 적법절차의 원칙과 실체적 진실 규명의 조화를 도모하고 형사사법 정의를 실현하려 한 취지에 반하는 결과를 초래하는 것으로 평가되는 예외적인 경우라면, 법원은 그 증거를 유죄인정의 증거로 사용할 수 있다고 보아야 한다. 이는 적법한 절차에 따르지 아니하고 수집한 증거를 기초로 하여 획득한 2차적 증거의 경우에도 마찬가지여서, 절차에 따르지 아니한 증거 수집과 2차적 증거 수집 사이 인과관계의 희석 또는 단절 여부를 중심으로 2차적 증거 수집과 관련된 모든 사정을 전체적·종합적으로 고려하여 예외적인 경우에는 유죄 인정의 증거로 사용할 수 있다.

Ⅱ. 위법수집증거배제: 대판 2007.11.15. 2007도3061 전합

1. 원칙적 배제와 예외적 허용

1) 원칙적 배제 판례는 비진술증거에 대하여도 그 수집절차가 적법절차에 따르지 아니한 경우 그 증거능력의 배제가 원칙이라는 점을 명백히 선언하였다. 즉, "헌법과 형사소송법이 정한 절차에 따르지 아니하고 수집한 증거는 기본적 인권보장을 위해 마련된 적법한 절차에 따르지 않은 것으로서 원칙적으로 유죄 인정의 증거로 삼을 수 없다"고 판시하였다. 그리고 그 근거가 '적법절차의 준수'와 '수사기관의 위법수사 억제 및 재발방지'에 있음을 분명히 하였다. 그 이후 많은 판결에서 같은 취지로 거듭 판시함으로써 위법수집증거배제법칙의 적용범위를 분명하게 확인하고 있다.

2) 예외적 허용 다만, 판례는 위법수집증거일지라도 예외적으로 증거능력을 인정할 수 있는 여지를 남겨 두고 있다. 즉, "㉠ 수사기관의 절차 위반행위가 적법절차의 실질적인 내용을 침해하는 경우에 해당하지 아니하고, 오히려 ㉡ 그 증거의 증거능력을 배제하는 것이 적법절차의 원칙과 실체적 진실 규명의 조화를 도모하고 이를 통하여 '형사사법 정의를 실현하려 한 취지에 반하는 결과

를 초래하는 것으로 평가되는 예외적인 경우'에는 법원이 그 증거를 유죄인정의 증거로 사용할 수 있다"는 것이다. 결국 판례가 제시하는 예외적 허용의 기준은, 위 ㉠㉡이 된다.

3) 2차적 증거에도 적용 판례 또한 독나무열매이론을 수용하여 위법수집 증거를 기초로 획득한 2차적 증거에 대해서도 원칙적으로 증거능력을 배제한다. 즉, "수사기관이 헌법과 형사소송법이 정한 절차에 따르지 아니하고 수집한 증거는 물론, 이를 기초로 하여 획득한 2차적 증거 역시 유죄인정의 증거로 삼을 수 없는 것이 원칙이다."[1] 한편, 2차적 증거의 예외적 허용에 대하여는 그 제한이론을 수용한다. 즉, "절차에 따르지 아니한 증거수집과 2차적 증거수집 사이의 **인과관계의 희석 또는 단절 여부**를 중심으로 2차적 증거수집과 관련된 모든 사정을 전체적·종합적으로 고려하여 예외적인 경우에는 유죄인정의 증거로 사용할 수 있다." 위법한 1차 증거수집이 2차 증거수집에 '**직접** 영향력'이 있는 경우라면 인과관계의 희석·단절은 인정되기 어렵다.

2. 예외의 제한과 증명책임

예외적 허용은 말 그대로 예외에 그치는 것이다. 즉, "예외적인 경우를 함부로 인정하게 되면 결과적으로 원칙을 훼손하는 결과를 초래할 위험이 있으므로, 법원은 구체적인 사안이 예외적인 경우에 해당하는지를 판단하는 과정에서 **원칙을 훼손하는 결과가 초래되지 않도록** 유념하여야 한다"(대판 2011.4.28. 2009도10412). 물론 "예외적인 경우에 해당한다고 볼 만한 구체적이고 특별한 사정의 존재는 검사가 증명하여야 한다"(위 2009도10412). 따라서 어떤 사례에서 예외가 인정되었다고 하더라도, 그것이 결코 항구적일 수는 없다.

3. 절대적 배제효과

적법절차 위반으로 수집한 증거는 원칙적 배제, 예외적 허용이나, 그 배제의 효과만큼은 절대적이다. 즉, 어떤 증거가 배제법칙에 의하여 적법절차위반으로 일단 배제되는 이상 그 증거는 절대적으로 증거능력이 없고, 이는 예외가 허용되지 않는다[**절대적 배제**]. 당해 증거의 배제를 주장할 수 있는 자격도 위법

1) [위법한 압수물에 대한 '임의제출 동의서'] "사법경찰관이 형소법 제215조 제2항을 위반하여 영장없이 물건을 압수한 경우 그 압수물(=1차 증거)은 물론, 그 직후 피고인으로부터 작성받은 그 압수물에 대한 임의제출 동의서(=2차적 증거) 역시 특별한 사정이 없는 한 유죄 인정의 증거로 사용할 수 없다"(대판 2010.7.22. 2009도14376).

수사에 의하여 기본권을 침해당한 사람 이외에 모든 사람이 주장할 수 있고(대인적 절대효; '무제한설'), 증거동의가 있더라도 증거능력이 인정되는 것이 아니다(대물적 절대효). 그 증거는 본증으로는 물론 탄핵증거로도 사용할 수 없다(탄핵증거로도 불허하는 것은, 일종의 'back door 금지'). 이러한 의미에서 위법수집증거배제법칙은 형사증거법의 세계에서 일종의 '블랙홀'인 셈이다.

Ⅲ. 위법수집증거배제법칙의 내용

1. 배제기준: 적법절차 위반

(1) 원칙적 배제

위법수집증거배제법칙은 적법절차 준수를 통한 수사기관의 위법수사 억제를 주된 목표로 한다. 따라서 그 배제기준은 적법절차가 된다. "헌법과 형사소송법이 정한 절차에 따르지 아니하고 수집한 증거는 기본적 인권보장을 위해 마련된 적법한 절차에 따르지 않은 것으로서 원칙적으로 유죄인정의 증거로 삼을 수 없다. 이를 기초로 하여 획득한 2차적 증거 역시 유죄인정의 증거로 삼을 수 없다"는 것이 원칙이다.

(2) 예외적 허용(허용기준: 정의 실현, 인과관계 희석·단절)

그런데 실체진실의 규명을 통한 정당한 형벌권 실현도 중요한 목표이므로 획일적으로 그 증거능력 부정하는 것 역시 그 취지에 맞는다고 볼 수 없다. 판례는 '적법절차의 실질 내용을 침해한 것이 아닌 영역에서 사법정의 실현을 위한 예외적인 경우'에는 유죄 인정의 증거로 허용하고 있다.

1) 예외적 허용의 고려요소　결국 증거배제 여부에 대한 판례의 평가방법은 이른바 종합고려설이다. 즉, "수사기관의 증거수집과정에서 이루어진 절차 위반행위와 관련된 **모든 사정, 즉 절차조항의 취지와 그 위반의 내용 및 정도**, 구체적인 위반 경위와 회피가능성, 절차조항이 보호하고자 하는 권리 또는 법익의 성질과 침해 정도 및 피고인과의 관련성, 절차 위반행위와 증거수집 사이의 인과관계 등 관련성의 정도, **수사기관의 인식과 의도** 등을 전체적·종합적으로 살펴"(앞 2007도3061) 예외 기준의 충족 여부를 판단한다.[1)]

---

1) [판사 날인 없는 영장] "법관의 서명날인란에 서명만 있고 날인이 없는 영장은 형사소송법이 정한 요건을 갖추지 못하여 적법하게 발부되었다고 볼 수 없다. 그러나 판사의 의사에 기초하

2) 인과관계 단절 여부 예외적 허용의 대표적인 사정은 '적법절차 위반행위'와 '증거수집' 사이에 다른 사정의 개입으로 그 영향이 차단 내지 소멸된 경우, 즉 인과관계가 단절된 경우이다. 즉, "적법절차에 위배되는 행위의 영향이 차단되거나 소멸되었다고 볼 수 있는 상태에서 수집한 증거는 그 증거능력을 인정하더라도 적법절차의 실질적 내용에 대한 침해가 일어나지는 않는다 할 것이니 그 증거능력을 부정할 이유는 없다. 따라서 증거수집 과정에서 이루어진 적법절차 위반행위의 내용과 경위 및 그 관련 사정을 종합하여 볼 때 당초의 적법절차 위반행위와 증거수집행위의 중간에 그 행위의 위법요소가 제거 내지 배제되었다고 볼 만한 다른 사정이 개입됨으로써 인과관계가 단절된 것으로 평가할 수 있는 예외적인 경우에는 이를 유죄 인정의 증거로 사용할 수 있다"(대판 2013.3.14. 2010도2094: 스스로 채혈요구한 사건, 인과관계 인정).

2. 배제유형

(1) 적법절차 위반

적법절차 위반으로 수집한 증거는 증거능력이 부정된다. 즉, ㉠ [참여권 침해] 당사자의 참여권이 보장되지 않은 압수·수색·검증, ㉡ [영장집행의 하자] 야간집행제한을 위반한 압수·수색·검증, 영장 원본 제시의무 및 압수목록 교부의무를 위반한 경우, [여자수색의 하자] '성년 여자의 참여 없는' 여자에 대한 수색 및 '의사나 성년여자의 참여 없는' 여자의 신체 검사, ㉢ [공개주의 위반] 공개재판주의를 위반한 증인신문 등이다.

다만, ㉠ 참여기회를 주지 않은 것은 위법하더라도, 압수과정 전체를 위법하게 할 정도로 중대한 것이 아닌 경우에는 예외적으로 증거능력이 인정된다 [전체적 평가설](대판 2015.1.22. 2014도10978 전합). ㉡ 야간 압수·수색은 위법하지만 이는 상대적 제한이므로 예외적으로 증거능력이 인정될 수 있다(대판 2017.9.12. 2017도10309 참조). ㉢ 영장의 원본제시·사본교부의무 위반, 목록교부의무 위반의

여 진정하게 영장이 발부되었다는 점은 외관상 분명하다. 수사기관으로서는 영장이 적법하게 발부되었다고 신뢰할 말한 합리적인 근거가 있었고, 의도적으로 적법절차의 실질적인 내용을 침해한다거나 영장주의를 회피할 의도를 가지고 영장에 따른 압수·수색을 하였다고 보기 어렵다. 요컨대, 그 영장에 따라 수집한 이 사건 파일 출력물(1차적 증거)의 증거능력을 인정할 수 있다. 이에 기초하여 획득한 2차적 증거인 각 증거(검사 작성의 피고인 1에 대한 피의자신문조서, 공소외 3 등의 각 법정진술) 역시 증거능력을 인정할 수 있다"(대판 2019.7.11. 2018도20504). 수사기관의 신뢰와 회피의도 등을 증거능력 판단의 요소로 고려하여, 그 증거능력을 예외적으로 인정한 사례이다.

경우에도 예외적으로 증거능력이 인정될 여지가 있다.

[판례사례] [적법절차 위반] 증거배제 (비진술증거/진술증거의 배제)

(1) 비진술증거의 배제 비진술증거에 대해 증거능력을 부정한 사례들이다.

① (위법한 체포상태에서 음주측정 결과) "체포의 이유와 변호인 선임권의 고지 등 적법한 절차를 무시한 채 이루어진 강제연행은 전형적인 위법한 체포에 해당하고, 위법한 체포 상태에서 이루어진 음주측정 요구는 주취운전의 범죄행위에 대한 증거 수집을 목적으로 한 일련의 과정에서 이루어진 것이므로, 그 측정 결과는 제308조의 2에 의하여 증거능력을 인정할 수 없다"(대판 2013.3.14. 2010도2094).

② (참여권 침해) i) "정보저장매체에 대한 압수·수색 과정에서 저장매체 또는 복제본을 수사기관 사무실 등으로 옮겨 복제·탐색·출력하는 경우에도, 일련의 과정에서 '피압수자'(219·121)나 변호인에게 참여의 기회를 보장하고 혐의사실과 무관한 전자정보의 임의적인 복제 등을 막기 위한 적절한 조치를 취하는 등 영장주의 원칙과 적법절차를 준수하여야 한다. 만약 그러한 조치가 취해지지 않았다면 특별한 사정이 없는 이상 압수·수색이 적법하다고 평가할 수 없다. 비록 수사기관이 저장매체 또는 복제본에서 혐의사실과 관련된 전자정보만을 복제·출력하였다 하더라도 마찬가지이다"(위 2011모1839(종근당 사건); 대판 2017.9.21. 2015도12400 등). ii) 다만, 복호화 과정에서 참여기회를 주지 않은 것은 위법하지만, 복호화 작업은 참여권이 가지는 의미가 상대적으로 크지 않기 때문에, 압수수색과정 전체를 위법하게 할 정도로 중대하다고 보기는 어렵다[전체적 평가설](위 2014도10978 전합).

③ (영장 원본 제시의무 및 압수목록 교부의무 위반) "수사기관이 압수수색영장을 집행하면서 갑 회사에 팩스로 영장 사본을 송신하기만 하고 영장 원본을 제시하거나, 압수조서와 압수물 목록을 작성하여 피압수·수색 당사자에게 교부하지도 않은 채 피고인의 이메일을 압수한 경우, 압수된 이메일은 위법수집증거로서 증거능력이 없다"(대판 2017.9.7. 2015도10648).

(2) 진술증거의 배제 진술증거에 대해 증거능력을 부정한 사례들이다.

① (진술거부권 불고지) ㉠ 피의자 또는 '피의자의 지위에 있는 자'에게 미리 진술거부권을 고지하지 않은 채 작성된 피의자신문조서 및 그 이외에 진술조서·진술서·자술서 등의 형식으로 작성된 진술증거(대판 2011.11.10. 2011도8125),[1] ㉡ 진술

---

1) 대판 2011.11.10. 2011도8125; "피의자 지위에 있지 아니한 자에 대하여는 진술거부권이 고지되지 아니하였더라도 진술의 증거능력을 부정할 것은 아니다"(피고인이 타인(병)을 내세워 범행을 부인한 경우 수사기관이 "공범관계에 있을 가능성만으로" 그 타인(병)을 참고인으로 조사한 것이라면 그 타인(병)은 수사기관에 의해 범죄혐의를 인정받아 수사가 개시된 피의자의

거부권이 고지되지 않은 채 진행된 피의자와 담당 검사와의 대화내용을 녹화한 비디오테이프의 녹화내용과 그 비디오테이프에 대한 법원의 검증조서(대판 1992. 6.23. 92도682),

② (변호인과의 접견교통권 침해) 변호인과의 접견교통권이 침해된 상태에서 작성된 피의자신문조서(대판 1990.8.24. 90도1285),

③ (변호인의 피의자신문 참여권 침해) 피의자가 변호인의 참여를 원한다는 의사를 명백하게 표시하였음에도 수사기관이 정당한 사유 없이 변호인을 참여하게 하지 아니한 채 피의자를 신문하여 작성한 피의자신문조서(대판 2013.3.28. 2010도3359),

④ (공개재판주의 위반) 위법한 공개금지결정에 의하여 피고인의 공개재판을 받을 권리를 침해한 절차에서 이루어진 증인신문(대판 2005.10.28. 2005도5854),

⑤ (증인 빼돌리기 수사기법) 증인의 증언 전에 일방당사자가 그 증인과의 접촉을 독점하고 상대방의 접촉을 제한하는, 증인 빼돌리기 수사기법에 의한 증인의 법정진술 또는 참고인진술조서(헌재 2001.8.30. 99헌마496)[1] 등은 증거능력이 없다.

(2) 영장주의 위반

영장주의 위반으로 수집한 증거는 증거능력이 부정된다. 따라서 ㉠ [영장 없이] 영장 없이 압수·수색·검증한 경우, ㉡ [영장에 중대한 하자] 영장 자체에 중대한 하자가 있는 경우, ㉢ [대상 아님] 영장에 기재되지 않은 대상에 대한 압수·수색·검증, ㉣ [관련성 요건 흠결] 영장 기재 혐의사실과 무관한 대상에 대한 압수·수색·검증, ㉤ [영장주의의 예외 요건 흠결] 체포현장·범죄장소·긴급체포시의 영장주의 예외 요건을 흠결한 압수·수색·검증, ㉥ [사후영장 누락] 영장 없는 압수수색검증 이후 사후영장을 발부받지 않은 경우, ㉦ [임의제출의 요건 흠결] 유류물·임의제출물의 압수 요건 흠결, ㉧ [통신제한조치의 위법] 통신제한조치의 요건을 흠결하거나 허가서 없이 또는 사후허가서를 받지 않은 경우 등이다.

지위에 있었다고 할 수 없다. 따라서 참고인으로서 조사를 받으면서 수사기관에게서 진술거부권을 고지받지 않았다는 이유만으로 그 진술조서가 위법수집증거로서 증거능력이 없다고 할 수 없다고 한 사례).

1) [증인빼돌리기] 헌재 2001.8.30. 99헌마498("검사가 법원의 증인으로 채택된 수감자를 그 증언에 이르기까지 거의 매일 검사실로 하루 종일 소환하여 피고인 측 변호인이 접근하는 것을 차단하고, 검찰에서의 진술을 번복하는 증언을 하지 않도록 회유·압박하는 한편, 때로는 검사실에서 그에게 편의를 제공하기도 한 행위는, 증인의 증언 전에 일방 당사자만이 증인과의 접촉을 독점하게 되면, 상대방은 증인이 어떠한 내용을 증언할 것인지를 알 수 없어 그에 대한 방어를 준비할 수 없게 되며 상대방이 가하는 예기치 못한 공격에 그대로 노출될 수밖에 없으므로, 헌법이 규정한 '적법절차의 원칙'에도 반한다").

주의할 점은, "영장주의를 위반하여 수집한 증거는, 적법절차의 실질적인 내용을 침해하는 것이어서 그 증거능력을 배제하는 것이 형사사법 정의 실현의 취지에 합치된다. 예외적으로 증거능력을 인정할 수도 없다"(대판 2009.5.14. 2008도10914; 2014.1.16. 2013도7101(공천헌금사건))는 것이다.

다만, 영장의 방식 또는 영장집행절차상의 단순한 위법은 증거능력에 영향이 없다.

[판례사례] [영장주의 위반] 증거배제 (비진술증거/진술증거의 배제)

(1) 비진술증거의 배제 비진술증거에 대해 증거능력을 부정한 사례들이다.

① (영장 없는 압수·수색) ㉠ "수사기관이 영장에 의하지 아니하고 획득한, 매출전표의 거래명의자에 관한 정보(대판 2013.3.28. 2012도13607),[1] ㉡ (통제배달) "(마약류 수사에 관한 검사의 요청에 따라) 특정한 수출입물품을 개봉하여 검사하고 그 내용물의 점유를 취득한 행위는 (통관검사와는 달리) 범죄수사인 압수 또는 수색에 해당하여 사전 또는 사후에 영장을 받아야 한다"(대판 2017.7.18. 2014도8719).

② (위법한 음주측정: 호흡측정, 혈액채취) 음주운전죄의 증거수집을 목적으로 한 음주측정은 수사의 영역에 속한다. ㉠ 우선, "음주측정을 위하여 당해 운전자를 강제로 연행하기 위해서는 수사상의 강제처분에 관한 형사소송법상의 절차에 따라야 하고, 이러한 절차를 무시한 채 이루어진 강제연행은 위법한 체포에 해당한다. 이와 같은 위법한 체포상태에서 음주측정요구가 이루어진 경우, 그 일련의 과정을 전체적으로 보아 위법한 음주측정요구가 있었던 것으로 볼 수밖에 없다"(대판 2006.11.9. 2004도8404). "그 측정결과는 제308조의2에 의해 증거능력을 인정할 수 없다"(대판 2013.3.14. 2010도2094). ㉡ 운전 중 교통사고를 내고 의식을 잃은 채 병원에 후송된 피의자(운전자)에 대하여, "수사기관이 법원으로부터 영장 또는 감정처분허가장을 발부받지 아니한 채 피의자의 동의 없이 피의자의 신체로부터 혈액을 채취하고 사후적으로도 지체 없이 이에 대한 영장을 발부받지도 아니한 채 강제채혈한 경우 그 감정결과보고서 등(대판 2011.4.28. 2009도2109) 및 "법원으로부터 압수·수색 또는 검증 영장이나 감정처분허가장을 발부받지 아니한 채 '법정대리인의 동의(피고인 아버지의 동의)만 받고서' 응급실에 의식을 잃고 누워 있는 피고인으로부터 채혈한 후, 위 채혈에 관하여 사후영장을 발부받지 아니하였다면, 감정의뢰회보와 이에 기초한 다른 증거"(대판 2014.11.13. 2013도1228)는 위법수집증거로서 증거능력이 없다. 한편, ㉢ "의식불명인 피의자(운전자)의 신체 내지 의복류에 주취냄새가 강하게 나는 등 범죄의 증적이 현저한 준현행범인의 요건(211②iii)이 갖추

1) 2차 증거는 예외적으로 증거능력 인정한 사례.

어져 있고 교통사고 발생 시각으로부터 사회통념상 범행 직후라고 볼 수 있는 시간 내라면, 사고현장에서 곧바로 후송된 병원 응급실 등의 장소는 '범죄장소'(216③)에 준한다. 이 경우에도 사후에 지체 없이(216③) 압수영장을 받아야 한다"(대판 2012. 11.15. 2011도15258).

③ (영장의 중대한 하자: **공소제기 후 강제수사**) 검사가 공소제기 후 제215조에 따라 수소법원 이외의 지방법원 판사에게 청구하여 발부받은 영장에 의하여 압수수색하고 수집한 증거(대판 2011.4.28. 2009도10412),

④ (**대상 아님: 별건 압수**) 영장에 압수할 물건으로 기재되지 않은 물건의 압수인 경우(앞 2007도3061),

⑤ (**관련성 요건 흠결: 별건 압수**) ㉠ (정보저장매체의 압수·수색) "수사기관 사무실 등으로 옮긴 저장매체에서 범죄혐의와 **관련성에 대한 구분 없이** 저장된 전자정보 중 임의로 문서출력 또는 파일복사를 하는 행위는 특별한 사정이 없는 한 영장주의 등 원칙에 반하는 위법한 집행이 된다"(대판 2012.3.29. 2011도10508; 전교조 사건). "외부에서 저장매체나 복제본에 대하여 압수·수색이 허용되는 예외적인 경우에도 혐의사실과 관련된 전자정보 이외에 이와 **무관한 전자정보**를 탐색·복제·출력하는 것은 원칙적으로 위법한 압수·수색에 해당하므로 허용될 수 없다"(대결 2015.7.16.자 2011모1839; 종근당 사건). ㉡ (별건 증거의 압수·수색: 우연발견과 별도영장) 그러나 "혐의사실과 관련된 전자정보를 적법하게 탐색하는 과정에서 **별도의 범죄혐의**와 관련된 전자정보를 **우연히 발견**한 경우라면, 수사기관은 더 이상의 **추가 탐색을 중단**하고 법원에서 **별도의** 범죄혐의에 대한 **압수·수색영장**을 발부받은 경우에 한하여 그러한 정보에 대하여도 적법하게 압수·수색을 할 수 있다"(위 2011모1839; 종근당 사건). ㉢ (일반 별건 증거) "영장 발부의 사유로 된 범죄 혐의사실과 **무관한 별개의** 증거를 압수하였을 경우 이는 원칙적으로 유죄 인정의 증거로 사용할 수 없다"(대판 2016.3.10. 2013도11233).

⑥ (영장주의의 예외 요건 흠결) ㉠ 체포현장에서는 영장 없이 압수수색할 수 있으나(216① ii) "체포현장에서 약 20m 떨어진 피고인의 집에서 영장 없이 압수한 물건"(대판 2010.7.22. 2009도14376), ㉡ (피고인에 대한) **긴급체포가 위법**하므로 그에 수반하여 이루어진 **각 압수절차 또한 위법**임을 면할 수 없고, 가사 위 긴급체포가 적법하더라도 '사후에 압수수색영장을 청구하지도 아니하고 즉시 반환하지도 아니'한 경우 그 압수물(대판 2009.12.24. 2009도11401) 등은 증거능력이 없다.

⑦ (사후영장 누락 및 즉시반환의무 위반) ㉠ "음란물 유포의 범죄혐의를 이유로 압수수색영장을 발부받은 사법경찰관이 피고인의 주거지를 수색하는 과정에서 **대마를 발견**하자, 피고인을 마약류관리에관한법률위반죄의 **현행범으로 체포**하면서 대마를 압수하였으나 다음 날 피고인을 석방하고도 사후 압수수색영장을 발부받

지 않은 경우에, 압수한 대마 및 그 압수조서 중 "위 대마를 피고인에게서 압수하였다"는 취지의 기재 등의 각 증거는 위 대마소지의 점에 관한 증거로 사용할 수 없다"(대판 2009.5.14. 2008도10914). ㉡ 사법경찰관의 검증이 범죄현장에서 급속을 요한다는 이유로 영장 없이 행하여졌는데 그 후 법원의 사후영장을 받은 흔적이 없는 경우 그 검증조서(대판 1984.3.13. 83도3006; 1990.9.14. 90도1263), ㉢ 긴급체포시 압수한 물건에 관하여 사후 압수·수색영장을 발부받지 않고 즉시 반환하지도 않은 경우(대판 2009.12.24. 2009도11401. 즉시반환의무 위반) 등은 증거능력이 없다.

⑧ (임의제출의 요건 흠결) ㉠ 제218조를 위반하여 소유자, 소지자 또는 보관자가 아닌 자로부터 제출받은 물건을 영장 없이 압수한 경우 그 '압수물' 및 '압수물을 찍은 사진'(대판 2010.1.28. 2009도10092), ㉡ 임의성에 관하여 검사가 합리적 의심을 배제할 수 있을 정도로 증명하지 못함으로써, 임의로 제출된 것이라고 볼 수 없는 경우(대판 2016.3.10. 2013도11233; 한국까르푸 사건) 등은 증거능력이 없다.

⑨ (불법감청) 통신비밀보호법 제4조('불법감청에 의한 전기통신내용의 증거사용 금지')에 의하면, "제3조의 규정에 위반하여, (중략) 불법감청에 의하여 지득 또는 채록된 전기통신의 내용은 재판 또는 징계절차에서 증거로 사용할 수 없다". ㉠ "전화통화 당사자의 일방이 상대방 모르게 통화내용을 녹음하는 것은 '감청'에 해당하지 아니하지만, 제3자의 경우는 설령 전화통화 당사자 일방의 동의를 받고 그 통화내용을 녹음하였다 하더라도 그 상대방의 동의가 없었던 이상, '감청'에 해당한다"(대판 2010.10.14. 2010도9016). ㉡ "수사기관이 (휴대전화를 제공하여) 구속수감된 자로 하여금 피고인과 통화하고 피고인의 범행에 관한 통화내용을 녹음하게 한 행위는, 수사기관 스스로가 주체가 되어 구속수감된 자의 동의만을 받고 상대방인 피고인의 동의가 없는 상태에서 그들의 통화내용을 녹음한 것으로서, 범죄수사를 위한 통신제한조치의 허가 등을 받지 아니한 불법감청에 해당한다. 그 녹음 자체는 물론이고, 첨부된 녹취록 및 mp3 파일도 모두 증거능력이 없다"(위 2010도9016).

(2) 진술증거의 배제 진술증거에 대해 증거능력을 부정한 사례들이다.

① (구속영장 제시의무 위반) 수사기관이 사전에 구속영장을 제시하지 아니한 채 영장을 집행한 경우 구속 중 수집한 피고인의 진술증거(대판 2009.4.23. 2009도526),

② (불법체포·강제연행) ㉠ (불법체포) 긴급체포가 요건을 갖추지 못하여 위법한 체포에 해당하는 경우 그 체포에 의한 유치 중에 작성된 피의자신문조서(대판 2002.6.11. 2000도5701), 위법한 긴급체포에 의한 유치 중 작성된 진술조서(대판 2008.3.27. 2007도11400), ㉡ (강제연행) 경찰이 피고인 아닌 갑, 을을 사실상 강제연행한 상태에서 받은 각 자술서 및 각 진술조서(대판 2011.6.30. 2009도6717; 티켓영업사건),

③ (경찰의 불법체포와 시간적으로 근접한 검사의 피의자신문) 검사의 피고인에 대한 피의자신문은 피의자가 2008.12.1. 경찰에서 위법하게 긴급체포된 후 검찰로 송치되

어 2008. 12.10. 이루어진 것으로 위법한 긴급체포와 시간적으로 근접하여 이루어진 것인데다가, 당시 피고인이 변호인의 조력을 받은 바도 없는 경우 검사 작성의 그 피의자신문조서(대판 2009.12.24. 2009도11401),

④ (선거범죄조사에서 비밀녹음) 선거관리위원회 위원·직원이 선거범죄를 조사하면서 관계인에게 진술이 녹음된다는 사실을 미리 알려 주지 아니하고 진술을 녹음한 경우, 그와 같은 조사절차에 의하여 수집한 녹음파일 또는 그 녹취록(대판 2014.10.15. 2011도3509) 등이 있다

(3) 형사소송법상 효력규정 위반

형사소송법의 효력규정을 위반하여 수집한 증거도 그 증거능력이 부정된다[**증거배제**]. 예컨대, ㉠ 군사·공무·업무상 비밀에 대한 (압수·수색) 거부권을 침해한 압수·수색, ㉡ **증인적격 없는** 증인의 증언, ㉢ 선서능력 있는 증인이 **선서 없이** 한 진술,[1] ㉣ 제척사유 있는 통역인이 통역한 증인의 증인신문조서(대판 2011.4.14. 2010도13583), ㉤ 선서 없는 감정·통역·번역 등이다.

3. 적법절차위반이 아닌 경우

그러나 **사소한 절차위반**은 그 증거능력에 영향을 미치지 않는다[**증거허용**]. 예컨대, ㉠ '유류물의 압수'에서 압수조서 작성 및 압수목록의 작성·교부 절차가 제대로 이행되지 아니한 경우 그 압수물(대판 2011.5.26. 2011도1902), ㉡ 증인신문에서 증인의 소환절차의 하자, 위증의 벌 경고의 누락, 단순한 신문방식의 위배, ㉢ 증인신문 당시 증언거부권자에게 증언거부권 있음을 설명하지 않은 경우의 증언(대판 1957.3.8. 4290형상23. 증인보호 규정일 뿐 피고인보호 규정은 아니라는 취지) 등은 증거능력이 인정된다.

특히, 증인신문에서 당사자의 '참여권'과 '신문권'을 보장하지 않은 경우 그 법정 '증언'의 증거능력[2]이 문제된다. 이에 대해 견해가 대립하지만, 특별한 사정

---

1) 대판 1979.3.27. 78도1031: 피고인과는 별개의 범죄사실로 기소되고, 다만 병합심리된 것 뿐인 공동피고인은 피고인에 대한 관계에서는 **증인의 지위에 있음**에 불과하므로 **선서 없이 한 그 공동피고인의 피고인으로서 한 공판정에서의 진술**을 피고인에 대한 공소범죄사실을 인정하는 증거로 쓸 수 없다.

2) i) 대판 1992.2.28. 91도2337(증거보전절차에서 증인신문을 하면서, 위 증인신문의 일시와 장소를 피의자 및 변호인에게 미리 통지하지 아니하여 증인신문에 **참여할 수 있는 기회**를 주지 아니한 사례)) 및 ii) 대판 1969.7.25. 68도1481("피고인 본인 또는 그 변호인이 미리 증인신문에 참여케 하여 달라고 신청한 경우에는 변호인이 참여하였다고 하여도 피고인의 **참여 없이** 실시한 증인신문은 위법이다.") 등.

이 없는 한 위법수집증거라고까지 할 것은 아니다(소극설).[1] 판례는 증인신문절차에서 피고인의 참여권 또는 반대신문권이 침해된 법정 증언은, 책문권(=절차이의권) 포기의 대상이 되고 이 경우 증거능력이 인정된다고 한다. 이는 적법절차 위반은 아니라는 취지라고 할 수 있다. 따라서 판례상 '위법한 증거'라는 표현은, '헌법상 적법절차를 위반'하여 수집한 증거(즉, '제308조의2에서의 위법수집증거')라는 의미가 아니라 '형사소송법상 절차적 위법'이 있는 증거(즉, 단순히 형사소송법상 '법정된 절차를 위반'하여 수집한 증거)라는 의미 정도에 불과하다.

[판례사례] [위법수집증거가 아니라고 한 사례] 증거허용

판례가 위법수집증거배제법칙이 적용된다고 볼 수 없다고 한 사례로는,

① (과테말라 출장조사·영사통보권 불고지) ㉠ 검찰관이 피고인을 뇌물수수 혐의로 기소한 후, 형사사법공조절차를 거치지 아니한 채 과테말라공화국에 현지출장하여 그곳 호텔에서 뇌물공여자 갑을 상대로 참고인진술조서를 작성한 경우(대판 2011.7.14. 2011도3809), ㉡ 수사기관이 외국인을 체포하거나 구속하면서 지체 없이 영사통보권 등이 있음을 고지하지 않은 경우(대판 2022.4.28. 2021도17103).[2]

② (피의자 아닌 자에게 진술거부권 불고지) 피의자 아닌 자에 대하여 진술거부권의 고지 없이 작성한 진술조서(대판 2011.11.10. 2011도8125), ③ (진술거부권 고지가 요건이 아닌 절차) 선거관리위원회의 조사절차에서 진술거부권의 고지 없이 작성·수집된 문답서(대판 2014.1.16. 2013도5441), ④ (공소제기 후 임의수사) 공소제기 후 임의수사로서 검사가 작성한 '피고인'에 대한 진술조서(대판 1984.9.25. 84도1646), ⑤ (행정조사) 행정조사의 성격을 가지는 통관검사절차에서 압수·수색영장 없이 이루어지는 우편물의 개봉, 시료채취, 성분분석 등의 검사(대판 2013.9.26. 2013도7718), ⑥ (대화당사자 일방의 비밀녹음) 피고인이 범행 후 피해자에게 전화를 걸어오자 피해자가 증거를 수집하려고 (피고인 몰래) 그 전화내용을 녹음한 경우(대판 1997.3.28. 97도240),

⑦ (위법한 증인신문에서 책문권 포기) ㉠ (참여기회 미제공) 증인신문에 참여권이 있는 피고인 또는 변호인에게, 증인신문의 시일 및 장소를 통지하지 아니한 채

---

1) 자세한 것은 제4편 제1장 제4절 Ⅰ. '5. 증인신문의 절차와 방법' 부분 참조

2) 위 2021도17103: 이러한 체포나 구속절차는 '영사관계에 관한 비엔나협약' 제36조 제1항 (b)호를 위반한 것으로 위법수집증거에 해당하나, ㉠ 피고인이 영사통보권 등을 고지받았더라도 영사의 조력을 구하였으리라고 보기 어려운 점, ㉡ 수사기관이 영사통보권 등을 고지하지 않았더라도 그로 인해 피고인에게 실질적 불이익이 초래되었다고 볼 수 없는 점 등에 비추어, 절차위반의 내용과 정도가 중대하거나 피고인의 권리나 법익을 본질적으로 침해하였다고 볼 수 없으므로, 위법수집증거배제법칙의 예외에 해당한다는 이유로 그 증거능력을 인정한 사례.

이루어진 법정 외의 증인심문에 대해, 공판기일에서 당해 증인심문조서에 대한 증거조사를 시행함에 있어 관계인이 이의가 없다고 진술한 경우(책문권의 포기로 그 절차상의 흠결은 치유된다)(대판 1967.7.4. 67도613),[1] ㉡ (반대신문기회 미제공) 피고인을 일시퇴정하게 하고 피고인에게 실질적인 반대신문의 기회를 부여하지 아니한 채 이루어진 증인의 법정진술에 대해, 피고인이 책문권 포기의사를 명시함으로써 실질적인 반대신문의 기회를 부여받지 못한 하자가 치유된 경우(대판 2010.1.14. 2009도9344) 등이 있다.

Ⅳ. 2차적 증거

1. 독나무열매이론과 그 제한이론

(1) 독나무열매이론

독나무열매이론(毒樹果實理論, fruit of the poisonous tree doctrine)이란, 위법하게 수집된 1차 증거(독나무)에 의해 발견된 2차 증거(열매)의 증거능력을 배제하는 이론을 말한다. 만일 위법수집한 1차 증거의 증거능력만 부인하고 파생한 2차 증거의 증거능력을 인정한다면, 위법수집증거배제법칙이 무의미하게 되기 때문이다. 판례는 위 이론을 수용하여, 위법수집한 1차 증거는 물론, 이를 기초로 하여 획득한 2차 증거 역시 그 증거능력을 배제한다.

물론 2차 증거가 아닌 경우에는, 적용되지 않는다. 즉, "범행현장에서 지문채취가 먼저 이루어진 이상, 그 후 지문채취 대상물(맥주컵, 맥주병 등)을 위법하게 압수하였더라도, 위 지문은 그 대상물로부터 획득한 2차적 증거가 아니므로, 위법수집증거라고 할 수 없다"(대판 2008.10.23. 2008도7471).

(2) 제한이론

위법수사 억제의 가장 실효적인 대책은 위법 수집한 1차 증거는 물론 2차 증거까지 모두 배제하는 것이다. 그렇게 되면 증거가치 있는 증거를 전부 사용하지 못하게 되고, 진실발견이 저해된다는 문제가 생긴다. 제한이론이 대두된 배경이다.

1) 희석 · 단절　i) '희석이론'은 피고인의 자유의사에 기한 사후 행위의 개

---

1) "피고인과 변호인이 증인신문조서를 증거 동의한 경우 위 증인신문조서는 증인신문절차가 위법하였는지의 여부에 관계없이 증거능력이 부여된다"(대판 1988.11.8. 86도1646).

입으로 1차 증거의 위법성과 2차 증거의 수집 사이에 인과관계가 불분명하게 됨으로써, 1차 증거의 오염성이 점차 희석되어 파생적 증거에 영향을 미치지 않게 된다는 이론이다. 예컨대, 경찰관이 위법하게 피의자의 집에 침입하여 자백을 받은 경우에도, 피의자가 며칠 후 경찰서에 출석하여 자백조서에 서명하였다면, 새로운 자백이 행해진 것으로 보아 증거능력이 인정된다는 것이다. ii) '단절이론'은 1차 증거의 위법성과 2차 증거의 수집 사이에 다른 사정의 개입으로 그 영향의 차단 내지 소멸, 즉 인과관계가 단절되어 파생적 증거에 영향을 미치지 않는다는 이론이다. 즉, 당초의 위법행위와 증거수집행위의 중간에 그 행위의 위법요소가 제거 내지 배제되었다고 볼 만한 다른 사정이 개입됨으로써 인과관계가 단절된 것으로 평가할 수 있는 예외적인 경우에는, 이를 유죄 인정의 증거로 사용할 수 있다는 것이다.

2) 독립된 증거원 위법수사가 있더라도 관계없는 독립된 근원에 의하여 수집된 증거라면, 위법수사와 인과관계가 단절되기 때문에 그 파생적 증거의 증거능력을 인정할 수 있다는 이론이다.

3) 불가피한 발견 위법수사에 의한 1차 증거의 발견이 없었더라도, 다른 경로를 통해 파생적 증거가 결국은 불가피하게 발견되었을 것이라면, 위법수사와 인과관계가 단절되기 때문에 증거능력을 인정할 수 있다는 가설적 이론이다.

4) 선의이론 선의이론은 수사기관이 수색영장을 적법한 것으로 신뢰하여 수색하였으나 그 후 영장이 형식적·실질적 요건을 결여하여 무효임이 밝혀지더라도 당해 수색으로 수집한 증거는 증거능력이 인정된다는 이론이다.

그러나 판례는 '선의의 예외이론'을 명시적으로 부정한다(대판 2011.4.28. 2009도10412; 2017. 11.29. 2014도16080 등). 즉, ㉠ "검사가 공소제기 후 형사소송법 제215조에 따라 수소법원 이외의 지방법원 판사에게 청구하여 발부받은 영장에 의하여 압수·수색을 하였다면, 그와 같이 수집된 증거는 기본적 인권 보장을 위해 마련된 적법한 절차에 따르지 않은 것으로서 유죄의 증거로 삼을 수 없다"(대판 2011.4.28. 2009도10412). 수사기관이 그 영장을 신뢰하고 수집한 증거라도 증거능력이 배제된다는 것이다. ㉡ "압수·수색의 위법성은 '사후에' 법원으로부터 영장을 발부받았다고 하여 치유되지 않는다"(대판 2023.3.16. 2020도5336; 위 2014도16080). 위법한 압수·수색은 사후 영장에 의해 적법한 것으로 추인되지 않는다는 것이다.

2. 인과관계의 희석 · 단절 여부

판례는 2차 증거의 예외적 허용과 관련하여, 위법한 1차적 증거수집과 2차적 증거수집 사이의 **인과관계의 희석 또는 단절 여부**를 중심으로 모든 사정을 종합적으로 고려하여 판단한다(앞 2007도3061 전합).

[판례사례] [인과관계 희석 · 단절 여부] (1) 비진술증거의 배제와 허용

(1) 비진술증거의 배제 비진술증거에 대해 증거능력을 부정한 예들이다.

① (스스로 채혈요구 사건: 불법체포 상태에서 위법한 호흡측정 후, **스스로 채혈 요구**하여 채혈) 위법한 강제연행 상태에서 호흡측정 방법에 의한 음주측정을 한 다음, 강제연행 상태로부터 시간적 · 장소적으로 단절되었다고 볼 수도 없고 피의자의 심적 상태 또한 강제연행 상태로부터 완전히 벗어났다고 볼 수 없는 상황에서, 피의자가 호흡측정 결과에 대한 탄핵을 하기 위하여 스스로 혈액채취 방법에 의한 측정을 할 것을 요구하여 혈액채취가 이루어져 작성된 '감정서'의 증거능력이 문제된 사안에서, 스스로 채혈을 요구하였다는 사정은, 그 사이에 "위법한 체포 상태에 의한 영향이 '완전하게' 배제되고 피의자의 의사결정의 자유가 '확실하게' 보장되었다고 볼 만한 다른 사정이 개입되지 않은 이상," 불법체포와 증거수집 사이의 인과관계가 "단절"된 것으로 볼 수는 없다고 한 사례(대판 2013.3.14. 2010도2094). 단절이론의 관점에서, 위법의 영향력이 완전히 배제(단절)되지 않았다고 한 경우이다.

② (별건 압수물의 환부 후 다시 임의제출 사건) 환부 후 다시 제출하는 과정에서 임의로 제출된 것이라고 볼 수 없다는 이유로 그 증거능력을 인정할 수 없다고 한 사례(대판 2016.3.10. 2013도11233: 한국까르푸 사건). 이는 2차 증거에 대한 것은 아니고, 동일한 증거물에 대한 2차적 수집의 문제지만, 단절이론의 관점에서, 최초 위법의 영향력이 완전히 배제되지 않았다고 한 경우이다.

(2) 비진술증거의 예외적 허용 인과관계의 희석 · 단절을 긍정하여 예외적으로 증거능력을 인정한 사례이다.

① (압수영장에 기한 2차 채뇨 사건: 위법한 강제연행 상태에서 1차 채뇨 후, **압수영장**에 의한 2차 채뇨) 위법한 강제연행상태에서 마약 투약 여부를 확인하기 위한 1차 채뇨절차를 진행하여 채취한 소변에 대한 피고인 작성의 '소변검사시인서' 및 그 후 법원에 의하여 발부된 피고인의 소변 등의 채취에 관한 압수영장에 기하여 다시 2차 채뇨절차를 진행하여 그 채취한 소변과 모발에 대한 '감정서'의 증거능력이 문제된 사안에서, 소변검사시인서는 증거능력이 없지만, 감정서는 ㉠ 경찰관들이 당시 임의동행시점으로부터 얼마 지나지 않아 적법한 긴급체포 절차를 밟는

등 절차의 잘못을 시정하려고 한 점, ㉡ 단지 수사의 순서를 잘못 선택한 것일 뿐 영장주의를 침해할 정도는 아닌 점, ㉢ 2차적 증거 수집이 위법한 체포·구금 상태를 '직접 이용'한 것으로 평가하기는 어려운 점, ㉣ 감정시료는 영장을 발부받은 후 채취한 것인 점이 인과관계를 희석할 정황에 속한다 하여 증거능력을 인정한 사례(대판 2013.3.14. 2012도13611). 희석이론이 적용된 경우이다.

[판례] [인과관계 희석·단절 여부] (2) 진술증거의 배제와 허용

(1) 진술증거의 배제 진술증거에 대해 여전히 증거능력을 부정한 사례이다.

① (직접적 인과관계) 검사가 관련성 요건을 흠결하여 증거능력이 부정되는 증거물(녹음파일)을 **제시하거나 그 내용을 전제로 피고인신문**을 하고 이에 답변한 피고인의 제1심 법정진술의 경우에는 그와 같은 진술과 위 녹음파일 수집 과정에서의 절차적 위법과의 사이에는 여전히 **직접적 인과관계**가 있다고 볼 여지가 있어, 증거능력이 부정된다고 한 사례(대판 2014.1.16. 2013도7101: 공천헌금사건). 이는 직접적 인과관계가 있기 때문에 희석이론이 적용될 수 없는 경우이다.

② (직접적 인과관계) 수사기관이 관련성 요건을 흠결한 전자정보에 대하여 별도의 압수·수색영장을 발부받지 아니한 채 압수한 다음, 이에 터잡아 수집한 검사 작성의 피고인에 대한 각 피의자신문조서, 피고인의 법정 진술 및 피고인의 헌법재판소에서의 증언 등 이른바 '2차적 증거'가 수집된 경우 같은 취지에서 그 증거능력을 부인한 사례(대판 2018.5.11. 2018도4075). 이는 ㉠ 피고인의 진술은 위법수집증거인 전자정보 출력물을 '**직접 제시**'받고 한 것과 같거나, 적어도 피고인의 진술은 전자정보 출력물의 **내용을 전제로 한 신문**에 답변한 것으로 볼 수 있다는 점, ㉡ 피고인이 당시 이 사건 전자정보 출력물이 위법수집증거에 해당할 수 있다는 점을 고지받거나 그러한 내용의 법적 조언을 받지 못했다는 점을 이유로 들고 있다.

(2) 진술증거의 예외적 허용 인과관계의 희석·단절을 긍정하여 예외적으로 증거능력을 인정한 사례이다.

① (진술거부권 불고지와 법정진술) 강도 현행범으로 체포된 피고인에게 진술거부권을 고지하지 아니한 채 강도범행에 대한 자백을 받은 다음, 이를 기초로 여죄에 대한 진술과 증거물을 확보한 후 진술거부권을 고지하여 피고인의 임의자백 및 피해자의 피해사실에 대한 진술을 수집한 사안에서, ⓐ '**제1심 법정에서의 피고인의 자백**'은 진술거부권을 고지받지 않은 상태에서 이루어진 최초 자백 이후 <u>40여 일이 지난 후에 변호인의 충분한 조력</u>을 받으면서 <u>공개된 법정에서 임의로</u> 이루어진 것이고, ⓑ '**피해자의** (항소심에서의 증인으로서) **법정 진술**'은 (사건발생일로부터) 무려 7개월 이상 지난 시점에서 법원의 적법한 소환에 따라 <u>자발적으로 출석</u>

하여 위증의 벌을 경고받고 선서한 후 공개된 법정에서 임의로 이루어진 것이어서, 예외적으로 유죄인정의 증거로 사용할 수 있는 2차적 증거에 해당한다고 한 사례(대판 2009.3.12. 2008도11437). 이는 진술거부권 고지의 추완, 변호인의 조력, 증인의 독립적 판단 등을 이유로 인과관계의 희석·단절을 인정한 것이다. 즉, "㉠ 진술거부권을 고지하지 않은 것이 단지 수사기관의 실수일 뿐, 피의자의 자백을 이끌어내기 위한 의도적이고 기술적인 증거확보의 방법으로 이용되지 않았고, ㉡ 그 이후 이루어진 신문에서는 진술거부권을 고지하여 잘못이 시정되는 등 수사절차가 적법하게 진행되었다는 사정, ㉢ 최초 자백 이후 구금되었던 피고인이 석방되었다거나 변호인으로부터 충분한 조력을 받은 가운데, 상당한 시간이 경과하였음에도 다시 자발적으로 계속하여 동일한 내용의 자백을 하였다는 사정, ㉣ 최초 자백 외에도 다른 독립된 제3자의 행위나 자료 등도 물적 증거나 증인의 증언 등 2차적 증거수집의 기초가 되었다는 사정, ㉤ 증인이 그의 독립적인 판단에 의해 형사소송법이 정한 절차에 따라 소환을 받고 임의로 출석하여 증언하였다는 사정 등은 통상 2차적 증거의 증거능력을 인정할 만한 정황에 속한다." ㉠㉡㉢에 대해서는 희석이론이, ㉣㉤에 대해서는 독립한 증거원 이론이 적용된 경우이다.

② (구속영장제시의무 위반과 법정진술) 구속영장의 집행 당시 구속영장이 제시되지는 않았으나, 그 구속 중 수집한 피고인의 진술증거 중 "피고인의 제1심 법정진술"은, ㉠ 피고인이 구속적부심사의 심문 당시 구속영장을 제시받은 바 있어 그 이후에는 구속영장에 기재된 범죄사실에 대하여 숙지하고 있었던 것으로 보이고, ㉡ 구속적부심사와 보석의 청구를 통하여 그 구속 중 이루어진 진술증거의 임의성이나 신빙성에 대하여는 전혀 다투지 않았을 뿐만 아니라, ㉢ 변호인과의 충분한 상의를 거친 후 공소사실 전부에 대하여 자백한 것이라면, 유죄인정의 증거로 삼을 수 있는 예외적인 경우에 해당한다고 한 사례(대판 2009.4.23. 2009도526). 이는 희석이론이 적용된 경우라고 할 수 있다.

③ (예외적 허용을 위한 정황) "수사기관이 영장 없이 매출전표의 거래명의자에 관한 정보를 획득하고, 이에 터잡아 수집한 2차적 증거(예: 피의자의 자백, 범죄피해에 대한 제3자의 진술 등)를 유죄 인정의 증거로 사용될 수 있는지를 판단할 때, ㉠ 수사기관이 의도적으로 영장주의의 정신을 회피하는 방법으로 증거를 확보한 것이 아니라고 볼 만한 사정, ㉡ 위와 같은 정보에 기초하여 범인으로 특정되어 체포되었던 피의자가 석방된 후 상당한 시간이 경과하였음에도 다시 동일한 내용의 자백을 하였다거나 그 범행의 피해품을 수사기관에 임의로 제출하였다는 사정, ㉢ 2차적 증거 수집이 체포 상태에서 이루어진 자백 등으로부터 독립된 제3자의 진술에 의하여 이루어진 사정 등은 통상 2차적 증거의 증거능력을 인정할 만한 정황에 속한다"고 한 사례(대판 2013.3.28. 2012도13607).

Ⅴ. 사인의 위법수집증거

(1) 증거능력 여부: 이익형량

위법수집증거배제법칙은 국가기관의 기본권침해와 위법한 수사활동을 규제하기 위한 원칙이다. 따라서 국가기관이 아닌 사인(私人)이 타인의 기본권을 침해하는 방법으로 수집한 증거에 대해서도 위법수집증거배제법칙이 적용되는지가 문제된다. 예컨대, 피해자가 증인에게 폭행·협박 또는 불법 감금하여 그 진술을 받아내거나, 절도·사기·공갈 등의 방법으로 증거물을 수집한 다음, 수사기관을 통하여 증거로 제출되는 경우이다. 물론 수사기관의 지시에 의한 경우에는 그 관련 정도에 따라 다르겠으나 수사의 일환으로 평가되는 경우가 있을 것이다.

[학설] i) 적극설은 배제법칙이 원래 수사기관의 위법수사를 억제하기 위한 것이므로 사인의 수집행위에 대해서는 적용이 없다는 견해, ii) 소극설은 국가의 기본권보호의무는 사인에 의한 경우에도 마찬가지이며 그 증거의 사용 자체가 국가에 의한 기본권침해를 확대하는 것이므로 증거능력이 부정된다는 견해이다. 절충설 중 iii) 권리범위설은 기본권의 영역을 불가침인 핵심영역, 주변적 영역, 침해와 무관한 영역으로 구분하고, 사인의 위법행위가 기본권의 핵심영역을 침해하는 경우에는 증거능력을 부정해야 한다는 견해, iv) 이익형량설은 '효과적인 형사소추 및 형사소송에서의 진실발견이라는 공익'과 '피고인 개인의 인격적 이익 등의 보호이익'을 비교형량하여 증거능력의 여부를 결정하여야 한다는 견해이다.

판례는 이익형량설의 입장이다. 즉, "국민의 인간으로서의 존엄과 가치를 보장하는 것은 국가기관의 기본적인 의무에 속하는 것이고 이는 형사절차에서도 당연히 구현되어야 하는 것이지만, 국민의 사생활 영역에 관계된 모든 증거의 제출이 곧바로 금지되는 것으로 볼 수는 없으므로, 법원으로서는 **효과적인 형사소추 및 형사소송에서의 진실발견이라는 공익과 개인의 인격적 이익 등의 보호이익을 비교형량하여** 그 허용 여부를 결정하여야 한다"(대판 2013.11.28. 2010도12244).[1] 기본적

---

1) 대판 2013.11.28. 2010도12244("법원이 비교형량을 함에 있어서는 증거수집절차와 관련된 모든 사정, 즉 사생활 내지 인격적 이익을 보호하여야 할 필요성 여부 및 정도, 증거수집과정에서 사생활 기타 인격적 이익을 침해하게 된 경위와 침해의 내용 및 정도, 형사소추의 대상이 되는 범죄의 경중 및 성격, 피고인의 증거동의 여부 등을 전체적·종합적으로 고려하여야 하고, 단지 형사소추에 필요한 증거라는 사정만을 들어 곧바로 형사소송에서 진실발견이라는 공익이 개인의 인격적 이익 등 보호이익보다 우월한 것으로 섣불리 단정하여서는 아니 된다").

으로 이익형량설이 타당하나, 다만 이익형량을 좀 더 엄격하게 할 필요가 있다고 본다.

[판례] [사인의 위법수집증거] 이익형량

[증거허용] 판례는 ① 간통죄 사건에서, ㉠ 상간자(男)가 공갈 목적을 숨기고 피고인(女)의 동의하에 찍은 나체사진(대판 1997.9.30. 97도1230. '촬영 동의'),[1] ㉡ 고소한 남편(병)이 거주를 종료한 (갑의) 주거에 침입하여 수집한 후 수사기관에 제출한 혈흔이 묻은 휴지들 및 침대시트를 목적물로 하여 이루어진 감정의뢰회보(대판 2010.9.9. 2008도3990. '거주 종료'),[2] ② 사기죄 사건에서, 제3자가 절취한 후 피해자가 대가를 지급하고 취득한 업무일지(대판 2008.6.26. 2008도1584. '사생활과 관계된 인격권의 발현물이 아니라는' 업무일지의 특성),[3] ③ 공직선거법위반죄 사건에서, 제3자가 권한 없이 전자우편(메일)에 대한 비밀보호조치를 해제하는 방법으로, 선거운동 내용의 관공서 메일을 무단으로 수집하여 제출한 경우 그 메일(대판 2013.11.28. 2010도12244. 관공서 메일의 '공공적 성격')[4]에 대하여 각각 증거능력을 인정한 바가 있다.

---

1) "피고인의 동의하에 촬영된 나체사진의 존재만으로 피고인의 인격권과 초상권을 침해하는 것으로 볼 수 없고, 가사 사진을 촬영한 제3자가 그 사진을 이용하여 피고인을 공갈할 의도였다고 하더라도 사진의 촬영이 임의성이 배제된 상태에서 이루어진 것이라고 할 수는 없으며, 그 사진은 범죄현장의 사진으로서 피고인에 대한 형사소추를 위하여 반드시 필요한 증거로 보이므로, 공익의 실현을 위하여는 그 사진을 범죄의 증거로 제출하는 것이 허용되어야 하고, 이로 말미암아 피고인의 사생활의 비밀을 침해하는 결과를 초래한다 하더라도 이는 피고인이 수인하여야 할 기본권의 제한에 해당된다."

2) 병이 갑의 주거에 침입한 시점은 갑이 그 주거에서의 실제상 거주를 종료한 이후이고, 위 회보는 피고인들에 대한 형사소추를 위하여 반드시 필요한 증거라는 이유로, 위 회보의 증거능력을 인정한 사례.

3) 피고인의 사생활 영역과 관계된 자유로운 인격권의 발현물이라고 볼 수는 없고, 반드시 필요한 증거이므로, 설령 그것이 제3자에 의하여 절취된 것으로서 위 소송사기 등의 피해자 측이 이를 수사기관에 증거자료로 제출하기 위하여 대가를 지급하였다 하더라도, 공익의 실현을 위하여는 증거로 제출이 허용되어야 한다는 이유로, 위 업무일지의 증거능력을 인정한 사례.

4) 제3자의 전자우편 수집행위는 정보통신망법의 형사처벌되는 범죄행위에 해당할 수 있고, 전자우편을 발송한 피고인의 사생활의 비밀 내지 통신의 자유 등의 기본권을 침해하는 행위에 해당한다는 점에서 일응 그 증거능력을 부인하여야 할 측면도 있어 보인다. 그러나 이 사건 전자우편은 ○○시청의 업무상 필요에 의하여 설치된 전자관리시스템에 의하여 전송·보관되는 것으로서 그 공공적 성격을 완전히 배제할 수는 없고, 또한 이 사건 형사소추의 대상이 된 행위는 공직선거법에 의하여 처벌되는 공무원의 지위를 이용한 선거운동행위로서 공무원의 정치적 중립의무를 정면으로 위반하고 이른바 관권선거를 조장할 우려가 있는 중대한 범죄에 해당한다. 여기에 피고인이 제1심에서 이 사건 전자우편을 이 사건 공소사실에 대한 증거로 함에 동의한 점 등을 종합하여, 이 사건 전자우편을 증거로 제출하는 것을 허용한 사례.

(2) 사인의 비밀녹음 등

통신비밀보호법은 '타인의 대화비밀 침해금지'를 규정하고 있다. 즉, ㉠ "누구든지 이 법(...)에 의하지 아니하고는 (...) 전기통신의 감청 또는 (...) '공개되지 아니한 타인간의 대화'를 녹음 또는 청취하지 못한다"(동법3①). ㉡ "누구든지 '공개되지 아니한 타인 간의 대화'를 녹음하거나 전자장치 또는 기계적 수단을 이용하여 청취할 수 없다"(동법14①).

"이는 '대화에 원래부터 참여하지 않는 제3자'가 대화를 하는 타인 간의 발언을 '일반 공중이 알 수 있도록' 녹음하거나 청취해서는 안 된다는 취지이다"(대판 2022.8.31. 2020도1007). 이를 위반한 채 '비공개된 타인간의 대화를 몰래 녹음·청취'한 경우 형사처벌의 대상이 되고(동법16①),[1] 몰래 녹음·청취한 내용은 "재판 또는 징계절차에서 증거로 사용할 수 없다"(동법14②·4).

1) '공개되지 아니한 타인간 대화'의 뜻 i) ('타인간의 대화') "타인 간의 '대화'는 의사소통행위를 뜻한다. 따라서 ㉠ 사물에서 발생하는 음향은 '대화'에 해당하지 않는다. 사람의 목소리라도 단순한 비명소리나 탄식 등은, 타인과 의사소통을 위한 것이 아니라면 '대화'에 해당하지 않는다"(대판 2017.3.15. 2016도19843). 반면, ㉡ "강연과 토론·발표 등은 대상자와 상대방 사이의 대화에 해당한다"(대판 2015.1.22. 2014도10978: 내란음모사건). 여기서의 '대화'에는 당사자가 마주 대하여 이야기를 주고받는 경우는 물론, 당사자 중 한 명이 일방적으로 말하고 상대방은 듣기만 하는 경우도 포함된다.

ii) ('공개되지 아니한': 비공개성과 비밀의 구별) "여기서 '공개되지 않았다'는 것(비공개성)은 '일반 공중에게 공개되지 않았다'는 의미이다"(대판 2024.1.11. 2020도1538). 따라서 '특정인들에게만 공개된 대화'라도, 널리 일반 공중에게 공개된 것이 아닌 이상, 여전히 '공개되지 않은 대화'에 포함된다. 즉, 여기서의 비공개성이란 반드시 '비밀'과 동일한 의미는 아니고, 오히려 비밀보다 넓은 개념인 것이다. 예컨대, 담임교사와 피해아동의 '교실 수업'도 학부모에게는 '공개되지 아니한 타인 간의 대화'이다.[2]

---

1) [통비법 제16조(벌칙)] ① 다음 각 호의 어느 하나에 해당하는 자는 1년 이상 10년 이하의 징역과 5년 이하의 자격정지에 처한다.
1. 제3조의 규정을 위반하여 (...) 공개되지 않은 타인 간의 대화를 녹음 또는 청취한 자
2. 제1호에 의하여 지득한 대화의 내용을 공개하거나 누설한 자

2) ['공개되지 아니한' 인정사례(=증거능력 배제) : 위 2020도1538] 피해아동의 담임교사(피고인)가 피해아동에게 수업시간 중 교실에서 정서적 학대행위를 하였다는 이유로 기소되었는데, 부모가 아동의 가방에 녹음기를 넣어 수업시간 중 피고인의 발언을 몰래 녹음한 사안이다. ㉠

2) '청취'의 뜻 "통신비밀보호법이 금지하는 (공개되지 않은 타인간 대화의) 청취행위는, (대화에 원래부터 참여하지 않은 제3자가 일반 공중이 알 수 있도록) 전자장치 또는 기계적 수단을 이용한 경우로 제한된다"(위 2020도1007). 그런데 "여기서 '청취'는 타인 간의 대화 상황에서 실시간으로 그 대화의 내용을 엿듣는 행위를 의미한다. '이미 종료된 대화의 녹음물을 재생하여 듣는 행위'는 '청취'에 포함되지 않는다"(대판 2024.2.29. 2023도8603).

3) 증거배제 ㉠ 대화당사자 아닌 제3자의 비밀녹음은 그 제3자가 사인(私人)이라도 대화 당사자들의 동의 없이 녹음한 이상 증거능력이 없다(대판 2001.10.9. 2001도3106). ㉡ 제3자가 대화당사자 일방만의 동의를 받고 통화내용을 녹음한 경우에도, 상대방의 동의가 없었던 이상 증거능력이 부정된다(대판 2012.10.8. 2002도123). 즉, 그 상대방의 동의가 없었던 이상, 사생활과 통신의 불가침이라는 기본권 위반 및 통신비밀의 보호와 통신의 자유신장을 위한 통신비밀보호법 제3조 제1항 위반이 되기 때문이다(이 점은 제3자가 공개되지 아니한 타인간의 대화를 녹음한 경우에도 마찬가지이다). ㉢ "통화를 마친 후 대화 상대방이 실수로 휴대폰의 통화종료 버튼을 누르지 아니한 채 이를 그대로 놓아두는 바람에, 그 상대방이 타인과 대화하는 내용이 들리는 경우, 상대방의 휴대폰과 통화연결 상태에 있는 자신의 휴대폰 수신 및 녹음기능을 이용하여 그 상대방과 타인 사이의 대화를 몰래 청취·녹음하였다면, 그 녹음자는 상대방과 타인의 대화에 원래부터 참여하지 아니한 제3자이다. 그러므로 통화연결 상태에 있는 휴대폰을 이용하여 상대방과 타인의 대화를 청취·녹음하는 행위는 통신비밀보호법 제3조의 금지행위에 해당한다"(대판 2016.5.12. 2013도15616).

4) 증거허용 우선, ㉠ 대화당사자 일방의 비밀녹음은 통신비밀보호법 위반이 아니므로 증거능력이 있다. 즉, 수사기관 아닌 사인(私人)이 타인과의 대화내용을 비밀녹음한 경우 그 타인이 피고인이든(대판 1997.3.28. 97도240), 피고인이

(제2심: 증거능력 인정) 원심은, 초등학교 교육의 공공적 성격을 이유로 비공개성을 부정하고, 부모가 아동학대 행위 방지를 위해서는 녹음 외에 별다른 유효적절한 수단이 없었다는 점(증거수집의 필요성) 등을 이유로 그 증거능력을 인정하였다.

그러나 ㉡ (상고심: 증거능력 배제) 대법원은, 초등학교 교실은 출입이 통제되는 공간이고 학생 아닌 제3자가 별다른 절차 없이 참석하는 것은 상정하기 어려우며, 피고인의 발언은 특정된 30명의 학생들에게만 공개되었을 뿐, 일반 공중이나 불특정 다수에게 공개되지 않았으므로, '공개된 대화'로 평가할 수 없고(=비공개성 인정), 부모는 피고인의 수업시간 중 발언의 상대방(즉, 대화에 원래부터 참여한 당사자)에 해당하지 않는 점 등을 이유로, 학부모가 '비공개된 타인간의 대화'를 녹음한 것의 증거능력을 부정하였다.

아닌 사람이든(대판 1999.3.9. 98도3169) 불문하고 증거능력이 있다. 통신비밀보호법은 타인 간의 대화비밀을 보호하는 것으로, 대화당사자 사이에서는 사생활 보호의 필요성이 없거나 약화되므로, 증거로 사용할 수 있다는 것이다. ㉡ **전화통화당사자 일방의 비밀녹음도** 마찬가지로 증거능력이 있다(대판 2002.10.8. 2002도123). 한편, ㉢ **3인 간의 대화에서 그중 한 사람의 비밀녹음은** 통신비밀보호법 위반이 아니다. 녹음자는 원래부터 그 대화에 참여한 자이기 때문이다. 즉, 여기서 '공개되지 아니한 타인간의 대화'라는 것은, 대화에 '원래부터 참여하지 않은 제3자'가 그 대화를 하는 타인간의 발언을 녹음해서는 아니된다는 의미이다. 다른 두 사람의 발언은 그 녹음자에 대한 관계에서 '공개되지 아니한 타인 간의 대화'라고 할 수 없다(대판 2014. 5.16. 2013도16404).

참고로, 사인의 비밀녹음은 아니지만, 수사기관의 비밀녹음, 특히 '**영장 없는 범행현장 대화녹음**'의 경우(예: 경찰관이 피고인의 성매매 업소에 손님으로 가장하고 출입하여 피고인등과의 대화내용을 녹음)에도, 판례는 엄격한 요건 하에서 이를 허용하고, 그 증거능력도 인정한다. 즉, "설령 그 녹음 사실을 현장에 있던 대화상대방, 즉 현행범인 등 관련자들이 인식하지 못하고 있었더라도, '공개되지 아니한 타인간의 대화'를 녹음한 경우에 해당하지 않는 이상, 마찬가지"(대판 2024.5.30. 2020도9370)[1]라고 한다.

Ⅵ. 관련문제

(1) 증거배제의 주장적격(무제한)

위법수집증거배제법칙은 위법수사로 기본권을 침해당한 사람에게만 적용되는가? 즉, 기본권을 침해당한 사람이 자기의 피고사건에서 증거능력의 배제를

---

1) [영장없는 범행현장 대화녹음] "수사기관이 적법한 절차와 방법에 따라 범죄를 수사하면서 현재 그 범행이 행하여지고 있거나 행하여진 직후이고, 증거보전의 필요성 및 긴급성이 있으며, 일반적으로 허용되는 상당한 방법으로 범행현장에서 현행범인 등 관련자들과 수사기관의 대화를 녹음한 경우라면, 위 녹음이 영장 없이 이루어졌다 하여 이를 위법하다고 단정할 수 없다" (위 2020도9370).

피고인이 돈을 받고 영업으로 성매매를 알선하였다는 공소사실로 기소되었는데, 경찰관이 피고인의 성매매업소에 손님으로 가장하고 출입하여 피고인 등과의 대화 내용을 녹음한 사안이다. 이는 통비법 제3조 제1항이 금지하는 '공개되지 아니한 타인간의 대화'를 녹음한 경우에 해당하지 않고, 경찰관이 불특정 다수가 출입할 수 있는 성매매업소에 통상적인 방법으로 들어가, 적법한 방법으로 수사를 하는 과정에서, 성매매알선 범행이 행하여진 시점에 위 범행의 증거를 보전하기 위하여 범행 상황을 녹음한 것이므로, 설령 대화상대방인 피고인 등이 인식하지 못한 사이에 영장 없이 녹음하였다고 하더라도, 이를 위법하다고 볼 수 없다고 한 사례.

주장할 수 있는지(제한설), 아니면 모든 사람이 자기의 피고사건에서 그 배제를 주장할 수 있는지(무제한설)가 문제된다. 배제법칙의 근거 가운데 적법절차 보장의 측면을 강조하면 이익주체와의 관계에서 자신의 기본권이 침해된 사람만이 주장적격을 갖게 되나, 위법수사 억제의 측면을 강조하면 억제의 이익은 모든 사람에게 공통되는 것이므로 누구나 주장 가능하며 주장적격은 문제되지 않는다.

판례는 **무제한설**의 입장이다. 즉, "수사기관이 헌법과 형사소송법이 정한 절차에 따르지 아니하고 수집한 증거는 유죄 인정의 증거로 삼을 수 없는 것이 원칙이므로, 수사기관이 **'피고인 아닌 자'를 상대로** 적법한 절차에 따르지 아니하고 수집한 증거는 원칙적으로 **'피고인'**에 대한 유죄 인정의 증거로 삼을 수 없다."(대판 2011.6.30. 2009도6717: 티켓영업사건). 그리하여 ㉠ 경찰이 사실상 강제연행한 상태에서 받은 **'제3자'**의 진술(자술서와 진술조서)(위 2009도6717), ㉡ 검사가 진술거부권을 고지하지 아니한 채 **'공범'**인 피의자로부터 받은 진술(진술조서의 형식이나 실질은 피의자신문조서)(대판 2009.8.20. 2008도8213) 등은, **'피고인'에 대한** 유죄의 증거로 쓸 수 없다는 것이다. 우리 형사소송법의 해석론상 미국법의 주장적격 이론은 받아들여지지 않고 있다.[1]

(2) 증거동의(불가)

위법수집증거라도 당사자가 동의하면 증거능력이 인정되는지가 문제된다. 견해가 대립하나, 위법수집증거배제법칙은 적법절차 위반이라는 중대한 위법이 있을 경우에 한하여 적용되므로 부정설이 타당하다. 판례도 **부정설**의 입장이다. 즉, "적법한 절차에 따르지 아니하고 수집한 증거로서 증거능력이 없는 경우에는 피고인이나 변호인이 이를 증거로 함에 동의하였다고 하더라도 달리 볼 것은 아니다"(대판 2009.12.24. 2009도11401 등).[2]

[학설] i) 긍정설은 증거동의의 본질은 당사자의 처분권에 있다는 이유로 위법수집증거에 대해 증거동의를 인정하고, ii) 부정설은 증거동의의 본질은 반대신문권의 포기에 불과하고 위법수집증거는 그와 관계없다는 이유로 이를 부정한다. iii) 절충설은 고문·영장주의 위반과 같은 본질적 위법의 경우에는 이를 부정하고, 진술거부권 불

1) 위법수집증거의 경우 일단 반환한 다음 적법절차에 따라 다시 수집하는 것은 허용된다.
2) 판례는 사인에 의해 수집된 증거에서 조차도 위법수집증거는 증거동의의 대상이 될 수 없다는 입장이다. 즉 "이 사건 사진이 위법하게 수집된 증거로 볼 수 없는 이상 형사소송법 제318조 제1항에 의한 증거동의의 대상이 될 수 있다"(대판 1997.9.30. 97도1230).

고지 · 증인신문권 침해와 같은 비본질적 위법의 경우에는 동의의 대상이 된다는 견해이다.

(3) 탄핵증거(불가)

위법수집증거를 탄핵증거로는 사용 가능한지가 문제된다. 견해가 대립하나, 증거능력 없는 위법수집증거는 탄핵증거로도 사용할 수 없다. 탄핵증거는 전문법칙에 의해 증거능력이 배제된 증거를 진술의 증명력을 탄핵하기 위해 사용하는 것인데(318의2①), 국가기관의 위법수집증거를 탄핵증거로 허용한다면, 탄핵을 명분으로 삼아 증거배제의 효과를 회피하는 결과가 된다(일종의 'back door 금지').

[반대증거: 가능] 다만 위법수집증거라도 피고인에게 유리한 반대증거로는 예외적으로 허용된다고 본다. ㉠ 반대사실을 증명하는 반대증거는 증거능력을 요하지 아니하고, ㉡ 사인의 위법수집증거의 경우 감청의 경우를 제외하고는, 이익형량설에 따라 공소사실을 증명하는 본증으로 사실상 대부분 허용되기 때문이다. 위법수집한 사람이 형사처벌의 대상이 되는 일은 있을지라도, 피고인에게 유리한 반대증거로는 그 사용이 허용된다고 해야 한다.

제 4 절 자백배제법칙

Ⅰ. 의의 및 이론적 근거

1. 의의

1) 뜻 헌법은 "피고인의 자백이 고문 · 폭행 · 협박 · 구속의 부당한 장기화 또는 기망 기타의 방법에 의하여 자의로 진술된 것이 아니라고 인정될 때에는 이를 유죄의 증거로 삼거나 이를 이유로 처벌할 수 없다"(헌법12⑦)고 규정하고 있다. 이에 따라 형사소송법은 "피고인의 자백이 고문, 폭행, 협박, 신체구속의 부당한 장기화 또는 기망 기타의 방법으로 임의로 진술한 것이 아니라고 '의심할 만한 이유'가 있는 때에는 이를 유죄의 증거로 할 수 없다"(309)고 규정하고 있다. 그런데 제309조의 "임의로 진술한 것이 아니라고 의심할 만한 이유가 있는 때"는, 헌법상 "자의로 진술된 것이 아니라고 인정될 때"보다 그 범위가 넓다. 이와 같이 임의성이 없거나 임의성에 의심이 있는 자백의 증거능력을 부정하는

원칙을 자백배제법칙이라고 한다.

2) 기능　수사기관에 대해서는 자백편중의 수사나 무리하게 자백을 얻어내려는 위법수사에 제동을 걸고, 그 결과 법원에 대해서는 자백 의존 경향을 감소시키며 나아가 합리적인 심증형성의 제도화에 기여하는 기능을 한다.

2. 이론적 근거

자백배제법칙의 이론적 근거를 어떻게 파악하는가에 따라 제309조의 적용범위와 인과관계 요부에서 달라진다. 그 밖에 큰 차이가 있는 것은 아니다.

(1) 학설과 판례

1) 학설　허위배제설, 인권옹호설, 위법배제설, 종합설 등이 있다.

[학설] (i) **허위배제설과 인권옹호설**　i) 허위배제설은 임의성이 의심되는 자백에는 허위가 숨어들 위험성이 크고, 그 증거사용은 실체적 진실발견을 저해하기 때문에 증거능력이 부정된다는 견해이다. 이에 대해서는, 자백의 임의성을 내용의 진실성에 따라 판단하는 것은 자백의 증거능력과 증명력을 혼동한 것이고, 자백내용의 진실성이 입증되면 그 자백의 증거능력을 배제할 근거가 없게 된다는 비판이 있다. 결국 자백배제법칙의 적용범위가 크게 축소되는 결과가 된다.

ii) 인권옹호설은, 피고인의 진술거부권을 중심으로, 임의성이 의심되는 자백은 진술의 자유라는 피고인의 기본권을 침해할 위험이 있기 때문에 인권보장을 위해 그 증거능력을 부인해야 한다는 견해이다. 자백배제법칙을 진술거부권의 증거법적 보호수단으로 파악한다. 이에 대해서는, 약속이나 기망 기타 방법에 의한 자백은 진술의 자유와 직접 관련이 없는데도 이를 배제하는 근거가 미흡하다는 비판이 있다. 임의성에 영향을 미칠 수 있는 사유와 임의성 사이에 인과관계를 요구한다.

iii) 절충설은, 허위배제설과 인권옹호설을 절충하는 견해로서, 제309조 전단의 "고문, 폭행, 협박, 신체구속의 부당한 장기화에 의한 자백"은 인권침해에 의한 자백을 규정한 것이고, 후단의 "기망 기타의 방법에 의한 자백"은 허위배제설에 근거한 것으로 보는 견해가 제시되기도 한다.

(ii) **위법배제설(다수설)**　자백취득과정에서의 위법성 때문에 증거능력이 부정된다는 견해이다. 적법절차(due process of law)를 보장하기 위한 증거법상의 원칙으로 이해하므로, 자백배제법칙은 위법수집증거배제법칙의 특칙에 해당하며, 적법절차에 위반하여 위법하게 취득된 자백은 임의성과 상관없이 증거능력이 부정된다는 견해이다. 현재 다수설이다. 이에 대해서는, 임의성 없는 자백의 증거능력을 부인하는 이유를 임의성에서 찾지 않음으로써 임의성 요소를 완전히 도외시한다는 비판이 있

다. 위법사유가 확인되면 곧바로 자백의 증거능력이 배제된다는 것이므로, 그러한 사유와 임의성 사이에 별도의 인과관계를 요구하지 않는다.

(iii) **종합설** 자백배제법칙의 근거로 허위배제설 · 인권옹호설 및 위법배제설을 포괄하는 견해이다. 즉, 자백배제법칙은 형사소송법상의 증거법칙을 넘어 헌법상 기본권이라는 독자적 의미가 있고, 제309조의 적용범위는 사인간의 영역에까지도 최대한 확대되어야 마땅하며, 이를 위해서는 여러 관점을 상호보완적으로 사용할 필요가 있다는 것이다. 이에 대해서는, 제309조의 근거를 하나의 기준으로 설명하지 못한다는 비판이 있다.

2) **판례** 과거 오래된 판례 중에는 허위배제[1] 또는 인권옹호[2] 내지 위법배제[3] 등의 입장을 각각 나타낸 것도 있으나, 최근에는 절충설 내지 종합설의 입장에서 허위배제와 함께 인권옹호나 위법배제를 함께 판시하는 경향을 보이고 있다. 즉, "허위진술을 유발하거나 강요할 위험 있는 상태에서 이루어진 진술은 그 자체가 실체적 진실에 부합하지 아니하여 오판을 일으킬 소지가 있을 뿐만 아니라, 그 진위를 떠나 진술자의 기본적 인권을 침해하는 위법 · 부당한 압박이 가해지는 것을 미연에 방지하기 위한 것"(대판 2006.1.26. 2004도517; 2012.11.29. 2010도3029; 2025.7.3. 2023도7405)이라고 한다.

[검토 : 종합설] 제309조에서 자백배제의 기준은 헌법보다 확대되어 "임의로 진술한 것이 아니라고 의심할 만한 이유가 있는 때"라고 규정되어 있다. 모든 절차의 위법을 그 적용대상에 포함시키는 것은 아니지만, 일체의 위법수사는 곧 '임의성을 의심할 만한 이유'에 이미 해당된다고도 할 수 있다. 이 점에서 제309조는 사실 위법배제설로 해석될 여지도 있다. 더구나 위법배제설은 자백배제의 기준을 객관적으로 명확하게 제시함으로써 통일된 해석원리를 제공하고, 배제하는 자백의 범위를 확대함으로써 인권침해와 위법수사에 대한 확실한 억제력을 발휘한다는 장점도 있다.

그러나 i) 자백배제법칙은 연혁적 출발점이 허위배제설이며, 한편 기본인권의 보장이라는 성격도 부인할 수 없다. 특히 우리 헌법은 적법절차(헌법12①)와 자백의 임의성(헌법12⑦)을 별도로 명문화하고, 형사소송법도 위법수집증거배제법칙(308조의2)과 자백의 임의성(309)을 별도로 명문화하고 있다. 제309조의 해석에서 '임의성' 개념을 포기하지 않는 한, 굳이 제309조의 자백배제법칙을 곧 자백에 관한 위법수집증거배제법칙이라고 해석할 이유는 없다. ii) 더구나 자백배제법칙과 위법수집증거배제법칙은

1) 대판 1968.5.7. 68도379("진실성을 담보할 수 있다고 볼 수 없으므로 임의성이 없고").
2) 대판 1985.2.26. 82도241("형사소송법 제309조의 피고인의 진술의 자유를 침해하는 위법사유는 예시사유로 보아야 한다").
3) 대판 1983.3.8. 82도3248("진술의 임의성은 증거의 수집과정에 위법성이 없다는 것").

여러 장면에서 대개 중첩될 것이나, 양자가 완전히 중첩되는 것도 아니다. 즉, **관념상 서로 중첩되지 않는 경우**(예: 자백의 수집절차에 위법이 없으나 임의성은 명백히 의심되는 경우 및 반대로 임의성은 인정되나 그 수집절차에 위법이 있는 경우 등)가 분명 존재한다. 적용되는 장면에 차이가 있는 이상, 자백배제법칙을 위법수집증거배제법칙의 한 장면인 특칙으로 취급하기보다는, 두 배제법칙의 중첩적 적용을 허용하는 것이 그 적용의 영역을 넓힌다는 의미에서 더욱 효과적이다. 따라서 위법배제설보다는 종합설의 입장이 더욱 타당하다.

(2) 자백배제법칙과 위법수집증거배제법칙과의 관계

판례는, **자백배제법칙과 위법수집증거배제법칙을 별개로** 파악한다. 즉, "피의자에게 진술거부권을 고지하지 않은 때에는 그 피의자의 진술은 위법하게 수집된 증거로서 **진술의 임의성이 인정되는 경우라도** 증거능력이 부인되어야 한다"(대판 1992.6.23. 92도682)는 입장이다.

[위법배제설과 종합설] i) 위법배제설은 자백배제법칙을 위법수집증거배제법칙의 특칙으로 보아 임의성 여부를 불문하고 자백의 수집절차나 수단에 위법이 있으면 자백배제법칙이 적용된다고 한다. ii) 반면, 종합설은 임의성이 의심되는 자백에 대해서는 자백배제법칙이 적용되고, 임의성은 인정되나 그 수집절차에 위법이 있는 자백에 대해서는 위법수집증거배제법칙이 적용된다고 한다.

[참고] i) [진술거부권 침해에 의한 자백] 진술거부권의 고지는 진술거부권 행사의 전제이며, 피고인의 방어권보장을 위한 기본권적 성격을 가진다. 따라서 이를 고지하지 않은 채 얻은 자백은 기본권을 침해하는 중대한 위법에 해당하므로 (진술의 임의성이 인정되는 경우라도) 증거능력이 없다(대판 1992.6.23. 92도682).

ii) [변호인과의 접견교통권 침해에 의한 자백] 변호인과의 접견교통권을 침해하여 얻은 자백도 마찬가지로 증거능력이 없다(대판 1990.8.24. 90도1285).

그러나 검사의 접견금지 결정으로 '변호인 아닌 자'와의 접견이 제한된 상태에서 얻은 자백이라는 사실만으로, 바로 임의성이 없는 것이라고 볼 수는 없다(대판 1984.7.10. 84도846).

3. 피고인의 자백

1) 자백의 개념 자백은 피고인 또는 피의자가 범죄사실의 전부 또는 일부를 인정하는 진술을 말한다. 자신의 범죄사실을 인정하는 진술이면 족하고, 형사책임까지 인정할 필요는 없다. 따라서 구성요건에 해당하는 사실을 긍정하면

서 위법성조각사유나 책임조각사유의 존재를 주장하는 경우도 해당된다. 민사소송과 달리, 형사재판에서 자백은, 일단 자백하였다가 이를 번복 내지 취소하더라도 그 효력이 없어지는 것이 아니고 여전히 증거로서의 성질을 갖는다(대판 1953.2.28. 4285형상104).

2) **구체적 범위** i) (주체) 진술주체의 법적 지위를 불문한다. '피고인의 자백'으로 규정되어 있으나, 피의자·참고인·증인 또는 일반인의 지위에서 행한 진술이라도 여기의 자백에 해당한다. ii) (형식·상대방) 자백의 형식이나 상대방을 묻지 않는다. 즉, 그 형식은 서면과 구술을 불문하며, 그 상대방은 법원 또는 법관, 수사기관이 모두 될 수 있다. 범인이 일기장에 범죄사실을 고백한 경우와 같이 상대방 없는 자백도 가능하다. iii) (단계) 재판상의 자백과 재판 외의 자백을 불문한다. iv) (모두진술) 모두절차에서 공소사실을 시인하는 피고인의 진술이 자백인가? 수사기관에서 행한 진술이나 검사·변호인의 신문에 대한 전후의 진술을 종합하여 자백 여부를 판단해야 한다.[1]

3) **타인의 자백**(제외) 제309조는 피고인의 자백을 피고인에 대해 사용하는 경우에만 적용된다. 이와 달리 타인의 자백이 임의성이 없는 경우 제309조가 아니라 제317조 제1항에 의하여 피고인에 대해 증거능력이 부정된다.

Ⅱ. 내용

1. 고문·폭행·협박으로 인한 자백

1) **고문 등의 개념** 고문은 사람의 정신이나 신체에 대해 비인도적·비정상적 고통을 가하는 것을 말하고, 폭행은 신체에 대한 유형력의 행사를 말한다. 협박은 해악을 고지하여 공포심을 일으키는 것을 말한다. 그러나 이들은 개념상 엄격히 구별될 수 없으며, 실제로 고문, 폭행, 협박은 함께 이루어지므로 구별의 실익도 없다. 다만, 협박과 단순한 경고는 구별해야 하며, 단순한 경고에 의한 자백은 위법절차에 의한 자백으로 볼 수 없다. 고문, 폭행, 협박의 형태에는 제한이 없다. 특히 "피고인이 직접 고문당하지 않더라도 가족이나 다른 피고인이 고문당하는 것을 보고 자백한 경우도 여기에 해당한다"(대판 1978.1.31. 77도463).

2) **임의성 없는 심리 상태의 계속과 자백** 주로 검찰자백에서 문제된다.

1) 대판 1982.6.8. 81도790; 1984.4.10. 84도141; 1984.7.24. 83도2692.

경찰자백은 피고인이 그 내용을 부인하면 증거능력이 없기 때문이다. 특히 문제되는 것은 경찰에서 고문으로 자백한 후 다시 검사 앞에서 동일한 자백을 하는 경우이다. 판례는 "경찰 단계의 고문에 의한 임의성 없는 심리상태가 검사의 조사단계까지 계속되었다면, **검사 앞에서 행한 자백도** 임의성이 없는 자백"으로 보아 증거능력을 부정한다.[1] 나아가 "피고인이 수사기관에서 가혹행위 등으로 인하여 임의성 없는 자백을 하고, 그 후 법정에서도 임의성 없는 심리상태가 계속되어 동일한 내용의 자백을 하였다면, **법정에서의 자백도** 임의성 없는 자백"(대판 2012.11.29. 2010도3029)으로 보아 증거능력을 부정한다.

2. 신체구속의 부당한 장기화로 인한 자백

신체구속의 부당한 장기화란, 구속 자체는 적법하나 구속 상태가 부당하게 장기화한 경우를 말한다. 이 경우 어느 정도에 이르러야 자백의 증거능력이 부인되는지는, 구체적 사정을 바탕으로 구속의 필요성과 비례성을 기준으로 판단해야 한다. 예컨대, 검사가 1차 구속기간 중에 필요한 수사를 모두 마쳤음에도 오로지 자백을 받을 목적으로 심리적 압박을 가하기 위해 구속기간을 연장받고 그 연장기간 중에 자백을 받은 경우 등이다. 검사의 주관적 의도를 증명해야 하므로 현실적으로 적용되기에는 난점이 있다.

한편 구속 자체가 불법인 경우, 즉 불법구금 중의 자백(처음부터 불법구금인 경우, 처음에는 적법하게 구속되었으나 구속기간 만료 등으로 석방되어야 하는데도 계속 구금된 경우)과는 구별된다. 불법구금 중의 자백은 위법수집증거로서 물론 증거능력이 없다.[2]

3. 기망에 의한 자백

1) 기망 기망에 의한 자백은 기망 또는 위계를 사용하여 상대방을 착오에 빠뜨려 얻은 자백을 말한다. 기망은 사실에 관한 것과 법률문제에 관한 것 모두를 포함한다. 다만, **적극적 사술**이 있어야 하고 단순히 착오를 이용하는 것으로는 부족하다. 기망이 반드시 중대한 것이어야 하는 것은 아니다. '사소한 경우'가 아니라면 원칙적으로 기망에 해당한다고 보아야 한다.

---

1) 대판 2002.6.11. 2000도5701("요건을 갖추지 못한 긴급체포에 의한 유치 중에 작성된 피의자신문조서는 위법하게 수집된 증거로서 특별한 사정이 없는 한 이를 유죄의 증거로 할 수 없다").

2) 대판 1981.10.13. 81도2160; 1992.11.24. 92도2409; 2004.7.8. 2002도4469; 2011.10.27. 2009도1603.

[기망(배제근거)] 기망에 의한 자백의 증거능력을 배제하는 제309조의 근거에 대해서는 학설마다 다르다. 허위배제설은 기망으로 허위자백을 유발했거나 유발할 개연성이 있다는 점에서, 인권옹호설은 기망으로 진술의 자유가 침해된 점에서, 그리고 위법배제설은 자백획득과정의 위법이 국가기관의 위법한 신문방법에 연유하고 있다는 점에서 각각 증거능력 배제의 근거가 있다고 한다.

2) **구체적 예** 예컨대, ㉠ '공범자가 이미 자백하였다'고 거짓말하는 경우, ㉡ '물증이 발견되었다'고 기망하여 자백하게 하는 경우, ㉢ '거짓말탐지기 검사결과 피의자의 진술이 허위임이 판명되었다'고 속인 경우,[1] ㉣ '자백해도 그 진술이 공판절차에서 증거로 사용될 수 없다'고 거짓말하는 경우 등이다. 판례 중에는 ㉤ "신문에 참여한 검찰주사가 모든 피의사실을 자백하면 '불문에 붙이거나 가볍게 처리할 것'이며 '보호감호의 청구를 하지 않겠다'는 각서를 작성해 주면서 피고인의 자백을 유도한 경우 위 자백은 기망에 의하여 임의성이 의심되는 자백"(대판 1985.12.10. 85도2182)이다.

반면, 사실이나 증거상황에 관한 **단순한 침묵**은 비록 그것이 간계(奸計)한 것일지라도 기망에 해당하지는 않는다(적극적 사술이 아님).

4. 기타 방법에 의한 자백

제309조에 규정된 피고인의 진술의 자유를 침해하는 위법사유는 원칙적으로 예시사유로 보아야 하고, 문언상 "기타의 방법"은 다종다양하다(대판 1985.2.26. 82도2413). 즉, 기타의 방법은 모든 형태의 위법수단을 가리킨다. 자백수집과정의 위법수단이 모두 자백의 임의성을 탈락시키는 것은 아니지만, 적어도 자백의 임의성을 '의심할 만한 이유'는 될 수 있기 때문이다.

(1) 약속에 의한 자백

1) **약속** 피고인에게 자백하는 대가로 일정한 이익을 제공하겠다고 약속하고 그 약속에 기하여 얻어낸 자백을 말한다. 약속된 이익이 자백의 대가로 실제로 제공되거나 불가피하게 제공되지 못한 경우에만 여기에 해당하고, 처음부터 이익이 제공하지 않을 의도로 약속한 경우는 기망에 의한 자백에 속한다. 약속에 의한 자백의 증거능력을 부정하는 제309조의 근거에 관해, 학설에 따라 결론을 달리한다(가망에 의한 자백의 경우와 같다).

---

1) 대판 1983.9.13. 83도712; 1985.9.24. 85도306.

제공을 약속한 이익은 i) 자백에 영향을 미치는 데 적합한 것이면 어떤 형태라도 상관없다. 반드시 형사처벌과 관계가 있어야 할 필요는 없고, 가족의 보호 등과 같은 일반적·세속적 이익도 포함한다. 다만, 약속은 구체적이고 특수한 것이어야 한다. ii) 이익제공이 법률상 허용되지 않은 것이어야 한다는 견해도 있으나, 법률상 허용된 이익제공도 포함된다고 보아야 한다. 자백의 위법성은 약속된 이익의 위법적 성격에 있는 것이 아니라 이익제공과 자백이 교환거래될 경우 진실발견이 위태롭게 된다는 점에 있기 때문이다. 다만, 예외적으로 이익제공에 대한 법률규정이 있고, 그 규정이 적용자에게 이익제공 여부의 결정을 내맡기고 있는 경우에는, 이익제공의 약속이 허용된다고 보아야 한다. iii) 한편, 그 이익이 사소한 경우(예컨대, 정상적인 신문상황에서 담배나 커피의 제공)는 약속이 아닌 통상적인 편의제공에 불과하다.

2) 구체적 예 예컨대, 판례상 증거배제의 경우로는, ㉠ 불기소나 경한 죄의 소추 등 이익과 교환조건으로 받은 자백(대판 1983.9.13. 83도712 참조), ㉡ 특정범죄가중처벌등에관한법률위반이 아니라 단순 수뢰죄의 가벼운 형으로 처벌되도록 하겠다고 약속하고 받은 자백(대판 1984.5.9. 83도2782), ㉢ 공소장을 변경하여 벌금형이 선고되도록 하여 주겠다고 약속하고 받은 자백(대판 1987.4.14. 87도317) 등이다.

반면, '일정한 증거가 발견되거나 일정한 사실이 확인되면 자백하겠다는 약속한 것'은, 불기소나 경한 죄의 소추 등 이익과 교환조건이 된 것이 아니므로, 그와 같은 약속 하에 된 자백을 곧 임의성 없는 자백이라고 단정할 수는 없다(앞 83도712).

(2) 철야신문·(육체적) 피로·(정신적) 압박 신문 등에 의한 자백

1) 위법한 신문 위법한 신문방법에 의한 자백은 증거능력이 부정되어야 한다. i) 수사의 본질상 어느 정도의 추궁은 당연히 허용된다. 예컨대, 피의자 변명의 모순점·불합리한 점·애매한 점 등에 대한 추궁이나 이론적 추궁은 위법하지 않다. ii) **심야조사**는 그 자체가 위법한 것은 아니지만, 정신적·심리적 압박이 되고 피로·공복·수면부족에 의한 육체적 고통을 줄 수 있다. 한편, '**철야'신문**은 그 자체가 피의자에 대한 육체적 압박이 될 수 있다. 엄격한 의미에서 고문은 아니지만, 기타의 방법에는 해당될 수 있다. 가혹조사가 자백의 임의성에 미치는 영향은 개인차(성격, 정신력, 체력 등) 또는 사안의 경중에 따라 다르겠지

만, 일반적으로는 임의성이 의심되는 상황에 해당한다. 제반사정을 종합하여 그 경중을 가려, 정상적인 판단이 곤란할 정도의 심리적·정신적 압박 상태에서 얻은 자백은 증거능력을 부정해야 한다.[1)]

2) 구체적 예 위법한 신문방법으로 얻은 자백의 증거능력을 배제한 판례로는, ㉠ [잠을 재우지 아니한 상태에서의 자백] "피고인이 검찰에 연행된 때로부터 약 30시간 동안 잠을 재우지 아니한 채 검사 2명이 교대로 신문을 하면서 회유한 끝에 받아낸 검찰 자백"의 증거능력을 부정한 것(대판 1997.6.27. 95도1964), ㉡ [연일 계속되는 장시간 조사와 심리적·정신적 압박상태에서의 자백] "별건으로 수감 중인 자를 약 1년 3개월의 기간 동안 무려 270회나 검찰청으로 소환하여 밤늦은 시각 또는 그 다음 날 새벽까지 조사를 하였다면 과도한 육체적 피로, 수면부족, 심리적 압박감 속에서 진술을 한 것으로 보이고, 미국 영주권을 신청해 놓았을 뿐 아니라 가족들도 미국에 체류 중이어서 반드시 미국으로 출국하여야 하는 상황에 놓여있는 자를 구속 또는 출국금지조치의 지속 등을 수단으로 삼아 회유하거나 압박하여 조사를 하였을 가능성이 충분하다면 그는 심리적 압박감이나 정신적 강압상태하에서 진술을 한 것으로 의심되므로 이들에 대한 진술조서는 그 임의성을 의심할 만한 사정이 있다고 한 것"(대판 2006.1.26. 2004도517) 등이 있다.

Ⅲ. 증명의 문제

(1) 임의성의 증명

1) 증명책임 피고인이 자백의 임의성을 의심케 하는 사유의 존재를 주장하는 경우(즉, 피고인이 자백의 임의성을 다투는 경우)에는 증명책임은 검사에게 있다. 즉, "임의성에 다툼이 있을 때에는, 그 임의성을 의심할 만한 합리적이고 구체적인 사실을 피고인이 증명할 것이 아니고, 검사가 그 임의성의 의문점을 없애

1) 2021.1.1.부터 시행되는 수사준칙에는, 심야조사 제한, 장시간조사 제한, 휴식시간 부여 등의 인권보호 규정이 마련되어 있다. 즉, ㉠ [심야조사 제한] "검사 또는 사법경찰관은 피의자나 사건관계인에 대해 오후 9시부터 오전 6시까지 사이에 조사('심야조사')를 해서는 안 된다"(동21①). 단, 피의자체포 후 사후영장청구를 위해 불가피한 경우, 공소시효가 임박한 경우, 피의자나 사건관계인이 재출석이 곤란한 구체적 사유를 들어 심야조사를 요청한 경우 등의 예외가 있다(동②). ㉡ [장시간 조사 제한] 총조사시간이 12시간을 초과하지 않도록, 실제 조사시간이 8시간을 초과하지 않도록 해야 한다(동22), ㉢ [휴식시간 부여] 조사 도중에 최소한 2시간마다 10분 이상의 휴식시간을 주어야 한다(동23).

는 증명을 해야 한다"(대판 2012.11.29. 2010도3029).

2) **자유로운 증명** 자백의 임의성 증명에 대해서는 엄격증명설과 자유로운 증명설이 대립한다. 판례는 **자유로운 증명**이다. 즉, "법원은 구체적인 사건에 따라 (피고인의 학력, 경력, 직업, 사회적 지위, 지능 정도, 진술의 내용, 피의자신문조서의 경우 그 조서의 형식 등 제반사정을 참작하여) **자유로운 심증**으로 위 진술이 임의로 된 것인지의 여부를 판단하면 된다"(대판 2011.10.27. 2009도1603).

기본적으로는 소송법적 사실에 해당한다. 그러나 순수한 소송법적 사실과 달리, 제309조의 요건에 해당하는 사실의 존부는 유죄인정의 결정적 증거인 자백진술의 사용을 좌우하며, 자백진술의 증거사용 여부는 피고인의 유·무죄에 대한 판단을 실질적으로 좌우한다. 따라서 기본적으로는 자유로운 증명의 대상으로 봄이 타당하나, 다만 그 운용에 있어서는 **강화된 기준**에 따라 엄격한 증명에 가까운 방법으로 함이 바람직하다.

3) **증거배제결정** 피고인이 임의성을 인정하는 진술을 하였다가 이를 번복하는 경우에도 임의성의 증명책임은 검사에게 있다. 만일 검사가 그 임의성의 의문점을 해소하는 증명을 하지 못하는 경우에는 유죄 인정의 증거로 사용할 수 없다. 따라서 "증거조사를 마친 후 임의성을 다투는 주장이 받아들여지게 되면 증거배제결정(규139④)을 통하여 유죄 인정의 자료에서 제외하여야 한다".[1)]

(2) 인과관계의 요부

'자백의 임의성에 영향을 미치는 사유'와 '자백' 사이에 인과관계가 요건인지 문제된다. 허위배제설과 인권옹호설은 인과관계를 요구하는 필요설의 입장이고, 위법배제설은 불요설의 입장이다.

판례는 **인과관계 추정설**(필요설의 일종)이다. 즉, "'임의성이 없다고 의심하게 된 사유들'과 '피고인의 자백'과의 사이에 **인과관계**가 존재하지 않은 것이 명백한 때에는, 그 자백은 임의성이 있는 것으로 인정된다. 다만, 임의성이 없다고 의심할 만한 이유가 있는 자백은 그 인과관계의 존재가 **추정**되는 것이므로, 이를 **유죄의 증거**로 하려면 적극적으로 그 **인과관계가 존재하지 아니하는** 것이 인

1) 대판 2008.7.10. 2007도7760("이러한 법리는 피고인이나 그 변호인이 검사 작성의 당해 피고인에 대한 피의자신문조서의 임의성을 인정하는 진술을 하였다가 이를 번복하는 경우에도 마찬가지로 적용되어야 한다. 따라서 증거조사를 마친 조서의 임의성을 다투는 주장이 받아들여지게 되면, 그 조서는 증거배제결정(규139④)을 통하여 유죄 인정의 자료에서 제외하여야 한다").

정되어야 한다"(대판 1984.11.27. 84도2252)고 한다. 즉, 인과관계의 단절을 검사가 증명해야 하고, 그 증명이 없다면 유죄의 증거로 쓸 수 없다는 것이다.

그러나 제309조는 임의성을 의심할 만한 이유가 있으면, 즉 위법수단의 사용만 있으면 인과관계와 상관없이 증거능력은 부정되어야 한다. 어떤 형태로든 인과관계를 요구하게 되면 제309조의 적용범위는 그만큼 제한될 수밖에 없다.

Ⅳ. 효과

1) 증거능력의 절대적 배제 임의성을 의심할 만한 이유가 있는 자백의 효과는 다음과 같다. ㉠ 제309조에 의해 **증거능력이 없다**. 이러한 증거능력 제한의 효과는 절대적이다. 임의성이 의심되는 자백의 절대적 배제는 헌법 제12조 제7항 전단이 규정하고 있으므로, "피고인이 증거로 함에 동의하더라도 증거능력이 없다"(대판 2006.11.23. 2004도7900). 이는 전문법칙의 경우와 구별되는 점이다. 또한 ㉡ **탄핵증거**(318의2①)**로도 사용할 수 없다**(대판 2005.8.19. 2005도2617). ㉢ 이러한 자백을 근거로 유죄판결을 하면, 법령위반으로 상대적 항소이유(361의5i) 및 상고이유(383i)가 된다.

2) 파생증거의 증거능력 증거능력이 인정되지 않는 자백에 의해 수집된 파생증거의 증거능력도 부정할 것인가에 대해 견해의 대립이 있다. 그러나 파생증거의 증거능력을 인정하면 제309조의 입법취지는 실현될 수 없다. 따라서 위법수집증거와 마찬가지로 독수독과의 이론에 의하여 그 증거능력을 부정하는 것이 타당하다. 판례 중에는 고문 등에 의한 임의성 없는 자백에 의하여 획득된 망치 · 작업복 등의 증거능력을 부정한 것(대판 1977.4.26. 77도210)이 있다.

제 5 절 전문법칙

Ⅰ. 전문증거와 전문법칙

1. 전문증거

1) 뜻 전문(傳聞)증거(Hearsay)는 일응 '전해들은 증거'라는 말이다. 전문증거란 사실인정의 기초가 되는 경험적 사실을 경험자 자신이 법원에 구두로 직접 보고하지 않고 다른 제3의 매체를 통하여 간접 보고하는 경우 그 제3의 매체를 말한다. 즉, 전문증거는 경험자가 '경험사실의 보고'를 (자신의 입으로 직접하는 것이 아니라) '타인의 입'으로 하거나 또는 '서류'를 통해 간접적으로 하는 것을 뜻한다(전자를 전문진술, 후자를 전문서류라 한다). 전문증거는 원본증거와 구별된다. **원본증거**는 체험자가 중간의 매개체를 거치지 않고 직접 법원에 보고(진술)하는 경우이다.

2) 유형 제3의 매체가 ① '사람'인 경우 경험자의 진술을 타인이 전문한 후 법원에 간접 보고하는 진술을 **전문진술**(경험자의 진술은 원진술)이라 하고, ② '서류'인 경우 그 서류를 **전문서류**(경험자의 진술은 원진술)라고 한다. 전문서류에는 ㉠ 경험자가 직접 기재한 '**진술서**', ㉡ 경험자의 진술내용을 타인이 기재한 '**진술기재서**'가 있다.

3) 전문(傳聞)진술의 특성 전문증거의 개념 파악에는 '**전문진술**'에 대한 이해가 가장 기본이 되고 또 중요하다. 즉, 어떤 진술이 전문진술인지 아닌지 구별하는 것이 특히 중요하다. 특히 **전문서류**의 경우에 경험사실의 보고가 간접적 방식인 서류로 하게 되면 전문성(간접성)이 추가되는 특성을 갖는데, 경험자의 '원진술'이 서류를 통해 간접 보고되면 '전문서류'가 되고, 전문자의 '전문진술'이 서류를 통해 간접 보고되면 '재전문서류'(=전문진술+전문서류)가 되기 때문이다.

진술은 "목격 또는 **경험**(지각) → **기억** → **서술**(표현)"의 과정을 거친다. 그리고 그 과정에서 오류가 개입될 가능성이 있다. 즉, 목격증인이 공판정에서 증언하기까지 일반적으로 ㉠ 범죄사실 등을 **지각**(perception)·인식, ㉡ 증언에 이르기까지 **기억**(memory)으로 보관·유지, ㉢ 공판정에서 **서술**(narration, 진술 내지 증언)의 과정을 거친다. 그런데 ㉠ [경험]에서는 정확한 목격 여부 내지 지각의 잘못 여부, ㉡ [기억]에서는 외적 영향이나 시간의 경과에 따른 '기억의 변용' 또는 '합리화'의 가능성, 기억의 정확한 보관·유지 여부를 확인할 필요가 있다. ㉢ [서술]에서는 외적 상황에 좌우됨 없이 또는 반대신문 등에 대한 반발이나 감정적 동요 없이 성실하게 증언하였는지 여부를 살펴볼 필요가 있다.

경험적 진술의 정확성·성실성을 담보하는 장치에는, ㉠ **선서**와 위증의 벌 경고, ㉡ **반대신문**, ㉢ **태도관찰**(즉, 법원에 의한 증언태도 등에 대한 직접 관찰)[1)]이 있다. 그런데 전문진술은 경험사실에 대한 '경험자의 직접 보고'가 아니라, 경험자로부터 그 경험사실을 '전해들은 자의 간접 보고'라는 특성이 있다. 이러한 전문진술에 대해서는 원진술자(즉, 원래의 직접 경험자)를 반대신문할 수 없고, 원진술자의 선서도 결여되어 있으며, 원진술자에 대한 태도관찰의 기회 또한 원천적으로 봉쇄된다.

전문진술의 '전문(傳聞)'은, '**전해 들음**', 즉 직접경험이 아닌 '**간접청취**'(간접듣기, 전해듣기)로 요약된다. 전문증거에서 전문(傳聞)은 결국 '경험사실의 보고'가 '간접적'인 경우를 뜻하며, 이는 요증사실과의 관계에서의 **간접성**을 뜻한다.

[비진술증거] '경험(지각)→기억→서술'의 과정을 거치지 않는 증거, 즉 범행의 흔적이 사람의 지각 이외에 남아 있는 경우 이러한 증거를 비진술증거라고 한다. 반대당사자에 의한 반대신문이나 법원에 의한 태도관찰 등의 검토가 필요 없다(예: 흉기 등). 그러나 진술증거와 비진술증거의 구별은 이론적으로는 명확하지만, 실제로는 상당히 미묘한 문제를 내포하고 있다.

i) 우선, 진술자의 심리상태를 내용으로 하는 경우이다. 이는 '지각→기억'이라는 부분이 없고, 서술(표현) 부분만이 남기 때문이다. 예컨대, 진술자 甲이 'A는 무서운 사람이다'라고 말했을 경우 이것이 i) 甲이 A에게 '공포심을 느꼈다'는 사실의 증거로 쓰려고 하면, 지각이나 기억은 문제되지 않고, 서술(표현)에 잘못이 있는지 여부만 문제삼으면 충분하다. 그러나 ii) 실제로는 甲이 '무섭다'는 말을 '굉장하다'는 의미로 사용했을 수도 있고, 애정을 갖고 있었기 때문에 반어적 의미로 사용했을 수도 있다. 그렇다면 그 의미를 살펴보아야 하는데, 이 경우 甲의 진술은 '진술증거이지만 간접청취는 아니라서 전문법칙이 적용되지 않는다'라고 설명할 것인지, 또는 '원래 그렇게 말한 것이 요증사실로서 비진술증거라서 전문법칙이 적용되지 않는다'라고 설명할 것인지의 차이가 있게 된다.

ii) 다음, 범인식별절차(line-up)에서 피해자 또는 목격자가 손으로 A를 범인으로 지목하는 경우이다. 이는 '지목된 A가 범인이라고 말하는 취지이므로 진술증거이다. 비진술증거라고 하는 것은 문제가 있다'는 설명이 타당하지만, '그 지목 행위의 의미를 추인하는 과정은 바로 증거평가이기 때문에 비진술증거로 취급해도 좋다'라는 설

1) 진술자의 진술태도를 '태도증거(demeanor evidence)'라 한다(헌재 2013.12.26. 2011헌바108).

명도 가능하다.

2. 전문법칙

1) 제310조의2와 전문법칙 전문법칙은 "전문증거는 증거능력이 없다(Hearsay is no evidence)"는 원칙이다. 전문증거는 증거능력이 없다는 것이므로, 사실인정의 자료로 쓸 수도 없고, (증거능력이 없는 이상) 증거조사도 허용되지 않는다. 제310조의2는 "제311조 내지 제316조에 규정한 것 이외에는 [㉠] 공판준비 또는 공판기일에서의 '진술'에 대신하여 진술을 기재한 서류나 [㉡] 공판준비 또는 공판기일 외에서의 타인의 '진술'을 내용으로 하는 진술은 이를 증거로 할 수 없다"고 규정하고 있다. ㉠은 전문서류, ㉡은 전문진술을 뜻한다. 여기서 증거자료는 제3의 매체 자체가 아니라 그 안에 담긴 '진술'인데, 이와 관련하여 증거능력이 문제되는 것은 그 제3의 매체(전문서류, 전문진술)이다.

2) 진술의 뜻 여기의 '진술'이란 언어적 표현(서술)에 의한 **경험사실**의 보고, 즉 범죄의 흔적이 사람의 지각에 남아 그 내용을 외부적으로 표현하여 법관에게 전달하는 것을 말한다. 이는 '**증거자료로서의 진술**'로서, 소송행위로서의 진술과 구별된다. 소송행위로서의 진술은 법원에 대한 사실의 보고(공술) 또는 사실상·법률상 의견의 제시(주장)를 뜻한다.

전문법칙은 직접 경험자의 **경험적 진술**이 원본증거의 형태로 공판정에 직접 제출되지 않고, 전문증거의 형태로 간접 제출되는 경우 그 증거능력을 배제하는 원칙이다.

[전문법칙의 근거] (i) [일원설과 이원설] 전문증거는 증거능력이 없다는 제310조의2의 이론적 근거에 대해, i) 일원설(영미법의 전문법칙을 도입한 것이고, 대륙법의 직접주의를 별도로 규정한 것은 아니며 양자는 서로 연혁적으로 무관하다는 견해),[1] 및 ii) 이원설(영미법의 전문법칙과 대륙법의 직접주의를 함께 규정한 것이라는 견해)이 대립한다. iii)

---

1) 일원설은 증거능력 배제의 근거에 대해 ㉠ 반대신문의 결여 또는 ㉡ 신용성의 결여로 설명한다. i) (반대신문 결여설) 전문증거는 기억과 표현의 과정에서 오류가 개입될 위험이 높고, 이러한 오류를 제거하기 위한 가장 효과적인 방법이 당사자의 반대신문인데, 그 기회가 주어지지 않기 때문이라는 견해이다. 전문서류도 원진술자에 대한 반대신문의 기회가 박탈되므로 마찬가지로 본다. ii) (신용성 결여설) 전문증거는 그 가치가 증인 자신의 신용성에서 발생하는 것이 아니라 타인의 성실성과 능력에 의존하는 것인데, 반대신문이 없고 선서도 없으며 와전될 가능성이 많기 때문에 신용성이 희박하다는 견해이다. 다만, 신용성의 결여는 반대신문권의 보장을 포함하는 개념이므로, 전문법칙의 가장 중요한 근거가 반대신문권의 보장에 있다는 점을 부정하지는 않는다.

판례는, 반대신문권 보장과 함께 직접심리주의도 전문법칙의 근거라는 이원설의 입장이다. 즉, 헌법재판소는 직접주의와 전문법칙은 모두 '오판방지와 방어권 보장으로 공정한 재판을 달성하는 기능'을 하는 것으로, "우리 형사소송법은 1961년 개정에서 제310조의2를 신설하여 직접주의의 바탕 위에 영미법계의 전문법칙을 받아들여 공판중심주의의 철저를 기하였다"(헌재 1994.4.28. 93헌바26), "제310조의2는 공개법정의 법관의 면전에서 진술되지 아니하고 피고인에게 반대신문의 기회를 부여하지 않은 전문증거의 증거능력을 배척함으로써, 피고인의 '반대신문기회를 보장'하고 '직접심리주의'에서 공판중심주의를 철저히 함으로써 피고인의 공정한 재판을 받을 권리를 보장하기 위한 것이다"(헌재 2005.12.22. 2004헌바45)[1]라고 한다.

(ii) [검토] i) (반대신문 결여) 전문법칙의 주된 근거가 '반대신문의 결여'에 있다는 점은 논란의 여지가 없다. 즉, 진술은 '경험(지각)→기억→진술(서술)'의 과정을 거치고 오류의 개입가능성이 있음에도, 전문증거에 대해서는 경험자(원진술자)에 대한 반대신문 자체가 원천적으로 불가능하기 때문이다. 공판중심주의와 구두변론주의 강화에 의하여, 전문법칙의 기초로는 '선서 결여'나 '태도관찰 결여'보다는, '반대신문의 결여'라는 관점이 더욱 중요해졌다. ii) (실질적 직접주의) 한편, 우리 형사소송법은 '피고인의 진술'이 기재된 전문서류(311 · 312 · 313) 및 '피고인의 진술'을 내용으로 하는 전문진술(316①)에 대해서도 전문증거라는 전제 아래 예외요건을 충족하면 증거능력을 인정하고 있다. 그런데 피고인의 진술에 대해 피고인이 반대신문한다는 것은 논리모순이다. 이러한 전문증거에 대해 증거능력을 부인하려면 새로운 이론적 근거가 필요하게 되는데, '실질적 직접주의'[2]가 그 근거로 될 수 있다. 즉, 우리 법제에서 매우 중요한 전문증거로 규정되어 있는 피의자신문조서의 경우, 증거능력 배제의 이유가 '반대신문의 결여' 때문으로는 도저히 설명되지 않는다. 오히려 '실질적 직접주의 위반', 즉 피의자신문조서에 담긴 '피고인의 진술'은 법관의 면전에서 진술된 원본증거

---

1) 대판 2006.11.24. 2006도4993("형사소송법은 제161조의2에서 피고인의 반대신문권을 포함한 교호신문제도를 규정함과 동시에, 제310조의2에서 법관의 면전에서 진술되지 아니하고 피고인에 의한 반대신문의 기회가 부여되지 아니한 진술에 대하여는 원칙적으로 증거능력을 부여하지 아니함으로써, 형사재판에 있어서 모든 증거는 법관의 면전에서 진술·심리되어야 한다는 직접주의와 피고인에게 불리한 증거에 대하여는 반대신문할 수 있는 권리를 원칙적으로 보장하고 있는바").

2) 대판 2006.11.24. 2006도4493("우리 형사소송법은 형사사건의 실체에 대한 유죄·무죄의 심증 형성은 법정에서의 심리에 의하여야 한다는 공판중심주의의 한 요소로서, 법관의 면전에서 직접 조사한 증거만을 재판의 기초로 삼을 수 있고 증명 대상이 되는 사실과 가장 가까운 원본증거를 재판의 기초로 삼아야 하며, 원본증거의 대체물 사용은 원칙적으로 허용되어서는 안된다는 실질적 직접심리주의를 채택하고 있는바, 이는 법관이 법정에서 직접 원본증거를 조사하는 방법을 통하여 사건에 대한 신선하고 정확한 심증을 형성할 수 있고 피고인에게 원본증거에 관한 직접적인 의견진술의 기회를 부여함으로써 실체적 진실을 발견하고 공정한 재판을 실현할 수 있기 때문이다").

가 아니기 때문이라는 설명이 더욱 합리적인 것이다. iii) 특히 이원설은 전문서류의 증거능력과 관련하여 제312조 이하에 규정된 '진정성립 인정'요건에 독자적인 의미를 부여하게 된다. 그리하여 전문서류의 증거능력 검토에서는 우선, 직접주의 관점에서 그 예외요건인 '진정성립 인정'요건을 검토하고, 다음으로 전문법칙 관점에서 그 예외요건인 '신용성의 정황적 보장'과 증거사용의 '필요성' 요건을 검토함으로써, '2중적 통제장치'에 의해 전문증거의 허용범위를 결정한다[이른바 '**한국형 전문법칙**']. 전문서류의 구체적인 증거능력 요건을 어떻게 설정할 것인지는 입법정책의 문제이다.[1)]

3. 전문법칙의 적용범위: 전문증거

(1) 전문증거의 개념요소

전문법칙은 전문증거에만 적용되고, '전문증거가 아닌 증거'에는 적용되지 않는다. 전문증거인지 여부는 전문법칙의 적용대상을 결정하는 중요한 **1차 관문**이 된다. 전문증거는 ㉠ (진술성) 원진술이 '경험사실의 **진술**'일 것, ㉡ (간접성) 경험사실의 보고가 간접적일 것(타인의 입 또는 서류), 특히 간접보고되는 진술이 요증사실과의 관계에서 '그 내용의 **진실성** 여부'가 문제되는 경우일 것을 요한다.

1) 진술증거(진술성) 전문증거는 사람의 진술이 증거가 되는 진술증거(진술성)이다. 따라서 비진술증거(예: 증거물)[2)]는 전문법칙이 적용될 여지가 없다. 여기서 전문증거의 진술성은 특히 **원진술의 진술성**을 의미한다.[3)] 즉, 전문법칙의 예외규정(311–316)은 전문증거의 '내용인 진술(=원진술)'을 유죄의 증거로 쓰기 위한 요건을 규정한 것이다.

이때 (원진술이) 말이 아닌 행동이라도 언어적 진술과 동가치성을 갖는 행동(예: 범인을 지목하는 손짓, '손 언어' 등)은 진술로 취급된다. 이를 '전문으로서의 행동

---

1) [기타] i) (**현행법**) 참고로, 독일법과 유사한 형식적 직접주의에 관한 예외규정(165·167·273등)이 있고, 실질적 직접주의에 관해서도 독일 형사소송법(250·251등)과 문언과 형식에서 매우 유사한 예외규정(특히 314·316)이 규정되어 있다.

ii) (**신용성**의 결여) 전문증거의 신용성 결여가 전문법칙(310의2)과 전혀 무관한 것은 아니지만, 그렇다고 하여 곧바로 전문법칙의 근거가 된다고 보기는 어렵다. 전문증거는 대개 신용성이 낮겠으나 항상 낮은 것은 아니다. 오히려 시간이 흐를수록 전문증거의 신용성이 원본증거보다 더 높을 수도 있다. 즉, 증인의 진술을 기재한 서류가 기억이 희미해져 가는 증인보다 신용성이 더 높을 수 있다.

2) 범행의 흔적이 지각 외에 남아 있는 비진술증거는, 반대신문이나 태도관찰이 필요 없다.

3) 진술증거인 이상 전문진술인지 전문서류(진술을 기재한 서류)인지는 불문한다. 전문진술에서의 원진술과 전문서류에서 원진술이 각각 진술일 것이 요구된다는 의미이다.

(conduct as hearsay)'[1]이라 한다.

2) **요증사실과의 관계**(간접성) 진술증거 중에서도 전문증거에 대해서만 전문법칙이 적용된다. 여기서 '전해 들은 말'은 모두 전문증거인가라는 문제가 등장한다. '전언(傳言)'이 **모두 전문증거인 것은 아니다**. 어떤 증거가 전문증거인지 여부는 **요증사실과의 관계**에서 결정된다. 전문증거 여부가 증거의 성질에 따라 구별되는 경우도 있지만, 결국은 그 **말의 쓸모**, 즉 '그것에 의하여 무엇을 입증하는가'라는 '요증사실'과 관련되어 있다. 즉, 어떤 증거가 전문증거인지 여부는 요증사실과의 관계에서 결정되는 상대적 개념이다.[2] 어떤 증거가 요증사실과의 관계에서 전문증거가 되지 않는 경우 이를 가리켜 **본래증거**라고 한다.

요컨대, "다른 사람의 진술을 내용으로 하는 진술이 전문증거인지는 요증사실이 무엇인지에 따라 정해진다. 다른 사람의 진술, 즉 **원진술의 내용인 사실**이 요증사실인 경우에는 **전문증거**이지만, **원진술의 존재 자체**가 요증사실인 경우에는 **본래증거**이지 전문증거가 아니다"(대판 2008.11.13. 2008도8007; 2014.2.27. 2013도12155; 2019.8.29. 2018도2738 전합). 즉, 원진술자의 **진술내용의 진실성** 여부가 요증사실인 경우에는 전문증거이지만, 말 내용의 진실성과 관계없이 **그렇게 말한 사실 자체**가 요증사실인 경우에는 (전문증거가 아니라) **본래증거**이다.

예컨대, 甲이 V를 살해하는 현장을 A가 목격하고 이를 B가 전언하는 경우에, "甲이 V를 살해하는 것을 보았다"는 목격자 A의 말을 A로부터 전해들은 B의 증언은, ㉠ 甲에 대한 살인 피고사건에서는 전문증거가 되지만('간접청취' 내지 '간접듣기'), ㉡ A에 대한 명예훼손 피고사건에서는 전문증거가 아니라 본래증거가 된다('직접청취' 내지 '직접듣기'). 위 ㉠[전문증거]의 경우에는 원진술자 A의 선서, A에 대한 반대신문 및 태도관찰이 불가능한 반면, 위 ㉡[본래증거]의 경우에는 A의 '지각→기억' 부분은 문제되지 않고, B의 서술의 잘못 여부만 문제삼으면 되므로, B의 선서, B에 대한 반대신문 및 태도관찰로써 이미 충분하다. 특히 위

---

1) [전문으로서의 행동] 甲이 乙에게, 절도죄의 현행범으로 A를 지목하였다. 乙이 법정에서 甲의 지시행동을 증언할 경우, 甲의 지시행동에 '진술'이 포함된 것으로 볼 수 있는지 문제된다. 이 경우 '甲의 지목 행동'은, 지목된 A가 범인이라고 말하는 취지이므로 "진술증거"이고, '乙의 법정증언'은 "전문증거"가 된다. 즉, 이러한 지시행동은 언어적 진술과 다를 바 없으므로, 乙의 증언은 전문증거가 되는 것이다. 이를 전문으로서의 행동(conduct as hearsay)이라 한다. 청자(乙)의 관점에서 보더라도, 청자는 '행동을 본 것'이지만 '전달하고자 말하는 바를 전해들은 것'과 동가치성을 갖기 때문이다.

2) '원본증거'는 경험자의 경험사실에 대한 직접 보고(법정 진술)로서, 증거의 성질에 따른 개념이고, '본래증거'는 어디까지나 요증사실과의 관계에서 정해지는 상대적인 개념이다.

㉡[본래증거]의 경우 A의 말 내용의 진실성 여부가 중요한 것이 아니라 '그런 말을 하였는지 여부'가 중요하다('존재 자체'). 이는 상해죄나 절도죄의 범행 정황과 다를 바 없다. 따라서 A의 말의 존재 자체가 요증사실이므로, 그 말을 직접 경험한 B가 'A로부터 위 말을 들었다'고 하는 진술은, 직접 체험한 자의 진술이 되고, 전문증거가 아니라 본래증거가 된다('간접청취 아님'). 본래증거에 대해서는 전문법칙이 적용되지 않는다.

이러한 법리는 '어떤 진술이 기재된 서류'(-전문서류)에도 그대로 적용된다. 즉, "반국가단체로부터 지령을 받고 국가기밀을 탐지·수집하였다는 공소사실과 관련하여, 수령한 지령 및 탐지·수집하여 취득한 국가기밀이 문건의 형태로 존재하는 경우나 편의제공의 목적물이 문건인 경우 등에는, 문건 내용의 진실성이 문제 되는 것이 아니라, 그러한 내용의 문건이 존재하는 것 자체가 증거가 되는 것으로서, 위와 같은 공소사실에 대하여는 전문법칙이 적용되지 않는다. 해당 부분의 공소사실에 관한 증거로 제출된 출력 문건들의 증거능력이 인정된다"(대판 2013.7.26. 2013도2511).

[비유: 전언과 'story-telling'] i) (전언) 원진술자의 진술이 타인의 진술을 통하여 간접 보고되는 경우에는 이와 같이 주의가 필요하다. 이는 '원진술자의 경험의 보고를 보고한다'는 2중 구조를 갖기 때문이다. 이러한 타인의 진술이 '요증사실'(원진술자의 경험사실이 증명하고자 하는 대상)을 인정함에는, 타인의 진술이 원진술자의 경험에 대한 간접 보고이므로 전문증거이지만, '원진술자의 경험의 보고 사실'(즉, 단순히 원진술자가 그렇게 말한 사실 자체)을 인정함에는, 타인의 진술은 이를 들은 자신의 경험에 대한 직접 보고이므로 전문증거가 아니다. 전자는 '간접청취'이고, 후자는 '직접청취'이다. 전자는 그 내용의 진실 여부가 중요하고, 후자는 말의 존재 자체가 중요하다. 전자에는 제316조(전문진술)가 적용된다.

ii) (storytelling) 전언이 요증사실과의 관계에 따라 전문증거가 되거나 본래증거가 되는 것은 'storytelling'이란 단어 자체에 비유하면 그 구조가 쉽게 이해된다. 'storytelling' 가운데 'story' 부분, 즉 그 내용의 진실성 여부가 문제되는 경우에는 '전문증거', 'telling' 부분, 즉 그러한 말 자체의 존재가 문제되는 경우에는 '본래증거'로 비유할 만하다. 이를테면 'story' 부분이 문제되는 경우에는 제316조가 적용된다.

[전문법칙의 적용범위] 전문증거 가운데 '음영부분'만 (①②③④⑤⑥순서로 이해할 것)

<table>
<tr><td colspan="2">진술증거</td><td>△</td><td colspan="2">①비진술증거</td></tr>
<tr><td>전문증거</td><td colspan="4">전문증거 아닌 것 (= 전문법칙의 부적용)</td></tr>
<tr><td rowspan="5">1. ④전문 진술
[원진술이 경험사실의 진술이고,
(요증사실) 그 진술내용의 진실 여부]

⇒(들음)간접청취</td><td>③본래증거</td><td>②발언 or 정황증거</td><td>행동</td><td>물적 증거</td></tr>
<tr><td>[원래의 말(원진술)이 경험사실의 진술이나,
(요증사실) 그 진술 자체의 존재 여부]

⇒(들음)간접청취 아님
(='직접듣기')</td><td>[원래의 말이]
❶ 발언: 의사표시,
공모사실,
※협박(해악고지)
❷ 정황증거 (정신적 상태, 심리상태, 인정진술)

⇒(말)(경험사실의) 진술 아님
⇒(들음)직접청취[1]</td><td>❶ 단순행동 (도망, 침묵)
❷ 행위의 언어적 부분 (언어적 행동)</td><td>❶ 증거물
❷ 증거물인 서면
❸ 기계적 기록물</td></tr>
<tr><td colspan="2">(요증사실) 말 자체의 존재 여부</td><td colspan="2" rowspan="2"></td></tr>
<tr><td>말의 존재 자체가 주요사실</td><td>말의 존재 자체가
❶ 주요사실
❷ 정황증거</td></tr>
<tr><td colspan="4"></td></tr>
<tr><td>2. ⑥전문 서류
(=진술의 서면화)
❷ 간접청취의 서면 보고 [재전문서류]</td><td colspan="2">◘ ❶ 직접청취의 서면보고
(=청취를 서면화)
(+)직접경험의 서면보고
⑤[전문 서류]</td><td colspan="2"></td></tr>
<tr><td>원칙: 증거배제</td><td colspan="4" rowspan="4"></td></tr>
<tr><td>예외: 311−316</td></tr>
<tr><td>증거동의</td></tr>
<tr><td>탄핵증거</td></tr>
</table>

[전문진술의 예외적 증거허용: 제316조] i) (제316조) 제316조가 규정하는 '전문진술'은 증거배제가 원칙이고, 예외적으로 증거능력이 인정된다. 그 예외인정의 요건은, 원진술자가 피고인인지 피고인 아닌 자인지에 따라 다르다. ① 원진술자가 **'피고인'**인 때에는, 원래의 진술이 **'특히 신빙할 수 있는 상태'**에 행해진 경우에 한정된다(316①). 전달자(=전문진술을 하는 사람)에는 제한이 없다. '공소제기 전에 피고인을 피의자로 조사하거나 조사에 참여하였던 사람'(=조사자)도 포함된다. ② 원진술자가 **'피고인 아닌 자'**인 때에는, ㉠ 원진술자가 사망, 질병, 외국거주, 소재불명, 그 밖에 이

1) 직접청취한 자의 직접 보고는 직접 경험한 사실의 보고이므로, 직접 경험자의 진술은 진술증거로서 원본증거에 해당한다.

에 준하는 사유로 인하여 '진술불능', ㉡ 원진술이 '특히 신빙할 수 있는 상태'에서 행해진 경우에 한정된다(316②).

ii) (제316조의 적용범위) 전문진술에 대해, 제316조는 ① 간접 보고가 법정진술로 행해진 경우('피고인 아닌 자의 공판준비 또는 공판기일에서의 진술이')에 적용된다. 나아가 판례는 전문진술이 전문서류를 통해 전달된 경우('전문진술을 기재한 서류' 즉, '재전문서류')에도 적용된다고 한다. ② 그러나 이를 초과하여 (전문진술이 아닌) 재전문진술('전문진술을 다시 전문한 진술')에는 적용되지 않는다. 자세한 것은 제316조의 '재전문증거' 부분 참조할 것.

(2) 전문법칙의 부적용(전문법칙의 적용이 없는 경우)

전문법칙은 ㉠ 비전문증거, 즉 '전문증거가 아닌 증거'(비진술증거, 간접청취가 아닌 것)에 대해서는 적용되지 않는다. ㉡ '전문증거라도' '증거동의'가 있거나 '탄핵증거'로 사용되는 경우에는 전문법칙이 적용되지 않는다. '전문법칙의 부적용'(㉠㉡)이라 한다. 위 표의 '백색부분'이다.

1) **비진술증거** 비진술증거에는 전문법칙이 적용되지 않는다. 예컨대, ㉠ 증거물(예: 흉기나 지문), ㉡ 위조문서나 '부정수표단속법위반죄에서의 수표'[1]와 같은 '증거물인 서면', 검증대상인 물건이나 장소, 피해자의 상해부위를 촬영한 사진(대판 2007.7.26. 2007도3906) 등은 비진술증거이다. 비진술증거는 반대신문이나 법관에 의한 태도관찰이 문제되지 않는다. ㉢ 기계적 기록물(예: 컴퓨터의 로그기록, 전자출입증에 의한 출입상황의 전자기록 등)도 마찬가지다. 진술 기록이 아니기 때문이다. ㉣ 단순 '행동'(예: 도주 사건에서 '범인의 도망', 협박 사건에서 '피해자의 깜짝 놀라는 모습')은 진술이 아니다.[2]

㉤ [협박문자] 피고인 甲이 "정보통신망을 통하여 공포심이나 불안감을 유발하는 글을 반복적으로 상대방(乙)에게 도달하게 하는 행위를 하였다는 공소사실에 대하여, 휴대전화기에 저장된 문자정보(협박문자)가 그 증거가 되는 경우, 그 문자정보는 범행의 직접적인 수단이고, 경험자의 진술에 갈음하는 대체물에 해당하지 않으므로, 전문법칙이 적용되지 않는다"(대판 2008.11.13. 2006도2556).[3] 그

---

1) 대판 2015.4.23. 2015도2275("부수법위반의 증거로 제출되는 수표는 그 서류의 존재 또는 상태 자체가 증거가 되는 것이어서 증거물인 서면에 해당하고, 어떠한 사실을 직접 경험한 사람의 진술에 갈음하는 대체물이 아니므로, 증거능력은 증거물의 예에 의하여 판단하여야 하고, 이에 대해서는 전문법칙이 적용될 여지가 없다").

2) [증인의 직접경험] 그 목격자의 증언은 전문증거가 아니고 정황증거이다. 증인의 직접경험(시각, 후각, 미각, 촉각)은 당연히 전문증거가 아니며 전문법칙이 적용되지 않는다.

3) ① "검사가 증거로 문자정보가 저장되어 있는 휴대전화기를 법정에 제출하는 경우, 휴대전화

러한 문자정보는 협박죄에서의 협박편지와 같이 증거물인 서면에 준하는 것이므로 비진술증거(범행의 흔적이 사람의 지각 이외에 남아 있는 경우)로서 전문법칙이 적용되지 않는다.

2) 행동의 언어적 부분 원진술자의 행동의 의미를 설명하는 '행동의 언어적 부분'[1] 내지 '언어적 행동(verbal act)'을 '듣고' 옮기는 경우에는, 진술증거로 볼 여지가 있다고 해도, 전문증거는 될 수 없다. 예컨대, 甲이 A를 껴안은 때 추행인지 애정표현인지 그 행동의 의미를 설명하기 위해 당시 甲이 한 말(예: '꼼짝 마' 또는 '사랑해')을 乙이 듣고 증언하는 경우 전문증거가 아니며 전문법칙이 적용되지 않는다.

[직접청취] 이 경우 乙의 진술은 전문진술이 아니다. ㉠ 甲의 말은 "지각→기억" 부분은 없고 그와 무관한 '서술' 부분만 남는다. ㉡ 乙은 甲의 말을 직접 경험한 것(직접청취)이고, 甲(원진술자)의 경험사실을 전문한 것이 아니다(간접청취 아님). ㉢ 말 자체에 대해 굳이 甲(원진술자)을 반대신문할 필요가 없으며, 직접 경험자 乙에 대한 반대신문과 태도관찰로써 충분하다. ㉣ 단지 순간적으로 입에서 나온 말이기 때문에 언어적 행동으로서 행동 그 자체라고 볼 수 있다. 말 내용의 진실 여부가 문제되지 않고, 단지 '그런 말을 하였는지'가 중요하다('존재 자체').

강제추행죄에서 피고인이 피해자에게 "꼼짝마라", 또는 살인죄에서 피고인이 피해자에게 "죽여버린다"라고 말한 경우에, 형식적으로는 피고인의 말이지만, 실질적으로는 행위의 일부로서 '행위 그 자체'라고 볼 수 있다. 그것이 ㉠ 피고인의 고의를 증명하는 수단인 경우에는 진술증거가 될 수 있지만, ㉡ 단지 행위 상황을 명백히 하는 경우라면 비진술증거라고 볼 수도 있다.

기에 저장된 문자정보 그 자체가 범행의 직접적인 수단으로서 증거로 사용될 수 있다. 또한, 검사는 휴대전화기 이용자가 그 문자정보를 읽을 수 있도록 한 휴대전화기의 화면을 촬영한 사진을 증거로 제출할 수도 있는데, 이를 증거로 사용하려면 문자정보가 저장된 휴대전화기를 법정에 제출할 수 없거나 그 제출이 곤란한 사정이 있고, 그 사진의 영상이 휴대전화기의 화면에 표시된 문자정보와 정확하게 같다는 사실이 증명되어야 한다"(따라서 문자메시지로 전송된 문자정보를 휴대전화기 화면에 띄워 촬영한 사진에 대하여, 피고인이 성립 및 내용의 진정을 부인한다는 이유로 증거능력을 부정한 것은 위법하다고 한 사례).

② 반면, "피해자가 피고인으로부터 당한 공갈 등 피해내용을 담아 남동생에게 보낸 문자메시지를 촬영한 사진은 형사소송법 제313조에 규정된 '피해자의 진술서'에 준하는 것인데, 제반사정에 비추어 그 진정성립이 인정되어야 증거로 할 수 있다"(대판 2010.11.25. 2010도8735).

1) [언어적 행동] 甲은 공무원 A에게 선물을 하면서 '이것은 뇌물이 아니라 선물이다'라고 말했다. 甲의 말을 들은 乙이 그 내용을 증언할 경우, 乙의 증언이 甲의 말을 옮기는 것이긴 하지만, 여기서 甲의 말은 甲의 행동에 부수된 것으로서 그 행동의 의미를 설명하기 위한 방편이므로, 乙의 증언은 전문증거가 아니다. 이때 '甲의 말'을 언어적 행동(verbal act)이라 한다.

3) **요증사실과의 관계**(직접성) 전문증거와 본래증거의 구별은 상당히 미묘하며, 구체적인 사안에서 구별이 쉽지 않다. 즉, 그 증거의 '쓰임'에 따라 **요증사실과의 관계**에서 전문증거가 되기도 하고, 직접청취 또는 비진술증거가 되기도 한다. 요증사실과의 관계에서 직접성이 인정되는 경우에는 전문증거가 아니다. 전문법칙이 적용되지 않는 경우는 '말 자체가 요증사실인 경우'와 '말 자체가 정황증거인 경우'로 세분된다.

<table>
<tr><th colspan="3">요증사실</th><th colspan="2">증거의 종류</th><th>전문법칙
적용여부</th></tr>
<tr><td>말의 내용인 사실
('story－telling'의
'story' 부분)</td><td colspan="2"></td><td>전문증거</td><td></td><td>○(적용)</td></tr>
<tr><td rowspan="2"></td><td rowspan="2">말한 사실 자체
(단순 'telling' or
'story－telling'의
'telling' 부분)</td><td>❶ 주요사실</td><td></td><td>직접증거</td><td rowspan="2">×(부적용)</td></tr>
<tr><td>❷ 간접사실</td><td></td><td>정황증거</td></tr>
</table>

(i) [**말 자체가 요증사실**인 경우] 이는 말 자체가 요증사실(주요사실)인 경우인데, 그 말을 들었다는 진술은 **직접증거**로 된다.

㉠ (의사표시 · 해악고지 : '발언') 원진술자의 말이 경험사실의 전달이 아니라 상대방에 대해 일정한 의사표시(또는 해악고지 · 감정표현 등)인 경우에 그 발언을 듣고 전달하는 것은 전문진술이 아니다. 법률적 의사표시(예: 청약, 승낙, 거절, 동의 등)이든, 사실적 의사표시(예: 지시, 청탁, 협박, 제안 등)이든 다를 바 없다. 여기서도 행위자에게 "지각→기억"의 부분은 없고 그와 무관한 '서술' 부분만 남는다. 이는 진술이라기보다는 '발언'에 불과하다. 상대방(피해자)은 그 발언의 직접 경험자이고(직접청취), 행위자의 경험사실을 전문한 것이 아니다(간접청취 아님). 그 발언 자체에 대해서는 상대방(피해자)에 대한 반대신문과 태도관찰로써 충분하다. 그 발언의 내용의 진실 여부가 문제되지 않고, 단지 '그런 발언이 있었다는 사실자체의 존부'가 중요하다('존재 자체'). **협박**의 경우도 마찬가지이다.

㉡ (알선수재 제안 · 요구) 피고인 甲(알선자)으로부터 전화를 통하여 "2005.8.경 건축허가 담당 공무원이 외국연수를 가므로 '**사례비를 주어야 한다**'"는 말을 들은 乙(알선의뢰인)이, 이를 법정에서 진술한 경우에, 甲에 대한 알선수재 피고사건에서는 위와 같은 원진술(알선자의 금품요구)의 존재 자체가 요증사실이다. 이를 직접 경험한 '乙의 진술'('사례비를 주어야 한다'라는 말을 들었다는 진술)은 요증사실과의

관계에서 전문증거가 아니라 본래증거에 해당된다(대판 2008.11.13. 2008도8007).[1]

㉢ (공모의 사실) 공모관계의 경우도 비록 '말 자체가 요증사실인 경우'는 아니지만, 그와 유사하게 그러한 진술의 존재 자체가 공모관계의 증거가 되는 경우이다. 피고인 甲으로부터 범행의 공모를 제의받은 乙이 이를 법정에서 진술한 경우에, 피고인 甲의 피고사건에서 甲이 '그런 말을 하였다'는 사실자체의 존부가 문제되므로, 마찬가지로 乙의 진술은 전문증거가 아니다.

[판례사례(대판 2018.5.15. 2017도19499)**: 공모관계의 증거와 그 진술의 존재 자체]**

이는 입학처장 甲과 총장 乙 등의 입시비리 관련 업무방해죄가 문제된 사건에서, 입학부처장 A와 입학상담부처장 B가 법정에서, 甲이 "총장이 C를 뽑으라고 했다."고 말한 것을 甲으로부터 들었다고 진술한 사안이다.

"1. 라. (4) (가) 3) A 등의 위 각 법정진술의 원진술은 피고인 甲의 진술로, 그 요지는 '총장(乙)이 C를 뽑으라고 했다'는 것이다. 그런데 피고인 甲의 위와 같은 진술은 타인인 피고인 乙의 진술을 내용으로 하는 것이기는 하나, 그 원진술이라고 할 수 있는 피고인 乙의 진술 내용의 진실성이 아니라 그 진술의 존재 자체가 위 피고인들(甲·乙) 사이의 공모관계에 관한 증거가 되는 것이다. 따라서 피고인 甲의 위와 같은 진술('乙이 뽑으라고 했다')은 전문증거가 아닌 본래증거이고, 이를 내용으로 하는 A 등의 위 각 법정진술은 재전문증거가 아닌 전문증거이다(피고인 甲에 대한 관계에서는 316① 적용). 따라서 이를 재전문증거로 본 원심 판단은 적절하지 않다.

그러나 A 등의 위 각 법정진술은 피고인 乙과의 관계에서는 형사소송법 제316조 제2항에 정한 '피고인 아닌 자(A)의 공판기일에서의 진술로서 피고인 아닌 타인(공동피고인 甲)의 진술을 그 내용으로 하는 것'에 해당하므로, 원진술자인 피고인 甲이 사망, 질병 기타 사유로 인하여 진술할 수 없는 경우에 한하여 이를 증거로 할 수 있는데, 그와 같은 요건이 갖추어지지 않았음(316② 적용. '원진술자의 진술불능' 및 '특신상태' 요건 중 적어도 '원진술자 甲의 진술불능 요건을 충족하지 못함)은 기록상 분명하다. 따라서 '피고인 乙과의 관계에서' 위 각 진술 및 이를 기재한 서류를 위 피고인이 C를 뽑으라고 지시하였는지 여부를 증명하기 위한 '직접증거로 사용할 수 없다'는 원심 결론은 정당하다.

1) 같은 취지의 대판 2012.7.26. 2012도2937(사기·변호사법위반): '피고인 甲이 88체육관 부지를 공시지가로 매입하게 해 주고 시설이주 협의도 2개월 내로 완료하겠다고 말하였다'고 乙이 제1심법정에서 진술한 경우에, 피고인 甲의 사기죄 또는 변호사법 위반죄 피고사건에서는 위와 같은 원진술의 존재 자체가 요증사실이므로, 이를 직접 경험한 乙의 진술은 전문증거가 아니라 본래증거에 해당한다고 한 사례.

A 등의 위 각 법정진술을 피고인 甲이 '피고인 乙이 C를 뽑으라고 한다'는 말을 했었다는 사실 자체 또는 위 진술의 진실성과 관계없는 간접사실에 대한 정황증거로 사용할 때에는 이를 전문증거로 볼 수 없다."[1])

(ii) [말 자체가 정황증거인 경우] 이는 말 자체를 다른 사실을 추인하는 전제사실(간접사실 또는 그 간접사실의 정황증거)로 사용하는 경우이다. 여기서도 그 내용이 아니라, 그러한 말을 했는지 여부(즉, 말한 사실 자체)가 중요하다. 다만, 말 자체가 요증사실인 것은 동일하지만, 추인되는 사실이 요증사실(주요사실)인 것과 같은 외관을 나타내므로 주의가 필요하다. 말 자체가 정황증거가 될 뿐이므로 전문증거가 아니며 전문법칙이 적용되지 않는다.

예컨대, ㉠ [정신상태] 원진술자의 말 자체(예: "나는 신이다")가 그 '정신적·심리적 상태'를 증명하기 위한 정황증거로 사용되는 경우[2])가 대표적인 예이다. 또한 ㉡ [심리상태] 어떤 기계의 기계적 결함 등으로 발생한 업무상과실치사사건에서, 피고인 甲이 가동 직전에 "기계의 조작레버가 고장났다"라 말한 것을 들은 乙이 법정에서 증언한 경우이다. 乙의 증언은 甲이 '고장을 알고 있었다는 심리상태' 내지 '그와 같이 말하였다는 것 자체'를 증명하려고 하는 때에는 정황증거가 되고, 전문법칙이 적용되지 않는다.[3]) 이 경우에는 甲이 '그런 말을 하였는지'가 중요하므로('존재 자체'), 乙은 甲의 말 자체를 직접 경험한 자(직접청취)이고, 甲의 경험사실을 전문한 것이 아니다(간접청취 아님). 乙에 대한 반대신문과

---

1) 한편, 피고인 甲이 협박교사 사실 자체를 부인함으로써 교사 사실 자체의 존부가 문제된 사안에서 피고인 甲의 원진술을 협박교사를 추단시킬 수 있는 여러 간접사실 중에 포함시킨 사례로는, 대판 2000.2.25. 99도1252 참조. 이는 어떤 말을 하였다는 것 자체를 정황증거(간접사실)로서 일정한 사실을 추인하는 경우 그 말을 한 사람에 대해 반대신문 등의 점검이 필요 없기 때문에 그 말은 전문증거가 아니라고 하면서, 이를 공모관계 또는 고의의 존재를 추단하는 간접사실이 아니라, 교사행위 자체를 추단하는 간접사실 중에 포함시킨 사례이다.

2) [정신적·심리적 상태의 정황증거] 甲은 살인혐의를 받고 있다. 乙은 甲로부터 범행 후 "나는 신이다"라는 말을 들었다. 乙이 甲의 살인사건에 관해 법정에서 甲의 그 말을 다시 증언할 경우, 乙의 증언은 甲이 신이라는 사실을 증명하기 위한 것이 아니라, 甲의 범행 당시 정신적·심리적 상황을 증명하는 정황증거로 사용되는 것이므로 전문증거가 아니다. 이 경우 주요사실은 심신장애이고, 甲의 말로 추인되는 사실은 정신이상이며, 이는 심신장애의 간접사실에 해당하므로, 甲의 말은 '심신장애의 간접사실(정신이상) 내지 그 전제사실(정신이상의 한 양태)'이다. 乙의 증언은 '(심신장애의) 정황증거 내지 간접사실(정신이상)의 정황증거'가 된다.

3) 이 경우 주요사실은 업무상과실이고, 甲의 말로 추인되는 사실은 '고장상태를 알고 있었다는 점' 내지 '그와 같이 말하였다는 것 자체'이며, 이는 업무상과실의 '간접사실 또는 그 전제사실'에 해당하므로, 甲의 말은 '업무상과실의 간접사실 내지 그 전제사실(인식의 한 단서)'이다. 乙의 증언은 '(업무상과실의) 정황증거 내지 간접사실(주관적 인식)의 정황증거'가 된다.

태도관찰로써 충분하다.1)

다만, 주의할 점은, 乙의 진술만으로는 이를 초과하여 甲의 진술의 내용인 '기계장치가 실제로 고장났다는 점'을 곧바로 인정할 수는 없고, 그 점을 직접 증명하는 증거로 삼을 수도 없고 직접 증명할 수도 없다는 것이다(비유하면, '새소리'의 소리 자체만으로는 새들의 대화내용을 알 수 없는 것과 같다). 즉, 비전문증거로서의 증거능력의 인정은 단지 '정황증거 또는 간접사실에 대한 정황증거' 정도에 불과할 뿐이다.

판례는 이를 가리켜, "어떤 진술이 그 내용의 진실성이 범죄사실에 대한 직접증거로 사용될 때는 전문증거가 되지만, 그와 같은 **진술을 하였다는 것 자체** 또는 그 진술의 진실성과 관계없는 **간접사실에 대한 정황증거**로 사용될 때는 반드시 전문증거가 되는 것은 아니다"(대판 2000.2.25. 99도1252; 2013.6.13. 2012도16001)라고 판시하였다. 간접사실에 대한 정황증거는 전문증거가 아니고 전문법칙이 적용되지 않는다는 것이다.

이러한 법리는 ㉠ 정보저장매체에 입력하여 기억된 문자정보의 경우2) ㉡ 사람의 **진술을 녹음한 녹음파일**(*)의 경우3) 등에서도 마찬가지로 적용된다. ㉢ 인정진술의 경우도 다를 바 없다.4)

---

1) 강학상 그 밖의 예로는, ㉠ 어떤 사람이 술에 취한 상태에 있었는지 여부가 요증사실인 경우에, 甲이 "도로에 분홍색 코끼리가 있었다."라고 말하는 것을 들었다는 A의 증언은 전문증거가 아니다. ㉡ 또한, 상습도박사건에서 증인 A가 "평소 甲이 끼니는 거를 수 있어도 도박은 거를 수 없다는 말을 자주 하고 다녔다."라고 증언하는 경우, A의 진술은 甲이 도박습벽자라는 간접사실을 증명하기 위한 정황증거가 된다.

2) 대판 2013.2.15. 2010도3504("그 '내용의 진실성'에 관하여는 전문법칙이 적용된다(313①). 다만, 정보저장매체에 기억된 문자정보의 내용의 진실성이 아닌 그와 같은 내용의 문자정보의 존재 자체가 직접 증거로 되는 경우에는 전문법칙이 적용되지 아니한다").

3) 대판 2015.1.22. 2014도10978 전합("그 녹음파일에 담긴 진술 '내용의 진실성'이 증명의 대상이 되는 때에는 전문법칙이 적용된다고 할 것이나, 녹음파일에 담긴 진술 내용의 진실성이 아닌 그와 같은 진술이 존재하는 것 자체가 증명의 대상이 되는 경우에는 전문법칙이 적용되지 아니한다").

4) **[인정진술]** 인정진술이란 어떤 진술을 한 적이 있다는 것을 인정하는 진술을 말한다. 예컨대, 甲의 살인 사건에서 乙이 수사기관에 참고인으로 출석하여 "甲이 A를 살해하는 것을 보았다"(㉠진술)는 내용의 참고인진술조서를 작성한 다음, 그 후 법정에 증인으로 출석하여 수사기관에서의 ㉠진술을 번복하고 단지 '수사기관에서 그와 같이 진술을 한 적이 있다'는 것만 인정하는 진술(㉡진술)을 한 경우이다. i) 乙의 인정진술(㉡진술)은 요증사실과의 관계에서 甲의 살인사실을 직접 증명하기 위한 증거가 아니므로 전문증거가 아니고, 단지 '수사기관에서 그와 같이 진술한 적이 있다'는 사실 그 자체를 증명하기 위한 증거에 불과하다. 따라서 乙의 인정진술(㉡진술)은 **말 자체가 간접사실 또는 정황증거인 경우**로서 전문진술이 아니며, 전문법칙이 적용되지 않는다. 乙의 인정진술(㉡진술)에 의해 증명되는 사실은 단지 乙이 '수사기관에서는 그와 같이 진술한 적이 있다'는 사실일 뿐, 甲의 살인사실을 직접 증명하는 것이 아니다.

[전문법칙의 부적용] i) ['자신의 생년월일'] 자신의 생년월일은 그의 직접 체험에 의한 인식이라고 해도 무방하다. 비록 자신이 태어난 순간을 지각하고 있는 것은 아니지만, 성장함에 따라 일상의 생활관계 등에서 축적된 자신의 체험에 의해 그 진실성에 관해 독자적 확신을 형성하게 된 것으로 볼 수 있기 때문이다.

ii) [피해자의 말이 '심리상태'인지 여부] 피해자(A)가 피고인에 대해 '피고인의 비정상적인 언동에 대하여 혐오의 감정을 가졌다'는 취지로 말한 경우에, 이를 듣고 전하는 전달자(B)의 진술이 전문진술인지 여부는 미묘한 문제이다. ㉠ 피해자(A)의 말이 '피해자의 피고인에 대한 혐오감정'을 요증사실로 한다면, 이를 듣고 전하는 전달자의 진술은 전문이 아니다. ㉡ 그러나 피해자(A)의 말이 범행에 관한 피고인의 동기·의도를 요증사실로 한다면, 그 동기·의도는 '피고인이 피해자(A)에게 비정상적인 언동을 하였다'는 것에 의하여 추인되게 된다. 이 사실은 피해자(A) 스스로 체험한 것이므로, 피해자(A)에게 반대신문을 통해 확인할 필요가 있는 것이지, 전달자(B)에게 반대신문하는 것은 의미가 없다. 이 경우 전달자(B)의 진술은 전문진술이 된다.

iii) [명예훼손죄에서 사실증명] 명예훼손의 기초가 된 말이나 문서는 그 자체가 요증사실(증명의 대상)이므로 전문증거가 되지 않지만, 그 내용의 진실성을 증명하려고 한다면 간접적으로 전문증거가 되는 경우가 있다. 나아가 그 사실의 진실성 증명에 관하여는 그 사실이 진실하다는 증명까지는 필요 없고 그 내용이 진실하다고 믿었던 것에 상당한 이유가 있으면 충분하다. 따라서 그 상당한 이유 여부를 증명하려고 한다면 정황증거가 되므로, 전문법칙은 적용되지 않는다. 물론, 형법 제310조에서의 사실증명에서 증거능력은 문제되지 않는다. 판례에 따르면, 사실의 진실성과 공익성에 대한 증명책임은 피고인에게 전환되는 한편, 피고인의 증명부담을 완화하여 그 증명은 엄격한 증거에 의할 것이 아니고 '증거능력 없는 전문증거'의 사용도 허용되기 때문이다(대판 1996.10.25. 95도1473).

[증명력과 'story-telling'] 간접사실에 대한 정황증거는 전문증거가 아니라서 전문법칙이 적용되지 않지만, 요증사실의 증명에서는 큰 의미를 가질 수 없고 가져서도 안된다. 즉, 요증사실을 직접 증명하는 증거로 삼을 수도 없고, 직접 증명할 수도 없다.

이것은 마치 'story-telling'의 'telling' 사실 자체만으로는 'story'의 진위 증명에서 거의 아무런 의미가 없는 것에 비견할 만하다. 만일 'telling' 사실을 다시 'story'의 내용이나 그 진실성을 증명하는 간접사실로 사용하는 경우에는 전문증거(=전문진술)가 된다.

乙의 인정진술은 그 말 자체가 범죄정황의 하나처럼 취급되는 정도에 불과할 뿐이며, 甲의 살인 피고사건에서의 여러 간접사실 중 하나에 불과하다는 의미일 뿐이다. ii) 이는 乙의 인정진술(㉡진술)만으로는 이를 초과하여 ㉠진술의 내용인 사실(살인의 목격)을 곧바로 인정할 수는 없고, 그 인정진술(㉡진술)로써 甲에 대한 살인의 요증사실을 직접 증명하는 증거로 삼을 수도 없고 직접 증명할 수도 없다는 것을 의미한다.

(iii) [주의: 전문법칙의 취지 잠탈 불허] 그러나 정황증거라도 전문법칙의 취지를 잠탈하는 결과를 초래하는 경우에는 전문법칙을 형해화하는 것이 되므로 허용되지 않는다. 주의할 필요가 있다. 즉, "어떤 진술이 (그 진술의 진실성과는 관계없는 간접사실의 정황증거로 사용될 때는 전문증거가 되는 것은 아니지만) 어떠한 내용의 진술을 하였다는 사실 자체에 대한 정황증거로 사용될 것이라는 이유로 '진술'의 증거능력을 인정한 다음, 그 사실을 다시 진술 내용이나 그 진실성을 증명하는 간접사실로 사용하는 경우에 '그 진술'은 전문증거에 해당한다(=전문진술). '그 진술'이 그곳에 기재된 원진술의 내용인 사실을 증명하는 데 사용되어 원진술의 내용인 사실이 요증사실이 되기 때문이다. 이러한 경우 형사소송법 제316조가 정한 요건을 충족하지 못한다면 증거능력이 없다"[대판 2019.8.29. 2018도2738 전합(L사건); 2019. 8.29. 2018도13792 전합(C사건); 2019.8.29. 2018도14303 전합(P사건) 참조].

나아가, 이러한 법리는 '어떤 진술이 기재된 서류'(=전문서류)에도 그대로 적용된다. 즉, "어떤 진술이 기재된 '서류'가 그 내용의 진실성이 범죄사실에 대한 직접증거로 사용될 때는 전문증거가 되지만, 그와 같은 진술을 하였다는 것 자체 또는 진술의 진실성과 관계없는 간접사실에 대한 정황증거로 사용될 때는 반드시 전문증거가 되는 것이 아니다. 그러나 어떠한 내용의 진술을 하였다는 사실 자체에 대한 정황증거로 사용될 것이라는 이유로 '서류'의 증거능력을 인정한 다음, 그 사실을 다시 진술 내용이나 그 진실성을 증명하는 간접사실로 사용하는 경우에 '그 서류'는 전문증거에 해당한다(=전문서류). '서류'가 그곳에 기재된 원진술의 내용인 사실을 증명하는 데 사용되어 원진술의 내용인 사실이 요증사실이 되기 때문이다. 이러한 경우 형사소송법 제311조부터 제316조까지 정한 요건을 충족하지 못한다면 증거능력이 없다"[위 2018도2738 전합(L사건); 2018도13792 전합(C사건); 2018도14303 전합(P사건)].

[판례사례(위 2018도2738 전합)**: 공소외 9의 '업무수첩'과 '진술']**[1)]

"공소외 9의 업무수첩과 진술(='업무수첩 등')에는 '전 대통령(P)과 개별 면담자(L)가 나눈 대화 내용을 전 대통령이 단독 면담 후 공소외 9에게 불러주었다는 내용'(='대화내용 부분')과 '전 대통령이 공소외 9(수석비서관 A)에게 지시한 내용'(='지시

1) 대통령(P): 제316조 제1항(대판 2019.8.29. 2018도14303 전합).
면담자(L): 제316조 제2항(대판 2019.8.29. 2018도2738 전합).
공동정범(C): 제316조 제2항(대판 2019. 8.29. 2018도13792 전합).

사항 부분')이 함께 있다.

i) 공소외 9(A○○ 수석비서관)의 업무수첩 등(진술 포함)의 '대화 내용 부분'이 전 대통령(P)과 개별 면담자(L) 사이에서 대화한 내용을 증명하기 위한 진술증거인 경우에는 전문진술로서 (개별면담자 L에 대해서는) 형사소송법 제316조 제2항에 따라 원진술자가 사망 등의 사유로 진술할 수 없고 그 진술이 특신상태에서 한 것임이 증명된 때에 한하여 증거로 사용할 수 있다. 이 사건에서 공소외 9의 업무수첩 등이 이 요건을 충족하지 못한다(이유: 원진술자가 진술불능 아님). 따라서 공소외 9의 업무수첩 등은 전 대통령과 개별 면담자가 나눈 「대화 내용을 추단할 수 있는 간접사실의 증거로 사용하는 것도 허용되지 않는다.」[1] 이를 허용하면 대화 내용을 증명하기 위한 직접증거로 사용할 수 없는 것을 결국 대화 내용을 증명하는 증거로 사용하는 결과가 되기 때문이다(=업무수첩은 재전문서류, 즉 공소외 9의 전문진술을 서면화한 것).

ii) 공소외 9의 ㉠ 진술 중 '지시 사항 부분'은 전 대통령이 공소외 9에게 지시한 사실을 증명하기 위한 것이라면 원진술의 존재 자체가 요증사실인 경우에 해당하여 본래증거이고 전문증거가 아니다.

공소외 9의 ㉡ 업무수첩 중 '지시 사항 부분'은 형사소송법 제313조 제1항에 따라 공판준비나 공판기일에서 그 작성자인 공소외 9의 진술로 성립의 진정함이 증명된 경우에는 진술증거로 사용할 수 있다(=전문서류, 즉 공소외 9의 직접 진술을 서면화한 것)."

4) 증거동의 '전문증거라도' 당사자가 증거동의한 경우에는 전문법칙이 적용되지 않는다(318). 간이공판절차에서는 증거동의가 의제된다(318의3).

5) 탄핵증거 '전문증거라도' 증인의 신용성을 탄핵하기 위한 탄핵증거로 제출하는 경우에는 전문법칙이 적용되지 않는다(318의2). 진술의 증명력을 다투기 위한 증거에 불과하기 때문이다.

4. 전문법칙의 예외

1) 예외의 필요성 우리의 전문법칙은, '반대신문의 결여'와 '실질적 직접주의'에 근거한다(2원설). 즉, 전문증거는 반대신문이 결여되었거나 실질적 직접주의에 위반되기 때문에, 증거능력이 배제된다. 그런데 전문법칙을 엄격 적용하면, 사실인정 자료가 지나치게 제한되어 진실발견에 중대한 장애가 생길 수 있

1) 이는 '백도어 전문(傳聞)의 금지'(prohibition of back door Hearsay)에 해당한다. 즉, 전문법칙의 취지를 우회·잠탈하는 것은 허용될 수 없다는 취지이다. "증거능력이 없는 증거는 간접사실이나 보조사실의 인정자료로서도 허용되지 않는다"(대판 2005.1.27. 2004도5493)는 취지의 판결도 같은 맥락이다.

다. 또한 반대신문이 없더라도 진실성이 있는 증거까지 증인을 직접 조사하게 되어 소송경제에도 반한다. 그 예외를 둘 필요가 있다.

2) **예외의 기준** 영미증거법에서 판례를 통해 형성된 원칙이다.

i) [신용성의 정황적 보장] 공판정 밖에서의 원진술 당시의 여러 정황에 비추어 그 원진술의 진실성이 고도로 담보될 수 있는 경우를 말한다. 굳이 공판정에서 원진술자에 대한 **반대신문의 기회를 주지 않더라도** 허위의 위험성이 없는 경우이다. 여기의 신용성은 증거능력과 관련된 것이므로, 진술내용 자체의 진실성이 아니라, 그 진실성을 담보할 만한 **'외부적 정황'**을 의미한다. 대개 자연적·반사적 진술이다. 예컨대, 사건 중 또는 직후 객관적 사실에 대한 충동적 진술, 임종의 진술, 이익에 반하는 진술, 업무 서류 등이다. 한편 절차적 보장으로서 반대신문권은 신용성 보장의 여러 정황 중 하나가 된다.

ii) [필요성] 원진술과 같은 가치의 증거를 찾는 것이 불가능하거나 곤란한 경우에는 진실발견을 위해 **부득이 전문증거라도** 사용할 필요가 있다. 여기서의 필요성은 전문증거의 사용이 필요하다는 의미라기 보다는, (정확하게는) **'원진술자'**의 공판정에서의 **'출석·진술이 불가능하거나 현저하게 곤란'**하다는 의미이다. 예컨대, 원진술자가 사망·질병·국외거주 또는 소재불명 등으로 공판정에서 진술할 수 없는 경우 등이다(314·316②).

iii) [양자의 관계] 두 요건이 모든 경우 동등한 정도로 엄격하게 요구되는 것은 아니다. 어느 하나의 요청이 강하면, 다른 것은 약하더라도 상관이 없다(상호보완 내지 반비례관계). 즉, 신용성의 정황적 보장이 강하면, 필요성요건은 다소 완화될 수 있다. 그러나 필요성만을 지나치게 강조하면 피고인의 방어권에 중대한 지장을 초래하므로, 필요성에 의한 증거능력 인정은 매우 신중해야 함을 유념할 필요가 있다.

['직접주의'와 '전문예외의 허용범위'의 관계] 전문증거에 대한 직접주의의 관점은 반대신문 결여의 관점보다 전문법칙의 예외를 더 넓게 허용할 가능성이 있다. 반대신문이 결여된 전문증거에 대해서도 직접주의의 예외로서는 그 증거능력을 인정할 여지가 있기 때문이다. 또한 전문법칙의 예외 인정 범위는 반대신문권의 위상과도 관련된다. 우리 법제상 반대신문권은 그 자체로 독자적인 헌법상 권리라기보다는 단지 '공정한 재판을 받을 권리'의 한 내용으로 이해된다. 전문법칙의 근거로서의 반대신문권이 헌법상 권리가 아니라면, 전문법칙의 예외 인정 범위는 그 만큼 넓어질 여지가 있다. 결국, 전문예외의 구체적인 허용범위는 입법재량의 영역이다.

[전문법칙의 예외]

전문법칙의 예외					예외 요건	증거의견(선행)
1	311조		법관면전조서		× (무조건 증거능력)	(불필요)
2	312조	1항 2항	검사 피의자신문조서	신법 적용 사건	1) 절차방식의 적법 2) (피고인/변호인의) 내용인정	경찰피신 과 동일 (내용인정)
				구법 적용 사건	1) 절차방식의 적법 2)(피고인의)실질적 진정성립 인정 3) 특신상태	적법성 /실질성립 /임의성
		3항	경찰 피의자신문조서		1) 절차방식의 적법 2) (피고인/변호인의) 내용인정	적법성 /실질성립 /임의성 /내용인정
		4항	(검사/경찰) 진술조서		1) 절차방식의 적법 2) (원진술자의)실질적 진정성립 인정 or 대체증명 3) (피고인/변호인의) 반대신문의 기회 4) 특신상태	증거동의
		5항	수사과정 진술서		☞ 검사피신/경찰피신/진술조서 취급 (1항－4항 준용)	☞(①－④항 준용)
		6항	(검사/경찰) 검증조서		1) 절차방식의 적법 2) (작성자의) 진정성립 인정	증거동의 ***
3	313조	1항 및 단서 (2항: 대체 증명)	피고인	진술서	(피고인의) 진정성립 인정 + 특신상태 or 대체증명 (16.5/29 이후)	증거동의
				진술 기재서	(피고인의) 진정성립 인정 + 특신상태 or (작성자의) 진정성립 인정 ⇒ 녹음테이프 + 특신상태	
			피고인 아닌 자	진술서	(원진술자의) 진정성립 인정 or 대체증명 / 반대신문 기회	
				진술 기재서	(원진술자의) 진정성립 인정	
		3항	감정서		(감정인의) 진정성립 인정	증거동의
4	314조		예외의 예외		(원진술자의) 진술불능 + 특신상태	증거동의
5	315조		당연 증거능력 있는 서류		× (당연히 증거능력) *공권적 증명문서/업무상 통상문서/기타특신문서	(불필요)
6	316조	1항	제3자의 전문진술 (원진술자가 '피고인')		특신상태	
		2항	제3자의 전문진술 (원진술자가 '피고인 아닌 자')		(원진술자의) 진술불능 + 특신상태	

* [임의성] 필요 * [증거동의] 증거능력 있음 * [특신상태 부인] 비고란 기재

3) 현행법상 전문법칙의 예외 제311조 내지 제315조는 '전문서류'에 관한 예외이고, 제316조는 '전문진술'에 관한 예외이다.

Ⅱ. 제311조 법원 또는 법관의 면전조서

제311조는, "공판준비 또는 공판기일에 피고인이나 피고인 아닌 자의 진술을 기재한 조서와 법원 또는 법관의 검증조서는 증거로 할 수 있다. 제184조(증거보전의 청구) 및 제221조의2(증인신문의 청구)에 의하여 작성한 조서도 또한 같다" 고 규정한다. 법원 또는 법관이 주재하는 절차에서 작성된 조서(공판준비기일조서, 공판기일전 증거조사의 조서, 공판조서, 증인신문조서, 검증조서 등)는 아무런 제한 없이 무조건 증거능력이 있다. 수소법원이나 수소법원의 구성원인 법관(수명법관) 또는 이와 동일한 자격을 가진 법관(수탁판사)의 조서라면, 그 성립의 진정과 높은 신용성의 정황적 보장이 인정되기 때문이다.

1. 피고인의 진술 또는 피고인 아닌 자의 진술을 기재한 조서

공판기일에서의 피고인진술이나 증인의 증언은 그 자체가 곧바로 증거(증거자료)가 된다. 따라서 제311조는 결국, ㉠ 공판준비를 위한 기일의 '조서', ㉡ 공판절차가 갱신되거나 심급이 변경된 경우 등의 공판'조서'에서 주로 문제된다.

(1) '피고인의 진술'을 기재한 조서

1) 공판준비 '공판준비에서 피고인의 진술을 기재한 조서'는 당해 사건의 공판준비절차에서 피고인을 신문한 조서(266의10②)를 말한다. 공판기일 전에 피고인을 신문한 조서(273①) 등도 마찬가지이다.

2) 공판기일 '공판기일에서 피고인의 진술을 기재한 조서'는 당해 사건의 공판조서를 말한다. 예컨대, ㉠ 공판절차갱신 전의 공판조서, ㉡ 상소심에 의한 파기환송 전의 공판조서, ㉢ 이송된 사건의 이송 전의 공판조서, ㉣ 관할위반의 재판이 확정된 후에 재기소된 경우의 공판조서 등이다.

(2) '피고인 아닌 자의 진술'을 기재한 조서

1) 공판준비 '공판준비에서 피고인 아닌 자의 진술을 기재한 조서'는 ㉠ 당해 사건의 공판준비절차에서 증인 등을 신문한 조서 등을 말한다. ㉡ (적법한) '공판기일 외(外) 증인신문조서' 및 '법정 외(外) 증인신문조서'도 마찬가지다. 이

들은 모두 '공판준비를 위한 기일의 조서'이기 때문이다. 다만, 다음의 공판기일에 그 조서를 현출하여 낭독 등의 방법으로 서증조사를 거쳐야 증거로 사용할 수 있다(대판 2000.10.13. 2000도3265). 이 경우 제311조가 적용된다.

2) 공판기일 '공판기일에서 피고인 아닌 자의 진술을 기재한 조서'는 당해 사건의 공판조서를 말한다. 증인신문조서는 공판조서의 일부이다. 제311조가 적용되는 것으로는, 예컨대, ㉠ 공판절차갱신 전의 공판조서, ㉡ 파기환송 전의 공판조서 등이다.

[공동피고인] '피고인 아닌 자'란 피고인을 제외한 제3자를 지칭하는 것으로, 증인·감정인·번역인뿐만 아니라 공범 또는 공동피고인도 포함한다.

i) [공범인 공동피고인] '공범인 공동피고인'도 '피고인 아닌 자'이므로 공판정에서 그 진술을 기재한 조서는 증거능력이 인정된다(대판 1966.5.17. 66도316). 다만 증인적격이 없으므로, 그 진술은 증인신문조서(공판조서의 일부)가 아니라 공판조서(이른바 '기본조서')에 기재된다(311조에 의해 증거능력 인정). 여기의 공범에는 공동정범·교사범·종범은 물론, 합동범, 필요적 공범(대향범 포함)도 포함되나, 절도범과 장물범 사이(대판 2006.1.12. 2005도7601), 서로 싸움을 한 경우 등은 포함되지 않는다.

ii) [공범 아닌 공동피고인] '공범 아닌 공동피고인', 즉 별개의 범죄사실로 기소되어 병합심리 중인 공동피고인은 당해 피고인에 대한 관계에서는 증인의 지위에 있으므로, 그 진술은 '증인으로서 선서하고 이루어진 진술을 기재한 조서'(공판조서의 일부인 증인신문조서)에 기재되고 그 조서는 증거능력이 인정된다. 그러나 증인으로서 선서 없이 한 공동피고인의 법정진술은 피고인에 대한 관계에서는 증거능력이 없으므로(대판 1979.3.27. 78도1031; 1982. 9.14. 82도1000), 피고인진술 형식의 공판조서(즉, '기본조서')는 피고인에 대한 관계에서는 증거능력이 없다.

(3) 관련문제

1) 공판준비·공판절차 갱신 등 공판준비를 위한 기일의 조서(여기에는 '공판외 증인신문조서', 즉 기일외 증인신문조서, 법정외 증인신문조서도 포함된다), 공판절차가 갱신된 경우 갱신 전(前)의 공판조서 등은 무조건 증거능력이 있다(311).

2) 당해 사건과 다른 사건 여기의 공판준비기일조서 또는 공판조서는 '당해 사건'의 조서만을 의미한다. 한편, 다른 사건의 경우 "다른 피고인에 대한 형사사건의 공판조서와 그 일부인 증인신문조서는 제315조 제3호에 정한 서류로서 당연히 증거능력이 있다"(대판 2005.4.28. 2004도4428).

3) 공판조서의 열람등사권 침해 "피고인이 공판조서의 열람 또는 등사를 청구하였음에도 법원이 불응하여 열람 또는 등사청구권이 침해된 경우에는 그 공판조서뿐만 아니라, 공판조서에 기재된 당해 피고인이나 증인의 진술도 유죄의 증거로 할 수 없다"(대판 2012.12.27. 2011도15869).[1)]

2. 법원 · 법관의 검증조서

1) 무조건 증거능력 인정 검증조서란 검증결과를 기재한 조서, 즉, 검증한 자가 오관(五官)의 작용에 의하여 사람의 신체상태나 물건의 존재 · 상태 등에 대해 인식한 것을 기재한 조서를 말한다. 검증조서에는 검증목적물의 현장을 명확하게 하기 위하여 도화나 사진을 첨부할 수 있다(49①②). 검증조서에 첨부된 도화나 사진은 검증조서와 일체를 이룬다. 수사기관의 검증조서(312⑥)와 달리, 법원 · 법관의 검증조서는 무조건 증거능력이 있다. 그 실질은 진술서 내지 진술기재서이지만, 공평한 제3자인 법관이 직접 검증한 것이고, 당사자의 참여권(145 · 121)이 보장되는 등 검증 결과에 신용성의 정황적 보장이 있으며, 검증 결과를 서면화한 것이 더 상세 · 정확할 수 있기 때문이다.

2) 적용대상 i) '수소법원이 공판기일에 법정에서 행한 검증'은 그 검증결과가 곧바로 증거가 되므로, 검증조서는 문제되지 않는다. 제311조가 적용되는 검증조서는 ㉠ 공판절차가 갱신된 경우 그 갱신 전(前)의 검증조서, ㉡ 수소법원이 '공판기일 외에서 행한 검증'(예, 현장검증 등) 또는 '수소법원 이외의 법원 · 법관이 행한 검증'(수명법관 · 수탁판사에 의한 검증)의 결과를 기재한 조서이다. ii) '당해 사건'의 검증조서에 한정되고, 다른 사건의 검증조서는 포함되지 않는다(통설). 다른 사건의 검증에는 재판 중인 피고사건의 당사자가 참여하지 않았기 때문이다. 당해 사건이라도 당사자에게 참여의 기회를 주지 않은 경우에는 검증절차의 적법성 결여로 증거능력이 없다.

3) 법관의 검증조서에 기재된 (참여인)진술의 증거능력 검증에 피해자 · 목격자 · 피고인 등을 참여시키는 경우가 있다. 검증조서에 검증 결과 이외에 기재되는 참여인의 진술에는 '현장지시'와 '현장진술'의 2형태가 있다. ㉠ 현장지시는 검증대상을 지시하는 진술(예: 검증의 목적물이나 장소를 확정하는 진술)이고, ㉡ 현

---

1) 제55조 제1항은 공판조서의 정확성을 담보하고 피고인의 방어권을 충실하게 보장하려는 취지에서 피고인에게 공판조서의 열람 또는 등사청구권을 인정하고, 제3항은 피고인의 위와 같은 청구에 응하지 아니하는 때에는 그 공판조서를 유죄의 증거로 할 수 없다고 규정한다.

장진술은 검증현장을 이용하여 행하여지는 현장지시 아닌 진술(예: 검증현장에서 검증상황에 따라 사건 당시의 상황을 진술)을 말한다. 참여인진술의 증거능력에 대하여 견해의 대립이 있으나, 다수설(수정설)의 입장은 이러하다. 즉, ㉠ 현장지시가 법원의 검증활동의 동기를 설명하는 비진술증거로 이용되는 때에는 검증조서와 일체를 이룬다. 그러나 현장지시 자체가 범죄사실을 인정하기 위한 진술증거로 이용되는 때에는 현장진술과 같이 취급된다. ㉡ 현장진술은 법원·법관의 면전에서 이루어진 것이므로 제311조 전단에 의해 증거능력이 있다. 검증조서의 성격과 진술조서의 성격을 구분하는 한 수정설이 타당하다.

4) 녹음테이프 검증　법관의 검증조서 중 실제 증거자료가 되는 부분의 성질에 따라 취급이 달라지는 특수한 경우가 있다. 그 대표적인 예가 '사인(私人)이 녹음한 녹음테이프에 대한 법원의 검증조서'이다. "그 검증의 내용이, ㉠ 녹음테이프에 녹음된 대화내용과 검증조서에 첨부된 녹취서의 기재내용이 같다는 것에 불과한 경우에는, 증거자료가 되는 것은 여전히 녹음테이프에 녹음된 대화내용이므로, 검증조서의 기재 중 진술내용을 증거로 사용하기 위해서는 제313조 제1항이 적용된다. 이와 달리 ㉡ 녹음된 진술자의 그 진술 당시 상태 등을 확인하기 위한 것인 경우에는 제311조에 의하여 당연히 증거로 할 수 있다"(대판 2008.7.10. 2007도10755).[1)]

3. 증거보전절차·증인신문청구절차에서 작성한 조서

'증거보전절차'(184)와 '증인신문청구절차'(221의2)에서 작성한 조서도 제311조에 의해 무조건 증거능력이 인정된다. 다만, 공판기일에서 증인신문조서에 대해 낭독 등의 방법으로 서증조사를 거쳐야 증거로 사용할 수 있다.

i) 공범인 공동피고인이 증거보전절차에서 증인으로서 증언한 증인신문조서도, 다른 공동피고인에 대한 관계에서 마찬가지로 증거능력이 있다(대판 1988.11.8. 86도1646). 그러나 "증거보전절차에서 작성된 증인신문조서 중 증인에 대한 반대신문과정에서 "'피의자'가 진술한 내용을 기재한 부분"은 제311조에 의한 증거능력을 인정할

---

1) 녹음 당시 B가 술에 취한 상태에서 횡설수설 이야기한 것인지 여부 등을 확인하기 위하여 위 녹음테이프에 대한 검증을 실시하고, 그 결과(녹음 당시 B의 발음이 전체적으로는 뚜렷하였고 목소리 자체가 횡설수설하는 것 같지는 않았다)를 증거로 채택하여, B가 술에 취한 상태에서 다른 건과 착각하여 말한 것으로는 보이지 않는다고 판단한 사례.

이 사안은 법원이 검증조서에 대해 증거조사를 한 내용이다. 만일 법원이 직접 검증을 실시한 경우라면, 증거로 사용되는 것은 검증조서가 아니라 '검증결과 그 자체'가 된다.

수 없다”(대판 1984.5.15. 84도508). 증거보전방법으로 피의자신문을 청구할 수는 없기 때문이다(184 참조).

ii) 공판기일 외의 증인신문조서는 참여권 보장이 문제된다. 즉, “증거보전절차로서 증인신문을 하면서 그 일시와 장소를 피의자 및 변호인에게 미리 통지하지 아니하였고 이에 대하여 변호인이 후에 이의신청한 경우, 그 증인신문조서는 증거능력이 없다”(대판 1992.2.28. 91도2337). 간인 및 서명날인은 필요 없다.

Ⅲ. 제315조 당연히 증거능력이 있는 서류

제315조는, i) 공무원이 직무상 작성한 증명문서, ii) 업무상 필요로 작성한 통상문서, iii) 기타 특히 신용할 만한 정황에 의하여 작성된 문서에 대해, 당연히 증거능력을 인정한다. 제1·2호는 경험상 고도의 신용성이 있는 문서이고, 제3호는 그 범주에 들어가지는 않지만 그에 준하는 경우를 예정한 포괄적 규정이다. 즉, “제1호와 제2호의 문서는, 업무의 **기계적 반복성**으로 인해 허위가 개입될 여지가 적고, 또 **문서의 성질**에 비추어 고도의 신용성이 인정되어, 반대신문의 필요가 없거나 작성자를 소환해도 서면제출 이상의 의미가 없는 것들이기 때문에 당연히 증거능력이 인정된다”(대판 2015.7. 16. 2015도2625 전합; 헌재 2013.10.24. 2011헌바79). 이들 서류는 원래 **진술서** 또는 진술기재서로서 제313조에 따라 증거능력이 판단되어야 하지만, 그 예외를 인정하여 당연히 증거능력이 인정된다는 것이다. 필요성 요건은 법문상 모두 생략되어 있다.

1. 공권적 증명문서

가족관계기록사항에 관한 증명서, 공정증서등본 기타 공무원 또는 외국공무원이 직무상 증명할 수 있는 사항에 관하여 작성한 문서는 당연히 증거능력이 있다(315i). 작성주체와 작성과정에서 고도의 신용성이 보장되며, 원본제출이 곤란하고 작성공무원의 직접 소환도 부적당하다는 점에서 필요성도 있다. 예컨대, 등기부등(초)본, 인감증명, 전과조회회보, 신원증명서, 세관공무원의 시가(時價)감정서(대판 1985.4.9. 85도225), 일본국 세관원 작성의 필로폰에 대한 범칙물건 감정서등본 및 분석회답서등본(대판 1984.2.28. 83도3145) 등이다. **군의관이 작성한 진단서**(또는 경찰병원 의사가 작성한 진단서)도 공무원이 작성한 문서이므로 포함된다. 반면, 수사기관이 작성한 문서(공소장 등) 또는 외국수사기관의 수사결과(대판

1979.9.25. 79도1852)는 여기에 해당하지 않는다.

2. 업무상 통상문서

상업장부, 항해일지 기타 업무상 필요로 작성한 통상문서도 당연히 증거능력이 있다(315ii). 경험칙상 오류나 조작·허위기재의 위험이 적어 특별한 신용성이 있으며, 그 문서의 제출이 작성자의 소환보다 더 가치 있다는 점에서 필요성도 있다. 예컨대, 금전출납부, 전표, 통계표, 전산자료, **업무일지** 등이다. 이와 같이 "자기에게 맡겨진 사무를 처리한 내역을 그때그때 **계속적, 기계적으로 기재**한 문서는, 사무처리 내역을 증명하기 위하여 존재하는 문서로서 당연히 증거능력이 인정된다"(위 2015도2625). i) 의사가 작성한 '진료기록부' 내지 '진료일지'도 포함된다. 그러나 사인인 의사가 작성한 '진단서'는 포함되지 않는다(오히려 실질적으로 감정서와 다름없다). ii) 이때 업무는 그 업종을 불문하고, 마약거래나 성매매 등 **범죄적 업무**도 포함한다. 예컨대, 성매매업소에서 영업에 참고하기 위하여 성매매상대방에 관한 정보를 입력하여 작성한 메모리카드의 내용(대판 2007.7. 26. 2007도3219), 지출내역을 기재한 비밀장부(대판 1996.10.17. 94도2865 전합) 등도 포함된다. iii) 탈세 등을 위한 분식사항이 기재된 가짜장부(표면장부)는 제외되고, 진짜장부(이면장부)는 여기의 상업장부에 포함된다. iv) 업무일지가 아닌 '자기 비망록'의 경우도 포함되는가? 판례는 부정적이다. 즉, 업무상 통상문서의 판례상 판단기준은 "㉠ 업무의 정규성, ㉡ 작성의 의무성, ㉢ 정확성(즉시·직후 기재), ㉣ 객관성(기계적 기록), ㉤ 신용성(공시성·사후 검증기회) 등"이다(위 2015도2625).[1]

3. 기타 특신문서

'기타 특히 신용할 만한 정황에 의하여 작성된 문서'(315iii). 개념이 다소 추상적인데, 만일 확대해석하여 넓게 인정하면, 전문법칙이 무의미하게 되고 피고

---

1) "제315조 제2호의 업무상 통상문서에 해당하는지를 구체적으로 판단함에 있어서는, 제315조 제2호 및 제3호의 입법취지를 참작하여 ㉠ 당해 문서가 정규적·규칙적으로 이루어지는 업무활동으로부터 나온 것인지 여부, ㉡ 당해 문서를 작성하는 것이 일상적인 업무 관행 또는 직무상 강제되는 것인지 여부, ㉢ 당해 문서에 기재된 정보가 취득된 즉시 또는 그 직후에 이루어져 정확성이 보장될 수 있는 것인지 여부, ㉣ 당해 문서의 기록이 비교적 기계적으로 행하여지는 것이어서 기록 과정에 기록자의 주관적 개입의 여지가 거의 없다고 볼 수 있는지 여부, ㉤ 당해 문서가 공시성이 있는 등으로 사후적으로 내용의 정확성을 확인·검증할 기회가 있어 신용성이 담보되어 있는지 여부 등을 종합적으로 고려하여야 한다."

인의 인권을 침해할 우려가 있다. 따라서 "제1호와 제2호에서 열거된 공권적 증명문서 및 업무상 통상문서에 준하여 '굳이 반대신문의 기회부여 여부가 문제되지 않을 정도로 고도의 신용성의 정황적 보장이 있는 문서'를 의미한다"(위 2015도2625 전합; 2011헌바79). 예컨대, 공공기록, 역서(曆書), 정기간행물의 시장가격표, 스포츠기록, 공무소작성의 통계 · 연감 등이다.

특히 ㉠ 다른 피고사건의 공판조서 및 그 일부인 증인신문조서(대판 2005.4.28. 2004도4428),[1] ㉡ 다른 피고사건에서 공범의 (증인으로서의 증언이 아니라) '피고인으로서의 진술'을 기재한 공판조서(위 2011헌바79)[2]가 여기에 해당한다. 또한, ㉢ 다른 피고사건에서 '공범 아닌 자'의 (증인으로서의 진술이 아니라) '피고인으로서의 진술'을 기재한 공판조서도 여기에 포함된다. 이때에는 공범자(㉡)와 달리, 책임전가적 진술의 위험성도 없다. 그 밖에 ㉣ 구속적부심문조서(대판 2004. 1.16. 2003도5693) 및 '구속 전 피의자심문조서'('영장실질심사심문조서', 대판 1999.9.3. 99도2317 참조), ㉤ 판결문 사본(교도소장이 교도소에 보관 중인 군법회의 판결등본을 사본한 것, 대판 1981.11.24. 81도2591), ㉥ 사법경찰관 작성의 국가보안법상 이적표현물(새세대 제16호)에 대한 수사보고서(대판 1992. 8.14. 92도1211)[3] 등도 포함된다.

반면, ㉠ 국가정보원 심리전단 직원의 이메일계정에서 압수한 전자문서(425지논 파일 · 시큐리티 파일. 앞 2015도2625 전합), ㉡ 체포 · 구속인 접견부(대판 2012.10.25.

---

1) 대판 1964.4.28. 64도135; 1966.7.12. 65도617; 1968.8.13. 68도824.

2) 헌재 2013.10.24. 2011헌바79("법원은 일찍이 1964년경부터 다른 사건에서 공범의 피고인으로서의 진술을 기재한 공판조서를 제315조 제3호의 당연히 증거능력 있는 서류로 해석"). 다수의견의 논거는 이러하다: "㉠ 공판조서는 그 서면 자체의 성질과 작성과정에서 법정된 엄격한 절차적 보장에 의하여 고도의 임의성과 기재의 정확성 및 절차적 적법성이 담보되어 있고, ㉡ 대심적 구조하에서 피고인의 진술은 공개된 법정에서 반대당사자인 검사에 의하여 검증되고 탄핵되는 지위에 있어 이를 제3자가 일방적으로 한 진술과 같다고 평가할 수 없으므로, 법정진술에 해당하는 공판조서상의 진술과 다른 전문증거와 사이에는 문서의 신용성과 관련된 외부적 정황에 뚜렷한 차이가 있다. ㉢ 공판조서의 증거능력을 일률적으로 부정한다면, 낮은 신용성의 보장을 가진 수사기관 작성의 조서는 증거능력을 인정하면서도 그보다 우위의 임의성과 신용성의 보장을 가진 공판조서는 증거능력을 부정하는 법체계상의 모순이 발생하게 되며, ㉣ 공범의 진술을 기재한 공판조서가 증명력 있는 경우에도 당해 사건의 심리과정에서 고려할 수조차 없게 되어 실체적 진실 발견에 중대한 지장을 초래하게 된다. ㉤ 공판조서상의 진술이 피고인의 유무죄를 가르는 중요한 증거이고 피고인이 그 진술을 다투고 있다면 법원이 원진술자인 공범에 대한 증인신청을 거부할 이유가 없으므로, 실제 재판과정에서 피고인의 방어권에 대한 현실적인 침해가 발생할 가능성도 거의 없다. 따라서 다른 사건에서 공범의 피고인으로서의 진술을 기재한 공판조서가 포함되는 것으로 해석한다고 하여 피고인의 방어권에 지나친 제약을 가져와 피고인의 공정한 재판을 받을 권리를 침해한다고 볼 수 없다."

3) 피고인이 검찰에서 소지 탐독사실을 인정하고 있는 새세대 제16호라는 유인물의 내용을 분석하고, 이를 기계적으로 복사하여 그 말미에 그대로 첨부한 사법경찰관 작성의 수사보고서.

2011도5459),[1] ㉢ 대한민국 주중국 대사관 영사가 작성한 사실확인서 중 공인 부분을 제외한 나머지 부분(공적인 증명보다는 상급자 보고를 목적으로 작성된 것. 대판 2007.12.13. 2007도7257), ㉣ 주민들의 진정서사본(대판 1983.12.13. 83도2613), ㉤ 건강보험심사평가원의 (입원진료 적정성 여부 등 검토의뢰에 대한) 회신(대판 2017.12.5. 2017도12671) 등은 포함되지 않는다.

Ⅳ. 제312조 수사기관의 각종 조서

수사기관의 각종 조서는 법관의 면전조서에 비하여 낮은 임의성과 신용성의 보장을 갖는다. ㉠ 우선, 수사기관이 법관처럼 공평한 제3자인 것도 아니고, 피의자의 이익을 늘 충분히 고려하는 것도 아니며, 수사의 기본적 속성은 밀행성에 있다. ㉡ 더구나, "수사기관의 조서는 '녹취록'과는 달리, 수사기관이 상당한 시간에 걸친 문답 과정을 그대로 옮기는 것이 아니라, **수사기관의 관점에서** 조사결과를 **요약 · 정리**하여 기재한 것에 불과하고, 진술 경위나 진술 당시의 표정 · 태도, 진술의 뉘앙스 등과 같은 **피조사자의 상태** 등을 정확히 반영할 수 없는 본질적 한계가 있다"(대판 2024.1.4. 2023도13081). ㉢ 다만, 범행시점에 근접하여 작성되고, 서면으로 작성된다는 점에서 시간의 경과에 따른 기억의 왜곡 위험이 비교적 낮다는 장점은 있다.

제312조는 법관의 면전조서와는 달리, 엄격한 요건 하에서 예외적으로 그 증거능력을 인정하고 있다. 예컨대, 피의자신문조서, 진술조서, 수사기관의 검증조서 등이 그것이다. 특히 피의자신문조서는, 검사 또는 사법경찰관이 수사과정에서 피고인이 된 피의자를 신문하여 그 진술을 기재한 조서를 말한다. **피의자신문조서**의 경우, 과거에는 '**검사**가 작성한 그것'이 '**검사 아닌 수사기관**이 작성한 그것'에 비해 그 증거능력의 요건이 대폭 완화되어 있었으나(2021.12.31.까지 기소된 사건), 2020년 형사소송법 개정 이래 현재에는 (검사 작성이든 사법경찰관 작성이든) **양자의 요건과 효력이 완전히 동일하게** 규정되었다(2022.1.1. 이후 기소된 사건). 이하에서는 이해의 편의상 '신법 적용'을 중심으로 설명하되 '구법 적용'은 필요한 범위 내에서 부기하기로 한다.

---

1) 유치된 피의자가 죄증인멸 · 도주 등 유치장의 안전과 질서를 위태롭게 하는 것을 방지하기 위한 목적으로 작성되는 서류일 뿐(접견상황은 제315조 적용, 대화내용은 해당 없음).

[검사·사법경찰관 작성의 피의자신문조서: 조문 대비]

주체	조문		내용	적용대상
사경 작성	312 ③	개정 없음	검사 이외의 수사기관이 작성한 피의자신문조서는 적법한 절차와 방식에 따라 작성된 것으로서 공판준비 또는 공판기일에 그 피의자였던 피고인 또는 변호인이 그 내용을 인정할 때에 한하여 증거로 할 수 있다.	
검사 작성	①	신법	검사가 작성한 피의자신문조서는 적법한 절차와 방식에 따라 작성된 것으로서 공판준비, 공판기일에 그 피의자였던 피고인 또는 변호인이 그 내용을 인정할 때에 한정하여 증거로 할 수 있다.	2022.1.1. 이후 기소사건
		구법	검사가 피고인이 된 피의자의 진술을 기재한 조서는 적법한 절차와 방식에 따라 작성된 것으로서 피고인이 진술한 내용과 동일하게 기재되어 있음이 공판준비 또는 공판기일에서의 피고인의 진술에 의하여 인정되고, 그 조서에 기재된 진술이 특히 신빙할 수 있는 상태하에서 행하여졌음이 증명된 때에 한하여 증거로 할 수 있다.	2021.12.31. 까지 기소사건
	②	삭제	제1항에도 불구하고 피고인이 그 조서의 성립의 진정을 부인하는 경우에는 그 조서에 기재된 진술이 피고인이 진술한 내용과 동일하게 기재되어 있음이 영상녹화물이나 그 밖의 객관적인 방법에 의하여 증명되고, 그 조서에 기재된 진술이 특히 신빙할 수 있는 상태 하에서 행하여졌음이 증명된 때에 한하여 증거로 할 수 있다.	2021.1.1. 삭제

※ 주의: 이하에서, '신법이 적용되는 2022.1.1. 이후 공소제기된 사건'은 '신법'적용 사건으로, '구법이 적용되는 2021.12.31.까지 공소제기된 사건'은 '구법'적용 사건으로 약칭한다.

[검사 작성의 피의자신문조서의 증거능력 제한] 2020년 개정 형사소송법은, 검사 작성의 피의자신문조서에 대하여 사법경찰관 작성의 피의자신문조서와 동일하게 그 증거능력을 제한하고 있다. 즉, 제312조 제1항 및 제2항 가운데 제1항을 개정하여 "검사가 작성한 피의자신문조서는 적법한 절차와 방식에 따라 작성된 것으로서 공판준비 또는 공판기일에 그 피의자였던 피고인 또는 변호인이 그 내용을 인정할 때에 한하여 증거로 할 수 있다."라고 규정하고, 제2항을 삭제하였다. 이와 같이 검사 작성 피의자신문조서의 증거능력을 약화시킨 것은, '실질적인 공판중심주의의 구현에 기여하고, 피고인의 방어권을 보다 보장하려는 취지'이다. 또한, 검사와 사법경찰관의 상호 협력관계에 비추어, 피의자신문조서의 작성 주체에 따라 증거능력의 요건에 차등을 두는 것은 적절하지 않기 때문이다.

제312조 제1항 및 제2항의 개정법률은 그 시행시기에 대해 주의할 필요가 있다. 우선, 제312조 제2항의 삭제는 2021. 1. 1.부터 시행되었다. 제312조 제1항의 개정규정은 2022. 1. 1.부터 시행하되(부칙·시행일에관한규정2), 시행 후 공소제기된 사건부터 적용한다(부칙1의2①). 제312조 제1항의 개정규정 시행 전에 공소제기된 사건에 관하여는 종전의 규정에 따른다(동②).

1. 검사 작성의 피의자신문조서(312①)

(1) 작성주체와 적용대상 · 명칭

1) 작성주체 '검사'가 작성한 것이어야 한다. 즉, i) (검사 작성) 검사가 직접 조서작성과정에 임석 · 참여한 경우를 말한다. 따라서 ㉠ 검찰주사가 담당 검사의 지시에 따라 **검사의 참석 없이** 단독으로 작성한 경우(대판 1990.9.28. 90도1483), ㉡ 담당 **검사가 임석하지 않은 상태**에서 검찰주사가 신문하여 작성하고, 검사는 조사 직후 피의자에게 '이것이 모두 사실이냐'는 취지로 개괄적으로 질문한 사실이 있을 뿐인 경우(대판 2003.10.9. 2002도4372)에는, 검사가 작성한 것으로 되어 있는 신문조서는 실질적으로 검사가 작성한 것이라고 할 수 없다. ii) (단독사건에서 검사직무대리) '사법연수생'인 검사직무대리가 **단독 사건**에 관하여 작성한 피의자신문조서는 검사 작성의 조서로 취급된다(대판 2010.4.15. 2010도1107). 그러나 검사직무대리가 합의부 사건에 관하여 작성한 피의자신문조서는 증거로 할 수 없다(대판 1979.7.28. 78도49).

2) 작성단계 "사건이 **검찰에 송치되기 전**에 피의자로부터 받은 검사 작성의 피의자신문조서는, 송치 후 작성된 검사 작성의 피의자신문조서와 마찬가지로 취급되지는 않는다"(대판 1994.8.9. 94도1228).[1]

3) 명칭 불문 "수사기관이 피의자의 진술을 기재한 서류라면, 그 명칭이 진술조서 · 진술서 · 자술서라는 형식을 취하는 경우에도 피의자신문조서로 본다"(312⑤; 대판 1992.4.14. 92도442). "**영상녹화물**은 (현행법상) 조서의 실질적 진정성립을 증명하거나 참고인의 기억을 환기시키기 위한 것으로 한정하고 있으므로, 공소사실을 직접 증명하는 독립적인 증거로 사용될 수는 없다"(대판 2014.7.10. 2012도5041 참조). 초본의 경우도 일정한 요건을 갖추면 원본과 동일하게 취급된다.[2]

---

1) 이유는 (당시 구법 하에서) "내용만 부인하면 증거능력이 상실되는 사법경찰관작성의 피의자신문조서상의 자백을 부당하게 유지하는 수단으로 악용될 가능성이 있기 때문"이다.

2) **[최량증거의 법칙]** 대판 2002.10.22. 2000도5461(피고인에 대한 검사 작성의 피의자신문조서가 그 내용 중 일부를 가린 채 복사를 한 다음 원본과 상위 없다는 인증을 하여 초본의 형식으로 제출된 경우에, 위와 같은 피의자신문조서초본은 피의자신문조서원본 중 가려진 부분의 내용이 가려지지 않은 부분과 분리 가능하고 당해 공소사실과 관련성이 없는 경우에만, 그 피의자신문조서의 원본이 존재하거나 존재하였을 것, 피의자신문조서의 원본 제출이 불능 또는 곤란한 사정이 있을 것, 원본을 정확하게 전사하였을 것 등 3가지 요건을 전제로 피고인에 대한 검사 작성의 피의자신문조서원본과 동일하게 취급할 수 있다).

(2) 증거능력의 요건

현행 형사소송법상 '검사 작성의 피의자신문조서'와 '사법경찰관 작성의 피의자신문조서'의 증거능력에 대해서는 그 요건과 효력이 완전히 동일하다. 검사가 작성한 피의자신문조서는, i) 제312조 제1항에 따르면, ㉠ **적법한 절차와 방식**에 따라 작성된 것으로서, ㉡ 공판준비, 공판기일에 그 피의자였던 피고인 또는 변호인이 **그 내용을 인정**한 때에 한하여 증거로 할 수 있다(312①). ii) 그 밖에, 해석상 요건으로 ㉢ 피고인의 진술에 의한 **실질적 진정성립 인정**(312④ 참조), ㉣ **특신상태 증명**(312④ 참조)도 요구된다. 이에 관한 명문의 규정은 없으나, 논리적·체계적 해석상 피의자신문조서(수사기관이 '피의자'의 진술을 기재한 조서)의 증거능력 요건이 진술조서(수사기관이 '피의자 아닌 자'의 진술을 기재한 조서)의 그것보다 완화될 수는 없기 때문이다. iii) 또한, 일반 요건으로 ㉤ **진술의 임의성**(317)도 필요하다. 이는 모두 **신법적용 사건**에 관한 내용이다. 여기서는 ㉠㉢㉣㉤을 집중 설명하고, ㉡[내용인정]은 다음의 '사법경찰관 작성의 피의자신문조서' 부분에서 자세히 설명하기로 한다.

1) 적법한 절차와 방식 i) (보다 넓은 개념: 형식적 진정성립 포함) 수사기관 작성의 피의자신문조서는 적법한 절차와 방식에 따라 작성된 것이어야 한다. 적법한 절차와 방식이란, 조서의 **'형식적 진정성립'**(간인·서명·날인 등 조서의 형식적인 진정)을 **포함**하는 보다 넓은 개념으로, 그 밖에 조서작성의 절차와 방식에 관한 규정, 즉 피의자신문사항(242), 피의자신문과 참여자(243), 변호인의 신문참여 등(243의2), 피의자신문조서의 작성(244), 진술거부권 등의 고지(244의3), 수사과정의 기록(244의4) 등의 제반규정에 따라 작성된 것임을 의미한다. 즉, "적법한 절차와 방식에 따라 작성한다는 것은, 그 조서 작성과정에서 지켜야 할 **형사소송법이 정한** 여러 **절차**를 준수하고, 조서의 작성방식에도 어긋남이 없어야 한다는 것을 의미한다"(대판 2012.5.24. 2011도7757; 2015.4.23. 2013도3790 참조). ii) (사례) 예컨대, 조서에 ㉠ 피의자의 서명날인 및 간인이 없는 경우(대판 1992.6.23. 92도954), ㉡ 피의자의 기명만 있고, 날인이나 무인이 누락된 경우(대판 1981.10.27. 81도1370),[1] ㉢ 작성자(=검사)의 서명날인이 누락된 경우(대판 2001.9.26. 2001도4091), ㉣ 제244조의3 제2항에 규정한 방식에 위반하여, 진술거부권 행사 여부에 대한 피의자의 답변이 **자필로** 기재되어 있지 않거나, 그 답변 부분에 피의자의 **기명날인 또는 서명**

1) 설령 피고인이 날인이나 간인을 거부하여 그 뜻이 조서에 기재되었더라도 마찬가지이다(대판 1999.4.13. 99도237).

이 '누락'된 경우(대판 2013.3.28. 2010도3359)[1]에는 그 증거능력이 없다.

[제308조의2의 '적법한 절차'와의 관계] (i) (상호관계) 위법수집증거배제법칙(308의2)에서의 '적법한 절차'와 전문법칙의 예외(312)에서의 '적법한 절차'는 비록 그 표현이 모두 같으나, 그 의미는 전혀 다르다(위 2013도3790 참조). i) 전자(위수증)는 헌법상 '**적법절차**'를 뜻하고, 후자(전문예외)는 '**법률상 규정된(법정된) 절차**', 즉 절차·방식의 적법성을 뜻한다.[2] 다만, 후자 가운데 일부 규정(예: 진술거부권 고지, 변호인의 신문참여 등)은 헌법상 적법절차의 내용을 구성하므로, 그 위반은 당연히 전자의 위법수집증거(308의2)로서 증거배제사유가 된다. 그러나 나머지 규정(예: 수사과정 기록 등)은 단순한 절차방식의 적법성에 관한 사유에 불과하다. ii) 전자의 '적법절차'를 위반하여 수집한 증거는 증거동의하더라도 증거능력이 배제되나[**절대적 배제사유**], 후자의 '법정된 절차'에 위반하여 수집한 증거는 증거동의하면 대부분 그대로 증거능력이 인정된다(대판 1982.3.9. 82도63; 2017.7.18. 2015도12981 등)[**상대적 배제사유**]. 전문증거는 증거동의한 경우 '진정한 것으로 인정'되기만 하면(318) 증거능력이 부여되는데, 법정된 절차와 방식의 준수 여부는 그 '진정한 것' 여부의 본질에 속하는 사항이 아니기 때문이다. iii) 이와 관련하여, 전자는 헌법상 적법절차 보장을 위한 **법원리**이고, 후자는 형사소송법상 전문법칙의 예외를 규정한 **법규칙**에 해당한다고 설명하는 견해가 있다.

(ii) (논리적 판단순서) 적법절차 위반이든 법정절차 위반이든 양자가 중첩되는 경우에 어차피 증거능력은 없게 된다. 그 어느 것에 의하더라도 결론은 다르지 않다. 그러나 논리적 순서로만 따진다면, 위법수집증거 여부의 판단이 전문법칙의 예외요건 여부의 판단에 **논리적으로 선행**되어야 한다. 그리하여 i) 우선 위법수집증거라면 그 자체로 증거능력이 절대적으로 배제된다. ii) 나아가 위법수집증거가 아니라고 하여도 곧바로 증거능력이 인정되는 것은 아니다. 적법절차 위반이 없더라도 전문증거인 경우에는 전문증거로서의 예외요건을 충족한 경우에만 예외적으로 증거능력이 인정된다. 만일 법정된 절차와 방식에 위반한 전문증거인 경우에는 ㉠ 별도로 증거동의하면, 법정절차 위반에도 불구하고 증거능력이 있게 되고, ㉡ 증거동의가 없다면, 비로소 법정절차 위반으로 전문법칙의 예외요건을 충족하지 못한 것이 되어 그 증거능력이 없게 된다.

---

1) 이는 "형사소송법 제312조 제3항에서 정하는 '적법한 절차와 방식'에 따라 작성된 조서로 볼 수 없으므로 이를 증거로 쓸 수 없다"고 한 사안이다(위 2010도3359; 대판 2014.4.10. 2014도1779). 즉, 주의할 점은 제308조의2의 적법한 절차에 따르지 아니하고 수집한 증거로서 증거능력을 배제한 것이 아니라는 것이다.

2) 위법수집증거배제법칙은 형사소송법에 명시되어 있지만 헌법상 적법절차 원칙과 직접 관련이 있고(헌법적 지위), 전문법칙은 형사소송법이 정한 입법정책의 문제로서 헌법적 지위를 갖지 않는다(형사소송법적 지위). 대판 2015.4.23. 2013도3790 참조.

2) 실질적 진정성립 i) (뜻) 여기서 '실질적 진정성립'이란, 당해 조서의 '기재내용'과 원진술자인 피고인의 '진술내용'이 일치한다는 것을 말한다. 이는 "적극적으로 진술한 내용이 그 진술대로 기재되어 있다는 것뿐만 아니라, 진술하지 않은 내용이 진술한 것처럼 기재되어 있지 않다는 것을 포함한다"(대판 2013.3.14. 2011도8325). 즉, 조서의 기재내용이 원진술자의 진술내용과 일치한다는 것을 말하고, "진술의 연유나 그 신빙성 여부는 고려할 것이 아니다"(대판 2005.6.10. 2005도1849). ii) (형식적 진정성립과 관계) 한편, '형식적 진정성립'은 간인·서명·날인 등이 피의자의 것임에 틀림없다는 것으로, 조서의 형식적 성립요건이 갖추어진 것을 말한다. "형식적 진정성립이 인정된다고 하여, 실질적 진정성립까지 추정되는 것은 아니다"(대판 2004.12.16. 2002도537 전합). 별도로 필요한 요건이다.

iii) (방법: 피고인의 진술) 실질적 진정성립의 인정은 공판준비 또는 공판기일에서의 '피고인의 진술'(312④ 참조)에 의하는 것이 원칙이다. 물론 진정성립의 인정 여부도 '진술거부권'의 대상이 된다(대판 2013.6.13. 2012도16001). ㉠ (피고인 본인의 진술) "피고인 본인의 명시적인 진술에 의하여야 한다. 단지 피고인이 실질적 진정성립에 대해 이의하지 않았다거나 조서작성의 적법성을 인정한 것만으로는 실질적 진정성립까지 인정한 것으로 보아서는 안 된다. 이른바 '입증취지 부인'이라고 진술한 것을 조서의 진정성립은 인정하는 전제에서 증명력만을 다투는 것이라고 가볍게 단정해서도 안 된다"(대판 2013.3.14. 2011도8325). ㉡ (일부만 인정) "피고인이 조서의 일부에 대해서만 실질적 진정성립을 인정하면 그 부분에 한하여 증거능력이 인정된다"(대판 2005.6.10. 2005도1849). ㉢ (번복의 기한과 요건) "피고인이 진정성립을 인정하였더라도, 증거조사가 완료되기 전에는 이를 번복할 수 있다. 그러나 증거조사가 완료된 뒤에는 최초의 진술에 '중대한 하자'가 있고 그에 관하여 진술인에게 '귀책사유가 없는 경우'에 한하여 예외적으로 그 진술을 취소할 수 있다. 이 경우 법원은 증거배제결정(규139④)을 통하여 그 조서를 유죄 인정의 자료에서 제외하여야 한다"(대판 2008.7.10. 2007도7760). ㉣ (진정성립 인정의 번복) 피고인이 진정성립과 임의성을 인정하였다가 나중에 번복하는 경우 "그 조서의 증거능력이 항상 없는 것은 아니고, 법원이 최초의 진술에 신빙성을 인정하여, 그 진정성립을 인정하고 임의성에 관하여 심증을 얻은 때에는, 그 조서는 증거능력이 있다"(대판 2005.8.19. 2005도3045). ㉤ (부인진술의 번복) 반대로 "피고인이 진정성립을 부인하였다가 공판과정에서 다시 인정하는 취지의 진술을 하더라도, 그것이 종전의 진술을 분명하게 번복하는 예외적인 경우가 아니라면, 그 조서의 진정성립이 인정되었다고 할 수 없다"(대판 2008.10.23. 2008도2826).

[실질성립의 대체증명(불가)] 문제는, 피고인이 실질적 진정성립을 '부인'하는 경우, '영상녹화물, 그 밖의 객관적인 방법에 의한 증명'으로 대체할 수 있는지 여부이다(312④ 참조). 원래 검사 작성의 피의자신문조서에 대해서는 대체증명을 허용하는 명문의 규정을 두고 있었다(구법 제312②).[1] 그러나, 2020년 이를 삭제하는 내용으로 형사소송법이 개정되어, 2021.1.1.부터 시행되었다. 한편, 진술조서의 경우에는 여전히 대체증명이 허용되는데(312④), 만일 이를 이유로 피의자신문조서의 경우에도 대체증명이 허용된다고 해석한다면, 이는 실질적 진정성립의 증명수단에 대해 '피고인의 진술' 이외에 더욱 완화하는 확장해석이 된다. 이러한 해석은 피고인에게 불리한 확장해석이 되고, 제312조 제2항을 삭제한 개정법의 취지에도 반하는 것이므로, 허용되지 않는다. 요컨대, 현행법상 검사 작성의 피의자신문조서는 대체증명이 허용되지 않는다. 한편, 사법경찰관 작성의 피의자신문조서는 구법에서도 대체증명이 허용되지 않았고, 현행법에서도 마찬가지로 대체증명이 허용되지 않는다.

3) **특신상태** i) (뜻) '특히 신빙할 수 있는 상태'의 의미에 대해 견해가 대립하나, 판례는 '신용성의 정황적 보장'(신용성을 보장할 수 있는 객관적 정황이 인정되는 상태)이라는 입장이다. 즉, "진술 내용이나 조서 작성에 허위개입의 여지가 거의 없고, 진술 내용의 신빙성이나 임의성을 담보할 구체적이고 외부적인 정황이 있는 것"을 말한다(대판 2012.7.26. 2012도2937). 구체적 사안에 따라 제반 사정을 종합하여 판단한다. ii) (가중요건) 증거능력 인정을 위해 별도로 요구되는 가중요건이다. iii) (특신상태의 증명) "증거능력의 요건이므로 검사가 그 존재에 대해 증명해야 한다. 소송상의 사실에 관한 것이므로 자유로운 증명으로 족하다"(위 2012도2937). 그 증명은 단지 그러할 개연성이 있다는 정도로는 부족하고, 합리적인 의심의 여지를 배제할 정도에 이르러야 한다(대판 2014.4.30. 2012도725).

4) **임의성** 조서에 기재된 진술은 임의성이 있어야 한다. 진술내용이 자백

---

1) [구법 312①②의 대체증명 수단인 '영상녹화물'] 원래, 엄격한 적법요건을 위반한 영상녹화물로는 (구법 제312조 제2항에 규정된) 대체증명을 할 수 없다. 그런데 "㉠ 같은 날 같은 장소에서 2차례 피의자신문이 이루어졌더라도, 각 피의자신문이 '객관적으로 구분'되어 있는 이상, 제2회 신문부터 영상녹화한 것은 적법하고, ㉡ 봉인절차를 위반하였더라도, '영상녹화물 자체에' '원본으로서 동일성과 무결성을 담보할 수 있는 수단이나 장치가 있어', 조작가능성에 대한 합리적 의심을 배제할 수 있는 경우"에는, 구법상 대체증명 수단으로 허용된다고 한 사례가 있다(위 2020도13957). 그간의 엄격한 태도를 다소 완화한 것으로서, 현행법상 검사 피의자신문조서의 경우 그 이용범위가 축소되었지만(기억환기용만 가능), 참고인의 진술조서의 경우에는 여전히 의미가 있고, 향후 같은 해석이 예상된다.

이면 제309조가 적용되고, 자백 이외의 진술이면 제317조가 적용된다.

5) **내용인정** '사법경찰관 작성의 피의자신문조서' 부분에서 설명한다. 그 설명은 '여기서의 검사 작성의 피의자신문조서'(신법적용 사건)에 대해서도 그대로 적용된다. 그 요건과 효과가 서로 완전히 동일하다. 특히, '내용부분'과 관련된 복잡한 판례 법리에 대해서는 제312조 제3항의 '사법경찰관 작성의 피의자신문조서' 부분에서 자세히 설명하겠지만, 매우 중요한 사항이므로 여기에서 그 요지만 정리하여 요약하면 다음과 같다.

첫째, "[㉠] 여기서 '그 **내용을 인정**할 때'라 함은, 피의자신문조서의 기재 내용이 진술 내용대로 기재되어 있다는 의미가 아니고, 그와 같이 '**진술한 내용**'이 '**실제 사실**'과 **부합**한다는 것을 의미한다. [㉡] 따라서 피고인이 **공소사실을 부인**하는 경우 '검사가 작성한 피의자신문조서 중 공소사실을 인정하는 취지의 진술 부분'은 '그 **내용을 인정하지 않았다**'고 보아야 한다. [㉢] 공판조서의 일부인 증거목록에 피고인이 검사 피의자신문조서에 '**동의한 것으로 기재**'되어 있더라도, 이는 **착오 기재**이거나 '피고인이 그 조서 내용과 같이 진술한 사실이 있었다는 것을 인정한다'는 것을 '동의'로 **조서를 잘못 정리**한 것으로 이해될 뿐, 이로써 위 검찰 피의자신문조서가 증거능력을 가지게 되는 것은 아니다"(대판 2023.4.27. 2023도2102).

둘째, "[㉠] 여기서 '검사가 작성한 피의자신문조서'란, 당해 피고인에 대한 피의자신문조서만이 아니라, <당해 피고인(A)과 **공범관계**에 있는 '다른 피고인 또는 피의자(B)'에 대하여 검사가 작성한 **피의자신문조서**>도 **포함**되고, [㉡] 여기서 말하는 '공범'에는, **형법총칙의 공범** 이외에도, (서로 대향된 행위의 존재를 필요로 할 뿐, 각자의 구성요건을 실현하고 별도의 형벌 규정에 따라 처벌되는) 강학상 **필요적 공범** 또는 **대향범**까지 **포함**한다. [㉢] 따라서 '**피고인**(A)'이 <자신과 공범관계에 있는 '다른 피고인 또는 피의자(B)'에 대하여 검사가 작성한 피의자신문조서>의 **내용을 부인**하는 경우에는, (A에 대한 관계에서) 형사소송법 제312조 제1항에 따라 **유죄의 증거로 쓸 수 없다**"(대판 2023.6.1. 2023도3741; 2024.6.13. 2024도5260).[1]

---

1) [사안(위 2024도5260): 신법적용 사건] A는 중국에서 들여온 필로폰을 B에게 판매하였다는 등의 공소사실로 기소되었는데, A는 공판과정에서 대향범관계에 있는 'B의 진술이 기재된 검사 작성의 피의자신문조서'에 대해 내용부인 취지로 부동의하고, 또한, 공범관계에 있는 'C의 진술이 기재된 검사 작성의 피의자신문조서'에 대해서도 내용부인 취지로 부동의하였다. A에 대한 쟁점 공소사실과 관련하여, A가 부동의한 이상 검사 작성의 공범 피의자신문조서의 증거능력이 없다는 이유로 무죄로 판단한 사례이다.

[구법적용 사건] 반면, 구법적용 사건에서는, 검사가 피고인이 된 피의자의 진술을 기재한 조서(즉, 검사 작성의 피의자신문조서)의 경우, ㉠ 적법한 절차와 방식에 따라 작성, ㉡ 피고인의 진술에 의하여 실질적 진정성립 인정(대체증명 불가능), ㉢ 특신상태 증명(312①)이라는 3가지 요건을 갖출 때에, 유죄의 증거로 쓸 수 있다. 일반 요건으로 ㉣ 진술의 임의성(317)도 필요하다. 그러나, ㉤ 내용인정은 그 요건이 아니다. 또한, ㉥ 제312조 제2항이 삭제된 개정법률이 2021.1.1. 시행된 이상, 대체증명도 허용되지 않는다.

다만, 그 적용범위와 관련하여 주의할 점이 있다. 즉, 구법적용 사건에서는 '피고인이 된 피의자의 진술을 기재한 조서'가 적용대상이다. 따라서 '당해' 피고인(A)이 아닌, '공범자(B)'에 대한 (검사) 피의자신문조서나 '공동피고인'에 대한 ('검사') 피의자신문조서는 여기에 해당하지 않는다. 이는 제312조 제4항의 적용대상이 되고, 진술조서로 취급된다(後述). 요컨대, **구법적용 사건에 한하여, '검사'가 작성한 '공범(B)' 피의자신문조서는 다른 공범자(A)에 대한 관계에서 '진술조서'로 취급된다.**

한편, 피고인(A)와 공범관계에 있는 '공범자'(B)에 대한 '사법경찰관' 작성의 피의자신문조서는, 당해 피고인(A)에 대한 관계에서 '진술조서'로 취급되는 검사 작성의 피의자신문조서의 경우와 달리, 구법에서도 당해 피고인(A)에 대한 관계에서 '피의자신문조서'로 취급되었고, 현행법에서도 마찬가지로 '피의자신문조서'로 취급된다. 요컨대, **구법적용 사건이든 신법적용 사건이든, '사법경찰관'이 작성한 '공범(B)' 피의자신문조서는 다른 공범자(A)에 대한 관계에서 '피의자신문조서'로 취급된다.**

문제는, 검사 작성의 '공범' 피의자신문조서의 경우 다른 공범자(A)에 대한 관계에서 (구법적용 사건에서는 '진술조서'로 취급되던 것과 달리) 신법적용 사건에서는 '피의자신문조서'로 취급되고, 그 결과 다른 공범자(A)가 이를 '내용부인'하는 경우 다른 공범자(A)에 대한 '처벌의 공백' 우려가 제기될 수 있다는 점이다. 그러나 현행법상 그 대체수단으로 공범자(B)'에 대한 **증거보전, 피고인신문, 조사자증언** 등이 고려될 수 있다. 즉, i) 수사단계에서는 검사의 청구에 따라 '공범'(B)의 진술을 **'증거보전'**하는 방법(184. 다만, 그 결과를 법원이 보관하고, 당사자는 열람등사할 수 있다. 이 점에서 수사기관이 보관하고 비공개인 수사서류와는 차이가 있다)이 있고, ii) 공판단계에서는 검사가 ㉠ '공범'(B)을 상대로 **'피고인신문'**(296의2. '공범인 공동피고인'인 경우) 또는 **'증인신문'**(146. '공범이지만 공동피고인이 아닌' 경우)하는 방법, ㉡ '공범(B)을 조사하였거나 그 조사에 참여한 검사·사법경찰관 등'을 대상으로 **'조사자증언'**을 하도록 하는 방법(316①) 등이 있다.

2. '검사 이외 수사기관' 작성의 피의자신문조서(312③)

(1) 내용의 인정

검사 이외의 수사기관이 작성한 피의자신문조서는, ㉠ 적법한 절차와 방식에 따라 작성된 것으로서, ㉡ 공판준비 또는 공판기일에 그 피의자였던 피고인 또는 변호인이 그 내용을 인정할 때에 한하여 증거로 할 수 있다(312③). 이는 해당 수사기관의 자백편중 수사관행을 타파하고 고문·폭행·협박 등의 강압수사 예방장치로서, 우리 형사소송법에 고유한 조문이다. 판례는 "그 신문에서 있을지도 모르는 개인의 기본적 인권보장의 결여를 방지하려는 입법정책적 고려"(대판 1982.9.14. 82도1479 전합)라고 표현한다.[1)]

1) 검사 이외의 수사기관 제197조에 의한 사법경찰관·사법경찰리 및 기타 법률에 의하여 그 직무를 행할 자를 말한다. 검찰수사관, 국가정보원 직원(북한이탈주민 합동신문센터에 대해서는, 대판 2015.10.29. 2014도5939)은 물론, 미국 범죄수사대(CID)·연방수사국(FBI)의 수사관 등 '외국의 권한 있는 수사기관'도 여기에 해당한다(대판 2006.1.13. 2003도6548). 그러나 선거관리위원회(대판 2014.1.16. 2013도5441), '조세범칙금조사를 담당하는 세무공무원'(대판 2022.12.15. 2022도8824)[2)] 등은 수사기관이 아니다.

2) 내용인정의 뜻 내용인정이란, "조서의 기재내용이 진술내용대로 기재되어 있다는 의미(진정성립)가 아니고, 그 진술내용이 실제사실과 부합한다는 것"(즉, 조서내용의 진실성)을 의미한다(대판 1995.5.23. 94도1735; 2010.6.24. 2010도5040). 예컨대, 피고인이 경찰에서 자백하였더라도 법정에서 '그와 같이 자백한 내용은 진실이 아니다'라고 하기만 하면, 그 자백은 경찰 피의자신문조서의 형태로는 법정에 현출될 수 없다. i) (내용인정) 적극적으로 '그 내용을 인정한 때에 한하여' 예외적으로 증거능력이 있다. 물론 내용인정 여부도 진술거부권의 대상이 된다. 적극적으로 내용을 인정하지 않는 이상 묵비한 경우에도 경찰 피의자신문조서는 증거능력이 없다. 한편, 내용인정의 진술이 소극적인 형태로 행해지는 것을

---

1) 이에 대하여는, 경찰의 수사관행이 과거와 현저히 달라졌고 수사기관의 재차 신문으로 국가자원의 효율적 활용을 저해한다는 등의 이유로 폐지론이 있고, 아직 경찰의 강압수사 근절이 만족할 만한 수준에 이르지 못하였고 직접주의 관철을 위해 가급적 수사기관의 피의자신문조서의 증거능력을 제한하여야 한다는 견해도 상당하다.

2) '조세범칙조사를 담당하는 세무공무원'은 특별사법경찰관리가 아니고, 현행법령상 조세범칙조사의 법적 성질은 기본적으로 행정절차에 해당한다.

내용부인이라 한다. 피고인이 법정에서 '내용을 부인한다'고 한마디만 해도 그 조서는 증거능력이 없다[**손 흔들면 휴지**]. ii) (일부 내용인정) 피의자신문조서의 일부에 대해서만 그 내용을 인정하는 것도 가능하다. 즉, 해당 조서의 일부에 대해서만 내용을 인정하면 그 부분에 한하여 증거능력이 인정된다(조서의 '일부에 대한 실질적 진정성립 인정'에 관한 위 2005도1849 참조). 그 결과 피고인·변호인은 피고인에게 유리한 사실이나 정상에 관한 자료를 소송자료로 활용할 수 있게 된다. iii) (대체수단 불가) 내용인정의 방식은 피의자였던 피고인 또는 변호인의 진술에 의해서만 가능하고, 다른 대체수단은 인정되지 않는다.

3) 착오기재 주의할 점은, "피고인이 공소사실을 일관되게 부인하고 있다면, 이는 경찰 작성 피의자신문조서의 진술내용을 인정하지 않는 것이 된다. 이 경우 증거목록(공판조서의 일부)에 내용을 인정한 것으로 기재되어 있더라도, 이는 **착오 기재** 또는 피고인이 그와 같이 진술한 사실이 있었다는 것을 내용인정으로 **조서를 잘못 정리**한 것으로서, 위 피의자신문조서는 증거능력이 없다"[**공판조서의 배타적 증명력의 예외**](대판 2001.9.28. 2001도3997; 2010.6.24. 2010도5040).

4) 명칭 불문 수사기관이 피의자의 진술을 기재한 서류라면, 그 명칭이 진술조서·진술서·자술서라는 형식을 취하는 경우에도 피의자신문조서로 본다(312⑤; 위 92도442). 특히, ㉠ "**사법경찰관**이 작성한 **검증조서**에 피의자이던 피고인이 그 면전에서 자백한 범행내용을 현장에 따라 **진술·재연한 내용이 기재**되어 있다면, 피고인이 공판정에서 그 진술내용을 부인하는 이상 증거능력이 없다"(대판 2006.1.13. 2003도6548). 또한, ㉡ "수사기관이 작성한 **압수조서**에 기재된 피의자였던 피고인의 **자백 진술 부분**은, 피고인 또는 변호인이 내용을 부인하는 이상 증거능력이 없다"(대판 2024.5.30. 2020도16796).[1] 피의자의 진술을 기재한 서류 내지 문서가 수사기관의 수사과정에서 작성된 것이라면 그 서류나 문서의 형식과 관계없이 피의자신문조서와 달리 볼 이유가 없기 때문이다.

(2) 적용범위의 확대

1) 증거능력의 절대적 제한 내용인정에 관한 312조 제3항은, 피의자신문조서(이하 편의상 '경찰 피의자신문조서'라고 약칭한다)에 대해, 그 내용을 인정하지 않는 한 증거능력을 소멸시키는 강력한 효력이 있다.

---

1) '압수조서의 압수경위란'에 피고인이 피의사실을 전부 자백하였다는 취지로 기재되어 있는데, 피고인이 공판과정에서 일관되게 공소사실을 부인하면서 경찰 피의자신문조서 등의 내용을 부인한 사안.

과거 수사기관은 그 적용을 회피하기 위하여, 피의자신문조서가 아닌 진술조서를 작성하거나, 피의자로 하여금 진술서를 작성하게 하였다. 나아가 [㉠] 그 자백을 옆에서 들은 **'담당경찰관'**으로부터 진술조서 · 진술서를 받았고, [㉡] 그 경찰관으로 하여금 법정에 증인으로 출석하여 그 경찰 자백에 대해 증언하도록 하였다. 또한 [㉢] 그 자백을 옆에서 들은 **'제3자'**(고소인, 피해자 등)로부터 진술조서 · 진술서를 받았고, [㉣] 그 제3자로 하여금 법정에 증인으로 출석하여 그 경찰 자백에 대해 증언하도록 하였다. 그럼에도 불구하고, 판례는 경찰 피의자신문조서의 진술내용과 관련하여 제출되는 모든 증거에 대해 그 현출 형식에 상관없이 모두 제312조 제3항에 따라 증거능력을 판단하였다. 즉, 경찰 피의자신문조서에 대해 **내용부인하면**, 같은 취지의 다른 증거방법에 대해서도 **모조리 그 증거능력을 배척**하였다. 이러한 의미에서 경찰 피의자신문조서의 증거능력 제한은 **'절대적'**이라고 표현되었다. 결국 이는 제312조 제3항의 적용대상을 (경찰 피의자신문조서는 물론) 피의자의 경찰 앞에서의 진술 자체라고 본 것이다(대판 2001.3.27. 2000도4383).

이와 같이 판례는, 내용이 부인된 경찰 피의자신문조서는 물론, 그와 실질적으로 **같은 취지의 다른 증거방법에 대해서도** 그 증거능력을 절대적으로 **제한하고** 있다[**제312조 제3항 우선 적용**]. 즉, 피고인이 경찰 피의자신문조서에 대해 그 내용을 부인하면, 그 피의자신문조서는 물론, 경찰에서 자백하였다는 것을 내용으로 하는 [㉠] '담당경찰관에 대한 진술조서', [㉢] 제3자에 대한 진술조서, [㉣] 제3자의 증언도 증거능력이 없다는 것이다(다만 ㉡ 조사자 증언만은 2007년 개정으로 제316조 제1항에 의해 예외적으로 허용). 즉, i) **담당경찰관을** 상대로 검사가 작성한 '피고인이 경찰에서 범행을 자백하였다'는 내용의 **진술조서**(대판 1979.5.8. 79도493; 2002.8.23. 2002도2112)도 피고인이 경찰에서의 진술내용을 부인하는 이상 증거능력이 없다. ii) "피고인의 경찰수사시의 진술을 그 내용으로 하는 **제3자의 증언**(대판 1983.7.26. 82도385)[1)] 및 그 **진술조서**(대판 1994.9.27. 94도1905) 또한 피고인이 경찰에서의 진술내용을 부인하는 이상 증거능력이 없다. 피고인이 경찰에서 조사받을 때의 진술을 그 내용으로 하는 것에 다름없기 때문이다"(위 94도1905).

다만, [㉡] 담당경찰관의 같은 내용의 법정증언은 과거 증거능력이 부인되

1) 예컨대, 수사경찰관이 대질신문을 위하여 피고인을 피해자와 동석시킨 자리에서, 피해자가 피고인으로부터 자신의 범행을 자백하는 진술을 들었다는 취지의 진술(대판 2001.3.27. 2000도4383).

었으나(대판 2005.11.25. 2005도5831), 2007년 제316조의 일부개정으로, **조사자 증언**만은 현재 **특신상태**를 조건으로 예외적으로 증거능력이 인정된다. 이는 피고인의 경찰 피의자신문조서는 물론, 피고인이 피의자로서 한 경찰 앞에서의 진술 자체와 관련된 모든 증거에 대해, 오로지 피고인의 의사에만 절대적으로 의존하여 증거능력을 판단했던 기존 판례의 해석론을, 입법에 의해 일부 완화한 것으로 평가된다. 현재 '조사자 증언'만큼은 피고인의 내용인정이나 증거동의가 아닌 제316조의 '특히 신빙할 수 있는 상태하에서 행하여졌음이 증명된 때'인지 여부에 따라 증거능력이 결정된다.[1)]

한편, 수사기관에 제출된 **변호인 의견서**에 당해사건 수사기관에게 한 '피의자의 진술'이 인용되어 있는 경우 그 인용된 경찰 피의자신문조서 등의 증거능력을 인정할 수 없다면, 변호인의견서에 기재된 '같은 취지의 피의자 진술 부분'도 유죄의 증거로 사용할 수 없다(위 2020도16796).[2)]

2) 공범자에 대한 피의자신문조서 제312조 제3항의 피의자신문조서에는 당해 피의자의 것은 물론, '공범자의 것'도 포함된다. 즉, i) [당해 피고인(A)의 내용인정 필요] 제312조 제3항은 "당해 피고인(A)에 대한 경찰 피의자신문조서뿐만 아니라, 당해 피고인과 **공범관계에 있는 다른 피고인 또는 피의자**(B)에 대한 **경찰 피의자신문조서**를 당해 피고인(A)에 대한 유죄의 증거로 하는 경우에도 적용된다"(대판 1996.7.12. 96도667; 2009.7.9. 2009도2865). 공범자(B)의 경찰 피의자신문조서를 당해 피고인(A)에 대한 관계에서 유죄의 증거로 사용하려면, **당해 피고인**(A) **또는 그 변호인이 그 내용을 인정해야만** 한다.[3)] 이 법리를 적용하기 위해서

---

1) 피고인을 피의자로 조사한 경찰관의 1심 법정에서의 증언에 대하여, 피고인의 피의자신문 당시의 진술이 특신상태하에서 행하여졌다는 이유로, 그 증거능력을 인정한 경우(대판 2009.3.12. 2009도347)도 있고, 피고인을 피의자로 조사한 경찰관의 항소심 법정에서의 증언에 대하여, 피고인의 피의자신문 당시의 자백진술이 특신상태하에서 행하여졌음을 인정할 증거가 부족하다는 이유로, 그 증거능력을 부정한 경우(대판 2009.5.14. 2008도6013)도 있다.

2) **[수사기관에 제출된 '변호인 의견서']** 변호인 의견서란, 변호인이 피의사건의 실체나 절차에 관하여 자신의 의견 등을 기재한 서면를 말한다. "변호인의견서에 기재된 이러한 내용의 진술은 수사기관의 수사과정에서 작성된 '피의자신문조서나 진술서 등'으로부터 '독립하여 증거능력을 가질 수 없는 성격'의 것이고, '피의자신문조서 등'의 증거능력을 인정하지 않는 경우에 변호인의견서에 기재된 부분을 유죄의 증거로 사용할 수 있다면, 피의자였던 피고인에게 불의의 타격이 될 뿐만 아니라, 피의자 등의 보호를 목적으로 하는 변호인의 지위나 변호인 제도의 취지에도 반하게 된다"(위 2020도16796).

3) 이와 같이 공범자(B)의 경찰 피의자신문조서에 대해서도 당해 피고인(A)의 내용인정을 요구하는 이유는, 대판 1986.11.1. 86도1783에 자세히 언급되어 있다. 즉 "㉠ 공범자(B)에 대한 피의자신문조서의 내용이 ***당해 피고인(A)에 대한 피의자신문조서의 내용과 다름없기 때문***이고, ㉡ 형사재판이 각각 별도로 이루어진 경우 공범자(B)가 자신의 피고사건에서는 그 내용을 부인하

는, 공범관계이면 충분하고, 공동피고인이건 아니건 여부는 불문한다. 공범관계에 있는 공동피의자도 물론 포함한다. 따라서 "당해 피고인(A)과 공범관계에 있는 공동피고인(B)에 대하여 검사 이외의 수사기관이 작성한 피의자신문조서는, 그 공동피고인(B)의 법정진술에 의하여 성립의 진정이 인정되더라도, 당해 피고인(A)이 공판기일에서 그 조서의 내용을 부인하면 증거능력이 부정된다"(대판 2010.1.28. 2009도10139).

ii) [공범의 범위] 여기의 공범에는 ㉠ 형법총칙상 임의적 공범(공동정범, 교사범, 방조범)은 물론, ㉡ 필요적 공범(집합범, 대향범)도 포함된다. 따라서 수뢰죄와 증뢰죄, 마약의 매도범과 매수범(대판 2009.11.26. 2009도6602; 2014.4.10. 2014도1779 등), 도박죄 등 대향범인 경우도 서로에 대한 관계에서 공범자의 경찰 피의자신문조서에 해당한다(위 96도667). 임의적 공범은 책임전가적 측면이 크고, 대향범은 제3자적 측면이 강하나, 양자 모두 일방의 진술이 타인과 사이에 '내용상 불가분적으로 관련'되어 있다는 점에서는 구분할 필요가 없기 때문이다.[1] ㉢ "이러한 법리는 공범관계에 있는 자들 사이에서뿐만 아니라, 양벌규정에 따라 기소된 경우 '법인 또는 개인'(사업주)과 '행위자' 사이의 관계에서도 마찬가지로 적용된다"(대판 2020.6.11. 2016도9367).[2] 따라서 행위자의 피의자신문조서를 사업주가 내용부

여 유죄의 증거가 되지 않은 피의자신문조서도, 공범관계에 있는 다른 피고인(A)에 대한 피고사건에서 그 내용을 인정하여 유죄의 증거가 될 수 있다면, ***불합리하고 불공평한 결과가 생길 수*** 있고, ㉢ 또 그 피의자(B)에 대한 형사 피고사건에서 피고인이 되었던 그 피의자 또는 변호인이 내용을 인정한 바 있다 하여 이를 다른 피고인(A)에 대한 형사 피고사건의 증거로 할 수 있다고 본다면, ***당해 피고인(A)의 반대신문 기회도 없었던 진술만으로 증거능력을 인정하는 것***이 될 것이 아니라, 만일 그 피의자(B)에 대한 형사사건에서 유죄의 증거로 되었던 이유가 그의 변호인이 피의자신문조서의 내용을 인정하였기 때문인 경우라면 당해 피고인(A)으로서는 ***자기의 변호인도 아닌 사람의 소송행위로 불이익을 받는 결과***가 되어 부당하기 때문이다."

1) 문제는 ㉠ 편면적 대향범에서 가벌적 대향자와 불가벌인 대향자(a) 사이(예: 변호사법 제111조 위반죄에서 청탁 명목의 금품 '수수자'와 '공여자' 사이) 및 ㉡ '거래상대방의 대향적 행위의 존재를 필요로 하는 유형의 배임죄'에서 '정범인 자'와 '방조범으로도 처벌되지 않는 대향자'(b) 사이(대판 2005.10.28. 2005도4915 등)에서도 여기서의 '공범'에 포함되는지 여부이다. 실무례를 찾기는 어려우나, 그 불가벌인 '대향자(a)'나 '거래상대방(b)'에 대해 경찰 피의자신문조서가 ***실제로 작성되었다면***, 이들 역시 그 상대방인 당해 피고인(A)에 대한 관계에서, 제312조 제3항의 적용대상에 포함된다고 본다. 이들의 진술 역시 당해 피고인(A)에 대한 관계에서 서로 불가분적으로 관련되어 있고, 순수한 제3자(목격자, 피해자 등)와는 다른 성격이 있으며, 제312조 제3항의 입법취지에 비추어 피고인에게 유리한 경우에는 마찬가지로 적용되어야 하기 때문이다. 특히 편면적 대향범의 경우에도 그 성질을 가벌적 대향범의 경우와 동일하게 보고 있는 점(대판 2009.6.23. 2009도544 등)에 비추어, 일반적 대향범의 법리는 편면적 대향범에 대해서도 마찬가지로 적용되어야 할 것이다.

2) "구체적 이유는 다음과 같다. 대법원은 제312조 제3항의 규정이 검사 이외의 수사기관이 작성

인하면 사업주에 대한 관계에서는 그 증거능력이 인정되지 않는다. ㉣ 나아가, 간접적인 공범의 경우(예: 수뢰자와 '증뢰자의 방조범' 간)에도, 마찬가지로 여기에 해당한다고 본다. '내용상 불가분적 관련성'을 지닌다는 점은 다를 바 없고, 정범과 (협의의) 공범의 구별 또한 그 구별기준에 관해 행위지배설을 취하더라도 결국 정도의 차이에 불과하기 때문이다.

iii) [공범자의 '경찰수사 재현' 법정진술 또는 '인정진술'] 경찰 피의자신문조서에 대한 '증거능력의 절대적 제한'은, '공범자' 피의자신문조서의 경우에도 그대로 적용된다. 즉, 피고인(A)이 '공범자(B)' 피의자신문조서에 대해 그 내용을 부인(정확히는 '내용부인 취지'의 부동의)한다면, ㉠ 그 '공범자(B)' 피의자신문조서는 물론, '공범자(B)의 경찰수사시의 진술을 그 내용으로 하는' ㉡ '담당경찰관'에 대한 진술조서 및 ㉢ '제3자'에 대한 진술조서 등도 모두 피고인(A)에 대한 관계에서 증거능력이 없다.

그런데 주의할 점은, 이러한 절대적 제한이 ㉣ 공범자(B)의 '경찰수사 재현' 법정진술 또는 **'인정진술'**(원진술자 B가 법정에 이르러 '경찰에서 그와 같이 진술한 적이 있다'는 것만 인정하는 진술)에도 그대로 적용된다는 것이다. 즉, **"공범관계에 있는 공동피고인(B)이** (변론분리되어 증인적격이 발생한 후) **법정에서 '경찰수사 도중 피의자신문조서에 기재된 것과 같은 내용으로 진술하였다'**는 취지로 증언하였다고 하더라

한 해당 피고인과 공범관계에 있는 다른 피고인이나 피의자에 대한 피의자신문조서에 대해서까지 적용된다는 입장을 확고하게 취하고 있다. 이는 하나의 범죄사실에 대하여 여러 명이 관여한 경우 서로 자신의 책임을 다른 사람에게 미루려는 것이 일반적인 인간심리이므로, 만일 위와 같은 경우에 제312조 제3항을 해당 피고인 외의 자들에 대해서까지 적용하지 않는다면 인권보장을 위해 마련된 위 규정의 취지를 제대로 살리지 못하여 부당하고 불합리한 결과에 이를 수 있기 때문이다.

나아가 대법원은 형사소송법 제312조 제3항이 형법 총칙의 공범 이외에도, 서로 대향된 행위의 존재를 필요로 할 뿐 각자의 구성요건을 실현하고 별도의 형벌 규정에 따라 처벌되는 강학상 필요적 공범 내지 대향범 관계에 있는 자들 사이에서도 적용된다는 판시를 하기도 하였다. 이는 필요적 공범 내지 대향범의 경우 형법 총칙의 공범관계와 마찬가지로 어느 한 피고인이 자기의 범죄에 대하여 한 진술이 나머지 대향적 관계에 있는 자가 저지른 범죄에도 내용상 불가분적으로 관련되어 있어 목격자, 피해자 등 제3자의 진술과는 본질적으로 다른 속성을 지니고 있음을 중시한 것으로 볼 수 있다.

무릇 양벌규정의 법인 또는 개인의 처벌은 행위자의 처벌에 종속되는 것이 아니라 법인 또는 개인의 직접책임 내지 자기책임에 기초하는 것이기는 하다. 그러나 양벌규정에 따라 처벌되는 행위자와 행위자가 아닌 법인 또는 개인 간의 관계는, 행위자가 저지른 법규위반행위가 사업주의 법규위반행위와 사실관계가 동일하거나 적어도 중요 부분을 공유한다는 점에서 내용상 불가분적 관련성을 지닌다고 보아야 하고, 따라서 형법 총칙의 공범관계 등과 마찬가지로 인권보장적인 요청에 따라 제312조 제3항이 이들 사이에서도 적용된다고 보는 것이 타당하다."

도, 이러한 증언은 원진술자인 공동피고인(B)이 그 자신에 대한 경찰 조서의 진정성립을 인정하는 취지에 불과하므로, 위 조서의 증거능력을 부정하는 이상 위 증언 역시 (A에 대한 관계에서) 유죄의 증거로 쓸 수 없다"(대판 2009.10.15. 2009도1889)는 것이다. 이러한 증언은 "그 조서와 분리하여 독자적인 증거가치를 인정할 것은 아니기 때문"이다(위 2009도1889). 반면, 원진술자인 공범자(B)가 단지 '자신의 경찰수사시의 진술'을 그 내용으로 하여 진술하는 것이 아니라, '자신(B)이 직접 경험한 바'를 법정에서 별도로 새롭게 독립된 증언을 하는 경우에는, 이는 물론 (A에 대한 관계에서) '독립적인 증거'가 될 수 있다.

iv) ['내용부인 취지'의 부동의] 피고인(A)이나 그 변호인이 공범자(B)의 경찰 피의자신문조서에 대하여 '증거로 함에 부동의'하였다면, 이는 '그 내용을 인정하지 않는다는 취지와 같은 것'이다(대판 1996.7.12. 96도667).[1]

v) [각자] 반대로, 공범자(B)의 경찰 피의자신문조서에 대해 그 공범자(B)가 내용을 부인하더라도 피고인(A)이 내용을 인정하면 그 조서는 피고인(A)에 대한 유죄의 증거로 사용할 수 있다. 피고인은 자백이나 양형 등 공범과는 별개의 이해관계에서 독자적으로 그 내용을 인정할 수도 있기 때문이다.

['공범 아닌 공동피고인'에 대한 경찰 피의자신문조서(논란)] 제312조 제3항은, 공범관계에 있는 이상 '공동피의자'(공범인 공동피의자)에게도 적용되는데, 더 나아가 '공범 아닌 공동피의자(단순 공동피의자)'에게도 적용되는가는 논란이 있다. 판례 중에는 그 적용대상을 (공범 아닌) '공동피의자'까지 확장한 판시(대판 2009.11.26. 2009도6602[2] 등)도 있으나, 대부분의 사안은 실제로 공범관계에 있는 것들이고, 공범관계에 있지 않은 것은 극히 일부(2건)[3]에 불과하다. 이에 대해서는, 공범 아닌 단순 공동피의자에

1) 이러한 법리는, 피고인(A)에 대한 관계에서 경찰 피신조서로 취급되는 공범자(B)의 경찰 조서, 즉 ㉠ 공범자의 경찰 피신조서는 물론, ㉡ 공범자의 경찰 진술조서, ㉢ 공범자의 경찰 수사과정의 진술서(312⑤), ㉣ 경찰 검증조서 중 공범자의 범행재연 부분 등에 대해서도 마찬가지로 적용된다.

2) "제312조 제3항은, 검사 이외의 수사기관이 작성한 <u>당해 피고인</u>에 대한 피의자신문조서를 유죄의 증거로 하는 경우뿐만 아니라, 검사 이외의 수사기관이 작성한 당해 피고인과 <u>공범관계에 있는 다른 피고인이나 피의자</u>에 대한 피의자신문조서 또는 <u>공동피의자</u>에 대한 피의자신문조서를 당해 피고인에 대한 유죄의 증거로 채택할 경우에도 적용되는바(이하 생략)". 그 사안은, 피고인이 (1) A와 B에게 필로폰 약 1g을 매도하고, (2) A와 B와 함께 필로폰을 각자 자신의 팔 혈관에 주사 투약하였다는 등으로 공소제기된 사건에서, 피고인에 대한 관계에서 그 A에 대한 각 경찰 피의자신문조서의 증거능력이 문제된 경우이다(공범관계 사안이다).

3) ① 대판 2001.11.27. 2001도4787(미간행). 그 사안은, 국립공원관리공단 직원인 피고인이 A와 B의 자연공원법 위반사실을 적발하고 A에 대해서만 고발하고 B에 대해서는 고발하지 아니하여 직무유기죄 등으로 공소제기된 사건에서 <u>함께 피의자로 조사받았던 A에 대한 경찰 피의자신문조서</u>의 증거능력이 문제된 경우이다.

대한 일반적 판시라기보다는, 극히 일부 사안에서 예외적으로 공범의 개념을 '보다 더 넓게 인정한 취지 정도'로만 이해할 여지가 있다.

3) 별개 사건 제312조 제3항은 당해 사건에서 피의자였던 피고인에 대한 피의자신문조서에만 적용되는 것이 아니라, 전혀 별개의 사건에서의 경찰 피의자신문조서에 대해서도 적용된다. 예컨대, 피고인이 '㉮사건'으로 기소되었는데, '㉮사건'의 증거로 그 이전의 '㉯사건'에서 작성된 자신에 대한 경찰 피의자신문조서가 제출된 경우, ㉮사건에서 피고인이 그 '㉯사건' 조서의 내용을 부인하면, 그 '㉯사건' 조서는 ㉮사건에서 증거능력이 없다(대판 1995.3.24. 94도2287).

[사법경찰리 · 사법경찰관사무취급이 작성한 각종 조서의 문제점] i) (사법경찰리는 수사의 보조기관에 불과) 경사, 경장, 순경은 사법경찰리로서 수사의 보조를 하여야 한다(197②). '수사의 보조'라 함은 검사나 사법경찰관으로부터 특정 사건에 관한 구체적 명령을 받아 수사의 보조를 행하는 것을 말하므로, 사법경찰리는 검사와 사법경찰관의 지휘를 받아 수사를 보조하는 기관에 불과하며, 독자적인 수사권한이 없다. 따라서 사법경찰리는 각종 조서의 작성권한이 없고(312), 단지 참여할 수 있을 뿐이다(243).

ii) (조서 작성의 적법성 여부) 그런데, 판례는 "사법경찰리 또는 사법경찰관사무취급이 작성한 조서를 '권한 없는 자가 작성한 조서'라고 할 수 없다"(대판 1982.12.28. 82도1080 – 사법경찰리; 1981.6.9. 81도1357 – 사법경찰관사무취급)라고 하여, 이러한 조서에 대해서도 작성권한 있는 자가 적법한 절차와 방식에 따라 작성한 것이라는 전제 아래, 전문법칙의 예외요건을 갖춘 경우에는 그 증거능력을 인정하고 있다.[1)]

iii) (비판) 그러나 사법경찰리는 수사 보조기관에 불과할 뿐 독자적인 수사권한이 없으므로, 각종 조서의 작성권한도 없다. 사법경찰리가 검사나 사법경찰관으로부터 특정한 수사명령이나 지휘를 받았다고 하여, 사법경찰리의 독자적인 수사권이나 조서의 작성권한이 인정되는 것은 아니다. 형사소송법상 '수사의 보조'와 '수사'는 명백히

---

② 대판 2002.6.14. 2002도2157(미간행). 그 사안은, 피고인이 A를 협박하였는데 A 역시 다른 범죄사실로 입건되어 피고인과 함께 공동피의자로서 경찰에서 피의자신문을 받은 경우에, 피고인에 대한 관계에서 그 A에 대한 피의자신문조서의 증거능력이 문제된 경우이다.

1) [사법경찰리(위 82도1080)] "사법경찰리 작성의 진술조서 및 피의자신문조서는 형사소송법 제196조 제2항(현행197②)과 이에 근거를 둔 사법경찰관리집무규칙 제2조 및 경찰서직제 제6조, 경찰공무원법 제3조에 의하여 사법경찰리가 검사의 지휘를 받고 수사사무를 보조하기 위하여 작성한 서류라 할 것이므로 이를 권한없는 자의 조서라 할 수 없다."
[사법경찰관사무취급(위 81도1357)] "사법경찰관사무취급이 작성한 피의자신문조서, 참고인진술조서, 압수조서는 형사소송법 제196조 제2항(현행197②), 사법경찰관리집무규칙 제2조에 의하여 사법경찰관리가 검사등의 지휘를 받고 조사사무를 보조하기 위하여 작성한 서류이므로 이를 권한없는 자가 작성한 조서라고 할 수 없다."

구별되는 서로 다른 개념이고, 검사나 사법경찰관의 수사명령에 형사소송법상 명문의 규정보다 상위의 효력을 부여할 수는 없기 때문이다. 비유하건대, 사법경찰리가 검사로부터 수사명령을 받았다고 하여, 사법경찰리가 검사의 권한을 행사하는 것이 가능하다고 할 수는 없다. 판례가 현행 형사소송법 제197조 제2항의 규정과 같은 취지이거나 그 이상의 의미가 전혀 없는 여러 법령의 조문을 나열하면서 사법경찰리의 수사권을 인정하고 있는 것은, 형사소송법(197②)에 명백히 위반되는 해석이다. 따라서 사법경찰리가 작성한 각종 조서는 권한 없는 자가 작성한 조서로서, 적법한 절차와 방식에 따라 작성된 것으로 보기 어렵고, 그 증거능력 또한 인정될 수 없다.

한편, 사법경찰관사무취급은 현행법상 아무런 법적 근거가 없는 개념이다. 이는 일제강점기인 1912. 7. 11. 공포 · 시행된 제령(制令) 제26호 '사법경찰사무및영장집행에관한건'[1]에 근거한 것인데, 상관으로부터 사법경찰관의 직무집행의 명을 받은 사법경찰리로는 사법경찰관의 직무를 집행할 권한이 있다는 의미의 용례이다. 이 제령(制令)은 일제강점기 내내 효력을 유지하다가, 미군정기를 거쳐, 제헌헌법 제100조("현행법령은 이 헌법에 저촉되지 아니하는 한 효력을 가진다.")에 의해 계속 효력을 유지하였고, 이에 기초한 판결(대판 1953.3.24. 4285형상143)[2]도 선고되었다. 그런데 이 제령(制令)은 1961. 7. 15. 제정 · 시행된 '구법령정리에관한특별조치법'(법률 제659호) 제3조에 따라 '1962. 1. 20. 폐지한 것으로 간주'되었다.[3] 그 후 이 제령(制令)과 같거나 유사한 내용의 법령이 제정된 바도 없다. 만일 사법경찰리의 사법경찰관사무취급 자격을 인정한다면, 비유하건대 판사로부터 명령을 받은 법원사무관등에 대해서도 판사사무취급의 자격에서 법관의 권한을 행사하는 것도 가능하다고 해야 하지 않을까?(검사사무취급조차 인정한 사례가 없다). 오히려 판례는 검찰주사나 검찰주사보가 피의자를 신문하고 검사 이름으로 작성한 피의자신문조서나 진술조서의 증거능력을 부정하고 있다(대

---

1) [제령 제26호] 그 내용 중 사법경찰 사무에 관한 것은 "사법경찰관의 직무를 부득이한 경우에는 순사 또는 헌병상등병으로 하여금 행하게 할 수 있다"는 것이다.
제헌헌법(제정 1948.07.17.) 제100조 "현행법령은 '이 헌법에 저촉되지 아니하는 한' 효력을 가진다."

2) [위 4285형상143] "경사, 순경은 사법경찰리로서 수사사무를 보조할 뿐이요, 독자적으로 범죄를 수사할 직권이 없는바, 사법경찰사무및영장집행에관한건에 의하면 부득이한 경우에 경사, 순경(순사)에게 사법경찰관의 직무를 행하게 할 수 있게 되었으나, 이는 구체적으로 상사로부터 사법경찰관의 직무집행의 명을 받은 자에 한하여 경사, 순경으로서 사법경찰관의 직무를 집행할 권한이 있는 것이다."

3) [위 특별조치법] 제1조(구법령의 정의) 본법에서 구법령이라 함은 단기 4281년[1948년] 7월 16일 이전에 시행된 법령으로서 헌법 제100조의 규정에 의하여 그 효력이 존속되고 있는 것을 말한다.
제2조(구법령의 정리) 구법령은 단기 4294년[1961년] 12월 31일까지 정리하여 이를 헌법의 규정에 의한 법률 또는 명령으로 대치하여야 한다.
제3조(구법령의 실효) 전조의 규정에 의하여 정리되지 아니한 구법령은 단기 4295년[1962년] 1월 20일로써 폐지한 것으로 간주한다.

판 2003.10.9. 2002도4372; 2007.7.13. 2007도3633 등). 이른바 사법경찰관사무취급은 현행법상 단지 사법경찰리에 불과하므로, 독자적인 수사권과 각종 조서의 작성권한이 있을 수 없다. 따라서 이른바 사법경찰관사무취급이 작성한 각종 조서도 권한 없는 자가 작성한 조서로서, 적법한 절차와 방식에 따라 작성된 것으로 보기 어렵고, 그 증거능력 또한 인정될 수 없다.

3. 수사기관의 피고인 아닌 자에 대한 진술조서(312④)

(1) '피고인 아닌 자'의 진술조서

1) 진술조서의 뜻 진술조서란 검사 또는 사법경찰관이 수사과정에서 '피고인 아닌 자'(참고인, 피해자 등)의 진술을 기재한 조서를 말한다. 일반적으로 '참고인진술조서'라고 한다(이는 '진술기재서'의 일종이다). 진술조서는 피의자신문조서와 달리, 작성 주체가 검사이든 사법경찰관이든 증거능력요건에서는 모두 동일하고 차이가 전혀 없다.

2) 명칭 불문 수사기관이 '피고인 아닌 자'의 진술을 기재한 조서는 '피고인'에 대한 관계에서는 명칭을 불문하고 진술조서로 취급된다. 예컨대, **피의자 아닌 자**가 스스로 작성한 진술서라도, 수사과정에서 작성한 것이라면, 명칭을 불문하고 진술조서로 취급된다(대판 2015.4.23. 2013도3790). 한편, **당해 피고인**의 진술을 기재한 조서인 이상, 설령 **진술조서 형식**을 취하더라도, **피의자신문조서**로 취급된다. 피고인이 된 피의자의 진술을 기재한 조서이기 때문이다.

3) 문제: 공범/비공범 피의자신문조서 문제는, '피고인 아닌 자'에 대한 **'피의자신문조서'**의 경우인데, **주의**를 요한다. 여기서 ㉮ '피고인 아닌 자'는 피고인(A)과 사이에 '공범자'(B) 또는 '공범 아닌 자'(C) 여부에 따라 그 실질에 차이가 있다. ㉯ '경찰' 피의자신문조서와 '검사' 피의자신문조서의 경우를 구분하여 고찰할 필요도 있다. 정리하면 다음과 같다.

i) 첫째, '사법경찰관 작성' 피의자신문조서의 경우이다.

㉠ **'공범자'**(B)에 대한 경찰 피의자신문조서는, 다른 공범자인 피고인(A)에 대한 관계에서 **'피의자신문조서'**로 **취급된다**(이 경우 제312조 '제3항'이 적용되기 때문이다. 따라서 A가 내용인정한 경우에 한하여 A에 대한 관계에서 증거능력이 있다).

㉡ 한편, **'공범 아닌 자'**(C)에 대한 경찰 피의자신문조서는, 피고인(A)에 대한 관계에서 **'진술조서'**로 **취급된다**(이때 C는 피고인 A가 아닌 이상 '피고인 아닌 자'에 해당하여 제312조 '제4항'이 적용되기 때문이다).

ii) 둘째, '검사 작성' 피의자신문조서의 경우이다.

㉠ **'공범자'**(B)에 대한 검사 피의자신문조서는, '신법적용 사건'과 '구법적용 사건' 사이에 차이가 있다. '신법적용 사건'(2022.1.1. 이후 기소된 사건)에서는 '경찰' 피의자신문조서의 경우와 동일하다. 즉, **'공범자'**(B)에 대한 '검사' 피의자신문조서는, ⓐ **신법적용 사건에서는**, 다른 공범자인 피고인(A)에 대한 관계에서 **'피의자신문조서'**로 **취급된다**(이 경우 제312조 '제1항'이 적용되기 때문이다. 따라서 A가 내용인정한 경우에 한하여 A에 대한 관계에서 증거능력이 있다). 반면, ⓑ **구법적용 사건**에서는, 다른 공범자인 피고인(A)에 대한 관계에서 **'진술조서'**로 **취급된다**(이때 B는 피고인 A가 아닌 이상 '피고인 아닌 자'에 해당하여 제312조 '제4항'이 적용되기 때문이라는 것이다).

㉡ 한편, **'공범 아닌 자'**(C)에 대한 검사 피의자신문조서는, 피고인(A)에 대한 관계에서 **'진술조서'**로 **취급된다**(이때 C는 피고인 A가 아닌 이상 '피고인 아닌 자'에 해당하여 제312조 제4항이 적용되기 때문이다). 이 경우는 '경찰' 피의자신문조서와 다를 바 없다.

[구법 적용사건] 요컨대, 구법적용 사건(2021.12.31.까지 기소된 사건)에서, 검사 피의자신문조서는 '공범 아닌 자'(C)에 대한 것은 물론, '공범자'(B)에 대한 것도, 양자(B,C) 모두 피고인(A)에 대한 관계에서 '피고인 아닌 자'이므로, 진술조서로 취급된다.

(2) 증거능력의 요건

수사기관이 피고인 아닌 자의 진술을 기재한 조서는, ㉠ 적법한 절차와 방식에 따라 작성, ㉡ 원진술자의 진술에 의하여 실질적 진정성립 인정(다만 대체증명 가능), ㉢ 그 기재내용에 관하여 피고인 또는 변호인이 공판준비 또는 공판기일에 '원진술자를 신문할 수 있었던 때', 즉 **'반대신문의 기회보장'**, ㉣ 특신상태 증명(312④)이라는 4가지 요건을 갖출 때 증거로 할 수 있다. 일반적 요건으로 ㉤ 진술의 임의성(317)도 필요하다.

1) 적법한 절차와 방식 진술조서는 적법한 절차와 방식에 따라 작성된 것이어야 한다. i) 여기서 적법한 절차와 방식이라 함은 앞서 피의자신문조서에서와 같다. 형식적 진정성립을 포함하는 보다 넓은 개념으로, 그 밖에 조서의 작성방법(구'수사지휘규정'24②참조),[1] 제3자의 출석요구(221), 특히 수사과정의 기록

1) 구 '검사의 사법경찰관리에 대한 수사지휘 및 사법경찰관리의 수사준칙에 관한 규정'(2021.2.1.부터 폐지, 수사준칙부칙2)" 제24조(참고인의 진술) ② 참고인의 진술은 별지 제12호서식 또는 별지 제13호서식에 따른 진술조서에 적어야 하며, 별지 제8호서식 또는 별지 제9호서식에 따른 조서 끝 부분에 참고인으로부터 기명날인 또는 서명을 받아야 한다.

(244의4) 등의 제반 규정에 따라 작성된 것임을 의미한다.[1] 다만, 참고인에 대해서는 진술거부권을 고지할 필요가 없다. ii) 따라서 ㉠ 서명 또는 날인이 없는 진술조서(대판 1993.4.23. 92도2908), ㉡ 진술자 본인의 것이 아니라, 화상 때문에 동생이 대신 서명날인한 진술조서(대판 1997.4.11. 96도2865) 등은 형식적 요건의 결여로 증거능력이 없다.

반면, 수사기관이 진술자의 성명을 **가명**(假名)으로 기재한 경우에도 그 이유만으로 '적법한 절차와 방식'에 위반되었다고 할 것은 아니다(대판 2012.5.24. 2011도7757). 진술자의 실명 등 인적사항을 그대로 밝혀 기재할 것을 요구하는 규정은 형사소송법상 따로 없기 때문이다.

2) **실질적 진정성립** 진술조서의 기재내용이 수사기관 앞에서 진술한 내용과 동일하게 기재되어 있음이, 원진술자의 공판준비 또는 공판기일에서의 진술(방법1: 원진술자의 진술)이나, 영상녹화물 또는 그 밖의 객관적인 방법(방법2: 대체증명)에 의하여 증명되어야 한다(312④). 실질적 진정성립의 의미('원진술자가 진술한 대로 기재된 것')에 관한 설명은 앞서 피의자신문조서에서와 같다.

i) [방법1: 원진술자의 진술] 여기서 원진술자(피고인 아닌 자)의 진술은, ㉠ 원진술자가, 증인신문과정에서 '당해 진술조서의 **내용을 열람하거나 고지 받은 다음**' 그 진술조서의 **실질적 진정성립을 인정**하여야 한다. 따라서 원진술자가 공판기일에 증인으로 나와 증인신문과정에서 '진술기재 내용을 열람하거나 고지 받지 못한 채', 단지 '수사기관에서 사실대로 진술하였다'는 취지의 증언만을 한 경우 그 진술조서는 증거능력이 없다(대판 1994.11.11. 94도343). 나아가 수사기관에서 '사실대로 진술하고 서명 날인하였다'는 취지의 진술(=형식성립)만으로는 실질적 진정성립이 인정되지 않는다(대판 1996.10.15. 96도1301). 과연 그 진술이 조서의 진정성립을 인정하는 취지인지 불분명하기 때문이다. 즉, '조서에 기재된 내용이 진술한 내용과 틀림없다는 것'까지 진술되어야 한다(=실질성립).

그리고 ㉡ '원진술자'의 진술로써 진정성립을 인정하여야 한다. 만일 "원진술자의 진술에 의하여 그 진정성립이 인정된 것이 아니면, 설령 피고인이 그 성

한편, 검찰사건사무규칙 제38조(조서와 진술서) ② 검사가 피의자가 아닌 사람으로부터 진술을 듣고 조서를 작성하는 경우에는 별지 제40호서식 및 별지 제41호서식(피의자가 아닌 사람으로부터 진술을 추가로 듣는 경우로 한정한다)의 진술조서에 따른다.

1) 검찰사건사무규칙 제44조(수사과정기록) ③ 검사는 피의자 또는 사건관계인을 조사하고 조서를 작성하지 않은 경우에는 별지 제45호서식의 수사 과정 확인서(조서를 작성하지 않는 경우)에 수사준칙 제26조제2항제2호 각 목의 사항을 기재하고, 이를 수사기록에 편철해야 한다.

립을 인정하여도, 이를 증거동의한 것이 아닌 이상, 증거로 할 수 없다"(대판 1983.8.23. 83도196). ⓒ 원진술자의 인정진술은 그 진술 자체가 '증거능력 있는 진술'이어야 한다. 예컨대, 필요적 변호사건에서 변호인 없이 이루어진 증인신문으로 원진술자가 진정성립을 인정한 진술조서는 증거능력이 없다(대판 1999.4.23. 99도915). 만일 증인적격이 있는 자라면 증언으로써 진정성립을 인정해야 함은 물론이다.

따라서 ⓔ 원진술자가 실질적 진정성립을 인정한 이상, 내용을 부인하거나 조서내용과 다른 진술을 하여도, 진술조서의 증거능력은 인정된다(대판 2001.9.14. 2001도1550). ⓜ 조서의 일부에 대해서만 실질적 진정성립을 인정하면, 그 부분에 한하여 증거능력이 인정된다(위 2005도1849).

ii) [방법2: 대체증명] 원진술자가 실질적 진정성립을 부인하는 경우 '영상녹화물 기타 객관적인 방법에 의한 대체증명'이 가능하다(312④). 참고인에 대한 영상녹화는 참고인의 동의를 받아야만 가능하다(221①).[1] ⓖ (녹화요건을 갖춘 영상녹화물) '영상녹화물'은 진술의 영상녹화규정(244의2 참조)을 준수한 것을 말한다[실질적 진정성립용]. 참고인이 전부 부인 또는 일부 부인('한 꼭지', '한 단락'만 인정하고 나머지 부분은 부인)하더라도, 참고인에 대한 영상녹화는 그 동의가 있어야 하고 그 요건도 엄격하기 때문에 영상녹화물이 대체증명의 수단으로 제시되는 일은 드물다. ⓛ (기타 객관적인 방법) '그 밖의 객관적 방법'이란 "영상녹화물에 준할 정도로 피고인의 진술을 과학적·기계적·객관적으로 재현해 낼 수 있는 방법만을 의미한다. 조사관 또는 통역인 등의 증언은 오로지 증언자의 주관적 기억능력에 의존할 수밖에 없어 객관성 보장이 어렵기 때문에 이에 해당하지 않는다"(대판 2016.2.18. 2015도16586). 피의자신문에 참여한 변호인의 증언도 마찬가지 이유에서 여기의 '객관적 방법'에 해당되지 않는다.

그런데 ⓒ 대체증명의 전제조건인 '부인'에는 적극적 부인은 물론 소극적 부인도 포함된다. 따라서 실질적 진정성립에 대해 원진술자가 소극적으로 '묵비'

---

1) 반면, 피의자의 진술은 영상녹화할 수 있으며, 이 경우 피의자에게 미리 영상녹화사실을 알려주어야 하지만 그 동의를 받을 필요는 없다(244의2①). 피의자의 경우 제244의조2의 규정에 따라, 조사의 개시부터 종료까지의 전 과정 및 객관적 정황을 영상녹화한 것으로서, 영상녹화가 완료된 때에는 피의자 또는 변호인 앞에서 지체 없이 그 원본을 봉인하고 피의자로 하여금 기명날인 또는 서명하게 하여야 하고, 피의자 또는 변호인의 요구가 있는 때에는 영상녹화물을 재생하여 시청하게 하여야 하며, 이 경우 그 내용에 대하여 이의를 진술하는 때에는 그 취지를 기재한 서면을 첨부하여야 한다. 이는 고문이나 협박, 회유 등 진술의 임의성을 의심하게 하는 사정이 없고 적법한 절차를 준수하였는지를 명확히 하기 위한 것이다.

하거나 '정당한 이유 없이 사실상 증언을 거절'한 경우에도 대체증명이 가능하다. 다만, 주의할 점은, **정당한 증언거부권 행사**의 경우에는 **증언거부권의 보장** 취지에 비추어 **대체증명이 허용되지 않는다**는 것이다(주의).

['정당한 증언거부'와 대체증명 여부] 그런데 증언거부, 특히 정당한 증언거부권의 행사인 경우에는 별도의 검토가 요구된다. 판례는 진정성립 인정 여부의 진술도 증언거부권의 대상에 포함된다는 것이다. 즉, '진정성립에 관한 진술거부는 정당한 증언거부권의 행사'라는 입장이다(대판 2012.5.17. 2009도6788 전합).[1] 실질적 진정성립의 인정 여부도 정당한 증언거부권 행사의 대상이 된다면,[2] 진술조서의 원진술자가 정당한 증언거부권 행사로써 진정성립에 대해 증언거부한 경우에는, 그 대체증명 또한 허용될 수 없다. 만일 대체증명을 허용한다면, 증언거부권 보장의 취지·내용에 반하는 것이 되고, 결국 증인에 대한 관계에서 증언거부권을 침해하는 결과가 되기 때문이다(위 2009도6788 전합 참조).

3) 반대신문의 기회보장 원진술자에 대한 반대신문의 기회가 보장되어야 한다. 즉, 진술조서는 피고인 또는 변호인이 공판준비 또는 공판기일에서 그 기재내용에 관하여 원진술자를 신문할 수 있어야 증거능력이 인정된다. 2007년 개정 이전에는 '진정성립 인정'만이 그 요건(313①)이었으나, 2007년 개정에서 **제312조 제4항을 신설**하여 '원진술자에 대한 반대신문의 기회보장'을 증명력의 문제에서 증거능력의 문제로 격상시켜, **증거능력의 요건**으로 명시하고 있다. "헌법은 **피고인의 반대신문권**을 미국이나 일본과 같이 헌법상의 기본권으로까지 규정하고 있지는 않다. 그러나 형사소송법은 피고인에게 '불리한 증거에 대하여 반대신문할 수 있는 권리'를 인정하고 있는바, 이는 '공정한 재판을 받을 권리'를 형사소송절차에서 구현하고자 한 것이다. '자기에게 불리하게 진술한 증인에 대하여 반대신문의 기회를 부여하여야 한다'는 절차적 권리의 보장은, **'공정한 재**

---

1) [진정성립에 대한 증언거부] "법정에 출석한 증인이 제148조, 제149조 등에 따라 정당하게 증언거부권을 행사하여 증언을 거부한 경우는 제314조의 '그 밖에 이에 준하는 사유로 인하여 진술할 수 없는 때'에 해당하지 아니한다. (중략) 제313조 제1항의 진술서나 진술기재서의 경우 원진술자가 그 **진정성립 등**에 관하여 진술하지 않은 것은 제149조에 따라 정당하게 증언거부권을 행사한 경우에 해당하므로, 제314조에 의하여 그 증거능력을 인정할 수도 없다."
이는 제313조 제1항의 진술서나 진술기재서의 진정성립에 관해 진술거부한 경우이지만, 제312조 제4항의 조서의 진정성립에 관해 진술거부한 경우에 대해서도 이와 달리 볼 이유는 없다.

2) 증인이 자신의 피고사건에서 이미 진정성립을 인정한 경우에도 증언거부권이 있는 한, 다른 공범자의 피고사건에 증인으로 출석하여 해당 조서의 진정성립 여부에 대해서 증언거부할 수 있다. 자신의 피고사건에서 이미 행한 자백이나 진정성립 인정의 취소나 번복가능성을 배제할 수 없으므로 여전히 증언거부권의 내용이 된다.

판을 받을 권리'의 핵심적인 내용을 이루는 것이다"(헌재 2021.12.23. 2018헌바524).[1]

i) [기회의 보장] 원진술자에 대한 피고인 · 변호인의 반대신문의 가능성을 의미한다. 즉 반대신문의 기회가 보장되어야 한다는 것이지, 반드시 반대신문이 실제로 행해져야 한다는 것은 아니다.

ii) [실질적 · 효과적 보장] "반대신문권의 보장은 형식적 · 절차적인 것이 아니라 **실질적 · 효과적**인 것이어야 한다"(대판 2001.9.14. 2001도1550; 2019.11.21. 2018도13945 전합).

iii) [반대신문에 대한 증언거부와 '진술조서'의 증거능력 여부] 원진술자가 증인으로 출석하여 **증언거부**한 경우, 즉 ㉠ 실질적 진정성립만은 인정하였으나, 검사의 주신문과 변호인의 반대신문을 모두 거부한 경우, ㉡ 실질적 진정성립을 인정하고 검사의 주신문에는 답변하였으나, 변호인의 반대신문에 대해서 답변하지 아니한 경우에는, (어느 경우이건) 원진술자에 대한 피고인측의 반대신문의 기회보장 요건을 충족하지 못한 것이 된다. 실질적인 반대신문의 기회가 보장되지 않는 한, 진술조서의 진술내용의 모순이나 불합리를 드러내는 것이 불가능하기 때문이다. 따라서 원진술자가 피고인의 반대신문에 대해 증언거부한 경우처럼 (증인에 의해) 실질적인 반대신문의 기회가 봉쇄된 경우에는, 그 **진술조서 자체는 증거능력이 없다**. 즉, 제312조 제4항은 이러한 경우 그 진술조서의 증거능력을 제한하는 규정이다. 이는 반대신문에 대한 원진술자의 답변 거부가 [정당한 증언거부권의 행사이든], [정당한 이유 없는 사실상 증언거절이든] 마찬가지이다. 실질적인 반대신문의 기회보장 요건을 충족하지 못한다는 점에서는 아무런 차이가 없기 때문이다. 증인의 증언거부권의 존부라는 우연한 사정에 따라 달리 취급하는 것은, "피고인의 형사소송절차상 지위에 심각한 불안정을 초래한다"(대판 2019.11.21. 2018도13945 전합). 그 결과 '정당한 증언거부'이든 '정당한 이유 없는 증언거절'이든 그 진술조서는, '반대신문의 기회 보장'이라는 제312조 제4항의 증거능력 요건을 충족하지 못한다.

[반대신문에 묵비한 법정증언 자체의 증거능력] 다만, 증인이 피고인측에게 책임 있는 사유에 기인하지 않고(증인측의 귀책사유로) 피고인의 반대신문에 대해 답변하지

1) [반대신문권의 법적 지위] 미국 수정헌법 제6조는 "모든 형사재판에서 피고인은 자신에게 불리한 증인과 대질할 권리가 있다"는 증인대면권 조항(Confrontation Clause)을 규정하고 있다. 그러나 우리 헌법은 이러한 규정이 없다. 헌법재판소는 피고인의 반대신문권이 헌법상의 권리가 아닌 법률상의 권리 즉, 헌법 제27조 등에 따른 적법절차에 따라 공정한 재판을 받을 권리를 형상화하는 입법상의 권리라고 한다(헌재 1998.9.30. 97헌바51).

않고 묵비한 경우 주신문에 답변한 증언의 증거능력이 문제된다.[1)]

i) [사견] 결론적으로 주신문에 대한 증인의 법정증언 자체는 그 증거능력이 인정된다고 본다. 그 이유는 다음과 같다. 현실적인 반대신문이 불가능하였지만, ㉠ 선서 및 위증의 벌에 의한 성실성의 담보가 가능한 점, ㉡ 증언태도 등에 대한 직접 관찰 등을 통하여 증언내용의 관찰·음미가 가능한 점, ㉢ 실질적 직접주의의 요청 및 직권주의의 측면 그리고 실체적 진실발견의 측면에서 법정 증언 자체의 증거능력은 인정할 필요가 있는데, 증언은 그 자체가 선서 등에 의한 고도의 성실성 담보조치가 수반된 원본증거라는 점. ㉣ 반대신문 결여 자체가 증언 자체의 증거능력을 배제하는 요건으로 형사소송법상 명시된 바는 없다는 점,[2)] ㉤ 특히, 만일 반대신문 결여만을 이유로 그 증거능력을 부정한다면, 전문증거인 피고인 아닌 자의 진술서·진술기재서에 대해서는 원진술자의 진정성립 인정진술만으로 반대신문의 기회보장과 관계없이 증거능력을 인정하는 반면(313①), 그보다 훨씬 더 높은 임의성 및 신용성의 절차적 보장이 뒷받침된 원본증거인 원진술자의 법정증언에 대해서는 증거능력을 부정하는 역전현상이 발생하여, 현행 증거법체계와 부합하지 않는다는 점 등을 근거로 들 수 있다. 즉, 반대신문에 대해 증인이 묵비한 경우에도 '법정증언 자체'의 증거능력은 인정된다는 해석이, 실질적 직접주의의 요청과 증거법체계에 부합하는 것이 되며, 그렇다고 하여 그것이 곧바로 검사와 피고인 사이 또는 피고인에 대한 관계에서 불공정한 재판을 의미하는 것은 아니다. 우리 형사소송법하에서는 미국법과 달리 당사자의 직접신문을 기다리지 않고도 사안의 진실성을 밝혀낼 기회가 있을 수 있다. 물론 이는 증거능력에 관한 것이기 때문에 반대신문이 결여된 증거의 증명력 판단은 별개의 문제이다.[3)]

ii) [판례] 판례도 크게 보면 같은 취지라 할 수 있다(대판 2001.9.14. 2001도1550 참조).[4)]

---

1) 법 제161조의2(증인신문의 방식) ① 증인은 신청한 검사, 변호인 또는 피고인이 먼저 이를 신문하고 다음에 다른 검사, 변호인 또는 피고인이 신문한다.

2) 한편, (기존 판례는 반대신문권이 침해된 증언은 위법한 증거로서 증거능력이 없고 다만 책문권의 대상이라고 하는데, 소송지휘의 주체인 법원 또는 증인신문의 주체인 검사나 법원 측의 귀책사유가 아니라) 증인신문의 대상인 증인의 귀책사유에 의해 피고인의 반대신문권이 보장되지 않는 경우에는 그것이 원본증거라는 점 및 반대신문의 기회는 제공되었으나 증인측의 사정에 의해 반대신문에 대한 증언이 없었던 것인 점, 정당한 이유 없이 무단으로 증언거부하는 증인에 대해 물리적인 방법에 의하여 증언을 강제하는 데에는 한계가 있다는 점 등을 감안하면, 이 경우에는 위법한 증거로 보아 증거능력을 일률적으로 배제할 것은 아니라고 본다.

3) 참고로, 이때 원진술자가 실질적 진정성립을 인정하였다는 진술(즉, 인정진술) 자체는 간접사실 내지 정황증거가 된다.

4) "증인이 반대신문에 대하여 답변을 하지 아니함으로써 진술내용의 모순이나 불합리를 드러내는 것이 사실상 불가능하였다면, 그 사유가 피고인이나 변호인에게 책임 있는 것이 아닌 한 그 '진술증거'는 진정한 증거가치를 가진다고 보기 어렵다. 따라서 이러한 증거를 채용하여 공소사실을 인정함에 있어서는 신중을 기하여야 한다." 이 판결은 비록 2007년 이전 구법시대의 진술조서(당시는 제312조 제4항 신설되기 전으로 제313조 제1항이 적용되었는데, '진정성립 인정'만이 증거능력의

증인에 의해 반대신문의 기회가 봉쇄되더라도, 반대신문이 증거능력의 요건이 아닌 전문서류에 대해서는 증거능력을 인정하고 있는데, 이는, 반대신문이 증거능력의 요건도 아니고 더구나 원본증거에 해당하는 증인의 법정진술에 대해서는 당연히 그 증거능력을 인정한다는 것으로 볼 수 있기 때문이다.

그런데 최근 이와 반대되는 취지의 판결(대판 2022.3.17. 2016도17054)이 선고되었다. 즉, "피고인에게 불리한 증거인 증인이 주신문의 경우와 달리 반대신문에 대하여는 답변을 하지 아니하는 등 진술 내용의 모순이나 불합리를 그 증인신문 과정에서 드러내어 이를 탄핵하는 것이 사실상 곤란하였고, 그것이 피고인 또는 변호인에게 책임 있는 사유에 기인한 것이 아닌 경우라면, 관계 법령의 규정 혹은 증인의 특성 기타 공판절차의 특수성에 비추어 이를 정당화할 수 있는 특별한 사정이 존재하지 아니하는 이상, 이와 같이 실질적 반대신문권의 기회가 부여되지 아니한 채 이루어진 증인의 법정진술은 '위법한 증거'로서 증거능력을 인정하기 어렵다"는 것이다.

iii) [평가] 이는 반대신문이 결여된 경우 (수사기관 조서의 증거능력을 부인한 것에서 더 나아가) 선서한 증인의 원본증거까지 그 증거능력을 부인한 것인데, 반대신문권의 보장이라는 측면에서는 진일보한 판결로 평가할 수 있겠지만, 과연 현행 증거법체계에 부합하는 해석론인지는 의문이 있다. 선해한다면 유도신문이 포함된 주신문에 대해 증인이 일사천리로 진술하고, 시간에 쫓겨 반대신문이 일부만 이루어진 상태에서 정작 중요한 부분에 대한 피고인의 반대신문은 이루어지지 않는 등 주신문의 증언에 기본적인 신용성조차 인정할 수 없는 이례적인 사안에 대한 것으로 볼 여지가 없지는 않다. 그러나 이 판결의 취지를 그대로 관철한다면, 가령 아동 성폭력 피해자가 주신문에 대해서는 증언한 다음, 증인의 질병 등 돌발적인 사정으로 반대신문에 답변하지 못하게 된 경우에도, 마찬가지로 그 증거능력을 배제해야 하지 않을까? 나아가, 제313조의 서류에 대해서도 피고인측의 귀책사유 없이 피고인의 반대신문권이 침해된 경우 그 서류의 증거능력 또한 배제해야 하지 않을까? 향후 실무의 대응과 판례의 추이가 주목된다.

iv) [대체증명과 반대신문 기회] 진술조서의 실질적 진정성립을 영상녹화물의 방법으로 대체증명하는 경우에도 '원진술자에 대한 반대신문의 기회보장'은 여전히 증거능력의 요건이다. 따라서 대체증명에 성공하더라도, 원진술자에 대한 실질적인 반대신문의 기회가 보장되지 않는다면, 그 진술조서는 증거능력이 없다. 그 결과 원진술자가 실질적 진정성립을 부인하는 경우 대체증명에 의한 진술조서의 증거능력 인정에는 이점에서도 사실상 장애가 하나 더 있는 셈이다

요건일 뿐 반대신문의 기회보장은 그 요건이 아니었음)에 관한 것이기는 하나, 진술증거에 대한 것이고, 증명력의 제한은 곧 증거능력의 인정을 전제로 하는 것이다.

[사실상 2중장애]. 진정성립을 부인하는 원진술자가 대체증명 이후에 행해지는 반대신문에 성실하게 응할 가능성은 희박하기 때문이다.

[성폭법 · 아청법의 특례와 2021. 12. 23.자 위헌결정] 한편, 영상녹화물에 수록된 피해자 진술의 경우 성폭법 · 아청법상 원진술자에 대한 피고인의 반대신문권을 제한하는 특례조항이 규정되어 있다. 즉, ㉠ 성폭력범죄처벌법 제30조(성폭력 피해자로서 19세 미만이거나 장애로 사물을 변별하거나 의사를 결정할 능력이 미약한 경우) 및 ㉡ 아청법 제26조(아동 · 청소년 대상 성범죄의 피해자)의 경우에는, 조사과정에 동석하였던 신뢰관계인 내지 진술조력인의 법정진술에 의해 그 성립의 진정함이 인정된 경우에는 영상녹화물에 수록된 피해자진술을 증거로 할 수 있다는 내용이다.[1] 이는 '원진술자'의 진술에 의한 진정성립 인정 및 '원진술자에 대한 반대신문의 기회보장' 요건에 대한 중대한 '예외'로 평가되고 있다.

헌법재판소는 2021. 12. 23. "성폭법 제30조 제6항 중 '조사과정에 동석하였던 실뢰관계에 있는 사람 또는 진술조력인의 진술에 의하여 그 성립의 진정함이 인정된 경우에 증거로 할 수 있다'는 부분 가운데 '19세 미만 성폭력범죄 피해자'에 관한 부분(즉, '미성년 피해자 부분')이 헌법에 위반된다"는 결정(6:3)을 선고하였다(헌재 2021.12. 23. 2018헌바524). 그 논거는 "피고인의 반대신문권을 보장하면서도 성폭력범죄의 미성년 피해자를 보호할 수 있는 조화적인 방법을 상정할 수 있음에도(예: 증거보전절차, 여러 증인지원제도 등), 영상녹화물에 수록된 피해자 진술에 있어 원진술자에 대한 피고인의 반대신문권을 실질적으로 배제하여 피고인의 방어권을 과도하게 제한하는 것은, 과잉금지원칙에 반한다"는 것이다.

위헌결정의 효력이 미치는 객관적 범위는 결정주문에 표시된 법률조항에 한정된다(한정설). 다른 법률에 있는 동일한 내용의 법률조항에 대해서는 위헌결정의 확장(헌법45단서)에 해당하지 않는 한 그 효력이 미치지 않는다. 따라서 성폭법상 위 부분을 제외한 나머지 부분, 즉 아직 위헌결정이 없는 성폭법상 '장애인 피해자 부분', 아청법상 '아동청소년 피해자 부분'은 여전히 유효한 법률에 속한다. 그러나 이미 위헌선언이 있는 성폭법 제30조와 동일한 내용인 이상 마찬가지로 과잉금지 원칙에 위반될 수 있다. 합헌적 재판을 위해서는, 아직 위헌결정이 없다는 이유로 아청법 제26조를

1) 성폭력처벌법(성폭력범죄의 처벌 등에 관한 특례법) 제30조 제6항에 따르면, 제1항에 따라 촬영한 영상물에 수록된 피해자의 진술은 공판준비기일 또는 공판기일에 피해자나 조사과정에 동석하였던 신뢰관계에 있는 사람 또는 진술조력인의 진술에 의하여 그 성립의 진정함이 인정된 경우에 증거로 할 수 있다. 한편, 아청법(아동 · 청소년의 성보호에 관한 법률) 제26조 제6항도 같은 취지이다.

형사소송법과 달리, i) 그 진정성립은 원진술자 이외에 동석자(신뢰관계인 또는 진술조력인)의 진술로도 가능하다. ii) **영상녹화물**에 수록된 **피해자의 진술**은 본증으로 허용된다. iii) 원진술자에 대한 반대신문의 기회보장은 요건이 아니다.

만연히 적용할 것이 아니라, 피고인의 반대신문권을 보장하는 추가적인 심리가 필요한 것이다. 판례도 같은 입장이다. 즉, "청소년성보호법 제26조 제6항 중 이 사건 위헌 법률조항과 동일한 내용을 규정하고 있는 부분은 이 사건 위헌결정의 심판대상이 되지 않았지만, 이 사건 위헌 법률조항에 대한 위헌결정 이유와 마찬가지로 과잉금지원칙에 위반될 수 있다. 원심으로서는 청소년성보호법의 위 조항이 위헌인지 여부 또는 그 적용에 따른 위헌적 결과를 피하기 위하여 피해자를 증인으로 소환하여 진술을 듣고 피고인에게 반대신문권을 행사할 기회를 부여할 필요가 있는지 여부 등에 관하여 심리·판단했어야 한다"(대판 2022.4.14. 2021도14530). 이미 위헌결정된 구 도로교통법 제148조의2 제1항과 동일한 내용의 현행 도로교통법 제148조의2 제1항을 적용한 사건에 대한 같은 취지의 판례(대판 2021.12.30. 2021도11995)의 연장선에 있는 일련의 판례로 볼 수 있다.

4) **특신상태의 증명** 진술조서는 피의자신문조서와 마찬가지로 그 진술이 특히 신빙할 수 있는 상태에서 행하여졌음이 증명되어야 한다. 이른바 '특신상태'에 대한 설명은 피의자신문조서에서와 같다. 특신상태를 인정할 수 없다는 이유로 진술조서의 증거능력을 부정한 사례(과테말라 출장사건)[1]도 있다.

['인적사항 허위진술'과 '특신상태'] i) (특신상태 긍정) 시내버스 내 소매치기 현행범의 목격자가 경찰에서 그 범인과의 대질신문에서 범행내용을 구체적으로 진술하였다면, 범인의 보복을 피하기 위하여 자신의 인적 사항을 허위로 진술하였더라도, 그 진술이 특신상태하에서 행하여진 것이라고 한 사례(대판 1995.6.13. 95도523).

ii) (특신상태 부정) 시내버스에서 약 5분간 서로 실랑이를 벌이다가 승객도 아니고 영문도 모르는 제3자의 도움을 받아 피고인을 파출소로 인도하였는데, 당시 절도범이라고 말한 일이 없었으며, 진술조서를 작성함에 있어 성명, 주거, 근무처, 각 전화번호 등 인적사항이 모두 거짓으로 진술한 것이어서, 그 진술자의 신원과 소재를 확인할 수 없는 경우라면, 그 진술이 특신상태하에 행하여진 것이 아니라고 한 사례(대판

---

1) ① 검찰관이 피고인을 뇌물수수 혐의로 기소한 후, 형사사법공조절차를 거치지 아니한 채 외국(과테말라)에 현지출장하여 그곳에서 뇌물공여자(甲)을 상대로 참고인 진술조서를 작성한 경우 수사의 정형적 형태를 벗어난 것이라고 볼 수 있는 점 등 제반 사정에 비추어 甲의 진술에 특신상태를 인정할 수 없다고 한 사례(대판 2011.7.14. 2011도3809), ② 부당하게 장기간 계속된 사실상의 구금 상태에 있었음에도, 변호인의 조력을 받을 권리도 보장받지 못한 채 심리적 불안감과 위축 속에서 수사관의 회유에 넘어가 진술한 경우(대판 2015.10.29. 2014도5939), ③ 사망한 공범의 제3회 피의자신문조서의 진술기재와 그 영상녹화물의 내용 사이에, 구성요건적 사실이나 핵심적 정황에 관한 사실들에 차이가 있고, 말기의 암환자인 뇌물공여자(사망한 공범)가 약 1개월 동안 19차례 소환되어 11차례의 야간조사를 포함한 총 15차례에 걸친 피의자신문을 받고 결국 수사과정에서 사망에 이른 경우, 제3회 이후의 피의자신문조서들에 대한 특신상태를 인정할 수 없다고 한 사례(대판 2014.8.26. 2011도6035) 등.

1987.3.24. 87도81).

(3) '피고인 아닌 자'의 범위(공범자 또는 공동피고인의 문제) ★

'피고인 아닌 자'는 당해 피고인 이외의 자를 말한다. 피고인 아닌 자에 대한 진술조서는, 주로 참고인 진술조서를 말하나, 다른 피고인에 대한 피의자신문조서 등을 포함한다. 특히 '공범자' 또는 '공범 아닌 자'(=비공범)의 경우가 문제된다. '경찰' 피의자신문조서와 '검사' 피의자신문조서를 구분하여 고찰할 필요도 있다.

1) 공범/비공범에 대한 '경찰' 피의자신문조서 '사법경찰관 작성'의 피의자신문조서는, 제312조 제3항의 해석론 때문에 다음과 같이 정리된다.

i) ['공범'에 대한 경찰 피신조서: 경찰피신 취급] 공범자(B)에 대한 경찰 피의자신문조서는, 다른 공범자(A)에 대한 관계에서 '피의자신문조서'로 취급된다. 이 경우에는 앞서 본 바와 같이 특히 제312조 제3항이 적용되기 때문이다. 따라서 피고인(A)이 '내용인정'한 경우에 한하여, 피고인(A)에 대한 관계에서 증거능력이 있다(**예컨대, A · B가 합동절도로 함께 공소제기된 경우 피고인 A가 '공범자' B의 경찰 피의자신문조서를 '내용부인' —정확히는 '내용부인 취지로 부동의'— 하였다면, 이는 A에 대한 관계에서 증거능력이 없다**).

ii) ['비공범'에 대한 경찰 피신조서: 진술조서 취급] 한편, '공범 아닌 자'(C)에 대한 경찰 피의자신문조서(공동피고인 여부를 불문하나, 주로 공동피고인이 문제된다)는, 피고인(A)에 대한 관계에서 '진술조서'로 취급된다. 이때 C는 피고인 A가 아닌 이상 제312조 제4항의 '피고인이 아닌 자'에 해당하는 것이 분명하기 때문이다. 즉, 피고인(A)이 증거동의하지 않는 한 제312조 제4항이 적용된다. 따라서 '공범 아닌 자'(C)가 법정에서 증인으로서 '증언' 방식으로 '진정성립을 인정'해야 한다[방식: 증언]. '공범 아닌 자'(C)가 공동피고인이든 아니든, 언제나 증인적격이 있으므로, '증언' 방식이어야 함에는 변함이 없다. 이때에도 실질성립은 영상녹화물 등 객관적 방법에 의한 대체증명이 허용된다(**예컨대, A는 절도로, C는 장물취득으로 공소제기된 경우 피고인 A가 '공범 아닌 자' C의 경찰 피의자신문조서를 '부동의'하였다면, 이는 C가 법정에서 '증언'의 방식으로 진정성립을 인정해야만, A에 대한 관계에서 증거능력이 인정된다**).

2) 공범/비공범에 대한 '검사' 피의자신문조서 '검사 작성'의 피의자신문조서는, '경찰' 피의자신문조서와 비교할 때, '공범' 피의자신문조서의 경우에만 '신법적용 사건'(동일, 피의자신문조서 취급)과 '구법적용 사건'(다름, 진술조서 취급) 사이에

차이가 있고, '비공범' 피의자신문조서의 경우에는 '경찰' 피의자신문조서와 차이 없이 동일하다. 요약하면 다음과 같다.

i) ['공범'에 대한 검사 피신조서: (신법) 검사피신 취급] 공범자(B)에 대한 검사 피의자신문조서는, ⓐ 신법적용 사건(2022.1.1. 이후 기소된 사건)에서는 다른 공범자(A)에 대한 관계에서 '피의자신문조서'로 취급된다. 이 경우에는 앞서 본 바와 같이 특히 제312조 제1항이 적용되기 때문이다. 따라서 피고인(A)이 '내용인정'한 경우에 한하여, 피고인(A)에 대한 관계에서 증거능력이 있다.

[구법적용 사건: (구법) '진술조서' 취급] 한편, ⓑ 구법적용 사건에서는, '공범자'(B)에 대한 '검사' 피의자신문조서는, 다른 공범자인 피고인(A)에 대한 관계에서 '진술조서'로 취급된다. 피고인 A가 증거로 함에 부동의하는 경우 제312조 제4항에 따라 원진술자인 '공범자'(B)가 법정진술에 의하여 '진정성립을 인정'해야 한다. 주의할 점은 '진정성립 인정 방식'인데, 이는 '증인적격 문제'와 밀접하게 관련된다. '공범인 공동피고인'은 증인적격이 없다. 따라서 공범자(B)가 공동피고인인 경우에는 '피고인진술'의 방식으로 진정성립을 인정해야 하고[방식: 피고인진술], 공동피고인이 아닌 경우에는 '증언'의 방식으로 진정성립을 해야 한다[방식: 증언](**예컨대, A · B가 합동절도로 함께 공소제기된 경우 피고인 A가 '공범자' B의 검사 피의자신문조서를 '부동의'하였다면, 공범자 B가 공동피고인인 경우에는 B가 법정에서 '피고인진술' 방식으로 진정성립을 인정해야만, A에 대한 관계에서 증거능력이 인정된다**).

그 결과, 종래 몇 가지 문제점이 지적되어 왔다. 즉, ㉠ 공범자(B)의 검찰 자백만 있으면, 그 후 B가 법정에서 부인하더라도, 오로지 B의 '검사' 피의자신문조서만을 증거로 하여, 피고인 A에 대하여 유죄를 인정하는 결과가 되었다(즉, 공범으로 기소된 자 중의 1인인 'B의 검찰 자백'='A의 유죄'라는 등식의 문제점). ㉡ 또한 '공범인 공동피고인'의 경우 이러한 '피고인진술' 방식의 문제점도 종래 지적되어 왔다.[1)]

[신법적용 사건에서의 문제상황] 이처럼, 검사 작성의 '공범' 피의자신문조서는 구법적용 사건에서는 '진술조서'로 취급되었으나, 신법적용사건에서는 '피의자신문조서'로 취

1) ['공범인 공동피고인'의 진정성립 방식(피고인진술)의 문제점] 여기에는 몇가지 문제가 있다. i) 선서 없이 그 성립을 '인정'하는 것이므로 위증의 벌의 경고가 없다. ii) 재판실무는, 원진술자(B)가 '인정'하지 않더라도 그 변호인의 증거동의가 있으면, 원진술자(B) 사건에서는 물론, 피고인(A) 사건에서도 그 증거능력을 인정한다.

그런데 B의 변호인은 B의 보호자일 뿐 원진술자(B)가 아니다. 그 증거동의를 다른 피고인(A)에 대해서까지 원진술자(B)의 '인정' 진술로 의제하는 것은 매우 부당하며, 제312조 제4항의 문언에도 명백히 반한다. B가 아닌 피고인(A)에 대해 증거로 쓰려면, 그 문언에 부합되게 원진술자(B)가 스스로 '직접' 그 성립을 '인정'하는 방식으로 행해져야 한다. 또한 피고인보호의 원칙상 피고인(A)에게 적극적으로 반대신문의 기회를 보장해야 한다. 실무의 개선이 요구된다.

급된다. 그 결과 이제 '신법적용 사건'에서는 '다른 공범자'(A)가 '공범자'(B)에 대한 검사 피의자신문조서에 대해 '내용부인'을 하는 경우 피고인(A)에 대한 '처벌의 공백' 우려가 발생할 수 있다는 문제가 개정 형사소송법 시행(2022년) 이후 새롭게 지적되고 있다.

그러나 현행법상 대체수단으로, ㉠ 수사단계에서 공범자(B) 진술에 대한 '증거보전' 방법(184. 다만, 그 결과를 법원이 보관하고, 당사자는 열람등사할 수 있다. 이 점에서 수사기관이 보관하고 비공개인 수사서류와는 차이가 있다), ㉡ 공판단계에서 공범자(B)에 대한 '피고인신문' 방법(296의2. '공범인 공동피고인'인 경우) 또는 '증인신문' 방법(146. '공범이지만 공동피고인이 아닌' 경우), ㉢ '공범자(B)를 조사하였거나 그 조사에 참여한 검사·사법경찰관 등'을 대상으로 한 '조사자증언' 방법(316①) 등이 활용될 수 있고, 이로써 그 공백은 충분히 메워질 수 있다. 앞서 '검사 작성의 피의자신문조서 부분'에서 이미 설명하였다.

ii) ['비공범'에 대한 검사 피신조서: 진술조서 취급] 한편, **'공범 아닌 자'**(C)에 대한 검사 피의자신문조서는, 피고인(A)에 대한 관계에서 **'진술조서'**로 취급된다. '경찰' 피의자신문조서의 경우와 같다. 피고인(A)이 증거동의하지 않는 경우 진정성립 인정 방식은 **'공범 아닌 자'**(C)의 **'증언'**의 방식이다[방식: 증언].

[구법적용 사건] 구법적용 사건(2021.12.31.까지 기소된 사건)에 대해, 다시 한번 전체적으로 요약·정리한다. 요컨대, '검사' 피의자신문조서는 '공범 아닌 자'에 대한 것은 물론, '공범자'에 대한 것이라도, 피고인에 대한 관계에서는 '피고인 아닌 자'이므로 '진술조서'로 취급된다.

i) [(공범·비공범 불문하고) 검사 피신조서: 진술조서 취급] 공범자 또는 공동피고인(B)에 대한 검사 피의자신문조서는, 피고인(A)에 대한 관계에서 진술조서로 취급된다. 이때 B는 제312조 제4항의 '피고인이 아닌 자'이기 때문이다. 따라서 제312조 제4항 요건을 충족해야 피고인(A)에 대해 증거능력이 있다. 특히 피고인(A)이 그 기재내용에 관하여 '원진술자(B)를 반대신문할 수 있을 것'을 요한다.

ii) [진정성립 인정방식] 특히, 원진술자의 '진정성립 인정방식'에 주의할 필요가 있다. 우선, ㉠ **'공범인 공동피고인'**은 법정에서 그 공동피고인의 (증인으로서의 증언이 아니라) **'피고인진술'** 방식으로 해야 한다(대판 1993.6.22. 91도3346). 공범인 공동피고인은 증인적격이 없기 때문이다. 즉, "검사 작성의 공동피고인에 대한 피의자신문조서는, 공동피고인(B)이 성립 및 임의성을 인정한 이상, 피고인(A)이 증거로 함에 부동의하더라도 (A에 대한 관계에서) 증거능력이 있다"(위 91도3346).

반면, ㉡ '공범 아닌' 공동피고인은 법정에서 '증언' 방식으로(대판 1982.9.14. 82도

1000), ㉢ 공범이지만 '공동피고인 아닌' 자도 피고인(A) 사건에서 증인으로서의 '증언' 방식으로 '진정성립을 인정'해야 한다(대판 1999.10.8. 99도3063). 이들은 모두 증인적격이 인정되기 때문이다. 물론 이때에도 실질성립은 영상녹화물 등 객관적 방법에 의한 대체증명이 허용된다.

(4) 관련문제

1) 공소제기 후 '피고인의 진술'을 기재한 진술조서 수사기관이 공소제기 후 '피고인'을 법정 외에서 신문하여 그 진술을 기재한 조서의 증거능력이 문제된다. 이 경우 '피고인'은 '피의자'가 아니므로, 그 형식은 피의자신문조서가 아니라 진술조서 형태로 작성된다. 판례는 "검사 작성의 피고인에 대한 진술조서가 공소제기 후에 작성된 것이라는 이유만으로 곧 그 증거능력이 없는 것은 아니다"(앞 84도1646)고 한다. 그리하여 피의자신문조서 규정을 준용하여, 비록 진술조서의 형식을 취하더라도, 검사 작성의 경우는 검사 피의자신문조서(312①)로, 사법경찰관 작성의 경우는 경찰 피의자신문조서(동③)로 취급한다.

[학설] '위법수집증거설'과 '피의자신문조서 준용설'이 대립한다. i) 위법수집증거설은, 피고인의 당사자지위와 모순되고, 변호인의 반대신문권을 침해하는 위법한 수사이므로, 위법수집증거라는 견해이다. 다만, 피고인이 스스로 요청하는 경우 등 위법성이 없는 경우에는 피의자신문조서에 관한 규정을 준용한다. ii) 피의자신문조서 준용설은, 피고인진술조서는 진술조서가 아니며 수사기관 작성의 피의자신문조서와 동일한 요건하에 증거능력을 인정하는 견해이다.

2) 증언번복 진술조서 검사가 이미 법정에서 증언을 마친 증인을 다시 법정 외에 소환(정확히는 '출석요구')한 후 피고인에게 유리한 법정에서의 증언 내용을 추궁하여 이를 일방적으로 번복시키는 방식으로 작성된 진술조서(이른바 '증언번복 진술조서')의 증거능력이 문제된다. 판례는 번복 진술조서의 증거능력 자체를 원칙적으로 부정한다. 즉, "이러한 진술조서는 피고인이 증거동의하지 않는 한, 그 증거능력이 없다"(대판 2000.6.15. 99도1108 전합).[1] 이러한 조서는 "당사자주의·공

1) [근거] 이는 "당사자주의·공판중심주의·직접주의를 지향하는 현행 형사소송법의 소송구조에 어긋나는 것이고, 헌법 제27조가 보장하는 기본권, 즉 법관의 면전에서 모든 증거자료가 조사·진술되고 이에 대하여 피고인이 공격·방어할 수 있는 기회가 실질적으로 부여되는 재판을 받을 권리를 침해하는 것이기 때문이다"(위 99도1108 전합). ① 이러한 번복 진술조서의 작성은 그 실질에 있어 수사기관이 행하는 수사라기보다는 공소유지기관인 당사자가 행하는 재신문이라는 소송행위의 연장선상에 있는 것이고(위 판결의 보충의견 참조), ② 만일 번복 진술조

판중심주의·직접주의를 지향하는 현행 형사소송법의 소송구조에 어긋나는 것일 뿐만 아니라, 헌법 제27조가 보장하는 기본권, 즉 피고인의 공정한 재판을 받을 권리를 침해하는 것"(위 99도1108 전합)이므로, 반대신문의 기회가 부여되더라도 증거능력이 없다는 것이다. 즉, "그 후 원진술자인 종전 증인이 다시 법정에 출석하여 증언을 하면서, 그 진술조서의 **성립의 진정함을 인정하고** 피고인 측에 **반대신문의 기회가 부여되었다고 하더라도**, 그 증언 자체를 유죄의 증거로 할 수는 있으나, **그 진술조서는** (피고인이 증거동의하지 않는 한) **증거능력이 없다**"(위 99도1108 전합). 다만 ㉠ 예외적으로 번복 진술조서라도 증거동의한 경우에는 증거능력이 있고, ㉡ 법정에서의 '번복 증언' 자체는 증거능력이 있다. 이는 적어도 제308조의2에 정한 **위법수집증거에는 해당하지 않는다는 취지**이다.

이러한 법리는, ㉠ 검사가 이미 증언을 마친 증인을 소환하여 본인의 증언내용을 번복하는 내용의 '진술서'를 작성하도록 한 경우(이른바 '증언번복 진술서')에도 적용된다(대판 2012.6.14. 2012도534). ㉡ 검사가 이미 증언을 마친 증인에게 수사기관에 출석할 것을 요구하여 그 증인을 상대로 위증의 혐의를 조사한 내용을 담은 '피의자신문조서'의 경우(이른바 '증언번복 피신조서')에도 마찬가지로 적용된다(대판 2013.8.14. 2012도13665). 이들은 모두 피고인에 대한 관계에서 '진술조서'로 취급되기 때문이다.

3) 공소제기 후 작성된 증인예정자 진술조서 공소제기 후 임의수사의 일환으로 행해지는 수사기관의 참고인조사는 그러한 사정만으로 곧바로 위법하다고 할 수는 없다. 그런데 "제1심에서 무죄판결이 선고되어 검사가 항소한 후, 수사기관이 항소심 공판기일에 증인으로 신청하여 신문할 수 있는 사람을 특별한 사정 없이 미리 수사기관에 소환(='출석요구')하여 작성한 진술조서는, 피고인이 **증거동의하지 않는** 한 증거능력이 없다. '검사가 공소를 제기한 후 참고인을 소환하여 피고인에게 불리한 진술을 기재한 진술조서'를 작성하여 이를 공판절차에 증거로 제출할 수 있게 한다면, 피고인과 대등한 당사자의 지위에 있는 검사가 수사기관으로서의 권한을 이용하여 일방적으로 법정 밖에서 유리한 증거를 만들 수 있게 하는 것이므로, 당사자주의·공판중심주의·직접심리주의에 반하고 피고인의 공정한 재판을 받을 권리를 침해하기 때문이다. 위 참고인이 나중에 법정에 증인으로 출석하여, 위 진술조서의 **성립의 진정을 인정하고** 피고인 측

서에 증거능력을 인정한다는 것은, 수사기관에서의 진술을 '반대신문의 기회가 보장된 법정진술'과 동일하게 평가하는 것을 의미하게 되어, 공판중심주의·직접주의 등에 반한다.

에 반대신문의 기회가 부여된다 하더라도, (피고인이 증거동의하지 않는 한) 위 진술조서의 증거능력을 인정할 수 없음은 마찬가지이다"(대판 2019. 11.28. 2013도6825). 이는 '증언번복 진술조서'의 법리를 증언번복이 아닌 경우에까지, 즉 시기적으로 증인신문 전의 경우에까지 그대로 확장한 것이다. 따라서 피고인이 증거동의한 경우에 한하여 그 진술조서는 증거능력이 인정된다. 다만, 그 밖에 증거동의하지 않은 경우에는 '증인신문 전에 미리 수사기관에 출석요구하여 진술조서를 작성할 특별한 사정이 없는 한' 원칙적으로 전문예외의 적용을 배제하겠다는 의미로 이해된다.

이러한 법리는, 항소심의 경우에 한정되지 않고 '공소제기 후라면 제1심의 경우에도 마찬가지로 적용된다'는 점 또한 분명하다(문언상 대상이 '검사가 공소를 제기한 후 참고인을 소환하여 피고인에게 불리한 진술을 기재한 진술조서'로 표현되어 있다). 즉, 공소제기 후의 참고인조사에서 작성된 '피고인 아닌 자에 대한 진술조서' 전반의 증거능력에 관한 문제로 확장되어 있다. 한편, 공소제기 후 작성된 '피고인에 대한 진술조서'의 증거능력을 인정하는 기존의 판례법리에 대해서도, 그 정당성 여부와 관련하여 영향을 미칠 여지가 있다.[1)]

[전화통화 수사보고서: 수사기관이 참고인과의 전화통화 내용을 기재한 수사보고] 예컨대, 수사기관인 검찰주사보가 외국에 거주하는 참고인과의 전화대화 내용을 문답형식으로 기재하고 참고인의 서명 또는 날인 없이 자신의 기명날인만 한 수사보고서의 경우이다.

(i) [법적 성격] 그 법적 성격이 문제된다. i) 우선, 이는 제313조에 정한 (참고인의) 진술기재서가 아니라 일응 재전문서류(즉, 참고인의 진술을 전문한 수사관의 진술서)에 해당할 여지가 있다. 조사자의 진술이 전문진술인 이상(316②) 이를 기재한

1) [증언의 증명력 제한] ㉠ (증인예정자 진술조서와 같은 취지인 증언의 증명력) 위 참고인이 법정에서 위와 같이 증거능력이 없는 진술조서와 같은 취지로 피고인에게 불리한 내용의 진술을 한 경우, <u>그 진술에 신빙성을 인정하여 유죄의 증거로 삼을 것인지</u>는 <u>증인신문 전 수사기관에서 진술조서가 작성된 경위와 그것이 법정진술에 영향을 미쳤을 가능성 등</u>을 종합적으로 고려하여 <u>신중하게 판단</u>하여야 한다"(대판 2019.11.23. 2013도6825). ㉡ (검사의 증인 사전 면담과 증언의 증명력) "검사가 공판기일에 증인으로 신청하여 신문할 사람을 특별한 사정 없이 미리 수사기관에 소환하여 면담하는 절차를 거친 후 증인이 법정에서 피고인에게 불리한 내용의 진술을 한 경우, <u>검사가 증인신문 전 면담 과정에서 증인에 대한 회유나 압박, 답변 유도나 암시 등으로 증인의 법정진술에 영향을 미치지 않았다는 점이 담보되어야</u> <u>증인의 법정진술을 신빙할 수 있다</u>. 검사가 증인신문 준비 등 필요에 따라 증인을 사전 면담할 수 있다고 하더라도 법원이나 피고인의 관여 없이 일방적으로 사전 면담하는 과정에서 증인이 훈련되거나 유도되어 법정에서 왜곡된 진술을 할 가능성도 배제할 수 없기 때문이다. <u>증인에 대한 회유나 압박 등이 없었다는 사정은</u> <u>검사가 증인의 법정진술이나 면담 과정을 기록한 자료 등으로 사전면담 시점, 이유와 방법, 구체적 내용 등을 밝힘으로써 증명</u>하여야 한다"(대판 2021.6.10. 2020도15891).

서류는 '전문진술을 기재한 서류'가 되기 때문이다. ii) 다음, 제312조 제4항의 '피고인 아닌 자의 진술을 기재한 조서'(진술조서)에 해당할 여지가 있다.

생각건대, 이는 개념상 **'진술조서'**에 해당한다고 본다. 참고인에 대한 진술조서의 경우 기명날인 또는 서명을 받아야 한다는 형사소송법상 명문의 규정은 없으나,[1] '수사기관이 참고인의 진술을 적은 조서'인 이상, 개념적으로 진술조서가 아니라고 할 수는 없기 때문이다. 진술조서라면, 적어도 ㉠ 전화로 문답을 진행한 것은 제221조 제1항의 "출석을 요구하여 진술을 들을 수 있다"는 출석조사 원칙에 위반되고, ㉡ 특히 제244조의4(수사과정의 기록) 제3항에서 준용하는 조사과정 기록(동①) 및 이에 대한 자필기재·서명날인 등 확인(244②③) 절차에 위반되며(대판 2015.4.28. 2013도3790 참조), ㉢ 적식이거나 통상적이지 않다는 점에서 그 진술이 특신상태하에서 행해졌다고 보기도 어렵다. 따라서 이는 적법한 절차와 방식에 따라 작성된 것으로 보기 어렵다. 즉, 해당 참고인을 증인으로 신문하더라도, 진술조서(312④)로서 그 증거능력을 인정받기는 어렵다.

(ii) [판례] 그런데 판례는, '제313조의 진술기재서(류)임을 전제'로 그 증거능력을 일관되게 부정하고 있다. 즉, "이는 **제313조 제1항** 본문에 정한 '피고인 아닌 자의 진술을 기재한 서류'인 전문증거에 해당(?)하나, 그 진술자의 서명 또는 날인이 없을 뿐만 아니라 진술자의 진술에 의해 성립의 진정함이 증명되지도 않았으므로 증거능력이 없다"(대판 2010.10.14. 2010도5610) 또는 "위 수사보고서에는 검찰주사보의 기명날인만 되어 있을 뿐 원진술자의 서명 또는 기명날인이 없으므로, '제313조에 정한 진술을 기재한 서류가 아니어서'(?) **제314조에 의한 증거능력의 유무를 따질 필요가 없다.** 검찰주사보가 법정에서 그 수사보고서의 내용이 전화통화내용을 사실대로 기재하였다는 취지의 진술을 하더라도 마찬가지이다"(대판 1999.2.26. 98도2742).

(iii) [검토] 이러한 형식의 수사보고서에 대해, 판례가 엄격한 잣대로 그 증거능력을 부인하는 결론에는 충분히 수긍할 점이 있으나, 제313조의 적용 대상임을 전제로 한 그 논증에는 의문이 있다. 2007년 개정에서 진술조서에 대해서는 제312조 제4항이 신설되고 그 증거능력의 인정 요건 또한 매우 강화되었다.[2] 더구나 제312조 제5항에서는, 수사과정에서 작성된 진술서에 대해 진술조서에 관한 규정을 준용한다는 규정도 신설되었다. 그럼에도 여전히 제313조의 대상이라고 한다면, 가령 전화대화내용의 원진술자가 사후적으로 서명 또는 날인을 한 경우에는 어찌할 것인가? 제313조에 의해 증거능력을 취득한다는 것인가? 이러한 결과는 전화통화에

1) 구 '검사의 사법경찰관리에 대한 수사지휘 및 사법경찰관리의 수사준칙에 관한 규정 제24조(참고인의 진술) 제2항 참조.

2) 2007년 개정 전에는, 검사 작성의 진술조서는 제312조 제1항에 규정되었으나, 사법경찰관 작성의 진술조서는 제312조에 규정이 없었다. 따라서 사법경찰관 작성의 진술조서에 대해서는 제313조가 적용되었다(대판 2000.6.15. 99도1108 전합의 보충의견).

의한 수사보고서를 출석조사 원칙에 따른 수사기관의 직접 대면에 의한 진술조서보다 그 증거능력을 손쉽게 인정하는 매우 부당한 결과를 초래한다. 2007년 개정으로 현행 형사소송법상 제312조 제4항, 제5항이 신설된 이상, 판례의 기존 논리를 일관하려면, 이제는 그 증거능력의 배제 근거에 대해, 적어도 '제313조의 진술기재서(류)가 아니어서'가 아니라 '제312조 제4항에 정한 진술조서가 아니어서'(즉, 진술조서의 요건을 갖추지 못하여)라고 해야 올바른 논증이 될 것이다.

4. 수사과정에서 작성한 진술서(312⑤)

(1) 의의

1) 진술서의 뜻 진술서란 그 작성자가 스스로 자신의 진술을 기재한 서면을 말한다. 진술서 · 자술서 · 시말서 · 보고서 등 명칭 여하는 문제되지 않는다. 작성주체에 따라 피고인진술서, 피의자진술서, 참고인진술서 등이 있고, 작성과정에 따라 공판단계의 진술서, 수사과정의 진술서(검사단계의 진술서, 경찰단계의 진술서), 사적상황등의 진술서로 구분된다. 작성동기에 따라 스스로 작성한 자진형, 수사기관의 요구에 따라 작성된 요구형이 있다. 제312조 제5항은 '수사과정에서 작성된 일체의 진술서'를 대상으로 하고 있다.

2) '수사과정 진술서'의 뜻 여기서 '수사과정에서 작성한 진술서'란, 수사기관의 영향력이 미치는 시간 또는 공간에서 작성된 작성된 진술서로서, 수사기관의 직접 또는 간접적인 관여나 영향력을 포함한다. 판례도 같은 취지이다. 즉, "'수사가 시작된 이후에 **수사기관의 관여 아래** 작성된 것'(또는 '개시된 수사와 관련하여 수사과정에 제출할 목적으로 작성한 것'. 註 수사기관의 '영향'이 핵심)으로, 작성 시기와 경위 등 여러 사정에 비추어 그 **실질**이 이에 해당하는 이상, 명칭이나 작성된 장소 여부를 불문한다"(대판 2022.10.27. 2022도9510). 좀더 정확하게 말하면, "**실질적으로 고찰할 때 수사가 시작된 이후 수사기관의 관여나 '영향' 아래 작성된 경우**"를 말한다(아래의 2023도15133; 2024도11314).

(2) 증거능력의 요건

1) 제312조 제1항 내지 제4항 규정의 준용 피고인 또는 피고인이 아닌 자가 '수사과정에서 작성한 진술서'의 증거능력은 제312조 제1항부터 제4항까지의 규정을 준용한다(312⑤). 따라서 i) 피고인이 검사의 수사과정에서 작성한 진술서는 '검사 피의자신문조서'(312①)에 준하여, ii) 피고인이 경찰의 수사과정에서 작

성한 진술서는 '경찰 피의자신문조서'(312③)에 준하여, iii) 피고인 아닌 자가 검사·경찰의 수사과정에서 작성한 진술서는 모두 '참고인진술조서'(312④)에 준하여, 각각 증거능력을 결정하게 된다.

비록 문언상 진술서로만 표현되어 있지만, **'진술기재서'**도 당연히 포함된다고 본다. 수사기관이 (수사기관 아닌 자의) 제312조의 적용을 면탈하기 위해 '진술서이든 진술기재서이든' 우회적인 통로를 통해 수사절차의 엄격성(예: 출석조사 원칙, 수사과정 기록, 자필기재 또는 서명날인 확인 등)과 수사기관 조서의 증거능력의 엄격성(312)을 회피하려는 시도를 모두 차단할 필요가 있기 때문이다. 판례도 같은 취지이다. 즉, 제312조 또는 제313조의 적용 여부와 관련하여, 수사과정에서 작성된 '진술기재서'(예: '피고인의 진술을 기재한 형사조정조서'. 위 2024도11314)에 대해서도 제312조 제5항의 적용대상임을 전제로 판시한 바 있다. 또한, "압수조서에 기재된 피의자였던 피고인의 자백 진술 부분, 변호인의견서에 당해 사건 수사기관에서 한 피의자 진술이 기재된 부분이나 변호인의견서에 기재된 같은 내용의 피의자 진술 부분"(위 2020도19796) 역시 제312조 제5항의 적용대상임을 분명히 하였다.

한편, '수사과정 외에서 작성된 서류'의 증거능력에 관해서는 후술하는 제313조 제1항이 적용된다. 따라서 '수사과정에서 작성한 진술서'의 증거능력에 대해서는, 제313조 제1항에 비해, 훨씬 더 엄격한 요건이 요구된다.

2) 주의사항① : 수사과정 진술서와 조사과정 기록 이때 "피고인 또는 피고인이 아닌 자가 '수사과정에서 작성한 진술서'의 증거능력에 관하여는 제312조 제1항부터 제4항까지 준용하도록 규정하고 있으므로, 피의자신문조서나 진술조서의 **'적법한 절차와 방식에 따라 작성된 것'이어야 한다는 법리**도 그대로 적용된다"(위 2022도9510). 따라서 "피고인 아닌 자가 **수사과정에서 진술서**를 작성하였지만, 수사기관이 그에 대한 **조사과정을 기록**하지 **아니**한 경우에는, 특별한 사정이 없는 한 '적법한 절차와 방식'에 따라 수사과정에서 진술서가 작성된 것이 아니므로, 증거능력이 없다"(대판 2015.4.23. 2013도3790). 특히 유념할 필요가 있다(주의).[1]

---

1) [수사과정 진술서와 조사과정 기록] 즉, "(조사장소에 도착한 시각, 조사를 시작하고 마친 시각, 그 밖에 조사과정의 진행경과를 확인하기 위하여 필요한 사항을 조서에 기록하거나 별도의 서면에 기록한 후 수사기록에 편철하도록 하는 등) 조사과정을 기록(244의4①③)하게 한 취지는, 수사기관이 조사과정에서 피조사자로부터 진술증거를 취득하는 과정을 투명하게 함으로써 그 과정에서의 절차적 적법성을 제도적으로 보장하려는 것이다. 따라서 수사기관이 수사

3) 주의사항② : 수사기관의 '영향' 아래 '수사과정에서 작성된 서류'의 증거능력 배제 '수사기관이 아닌 자'가 '수사과정에서 작성한' 진술서류의 증거능력은 엄격하게 제한된다. 예컨대, ㉠ 검사로부터 피해자 진술의 신빙성 분석을 의뢰받은 '진술분석관이 녹화한 영상녹화물' 중 '피해자 진술' 부분(당시까지 수사기관이 조사한 내용에 관하여 문답을 하는 방식으로 진행된 '피해자'와의 면담 과정을 영상녹화한 것. 대판 2024.3.28. 2023도15133), ㉡ 검사에 의해 회부된 형사조정절차에서 '형사조정위원이 작성한 형사조정조서' 중 '피의자 진술' 부분('피의자'의 진술 "피해자에게 성추행 및 간음 미수 피해를 입혔음"이라는 '피의자'의 진술을 기재한 것. 대판 2024.11.14. 2024도11314)은, 모두 그 증거능력이 배제된다. 그 이유는, ㉠ 제313조(진술서등) 제1항은 '수사과정 외에서 작성된 서류'를 의미하는데, 비록 '수사기관이 아닌 자'에 의하여 작성되었더라도, "수사가 시작된 이후 수사기관의 관여나 '영향' 아래 작성된 경우에는 실질적으로 고찰할 때 그 서류가 '수사기관 외에서 작성된 것'이라고 보기 어렵고"(위 2023도15133; 2024도11314), ㉡ 제312조(검사 또는 사법경찰관의 조서 등) 제1항 내지 제4항은 검사 또는 사법경찰관이라는 '수사기관에 의하여 작성된 서류'를 의미하는데, '수사기관이 아닌 자'에 의하여 작성된 것은 제312조 제1항 내지 제4항이 적용될 수 없기 때문이다. 그리하여 판례의 해석에 따르면, 제312조에도 제313조에도 해당하지 않는 서류가 존재하게 되는 셈이다('입법적 공백'의 일종).

[수사과정의 영향 아래 수사과정에서 작성된 서류의 증거능력(배제)] i) (배제의 논거) "수사기관에서 작성된 조서 등 서면증거의 경우 증거능력을 인정하는 것은, 실체적 진실발견의 이념과 소송경제의 요청을 고려하여 예외적으로 허용하는 것일 뿐이므로, 증거능력 인정 요건에 관한 규정은 엄격하게 해석·적용하여야 한다. 수사과정에서 작성된 서류의 증거능력에 관하여 제313조 제1항보다 더욱 엄격한 요건을 규정한 제312조의 취지에 비추어 보면, 제313조 제1항이 규정하는 서류는 '수사과정 외에서 작성된 서류' 의미한다"(위 2023도15133; 2024도11314). '수사기관이 아닌 자'가 '수사과정에서 작성한' 서류의 증거능력도 엄격하게 제한할 필요가 있다"(위 2024도11314).

에 필요하여 피의자가 아닌 자로부터 진술서를 작성·제출받는 경우에도 그 절차는 준수되어야 하므로, 수사기관이 조사과정의 기록 절차를 위반한 경우에는, (그 진술증거 취득과정의 절차적 적법성의 제도적 보장이 침해되지 않았다고 볼 만한 특별한 사정이 없는 한) '적법한 절차와 방식'에 따라 수사과정에서 진술서가 작성되었다고 할 수 없어 증거능력을 인정할 수 없다"(위 2022도9510).

[사안] 경찰관이 입당원서 작성자의 주거지·근무지를 방문하여 그 작성 경위 등을 질문한 후 진술서 작성을 요구하여 제출받은 '진술서'에 대해, 제312조 제5항이 적용되므로 제244조의4(수사과정의 기록) 등을 준수하지 않았다는 이유로 증거능력을 배척한 사례.

ii) (대검찰청 소속 '진술분석관'이 녹화한 '피해자 면담 영상녹화물'의 증거능력 배제) 대검찰청 소속 진술분석관이 성폭력범죄의 수사과정에서 검사로부터 피해자 진술의 신빙성 여부에 대한 의견조회를 받아 자신의 피해자 면담 내용을 녹화하였는데, 검사가 이를 법원에 증거로 제출한 경우, 그 증거능력은 배제된다(위 2023도15133). 그 이유는 이러하다.

㉠ 첫째, 그 실질이 수사과정에서 작성된 것인데, 수사과정 외에서 작성된 것이 아닌 이상, 제313조 제1항이 적용될 수 없다. 따라서 제313조 제1항에 의하여 증거능력이 인정될 수 없다. '수사과정에서 작성한 것인지 여부'는 명칭이나 작성된 장소 여부를 불문하고 그 실질에 따라 결정하는데(위 2022도9510), "비록 수사기관이 아닌 자에 의하여 작성되었다고 하더라도, 수사가 시작된 이후 수사기관의 관여나 '영향' 아래 작성된 경우로서, 작성자의 지위, 작성 경위와 목적, 작성 시기와 장소 및 진술 방식 등에 비추어 실질적으로 고찰할 때, 그 서류가 '수사과정 외'에서 작성된 것이라고 보기 어렵다면, 이를 제313조 제1항의 '전 2조의 규정 이외에 피고인 아닌 자의 진술을 기재한 서류'에 해당한다고 할 수 없다"(위 2023도15133).

㉡ 둘째, 수사기관이 작성한 것도 아니고, 증거방법이 영상녹화물로서 서류는 아니라는 것인데, '수사기관이 작성한 피의자신문조서나 진술조서'가 아니고, 피고인 또는 피고인 아닌 자가 작성한 '진술서'도 아닌 이상(즉, '서류' 아님), 제312조 제1항 내지 제5항이 적용될 수 없다. 따라서 제312조에 의하여 증거능력이 인정될 수도 없다.

게다가 영상녹화물은, 다른 법률에서 달리 규정하는 등의 특별한 사정이 없는 한, 공소사실을 직접 증명하는 '독립적인 증거'로 사용할 수 없다(대판 2014.7.10. 2012도5041. 본증사용 금지). 요컨대, 위 영상녹화물은 증거능력이 배제된다.

iii) (검찰청 소속 '형사조정위원'이 작성한 '피의자 진술기재 형사조정조서'의 증거능력 배제) 검찰청 소속 형사조정위원이 검사에 의한 수사과정에서 회부된 형사조정절차에서 피의자의 주장을 형사조정조서에 기재하였는데, 검사가 이를 법원에 증거로 제출한 경우, 그 증거능력은 배제된다(위 2024도11314). 그 이유는 이러하다.

㉠ 첫째, 그 실질이 수사과정에서 작성된 것인데, 수사과정 외에서 작성된 것이 아닌 이상, 제313조 제1항이 적용될 수 없다. 따라서 제313조 제1항에 의하여 증거능력이 인정될 수 없다. "비록 수사기관이 아닌 자에 의하여 작성되었다고 하더라도, 수사가 시작된 이후 수사기관의 관여나 '영향' 아래 작성된 경우로서, 작성자의 지위, 작성 경위와 목적, 작성 시기와 장소 및 진술 방식 등에 비추어 실질적으로 고찰할 때, 그 서류가 '수사과정 외'에서 작성된 것이라고 보기 어렵다면, 이를 제313조 제1항의 '전 2조의 규정 이외에 피고인의 진술을 기재한 서류'에 해당한다고 할 수 없다"(위 2024도11314).

㉡ 둘째, "나아가 전문증거의 증거능력은 이를 인정하는 법적 근거가 있는 때에만 예외적으로 인정된다는 원칙 및 피고인 또는 피고인이 아닌 자의 진술서가 수사과정

에서 작성된 경우 그 증거능력에 관하여 제313조 제1항보다 더욱 엄격한 요건을 규정한 형사소송법 제312조의 취지 등에 비추어 보면, '수사기관이 아닌 자'가 '수사과정에서 작성한' 피고인의 진술을 기재한 서류의 증거능력도 엄격하게 제한할 필요가 있다"(위 2024도11314). 그 결과 '조정과정의 자유로운 진술'은 보장된다(부수적 효과). 요컨대, 위 형사조정조서는 그 증거능력이 배제된다.

5. 수사기관의 검증조서(312⑥)

(1) 의의

수사기관의 검증조서란 검사 또는 사법경찰관이 검증을 행하고 그 검증결과를 기재한 조서를 말한다. 수사기관의 검증에는 ㉠ 영장에 의한 검증(215·216③), ㉡ 영장에 의하지 않은 강제처분인 검증(216①②·217①), ㉢ 피검자(被檢者)의 승낙에 의한 승낙검증 등이 있다. 작성자는 검증의 주체인 검사·사법경찰관이다. 검증조서에 첨부된 도화나 사진은 검증조서와 일체가 된다.

(2) 증거능력의 요건

검사 또는 사법경찰관이 검증의 결과를 기재한 조서는 i) 적법한 절차와 방식에 따라 작성된 것으로서 ii) 공판준비 또는 공판기일에서의 작성자의 진술에 따라 그 성립의 진정함이 증명된 때에 증거로 할 수 있다(312⑥). 검증조서는 작성주체가 검사이든 사법경찰관이든 관계 없이, 증거능력 요건에서는 모두 동일하고 차이가 전혀 없다.

1) **적법한 절차와 방식** 피의자신문조서나 진술조서에서와 같다.

2) **진정성립** 작성자의 진술에 따라 진정성립이 증명되어야 한다.[1] 법관의 검증조서는 무조건 증거능력이 있으나, 수사기관의 검증조서는 낮은 신용성의 보장 때문에 예외적으로만 증거능력이 인정된다. 검사 피의자신문조서나 진술조서와 달리, 대체증명은 허용되지 않는다. i) 작성자는 당해 검증조서를 작성한 검사 또는 사법경찰관을 말하고, 단순히 검증에 참여한 경찰관은 제외된다(대판 1976.4.13. 76도500; 1990.2.13. 89도2567). ii) 여기의 검증조서에는 당해 사건은 물론, 다른 사건에 관한 것도 포함된다.

3) **수사기관의 검증조서에 기재된 (참여인)진술의 증거능력** 현장지시와 현

1) 여기서의 진정성립은 실질적 진정성립을 포함하는 개념임은 의문이 없으나, 수사기관이 직접 작성하는 서류이므로 형식성립이 인정되는 한 실질성립은 사실상 문제되지 않는다.

장진술의 증거능력 문제이다. i) 현장지시가 ㉠ 비진술증거로 이용되는 때(검증활동의 동기를 설명)에는 검증조서와 일체를 이루므로 제312조 제6항이 적용되고, ㉡ 현장지시 자체가 진술증거로 이용되는 때에는 현장진술과 같이 취급된다(수정설). ii) **현장진술**은 진술증거로서 실질적으로는 피의자신문조서 또는 진술조서이므로, 조서의 **작성주체와 진술자에 따라** 제312조 내지 제313조를 적용하여 증거능력을 판단한다. 즉, ㉠ 검사 작성의 검증조서 중 피고인이 된 피의자의 현장진술은 제312조 제1항(피의자신문조서), 피의자 아닌 자의 현장진술은 제312조 제4항(진술조서)에 의하여 증거능력이 인정된다. ㉡ 사법경찰관 작성의 검증조서 중 피의자의 현장진술은 제312조 제3항(피의자신문조서), 피의자 아닌 자의 현장진술은 제312조 제4항(진술조서)에 의하여 증거능력이 인정된다. 따라서 경찰 작성의 검증조서(2022.1.1. 이후에 기소된 사건에서는 검사 작성의 검증조서의 경우도 마찬가지)에 기재된 '진술내용' 및 '범행을 재연한 부분'에 대해서는 제312조 제3항이 적용된다. 즉, "사법경찰관이 작성한 검증조서에, 피의자이던 피고인이 사법경찰관 앞에서 자백한 범행내용을 현장에 따라 진술·재연한 내용이 기재되고, 그 재연과정을 촬영한 사진이 첨부되어 있다면, 그러한 기재나 사진은 피고인이 공판정에서 그 진술내용 및 범행재연의 상황을 모두 **부인하는 이상** 증거능력이 없다" (대판 2006. 1.13. 2003도6548). 경찰 피의자신문조서에 대한 이러한 설명은 검사 피의자신문조서의 경우에도 신법적용 사건(2022.1.1. 이후 기소된 사건)에서는 동일하게 적용된다.

(3) 관련문제

1) 실황조사서 실황조사서란 교통사고·화재사고 등 각종 재난사고 직후에 수사기관이 사고현장의 상황을 조사하여 그 결과를 기재한 서류를 말한다. 실황조사는 임의수사의 일환으로 실시된다. 상대방의 승낙 없이 사고현장에서 긴급하게 실황조사를 시행한 다음 사후영장을 받지 않았다면 그 실황조사서는 유죄의 증거로 삼을 수 없다(대판 1989.3.14. 88도1399).

i) 실황조사서의 증거능력과 관련하여, ㉠ 상대방의 승낙을 받아 임의수사의 일환으로 실시된 경우에는 검증조서에 관한 제312조 제6항이 적용된다. 실질적으로 검증조서와 동일하기 때문이다. ㉡ 반면, 상대방의 승낙 없이 긴급하게 실황조사를 시행한 다음 사후영장을 받지 않은 경우에는 위법수집증거에 해당하고, 제312조 제6항이 적용될 여지가 없다. ii) 임의수사의 일환으로 실시된

'실황조사서에 기재된 현장진술의 증거능력' 또한 검증조서의 경우와 동일하다. 즉, "사법경찰관이 작성한 실황조사서에, 피의자이던 피고인이 사법경찰관의 면전에서 자백한 범행내용을 현장에 따라 진술·재연하고, 사법경찰관이 그 진술·재연의 상황을 기재하거나 이를 사진으로 촬영한 것에 대하여, 피고인이 공판정에서 실황조사서에 기재된 진술내용 및 범행재연의 상황을 모두 부인하고 있다면, 그 실황조사서는 증거능력이 없다"(대판 1984.5.29. 84도378; 1989.12.26. 89도1557). 현장진술의 실질에 따라 제312조 제3항을 적용한 것이다.

2) **수사보고서** 수사보고서에 검증의 결과에 해당하는 기재가 있는 경우가 있다. 수사보고서란 단지 수사의 경위 및 결과를 내부적으로 보고하기 위하여 작성된 서류에 불과하다. 따라서 검증의 결과를 기재한 부분은, 제312조 제6항의 검증조서에 해당하지 않는다(대판 2001.5.29. 2000도2933). 또한 제313조 제1항의 진술서·진술기재서에도 해당하지 않으며, 제311조, 제315조, 제316조의 적용대상도 되지 않는다(위 2000도2933).

3) **압수수색조서** 검사 또는 사법경찰관이 압수·수색했을 때에는 압수·수색조서와 압수목록을 작성하여야 한다(49① 참조). 특히 압수조서에는 압수의 일시·장소, 압수 경위 등을 적어야 하고, 압수목록에는 품종, 수량 등을 적어야 한다(수사준칙40본문). 다만, 피의자신문조서, 진술조서, 검증조서에 압수의 취지를 적은 경우에는 그렇지 않다(수사준칙40단서).[1]

이러한 압수조서는 공판과정에서 '압수절차의 적법성 증명' 또는 '압수 당시 압수물의 존재상황'을 증명하기 위한 증거로 사용될 수 있다.[2] 형사소송법상 수사기관의 압수·수색조서의 증거능력에 관한 별도의 규정은 없다.

---

1) 수사준칙 제40조(압수조서와 압수목록) 검사 또는 사법경찰관은 증거물 또는 몰수할 물건을 압수했을 때에는, 압수의 일시·장소, 압수 경위 등을 적은 압수조서와 압수물건의 품종·수량 등을 적은 압수목록을 작성해야 한다. 다만, 피의자신문조서, 진술조서, 검증조서에 압수의 취지를 적은 경우에는 그렇지 않다.

2) '압수절차의 적법성'을 증명하기 위한 증거로 사용되는 경우에는, 압수절차의 적법성이 소송법적 사실이므로 자유로운 증명의 대상이 된다(증거능력이 문제되지 않는다).

[전문예외의 재구조화] (1) 312조 (2) 313조 (3) 311조

(1) 제312조(수사기관의 각종 조서)

수사기관의 각종 조서는 그 법적 성격이 수사기관이 작성한 일종의 진술기재서에 해당한다. 타인의 경찰 피신조서 가운데 공범자의 것은 경찰 피신조서(◘공범), 그 중 비공범자의 것은 진술조서(비공범◘)로 취급된다. 타인의 검사 피신조서는 신법적용 사건(2022.1.1. 이후 기소된 사건)에서는 경찰 피신조서와 동일하나, 구법적용 사건(2021.12.31.까지 기소된 사건)에서는 모두(◘공범·비공범◘) 진술조서로 취급된다(◘).

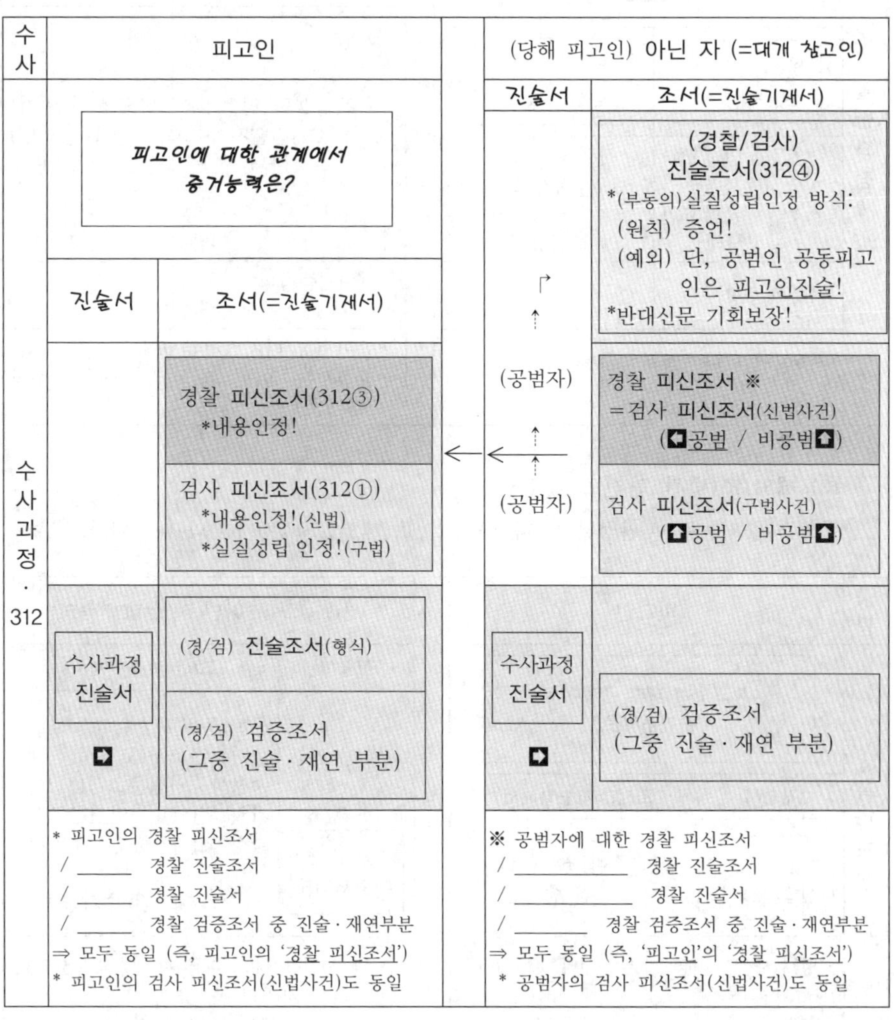

(2) 제313조(일반 진술서·진술기재서)

전문서류의 일반규정에 해당한다. 매우 복잡한 문장구조로 되어 있으나, 알고 보면 사실 아주 간단하다.

일반	피고인		(당해 피고인) 아닌 자	
일반과정·313	*피고인에 대한 관계에서 증거능력은?*		일반 진술서	일반 진술기재서
	일반 진술서	일반 진술기재서	*진정성립 인정! ('원진술자') =아닌 자	*진정성립 인정! ('원진술자') =아닌 자
	*진정성립 인정! ('원진술자') =피고인 +특신상태	*진정성립 인정! (단, '작성자'도 가능) =녹음자 +특신상태		
	[대체증명] ○	×	[대체증명] ○ +[반대신문 기회보장]	×
	*종이서류/디지털서류 모두 동일		*종이서류/디지털서류 모두 동일 **감정서는 '아닌 자'의 '진술서'에 준함 (313③)	

(3) 제311조(법관 면전조서)

무조건 증거능력이 인정된다. 제313조(일반), 제312조(수사기관)와 대비된다.

공판	피고인		(당해 피고인) 아닌 자 (=대개 증인)	
공판과정·311	*피고인에 대한 관계에서 증거능력은?*		진술서	조서(=진술기재서)
	진술서	조서(=진술기재서)	일반 진술서313	공판(준비)조서(311①) 증거보전조서(311①) 수사상증인신문조서(311①) 기일 외(外) 증인신문조서 법정 외(外) 증인신문조서 * 무조건 증거능력!
	일반 진술서313	공판(준비)조서(311①) *무조건 증거능력!		
	* 당해 사건만 해당. 다른 사건의 것은 315iii		* 당해 사건만 해당. 다른 사건의 것은315iii 예: 다른 사건의 공판조서 (공범자의 피고인진술 기재) (공범 아닌 자의 피고인진술 기재)	

우선, 압수물의 존재상황을 증명하는 경우 압수조서는 수사기관이 검증 결과를 기재한 서면(검증조서)과 성질상 유사하므로 제312조 제6항(검증조서)이 적용된다. 즉, "사법경찰리가 작성한 '피고인이 임의로 제출하는 별지 물건(공소장 기재 물건)을 압수하였다'는 내용의 압수조서는, 피고인이 공판정에서 증거로 함에 동의하거나, 원진술자의 공판기일에서의 증언에 의하여 그 성립의 진정함이 인정되면, 증거로 쓸 수 있다"(대판 1995.1.24. 94도1476). 원진술자(압수조서의 작성자)의 진술에 의하여 진정성립이 인정되면 증거능력이 있다.

한편, ㉠ 압수조서 중 '압수경위'란에 피의자가 피의사실을 전부 자백하였다는 내용이 기재되는 경우가 있다. "수사기관이 작성한 압수조서에 기재된 피의자였던 피고인의 자백 진술 부분은, 피고인 또는 변호인이 내용을 부인하는 이상, 증거능력이 없다"(위 2020도16796). 수사기관의 수사과정에서 작성된 것이라면 그 서류나 문서의 형식과 관계없이 '피의자신문조서로 취급'되기 때문이다. ㉡ 또한, 압수조서 중 '압수경위'란에는 피의자의 범행장면을 현장에서 목격한 사법경찰관리가 이를 묘사한 진술내용이 포함되는 경우가 있다. "압수경위란에 기재된 상기의 내용은, 범행 현장을 직접 목격한 사람의 진술이 담긴 것으로서, 제312조 제5항에서 정한 '피고인이 아닌 자가 수사과정에서 작성한 진술서'에 준하는 것으로 볼 수 있고(즉, '피고인 아닌 자'의 '수사과정 진술서'의 일종), 압수절차가 적법하였는지 여부에 영향을 받지 않는 '별개의 독립적인 증거'에 해당한다(대판 2019.11.14. 2019도13290).

Ⅴ. 제313조 진술서 · 진술기재서 · 감정서

1. 제313조의 의의와 연혁

(1) 진술서와 진술기재서

1) 뜻 　진술서는 진술자가 스스로 자기의 진술을 기재한 서면을 말한다. 한편, 진술기재서는 진술자의 진술을 제3자가 기재한 서류를 말하고, '진술기재서류'(대판 1982.9.14. 82도1479 전합)라고도 한다. 즉, 진술을 진술자 스스로 서면화한 것은 진술서이고, 다른 사람을 통하여 서면화한 것은 진술기재서(류)이다. 진술서는 진술자와 작성자가 일치하나, 진술기재서는 진술자와 작성자가 서로 다르다. 진술서 · 자술서 · 시말서 · 보고서 등 명칭 여하는 문제되지 않는다. 문제는

진술기재서와 재전문서류를 구별해야 된다는 점이다

2) 진술기재서와 재전문서류의 구별 양자는 모두 진술자와 작성자가 불일치한다는 점에서는 동일하다. 그러나 진술기재서는 '단순전문'이고, 재전문서류는 '2중전문(재전문)'이라는 점에서 차이가 있다. 즉, i) **진술기재서**는 진술자의 진술을 작성자가 듣고(1차 전문) 서면화한 다음(2차 전문), 다시 이에 대해 '**진술자**'의 서명 또는 날인을 받은 것을 말한다(진술자의 '직접성 확인'을 통한 1차 전문의 해소). 비록 진술자와 작성자가 다르지만 진술자 스스로 '직접' 서면화한 것과 다름없다(서면이라는 1회의 간접성). ii) 반면, **재전문서류**는 진술자의 진술을 작성자가 듣고(1차 전문) 그 진술내용을 작성자가 서면화한 것(2차 전문) 그 자체를 말한다. 진술자의 서명·날인이라는 '직접성 확인'을 통한 간접성 해소과정이 결여됨으로써, 진술자가 진술을 직접 서면화한 것과 동일하게 평가할 수 없다. 진술자의 진술이 작성자를 통하여 '간접적으로' 서면화된 것(2회의 간접성, 2중전문·재전문)이며, 재전문서류에 현출되는 서명 또는 날인은 진술자의 것이 아니라 '**작성자**'의 서명 또는 날인이 존재하게 된다.

(2) 일반 서류(수사과정 이외의 사적상황 등)

1) 일반 규정 제313조의 적용대상은 제311조 및 제312조의 규정 이외의 **일반 서류**인 진술서 또는 진술기재서 전반이다. 제313조는 전문서류에 대한 **일반적 규정**인 셈이다. 그런데 제311조의 법관 면전조서, 제312조의 수사기관 각종조서도 일종의 진술기재서에 해당하겠지만, 그 해당 조항이 우선 적용된다. 특히 수사과정에서 작성한 진술서는 제312조 제5항에 의하여 제312조 제1항부터 제4항까지의 규정이 준용된다. 따라서 제313조의 적용대상은 '**수사과정 이외의 단계**'(즉, 공판 단계, 수사 이전 단계 및 수사 이외 단계)에서 작성된 것에 한정된다. 즉, "제313조 제1항이 규정하는 서류는 '**수사과정 외에서**' 작성된 서류를 말한다"(위 2023도15133).[1)]

2) 적용대상 구체적으로 ㉠ **사적상황**에서 작성된 진술서·진술기재서가

1) [대검찰청 소속 '진술분석관'이 녹화한 '피해자 면담 영상녹화물'] 이는 수사과정 외에서 작성된 것이 아니므로(=수사과정에서 작성된 것), 제313조 제1항이 적용될 수 없다("비록 수사기관이 아닌 자에 의하여 작성되었다고 하더라도, 수사가 시작된 이후 수사기관의 관여나 영향 아래 작성된 경우로서, 작성자의 지위, 작성 경위와 목적, 작성 시기와 장소 및 진술 방식 등에 비추어 실질적으로 고찰할 때, 그 서류가 '*수사과정 외에서 작성된 것*이라고 보기 어렵다면, 이를 제313조 제1항의 서류에 해당한다고 할 수 없다"). 같은 취지의 위 2024도11314(검찰청 소속 '형사조정위원'이 작성한 '형사조정조서'의 증거능력 배제)도 참조.

대표적인 적용대상이다. 예컨대, 진술서(예: 사인인 의사가 작성한 진단서,[1] 피해자의 고소장[2]) 또는 진술기재서(예: 대필한 고소장, 공증인이 작성한 서류) 등이 그러하다. 진술서에 준하는 것도 마찬가지다(예: '피해자가 남동생에게 도움을 요청하면서, 피고인이 협박한 말을 포함하여 공갈 등의 피해 내용을 담아 보낸 문자메시지'[3] 등).

또한, ㉡ **공판단계**의 진술서(예: 메모, 일기 등)에도 제313조가 적용된다. 다만, 공판과정에서 제출하는 피해자의 '의견서'는 유죄의 증거로 사용할 수 없다(규134의12).[4]

그 밖에, ㉢ 선관위·감사원·금감원·공정거래위원회 등 고발권 있는 **정부기관**의 업무과정에서 작성된 진술서 또는 문답서(예: ⓐ 선관위직원의 문답서,[5] ⓑ 세무공무원이 조세범칙조사 과정에서 작성한 심문조서[6]) ㉣ 학교·법인단체 등 각종 **기관**의 징계·조사 등 다양한 업무과정에서 작성된 각종 진술서(예: 경위서, 시말서) 또는 문답서에도 제313조가 적용된다(문답서는 '진술기재서'에 해당). 이처럼 제313조의 적용대상은 대단히 광범위하다.

3) '피고인 아닌 자'의 뜻 '피고인 아닌 자'란 **당해 피고인을 제외한 모든 제3자**로서, 피해자, 참고인, 공범자, 공동피고인 등이 이에 해당한다.

(3) 제313조의 특수성[한국형]

1) 제정 형사소송법 실질적 직접주의는 경험자가 일일이 공개된 법정에 출석하여 법관 면전에서 직접 요증사실에 대해 진술할 것을 요구한다. 그런데 이는 한편으로 소송의 지연이나 실체진실 발견의 어려움으로 작용하게 된다. 1954년 제정 형사소송법은 신생국가의 사법현실을 감안하여 부득이 진술대체물

---

1) 대판 1969.3.31. 69도179. 제315조의 '당연히 증거능력 있는 서류'가 아니다.

2) 대판 2012.7.26. 2012도2937 등.

3) 대판 2010.11.25. 2010도8735. 디지털진술서에 해당하는 것으로서, 진술서에 준한다.

4) 예컨대, 범죄사실의 인정에 해당하지 않는 사항에 관하여 공판과정에서 제출된 피해자의 "의견진술과 의견진술에 갈음한 서면은 범죄사실의 인정을 위한 증거로 할 수 없다"(규134의12). 따라서 "공판과정에서 피해자가 제출한 탄원서('의견진술에 갈음한 서면')의 일부기재를 피해자 진술의 신빙성을 인정하는 사정의 하나로 적시하여 유죄의 증거로 사용하는 것은 허용되지 않는다"(대판 2024.3.12. 2023도11371).

5) 대판 2014.1.16. 2013도5441. 다만 수사가 목전에 임박한 상태에서 수사자료로서의 활용을 예정하고 작성된 것이라면 제312조를 유추적용하는 것이 바람직하다고 본다.

6) 대판 2022.12.15. 2022도8824("조세범칙조사를 담당하는 세무공무원이 작성한 심문조서는, 수사기관이 작성한 조서와 동일하게 볼 수 없으므로, 제312조가 아니라 제313조에 따라 증거능력의 존부를 판단한다"). 이러한 '세무공무원'은 특별사법경찰관리가 아니고, 현행법령상 조세범칙조사의 법적 성질은 기본적으로 행정절차에 해당한다.

인 각종 서류를 증거로 활용하기로 제도화하였다. 첫째, 제313조의 일반 서류들에 대해 증거능력의 요건으로, 원진술자의 ㉠ "'자필'이나 '서명 또는 날인'"(직접성 요건) 및 ㉡ "성립의 진정 인정"(진정성 요건)이라는 2중의 안전장치를 입법화하였다. 이는 단지 '진정성립 인정' 요건에 의하여, 구두진술을 서면으로 대체하는 것인데, 다른 입법례에서는 찾아보기 힘든 우리 법제의 특유한 제도이다. 둘째, 특히 '특신상태' 및 (원진술자에 대한) '반대신문의 기회 보장'은 증거능력의 요건으로 규정되지 않았다. 즉, '특신상태' 및 '반대신문의 기회 보장'은 제313조 제1항의 요건이 아니다.

2) 1961년의 일부 개정 제313조는 1961.9.1. 국가재건최고회의에서 일부 개정되었다. 전문법칙에 관한 제310조의2를 신설하는 한편, 제313조 제1항에는 '단서' 부분(특신상태)을 새롭게 추가하였다. 이에 대한 자세한 토의기록은 남아 있지 않다. 어쨌든 1961년 개정에서 제313조는 '피고인진술'인 경우에 국한하여 제1항 단서가 추가되었지만('특신상태'가 증거능력의 요건), '피고인 아닌 자'의 진술인 경우에는 현재에도 여전히 특신상태가 증거능력의 요건이 아니며 필요 없다. 제313조가 적용되는 주된 영역은 '피고인 아닌 자'의 진술인 경우가 대부분이다.

3) 2016년의 일부 개정 제313조는 2016.5.29. 일부 개정되었다. 전기통신기술의 비약적인 발전에 따라 컴퓨터 등 각종 정보저장매체의 이용이 일상화되고, 각종 증거들도 종이문서가 아닌 전자적 정보의 형태로 디지털화되어 있는 현실을 고려한 것이다. i) [정보저장매체의 명문화] 제1항에서 "피고인 또는 피고인 아닌 자가 작성하였거나 진술한 내용이 포함된 문자·사진·영상 등의 정보로서 컴퓨터용디스크, 그 밖에 이와 비슷한 정보저장매체에 저장된 것"을 '진술서'나 '진술기재서'와 동일하게 취급하고 있다. 이하 편의상 '종이서류'(또는 종이진술서·종이진술기재서)에 대비하여 '디지털서류'(또는 디지털진술서·디지털진술기재서)라고 칭한다. ii) [(진술서의 경우) 진정성립에 대한 대체증명 허용 및 ('아닌 자'에 대한 진술서의 경우) 반대신문의 기회보장] 제2항에서 "진술서의 작성자가 그 성립의 진정을 부인하는 경우 디지털포렌식 자료, 감정 등 객관적 방법으로 성립의 진정함이 대신 증명"할 수 있도록 대체증명을 허용하고, 다만, "피고인 아닌 자가 작성한 진술서는 그 기재 내용에 관하여 작성자를 신문할 수 있었을 것"을 증거능력의 요건으로 추가하는 규정을 신설하였다. 이는 검사 피의자신문조서 및 수사기관의 진술조서에 대해 대체증명 방법을 허용하고(312②④), 진술조서에 대한 증거능력 요건으로 반대신문의 기회보장을 규정한 것(312④)과 같은 맥락이다.

4) 현행법의 기조 이와 같이 제313조는, 1961년 개정에서 제1항 단서가 추가되고, 2016년 개정에서 제2항이 신설되었을 뿐, 제정 형사소송법 이래 현재에 이르기까지 그 골격에 큰 변함이 없다. 요컨대, '**피고인 아닌 자**에 대한' 제313조의 **일반 서류**만큼은 (수사기관의 각종 조서에 대한 제312조와는 달리) '직접성' 요건과 '(원진술자 본인의 법정진술에 의한) 진정성' 요건만 충족되면, 전문법칙의 예외요건인 '신용성의 정황적 보장'과 '필요성'의 인정까지 사실상 의제하는 셈이다. 이러한 제정 형사소송법의 기조는 현재에도 그대로 유지되고 있다.

(4) 제313조의 복잡한 문장구조

제313조 제1항은 복수의 주어(피고인 · 피고인 아닌 자, 진술자 · 작성자), 복수의 목적어(진술서 · 진술기재서), 복수의 술어(작성, 진술기재), 복수의 대상(종이서류 · 디지털서류)을 규정함으로써 지극히 복잡한 문장구조를 갖고 있다. 게다가 제2항에 규정된 대체증명의 허부(진술서) 및 반대신문의 기회보장 요부(피고인 아닌 자가 작성한 진술서) 등과 관련하여 대단히 많은 경우의 수가 도출된다. 제313조의 적용대상인 일반 서류는 크게 i) 원진술자가 ㉠ '피고인'인 경우, ㉡ '피고인 아닌 자'(당해 피고인 이외의 자)인 경우, ii) 서류가 ㉠ 진술서인 경우, ㉡ 진술기재서인 경우로 구분된다.

2. 제1항의 해석: 진술서와 진술기재서, 종이서류와 디지털서류

(1) 제1항 본문

제313조 제1항 본문[1]의 증거능력 요건은, 원진술자가 피고인이든 피고인 아닌 자이든 구별 없이, ㉠ 원진술자의 '자필'이거나 '서명 또는 날인' 존재(직접성), ㉡ 원진술자의 진술에 의한 (공판준비 또는 공판기일에서의) '성립의 진정' 인정(진정성)이다.

1) 직접성: '자필'이거나 '서명 또는 날인'의 존재 i) [진술서] '진술서'는 **'진술자'**(=작성자)의 **'자필'**이거나 **'서명 또는 날인'**이 있어야 한다(직접성 요건). 반드시 자필일 필요는 없고, 서명 또는 날인이 있는 경우라도 무방하다. 자필 · 서명 · 날인은 각각 독립하여 진술서 또는 진술기재서의 직접성을 담보하는 '진정

1) 제313조(진술서 등) ① "피고인 또는 피고인이 아닌 자가 작성한 진술서나 그 *진술을 기재한 서류*로서 그 작성자 또는 *진술자*의 자필이거나 그 서명 또는 날인이 있는 것은 공판준비나 공판기일에서의 그 작성자 또는 *진술자*의 진술에 의하여 그 성립의 진정함이 증명된 때에는 증거로 할 수 있다."

성 확인장치'이다. 자필이 가장 직접적인 '직접성 확인장치'이나, 서명 또는 날인 또한 자필에 필적하는 '직접성 확인장치'이다. 따라서 타이프나 부동문자로 작성된 서류에 서명 또는 날인이 있으면 진술서에 해당한다. 이러한 서명 또는 날인은 서증의 정확성, 즉 문서의 내용을 진술자가 보증하기 위한 것이므로, 정확성이 담보된다면, (진술자의) 서명 또는 날인 대신에 '기명 아래에 서명(싸인)'이 있는 경우도 무방하다(대판 1979.8.31. 79도1431). ii) [진술기재서] 한편 '진술기재서'는 (작성자가 아닌) **'진술자'의 '서명 또는 날인'**이 있어야 한다(직접성 요건). (진술자 아닌 작성자가 기재한다는 점에서) 진술자의 자필은 상정할 수 없다.

2) 진정성: 원진술자의 진술에 의한 성립의 진정 i) 여기서 성립의 진정은 '형식적 진정성립'과 '실질적 진정성립'을 포함하는 의미이다. 형식적 진정성립은 원진술자가 해당 서류에 기재된 필적이나 서명·날인이 자신의 것임을 확인하는 것이고, 실질적 진정성립은 원진술자가 해당 서류의 기재내용이 자신의 진술내용과 일치함을 확인하는 것이다. 자필의 경우를 제외하면, 형식적 진정성립이 인정된다고 하여 실질적 진정성립까지 추정되는 것은 아니다(대판 2004.12.16. 2002도537 전합). ii) 진정성립의 인정방식은 '그 작성자 또는 진술자의 공판준비 또는 공판기일에서의 '**진술**'에 의하여 증명하여야 한다. 제313조 제1항의 문장구조상 여기서 '작성자'는 '진술서'에, '진술자'는 '진술기재서'에 각각 대응하는 것이므로, 진술서든 진술기재서이든, 진정성립의 인정은 결국 '**원진술자**'의 법정진술에 의해야 한다는 것을 의미한다(원칙).

여기서 '피고인 아닌 자'란 **당해 피고인을 제외한 모든 제3자**로서, 피해자, 참고인, 공범자, 공동피고인 등이라는 점은 이미 설명하였다. 특히 피고인 아닌 자의 진정성립 인정방식이 문제된다. '피고인 아닌 자' 가운데 '**공범 아닌 공동피고인**'이 진정성립을 인정하려면, **증언의 방식**, 즉 증인으로서 선서하고 진술해야 한다. 이와 달리 '공범인 공동피고인'은 피고인진술의 방식으로 진정성립을 인정하면 된다.

(2) 제1항 단서

제313조 제1항 단서[1]의 증거능력 요건은, '피고인의 진술을 기재한 서류'에 대한 것으로, ㉠ '작성자'진술에 의한 진정성립의 증명, ㉡ 특신상태이다.

---

1) 제313조 ① 단서: "피고인의 진술을 기재한 서류는 공판준비 또는 공판기일에서의 그 *작성자*의 진술에 의하여 그 성립의 진정함이 증명되고 그 진술이 특히 신빙할 수 있는 상태하에서 행하여진 때에 한하여 피고인의 공판준비 또는 공판기일에서의 진술에 불구하고 증거로 할 수 있다"

1) 작성자의 의미 이 단서는, '피고인의 진술을 기재한 서류'에서 원진술자인 피고인이 진술을 거부하거나 진정성립을 부인하는 경우 동일한 내용의 진술을 재차 획득할 수 없는 문제상황에 대처하기 위하여, 1961년 일부 개정에서 도입된 조문이다. 따라서 여기서의 '작성자'는 본문의 해석과는 달리, '피고인의 진술을 기재한 서류'를 **실제로 작성한 제3자**(작성자)를 의미한다. 즉, '피고인의 진술을 기재한 서류'(=진술기재서)는 작성자의 진술에 의하여 진정성립이 인정되고 특신상태가 인정되면, (원진술자인 피고인이 진정성립을 부인하는 진술에도 불구하고) 그 증거능력이 인정된다는 것이다[**완화요건설**(특신상태가 증거능력의 요건을 완화하는 기능을 한다는 의미에서 붙여진 명칭이다)].

제313조 제1항 단서의 의미에 관해 학설상 대립이 있는데,[1)] 판례는 이처럼 완화요건설의 입장이다. 즉, ㉠ '피고인의 진술이 녹음된 **녹음테이프**'의 증거능력이 문제된 사안에서, (원진술자인 피고인의 '진정성립을 부인하는 진술'에도 불구하고) **작성자인 상대방의 진술**에 의하여 진정성립이 증명될 수 있다고 판시하였다. 여기서의 '작성자'는 결국 '녹음테이프의 작성자, 즉 **녹음한 사람**'(=녹음자)을 의미한다. 즉, "피고인의 진술내용을 증거로 사용하기 위해서는 제313조 제1항 단서에 따라 공판기일에서 그 '**작성자**'인 상대방의 **진술**에 의하여 '피고인이 진술한 대로 녹음된 것'이라는 점이 증명되고, 나아가 그 진술이 **특신상태**에서 행해진 것으로 인정되어야 한다"(대판 2001.10.9. 2001도3106; 2012.9.13. 2012도7461). ㉡ 또한 '국무조정실 산하 정부합동공직복무점검단 소속 **점검단원**이 피고인의 진술을 기재한 서류(확인서)'의 증거능력이 문제된 사안에서, (원진술자인 피고인의 '진정성립을 부인하는 진술'에도 불구하고) '**작성자**'인 상대방의 **진술**에 의하여 진정성립이 증명되고, 특신상태가 인정되면, 그 확인서의 증거능력은 인정된다(대판 2022.4.28. 2018도3914)고 판단하였다. 거듭하여 '**완화요건설**'의 입장에 있음을 분명히 하고 있는 것이다. 따라서 ㉢ '조세범칙조사를 담당하는 **세무공무원이 작성한 심문조서**'의 증거능력 역시 수사기관이 작성한 조서와 동일하게 볼 수 없는 이상 제312조가

1) 제1항 단서의 해석론으로는 가중요건설과 완화요건설이 대립한다. i) **가중요건설**은 단서를 본문의 가중요건으로 해석하는 입장으로, 본문의 진정성립 요건에 더하여 단서의 특신상태 요건이 추가된다는 견해이다. 단서의 문장 가운데 '한하여'라는 문구에 주목한 것이다. ii) **완화요건설**은 단서를 본문의 예외 내지 완화규정으로 해석하는 입장으로, 본문에 규정된 원진술자만에 의한 진정성립 요건을 갖추지 못하더라도, 단서에 의하여 원진술자 아닌 '작성자'가 '특신상태' 요건을 구비하면 증거능력이 인정된다는 견해이다. 단서의 문장 가운데 '피고인의 진술에도 불구하고'라는 문구에 주목한 것이다. iii) 판례는 피고인의 진술서에서는 가중요건설, 피고인의 진술기재서에서는 완화요건설의 입장이다.

아니라 제313조에 따라 그 증거능력의 존부를 판단한다(위 2022도8824).

2) **특신상태** 그 내용은 피의자신문조서나 진술조서에서와 같다. 다만 판례는 앞서 본 피고인의 진술기재서는 물론, **피고인의 자필진술서**에서도 특신상태 요건을 요구한다[여기서는 **가중요건설**]. 즉, "서류의 작성자가 동시에 진술자이므로, 진정성립이 인정되고 제313조 단서에 의하여 그 진술이 특신상태에서 행해진 때에는 증거능력이 있다"(대판 2001.9.4. 2000도1743).[1] 피고인의 진술서에도 제313조 제1항 '단서'가 적용된다는 입장이다. 이는 피고인의 진술서 작성과정에서 제3자가 개입하는 경우가 있을 수 있고, 이러한 경우에는 특신상태가 문제될 수 있기 때문이다.

3) **'진술에도 불구하고'의 의미** 이에 대해 '내용을 부인하는 진술에도 불구하고'라는 견해가 있으나, 단서의 입법취지와 문언의 형식을 고려하면, 이는 (원진술자인 피고인의) '진정성립을 부인하는 진술에도 불구하고'라는 의미이다(위 2018도3914).

(3) 제1항 본문의 괄호(디지털서류)

제313조 제1항 본문의 괄호[2]는 그 적용대상에 종래의 종이서류 이외에 **디지털서류**를 새롭게 포함시키는 내용이다. 그 법문의 표현상 종이서류(종이진술서·종이진술기재서)와 같은 구조를 유지하고 있으므로, '작성한'은 '디지털 진술서'를, '포함된'은 '디지털 진술기재서'를 의미한다. 종이서류에 대한 설명은 그대로 적용된다. 다만 유념할 사항은 다음과 같다.

1) **직접성 요건**(서명 또는 날인) 제313조 제1항은 법문상 원진술자의 '자필'이나 '서명 또는 날인'을 요건으로 하나, 디지털서류는 종이서류와 달리 성질상 이를 상정하기가 쉽지는 않다. 판례는 디지털문서의 경우에는 그 성질상 이를 별도로 요구하지 않으며, 제1항을 유추적용한 녹음테이프 등의 사안에서도 마찬가지이다(대판 2001.10.9. 2001도3106; 2012.9.13. 2012도7461). 그러나 적어도 그 작성

---

1) [판례 원문] "피고인의 자필로 작성된 진술서의 경우에는 서류의 작성자가 동시에 진술자이므로 진정하게 성립된 것으로 인정되어 형사소송법 제313조 단서에 의하여 그 진술이 특히 신빙할 수 있는 상태하에서 행하여진 때에는 증거능력이 있고, 이러한 특신상태는 증거능력의 요건에 해당하므로 검사가 그 존재에 대하여 구체적으로 주장·입증하여야 하는 것이지만, 이는 소송상의 사실에 관한 것이므로, 엄격한 증명을 요하지 아니하고 자유로운 증명으로 족하다." (위 2000도1743)

2) 제313조 ① 괄호: "(피고인 또는 피고인 아닌 자가 **작성**하였거나 진술한 내용이 **포함**된 문자·사진·영상 등의 **정보**로서 컴퓨터용 디스크, 그 밖에 이와 비슷한 정보저장매체에 저장된 것을 포함한다. 이하 이 조에서 같다.)"

자 또는 진술자의 **특정은 필요**하며, 작성자조차 불분명하다면 제313조 제1항 또는 제314조, 제315조가 적용될 수 없다(대판 2001.3.23. 2000도486). 즉, 종이서류의 서명 또는 날인에 준하는 정도의 **직접성 요건**(내지 직접성 확인장치)의 증명이 필요하다.

[디지털서류와 직접성 요건] i) 디지털 진술서의 경우에는 전자서명, 당해 매체에 자체에 확인진술의 존재('진술자가 스스로 자신의 진술을 직접 기록 · 저장하였음을 확인하는 진술') 또는 디지털 포렌식에 의한 증명 등을 생각할 수 있다. ii) 디지털 진술기재서의 경우에는, '문언의 형식, 내용, 체제 등에 비추어 **문서 그 자체에 의하여** 진술자와 작성자를 판별'할 수 있고, (진술자의 서명 또는 날인 없더라도) 그 '작성이 **진술자의 의사에 따른 것으로서 진술서와 동일 평가할 수 있을 정도**'라는 증명이 필요하다. 예컨대, 문서의 형태라면 그 형식(문답서, 행정기관의 진술조서 등), 내용(전자서명 또는 당해 저장매체 자체에 확인진술의 존재 등), 체제 등 그 문서 자체에 의하여(문서의 작성명의인에 관한 대판 2009.3.26. 2008도6895 참조), 음성 형태라면 진술자의 음성을 통하여, 녹화 형태라면 진술자의 용모와 음성을 통하여 직접성 요건의 충족이 증명되어야 한다. 만일 그렇지 않다면 이는 진술기재서가 아니라 '**재전문서류**'에 해당하게 된다.

2) **동일성 · 무결성** 디지털서류는 정보저장매체 원본에 저장된 내용과 출력 문건의 **동일성**이 인정되어야 한다. 이를 위해서는 정보저장매체 원본이 문건 출력시까지 변경되지 않았다는 사정, 즉 **무결성**이 담보되어야 한다(대판 2013.7.26. 2013도2511 참조). 즉, "전자문서를 수록한 파일 등의 경우에는, 성질상 작성자의 서명 혹은 날인이 없을 뿐만 아니라 작성자 · 관리자의 의도나 특정한 기술에 의하여 내용이 편집 · 조작될 위험성이 있음을 고려하여, 원본임이 증명되거나 혹은 원본으로부터 복사한 사본일 경우에는 복사 과정에서 편집되는 등 '**인위적 개작 없이 원본의 내용 그대로 복사된 사본임**'이 증명되어야만 하고, 그러한 증명이 없는 경우에는 쉽게 증거능력을 인정할 수 없다"(대판 2018.2.8. 2017도13263). 이는 "**해시(Hash)값 비교 등** 원본과 사본의 **직접 비교**를 통해 증명하는 것이 **원칙**이다. 다만 원본 제출이 불가능하거나 곤란하여 원본과 사본을 직접 비교할 수 없는 때에는, 법원이 녹음파일 생성 · 전달 · 보관 등의 절차에 관여한 사람의 증언이나 진술, 녹음파일에 대한 검증 · 감정 결과, 수사 · 공판 심리의 경과 등 제반 사정을 종합하여, 사본의 원본동일성 증명 여부를 판단할 수 있다"(대판 2025.2.27. 2022도1864).

이러한 원본동일성은 증거능력의 요건에 해당한다. 따라서 검사가 그 존재에 대해 구체적으로 주장·증명해야 한다. 법조문에는 명시적 규정이 없지만 해석상 별도로 인정된 전문법칙의 예외 요건이다.

3. 제2항의 해석: 진정성립의 대체증명 및 반대신문의 기회보장

(1) 제2항 본문(대체증명: '진술서')

제313조 제2항[1] 본문은 '진술서의 작성자가 진정성립을 부인하는 경우 객관적 방법에 의한 대체증명'을 규정하고 있다.

1) 진술서와 대체증명 i) [진술서만] 제2항은 그 문언상 '진술서'라는 표현만을 2곳에서 거듭 사용하고 있으므로, 진술서에만 적용되고, 진술기재서에 대해서는 적용되지 않는다[구별설].[2] 즉, 진술기재서는 대체증명이 허용되지 않는다. 따라서 진술기재서의 경우 원진술자가 (피고인이든 피고인 아닌 자이든) 진정성립을 부인하면 증거능력이 없다. ii) [객관적 방법] 여기서의 객관적 방법은 디지털포렌식 자료, 감정 등과 같이 과학적·기계적·객관적 방법만을 의미한다. 오로지 증언자의 주관적 기억능력에 의존할 수밖에 없어 객관성 보장이 어려운 증언은 이에 해당하지 않는다(위 2015도16586 참조). '포렌식 전문조사관의 증언'이라도 그 입법경위[3] 및 위 판례취지에 비추어 여기에 해당하지 않는다. iii) [종이진술서(포함)] 종이진술서와 디지털진술서는 제1항 본문에서 동일한 구조로 규정되고 있으므로, 종이진술서에 대해서도 제2항이 적용된다. 따라서 종이진술서에 대하여 원진술자가 (피고인이든 피고인 아닌 자이든) 진정성립을 부인하면 감정(필적·인영감정) 등 객관적 방법으로 대체증명이 허용된다.

2) 부인의 의미 대체증명은 진술서의 작성자가 진정성립을 부인하는 경우 문제된다. 부인의 뜻은 피의자신문조서·진술조서에서와 같다. i) ['피고인'의 진술서] 원진술자가 '피고인'인 경우 진정성립에 대해 '묵비'하는 것은 물론 진술거부권을 행사하여 '진술거부'한 것도 부인에 포함되므로, 대체증명이 허용된다.

---

1) 제313조(진술서 등) ② "진술서의 작성자가 성립의 진정을 부인하는 경우에는 과학적 분석결과에 기초한 디지털포렌식 자료, 감정 등 객관적 방법으로 성립의 진정함이 증명되는 때에 증거능력을 인정한다. 다만, 피고인 아닌 자가 작성한 진술서는 피고인 또는 변호인이 공판준비 또는 공판기일에 그 기재 내용에 관하여 작성자를 신문할 수 있었을 것을 요한다."

2) 피고인 아닌 자의 진술서에 대한 대체증명 규정(313②)이 '진술기재서'에도 적용되는지 여부에 관하여, i) 비구별설은 양자의 구별 없이 진술기재서에도 적용된다는 견해, ii) 구별설은 진술기재서에는 적용되지 않는다는 견해.

3) 포렌식 전문조사관의 증언은 국회 입법과정에서 삭제되었다.

ii) ['아닌 자'의 진술서] 원진술자가 '피고인 아닌 자'인 경우 진정성립 인정을 위해 대개 증인으로 출석하게 되는데, 진정성립에 대해 '묵비'하거나 '정당한 이유 없이 사실상 증언을 거절'한 경우도 포함되므로, 대체증명이 허용된다. 그러나 진정성립에 대해 '**정당한 증언거부권의 행사**로서 증언거부한 경우'에는, **증언거부권의 보장** 취지에 비추어 대체증명이 허용되지 않는다. 진정성립의 인정 여부도 증언거부권의 대상이 되며, 만일 대체증명을 허용한다면 이는 증인(원진술자인 '피고인 아닌 자')에 대한 관계에서 증언거부권을 침해하는 결과가 되기 때문이다(앞 2009도6788 참조). 반면, 사실상 증언거절의 경우 대체증명은 허용되나, 진정성립을 부인한 원진술자는 대개 피고인의 반대신문에 대해서도 불응할 것이므로, 결국 그 증거능력을 인정받기는 사실상 어렵다.

(2) 제2항 단서(반대신문의 기회보장: '피고인 아닌 자'의 진술서)

제313조 제2항 단서는 '피고인 아닌 자'가 작성한 진술서의 경우 그 기재내용에 관하여 (피고인이) '작성자(원진술자인 '피고인 아닌 자')를 신문할 수 있었을 것'을 요건으로 한다. 이는 '반대신문의 기회보장'을 증거능력의 요건으로 명시한 것이다. 다만, '피고인'이 작성한 진술서는 대상이 아니다. 피고인이 자신의 진술에 대해 반대신문권을 행사한다는 것은 논리모순이기 때문이다. 그 설명은 기본적으로 진술조서에서와 같다. 다만, 유념할 점은 다음과 같다.

'피고인 아닌 자'가 작성한 '진술서'의 경우 그 대체증명에서는, i) 피고인에게 반대신문의 기회가 보장되면 족하고, 현실적으로 반대신문이 반드시 행해져야 하는 것은 아니다. ii) 다만, 여기서 반대신문권 보장은 형식적·절차적인 것이 아니라 **실질적·효과적**인 것이어야 한다(앞 2001도1550). 따라서 원진술자가 피고인의 반대신문에 대해서 답변하지 아니한 경우(정당한 증언거부권 행사이든, 정당한 이유 없는 사실상 증언거절이든) 반대신문의 기회가 실질적으로 보장된 것으로 보기는 어렵고, 그 진술서는 증거능력이 없게 된다. 한편, 진정성립을 부인한 원진술자가 대체증명 이후에 반대신문에 응할 현실적인 가능성은 그다지 높지 않을 것이다[**사실상 2중장애**].

반면, '피고인 아닌 자의 진술서'의 경우 원진술자가 법정에서 **진정성립을 인정**한 경우에는, 그 후 반대신문에 불응하더라도, 그 '진술서'는 증거능력이 인정된다. 제313조 제1항에 의하면, '피고인 아닌 자의 진술서'는 원진술자가 진정성립만 인정하면 증거능력이 있다는 것으로, 반대신문의 기회보장을 별도의 증

거능력 요건으로 규정한 바 없기 때문이다.[1)]

4. 정리

[제313조 요약]

종이서류이든 디지털서류이든 증거능력의 요건은 기본적으로 같다. 문제되는 것은 대개 ㉠ '피고인 아닌 자'의 진술서, ㉡ '피고인'의 진술기재서이다. '피고인 아닌 자'란 당해 피고인을 제외한 모든 제3자로서, 피해자, 참고인, 공범자, 공동피고인 등을 포함한다. 다만, '공범 아닌 공동피고인'이 진정성립을 인정하려면, 증인으로서 선서하여야 함은 이미 서술한 대로이다.

(1) 피고인 아닌 자

1) 피고인 아닌 자의 진술서 i) 원진술자(작성자)인 '피고인 아닌 자'의 '자필'이거나 '서명 또는 날인'(직접성 요건)이 있고, ii) '원진술자'의 법정진술에 의하여 진정성립이 증명(진정성 요건)되면 증거능력이 있다. iii) 다만, 객관적 방법에 의한 대체증명이 허용되고, 이때에는 (피고인에게) 반대신문의 기회보장이 요건이다(실질적 · 효과적 보장).

그러나 주의할 점이 있다. 이 경우 **특신상태의 증명은 증거능력의 요건이 아니다.** 피고인의 원진술자에 대한 반대신문의 기회보장도 원칙적으로 (대체증명의 예외적인 경우를 제외하고는) **증거능력의 요건이 아니다.** "제313조 제1항의 진술서 · 진술기재서는 제312조의 (수사기관의) 조서보다 소위 **신용성의 정황적 보장**이 강하여 그 내용의 진실성에 있어 앞서며, 한편으로는 재현불가능한 경우가 많다는 점이 이들을 달리 규정한 이유이다"(대판 1982.9.14. 82도1479 전합 별개의견 참조). 즉, 제312조와는 달리, 전문법칙의 예외요건인 '신용성의 정황적 보장'이나 '필요성'을 별도로 요구하지 않는다. 결국 직접성 요건과 (원진술자 본인의 법정진술에 의한) 진정성 요건만 구비하면, 전문법칙의 예외요건인 필요성은 물론 특히 '신용성의 정황적 보장'을 사실상 의제하는 셈이다. 이점에서 우리 형사소송법 제313조 제1항은 그 특수성이 아주 특별하게 부각되고 있다.

2) 피고인 아닌 자의 진술기재서 i) 원진술자(작성자 아님)인 '피고인 아닌 자'

---

1) 이 점에서 '반대신문의 기회보장'을 제313조의 경우에 한하여 형식적 · 절차적인 것으로 해석할 여지는 없는가 하는 의문이 있을 수 있다. 그러나 제313조 제2항의 입법취지가 '진술서는 대체증명을 허용하되, 피고인 아닌 자가 작성한 경우 반대신문권이 보장됨을 명확히 규정하려는 것임'에 비추어 볼 때, 제313조에 국한하여 형식적 · 절차적인 것으로 해석하는 것은, 반대신문권을 형해화하는 것으로서, 반대신문의 기회보장을 증거능력의 요건으로 명시한 제313조 제2항의 입법취지에 명백히 반한다. 즉, 소박한 표현을 빌리면 "작성자를 신문할 수 있었을 것을 '요한다'"는 명문규정을 '요하지 않는다'로 해석할 수는 없다는 것이다.

의 '서명 또는 날인'이 있고,[1] ii) '원진술자'의 법정진술에 의하여 진정성립이 인정되면 증거능력이 있다.[2][3] 그러나 원진술자에 대한 반대신문의 기회보장은 요건이 아니다. 특신상태의 증명이 별도로 요구되는 것도 아니다. 객관적 방법에 의한 대체증명도 허용되지 않는다(진술기재서의 대체증명 불허)[구별설].

(2) 피고인

제313조 제1항의 (피고인의) 진술서·진술기재서는, 제312조 제1항 내지 제3항의 수사과정 진술서나 피의자신문조서보다 소위 **신용성의 정황적 보장**이 강하여 그 내용의 진실성에 있어 앞서며, 한편으로는 **재현이 불가능한** 경우가 많다. 이점이 제313조 제1항을 제312조 제1항 내지 제3항과 달리 규정한 이유이다(위 82도1479 전합 별개의견 참조).

1) 피고인의 진술서 i) 원진술자(작성자)인 '피고인'의 '자필'이거나 '서명 또는 날인'이 있고,[4] ii) '그 피고인'의 법정진술에 의하여 그 성립의 진정함이 증명되고,[5] iii) 제313조 단서에 의하여 그 진술의 특신상태가 증명되면 증거능력이 있다.[6] 그러나 원진술자에 대한 반대신문의 기회보장은 요건이 아니다(피고인). iv) 다만 객관적 방법에 의한 대체증명이 허용되나, 이때에도 반대신문의 기회보장은 그 요건이 아니다(피고인).

2) 피고인의 진술기재서 i) 원진술자(작성자 아님)인 '피고인'의 '서명 또는 날

---

1) 대판 1999.2.26. 98도2742("제313조가 적용되기 위하여는 그 진술을 기재한 서류에 그 **진술자의 서명 또는 날인**이 있어야 한다").

2) 대판 1999.3.9. 98도3169; 2011.9.8. 2010도7497("수사기관 아닌 사인(私人)이 피고인 아닌 사람과의 대화내용을 녹음한 녹음테이프는 그 증거능력을 부여하기 위해서는, 제313조 제1항에 따라 공판준비나 공판기일에서 **원진술자의 진술**에 의하여 녹음테이프에 녹음된 각자의 진술내용이 자신이 진술한 대로 녹음된 것이라는 점이 인정되어야 한다").

3) 대화내용을 녹음한 보이스펜의 음성이 피고인의 음성임을 인정하고 이를 증거로 함에 동의한 경우 이를 재녹음한 녹음테이프, 시디 및 그 녹취록 등에 대하여는 증거로 함에 부동의하고 그 성립의 진정을 인정하는 작성자의 법정진술은 없었음에도, 그 내용과 기재가 일치함을 확인된다는 이유로, 결국 그 진정성립이 인정된다고 하여 증거능력을 인정한 사례도 있다(대판 2008.3.13. 2007도10804).

4) 대판 1982.9.14. 82도1479 전합("피고인이 된 피의자가 작성한 자필진술서나 그 서명 또는 날인이 있는 진술서").

5) 대판 1982.9.14. 82도1479 전합("피고인이 된 피의자가 작성한 자필진술서나 그 서명 또는 날인이 있는 진술서(이하 진술서라고 쓴다)는 공판준비나 공판기일에서의 그 피고인의 진술에 의하여 그 성립의 진정함이 증명된 때에는 증거로 할 수 있으나, 피고인의 **진술을 기재한 서류**(**이하 진술기재 서류**라고 쓴다)는 공판준비 또는 공판기일에서는 **그 작성자의 진술**에 의하여 그 성립의 진정함이 증명되고 그 진술이 특히 신빙할 수 있는 상태하에서 행하여진 때에 한하여 피고인의 공판준비 또는 공판기일에서의 진술에 불구하고 증거로 할 수 있다").

6) 대판 2001.9.4. 2000도1743("피고인의 자필로 작성된 진술서의 경우에는 서류의 작성자가 동시에 진술자이므로 진정하게 성립된 것으로 인정되어 제313조 단서에 의하여 그 진술이 특히 신빙할 수 있는 상태하에서 행하여진 때에는 증거능력이 있다").

인'이 있고, ii) '그 피고인'의 법정진술에 의하여 진정성립이 인정되고, iii) 그 진술의 특신상태가 증명되면 증거능력이 있다. iv) 다만, 진정성립의 인정은 '작성자'인 상대방의 진술에 의하여 증명할 수도 있다.[1] 그러나 원진술자에 대한 반대신문의 기회보장은 요건이 아니다(피고인). 객관적 방법에 의한 대체증명도 허용되지 않는다(진술기재서)[구별설].

5. 감정서

1) 뜻 감정서는 감정의 경과와 결과를 기재한 서류를 말한다. 여기서 감정은 법원의 명령에 의한 경우(169), 수사기관의 촉탁에 의한 경우(221)가 있다. 전자의 경우 법원의 감정명령을 받은 '감정인'은 감정서를 서면으로 제출해야 하고(171), 후자의 경우 '감정수탁자'도 감정 결과를 감정서로 제출한다.

2) 증거능력의 요건 "감정의 경과와 결과를 기재한 서류도 제1항 및 제2항과 같다"(313③). 즉, 감정서는 '진술서'에 준하여 증거능력이 인정된다. 감정인은 피고인 아닌 자이므로, 감정서는 결국 '피고인 아닌 자의 진술서'와 요건이 같다. i) 감정인의 '자필'이거나 '서명 또는 날인'이 있어야 하고, ii) 공판준비 또는 공판기일에서의 감정인의 진술에 의하여 그 성립의 진정함이 증명되어야 한다. iii) 다만, 감정인이 진정성립을 부인하는 경우에는 필적감정 · 인영감정 등 객관적 방법으로 진정성립을 대신 증명할 수 있고, 이 경우 그 기재 내용에 관하여 '작성자(감정인)를 반대신문할 수 있었을 것'을 요한다. 종이감정서이든 디지털감정서이든 차이가 없다. 여기서의 성립의 진정은 형식적 진정성립 및 실질적 진정성립을 포함한다.

Ⅵ. 제314조 전문서류의 증거능력에 대한 예외

1. 의의

제314조[2]는 제312조 또는 제313조의 조서나 서류가 원진술자의 진술불능

1) 대판 2001.10.9. 2001도3106; 2012.9.13. 2012도7461("녹음테이프에 녹음된 피고인의 진술 내용을 증거로 사용하기 위해서는 제313조 제1항 단서에 따라 공판준비 또는 공판기일에서 작성자인 상대방의 진술에 의하여 녹음테이프에 녹음된 피고인의 진술 내용이 피고인이 진술한 대로 녹음된 것임이 증명되고 나아가 그 진술이 특히 신빙할 수 있는 상태하에서 행하여진 것임이 인정되어야 한다").

2) 제314조(증거능력에 대한 예외) 제312조 또는 제313조의 경우에 공판준비 또는 공판기일에 진

으로 진정성립 등의 요건을 충족할 수 없는 경우를 대비한 **보충규정**이다. 즉, 전문서류는 원래 증거능력이 없는 것이 원칙이다. 예외적으로 제312조 또는 제313조에 의해 원진술자가 공판기일에 진정성립 등의 요건을 충족하면 증거능력이 인정된다. 그러나 원진술자가 출석·진술할 수 없는 경우에는 부득이 진실발견과 소송경제의 측면에서, 다시 그 예외로서 증거능력을 인정할 필요가 있다. 제314조는 전문법칙의 예외에 다시 예외를 인정한 것이다(예외의 예외). 제314조의 요건은 ㉠ 진술불능(필요성)과 ㉡ 특신상태(신용성의 정황적 보장)이며, 그 증명책임은 검사에게 있다(대판 2013.4.11. 2013도1435). 판례는, 제314조가 직접주의와 전문법칙의 '예외의 예외'를 인정한 것이므로 2가지 요건의 충족 여부는 엄격히 심사한다는 입장이다.

2. 요건

(1) 원진술자의 진술불능(필요성)

제314조는 원진술자가 사망·질병·외국거주·소재불명, 그 밖에 이에 준하는 사유로 진술할 수 없을 것을 요건으로 한다. 원진술자의 법정진술이 불가능하므로 예외 인정의 필요성이 있다.

1) 법정사유 i) [사망] ii) [질병] 증인이 법정에 출석할 수 없을 정도의 정신적·신체적 고장으로 "임상신문이나 출장신문도 불가능할 정도의 중병"임을 요한다(대판 2006.5.25. 2004도3619).[1]

iii) [외국거주] 외국거주는 외국에 있는 자를 법정에 출석시키기 위해 모든 수단을 다하더라도 법정에 출석시킬 수 없는 경우를 말한다. 즉, "진술을 요하는 자가 외국에 있다는 것만으로는 부족하고, 그를 공판정에 출석시켜 진술하게 할 모든 수단을 강구하는 등 가능하고 상당한 수단을 다하더라도, 진술을 요할 자를 법정에 출석시킬 수 없는 사정이 있어야 예외적으로 적용된다"(대판 2016.2.18. 2015도17115). 요컨대, 요진술자의 ㉠ 외국소재+㉡ 법정출석을 위해 '**가능하고도 상당한 노력**(가능하고도 충분한 노력)을 다했지만 출석불능'인 경우를 의미한다.

술을 요하는 자가 사망·질병·외국거주·소재불명 그 밖에 이에 준하는 사유로 인하여 진술할 수 없는 때에는 그 조서 및 그 밖의 서류(피고인 또는 피고인 아닌 자가 작성하였거나 진술한 내용이 포함된 문자·사진·영상 등의 정보로서 컴퓨터용디스크, 그 밖에 이와 비슷한 정보저장매체에 저장된 것을 포함한다)를 증거로 할 수 있다. 다만, 그 진술 또는 작성이 특히 신빙할 수 있는 상태하에서 행하여졌음이 증명된 때에 한한다.

1) 출산을 앞두고 있다는 사유는 특별한 사정이 없는 한 이에 해당하지 않는다(대판 1999.4.23. 99도915).

다만, "항상 그와 같은 절차를 거쳐야만 위 요건이 충족될 수 있는 것은 아니고, 경우에 따라서는 비록 그와 같은 절차를 거치지 않더라도, 법원이 그 진술을 요할 자를 법정에서 신문할 것을 기대하기 어려운 사정이 있다고 인정할 수 있다면, 이로써 그 요건은 충족된다"(대판 2002.3.26. 2001도5666). 외국거주가 영구적이 아니라 일시적인 경우도 포함한다.

[가능하고도 상당한 노력] ① 대판 2008.2.28. 2007도10004("수사과정에서 수사기관은 그 진술자의 외국거주 여부와 장래 출국 가능성을 확인하고, 만일 그 거주지가 외국이거나 그가 가까운 장래에 출국하여 장기간 외국에 체류하는 등의 사정으로 향후 공판정에 출석하여 진술을 할 수 없는 경우가 발생할 개연성이 있다면 그 진술자의 외국 연락처를, 일시 귀국할 예정이 있다면 그 귀국 시기와 귀국시 체류 장소와 연락 방법 등을 사전에 미리 확인하고, 그 진술자에게 공판정 진술을 하기 전에는 출국을 미루거나, 출국한 후라도 공판 진행 상황에 따라 일시 귀국하여 공판정에 출석하여 진술하게끔 하는 방안을 확보하여 그 진술자로 하여금 공판정에 출석하여 진술할 기회를 충분히 제공하며, 그밖에 그를 공판정에 출석시켜 진술하게 할 모든 수단을 강구하여야 한다"). ② 대판 2016.2.18. 2015도17115("진술을 요하는 자가 외국에 거주하고 있어 공판정 출석을 거부하면서 공판정에 출석할 수 없는 사정을 밝히고 있더라도 증언 자체를 거부하는 의사가 분명한 경우가 아닌 한 거주하는 외국의 주소나 연락처 등이 파악되고, 해당 국가와 대한민국 간에 국제형사사법공조조약이 체결된 상태라면 우선 사법공조의 절차에 의하여 증인을 소환할 수 있는지를 검토해 보아야 하고, 소환을 할 수 없는 경우라도 외국의 법원에 사법공조로 증인신문을 실시하도록 요청하는 등의 절차를 거쳐야 하고, 이러한 절차를 전혀 시도해 보지도 아니한 것은 가능하고 상당한 수단을 다하더라도 진술을 요하는 자를 법정에 출석하게 할 수 없는 사정이 있는 때에 해당한다고 보기 어렵다").

iv) [소재불명] 소재불명이 되려면 단순한 소환장의 송달불능만으로는 부족하고, **소재수사**(소재탐지촉탁)까지 하였는데도 그 소재가 확인되지 않는 경우(소재탐지불능)이라야 한다(대판 1983.5.24. 83도768; 2004.3.11. 2003도171). 예컨대, ㉠ 소환장이 송달불능된 자에 대하여 소재탐지촉탁을 하지도 않은 경우(대판 1986.10.28. 86도1856), ㉡ 소재탐지촉탁을 하였으나 그 회보가 오지 않은 경우(대판 1996.5.14. 96도575), ㉢ 주거지 아닌 곳을 중심으로 소재탐지를 한 경우(대판 1969.5.13. 69도364; 2006.12.22. 2006도7479) 등은 소재불명에 해당하지 않는다. 나아가 "증인의 법정출석을 위한 '가능하고도 충분한 노력'을 다하였음에도 부득이 증인의 법정 출석이 불가능하게 되었다는 사정을 검사가 증명한 경우여야 한다"(대판 2013.4.11.

2013도1435). 즉, 소재탐지 불능보고서가 제출되었더라도 그것만으로는 부족하고, 검사가 기록상 나타난 주소, 전화번호로 **연락**하는 등 진술자의 소재를 발견하기 위한 가능하고도 충분한 노력을 다하였음을 증명해야 한다(위 2103도1435). 요컨대, 요진술자의 ㉠ 송달불능+㉡ 소탐불능+㉢ 법정출석을 위해 **'가능하고도 충분한 노력을 다했지만 출석불능'**인 경우를 의미한다.

[가능하고도 충분한 노력] ① 대판 2013.4.11. 2013도1435("제1심법원이 증인 갑의 주소지에 송달한 증인소환장이 송달되지 아니하자 갑에 대한 소재탐지를 촉탁하여 소재탐지 불능 보고서를 제출받은 다음 갑이 '소재불명'인 경우에 해당한다고 보아 갑에 대한 경찰 및 검찰 진술조서를 증거로 채택한 사안에서, 검사가 제출한 증인신청서에 휴대전화번호가 기재되어 있고, 수사기록 중 갑에 대한 경찰 진술조서에는 집 전화번호도 기재되어 있으며, 그 이후 작성된 검찰 진술조서에는 위 휴대전화번호와 다른 휴대전화번호가 기재되어 있는데도, 검사가 **직접 또는 경찰을 통하여** 위 각 전화번호로 갑에게 **연락**하여 법정 출석의사가 있는지 확인하는 등의 방법으로 갑의 법정 출석을 위하여 상당한 노력을 기울였다는 자료가 보이지 않는 사정에 비추어, 갑의 법정 출석을 위한 가능하고도 충분한 노력을 다하였음에도 부득이 갑의 법정 출석이 불가능하게 되었다는 사정이 증명된 경우라고 볼 수 없어 제314조의 '소재불명, 그 밖에 이에 준하는 사유로 인하여 진술할 수 없는 때'에 해당한다고 인정할 수 없다.")

2) 그 밖에 이에 준하는 사유 '그 밖에 이에 준하는 사유'에 해당하기 위해서는, "물리적으로 증인이 법정에 나오는 것이 불가능하거나, 나오더라도 진술을 할 수 없음이 객관적으로 분명한 경우에 국한된다"(대판 2019.11.21. 2018도13945 전합). 즉, 원진술자가 법관의 면전에 출석하는 것이 물리적으로 불가능한 경우 또는 출석하더라도 진술을 할 수 없음이 객관적으로 명백한 경우에 한정된다. 그 대표적인 예로는, ㉠ (증인인 원진술자에 대한) 구인장 집행 불능, ㉡ 기억상실, ㉢ 가시적·위협적인 보복 위험 등을 들 수 있다.

i) (구인불능) 구인장을 발부하여도 구인장이 집행되지 않아 법정신문이 불가능한 경우(대판 1995.6.13. 95도523)가 여기에 해당한다. 가장 흔히 문제되는 경우이다. 다만, "형식적으로 구인장 집행이 불가능하다는 취지의 서면이 제출되었다는 것만으로는 부족하고, 증인에 대한 구인장의 강제력에 기하여 증인의 법정 출석을 위한 '가능하고도 충분한 노력'을 다하였음에도 불구하고, 부득이 증인의 법정 출석이 불가능하게 되었다는 사정을 검사가 입증한 경우여야 한다"(대판 2007.1.11. 2006도7228). 요진술자의 ㉠ 송달+㉡ 구인불능+㉢ 법정출석을 위해

'가능하고도 충분한 노력을 다했지만 출석 불능'인 경우를 의미한다. 여기서는 소재탐지가 불능되었다는 것이 필수적인 요건은 아니다. 따라서 단순히 소환을 받고 출석하지 않은 경우(대판 1972.6.27. 72도969)는 이에 해당하지 않는다.

[가능하고도 충분한 노력] ① 대판 2007.1.11. 2006도7228("경찰이 증인과 가족의 실거주지를 방문하지 않은 상태에서 전화상으로 증인의 모(母)로부터 법정에 출석케 할 의사가 없다는 취지의 진술을 들었다는 내용의 구인장 집행불능 보고서를 제출하고 있을 뿐이고, 검사가 기록상 확인된 증인의 휴대전화번호로 연락하여 법정 출석의사가 있는지를 확인하는 등의 방법으로 출석을 적극적으로 권유·독려하는 등 증인의 법정 출석을 위하여 상당한 노력을 기울이지 않은 경우, 제314조의 '기타 사유로 인하여 진술할 수 없는 때'에 해당하지 않는다").

ii) (유아의 기억상실) 판례는, 제314조, 제316조 제2항의 '원진술자가 진술을 할 수 없는 때'에는 "원진술자가 공판정에서 진술을 한 경우라도 증인신문 당시 일정한 사항에 관하여 '기억이 나지 않는다'는 취지로 진술하여 그 진술의 일부가 재현 불가능하게 된 경우도 포함"한다(대판 2006.4.14. 2005도9561). 예컨대, 수사기관에서 진술한 피해자인 유아가 법정에 출석하여 대부분의 증인신문사항에 관하여 기억이 나지 않는다는 취지로 진술하여 그 진정성립을 명백하게 인정한 바 없는 경우 그 진술조서는 특신상태 요건을 갖추면 예외적으로 증거능력이 있다(㉠ 사건 당시 4세 6개월, 증언 당시 6세 11개월인 유아에 대한 대판 1999.11.26. 99도3786; ㉡ 사건 당시 만 3세 3개월 내지 만 3세 7개월, 경찰 진술 당시 만 5세 9개월 남짓인 여아에 대한 위 2005도9561 등). 비록 반대신문의 가능성은 사실상 차단된 경우이지만, 그 진술조서(또는 전문진술)의 증거사용은 불가피한 측면이 있다.

반면, "만 5세 무렵에 당한 성추행으로 외상 후 스트레스 증후군을 앓고 있다는 등의 이유로, 공판정에 '출석하지 아니'한, 약 10세 남짓의 성추행 피해자에 대한 진술조서는, 제314조의 필요성 요건을 갖추지 못하여 증거능력이 없다"(대판 2006.5.25. 2004도3619). 증인이 일부 진술한 후 피고인을 보고 심하게 울어 그 후에는 증인신문을 할 수 없었던 경우도 일시적 장애에 불과하여 마찬가지로 여기에 해당하지 않는다.

iii) (노인의 기억상실) 판례는, 원진술자가 "증인으로 소환할 당시부터 노인성 치매로 인한 기억력 장애, 분별력 상실 등으로 진술할 수 없는 상태"에 있었던 경우(대판 1992.3.13. 91도2281)도 포함한다. '질병'으로 진술할 수 없는 때에 해당한다고 볼 수도 있다.

iv) (가시적 · 위협적인 보복의 두려움) 판례는, "원진술자가 상당히 가시적이고 위협적인 보복이 두려워서 출석하지 않고 피하는 것이 객관적으로 인정되는 경우"(헌재 1994.4.28. 93헌바26; 대판 1989.4.25. 89도338)[1] 또한 '그 밖에 이에 준하는 사유'에 해당한다는 입장이다. 즉, '단순한 보복의 염려'는 여기에 해당하지 않는다.

3) 증언거부권 행사와 진술거부권 행사 다만, 정당한 증언거부와 진술거부는 '기타 이에 준하는 사유로 진술할 수 없는 때'에 해당하지 않으므로, 제314조가 적용될 여지가 없다.

i) [증언거부권 행사(정당한 증언거부권 행사)] 증인이 법정에 출석하여 증언거부권을 행사한 경우 제314조에 의하여 예외적으로 증거능력이 인정될 수 있는지의 문제이다. 특히 공범이 증언을 거부할 때 그 공범에 대한 검사 작성의 피의자신문조서 등의 증거능력이 구법적용 사건에서 문제된다. 정당한 증언거부권의 행사와 관련하여, 제314조의 적용 여부에 대해 견해의 대립이 있고, 판례는 (적극설의 입장을 취하였다가) 2007년 개정 이후에 **소극설로 변경**되었다(즉, 제314조 적용배제). 즉, "직접심리주의와 공판중심주의 요소를 강화하려는 취지에서, 예외사유의 범위를 더 엄격하게 제한한 현행 제314조의 문언과 개정취지, 증언거부권 관련 규정의 내용 등에 비추어 보면, 법정에 출석한 증인이 제148조, 제149조 등에서 정한 바에 따라 **정당하게 증언거부권을 행사하여 증언을 거부한 경우**는 제314조의 '그 밖에 이에 준하는 사유로 진술할 수 없는 때'에 해당하지 않는다"(대판 2012.5.17. 2009도6788 전합).[2] 직접심리주의와 공판중심주의 강화 차원에

1) 위 89도338은, "사건 이후 소매치기범의 가족들이 세 차례나 원진술자(공소외 1)의 집을 찾아와 협박 폭언을 할 뿐만 아니라 그의 멱살을 잡고 폭행을 가하는 등 행패를 부린 사실이 있고, 그가 객지에 나가 있을 뿐만 아니라 집에 오기 어려운 위와 같은 사정"을 들어, 공소외 1의 경찰 진술조서에 대해, 제314조의 진술불능 요건을 인정한 사안.

2) [증언거부권 행사: 입건 전 변호인의견서 사건] 甲(갑) 주식회사 및 그 직원인 피고인들이 구 건설산업기본법 위반으로 기소되었는데, 변호사가 법률자문과정에서 작성하여 갑 회사 측에 전송한 '법률의견서'에 대하여 피고인들이 증거로 함에 동의하지 아니하고, 변호사가 원심 공판기일에 증인으로 출석하였으나 증언할 내용이 갑 회사로부터 업무상 위탁을 받은 관계로 알게 된 타인의 비밀에 관한 것임을 소명한 후 증언을 거부한 사안에서, 위 법률의견서는 실질에 있어서 형사소송법 제313조 제1항에 규정된 '피고인 아닌 자가 작성한 진술서'에 해당하는데, 공판준비 또는 공판기일에서 작성자 또는 진술자인 변호사의 진술에 의하여 성립의 진정함이 증명되지 아니하였으므로 위 규정에 의하여 증거능력을 인정할 수 없고, 나아가 원심 공판기일에 출석한 변호사가 그 진정성립 등에 관하여 진술하지 아니한 것은 형사소송법 제149조에서 정한 바에 따라 **정당하게** 증언거부권을 행사한 경우에 해당하므로 형사소송법 제314조에 의하여 증거능력을 인정할 수도 없다는 이유로, 원심이 이른바 변호인·의뢰인 특권에 근거하여 위 의견서의 증거능력을 부정한 것은 적절하다고 할 수 없으나, 위 의견서의 증거능

서, 법률상 정당한 증언거부권의 행사라면 제314조는 적용되지 않는다는 입장이다. 이는 그 근거를 ㉠ 제314조의 개정취지와 ㉡ 증인의 '증언거부권 보장'에 두고 있다. 즉, 정당한 증언거부의 경우 증인의 증언거부권을 실질적으로 보장하려면, 그 증인의 진술조서에 대해서도 제314조를 적용하여 증거능력을 인정할 수는 없다는 것이다. 즉, 제314조의 적용을 인정하는 적극설은 증언거부권을 무력화한다는 점에서 찬성하기 어렵고, 따라서 제314조 적용부정설(소극설)이 타당하다.

ii) [진술거부권 행사] 판례는, 피고인이 진술거부권을 행사한 경우에도 제314조의 그 밖의 사유에 해당하지 않는다는 입장이다. 즉, "피고인이 증거서류의 진정성립을 묻는 검사의 질문에 대하여 **진술거부권을 행사하여 진술을 거부한 경우**" 역시 제314조의 기타 진술불능사유에 해당하지 않는다(대판 2013.6.13. 2012도16001).[1] 이는 진술거부가 정당한지 여부를 불문하고 제314조의 '그 밖의 사유'에 해당하지 않는다고 한 것인데, 이는 결국 진술거부(증언거부)의 경우 그 정당한지 여부는 불문하게 되고, 나아가 증언거부권의 보장 여부는 더 이상 그 논거가 될 수 없음을 시사한 것이 된다.

iii) [무단 증언거부(정당한 이유 없는 증언거부)] 한편, '정당한 사유 없이' 사실상 증언을 거부한 경우 제314조의 기타 사유에 해당 여부도 문제된다. 판례는, 증인이 정당한 이유 없이 증언을 거부한 경우에도 마찬가지로, 그 진술이 기재된 **수사기관의 참고인 진술조서는** 원칙적으로 제314조의 기타 사유에 해당하지

력을 부정하고 나머지 증거들만으로 유죄를 인정하기 어렵다고 본 결론은 정당하다고 한 사례.

한편, 이른바 변호인·의뢰인 특권에 대하여 "변호인의 조력을 받을 권리, 변호사와 의뢰인 사이의 비밀보호 범위 등에 관한 헌법과 형사소송법 규정의 내용과 취지 등에 비추어, 변호사와 의뢰인 사이의 법률자문 또는 법률상담의 비밀을 일정한 범위에서 보호하고 있으나, 아직 수사나 공판 등 형사절차가 개시되지 아니하여 피의자 또는 피고인에 해당한다고 볼 수 없는 사람이 일상적 생활관계에서 변호사와 상담한 법률자문에 대하여는 변호인의 조력을 받을 권리의 내용으로서 그 비밀의 공개를 거부할 수 있는 이른바 변호인-의뢰인 특권이 도출되지는 않는다"는 판시도 포함되어 있다. 위 판결은 바로 이 부분이 증언거부권의 대상이 된다고 함으로써 변호인-의뢰인 특권을 인정하지 않고서도 동일한 결론에 이르고 있다.

1) **[진술거부권 행사: 피고인 진술서 사건]** "현행 제314조의 문언과 개정취지, 증언거부권 관련 규정의 내용 등에 비추어 보면, 피고인이 증거서류의 진정성립을 묻는 검사의 질문에 대하여 진술거부권을 행사하여 진술을 거부한 경우는 형사소송법 제314조의 '그 밖에 이에 준하는 사유로 인하여 진술할 수 없는 때'에 해당하지 아니한다."

여기서 문제된 전문증거는 '공소외 1의 USB 파일 문건', '피고인 3의 컴퓨터 발견 파일 문건', '피고인 2의 이메일 첨부서류', '공소외 2 제출 서류'로서 '제313조의 일반 전문서류'에 해당하는 것이었는데, 피고인 1, 피고인 2가 위 문서들의 진정성립에 대해 진술거부권을 행사한 경우에, 해당 문서들은 제314조에 해당하지 않는다고 한 사안이다.

않는다는 입장이다. 정당한 이유 없는 증언거부의 경우 이는 증인의 증언거부권 보장의 한계를 벗어난 것이므로 정당한 증언거부의 경우와 명백히 다르지만, 피고인의 **반대신문권이 보장되지 않는다**는 점에서는 아무런 차이가 없기 때문이라는 것이다. 즉, "수사기관에서 진술한 참고인이 법정에서 증언을 거부하여 피고인이 반대신문을 하지 못한 경우에는, 정당하게 증언거부권을 행사한 것이 아니라도, **피고인이 증인의 증언거부 상황을 초래하였다는 등의 특별한 사정이 없는** 한, 제314조의 '그 밖에 이에 준하는 사유로 인하여 진술할 수 없는 때'에 **해당하지 않는다**. 따라서 증인이 정당하게 증언거부권을 행사하여 증언을 거부한 경우와 마찬가지로, '수사기관에서 그 증인의 진술을 기재한 서류'는 **증거능력이 없다**"(대판 2019.11.21. 2018도13945 전합). 이는 그 근거를 직접심리주의와 공판중심주의를 실현하기 위한 **피고인의 '반대신문권 보장'**에 두고 있다. 즉, "증인이 정당하게 증언거부권을 행사한 경우와 증언거부권의 정당한 행사가 아닌 경우를 비교하면, 피고인의 '반대신문권이 보장되지 않는다'는 점에서 아무런 차이가 없다. 증인의 증언거부권의 존부라는 우연한 사정에 따라 전문법칙의 예외규정인 제314조의 '그 밖에 이에 준하는 사유로 인하여 진술할 수 없는 때'의 해당 여부가 달라지는 것은 피고인의 형사소송절차상 지위에 심각한 불안정을 초래한다"(위 2018도13945 전합).[1]

"다만, '피고인이 증인의 증언거부 상황을 초래하였다는 등의 특별한 사정이 있는 경우'에는 제314조의 적용을 배제할 이유가 없다. 이러한 경우까지 제314조의 '그 밖에 이에 준하는 사유'에 해당하지 않는다고 보면, 실질적 직접심리주의와 전문법칙에 대하여 예외를 정한 제314조의 취지에 반하고 정의의 관념에도 맞지 않기 때문이다"(위 2018도13945 전합).

[구인장 집행불능과 반대신문권 보장] 증인의 출석거부로 인한 구인장의 집행불능 역시 반대신문권이 침해된 경우의 하나에 해당한다. 즉, 증인이 출석을 거부하여 구인이 불가능하게 된 경우 당초에는 반대신문권의 보장이 가능하였을지라도 궁극적으로는 그 원진술자(증인)의 의사에 의해 피고인의 반대신문권이 침해되는 경우라는 점이

---

1) 피고인이 증인에게 필로폰을 매도하였다는 공소사실로 기소되었는데, 증인이 ***자신에 대한 관련 형사판결이 확정(→증언거부권이 없음)***되었음에도 정당한 이유 없이 법정 증언을 거부한 사안에서, 증인이 증언을 거부하여 피고인이 반대신문을 하지 못하였다면, 피고인이 그러한 증언거부 상황을 초래하였다는 등 특별한 사정이 없는 한 형사소송법 제314조의 '그 밖에 이에 준하는 사유로 인하여 진술할 수 없는 때'에 해당하지 않고, 따라서 수사기관에서 그 증인의 진술을 기재한 서류는 증거능력이 없다고 한 사례.

다. 이와 같이 증인의 출석거부와 출석 후 증언거부 사이에는, 증인에 의한 피고인의 반대신문권 침해라는 점에서 다를 바가 전혀 없다. 즉, 증인이 출석을 거부하는 방식으로 반대신문권의 행사를 봉쇄함으로써 피고인의 반대신문권이 침해되는 경우 이는 증인이 출석하여 증언거부함으로써 반대신문권이 침해되는 경우와 마찬가지로 볼 여지가 충분하다는 점이다. 따라서 반대신문권의 보장이라는 관점에서, 피고인의 반대신문권을 중시하여 증인에 의해 반대신문권이 침해되는 경우 그 증인의 진술조서에 대해 제314조의 적용가능성을 제한하는 위 2018도13945 전합 판결의 취지를 충분히 감안한다면, 구인장 집행불능의 경우 제한적으로나마 제314조의 적용을 긍정하는 기존 판례 또한, (검사에게 책임 있는 사유인지 여부에 관계 없이) 향후 그 정당성을 계속 유지하기는 어려울 것으로 전망된다.

(2) **특신상태**(신용성의 보장)

조서 또는 서류는 그 진술 또는 작성이 특히 신빙할 수 있는 상태하에서 행해진 경우에 한하여 증거능력이 있다.

1) **뜻** 이는 증거능력에 관련된 것이므로, 진술내용의 진실성이 아니라 진실성을 보장할 만한 외부적 정황을 뜻한다. '신용성의 정황적 보장', 즉 "그 진술의 내용이나 조서 또는 서류의 작성에 허위 개입의 여지가 거의 없고 그 진술 내용의 신빙성이나 임의성을 담보할 구체적이고 외부적인 정황"(대판 2014.8.26. 2011도6035)을 말한다. "단순히 그 진술이나 조서의 작성과정에 뚜렷한 절차적 위법이 보이지 않는다거나 진술의 임의성을 의심할 만한 구체적 사정이 없다는 것만으로는 부족하다. 이를 넘어 법정에서의 **반대신문 등을 통한 검증을 굳이 거치지 않더라도, 진술의 신빙성과 임의성을 충분히 담보할 수 있는 구체적이고 외부적인 정황**이 있어, 그에 기초하여 법원이 유죄의 심증을 형성하더라도 증거재판주의의 원칙에 어긋나지 않는다고 평가할 수 있는 정도에 이르러야 한다"(위 2011도6035).

2) **증명의 정도** '특신상태의 증명'은 "단지 그러할 개연성이 있다는 정도로는 부족하고 합리적인 의심의 여지를 배제할 정도에 이르러야 한다. 즉, 특신상태에 있다는 점이 합리적 의심을 배제할 수 있을 만큼 확실히 증명되어, 법정에서 **반대신문을 통한 확인과 검증을 거치지 않아도 될 정도**에 이르러야 한다"(대판 2014.2.21. 2013도12652). 최근에 '유서의 증거능력'을 부정한 사례가 있다(대판 2024.4.12. 2023도13406).[1)]

---

1) 사건 발생 무려 14년 후 피고인(甲)이 자살하기 직전 작성한 '유서'가 발견되었는데, 자신의 범행을 참회하는 듯한 내용이 포함되어 있으나, 추상적으로 기재되어 있을 뿐이고 피해자의 진술 등과 명백히 배치되는 부분도 존재하는 점 등에 비추어 '반대신문을 통한 검증을 굳이

3) 효과: 예외적 증거능력 인정 일단 제314조에 의해 증거능력이 인정되어 증거조사가 이루어지면, (그 후 원진술자의 진술불능사유가 해소되더라도) 이미 취득한 증거능력에는 영향이 없다.

4) 최근 판례의 경향 판례는, i) 제314조의 증거능력 요건을 엄격하게 해석·적용한다. 즉, "제314조는 전문법칙의 예외에 대하여 다시 중대한 예외를 허용하는 것이므로, 그 증거능력 인정요건에 관한 규정은 엄격하게 해석·적용하여야 한다"(대판 2013.3.14. 2011도8325; 2014.4.30. 2012도725[1]). 특히 제314조의 '특신상태'와 관련된 법리는, 마찬가지로 원진술자의 소재불명 등을 전제로 하는 제316조 제2항의 '특신상태'에 관한 해석에도 그대로 적용된다(앞 2012도725). 다른 전문법칙 관련 조항과 달리, 원진술자의 불출석을 전제로 하는 제314조 및 제316조 제2항의 '특신상태' 인정범위를 엄격하게 제한하는 것이다.

ii) 증거능력이 인정되더라도 증거가치(증명력)를 제한하는 경향이다. 즉, 제314조에 의해 증거능력이 인정되더라도, "수사기관의 조서는 원진술자의 진술에 비해 본질적으로 낮은 정도의 증명력을 가질 수밖에 없다는 한계를 지니는 것이고, 특히 '원진술자의 법정 출석 및 반대신문'이 이루어지지 못하였다면, 그 조서는 법관의 올바른 심증형성의 기초가 될 만한 진정한 증거가치를 가진 것으로 인정받을 수 없는 것이다. 구태여 반대신문을 거치지 않더라도 강한 증명력을 인정할 만한 특별한 사정이 있거나, 다른 유력한 증거가 따로 존재하는 등의 예외적인 경우가 아닌 이상, 그 조서를 주된 증거로 하여 공소사실을 인정하는 것은 원칙적으로 허용될 수 없다. 이는 [㉠] 원진술자의 사망이나 질병 등으로 인하여 원진술자의 법정 출석 및 반대신문이 이루어지지 못한 경우는 물론, [㉡] 수사기관의 조서를 증거로 함에 피고인이 동의한 경우에도 마찬가지이다"(대판 2006.12.8. 2005도9730. 대판 2001.9.14. 2001도1550도 참조).[2] 증거능력은 인정하더라도, 태도관찰과 반대신문의 결여를 이유로 증명력을 제한하는 것이다.

거치지 않아도 될 정도로 신빙성이 충분히 담보된다'고 평가할 수 없다는 이유로, 그 증거능력을 부정한 사례.

1) 2014.4.30. 2012도725("제314조는 직접심리주의 등 기본원칙에 대한 예외를 인정한 데 대하여 다시 중대한 예외를 인정하여 원진술자 등에 대한 반대신문의 기회조차 없이 증거능력을 부여할 수 있도록 한 것이므로").

2) "이는 원진술자의 사망이나 질병 등으로 인하여 원진술자의 법정 출석 및 반대신문이 이루어지지 못한 경우는 물론 수사기관의 조서를 증거로 함에 피고인이 동의한 경우에도 마찬가지이다."(위 2005도9730). 위 사안은, 피고인들이 반대신문의 기회 보장을 강력히 요구하였지만, 소재불명 등으로 원진술자들의 법정 출석 및 반대신문은 성사되지 못하였고, 피고인들은 재판의 장기화에 따라 9회 또는 10회 공판기일에 가서야 부득이 그 조서를 증거동의하였던 사안.

3. 적용범위

제314조의 적용대상은 제312조의 각종 조서 또는 제313조의 각종 서류이다.[1] 제312조의 진술조서·검증조서·진술서 및 제313조의 진술서·진술기재서·감정서 등이다. 문자·사진·영상 등의 정보로서 컴퓨터용 디스크 등 정보저장매체에 저장된 것을 포함한다. 문제되는 경우는 다음과 같다.

1) 당해 피고인에 대한 피의자신문조서 i) 경찰 피의자신문조서는 피고인이 내용인정하여야 비로소 증거능력이 인정되므로, '그 당연한 결과로' (당해 피고인에게 진술불능 사유가 있더라도) 제314조가 적용될 수 없다. ii) 검사 피의자신문조서는 신법적용 사건에서는 경찰 피의자신문조서와 동일하다.

[구법적용 사건] 구법적용 사건에서도 검사 피의자신문조서는 제314조의 적용대상이 아니다(다수설). 궐석재판이 허용(277등)되지만, 이것이 곧 제314조의 필요성 있는 경우를 의미하는 것은 아니기 때문이다.

2) '공범자' 또는 '공범 아닌 자'에 대한 피의자신문조서 당해 피고인과 '공범관계에 있는 자'에 대한 피의자신문조서는 경찰 피신조서인가 검사 피신조서인가(신법적용 사건 또는 구법적용 사건 여부)에 따라 차이가 있다.

i) ㉠ **공범자(B)의 '경찰' 피의자신문조서**는 당해 피고인(A)에 대한 관계에서 **'경찰' 피의자신문조서로 취급**된다. 따라서 "그 피의자(B)의 법정진술에 의하여 성립의 진정이 인정되더라도, 당해 피고인(A)이 공판기일에서 그 조서의 내용을 부인하면 증거능력이 부정된다. **그 당연한 결과로** 그 피의자신문조서에 대하여는 제314조가 적용되지 않는다"(대판 2004.7.15. 2003도7185 전합). 반면, ㉡ '공범 아닌 자'(B)에 대한 '경찰' 피의자신문조서는 제314조가 적용된다. 이는 당해 피고인(A)에 대한 관계에서 **'진술조서'로 취급**되기 때문이다. 여기서 공동피고인인지 여부는 상관없다.

ii) 공범자(B)의 '검사' 피의자신문조서는 신법적용 사건과 구법적용 사건에 차이가 있다. 신법적용 사건(2022.1.1. 이후 기소된 사건)에서는 경찰 피의자신문조서와 동일하다.

---

1) 대판 1997.7.25. 97도1351("우리나라 법원의 형사사법공조요청에 따라 외국법원의 지명을 받은 검사가 작성한 피해자에 대한 증언녹취서(deposition)는 제312조 또는 제313조에 해당하는 조서로서 제314조의 규정에 의하여 그 증거능력을 인정할 수 있다").

[구법 적용사건] 반면, 구법적용 사건(2021.12.31.까지 기소된 사건)에서, 검사 피의자 신문조서 가운데 ㉠ '공범자'(B)의 '검사' 피의자신문조서(대판 1984.1.24. 83도2945), ㉡ '공범 아닌 자'(B)에 대한 '검사' 피의자신문조서(대판 1984.1.24. 83도2945)는 모두 제314조가 적용된다. 이들은 모두 당해 피고인(A)에 대한 관계에서 '**진술조서**'로 취급되기 때문이다. 여기서 공동피고인인지 여부는 상관없다. 다만 진정성립 인정진술의 방법이 문제될 뿐이다.[1)]

3) **진술서** 다만, '피고인'이 수사과정에서 작성한 진술서(312⑤)는 피고인의 피의자신문조서로 취급되는 경우에는 제314조가 적용되지 않는다.

Ⅶ. 제316조 전문진술

제316조는 "피고인 아닌 자의 진술이 '피고인'의 진술 또는 '피고인 아닌 타인'의 진술을 내용으로 하는 경우"에 예외적으로 전문진술의 증거능력을 인정한다. 이때 '피고인이 아닌 자'(제3자, 전문진술자)에는 공소제기 전에 피고인을 피의자로 조사하였거나 그 조사에 참여하였던 자(조사자)도 포함된다. 즉, 전달자에는 조사자도 포함된다.

전문진술에 대하여 전문법칙의 예외를 규정한 것이다(통설).

1. '피고인의 진술'을 내용으로 하는 전문진술

피고인 아닌 자(제3자)의 공판준비 또는 공판기일의 진술이 피고인의 진술을 내용으로 하는 것인 때에는 [㉠] 그 진술이 특히 신빙할 수 있는 상태에서 행하여진 때에 한하여 이를 증거로 할 수 있다(316①). 단일 요건이다.

(1) 증거능력의 요건(특신상태)

i) 원진술자가 피고인인 경우에는, 그 진술의 '특신상태'가 인정되면, 이를 내용으로 하는 제3자(전문진술자)의 전문진술은 증거능력이 있다. 원진술자가 피고인 자신이므로, 제2항과 달리 '원진술자의 진술불능'은 증거능력의 요건이 아니다. 즉, 원진술자인 피고인이 이미 공판정에 출석하고 있고, 피고인의 원진술에 대한 피고인의 반대신문은 아무런 의미가 없기 때문이다.

ii) 여기서의 특신상태란 신용성의 정황적 보장, 즉 '그 진술을 하였다는 것에

1) [구법적용 사건] '<u>공범인 공동피고인</u>'은 증인적격이 없으므로, 당해 피고인이 증거부동의한 경우에, 그 공동피고인의 진정성립 인정방법은 (증인으로의 증언이 아니라) '<u>피고인으로서의 진술</u>'에 의한다.

허위개입의 여지가 거의 없고, 그 진술내용이 신빙성이나 임의성을 담보할 구체적이고 외부적인 정황이 있는 경우'를 가리킨다(대판 2004.4.27. 2004도482; 2015.12.10. 2015도16105). "이러한 특신상태는 증거능력의 요건에 해당하므로 검사가 그 존재를 구체적으로 주장·증명하여야 한다"(대판 2001.9.4. 2000도1743). 이는 피고인의 원진술 당시의 구체적인 상황, 진술의 방법과 내용 등을 종합적으로 고려하여 판단하여야 한다. 예컨대, 범인이 범행 후에 자신의 부모나 절친한 친구에게 진지한 태도로 범행사실을 자백하면서 자수하겠다는 의사를 표시한 경우에는 특신상태가 인정될 수 있다.

(2) 적용범위

i) (당해 피고인) 여기서 피고인은 '**당해 피고인**'만을 의미한다. 법문에 '피고인'이라고만 규정되어 있기 때문이다. 따라서 '공동피고인이나 공범자'는 제2항의 '피고인 아닌 타인'에 속한다(대판 1984.11.27. 84도2279; 2000.12.27. 99도5679). ii) (지위) '피고인의 진술'은 피고인의 지위에서 행해진 것에 국한하지 않고, 피의자·참고인·증인·기타 지위에서 행해진 것도 포함한다. iii) (자백과 보강) 피고인의 진술이 자백에 해당하는 경우에는 보강법칙이 적용된다. 따라서 피고인 아닌 자(제3자)의 증언(전문진술)이 '피고인의 자백'을 내용으로 하는 경우 다른 보강증거가 없다면 유죄판결을 하지 못한다(자백의 보강법칙에서 후술).

(3) '조사자 증언'의 문제

2007년 개정 형사소송법은 피고인의 진술을 전달하는 제3자의 범위와 관련하여 '조사자 증언'을 허용하고 있다. 이에 따라 종래의 판례는 입법에 의하여 변경되는 결과가 되었다. '특신상태'가 인정되는 경우 조사자 증언도 증거능력이 인정된다. 여기서 조사자란 '공소제기전에 피의자를 조사하였거나, 그 조사에 참여한 자'를 말하므로, 피고인에 대한 수사과정에서 ㉠ 피의자신문을 한 수사검사 또는 참여한 검찰수사관 등과 ㉡ 피의자신문을 한 사법경찰관 또는 참여한 사법경찰리를 의미한다.

현행법상 조사자 증언의 증거능력에 관하여, 제312조 제3항 우선설(소극설)과 제316조 제1항 우선설(적극설)의 견해 대립이 있다. 그러나 제316조 제1항의 개정취지에 비추어, 조사자 증언에 국한해서는, 원진술의 특신상태가 인정되는 경우라면 그 증거능력을 인정하는 수밖에 없다. 다만, 제312조 제3항의 입법취지와 특신상태의 인정에 대해 엄격한 태도를 견지하고 있는 판례의 경향에 비추어, 조사자 증언의 허용범위와 그 증거능력은 극히 제한된 범위에서 인정된다[제한적 긍정설].

즉, 조사자증언에서 '특신상태'에 대한 '증명의 정도'는 '합리적인 의심을 배제할 정도'(= 확신)에 이르러야 한다(대판 2023.10.26. 2023도7301). 조사자증언은, '내용부인된 피고인의 수사기관 진술내용을 법정에 현출시키는 통로'인데, 이를 허용하는 것은 제312조 제1항, 제3항에 대해 중대한 예외를 인정하는 것이어서, 이를 폭넓게 허용하는 경우 그 입법취지와 기능이 크게 손상될 수 있기 때문이다(위 2023도7301).[1] 나아가, 증거능력이 인정되는 경우에도, 그 증명력의 수준에는 여전히 일정한 한계가 있을 것으로 본다.[2]

2. '피고인 아닌 타인의 진술'을 내용으로 하는 전문진술

피고인 아닌 자의 진술이 '피고인 아닌 타인의 진술'을 내용으로 하는 것인 때에는 [㉠] 그 피고인 아닌 타인(원진술자)이 사망, 질병, 외국거주, 소재불명 그 밖에 이에 준하는 사유로 인하여 진술할 수 없고(진술불능), [㉡] 그 진술이 특히 신빙할 수 있는 상태하에서 행하여진 때(특신상태)에 한하여 이를 증거로 할 수 있다(316②). 제314조와 같은 요건이다. 여기서 전달자에는 조사자도 포함된다. 즉, '피고인 아닌 자의 진술'에는 (피고인 아닌 타인의 진술을 내용으로 하는) 조사자의 증언도 포함된다.

---

1) [특신상태에 대한 증명의 정도] "단지 그러할 개연성이 있다는 정도로는 부족하고 '합리적인 의심의 여지를 배제할 정도'에 이르러야 한다. 피고인이나 변호인이 그 내용을 인정하지 않더라도, 검사, 사법경찰관 등 조사자의 법정증언을 통하여 피고인의 수사기관 진술내용이 법정에 현출되는 것을 허용하는 것은, 형사소송법 제312조 제1항, 제3항이 피고인이나 변호인이 그 내용을 인정하지 않는 이상 피의자신문조서의 증거능력을 인정하지 않음으로써 그 진술내용이 법정에 현출되지 않도록 규정하고 있는 것에 대하여 중대한 예외를 인정하는 것이어서, 이를 폭넓게 허용하는 경우 제312조 제1항, 제3항의 입법취지와 기능이 크게 손상될 수 있기 때문이다"(위 2023도7301).

[사안] 이는 ㉠ 경찰 조사 당시 변호인의 동석 없이 진술한 점, ㉡ 피고인의 진술 중 범인만이 알 수 있는 구체적 부분이 존재하지 않는 점, ㉢ 오히려 피고인은 임의동행 직후 경찰관이 소변의 임의제출을 종용하자 필로폰 투약 사실을 인정하고, 이후 경찰관이 발신 기지국 위치를 통하여 확인된 사실을 기초로 진술번복을 유도하자 필로폰 투약 범행을 인정한 것으로 보이는 등 그 신빙성이 의심되는 정황이 존재하는 점 등에 비추어, 특신상태의 증명부족을 이유로 담당경찰관의 조사자증언의 증거능력을 배척한 사례.

2) [조사자증언의 증명력] 구체적으로 보면, 조사자증언은 간접보고하는 '피고인의 수사기관에서의 자백 부분'과 '조사자 자신의 직접 경험 부분'으로 구성된다. 그렇다면 요증사실에 관한 한 대개의 경우 조사자증언의 의미는 기껏해야 피고인의 자백을 넘을 수 없고, 조사자증언의 증명력의 상한 또한 피고인의 자백을 초과할 수 없다. 단지 민사소송에서 '당사자(원고)본인신문 결과'의 증명력과 유사한 정도의 수준으로 평가될 수밖에 없다고 본다.

(1) 증거능력의 요건

원진술자가 '피고인 아닌 타인'인 경우에는, 원진술자의 '진술불능'과 그 진술의 '특신상태'가 인정되면, 이를 내용으로 하는 제3자(전문진술자)의 전문진술은 증거능력이 있다. 진술불능과 특신상태의 뜻은 제314조에서와 같다.

1) 원진술자의 진술불능 원진술자의 진술불능은 제314조에서와 같다. ㉠ 여기에는 특히 유의할 점이 있다. 즉, 원진술자가 **법정에 출석하여** 법정 외에서 한 진술을 **부인하는 취지로 진술**한다면, 원진술자의 진술불능 요건은 충족될 수 없으므로, 원진술자의 진술을 내용으로 하는 전문진술은 증거능력이 없다는 점이다.[1] 원진술의 간접보고라는 전문진술의 속성상 **전문진술**은 원진술에 대한 관계에서 언제나 **열등**한 지위에 있기 때문이다. 원진술과 전문진술은 그 위상이 전혀 다르다. ㉡ 원진술자가 제1심법원에 출석하여 진술하였다가 항소심에 이르러 비로소 진술할 수 없게 된 경우 원진술자의 진술불능에 해당하지 않는다(대판 2000.1.9. 2001도3997).

2) 특신상태 i) 여기서의 '특신상태'란 "그 진술을 하였다는 것에 허위개입의 여지가 거의 없고, 그 진술내용의 신빙성이나 임의성을 담보할 구체적이고 외부적인 정황이 있는 경우를 가리킨다"(대판 2000.3.10. 2000도159). 그리고 "**제314조의 '특신상태'와 관련된** (요건의 엄격한 해석 · 적용) **법리는 마찬가지로** 원진술자의 소재불명 등을 전제로 하고 있는 제316조 제2항의 '특신상태'에 관한 해석에도 그대로 적용된다(위 2012도725). ii) "전문진술자가 원진술자로부터 진술을 들을 당시 원진술자가 **증언능력**에 준하는 능력을 갖춘 상태에 있어야 한다"(대판 2006.4.14. 2005도9561).[2]

(2) 적용범위

i) (피고인 아닌 자) 여기서 '피고인 아닌 타인'은 "당해 피고인을 제외한 모든

---

1) [사례] ㉠ 공동피고인 甲의 진술을 내용으로 하는 증인 B의 전문진술은, 甲이 법정에서 이를 부인하는 경우 다른 공동피고인 乙에 대한 관계에서 증거능력이 없다.

㉡ 피고인 아닌 자 A의 진술을 내용으로 하는 조사자 B의 증언은, A가 법정에서 그 진술을 번복하는 경우 마찬가지로 (피고인에 대한 관계에서) 증거능력이 없다.

왜냐하면 이들은 모두 제316조 제2항의 진술불능 요건을 흠결하기 때문이다.

2) "증인의 증언능력은 증인 자신이 과거에 경험한 사실을 그 기억에 따라 공술할 수 있는 정신적인 능력이라 할 것이므로, 유아의 증언능력에 관해서도 그 유무는 단지 공술자의 연령만에 의할 것이 아니라 그의 지적수준에 따라 개별적이고 구체적으로 결정되어야 함은 물론 공술의 태도 및 내용 등을 구체적으로 검토하고, 경험한 과거의 사실이 공술자의 이해력, 판단력 등에 의하여 변식될 수 있는 범위 내에 속하는가의 여부도 충분히 고려하여 판단하여야 한다."

사람"을 의미한다. 제3자는 물론 "공동피고인이나 공범자 모두 여기에 해당한다"(위 84도2279; 대판 2007.2.23. 2004도8654).[1)]

ii) (원진술자의 부인 진술) 특히 주의할 점은, **원진술자**가 '법정에서 **부인 진술**'을 한 경우에는 '원진술자의 진술불능' 요건을 흠결하게 되는 이상, 전문진술의 증거능력이 배척된다는 사실이다. 따라서 ㉠ (공동피고인의 부인 진술) '피고인 아닌 타인'이 공동피고인인 경우 그가 **법정에서 공소사실을 부인**하고 있다면, 공동피고인의 진술을 내용으로 하는 전문진술은 증거능력이 없다. **'원진술자가 진술할 수 없는 때'에 해당하지 않기 때문**이다(대판 2000.12.27. 99도5679). 이 점은 자칫 간과하기 쉬운 쟁점이므로 '각별한 주의'가 필요하다. ㉡ (조사자 증언에서 원진술자의 부인 증언) 공소제기 전에 '피고인 아닌 타인'을 조사한 자 등의 증언의 증거능력에 대해서도, 마찬가지 이유에서, "원진술자가 **법정에 출석하여** 수사기관에서 한 진술을 **부인하는 취지로 증언한** 이상, 원진술자의 진술을 내용으로 하는 조사자의 증언은 증거능력이 없다"(대판 2008.9.25. 2008도6985). iii) (탄핵증거) 이러한 경우 제3자의 전문진술을 주요사실을 인정하는 증거로는 사용할 수 없으나, 원진술자의 진술에 대한 '탄핵증거'로는 사용할 수 있다.

iv) (주의: 전문진술에만 적용) 다만, 이러한 법리는 '전문진술에 해당하는 경우에만 적용된다'는 점을 다시 한번 환기할 필요가 있다. 예컨대, 甲이 乙에게 절도를 교사한 경우에, 乙이 법정에서 '甲이 절도를 하라고 했다'라는 내용의 진술을 하였다면, 이러한 乙의 진술은 甲에 대한 관계에서 제316조 제1항 또는 제2항 중 어느 조항이 적용되는 것인지에 대해, 소박한 의문을 품을 수 있다. 그러나 이 경우에는 제316조가 아예 문제되지 않는다. 여기서 甲의 말은, 단순한 제안 내지 의사표시에 불과할 뿐 甲 자신의 경험사실에 대한 진술이 아니므로, 乙의 진술은 전문진술이 될 수 없기 때문이다.

3. 피고인의 전문진술

피고인이 공판준비 또는 공판기일에 행한 진술이 '피고인 아닌 자의 진술'을 내용으로 하는 경우에 관해서는 명문의 규정이 없다. 그러나 제316조 제2항을 유추적용한다(다수설). 다만, 피고인에게 유리한 '반대증거'인 경우에는 굳이 증거능력을 요하지 않는다.

---

1) "여기서 말하는 '피고인 아닌 타인'이라 함은, 제3자는 말할 것도 없고, 공동피고인이나 공범자를 모두 포함한다"(위 84도2279; 99도5679 등).

4. 재전문증거

(1) 의의

1) 뜻 재전문증거는 타인의 진술을 내용으로 하는 진술(전문진술)을 법원에 직접 보고하지 않고 다시 제3의 매체를 통하여 간접 보고하는 경우, 즉 전문증거가 그 내용에 다시 전문진술을 포함하는 경우를 말한다. '2중의 전문'을 재전문이라 한다. 전문의 연쇄는 두 단계를 넘어 세 단계 또는 그 이상이 될 수 있다.

2) 재전문진술과 재전문서류 재전문증거는 ㉠ (재전문진술) 원진술자로부터 전해들은 자(전문자)의 전문진술을 다시 전해들은 자(재전문자)가 법정에서 증언하는 경우인 재전문진술, ㉡ (재전문서류) 전문진술이 다시 조서를 통하여 법원에 간접 보고되는 경우인 재전문서류(또는 전문진술조서), 즉 '**전문진술이 기재된 서류**(조서)' 로 구분된다. 또한 원진술자가 피고인인 경우와 피고인 아닌 자인 경우로도 구분된다.

3) 주의: 재전문서류와 진술기재서의 구별 재전문서류는 진술기재서와 구별된다. 양자는 진술자와 작성자가 불일치한다는 점에서는 동일하나, 진술기재서는 '단순전문'이고, 재전문서류는 '2중전문(재전문)'이라는 점에서 차이가 있다. i) 진술기재서는 진술자의 서명·날인이라는 '직접성 확인장치'를 통하여, 비록 진술자와 작성자가 다르더라도, 진술자 스스로 서면화한 것과 동일한 것이 된다. ii) 반면, 재전문서류는 진술자의 서명·날인이라는 '직접성 확인장치'는 결여되고, 진술자 아닌 '작성자'의 서명 또는 날인이 있게 된다는 점에서, 말 그대로 2중전문 내지 재전문이다.

(2) 증거능력의 인정

재전문증거는 전문법칙에 의해 원칙적으로 증거능력이 인정되지 않는다. 그러나 i) 증거동의의 본질상 당사자의 동의가 있으면 재전문증거도 증거능력이 인정된다. 즉, "'재전문진술'이나 '재전문진술을 기재한 조서'(재재전문서류)에 대하여 피고인이 **증거로 함에 동의**하면 이를 증거로 할 수 있다"(대판 2004.3.11. 2003도171; 2012.5.24. 2010도5948). ii) 이러한 증거동의가 **없는 경우 재전문증거의 증거능력**이 문제된다. 이는 전문법칙 예외규정의 적용 여부 내지 적용 방식과 관련된다. 판례는 '재전문서류'와 '재전문진술'을 구분하여, ㉠ **재전문서류**는 일정한 요건하에서 증거능력을 인정하고, ㉡ **재전문진술** 및 재재전문서류 등은 증거동의가 없는 한 증거능력을 부정한다.

1) 전문진술이 기재된 조서(재전문서류) "**전문진술이 기재된 서류**(재전문서류)는 ㉠ 제312조 또는 제314조의 규정에 의하여 증거능력이 인정되고, ㉡ 나아가 제316조 제1항(피고인으로부터 전문한 경우) 또는 제2항(피고인 아닌 자로부터 전문한 경우)의 규정에 따른 요건도 갖추어야 예외적으로 증거능력이 있다"(대판 2000.3.10. 2000도159; 2001.7.27. 2001도2891).[1] 즉, **전문서류로서의 요건**(제312조 또는 제314조)과 **전문진술로서의 요건**(제316조)을 각각 1회씩 따로 충족한다면, 이와 같이 **예외규정을 각각 1회씩 적용하는 한도 내에서** 재전문서류의 증거능력은 인정된다. 예컨대, 참고인(B)에 대한 진술조서에 전문진술자인 참고인(B)이 전달하는 원진술자(A)의 원진술이 기재된 경우, ㉠ '참고인(B)의 진술조서 부분'은 참고인진술조서에 관한 제312조 제4항의 요건을, ㉡ '원진술자(A)의 원진술을 내용으로 하는 전문진술자(B)의 전문진술 부분'은 제316조 제2항의 요건을 각각 충족하여야 한다. 이때 그 재전문서류의 증거능력이 인정되기 위해서는, 우선 ㉠ '참고인(B)의 진술조서 부분'에 대해서는 '진술조서'에 관한 제312조 제4항의 진정성립 요건 등을 참고인(B)의 법정진술에 의하여 충족하고, 또한 ㉡ '원진술자(A)의 진술을 내용으로 하는 전문진술자(B)의 전문진술 부분'에 대해서는 '전문진술'에 관한 제316조 제2항에 따라 원진술자(A)의 진술불능 및 특신상태가 증명되어야 한다(위 2000도159; 위 2001도2891).[2]

2) 재전문진술 등 반면, "'재전문진술'이나 '재전문진술을 기재한 조서(재재전문서류)'에 대하여는 달리 그 증거능력을 인정하는 규정을 두고 있지 아니하므로, 피고인이 증거로 함에 **동의하지 아니하는 한**, 제310조의2의 규정에 의하여 이를 **증거로 할 수 없다**"(위 2000도159).

3) 평가 재전문진술은 형식은 물론 실질에서도 2중의 전문이고 전문의 과정에서 와전가능성이 대단히 높으므로, 증거동의하지 않는 한, 증거능력을 부

---

1) 판례는 제312조의 수사서류에 대해서만 언급하고 있으나, 제311조의 법원서류나 제313조의 일반서류에 대해서도 같은 법리의 적용이 배제되는 것은 아니다. 제312조의 수사서류에 대해 재전문서류로서 그 증거능력이 예외적으로나마 인정된다면, 그보다 증거능력의 예외요건이 상대적으로 덜 엄격한 제311조의 법원서류 내지 제313조의 일반서류에 대해서도 재전문서류로서 그 증거능력이 마찬가지로 인정되는 것이 논리나 형평에 부합하기 때문이다.

2) 대판 2000.3.10. 2000도159(생후 30개월 가량인 피해자 A가 모친 B에게 피고인으로부터 강제추행을 당했다는 내용의 진술을 하였고, 피해자의 모친 B는 사법경찰관의 참고인조사과정에서 피해자 A의 진술을 전하여, A의 진술내용이 사법경찰관 작성의 B에 대한 참고인진술조서에 기재된 사안).

정하는 것이 타당하다. 그러나 재전문서류는 형식에서는 2중의 전문이라는 점에서 재전문진술과 같으나, 그 실질에서는 다소 그와 다른 측면이 있다. 즉, 현행법상 전문서류는 형식 때문에 그 자체로 전문성을 갖게 되므로 재전문의 요소를 포함하는 경우가 많은데, 진정성립이 인정되는 경우에는 그 실질상 '단순한 전문'으로 환원되는 측면이 어느 정도 있기 때문이다. 이 점은 마치 진술기재서가 직접성 확인장치를 통하여[1] 제313조 제1항에 따라 진술서와 마찬가지로 취급되는 것처럼, 우리 형사증거법의 체계와도 맥락상 유사성이 있다(다만 완전히 일치하는 것은 아니다). 즉, '진술을 기재한 서류'는 '직접성(본인)확인장치'를 통하여 '진술기재서'가 되고(직접성 확인장치를 통한 1회의 전문성 해소) 단순한 '전문서류'(진술서·313①)와 동일하게 취급되는데, '전문진술을 기재한 서류'는 서류의 진정성립 인정(본인확인장치와 유사)을 통하여 "형식만 다를 뿐 실질에서는 단순한 '전문진술'과 어느 정도 유사"하게 됨으로써, 사실상 단순한 '전문진술'(316)과 어느 정도 유사한 취급이 가능해지는 측면이 있다는 것이다(즉, '1.5 정도').

Ⅷ. 제317조 진술의 임의성

1. 제317조의 의의

1) 임의성 요건 "① 피고인 또는 피고인 아닌 자의 진술이 임의로 된 것이 아닌 것은 증거로 할 수 없다. ② 전항의 서류는 그 작성 또는 그 내용인 진술이 임의로 되었다는 것이 증명된 것이 아니면 증거로 할 수 없다. ③ 검증조서의 일부가 피고인 또는 피고인 아닌 자의 진술을 기재한 것인 때에는 그 부분에 한하여 전2항의 예에 의한다."(317).

임의성이 없는 경우 '증거로 할 수 없다'는 제317조의 문언에 비추어, 제317조는 임의성이 '증거능력의 요건'임을 선언한 규정이다(통설). 진술의 임의성이 증거능력의 요건인 이상, 이는 '법원의 조사의무'까지 아울러 규정한 것으로 보아도 무방하다. 증거결정과정에서 법원의 조사절차는 형사소송규칙 제134조에 규정되어 있다.

2) 적용범위 제317조의 적용범위, 즉 임의성이 요구되는 진술의 범위와 관련하여, 제317조의 조문체계상 위치에 근거하여 전문증거에만 적용된다는 견

1) 진술기재서와 재전문서류의 차이는 형식상 원진술자의 직접성 확인장치(본인확인장치)의 유무에 따라 결정된다.

해(협의설)도 있으나, 문언상 아무런 제한이 없으므로 **일체의 진술증거**에 적용된다는 견해(광의설)가 타당하다(통설). 자백인 경우에는 제309조가 적용되고, 전문증거를 포함한 그 외의 모든 진술증거에는 제317조가 적용된다. 따라서 **증인의 증언**에 임의성이 없는 경우는 제317조 제1항에 의하여 증거능력이 부정된다.

3) 임의성의 뜻 학설에 따라 그 의미가 다르지만,[1] 제309조의 '임의로'와 제317조의 '임의로'는 개념적으로 같은 의미이다. 판례도 같은 개념으로 이해한다. 즉, 진술의 임의성이란 고문, 폭행, 협박, 신체구속의 부당한 장기화 또는 기망 기타 진술의 임의성을 잃게 하는 사정이 없다는 것, 즉 증거의 수집과정에 위법성이 없다는 것이다(대판 1983.3.8. 82도3248).

2. 임의성의 판단

1) 원진술의 임의성 모든 진술증거는 **진술의 임의성**이 인정되어야 한다. 진술의 임의성이 인정되지 않으면 증거능력이 없다. 임의성 없는 진술의 증거능력을 부정하는 취지는, 허위진술을 유발 또는 강요할 위험성이 있는 상태하에서 행하여진 진술은 그 자체가 객관적 진실에 부합하지 아니하여 오판을 일으킬 소지가 있을 뿐만 아니라, 그 진위를 떠나서 진술자의 기본적 인권을 침해하는 위법·부당한 압박이 가하여지는 것을 사전에 막기 위한 것이다(대판 2015.9.10. 2012도9879).

2) 서류작성의 임의성 진술서류는 진술의 임의성뿐만 아니라 **서류작성의 임의성**도 인정되어야 한다(317②). 서류작성의 임의성이 인정되지 않으면 증거능력이 없다. 법원 또는 수사기관이 작성한 조서는 엄격한 절차규정 때문에 사실상 서류작성의 임의성이 문제되지 않으므로, 주로 '진술서'(313)에서 문제된다.

[직권조사] 진술의 임의성은 증거능력의 요건이므로, 임의성 유무는 법원이 직권으로 조사해야 한다. "기록상 진술증거의 임의성에 관하여 의심할 만한 사정이 나타나 있는 경우에는 법원은 직권으로 그 임의성 여부에 관하여 조사를 하여야 하고, 검사가 그 임의성의 의문점을 없애는 증명을 하지 못한 경우에는 그 진술증거는 증거능력이 부정된다"(대판 2013.7.25. 2011도6380). 당사자의 증거동의가 있더라도 위법증거

1) 진술내용이 허위가 아니어야 한다는 허위배제설, 진술에 위법이 작용하지 않아야 한다는 위법배제설, 진술이 인권이 침해된 가운데 이루어지지 않고 허위내용이 아니어야 한다는 허위배제 및 인권옹호설, 헌법 제12조 제2항이 보장하는 의사결정과 의사표현의 자유를 보장하는 진술이어야 한다는 진술자유보장설 등이 있다.

의 증거능력이 반드시 인정되는 것은 아니다.

임의성의 조사는 증거결정 전에 하는 것이 원칙이다. 임의성의 증명책임은 검사에게 있고, 진술의 임의성은 일종의 소송법적 사실로서 자유로운 증명의 대상이므로, 법원이 적당한 방법으로 조사하면 된다. 증명의 정도는 합리적인 의심의 여지를 배제할 정도에 이르러야 한다. 자세한 것은 자백배제법칙의 임의성 증명 부분에서 설명한 것과 같다.

Ⅸ. 전문법칙의 특수문제

사진이나 녹음테이프·비디오테이프·컴퓨터용디스크, 그 밖에 정보를 담기 위하여 만들어진 물건으로서 '문서가 아닌 증거' 등에 대해서는, 그 증거능력에 관하여 디지털증거(313①괄호)를 제외하고는 달리 독립된 규정은 없고, 그 증거조사 방식에 관하여는 '필요한 사항은 대법원규칙으로 정한다'(292의3)라는 규정이 있다. 이에 따라 형사소송규칙은 ㉠ 영상녹화물(규134의2내지5), ㉡ 컴퓨터디스크 등(규134의7), ㉢ 음성·영상자료(규134의8), ㉣ 도면·사진 그 밖에 정보를 담기 위하여 만들어진 물건으로서 문서가 아닌 증거(규134의9)의 4유형으로 분류하고 있다. 쟁점은 주로 i) 전문증거 여부, ii) (제작동기에 따라) 현장증거와 진술증거의 구별이다. 이해의 편의상 일반적인 설명순서에 따라, 사진, 녹음, 영상, 전자정보 등의 순으로 설명한다.

1. 사진의 증거능력

사진은 기계적 방법으로 일정한 사물을 있는 그대로 필름에 담거나 정보저장매체에 저장한 것으로서, 역사적 장면을 그대로 담고 있다는 점에서 정확성과 신용성이 매우 높은 증거방법이다. 그러나 촬영과정에서 발생하는 의미전달의 차이 또는 현상·인화과정에서 발생하는 인위적인 조작의 위험성도 배제할 수 없다. 여기서 사진을 비진술증거로 취급할 것인가, 진술기재서로 보아 전문법칙이 적용된다고 할 것인가의 문제가 등장한다. 사진의 증거능력은 그 성질과 용법에 따라 유형별로 나누어 살펴볼 필요가 있다. 주로 문제되는 것은 '현장사진'이다.

(1) 현장사진

현장사진이란 범인의 범행을 중심으로 범행상황 및 그 전후 상황을 촬영한 사진으로서 독립증거로 사용되는 것(예: 범행현장을 찍은 사진, 무인장비에 의해 속도위반 차량을 찍은 사진 등)을 말한다.

이러한 현장사진에 준하는 것으로는 현장녹음, 현장녹화가 있는데, ㉠ (현장녹음) 현장을 녹음한 녹음테이프의 음성부분, ㉡ (현장녹화) 현장을 촬영한 영상녹화물(예: 비디오테이프, 동영상 등)의 영상부분이 그러하다.

1) **비진술증거** 현장사진에 대해서는 비진술증거설과 진술증거설 등의 견해가 대립하나(후술), 사진은 사람의 지각에 의한 진술이 아니므로, 진술증거로 볼 수 없고, **비진술증거설**이 타당하다. 현장사진은 비록 현장 그 자체는 아니지만, 재현이 곤란한 현장의 생생한 장면을 그대로 담아내고 있으므로, 현장 그 자체와 동일시할 수 있다. 조작가능성의 문제는 비단 전문법칙의 문제가 아니라 증거의 진정성 문제이고, 증거의 **진정성**과 **관련성**은 전문증거뿐만 아니라 모든 증거에서 동일하게 요구되는 문제이기 때문이다.

[학설] i) 비진술증거설은 현장사진은 사람의 지각에 의한 진술이 아니므로 독립된 비진술증거라는 견해이고, ii) 진술증거설은 현장사진도 기계적 방법으로 과거사실을 재현하는 것이므로 사실보고라는 기능면에서 진술증거와 유사하고, 인위적인 조작의 위험성도 있으므로, '진술증거'에 준하여 전문법칙이 적용된다는 견해이다. iii) 검증조서유추설은 현장사진은 비진술성을 띠지만 조작가능성 때문에 예외적으로 '검증조서'에 준하여 제한적으로 증거능력이 인정된다는 견해이다. 작성주체에 따라 제311조(법원), 제312조(수사기관), 제313조(기타)가 적용된다고 한다.

재판실무는 현장사진을 **비진술증거**로 취급한다. 즉, i) 판례는, 제3자(상간자)가 공갈목적을 숨기고 피고인(간통녀)의 동의하에 나체사진을 찍은 사건에서, "피고인이 현장사진 중 그 촬영일자 부분이 조작된 것이라고 다투는 경우 이 부분(촬영일자 부분)은 전문증거(註 간접보고)에 해당되어 별도로 증거능력이 있는지를 살펴보면 족한 것이고, 사진이 진정한 것으로 인정되는 한, 사진은 증거능력을 취득한다"(대판 1997.9.30. 97도1230)고 판시하였다. 이는 곧 (피고인이 조작된 것이라고 다투는 '촬영일자' 부분은 전문증거로서 전문법칙이 적용되지만) **'사진영상 부분'은 비진술증거**로 취급된다는 것을 의미한다. 또한 판례는 **'상해부위를 촬영한 사진'**에 대해서도 "비진술증거로서 전문법칙이 적용되지 않는다"(대판 2007.7.26. 2007도3906)고 한다. 따라서 현장사진은 비진술증거로서 **전문법칙이 적용되지 않는다**. ii) 그러나 모든 증거에서 동일하게 요구되는 **진정성**과 **관련성**은 증명되어야 증거능력이 있다. 피고인이 사진조작 등을 이유로 그 진정성립을 부인하면, 자유로운 증명에 의하여 진정성 여부를 판단하면 된다. 반드시 촬영자가 원진술자로서 증언할 필요는 없고, 촬영자·제3자(사진속의 사람 등)의 증언 또는 감정 등 다양한 방법에 의하여 '대상이 그대로 촬영되었음'이 증명되면 충분하다.

2) 비밀촬영사진 피촬영자의 동의 없이 촬영한 사진은 위법수집증거 여부가 문제된다.

i) (수사기관의 비밀촬영) 피촬영자의 동의 없는 사진촬영이 임의수사인가 강제수사인가 그 법적 성격에 대해 견해의 대립이 있으나, 일정한 요건 하에서는 당사자의 동의가 없더라도 영장 없는 사진촬영이 예외적으로 허용된다[제한적 허용]. 판례는 ㉠ 현행범·준현행범적 상황, ㉡ 증거보전의 필요성 및 긴급성, ㉢ 촬영방법의 상당성 등의 요건을 갖춘 경우에는 상대방의 동의 또는 법관의 영장이 없는 사진촬영을 허용한다. 즉, "수사기관이 범죄를 수사함에 있어 ㉠ 현재 범행이 행하여지고 있거나 행하여진 직후이고, ㉡ 증거보전의 필요성 및 긴급성이 있으며, ㉢ 일반적으로 허용되는 상당한 방법으로 촬영한 경우라면, 위 촬영이 영장 없이 이루어졌다 하여 이를 위법하다고 단정할 수 없다"(대판 1999.9.3. 99도2317; 2013.7.26. 2013도2511). 한편, 무인장비에 의한 제한속도 위반차량의 차량번호등 촬영사진의 경우에도 같은 요건하에서 허용한다(대판 1999.12.7. 98도3329).

ii) (사인의 비밀촬영) 사인이 비밀촬영한 현장사진에 대해서 판례는, "효과적인 형사소추 및 형사소송에서의 진실발견이라는 공익과 개인의 사생활의 보호이익을 비교형량하여 허용 여부를 결정"한다(대판 1997.9.30. 97도1230)[비교형량].

(2) 사본인 사진

사진이 원래 증거로 제출될 자료(증거물 또는 서면)의 대체물로 사용되는 경우(예: 범행도구의 사진, 문서를 찍은 사진 등)이다. 사본인 사진의 증거능력은,

i) 우선, '사본 요건'이 선결문제가 된다. 즉, 최량(最良)증거의 법칙(best evidence rule, 원본이 가장 신용성이 높다는 원칙)에 의해, 사본 요건, 즉 ㉠ 원본의 존재, ㉡ 원본제출의 불능·곤란(필요성), ㉢ 정확성의 요건을 갖추어야 한다. 이 경우 원본과 동일하게 취급한다. ㉠㉢의 요건은 대부분 충족하게 되므로, ㉡의 요건이 중요한데, 최근에는 이를 다소 완화하는 추세이다.

ii) 다음, '사본인 사진'의 증거능력은 그 내용인 원본의 성질에 따라 사본인 사진의 증거능력이 좌우된다. 원본증거가 증거물로서 비진술증거이면 그 사진

도 비진술증거가 되고, 원본증거가 피의자신문조서 등 진술증거이면 그 사진도 진술증거의 성격을 갖는다.

1) 비진술증거(증거물등)**의 사진** 비진술증거의 사진에 대해서는 견해의 대립이 있으나, 판례는 '비진술증거'이며 사본의 요건만 갖추면 된다는 입장이다. 예컨대, '휴대전화기의 문자정보 화면을 촬영한 사진'(대판 2008.11.13. 2006도2556) 또는 '수표원본을 전자복사한 사본'(대판 2015.4.23. 2015도2275) 등을 증거로 사용하려면, "㉠ 원본이 존재하거나 존재하였으며, ㉡ 원본을 법정에 제출할 수 없거나 제출이 곤란한 사정이 있고, ㉢ 증거로 제출된 사본이 이를 정확하게 전사한 것이라는 사실이 증명되어야 한다"(위 2015도2275).

2) 진술증거(증거서류)**의 사진** 비진술증거의 사진은 사본의 요건만 갖추면 충분하나, 진술증거의 사진은 ㉠ '사본으로서의 요건'[1]과 ㉡ '전문증거로서의 예외 요건'(제312조 내지 제316조)을 모두 갖추어야 증거능력이 있다. 즉, '진술'의 증거능력 문제로 되어 전문법칙이 적용된다. 기록보존을 위해 문서에 대신하여 '그 사진을 수록한 마이크로필름'에 대해서도 같다.

(3) 진술증거의 일부인 사진

피고인 또는 피고인 아닌 자가 사진을 이용하여 진술하고 그 사진을 진술서면에 첨부하는 경우이다. 검증조서나 감정서에 사진이 첨부되는 경우도 이에 준한다. 이때 사진은 **진술증거의 일부**를 이루는 **보조수단**에 불과하다. 따라서 그 사진의 증거능력도 진술증거 또는 검증조서·감정서 등과 **일체로 판단**하면 된다. 판례도 같은 입장이다(대판 1981.4.14. 81도343; 1988.3.8. 87도2692).

다만, 사법경찰관이 작성한 검증조서에 첨부된 '피고인의 범행재연 사진'은 '경찰 피의자신문조서'로 취급된다(대판 1998.3.13. 98도159). 따라서 그 범행재연 부분에 대해 피고인이 공판정에서 그 성립의 진정 및 내용을 인정하여야 한다. 주의를 요한다.

---

1) 대판 2002.10.22. 2000도5461(피고인에 대한 검사 작성의 피의자신문조서가 그 내용 중 일부를 가린 채 복사를 한 다음 원본과 상위 없다는 인증을 하여 초본의 형식으로 제출된 경우에, 위와 같은 **피의자신문조서초본**은 피의자신문조서원본 중 가려진 부분의 내용이 가려지지 않은 부분과 분리 가능하고 당해 공소사실과 관련성이 없는 경우에만, 그 피의자신문조서의 원본이 존재하거나 존재하였을 것, 피의자신문조서의 원본 제출이 불능 또는 곤란한 사정이 있을 것, 원본을 정확하게 전사하였을 것 등 **3가지 요건을 전제로** 피고인에 대한 검사 작성의 피의자신문조서**원본과 동일하게 취급**할 수 있다).

(4) 증거물인 사진

사진 자체가 증거물인 경우(예: 음란사진 등)에는 진술증거가 아님이 명백하므로 전문법칙이 적용되지 않는다(비진술증거).

(5) 증거조사방법

증거조사 방법은 i) 현장사진은 '제시', 비진술증거를 찍은 사진. 증거물인 사진도 '제시'이다. ii) 진술증거(증거서류)의 사진은 낭독(내용고지 또는 열람) 등의 방법에 의한다. iii) 진술의 일부인 사진은 진술증거와 일체적으로 증거조사한다. 성질상 낭독이 불가능하므로 '제시'한다.

2. 녹음테이프의 증거능력

녹음테이프는 기록과 재생의 정확성에서 사람의 지각이나 기억보다는 높고, 살아 있는 음성을 법정에 제공한다는 점에서 높은 증거가치를 갖는다. 그러나 편집자의 주관적 의도대로 기술적 조작의 가능성이 있고, 요증사실의 체험내용을 법원에 간접적으로 보고한다는 점에서 전문서류와 기능적 동일성이 있다. 녹음테이프의 증거능력은 대개 '현장녹음'과 '진술녹음'으로 나누어 고찰한다. 현장녹음은 현장사진과 유사하므로, 주로 문제되는 것은 '**진술녹음**'이다.

(1) 현장녹음

현장녹음이란 범행현장에서 당시의 상황 또는 범행에 수반된 음성이나 소음 기타 음향을 녹음한 것을 말한다. 현장사진의 경우와 마찬가지로 비진술증거설, 진술증거설, 검증조서유추설이 대립하나, 현장녹음도 **비진술증거**라고 보는 것이 타당하다. 즉, 현장사진의 경우와 다를 바 없다. 현장의 녹음은 비록 현장 그 자체는 아니지만, 재현이 곤란한 현장의 생생한 음향을 그대로 담아내고 있으므로, 현장 그 자체와 사실상 동일시할 수 있다. 조작가능성의 문제는 전문법칙의 문제가 아니라 증거의 진정성의 문제이고, 증거의 **진정성**과 **관련성**은 비단 전문증거뿐만 아니라 모든 증거에서 동일하게 요구되는 문제이다. 재판예규는 현장녹음을 **비진술증거**로 취급한다. 물론 현장녹음이라도 녹음된 말이 그 존재 자체가 요증사실로서 문제되는 것이 아니라 (원진술자의 경험사실의 진술로서) 그 내용의 **진실성 여부**가 문제되는 경우에는, 진술녹음과 마찬가지로 취급된다.

따라서 현장녹음은 ㉠ 비진술증거로서 **전문법칙이 적용되지 않는다**. ㉡ 그러나 모든 증거에서 동일하게 요구되는 **진정성**과 **관련성**은 증명되어야 증거능력이 있다. 성립의 진정은, 음성이 진술자의 그것과 일치하고(형식적 진정), 진술 그대로 녹음되었다는 것(실질적 진정)이 녹음자·제3자의 진술서·음성지문 감정 등 **자유로운 증명**의 방법으로 증명되면 충분하다. 그리고 ㉢ 이 경우 현장녹음에 대한 증거조사방법은 '**검증**'이다.

(2) 진술녹음

진술녹음이란 사람의 진술이 녹음되어 있고 그 진술내용의 진실성이 증명대상이 되는 경우를 말한다. 진술녹음은 진술내용에 대한 반대신문이 보장되지 않고 법원은 진술자로부터 태도증거를 수집할 수 없으므로 **전문법칙이 적용된다**는 점에는 이견이 없다. 다만, 적용범위와 적용근거가 문제된다.

1) 적용범위 i) [**적법성**] 우선, 녹음이 적법하여야 한다. 위법한 녹음은 위법수집증거배제법칙에 따라 증거로 사용할 수 없다. ii) [**요증사실과의 관계**] 중요한 점은 요증사실과의 관계(녹음된 진술 내용의 진실성 여부)이다. ㉠ 녹음매체에 녹음된 진술이 경험사실의 진술로서 그 내용의 진실성 여부가 증명대상인 경우(진술녹음 중 그 내용의 진실성 여부)에는 전문증거로서 전문법칙이 적용된다. ㉡ 다만, 판례에 따르면, 경험사실의 진술이 아니거나(예: 의사표시·해악고지 등 이른바 '발언'녹음) 또는 진술 그 자체의 존재 여부가 증명대상인 경우(진술녹음 중 그 존재 여부)에는, 전문증거가 아니며 전문법칙이 적용되지 않는다(현장녹음과 유사)라고 한다. 즉, 진술의 '**존재 자체**'가 증명대상인 경우에는 그 녹음매체에 관하여 전문법칙이 적용되지 않음을 분명히 하고 있는 것이다(대판 2015.1.22. 2014도10978 전합).[1) 2)]

전문법칙이 적용되는 경우(즉, 녹음매체에 담긴 진술이 경험사실의 진술로서 그 진술

---

1) 대판 2015.1.22. 2014도10978 전합: "피고인 또는 피고인 아닌 사람의 진술을 녹음한 녹음파일은 실질에 있어서 피고인 또는 피고인 아닌 사람이 작성한 진술서나 그 진술을 기재한 서류와 크게 다를 바 없어 <u>그 **녹음파일에 담긴** 진술내용의 **진실성**이 증명의 대상이 되는 때에는 전문법칙이 적용된다고 할 것이나, **녹음파일에 담긴** 진술내용의 진실성이 아닌 그와 같은 진술이 **존재**하는 것 자체가 증명의 대상이 되는 경우에는 전문법칙이 적용되지 아니한다</u>(대판 2013.2.15. 2010도3504, 2013.7.26. 2013도2511 등 참조). 나아가 어떤 진술을 범죄사실에 대한 직접증거로 사용할 때에는 그 진술이 전문증거가 된다고 하더라도 그와 같은 진술을 하였다는 것 자체 또는 그 진술의 진실성과 관계없는 간접사실에 대한 정황증거로 사용할 때에는 반드시 전문증거가 되는 것은 아니다(대판 2000.2.25. 99도1252 등 참조)."

2) 다만 이와 모순되는 몇몇 판결(대판 2005.12.23. 2005도2945; 2008.3.13. 2007도10804; 2012.9.13. 2012도7461 등)도 아직 폐기되지 않은 채 병존하고 있다. 즉, 피고인의 발언 내지 진술의 존재 자체가 증명대상인 경우임에도 그러한 진술내용의 진실성이 증명대상인 진술녹음과 동일한 증거능력 요건을 적용하여 제313조 제1항 단서의 적용대상이라고 한 예외적인 판결이다(피고인 진술기재서. 이는 전문증거임을 전제한 것이다).

내용의 진실성이 증명대상인 경우)에, 판례는 이 경우에 한하여 그 녹음매체를 진술'서' 또는 진술기재'서'에 준하여 취급한다(위 2014도10978 전합). 즉, 진술자가 녹음한 경우는 '진술서'에, 진술자의 상대방이 녹음한 경우는 '진술기재서'(주의: 재전문서류가 아님, 왜냐하면 음성=자필)에 준한다는 것이다(2016년 개정된 제313조 제1항의 '괄호'에 따르면, 정보저장매체는 진술서류에 포함되므로, 이제는 제313조가 직접 적용된다). 녹음테이프의 특수성은, 전문서류와 비교하여 (전문)'서류'가 아니라 (전문)'테이프'라는 점만 다르다는 취지이다. 녹음테이프는 "(사람의) 지각－기억－음성－'녹음'(*)－(법원)제출" 과정을 거치며, 전문서류는 "(사람의) 지각－기억－음성－'서면화'(*)－(법원)제출" 과정을 거친다.

[학설: 비진술증거설과 진술증거설] i) 비진술증거설은, 녹음테이프(또는 비디오테이프)의 수록내용은 그 정확성이 기계적 장치로 보장되고, 이에 대해 반대신문도 불가능하다는 점을 근거로 비진술증거라는 견해이고, ii) 진술증거설은, 그 정확성이 기계의 정확성으로 담보되지 않으며, 기계를 조작하는 사람의 의도에 따라 다른 내용의 기록으로 될 수 있다는 점을 근거로, 녹음테이프의 수록내용을 작성자의 진술대용물, 즉 작성자가 관찰한 사실을 기계장치가 대신하여 기록하고 표현한 보고서로 보는 견해이다. iii) 비진술증거설이 진술증거설에 비하여 증거능력을 인정받기 쉽다. 진술증거설에 대해서는, 과학과 기계의 성능보다 사람인 법관의 직접심리주의를 더 신뢰하는 비과학적 발상이라는 비판이 있다. iv) 판례는 진술증거설의 입장이다. 녹음매체보다 '원진술자'의 공판정진술을 중시하는 태도이다. 좀더 정확하게 말하자면, 판례는 '진술녹음 중 그 내용의 진실성 여부가 문제되는 경우에 한하여' 진술증거설의 입장이다. 원진술이 법정에 직접 현출되는 것이 아닌 관계로 원진술자에 대한 피고인의 반대신문권이 보장되지 않았기 때문이다. 만일 이를 비진술증거로 본다면 진술서로 제출하는 대신, 녹음테이프를 제출함으로써 반대신문을 회피할 가능성이 농후하다. 따라서 녹음테이프 중 진술녹음에 대해서는 전문법칙을 적용하는 것이 반드시 필요하다(더구나 2016년 개정된 제313조 제1항의 '괄호'에 따르면, 정보저장매체는 진술서류에 포함되므로, 이제는 제313조가 직접 적용된다). 다만 '존재 자체가 문제되는 경우'는 전문증거가 아니라는 것이므로, (비록 진술증거이지만) 존재 자체가 문제되는 경우에는 마치 '현장녹음'처럼 기계의 성능 내지 과학성을 존중하여 사실상 비진술증거와 유사하게 취급하고 있는 것이다. 즉, 원래의 소리를 기계적 방법으로 채록하여 단순히 재현하는 것에 불과하다는 것이다.

2) 적용근거 통설·판례는 녹음주체와 원진술의 단계에 따라 제311조에서 제313조의 규정을 차별적으로 유추적용한다(대판 1996.10.15. 96도1669; 2005.12.23.

2005도2945). 즉, i) 검사가 피의자의 진술을 녹음하면 검사 작성의 피의자신문조서(312①②), ii) 사법경찰관이 피의자의 진술을 녹음하면 경찰 작성의 피의자신문조서(312③), iii) 검사 또는 사법경찰관이 제3자(참고인)의 진술을 녹음하면 진술조서(312④), iv) 사인(私人)이 '피고인' 또는 '피고인 아닌 자'와의 대화내용을 녹음하면 진술기재서(313①)에 준하여 취급한다.

문제는 주로 iv) **사인**(私人)이 **녹음**한 경우인데, 진술기재서에 준하여 제313조 제1항이 적용된다. 따라서 ㉠ '피고인 아닌 자'의 진술을 사인(私人)이 녹음한 녹음매체는, **'원진술자'의 진술**에 의해 **진정성립을 인정**해야 하고(313①본문). 다만, 이 경우에는 특신상태가 요건이 아니다(313①참조). ㉡ '피고인'의 진술을 사인(私人)이 녹음한 녹음매체는, (원진술자인 '피고인'의 진술에 의하여 진정성립을 인정하거나 또는) 작성자인 **'녹음자'**[1]**의 진술**에 의해 **진정성립을 인정**하는 것도 또한 가능하다(313①단서). 그리고 이 경우에는 '특신상태'가 요건이다(313①단서). 물론 제314조의 적용대상도 된다.

3) 서명 · 날인 불필요 녹음테이프에는 서명 · 날인이 따로 필요 없다(통설). 판례도 같다. 즉, "대화내용을 녹음한 테이프 등의 전자매체는 그 성질상 작성자나 진술자의 서명 혹은 날인이 필요 없고, 그것이 대화내용을 녹음한 원본이거나 원본의 내용 그대로 복사된 사본임이 입증되면 증거능력이 있다"(대판 2014.8.26. 2011도6035). 생각건대, 제313조 제1항은 원진술자의 '직접성 확인장치'로서 '자필'이거나 '서명 또는 날인'의 존재를 규정하고 있는데, 녹음테이프는 성질상 서명 · 날인은 있을 수 없지만, 원진술자의 **'목소리'**가 바로 원진술자의 '자필'에 필적하는 '직접성 확인장치'라고 할 수 있다.

---

1) 대판 2005.12.23. 2005도2945: "피고인과 피해자 사이의 대화내용에 관한 녹취서가 공소사실의 증거로 제출되어 그 녹취서의 기재내용과 녹음테이프의 녹음내용이 동일한지 여부에 관하여 법원이 검증을 실시한 경우에 증거자료가 되는 것은 녹음테이프에 녹음된 대화내용 그 자체이고, 그중 피고인의 진술내용은 실질적으로 제311조, 제312조의 규정 이외에 피고인의 진술을 기재한 서류와 **다름없어** 피고인이 그 녹음테이프를 증거로 할 수 있음에 동의하지 않은 이상 그 녹음테이프 검증조서의 기재 중 피고인의 진술내용을 증거로 사용하기 위해서는 제313조 제1항 단서에 따라 공판준비 또는 공판기일에서 그 '작성자'인 피해자의 진술에 의하여 녹음테이프에 녹음된 피고인의 진술내용이 피고인이 진술한 대로 녹음된 것임이 증명되고 나아가 그 진술이 특히 신빙할 수 있는 상태하에서 행하여진 것임이 인정되어야 할 것이고, 녹음테이프는 그 성질상 작성자나 진술자의 서명 혹은 날인이 없을 뿐만 아니라, 녹음자의 의도나 특정한 기술에 의하여 그 내용이 편집, 조작될 위험성이 있음을 고려하여, 그 대화내용을 녹음한 원본이거나 혹은 원본으로부터 복사한 사본일 경우에는 복사과정에서 편집되는 등의 인위적 개작 없이 원본의 내용 그대로 복사된 사본임이 입증되어야만 하고, 그러한 입증이 없는 경우에는 쉽게 그 증거능력을 인정할 수 없다."

4) 진정성립의 방법 "녹음된 음성이 원진술자의 것임"(형식적 진정성립)과 "진술한 그대로 녹음된 것임"(녹음의 정확성, 실질적 진정성립)이 '원진술자의 법정진술'에 의해 증명되면 충분하다. 다만 다시 반복하지만, '피고인의 진술기재서'인 녹음테이프는 (원진술자인 '피고인'의 진술에 의해 진정성립의 인정이 가능하지만) '작성자'인 녹음자의 법정진술에 의하더라도 무방하다.

(3) 비밀녹음

녹음테이프의 증거능력의 전제는 녹음의 적법성이다. 압수·수색의 '통신제한조치' 부분 또는 '위법수집증거' 부분에서 이미 설명한 바와 같다.

[비밀녹음] 누구든지 법에 의하지 않고는 전기통신을 감청하거나 공개되지 아니한 타인 간의 대화를 녹음 또는 청취하지 못한다(통신비밀보호법3①). 불법감청한 전기통신의 내용은 재판에서 증거로 사용할 수 없고(동법4), 공개되지 아니한 타인 간의 대화를 녹음하거나 청취한 경우에도 마찬가지다(동법14②). 불법녹음행위는 동법 제16조에 의해 처벌된다. 불법한 비밀녹음은 위법수집증거로서 증거능력이 부정된다.

i) **[수사기관의 비밀녹음]** ㉠ **(위법수집)** 수사기관이 법령에 의하지 않고 타인의 대화를 감청 내지 비밀녹음한 경우에는 동법 제4조 및 제14조에 의하여 증거능력이 없다. ㉡ **(당사자 일방만의 동의)** 수사기관이 당사자 일방만의 동의를 얻고 감청한 경우 또는 수사기관인 일방에게 휴대전화를 제공하고 그로 하여금 상대방과의 통화내용을 녹음한 경우(위 2010도9016)에도 불법감청에 해당하므로 증거능력이 없다.

ii) **[사인의 비밀녹음]** ㉠ **(제3자의 비밀녹음)** 사인인 제3자가 대화당사자들의 동의 없이 녹음한 경우(위 2001도3106), ㉡ **(당사자 일방만의 동의 녹음)** 사인인 제3자가 전화통화자 중 일방만의 동의를 받고 통화내용을 녹음한 경우(위 2002도123)에도 증거능력이 없다. 후자의 경우 견해가 대립하나, 일방만의 동의를 받는 것은 상대방의 동의가 없었던 이상 사생활과 통신의 불가침이라는 기본권 위반 및 통신비밀의 보호와 통신의 자유보장을 위한 **통신비밀보호법** 제3조 제1항 **위반**이기 때문이다.

반면, ㉠ **대화당사자 일방의 비밀녹음**, 즉 수사기관이 아닌 사인(私人)이 타인과의 대화내용을 비밀 녹음한 경우 그 대화상대방이 피고인이든(위 97도240), 타인이든(위 98도3169) 불문하고 증거능력이 있다. 통신비밀보호법은 타인 간의 대화비밀을 보호하는 것으로, 대화당사자 사이에서는 사생활 보호의 필요성이 **없거나 약화**되므로, 증거로 사용할 수 있다는 것이다. ㉡ **전화통화당사자 일방의 비밀녹음**도 마찬가지로 증거능력이 있다(위 2002도123). ㉢ 3인간 대화에서 그 중 1인의 비밀녹음은 통비법(3①)에 위배되지 않는다(위 2013도16404).

(4) 녹음테이프 사본

대화내용을 녹음한 원본테이프로부터 복사한 사본(디지털녹음기로 녹음된 내용을 CD로 복사한 경우도 포함)일 경우에는, "복사과정에서 편집 또는 인위적 개작 없이 원본의 내용 그대로 복사된 사본임이 증명되어야 한다(대판 2005. 12. 23, 2005도2945; 2007.3.15. 2006도8869). 이러한 **원본 동일성**은 **증거능력의 요건**에 해당하므로 검사가 그 존재에 대하여 구체적으로 주장·증명해야 한다(대판 2018.2.8. 2017도13263 참조).

(5) 녹취서

i) 녹음과 녹취서가 함께 제출되면 녹취서는 의미가 없다. 주의할 점은, 녹음테이프의 **녹음**에 대해 법원이 직접 검증한 경우이다. "당해 사건의 법관 **검증조서**는 무조건 증거능력이 인정되지만, 실제로 증거자료가 되는 것이 (본래의 검증결과를 기재한 부분이 아니라) 녹음테이프에 녹음된 **대화의 내용**인 경우에는 이 부분은 **진술녹음**과 마찬가지로 취급된다"(대판 1997.3.28. 96도2417)는 것이다. ii) 또한 "디지털녹음기로 녹음된 내용이 CD에 다시 복사되고, 그 CD에 담긴 내용의 녹취록이 증거로 제출된 경우에는, 위 녹음테이프 사본에 대한 증거능력 인정절차를 거쳐야만 녹취서의 증거능력이 인정된다"(위 2006도8869)(원본동일성).

(6) 증거조사방법

녹음·녹화테이프, 컴퓨터용디스크, 그 밖에 이와 비슷한 방법으로 음성이나 영상을 녹음 또는 녹화하여 재생할 수 있는 매체(이하 '녹음·녹화매체 등')에 대한 증거조사는 녹음·녹화매체 등을 재생하여 청취 또는 시청하는 방법으로 한다(규134의8③). '검증'에 해당한다.

다만 그 증거능력에 대해서는 주의를 요한다. 즉, 오관의 작용에 의하여 사물의 성상을 인식하는 것이므로, '검증'에 해당한다. 사인(私人)이 '피고인 아닌 자'와의 전화 대화를 녹음한 녹음테이프에 대해 법원이 검증을 실시한 경우에, ㉠ 검증의 내용이 '녹음된 대화의 내용'인 경우 그 진술내용을 증거로 사용하기 위해서는, 전문법칙의 예외규정(313①)이 적용된다(증거자료가 되는 것은 녹음된 대화내용이므로, 실질적으로 '피고인 아닌 자'의 진술을 기재한 서류). ㉡ 검증의 내용이 그 진술 당시 '진술자의 상태 등을 확인'하기 위한 것인 경우(예: 당시 진술자가 음주상태에서 횡설수설한 것인지 여부 등의 확인)에는, 전문법칙의 녹음테이프 법리는 적용될 여지가 없다(대판 2008.7.10. 2007도10755 참조). 제311조에 따라 당연히 증거능력이 있다.

3. 비디오테이프의 증거능력

비디오테이프란 수사기관 이외의 자가 자신이나 타인의 진술을 영상녹화하여 기록해 놓은 것을 말한다. 비디오테이프는 녹음테이프의 경우와 마찬가지로, 일반적으로 '현장녹화'와 '진술녹화'로 나누어 고찰한다. 주로 문제되는 것은 **'진술녹화'**이다. ㉠ (현장녹화) 현장녹화는 현장사진이나 현장녹음과 마찬가지로 따지면 된다. ㉡ (진술녹화) 진술녹화는 진술녹음과 마찬가지로 취급하면 된다.

(1) 현장녹화

현장녹화는, 현장사진이나 현장녹음과 마찬가지로, **비진술증거**로 취급된다. 물론 현장녹화라도 녹음된 말이 그 존재 자체가 요증사실로서 문제되는 것이 아니라 (원진술자의 경험사실의 진술로서) 그 **내용의 진실성 여부**가 문제되는 경우에는, 진술녹화와 마찬가지로 취급된다.

현장녹화는 i) 비진술증거로서 **전문법칙이 적용되지 않는다**. ii) 다만, 모든 증거에서 동일하게 요구되는 **진정성과 관련성**은 증명되어야 증거능력이 있다. iii) 피촬영자의 동의 없는 **비밀녹화의 적법성** 여부도 현장사진이나 현장녹음에 준한다. 즉, 영상부분은 현장사진에, 음성부분은 현장녹음에 준한다.

1) 비밀녹화의 영상부분 영상부분에 관해서는 사인의 비밀촬영은 공익과 사익을 비교형량하여 증거능력 여부를 결정한다[**비교형량**](앞 97도1230). 이와 달리, 수사기관의 경우 당사자의 동의가 없더라도 영장 없는 사진촬영이 엄격한 요건 하에서 비밀촬영이 '예외적으로 허용'된다(앞 99도2317).

2) 비밀녹화의 음성부분 음성부분에 관해서는 **비밀녹음의 법리**가 그대로 적용된다.

(2) 진술녹화

사인(私人)의 진술녹화는, 진술녹음과 마찬가지로, 사인이 작성한 진술기재서에 해당하여 제313조 제1항이 적용된다. i) **['피고인 아닌 자'의 진술기재서]** "수사기관이 아닌 사인이 피고인 아닌 사람과의 대화 내용을 촬영한 비디오테이프는, ㉠ 피고인 아닌 자의 **진술을 기재한 서류**와 다를 바 없다. ㉡ 제313조

제1항에 따라 공판준비나 공판기일에서 원진술자의 진술에 의하여 '그 비디오테이프에 녹음된 각자의 진술내용이 자신이 진술한 대로 녹음된 것이라는 점'이 인정되어야 한다"(대판 2004.9.13. 2004도3161). ㉢ 여기서 '진술한 대로 녹음된 것'은 실질적 진정성립을 의미하는데, 비디오테이프의 내용에 인위적 조작이 가해지지 않는 것이 전제된다면, 녹음테이프와는 달리, "비디오테이프에 촬영, 녹음된 내용을 재생기에 의해 시청을 마친 '원진술자가 비디오테이프의 피촬영자의 모습과 음성을 확인하고 자신과 동일인이라고 진술한 것'은 비디오테이프에 '녹음된 진술내용이 자신이 진술한 대로 녹음된 것'이라는 취지의 진술을 한 것으로 본다"(위 2004도3161). 즉, 형식적 진정성립을 인정하면 실질적 진정성립을 사실상 추정하는 것이다. "비디오테이프는 촬영대상의 상황과 피촬영자의 동태 및 대화가 녹화된 것으로서, 녹음테이프와는 달리 '피촬영자의 동태를 그대로 재현'할 수 있기 때문"(위 2004도3161)이다. 이 경우 유아인 성폭력피해자들과의 상담내용을 촬영한 (일반) 비디오테이프의 증거능력이 인정된다. ii) ['피고인'의 진술기재서] 피고인의 진술을 내용으로 하는 경우에는 그 외에 제313조 제1항 단서의 특신상태가 인정되어야 함은 물론이다. 다만, 이 경우 진정성립의 인정과 관련하여, 원진술자가 아니라 '작성자인 촬영한 사람'의 법정진술에 의해서도 진정성립의 인정이 가능한지 문제될 수 있으나, 판례상 분명하지 않다.

4. 전자정보의 증거능력

전자정보 또는 전자기록이란 전자적 방식, 자기적 방식 기타 사람의 지각에 의하여 그 존재 및 상태를 인식할 수 없는 방식으로 작성된 디지털 신호의 집합체로서, 컴퓨터에 의한 정보처리의 용도에 제공되는 것을 말한다. 전자정보의 증거능력은 정보저장매체에 저장된 내용에 따라 음성이나 영상을 녹음·녹화한 파일인지 또는 문자정보를 기록한 파일인지에 따라 유사한 법리가 적용된다.

(1) 녹음·녹화 파일

녹음테이프·사진 및 비디오테이프의 예에 따라 증거능력을 판단한다.

(2) 문자정보 파일

증거서류의 예에 따라 증거능력을 인정하면 된다. i) "컴퓨터 디스켓에 들어있는 문건이 증거로 사용되는 경우 위 컴퓨터 디스켓은 그 기재의 매체가 다를 뿐 실질에 있어서는 피고인 또는 피고인 아닌 자의 진술을 기재한 서류와 크게 다를 바 없다. 압수 후의 보관 및 출력과정에 조작의 가능성이 있으며, 기본적으로 반대신문의 기회가 보장되지 않는 점 등에 비추어 그 기재내용의 진실성에 관하여는 전문법칙이 적용된다. 따라서 제313조 제1항에 의하여 그 작성자 또는 진술자의 진술에 의하여 그 성립의 진정함이 증명된 때에 한하여 이를 증거로 사용할 수 있다"(위 99도2317). 2016년 개정된 제313조 제1항의 '괄호'에 따르면, 정보저장매체는 진술서류에 포함되므로, 이제는 제313조가 직접 적용된다. ii) 원본파일이 제315조 소정의 사항에 관하여 작성한 전자문서인 경우에는 진정성 요건을 갖추는 한 제315조에 의하여 당연히 증거능력이 있다. 예컨대, 성매매업소에서 영업에 참고하기 위하여 성매매상대방에 관한 정보를 입력하여 작성한 메모리카드의 내용이 '영업상 필요로 작성한 통상문서'로서 당연히 증거능력이 있다(위 2007도3219). iii) 정보저장매체 입력된 문자정보 또는 그 출력물('출력 문건')을 증거로 사용하기 위해서는 정보저장매체 원본에 저장된 내용과 출력 문건의 동일성이 인정되어야 하고, 이를 위해서는 정보저장매체 원본이 문건 출력 시까지 변경되지 않았다는 사정, 즉 무결성이 담보되어야 한다(위 2013도2511). 이러한 원본 동일성은 증거능력의 요건에 해당한다(위 2017도13263).

(3) 증거조사방법

컴퓨터용디스크등 정보저장매체에 기억된 문자정보를 증거자료로 하는 경우에는 읽을 수 있도록 출력하여 인증한 등본을 낼 수 있다(규134의7①). 이 경우 증거자료가 되는 것은 '문자정보 자체'이다. 법원이 명하거나 상대방이 요구한 때에는, 증거조사를 신청한 당사자는 컴퓨터디스크 등에 '입력한 사람과 입력한 일시, 출력한 사람과 출력한 일시'를 밝혀야 한다(동②).

5. 수사기관 영상녹화물의 증거능력

영상녹화물이란 법원 또는 수사기관이 일정한 진술을 청취하는 과정에서 그 진술을 영상녹화하여 기록해 놓은 것을 말한다(312④). 주로 수사기관이 피의자신문과정 또는 참고인조사과정에서 영상녹화해 놓은 것을 가리킨다. 수사기관 이외의 자가 기록하는 비디오테이프와 달리, 수사기관의 진술녹화에 대해서는 형사소송법상 '영상녹화물'이라는 용어를 사용하고, 이러한 수사기관의 '영상녹화물'에 대해서는 특별한 규정을 두고 있다.

1) 수사기관의 영상녹화 수사기관은 피의자신문과정에서 피의자의 진술을 녹화할 수 있고(244의2), 참고인조사과정에서 참고인의 진술을 녹화할 수 있다(221①). 수사절차의 적법성을 보장하여 인권침해를 방지하기 위한 것이다. 다만 피의자신문의 경우에는 수사기관의 재량이나(244조2①), 참고인조사의 경우에는 참고인의 동의를 얻지 않으면 영상녹화할 수 없다(221①).

2) 실질성립의 대체증명 및 진술자의 기억환기 현행법상 수사기관의 영상녹화물은 ㉠ 참고인진술조서의 **실질적 진정성립의 대체증명** 수단(312④) 및 ㉡ 진술자의 **기억환기를 위한 보조** 수단(318의2②)에 국한하여 허용된다. 영상녹화물이 수사기관의 강압수사에 대한 객관적 증명자료로 사용될 수 있음은 물론이다.

3) 독립적인 증거(본증) 불가 문제는, 수사기관의 영상녹화물이 조서를 대체하는 독립된 증거방법(본증)으로 사용될 수 있는가 여부이다.

학설은 견해의 대립이 있다. 즉, i) 적극설은 영상녹화물도 진술을 기록하는 매체라는 점에서 조서와 성질이 같다는 이유로 긍정하나, ii) 소극설은 영상녹화물에 증거능력을 인정하는 명문규정이 없고 오히려 제312조 및 제318조의2 해석상 이를 부정한다.

판례는 소극설의 입장이다. 즉, "수사기관의 영상녹화물은, 다른 법률에서 달리 규정하고 있는 등의 특별한 사정이 없는 한, 공소사실을 직접 증명할 수 있는 **독립적인 증거로 사용될 수는 없다**"(대판 2014.7.10. 2012도5041).

요컨대, 소극설이 타당하다. 2007년 형사소송법 개정안의 심의과정에서 본증으로 허용하는 입법안은 영상녹화물의 위험성을 고려하여 배제된 바 있고, 현행법상 전문법칙의 예외조항으로 영상녹화물을 허용하는 명문규정이 없기 때문이다. 또한, 영상녹화물은 녹화과정에서 연출 등의 가능성, 재생과정에서 각인효과의 위험성도 배제할 수 없다.

따라서 ㉠ 현행법상 영상녹화물은 공소사실을 직접 증명할 수 있는 **본증으로 사용할 수 없다**. 그 수사과정의 영상녹화물 중 '**음성부분**'을 토대로 작성된 녹취서 또한 증거로 사용할 수 없다(위 2012도5041). ㉡ 영상녹화물은 제318조의2 제2항의 해석상 **탄핵증거로도 허용되지 않는다**.

[성폭법 · 아청법의 특례(본증 허용)와 위헌결정] 수사기관의 영상녹화물이 유죄의 증거(본증)으로 허용되는 특별법상 예외가 있다. **성폭력범죄처벌법 제30조 제6항** 또는 **아동 · 청소년의 성보호법 제26조 제6항**은 수사기관이 조사과정에서 녹화한 영상물에

수록된 성범죄 피해자(19세 미만이거나 신체·정신장애자)의 진술에 대하여 독립적인 증거능력(본증 허용)을 인정하고 있다.[1] 법원이 원진술자의 진술이라는 원본증거를 직접 접할 기회가 원천적으로 차단되고, 피고인 또는 변호인이 원진술자에 대한 반대신문의 기회가 박탈되는 문제점이 지적되었다.

헌법재판소는 2021. 12. 23. "성폭법 제30조 제6항 중 '조사과정에 동석하였던 신뢰관계에 있는 사람 또는 진술조력인의 진술에 의하여 그 성립의 진정함이 인정된 경우에 증거로 할 수 있다'는 부분 가운데 '19세 미만 성폭력범죄 피해자'에 관한 부분이 헌법에 위반된다"는 결정(6:3)을 선고하였다(헌재 2021.12.23. 2018헌바524). 그 논거는 "피고인의 반대신문권을 보장하면서도 성폭력범죄의 미성년 피해자를 보호할 수 있는 조화적인 방법을 상정할 수 있음에도(예: 증거보전절차, 여러 증인지원제도 등), 영상녹화물에 수록된 피해자 진술에 있어 원진술자에 대한 피고인의 반대신문권을 실질적으로 배제하여 피고인의 방어권을 과도하게 제한하는 것은, 과잉금지원칙에 반한다"는 것이다. 따라서 위 특례조항들 중 성폭법상 19세 미만의 피해자 부분은 더 이상 유효하지 않게 되었다. 자세한 것은 제312조 제4항 부분의 설명 참조.

6. 거짓말탐지기 검사결과의 증거능력

1) 뜻 거짓말탐지기 검사란, 피검사자의 신체에 호흡·혈압·맥박기록기 등을 부착하여 피검사자가 일정한 질문에 답변할 때에 호흡·혈압·맥박 등 생리적 반응을 다각적으로 측정하고 분석하여 그 답변의 진실여부를 판가름하는 검사방법을 말한다. 수사기관은 피검사자의 동의를 얻은 경우에는 거짓말탐지기를 사용할 수 있다. 과학적 수사방법의 하나이나, 기계적 측정의 신뢰도, 인권침해 여부 등과 관련하여 검사결과의 증거능력 여부가 문제된다.

2) 검사결과의 증거능력 i) 견해의 대립이 있으나, 판례는 사실상 부정설의 입장이다. 즉, 검사결과의 사실적 관련성을 인정하려면 거짓말에 의한 심리상태의 변동, 생리적 반응, 거짓 여부 판정 등의 인과적 충족 및 특히 기계적 장치의 정확성, 검사방법의 합리성, 검사자의 전문성 등 엄격한 전제요건을 요구함으로써 사실상 증거능력을 부정하고 있다(대판 1983.9.13. 83도712; 2005.5.26. 2005도130), 그 전제요건의 엄격성에 비추어 현실적으로 이를 충족하기란 사실상 불가능하기 때문이다.

다만, ii) 거짓말탐지기를 사용하여 얻은 피의자의 자백은, 피검사자의 증거동의가 있는 경우에는 증거능력이 있다. 즉, "거짓말탐지기 검사에서 일정한 반

---

1) 이때 i) 그 진정성립은 원진술자 이외에 동석자(신뢰관계인 또는 진술조력인)의 진술로도 가능하고, ii) 원진술자에 대한 반대신문의 기회보장은 요건이 아니었다.

응을 보였다면 자백하겠다는 약속에 따라 이루어진 자백은 임의성 없는 자백이라고 단정할 수 없다"(대판 1983.9.13. 83도712).

3) **증명력** 검사 결과가 증거능력이 있는 경우에도 그 검사 결과는 피검사자의 진술의 신빙성을 가늠하는 정황증거에 불과하다(대판 1984.2.14. 83도3146; 1987.7.21. 87도968).

7. 기타의 증거능력

i) (피해신고서) 피고인 아닌 자가 작성한 진술서이므로 제313조 제1항이 적용된다. ii) (고소장) 처벌의 의사표시 부분이 아니라 '범죄사실을 보고하는 부분'은 피고인 아닌 자가 작성한 진술서이므로, 제313조 제1항이 적용된다. 소송조건을 증명하기 위한 경우에는 소송조건이 자유로운 증명의 대상이므로, 증거능력은 문제되지 않는다.

iii) (검시조서) 변사자를 검시하고(222) 작성한 검시조서는 실황조사서에 준하여 증거능력을 판단한다. iv) (음주측정서) 혈중알코올농도의 측정결과를 기재한 부분은 검증조서에 준하여 증거능력을 판단한다. v) (속도측정서) 스피드건에 의한 측정결과를 기재한 부분은 검증조서에 준하여 증거능력을 판단한다. 무인카메라에 의해 촬영된 사진은 현장사진으로 취급한다.

vi) (수사보고서) 수사보고서의 내용이 작성자의 단순한 의견 또는 추측에 불과한 경우에는 의사표시적 문서에 불과하다. 다만, 작성자가 타인으로부터 전해들은 내용을 기재한 경우에는 '진술조서(312④) 문제'가 생긴다(312④ 설명 참조). 수사보고서에 검증 결과에 해당하는 기재가 있는 경우에는 검증조서 부분을 참조한다. vii) (범죄경력조회) 제315조 제1호의 서류로서 당연히 증거능력이 있다.

viii) (판결문) 법관의 판단 내지 의견을 기재한 문서이나, 다른 사건에 대한 관계에서는 제315조 제3호의 서류로서 당연히 증거능력이 있다. 단순한 의견이 아니라 '엄격한 소송절차와 증거에 의하여 형성된 의견'이기 때문이다.

[연습] 전문증거

[문제] 전문증거 종합사례

[공소사실] 피고인 甲은 '업무상배임' 및 '뇌물공여'로 공소제기되었다.

㉮ 업무상배임: 甲(대표이사)이 乙(경리부장)과 공모하여 회사 소유의 토지를 임의 매각하였다.

㉯ 뇌물공여: 甲이 丁(공무원)에게 3,000만원의 뇌물을 공여하였다.

* 乙은 이미 업무상배임죄로 유죄판결을 선고받고 확정되었다.

[증거] 甲의 피고사건에서 다음의 증거가 제출되었다.

(1) 피고인 甲의 법정진술: ㉮ *본건 토지의 매도는 乙이 혼자 한 일이며, 자신은 전혀 가담한 바가 없다.* (부인) ㉯ *뇌물공여의 공소사실은 인정한다.* (자백)

(2) ⓞ 丙의 법정증언: 다음 쪽의 [별지].

① 丙의 경찰 진술조서: *丙의 증언내용과 같다.*

② 丙의 고소장: *丙의 증언내용과 같다.*

☞ **위 ①② 모두 피고인 甲이 증거부동의 ⇒ 丙을 증인으로 신문**

(3) 乙에 대한 경찰 피신조서 등본: ㉮ *甲 주도하에 회사재산을 임의로 1억원에 처분하였고 그 중 8,000만원을 현금으로 인출하여 甲에게 주었으며, 나머지는 자신이 사용하였다.*

㉯ *2019. 1. 중순경에는 甲이 자신에게 "건축허가를 빨리 내달라고 부탁하면서 丁에게 광탄면 토지를 판 돈에서 3,000만원을 주었는데, 丁이 뇌물수수로 조사를 받고 있어 잠시 피해 있어야 한다"고 말한 사실이 있다.*

(4) 乙에 대한 공판조서 등본: *乙은 공소사실을 모두 자백. ㉮㉯ 범행에 이르게 된 경위에 대하여 乙의 경찰 피신조서 등본과 동일한 취지로 진술.*

☞ **위 (3)(4) 모두 甲이 증거부동의 ⇒ (아직) 乙증인 신문하지 못함**

[질문] 丙에 대한 증인신문 내용은 [별지] 증인신문조서와 같다.
다음 각 증거의 증거능력은?

(1) 丙의 증언 중 '乙 진술 부분' **(※ 밑줄친 부분)**

(2-①) 丙의 경찰 진술조서 중 '乙 진술 부분'

(2-②) 丙 작성의 고소장 중 '乙 진술 부분'

(3) 乙에 대한 경찰피신조서 등본

(4) 乙에 대한 공판조서 등본

[별지] **서 울 중 앙 지 방 법 원**

증인신문조서(제2회 공판조서의 일부)[1)]

사 건 2019고단100 업무상 배임 등
성 명 병 (丙)
생년월일 1960. 3. 4.
주 거 (생략)

재판장

증인에게 형사소송법 제148조 또는 제149조에 해당하는가의 여부를 물어 이에 해당하지 아니함을 인정하고, 위증의 벌을 경고한 후 별지 선서서와 같이 선서하게 하였다. 다음에 신문할 증인은 재정하지 아니하였다.

증인에 대한 신문내용은 법정녹음시스템의 녹음파일(고유번호0000)과 같다.

검사 [녹취서]

증인에게

문 피고인 甲은 2018. 12. 20.경 乙과 공모하여 ○○시 소재 토지를 임의로 매도한 것이지요.

답 예, 乙이 "피고인 甲이 먼저 제안하여 매도하게 되었다"고 말했습니다.

문 당시 乙이 말한 내용이 구체적으로 무엇인가요.

답 <u>당시 乙이 "甲이 먼저 '토지를 팔아 나누어 쓰자, 문제가 생기면 자신이 모두 책임을 지겠다, 판 돈 중 20%를 쓰라'고 하여 토지를 1억원에 매도한 후 8,000만원을 甲에게 주었고, 나중에 甲으로부터 '토지를 팔아 받은 돈 중 3,000만원을 ○○시 건축계장에게 주었다'는 말을 들었다"고 하였습니다.</u>

문 (검사는 수사기록의 고소장 및 사법경찰리가 작성한 증인에 대한 진술조서를 보여주고 이를 읽게 한 후)

이 고소장은 증인이 사실대로 작성한 후 서명·날인하였고, 이 진술조서는 증인이 수사기관에서 사실대로 진술하고 진술한대로 기재된 것을 확인하고 서명·날인한 것인가요.

답 예. 그렇습니다. (이하 생략)

---

1) 실무상 정확성을 담보하기 위해 "증인신문절차 또는 피고인신문절차는 법 제56조의2 제1항에 따라 녹음이 필요한 경우라고 보아 그 전부를 녹음한다"('공판정에서의 속기·녹음·영상녹화에 관한 예규' 2의2). 나아가, 녹음물과 녹취서가 병존하는 경우 녹음물로써 조서를 대체하고 있다. 즉, "녹음물에 대하여 녹취서가 작성된 경우 재판장은 <u>'녹음물'을</u> <u>조서에 인용하고 조서의 일부로</u> 하게 하되, <u>'녹취서'는</u> 녹음내용 파악을 용이하게 하는 <u>보조적 수단</u>으로서 조서와 별개의 재판기록으로 편철하게 한다"(예규5의2).

이 경우 공판조서(기본조서)에는 "재판장, 형사소송법 제56조의2에 따라 증인 ○○○에 대한 신문을 녹음할 것을 명하고 이를 소송관계인에게 고지"라고 기재한다.

제6절 증거동의

Ⅰ. 의의와 본질

1) 증거동의의 뜻 "검사와 피고인이 증거로 할 수 있음을 동의한 서류 또는 물건은 진정한 것으로 인정한 때에는 증거로 할 수 있다"(318①). 증거동의는, 증거능력 없는 증거에 대하여 증거능력을 부여하는 당사자의 소송행위이다.

이는 '당사자주의 이념'이 증거조사절차에서 구현된 것일 뿐만 아니라, 증인신문을 회피할 수 있다는 점에서 '신속한 재판'과 '소송경제'의 요청에 부합하는 제도이다. 즉, ㉠ (서류) 증거능력이 없는 전문증거라도 당사자가 증거로 함에 동의하면, 원진술자나 서류작성자를 소환·신문하지 않고서도 증거능력을 인정한다. ㉡ (물건) 물건에 대한 증거동의도 명문으로 인정하고 있다. 물건을 증거동의의 대상에 포함시킨 것은 제정형사소송법이다.

다만, 당사자의 동의가 있더라도 '법원'이 진정성을 인정한 때에 한하여 그 증거능력을 인정한다. 즉, '당사자주의와 직권주의를 조화'한 제도이다. 제정형사소송법이 '법원의 진정성 인정'을 별도의 요건으로 추가 규정한 취지는, 특히 피고인이 사려의 부족으로 증거동의한 경우 증거의 중요성, 피고인의 방어권 등을 고려하여, 법원이 후견적 입장에서 피고인의 안이한 '반대신문권 포기'(정확히는, 반대신문권 불행사의 용인 내지 감수) 또는 '증거능력 부여의 의사표시'를 견제하려는 것이다. 즉, 실질적으로는 피고인을 적극적으로 보호하는 원리로 기능하는 것으로, 적법절차의 내용인 피고인보호 원칙에 따른 법원의 후견의무를 명문으로 규정한 것으로 볼 수 있다.

2) 증거동의의 본질 당사자가 증거동의한 경우 증거능력을 인정하는 근거에 대해 크게 반대신문권포기설, 처분권설 및 병합설 등이 대립한다.

[학설] i) 반대신문권포기설은 증거동의를 반대신문권의 포기로 보는 견해이다. 형식적으로는 증거로 함에 대한 동의이지만, 실질적으로는 반대신문권의 포기를 의미한다는 것이다. 따라서 증거동의는 반대신문권과 관계있는 전문증거에 대해서만 제한적으로 허용되며, 반대신문권과 관계없는 증거는 당사자의 동의가 있더라도 증거로 할 수 없다고 한다. 예컨대, 임의성 없는 자백이나 위법수집증거는 증거동의의 대상에서 제외된다고 한다. ii) 처분권설은 증거동의를 증거능력에 대한 당사자의 처분권행

사로 보는 견해이다. 증거능력에 대한 모든 제한은 증거동의에 의해 제거되며, 증거동의는 모든 증거능력제한의 해제조건을 의미한다는 것이다. 따라서 전문증거뿐만 아니라 위법수집증거는 물론, 모든 증거물이 증거동의의 대상이 된다고 한다. iii) 병합설은 증거동의를 '반대신문권의 포기'와 '직접주의의 예외'의 결합으로 설명하는 견해이다. 즉, 참고인진술조서와 같은 피고인 아닌 자의 진술이 기재된 '서류'에 대해서는 '반대신문권의 포기'로 이해하고, 반대신문권과 관계 없는 '증거물'이나 '피고인 자신의 피의자신문조서'에 대해서는 신속재판과 소송경제의 요청에 근거한 '직접주의의 예외'로써 이해하는 것이다. 이에 따르면 증거물도 증거동의의 대상이 된다. iv) 생각건대, 제정형사소송법 이래 현행 증거동의 규정에 대한 '문리적 해석'과 '역사적 해석'을 감안하여, 증거동의의 본질은 '서류' 부분과 '물건' 부분으로 구분하여 파악하는 것이 타당하다고 본다. 즉, '서류'에 대해서는 "'직접주의의 예외'로서 '반대신문권의 불행사를 용인 내지 감수하겠다'는 의사표시", '물건'에 대해서는 (직접주의의 예외라기보다는) "당사자처분권주의의 발현으로서 '증거물의 진정성·무결성 등을 다투지 않겠다'는 의사표시"로 이해하는, 2원적 설명이 타당하다(2원설).[1)]

통설은 반대신문권포기설의 입장이다. 판례는 "제318조 제1항은 (전문증거금지의 원칙에 대한 예외로서) **반대신문권을 포기하겠다는** 피고인의 의사표시에 의하여 서류 또는 **물건의 증거능력**을 부여하려는 규정"이라고 하는데(대판 1983.3.8. 82도

1) [제정형사송법의 연혁: 증거동의 규정] 제정형사소송법의 증거동의 규정은 '서류' 부분과 '물건' 부분으로 구분된다. (i) '전문서류' 부분은, ㉠ 연혁상 그 원형이 의용형사소송법(1922년 대정형사소송법)의 증거동의 규정이다. 의용형사소송법의 증거동의 규정은 영미법의 처분권주의의 영향을 받아 '직접주의의 예외'로써 영미법의 당사자주의 중 처분권주의 요소를 받아들인 것으로 파악되고 있다. 제정형사소송법(1954년)은, 해방 후 당시 우리의 현실을 고려하여 영미법의 전문법칙은 도입하지 않는 대신, 절차의 신속과 정확을 강조하여 의용형사소송법의 직접주의를 원칙으로 하되, 제311조부터 제315조까지의 전문서류에 대해 '직접주의의 예외'로써 증거능력을 인정하는 규정을 두는 한편, 증거동의 규정도 '직접주의의 예외'로써 의용형사소송법의 증거동의 규정을 수정·계수하였다. ㉡ 그 후 1961년 형사소송법 개정에서 전문법칙이 도입됨에 따라, 기존의 제311조 내지 제315조의 규정 등은 '직접주의의 예외'로서뿐만 아니라, '전문법칙과의 연관성'도 아울러 고려해야 하는 해석상의 상황 변화가 발생하였다. ㉢ 증거동의 규정은 연혁상 반드시 전문법칙 내지 반대신문권 포기와 논리필연적인 연관성이 있는 것도 아니다(즉, 당사자주의를 채택한 영미법계에서도, 처분권주의와 전문법칙은 관념상 서로 별개의 개념으로, 처분권주의는 당사자주의에 상응하나, 전문법칙은 단지 영미법계가 채택한 증거법칙일 뿐 당사자주의와 그 의미가 상통하는 것은 아니다. 한편, 직접주의가 지배하는 독일 형사소송법에서도 제251조에 직접주의의 예외를 규정하면서 증거동의 규정을 포함하고 있다). 따라서 우리 제정형사소송법의 입법연혁상 전문서류에 대한 증거동의의 본질을 '반대신문권의 포기'만으로 설명하기에는 한계가 있다. (ii) '물건' 부분은 제정형사소송법의 입법자들에 의해 독자적으로 추가 규정된 것이다(의용형사소송법이나 당시 일본형사소송법에도 '물건'에 대한 증거동의 규정은 없다). 물건은 전문법칙이나 반대신문권과 전혀 관계 없다. (iii) 제정형사소송법은 '진정성 요건'을 증거동의 요건으로 새롭게 추가 규정하였다.

2873), 이를 반대신문권포기설로 이해하기도 하나, 물건의 증거능력까지 부여하려는 것인 점에서 2원적인 입장으로 이해할 여지가 많다.

3) 전문법칙의 부적용 증거동의는 전문증거에 대해 증거능력을 부여하는 것으로, 전문법칙의 예외가 아니라 처음부터 전문법칙의 적용이 없는 경우이다(통설). ㉠ 증거동의하면 증거능력이 인정되는 이유는 반대신문권의 포기에 있는 것이지 신용성의 정황적 보장에 있는 것은 아니며, ㉡ 전문법칙의 예외요건을 충족하지 않는 수사보고서나 재전문진술 등에 대해서도, 증거동의하면 전문법칙의 예외요건과 상관없이, 증거능력이 인정되기 때문이다.

Ⅱ. 증거동의의 방법

1. 주체와 상대방

(1) 주체와 상대방

1) 검사와 피고인 증거동의의 주체는 당사자인 검사와 피고인이다.[1] 당사자 일방이 신청한 증거는 상대방의 동의가 필요하다(대판 1989.10.10. 87도966). 법원이 직권으로 수집한 증거는 양 당사자의 동의가 필요하다.

2) 동의의 상대방 증거동의의 상대방은 법원이다. 이는 소송행위로서 증거능력을 부여하는 것이므로, 동의의 의사표시는 법원에게 해야 한다.

(2) 변호인의 증거동의 문제

1) 변호인의 동의 제318조 제1항에는 증거동의의 주체로 '변호인'이 명시되어 있지 않다. 그러나 변호인에게는 포괄적 대리권이 인정되므로, 변호인은 피고인의 증거동의를 대신할 대리권한이 있다. 다만, "변호인은 '피고인의 명시한 의사에 반하여(는)' 증거로 함에 동의할 수 없다"(대판 2013.3.29. 2013도3). 따라서 "피고인이 출석한 공판기일에서 증거로 함에 부동의한 경우에는, 그 후 피고인이 출석하지 아니한 공판기일에 변호인만이 출석하여 종전 의견을 번복하여 증거로 함에 동의하더라도, 효력이 없다"(위 2013도3).

2) 독립대리권설(판례) 문제는, i) (독립대리권) 변호인은 '피고인의 묵시적 의사에 반하여' 동의할 수 있는가? 변호인의 대리권을 종속대리권으로 이해한다면 묵시적 의사에도 반할 수는 없겠으나(종속대리권설), 독립대리권으로 이해한다

1) "피고인이 변호인과 함께 출석한 공판기일의 공판조서에 '증거동의한다'는 기재가 있다면, '피고인이' 동의한 것으로 본다"(대판 2016.3.10. 2015도19139).

면 명시적 의사에 반하지 않는 한 묵시적 의사에는 반할 수 있다는 결론이 된다(독립대리권설). 판례는 독립대리권설의 입장이다. 즉, "변호인은 피고인의 **명시한 의사에 반하지 않는 한** 피고인을 대리하여 증거로 함에 동의할 수 있다. 이 경우 변호인의 동의에 대하여 **피고인이 즉시 이의하지 않는 경우**에는 변호인의 동의로 증거능력이 인정된다. 증거조사 완료 전까지 앞서의 동의가 **취소 또는 철회하지 않는 이상** 일단 부여된 증거능력은 그대로 존속한다"(대판 1988.11.8. 88도1628; 1999.8.20. 99도2029). ii) (피고인의 동의와 변호인의 취소) 피고인의 동의를 변호인이 취소할 수 있는가? 견해의 대립이 있으나, 변호인은 피고인을 대리하여 증거동의를 할 수 있을 뿐이므로, 피고인의 동의를 변호인이 취소할 수 없다는 견해가 일반적이다(다수설).

[독립대리권설 비판 : 종속대리권설] 그러나 증거동의는 피고인의 방어권행사에 중대한 영향을 미치며, 형사재판에서 피고인의 불이익과 직결된다. 변호인의 독립대리권은 피고인을 보호하기 위한 것인데, '피고인의 묵시적 의사에 반하는 변호인의 (증거동의)대리권'을 인정하는 것은, 피고인 보호라는 독립대리권의 기본취지에 명백히 반하는 것으로, 잘못된 해석이다. 판례의 태도는 단지 조서의 증거능력을 가급적 인정하려는 잘못된 경향의 한 반영으로 보인다. 따라서 변호인의 (증거동의)대리권은, 피고인의 명시한 의사에 반할 수 없음은 물론, '피고인의 묵시적 의사에도 반할 수 없는' **종속대리권**으로 해석함이 타당하다(다수설).

2. 증거동의의 대상

(1) 증거능력 없는 전문증거

모든 전문증거는 증거동의의 대상이 된다. 이미 증거능력이 인정된 증거는 증거동의의 대상이 아니다.

1) 전문서류 모든 전문서류는 증거동의의 대상이 된다(318①). 즉, ㉠ 피해자 등의 진술을 기재한 진술조서(대판 1999.10.22. 99도3273), (진술조서로 취급되는) 공동피고인에 대한 피의자신문조서(대판 1982.9.14. 82도1000), 검증조서(대판 1990.7.24. 90도1303), 압수조서(대판 1995.1. 24. 94도1476), 감정서 · 진단서, 사진(대판 1969.8.19. 69도938; 1997.9.30. 97도1230)은 물론, 조서의 **일부분**(대판 1990.7.24. 90도1303), 조서나 서류의 **사본**(대판 1991.5.10. 90도2601)도 그 대상이 된다.[1] ㉡ 진술조서에 서명은 있

1) [사본에 대한 동의] 이는 원본의 내용인 조서나 서류에 대한 동의 이외에, 사본성에 대한 동의, 즉 최량증거법칙의 요건 구비에 대해서도 다툼이 없다는 의미의 동의로 이해된다.

으나 날인이 착오로 누락(*)된 것(대판 1982.3.9. 82도63)[1]도 그 대상이 된다. ㉢ 한편, 검사 작성의 피고인에 대한 피의자신문조서(*)(대판 1965.7.20. 65도453)도 그 대상이라는 판례가 있다.[2]

2) 전문진술 비록 제318조 제1항에 명시되지는 않았지만, 여기서의 '서류'가 진술증거를 의미하는 이상, 전문의 '진술'도 당연히 증거동의의 대상이 된다. ㉠ 판례도 제316조에서 규정하고 있는 전문진술도 당연히 그 대상이 된다(대판 1983.9.27. 83도516; 2019.11.14. 2019도11552)[3]고 한다. ㉡ 물론, 재전문증거도 당연히 그 대상이 된다.

3) 주의사항 첫째, 전문서류 중 ㉠ 증언번복 진술조서(대판 2000.6.15. 99도1108 전합), ㉡ 공소제기 후 작성된 '증인예정자 진술조서'(대판 2019.11.28. 2013도6825), ㉢ 증거보전절차에서 피의자·변호인에게 증인신문에 참여기회를 주지 아니한 증인신문조서(대판 1988.11.8. 86도1646)는, 피고인이 증거동의한 경우 그 증거능력이 인정된다.

둘째, ㉠ 임의성 없는 자백이나 ㉡ 위법수집증거는, 증거동의의 대상이 아니며, 증거동의가 있더라도 증거능력이 인정되지 않는다[절대적 배제].

셋째, 피고인에게 유리한 반대사실의 증거, 즉 "반대증거('반대증거 서류' 또는 '공소사실과 양립할 수 없는 사실을 인정하는 자료')는, 상대방의 증거동의가 없더라도 증거판단자료로 할 수 있다"(앞 80도1547; 94도1159). 피고인에게 유리한 반대증거는 굳이 증거능력이 요구되지 않기 때문이다.

(2) 물건

제정형사소송법은 서류 외에 물건도 증거동의의 대상임을 명문으로 규정하였다. 물건(=증거물)이 그 대상인지 여부에 관하여 견해가 대립한다. 물건은 반대신문과 관계 없는 증거이지만, 굳이 물건을 그 대상으로 규정한 점을 감안한다면, 적극설이 타당하다. 법원의 재판실무 역시 물건을 증거동의의 대상으로 취

---

1) [날인누락과 동의] "진술자란의 서명 옆에 날인이 없고 서명이 그의 필적이라고 단정하기에는 분명하지 않다 하더라도, 그 조서에는 간인이 있고 그 인영이 동일한 것으로 인정되는 등의 정황에 비추어, 위 날인이 없는 것은 단순한 착오에 의한 누락이라고 보여질 뿐 위 조사는 진정한 것으로 인정된다"고 한 사례.

2) [자기 피신조서] 이는 피고인이 동의한 때에는 성립의 진정과 특신상태를 조사할 필요가 없다는 점에서 동의의 대상이라는 입장이다. 즉, 소송행위의 해석을 통하여 그 증거능력 요건(즉, 312①②)의 충족을 인정하는 취지의 규범적 의미를 가진 동의로 보는 듯하다.

3) [전문진술과 동의] "제316조 제2항의 전문진술이라도 피고인이 그 증언에 대하여 별 의견이 없다고 진술하였다면 그 증언을 증거동의한 것으로 볼 수 있다"고 한 사례(묵시적 동의).

급하고 있다. 즉, 판례는 ㉠ 물건에 대한 증거동의도 당연히 가능하다는 전제 아래, 압수물에 대한 증거동의를 인정하며(대결 1996.5.14.자 96초88),[1] ㉡ 피해자의 '상해부위를 촬영한 사진'은 비진술증거로서 전문법칙이 적용되지 않는다고 하면서도, 증거동의한 점을 이유로 그 증거능력을 인정한다(대판 2007.7.26. 2007도3906). 다만, 위법수집증거의 경우에는 증거물의 동의가 있더라도 증거능력이 인정되는 것은 아니다. 증거동의의 '대상'과 증거동의의 '효력'은 서로 구분되는 개념이기 때문이다.

[물건에 대한 증거동의] 여기서 증거동의는 '증거물의 **진정성·무결성 또는 원본동일성에 다툼이 없다**'는 의미로 이해된다. 진정성은 증언을 제외한 모든 증거에 요구되는 요건이며, 무결성은 최초 압수부터 증거제출까지 변경이나 훼손이 없었다는 것을 뜻한다. 증거동의에 의하여 증거물의 진정성, 디지털증거의 무결성, 녹음파일의 원본동일성 요건은 충족된다. 압수조서 또는 압수물의 사진에 대해 증거동의하면 압수물을 구태여 법정에 제출할 필요가 없는 것과 마찬가지이다. 물건은 반대신문권과 전혀 관계 없지만, 증거동의에 의하여 그 증거능력이 인정된다(2원설).

3. 증거동의의 시기와 방식

1) **시기** i) 원칙적으로 '**증거조사 전**' 증거결정 단계에서 하여야 한다. 증거능력 없는 증거는 증거조사가 허용되지 않기 때문이다. 재판실무에서는 증거능력 유무에 관한 의견진술(규134②) 단계에서 상대방의 동의 여부를 확인하여 상대방이 증거동의하면 곧바로 증거조사하고, **증거부동의**하면 비로소 전문법칙의 예외규정(311내지316)의 요건 구비 여부를 확인하는 절차를 거쳐 증거능력의 요건을 충족한 경우 비로소 증거조사를 시행한다. ii) 한편, 증거조사 도중이나 증거조사 후 전문증거임이 밝혀진 경우에는 **사후동의**도 가능하다. 이 경우 그 하자가 치유되어 증거능력이 소급하여 인정된다.

2) **방식** 증거동의는 증거능력을 부여하는 중요한 소송행위이므로, 원칙적으로 개개의 증거에 대해 **명시적·개별적**으로 행해져야 한다. 서면이나 구두로 할 수 있다.

i) [묵시적 동의] 판례는 반대신문권을 포기하는 의사 또는 증거능력을 부

---

1) "그 압수물이 법원에 증거로 제출된 이상 그 증거능력은 있고, 나아가 신청인이 그 제출된 압수물을 증거로 함에 동의한 이 사건에서는, 법원으로서는 위 조항의 위헌 여부와 관계없이 위 압수물을 유죄의 증거로 삼을 수 있다"(위 96초88).

여하려는 의사가 충분히 나타난 경우에는 묵시적 동의도 허용하고 있다. 예컨대, 피고인 아닌 자의 진술조서에 대해 '이견이 없다'고 진술하고 공판정에서 '진술조서의 기재내용과 부합되는 진술'을 한 경우(대판 1972.6.13. 72도922), 피고인이 신청한 증인의 전문진술에 대해 **'별 의견이 없다'**고 진술한 경우(앞 83도516)에는 증거동의한 것으로 인정한 바 있다. 그러나 이는 '동의할 수 있는 권리'를 '반박해야 할 의무'로 변질시킬 위험이 다분히 있다.[1)]

ii) [포괄적 동의] 판례는 '검사가 제기한 모든 증거에 대하여 피고인이 증거로 함에 동의한다'는 방식으로 이루어진 **포괄적** 증거동의에 대해 그 효력을 긍정하고 있다(대판 1983.3.8. 82도2873). 절차지연을 방지할 수 있고, 피고인에게 특별히 불리한 결과를 야기할 위험도 없으므로, 포괄적 동의는 인정해도 무방하다.

[증거동의거부권의 고지제도 입법화 필요] 피고인의 증거동의는 피고인의 방어권에 결정적인 영향을 미치는 소송행위이며, 사실상 유죄의 결과를 초래하는 불이익한 소송행위이다. 피고인의 증거동의가 갖는 실질적 의미를 중시하고, 문답식 조서와 함께 피고인의 증거동의에 의해 형성된 조서재판의 관행을 시정하기 위해서는, 특단의 제도적 방안이 강구되어야 한다. ㉠ 증거동의의 의미와 효과에 대한 재판장의 충분한 사전설명을 제도화하여야 한다. 재판장의 증거동의의 의미와 효과에 대한 사전 설명은 무기평등과 헌법상 공정한 재판의 이념에 비추어 충분히 고지되어야 한다. ㉡ 증거동의 거부권의 고지 제도를 형사소송법에 구체적으로 입법화해야 한다. 물론 증거서류에 대한 진정 성립의 인정 여부의 진술은 진술거부권의 대상이 된다(대판 2013.6.13. 2012도16001). 여기에는 수사기관의 진술거부권의 고지에 관한 형사소송법 제244조의3 제1항을 참고하여, 구체적인 내용을 규정하여야 한다. ㉢ 이처럼 증거동의의 의미와 법적 효과 등에 대한 피고인의 충분한 이해를 담보해야만 하고, 이로써 피고인은 비로소 증거동의에 대한 법적 무지상태에서 벗어날 수 있고, 증거부동의에 의한 재판상 불이익의 염려 내지 불안으로부터도 벗어날 수 있게 된다.

1) [묵시적 동의의 제한] 묵시적 동의를 일부 제한한 예외적인 최근 판례로는 대판 2019.11.14. 2019도11552 참조(피고인이 새마을금고 이사장 선거와 관련하여 대의원 甲에게 현금 50만 원을 제공하였다고 하여 새마을금고법 위반으로 기소되었는데, 검사가 신청한 증인 乙은 법정에 출석하여 '甲으로부터 피고인에게서 50만 원을 받았다는 취지의 말을 들었다'고 증언한 사안에서, 피고인은 일관되게 甲에게 50만 원 자체를 교부한 적이 없다고 주장하면서 적극적으로 다툰 점, 乙의 법정증언이 전문증거로서 증거능력이 없다는 사정에 대하여 피고인 또는 변호인에게 의견을 묻는 등의 적절한 방법으로 고지가 이루어지지 않은 채 증인신문이 진행된 다음 증거조사 결과에 대한 의견진술이 이루어진 점 등을 종합하면, 피고인이 乙의 법정증언을 증거동의하였다고 볼 여지는 없고, *乙의 증언에 따른 증거조사 결과에 대하여 '별 의견이 없다'고 진술하였더라도* 달리 볼 수 없으므로, 乙의 전문진술은 증거능력이 없다고 한 사례).

Ⅲ. 증거동의의 의제

1) **피고인의 불출석**　피고인의 출정 없이 재판할 수 있는 경우에 피고인이 출정하지 아니한 때에는 **증거동의**가 있는 것으로 **간주**한다. 다만 대리인 또는 변호인이 출정한 때에는 예외로 한다(318②). 피고인이 출정하지 않은 때에는 법원이 증거동의 여부를 확정할 방법이 없으므로 불출석으로 인한 소송장애를 방지하는 것이 그 목적이다. 한편 대리인이나 변호인이 출정한 때에는 그 동의 여부를 진술할 수 있으므로 그 적용을 배제한 것이다.

i) [불출석재판사건] ㉠ 경미사건, 불출석허가사건(277 i 내지 iii), ㉡ 구속피고인의 출석거부 및 현저한 인치곤란의 경우(277의2①), ㉢ 약식명령에 불복하여 정식재판을 청구한 피고인이 2회 불출석한 경우(대판 2010.7.15. 2007도5776), ㉣ 소촉법 제23조에 의해 피고인의 진술 없이 재판하는 경우 등이다. 이 경우 모두 증거동의로 간주된다.

ii) [피고인의 임의퇴정 · 퇴정명령] 피고인이 재판장의 허가 없이 무단퇴정하거나 재판장의 질서유지를 위한 퇴정명령을 받은 경우(281 · 330)에 관하여, 이미 본 바와 같이 판례는 적극설의 입장이다. 즉, 피고인이 무단퇴정한 경우라도 변호인이 출정한 때에는 증거동의가 간주되지 않지만(318②단서), 변호인마저도 이에 동조하여 무단퇴정한 경우에는, **필요적 변호사건**이라 하여도 함께 퇴정한 피고인과 변호인은 피고인측의 **방어권포기**(임의퇴정) 또는 **방어권남용**(퇴정명령) 및 변호인의 **변호권포기**(임의퇴정) 또는 **변호권남용**(퇴정명령)에 해당하므로, 수소법원은 제330조에 의하여 피고인 및 변호인의 재정없이도 심리판결할 수 있고, 이 경우 제318조 제2항에 의하여 피고인의 진의와 관계 없이 제1항의 **증거동의가 있는 것으로 간주**한다.

그러나 증거동의는 퇴정에 대한 제재가 아니다. 피고인이나 변호인의 무단퇴정은 방어권의 포기가 아니라 오히려 불공정한 재판에 대한 가장 강력한 항의일 수 있다. 따라서 이러한 형태의 증거동의의 의제는 '불공정한 재판'의 '신속한 처리'를 도와주는 결과가 될 수 있다. 부정설이 타당하다.

2) **간이공판절차의 특칙**　간이공판절차에서는 당사자 또는 변호인의 이의가 없는 한 전문증거에 대한 **증거동의**가 **의제**된다(318의3). 간이공판절차에서 피고인이 자백한 이상 반대신문권을 포기한 것으로 볼 수 있다는 취지이다.

Ⅳ. 진정성의 조사

(1) 진정성의 의미와 증명

1) 진정성의 의미 검사와 피고인이 증거로 할 수 있음을 동의한 경우에도 (법원이) '진정한 것으로 인정한 때'에 한하여 증거능력이 인정된다(318①). 따라서 법원은 증거동의가 있으면 직권으로 진정성 여부를 조사해야 한다. 여기서 '진정성'(眞正性)의 의미에 대해, 진정성립설(성립의 진정), 임의성설(증거수집과정의 임의성), 유형적 상황설(전문증거의 신용성을 의심스럽게 하는 유형적 상황이 없음), 진정성설(서류나 물건에 위조·변조 또는 변형이 없었음) 등의 견해가 대립한다. 다수설은 증거능력과 증명력은 구별되는 개념이라는 점 등을 근거로, **유형적 상황설**의 입장이다.[1] 판례는 진정성립설의 입장으로 보이기는 하나 분명한 것은 아니며, 오히려 **진정성설**에 가까운 입장으로 보인다.[2] 어쨌든, 당사자가 동의한 증거라도 나중에 위조되었다는 것이 밝혀졌다면, 당사자의 증거동의와 관계 없이 증거로 삼을 수는 없을 것이다.

2) 진정성의 증명 진정성은 증거능력 요건이므로 자유로운 증명의 대상이다. 즉, "제318조 제1항은 진정한 것으로 인정하는 방법을 제한하지 않으므로, 증거동의가 있는 서류 또는 물건은 법원이 **제반 사정을 참작**하여 진정한 것으로 인정하면 증거로 할 수 있다"(대판 2015.8.27. 2015도3467). 그러나 법원이 재판실무에서 진정성을 인정하지 않은 사례는 찾아보기 어렵다.

---

1) 유형적 상황설에 따르면, '신용성 의심의 유형적 상황'이란, 예컨대, 진술서에 서명·날인이 없거나, 진술의 기재내용이 진술과 상이한 경우, 진술내용이 객관적 사실과 명백히 다른 경우, 또는 현장사진이나 현장녹음·녹화의 작성과정이 의심스러운 경우 등 진정성이 인정되지 않는 상황을 말한다.

2) 판례는 "그 진술서에 피고인의 서명과 무인이 있는 것으로 보아 진정한 것으로도 인정된다면, 그 진술서는 증거로 할 수 있는 것"(대판 1990.10.26. 90도1229)이라 하는데, 이는 진정성립설의 입장으로 이해된다. 한편, 최근의 판례로는 "증거동의한 엑셀파일 복사본 등에 대해 디지털 저장매체에 저장된 로그기록 중 일부를 엑셀문서 형태로 요약·정리하는 방식으로 작성된 파일들이거나 이를 기초로 작성된 자료들이어서 그 진정성을 인정할 수 있다고 한 사례"(대판 2015.8.27. 2015도3467)가 있는데, 이는 그 문언상 반드시 진정성립설의 입장이라고 보기는 어렵다.

Ⅴ. 증거동의의 효과

(1) 증거능력 인정

당사자가 증거동의한 서류와 물건은, 설령 전문증거로서 제311조 내지 제316조의 전문예외 요건을 갖추지 못한 경우라고 하더라도, 진정성이 인정되는 때에는, 증거능력이 인정된다(318①). 다만, 임의성 없는 자백이나 위법수집증거는 증거동의가 있더라도 증거능력이 인정되지 않는다.

(2) 증거동의의 효력범위

1) 인적 범위 증거동의는 당해 피고인에 대해서만 그 효력이 미치고, 다른 공동피고인에게는 미치지 않는다(대판 1982.9.14. 82도1000). 공동피고인들은 각자 독립하여 반대신문권을 갖기 때문이다.

2) 물적 범위 증거동의는 그 대상인 서류 전체에 효력이 미치므로, 일부에 대한 동의는 원칙적으로 허용되지 않는다(대판 1984.10.10. 84도1552). i) 다만 서류의 기재내용이 가분(可分)인 경우에는 하나의 서류 중 일부 동의도 가능하고, 그 효력은 동의한 부분에 한하여 발생한다. 예컨대, 검증조서 가운데 범행재현부분(현장진술)과 현장상황 부분(대판 1990.7.24. 90도1303), 대질신문이 기재된 진술조서(대판 1998.3.13. 98도159) 등은 일부 동의가 가능하다. ii) 반면, 그 기재내용이 불가분(不可分)인데도 일부 동의가 있는 경우에는 대개 "그 조서(전부)를 증거로 함에 부동의한다는 취지로 해석"해야 할 것이다(대판 1984.10.10. 84도1552).

3) 시간적 범위 증거동의의 효력은 공판절차의 갱신이 있거나 심급이 변경된 경우에도 소멸되지 않는다. 예컨대, 제1심에서 증거동의를 하였다면, 항소심에서 비로소 범행을 부인하더라도 이미 행한 증거동의의 효력은 계속 유지된다(대판 1990.2.13. 89도2366).

(3) 증명력의 탄핵

1) 증명력 탄핵 증거동의한 당사자도 탄핵증거를 제출하여 그 증거의 증명력을 다툴 수 있다(통설). 증거능력과 증명력은 구별되기 때문이다.

문제는, 전문증거에 대해 증거동의한 당사자가 그 원진술자를 증인으로 신청하여 반대신문의 방법으로 증명력을 탄핵할 수 있는지 여부이다. 이에 대해서는, ㉠ 증거동의의 실질은 반대신문권의 포기에 있는 까닭에, 그 원진술자를 증인으로 신청하여 반대신문하는 것은 허용되지 않는다는 견해(소극설)도 있지만,

㉡ 제318조는 증거능력에 관한 조문으로서 여기서의 동의란 '증거능력을 다투지 않겠다'는 취지일 뿐, '증명력까지 인정한다'는 것은 지나친 확장해석이므로, 그 신빙성을 다투기 위하여 그 원진술자의 증인신문을 신청할 수 있다는 보는 것이 타당하다(적극설). 법원의 재판실무도 적극설의 입장이다. 즉, 앞서 본 바와 같이 판례상 증거동의의 경우에도 여전히 반대신문권이 관념되고 있을 뿐만 아니라(위 2005도9730 참조), 재판실무 역시 반대신문의 방법에 의한 증명력 탄핵을 허용하고 있다.

[반대신문권의 '포기'(?)] 전문서류에 대해 증거동의한 경우 그 실질을 반대신문권의 '포기'로 이해하는 것이 과연 올바른 내용으로 타당한 것인가? 전문'서류'에 대해 증거동의한 경우 그 증거능력을 인정하도록 한 취지는, 이 경우 전문법칙을 더 이상 문제삼지 않고, 이후 절차에서는 그 증명력의 문제로만을 다루더라도 무방하다는 점을 승인하는 것에 있다(증거동의는 단지 그 증거의 '증거능력'을 인정함에 '이의가 없다'는 의미일 뿐, 그 증거의 '증명력을 다툴 권리까지도 포기하겠다'는 의미가 아니라는 것이다). 즉, 전문증거에 대한 증거동의는 반대신문권을 '포기'한 것이 아니라, 반대신문권의 '불행사', 정확하게는 '그 불행사를 용인 내지 감수'하겠다는 의사표시에 불과하며, 그 이후 소송과정에서 '반대신문권을 일체 행사하지 않겠다'는 것이 아니라는 점이다. 제정형사소송법상 전문'서류'에 대한 증거동의는 그 연혁상 '직접주의의 예외'로써 영미법상 처분권주의의 요소를 수정·계수한 것인데, 영미법에서도 처분권주의와 전문법칙은 관념상 서로 별개의 개념이므로, 증거동의가 반드시 전문법칙 내지 반대신문권 포기와 논리필연적인 연관성이 있는 것도 아니다. 증거동의한 당사자라도 그 원진술자에 대해 반대신문의 방법으로 증명력 탄핵을 허용된다는 해석론은, 앞서 본 2005도9750 판결과 법원의 재판실무에 정확히 부합한다. 따라서 위 82도2873 판결 등에서 "'반대신문권을 포기하겠다'는 피고인의 의사표시에 의하여 서류의 증거능력을 부여하려는 규정"이라는 판시는, '반대신문권의 불행사를 용인 내지 감수하겠다'는 의사표시에 의하여 (이하 생략)" 정도의 수준으로 그 표현을 완화 또는 순화하는 것이 타당하다.

2) 증거동의한 진술조서의 증명력(제한) 증거동의한 수사기관의 진술조서는, 조서 자체가 갖는 본질적 한계에 더하여, 특히 '원진술자의 법정 출석과 반대신문이 이루어지지 못한 경우'이므로, 그 증명력이 제한된다. 즉, 그 조서는 "법관의 올바른 심증형성의 기초가 될 만한 진정한 증거가치를 가진 것으로 인정받을 수 없는 것이 원칙이다. 이를 주된 증거로 하여 공소사실을 인정하는 것은 원칙적으로 허용될 수 없다"(대판 2006.12.8. 2005도9730).

[증거동의한 '수사기관 조서'의 증명력 제한] i) "수사기관이 원진술자의 진술을 기재한 조서는 원본 증거인 원진술자의 진술에 비하여 본질적으로 낮은 정도의 증명력을 가질 수밖에 없다는 한계를 지니는 것이고, 특히 원진술자의 법정 출석 및 반대신문이 이루어지지 못한 경우에는 그 진술이 기재된 조서는 법관의 올바른 심증 형성의 기초가 될 만한 진정한 증거가치를 가진 것으로 인정받을 수 없는 것이 원칙이다. 따라서 피고인이 공소사실 및 이를 뒷받침하는 수사기관이 원진술자의 진술을 기재한 조서 내용을 부인하였음에도 불구하고, 원진술자의 법정 출석과 피고인에 의한 반대신문이 이루어지지 못하였다면, *[㉠]* (그 조서에 기재된 진술이 직접 경험한 사실을 구체적인 경위와 정황의 세세한 부분까지 정확하고 상세하게 묘사하고 있어 구태여 반대신문을 거치지 않더라도 진술의 정확한 취지를 명확히 인식할 수 있고, 그 내용이 경험칙에 부합하는 등 신빙성에 의문이 없어) *조서의 형식과 내용에 비추어 강한 증명력을 인정할 만한 특별한 사정이 있거나, [㉡]* (그 조서에 기재된 진술의 신빙성과 증명력을 뒷받침할 만한) *다른 유력한 증거가 따로 존재하는 등*의 *예외적인 경우가 아닌 이상*, 그 조서는 진정한 증거가치를 가진 것으로 인정받을 수 없는 것이어서 이를 주된 증거로 하여 공소사실을 인정하는 것은 원칙적으로 허용될 수 없다. 이는 원진술자의 사망이나 질병 등으로 인하여 원진술자의 법정 출석 및 반대신문이 이루어지지 못한 경우는 물론, 수사기관의 조서를 '증거로 함에 피고인이 동의'한 경우에도 마찬가지이다"(위 2005도9730).

ii) "수사기관이 작성한 진술조서는 [㉠] 수사기관이 (피조사자에 대하여 상당한 시간에 걸쳐 이루어진 문답 과정을 그대로 옮긴 '녹취록'과는 달리) 수사기관의 관점에서 조사결과를 요약·정리하여 기재한 것에 불과할 뿐만 아니라, [㉡] 진술의 신빙성 유무를 판단할 때 가장 중요한 요소 중 하나인 진술 경위는 물론, (피조사자의 진술 당시 모습·표정·태도, 진술의 뉘앙스, 지적능력·판단능력 등과 같은) 피조사자의 상태 등을 정확히 반영할 수 없는 본질적 한계가 있다. 따라서 피고인이 수사과정에서 공소사실을 부인하였고 그 내용이 기재된 피의자신문조서 등에 관하여 '증거동의'를 한 경우에는, 형사소송법에 따라 증거능력 자체가 부인되는 것은 아니지만, 전체적 내용이나 진술의 맥락·취지를 고려하지 않은 채 그중 일부만을 발췌하여 유죄의 증거로 사용하는 것은 함부로 허용할 수 없다. 특히 지적능력·판단능력 등과 같이 본질적으로 수사기관이 작성한 진술조서에 나타나기 어려운 피고인의 상태에 대해서는 공판중심주의 및 실질적 직접심리주의 원칙에 따라 검사가 제출한 객관적인 증거에 대하여 적법한 증거조사를 거친 후 이를 인정하여야 할 것이지, 공소사실을 부인하는 취지의 피고인 진술이 기재된 피의자신문조서 중 일부를 근거로 이를 인정하여서는 안 된다"(위 2023도13081).

Ⅵ. 증거동의의 철회와 취소

1) 철회 증거동의는 철회가 허용되며, 철회는 증거조사 완료 전까지 가능하다(판례). 즉, "증거동의의 의사표시는 증거조사가 완료되기 전까지 취소 또는 철회할 수 있으나, 일단 증거조사가 완료된 뒤에는 취소 또는 철회가 인정되지 않으므로, 이미 취득한 증거능력이 상실되지 않는다"(대판 1988.11.8. 88도1628; 2005.4.28. 2004도4428). 여기서 '증거조사가 완료되기까지'란 법원이 증거조사를 실시한 후 증거조사 결과에 대한 의견을 묻게 되는데 "피고인이 그 결과에 대한 의견진술을 마친 때"를 의미한다.

2) 취소 증거동의는 착오나 강박을 이유로 취소할 수 있는가? 증거조사 완료 전까지는 철회가 가능하므로, 취소 여부는 '증거조사 완료 후'에 실익이 있다. 견해가 대립하나, 동의에 '중대한 하자'가 있고 그에 관하여 피고인에게 '귀책사유가 없는 경우'에 한하여 예외적으로 증거조사 완료 후에도 취소를 허용함이 타당하다(조서의 진정성립의 취소에 관한 대판 2008.7.10. 2007도7760 참조).[1] 단지 동의가 법률적으로 어떠한 효과가 있는지 모르고 한 것이었다는 주장만으로는 그 동의에 하자가 있다고 할 수 없다(대판 1983.6.28. 83도1019).

제 7 절 탄핵증거

Ⅰ. 의의

(1) 탄핵증거의 의의

1) 탄핵증거의 뜻 탄핵증거란, 진술의 증명력을 다투기 위한 증거를 말한다. "[㉠] 제312조 내지 제316조의 규정에 의하여 증거로 할 수 없는 서류나 진술이라도, [㉡] 공판준비 또는 공판기일에서의 피고인 또는 피고인 아닌 자의 진술의 증명력을 다투기 위하여는 이를 증거로 할 수 있다"(318의2). 즉, 증거능

1) 대판 2008.7.10. 2007도7760은 검사 작성의 피의자신문조서의 진정성립 인정진술의 번복과 관련하여, "적법절차 보장의 정신에 비추어 성립의 진정함을 인정한 최초의 진술에 그 효력을 그대로 유지하기 어려운 '중대한 하자'가 있고 그에 관하여 진술인에게 '귀책사유가 없는 경우'에 한하여 예외적으로 증거조사절차가 완료된 뒤에도 그 진술을 취소할 수 있고, 그 취소 주장이 이유 있으면 법원은 증거배제결정을 통하여 그 조서를 유죄인정의 자료에서 제외하여야 한다."고 하였다. 이는 증거동의에 관한 것은 아니지만 그 취지에 비추어 증거동의의 취소에서도 참고될 수 있다.

력이 없는 전문증거라도, 법관 면전에서 행해진 피고인 또는 피고인 아닌 자의 진술의 증명력을 다투기 위한 증거(탄핵증거)로는 허용된다는 것이다.

2) '다툰다'의 뜻(탄핵의 범위) 여기서 진술의 증명력을 '다툰다'는 것의 의미가 문제된다. i) (증명력의 감쇄) 이는 증명력을 감쇄하는 것만을 의미할 뿐, 처음부터 증명력을 지지·보강하는 것은 포함되지 않는다. ii) (감쇄된 증명력의 회복) 감쇄된 증명력을 회복하는 경우, 즉 다시 지지·보강하는 경우가 포함되는지는 견해가 대립한다. 이 경우에는 처음부터 증명력을 지지·보강하는 경우와 달리 형평성의 관점에서 긍정하는 견해가 일반적이다.

탄핵증거는 법관 면전에서 행해진 진술의 증명력을 다투는 것만 허용될 뿐 그 '내용'인 사실 자체를 증명하려는 것은 허용되지 않는다.[1] 즉, "탄핵증거는 진술의 증명력을 감쇄하기 위하여 인정되는 것이고 범죄사실 또는 그 간접사실을 인정하는 증거로서는 허용되지 않는다"(대판 1976.2.10. 75도3433; 1996.1.26. 95도1333; 2005.8.19. 2005도2617).

3) 전문법칙의 부적용 탄핵증거에 관한 제318조의2는 전문법칙의 예외가 아니라 처음부터 전문법칙의 적용이 없는 경우이다(통설). ㉠ 전문증거에 의하여 원진술의 '내용'인 사실(주요사실 또는 간접사실)을 증명하기 위한 실질증거로 사용하려는 것이 아니라, 법정 진술의 증명력(증인의 신용성)을 탄핵하려는 것이고, ㉡ 탄핵증거는 전문법칙의 예외요건인 '필요성'과 '신용성의 정황적 보장'을 충족하지 않고도, 전문법칙의 예외요건과 상관없이, 허용되는 것이기 때문이다.

(2) 제도의 취지와 문제점

1) 취지 탄핵증거제도는 기본적으로 증명력판단의 합리성과 소송경제를 도모한다. 탄핵증거에 의한 증거가치의 재음미를 통하여 법관의 증명력 판단의 합리성을 제고한다. 이점에서 자유심증주의를 보강한다. 또한 반대신문이나 반증이라는 번잡한 절차를 거치지 않고도 탄핵이 가능하므로 소송경제에도 도움이 된다. 탄핵증거는 주요사실이나 간접사실을 증명하는 실질증거로 사용되는 것이 아니므로, 전문증거를 배제하는 엄격한 증명의 법리에 배치되지 않는다. 진술의 증명력을 탄핵증거로 다툰다고 해도 그 진술의 증명력은 법관이 자유롭게

1) 위 피고인 甲의 폭행 피고사건에서 피고인측 증인이 법정에서 '피고인은 피해자를 폭행하지 않았다'고 증언(법정 진술)한 경우, 증인이 그 전에 법정외에서 '피고인이 피해자를 폭행하였다'고 한 진술(법정외 진술)을 탄핵증거로 사용하는 때에는, 법정외 진술은 증인의 신용성을 탄핵함으로써 간접적으로 법정 증언의 증명력을 감쇄시키는 것일 뿐, 그 법정외 진술에 의하여 '피고인이 피해자를 폭행한 사실'을 증명하는 것은 허용되지 않는다는 의미이다.

판단하므로, 자유심증주의의 예외는 아니다.

2) **문제점** 탄핵증거는 이를 적극적으로 "범죄사실이나 그 간접사실을 인정하는 증거로서는 사용할 수 없다"(대판 1976.2.10. 75도3433). 그러나 탄핵증거는 증명력을 탄핵하는 증거이지만 그 내용상 범죄사실의 존부에 관한 법관의 심증형성에 영향을 줄 수 있다. 만일 (증명책임을 부담하는 검사측의) 탄핵증거를 광범위하게 허용한다면, 증거능력 없는 온갖 전문증거가 탄핵을 명분으로 공판정에 난입(亂入)하게 될 위험마저 있다[**탄핵증거의 공판정 난입**]. 따라서 탄핵증거는 피고인을 보호하는 **엄격한 증명의 법리와 갈등관계**에 있음을 유념할 필요가 있다.

(3) 주로 문제 : 검사의 탄핵증거

탄핵증거에는 검사의 탄핵증거와 피고인측의 탄핵증거[1]가 있다.

1) **검사의 탄핵증거** 실무상 주로 문제되는 것은 검사의 탄핵증거이다. 예컨대, 피고인 甲의 폭행 피고사건에서 피고인측 증인 B가 법정에서 '甲은 피해자 A를 폭행하지 않았다'고 증언(법정 진술)한 경우, 검사가 ㉠ 과거 증인 B가 법정외에서 '甲이 A를 폭행하였다'고 한 진술(증인의 법정외 자기모순진술) 또는 ㉡ 'B가 피고인 甲과 우호관계에 있다'는 사실(증인의 신용성에 관한 보조사실)에 대해, B로부터 전해들은 C의 법정진술(전문진술)을, B의 위 증언의 증명력을 다투기 위한 탄핵증거로 제출하는 경우이다.

이와 달리 피고인의 경우 제318조의2에 정한 탄핵증거 요건에 해당하지 않더라도 일반적인 반대증거의 법리에 따라 자유롭게 유리한 증거를 신청할 수 있다. 따라서 제318조의2에서 문제되는 탄핵증거는, 주로 '**검사가 탄핵증거라는 이름으로 제출하는 증거**'라는 점을 염두에 두고, 논의하고 이해할 필요가 있다. 탄핵증거 논의에서 특히 유념할 부분이다.

2) **반대증거와 피고인측 탄핵증거의 관계** 반대증거란 피고인에게 유리한 반대사실을 증명하기 위한 증거('반대사실을 인정하기 위한 증거' 또는 '공소사실과 양립할 수 없는 사실을 인정하는 자료')를 말한다. 반대증거는 피고인에게 유리한 반대사실, 즉 '검사가 증명책임을 부담하는 공소범죄사실·형벌권의 근거와 범위에 관한 일체의 사실과 반대되는 사실'을 증명하는 실질증거이다. 이 점에서 반대증거는

1) 예컨대, 甲의 살인 피고사건에서 증인 A가 법정에서 "甲의 살인현장을 목격하였다"고 증언한 경우에 ㉠ 그 전에 법정 외에서 A로부터 "목격한 사실이 없다"는 말('자기모순의 진술')을 전해들은 B의 법정 진술(서류 포함) 또는 ㉡ 'A가 甲과 적대관계에 있다'는 사실('증인의 신용성에 관한 보조사실')을 내용으로 한 B의 법정 진술(서류 포함)을, 증인 A의 증언의 증명력을 다투기 위해 사용하는 경우이다.

그 진술의 증명력만을 다투는 (전문증거인) 탄핵증거와 구별된다. 판례는 피고인측의 반대증거에 대해서 증거능력 및 엄격한 증거조사절차를 요구하지 않는다(앞 71도2060; 74도1687; 80도1547; 94도1159).[1]

반대증거는 이와 같이 증거능력 등의 제한 없이 단지 공소사실 또는 이를 증명하기 위한 검사의 증거와 관련성이 인정되는 피고인에게 유리한 일체의 증거를 의미하므로, 개념상 피고인측의 탄핵증거를 포함하는 보다 넓은 개념이다.

Ⅱ. 탄핵증거의 조사

1) **제출시기** 탄핵증거는 그 성질상 탄핵대상 진술이 행해진 이후에 비로소 신청가능하다. 제출시기는 증인신문의 도중 또는 종료 후가 된다.[2]

2) **제출방식** 탄핵증거를 신청하는 경우에는 먼저 **입증취지** 등을 구체적으로 명시하여야 한다(규132의2① 참조). 즉, "탄핵증거의 제출에서도 상대방에게 이에 대한 공격방어의 수단을 강구할 기회를 사전에 부여하여야 한다. 이 점에서 그 증거와 증명하고자 하는 사실과의 관계 및 입증취지 등을 미리 구체적으로 명시하여야 한다. 따라서 증명력을 다투고자 하는 증거의 **어느 부분에 의하여** 진술의 **어느 부분을 다투려고 한다는** 것을 사전에 상대방에게 알려야 한다"(대판 2005.8.19. 2005도2617).

[증거결정 (채부결정)] 다음 항에서 설명하겠지만, '피고인의 (부인) 진술'도 탄핵대상에 포함된다는 것이 판례의 입장이다. 그런데 탄핵증거의 허용범위에 관해서는, 자기모순의 진술 이외에 '신용성에 관한 보조사실'도 탄핵증거로 허용된다(절충설). 그러나 범죄사실에 관한 자료는 탄핵증거로 허용되지 않는데, 즉, 탄핵증거는 진술의 증명력을 감쇄하기 위한 것일 뿐 범죄사실 또는 그 간접사실의 인정의 증거로서는 허용되지 않는다(위 2011도5459). 여기에서 검사가 각종 전문증거를 피고인 또는 피고인측 증인의 법정진술의 신빙성을 탄핵한다는 취지로 무차별적으로 탄핵증거로 증거신청할 경우 과연 허용되는 탄핵증거인지에 관해 구별에 어려움이 있을 수 있다(탄핵증거의 공판정 난입 위험). 결국 그 증거의 취지가 명백히 **신용성의 '탄핵자료'인지** 아니면 **궁극적으로 공소사실의 '증명자료'인지**에 따라 그 허용 여부가 결정되어야 한다. 판례는, "*피고인의 부인진술을 탄핵한다는 것은, 결국 검사에게 입증책임이 있는 공소사실 자체를 입증하기 위한 것에 불과하므로, 피고인의 진술의 증명력을 다투기 위한 탄핵증*

---

1) 이 판결들이 탄핵증거를 대상으로 한 것이 아님은 그 문언상 분명하다.
2) 그러나 반대증거는 그 시기에 관계없이 신청과 제출이 가능하다.

거로 볼 수 없다는 이유로 그 증거신청을 기각하여야 한다"(위 2011도5459 참조)고 한다.

i) 우선, 검사의 신청취지가 피고인측 진술의 탄핵이라는 취지와 내용을 구체적으로 소명하지 않는 경우, 이는 단순히 피고인의 부인진술을 탄핵하는 것으로 해석하여 탄핵증거로서의 증거신청을 기각해야 한다. 즉, "결국 검사에게 입증책임이 있는 공소사실 자체를 입증하기 위한 것에 불과한 것으로서 탄핵증거로 볼 수 없다는 이유로 그 증거신청을 기각해야 한다"(위 2011도5459 참조). ii) 한편, 검사의 신청취지가 피고인측 진술의 탄핵 취지라고 주장하는 경우에도 이를 제한 없이 인정하여 탄핵증거로 채택한다면, 그 내용이 범죄사실의 존부에 관한 법관의 심증형성에 영향을 줄 수 있으므로, 결과적으로 범죄사실이나 간접사실을 인정하는 증거로 사용될 위험이 있다. 따라서 합목적적 관점에서, 신청대상인 전문증거의 성질 및 전문증거의 증거능력배제의 취지, 요증사실(신용성)과의 관련성, 공소장일본주의의 취지에 반하여 증거능력 없는 증거에 의하여 법관의 심증형성에 그릇된 영향을 미칠 가능성 등 제반 사정을 종합하여, 증거의 취사선택에 관한 사실심 법원의 재량에 따라, 법원이 합목적적으로 그 채부를 결정할 수 있다.

3) 증거조사　탄핵증거는 증거능력 없는 전문증거를 범죄사실을 인정하는 증거로 사용한다는 것이 아니므로, 엄격한 증거조사 방식을 거칠 필요는 없다(통설·판례). 그러나 적어도, 공개재판의 요청에 비추어 공판정에서 탄핵증거로 조사할 것이 요구된다. 즉, "공판정에서 탄핵증거로서의 증거조사는 필요하다"(대판 1998.2.27. 97도1770; 2005.8.19. 2005도2617). 엄격한 방식이 아니라 상당한 방법으로 조사하면 족하다.[1)2)]

따라서 공판정에서 전혀 증거조사한 바 없는 증거는 탄핵증거로 사용할 수 없다. 예컨대, '법정에 증거로 제출된 바가 없어 전혀 증거조사가 이루어지지 아

1) 구체적으로 '엄격한 증거조사 방식은 아니지만 탄핵증거로 조사하는 방법'의 의미가 무엇인지 분명하지는 않으나, 결국은 통상의 경우에 준하는 상당한 방법으로 조사하면 족하다. 일응 탄핵증거가 ㉠ 증인인 경우에는 '신문'의 방법으로, ㉡ 서증인 경우에는 상대방에게 '열람의 기회'를 주고 그 '의견'을 들은 다음 '낭독(또는 요지고지, 열람)'의 방식(위 2005도2617 참조)이 될 것이다. 다만, 상당한 방법으로 조사하더라도, 공개주의 원칙에 비추어 적어도 당사자나 방청인이 탄핵이라는 입증취지와 그 증거의 내용을 알 수 있을 정도는 되어야 한다.

한편, 판례(위 2005도2617)는, "사법경찰리 작성의 피고인에 대한 피의자신문조서를 피고인의 법정 진술에 대한 탄핵증거로 사용하기 위하여서는, 원칙적으로 피고인의 법정 진술을 탄핵하기 위한 것이라는 입증취지가 명시되고, 법정에서 탄핵증거로서 증거조사가 이루어져야 할 것인데, 위 피의자신문조서에 대한 탄핵증거로서의 증거조사절차는, 결국 검사가 입증취지 등을 진술하고 피고인측에 '열람의 기회'를 준 후 그 '의견'을 듣는 방법에 의할 것"이라고 한다.

특히 서증의 경우 법정에서의 증거조사 없이 피고인에게 유리하다는 명목하에 만연히 '탄핵' 증거로 사용하는 일부 실무관행은 시정될 필요가 있다.

2) 반대증거의 조사방법은 탄핵증거의 경우에 준하여 상당한 방법으로 조사하면 족하다.

니한 채 수사기록에만 편철되어 있는 증거'(앞 97도1770)는 탄핵증거로 사용할 수 없다. 다만, "비록 증거목록에 기재되지 않았고 증거결정이 있지 아니하였더라도, 공판과정에서 그 입증취지가 구체적으로 명시되고 제시까지 되었다면, 탄핵증거로서의 증거조사는 이루어졌다고 볼 수 있다"(대판 2006.5.2. 2005도6271)는 판례사례가 있다. 그러나 이는 탄핵증거로서의 조사가 명백히 결여된 것으로서, 시정되어야 할 잘못된 실무관행임에도 불구하고, 이를 결국 묵인한 것에 불과하다는 비판이 있다.

Ⅲ. 탄핵대상과 탄핵증거의 범위

1. 탄핵의 대상

1) 법관 면전에서의 진술 제318조의2는 탄핵대상을 '공판준비 또는 공판기일에 행한 진술'만으로 명시하고 있다. 법관 면전에서의 진술 이외에 나머지 다른 진술증거에 대해서는 제318조의2의 탄핵대상으로 규정된 바 없으므로, 그 탄핵을 명목으로 한 탄핵증거의 제출은 허용되지 않는다(소극설). 공판정 외에서의 진술이라도 서류증거의 형식으로 제출된 경우에는, 그 탄핵을 위한 검사의 탄핵증거 제출이 허용된다는 견해(적극설)도 있으나, 법문에 명백히 반한다.

2) 피고인 아닌 자의 진술 피고인 아닌 자가 공판기일에 행한 진술이 탄핵대상이라는 점에는 견해가 일치한다. 따라서 '공소제기 전 피고인을 피의자로 조사하였거나 그 조사에 참여한 자'의 진술(조사자의 증언)도 탄핵대상에 포함된다. 피고인 아닌 자는 대개 증인이다.

3) 피고인의 (부인)진술 피고인의 (부인)진술이 탄핵대상이 되는지 여부에 대해서는 적극설과 소극설의 견해가 대립한다. 판례는 적극설의 입장이다. 즉, "피고인이 내용을 부인하여 증거능력이 없는 '경찰' 피의자신문조서라도 피고인의 법정에서의 부인진술을 탄핵하는 증거로 사용할 수 있다"(대판 1998.2.27. 97도1770; 2005.8.19. 2005도2617)고 한다.

[사견] 피고인의 부인진술을 탄핵대상으로 해석하는 것은, 제318조의2의 '피고인 진술의 증명력을 다투기 위하여'라는 문언에 부합하지 않는다. 피고인에게 '무죄'의 증명책임이 없는 이상, 피고인의 부인진술은 '증명력'과 무관하기 때문이다. 따라서 <u>피고인의 부인진술은</u> <u>탄핵대상이 되지 않는다고 해석해야 한다</u>. 이는 내용부인된 '검사'

및 '경찰' 피의자신문조서의 증거능력을 배제하는 제312조 제1항 및 제3항의 입법취지에도 부합한다. 특히 제312조 제3항은 전문법칙의 예외규정을 넘어서서 위법수사의 방지장치라는 특수한 기능을 수행하고 있기 때문이다.

다만, 법정에서의 피고인의 자백진술(제316조 제1항의 요건을 갖춘, 피고인의 진술을 내용으로 하는 피고인 아닌 자의 법정 진술 포함)은 얼마든지 탄핵대상이 된다. 피고인의 진술이라도 타의로 된 것은 증거로 할 수 없는데(317), 이를 '피고인을 위한' 탄핵증거로 사용하는 것이라면, 굳이 부정할 이유는 없을 것이기 때문이다.

4) 자기측 증인의 탄핵 자기측 증인의 증언에 대한 탄핵도 가능하다(통설). 자신이 신청한 증인이 기대에 반하는 불리한 내용을 증언한 경우 이를 탄핵할 수 없다면 이는 불합리한 것이다.

5) 진술의 일부 탄핵 진술 중 일부에 대해서만 탄핵도 가능하다.

2. 탄핵증거의 허용범위

'탄핵증거로서 허용되는 전문증거의 범위'[1]에 대해 학설이 대립한다.

1) 한정설과 비한정설 및 이원설 i) (한정설) 동일인의 자기모순의 진술(서류 포함)에만 한정하여 탄핵증거로 허용하는 견해이다. 자기모순의 진술은 그 진술 내용의 진실성 여부가 문제되는 것이 아니라 그 진술의 존재 자체가 증명대상이므로, 타인의 진술에 의하여 증명력을 다투는 경우와 질적인 차이가 있다는 점을 근거로 한다. 제318조의2는 전문법칙의 적용이 없는 경우를 주의적으로 규정한 것이며, 결국 입법의 오류라고 이해한다.

ii) (비한정설) 자기모순 진술에 한하지 않고 또 범죄사실에 관한 것인지 여부에 관계없이, 증명력을 다투기 위한 용도라면, 널리 모든 전문증거가 제한 없이 허용된다는 견해이다. 제318조의2의 법문상 전문증거의 범위에 대해 아무런 제한이 없다는 점을 근거로 한다. 제318조의2는 오히려 전문법칙의 예외를 입법적으로 확대하여 규정한 것으로 이해한다.

iii) (2원설) 검사와 피고인을 구별하여, 피고인은 제한 없이 모든 전문증거를 탄핵증거로 사용할 수 있지만, 강력한 조직력과 권한을 보유한 검사는 자기모순의 진술만이 허용된다는 견해이다. 피고인의 이익을 위해, 검사 제출의 탄

1) 이른바 '탄핵증거능력'으로 표현하는 강학상 용례도 있으나, 원래 증거능력은 '유죄 인정의 자료가 될 수 있는 법률상 자격'이라는 개념에 뿌리를 박고 있는 것이므로 '탄핵증거의 허용범위'에 대해서까지 '증거능력'이라는 용어로 거론하게 되면, 증거능력이라는 용어의 고유한 의미와 기능을 왜곡시킬 염려가 있다는 점에서, 부적절한 용어사용이다.

핵증거는 그 범위가 제한되어야 한다는 점을 근거로 한다.

2) 절충설 자기모순의 진술 이외에 '증인의 신용성에 대한 순수한 보조사실'의 증거도 탄핵증거로 허용하는 견해이다. 이러한 '**증인의 신용성에 관한** (보조)**사실**'에는 증인의 이해관계, 편견, 예단, 성격, 평판, 전과사실 등이 해당한다.[1] ㉠ 원래 전문증거의 증거능력 배제는 전문증거를 범죄사실(주요사실과 간접사실)의 증명자료로 사용할 수 없도록 하는 것이므로, 진술자의 신용성에 대한 순수한 보조사실의 증명은 증거능력이 없는 전문증거에 의하더라도 무방하다는 점을 근거로 한다. ㉡ 탄핵증거는 비교법적으로 증인의 신용성을 공격하는 증거라는 점도 근거로 든다. 따라서 범죄사실 자체에 관련된 주요사실과 간접사실에 대한 증거는 탄핵증거에 포함시키지 않음은 물론이다.

3) 판례 직접 명백하게 밝힌 판례는 없으나 절충설 내지 2원설의 입장으로 이해된다. 즉, i) 검사가 제출한 (탄핵)증거에 관해서는, '탄핵증거는 범죄사실 및 간접사실을 인정의 증거로는 허용되지 않는다'(위 96도2945 등)라는 전제하에, 피고인이 법정에서 한 부인진술에 대해 내용부인된 '경찰 피의자신문조서'를 탄핵증거로 허용한다(위 2005도2617). 판례는, 탄핵증거 허용범위에 대해 비한정설을 명백히 배척하지만, 한편 자기모순 진술(한정설)만으로 한정하는 것도 아니다(위 2011도5459). 절충설로 평가할 여지가 있다. ii) 반면, 피고인측의 탄핵증거는 폭넓게 허용하고 있다. 즉, ㉠ 공소사실에 부합하는 증언을 '참고인의 진술'로써 배척하거나(대판 1978.10.31. 78도2292), ㉡ '피해자의 진술'을 변호인 제출의 신용카드사용내역승인서 사본 등으로써 배척하거나(대판 2006.5.26. 2005도6271), ㉢ 그 내용이 공무소의 직무범위를 벗어난 것으로서 증거능력이 없는 주백림 총영사의 사실조회회신(위 95도1333)을 탄핵증거로 허용하고 있다.

4) 결론: 절충설 탄핵증거의 개념이 발전된 영미법의 경우 탄핵증거는 '증인의 신용성'을 다툰다는 의미로 사용되고 있으며, 국민참여재판이 도입된 실정을 감안하면 검사와 피고인 모두에게 통일된 탄핵증거의 기준이 필요하다. 탄핵증거의 허용범위는 **절충설**에 의하여 '증인의 신용성에 관한 순수한 보조사실

---

1) 진술 자체의 '신빙성'과 진술자(증인)의 '신용성'은 구별되는 개념이다(규77②). 다만, 증인의 명예를 해치는 내용의 신문은 진술자의 신용성에 관한 사항일지라도 허용되지 아니한다(규77② 참조).
※ **형사소송규칙 제77조**(증언의 증명력을 다투기 위하여 필요한 사항의 신문) ② 제1항에 규정한 신문은 <u>증인의 경험, 기억 또는 표현의 정확성등 증언의 '신빙성'에 관한 사항</u> 및 <u>증인의 이해관계, 편견 또는 예단 등 증인의 '신용성'에 관한 사항</u>에 관하여 한다. 다만, 증인의 명예를 해치는 내용의 신문을 하여서는 아니된다.

의 증거'까지만 허용하는 것이 타당하다고 본다.

[절충설과 피고인보호 문제] i) '피고인의 보호'라는 당연한 법정책적 요청은 피고인을 위한 탄핵증거의 허용범위를 넓힘으로써 해결할 것이 아니라, 오히려 반대사실을 증명하는 증거, 즉 반대증거의 제한없는 허용으로써 해결하는 것이 바람직하다. 즉, 탄핵증거와 반대증거를 개념상 확실히 구분하고, 피고인의 보호라는 법정책적 요청은 탄핵증거라는 우회적인 방법이 아니라 반대증거라는 직접적인 방법으로 달성해야 한다. 탄핵증거는 법관 면전에서의 진술을 대상으로 그 수단이 전문증거에 국한되고 또 탄핵증거로서의 입증취지·제출시기·조사절차 등이 요구되지만, 반대증거는 탄핵의 대상(법관 면전에서의 진술) 여부, 전문증거 여부, 증거능력의 유무, 증거조사의 방법 등에 관계없이, 오히려 별다른 제약을 받지 않고 그 제출이 가능하다는 점에서 훨씬 더 강력한 피고인 보호수단이 되기 때문이다. 또한 이는 증거능력 없는 다양한 형태의 각종의 전문증거들이 탄핵의 이름으로 법정에 난입되는 일을 차단하고, 엄격한 증명의 법리와의 충돌을 매끄럽게 해소하는 합리적인 대책이 될 수 있다. ii) 나아가 탄핵을 위하여 제출된 증거를 주요사실 및 간접사실을 증명하는 실질증거로 사용하는 것은 물론 허용되지 않는다. 국민참여재판의 경우에는 재판장의 설명을 통하여 '탄핵증거는 실질증거로 사용할 수 없다'는 점을 배심원에게 분명하게 고지해줄 필요가 있다.

Ⅳ. 탄핵증거의 제한

탄핵증거로 사용될 수 있는 증거는 '증거능력이 없는 전문증거'이다. 여기의 전문증거에는 서류 및 진술이 모두 포함된다. 탄핵증거의 제한 문제는, 주로 '검사가 탄핵증거라는 이름으로 제출하는 증거'에서 논의된다.

1) 임의성 없는 진술 및 위법수집증거 자백배제법칙에 의하여 임의성 없는 자백(309) 또는 임의성이 인정되지 아니하여 증거능력이 없는 진술이나 서류(317)는 '피고인의 부인진술'의 증명력을 감쇄시키기 위한 탄핵증거로 허용되지 않는다(통설). 판례도 같은 취지이다. "피고인이 내용부인한 경찰 피의자신문조서는 임의성을 의심할 만한 사정이 없는 한 '피고인의 법정에서의 진술'을 탄핵하기 위한 증거로 사용할 수 있다"(앞 2005도2617).[1]

1) 그런데, 임의성이 인정되는 경우라고 하더라도, "피고인의 부인진술을 탄핵한다는 것은, 결국 검사에게 입증책임이 있는 공소사실 자체를 입증하기 위한 것에 불과하므로, 피고인의 진술의 증명력을 다투기 위한 탄핵증거로 볼 수 없다는 이유로 그 증거신청을 기각하여야 한다"(위 2011도5459 참조).

또한 위법수집증거배제법칙에 의하여 **적법절차**를 위반하여 수집한 증거(308의2)도 마찬가지로 탄핵증거로 허용되지 않는다(다수설). 제318조의2에도 허용되는 탄핵증거로 '전문증거'(312내지316)는 명시되어 있으나, 제308조의2(위법수집증거)·제307조(임의성 없는 자백)·제317조(진술의 임의성)는 명시된 바 없다. 요컨대, 피고인의 자기모순 진술이 탄핵증거로 되려면, 그 진술은 임의성도 있어야 하고, 위법하게 수집된 것도 아니어야 한다.[1)]

2) 서명·날인 없는 전문서류 전문서류의 경우 성립의 진정, 특히 서명·날인이 필요한지 여부가 문제된다. 판례는 탄핵증거에서는 성립의 진정이 문제되지 않는다(대판 1972.1.31. 71도2060)고 하면서, 이를 탄핵증거로 허용한다. 그러나 진술자의 서명·날인조차 없는 전문서류라면, 진술내용의 진실성뿐만 아니라 그 정확성을 확인할 수 없고 이중의 오류가능성이 있을 수 있다. 탄핵증거(특히 검사측 탄핵증거)로 허용되기 위해서는, 적어도 그 서명·날인이 있는 경우라야 한다(통설).[2)]

3) 공판정 진술 이후의 자기모순 진술('증언번복 진술조서') 이미 증언을 마친 증인을 '수사기관'이 소환한 후 피고인에게 유리한 그 증언 내용을 추궁하여 이를 일방적으로 번복시키는 방식으로 작성한 진술조서('증언번복 진술조서')는, 탄핵증거로도 허용되지 않는다. 만일 허용한다면 공판중심주의와 피고인의 소송주체성이 심각하게 약화되고(통설), 증언 후 법정 외에서 신문하여 자기모순의 진술을 이끌어내는 방식으로 공판중심주의에 역행하는 관행이 생길 위험 또한 배제할 수 없기 때문이다. 판례[3)]도 결국 같은 취지이다. 즉, 이러한 진술조서는 전문증거의 예외요건(312④)을 구비한 때에 해당함에도 불구하고 그 증거능력을 부인한다는 것이므로, 이는 탄핵증거로도 허용되지 않는다는 취지라고 할 수 있다. 검사는 공판정에서 다시 증인신문을 통하여 탄핵함이 바람직하다.

4) 공소제기 후 작성된 진술조서('증인예정자 진술조서') '공판기일에 증인으로 신청하여 신문할 수 있는 사람을 특별한 사정 없이 미리 수사기관에 소환('출석요구')하여 작성한 진술조서'(공소제기 후 작성된 '증인예정자 진술조서')의 경우에도, 마찬가지로 탄핵증거로 허용되지 않는다. 단, 증언번복 진술조서의 경우와는 달리,

---

1) 그러나 반대증거는 그에 관계없이 제출이 가능하다고 본다(위 82도2413 참조).

2) 그러나 피고인의 경우 반대증거는 그에 관계없이 제출이 가능하다.

3) 이러한 진술조서의 증거능력의 배제하는 것은 헌법 제27조가 보장하는 기본권, 즉 법관의 면전에서 모든 증거자료가 조사·진술되고 이에 대하여 피고인이 공격·방어할 수 있는 기회가 실질적으로 부여되는 재판을 받을 권리를 침해하는 것이기 때문이다(앞 99도1108 전합).

증인신문 전에 미리 수사기관에 소환하여 진술조서를 작성할 '특별한 사정'이 있는 경우에는, 증거동의가 없더라도, 탄핵증거로는 허용될 여지가 있다.

5) **수사기관의 영상녹화물** 수사기관의 영상녹화물[1]은 형사소송법상 공소사실을 직접 증명할 수 있는 독립적인 증거로 사용될 수 없다(대판 2014.7.10. 2012도5041). 그 영상부분을 제외하고 녹음부분만을 별도로 분리하더라도 그 녹음부분 역시 마찬가지이다. 이러한 수사기관의 영상녹화물은 그 조문의 위치와 관계없이, 이를 탄핵증거로도 사용할 수 없다는 점 또한 법문상 명백하다. 그 용도가 형사소송법상 ㉠ 참고인 진술조서의 실질적 진정성립 증명 또는 ㉡ 참고인의 기억환기를 위한 것으로 한정되기(위 2012도5041) 때문이다. 만일 이를 탄핵증거로 허용한다면, 전문법칙을 우회하여 이를 잠탈할 위험이 있다(일종의 'back door 금지').

반면, 성폭법·아청법상 특례가 인정되는 수사기관의 피해자에 대한 영상녹화물은, 증거능력이 없더라도, 피고인측이 이를 피해자의 법정진술에 대한 탄핵증거로 신청할 경우에는 제한 없이 허용된다고 본다.[2]

6) **탄핵증거의 전용(유죄증거) 및 요건** 탄핵증거로 제출된 증거가 범죄사실 인정을 위한 증거능력을 구비한 경우 유죄인정의 증거로 사용될 수 있는지가 문제된다. 그 입증취지에 비추어 불허함이 원칙이나, 검사의 탄핵증거를 유죄의 증거로 전용하는 경우에는, ㉠ 피고인의 증거동의, 또는 ㉡ 전문증거로서의 증거능력의 예외요건을 충족할 것이 요구된다.

한편, 피고인측이 제출한 무죄의 증거(탄핵증거 포함)는 ㉠ 검사의 원용(동의)이 있거나, ㉡ 진정성립 등 증거능력 요건을 조사하고, 피고인·변호인에게 의견과 변명의 기회가 부여된 예외적인 경우에만, 증거공통의 원칙상 유죄의 증거로 사용될 수 있다(앞 87도966 참조).

---

1) 제318조의2 ② 제1항에도 불구하고 (중략) 기억을 환기시켜야 할 필요가 있다고 인정되는 때에 한하여 피고인 또는 피고인이 아닌 자에게 재생하여 시청하게 할 수 있다.

2) 다만, 반대증거와 탄핵증거를 준별하지 않고 탄핵증거의 관점에서만 제318조의2를 설명하는 입장에서는, 위 각 영상녹화물은 예외적으로 본증으로 사용이 가능하므로 형평의 관점에서 피고인측이 이를 탄핵증거로 사용할 수 있다고 본다.

제 8 절 자백의 보강법칙

Ⅰ. 의의와 필요성

1) 의의 자백의 보강법칙이란, 피고인이 임의로 한 자백이 증거능력과 신빙성이 있고 이를 기초로 법관이 유죄의 심증을 얻었다 할지라도, 그 자백이 유일한 증거인 경우, 즉 자백 이외에 다른 보강증거가 없으면, 유죄로 인정할 수 없다는 원칙을 말한다(통설). 자백으로 유죄 인정하려면 보강증거가 요구된다는 뜻이다. "피고인의 자백이 그 피고인에게 불이익한 유일의 증거인 때에는 이를 유죄의 증거로 하지 못한다"(310). 헌법에도 같은 규정이 있다(헌법12⑦후단).

자백의 보강법칙은 자백배제법칙(309)과 함께 자백증거의 사용을 강력하게 통제하는 수단이다. 자백배제법칙이 자백의 증거능력 제한에 관한 것인 반면, 자백의 보강법칙은 자백의 '증명력 제한'에 관한 것이다(통설. 이에 대해 제310조는 '증거능력 제한 규정'이라는 견해도 있다). 법관의 유죄심증에도 불구하고 보강증거가 없으면 유죄의 판결을 하지 못한다는 점에서 자백의 보강법칙은 **자유심증주의의 예외**가 된다(통설).

[불이익한 유일한 자백의 증거능력 배제 규정 여부] i) (증명력 제한설) 이는 헌법 제12조 제7항 후단 및 형사소송법 제310조에 대해, 자백의 보강법칙(즉, 자백의 증명력 제한 규정)이라는 설명으로 통설 · 판례이다. ii) (증거능력 제한설) 그런데 이에 대해 증거능력 자체의 배제 규정이라는 견해가 있다. 즉 ㉠ 제310조가 '증거편의 편제'상 증거능력에 관한 규정인 위법수집증거배제법칙(308의2) 및 자백배제법칙(309)의 다음에 위치하고, 전문법칙(310의2) 앞에 규정되어 있는 점, ㉡ '조문의 표현형식'상 그 표제가 '불이익한 자백의 증거능력'으로 되어 있고, 그 문언내용이 '유죄의 증거로 하지 못한다'로 증거능력 배제의 형식으로 되어 있는 점 등을 근거로 한다.[1] iii) (통설의

1) 한편, 자백의 '증거능력 제한'으로 해석한 판례도 있다. 즉 "헌법 제10조 제6항(현행헌법12⑦) 후단은 사법절차에서 자백의 증거능력을 제한하였으며, 형사소송법 제310조 또한 그 자백의 증거능력이 제한되어 있고 어느 것이나 독립하여 유죄의 증거가 될 수 없음이 명백하다"(대판 1966.7.26. 66도634 전합)고 한 것이다.
제310조의 법적 성격에 대해 자백의 증거능력에 관한 규정이 아니라 증명력에 관한 규정으로 해석하는 통설의 입장에 따르더라도, 그 입법취지가 함부로 훼손되어서는 안된다. 특히, 헌법 제12조 제7항 후문('피고인의 자백이 그에게 불리한 유일한 증거일 때에는 이를 유죄의 증거로 삼거나 이를 이유로 처벌할 수 없다')은 단순히 증거법상의 법리를 선언하는 차원을 넘어 헌법상 기본권의 지위에 있음을 명백히 밝히고 있는 것이다.

논리) 한편, 문언상의 동일한 표현에도 불구하고 자백의 증명력 제한으로 새기는 이유를 논리적 측면에서 설명하는 견해가 있다. 즉, 증거능력이 인정되는 자백에 기하여 법관이 유죄의 심증을 얻었음에도 불구하고, 보강증거가 없으면 유죄의 판단을 하지 못하도록 하는 것이 자백보강법칙의 특수한 성질이기 때문이라는 설명이다. iv) (차이) 그러나 증명력 제한설은 증거능력 배제설에 비하여 자백 사건에 대해 유죄 인정의 가능성을 훨씬 넓히는 결과에 이른다. v) 통설과 같이 제310조를 논리적인 측면에서 자백의 보강법칙으로 이해하는 것이 불가피하다고 하더라도, 헌법과 형사소송법의 입법형식과 그 취지가 '증거능력 제한' 형식인 점에 비추어, '보강증거의 범위' 내지 '보강의 정도'에 대해 엄격한 제한을 가하는 방향으로 해석론이 전개되어야 한다.

2) **필요성** 이는 ㉠ 허위자백으로 인한 **오판의 방지**와 ㉡ 자백편중 수사로 인한 **인권침해의 방지**에 그 필요성이 있다.

i) (법원의 오판 방지) 자백은 전통적으로 "증거의 왕"이라고 불릴 만큼 절대적 증명력이 인정되었다. 본인에게 불리한 진술이라는 점에서 높은 신빙성이 있다. 그러나 자백이 항상 진실인 것은 아니다. 자백에도 허위가 개입할 여지는 얼마든지 있다. 따라서 보강법칙은 허위개입의 여지가 높은 자백에 대하여 보강증거를 요구함으로써, 허위자백으로 인한 오판의 위험을 방지하는 기능을 한다. 보강법칙은 법관의 심증이 자백에 편중되는 위험을 감소시킨다.

ii) (수사기관의 인권침해 방지) 자백만으로 유죄를 인정할 수 있다면, 수사는 자백을 얻어내기 위해 더욱 수단·방법을 가리지 않게 될 것이다. 수사가 자백획득에 편중될수록, 인권을 침해하는 강압수사의 가능성은 그만큼 높아지게 된다. 따라서 자백의 보강법칙에 의한 자백의 증명력 제한은, 강압수사에 의한 자백획득 자체를 직접 방지하는 것은 아니지만, 자백편중으로 인한 인권침해를 간접적으로 방지하는 기능을 한다.

3) **보강법칙의 적용범위**(정식재판) 보강법칙이 적용되는 헌법 제12조 제7항 후단의 '정식재판'은 형사소송법이 적용되는 통상의 형사재판을 의미한다. ㉠ **통상**의 형사공판절차는 물론, **간이공판절차**(286의2)나 **약식명령절차**(448)에도 보강법칙이 적용된다. ㉡ 반면, **즉결심판**(즉심법10)이나 **소년보호사건**(대결 1982.10.15.자 82모36)에는 보강법칙이 적용되지 않으며, 자백만으로도 유죄 인정이 가능하다.

Ⅱ. 피고인의 자백

1) **피고인의 자백** 보강증거가 필요한 자백은 '피고인의 자백'이다. 증인의 증언, 참고인의 진술에는 보강증거가 요구되지 않음은 당연하다.

i) (시기·형식·상대방 불문) 여기서의 '피고인의 자백'은 그 **시기·형식·상대방을 불문**한다는 것이 통설·판례의 입장이다. 즉, "제310조의 자백은 공판정에서의 자백뿐만 아니라 '공판정 외의 자백'까지도 말하는 것으로, 공판정에서의 자백뿐만 아니라 '수사관에게 대한 자백'까지도 포함하는 것이다"(대판 1966.7.26. 66도634 전합). 따라서 ㉠ 피고인의 지위에서 한 자백, 피의자의 지위에서 한 자백은 물론, 다른 사건에서 참고인 또는 증인으로서 한 자백도, 추후 자신의 피고사건에서는 피고인의 자백이 된다. ㉡ 구두·서면 등 자백의 형식 또한 불문한다. 예컨대, 일기장·수첩·비망록·편지 등에 기재된 자백도 여기의 자백에 해당하여, 보강증거가 필요하다. ㉢ 형사절차와 무관하게 사인의 지위에서 한 자백도, 추후 자신의 피고사건에서 증거로 제출되면 피고인의 자백이 된다.

ii) (증거능력 있는 자백) 보강법칙이 적용되는 자백은 모든 자백이 아니라 **'증거능력 있고' '신빙성 있는' 자백**을 전제한다(대판 1983.9. 13. 83도712). 임의성 없는 자백이나 전문법칙의 예외요건을 충족하지 못한 자백조서는 보강증거가 있어도 유죄의 증거가 될 수 없다. 특히, 피고인의 수사기관에서의 자백 등 '공판정 외의 자백'에 대해서는 주의할 점이 있다. 즉, ㉠ 피고인에 대한 경찰 피의자신문조서(312③), 신법적용 사건(2022.1.1. 이후 기소된 사건)에서 피고인에 대한 검사 피의자신문조서(동①)는 모두 '그 **내용을 인정**한 때'에 한하여 증거능력이 있고, ㉡ 조사자증언의 내용인 피고인의 자백(316①), 피고인 작성의 진술서(313①) 등은 모두 그 진술의 '**특신상태**가 인정된 때'에 한하여 증거능력이 있다. 증거능력 있는 자백의 **신빙성** 판단은 법관의 자유심증에 맡겨져 있다.

2) **공판정의 자백**(포함) 공판정에서의 자백에도 보강증거가 필요한가? 공판정에서의 자백은 신체구속을 받지 않고 진술의 자유가 보장된 상태에서 법관의 충분한 신문절차를 거쳐 이루어진다는 점에서 높은 신빙성이 있다. 그러나 공판정의 자백에도 허위자백의 여지 및 오판위험성은 여전히 남아 있다. 따라서 통설·판례는, 미국이나 일본의 경우와 달리, **공판정에서 한 피고인의 자백**에도 보강법칙이 적용된다고 본다(대판 1966.7.26. 66도634 전합).

3) **공범자의 자백**(제외) 공범자의 자백이 피고인의 공소사실에 대한 유일

한 증거일 경우 공범자의 자백만으로 유죄를 인정할 수 있는가 아니면 공범자의 자백에도 보강증거가 필요한가가 문제된다. 공범자의 자백이 제310조의 '피고인의 자백'에 포함된다면, 피고인에게 유죄를 인정하기 위해서는 공범자의 자백에 보강증거가 필요하게 된다.[1] 그러나 피고인에 대한 관계에서 공범자는 제3자('당해 피고인 아닌 자')이므로, 제310조의 문리해석상 공범자의 자백은 피고인의 자백이 아니다. 공범자의 자백이 포함된다는 명문의 규정이 없는 이상 불필요설이 타당하다. 다만, 공범은 다른 공범에게 책임전가의 경향이 짙고 허위진술의 위험이 높으므로, 그 자백의 신빙성을 판단할 때 특히 신중할 필요가 있다.

판례는 보강증거 불필요설의 입장에서, "제310조의 '피고인의 자백'에 공범자의 진술은 포함되지 아니하므로 공범자의 자백에는 **보강증거가 필요 없다**"고 한다. 즉, "공범인 공동피고인의 진술은 (다른) 피고인의 반대신문권이 보장되어 있어 **독립한 증거능력**이 있다"(대판 1992.7.28. 92도917). "제310조의 '피고인의 자백'에 공범인 공동피고인의 진술은 포함되지 않는다. **공범인 공동피고인의 진술은** 다른 공동피고인에 대한 범죄사실을 인정하는 **증거로 할 수 있고**, 공범인 공동피고인들의 각 진술은 상호간에 **서로 보강증거**가 될 수 있다"(대판 1990.10.30. 90도1939).

만일 **공범의 1인만 자백**한 경우 그 자백에 신빙성이 있고 그 외에 다른 증거가 없다면, 자백한 공범은 보강증거가 없어 무죄가 되고, 부인한 공범은 그 공범자의 자백만으로 (그 보강증거가 없더라도) 유죄로 인정할 수 있다. 예컨대, 합동절도에서 A만 자백하고, B는 부인한다면, A는 무죄, B는 유죄가 된다는 것이다.

Ⅲ. 보강증거의 자격

1) 증거능력 있는 증거 보강증거는 유죄의 증거이므로, 엄격한 증명의 법리에 따라 **증거능력 있는 증거**라야 한다. 따라서 위법수집증거배제법칙, 자백배제법칙에 의해 증거능력이 없는 증거는 보강증거가 될 수 없다. 전문증거는 전문법칙의 예외에 해당하지 않는 한, 보강증거가 될 수 없다.

2) 독립된 증거 보강증거는 자백의 증명력을 보강하는 증거이므로, i) (독립된 별개의 증거) 피고인의 자백과 **독립된 별개의 증거**이어야 한다. 본인

1) i) 공범자의 자백은 피고인의 자백과 동일한 것이므로 보강증거가 필요하다는 견해(필요설), ii) 공범자의 자백은 피고인의 자백이 아니므로 필요 없다는 견해(불필요설), iii) 공범자의 지위를 구별하여 공범자가 공동피고인인 경우에는 필요 없으나, 공동피고인이 아닌 경우에는 필요하다는 견해(절충설) 등이 대립한다.

의 자백으로 다시 보강한다는 것은 있을 수 없기 때문이다. 예컨대, ㉠ 피고인의 수사기관에서의 자백, ㉡ 피고인의 자백이 기재된 자술서 등 자백문서, ㉢ 피고인의 자백을 피고인으로부터 들었다는 피고인 아닌 자의 진술, ㉣ 피고인의 범행현장 재연사진, ㉤ 피고인의 **일기장, 수첩**, 메모 등은 피고인의 자백에 대한 보강증거가 될 수 없다. "피고인의 자백을 아무리 합쳐 보더라도 그것만으로는 유죄의 판결을 할 수 없다"(대판 1966.7.26. 66도634 전합). "피고인이 범행을 자인하는 것을 들었다는 피고인 아닌 자의 진술조서는 '자백자 본인의 진술 자체를 기재한 것은 아니'므로 제310조의 자백에는 포함되지 않는다. 그러나 피고인의 자백을 내용으로 하고 있는 이와 같은 진술기재 내용을 피고인의 자백의 보강증거로 삼는다면, 결국 피고인의 자백을 피고인의 자백으로서 보강하는 결과가 되어 아무런 보강도 하는 바 없는 것이니 보강증거가 되지 못하고, 오히려 보강증거를 필요로 하는 '피고인의 자백과 동일하게 보아야 할 성질의 것'이므로, 피고인의 자백의 보강증거로 될 수 없다"(대판 1981.7.7. 81도1314; 2008.2.14. 2007도10937).

ii) (업무용 수첩) 그러나 판례는 **업무용 수첩**과 같이 '**사무처리 내역을 그때그때 계속적, 기계적으로 기재한 문서**'는 자백문서가 아니며 보강증거가 될 수 있다고 한다. 즉, "상업장부나 항해일지, 진료일지 또는 금전출납부 등과 같이, **범죄사실의 인정 여부와는 관계없이**, 자기에게 맡겨진 사무를 **처리한 사무 내역을 그때그때 계속적, 기계적으로 기재한 문서** 등의 경우는, 사무처리 내역을 증명하기 위하여 존재하는 문서로서, 그 존재 자체 및 기재가 그러한 내용의 사무가 처리되었음의 여부를 판단할 수 있는 별개의 독립된 증거이고, 이를 피고인이 범죄사실을 자백하는 문서라고 볼 수는 없다"(대판 1996.10.17. 94도2865 전합).[1]

3) 정황증거 보강증거는 증거능력 있는 독립된 증거인 이상, **인증·물증·증거서류이든 불문**한다. ㉠ 직접증거는 물론, "간접증거나 **정황증거**도 보강증거가 될 수 있다"(대판 2006.1.27. 2005도8704). ㉡ 다만, 정황증거는 "자백한 **범죄사실**(객관적 부분)**과** 직접 또는 간접으로 **관련**이 있는 것"이어야 **한다**(대판 1986.2.25. 85도2656). 그러나 "범죄사실과는 관련이 없는 **범행동기**에 관한 것인 경우에는 보

1) **업무용 수첩** 사안이다. "피고인이 뇌물공여 혐의를 받기 전에 이와는 관계없이 각종 인·허가 등의 업무 추진과정에서 그 업무수행에 필요한 자금을 지출하면서, 스스로 그 지출한 자금내역을 자료로 남겨두기 위하여 뇌물자금과 기타 자금을 구별하지 아니하고 그 지출 일시, 금액, 상대방 등 <u>내역을 그때그때 계속적, 기계적으로 기입한 수첩의 기재 내용은</u>, 피고인의 금전출납을 증명할 수 있는 <u>별개의 증거로서</u>, 피고인의 <u>자백에 대한 보강증거가 될 수 있다</u>고 한 사례."

강증거가 될 수 없다"(대판 1990.12.7. 90도2010). 이에 대해서는 다음 항의 [판례사례] 중 (2) 부정사례 부분 참조.

4) **공범자의 자백** 공범자의 자백은 피고인의 자백과 독립된 별개의 증거이므로 피고인의 자백에 대한 보강증거가 될 수 있다. 즉, "**공범인 공동피고인의 진술은** 다른 공동피고인에 대한 범죄사실을 인정하는 **증거로 할 수 있고**, 공범인 공동피고인들의 각 진술은 상호간에 **서로 보강증거**가 될 수 있다"(위 90도1939). 이는 "피고인들 간에 이해관계가 상반된다고 하여도 마찬가지"이다(대판 2006.5.11. 2006도1944). 3인의 공동피고인 중 1인이 자백하였고 피고인 역시 자백했다면, 다른 1인이 부인한다 하여도, 위 1인의 자백은 피고인의 자백에 대한 보강증거가 된다(대판 1968.3.19. 68도43).

Ⅳ. 보강의 양과 범위

1) **진실성 담보** 보강증거의 양이란, 자백의 내용 가운데 어느 범위까지 보강증거가 필요한가의 문제이다. i) 객관적 범죄구성사실인 죄체(罪體)의 전부 또는 중요 부분에 대해서는 보강증거가 있어야 한다는 견해(죄체설), ii) 자백의 진실성을 담보하는 정도면 족하다는 견해(진실성 담보설 내지 실질설)가 대립하나 후자가 다수설·판례의 입장이다. 즉, "보강증거는 자백이 가공적인 것이 아니고 **진실한 것이라고 담보할 수 있는 정도**이면 족한 것이지, 범죄사실의 전부나 그 중요 부분의 전부에 일일이 그 보강증거를 필요로 하는 것이 아니다"(대판 1994.9.30. 94도1146).

2) **보강의 정도** 보강증거가 어느 정도의 증명력이 있는 증거이어야 하는지의 문제이다. "자백과 보강증거를 종합하여 자백이 가공적인 것이 아니고 진실한 것임을 인정할 수 있는 정도"의 증명력이면 유죄의 증거로 충분하다(상대설, 통설). 판례도 같다. 즉, "보강증거는 반드시 그 증거만으로 객관적 구성요건에 해당하는 사실을 인정할 수 있는 정도의 것임을 요하지 않는다"(대판 1983.2.22. 82도3107). "보강증거는 **자백과 서로 어울려서 전체로서** 범죄사실을 인정할 수 있으면 유죄의 증거로 충분하고, 나아가 사람의 기억에는 한계가 있는 만큼 자백과 보강증거 사이에 **어느 정도의 차이가 있어도 중요 부분이 일치하고 그로써 진실성이 담보되면** 보강증거로서의 자격이 있다"(대판 2008.5.29. 2008도2343).

[판례사례] [정황증거와 보강 여부]

"보강증거는 피고인의 자백이 가공적인 것이 아닌 진실한 것임을 인정할 수 있는 정도만 되면 족하고, 직접증거가 아닌 간접증거나 정황증거도 보강증거가 될 수 있다"(대판 1995.6.30. 94도993). 다만, 범행과 직접 또는 간접으로 관계된 것이어야 한다.

(1) 긍정사례 판례가 구체적 사안에서 '자백이 진실한 것임을 인정(담보)할 수 있는 정도'의 보강증거로 인정한 사례로는, ① [간통] 외박이 잦아 의심하게 되었다는 남편의 진술(83도686), ② [반지 사기] 피고인으로부터 반지를 매입했다는 제3자의 진술(85도1838), ③ [무면허운전] 오토바이를 압수하였다는 압수조서의 기재(94도1146),[1] 피고인 소유라는 차량등록증의 기재(2000도2365), ④ [뇌물공여] 공여자를 만난 사실 및 청탁받은 사실 자체는 시인하는 상대방의 진술(위 94도993), 뇌물수수자가 공사와 관련된 각종 편의를 제공한 사실(98도2890), ⑤ [절도] 피해품의 현존(85도848), [위조공문서행사] 위조·행사한 신분증의 현존(82도3107), [국가보안법상 회합] 회합 당시 받은 명함의 현존(90도741), ⑥ [공문서변조·행사] 피고인이 변조하였다는 내용이 기재된 당해 형사민원사무처리부의 기재(2001도4091), ⑦ [2/18 02:00경의 약물운전] '2/18 01:35 자동차를 몰고온 피고인으로부터 필로폰을 건네받은 후 피고인이 그 차량을 운전해 갔다'는 제3자의 진술과 '2/20 채취한 소변'의 필로폰 양성반응(2010도11272), ⑧ [10/13 및 10/17 필로폰 투약] '10/19 채취한 소변'의 양성반응(2001도1897), ⑨ [필로폰 소지 및 판매] 필로폰 6g을 소지하고, 그 중 0.15g을 투약하고, 0.85g를 판매한 죄로 기소된 사건에서, 필로폰 4.8g 및 1회용주사기, 다량의 자기앞수표 등에 대한 압수조서의 기재는, 공소사실 중 (차이나는) '1.05g 더 소지 부분' 및 '0.85g 판매 부분'에 대한 보강증거가 된다고 한 사례(97도470)[2] 등이 있다.

(2) 부정사례 판례가 구체적인 사안에서 '자백한 범죄사실(객관적 부분)과 관련이 없는 정황증거'라는 이유로 보강증거가 될 수 없다고 한 사례로는, ① [소매치기 범행] 피고인의 자백내용이 성남에서 절취한 차량(봉고화물차)을 타고 그 무

---

1) 대판 1994.9.30. 94도1146("피고인으로부터 오토바이를 압수하였다는 사법경찰리 작성의 압수조서의 기재는 피고인이 운전면허가 없다는 사실에 대한 직접적인 보강증거는 아니지만 오토바이를 운전하였다는 사실의 자백 부분에 대한 보강증거는 되는 것이므로 결과적으로 피고인이 운전면허 없이 운전하였다는 전체 범죄사실의 보강증거로 충분하다").

2) 대판 1997.4.11. 97도470[피고인이 소지하고 있었다는 6g에서 압수된 4.8g과 투약으로 소비한 0.15g를 각 공제하면 그 차이는 1.05g(=6g−0.15g−4.8g)에 불과하다. 그리고 피고인이 자백한 내용에 따르면, 피고인이 소지하고 있었던 히로뽕 양(6g)이 그가 투약으로 소비(0.15g)하고 판매한 양(0.85g)과 검찰에 압수된 양(4.8g)을 합한 양(5.8g)과 거의 비슷하다{차이가 불과 0.2g(=6g−0.15g−4.8g−0.85g)에 불과하다}. 따라서 위 압수조서의 기재는 공소사실 중 (차이 나는) '1.05g 더 소지 부분' 및 '0.85g 판매 부분'에 대한 보강증거가 된다].

렵 충주까지 가서 소매치기 범행을 하였다는 것인 사안에서, 성남의 자기 집 앞에 세워둔 위 차량을 도난당하였다는 피해자의 진술,[1] ② [총장실 침입·점거] 피고인의 자백내용이 현대자동차 점거로 동료 갑이 처벌받은 것은 학교 측의 제보 때문이라 하여 피고인이 그 보복으로 학교총장실을 침입, 점거했다는 것인 사안에서, '피고인과 갑이 현대자동차 춘천영업소를 점거했다가 갑이 처벌받았다는 내용의 증거,[2] ③ [6/중순, 7/중순, 10/중순, 12/20, 1/17 각 필로폰 투약] '1/18 채취한 소변'의 양성반응(95도1794) [이는 1/17자 투약행위로 인한 것일 뿐 그 이전의 오래된 4회에 걸친 투약행위와는 무관한 것이기 때문], ④ [필로폰 투약] 필로폰 시가보고, 필로폰 매수대금의 송금사실(2007도10937) [이는 필로폰 '매수'행위에 대한 보강증거는 될 수 있어도 그와 실체적 경합범 관계에 있는 필로폰 투약행위에 대한 보강증거는 될 수 없다] 등이 있다.

3) 보강증거가 필요한지 여부 i) (범죄의 주관적 요소) 고의·과실·목적 및 공동가공의 의사 등 주관적 요소는, 보강증거가 필요 없으며, 자백만으로도 이를 인정할 수 있다(다수설). 판례도 같다(대판 1961.8.16. 4294형상171).

ii) (범죄의 객관적 요소) 자백한 범죄의 객관적 구성요건요소인 사실에 대해서는 보강증거가 필요하다(통설). 다만, 상습성·업무성에 대해서도 보강증거가 필요한지 여부는 아직 판례가 없다.

iii) (구성요건사실 이외의 사실) 처벌조건, 누범가중사유인 전과, 확정판결의 존부, 정상 등은 범죄사실과 구별되므로, 보강증거 없이 피고인의 자백만으로 인정해도 된다(통설). 판례도 같다(대판 1983.8.23. 83도820). 전과는 피고인의 자백만으로도 인정할 수 있다(대판 1981.6.9. 81도1353).

iv) (범인과 피고인의 동일성) 범죄사실에 대한 보강만으로 충분하다는 견해(불필요설)가 다수의 입장이다. 실무도 같은 입장으로 보인다.

4) 죄수와 보강증거 i) (경합범) 수죄이므로 개개의 범죄에 대해 각각 보강증거가 필요하다. 즉, "실체적 경합범은 실질적으로 수죄이므로 각 범죄사실에

1) 대판 1986.2.25. 85도2656("피고인의 자백이 그 차량을 범행의 수단, 방법으로 사용하였다는 취지가 아니고, 피고인이 범행장소인 충주까지 가기 위한 교통수단으로 이용하였다는 취지에 불과하여, 위 소매치기범행과는 직접적으로나 간접적으로 아무런 관계가 없어 이는 위 피고인의 자백에 대한 보강증거가 될 수 없다").

2) 대판 1990.12.7. 90도2010("위 증거는 공소사실의 객관적 부분인 주거침입, 점거사실과는 관련이 없는 범행의 침입동기에 관한 정황증거에 지나지 않으므로 위 증거와 피고인의 자백을 합쳐 보아도 자백사실이 가공적인 것이 아니고 진실한 것이라 인정하기에 족하다고 볼 수 없으므로 검사 제출의 위 증거는 자백에 대한 보강증거가 될 수 없다").

관하여 보강증거가 있어야 한다"(대판 2008.2.14. 2007도10937).

ii) (상상적 경합) 견해가 대립하나, 실체법상 수죄인 이상 각 죄에 대하여 보강증거가 필요하다. 다만, 한 죄에 대한 보강증거는 다른 죄에 대해서도 보강증거로 되는 경우가 많을 것이므로, 실제적 차이는 거의 없다.

iii) (포괄일죄) 포괄1죄의 개별행위가 각각 구성요건상 독립된 의미를 갖는 경우(예; 상습범, 연속범)에는 개별행위별로 보강증거가 필요하나, 독립된 의미를 갖지 않는 경우(예; 영업범)에는 개별행위별로 보강증거가 필요한 것은 아니다(다수설). 판례도 같다. 즉, "포괄1죄인 상습범에서도 이를 구성하는 각 행위에 관하여 개별적으로 보강증거를 요구하고 있다"(대판 1996.2.13. 95도1794).[1]

V. 보강법칙위반의 효과

보강법칙에 위반하여 자백을 유일한 증거로 유죄를 선고하는 경우에는 항소이유(361의5i) 또는 상고이유(383i)가 된다. 즉, 보강증거 없이 피고인의 자백만을 근거로 유죄 인정하는 것 그 자체로 판결결과에 영향을 미친 위법이 된다. 한편, 유죄판결이 확정되면 비상상고의 이유(441)가 된다. 그러나 무죄의 증거가 새로 발견된 경우는 아니므로 재심사유(420ⅴ)는 아니다.

제 9절 공판조서의 배타적 증명력

I. 공판조서의 배타적 증명력

1) 의의 공판조서란, 법원사무관등이 공판기일에서 진행된 소송절차의 경과를 기재한 조서를 말한다. 공판조서는 ㉠ 기본이 되는 공판조서, ㉡ 증인신문조서 등의 각종 부수조서, ㉢ 증거목록으로 구성된다. 공판조서는 그 이후의 절차진행에서 중요한 증명기능을 담당한다.

"공판기일의 소송절차로서 공판조서에 기재된 것은 '그 조서만으로써' 증명한다"(56). 즉, 소송절차에 관한 사실은 "공판조서의 기재가 명백한 오기인 경우

1) "투약습성에 관한 정황증거만으로 범죄(향정신성의약품관리법위반)의 객관적 구성요건인 각 투약행위가 있었다는 점에 관한 보강증거로 삼을 수 없다."

를 제외하고는, 공판조서에 기재된 대로 공판절차가 진행된 것으로 증명되고", "그 증명력은 다른 자료에 의한 반증이 허용되지 않는 절대적인 것이다"(대판 1993.11.26. 93도2505; 2005.12.22. 2005도6557). 이를 **배타적 증명력**이라고 한다.[1)]

2) 입법취지 배타적 증명력은, i) 상소심 재판에서 특히 의미가 있다. 공판절차의 존부 내지 적법성 여부를 둘러싸고 후일 상소심에서 다툼이 생겼을 때 법원사무관 등을 일일이 소환한다면 실체심리가 지연되거나 심리의 초점이 흐려질 것이 자명하므로, 상소심 판단자료를 공판조서에 한정하는 것이다. 따라서 배타적 증명력은 당해 사건의 절차에서만 인정된다. ii) 한편, 법관은 소송절차에 관한 사실을 심증내용과 상관없이 공판조서 그대로 인정해야 하므로, 자유심증주의의 예외가 된다.

3) 공판조서의 정확성 보장 배타적 증명력은 공판조서의 정확한 기재를 전제로 한다. 현행법상 공판조서는 기재의 정확성을 담보하기 위하여, i) 재판장과 참여한 법원사무관 등이 기명날인 또는 서명한다(53①). ii) 다음 공판기일에서 '공판조서에 의하여' 전회의 공판심리에 관한 주요사항의 요지를 고지하여야 하고(54②), 검사·피고인 또는 변호인은 공판조서의 기재에 대하여 변경을 청구하거나 이의를 제기할 수 있다(54③). iii) 특히, 피고인에게는 공판조서의 **열람 또는 등사청구권**이 보장된다(55①, 변호인은 35조). 이는 공판조서의 열람 또는 등사를 통하여 피고인에게 진술자의 진술내용과 그 조서의 기재내용의 일치 여부를 확인할 기회를 줌으로써 조서의 정확성을 담보함과 아울러 방어권을 충실하게 보장하기 위함이다(대판 2003.10.10. 2003도3282). 법원이 이에 불응하면 그 공판조서를 유죄의 증거로 할 수 없다(55③). 공판조서뿐만 아니라 공판조서에 기재된 당해 피고인이나 증인의 진술도 유죄의 증거로 할 수 없다(위 2011도15869).

Ⅱ. 배타적 증명력의 범위

(1) 배타적 증명력의 인정범위

공판조서의 배타적 증명력은 공판기일의 소송절차로서 공판조서에 기재된 것에 한정된다.

---

1) 한편, 공판기일에 피고인이나 피고인 아닌 자의 진술을 기재한 공판조서와 법관의 검증결과를 기재한 공판조서는 전문법칙의 예외로서 무조건 증거능력이 있다(311). 이를 법관 면전조서의 무조건 증거능력 인정이라고 한다.

1) '공판기일'의 '소송절차' i) (공판기일) '**공판기일**'의 절차에 한정되므로, 공판기일의 절차가 아닌 것(예컨대, 공판준비절차, 공판기일 외의 증인신문·검증 등의 절차)에는 배타적 증명력이 인정되지 않는다. ii) (소송절차) 공판기일의 절차라도 순수하게 피고사건의 **절차면**에 한정되므로, **실체관련사항**(예컨대, 증인의 증언내용, 피고인진술내용)에는 배타적 증명력이 미치지 않는다. 피고사건의 실체관련사항에 대하여, 공판조서는 증거능력만 무조건 인정될 뿐이며, 얼마든지 다른 증거에 의하여 공판조서의 기재와 다른 실체관련사실을 인정할 수 있다.

iii) (소송절차에 관한 사실) 공판기일의 소송절차에 관한 사실인 이상, 소송절차의 적법성(당해 절차가 법정의 방식에 따라 적법하게 행하여졌는지 여부)뿐만 아니라 그 **존부**를 문제 삼는 경우에도 배타적 증명력이 인정된다(통설). 예컨대, ㉠ 피고인의 출석 여부(대결 1987.4.8.자 87모19), 변호인의 출석 여부(대판 1996.4.9. 96도173), ㉡ **진술거부권의 고지 여부**(대판 2002.7.12. 2002도2134), 검사의 모두진술 여부(285), 피고인의 이익사실진술 기회의 부여 여부(286), 증거조사결과에 대한 의견진술의 기회 및 최종의견진술의 기회 부여 여부(앞 93도2505), 판결서에 의한 **판결의 선고 여부**(대판 1995.6.13. 95도826) 등이 여기에 해당한다. ㉢ **증거목록에 기재된** 증거동의 또는 진정성립 여부 등에 관한 피고인의 (증거)**의견**(대판 1998.12.22. 98도2890)에도 배타적 증명력이 인정된다.

2) 공판조서에 '기재'된 것 i) (기재된 것) 공판조서에 **기재된 것**에 한정된다. 공판조서에 **기재되지 않은 소송절차의 존재는** (그 존재가 없는 것이 아니라) 공판조서 이외의 다른 자료로 증명할 수 있다(대판 2023.6.15. 2023도3038). 소송법적 사실에 관한 증명이므로 자유로운 증명으로 충분하다. 다만, 법원이 **통상 행하는 소송절차인** 경우에는 공판조서에 기재가 없더라도 적법하게 절차가 행해졌다고 **사실상 추정**된다.[1] ii) (기재의 모순) 동일한 사항에 관하여 서로 다른 내용이 기재된 2개의 공판조서가 병존하는 경우 양자는 동일한 증명력이 있으므로 그 증명력에 우열이 있을 수 없다. 어느 쪽이 진실한 것인지는 공판조서의 증명력을 판단하는 문제로서 법관의 자유로운 심증에 따를 수밖에 없다(대판 1988.11.8. 86도1646). iii) (증거동의의 주체) "피고인이 변호인과 함께 출석한 공판기일의 공판조서에 검사가 제출한 증거에 대하여 동의한다는 기재가 있다면 이는 '**피고인이**' 증거동의를 한 것으로 보아야 하고, 그 기재는 절대적인 증명력을 가진다"(대판

1) 예컨대, 공판조서에 인정신문한 기재가 없지만, 피고인이 공판기일에 출석하여 공소사실을 시인한 기재가 있으면 인정신문이 있었던 것으로 추정된다(대판 1972.12.26. 72도2421).

2016.3.10. 2015도19139). 증거동의의 주체는 소송주체인 검사와 피고인이고, 변호인은 피고인을 대리하여 단지 의견을 낼 뿐이기 때문이다.

3) 당해 사건의 유효한 공판조서 배타적 증명력은 당해 사건의 유효한 공판조서를 전제로 한다. i) (당해 사건) 당해 사건에 한정되므로, 다른 사건의 공판조서에는 적용되지 않는다.[1] 단, 다른 사건 공판조서의 증거능력은 제315조 제3호에 따라 당연히 인정된다. ii) (유효한 공판조서) 유효한 공판조서의 존재를 전제로 하므로, 공판조서가 처음부터 없는 경우나 중대한 하자로 소송법상 무효인 경우에는 배타적 증명력이 인정되지 않는다. 예컨대, 작성자인 법원사무관 등의 기명날인 또는 서명(53)이 없거나, 당해 공판기일에 열석하지 않은 판사가 재판장으로 서명날인한 공판조서(대판 1983.2.8. 82도2940) 등이 그러하다. iii) (무효·멸실) 공판조서가 무효이거나 멸실된 경우 상소심이 원심 소송절차의 법령위반 여부를 판단할 때 다른 자료를 사용할 수 있는가? 견해가 대립하나, 공판조서는 없거나 무효인 상태이고, 현행법상 항소심은 (파기환송이 아닌) 파기'자판'이 원칙이므로, 적극설이 타당하다(통설).

(2) 배타적 증명력의 예외: 명백한 오기

1) 명백한 오기 공판조서가 명백한 오기인 경우에는 배타적 증명력이 인정되지 않는다. 즉, "공판조서의 기재가 소송기록상 명백한 오기인 경우에는 공판조서는 그 올바른 내용에 따라 증명력을 가진다"(대판 1995.4.14. 95도110). 따라서 부정수표단속법위반 사건에서, 제1심이 '회수된 바 없는' 일부 수표(별지 10, 11 수표)에 대해서도 공판조서에 '회수되었음을 고지'하고 공소기각결정 및 고지한 것으로 기재된 경우(위 95도110)[2] 이는 명백한 오기에 해당한다.

2) 착오 기재 특히, 피고인이 일관되게 공소사실의 내용을 부인하고 있음에도 공판조서(증거목록)에 경찰 작성의 피의자신문조서의 내용을 인정한 것으로 기재된 경우(대판 2001.9.28. 2001도3997; 2010.6.24. 2010도5040) "이는 착오 기재 또는 피고인이 그와 같이 진술한 사실이 있었다는 것을 내용인정으로 조서를 잘못 정리한 것"이 된다.

---

1) 예컨대, 甲이 ㉮사건에서 증인으로 증언한 다음 위증죄로 기소(㉯사건)된 경우 ㉯사건 재판에서 '㉮사건에서 선서 여부'에 대해 ㉮사건의 공판조서가 배타적 증명력을 갖는 것은 아니다.

2) 공판조서의 기재 중 '판사, 별지 8 내지 12 수표가 회수되었다 고지' 기재 부분은 소송절차에 관한 ('오기'인) 것인지는 의문이나, '검사, 위 수표에 대한 공소를 취소한다' 및 '판사, 위 수표에 대한 공소를 기각한다 결정고지'의 기재 부분은 소송절차에 관한 ('오기'인) 것임이 분명하다.

이러한 법리는, 피고인(A)에 대한 관계에서 경찰 피신조서로 취급되는 **공범자**(B)의 경찰 조서, 즉 ㉠ 공범자의 경찰 피신조서는 물론, ㉡ 공범자의 경찰 진술조서, ㉢ 공범자의 경찰 수사과정의 진술서(312⑤), ㉣ 경찰 검증조서 중 공범자의 범행재연 부분 등에 대해서도 마찬가지로 적용된다. 예컨대, 공범자(B)의 경찰 피신조서는 피고인(A)이 내용인정한 경우에 한하여 피고인(A)에 대한 관계에서 증거능력이 인정되는 것이므로, 피고인(A)이 일관되게 공소사실을 부인하고 있음에도 공범자(B)의 경찰 피신조서에 대해 공판조서에 피고인(A)이 (내용인정 취지로) 증거동의한 것으로 기재된 경우라면, 이는 '착오기재 또는 조서를 잘못 정리한 것'이 된다. 검사 피신조서의 경우에도 신법적용 사건(2022.1.1. 이후 기소된 사건)에서는 경찰 피신조서와 동일하다.

3) 판단자료 명백한 오기 여부의 판단에서 당해 공판조서 외에 다른 자료도 고려할 수 있는가? 견해가 대립하나, 공판조서 이외에 당해 사건의 기록 정도는 참작할 수 있다(판례).[1]

---

1) 대판 2010.7.22. 2007도3514("공판조서의 기재가 명백한 오기인지 여부는, **원칙적으로 공판조서만**으로 판단하여야 할 것이지만, 공판조서가 아니더라도 당해 공판절차에 제출되어 공판기록에 편철되거나 **법원이 직무상 용이하게 확인할 수 있는 자료** 중에서 신빙성 있는 객관적 자료에 의하여 판단할 수 있다").

제 3 장

재　판

제 1 절　재판의 기본개념

Ⅰ. 재판의 의의

재판이란, 좁게는 피고사건의 실체에 대한 법원의 공권적 판단, 즉 유죄와 무죄에 대한 종국적 판단을 말한다. 일반적으로는 널리 법원 또는 법관의 법률행위적 소송행위(의사표시적 소송행위)를 총칭하는 개념이다.

(1) **종국재판과 종국 전의 재판**(기능상 분류)

1) **종국재판**　소송을 그 심급에서 종결시키는 재판을 말한다. 유죄·무죄의 재판, 관할위반·공소기각·면소의 재판이 여기에 해당된다. 상소심의 파기자판·상소기각의 재판과 파기환송·파기이송의 판결도 종국재판에 속한다. 종국재판은 법적 안정성이 중시되고, 그 재판을 한 당해 법원이라도 취소·변경할 수 없다. 종국재판은 상소로 다툴 수 있다.

2) **종국 전의 재판**　종국재판에 이르기까지의 절차에 관한 재판을 말한다[중간재판]. 종국재판 이외의 결정과 명령이 여기에 속한다(예: 공소장변경허가결정, 증거결정, 보석허가결정 등). 종국 전의 재판은 합목적성이 지배하고, 취소·변경이 가능하다. 원칙적으로 상소도 허용되지 않는다. 다만, 압수·환부, 구금, 보석, 감정유치결정은 상소가 허용된다.

(2) **실체재판과 형식재판**(내용상 분류)

1) **실체재판**　실체재판은 사건의 실체, 즉 실체적 법률관계를 판단하는 재

판형식을 말한다[본안재판]. **유죄·무죄**의 판결이 이에 해당한다. 실체재판은 모두 종국재판이며, 판결의 형식에 의한다. 기판력이 발생한다.

2) **형식재판** 형식재판은 사건의 실체가 아닌 절차적·형식적 법률관계를 판단하는 재판을 말한다[절차재판]. 종국 전의 재판은 모두 형식재판이며, 종국재판 중에서도 관할위반·공소기각 및 면소의 재판은 형식재판이다.

(3) 판결·결정·명령(형식상 분류)

1) **판결** 가장 중요한 재판형식으로, 종국재판의 원칙적 형식이다. 실체재판인 유죄·무죄판결, 형식재판 중 관할위반·공소기각 및 면소의 판결이 있다. 실체재판은 모두 판결이나, 형식재판은 판결 이외에 결정의 형식으로 하는 경우도 있다(예: 공소기각의 결정). 판결은 법률에 다른 규정이 없으면 **구두변론**을 거쳐야 하고(37①), 이유를 명시하여야 한다(39). 판결에 대한 상소방법은 항소 또는 상고이며, 판결에 대해서만 재심과 비상상고가 가능하다.

2) **결정** 종국 전 재판의 원칙적 형식이다. 다만, 공소기각의 결정, 상소기각의 결정은 종국재판이다. 결정은 **구두변론을 거치지 않을 수 있으며**(37②), 필요하면 사실을 조사할 수 있다(동③). 결정의 고지는 재판서 작성 없이 조서에만 기재하여 할 수 있다(38). 상소를 불허하는 결정을 제외하고는, 결정에도 이유를 명시해야 한다(39). 결정에 대한 상소방법은 항고 또는 재항고이다.

3) **명령** 법원이 아닌 법관이 재판장·수명법관·수탁판사로서 행하는 재판형식을 말한다. 명령은 모두 종국 전 재판이며 형식재판이다. 법률에 규정하지 않은 경우에도 재판장 또는 법관 1인이 하는 재판은 모두 명령이다. 예컨대, 재판장의 공판기일지정, 퇴정명령 등이 여기에 속한다. 결정과 마찬가지로 명령도 구두변론을 거치지 않을 수 있고, 필요하면 사실조사를 할 수 있다(37②③). 재판서 작성 없이 조서에만 기재하여 할 수 있다(38). 이유를 명시하지 않아도 된다(39단서). 명령에 대한 **일반적 상소방법은 없다**. 다만, 특수한 경우 이의신청(304등), 준항고(416)가 가능하다. 그러나 약식명령은 명령이 아닌 독립형식의 재판이다.

Ⅱ. 재판의 성립과 방식

1. 재판의 성립

1) **내부적 성립** 재판의 내부적 성립이란 재판의 내용이 당해 재판부 내부

에서 결정되는 것을 말한다. 따라서 심리에 참여하지 않은 법관은 재판의 내부적 성립에 관여할 수 없다[절대적 항소이유(361의5ⅷ)]. 내부적 성립 상태에 머무는 한, 그 재판의 내용을 자유롭게 변경할 수 있다. i) (합의부) 합의부의 구성원인 법관의 **합의**에 의하여 내부적으로 성립한다. 합의는 공개하지 않는다(법조법 65). 합의는 과반수로 결정한다(66①), ii) (단독판사) 합의라는 단계가 없다. 공판절차 갱신의 요부라는 목적론적 관점에서 **재판서의 작성시**에 내부적으로 성립한다 (통설).

2) 외부적 성립 재판의 외부적 성립이란 내부적으로 성립한 재판의 내용이 법원의 외부에 표시되어 재판을 받을 자가 인식할 수 있는 상태를 말한다. 재판은 선고 또는 고지에 의하여 외부적으로 성립한다. 판결은 반드시 **선고**의 방법으로, 결정·명령은 원칙적으로 **고지**의 방법으로 한다. 법률에 다른 규정이 있는 때를 제외하고, 재판의 선고 또는 고지는, ㉠ **공판정에서는 재판서**에 의해야 하고, ㉡ **기타 경우에는** 재판서등본의 **송달 또는 다른 적당한 방법**으로 하여야 한다(42). **판결을 선고할** 때에는 (공판정에서) 재판장이 주문을 낭독하고 이유의 요지를 설명하여야 한다(43). 필요한 때에는 피고인에게 **적절한 훈계**를 할 수 있다(규147). 재판이 내부적으로 성립한 이상 판사가 바뀐 때에도 바뀐 판사는 예외적으로 공판절차의 갱신 없이 그 선고에만 관여할 수 있다(301단서).

3) 선고와 판결의 불일치 선고가 판결에 우선한다. 즉, "판결은 선고에 의하여 효력을 발생하고 판결원본의 기재에 의하여 효력을 발생하는 것이 아니다. 양자의 형이 다른 경우에는 검사는 **선고된 형**을 집행하여야 한다"(대결 1981. 5.14. 자 81모8).

2. 재판의 방식: 재판서

재판은 법관이 작성한 재판서에 의하여야 한다. 다만, **결정 또는 명령**을 고지하는 경우에는 재판서를 작성하지 않고 **조서**에만 기재하여 할 수 있다(38). 재판서란 재판의 내용을 기재한 문서를 말하며, 재판형식에 따라 판결서·결정서 또는 명령서로 구분된다.

1) 재판서의 기재사항 i) (주문과 이유) 재판의 내용은 주문과 이유로 구성된다. ㉠ 주문은 재판대상이 된 사실에 대한 최종결론을 말한다. 주문에는 구체적인 선고형, 형의 집행유예, 노역장 유치기간, 재산형의 가납명령 및 소송비용의 부담 등이 기재된다. 형선고판결의 주문은 판결집행과 전과기록의 기초가 된

다. ㉡ 상소를 불허하는 결정이나 명령을 제외하고, 재판에는 이유를 명시하여야 한다(39). 이유는 주문에 이르게 된 법률적 · 사실적 근거를 말한다. 이는 재판의 공정성을 보장하고, 상소권자에게는 상소제기 여부에 대한 판단자료를 제공하며, 상소심에게는 판결의 당부에 대한 심사의 기초를 마련하는 기능을 한다. 기판력의 범위 확정에 도움이 되고, 법관에게는 자기점검의 기회도 된다. ii) (기타사항) 재판서에는 원칙적으로 재판 받는 자의 성명 · 연령 · 직업과 주거를 기재하여야 한다(40①). 특히 판결서에는 '기소한 검사'와 '공판에 관여한 검사'의 관직 · 성명과 변호인의 성명을 기재하여야 한다(동③). 공판검사 외에 기소검사까지 기재하는 것은 기소검사의 책임성을 강화하기 위한 것이다[**기소검사 실명제**]. 재판서에는 재판한 법관이 **서명 · 날인**하여야 하며, 재판장이 서명 · 날인할 수 없을 때에는 다른 법관이 그 사유를 부기하고 서명 · 날인하여야 한다(41①②). "법관의 서명날인이 누락된 재판서에 의한 판결은 판결에 영향을 미친 법률위반(361의5i · 383i)으로서 **파기사유**가 된다"(대판 1990.2.27. 90도145). 또한 판결서 기타 대법원규칙이 정한 재판서를 제외한, 나머지 재판서는 서명날인에 갈음하여 **기명날인**할 수 있다(동③).

2) 판결서 등본의 송달 i) (피고인) 법원은 판결을 선고한 때에는 **선고일부터 7일 이내**에 피고인에게 그 판결서 등본을 송달하여야 한다. 다만, 피고인이 동의하는 경우에는 그 판결서 초본을 송달할 수 있다(규148①). ('구속' 피고인에 대해 '실형'이 선고된 경우에는 예외 없이 판결등본을 송달하지만) **불구속** 피고인과 제331조(무죄 등 선고)에 의하여 구속영장의 효력이 상실된 구속 피고인에 대하여는 피고인이 송달을 **신청**하는 경우에 한하여 판결서 등본 또는 초본을 송달한다(동②). ii) (검사) 검사의 **집행지휘를 요하는 재판**은 '재판서 또는 재판을 기재한 조서'의 등본 또는 초본을 재판의 **선고 또는 고지한 때로부터 10일 이내**에 검사에게 송부하여야 한다. 단, 법률에 다른 규정이 있는 때에는 예외로 한다(44).

3. 재판의 효력

1) 재판의 구속력 종국 전 재판과 달리, 종국재판은 외부적으로 성립한 후에는 그 재판을 한 법원이라도 철회나 변경이 불가능하다[**재판의 구속력**]. 재판이 외부적으로 선고되면 그때부터 상소기간이 진행한다(343②).

다만, 재판서에 잘못된 계산이나 기재, 그 밖에 이와 비슷한 잘못이 있음이 분명한 때에는 **법원**은 직권으로 또는 신청에 따라 **경정결정**(更正決定)을 할 수 있다(規25①). 대법원은 그 판결내용에 오류가 있음을 발견한 때에는 판결로써 정정(訂正判決)할 수 있다(400①).

[판결서 경정] 법원은 '재판서에 잘못된 계산이나 기재, 그 밖에 이와 비슷한 잘못이 있음이 분명한 때'에는 경정결정을 통하여 위와 같은 재판서의 잘못을 바로잡을 수 있다(規25①). 그러나 이미 선고된 판결의 내용을 실질적으로 변경하는 것은 경정의 범위를 벗어나는 것으로서 허용되지 않는다(예: 위증죄로 인정한 2개의 증언사실 중 제1증언 부분을 범죄사실에서 삭제하고 이에 대한 이유무죄 판단을 추가하는 것으로 경정). 그리고 경정결정은 이를 주문에 기재하여야 하고, 판결 이유에만 기재한 경우 경정결정으로서 효력도 생기지 않는다(대판 2021.1.28. 2017도18536).

2) **재판의 당연무효** 재판은 확정에 의하여 그 본래의 효력이 발생한다. 반면, 재판이 형식적으로 존재하지만 내용적 효력이 발생하지 않는 경우가 있는데, 이를 재판의 당연무효라고 한다. 예컨대, ㉠ 항소취하 후에 선고된 항소심판결, ㉡ 사자(死者)에 대해 형을 선고하거나, 법률상 인정되지 않는 형벌을 선고한 판결, ㉢ 판결로 성립은 하였으나 동일사건에 대해 이중으로 한 실체판결 등 중대하고도 명백한 하자가 있는 경우이다. 이 경우에도 판결은 일단 성립하므로 형식적 확정력은 발생하지만 집행력 등 그 내용에 따른 효력이 생기지 않는다. 당연무효인 경우에도 불복은 가능하다.

<table>
<tr><td></td><td colspan="2">종국 전의 재판(원칙: 결정)</td><td colspan="3">종국재판(원칙: 판결)</td></tr>
<tr><td>목적</td><td colspan="2">절차상 문제 해결 [중간]
(합목적성, 상소불가)</td><td colspan="3">심급종결
(법적 안정성, 상소가능)</td></tr>
<tr><td rowspan="2">내용</td><td colspan="2">형식재판</td><td colspan="2">형식재판 [절차재판]</td><td>실체재판 [본안재판]</td></tr>
<tr><td colspan="2">공소장변경허가결정
증거결정
보석허가결정 등</td><td>공소
기각
결정</td><td>공소기각판결
관할위반판결
면소판결</td><td>유죄판결
무죄판결</td></tr>
<tr><td rowspan="2">형식</td><td>명령</td><td colspan="2">결정</td><td colspan="2">판결</td></tr>
<tr><td>구두변론×
이유명시×</td><td colspan="2">구두변론×
(대개) 이유명시, 단,
상소불허결정은 이유×</td><td colspan="2">구두변론○
(항상) 이유명시</td></tr>
</table>

제 2 절 종국재판

Ⅰ. 형식재판

1. 공소기각의 결정

공소기각은 절차상의 하자가 중대 · 명백한 경우에는 결정의 형식에 의하고, 나머지는 '판결'의 형식에 의한다. 결정은 구두변론 없이 가능하다(37②).

[공소기각의 재판] 공소기각의 재판은 피고사건에 관하여 관할권 이외의 형식적 소송조건이 결여된 경우 절차상의 하자를 이유로(공소제기의 부적법), 사건의 실체에 대해 심리하지 않고 소송을 종결시키는 형식재판이다. 공소기각의 재판에는 절차상 하자(흠)의 경중에 따라 공소기각의 '결정'(328)과 공소기각의 '판결'(327)이 있다.

(1) 공소기각의 '결정'사유: 4개(328①)

1) 공소취소 '공소가 취소되었을 때'(제1호). 공소는 제1심 판결의 선고 전까지 취소할 수 있다(255①). 공소취소는 서면으로 하나, 공판정에서는 구술로도 가능하다(동②). "실체적 경합관계에 있는 수개의 공소사실 중 어느 한 공소사실을 전부 철회하는 공소장변경신청이 있는 경우 그 부분의 공소를 취소하는 취지가 명백하다면, 비록 공소취소의 형식을 갖추지 않았더라도 공소취소로 보아 공소기각결정을 해야 한다"(대판 1992.4.24. 91도1438).

2) 피고인사망 '피고인이 사망하거나 피고인인 법인이 존속하지 아니하게 되었을 때'(제2호). 다만 법인은 공판 계속 중인 한 당사자능력이 존속한다.

3) 관할경합 '관할경합(12 · 13)에 의하여 재판할 수 없는 때'(제3호). 이는 동일사건이 **수개의 법원**에 계속된 경우에 한정된다. 즉, 동일사건이 사물관할을 달리하는 수개의 법원에 계속된 때에는 법원 합의부가 심판하고(12), 동일사건이 사물관할을 같이하는 수개의 법원에 계속된 때에는 먼저 공소를 받은 법원이 심판하는데(13), 이 경우 계속된 사건을 심판하지 못하게 된 법원(즉, 단독판사 또는 후소법원)이 공소기각의 결정을 한다. 반면, 동일사건이 **동일법원**에 계속된 경우에는 제327조 3호(공소기각의 '판결'사유)가 적용된다.

4) 명백히 죄 안됨 '공소장에 기재된 사실이 진실하다 하더라도 범죄가 될 만한 사실이 포함되지 아니한 때'(제4호). 이는 "공소사실 자체가 바로 일견하

여 법률상 범죄를 구성하지 아니함이 명백하여, 공소장의 변경 등 절차에 의하더라도 그 공소가 유지될 여지가 없는 형식적 소송요건의 흠결이 있는 경우"를 뜻한다(대판 1977.9.28. 77도2603). 즉, "공소장 기재사실 자체에 대한 판단으로 그 사실 자체가 죄가 되지 아니함이 명백한 경우"(대판 1990.4.10. 90도174; 2014.5.16. 2012도12867)이다.[1] 그 유일한 판례사례가 "부정수표단속법위반 사건에서 '수표가 그 제시기일에 제시되지 아니한 사실'[2]이 공소사실 자체에 의하여 명백한 경우"(대판 1973.12.11. 73도2173)이다. 주의할 점은, 법령해석상 구성요건에 해당하지 않는 경우(제325조 전단의 무죄사유)와 구별해야 한다는 것이다. 즉, 범죄의 구성 여부에 대한 의문이 있을 때에는 공소기각의 결정을 할 수 없고 실체심리를 거쳐 유·무죄의 판결을 선고해야 한다. 예컨대, '발행일의 기재가 흠결된 수표'는 부정수표단속법 제2조 제2항의 구성요건을 충족하지 못하는 것으로 '무죄'판결의 대상이 된다(대판 1983.5.10. 83도340 전합). 이는 "그 수표가 수표법 소정의 지급제시기간 내에 제시되었는지의 여부를 확정할 길이 없기 때문에 무죄"이지만, '공소장의 공소사실 자체만으로 범죄로 되지 아니함이 명백한 경우'는 아니라는 의미이다.

(2) 공소기각 '결정'의 효과

1) 즉시항고 공소기각의 결정에 대해 즉시항고를 할 수 있다(328②).

2) 공소취소와 재기소제한 공소취소로 공소기각의 결정이 확정된 때에는 그 범죄사실에 대해 '다른 중요한 증거를 발견한 경우'에 한하여 다시 공소를 제기할 수 있다(329).

2. 공소기각의 판결

공소기각의 '판결'은 그 취지가 검사의 위법한 공소제기를 억제하고 법원과 피고인에게 절차적 부담을 면제시켜 소송경제와 피고인의 이익을 도모함에 있다. 소송조건은 공소제기의 적법·유효조건이자 실체심리의 조건인데, 제327조

---

1) 이 규정은 사인소추의 전통을 갖는 영미법계에서 흔한 규정으로, 법률전문가인 검사가 공소권을 행사하는 법제에서는 그 예가 드물다.

2) [국내수표의 지급제시기간] 국내수표의 지급제시기간은 수표상 발행일부터 10일 내에 지급제시하여야 한다(수표법①④). 이 경우 초일은 불산입(= 다음날부터 기산)하며(동법61), 말일이 법정휴일인 때에는 그 말일 이후의 제1거래일까지 기간을 연장한다(동법60②).
※ 수표법 제29조 ① 국내에서 발행하고 지급할 수표는 10일 내에 지급을 받기 위한 제시를 하여야 한다. ④ 제1항(중략)의 기간은 수표에 적힌 발행일부터 기산한다.

각 호 사유의 부존재가 바로 소송조건이 된다.

(1) 공소기각의 '판결'사유: 6개(327)

1) 재판권 없음 '피고인에 대하여 재판권이 없을 때'(제1호). 형사재판권은 형법의 적용범위 내에서 존재한다. 재판관할권 면제자, (보호주의가 적용되지 않는) 외국인의 국외범[1] 등에 대하여는 재판권이 없다. 군사법원에 재판권이 있는 군인이 일반법원에 기소된 경우에는 재판권 있는 같은 심급(제1심만 해당)의 군사법원으로 이송한다(16의2).

2) 기소절차의 위법 · 무효 '공소제기절차가 법률의 규정에 위반하여 무효일 때'(제2호). 이는 "무권한자에 의하여 공소가 제기되거나, 공소제기의 소송조건이 결여되거나, 또는 공소장의 현저한 방식위반이 있는 경우"를 가리킨다(대판 1996.5.14. 96도561). 제2호는 '소송조건 전반에 관한 포괄적 일반조항'이다. 이 조항으로 인하여, 중대한 위법수사에 기한 공소제기, 공소권남용 등 다양한 형태의 소송법적 관심사항을 소송조건으로 유형화하여 형사재판에 반영할 수 있고, 나아가 형사소송절차를 규율하는 효력규정의 실효성을 확보할 수 있다. 2022년 신설된 검사의 '수사 · 기소 분리' 규정(검찰청법4②. 2022.9.10. 시행)[2]에 위반하여 공소제기된 경우도 여기에 해당한다.[3]

[판례사례] [제2호 공소기각 판결의 사유]

(1) 제2호 공소기각 사례 ① 공소제기 당시 소송조건이 결여된 경우, 즉 친고죄에서 고소가 없거나, 공소제기 전에 고소 취소되거나, 고소취소 후 다시 고소하였음에도, 공소제기된 경우, 조세범처벌법상 범칙행위와 같이 필요적 고발범죄

---

1) 중국 국적의 피고인이 중국에서 대한민국 국적인 주식회사의 인장을 위조한 경우 사인위조죄(형법239①)에 대한 관계에서 외국인의 국외범이므로 피고인에 대하여 재판권이 없다(대판 2002.11.26. 2002도4929)

2) [검찰청법4②] "검사는 자신이 수사개시한 범죄에 대하여는 공소를 제기할 수 없다. 다만, 사법경찰관이 송치한 범죄에 대하여는 그러하지 아니하다." 이는 "시행 이후 공소를 제기하는 경우부터 적용한다."(부칙2)

3) [검사의 수사개시 가능범위를 위반한 기소와 공소기각 판결] "검찰청법 제4조 제1항 제1호 단서를 위반하여 개시된 수사절차에 이어진 공소제기는 '그 절차가 법률의 규정에 위반하여 무효'인 경우에 해당하므로 공소기각 판결(327ii)의 대상이 된다"(대판 2025.9.11. 2022도10256). "검사가 검찰청법 제4조 제1항 제1호 단서에 따라 수사권 행사가 불가능한 범죄에 관하여 수사를 개시한 후 1차적 수사를 하는 것은 수사절차에 위법이 있는 경우이고, 그에 관한 공소제기는 위법하게 개시된 수사절차를 종결하는 처분으로서 해당 수사절차와 밀접하게 관련되어 있"기 때문이다(위 2022도10256).

에서 고발없이 공소제기된 경우, 반의사불벌죄에서 처벌불원 의사표시가 있음에도 공소제기된 경우(대판 1983.2.8. 82도2860 등), ② 공소장일본주의를 위배한 공소제기(대판 2009.10.22. 2009도7436 전합), ③ 성명모용사건에서 피고인표시정정에 의하여 모용관계를 바로 잡지 아니함으로써 피고인이 특정되지 않은 경우(대판 1985.6.11. 85도756), ④ 전자문서나 저장매체를 이용한 공소제기에서 저장매체에 저장된 전자문서 부분 등과 같이 공소사실이 불특정된 경우(대판 2017.2.15. 2016도19027; 1983.6. 14. 83도293; 2006.5.11. 2004도5972 등), ⑤ 위법한 함정수사(범의유발형)에 기한 공소제기(대판 2008.10.23. 2008도7362), ⑥ 검사의 수사개시가 불가능한 범죄에 관한 수사개시 이후 그에 관한 공소제기(대판 2025.9.11. 2022도10256), ⑦ 소추재량권을 현저히 일탈한 자의적인 공소권행사로서 공소권남용인 경우(대판 2001.9.7. 2001도3026), ⑧ 소년법상 보호처분을 받은 사건에 대해 다시 공소제기된 경우(대판 1996.2.23. 96도47), ⑨ 친고죄인 특허침해죄에서 특허권에 기한 고소라도 특허무효의 심결이 최종 확정된 때(대판 2008.4. 10. 2007도6325), ⑩ 재정신청 기각결정이 확정된 사건에서 '다른 중요한 증거를 발견한 경우'가 아님에도 공소제기된 경우(대판 2018.12.28. 2014도17182) 등.

(2) 부정 사례 ① 불법구금, 구금장소의 임의적 변경 등의 위법사유는 (위법한 절차에 의하여 수집된 증거를 배제할 이유는 될지언정) 공소제기의 절차 자체가 위법하여 무효인 경우에 해당하지 않는다(위 96도561). ② "피고인의 신병이 확보되기 전에 공소제기되었더라도 부적법한 것은 아니다"(대판 2017.1.25. 2016도15526).

3) 이중기소 '공소가 제기된 사건에 대하여 다시 공소가 제기되었을 때'(제3호). 동일사건이 (토지관할과 사물관할을 같이하는) **'동일법원'**에 2중 기소된 경우이다.[1] 그 취지는 동일사건에 대해 피고인의 이중위험을 방지하고 2개의 실체판결을 방지함에 있다(대판 2004.8.20. 2004도3331). i) "공소제기된 사건과 동일사건이 동일법원에 다시 공소제기된 경우에, 뒤에 공소된 사건에 대하여 판결 선고가 있었더라도 확정되기 전에는, 먼저 공소제기된 사건을 심판해야 하고, 뒤에 공소제기된 사건은 공소기각 판결을 해야 한다"(대판 1969.6.24. 68도858). ii) 한편, 제1 상습사기범죄에 대해 약식명령이 발령된 후 다시 행해진 제2 상습사기범죄에 대해 기소되었으나, 종전의 약식명령에 대해 정식재판청구권 회복의 결정이 있는 경우에, 제2 상습사기범죄에 대한 공소제기는 이중기소에 해당한다(위 2004도3331). 공소제기효력의 시적 범위는 사실심리 가능성이 있는 최후의 시점인 '판

1) 다른 법원에 2중 기소된 경우에는 제12조와 제13조에 의하여 심판할 법원을 정하며, 이 경우 심판하지 못하게 된 법원은 공소기각의 '결정'을 한다(328① iii).

결선고시'를 기준하기 때문이다.[1] 이 경우 법원이 별도로 석명권을 행사할 필요는 없다.

4) **공소취소 후 재기소** '제329조를 위반하여 공소가 제기되었을 때'(제4호). **다른 중요한 증거가 발견되지 않았음에도** 다시 기소한 경우이다. '다른 중요한 증거를 발견한 경우'란 공소취소 전의 증거만으로는 증거 불충분으로 무죄가능성이 있으나 새로 발견된 증거를 추가하면 충분히 **유죄의 확신을 갖게 될 정도의 증거가** 있는 경우를 말한다(대판 1977.12.27. 77도1308).

5) **고소취소** '친고죄에 대하여 고소가 취소되었을 때'(제5호). 친고죄로서 공소제기 당시 유효한 고소가 있었으나 **공소제기 후** 제1심 판결선고 전에 고소가 취소된 경우이다. i) 명시적인 고소취소에 한하지 않고 합의서[2] 및 탄원서[3]가 제출된 경우도 고소취소가 있는 것으로 본다(대판 1981.11.10. 81도1171). ii) 공소제기 당시 이미 적법한 고소가 없었던 경우는 제2호(기소절차의 위법)의 공소기각 '판결'사유가 된다. iii) 항소심에 이르러 고소취소 하였다면 친고죄에 대한 고소취소로서의 효력은 없다(대판 1999.4.15. 96도1922 전합).

6) **처벌불원** '반의사불벌죄에 대하여 처벌을 원하지 않는다는 의사표시를 하거나, 처벌을 원하는 의사표시를 철회하였을 때'(제6호). **공소제기 후** 심리과정에서 제1심 판결선고 전에 처벌불원 또는 철회된 경우이다. 공소제기 당시 이미 처벌불원이 존재하였던 경우는 위 제2호의 사유가 된다.

(2) 상소와 재기소

1) **상소** 공소기각의 판결에 대해 검사는 상소할 수 있다. 반면, 피고인은 무죄를 주장하면서 상소할 수 있는가? 견해가 대립하나, 판례는 피고인은 상소이익이 없으므로 상소권이 없다는 입장이다. 즉, "공소기각의 재판이 있으면 피고인은 유죄판결의 위험으로부터 벗어나는 것이므로, 피고인에게 불이익한 재판이라 할 수 없어서 **피고인은 상소권이 없다**"(대판 2008.5.15. 2007도6793). '무죄판결을 받을 이익'은 아직 법률상 이익이 아니라는 뜻이다.

2) **재기소** 공소기각의 판결이 확정된 후에도 동일한 범죄사실에 대해 검

---

1) 법원이 별도로 석명권을 행사할 필요가 없다.
2) "당사자 간에 원만히 합의되어 민·형사상 문제를 일체 거론하지 않기로 화해되었으므로 합의서를 1심 재판장 앞으로 제출한다"는 취지의 합의서(위 81도1171).
3) "피고인들에게 중형을 내리기보다는 법의 온정을 베풀어 사회에 봉사할 수 있도록 관대한 처분을 바란다"는 취지의 탄원서(위 81도1171).

사는 소송조건을 보완하여 얼마든지 **다시 기소할 수 있다**(예: 친고죄에서 고소 보완과 재기소). 물론 공소기각 판결이 선고되면 구속영장의 효력은 상실된다. 그리고 재구속의 제한을 받는다(208). 단, 공소취소에 의한 공소기각의 결정이 확정된 때에는 '다른 중요한 증거를 발견한 경우'에 한하여 재기소할 수 있다(329).

[소송조건 흠결의 경합] 소송조건의 흠결사유가 경합하는 경우에는 논리적 순서와 판단의 난이도 등에 따라 형식재판의 내용을 결정하여야 한다. i) 형식적 소송조건과 실체적 소송조건의 흠결이 경합한 경우에는 형식적 소송조건의 흠결을 이유로 재판하는 것이 논리적이다. ii) 수개의 형식적 소송조건의 흠결이 경합한 경우에는 하자의 정도가 중한 것을 기준으로 한다. 예컨대, ㉠ 공소기각결정사유와 공소기각판결사유가 경합하면 공소기각의 결정을 해야 하고, ㉡ 공소기각사유와 관할위반사유가 경합하면 공소기각의 재판을 하여야 한다. iii) 요컨대, 공소기각결정, 공소기각판결, 관할위반판결, 면소판결의 순서로써 소송을 종결한다.

3. 관할위반 판결

1) 뜻 　피고사건이 해당 법원의 관할에 속하지 아니한 때에는 판결로써 관할위반의 선고를 하여야 한다(319). 관할의 존재는 소송조건이므로 법원은 직권으로 관할유무를 조사하여야 한다(1). 관할위반판결은 형식재판인 동시에 종국재판이다. 관할권의 전제가 되는 재판권이 없는 경우에는 공소기각의 판결을 한다(327i). 관할위반인 경우에도 소송행위의 효력에는 영향이 없다(2). 예컨대, 관할위반을 선고한 법원에서 작성한 공판조서, 증인신문조서 등은 동일사건에서 여전히 증거로 사용할 수 있다. 공소기각의 경우와 달리, 관할위반판결이 선고된 경우에는 **구속영장의 효력**이 상실되지 않으며(331 참조), 관할법원에 재기소함에 아무런 지장이 없다. 관할위반판결이 확정되면 공소시효가 다시 진행된다(253①).

2) 관할위반 　관할에는 토지관할과 사물관할이 있다. **토지관할**은 **공소제기시**에만 존재하면 된다. 반면, **사물관할**은 공소제기시 및 **재판시에도** 존재해야 한다. 사물관할의 유무는 공소장에 기재된 **공소사실을 기준**으로 하며, 공소장이 변경되면 변경된 공소사실에 의한다(대판 1987.12.22. 87도2196). 따라서 ㉠ 단독판사의 관할사건이 공소장변경에 의하여 합의부 관할사건으로 변경된 경우(즉, 공소장변경허가결정을 한 다음), 결정으로 관할권 있는 **합의부로 이송**하여야 한다(8②).[1)]

---

1) 항소심에서 공소장변경으로 합의부사건이 된 경우에는 관할권 있는 '고등법원'으로 이송하여야 한다(대판 1997.12.12. 97도2463).

반면, ㉡ 그 반대의 경우는 형사소송법에 아무런 규정이 없다. 그 결과 합의부는 공소장변경 허가결정과 관계없이 실체심판을 해야 하고 단독판사에게 재배당할 수 없다(대판 2013.4.25. 2013도1658).

3) 토지관할위반의 예외 토지관할에 관하여는 피고인의 신청이 있을 때에만 관할위반을 선고한다(320①). 토지관할은 주로 피고인의 편의를 위한 제도임을 고려한 것이다. 다만, 토지관할위반의 신청은 피고사건에 대한 진술 전에 하여야 한다(동②). 늦어도 모두진술의 기회에 해야 하며, 피고사건에 대한 진술이 있으면 그 하자는 치유된다. 토지관할위반의 경우 그 사건을 관할법원으로 이송하는 것은 허용되지 않는다.

4. 면소판결

(1) 본질

1) 뜻 면소판결은 피고사건에 대하여 소송추행의 이익이 없음을 이유로 소송을 종결시키는 형식재판이다. 즉, 실체적 소송조건이 흠결된 경우(이미 확정판결이 있는 경우 및 일반사면 · 공소시효 완성 · 범죄 후 형이 폐지된 경우) 피고사건의 실체를 판단하는 것이 아니라 소송절차의 법률관계를 우선 판단하는 형식재판이다. 그런데 면소판결은 형식재판임에도 일사부재리 효력이 발생한다는 특징이 있다. 이러한 특징 때문에 면소판결의 본질이 문제된다.

2) 본질 실체재판설, 2분설, 실체관계적 형식재판설, 형식재판설이 대립하나, 형식재판설이 다수설 · 판례이다(대판 1966.7.26. 66도634 전합). 면소판결은 국가형벌권이 존재하지 않음을 확인하는 것이 아니라 공소권이 소멸되었다는 이유로 실체심리 없이 소송을 종결하는 것이므로, 형식재판설이 타당하다[공소의 면제]. 형식재판이라는 점과 관련하여 3개 쟁점이 있다.

i) [실체심리] 실체심리가 필요한가? 면소사유의 존재가 불분명한 경우에는 그 존부 판단의 범위 내에서 어느 정도 실체심리가 필요하다. 그러나 그렇다고 하여 실체 자체를 심리하는 것은 아니다.

ii) [일사부재리의 근거] 형식재판임에도 일사부재리 효력이 발생하는 근거는 무엇인가? 다른 형식재판의 경우와 달리, 흠결된 소송조건(실체적 소송조건)이 나중에 새롭게 보완될 수 없다는 점에서, '소송추행의 이익이 흠결'되었기 때문이다. 즉, "(면소사유는) 그 성질상 동일사건의 모든 소송관계에서 실체적 판단을 할 수 없는 일반적 (소송)장해사유이고, 그 장해는 제거할 수 없는 사유이며, 다

시 기소할 수 없는 성질의 사유"이다(대판 1963.3.21. 63도22).[1]

iii) [무죄주장 상소] 면소판결에 대해 피고인이 무죄를 주장하여 상소할 수 있는가? 면소판결은 면소사유가 있으면 실체법상의 유·무죄를 불문하고 피고인을 빨리 절차에서 해방시키는 것이고, 일사부재리의 효력이 발생하므로 무죄판결에 비해 피고인에게 불이익한 재판이 아니다. 비록 무죄판결보다 불리한 점이 있더라도, 이는 법률상 이익은 아니므로 상소이익을 인정하기 어렵다(소극설). 즉, "피고인에게는 실체판결청구권이 없으므로, 면소판결에 대해 무죄의 실체판결을 구하여 상소할 수는 없다"(대판 1984.11.27. 84도2106). 만일 상소하면 원심법원은 (상소이익이 없다는 이유로) 결정으로 상소를 기각한다(360).

다만, 여기에는 중대한 예외가 있다. 즉, "형벌에 관한 법령이 헌법재판소의 위헌결정으로 소급하여 그 효력을 상실하였거나 법원에서 위헌·무효로 선언된 경우, 당해 법령을 적용하여 공소가 제기된 피고사건에 대하여 무죄를 선고하여야 한다. 나아가 폐지되었더라도 당초부터 위헌·무효인 경우라면 '범죄로 되지 아니한 때'의 무죄사유에 해당한다. 이 경우에는 면소판결에 대하여 (무죄를 주장하여) 상소가 가능하다"(대판 2010.12.16. 2010도5986 전합).

(2) 면소사유: 4개(326)

1) 확정판결의 존재 '확정판결이 있은 때'(제1호). ㉠ 확정판결은 유·무죄의 실체판결과 면소판결이다. 확정판결과 동일한 효력이 있는 약식명령, 즉결심판, 경범죄처벌법·도로교통법상 '통고처분에 의한 범칙금납부' 등도 포함한다. 이러한 확정판결은 일사부재리 효력이 발생한다. 반면, 공소기각과 관할위반의 형식재판, 외국판결, 과태료처분, 소년법상 보호처분 등은 포함되지 않는다. ㉡ 면소의 범위는 기판력이 발생하는 범위와 일치한다. 즉, 시간적 범위는 '사실심판결 선고시'(또는 약식명령 발령시)까지이고, 객관적 범위는 확정재판의 범죄사실과 '동일성이 인정되는 범위 내의 모든 사실'이다.

2) (일반) 사면 '사면이 있은 때'(제2호). 이는 형의 선고를 받지 않은 자에 대해 공소권을 소멸시키는 일반사면만을 의미한다. 실체심판이 무의미하기 때문이다. 반면, 형의 선고를 받은 자에 대해 형의 집행만을 면제하는 특별사면은 여기

1) "공소기각의 판결사유는 그 사건의 실체적 관계에 대한 판단을 하는데 있어서의 장해가 되는 사유가 개별적이며 그 장해는 제거할 수 있는 사유이며 또 제거된 때에는 또 다시 공소를 제기할 수 있는 사유임에 반하여, 면소사유는 그 성질상 동일사건에 관한 한 모든 소송관계에 있어서 실체적 판단을 할 수 없는 일반적 장해사유이고 그 장해는 제거할 수 없는 사유이며 또 다시 기소할 수 없는 성질의 사유라는데 차이가 있다"(위 63도22).

에 해당되지 않는다(대판 2015.5.21. 2011도1932 전합. 이는 제1호의 '확정판결의 존재'에 해당).

3) 공소시효 완성 '공소의 시효가 완성되었을 때'(제3호). 공소제기에 의하여 공소시효의 진행이 정지되므로(253①), 공소제기 전에 이미 공소시효가 완성된 경우를 의미한다. 공소시효가 완성되면 소송추행의 이익이 없기 때문이다. 또한 공소가 제기된 범죄라도 판결의 확정 없이 공소를 제기한 때로부터 25년을 경과하면 공소시효가 완성된 것으로 간주되므로(249②), 이 경우에도 면소판결을 선고한다(대판 1981.1.31. 79도1520).

4) 형 폐지 '범죄 후의 법령개폐로 형이 폐지되었을 때'(제4호). 형의 폐지는 명문으로 벌칙이 폐지된 경우뿐만 아니라 법령에 의한 유효기간 경과나 구법과 신법의 저촉에 의하여 실질상 벌칙의 효력이 상실된 경우를 포함한다. 명령, 백지형법의 보충규범의 변경도 포함한다. 다만, 폐지 전의 행위에 대해 종전의 벌칙을 적용한다는 경과규정이 새로운 법령에 명시된 경우는 해당되지 않는다. 한편, 판례는 "종전 간통죄 '합헌결정일 이전에 선고'된 원판결에 대하여, 간통죄 위헌결정일 이후 재심개시결정이 확정된 경우"에도 면소판결을 선고한다(대판 2019.12.24. 2019도15167).

특히 형법 제1조 제2항("범죄 후 '법률이 변경'되어 그 행위가 '범죄를 구성하지 아니'하게 …된 경우 신법에 따른다")의 적용범위와 밀접하게 관련된다. 이는 행위시법의 추급효, 즉 행위시점에 형벌법규가 존재하다가 재판시점에는 폐지되어 더 이상 그 행위가 범죄를 구성하지 아니하게 된 경우 이미 폐지된 행위시법이 재판시점에도 그대로 적용되는지 여부의 문제이다. 판례상, 행위시법의 추급효가 인정되는 경우에는 면소사유가 아니며, 형법 제1조 제2항에 따라 재판시법(재판시에는 범죄를 불구성하는 신법)이 적용되는 경우에는 면소사유가 된다.

[판례: 형법 제1조 제2항의 '법률의 변경'과 행위시법의 추급효(긍정)] 판례는, 종래 이른바 동기설에 따라 '법률이념의 변경'(추급효 부정, 면소판결)과 '일시적 사정의 변화'(추급효 긍정, 유죄판결)의 경우 구분하여 달리 취급하는 입장을 취하였다가, 최근에 이르러 판례변경을 단행하여, 동기설을 폐기하고 새로운 해석론을 전개하고 있다(대판 2022.12.22. 2020도16420 전합). 즉, 여기서의 '법률의 변경'은 "해당 형벌법규에 따른 범죄의 성립 및 처벌과 '직접 관련된' 형벌법규의 가벌성에 관한 '형사법적 관점의 변화'를 전제로 한 법령의 변경"으로 제한하여 축소해석한 다음, 나아가 ㉠ 형벌법규가 아닌 '다른 법령'이 변경된 경우와 관련하여, 형벌법규의 가벌성에 '간접 관련된' 타법에서의 '비형사적 규율의 변경'만이 있는 경우(예: 친족상도례에서 친족 범위에

관한 민법의 변경, 변호사법위반죄에서 법무사법의 개정 등)에는 여기서의 '법률'의 변경에 해당하지 않고 행위시법이 그대로 적용되며, ㉡ 한시법과 관련하여, 최협의의 한시법(법령 제정 당시부터 또는 폐지 이전에 '스스로 유효기간을 구체적인 일자나 기간으로 특정하여 효력의 상실을 예정하고 있던 법령', 즉 '달력에 의한 일시의 한정방식')은 '그 유효기간을 경과함으로써 더 이상 효력을 갖지 않게 된 경우'에도 여기서의 법률의 '변경'에 해당하지 않고 행위시법이 그대로 적용된다고 한다.[1] 이 경우에는 모두 '행위시법의 추급효가 인정된다'는 것이므로, 이는 곧 '면소사유가 되지 않는다'는 것을 의미한다.

그러나 우리 입법자는 형법 제1조 제2항에서 (독일형법2④과 달리) 유리한 재판시법의 전면적 소급효(예외 없는 소급효)를 명시적으로 규정하고 있다. 즉, 형법 제1조 제1항과 제2항은 모두 '행위자의 자유에 유리한 방향으로만' 지향하고 있다. 그런데도 판례가 '법령의 변경'이라는 문언을 그와 같이 행위자에게 불리하게 축소해석하는 것은, 행위자에게 유리한 사유에 관하여 그 범위를 제한적으로 유추적용하는 것으로 행위자의 가벌성의 범위를 확대하는 결과가 된다. 즉, '유리한 사유의 제한적 유추'로서 죄형법정주의에 위배되는 해석이다. 요컨대, 판례의 태도는 형법 제1조 제1항과 제2항이 규정한 '자유의 원칙'에 역행하는 해석론이다.

5. 형식재판 우선의 원칙

1) 뜻 형식재판을 실체재판보다 우선하여야 한다는 원칙을 '형식재판 우선의 원칙'이라 한다. 즉, 일죄에 대하여 '공소기각 또는 면소사유'와 '무죄사유'가 경합하는 경우 공소기각의 재판 또는 면소판결을 우선하여야 한다는 것이다. 예컨대, 일죄에서 ㉠ 면소사유(예: 일반사면, 공소시효완성, 형폐지)와 무죄사유가 경합하면, 면소판결을 하여야 하고, 실체에 관하여 심리하여 무죄의 판결을 하였음은 위법하다[대판 1964.4.28. 64도134(사면); 1966.7.26. 66도634 전합(공소시효); 2010.7.15. 2007도7523(형폐지)], ㉡ 교통사고처리특례법위반 사건에서 무죄가 증명되었더라도 공소기각사유(예: 종합보험가입 등)가 있으면, 무죄를 선고할 것이 아니라 소송조건의 흠결을 이유로 공소기각의 판결을 선고하여야 한다(대판 1994.10.14. 94도1818; 2004.11.26. 2004도4693).

1) 판례는, 소추조건에 대해서도 사실상 한시법의 추급효를 인정하고 있다. 즉, 친고죄인 성폭력범죄의 고소기간에 관한 특례조항('범인을 알게 된 날로부터 1년')이 2013.6.19. 삭제되었는데, 이는 "구 형법 제306조가 삭제됨에 따라 특례조항을 유지할 실익이 없게 되자 개정 성폭력처벌법에서 특례조항을 삭제한 것으로, 개정 성폭법 시행일 이전에 저지른 친고죄인 성폭력범죄의 고소기간은, 특례조항에 따라서 '범인을 알게 된 날부터 1년'이다"(대판 2018.6.28. 2014도13504)고 한다. 형사소송법상 고소기간 6개월을 경과한 이후의 고소라도, 그에 기한 공소제기는 적법하다는 것이다.

2) 예외　공소기각사유가 있는 사건에서 "사건의 실체에 관한 심리가 이미 완료되어 무죄라고 밝혀진 경우, '피고인의 이익을 위하여' 무죄의 실체판결을 선고하더라도, 위법이라 할 수는 없다"(대판 2015.5.14. 2012도11431; 2015.5.28. 2013도10958). 즉, "교특법위반 사건에서 심리 결과 동법 제3조 제2항 단서에 정한 사유가 없고, 제3조 제2항 본문(처벌불원)이나 제4조 제1항 본문(종합보험등가입)의 사유로 공소를 제기할 수 없는 경우에 해당하면, 공소기각의 판결을 하는 것이 원칙이다. 그런데 사건의 실체에 관한 심리가 이미 완료되어 제3조 제1항의 죄를 범하였다고 인정되지 않는 경우, 설령 제3조 제2항 본문이나 제4조 제1항 본문의 사유가 있더라도, 피고인의 이익을 위하여 공소기각판결이 아닌 무죄의 실체판결을 선고하였다면, 위법이라고 볼 수는 없다"(위 2012도1431; 2013도10958). 그런데, 이 예외는, 반드시 '무죄를 선고해야 한다'는 것(의무)이 아니라, 단지 '무죄를 선고하더라도 위법은 아니다'는 취지에 불과하다(형식재판도 가능하고 무죄판결도 가능하다는 취지: 재량).1)

['형식재판에 대한 무죄판결 우위의 원칙' 여부]　이 점에서 '형식재판에 대한 무죄판결 우위의 원칙'이 판례상 확립된 것은 아니다. 그러나 이미 실체심리가 완료되어 무죄로 판명된 경우에는 피고인의 이익을 위하여 반드시 무죄를 선고하는 것이 타당하다. 즉, 공소기각 재판의 취지에는 피고인의 이익도 포함되어 있는 이상, 공소기각사유(소송조건의 흠결)가 있는 경우 유죄의 실체심리를 차단하는 것이 피고인에게 이익이지만, 이미 실체심리가 완료되어 무죄로 밝혀진 경우에는 소송조건의 흠결이 문제되지 않으므로, 무죄의 선고가 오히려 피고인에게 더욱 이익이기 때문이다. 이 경우에는 '무죄판결을 받을 이익'도 법률상 이익으로 인정하는 것이 바람직하다(절충설).

Ⅱ. 실체재판

1. 무죄판결

(1) 의의

1) 뜻　무죄판결은 피고사건에 대해 국가의 형벌권이 없음(부존재)을 확인하는 실체판결이다. 피고사건이 범죄로 되지 아니하거나 범죄사실의 증명이 없는 때에는 판결로써 무죄를 선고한다(325). 일사부재리 효력이 발생한다.

---

1) 단지 법원의 재량이라는 취지이므로, 피고인의 상소는 그 상소이익이 부정될 가능성이 크다. 판례는 기본적으로 '무죄판결을 받을 이익'은 법률상 이익이 아니라는 입장이다.

2) **선고** 무죄판결의 주문은 '피고인은 무죄'라고 한다. 유죄판결과 달리 무죄의 이유에 대해 명문규정은 없으나, 재판의 일반원칙에 따라 그 이유를 명시하여야 한다(39). 다만, 피고인에게 가장 유리한 판결이므로 유죄판결에 비해 그 명시의 정도를 완화하여도 무방하다. 제323조(유죄판결에 명시될 이유)의 자세한 이유 명시는 피고인의 보호를 위한 것이기 때문이다. 즉, "그 증거들을 배척한 취지를 합리적인 범위 내에서 기재하여야 하나, 증거를 배척하는 이유까지 일일이 설시할 필요는 없다"(대판 2014.11.13. 2014도6341). 결국 검사가 상소제기 여부를 검토할 수 있는 정도이면 충분하다. 그럼에도 실무관행은 오히려 무죄판결의 경우에는 유죄판결보다 더 장황하게 증거배척의 사실과 이유까지 상세하게 기재한다. 이는 무죄추정원칙에 반하는 '전도된 현실'(즉, '잘못된 실무')이라 할 수 있다.

(2) **무죄사유: 2개**(325전단 · 후단)

1) **전단무죄: 범죄 안됨** '피고사건이 범죄로 되지 아니하는 때'. 이는 실체심리를 거친 후, 공소사실 자체는 인정되지만 구성요건해당성이 없거나, 위법성조각사유 또는 책임조각사유가 존재하여 범죄가 성립하지 않는 경우를 말한다. ㉠ "형벌에 관한 법령이 헌법재판소의 **위헌결정**으로 소급하여 그 효력을 상실하거나, 법원에서 **위헌 · 무효**로 선언된 경우, 당해 법령을 적용하여 공소가 제기된 피고사건도 무죄를 선고하여야 한다"(위 2010도5986 전합). ㉡ "헌법재판소가 **헌법불합치결정**을 선고하면서 개정시한을 정하여 입법개선을 촉구하였는데도 위 시한까지 법률개정이 이루어지지 않은 경우에서, 위 법률조항은 소급하여 효력을 상실하므로, 이를 적용하여 공소가 제기된 피고사건에 대하여 (전단)무죄를 선고하여야 한다"(대판 2011.6.23. 2008도7562 전합). ㉢ 나아가 "형벌에 관한 법령이 폐지되었더라도 그 '폐지'가 당초부터 **헌법에 위배**되어 효력이 없는 법령에 대한 것이었다면, 마찬가지로 무죄를 선고하여야 하고, 면소판결을 선고할 것은 아니다"(위 2010도5986 전합). ㉣ 위임입법에 의한 형벌조항이 죄형법정주의나 위임입법의 한계를 벗어나 무효인 경우에도 마찬가지로 무죄를 선고한다(대판 1991.10.22. 91도1617 전합; 1998.6.18. 97도2231 전합).

다만, 전단무죄는 제328조 제1항 제4호의 '공소기각 결정'과 구별된다. 후자는 실체심리를 거칠 필요도 없이 "공소장에 기재된 사실이 진실하다 하더라도 범죄가 될 만한 사실이 포함되지 아니하는 때"에 결정으로 공소를 기각하는 경우이다(328① iv).

2) **후단무죄: 증명부족** ‘범죄사실의 증명이 없는 때’. 이는 공소사실의 부존재가 적극적으로 증명된 경우와 공소사실의 존부에 대한 증거가 불충분하여 법관이 유죄의 확신을 갖지 못한 경우를 말한다. ‘의심스러울 때에는 피고인의 이익으로(in dubio pro reo)’ 원칙의 당연한 논리적 귀결이다. 피고인의 자백에 대해 보강증거가 없는 경우(310)도 여기에 해당한다.

2. 유죄판결

(1) 의의

1) **뜻** 피고사건에 대하여 범죄의 증명이 있는 때에 선고하는 실체판결을 말한다. 여기서 피고사건이란 공소장에 특정되어 있는 공소사실을 말하고, 범죄의 증명이란 공판정에서 조사한 적법한 증거에 의하여 법관이 범죄사실의 존재에 대하여 합리적 의심이 없는 정도로 확신을 가진 경우를 말한다.

2) **선고** 형선고의 판결, 형면제의 판결, 형선고유예의 판결이 있다. i) (형선고의 판결) 피고사건에 대하여 범죄의 증명이 있는 때에는 형면제 또는 선고유예의 경우 외에는 판결로써 형을 선고하여야 한다(321①). 형의 집행유예, 노역장의 유치기간도 형의 선고와 동시에 판결로써 선고하여야 한다(동②). 재산형의 가납명령(334), 압수장물의 피해자환부(333), 소송비용의 부담(191) 등도 형의 선고와 동시에 판결로써 선고한다. ii) (형면제 또는 선고유예의 판결) 피고사건에 대하여 범죄의 증명이 있는 경우에도 형의 면제 또는 선고유예를 하는 때에는 판결로써 선고하여야 한다(322). 즉, 형면제 판결을 하는 경우 이는 유죄판결의 일종이므로 판결이유에서 범죄사실, 증거의 요지 및 법령의 적용 등을 기재해야 한다. 선고유예 판결을 하는 경우에도 판결이유에서 선고형을 정해 놓아야 하고 벌금형일 경우에는 벌금액뿐만 아니라 환형유치처분까지 해 두어야 한다(대판 2015.1.29. 2014도15120). iii) (과형 없는 판결) 실무상 ‘과형 없는 판결’(‘피고인에 대하여 형을 선고하지 아니한다’는 주문)이 선고되는 경우도 있다(대판 2015.10.29. 2012도2398). 피고사건이 유죄로 인정되는 경우이지만, ‘불이익변경금지의 원칙’에 비추어 피고인에게 추가적인 형을 선고하는 것이 불가능한 경우에 부득이하게 인정되는 예외적인 판결 형식이다.

(2) 유죄판결에 명시할 이유

피고인에게 불이익한 판결이므로, 판결이유를 구체적으로 명시하여야 한다.

즉, 형을 선고를 하는 때에는 판결이유에 범죄될 사실, 증거의 요지와 법령의 적용을 명시하여야 한다(323①). 법률상 범죄의 성립을 조각하는 이유 또는 형의 가중·감면의 이유되는 사실의 진술이 있은 때에는 이에 대한 판단을 명시하여야 한다(동②). 이는 **피고인보호 원칙**을 구현하고, 제39조(재판의 이유명시)의 취지[1]를 더욱 엄격하게 실현하기 위한 것이다. 만일 유죄판결을 선고하면서 판결이유에 그중 어느 하나를 전부 누락한 경우에는 '판결에 영향을 미친 법률위반'(383i)으로서 파기사유가 된다(대판 2017.4.7. 2017도744).

1) 범죄사실 범죄될 사실이란, 특정한 구성요건에 해당하는 위법·유책한 구체적 사실을 말한다. 법률적용의 대상인 사실을 명확히 밝히고, 사건의 동일성과 일사부재리의 효력범위를 확정하는 기능을 한다. 다만, 엄격한 증명의 대상이 되는 사실과는 기능적·목적론적 차이가 있으므로, 반드시 일치하는 것은 아니다.

[범죄될 사실] ㉠ 구성요건해당사실, 즉 구성요건요소가 되는 행위의 주체, 객체, 행위결과, 인과관계, 목적범의 목적, 재산죄의 불법영득의사 등을 구체적으로 명시하여야 한다. 구성요건의 수정형식인 미수·예비·공범 등에 해당하는 사실도 명시하여야 한다. "공범에 대해서는 교사범 및 방조범을 명확히 하여야 하고, 그 전제조건이 되는 '정범의 범죄구성요건이 되는 사실'도 적시하여야 한다"(대판 1981.11.24. 81도2422). 범죄될 사실은 다른 행위와 구분할 수 있도록 구체적으로 명시하여야 한다. 다만 "공모공동정범에서 그 공모는 모의의 구체적인 일시, 장소, 내용 등을 상세하게 설시하여야 할 필요는 없고, 범행에 관하여 의사가 합치되었다는 것만 설시하면 된다"(대판 2008.11.13. 2006도755). ㉡ 구성요건해당성은 위법성과 책임을 추정하므로, 위법성·책임의 사실은 특별히 명시할 필요가 없다. ㉢ 처벌조건인 사실, 누범전과와 같은 형의 가중사유나 법률상의 감면사유도 판결이유에 명시하여야 한다. ㉣ 단순한 양형사유인 정상에 관한 사실은 판결에 일일이 명시하지 않더라도 위법이 아니지만(대판 1994.12.13. 94도2584), 사형을 선고함에는 양형의 조건이 되는 모든 사항을 참작하여 사형이 정당화될 수 있는 특별한 사정이 있음을 명확하게 밝혀야 한다(대판 2000.7.6. 2000도1507).

2) 증거의 요지 증거의 요지는, 범죄사실을 인정하는 자료가 된 증거요지를 말한다. **증거재판주의**를 구현하기 위한 것으로, 법관의 사실인정의 합리성을

---

1) ① 법의 공정한 집행보장, ② 상소 여부 결정의 기초자료 제공, ③ 상소법원의 사후심사자료 제공, ④ 일사부재리 효력범위의 확정자료, ⑤ 형집행시 처우방법의 단서제공.

담보하고, 소송관계인의 비판을 가능하게 하며, 상소심에 심판자료를 제공하는 기능을 한다. ㉠ 증거의 '**요지**'만을 기재한다. 즉, 어떤 증거에 의하여 어떤 범죄사실을 인정하였는가를 알아볼 정도로 증거의 중요부분을 표시만 하면 된다(대판 1971.2.23. 70도2529). 구체적으로 어느 증거의 어느 부분에 의하여 어느 범죄사실을 인정하였냐 하는 이유까지 설명할 필요는 없다(대판 1987.10.13. 87도1240; 2000.3.10. 99도5312). 예컨대, "피고인의 법정 진술과 적법하게 채택되어 조사된 증거들"로만 기재한 것은 위법하나(위 99도5312), "검사 작성의 피의자신문조서 중 판시사실에 부합하는 진술기재"라는 방식은 적법한 증거설시가 된다. ㉡ **적극적 증거**만을 기재한다. 즉, 범죄사실을 증명할 적극적 증거를 적시하면 족하고, 범죄사실 인정에 배치되는 소극적 증거에 대하여 이를 배척한다는 판단이나 이유까지 설시할 필요는 없다(대판 1970.10. 16. 79도1384; 위 87도1240). 따라서 피고인이 알리바이를 내세우는 증인들의 증언에 대해 배척하는 판단을 할 필요가 없다(대판 1982.9.28. 82도1798).

3) **법령의 적용** 법령의 적용이란 인정된 범죄사실에 대하여 적용한 형벌규정을 명확하게 밝히는 것을 말한다. **죄형법정주의**의 원칙에 따라 판결이유의 범죄사실로부터 주문에 제시한 선고형이 나오게 되는 실체형법의 근거를 명확히 하는 기능을 한다. ㉠ 형법각칙의 각 본조는 물론 형법총칙의 규정, 피해자환부의 적용법률 등을 명시하여야 한다. 반드시 공소장의 적용법조에 구속되는 것은 아니다. 공소장변경의 필요성이 없는 범위 안에서 법원은 공소장에 기재된 적용법조와 다른 법령을 적용할 수 있다. ㉡ 실무상 문장체로서 설시하는 문장식[1]과 조문의 열거를 중심으로 하는 나열식[2]이 있다. "어느 방식에 의하든 피고인이 복수인 경우에 어느 피고인에게 어느 법령이 적용되는지와 범죄사실이 여러 개인 경우에 어느 사실에 어떤 법령이 적용되었는지를 명시하여야 한다. 따라서 법정형이 선택적으로 규정된 죄에 대하여 형의 선택을 명시하지 아니하고, 경합범 가중을 하면서도 어느 죄에 정한 형에 가중하는지를 명시하지 아니하였다면, 이는 위 법조 위반으로 위법이다. 다만, 주문에서 형의 종류와 그 형기를 명기하여 어떠한 법령을 적용하여 주문의 판단을 하게 되었는지를 알 수

1) 예컨대, "피고인의 판시행위 중 위조사문서행사의 점은 형법 제234조, 제231조에 해당하는바, 이는 1개의 행위가 수개의 죄에 해당하는 경우이므로 같은 법 제40조, 제50조에 의하여 범정이 가장 무거운 위조매매계약서의 행사죄에 정한 형으로 처벌하기로 하여"라는 식을 말한다.

2) 예컨대, 단지 "형법 제234조, 제231조(위조사문서 행사의 점, 징역형 선택), 제40조, 제50조(범정이 가장 무거운 위조매매계약서의 행사죄에 정한 형으로 처벌)"이라는 식을 말한다.

있다면 이는 판결에 영향을 미친 법령위반에는 해당하지 아니한다”(대판 2004.4.9. 2004도340).

4) 소송관계인의 주장에 대한 판단 법률상 범죄의 성립을 조각하는 이유 또는 형의 가중·감면의 이유되는 사실의 진술이 있을 때에는 이에 대한 판단을 명시하여야 한다(323②). 법원이 소송관계인의 주장을 무시하지 않고 명백히 판단하였음을 표시하여, 피고인의 소송주체성을 강조하고, 재판의 객관적 공정성을 담보하는 기능을 한다. 이는 법원이 유죄판결을 하면서 소송관계인의 주장을 배척하는 경우에 비로소 독자적인 의미를 갖는다. 그 주장을 인용하는 경우에는 무죄판결을 하거나 ‘범죄될 사실’로서 기재될 것이기 때문이다. 무죄판결을 하는 경우에도 별도로 판단할 필요가 없다.

i) ‘법률상 범죄의 성립을 조각하는 이유되는 사실’은 범죄구성요건 이외의 사실로서, 주로 위법성 또는 책임을 조각하는 사실을 뜻한다. 예컨대, 범행 당시 술에 만취하였기 때문에 전혀 기억이 없다는 취지의 진술은 범행 당시 심신상실 또는 심신미약의 상태에 있었다는 주장으로서 여기에 해당한다(대판 1990.2.13. 89도2364). 그런데 구성요건해당성을 부인하는 ‘범죄사실의 부인(否認)’은 여기에 해당하지 않는다(대판 1982.6.22. 82도409). ‘범죄될 사실’을 적시할 때 이미 그 주장을 배척하는 판단이 포함되었기 때문이다. 따라서 범죄사실을 부인하거나 그와 상반된 주장을 하는 경우에는 이에 대해 다시 판단할 필요가 없다. 예컨대, 고의가 없다는 주장(범의의 부인)도 범죄사실의 부인에 불과하다(대판 1983.10.11. 83도594). 또한 구성요건해당성 배제사유의 주장도 부인에 불과하다(대판 1997.7.11. 97도1180).[1] ii) ‘법률상 형의 가중·감면의 이유되는 사실’에 대해서는 견해가 대립되나, 누범·심신장애·중지미수와 같은 필요적 가중·감면사유만을 의미하고, 과잉피난·불능미수·자수·작량감경사유와 같은 임의적 가중·감면사유는 여기에 해당하지 않는다[대판 1990.2.13. 89도2364(자수); 2017.11.9. 2017도14769(피해회복 주장)].[2] ‘임의적’인 이상 법원의 재량에 속하기 때문이다. 한편, 종범은 필요적 감경사유이

---

1) “공정증서원본불실기재죄 및 그 행사죄로 공소가 제기된 경우 피고인이 당해 등기가 ‘실체적 권리관계에 부합하는 유효한 등기’라고 주장하는 것은 공소사실에 대한 적극부인에 해당할 뿐, 범죄의 성립을 조각하는 사유에 관한 주장이라고는 볼 수 없다. 따라서 그 주장이 받아들여지지 아니한다면 그대로 유죄의 선고를 함으로써 족하고, 반드시 그에 대한 판단을 판결이유에 명시하여야만 하는 것은 아니다”(대판 1997.7.11. 97도1180).

2) 예컨대, 형의 임의적 감면사유인 자수(대판 2024.7.11. 2021도6051)나 임의적 감경사유인 심신미약(대판 2024.7.25. 2022도2607)의 주장은 유죄판결의 이유에서 반드시 그에 대한 판단을 명시할 필요는 없다.

기는 하나, 종범에 불과하다는 주장은 '구성요건에 해당하는 사실'(즉, 공동정범이라는 수정된 구성요건의 요소인 '기능적 행위지배' 사실)에 대한 '부인'의 일종이므로, 공동정범으로 의율하고 있는 이상 종범 주장을 따로 판단할 필요는 없다(대판 1981.3.24. 81도74).

3. 죄수와 주문의 표시

(1) 1죄(과형상 1죄 포함)

"일죄에 대하여는 (유죄 · 무죄를 불문하고) 하나의 주문이 있을 뿐, 이를 분리하여 (일부는 유죄, 다른 일부 무죄 또는 면소 · 공소기각이라는 식의) 2개의 주문은 있을 수 없다"(대판 1961.10.26. 4294형상449). 이를 **'1죄 1주문의 원칙'**이라 한다. 1죄는 단순1죄 · 법조경합 · 포괄1죄는 물론 과형상 1죄(상상적 경합범)도 포함한다. 여기서는 '대표주문'의 선정이 문제된다.

1) 1죄의 일부 '유죄', 일부 무죄 · 면소 · 공소기각인 경우 주문에서 유죄를 선고하는 이상, 일부 무죄 · 면소 · 공소기각 부분은 판결이유에서 그 이유만 설시하면 족하고, 주문에서 따로 선고하지 않는다. 일부가 유죄인 경우 주문에서 유죄를 선고하고 이를 전제로 형벌을 부과함은 당연한 것이다. 그 반대인 경우(유죄를 이유에서만 선고)의 불합리를 상정해 보면 의문의 여지가 없다.

[판례사례] i) [일부 유죄, 일부 무죄] 일부 무죄의 경우에 (주문에서 유죄를 선고하는 이상) 무죄 부분은 판결이유에서 이유만 설시하면 되고, 주문에서 따로 무죄를 선고할 것은 아니다. **단순1죄 · 포괄1죄 · 과형상 1죄 모두 같다.** 예컨대, ㉠ 단순1죄인 절도죄 사건에서 1,000만원 절취로 기소되었으나 500만원 절취로 인정되는 경우, 특가법위반(뇌물)죄 사건에서 3,000만원 수뢰로 기소되었으나 1,000만원만 수뢰한 형법상 단순수뢰죄로 인정되는 경우에는, 무죄 부분은 판결이유에서 그 취지를 판단하면 충분하고, 판결주문에서 따로 무죄를 표시할 것은 아니다. ㉡ 포괄1죄인 업무상 배임죄 사건에서 일부가 유죄, 나머지가 무죄인 경우 주문에서 따로 무죄를 선고할 것이 아니다(대판 1995.3.24. 94도1112). ㉢ 상상적 경합범 관계에 있는 공소사실의 일부가 유죄, 나머지가 무죄인 경우에 무죄 부분을 판결주문에 따로 표시할 필요가 없다(대판 1999.12.24. 99도3003). ㉣ 다만, "일부무죄를 판결주문에 표시하였다 하더라도, 판결에 영향을 미친 위법이 되는 것은 아니다"(대판 1982.9.28. 82도1656; 1993.10.12. 93도1512; 위 99도3003 등).

ii) [일부 유죄, 일부 면소 · 공소기각] 일부 면소 · 공소기각의 경우에 (주문에서 유죄를 선고하는 이상) 그 면소 · 공소기각 부분은 판결이유에서 그 취지만 판단하면 되고, 주문에서 따로 면소 · 공소기각을 선고할 것은 아니다. 포괄1죄, 과형상 1죄의 경우 모두 같다. 예컨대, ㉠ 포괄1죄에서 일부 면소하는 경우, 즉, 확정판결 선고 전의 범행이 확정판결과 포괄일죄인 경우 면소판결을 할 것이나, 그 부분(면소 부분)이 확정판결 후의 범행과 포괄일죄로 기소되었고 그중 확정판결 후의 범행이 유죄라 하여 형을 선고하는 경우에는, 따로 주문에서 면소의 선고를 하지 않는다(대판 1982.2.23. 81도3277). ㉡ 상상적 경합범으로 공소제기된 죄 중 하나는 친고죄, 다른 하나는 친고죄가 아닌 경우에, 피해자가 고소취소한 때에는 판결주문에서 고소 취소된 죄에 대하여 따로 공소기각의 판결을 할 것이 아니라 판결이유에서 그 이유만 설시하면 족하다(대판 1968.3.5. 68도105).

2) 1죄의 일부 '무죄', 일부 면소 · 공소기각인 경우　1죄의 특성에 따라 ㉠ 각 부분이 병렬적인 경우와 ㉡ 가중범죄의 일부인 축소사실 부분에 해당 사유가 중첩되는 경우의 구분이 필요하다. 즉, 공소제기된 1죄가 ㉠ 포괄1죄 중 계속범 · 접속범 · 집합범 또는 과형상 1죄인 경우(각 해당 부분이 병렬적)와 ㉡ 결과적 가중범이나 특수한 형태의 결합범 등 가중범죄인 경우(그 일부인 축소사실 부분에 각 해당 사유가 중첩되는 경우)로 구분이 가능하다.

(i) [부분의 병렬] 계속범 · 접속법 · 집합범 또는 과형상 1죄로 공소제기된 사건에서는, 피고인에게 가장 유리한 무죄를 주문에 표시하고, 일부 면소 · 공소기각 부분은 이유 중에서 설시하면 되고 주문에서 따로 선고하지 않는다.

계속범 · 접속범 · 집합범 또는 상상적 경합범은 각 구성부분들이 서로 동등한 것으로 그 일부만으로도 범죄의 완결성이 있으며, 각 부분별로 해당 죄명에 대한 무죄, 면소 · 공소기각 등 복수의 주문이 가능한 구조이다(부분의 병렬). 다만, 포괄1죄 · 과형상 1죄라는 그 1죄성으로 인하여 대표주문의 선정이 필요한 것이며, 이는 형식재판 우선의 원칙과 아무런 관계가 없다. 그 결과 병렬적인 복수의 주문 가운데 피고인에게 가장 유리한 '무죄'를 대표주문으로 선정하는 것이다.

[판례사례] 예컨대, ㉠ 포괄일죄(계속범 · 접속법 등)의 일부는 무죄이고, 나머지 부분은 공소시효가 완성된 경우에는 피고인에게 유리한 무죄를 주문에 표시하고 면소부분은 판결이유에서만 설명하면 족하다(대판 1977.7.12. 77도1320). ㉡ 상상적 경합범의 관계에 있는 두 죄 중 하나의 죄는 사면되어 면소판결의 대상이고, 나머지 죄는 무죄일 경우, 주문에서 따로 면소를 선고하지 아니한다(대판 1996.4.12. 95도2312). 상상적 경합범의 경우에도 이러한 주문 표시가 적용된다는 점에 대해서는 특히 유념할 필요가 있다.[1)]

---

1) [상상적 경합과 주문 표시] 예컨대, 피고인(운전자)이 1개의 교통사고로 2인에게 상해를 입게 한 경우(2개의 교통사고처리특례법위반죄의 상상적 경합)에, 2인의 피해자 중 1인에 대해서는 무죄이고, 나머지 1인에 대해서는 그 피해자가 처벌불원의 의사를 표시한 때에는, 피고인에게 가장 유리한 '무죄'를 주문에 표시하고, '공소기각' 부분은 판결이유에만 기재한다.

(ii) [**가중범죄와 축소사실**] 결과적 가중범, 결합범(포괄1죄) 등 가중범죄로 공소제기된 사건에서 가중범죄가 무죄인 경우는 문제가 좀 복잡하다.

i) 우선, 가중범죄(또는 중한 결과)에 대해 무죄사유가 있고, 기본범죄(축소사실)에 대해서는 '공소기각'사유와 '무죄'사유가 경합하는 경우이다. 아래 표의 ④ 부분(즉, 공소제기된 가중범죄는 무죄, 그 축소사실에는 '무죄'와 공소기각사유가 경합하는 경우)이다. 이에 대해서는 공소기각판결설, 무죄판결설, 절충설이 대립하나, 주류적인 판례는 주문에서 **공소기각**을 선고하는 공소기각판결설의 입장이다.

> **[판례사례]** 예컨대, ㉠ 결과적 가중범인 강간치상 사건(2013. 6. 19. 전의 범행)에서 심리 결과 치상의 점뿐만 아니라 강간의 점까지 무죄가 증명되었더라도 고소가 취소되었다면, 주문에서 공소기각의 판결을 선고할 것이지 무죄를 선고할 수는 없다(대판 2002.7.12. 2001도6777). ㉡ 일종의 결합범인 특가법위반(도주치상) 사건에서 심리 결과 도주의 점은 인정되지 아니하더라도, 공소권이 없으면(처벌불원등) 공소기각의 판결을 하는 것이지, 업무상과실치상의 부분이 공소된 것인지 여부를 석명하여 그 결과에 따라 판결하는 것은 아니다(대판 1990.3.13. 89도2360; 1994.11.11. 94도2349). 다만, 여기에는 전부에 대해 무죄를 선고한 예외적 판결도 있다.[1)]

결과적 가중범 또는 특수한 형태의 결합범 등과 같은 가중범죄는 각 구성부분들이 서로 이질적인 것으로 그 일부만으로는 가중범죄를 구성하지 못하며, 가중범죄와 축소사실 전체를 망라하는 복수의 주문은 애초부터 불가능한 구조이다. 단지 이들 각 부분에 대한 여러 주문 가운데 부득이 하나의 대표주문을 선정할 수밖에 없고, 그 결과 대표주문의 선정에 대해 견해가 대립될 여지가 있다. 이 경우 무죄로 판단된 중한 부분을 제외하면, 축소사실에 대해서는 단순1죄에서처럼 무죄사유와 공소기각사유가 경합하는 경우와 유사하게 되므로(축소사실 부분에 관한 한 전체의 중첩), 여기에는 형식재판 우선의 원칙이 적용될 여지도 있다. 이 점에서 위 (i)의 경우(부분의 병렬)와 차이가 있다. 주류적 판례가 공소기각판결설의 입장이라는 점은 앞서 본 바와 같다. 즉, 형식재판우선 원칙에 따라 이 경우에도 (가중범죄 전체에 대해) 주문에서 공소기각을 선고한다는 입장이다. 그렇다면 형식재판우선에 대한 예외법리('이미 실체심리가 완료되어 무죄로 판명된 경우 피고인의 이익을 위하여 무

---

1) 즉, ㉠ 이러한 경우에도 피고인에게 유리한 무죄를 주문에 표시하고 공소기각 부분은 이유에 설시하는 것으로 족하다는 판결(대판 1988.10.11. 88도4), ㉡ 도주의 점은 물론 업무상과실치상의 점까지 무죄가 증명되었다면, (보험가입의 공소기각사유가 있더라도) 특가법 위반의 공소사실 전부에 대하여 무죄를 선고해야 한다는 판결(대판 2003.10.24. 2003도4638).

죄의 실체판결을 선고할 수 있다': 위 2012도11431 등)도 여기에 적용될 수 있을 것이다.

	축소사실(기본 범죄)	가중범죄(중한 결과)	주문 (판례)
①	유죄	무죄	축소사실에 대한 유죄
②	무죄	무죄	가중범죄에 대한 무죄
③	(유죄+) 공소기각 · 면소사유	무죄	축소사실에 대한 공소기각 등
④	(무죄+) 공소기각사유	무죄	축소사실에 대한 공소기각

ii) 한편, 가중범죄는 무죄이나, 축소사실은 '유죄'이고 다만 공소기각 · 면소사유가 경합하는 경우(위③부분)이다. 이 경우에도 판례는, 마찬가지로 주문에서 공소기각 또는 면소의 형식재판을 선고한다는 입장(형식재판설)이다.

[판례사례] 예컨대, ㉠ 특가법위반(뇌물) 사건에서 심리 결과 뇌물의 가액이 위 법소정의 금액 이상임이 인정되지 아니하더라도 (축소사실인) 형법상 뇌물죄에 대해 공소기각 또는 면소의 사유가 있으면 공소기각 또는 면소의 판결을 하여야 한다(대판 2011.7.28. 2009도9122). ㉡ 폭처법위반(공동폭행)죄 사건에서 심리 결과 오히려 乙(을)이 甲(갑)의 폭행을 만류한 것으로 판명된 경우 甲(갑)은 형법상 폭행죄만 구성할 뿐인데, 피해자가 甲(갑)에 대한 처불불원을 표시하였다면, 甲(갑)에 대해 공소기각을 선고하여야 한다(대판 1996.2.23. 95도1642).

3) 1죄의 일부 '면소', 일부 공소기각인 경우 예컨대, 포괄1죄의 일부가 면소, 나머지가 공소기각인 경우 주문에서는 면소만을 선고한다(부분의 병렬). 병렬적으로 존재하는 복수의 주문 가운에 포괄1죄 또는 과형상 1죄라는 그 1죄성으로 인하여 대표주문의 선정이 필요하고, 가능한 복수의 주문 가운데 피고인에게 가장 유리한 '면소'를 대표주문으로 선정하는 것이다. 이는 각 부분이 병렬적인 경우인데, 범죄 전체에 대하여 면소사유와 공소기각사유가 경합하는 경우(전체의 중첩)와는 다르므로, 형식재판 우선의 원칙과 아무런 관계가 없다.

(2) 수죄(실체적 경합범)

경합범 관계에 있는 수개의 공소사실 중 일부는 '유죄', 나머지 일부는 무죄 · 면소 · 공소기각인 경우에는, 경합범관계에 있는 이상 수개의 주문이 당연히 가능하고 '대표주문'의 선정 문제도 생기지 않는다. 각 공소사실에 따라 주문에 표시하고 이유에서 판단(수개의 재판)함이 원칙이다.

그러나 주의할 점이 있다. ㉠ 수개의 공소사실이 모두 유죄이면 주문에서

1개의 형을 선고한다. 다만, 병과형이나 수개의 형(예; 형법 제37조 후단의 경합범, 일부 공직선거법위반죄 등)을 선고하는 경우도 있다. ㉡ 수개의 공소사실이 모두 무죄이면 주문에서는 단순하게 "피고인은 무죄"라고만 기재한다.

Ⅲ. 종국재판의 부수처분과 소송비용

(1) 부수처분

1) 무죄 등과 구속영장의 효력상실 무죄, 면소, 형 면제, 형의 선고유예·집행유예, 공소기각 또는 벌금·과료의 판결이 선고된 때에는, 구속영장은 효력을 잃는다(331). 선고와 동시에 구속 중인 피고인은 즉시 석방된다. 다만, 무죄판결이 선고된 사건의 항소심은 재구속할 수 있다. 수사기관의 재구속에는 제한이 있으나(208①), 공판단계에서 법원의 경우에는 제한 규정이 없다.

2) 압수물 i) (압수해제) 압수한 서류·물품에 대하여 몰수의 선고가 없는 때에는 압수를 해제한 것으로 간주한다(332). 압수가 해제되면 피압수자에게 반환하게 된다. ii) (피해자환부·교부) 압수한 장물로서 피해자에게 환부할 이유가 명백한 것은 판결로써 피해자에게 '환부'를 선고하고(333①), 장물을 처분하였을 때에는 그 대가로 취득한 것을 피해자에게 '교부'를 선고하여야 한다(동②). 가환부한 장물은 별단의 선고가 없으면 환부의 선고가 있는 것으로 간주한다(동③). 이 경우 이해관계인이 민사소송절차에 따라 그 권리를 주장함에는 영향이 없다(동④).

3) 재산형의 가납명령 벌금, 과료 또는 추징의 선고를 하는 경우 '판결의 확정 후에는 집행할 수 없거나, 집행하기 곤란할 염려가 있다고 인정한 때'에는, 벌금·과료·추징에 상당한 금액의 가납(假納)을 명할 수 있다(334①). 즉시 집행할 수 있고(동③), 상소에 의해 정지되지 않으며, 약식명령·즉결심판에서도 가능하다(448등). 부정수표단속법위반 사건에서는 필요적이다(부수법6).

(2) 소송비용의 부담과 비용보상

1) 소송비용 소송비용은 소송절차의 진행으로 발생한 비용으로, 형사소송비용 등에 관한 법률에서, 특히 소송비용으로 규정한 것을 말한다. 형사소송은 국가형벌권의 발동이므로 모든 소송비용은 **국가 부담**이 원칙이다. 다만, 일정한 비용은 예외적으로 지출원인에 대해 책임 있는 피고인, 고소인·고발인 등에게 부담시킨다. i) (피고인 부담) **형의 선고**를 하는 때에는 피고인에게 소송비용의 전

부 또는 일부를 부담하게 하여야 한다(186①본문). 다만, 피고인의 경제적 사정으로 소송비용을 납부할 수 없는 때에는 예외이다(동①단서). 또한 형의 선고를 하지 아니하는 경우에도 피고인에게 책임지울 사유로 발생된 비용은 피고인에게 부담시킬 수 있다(동②). 예컨대, 피고인이 정당한 사유 없이 출석하지 아니하여 증인을 소환한 공판기일에 신문할 수 없게 되어 발생한 비용 등이다. ii) (고소인 · 고발인 부담) 고소 또는 고발에 의해 공소를 제기한 사건은 피고인이 무죄 또는 면소의 판결을 받은 경우에 고소인 또는 고발인에게 고의 또는 중대한 과실이 있는 때에는 그에게 소송비용의 전부 또는 일부를 부담시킬 수 있다(188).

2) 무죄판결과 비용보상 무죄판결이 '확정'된 경우에는 국가는 당해 사건의 피고인이었던 자에 대하여 그 재판에 소요된 '비용을 보상'하여야 한다(194의2①). 단, 보상의 배제사유가 있다(동②).[1] 비용보상의 범위는 피고인이었던 자 또는 그 변호인이었던 자가 공판준비 및 공판기일에 출석하는 데 소요된 여비 · 일당 · 숙박료와 변호인이었던 자에 대한 보수에 한한다(194의4①). 한편, 무죄로 확정된 피고인의 '구금'에 대한 보상만큼은 형사보상법에 의한다.

제 3 절 재판의 확정과 효력

Ⅰ. 재판의 확정

1. 의의

재판의 확정이란, 재판이 통상의 불복방법에 의해서는 더 이상 다툴 수 없게 되어 그 내용을 변경할 수 없게 된 상태를 말한다. 이러한 상태를 재판의 형식적 확정이라고 한다. 재판은 확정에 의하여 그 본래의 효력이 발생하는데, 이를 재판의 확정력이라 한다. 확정재판은 법적 안정성이 중시된다.

2. 재판확정의 시기

1) 불복신청이 허용되지 않는 재판 불복이 허용되지 않는 재판은 선고 또

1) 예컨대, 1. "피고인이었던 자가 수사 또는 재판을 그르칠 목적으로 거짓 자백을 하거나 다른 유죄의 증거를 만들어 기소된 것으로 인정된 경우"(대결 2024.9.10.자 2023모1766), 2. "1개의 재판으로써 경합범의 일부에 대하여 무죄판결이 확정되고 다른 부분에 대하여 유죄판결이 확정된 경우" 등.

는 고지와 동시에 확정된다. 예컨대, ㉠ 판결 전의 소송절차에 관한 결정(즉시항고가 가능한 경우 외에는 원칙적으로 항고불가: 403①), ㉡ 항고법원 · 고등법원의 결정(즉시항고가 가능한 경우를 제외), ㉢ 대법원의 결정 · 판결 등이다. "대법원판결은 그 선고로써 확정되는 것이고, 제400조 소정의 판결정정 신청기간을 기다릴 필요가 없다"(대결 1967.6.2.자 67초22). 판결의 정정(400 · 401)은 판결 내용의 오류를 바로잡는 제도에 불과하다.

2) 불복신청이 허용되는 재판 불복이 허용되는 재판은 불복신청기간(상소기간 등)의 경과, 불복신청(상소 등)의 포기 · 취하, 불복신청(상소 등) 기각재판의 확정 등에 의하여 확정된다. 즉, i) (기간 경과) 제1심과 항소심의 판결, 약식명령, 즉결심판은 재판을 선고 또는 고지받은 날로부터 7일, 즉시항고(405)의 경우(예: 항소기각결정 등)에는 7일을 경과하면 재판이 확정된다. 한편, 보통항고가 허용되는 결정은 항고기간에 제한이 없으므로, 결정을 취소하여도 실익이 없게 된 때 확정된다(404). ii) (포기 · 취하) 상소의 포기 · 취하(349), 약식명령 · 즉결심판의 경우에는 정식재판청구의 포기 · 취하에 의하여(454 · 즉심법14④) 재판이 확정된다(그 시점에서 확정. 즉, 포기 · 취하한 때). iii) (기각재판 확정) 제1심법원의 항소기각결정(360), 항소심법원의 상고기각결정(376②)은 즉시항고가 가능한데, 그 결정이 즉시항고기간의 경과로 확정되면 그 대상인 원재판이 확정된다.

Ⅱ. 재판확정의 효력: 확정력

1. 형식적 확정력

재판이 형식적으로 확정되면, 동일한 절차에서 소송관계인은 더 이상 다툴 수 없게 되고[불가쟁력], 법원에서도 재판내용을 더 이상 변경할 수 없게 된다[불가변력]. 이를 형식적 확정력이라고 한다. 형식적 확정력에 의하여 소송계속이 소멸한다. 이는 소송의 절차면에서의 효력이므로, 모든 재판에 대해 발생한다(종국재판 · 종국 전의 재판, 실체재판 · 형식재판을 불문). 재판의 형식적 확정력은 내용적 확정력의 전제가 된다.

재판이 확정되면 집행력이 발생한다(459).[1] 유죄판결인 경우에는 형벌집행권이 발생한다. 재판의 집행력은 실체재판 · 형식재판을 불문하고, 집행이 필요한

1) 가납명령은 예외적으로 확정 전에 집행력이 발생한다(334).

재판에서만 발생한다. 예컨대, 무죄판결은 집행력이 발생하지 않으나, 보석허가결정·구속취소결정·구속영장발부 등은 집행이 필요하다.

2. 내용적 확정력

1) **내용인 법률관계 확정** 재판이 형식적으로 확정되면 그 의사표시적 내용도 확정된다. 이를 재판의 내용적 확정이라 한다. 재판이 내용적으로 확정되면, 그 **판단내용에 따라 법률관계가 확정**된다. 이를 내용적 확정력(또는 실질적 확정력)이라 한다. 확정되는 내용은 실체적·절차적 법률관계를 불문한다. 형식재판에서도 의사표시의 **내용을 좇아서** 내용적 확정력이 발생한다.

그런데 유죄·무죄의 판결(실체재판)과 면소판결의 경우 그 내용이 확정되면 이에 따라 형벌권의 존부와 범위가 확정되는데, 이를 **실체적 확정력**이라 한다. 실체적 확정력이 발생하면 동일한 사건에 대해 재소(再訴)금지라는 특별한 효과가 발생한다. 이를 **일사부재리효력** 또는 기판력이라고 한다.

2) (후소에 대한) **대외적 효과** 재판이 확정되면 그 판단내용이 후소(後訴)법원을 구속하는 효력이 발생한다. 즉, 후소법원은 **동일한 사정 및 동일한 사항**에 대해 원래의 재판과 **다른 판단을 할 수 없다**. 이를 **내용적 구속력**이라고 한다. 다른 법원에 대한 효과라는 점에서, 내용적 확정력의 **대외적 효과**이다. 내용적 구속력은 실체재판·형식재판을 불문하고 발생한다.

> **[내용적 구속력]** (i) [형식재판에서의 내용적 구속력] 형식재판(관할위반의 판결, 공소기각의 판결이나 결정 등)이 확정되면, 후소법원은 **동일한 사정 및 동일한 사항**에 대해 다른 판단을 할 수 없다.[1] 다만 **재판오류**의 경우 그 구속력을 제한적으로 배제하는 것이 일반적인 견해이다. 즉, 재판내용의 오류가 명백하고 그것이 피고인의 적극적인 기망에 의한 경우에는 재소를 허용한다는 것이다.
>
> 반면, 형식재판에서의 내용적 구속력은 i) 동일한 사정을 전제로 하므로, <u>사정변경이 있는 경우에는 적용되지 않는다</u>. 예컨대, 친고죄에서 적법한 고소가 없음을 이유로 공소기각의 판결이 확정된 경우에, 적법한 고소가 없음에도 동일한 범죄사실에 대해 재차 후소가 제기되었더라도 실체판단을 할 수 없다. 그러나 유효한 <u>고소가 보완</u>되어 사정변경이 있는 경우에는 후소에서 실체판단에 나아갈 수 있다. ii) 또한 동일

---

1) 다만 그 작용의 의미에 대해 구속효설(모순금지)과 차단효설(반복금지)의 대립이 있다, 예컨대, 관할위반의 판결이 선고된 사건에 대해 다시 동일법원에 공소제기된 경우에, 구속효설에 따르면 다시 관할위반의 판결을 하게 되나, 차단효설에 따르면 '공소제기의 절차가 법률의 규정에 위반한 경우'(327 ii)로서 공소기각의 판결을 하게 된다. 차단효설이 일반적인 견해이다.

한 사항을 전제로 하므로, 전소(前訴)법원이 현실적으로 심판한 사실의 범위에 한해서만 적용된다. 예컨대, 폭행죄에 대해 처벌불원을 이유로 공소기각의 판결이 확정된 후 폭행치상의 범죄사실로 다시 공소를 제기하는 것은 허용되고, 후소법원은 폭행치상죄에 대해 실체판단을 할 수 있다.

(ii) [실체재판(유죄·무죄) 및 면소판결에서의 내용적 구속력] 유죄·무죄 및 면소판결이 확정되면 동일사건에 대해 후소법원의 심리차단이라는 특별한 효과, 즉 일사부재리효력이 발생한다. 이 경우 동일사건에 대한 후소가 일사부재리효력에 의하여 차단되므로, 내용적 구속력은 크게 문제되지 않는다.

그런데 피고인의 법적 지위의 안정성 보호를 위해서는, 실체재판에서도 내용적 구속력 개념을 인정하는 것이 '실질적으로' 동일한 사건에서 유용한 점이 있다. 즉, 피고인이 방화죄로 무죄의 확정판결을 받은 후 보험금청구를 하였는데, 검사가 나중에 피고인의 방화죄를 전제로 피고인을 다시 보험사기죄로 공소제기한 경우, 만일 후소법원이 방화사실을 인정하여 유죄판결한다면 이는 피고인의 법적 안정성 보호에 크게 반하는 결과가 된다. 이와 관련하여 판례는, 실체판결에서 내용적 구속력 개념을 희미하게나마 인정하는 듯한 모습을 보이기도 하였으나,[1] 사실상 부정설의 입장에 있다.[2] 즉, 실체재판의 경우에는 그 이후 동일사건의 후소법원에 대한 구속력은 재소금지, 즉 일사부재리효력의 문제로만 취급한다.

3. 확정력의 배제

재판의 확정력, 특히 일사부재리효력은 피고인의 법적 지위의 안정성을 보호하기 위한 것이다. 그러나 확정판결에 대해서도 특별한 이유가 있을 경우 예외적으로 확정력을 배제하는 **비상구제절차**가 있다.

[확정력의 배제] i) 상소권회복(345이하). 이는 재판의 확정 자체가 당사자, 특히 피고인의 이익을 부당하게 박탈하는 경우의 구제제도이다. ii) 재심(420). 이는 사실오인을 시정하여 유죄판결을 받은 자의 불이익을 구제하는 제도이다. iii) 비상상고(441). 이는 확정판결의 법령위반을 시정하여 법령해석의 통일을 기하기 위한 제도이다.

---

1) 대판 1986.9.23. 86감도152("감호요건인 범죄사실, 즉 본건의 상습절도 행위에 대하여 이미 유죄판결이 확정되었다면, 보호감호사건에서 그 절도범행이나 상습성은 다툴 수 없다").

2) 대판 2010.2.25. 2009도14263: 보험금을 수령할 목적으로 고의로 살해한 후 과실치사로 위장하여, 우선 '교통사고처리 특례법 위반죄'로 공소제기되어 유죄의 판결이 확정된 다음, 다시 고의 사고임을 전제로 한 '사기 및 사기미수죄'로 공소제기된 사안에서, "과실로 교통사고를 발생시켰다는 각 '교통사고처리 특례법 위반죄'와 고의로 교통사고를 낸 뒤 보험금을 청구하여 수령하거나 미수에 그쳤다는 '사기 및 사기미수죄'는 그 기본적 사실관계가 동일하다고 볼 수 없으므로, 위 전자에 관한 확정판결의 기판력이 후자에 미친다고 할 수 없다"고 한 사례.

Ⅲ. 기판력과 일사부재리 효력

1. 일사부재리원칙

헌법 제13조 제1항은, "모든 국민은 동일한 범죄에 대하여 거듭 처벌받지 아니한다"고 규정하고 있다. 이러한 일사부재리(ne bis in idem) 원칙은 헌법상의 객관적 가치질서로서 의미뿐만 아니라 피고인에게는 동일한 행위로 다시 처벌받지 않는 기본권의 의미를 갖는다. 여기에서 "거듭 처벌받지 아니한다"는 것은, 확정판결을 받은 사건에 대해 ㉠ 수사기관은 다시 수사를 전개할 수 없고, ㉡ 설령 수사하여 공소제기 하더라도 법원은 심리하지 않고 면소판결을 해야 한다는 것을 뜻한다(재소금지 내지 반복금지). 이 헌법조항은 하나의 범죄사건으로 형사절차에 이중으로 휘말려 들지 않도록 보장한다.

2. 기판력과 일사부재리 효력의 관계

1) 기판력의 본질　기판력은 전통적으로 '이미 판단된 사건(res judicata)의 효력'이라는 의미로 이해되어 왔으나, 현재 다양한 형태로 정의가 시도되고 있는 개념으로, 아직 통일된 개념정립이 없는 실정이다. 기판력의 본질에 대해, 특히 실체적 진실에 반하는 유죄판결이 확정된 경우 그 법적 효과에 대한 평가를 둘러싸고, 실체법설, 구체적 규범설, 소송법설, 신소송법설 등이 여러 이론이 전개되고 있다. 기판력은 실체 법률관계에 아무런 영향을 미치지 않는 확정판결 고유의 소송법적 효력으로, **후소법원의 실체심리를 차단하는 소송법적 효력**이라고 보는 소송법설이 통설이며, 타당한 견해이다.

2) 기판력과 일사부재리 효력의 관계　확정재판의 효력을 설명하는 양 개념의 관계에 대해 일치설, 구별설, 포함설이 대립하고 있다.

[학설] i) 일치설은 기판력과 일사부재리효력을 같은 개념이라고 보는 견해이다. 고유한 의미의 기판력이 재소금지의 효력으로 파악되는 경우 이는 일사부재리 효력과 동일하게 된다는 것이다. ii) 구별설은 기판력과 일사부재리 효력을 전혀 차원이 다른 별개의 개념이라고 보는 입장이다. 기판력은 재판의 내용적 확정력의 대외적 효과(내용적 구속력)를 의미하는 소송법적 개념임에 반해, 일사부재리 효력은 형사절차에 수반되는 피고인의 불안정한 상태를 제거하고자 하는 이중위험금지의 법리에서 유래하는 것으로, 기판력과는 관계가 없다는 것이다. iii) 포함설은, 기판력이 일사부재리 효력을 포함한다고 보는 견해이다. 즉, 기판력은 형식재판·실체재판을 불문하고 확정재판의 내

용적 확정력의 대외적 효과, 즉 후소에 대한 불가변경적 효력(즉, 내용적 구속력)으로 파악한다. 일사부재리 효력은 내용적 확정력의 대외적 효과라는 점에서 기판력과 같다. 따라서 기판력은 내용적 구속력과 일사부재리 효력을 포함하는 개념이라는 것이다.

헌법적 형사소송의 관점에서 일치설보다는 **포함설**이 타당하다(즉, '일사부재리 효력은 기판력의 내용에 포함된다.' '일사부재리 효력은 좁은 의미의 기판력과 같은 개념이다.').[1] 일사부재리효력은 기판력의 내용이 되는 동시에, 이중위험금지 원칙을 실현하는 피고인보호 장치가 된다. 다만, 미국의 이중위험의 법리는, 배심재판을 전제로 한 것으로, 기소가 행해져 증거조사에 들어가면 판결에 이르지 않더라도 위험은 이미 있었던 것이 되나, 우리의 법제에서 일반적 이해는, 동일사건에서는 소송절차의 개시부터 종료에 이르기까지 하나의 계속된 상태로서 하나의 위험이 있을 뿐이라는 차이가 있다.

[피고인보호] 영미법의 이중위험금지원칙도 피고인보호를 도모하는 점에서, 기판력과 무관한 것은 아니며 본질적인 공통점이 있다. 그리고 일사부재리 원칙은 확정재판의 효력('이미 판단'의 효력)이지만 그 범위에서는 정책적 요소가 반영된 것('잠재적 부분' 내지 '이중위험'의 방지)이기도 하다. 개념상으로 일사부재리 효력 이외에 내용적 구속력까지 기판력의 개념에 포함시키는 것이 '실질적' 동일사건에서도 피고인의 법적 지위의 안정성을 보호하는 헌법상 일사부재리 원칙을 구현하는 유용한 수단이 될 수 있다.

Ⅳ. 일사부재리 효력(협의의 기판력)

1. 일사부재리 효력이 발생하는 재판(전소)

일사부재리 효력이란 '동일한 사건에 대해 다시 심리·판단할 수 없다'는 효력으로, 실체판결(유죄·무죄)이나 면소판결이 확정되면 발생한다. 좁은 의미의 '기판력'은 바로 일사부재리효력을 의미한다.

1) **실체재판**(유죄·무죄) 유죄·무죄의 확정재판은 물론이고, ㉠ 약식명령

---

1) 민사소송에서 기판력의 (후소에 대한) 작용은, ㉠ 전소의 소송물과 같은 후소를 제기한 때(소송물의 동일), ㉡ 전소의 소송물에 관한 판단이 후소의 선결문제가 된 때(후소의 선결관계), ㉢ 모순관계에 있는 때(모순관계)에는, 후소에서 전소의 판단과 다른 주장을 허용하지 않는 작용이다. 포함설의 입장에서 형사소송의 실체재판을 대비해 보면, ㉠ 소송물의 동일은, 일사부재리 효력이 미치는 범위와 일치하고, ㉡ 후소의 선결관계는, 내용적 구속력이 작용하는 범위에 해당한다. 다만 형사소송의 특성상 ㉢ 모순관계는 문제될 여지가 거의 없다.

(457)·즉결심판(즉심법16)도 확정되면, 유죄판결과 동일한 효력이 있으므로 일사부재리효력이 발생한다(대판 1990.3.9. 89도1046). ㉡ 경범죄처벌법(동법8③)과 도로교통법(동법164③)은 일정한 범칙행위로 통고처분을 받은 자가 범칙금을 납부한 경우('즉결심판형' 통고처분)에, 그 범칙금 납부자는 "그 범칙행위에 대하여 다시 벌받지 아니한다"고 규정하고 있다.[1] 입법론상 재고의 여지는 있지만, 이는 "확정재판의 효력에 준하는 효력을 인정하는 취지"이므로, 일사부재리 효력이 발생한다(대판 1986.2.25. 85도2664; 2003.7.11. 2002도2642).[2] 다만, 그 효력이 제한된다는 점은 주의를 요한다. 즉, "(통고처분에 의한 범칙금납부의 효력은) 범칙금통고의 이유에 기재된 당해 범칙행위 자체 및 그 범칙행위와 동일성이 인정되는 범칙행위에 한정된다. 범칙행위와 같은 때, 같은 곳에서 이루어진 행위라도, (규범적 요소를 고려하여) 범칙행위의 동일성을 벗어난 '형사범죄'행위에 대하여는 일사부재리의 효력이 미치지 아니한다"(대판 2007.4.12. 2006도4322; 2012.9.13. 2012도6612[3])). 이는 기본적 사

---

1) 조세범처벌절차법상 통고처분의 경우도 같다. "통고처분을 받은 자가 통고대로 이행하였을 때에는 동일한 사건에 대하여 다시 조세범칙조사를 받거나 처벌받지 아니한다"(동법15③). 이를 '전속고발형' 통고처분이라 한다.

2) [★ 경범죄처벌법상 범칙금제도] 첫째, 형사절차에 앞서 경찰서장의 통고처분에 따라 범칙금을 납부할 경우 이를 납부하는 사람에 대하여는 기소를 하지 않는 특례를 마련하고 있다. 따라서 통고처분을 받은 자가 '범칙금을 납부한 경우'에 그 범칙행위에 대해 다시 공소제기하였다면, 이처럼 면소판결이 선고된다.

둘째, 범칙자가 통고처분을 불이행하여 범칙금을 납부하지 않은 경우에는 기소독점주의의 예외를 인정하여 경찰서장의 즉결심판청구를 통하여 공판절차를 거치지 않고 사건을 간이하게 처리하되, 즉결심판 선고 전까지 범칙금을 납부하면 형사처벌을 면제받을 기회를 부여하고 있다.

경찰서장이 범칙행위에 대해 통고처분을 한 이상, 범칙자의 위와 같은 절차적 지위를 보장하기 위하여, ㉠ 통고처분에서 정한 범칙금 납부기간까지는 원칙적으로 경찰서장은 즉결심판을 청구할 수 없고, 이미 한 통고처분을 임의로 취소할 수 없으며, 검사도 동일한 범칙행위에 대하여 공소를 제기할 수 없다(대판 2020.4.29. 2017도13409; 2023.3.16. 2023도751). 만일 "'범칙금 납부기간의 경과 전에' 검사가 공소제기하였다면, 이는 '공소제기의 절차가 법률의 규정에 위반되어 무효인 때'(형소327ii)에 해당하여 공소기각(판결)을 한다"(위 2017도13409). ㉡ 또한, 범칙자가 범칙금 납부기간이 지나도록 범칙금을 납부하지 아니하였다면, 경찰서장은 즉결심판을 청구하여야 하고, 검사는 동일한 범칙행위에 대하여 공소를 제기할 수 없다. 만일 검사가 공소를 제기하였다면 형사소송법 제327조 제2호에 따라 공소기각 판결을 하여야 한다(주의할 것).

예컨대, 피고인이 범칙금을 납부하였다가 면허벌점을 받는 것이 부당하다는 이유로 돌려받자, 경찰은 피고인의 범칙금 미납을 이유로 즉결심판을 청구하였으나 법원이 기각하였고, 이후 사건을 송치받은 검사가 도로교통법 위반으로 약식기소를 한 경우에, 피고인은 통고처분의 대상인 '범칙자'에 해당하고, 이미 납부한 범칙금을 회수한 후 범칙금을 납부하지 아니한 결과 후속절차가 진행되어 공소제기에 이르렀으므로, 그 공소제기 절차는 적법하다(대판 2024.10.31. 2024도8903).

3) 대판 2012.9.13, 2012도6612(피고인이 경범죄처벌법상 '음주소란' 범칙행위로 범칙금 통고처분을 받아 이를 납부하였는데, 이와 근접한 일시·장소에서 위험한 물건인 과도를 들고 피해자

실관계가 동일하더라도 규범적 요소를 적극 고려한다는 판례의 입장에 따른 결과이다. ㉢ 당연무효의 판결이라도 피고인보호의 취지상 일사부재리 효력이 발생한다(통설).

반면, 일사부재리 효력이 발생하지 않는 대표적인 예로는, ㉠ 행정법상 징계처분, 행정벌인 **과태료**부과처분(대판 1996.4.12. 96도158), 행형법상 징벌(대판 2000.10.27. 2000도3874) 또는 검사의 **무혐의처분**(대판 1988.3.22. 87도2678) 등이 있다. 이들은 모두 형사재판이 아니다. ㉡ 동일범죄에 대한 **외국의 형사확정판결**(대판 1983.10.25. 83도2366)은 일사부재리 효력이 발생하지 않는다. ㉢ 전자감시제도 등 **보안처분**은 형벌에 관한 일사부재리의 원칙이 적용되지 않는다(대판 2012.3.22. 2011도15057). ㉣ 소년부판사가 보호처분을 할 수 없거나 할 필요가 없다고 인정하는 경우 행하는 **불처분결정**에 대해서는 다시 공소제기가 허용된다. (소년법상 불처분결정에 대해서는) 다시 공소제기할 수 없다는 식의 규정도 없다.[1)]

한편, ㉤ **소년법상 보호처분**도 일사부재리 효력과 관계 없다. 다만, '다시 공소를 제기할 수 없다'(동법53)라고만 규정되어 있는데, "소년보호처분을 받은 사건과 동일(상습죄등 포괄일죄 포함)한 사건에 대하여 다시 공소제기가 되었다면, 면소판결을 할 것이 아니라, 공소제기의 절차가 법률의 규정에 위배하여 무효인 때이므로 공소기각의 판결(327 ii)을 한다"(대판 1985.5.28. 85도21)[**공소기각설**]. ㉥ 가정폭력범죄의 처벌 등에 관한 특례법상 **가정보호처분**(동법16)도 '다시 공소를 제기할 수 없다'는 문언에 비추어, 마찬가지로 "공소기각의 판결(327 ii)을 한다"(대판 2017.8.23. 2016도5423: 공소기각설).

2) 면소판결 면소판결은 형식재판이지만 일사부재리 효력이 발생한다.[2)] 면소판결의 일사부재리 효력의 인정은 **공소기각·관할위반**의 재판과는 크게 구별되는 면소판결만의 특징이다. 이는 면소사유가 단순한 절차상 하자가 아니라 사후적으로도 보완될 수 없는 중대한 내용상의 하자이기 때문이다('소송추행의 이

를 쫓아가며 "죽여버린다"고 소리쳐 협박하였다는 내용의 폭처법 위반으로 기소된 사안에서, 범칙행위인 '음주소란'과 공소사실인 '흉기휴대협박행위'는 기본적 사실관계가 동일하다고 볼 수 없다는 이유로, 범칙금 납부의 효력이 공소사실에 미치지 않는다고 한 사례).

1) 소년법상 불처분결정에 대해서는 기소 제한 규정이 없을 뿐만 아니라, 오히려 불처분결정이 확정된 때부터 공소시효가 진행된다고 규정하고 있다(동법17①). 그 결과 불처분결정이 확정된 후에 (검사가 동일한 범죄사실에 대하여 다시 공소를 제기하였다거나, 법원이 유죄판결을 선고하였더라도) 일사부재리의 원칙에 위배되는 것이 아니다(위 2016도5423).

2) 즉, "(면소사유인 제326조 제1호의) 확정판결에는 유죄판결과 무죄의 판결 및 면소의 판결 등이 모두 포함되는 것"이다(대판 1992.2.11. 91도2536).

익' 내지 '실체형성의 이익' 흠결), 즉, 면소판결은 국가형벌권의 부존재에 대한 최종적 판단이라는 특성이 있다[공소의 면제].

2. 일사부재리효력이 작용하는 범위(후소)

(1) 주관적 범위

일사부재리 효력의 주관적 범위는 (전소의) 공소제기 효력의 주관적 범위와 일치한다. 즉, **공소가 제기된 피고인**(=확정판결을 받은 피고인)**에게만** 일사부재리 효력이 미친다. 공소는 검사가 피고인으로 지정한 이외의 다른 사람에게는 효력이 미치지 않는다(248①). 공동피고인의 1인에 대한 판결의 효력은 다른 공동피고인에게 미치지 않고, 공범 중 1인에 대한 판결의 효력은 다른 공범자에게 미치지 않는다.[1]

(2) 객관적 범위

일사부재리 효력은 확정재판의 범죄사실과 **동일성이 인정되는 모든 사실**(=잠재적 심판대상)에 미친다(통설). 그런데 판례는, "공소사실이나 범죄사실의 동일성 여부는 사실의 동일성이 갖는 법률적 기능을 염두에 두고 피고인의 행위와 사회적인 사실관계를 기본으로 하되 **규범적 요소도** 고려하여 판단하여야 한다"(대판 2011.6.30. 2011도1651)는 수정된 입장이다['규범적 사실동일설'].

1) 확정재판의 범죄사실과 '동일성'이 있는 범죄 심판대상에 관한 이원설(통설)에 따르면, 일사부재리 효력은 법원의 현실적 심판대상인 공소사실은 물론, 그 공소사실과 단일하고 동일한 관계에 있는 사실의 전부, 즉 **잠재적 심판대상에까지** 미친다.[2] 즉, 일사부재리 효력의 객관적 범위는 공소제기 효력의 객관적 범위와 일치한다. 여기서 범죄사실의 동일성에 대한 판단기준은 공소사실의 동일성에 대한 판단기준과 동일하다(기본적 사실관계동일설). **죄수론과 반드시 일치하는 것은 아니지만**, 죄수론의 개념은 대부분 유용하다.

일응 [죄수관계]를 중심으로 보면, i) **상상적 경합관계**에 있는 수죄 중 1죄

---

1) 성명모용에서는 모용자만 피고인이 되고, 위장출석에서는 위장출석자도 형식적 피고인이 된다.

2) 공소사실과 동일성이 인정되는 범위까지 일사부재리 효력이 미치는 근거는 다음과 같다. ㉠ 공소제기효력은 공소사실뿐만 아니라 그와 동일성이 있는 범죄사실 전부에 대해서 미친다(248②). ㉡ 피고인의 법적 지위의 안정성과 피고인보호를 위해 이중위험을 금지하고자 하는 일사부재리 원칙의 취지에 비추어 정책적인 이유에서 공소사실과 동일성이 인정되는 범위에서는 위험이 미친다. ㉢ 헌법 제13조 제1항의 '동일한 범죄'는 공소사실과 동일성이 인정되는 범죄 전체를 가리키는 것으로 보아야 한다.

에 대한 확정판결의 일사부재리 효력(=기판력)은 **나머지 죄에 대해서도** 미친다. 행위가 1개이므로 소송법상 하나의 사건으로 취급되기 때문이다. 예컨대, ㉠ 업무방해죄와 명예훼손죄 상호간(대판 2007.2.23. 2005도10233), ㉡ 동일인 대출한도를 초과한 대출로 인한 상호저축은행법위반죄와 업무상배임죄(대판 2011.2.24. 2010도13801), ㉢ 사문서위조·행사죄와 업무상배임죄(대판 2009.4.9. 2008도5634) 등은 상상적 경합관계에 있다. ii) **포괄1죄**의 일부에 대한 확정판결의 기판력은 포괄1죄의 **나머지 전부에 대해서도** 미친다(원칙). 예컨대, ㉠ 무면허의료행위로 인한 의료법위반죄(대판 1983.6.14. 83도939), ㉡ 음주운전으로 1차 사고 야기 후 그대로 진행하여 2차 사고를 야기한 경우 도교법위반(음주운전)죄(대판 2007.7.26. 2007도4404), ㉢ 상습폭력행위로 인한 구 폭처법위반(상습공갈등)죄(대판 1976.11.23. 76도3286), ㉣ 선서한 증인이 같은 기일에 여러 사실을 위증한 경우의 위증죄(대판 1998.4.14. 97도3340) 등은 포괄1죄의 관계에 있다. iii) 따라서 "포괄1죄 관계인 범행의 일부(=ⓐ죄의 일부)에 대하여 판결이 확정되거나 약식명령이 확정된 경우 그 기판력은, 그 이전에 이루어진 '포괄1죄의 일부'(=ⓐ죄의 일부)뿐만 아니라 그와 '상상적 경합관계에 있는 다른 죄'(=ⓑ죄)에 대하여도 미친다"(대판 2023.6.29. 2020도3705). iv) 반면, **실체적 경합관계**에 있는 수죄 중 일부에 대한 확정판결의 기판력은 나머지 죄에 대해서는 미치지 않는다(수죄).

2) 판례상 제한①: 규범적 요소 판례는 동일성 판단에서 사회적 사실관계를 기본으로 하되 **규범적 요소**도 고려하는 수정된 입장으로 굳어져 있다(사실적·규범적 사건개념). 즉, "두 죄의 기본적 사실관계가 동일한가의 여부는 순수하게 사회적·전법률적 관점에서만 파악할 수는 없고, 자연적·사회적 사실관계의 동일성 외에 **규범적 요소**도 기본적 사실관계의 동일성의 실질적 내용을 이루는 것으로 보아야 한다"(대판 1994.3.22. 93도2080 전합)고 한다. 그리고 **피해법익·죄질에 '현저한' 차이**가 있으면 동일성은 없게 된다.[1] 일응 [죄명]을 중심으로 정리하면, 다음과 같다.

i) (별개 사건) 규범적 요소를 고려하여 서로 '동일성'이 '없는' 경우로는, ㉠ 과실범인 교통사고처리특례법위반죄와 (고의살인을 전제로 한) 고의범인 보험사기죄(대판 2010.2.25. 2009도14263), ㉡ 장물취득죄와 강도상해죄(위 93도2080), ㉢ 도교법상 범칙행위(안전운전의무 위반)와 중앙선침범으로 인한 교특법위반죄(대판 2002.

1) 상상적 경합범에서는 이러한 규범적 요소에 의한 판례상 제한이 발견되지 않는다. 행위단일성이 명백한 경우이기 때문인 듯하다.

11.22. 2001도849; 2007.4.12. 2006도4322), ㉣ 경범죄처벌법상 범칙행위와 형사범죄, 즉 범칙행위(인근소란)와 중상해죄(대판 2012.9.13. 2011도6911), 범칙행위(음주소란)와 폭처법위반(흉기휴대협박)죄(대판 2012.9.13. 2012도6612), 범칙행위(음주소란)와 공무집행방해죄(대판 2012.6.14. 2011도6858) 등이다. 이들 상호간에는 '동일성'이 없으므로, 일사부재리 효력이 미치지 않는다.

ii) (동일사건) 반면, 규범적 요소를 고려하더라도 ㉠ 장물취득죄와 특수절도죄, ㉡ 합동절도죄와 장물운반죄(대판 1999.5.14. 98도1438) 등은 '동일성'이 있고, 상호간에 확정판결의 기판력이 미친다.

[통설] 그러나 기본적 사실동일 여부의 판단에는 피해법익 · 죄질과 같은 규범적 요소를 고려해서는 안 된다. 규범적 요소를 고려하여 일사부재리 효력의 범위를 제한하는 입장은 헌법 제13조 제1항의 이중위험금지 원칙을 위태롭게 할 염려가 있기 때문이다.

3) 판례상 제한②: 상습범(전소에서 상습범으로 처단) 판례는 포괄일죄의 기판력이 지나치게 확대되는 것을 방지하기 위하여, 상습범의 경우에서 일사부재리 효력의 요건으로 "확정판결(전소)에서 당해 피고인이 상습범으로 기소되어 처단되었을 것"을 요구한다(대판 2004.9.16, 2001도3206 전합).[1] 단순범죄(상습범 아닌 기본 구성요건의 범죄)로 처단되는 데 그친 경우에는, 후소의 공소사실이 동종의 범죄로서 상습범의 포괄일죄로 판단되더라도, 단순범죄(내지 기본범죄)로 처벌된 확정판결의 기판력이 후소에는 미치지 않게 된다. 전소의 확정판결이 단순범죄(내지 기본범죄)의 판결이라면, 이는 상습범의 일부에 대한 판결로 보기 어렵다는 점에서, 대체로 불가피한 판례변경으로 평가받고 있다.

[확대적용] 그런데 이와 같이 그 확정된 사건 자체의 '범죄사실과 죄명을 기준으로' 확정판결의 기판력의 범위를 정하는 원칙은, 조세범처벌법 제10조 제3항 위반죄로 처단되는 데 그친 경우에도 마찬가지로 적용된다(대판 2015.6.23. 2015도2207).[2]

---

1) 그 논거는 이러하다. "① 확정판결의 기판력이 미치는 범위를 정함에 있어서는 그 확정된 사건 자체의 범죄사실과 죄명을 기준으로 하는 것이 원칙이고, ② 비상습범으로 기소되어 판결이 확정된 이상 그 사건의 범죄사실이 상습범 아닌 기본 구성요건의 범죄라는 점에 관하여 이미 기판력이 발생하였다고 보아야 할 것이며, ③ 뒤에 드러난 다른 범죄사실이나 그 밖의 사정을 부가하여 전의 확정판결의 효력을 검사의 기소내용보다 무거운 범죄유형인 상습범에 대한 판결로 바꾸어 적용하는 것은 형사소송의 기본원칙에 비추어 적절하지 않기 때문이다."

2) "확정판결의 기판력이 미치는 범위는 확정된 사건 자체의 범죄사실과 죄명을 기준으로 정하는 것이 원칙이므로, 그 전의 확정판결에서 조세범 처벌법 제10조 제3항 각 호의 위반죄로 처단되는 데 그친 경우에는, 확정된 사건 자체의 범죄사실이 뒤에 공소가 제기된 사건과 종합하여

(3) 시간적 범위

확정판결 전후에 걸쳐 계속범 · 상습범 · 영업범 등 포괄1죄의 범행이 행해진 경우에 어느 시점까지 일사부재리 효력이 미치는가의 문제이다. 일사부재리 효력의 시간적 한계는 '사실심리가 가능한 최후시점'을 표준으로 한다. 그 시점에 대해 변론종결시설, 판결선고시설(통설 · 판례), 판결확정시설이 대립한다. i) **판결은 '선고시'가 기준**이다(대판 1983.4.26. 82도2829). 그 근거로는 현행법이 변론재개를 허용하고 있기 때문(305)이라는 설명이 일반적이나, 정확하게 말하면, 형사재판에서 사실심리의 가능성이 있는 최후시점은, 민사와 달리 판결의 '선고시'이기 때문이다.[1] 항소된 경우 그 시점은 현행 항소심의 구조에 비추어 '항소심 판결선고시'이고,[2] 항소이유서 미제출을 이유로 항소기각의 결정이 있었던 경우라면 그 시점은 '항소기각결정시'이다(대판 1993.5.25. 93도836).[3] 이는 형사항소심의 구조가 기본적으로 속심(이른바 '사후심적 속심')으로 이해되고 있기 때문이다. ii) **약식명령은 '발령시'가 기준**이다(대판 1984.7.24. 84도1129).[4] 약식명령에서 사실심리가 가능한 최후시점은 약식명령의 '발령시'이다('고지시' 내지 '송달시'가 아님).

특가법 제8조의2 제1항 위반(허위세금계산서교부등)의 포괄일죄로 판단된다 하더라도, 뒤늦게 앞서의 확정판결을 포괄일죄의 일부에 대한 확정판결이라고 보아 기판력이 사실심판결 선고 전의 법률조항 위반 범죄사실에 미친다고 볼 수 없다"(대판 2015.6.23. 2015도2207).

한편 특가법 제5조의4 제5항에 관한 대판 2008.11.27. 2008도7270도 참조.

1) **[민사소송과의 차이]** 민사소송에서는 사실심리가 가능한 최후시점이 변론종결시이나, 형사재판에서는 변론종결시가 아니라 판결선고시이다. ㉠ 그 이유는 민사소송에서 '변론기일'과 '선고기일'이 엄격히 구분되고, 선고기일에 변론재개하더라도 선고기일에서의 변론은 불가능하며 별도로 변론기일을 지정하여야 하는 것과 달리, 형사재판에서는 변론기일과 선고기일의 구분 없이 오직 '공판기일' 하나만이 있을 뿐이고, 공판기일에 변론만 하거나, 선고만 하거나, 변론 및 선고를 함께 할 수도(**즉일선고의 원칙**) 있기 때문이다. 즉, '선고를 위한' 공판기일에 변론재개하여 그 기일을 '변론을 위한' 공판기일로 활용하여 변론하는 것이 얼마든지 가능하다는 특수성이 있다. ㉡ 그 결과 민사판결서에는 판결선고일자 외에 변론종결일자도 기재하나, 형사판결서에는 변론종결일자의 기재 없이 오직 판결선고일자만 기재한다.

2) "기판력의 기준시점은 사실심리의 가능성이 있는 최후의 시점인 판결선고시라고 할 것이나, 항소된 경우 그 시점은 현행 항소심의 구조에 비추어 **항소심 판결선고시**라고 함이 타당하고, 그것은 파기자판한 경우이든 항소기각된 경우든 다를 바가 없다."(위 82도2829).

3) "항소이유서를 제출하지 아니하여 결정으로 항소가 기각된 경우에도 제361조의4 제1항에 의하면 판결에 영향을 미친 사실오인이 있는 등 직권조사사유가 있으면 항소법원이 직권으로 심판하여 제1심 판결을 파기하고 다시 판결할 수도 있으므로 사실심리의 가능성이 있는 최후시점은 **항소기각 결정시**라고 보는 것이 옳다."

4) "판결절차 아닌 약식명령은 그 고지를 검사와 피고인에 대한 재판서 송달로써 하고 따로 선고하지 않으므로, 약식명령에 관하여는 그 기판력의 시적 범위를 약식명령의 송달시를 기준으로 할 것인가 또는 그 발령시를 기준으로 할 것인지 이론의 여지가 있으나, 그 기판력의 시적 범위를 판결절차와 달리 하여야 할 이유가 없으므로, 그 **발령시**를 기준으로 하여야 한다."

3. 포괄1죄와 일사부재리 효력

확정판결의 범죄가 후소와 동종(同種)범죄(포괄1죄)인 경우와 이종(異種)범죄인 경우를 구분하여 설명한 다음, 상습범의 특별취급에 대해서도 설명한다.

(1) 전소가 동종범죄 또는 이종범죄인 경우의 구별

1) 동종범죄(포괄1죄)의 확정판결 예컨대, 영업범은 집합범의 일종으로서 일정한 기간 동안 같은 장소에서 계속적으로 반복된 수개의 행위는 포괄적으로 1개의 범죄를 구성한다(위 2005도5665).

i) [표준시 이전 범행은 면소, 그 후 범행은 별개의 포괄1죄] 포괄일죄의 범행 일부에 관하여 약식명령이 확정된 경우, **약식명령의 발령시를 기준으로**(판결은 '선고시'를 기준) **그 전의 범행에 대하여는 면소의 판결을, 그 이후의 범행에 대하여서만** (포괄하여) **1개의 범죄로 처벌한다**(대판 1994.8.9. 94도1318). 주의할 점은, 표준시의 날을 포함하여 그날까지 면소한다는 것이다. 즉, 확정판결의 경우에는 선고일(자)**까지**, 확정된 약식명령의 경우에는 **발령일**(자)**까지** 기판력이 미치고(면소), **그 익일부터** 별개의 범죄로 취급하는 것이 기소와 재판의 실무이다(대판 2012.10.11. 2011도17404; 2017.4.28. 2016도21342).

ii) [분단효과와 경합범 관계] 선고일까지의 범죄사실과 익일부터의 범죄사실은, 그 사이에 끼어 있는 확정판결(*)에 의하여 일죄성이 분단되고, 서로 **경합범 관계에 있게 된다**. 즉, "실체법상 포괄일죄의 관계에 있는 일련의 범행 중간에 '동종의 죄'에 관한 확정판결이 있는 경우에는, 확정판결로 전후 범죄사실이 나뉘어져, 원래 하나의 범죄로 포괄될 수 있었던 일련의 범행은 확정판결의 전후로 '분리'된다. 사실심판결 선고시 이후의 범죄는 확정판결의 기판력이 미치지 않으므로, 설령 확정판결 전의 범죄와 포괄일죄의 관계에 있다고 하더라도, **별개의 독립적인 범죄가 된다**"(대판 2017.5.17. 2017도3373)는 것이다.[1] 단, 그렇다고 하여 **실제로 경합범이 되는 것은 아니다.** 양자 사이에는 형법 제37조 전단의 동시적 경합범이 되는 것도 아니며, 그렇다고 하여 제37조 후단의 사후적 경합범이 되는 것도 아니기 때문이다.[2] 즉, "'확정판결 전에 저지른 범죄'와 '확정판결 후에 저지른 범죄'는 범

1) [주거침입죄(=계속범)의 분단효과] 대판 2008.5.8. 2007도11322 ("다른 사람의 주택에 무단 침입한 범죄사실로 이미 유죄판결을 받은 사람이 판결 확정 후에도 퇴거하지 않은 채 계속하여 당해 주택에 거주한 경우, 판결확정 이후의 행위는 별도의 주거침입죄를 구성한다").

2) 포괄1죄에서 이러한 분단효과는 순전히 소송법적 효과이다. 민사소송에서도 다를 바 없는데, 예컨대, 확정판결 전후의 계속된 불법점유로 인한 부당이득반환청구 소송에서 (대개는 장래의

죄가 서로 겹쳐 있는 경우이기는 하나, 이는 형법 제37조에서 말하는 (전단·후단의) 경합범 관계에 있는 것이 아니다."(대판 1970.12.22. 70도2271).

iii) [분단효과와 공소장변경 여부] 그 결과 후소에서 '표준시 이전의 범죄사실만'이 기소된 상태라면 '표준시 후의 범죄사실'을 추가하는 내용의 공소장변경은 허용되지 않는다. 분단에 의하여 동일성 없는 별개의 범죄가 되기 때문이다. 즉, "포괄일죄인 영업범에서 공소제기의 효력은 공소가 제기된 범죄사실과 동일성이 인정되는 범죄사실의 전체에 미치므로, '공판심리 중에 그 범죄사실'(㉮부분)과 동일성이 인정되는 범죄사실(㉯부분)이 추가로 발견된 경우에 검사는 공소장변경절차에 의하여 그 범죄사실(㉯)을 공소사실로 추가할 수 있다. 그러나 '공소제기된 범죄사실'(㉮부분)과 '추가로 발견된 범죄사실'(㉯부분) **사이에** 그 범죄사실들과 동일성이 인정되는 또 다른 범죄사실에 대한 **유죄의 확정판결**(*)이 있는 때에는, 추가로 발견된 확정판결 후의 범죄사실(㉯부분)은 공소제기된 범죄사실(㉮부분)과 **분단되어 동일성이 없는 별개의 범죄**가 된다. 따라서 (확정판결의 표준시 이전의 범죄사실, 즉 ㉮부분에 대해서만 공소제기한 경우에는) 이때 검사는 **공소장변경절차에 의하여 확정판결 후의 범죄사실**(㉯부분)**을 공소사실로 추가할 수는 없고** 별개의 독립된 범죄로 공소를 제기하여야 한다"(대판 2017.4.28. 2016도21342).

2) 이종범죄의 확정판결 이와 달리 "포괄일죄로 되는 개개의 범죄행위가 다른 종류의 죄의 확정판결의 전후에 걸쳐서 행하여진 경우에는, 그 죄는 **2죄로 분리되지 않고** 확정판결 후인 **최종의 범죄행위시에 완성**되는 것이다"(대판 2003.8.22. 2002도5341). 즉, "포괄일죄는 **그 중간에 별종의 범죄**에 대한 확정판결이 끼어 있어도 그 때문에 포괄적 범죄가 둘로 나뉘는 것은 아니고, 확정판결 후의 범죄로서 다룬다"(대판 2002.7.12. 2002도2029). 선행사건과 후행사건이 이종범죄(별종범죄)라는 것은 서로 경합범관계에 있다는 것인데, 실체적 경합범의 경우 그 수죄 중 일부에 대한 확정판결의 기판력은 나머지 죄에 대해서는 미치지 않기 때문이다.

[판례사례] [포괄1죄와 일사부재리 효력] (동종범죄의 확정판결)

[판례사례] i) [식품위생법위반: 미신고영업(위 2016도21342)] 피고인은 2016. 1. 27. 법원에서 '2015. 1. 20.부터 2015. 9. 21.까지 ○○분식에서 미신고영업행위를 하

이행의 소를 병합 청구하는 것이 일반적이지만, 그렇지 않을 경우에) 기판력은 '표준시'까지 미치며, (분단효과로) 표준시 이후의 불법점유에 대해서는 별도의 후소가 가능하다.
한편, 이러한 분단효과를 판결선고에 의한 '범의의 갱신 효과'로 설명하는 견해도 있으나, 피고인 불출석 재판의 경우에는 범의의 갱신을 인정할 여지가 없다는 점에서, 동의하기 어렵다.

였다'는 내용의 식품위생법위반죄로 벌금 50만원의 약식명령을 받아 그 무렵 확정되었다(전소). 그 후 검사가 별도로 ① 피고인이 '2015. 1. 20.부터 2016. 1. 7.까지'(=㉠부분) 같은 장소에서 같은 행위를 하였다는 내용으로 공소제기하였다(후소). 확정된 위 약식명령의 효력은 위 ㉠부분의 공소사실에 대하여도 미치므로, 면소판결을 선고하여야 한다. ② 이때 검사가 공소장 기재 범죄사실의 범행일자를 '2015. 1. 20.부터 2016. 1. 7.까지'(=㉠부분)에서 '2016. 1. 28.부터 2016. 8. 18.까지'(=㉡부분)로 변경하는 내용의 공소장변경허가신청을 하였다. ㉡부분은 위 약식명령 확정 후에 관한 것으로서, 처음 공소제기된 범죄사실(=㉠부분)과 동일성이 없는 별개의 범죄이다. 따라서 검사는 ㉡부분에 관하여 별도로 공소를 제기하여야 하고, 공소장변경절차에 의하여 범죄사실의 범행일자를 ㉡부분으로 변경하거나 ㉡부분을 추가할 수는 없다.

ii) [병역법위반: 복무이탈(대판 2011.3.10. 2010도9317)] 공익근무요원인 피고인은 2009. 5. 8. 법원에서 '2008. 12. 9.경부터 2008. 12. 18.경까지 통산 8일간 복무이탈하였다'는 내용의 병역법위반죄로 유죄판결을 선고받아 2009. 5. 16. 확정되었다(전소). 그 후 검사가 피고인이 '2009. 1. 13.부터 2009. 1. 15.까지 3일간'(=㉠부분), '2009. 9. 17.부터 2009. 9. 21.까지 3일간 및 2009. 9. 23.부터 2009. 9. 24.까지 2일간'(=㉡부분) 무단결근함으로써 통산 8일 이상의 기간 동안 복무이탈하였다는 내용으로 공소제기하였다(후소). 판결이 확정된 전소의 범죄사실은 이 사건 공소사실과 동종의 범행이므로, 판결 확정 전에 범한 ㉠부분에 대해서는 면소를 선고하고, 나머지 ㉡부분에 대해서는 통산 5일간 복무이탈 범행만으로는 통산 8일 이상 복무이탈에 해당하지 아니하여 범죄로 되지 아니하는 때에 해당하므로 제325조 전단에 의하여 무죄를 선고하여야 한다.

포괄1죄		비교	상습범의 특별취급	
전소(前訴)	후소에 대한 효과		전소(前訴)	후소에 대한 효과
동종범죄	❶ 표준시 이전 면소 ❷ 분단효과 및 경합범관계 ❸ 공소장변경 × (△)	=	상습범으로 처단	(좌동) 포괄1죄의 동종범죄와 동일
별종범죄	❶ 면소 × 최종행위시 기수 ❷ 분단효과 × ❸ 공소장변경 ○	=	단순범죄로 처단	(좌동) 포괄1죄의 별종범죄와 동일

(2) 상습범의 특별취급

흔히 문제되는 상습범은 상습절도, 상습사기, 상습도박 등이다. 동종범죄(포괄1죄)의 확정판결과 같은 일사부재리 효력이 인정되려면, 선행사건(전소)이 "상습범으로 기소되어 처단되었을 것"을 요구한다(위 2001도3206 전합). 상습범죄가 아닌 기본범죄의 확정판결이라면 이는 무거운 범죄유형인 상습범의 일부에 대한 판결로 볼 수는 없기 때문이다.

1) 전소에서 상습범으로 처단 선행사건이 '상습범'으로 처단되었다면, **동종범죄**(포괄1죄)의 **확정판결**에서의 설명이 그대로 적용된다. 즉, ㉠ 판결선고일(약식명령발령일)까지의 범행은 면소, 그 이후 범행은 포괄하여 1죄(기수시기는 최종행위시), ㉡ 2죄로 분단효과 및 경합범관계 발생, ㉢ 공소장변경 여부 등의 설명이 마찬가지로 적용된다. 따라서 "'공소제기된 범죄사실'(㉮부분)과 '추가로 발견된 범죄사실'(㉯부분) **사이에 그것들과 동일한 습벽에 의하여 저질러진 또 다른 범죄사실에 대한 유죄의 확정판결**(*)이 있는 경우에는, 전후 범죄사실의 **일죄성은** 그에 의하여 '**분단**'되어 '공소제기된 범죄사실'(㉮부분)과 '판결이 확정된 범죄사실' 만이 포괄하여 하나의 상습범을 구성하고, '추가로 발견된 확정판결 후의 범죄사실'(㉯부분)은 그것과 '**경합범 관계에 있는**' **별개의 상습범**이 되므로, 검사는 **공소장변경절차에 의하여 이를 공소사실로 추가할 수는 없고** 어디까지나 별개의 독립된 범죄로 공소를 제기하여야 한다"(대판 2000.3.10. 99도2744).

2) 전소에서 비상습범(단순범죄)**으로 처벌** 선행사건이 기본범죄(단순범죄)로 처벌되었다면 **이종범죄**(별종범죄)**의 확정판결**에서 설명한 것과 같게 취급된다. 즉, 2죄로 분리되지 않고 그 전부가 포괄1죄로서 확정판결 이후의 범죄로 된다. 분단효과 및 경합범관계 등의 효과는 발생하지 않는다. 즉, 선행사건의 단순범죄와 후행사건의 포괄1죄는 별도의 실체적 경합범으로 취급된다는 것을 의미한다.

[연습사례] [상습범과 일사부재리 효력] (상습범으로 처단된 확정판결)

[사안] 피고인은 올해 3. 27. 법원에서 '상습'도박죄로 벌금 100만원의 약식명령을 발령받아 올해 4. 11. 확정(전소)되었는데, 그 후 별도로 올해 ① 3. 1.자, ② 3. 20.자, ③ 4. 5.자, ④ 4. 15.자 상습도박의 사실이 발견된 경우 다음의 각 후소에서 처리방법은?

i) 검사가 ①②③④ 범행을 모두 상습도박으로 기소하였다(후소1). 그 처리는? (해설) ①②부분은 면소, ③④부분은 별개의 포괄1죄로서 ④행위시점에서 완성된 범죄로 된다.[1)]

ii) 검사가 ①② 범행만을 상습도박으로 기소한 다음(후소2), ③④부분을 공소장변경절차에 의하여 추가하고자 한다. 그 처리는? (해설) ③④부분 공소장변경절차에 의하여 추가할 수는 없고, 별개의 독립된 범죄로 별도로 공소제기하여야 한다.

iii) 검사가 ①②③ 범행을 상습도박으로 기소한 다음(후소3), ④부분을 공소장변경절차에 의하여 추가하고자 한다. 그 처리는? (해설) ④부분은 ①②부분과는 동일성이 없는 별개의 범죄이나, ③부분과는 동일성이 인정되는 1개의 범죄이므로, 공소장변경이 허용된다.

iv) 위 iii)(후소3)에서, 검사가 ①②부분을 철회하고 ④부분을 추가하는 내용의 공소장변경을 신청하고자 한다. 그 처리는? ①②부분에 대해서는 공소취소에 해당하므로 석명을 거쳐 궁극적으로는 이 부분 공소사실에 대해서는 공소기각의 결정을 해야 한다.

3) 재심판결의 기판력과 제37조 후단 경합범 여부　판례는 재심심판절차와 일반 형사절차는 서로 완전히 별개의 절차라는 입장이다. 즉, "재심심판절차에서는 검사가 재심대상사건과 '별개의 공소사실을 추가하는 내용의 공소장변경'이 허용되지 않고, 재심대상사건에 일반 절차로 진행 중인 '별개의 형사사건을 병합하여 심리하는 것'도 허용되지 않는다"(대판 2019.6.20. 2018도20698 전합)고 한다. 따라서 "상습범으로 유죄의 확정판결(= '선행범죄')을 받은 사람이 그 후 동일한 습벽에 의해 별개의 범죄를 저질렀는데(= '후행범죄') 유죄의 확정판결에 대하여 재심이 개시된 경우, [㉠ (기판력 여부)] 동일한 습벽에 의한 후행범죄가 재심대상판결에 대한 재심판결 선고 전에 저질러진 범죄라 하더라도, (선행범죄와 상습범의

1) [사후적 경합범 여부] 이때 ③부분(4. 5.자)은 약식명령이 확정(4. 11)된 죄와 사이에서 형법 제37조 후단의 사후적 경합범 문제는 생기지 않는다. 사후적 경합범은 '금고 이상'의 형이 확정된 경우를 요건으로 하는데(형법37후단), 약식명령은 벌금형에 불과하기 때문이다(게다가 기수시기는 최종 범행시이므로 '확정 후의 범죄'가 된다). 형법 제37조 후단 경합범의 경우 아직 판결을 받지 아니한 죄에 대해서는, ㉠ 따로 형을 선고하고, ㉡ 형평상 임의적 감경 또는 면제가 가능하다(동법39①). ③④부분은 포괄하여 1죄이며, 그 기수시기는 최종의 범죄행위시인 ④시점이 되므로, '확정 후 범죄'가 된다.

한편, 이와 별도로 ③시점에 별도로 범한 다른 ③′ 범죄(예: 절도. 상해)가 함께 기소된 경우에는, 만일 '금고 이상'의 형이 확정된 경우라면, ③′부분에 대해 따로 형을 선고하게 되므로, 주문이 2개가 된다(물론 벌금형이 확정된 경우라면, ③′부분과 ③④부분은 제37조 전단 경합범 관계가 된다).

1죄가 되지 아니하고) **재심판결의 기판력이 후행범죄에 미치지 않는다.** [㉡ (후단 경합범 여부)] 후행범죄가 재심대상판결에 대한 재심판결 확정 전에 범하여졌다 하더라도 아직 판결을 받지 아니한 후행범죄와 재심판결이 확정된 선행범죄 사이에는 **형법 제37조 '후단의 경합범' 관계가 성립하지 않는다**"(위 2018도20698 전합).[1)]

4. 일사부재리 효력의 효과

일사부재리 효력이 발생한 범죄사실과 동일성이 인정되는 범죄사실이 공소제기되면 법원은 **면소판결**을 선고한다(326i). 이에 위반하여 실체판결을 하면 상소이유가 된다. 일사부재리 효력의 발생은 소극적 소송조건 내지 실체적 소송조건이 된다. 수사 중인 피의사건이라면 검사가 **공소권없음** 처분을 한다.

1) 이는 ㉠ (기판력 여부) 아직 판결을 받지 아니한 후행범죄는, 재심심판절차에서 재심의 대상이 된 선행범죄와 사이에, 상습범의 1죄가 되기 않기 때문이고, ㉡ (후단경합범 여부) 아직 판결을 받지 아니한 후행범죄는, 재심심판절차에서 재심대상이 된 선행범죄와 함께 심리하여 동시에 판결할 수 없었으므로, 후행범죄와 재심판결이 확정된 선행범죄 사이에는 후단 경합범이 성립하지 않고, 동시에 판결할 경우와 형평을 고려하여 그 형을 감경 또는 면제할 수 없기 때문이다.

제 5 편

상소와 특별절차

제 1 장

상 소

제 1 절 상소 통칙

Ⅰ. 상소와 상소제기

1. 상소의 의의와 종류

(1) 상소의 의의

상소는 미확정의 재판에 대해 상급법원에 구제를 구하는 불복신청제도이다. 상소제도는 ㉠ 원판결의 잘못을 시정하여 불이익을 받는 당사자를 구제하는 기능과 ㉡ 법령해석을 통일하여 법적 안정성을 실현하는 기능이 있다.

(2) 상소의 종류

상소에는 항소·상고·항고가 있다. i) **항소**는 '제1심 판결'에 대한 상소인데, 단독판사가 선고한 것은 지방법원 본원 합의부, 합의부가 선고한 것은 고등법원이 관할한다(357). ii) **상고**는 '제2심 판결'에 대한 상소인데, 대법원이 관할한다(371). 다만, 제1심 판결에 대해서도 상고가 허용되는데, 이를 **비약적 상고**라고 한다(372). iii) **항고**는 '법원의 결정'에 대한 상소인데, 보통항고와 즉시항고로 구별된다. 대법원에 제기하는 즉시항고를 **재항고**라고 한다(415). iv) 한편, **준항고**는 '법원의 재판(즉, 수소법원의 재판장 또는 수명법관의 재판)이나 수사기관의 처분'에 대한 불복방법으로, 상소와는 다르지만 입법의 편의상 항고와 함께 규정하고 있다(416·417).[1)]

---

1) 2017년 항소율은 41.2%(판결인원 244,489명 중 100,680명)이고, 상고율은 32.4%(판결인원

[구별개념] 상소와 구별되는 개념이 있다. ㉠ 상소는 재판에 대한 불복방법이라는 점에서 검사의 불기소처분에 대한 불복방법인 '검찰항고·재정신청'과 구별된다. ㉡ 상소는 미확정의 재판에 대한 불복방법이라는 점에서 확정판결에 대한 비상구제방법인 '재심·비상상고'와 구별된다. ㉢ 또한 상소는 상급법원에 하는 구제신청이라는 점에서 당해 법원에 하는 '이의신청' 또는 동급법원에 하는 약식명령·즉결심판의 '정식재판청구'와도 구별된다.

2. 상소권

(1) 상소권

상소권이란, 형사재판에 대해 상소할 수 있는 소송법상의 권리를 말한다. i) (발생) 상소권은 재판의 선고 또는 고지에 의해 발생한다. ii) (소멸) 상소권은 상소기간이 경과한 경우에 소멸한다. 상소권자가 상소기간 내에 상소를 포기하거나, 일단 제기한 상소를 취하하는 경우에도 소멸한다(349). 상소를 포기·취하한 자는 다시 상소하지 못한다(354).

(2) 상소권자

1) 고유의 상소권자 검사와 피고인은 소송주체로서 당연히 상소권을 가진다(338). 특히 검사는 공익의 대표자로서 피고인의 이익을 위해서도 상소할 수 있다. 또한 피고인의 법정대리인은 (피고인의 의사에 관계없이) 피고인을 위하여 상소할 수 있다(340).

한편, 검사 또는 피고인 아닌 자로서, 법원의 결정을 받은 자는 항고할 수 있다(339). 과태료결정을 받은 증인·감정인 등이 여기에 해당한다.

2) 상소대리권자 피고인의 배우자·직계친족·형제자매 또는 원심의 대리인·변호인은 피고인을 위하여 상소할 수 있다(341①). 다만, **피고인의 '명시한 의사'**에 반하여 상소하지 못한다(동②). 따라서 상소대리권자는 피고인의 묵시한 의사에는 구애받지 않고 상소할 수 있다(피고인보호). 한편, 원심의 대리인이나 변호인은 "피고인의 상소권을 **대리하여** 행사하는 것에 불과하므로, **피고인의 상소권이 소멸된 후에는** 상소를 제기할 수 없다"(대판 1998.3.27. 98도253). 예컨대, 피고인이 상소를 포기·취하하면 변호인은 상소하지 못한다.

80,262명 중 26,027명)이다(사법연감 2018, 601면). 2017년 파기율은 항소심의 경우 고등법원이 39.0%, 지방법원항소부가 31.3%, 상고심의 경우에는 4.3%이다(동 599면).

(3) 상소기간

상소기간은 재판을 선고 또는 고지한 날로부터 진행한다(343②). 기간계산은 일반원칙에 따라 초일을 산입하지 않고, 기간의 말일이 공휴일·토요일에 해당하는 날은 기간에 산입하지 않는다(66①③). "형사소송에서는 판결등본이 당사자에게 송달되는 여부에 관계없이 공판정에서 판결이 선고된 날로부터 상소기간이 기산되며, 이는 피고인이 불출석한 상태에서 재판을 하는 경우에도 마찬가지이다"(대결 2002.9.27.자 2002모6).

항소와 상고는 7일(358·374)이고, 즉시항고도 7일(405)이다.[1] 보통항고는 기간의 제한이 없고, 항고이익이 있는 한 언제든지 할 수 있다(404). 다만, **법정기간 연장**(=부가기간)의 특례(67·규44)가 마련되어 있다.

[법정기간의 연장(=부가기간)] 상소기간은 법정기간으로, '소송행위를 할 자의 주거 또는 사무소의 소재지와 법원과의 거리, 교통통신의 불편 정도에 따라' 대법원규칙으로 이를 '연장'할 수 있다(67). 이에 따라 규칙 제44조는 2개 유형의 연장을 인정한다(자세한 것은 '소송행위의 기간' 참조).

3. 상소의 제기

(1) 상소제기의 방식

1) 서면주의 상소제기는 상소제기기간 내에 상소장을 원심법원에 제출하는 방법으로 한다(359등). 상소의 제기는 서면에 의하여야 하며 구술에 의한 상소제기는 허용되지 않는다[**서면주의**](343①). 상소장은 상급법원이 아니라, 원심법원(불복의 대상인 재판을 한 법원)에 제출한다[원심법원 제출주의]. 이는 재판의 확정 여부를 신속하게 파악하기 위한 것이다.

2) 도달주의 원칙과 재소자 특칙 상소는 상소장이 상소기간 내에 제출처인 원심법원에 도달하여야만 효력이 있다[**도달주의 원칙**]. 다만 교도소 또는 구치소에 있는 피고인이 상소기간 내에 상소장을 교도소장·구치소장에게 제출한 때에는 상소기간 내에 상소한 것으로 간주된다[**재소자 특칙**](344①).[2] 경찰서 유

1) [즉시항고 제기기간의 연장: 3일→7일] 즉시항고 제기기간을 3일로 제한하던 구 제405조는, '지나치게 짧아 재판청구권을 침해한다'는 이유로 헌법불합치결정이 선고되었다(헌재 2018.12.27. 2015헌바77). 이에 따라 2019.12.31. 개정에서 그 기간이 '7일'로 늘어났다. 아울러 '준항고' 제기기간(416③)도 개정되어 3일에서 '7일'로 늘어났다.

2) 이 경우 피고인이 상소장을 작성할 수 없는 때에는, 교도소장 또는 구치소장은 소속 공무원으로 하여금 '대서'하게 하여야 한다(344②).

치장의 경우에도 물론 같다. 이 특례는 상소장은 물론, ㉠ 상소의 포기·취하, ㉡ 상소권회복청구(355) 및 ㉢ 상소이유서 제출(대판 2006.3.16. 2005도9729 전합), ㉣ 정식재판청구서 제출(대결 2006.10.13.자 2005모552) 등[1]에도 준용되지만, 재정신청서의 제출(10일),[2] 재정신청 기각결정에 대한 재항고나 그 재항고 기각결정에 대한 즉시항고로서의 재항고(대결 2015.7.16.자 2013모2347 전합)에는 준용되지 않는다.

3) 위반 　상소제기가 법률상의 방식에 위반하거나 상소권소멸 후인 것이 명백한 때에는 원심법원(360①등) 또는 상소법원(362①등)이 상소기각의 결정을 한다. 재판의 선고·고지 전에 미리 한 상소는 부적법하다. 상소가 제기되면 법원은 지체 없이 상대방에게 그 사유를 통지해야 한다(356).

(2) 상소제기의 효력

1) 정지의 효력 　상소제기에 의하여 원심 재판은 '확정이 차단'되고, 그 '집행도 정지'된다. 그러나 재판의 집행이 정지되지 않는 예외적인 경우가 있다. 특히, 항고의 경우에는 즉시항고에만 집행정지의 효력이 있고, 그 밖의 항고에는 집행정지의 효력이 없다(409). 재산형(벌금, 과료, 추징)에 대한 가납재판은 상소제기가 있더라도 즉시로 집행할 수 있다(334③).

2) 이심의 효력 　상소제기에 의하여 소송계속이 원심에서 상소심으로 이전된다. 상소제기에 의한 소송계속의 이전을 '이심'(移審)이라 한다.

i) [이심의 기준시점] 이심의 효력이 발생하는 시점에 대해 상소제기시설과 소송기록송부시설이 대립한다. 다수설은 소송기록송부시설이나, 판례는 상소제기시설이다(대결 1985.7.23.자 85모12).

[학설] i) '상소제기시설'은 원심법원에 상소장이 제출된 시점에 이심이 된다는 견해로서, 이심의 효력발생시기가 소송기록 송부의 신속 또는 지연이라는 우연한 사정에 좌우될 수는 없다는 점 등을 근거로 한다. ii) '소송기록송부시설'은 상소장·증거물·소송기록이 원심법원으로부터 상소법원에 송부된 시점에 이심이 된다는 견해로서, 상소제기가 부적법한 경우 원심법원이 상소기각결정을 한다는 규정(360등) 등을 근거로

---

1) 그 밖에, 재심의 청구와 취하(430), 소송비용의 집행면제신청, 재판의 해석에 대한 의의(疑義)신청 및 재판의 집행에 대한 이의신청과 각 그 취하(490②) 등에도 재소자 특칙의 준용규정이 있다. 또한, 재소자 특칙은 (집행유예취소결정에 대한) 즉시항고권회복청구서의 제출에도 준용된다(대결 2022.10.27.자 2022모1004). 재소자 특칙(344①)은 상소권회복의 청구에 준용하는데(355), 즉시항고도 상소의 일종이기 때문이다.

2) 따라서 재정신청서에 대해서는 재소자 특칙이 준용되지 않으므로, 제260조 제3항이 정하는 기간 내에, 불기소처분을 한 검사가 소속한 지방검찰청의 검사장·지청장에게 도달해야 한다.

한다. iii) 생각건대, 상소제기시설이 더욱 논리적이다. ㉠ 소송계속의 이전이라는 중대한 소송법적 효과를 기록의 송부라는 우연한 사정에 맡길 수는 없는 일이다. ㉡ 부적법한 상소제기를 원심법원이 결정으로 기각하는 규정도 (원심법원의 고유한 권능이라기보다는) 소송절차의 신속을 위해 상소심의 권능을 대행하게 한 것으로 볼 수 있다. 또한, ㉢ 원심법원은 상소제기 후에도 구속기간의 갱신 등 일정한 재판을 하는 경우가 있는데, 제105조가 그러하다. 즉, "상소기간 중 또는 상소 중의 사건에 관하여 구속기간의 갱신, 구속의 취소, 보석, 구속의 집행정지와 그 정지의 취소에 대한 결정은 '소송기록이 원심법원에 있는 때'에는 원심법원이 하여야 한다." 이것 역시 원칙적으로는 상소심의 권한인 것을 '소송기록이 원심법원에 있는 예외적인 경우에 한하여' 원심법원이 '대행'할 수 있게 한 것으로, 이미 소송계속이 상소심에 이전, 즉 이심되었음을 전제로 한 것이라고 설명할 수 있다.

ii) [상소제기 후 피고인구속] 상소기간 중 또는 상소 중의 사건에 관한 피고인의 '구속' 등은 소송기록이 상소법원에 도달하기까지는 원심법원이 이를 하여야 한다(규57①). 문제는, '구속' 자체와 '보석취소'에 대해서는 형사소송법 제105조에는 언급이 없는데도, 형사소송규칙 제57조 제1항에서 이와 같이 규정하고 있다는 점이다. 즉, 법률에 없는 사항을 대법원규칙으로 규정한 것이 위법이 아닌지 여부가 문제된 바 있다. 그러나 판례는 위법이 아니라는 입장이다. 즉, "기록이 없는 상소법원에서 구속의 요건이나 필요성 여부에 대한 판단을 하여 피고인을 구속하는 것이 실질적으로 불가능하다는 점 등을 고려하면, 형사소송규칙 제57조 제1항의 규정이 형사소송법 제105조의 규정에 저촉된다고 보기는 어렵다"(대결 2007.7.10.자 2007모460)라고 한다. 따라서 "불출석상태에서 징역형을 선고받고 항소한 피고인에 대하여, 제1심법원 소송기록이 항소심법원에 도달하기 전에 '구속영장을 발부'한 것은 적법하다"(위 2007모460)고 한다. '보석취소'도 같게 해석하고 있다.

iii) [상소제기 후 구속기간갱신] 원심판결 이후에 원심법원이 제105조에 따라 행하는 구속기간의 갱신을 '**대행**(代行)**갱신**'이라 한다. 이는 원심법원이 그 고유한 권한을 행사하는 것이 아니라 상소심의 권한을 대신 행사하는 것, 즉 상소심의 구속기간을 상소심을 대신하여 갱신하는 것(대행갱신)을 의미한다.

4. 상소의 포기 · 취하

(1) 의의

1) 뜻 상소의 포기란 상소권자가 상소기간 내에 법원에 대하여 상소권의 행사를 포기한다는 적극적인 의사표시를 말한다. 상소의 포기는 곧 상소권의 포기를 의미한다. 상소권을 포기하면 상소기간 내에 상소권이 소멸한다.[1] 반면, 상소의 취하는 일단 제기한 상소를 철회하는 의사표시를 말한다. 상소포기는 상소제기 이전의 소송행위인 반면, 상소취하는 상소제기 이후의 소송행위이다.

2) 방법 상소의 포기 · 취하는 서면으로 한다. 다만, 공판정에서는 구술로써 할 수 있다(352①). 상소의 포기는 상소기간 내에 원심법원에, 상소의 취하는 종국판결 전까지 상소법원에 한다. 단, 소송기록이 상소법원에 송부되지 아니한 때에는 상소의 취하도 원심법원에 할 수 있다(353).

(2) 상소의 포기 · 취하권자

검사나 피고인 또는 항고권자는 고유의 상소권자로서 상소의 포기 · 취하를 할 수 있다(349). 다만, 피고인과 상소대리권자는 사형 · 무기징역 · 무기금고가 선고된 판결에 대하여는 상소포기를 할 수 없다(349단서).

i) (법정대리인의 동의) 법정대리인이 있는 피고인(예: 미성년자 등)이 상소의 포기 · 취하를 함에는 법정대리인의 동의를 얻어야 한다(350). 다만, 법정대리인의 사망 기타 사유로 인하여 그 동의를 얻을 수 없는 때에는 예외로 한다(350단서). 예컨대, 미성년자인 피고인이 상고제기 후 바로 상고취하를 하였더라도, 친권자의 동의가 없으면 그 효력이 없다(대판 1983.9.13. 83도1774). 이때 법정대리인은 이에 동의하는 취지의 서면을 제출해야 한다(규153①). 법정대리인인 부모 모두의 동의가 있어야 하고, 일방의 동의만으로는 그 효력이 없다. ii) (상소대리권자의 취하와 피고인의 동의) 피고인의 법정대리인 또는 상소대리권자는 피고인의 동의를 얻어 상소를 취하할 수 있다(351). 예컨대, 변호인의 상소취하에 피고인 본인의 동의가 없다면 그 상소취하는 효력이 없다. 이때 변호인의 상소취하에 대한 피고인 본인의 동의는, "원칙적으로 피고인이 이에 동의하는 취지의 서면을 제출해야 하나(규153②), (피고인은 공판정에서 구술로써 상소취하를 할 수 있으므로) 피고인의 동의도 공판정에서 구술로써 할 수 있다. 다만, 상소를 취하하거나 상소

1) 상소기간이 경과하면 상소권이 소멸하므로 그 이후의 포기는 아무런 의미가 없다. 다만, 적법한 상소제기 후에 포기하면 (상소기간 내 또는 그 후라도) 상소'취하'의 효력이 있다.

의 취하에 동의한 자는 다시 상소를 하지 못하는 제한을 받게 되므로, 상소취하에 대한 피고인의 **구술 동의는 '명시적으로'** 이루어져야만 한다"(대판 2015.9.10. 2015도7821).

(3) 상소 포기 · 취하의 효력

상소를 포기 · 취하하면 **그 시점에서** 상소권이 소멸한다.[1] 다만 검사와 피고인 쌍방이 상소한 사건에서는 일방의 포기나 취하만으로 재판이 확정되지는 않는다. 재판이 확정되면 그 시점에서 곧바로 형의 집행이 가능하게 된다. 상소를 포기 · 취하한 자 또는 이에 동의한 자는 그 사건에 관하여 **다시 상소하지 못한다**(354). "재상소금지가 헌법상 재판청구권을 침해하는 것은 아니다"(대결 2001.10.16.자 2001초428).

상소의 포기 · 취하에 따른 상소권의 소멸은 당해 심급의 재판에 국한된다. 항소를 포기 · 취하한 자라도, 상대방의 항소에 기한 항소심판결에 새로이 불복하여 **상고**하는 것은, '상소이익이 있는 한' 가능하다(대판 1981.8.25. 81도2110; 대결 1983.12.27.자 83도2936 참조).

착오로 인한 상소의 포기 · 취하의 경우 그 효력이 문제된다. 원칙적으로 유효하나, 중요부분에 착오, 책임질 수 없는 사유, 정의의 관점에서 예외적으로 그 효력이 부정된다(무효). 즉, "착오에 의한 소송행위가 무효로 되기 위하여서는, 첫째, 통상인의 판단을 기준으로 하여 만일 착오가 없었다면 그러한 소송행위를 하지 않았으리라고 인정되는 **중요한 점**(동기를 포함)에 관하여 **착오**가 있고, 둘째, 착오가 행위자 또는 대리인이 **책임질 수 없는 사유**로 인하여 발생하였으며, 셋째, 그 행위를 유효로 하는 것이 현저히 **정의**에 반한다고 인정될 것 등 세 가지 요건을 필요로 한다"(대결 1992.3.13.자 92모1)[**수정설**].

(4) 절차속행의 신청(상소의 포기·취하의 효력을 다투는 절차)

상소의 포기 · 취하의 효력을 다투는 절차로는 '절차속행의 신청' 제도가 있다. 즉, 상소의 포기 또는 취하가 부존재 또는 무효임을 주장하는 자는, 그 포기 또는 취하 당시 소송기록이 있었던 법원에 '절차속행의 신청'을 할 수 있다(규154①). 이는 **"상소가 제기된 후** (중략) **재판 없이 상소절차가 종결처리된 경우"**에 한하여(대결 1999.5.18.자 99모40; 2004.1.13.자 2003모451), 그 절차의 속행을 통하여 구제

---

1) 상소취하의 효력은 상소취하서의 접수시에 발생한다(만일 일방만이 상소한 후 이를 취하한다면, 그 취하 시점에 확정된다).

받도록 한 제도이다.[1] 신청기각결정에 대해서는 즉시항고할 수 있다(동③).

[상소의 포기와 절차속행의 신청] 특히 상소포기의 경우에 문제된다. '상소제기 후 상소권을 포기'하는 경우에 한하여 절차속행의 신청이 가능하다. 이 경우 상소포기는 상소취하로 해석되며, 그 부존재 또는 무효임을 주장하는 자는 '절차속행의 신청'을 할 수 있다.

반면, i) '상소포기 후 상소기간이 경과하기 전에 상소제기'한 경우에는, '절차속행의 신청'을 할 수 없다(99모40). 그 상소에 의하여 계속된 상소절차에서 구제받을 수 있기 때문이다. 이 경우에는 별도로 상소권회복청구를 할 이익도 없고 그 여지도 없다. ii) 한편, '상소포기 후 상소기간이 경과'한 경우에는 구제수단에 관하여 혼란이 있을 수 있다. 상소포기로 인한 상소권소멸 여부와 상소기간 도과로 인한 상소권소멸 여부가 동시에 문제되기 때문이다. 그러나 상소제기가 없었으므로 이 경우에도 '절차속행의 신청'을 할 수 없다. 단지 상소권회복청구의 대상이 되며(2003모451), 상소의 포기가 있었다는 사정을 고려하여 전체적으로 '피고인에게 책임질 수 없는 사유'로 인하여 상소기간을 준수하지 못한 것인지 여부를 판단하면 된다(대결 1984.7.11.자 84모40).

5. 상소권회복

(1) 의의

상소권회복이란, 상소기간이 경과한 후에 법원의 결정으로 일단 소멸된 상소권을 회복시키는 제도를 말한다(345). 상소기간이 상소권자의 책임질 수 없는 사유로 경과한 경우에, 구체적 타당성의 관점에서 상소권자에게 상소의 기회를 회복시켜 주는 제도이다. 따라서 적법하게 상소를 제기한 자는 다시 상소권회복을 청구할 수 없다(대결 2001.3.16.자 2000모233).

(2) 상소권회복의 사유

1) 책임질 수 없는 사유 상소권자가 자기 또는 대리인이 '책임질 수 없는 사유'로 상소 제기기간 내에 상소를 하지 못한 경우에 한하여 상소권회복을 청

1) "상소권을 포기한 후 상소제기기간이 도과한 다음에, 상소포기의 효력을 다투는 한편, 자기 또는 대리인이 책임질 수 없는 사유로 상소제기기간 내에 상소를 하지 못하였다고 주장하는 사람은, 상소를 제기함과 동시에 상소권회복청구를 할 수 있다. 그 경우 '상소포기가 부존재 또는 무효라고 인정되지 아니하거나, 자기 또는 대리인이 책임질 수 없는 사유로 인하여 상소제기기간을 준수하지 못하였다고 인정되지 아니한다면'(즉, 상소포기가 유효하고 상소권회복의 사유도 없다면), 상소권회복청구를 받은 원심으로서는 '상소권회복청구를 기각'함과 동시에 '상소기각' 결정을 (아울러) 하여야 한다"(대결 2004.1.13.자 2003모451). 상소를 포기한 자는 다시 상소할 수 없기 때문에(354), 별도의 상소기각 결정이 필요하다.

구할 수 있다(345).[1] 여기서 '책임질 수 없는 사유'란, 상소기간 내에 상소를 제기하지 못한 것에 대하여 상소권자 본인 또는 대리인에게 고의 · 과실이 없는 것을 말한다. 이는 "그 재판절차의 위법 여부와는 관계없이 오로지 상소기간 도과가 상소권자의 '책임 없는 사유'에 기인한 것인지의 여부에 따라서만 판단한다"(대결 1985.2.23.자 83모37 · 38).

[피고인에게 '책임 없는 사유'] ㉠ [위법한 공시송달] (피고인이 소송이 계속 중인 사실을 알면서도 법원에 거주지 변경신고를 하지 않았다 하더라도) "위법한 공시송달에 의하여 피고인의 진술 없이 공판이 진행되고 피고인이 출석하지 않은 기일에 판결이 선고된 경우"(대결 2014.10.16.자 2014모1557),[2] ㉡ (소촉법에 따른 궐석재판, 즉) 소송촉진 등에 관한 특례법 제23조(송달불능보고서 접수 후 6개월 소재불명)[3] 등의 절차에 따라 "(적법한) 공시송달의 방법으로 피고인이 불출석한 가운데 공판절차가 진행되고 판결이 선고되었으며, 피고인으로서는 공소장부본 등을 송달받지 못한 관계로 공소가 제기된 사실은 물론이고 판결선고사실에 대하여 알지 못한 나머지 (전혀) 모른 채 상소기간이 도과된 경우"(위 83모37, 38; 대결 2007.1.12.자 2006모691), ㉢ [교도소장의 고지 해태] "교도소장이 결정정본을 송달받고 1주일이 지난 뒤에 그 사실을 피고인에게 알렸기 때문에 항고장을 제출하지 못한 경우(대결 1991.5.6.자 91모32), 등은 상소권회복사유(상소권자 또는 대리인이 '책임질 수 없는 사유')에 해당한다.

---

1) 여기서의 대리인은 상소권자인 '원심의 대리인'(341①)이 아니라, 본인의 보조자로서 본인의 의뢰에 따라 상소제기에 필요한 사실행위를 대행하는 자를 말한다.

2) 대결 2022.5.26.자 2022모439("피고인이 재판이 계속 중인 사실을 알면서도 새로운 주소지 등을 법원에 신고하는 등 조치를 하지 않아 소환장이 송달불능되었더라도, 법원은 기록에 주민등록지 이외의 주소가 나타나 있고 피고인의 집 전화번호 또는 휴대전화번호 등이 나타나 있는 경우에는 위 주소지 및 전화번호로 연락하여 송달받을 장소를 확인하여 보는 등의 시도를 해 보아야 하고, 그러한 조치 없이 곧바로 공시송달 방법으로 송달하는 것은 형사소송법 제63조 제1항, 소송촉진 등에 관한 특례법 제23조에 위배되어 허용되지 아니하는데, 이처럼 허용되지 아니하는 잘못된 공시송달에 터잡아 피고인의 진술 없이 공판이 진행되고 피고인이 출석하지 않은 기일에 판결이 선고된 경우에는, 피고인은 자기 또는 대리인이 '책임질 수 없는 사유'로 상소 제기기간 내에 상소를 하지 못한 것으로 봄이 타당하다").

3) 대결 2014.10.16.자 2014모1557("피고인 주소지에 피고인이 거주하지 아니한다는 이유로 구속영장이 여러 차례에 걸쳐 집행불능되어 반환된 바 있었다고 하더라도, 이를 소송촉진 등에 관한 특례법이 정한 '송달불능보고서의 접수'로 볼 수는 없다. 반면에 소재탐지불능보고서의 경우는 경찰관이 직접 송달 주소를 방문하여 거주자나 인근 주민 등에 대한 탐문 등의 방법으로 피고인의 소재 여부를 확인하므로 송달불능보고서보다 더 정확하게 피고인의 소재 여부를 확인할 수 있기 때문에, 송달불능보고서와 동일한 기능을 한다고 볼 수 있으므로, 소재탐지불능보고서의 접수는 소송촉진 등에 관한 특례법이 정한 '송달불능보고서의 접수'로 볼 수 있다").

[피고인에게 '책임 있는 사유'] ㉠ "선고 당시 법정이 소란하여 판결주문을 알아들을 수 없어 항소제기기간 내에 항소를 하지 못한 경우"(대결 1987.4.8.자 87모19), ㉡ "본인 또는 대리인이 단순히 질병으로 입원하였다거나 기거불능하였기 때문에 상소를 하지 못한 경우"(대결 1986.9.17.자 86모46) 내지 "와병으로 사환에게 즉시항고장을 맡겨 제출케 하였으나 사환이 그 즉시항고장을 도난당한 경우"(대결 1971.2.20.자 71모12), ㉢ "공동피고인의 기망에 의하여 항소권을 포기하고 그 사실을 항소기간이 도과한 후에 비로소 알게 된 경우"(대결 1984.7.11.자 84모40), ㉣ "교도소 담당직원이 상소권자에게 상소권회복청구를 할 수 없다고 하면서 형사소송규칙 제177조에 따른 편의를 제공해 주지 않은 경우"(대결 1986.9.27.자 86모47) 등은 상소권회복사유에 해당하지 않는다. 그 밖에도 ㉤ "제1회 공판기일에 출석한 피고인이 이사 후 주소변경사실을 신고하지 아니한 탓으로 공시송달의 방법으로 출석 없이 판결이 선고되고, 그 사실을 알지 못하여 상소기간을 도과한 경우"(대결 1991.8.27.자 91모17; 1996.8.23.자 96모56),[1] ㉥ "사무소에 나가지 아니하여 사무소로 송달된 약식명령을 송달받지 못하였다 할지라도, 자신에 대하여 소추(약식명령)가 제기된 사실을 알고 있었던 자로서는 스스로 위 사무소에 연락하여 우편물을 확인하거나 기타 소송진행 상태를 알 수 있는 방법 등을 강구하였어야 하므로 이에 이르지 않은 경우"(대결 2002.9.27.자 2002모184) 등은 상소권회복청구(또는 정식재판청구권회복청구)가 허용되지 않는다.

2) 상소기간 도과 상소권회복은 피고인 등의 책임 없는 사유로 상소기간을 도과한 경우에, 상소기간을 준수하지 못하여 일단 소멸한 상소권을 회복하기 위한 것이다. 따라서 상소권회복은 "상소의 '포기'로 인하여 소멸한 상소권까지 회복하는 것은 아니다"(대결 2002.7.23.자 2002모180). "상소를 포기한 후 그 포기가 무효라고 주장하는 경우 '상소기간이 경과하기 전'에는, 상소포기의 효력을 다투면서 상소를 제기하여 그 상소의 적법 여부에 대한 판단을 받으면 되고, 별도로 상소권회복청구를 할 여지는 없다"(대결 1999.5.18.자 99모40). 다만, 상소기간 경과 후에는 상소권회복청구의 대상이 된다(위 84모40; 위 2003모451).

3) 시간적 한계 항소심판결이 선고되면 당초 항소를 제기하지 않았던 자는 항소권회복 청구를 할 수 없다(대결 2023.4.27.자 2023모350). 항소심판결이 선고되면 제1심판결에 대한 항소권이 소멸되기 때문이다. 따라서 "검사의 항소에 의

---

1) "불구속피고인이 (이사 후 주소변경사실을 신고하지 아니한 탓으로) 다른 형사사건으로 구속됨으로써 종전 주소에 송달한 법원의 기일통지를 받지 못하여 그 기일에 출석하지 못하고 그 판결에 대한 상소기간을 도과한 경우"(대결 1963.11.28.자 63로10)도 같다.

한 항소심판결이 선고된 후 피고인이 동일한 제1심 판결에 대해 항소권회복청구를 하는 경우, 부적법하므로 (항소권회복청구의 원인에 대한 판단에 나아갈 필요 없이) 결정으로 기각하여야 한다"(대결 2017.3.30.자 2016모2874).

(3) 상소권회복의 절차

1) 회복청구와 법원의 결정 i) (회복청구) 상소권 있는 자, 즉 고유의 상소권자와 상소대리권자는 상소권회복의 청구를 할 수 있다(345). 상소권회복의 청구는 그 사유가 해소된 날로부터 상소기간에 해당하는 기간 내에 서면으로 **원심법원**에 해야 하고, 그 사유를 소명해야 하며, 상소권회복의 **청구와 동시에 상소를 제기**해야 한다(346). ii) (법원의 결정) 상소권회복의 청구가 있는 때에는 법원은 지체 없이 상대방에게 그 사유를 통지하여야 하고(356), 상소권회복의 **허부에 관한 결정**을 하여야 하며, 이 결정에 대해서는 즉시항고할 수 있다(347). 법원은 그 결정을 할 때까지 재판의 집행을 정지하는 결정을 할 수 있고[**임의적 집행정지**],[1] 이때 피고인에 대한 구금이 필요하면 구속영장을 발부하여야 한다(348).

2) 효과 i) (인용결정의 효과) 상소권회복청구의 인용결정이 확정되면 상소권회복 청구와 동시에 행한 상소제기가 적법하게 된다. 일단 발생했던 재판의 확정력은 소급하여 배제되며, 그 재판은 미확정의 상태로 되돌아간다. ii) (기각결정) 상소권회복청구가 기각된 경우에는, 그 청구와 함께 제출된 상소장에 대하여는 상소기각결정(360) 등을 할 필요 없이 그대로 두어도 된다.[2]

Ⅱ. 상소이익

(1) 의의

1) 뜻 상소의 이익이란, 상소가 상소권자에게 이익이 되는가의 문제를 말한다. 상소는 당사자의 권리구제와 법령해석의 통일을 위해 마련된 제도이다. 상소는 원심재판의 잘못을 시정함으로써 불이익을 받은 당사자를 구제하는 데

---

1) 이 경우 집행정지의 기간은 통상 상소권회복의 허부에 관한 결정의 '확정시'까지로 한다. 만일 '결정시'까지로 하면, 결정시에 다시 '확정시'까지로 연장해야 하는 문제가 생긴다.

2) 다만 "상소권을 포기한 후 상소제기기간이 도과한 다음에, 상소포기의 효력을 다투는 한편, 자기 또는 대리인이 책임질 수 없는 사유로 상소제기기간 내에 상소를 하지 못하였다고 주장하는 사람은, 상소를 제기함과 동시에 상소권회복청구를 할 수 있다. 그 경우 상소포기가 부존재 또는 무효라고 인정되지 아니하거나, 자기 또는 대리인이 책임질 수 없는 사유로 인하여 상소제기기간을 준수하지 못하였다고 인정되지 아니한다면, 상소권회복청구를 받은 원심으로서는 '상소권회복청구를 기각'함과 동시에 '상소기각' 결정을 하여야 한다"(위 2003모451).

목적이 있으므로, 상소권자가 상소하려면 상소할 만한 이익이 있어야 한다. 상소의 이익이 없는 경우 상소제기는 부적법한 것이 된다. 이러한 의미에서 상소의 이익은 상소의 일반적 **적법요건**이 된다.

상소이익을 요구하는 법적 근거는, 항소·상고·항고의 제기에 관한 조문(357·371·402)의 '불복이 있으면'이라는 문언 자체에서 찾는 것이 일반적이다.

[상소이유와 구별] 상소이익은 상소이유와 구별된다. 상소의 이유는 원심재판에 사실인정, 법령적용, 양형 등의 구체적 오류가 있는가 하는 문제이다. 상소의 이익이 있음을 전제로 상소의 이유가 인정되는지 여부를 심사한다. 다만, 상소이익에 대한 심사는 상소이유에 대한 심사와 무관하지 않다는 점에서, 양자는 법적 성격의 차이에도 불구하고 심사에서는 밀접한 관련이 있다.

2) 검사의 상소이익 　검사는 **피고인의 이익 여부와 관계없이** 상소 제기할 이익이 있다. 즉, i) 검사는 피고인과 대립하는 소송당사자이므로 당연히 피고인에게 불리한 상소를 제기할 수 있다. 검사는 무죄판결에 대한 상소뿐만 아니라 유죄판결에 대해서도 중한 죄나 중한 형을 구하는 상소를 제기할 수 있다. ii) 한편, 검사는 공익의 대표자로서 법령의 정당한 적용을 청구할 임무가 있으므로 피고인의 이익을 위한 상소도 할 수 있다(대결 1993.3.4.자 92모21). 피고인의 이익을 위한 상소에는 불이익변경금지 원칙이 적용된다(대판 1971.5.24. 71도574).

3) 피고인의 상소이익 　피고인은 자신에게 **이익되는 상소만을** 제기할 수 있다. 즉, 피고인은 재판이 자신에게 불리한 경우에만 상소할 수 있고, 유리한 재판을 불리한 내용으로 변경해달라는 상소는 허용되지 않는다.

(2) 상소이익의 판단기준: 법익박탈의 대소

피고인에게 상소이익이 있는지 여부의 판단기준이 문제된다. 견해가 대립하나, 피고인의 주관이나 사회통념을 기준으로 할 것이 아니라, **법익박탈의 대소**라는 객관적 기준에 따라 판단한다는 것이 통설적인 견해이다(객관설). 상소이익은 법적으로 보호할 가치가 있는 이익이 침해된 경우에 인정해야 하므로 객관설이 가장 타당하다. 객관설에 의하면, 형의 경중을 정한 형법 제50조 및 **불이익변경금지 원칙**(제368·396②)에서의 '이익과 불이익의 판단기준'이 상소이익에 대한 중요한 기준이 된다.

(3) 피고인의 상소: 상소이익 여부

1) 유죄판결 유죄판결은 피고인에게 가장 불리한 재판이므로 피고인에게 상소이익이 있다. i) [형선고 판결] 무죄를 주장하거나 가벼운 형의 선고를 구하는 상소는 당연히 상소이익이 있다. 소송조건의 결여를 주장하여 형식재판을 구하는 상소도 가능하다. ii) [형면제 및 선고유예 판결] 유죄판결의 일종이므로 피고인은 무죄를 주장하거나, 소송조건의 결여를 주장하여 상소할 수 있다. iii) [제3자 소유물의 몰수 재판] 제3자 소유물을 피고인으로부터 몰수하는 재판에 대해서도 피고인에게 상소이익이 있다. 피고인에 대한 부가형이고, 피고인에게도 점유상실로 인한 불이익(사용 · 수익 · 처분 곤란)이 발생하며, 제3자로부터 배상청구를 받을 위험이 있기 때문이다.

반면, 유죄판결에 대한 피고인의 상소라고 해도, 그 상소가 오히려 피고인에게 '불리하게 해달라'는 내용인 경우에는 상소이익이 없다. 예컨대, 피고인이 ㉠ 벌금형의 실형에 대해 징역형의 집행유예를 해달라는 상소(대판 1990.9.25. 90도1534 참조), ㉡ 누범가중하지 않은 것이 위법하다고 주장하는 상소(대판 1994.8.12. 94도1591) 등은 오히려 피고인에게 불리하므로 허용되지 않는다.

2) 무죄판결 무죄판결은 피고인에게 가장 유리한 재판이므로 피고인에게 상소이익이 없다. 따라서 피고인은 무죄판결에 대해 유죄판결을 구하는 상소는 물론, 면소 · 공소기각 또는 관할위반의 재판을 구하는 상소도 제기할 수 없다.

또한, 피고인이 무죄판결 자체는 다투지 않으면서 무죄의 '이유'만을 다투는 상소도 허용되지 않는다[소극설](다수설 · 판례). 무죄판결은 그 이유를 불문하고 피고인의 법익을 박탈하는 재판이 아니기 때문이다. 예컨대, 피고인의 심신상실을 이유로 무죄가 선고되자, 다른 범죄조각사유를 주장하면서 상소하는 것은, 피고인에게 상소이익이 없다. 판례도 같다. 즉, "불복은 재판의 주문에 관한 것이어야 하고, 재판의 이유만을 다투기 위하여 상소하는 것은 허용되지 않는다"(대결 1993.3.4.자 92모21).

3) 면소판결 면소판결에 대해 피고인이 무죄를 주장하는 상소도 원칙적으로 상소이익이 없다[소극설](판례). 즉, "피고인에게는 실체판결청구권이 없는 것이므로"(대판 1984.11.27. 84도2106), "면소판결에 대해 무죄를 주장하면서 상소할 수 없다"(대판 2010.12.16. 2010도5986 전합)는 것이다. 다만, 예외가 있다. "형벌에 관한 법령이 헌법재판소의 위헌결정으로 소급하여 그 효력을 상실하였거나 법원

에서 위헌·무효로 선언된 경우, 당해 법령을 적용하여 공소제기된 피고사건에 대하여, (중략) 면소를 할 수 없고 무죄의 선고를 해야 한다. 이 경우에는 면소판결에 대하여 (무죄를 주장하여) 상소가 가능하다"(위 2010도5986). 적용법령의 위헌·무효는 무죄 사유이다.

4) 형식재판 형식재판에 대해 피고인이 무죄를 주장하는 상소도 상소이익이 없다[소극설](판례). 즉, "피고인은 재판이 자기에게 불이익하지 아니하면 상소권이 없다. 공소기각의 재판이 있으면 피고인은 유죄판결의 위험으로부터 벗어나는 것이므로, 그 재판은 피고인에게 불이익한 재판이라고 할 수 없어 피고인은 상소권이 없다"(대판 1983.5.10. 83도632; 2008.5.15. 2007도6793).

5) (검사항소사건에서 항소기각된 경우) '항소하지 아니한 피고인'의 상고이익 i) (상고이익 흠결) "제1심 판결에 대하여 피고인은 항소하지 않고 검사만 항소하여 그 항소가 기각된 경우, 항소심 판결은 피고인에게 불이익한 판결이 아니므로 피고인은 그 판결에 대하여 상고할 수 없다"(대판 1990.1.25. 89도2166).[1] ii) (부당한 배제의 예외) 다만, 이는 '제1심이 통상적인 절차에 따라 진행되어 피고인이 공격·방어권을 제대로 행사할 수 있었던 경우'에 국한된다. 만일 피고인이 제1심 및 항소심의 소송절차에서 '부당하게 배제되어 공격·방어권을 전혀 행사할 수 없었던 경우'(예: 위법한 공시송달결정으로 인한 궐석재판 등)에는 적용될 수 없다(상고허용). 그렇지 않으면 피고인의 재판받을 권리와 적법절차를 보장하는 헌법정신에 반한다(대판 2003.11.14. 2003도4983).

(4) 상소이익의 흠결과 재판

i) ('원심'의 상소기각'결정') 형식재판에 대한 피고인의 상소와 같이 '상소이익'이 없음이 상소장의 기재에 의해 분명한 경우에는 원심법원은 결정으로 상소를 기각해야 한다. 만일 원심법원이 상소기각결정을 하지 않을 때에는 상소법원이 기각결정을 해야 한다. ii) ('상소심'의 상소기각'판결') 유죄판결에 대한 상소의 경우와 같이 '상소이익이 없음'이 상소이유를 검토하는 과정에서 비로소 나타나는 경우에는 '상소이유가 없음'의 판결, 즉 상소기각판결을 할 수밖에 없다.

---

1) "제1심 판결에 대하여 피고인과 검사가 모두 항소하였으나, 피고인은 항소이유서 제출기간 내에 항소이유서를 제출하지 아니하였는데, 항소심이 피고인과 검사의 항소를 모두 기각한 경우"에도, '피고인으로서는 자신이 항소를 하지 아니한 경우와 마찬가지로 상고할 수 없다'(대판 1991.3.27. 90도2978).

Ⅲ. 일부상소와 상소심의 심판범위

1. 일부상소

1) 뜻　일부상소란 재판의 일부에 대한 상소를 말한다(342①). 여기서 재판의 일부란, 1개 사건의 일부가 아니라, 수개 사건이 경합범으로 병합심리되고 판결주문이 수개인 경우에 그 재판의 일부를 의미한다(재판의 가분성, 주문의 가분성). 즉, 일부상소는 통상 '수개 주문의 일부에 대한 상소'이다. 일부상소의 대상이 되는 재판의 일부란 재판의 객관적 범위의 일부를 의미하므로, 공동피고인의 일부가 상소하는 경우는 일부상소가 아니다. 일부상소가 허용되는 범위에서는 재판의 일부에 대한 상소의 포기와 취하도 인정된다.

2) 재판의 가분성　일부상소가 허용되려면 그 전제로써 **재판의 가분성**이 요구된다. 즉, 원재판의 대상인 수개의 범죄가 경합범관계에 있어야 하고, 판결주문이 수개로서 분할가능한 경우에, 일부상소가 허용된다. 이와 달리, 만일 나눌 수 없는 재판이라면, 일부에 대한 상소는 '그 일부와 불가분의 관계에 있는 부분'(전부)에 대하여도 효력이 미친다(342②). 이를 **상소불가분**의 원칙이라 한다.

2. 허용범위

(1) 가분적 재판: 일부상소 허용

가분적 재판의 경우 일부상소가 허용된다. 즉, 경합범의 각 부분에 대하여 각 **수개의 재판**이 선고된 경우에는 재판내용이 가분적이므로 일부상소가 허용된다. 가분적인 재판의 구체적 예로는, 경합범 가운데 ㉠ [수개 주문] 일부는 유죄, 다른 일부는 무죄·면소·공소기각·관할위반 또는 형면제의 판결이 선고된 경우(대판 1982.3.23. 80도2847), ㉡ [병과 형] 일부는 징역형, 다른 일부는 벌금형이 선고된 경우와 같이, 판결주문에서 2개 이상의 다른 형이 병과된 경우(대판 2000.2.11. 99도4840),[1][2] ㉢ [수개의 형] 수개의 공소사실이 확정판결 전후에 범한

1) 대판 2009.4.23. 2008도11921("하나의 징역형이 선고된 부분은 소송상 일체로 취급되나, 별개의 벌금형이 병과된 부분은 소송상 별개로 분리 취급되어야 하므로") 참조.

2) [예외: 형의 선택이 누락된 경우] **법정형**에 징역형과 벌금형이 선택적으로 규정되어 있는 수죄에 대하여, 형을 선택하지 아니한 채 피고인에게 징역형 및 벌금형을 병과한 경우에, 어느 죄에 대하여 징역형 또는 벌금형이 선택되었는지 도무지 알 수 없는 예외적인 경우에는 불가분적이 되어 일부상소가 허용되지 않는다. 즉, "징역형과 벌금형이 선택적으로 규정되어 있는 수죄에 대하여 형을 선택하지 아니한 채 피고인에게 징역형 및 벌금형을 병과하는 경우에는, '어느 죄에 대하여 징역형이, 어느 죄에 대하여 벌금형이 선고된 것인지 알 수 없게 되어 재판

죄이기 때문에 수개의 형이 선고된 경우(형법37후단), ㉣ [전부 무죄] 경합범관계에 있는 공소사실의 전부에 대하여 무죄가 선고된 경우(대판 1973.7.10. 73도142) 등에서 일부상소가 허용된다.

예컨대, "경합범으로 동시에 기소된 사건에 대하여, 일부 유죄, 일부 무죄의 선고를 하거나, 일부의 죄에 대하여 징역형을, 다른 죄에 대하여 벌금형을 선고하는 등 판결주문이 수개일 때에는, 그 1개의 주문에 포함된 부분을 다른 부분과 분리하여 일부상소를 할 수 있는 것이고, 당사자 쌍방이 상소하지 아니한 (나머지) 부분은 분리 확정된다"(위 99도4840).

(2) 불가분적 재판: 일부상소 불허(상소불가분)

일부상소가 허용되지 않는 불가분적 재판의 경우는 다음과 같다(1죄, 1개형, 부가적 주문, 예비적·택일적 기소).

1) 1죄의 일부 일부상소가 허용되려면 재판의 가분성이 요구되므로, 1죄의 일부에 대한 상소는 허용되지 않는다. 여기서의 1죄는 ㉠ 단순1죄(대판 2001.2.9. 2000도5000), ㉡ 포괄1죄(대판 1985.11.12. 85도1998), ㉢ 과형상 1죄(상상적 경합관계: 대판 2007.6.1. 2005도7523)를 포함한다. 다만, 1죄의 일부에 대한 상소는 부적법한 것이 아니라, 상소불가분의 원칙에 따라 그 일부와 불가분의 관계에 있는 1죄의 전부에 대하여 효력이 미친다.

예컨대, 포괄1죄 또는 상상적 경합관계에 있는 공소사실 중 일부는 유죄, 일부는 무죄가 선고된 경우 검사만이 무죄 부분에 대해 상소하여도 유죄 부분도 상소심의 심판대상이 되며(위 2005도7523), 피고인만이 유죄 부분에 대해 상소한 경우에도 무죄 부분 역시 상소심에 이심된다(대판 1991.3.12. 90도2820).

2) 경합범에 대해 1개의 형 선고 경합범의 전부에 대해 1개의 형이 선고된 경우에는 재판의 내용이 불가분인 것이므로, 그 일부에 대한 상소는 허용되지 않는다. 판결주문이 분할될 수 없고, 수개의 범죄사실이 상호작용을 일으켜 불가분 관계를 형성하기 때문이다. 따라서 "주문이 단일한 것인 때에는 경합범의 일부에 대한 상소가 있을 경우 상소불가분의 원칙이 적용되어 경합범 전부에 대한 상소가 있는 것으로 보아야 한다"(대판 1961.10.5. 4293형상403).[1]

의 내용이 불가분적인 것'이 되므로, 징역형이나 벌금형 중 어느 하나의 형에 관한 판결 부분만을 상소의 대상으로 할 수는 없다. 징역형이나 벌금형 중 어느 하나의 형에 관한 판결 부분에 대하여만 상소를 하였다고 하더라도 그 일부와 불가분의 관계에 있는 다른 형에 관한 판결 부분에 대하여도 상소의 효력이 미친다"(대판 2004.9.23. 2004도4727).

1) [1개의 형 선고: '항소의 일부 취하'와 '상소불가분 원칙'] 항소의 일부 취하의 경우에도 상소불

3) **부가적 주문**(주형과 일체인 부가형 등)　부가적 주문은 '주위적 주문과 불가분적 관계에 있는 주문'이므로 부가적 주문만을 분리하여 상소할 수 없다. i) 주형과 일체를 이루는 부가형인 **몰수 · 추징**(대판 2008.11.20. 2008도5596 전합), **집행유예**, **환형처분**, 보호관찰부 집행유예와 불가분의 관계에 있는 부착명령(대판 2012.8.30. 2011도14257), 압수물환부(대판 1959.10.16. 4292형상209) 등에 대해서는 분리하여 상소할 수 없다. 여기서 '**분리하여 상소할 수 없다**'는 의미가 무엇인지 문제되는데, 그 일부상소가 부적법하다는 것인지, 아니면 적법하되 분리될 수 없는 부분에까지도 상소의 효력이 미친다는 것인지 다툼이 있었다. 후자(적법하고 전부 이심된다)가 판례의 입장이다. 즉, "몰수 또는 추징에 관한 부분만을 불복대상으로 삼아 상소가 제기되었더라도, 상소심으로서는 이를 적법한 상소제기로 다루어야 하고, 그 상소의 제기가 부적법하다고 보아서는 아니 되고, 그 부분에 대한 상소의 효력은 그 부분과 불가분의 관계에 있는 본안에 관한 판단 부분에까지 미쳐 그 **전부**가 상소심으로 **이심된다**"(위 2008도5596 전합). ii) 한편, 소송비용부담의 재판은 독립하여 상소할 수 없고, 본안의 재판에 관한 상소와 함께만 불복할 수 있다(191②). 반면, 배상명령은 유죄판결에 대한 상소제기 없이 배상명령에 대해서만 독립하여 즉시항고할 수 있다(소촉법33⑤).

4) **주위적 · 예비적 공소 및 택일적 공소**　i) [**주위적 · 예비적 공소**] "예비적 공소사실만 유죄로 인정되고 그 부분에 대하여 피고인만 상소하였다고 하더라도, **주위적 공소사실까지 함께** 상소심의 심판대상에 포함된다"(대판 2006.5.25. 2006도1146). "원래 주위적 · 예비적 공소사실의 일부에 대한 상소제기의 효력은 나머지 공소사실 부분에 대하여도 미치는 것이고, 동일한 사실관계에 대하여 **서로 양립할 수 없는** 적용법조의 적용을 주위적 · 예비적으로 구하는 경우"(위 2006도1146)이기 때문이다. ii) [**택일적 공소**] "택일적으로 공소제기된 범죄사실 가운데 제1심 판결에서 유죄로 인정된 이외의 다른 범죄사실이라도, 당연히 항소심의 심판의 대상이 된다"(대판 1975.6.24. 70도2660). "공소사실과 적용법조가 택일적으로 기재되어 공소가 제기된 경우에, 그중 어느 하나의 범죄사실만에 관하여 유죄의 선고가 있은 제1심 판결에 대하여 항소가 제기되었을 때, 항소심에서 항소이유 있다고 인정하여 제1심 판결을 파기하고 자판을 하는 경우에는, 다시 **사건**

가분 원칙이 그대로 적용된다. 즉, "1개의 형이 선고된 경합범의 죄(㉠㉡) 중 일부 사건(㉠)만을 표시하여 항소취하서를 제출한 경우 일부 사건(㉠)에 대해서만 항소를 취하한 것이어서, 다른 사건(㉡)뿐만 아니라 그와 불가분적으로 취급되어야 하는 일부 사건(㉠)조차도 **항소취하의 효력이 없다**"(대결 2023.1.31.자 2022도14734).

전체에 대하여 판결을 하는 것"(위 70도2660)이기 때문이다.

5) 요약 "제342조는 일부상소를 원칙적으로 허용하면서, 상소불가분의 원칙을 선언하고 있다. 따라서 불가분의 관계에 있는 재판의 일부만을 불복대상으로 삼은 경우 그 상소의 효력은 **상소불가분 원칙상** 피고사건 전부에 미쳐 그 **전부가 상소심에 이심되고**, 이러한 경우로는 일부 상소가 피고사건의 [㉠] 주위적 주문과 **불가분적 관계에 있는 주문**에 대한 것[부가적 주문(주형과 일체인 부가형 등), 주위적 · 예비적 공소, 택일적 공소], [㉡] **일죄의 일부**에 대한 것, [㉢] **경합범에** 대하여 1개의 형이 선고된 경우 경합범의 일부 죄에 대한 것 등에 해당하는 경우를 들 수 있다"(위 2008도5596 전합). 그 밖에 ㉣ 경합범에 대해 징역형 및 벌금형이 병과된 경우 중 (극히 이례적으로) '형의 선택이 누락된 예외적인 경우'(어느 죄에 대해 징역형이, 어느 죄에 대해 벌금형이 선고된 것인지 알 수 없게 되어 재판의 내용이 불가분적인 것이 되기 때문)에도 같다(위 2004도4727).

3. 일부상소의 방식

1) **명시 · 특정** 상소는 **전부상소가 원칙**이다(342). "현행 법규상 항소장에 불복의 범위를 명시하라는 규정이 없고, 또 상소는 재판의 전부에 대하여 하는 전부상소를 원칙으로 삼고, 다만 재판의 일부에 대하여도 상소할 수 있다(342)고 규정"하고 있기 때문이다(대판 2004.12.10. 2004도3515). 따라서 가분적 재판에 대한 **일부상소는** 상소장의 불복범위란에 **일부상소의 취지를 명시**하고 불복범위를 특정해야 한다.[1] 즉, 일부상소인지 여부는 '상소장에 일부상소라는 명시적 기재가 있는지 여부'가 기준이 된다[상소장기준].

2) **불특정의 효과** 만일 상소장에 일부상소임을 명시 · 특정하지 않은 경우에는 **전부상소**로 보아야 한다[전부상소의 원칙]. 즉, "상소는 재판의 전부에 대하여 하는 것이 원칙이다. **상소장의** 불복범위란에 '**재판의 일부에 대하여서만 상소한다**'는 기재가 없는 한 판결 전부에 대하여 상소한 것으로 보아야 한다"(대판 1991.11.26. 91도1937: 위 2004도3515). 상소장의 불복범위란에 일부상소라는 명시적 기재가 없는 이상 전부상소가 원칙이라는 취지이다.

---

1) 전부상소라고 한 참고사례로는 대판 2011.3.10. 2010도17779(경합범 관계의 공소사실 중 일부 유죄, 일부 무죄를 선고한 제1심 판결에 대하여, 검사만이 항소하면서, 항소장의 항소이유란에 무죄 부분에 대해서만 기재하고 유죄 부분에 대한 불복이유를 기재하지 아니하였으나, 항소의 범위를 '전부'로 표시한 경우 판결 전부에 대한 상소라고 한 사례).

[예: 전부상소 원칙] 예컨대, i) [경합범의 일부 유죄 · 일부 무죄(수개 주문)] 형법 제37조 전단 경합범 관계에 있는 공소사실에 대하여 일부 유죄, 일부 무죄를 선고한 제1심 판결에 대하여, ㉠ '피고인'이 상소한 경우에는 무죄부분에 대하여는 피고인에게 상소이익이 없으므로 유죄부분에 대한 상소로 보아야 한다(='유죄부분'만). ㉡ '검사' 만이 상소한 경우 검사가 일부상소의 취지를 명시한 것인지 불분명한 때에는 무죄부분에 대하여는 상소하지 아니한 것이라고 속단해서는 안 된다(='전부'). 즉, 검사만이 항소하면서, "항소장의 판결주문란에 '징역 1년'만 기재하고 불복범위란에 아무런 기재도 하지 않았는바, 항소장의 불복범위란에 재판의 일부에 대해서만 상소한다는 기재가 없는 한, 검사의 청구대로 되지 아니한 판결 전부에 대하여 상소한 것으로 보아야 하고, 검사가 항소이유서에서 무죄부분에 대하여도 항소이유를 개진한 경우"에는 판결 전부에 대한 항소로 보아야 한다(위 91도1937).

ii) [2개의 형 선고] 형법 제37조 후단 경합범으로 2개의 형을 선고한 제1심 판결에 대하여, 피고인이 항소하면서, "비록 항소장에 그중 1죄에 대한 형만을 기재하고 나머지 1죄에 대한 형을 기재하지 아니하였다 하더라도, 항소이유서에서 나머지 1죄에 대하여도 항소이유를 개진한 경우에는 판결 전부에 대한 항소로 봄이 상당하다"(위 2004도3515).

[상소불가분과 상소심의 심판범위]

<table>
<tr><td colspan="2"></td><td colspan="4">재판의 불가분</td><td>재판의 가분
(=주문 가분)</td></tr>
<tr><td colspan="2" rowspan="3">죄수</td><td colspan="2">일죄</td><td colspan="3">수죄</td></tr>
<tr><td rowspan="2">단순1죄</td><td rowspan="2">포괄1죄</td><td rowspan="2">상상적 경합</td><td colspan="2">실체적 경합</td></tr>
<tr><td>1개형</td><td>주문 수개 (가분)</td></tr>
<tr><td colspan="2">일부 무죄</td><td colspan="3">이유 무죄</td><td>해당없음
(전부유죄)</td><td>주문 무죄</td></tr>
<tr><td rowspan="4">일부상소</td><td rowspan="2">불가분-가분 관계</td><td>불가분</td><td>불가분</td><td>불가분</td><td>불가분</td><td>가분</td></tr>
<tr><td colspan="4">= 주문 1개</td><td>= 주문 가분</td></tr>
<tr><td>일부상소 가부</td><td colspan="4">상소불가분원칙 적용</td><td>일부상소 허용</td></tr>
<tr><td>이심</td><td colspan="4">전부이심</td><td>일부이심[분리확정]*</td></tr>
<tr><td rowspan="3">심판범위</td><td>심판대상</td><td>전부</td><td>전부(△)</td><td>전부(△)</td><td>전부</td><td>일부</td></tr>
<tr><td rowspan="2">공방대상론 적용 여부 [편면적]</td><td rowspan="2">×</td><td>○</td><td>○</td><td rowspan="2">해당없음
(전부유죄)</td><td rowspan="2">해당없음[분리확정]
*후단 경합범
*과형 없는 판결
(불이익변경금지)</td></tr>
<tr><td colspan="2">[편면적] 공방대상 아닌
무죄부분 → 유죄? ×
유죄부분 → 무죄? ○</td></tr>
</table>

4. 상소심의 심판범위

(1) 일부상소가 허용되는 경우(경합범에서 수개 주문이 선고된 경우)

경합범의 수개 주문에 대해 **일부상소**를 한 경우에 상소심의 심판범위는 상소제기된 부분에 한정된다. 따라서 상소제기되지 않은 나머지 부분은 상소기간의 경과로 **분리 확정**되고, 상소제기된 부분에 대해서만 상소심이 심판할 수 있다. 상고심의 파기환송에 의해 사건을 환송받은 법원도 이미 확정된 부분은 심리할 수 없고, 일부상소된 부분만을 심리하여야 한다(대판 1990.7.24. 90도1033).

경합범에 대해 일부 유죄, 일부 무죄(=주문 무죄)가 선고된 경우 일부상소에 대한 상소심의 심판범위 문제를 세분하면 다음과 같다.

1) '피고인'만 (경합범의) **유죄부분에 대해 상소한 경우** 경합범의 일부 유죄, 일부 무죄에 대해 '피고인'만이 유죄부분에 대해 상소한 경우에는, 무죄부분은 **분리 확정**되고, **유죄부분만**이 상소심의 심판대상이 된다. 유죄부분에 대해 상소이유가 인정되는 경우에는 유죄부분만 파기하면 된다.

2) '검사'만 (경합범의) **무죄부분에 대해 상소한 경우** 경합범의 일부 유죄, 일부 무죄에 대해 '검사'만이 무죄부분에 대해 상소한 경우에도, 유죄부분은 이미 **분리 확정**되고, **무죄부분만**이 상소심의 심판대상이 된다[**일부이심-분리확정**]. 무죄부분에 대해 상소이유가 인정되는 경우에도 무죄부분만 파기하면 된다[**일부파기설**]. '일부파기설'이 현재의 다수설 및 판례이다. 이미 확정된 유죄부분에 대하여 상고심이 파기환송판결을 하는 것은 상소이론에 들어맞지 않기 때문이다. 즉, "경합범으로 동시에 기소된 사건에 대하여, 일부 유죄, 일부 무죄의 선고를 하거나, 일부의 죄에 대하여 징역형을, 다른 죄에 대하여 벌금형을 선고하는 등 **판결주문이 수개**일 때에는, 그 1개의 주문에 포함된 부분을 다른 부분과 분리하여 일부상소를 할 수 있는 것이고, 당사자 쌍방이 상소하지 아니한 부분은 **분리 확정**된다. 경합범 중 일부에 대하여 무죄, 일부에 대하여 유죄를 선고한 항소심 판결에 대하여 **검사만이 무죄 부분에 대하여 상고**를 한 경우, 피고인과 검사가 상고하지 아니한 유죄판결 부분은 상고기간이 지남으로써 확정되어, 상고심에 계속된 사건은 무죄판결 부분에 대한 공소뿐이라 할 것이므로, 상고심에서 이를 파기할 때에는 **무죄 부분만을 파기**할 수밖에 없다"(대판 1992.1.21. 91도1402 전합; 2010.11.25. 2010도10985).

그 결과 무죄 부분에 대해서는 다음과 같은 법적 효과가 발생한다. i) [형법 제37조 후단 경합범] 파기된 '무죄부분'은 분리 확정된 '유죄부분'과 관계에서 형법 제37조 후단의 경합범 관계가 문제될 수 있고, ii) [임의적 감면] 이 경우 형법 제39조 제1항에 따라 '그 형을 감경 또는 면제할 수 있다.' iii) [불이익변경금지 원칙과 과형 없는 판결] 또한 피고인만이 제1심 판결에 대해 항소한 사건이라면 불이익변경금지의 원칙(368 · 396)이 적용되어 '과형 없는 판결'을 선고해야 할 경우가 생긴다(위 91도1402 전합).[1)]

3) '쌍방'이 모두 일부상소하였으나 (무죄부분에 대한) '검사의 상소'만 이유 있는 경우 쌍방이 각각 일부만 상소한 경우 이는 각자에게는 일부상소이지만 전체로서는 전부상소이므로 판결 전부의 확정이 차단된다. 따라서 "쌍방이 상고를 제기하였으나, 유죄부분에 대한 피고인의 상고는 이유 없고, 무죄부분에 대한 검사의 상고만 이유 있는 경우, 항소심이 유죄로 인정한 죄와 무죄로 인정한 죄가 형법 제37조 전단의 경합범 관계에 있다면, 항소심판결의 유죄부분도 무죄부분과 함께 파기되어야 한다"(대판 2000.11.28. 2000도2123; 2009.12.10. 2009도1166). 1개의 형을 선고해야 하기 때문이다.

(2) 일부상소가 허용되지 않는 경우

일부상소가 허용되지 않는 경우 재판의 일부에 대한 상소는 상소불가분의 원칙상 불가분관계에 있는 전부에 효력이 미친다. 따라서 이 경우 일부상소라도 그 전부가 상소심으로 이심된다. 문제는 상소심의 심판범위인데, 그 전부가 상소심의 심판대상이 되는 것이 원칙이다. 다만, '공방의 대상에서 벗어나 사실상 심판대상에서도 이탈하게 되는' 예외가 있다('공방대상론').

(3) 1죄의 일부상소와 공방대상(이탈)론

상소심의 구체적 심판범위와 관련하여 이른바 공방대상(이탈)론이 문제된다. 공방대상(이탈)론이란, 1죄에 대해 일부 유죄, 일부 무죄 · 공소기각이 선고된 경우에, 상소과정에서 '공방(다툼)의 대상이 되지 아니한 무죄 · 공소기각 부분'은 상소심의 사실상 심판대상에서 이탈 내지 제외된다는 판례이론을 말한다. 즉, 1죄 가운데 '피고인만이 상소하여 공방의 대상이 되지 아니한 무죄 · 공소기각 부

1) 대판 1992.1.21. 91도1402 전합 [부녀매매죄(=㉮죄)와 윤락행위등방지법위반죄(=㉯죄)로 기소된 사건에서, 제1심이 모두 유죄로 인정하고 징역 1년을 선고하자, 피고인만이 항소하였다. 제2심은 ㉮죄는 무죄, ㉯죄는 유죄로 인정하고 징역 1년에 집행유예 3년을 선고하자, 검사만이 무죄부분에 대하여만 상고하였다. 상고심은 무죄부분(㉮죄)만 심판대상이며 유죄부분(㉯죄)은 이미 분리 확정되었다고 보고, 무죄부분(㉮죄)만 파기하였다. 환송심은 ㉮죄 부분을 유죄로 인정하고, 불이익변경금지 원칙에 따라 '과형 없는 판결'을 선고하였다.]

분'(=이유 무죄·공소기각) 또는 '검사가 상소하였으나 실질적으로 다투지 않는 무죄·공소기각 부분'(=이유 무죄·공소기각)은, "상소심에 이심되기는 하나, 이미 당사자 간의 공격방어의 대상으로부터 벗어나 '사실상' 심판대상에서부터도 이탈하게 되어, 상소심으로서도 그 무죄·공소기각 부분에까지 나아가 판단할 수 없다"는 판례이론이다. 이는 ㉠ 피고인 보호라는 관점에서 '포괄1죄'와 '과형상 1죄' 중 일부를 심판대상에서부터 제외함으로써 상소불가분 원칙의 적용범위를 제한하는 이론인데, 공방대상이 아닌 부분은 사실상 심판대상에서도 이탈된다는 의미에서 공방대상(이탈)론이라 한다. ㉡ 무죄·공소기각 부분만이 적용대상일 뿐 유죄부분은 그 적용대상이 아니라는 점에서 '편면적' 공방대상(이탈)론이라고도 한다. 한편, 이러한 판례이론에 대해, 상소불가분의 원칙에 반하고 편면적 이론구성으로 논리적 일관성이 없다는 비판(소극설)이 있다. 그러나 피고인의 방어권 보장과 피고인의 이익 보호를 위하여 공방대상이 아닌 '무죄·공소기각 부분'에 사실상 확정력을 인정하는 것은 충분히 합리성이 있다(피고인 보호의 원칙).

공방대상(이탈)론이 주로 문제되는 것은 일부상소가 '1죄의 일부'에 대한 경우이다. 이에 대한 상소심의 심판범위 문제를 세분하면 다음과 같다.

1) 단순1죄 단순1죄에 대해서는 공방대상(이탈)론이 적용되지 않는다(예: '3만원이 든 지갑 절취'의 공소사실에 대해 '1만원'부분만 무죄판단). 포괄1죄나 과형상 1죄와는 달리, 단순1죄는 그 단순성, 단일성 내지 불가분성의 특성으로 인하여 분할이 불가능하거나 현저히 곤란하기 때문이다. 따라서 피고인이 단순1죄 중 유죄부분만을 다투면서 일부상소한 경우 상소불가분의 원칙상 전부 이심되고 그 전부가 심판대상이 된다. 즉, 단순1죄의 무죄부분(=이유무죄)도 상소심의 심판대상이 되므로, "상소심은 **그 무죄부분에 대하여도** (유죄로) **심판할 수 있다**"(대판 1991.6.25. 91도884).[1)]

---

1) [단순1죄 사례] "(사안) 피고인이 피해자에 대하여 '피해자가 3개의 문서를 위조변조행사하였다'라고 고소함으로써 무고하였다는 공소사실에 대하여, 제1심이 그중 1개의 문서에 대한 고소부분만이 무고라고 보아 주문에 유죄의 선고를 하고, 나머지 2개의 문서에 대한 고소부분에 대하여는 이유 중 무죄의 설시를 하였다. 이에 대하여 피고인만이 항소하였으나 항소심이 공소사실을 단순일죄로 보고 제1심판결의 무죄부분까지를 심리의 대상으로 삼아 제1심판결을 파기하고 공소사실 전부에 대하여 유죄로 인정하면서 제1심과 동일한 형을 선고하였다. (판단) 이 경우 항소심판결에 항소심의 심판범위에 대한 법리오해의 위법이 없다."
[무고죄의 죄수] 무고죄의 죄수는 '피무고자를 기준'으로 한다. 국가의 심판기능은 사람마다 별도로 발생하고, (보호법익을 국가적 법익으로 보든 개인적 법익으로 보든) 1인에 대한 무고는 보호법익에 대한 1회의 침해이기 때문이다. 따라서 i) 한 개의 행위로 1인에 대하여 무고하면, 수개의 허위사실을 신고하더라도 단순 1죄가 성립한다(위 91도884). ii) 한 개의 행위로 동시

[단순1죄] 즉, "단순일죄의 관계에 있는 공소사실의 일부에 대하여만 유죄로 인정하고 나머지 부분에 대하여는 무죄로 판단한 제1심 판결에 대하여 피고인만이 항소하였더라도, 상소불가분의 원칙상 항소의 효력이 제1심 판결의 유죄부분과 무죄부분을 전부에 대하여 미치는 것이므로, 무죄부분을 포함한 공소사실 전부가 항소심에 이심되어 그 심판대상이 된다"(대판 1990.1.25. 89도478).

반면, 포괄1죄는 '행위'가 수개라는 점에서, 과형상 1죄는 '죄'가 수개라는 점에서, 각각 그 분할이 객관적으로 가능하고 또 용이한 측면이 있다. 단순1죄와는 달리, 포괄1죄나 과형상 1죄는 공방대상(이탈)론이 적용된다.

2) **포괄1죄** 포괄1죄에 대해서는 공방대상(이탈)론이 적용된다. 피고인이 일부상소한 경우에도 포괄1죄의 무죄부분(=이유무죄)은, 상소불가분의 원칙상 이심되기는 하나, 사실상 심판대상에서 벗어나게 된다. 따라서 상소심은 **그 무죄부분에 대하여 유죄를 선고할 수 없다**. 포괄1죄는 원래 '수개'의 행위이다.

[포괄1죄와 공방대상이탈: 대판 1991.3.12. 90도2820] (사안) 검사가 피고인의 공소장 1. 2. 3. 기재 각 절도범행에 대하여 상습절도의 포괄일죄로 기소하였고, 환송 전 원심판결은 그중 3.의 범행만에 대한 유죄판결을 선고하면서 1.2.의 범행에 대하여는 판결이유에서 무죄라고 판단하였다. 이에 대하여 피고인만이 상고를 한 결과 상고심에서 위 유죄부분을 인정할 만한 증거가 없다는 이유로 환송전 원심판결이 파기환송되자, 이를 환송받은 원심에서는 위 2.3.의 범행에 대하여는 무죄라고 판단하면서 당초 환송전 원심판결이 무죄로 판단하였던 1.의 범행을 다시 유죄로 인정하여 유죄판결을 선고하였다. (판단) 그러나 "환송 전 항소심에서 포괄일죄의 일부만이 유죄로 인정된 경우 그 유죄부분에 대하여 피고인만이 상고하였을 뿐 무죄부분에 대하여 검사가 상고를 하지 않았다면, 상소불가분의 원칙에 의하여 무죄부분도 상고심에 이심되기는 하나, 그 부분은 이미 당사자 간의 공격방어의 대상으로부터 벗어나 사실상 심판대상에서부터도 벗어나게 되어, 상고심으로서도 그 무죄부분에까지 나아가 판단할 수 없는 것이고, 따라서 (상고심으로부터 위 유죄부분에 대한 항소심판결이 잘못되었다는 이유로 사건을 파기환송받은) 항소심은 그 무죄부분에 대하여 다시 심리판단하여 유죄를 선고할 수 없다."

주의할 점은, 포괄1죄 중 일부 유죄부분에 대하여 피고인만이 항소한 경우에 유죄 이외에 **공소기각 부분**(=이유 공소기각)도 공방대상(이탈)론이 마찬가지로

에 수인을 무고하면, 수죄의 상상적 경합이 된다(대판 2008.12.11. 2008도8922).

적용된다는 것이다. 즉, "유죄 이외의 부분도 항소심에 이심되기는 하나, 그 부분은 이미 당사자 간의 공격방어의 대상으로부터 벗어나 사실상 심판대상에서부터도 이탈하게 되므로, 항소심으로서도 그 부분에까지 나아가 판단할 수 없다"(대판 2010.1.14. 2009도12934). 피고인의 이익 보호라는 목적은 같기 때문이다.

3) **과형상 1죄**(상상적 경합) 과형상 1죄에 대해서도 공방대상(이탈)론이 적용된다. 검사가 과형상 1죄의 무죄부분에 대해 일부상소한 경우에도 나머지 상소이유로 삼지 않은 무죄부분(=이유무죄)은, 상소불가분의 원칙상 이심되기는 하나, 사실상 심판대상에서 벗어나게 된다. 따라서 상소심은 그 무죄부분에 대하여 유죄를 선고할 수 없다. 상상적 경합은 실체법상 '수죄'이다.

[과형상 1죄와 공방대상이탈: 대판 2008.12.11. 2008도8922**]** (사안) 검찰관은 피고인에 대하여 공소외 1,2에 대한 무고죄로 공소를 제기하였는데, 환송 전 원심은 공소사실 전부에 대하여 무죄를 선고하였다. 이에 대하여 검찰관은 원심판결 전부에 대하여 상고를 제기하면서도 상상적 경합 관계에 있는 공소외 1,2에 대한 무고죄 중 공소외 2에 대한 무고죄 부분에 대하여는 상고이유로 삼지 아니하였다. 그런데 그 상고심은 공소외 1에 대한 일부 무고죄 부분을 유죄 취지로 파기하면서 공소외 1에 대한 일부 무고죄 부분과 일죄 또는 상상적 경합 관계에 있는 공소외 1에 대한 나머지 무고죄 부분 및 공소외 2에 대한 무고죄 부분까지 포함하여 환송 전 원심판결을 전부 파기환송하였다. 이에 환송 후 원심은 공소외 1에 대한 일부 무고죄 부분을 유죄로 인정하면서 당초 환송 전 원심이 무죄로 판단하였던 공소외 2에 대한 무고죄 부분을 다시 유죄로 인정하여 유죄판결을 선고하였다. (판단) "환송 전 원심에서 상상적 경합 관계에 있는 수죄에 대하여 모두 무죄가 선고되었고, 이에 검사가 무죄 부분 전부에 대하여 상고하였으나 그중 일부 무죄 부분(B)에 대하여는 이를 상고이유로 삼지 않은 경우, 비록 상고이유로 삼지 아니한 무죄 부분(B)도 상고심에 이심되지만 그 부분은 이미 당사자 간의 공격방어의 대상으로부터 벗어나 사실상 심판대상에서 이탈하게 되므로, 상고심으로서도 그 무죄 부분에까지 나아가 판단할 수 없다. 따라서 (상고심으로부터 다른 무죄부분(A)에 대한 원심판결이 잘못되었다는 이유로 사건을 파기환송 받은) 원심은 그 무죄 부분(B)에 대하여 다시 심리·판단하여 유죄를 선고할 수 없다."

4) **공방대상**(이탈)**론 유추: 명예훼손죄** 사실적시 명예훼손죄(형법307②)와 허위사실적시 명예훼손죄(형법307①)는 양립할 수 없는 관계에 있다. 양죄는 법정형의 경중에 차이를 둔 특이한 입법형식 때문에 매우 특이한 관계로 취급된다.[1]

즉, '사실적시 명예훼손죄'는 '허위사실적시 명예훼손죄'의 **축소범죄**와 유사하게 공소장변경 없이도 직권으로 인정 가능한 것으로 취급되는 한편, 양죄의 관계는 **'불가분적 1죄'**의 관계로서 무죄부분에 공방대상(이탈)론이 유추적용된다. 즉, 허위사실적시 명예훼손의 공소사실에 대해 무죄가 선고되고, 사실적시 명예훼손에 대해 유죄가 선고되자 피고인만이 유죄 부분(사실적시 부분)에 대해 항소한 경우, 그 전부가 상소심에 이심되지만(=상소불가분), 심판대상에서 벗어난 무죄 부분('허위사실적시' 부분)까지 상소심이 직권으로 심리하여 '유죄'를 선고할 수는 없다.

[명예훼손죄와 공방대상이탈(유추적용): 대판 2008.9.25. 2008도4740**]** (사안) 피고인은 '정보통신망을 통하여 공연히 허위의 사실을 적시하여 타인의 명예를 훼손하였다'는 공소사실에 의해 (정보통신망법 제70조) 제2항 위반죄로 기소되었는데, 제1심은 피고인이 '사실을 적시하여 타인의 명예를 훼손한 것'으로 보아 제1항 위반의 점만을 유죄로 인정하여 벌금형을 선고하면서, 나머지 허위사실적시에 의한 명예훼손죄 부분에 대하여는 판결에 아무 이유를 기재하지 아니하였다. 이는 제1심이 허위사실적시에 의한 명예훼손 부분을 무죄로 판단하면서도, 판결이유에서 그 부분의 설시를 누락한 것으로 보인다. 이에 대해 피고인만이 유죄 부분에 대하여 항소하고 검사는 위 무죄 부분에 대하여 항소하지 아니하였다. (판단) 피고인만이 유죄 부분에 대하여 항소하고 검사는 무죄로 판단된 부분에 대하여 항소하지 아니하였다면, 비록 그 죄 전부가 피고인의 항소와 상소불가분의 원칙으로 인하여 항소심에 이심되었다고 하더라도, **무죄 부분은 심판대상이 되지 않는다.** 따라서 그 부분에 관한 제1심판결의 위법은 형사소송법 제361조의4 제1항 단서의 '직권조사사유' 또는 제364조 제2항에 정한 '항소법원은 판결에 영향을 미친 사유에 관하여는 항소이유서에 포함되지 아니한 경우에도 직권으로 심판할 수 있다'는 경우에 해당하지 않으므로, 항소심법원이 직권으로 심판대상이 아닌 무죄 부분까지 심리한 후 이를 유죄로 인정하여 법정형이 보다 무거운 법조를 적용하여 처벌하는 것은 피고인의 **방어권 행사에 불이익**을 초래하는 것으로서 허용되지 않는다. 이는 제1심판결에 무죄로 판단된 부분에 대한 이유를 누락한 잘못이 있더라도 동일하다. 이에 대해 피고인만이 유죄 부분에 대하여 항소하고 검사는 위 무죄 부분에 대하여 항소하지 아니하였으므로 결국, **무죄**로 판단된 법 제61조 제2항 위반죄 부분은 항소심의 **심판대상에서 벗어났다.**

5) 공방대상(이탈)론의 배제 공방대상(이탈)론은 '포괄1죄' 또는 '과형상 1

1) 정보통신망을 통한 명예훼손죄의 경우도 같다. 즉, 정보통신망법 제70조 제1항('사실적시' 명예훼손) 및 제2항('허위사실적시' 명예훼손) 위반죄의 관계에도 같은 법리가 적용된다.

죄'에서 공방대상이 아닌 '무죄부분·공소기각부분'에 국한하여 적용된다. 따라서 그 밖의 경우에는 공방대상(이탈)론의 적용이 없다.

i) [주위적·예비적 공소] 주위적·예비적 공소에는 공방대상(이탈)론이 적용되지 않는다. 즉, "예비적 공소사실만 유죄로 인정되고 그 부분에 대하여 피고인만 상소하였다고 하더라도, 주위적 공소사실까지 함께 상소심의 심판대상에 포함된다"(대판 2006.5.25. 2006도1146).[1] ii) [택일적 공소] 택일적 공소에는 공방대상(이탈)론이 적용되지 않는다. "택일적으로 공소제기된 범죄사실 가운데 제1심판결에서 유죄로 인정된 이외의 다른 범죄사실이라도, 당연히 항소심의 심판대상이 된다"(대판 1975.6.24. 70도2660).

iii) [유죄부분] 포괄1죄·과형상 1죄의 경우에서도 '검사'만이 무죄부분에 대해 일부상소한 경우 그 '유죄부분'은 공판대상(이탈)론이 적용되지 않는다[편면적]. 즉, 유죄부분도 이심되고 또 심판대상이 된다. 따라서 상소심은 그 유죄부분에 대하여 직권으로 심판하여 '무죄'를 선고할 수 있다. 즉, ㉠ "포괄적 일죄의 관계에 있는 공소사실 중 일부 유죄, 나머지 무죄의 판결에 대하여, 검사만이 무죄부분에 대한 상고를 하고 피고인은 상고하지 아니하더라도, 상소불가분의 원칙상 검사의 상고는 그 판결의 유죄부분과 무죄부분 전부에 미치는 것이므로 유죄부분도 상고심에 이전되어 그 심판대상이 된다"(대판 1989.4.11. 86도1629). 또한, ㉡ "상상적 경합관계에 있는 두 죄에 대하여 한 죄는 무죄, 한 죄는 유죄가 선고되어 검사만이 무죄부분에 대하여 상고하였다 하여도 유죄부분도 상고심의 심판대상이 되는 것"이다(대판 2005.1.27. 2004도7488).[2] 공방대상(이탈)론은 원칙적으로 피고인의 방어권 보장과 이익 보호를 위한 것이므로, 공방대상이 아닌 유죄부분은 여전히 심판대상에 포함시키는 것이 피고인에게 유리하기 때문이다.

iv) [단순1죄 등] '단순1죄'의 경우에는 그 적용이 없다. 경합범에 대해 1개

---

1) [상고심에서 예비적 공소사실 파기] "이때 상고심이 예비적 공소사실에 대한 원심판결이 잘못되었다는 이유로 원심판결을 전부 파기환송한다면, 환송 후 원심은 예비적 공소사실은 물론 이와 동일체 관계에 있는 주위적 공소사실에 대하여도 이를 심리·판단하여야 한다"(대판 2023.12.28. 2023도10718).

2) "공소사실 중 일부에 대하여는 유죄를, 실체적 경합관계에 있는 일부에 대하여는 무죄를 각 선고하고, 그 유죄 부분과 상상적 경합관계에 있는 다른 일부에 대하여는 무죄임을 판시하면서 주문에 별도의 선고를 하지 않은 항소심판결에 대하여, 검사가 무죄 부분 전체에 대하여 상고를 한 경우 그 유죄 부분은 형식상 검사 및 피고인 어느 쪽도 상고한 것 같아 보이지 않지만 그 부분과 상상적 경합관계에 있는 무죄 부분에 대하여 검사가 상고함으로써 그 유죄 부분은 그 무죄 부분의 유·무죄 여하에 따라서 처단될 죄목과 양형을 좌우하게 되므로, 결국 그 유죄 부분도 함께 상고심의 판단대상이 된다"(위 2004도7488).

형이 선고된 경우에도 무죄부분이 없는 이상 그 적용이 없다(前述).

(4) 죄수판단의 변경

원심이 두 개의 공소사실을 '경합범'으로 보고 일부 유죄, 일부 무죄(=주문무죄)를 선고하였는데, 당사자 일방만의 일부상소에 대한 상소심의 **심리 결과**, 두 공소사실이 **'1죄'**(단순1죄, 포괄1죄, 과형상 1죄)로 판명된 경우에 상소심의 심판범위가 문제된다. 즉, 상소되지 않은 나머지 부분도 상소심이 심판할 수 있는지 여부이다. 이에 대해 '원심의 판단에 따라' 나머지 부분은 분리 확정된다는 견해(일부이심설)와 '상소심의 판단에 따라' 모두 이심되고 모두 심판대상이 된다는 견해(전부이심설)가 대립한다. 소송의 동적·발전적 성격과 피고인의 이익 보호를 어느 정도 고려할 것인가에 달려 있다.

1) **'피고인'만 유죄부분에 대해 상소한 경우** 통설에 따르면, 원심의 무죄부분은 (분리) 확정되고 **유죄부분만**이 상소심의 심판대상이 된다[**'일부이심설'**]. 소송의 동적·발전적 성격에 부합하고, 특히 피고인 보호에도 부합하기 때문이다(피고인 보호의 원칙). 이에 대한 판례는 아직 없다.

2) **'검사'만 무죄부분에 대해 상소한 경우** 이 경우에도 일부이심설의 논리를 일관하자면, 유죄부분은 (분리) 확정되고 무죄부분만이 상소심의 심판대상으로 된다. 그러나 이러한 결론은 피고인에게 불리하다. 따라서 이 경우에는 (검사가 상소한) 무죄부분뿐만 아니라 **유죄부분도** 또한 상소심의 심판대상이 된다는 것이 통설의 입장이다[**'전부이심설'**]. 소송의 동적·발전적 성격 내지 형식적 확실성을 다소 희생하더라도, 피고인 보호의 목적을 실현하는 것이 중요하기 때문이다. 즉, '의심스러울 때에는 자유의 이익으로'(in dubio pro libertate)라는 원칙이 근거가 되는 것이다. 판례도 같다. "원심이 두 개의 죄를 경합범으로 보고 한 죄는 유죄, 다른 한 죄는 무죄를 각 선고하자, 검사가 무죄부분만에 대하여 불복상고하였다고 하더라도, 위 두 죄가 상상적 경합관계에 있다면 **유죄부분도** 상고심의 심판대상이 된다"(대판 1980.12.9. 80도384 전합).

[수개의 판결주문에 대한 전부상소와 상소심의 파기범위] "경합범 관계에 있는 공소사실 중 일부 유죄, 일부 무죄를 선고하여 판결주문이 수개일 때, 검사가 판결 전부에 대하여 상소하였는데 상소심에서 이를 파기할 때에는, 유죄 부분과 파기되는 무죄 부분이 형법 제37조 전단의 경합범 관계에 있어 하나의 형이 선고되어야 하므로, 유죄 부분과 파기되는 무죄 부분을 함께 파기하여야 한다. 그러나 하나의 형을 선고하기 위해서 파기하는 경우를 제외하고는, 경합범의 관계에 있는 공소사실이라도, 개별

적으로 파기되는 부분과 불가분의 관계에 있는 부분만을 파기하여야 한다"(대판 2022.1.13. 2021도13108).[1]

Ⅳ. 불이익변경금지의 원칙

1. 의의

1) 뜻　불이익변경금지의 원칙이란, 피고인이 상소한 사건 또는 피고인을 위하여 상소한 사건에 대해서는 상소심이 원심판결의 형보다 무거운 형을 선고할 수 없다는 원칙을 말한다(368·396). 이 원칙은 일체의 불이익한 변경을 금지하는 것이 아니라 원심판결의 형보다 무거운 형으로의 변경만을 금지하는 것이다[중형변경금지 원칙]. 항소심판결이 이 원칙을 위반하면 상고이유가 되고(383 i), 확정판결이 이 원칙을 위반하면 비상상고할 수 있다(441).

2) 근거　이 원칙은 피고인이 중형변경의 위험 때문에 상소제기를 단념하는 사태를 방지함으로써 피고인의 상소권을 보장하려는 정책적 배려에서 도입된 제도이다[정책적 배려설](대판 1964.9.17. 64도298 전합).

2. 적용범위

(1) '피고인이' 또는 '피고인을 위하여' 상소한 사건

1) '피고인이' 상소한 사건　이 원칙은 피고인이 상소한 사건에 적용된다. i) (피고인만) 이는 피고인만이 상소한 사건을 말하는 것으로, 상소이유가 사실오인이든 법령위반이든 양형부당이든 관계없다. 따라서 검사만 상소한 사건이나 검사와 피고인 쌍방이 상소한 사건에는 이 원칙이 적용되지 않는다. 물론 "검사만 항소한 경우 항소법원은 직권으로 양형부당 여부를 심판할 수 있고, 제1심보다 가벼운 형을 선고할 수 있다"(대판 2010.12.9. 2008도1092). ii) (실질) "쌍방이 항소하였으나 검사가 항소이유서를 제출하지 아니하여 결정으로 항소를 기각하여야 하는 경우에는 실질적으로 피고인만이 항소한 경우와 같게 되므로, 이 원칙이 적용된다"(대판 1998.9.25. 98도2111).

iii) (피고인만 항소→검사 상고) 피고인만 항소한 제2심 판결에 대해 검사가 상

---

1) 예컨대, 경합범 관계에 있는 공소사실 중 일부 무죄와 일부 공소기각이 주문에서 각각 선고된 경우 양자는 불가분의 관계가 아니므로 각 부분을 개별적으로 판단해야 한다(그런데도 항소심이 공소기각 부분을 파기하면서, 불가분의 관계가 아닌 무죄 부분도 '함께 파기'하는 것은 잘못이며, 이는 결국 무죄 부분에 대해서는 판단을 누락한 것이 된다).

고한 경우 이 원칙이 적용된다(대판 1957.10.4. 4290형비상1). 항소심의 잘못으로 피고인이 불이익을 받는 것은 상소권보장이라는 이 원칙의 취지에 반하기 때문이다. 따라서 상고심이나 환송 후의 항소심에서는 제1심 판결의 형보다 중한 형을 선고할 수 없다. iv) (실질) 쌍방이 상고하였으나 검사의 상고가 판결로 기각되는 경우에도 피고인만 상소한 경우와 같다"(대판 1969.3.31. 68도1870).

2) '피고인을 위하여' 상소한 사건 ㉠ 상소대리권자(340·341), 즉 피고인의 법정대리인·배우자·직계친족·형제자매, 원심의 대리인·변호인 등이 피고인을 위하여 상소한 경우, ㉡ 검사가 피고인의 이익을 위하여 상소한 경우(대판 1971. 5.24. 71도574)를 말한다. 양자를 달리 취급할 이유가 없다.

(2) 상소사건

이 원칙은 피고인의 상소권보장을 위한 것이므로 상소사건, 즉 항소심과 상고심의 재판에 적용된다. 항고사건에 대해서는 견해가 대립하나, 명문의 규정이 없고 항고심에서 형을 선고하는 경우가 없으므로 소극설이 타당하다(다수설).

1) 파기환송 또는 파기이송사건 이 원칙은 파기환송·이송사건에도 적용된다. 파기환송 또는 이송받은 법원은 원판결을 계속 심리하는 것이므로 상소심이라고 할 수는 없다. 그러나 파기자판 또는 파기환송·이송의 판결은 우연에 의해서 좌우되는 것이고, 이 원칙의 적용을 부정한다면 피고인의 상소권보장이라는 취지에 반하기 때문이다. 즉, "피고인만의 상고에 의한 상고심에서 원심판결을 파기하고 사건을 항소심에 환송한 경우 이 원칙은 환송 전 원심판결과의 관계에서도 적용되어, 환송 후 원심법원은 파기된 항소심판결보다 중한 형을 선고할 수 없다"(대판 2006.5.26. 2005도8607; 2021.5.6. 2021도1282).

2) 재심사건 "재심에는 원판결의 형보다 중한 형을 선고하지 못한다"(439). 이는 그 성격이 상소사건의 경우와 다르다. 확정판결의 오류로부터 피고인의 이익을 보호하려는 재심제도의 본질에서 유래된 것이다.

3) 정식재판청구사건(특칙) 약식명령이나 즉결심판에 대한 정식재판의 청구는 상소가 아니므로, 약식명령 등과의 관계에서 그 제1심 재판에는 이 원칙이 적용되지 않는다. 다만, 약식명령에 대한 피고인의 정식재판청구권을 보장하기 위해 형종상향금지 원칙(457의2①)이 규정되어 있다. 이는 즉결심판에 대한 정식재판청구사건에도 준용된다(즉심법19).[1] 다음의 설명은 즉결심판에도 그대로 적용된다.

---

1) "즉결심판에 대하여 피고인만이 정식재판을 청구한 사건에 대하여도, 즉결심판에관한절차법 제19조의 규정에 따라 형사소송법 제457조의2 규정을 준용한다"(대판 1999.1.15. 98도2550).

i) (형종상향 금지) "피고인이 정식재판을 청구한 사건에 대하여는 약식명령의 형보다 중한 종류의 형을 선고하지 못한다"(457의2①)[2017. 12.19. 시행]. ii) (같은 형종의 중형변경은 허용) 형종의 상향만 금지될 뿐이고, 형종의 상향만 아니라면 중형변경은 허용된다. 따라서 약식명령의 벌금형보다 중한 벌금형을 선고하는 것은 형종상향금지 원칙에 반하지 않는다(대판 2003.5.13. 2001도3212 참조).[1] 다만, 양형이유의 필요적 기재라는 제한이 따른다. 즉, "피고인이 정식재판을 청구한 사건에서 약식명령의 형보다 중한 형을 선고하는 경우에는 판결서에 양형의 이유를 적어야 한다"(동②).

iii) (약식 정재사건과 정식기소사건의 병합) 문제는 벌금형의 약식명령에 대한 정식재판청구 사건과 이와 별개로 공소제기된 정식기소 사건을 병합하여 심리한 후 경합범으로 처단하는 경우이다. 이때 벌금형이 아니라 징역형을 선고하는 것은 형종상향금지의 원칙(457의2①)에 위반된다. 예컨대, 정식재판청구사건(교통사고처리특례법위반, 벌금 350만원)과 정식기소사건(음주운전)을 병합하여 징역 6월의 형만을 선고한 것은 위법하다(대판 2004.11.11. 2004도6784 참조). 이는 벌금형이 없어진 것이 아니라 징역형으로 바뀌어 그 일부로 변경된 것으로 볼 수 있기 때문이다. 따라서 정식기소사건에 대해 징역형을 선고하는 경우 약식정재사건에 대해서는 벌금형이 선고되어야 한다(2개 주문).

한편, 정재청구사건의 제1심 판결에 대한 상소사건에서는 물론 원판결에 대한 관계에서 당연히 불이익변경금지 원칙이 적용된다.

3. 불이익변경금지의 내용

(1) 불이익변경금지의 대상

1) 형의 선고(중형변경금지) 불이익변경이 금지되는 것은 '형의 선고'에 한한다. '선고형'이 중하게 변경되지 않는 한, 사실인정·법령적용·죄명선택·죄수 등 피고인에 대한 책임판단내용이 중하게 변경되더라도, 이 원칙에 반하지 않는다. 즉, ㉠ 사실인정의 내용이 불이익하게 변경되거나(대판 1989.6.13. 88도1983),[2] ㉡

1) 만일 불이익변경금지의 원칙상 '법정형에 없는 벌금형'을 선고하게 되는 경우에는 벌금형의 상향은 불가능하다고 본다(대판 2013.2.28. 2011도14986 참조).

2) 단순일죄인 무고죄의 공소사실의 일부에 대하여만 유죄로 인정한 제1심 판결에 대하여 피고인만이 항소한 경우, 그 항소는 그 일죄의 전부에 미쳐서 항소심은 무죄부분에 대하여도 심판할 수 있으므로, 항소심이 제1심 판결을 파기하고 공소사실 전부에 대하여 유죄로 인정하면서 제1심과 동일한 형을 선고한 경우 불이익변경금지원칙에 위반되지 않는다(대판 1991.6.25. 91도884).

죄명이나 적용법조가 불리하게 변경된 경우(대판 1981.12.8. 81도2779; 2013.2.28. 2011도14986: 사문서위조 및 행사에 대해 사서명위조 및 행사의 사실 추가), ㉢ 선택형이 불리하게 변경된 경우(대판 1999.2.5. 98도4534) 또는 ㉣ 1죄를 경합범으로 검사가 공소장변경하는 경우(대판 1984.4.24. 83도3211)라도, '선고형'이 중하게 변경되지 않는 이상 이 원칙에 반하지 않는다(다만, 상소심이 '직권으로' 상상적 경합을 실체적 경합으로 인정하는 것은, 불이익변경금지 원칙상 허용되지 않는다).[1] 또한 이 원칙이 반드시 원심보다 가벼운 형을 선고하라는 뜻은 아니므로, ㉤ 제1심이 인정한 범죄사실의 일부를 무죄로 하면서도 항소심이 제1심과 동일한 형을 선고하는 것(대판 2003.2.11. 2002도5679; 위 2021도1282), ㉥ 경합범 인정을 위법이라 파기하고 1죄로 처단하면서도 같은 형을 선고하는 것(대판 1966. 10.18. 66도567) 역시 허용된다.

그리하여 i) [법정형에 없는 형] 법정형에 없는 형 또는 법정형의 하한보다 경한 형이 선고되는 경우가 발생한다. 예컨대, ㉠ 벌금형이 선고된 절도범에게 상소심에서 (공소장변경으로) 강도죄가 인정되는 경우, ㉡ "사문서위조 · 행사에 대해 벌금형이 선고되었으나 그 후 (공소장변경으로) 사서명위조 · 행사의 범죄사실이 인정되는 경우[2] 비록 법정형에 유기징역형만 있더라도 이 원칙이 적용되어 벌금형을 선고할 수 있다"(위 2011도14986 참조)[일종의 '강제적 양형규정']. ii) [과형 없는 판결] 경합범에 대해 모두 유죄가 인정되어 1개 형이 선고된 제1심 판결(징역 1년)에 대해 피고인만이 항소한 후 항소심에서 경합범에 대해 일부 유죄(징역 1년에 집행유예 3년)와 일부 무죄가 선고된 경우 판결주문이 수개(가분)인 경우이므로, 일부상소가 가능하고 쌍방이 상소하지 아니한 부분은 분리 확정된다. 이 때 검사만이 무죄 부분에 대하여 상고하였다면, 유죄 부분은 이미 확정되고 상고심에 계속된 사건은 무죄 부분에 한정된다(위 91도1042 전합). 나아가 무죄 부분이 파기환송된 경우 환송받은 법원은 어떠한 형을 선고하더라도 제1심 판결의 형을 불이익하게 변경하는 경우가 된다. 제1심 판결과의 관계에서 불이익변경금지 원칙상 '추가 형을 선고할 여지가 없는 경우' 환송받은 법원은 '피고인에 대하여 형을 선고하지 아니한다'는 주문을 선고할 수밖에 없다(대판 2015.10.29. 2012

1) [죄수판단의 불리한 직권 변경(불허)과 불이익변경금지 원칙] 원심이 실체적 경합인 두 죄를 상상적 경합으로 보고 형을 선고하였는데, 피고인만 상고한 경우 죄수 판단이 잘못되었지만 불이익변경금지 원칙상 (직권으로) 원심을 파기할 수 없다(대판 2022.9.7. 2022도6993). 이를 실체적 경합관계로 볼 경우 피고인의 죄수가 증가하여 오히려 불리한 결과가 초래되는데, 피고인만이 상고한 이상 불이익변경금지 원칙이 적용되기 때문이다.

2) 이 경우 공소사실의 동일성이 있으므로 "불이익변경금지의 원칙 등을 이유로 이 사건 공소장변경허가신청을 불허할 것은 아니다"(위 2011도14986).

도2938 참조).[1)]

2) 형의 범위　여기서 형은, 형법 제41조에 규정된 형에 국한되지 않고, 실질적으로 피고인에게 형벌과 같은 불이익을 주는 처분은 모두 포함된다(다수설). 다만 문제되는 경우가 있다. i) (소송비용 부담 추가) 소송비용의 부담은 형이 아니므로 소송비용의 부담을 추가해도 불이익변경금지원칙에 위배되지 않는다. "소송비용의 부담은 형이 아니고 실질적인 의미에서 형에 준하여 평가되어야 할 것도 아니므로 이 원칙의 적용이 없다"(대판 2008.3.14. 2008도488). 항소심에서 추가적으로 제1심의 소송비용의 부담을 명하는 것도 허용된다. ii) (보안처분) 치료감호는 치료에 중점이 있으므로, 이론적으로는 피고인에게 유익한 것이 되어 이를 추가해도 이 원칙에 위배되지 않는다. 그리고 피고인만이 항소한 경우라도 "항소심에서 처음 청구된 검사의 부착명령청구에 기하여 부착명령을 선고하는 것은 허용된다"(대판 2010. 11.25. 2010도9013, 2010전도60). 반면, 보안처분이지만 실질적으로 신체적 자유를 제한하는 것(예: 이수명령 등)은 이 원칙의 적용대상이 된다(대판 2015.9.15. 2015도11362).

(2) 불이익변경의 판단기준

형사소송법상 불이익변경의 판단기준에 대한 명문의 규정은 없다. 통설과 판례는 일단 형법 제50조를 기준으로 하되, 주문을 전체적·실질적으로 고찰하여 피고인의 자유구속과 법익박탈의 대소를 종합적으로 고려하여 불이익변경 여부를 판단한다[**전체적·실질적 고찰방법**]. 즉, "선고된 형이 피고인에게 불이익하게 변경되었는지 여부는 **일단 형법상 형의 경중을 기준**으로 하되, 한 걸음 더 나아가 **병과형이나 부가형, 집행유예, 노역장 유치기간 등 '주문' 전체를 고려**하여 피고인에게 실질적으로 불이익한가에 의하여 판단하여야 한다"(대판 2009. 12.24. 2009도10754; 2013.12.12. 2012도7198).

일반적으로 형의 경중은 형법 제41조 각호의 순서(사형, 징역, 금고, 자격상실, 자격정지, 벌금, 구류, 과료, 몰수)에 따른다. 다만 무기금고와 유기징역은 '무기금고'를 무거운 것으로 하고, 유기금고의 장기가 유기징역의 장기를 초과하는 때에는 '유기금고'를 무거운 것으로 한다(형법50①). 같은 종류의 형은 장기가 긴 것과 다액이 많은 것을 무거운 것으로 한다(동②).

---

1) 확정판결이 금고 이상의 형에 처한 판결인 경우에는 형법 제37조 후단의 경합범에 해당하므로, 형법 제39조 제1항에 의하여 [형의 '면제']를 선고하는 것도 가능하다.

4. 불이익변경 여부: 구체적 비교

(1) 형 · 부수처분의 추가

상소심에서 같은 종류의 형을 선고하면서 **형량을 증가**하는 것은 불이익한 변경에 해당한다. 문제는 원심판결의 기존 형에다가 **다른 형** 또는 **부수처분**을 새로 **추가**하는 경우이다.

첫째, 형 · 부수처분을 새로 추가하는 경우이다. i) 원심판결의 형을 그대로 '유지'하면서 그 이외에 다른 형 · 부수처분을 새로 추가하는 것은 금지된다(대판 2012.9.27. 2012도8736). ii) 그 형을 '감경'하면서 새로 추가하는 것은 주문 전체를 고려하여 피고인에게 실질적으로 불이익한가에 따른다[전체 고려].

구분		종전의 형	변경된 형	허용 여부	비고
형 추가	i) 주형 동일	벌금 500만원	벌금 500만원 + 이수명령	× (불이익)	2012도8736
		징역 2년/집유 3년	징역 1년/집유 2년 및 징역 1년/집유 2년 + 40시간 수강명령	×	2016도15961
	ii) 주형 감경	징역 3년/집유 5년	징역 8월/집유 1년 + 자격정지 1년	×	84도1958
		징역 5년	징역 4년 + 벌금 150만원	○ (허용)	93도2711
		징역 2년/집유 3년 + 추징 5억원	징역 1년/집유 2년 + 추징 6억원	○	96도2850
		징역 1년(선고유예)	벌금 4,000만원(선고유예) + 추징 1,600만원(선고유예)	○	97도1716전합

둘째, **집행유예**를 새로 붙이는 경우에는 주문 전체를 고려하여 실질적으로 판단한다. i) 주형을 '중하게' 하면서 집행유예를 새로 붙이는 것은 금지된다[**주형가중 집행유예추가**(금지)]. 다만, 금고형의 형기를 그대로 징역형으로 바꾸면서 집행유예를 새로 붙이는 것은 예외적으로 허용된다(대판 2013.12.12. 2013도6608). ii) 주형을 그대로 '유지'하면서 집행유예를 새로 붙임과 동시에 다른 형을 새로 추가하는 것은 (집행유예를 새로 붙였다 하더라도) 원칙적으로 금지된다[집행유예 · 벌금형 추가(금지): 주형기준]. 다만, 부가형을 추가하거나 사회봉사명령을 추가하는 것은 허용된다고 한 사례가 있다.[1] iii) 주형을 '감경'하면서 집행유예를 새로 붙임과

1) [집행유예 추징 추가] 실형을 (형기 변화 없이) 집행유예로 변경하여 선고한 경우 '추징'(이는 벌금과 같은 본형이 아니라 부가형)을 새로 추가하더라도 피고인에게 불이익이 아니라고 한

동시에 다른 형을 새로 추가하는 것은 원칙적으로 허용된다.

<table>
<tr><th colspan="3">구분</th><th>종전의 형</th><th>변경된 형</th><th>허용 여부</th><th>비고</th></tr>
<tr><td rowspan="6">집유추가</td><td rowspan="2">i) 주형 가중</td><td rowspan="2"></td><td>(원칙)</td><td></td><td>× (불이익)</td><td></td></tr>
<tr><td>(예외) 금고 5월</td><td>징역 5월/집유 2년</td><td>○ (허용)</td><td>2013도6608</td></tr>
<tr><td rowspan="3">ii) 주형 유지</td><td>집유·벌금 추가</td><td>징역 1년6월 + 추징</td><td>징역 1년6월/집유 3년 + 추징 + 벌금 5,000만원</td><td>× (주형기준)</td><td>2012도7198</td></tr>
<tr><td>집유·추징 추가</td><td>징역 1년</td><td>징역 1년/집유 2년 + 추징 450만원</td><td>○ (불리 아님)</td><td>99도5181</td></tr>
<tr><td>집유·봉사 추가</td><td>징역 6월</td><td>징역 6월(집유2년) + 사회봉사명령</td><td>○ (불리 아님)</td><td>2006도4741</td></tr>
<tr><td>iii) 주형 감경</td><td>집유·벌금 추가</td><td>(원칙)</td><td></td><td>○</td><td></td></tr>
</table>

(2) 형종의 변경

형의 종류를 중하게 변경하는 것은 금지된다.

1) 징역형과 금고형 형기를 비교한다. 문제는 '금고형→징역형'의 변경인데, 이 경우 형기를 '짧게' 하는 것은 허용되나, 형기를 '길게' 하거나 '그대로' 하는 것은 금지된다. 다만 형기를 '그대로' 하면서 '집행유예'를 새로 붙이는 것은 허용된다(위 2013도6608)(금고 5월 → 징역 5월/집유 2년: 허용).

2) 자유형과 벌금형 i) 자유형을 벌금형으로 변경하는 것은 허용되나, 그 반대의 경우는 금지된다(대판 1990.9.25. 90도1534). ii) 자유형을 벌금형으로 변경하는 경우에는 비록 노역장유치기간이 자유형의 기간을 초과한다 하더라도 허용된다(대판 2000.11.24. 2000도3945). "벌금형이 형법상 징역형보다 가벼운 형"이기 때문이다(대판 1980.5.13. 80도765). iii) 벌금형을 구류형으로 변경하는 것도 허용된다. 벌금형(즉결심판) →"벌금형의 환형유치기간보다 더 긴 구류형"도 허용된다(대판 2002. 5.28. 2001도1531). iv) 징역·벌금 병과사건에서 "징역형의 형기가 단축되었

드문 사례로, [징역 1년(실형) → 징역 1년(집행유예 2년) + 450만원 **추징**(새로 추가)(허용)](대판 2000.2.11. 99도5181: 비공개)[**전체 고려-불리 아님**].

[집행유예 봉사명령 추가] 집행유예를 새로 붙이면서 사회봉사명령을 추가하는 것을 허용한 사례로는, [징역 6월(실형) → 징역 6월(집행유예 2년) + 사회봉사명령(새로 추가):(허용)](대판 2006.9.8. 2006도4741: 비공개)[**전체 고려-불리 아님**].

다면, 벌금형의 액수가 같고 벌금형의 환형유치기간이 길어졌다 하더라도 허용된다”(대판 1994.1.11. 93도2894)[주형비교－감소].

반면, 벌금형의 경우 i) [벌금액 동일: 환형유치기간 증가(금지)] 벌금액은 그대로 ‘유지’하면서 환형유치기간을 ‘길게’ 하는 것은 금지된다(추징금이 감액되었더라도 마찬가지이다. 대판 1976.11.23. 76도3161). 그러나 ii) [벌금액 감경: 환형유치기간 증가(허용)] 벌금액을 ‘감경’하면서 환형유치기간을 길게 하는 것은 허용된다(위 2000도3945)[주형비교－감소]. 노역장유치는 환형처분으로서 벌금미납의 경우에만 집행되는 보충적 집행방법이기 때문이다.

구분		종전의 형	변경된 형	허용 여부	비고
i) 자유형→벌금		징역 10월/집유 2년	벌금 1,000만원	○ (허용)	90도1534
	(형기 ≤ 유치기간	벌금 1억5,000만원(1일 15만원)	벌금 3,980만원 (1일 5만원)	○	2000도3945
ii) 벌금→구류		벌금	구류	○	2001도1531
iii) 징역·벌금 병과	형기단축·유치기간 증가	징역 1년 + 벌금 500만원(1일 2만원)	징역 10월 + 벌금 500만원 (1일 1만원)	○ (형기 단축)	93도2894
iv) 벌금→벌금	벌금동일·유치기간 증가	징역 2년/집유 3년 + 벌금 50만원(1일 2,500원)	집유 유지 + 벌금 50만원 (1일 1,000원)	× (불이익) (유치기간 300일 증가)	76도3161
	벌금감액·유치기간 증가	벌금 1억 5,000만원(1일 15만원)	벌금 3,980만원 (1일 5만원)	○ (주형감소) (유치기간 204일 증가)	2000도3945

(3) 부정기형(중간형)과 정기형

피고인이 제1심판결 선고 당시 소년에 해당하여 부정기형을 선고받은 다음, 피고인만이 항소한 항소심에서 성년에 이르러 제1심의 부정기형을 정기형으로 변경해야 할 경우에, 불이익 여부를 판단하는 기준은 ‘부정기형의 장기와 단기의 **중간형**’이다[중간형표준설]. 부정기형과 실질적으로 동일하다고 평가될 수 있는 정기형을 특정하는 문제는 ‘정도’의 문제라는 전제 하에, “부정기형과 실질적으로 동일하다고 평가될 수 있는 정기형은, 부정기형의 장기와 단기의 **정중앙에 해당하는 형**(예: 징역 장기 4년, 단기 2년의 부정기형의 경우 징역 3년의 형. ‘중간형’이라 한다)이다”(대판 2020.10.22. 2020도4140 전합)라는 것이다.[1)]

1) 종래 단기표준설(부정기형의 단기를 기준으로 불이익 여부를 판단)을 변경하였다. 단기표준설

(4) 집행유예

집행유예는 비록 형은 아니지만 형의 내용을 실질적으로 좌우하는 것이므로 형의 경중 비교에서 중요한 요소가 된다.

1) 집행유예 박탈 집행유예 판결에 대해 집행유예를 '없애'거나, 형기를 '짧게' 하면서 집행유예를 '없애'는 것도 금지된다[주형감축 실형(금지)].[1)]

<table>
<tr><th colspan="2">구분</th><th>종전의 형</th><th>변경된 형</th><th>허용 여부</th><th>비고</th></tr>
<tr><td rowspan="2">1)
집유 박탈</td><td rowspan="2">주형감축·
집유박탈(실형)</td><td>징역 1년6월/
집유 3년</td><td>징역 1년</td><td>× (불이익)</td><td>2016도1131</td></tr>
<tr><td>금고 1년6월/
집유 3년</td><td>금고 8월</td><td>× (실형)</td><td>70도33</td></tr>
<tr><td rowspan="2">2)
집유 추가</td><td rowspan="2">주형가중·
집유추가</td><td>징역 6월</td><td>징역 8월/
집유 2년</td><td>× (주형가중)</td><td>66도1319전합</td></tr>
<tr><td>징역 10월</td><td>징역 1년/
집유 2년</td><td>× (주형가중)</td><td>2011도11700</td></tr>
<tr><td rowspan="2">3)
집유 유지</td><td>집유기간 연장</td><td>징역 6월/
집유 1년</td><td>징역 6월/
집유 2년</td><td>× (기간연장)</td><td>83도2034</td></tr>
<tr><td>(주형단축·
집유기간 연장)</td><td>징역 1년/
집유 2년</td><td>징역 10월/
집유 3년</td><td>○ (주형단축)</td><td>★</td></tr>
<tr><td rowspan="2">4)
집유와
벌금</td><td>징역(집유)
→벌금</td><td>징역 10월/
집유 2년</td><td>벌금
1,000만원</td><td>○</td><td>90도1534</td></tr>
<tr><td>벌금
→징역(집유)</td><td></td><td></td><td>×</td><td></td></tr>
<tr><td rowspan="3">집유·벌금
추가</td><td rowspan="2">집유추가·
벌금추가</td><td>징역 6월</td><td>징역 6월/
집유 2년 +
벌금 2만원</td><td>×
(주형기준)</td><td>70도638</td></tr>
<tr><td>징역 1년6월</td><td>징역1년6월/
집유 3년 +
벌금 5천만원</td><td>×
(주형기준)</td><td>2012도7198</td></tr>
<tr><td>집유추가·
벌금증액</td><td>징역 2년6월
+벌금750만원</td><td>징역 2년6월/
집유 3년 +
벌금1,500만원</td><td>×
(주형기준)</td><td>80도2977</td></tr>
<tr><td>기타</td><td></td><td>징역 2년6월+
벌금1,500만원
(선고유예)</td><td>징역 2년6월/
집유 4년 +
벌금 1,000원
(선고)</td><td>○</td><td>74도1785</td></tr>
</table>

은 단기를 경과하면 석방가능성이 있다는 점을 근거로 한 것이었다.

1) ['집행유예 → 집행유예 박탈(실형)'] 집행유예 선고가 갖는 법률적·사회적 가치판단(실질적 자

2) 집행유예 추가 집행유예를 새로 붙이는 것은 허용되나,[1] 집행유예를 새로 붙이면서 자유형을 '길게' 하는 것은 금지된다[**주형가중 집행유예**(금지)][2]

3) 유예기간만 연장 집행유예가 선고된 판결에 대해서 집행유예기간만을 '길게' 하는 것은 금지된다. "형벌권의 소멸기간을 연장하여 그 만큼 피고인의 법적 지위가 저하되는 것"이기 때문이다"(대판 1983.10.11. 83도2034).[3] 반면, 주형을 단축하면서 유예기간을 연장하는 것은 허용된다.

4) 집행유예와 벌금형 자유형의 집행유예를 벌금형으로 변경하는 것은 허용되나(대판 1966.9.27. 66도1026; 위 90도1534), 반대로 벌금형을 자유형의 집행유예로 변경하는 것은 금지된다.

특히 주의할 점은, 징역형에 (형기 변화 없이) 집행유예를 새로 붙이면서 동시에 벌금형을 새롭게 병과하거나 벌금액을 증액한 경우인데, 불이익변경으로 금지된다는 것이 판례이다[**집행유예 · 벌금형 추가**(금지), **주형기준**](대판 1970.5.26. 70도638; 대판 2013.12.12. 2012도7198; 대판 1981.1.27. 80도2977).[4] 다만, 이와 배치되는 듯한 사례로는, 징역형에 새로 집행유예를 붙이면서 선고유예한 벌금액의 일부를 실제 선고한 경우가 있다[징역 2년 6월(실형)과 벌금 1,500만원(선고유예) → 징역 2년 6월(집행유예 4년)과 벌금 1,000만원(선고): (허용)](대판 1976.10.12. 74도1785). 이는 징역형의 주형은 동일(벌금액은 일부)한데다가, 자유회복의 이익이 더 크다는 점에서, 불이익변경이 아니라는 취지이다[**전체고려－유리**].

5) 집행면제와 집행유예 군사법원 사건의 경우 (관할관의) 집행면제(이는 판결의 일부가 된다)보다 (항소심의) 집행유예가 더 유리하다고 한다.[5] 따라서 형의 집

유회복 및 유예기간 경과시 형선고의 효력상실 등)을 높이 평가하여 '집행유예 박탈을 금지'하는 취지이다.

1) [집행유예 봉사명령 추가] 집행유예를 새로 붙이면서 사회봉사명령을 추가하는 것도 허용된다.(대판 2006.9.8. 2006도4741)[전체고려－불리 아님].

2) ['실형 → (주형가중) 집행유예'] 집행유예가 실효 · 취소될 가능성을 중시하여 '주형 형기의 가중을 금지'하는 취지이다.

3) [주형단축 및 집유기간 연장:(허용)] 그러나 집행유예 판결에 대해 주형을 '짧게' 하면서 유예기간을 '길게' 하는 것은 주형 자체가 가볍게 되기 때문에 허용된다(다수설). 예: [징역 1년(집행유예 2년) → 징역 10월(집행유예 3년)(적법)] [주형감소].

4) ['실형 → (형기 변화 없이) 집행유예' 및 벌금형 추가] 집행유예가 실효 · 취소될 가능성을 중시하여 '형종의 가중을 금지'하는 취지이다(위 2012도7198).

5) i) 형 선고의 효력에서, "형의 집행면제는 그 형의 집행만을 면제하는 것이나, 집행유예는 유예기간을 경과하면 형 선고의 효력이 상실된다"(위 84도2972 전합). ii) 누범 가중에서도 집행면제가 더 불리하다. 형의 집행면제는 집행유예와 달리 누범 전과로 취급되므로(형법35①), 재범할 경우 그 죄에 정한 형의 장기가 2배까지 가중된다(동②). iii) 형실효법 제7조에 따르면 집행면제의 경우 그 형이 실효되기 위해서는, 집행이 면제된 날부터 일정 기간(＝실효기간)이

행면제를 집행유예로 변경하는 것은 허용되나(대판 1985.9.24. 84도2972 전합), 그 반대의 경우는 금지된다(대판 1963.2.14. 62도248).

구분	종전의 형	변경된 형	허용 여부	비고
집행면제→집유	(징역1년)집행면제	징역 8월/집유 2년	○ (허용)	84도2972전합
집유→집행면제	징역 6월/집유 1년	(징역 8월)집행면제	× (불이익)	62도248

(5) 선고유예

i) 자유형의 선고유예를 벌금형으로 변경하는 것은 금지된다(대판 1999.11.26. 99도3776). 선고유예는 형이 선고된 것이 아니고 2년이 경과하면 면소된 것으로 간주되나(현실에서 집행되는 경우도 거의 없다), 벌금형은 선고된 형이 집행되고 노역장 유치의 가능성도 있기 때문이다. ii) 그 반대의 경우, 즉 벌금형을 자유형의 선고유예로 변경하는 것도 금지된다. 선고유예가 실효될 경우 징역형이 선고될 수 있기 때문이다[주형비교－증가].

구분	종전의 형	변경된 형	허용 여부	비고
자유형(선고유예)→벌금	자유형(선고유예)	벌금	× (불이익)	99도3776
벌금→자유형(선고유예)	벌금	자유형(선고유예)	×	

(6) 몰수 · 추징과 보안처분

1) 주형과 몰수 · 추징 문제되는 경우로서 i) [주형유지－(몰수 · 추징) 새로운 추가(금지)] 주형을 그대로 두면서 ㉠ 새로이 몰수를 선고하는 것(대판 1992.12.8. 92도2020), ㉡ (관세법위반죄에서) 징벌적 추징액을 늘리는 것(대판 1977.5.18. 77도541)은 모두 금지된다[주형기준].[1] ii) [주형감경－새로운 추가(전체고려)] 문제는 주형을 가볍게 하고 몰수 · 추징을 추가 또는 증가시키는 경우이다. 자유형을 감형하면서 추징액을 증가한 경우 **전체적 · 실질적으로 고찰하여** 결정한다. 예컨대, [징역 2년/집유 3년 및 536,240,000원 추징 → 징역 1년/집유 2년 및

경과해야만 한다(예: 3년 이하의 징역 · 금고는 실효기간이 5년).

1) [집행유예 및 추징 추가] 다만 실형을 (형기 변화 없이) 집행유예로 변경하는 경우에 '추징'을 새로 추가한 사안에서, '벌금형'을 새로 추가한 사안[집행유예 및 벌금형 추가]과는 달리, 불이익한 변경이 아니라고 한 판결이 있다(대판 2000.2.11. 99도5181). 즉, 이는 형기 변화 없이 새로 집행유예를 선고한 경우 추징을 새로 추가하더라도 불이익한 변경이 아니라는 것이다[징역 1년(실형) → 징역 1년(집행유예 2년) 및 450만원 추징(새로 추가)(허용)].

657,275,000원 추징: (허용)] 이는 주형에서 징역 1년 및 집행유예기간 1년을 감축하고 있는 점에 비추어 추징액이 121,030,000원 정도로 증액된 것만으로는 불이익한 변경이 아니다[**전체고려－유리**](대판 1998.5.12. 96도2850).

구분		종전의 형	변경된 형	허용 여부	비고
주형유지	몰수·추징 추가	징역 8월/집유 2년	집유 유지 ＋ 몰수	× (불이익)	92도2020
		징역 7년 ＋ 추징 8,800만원	징역 7년 ＋ 추징 1억 500만원	×	77도514
	(집유·추징 추가)	징역 1년	징역 1년/집유 2년 ＋ 추징 450만원	○ (허용)	99도5181
주형감경	형기단축·추징액증가	징역 2년/집유 3년＋추징5억원	징역 1년/집유 2년 ＋ 추징 6억원	○	96도2850
기타	벌금·몰수 추징 (합계)	벌금 18만원	벌금 5,400원 ＋ 물건(9,583원) 몰수	○	63도224
	추징→몰수	추징	몰수	○	2005도5822

iii) 그 밖에 ㉠ 벌금액을 줄이면서 추징을 추가한 경우에는 **벌금액과 추징액의 합계**를 원판결과 비교하여 불이익변경여부를 결정한다(대판 1963.10.10. 63도224). ㉡ **추징을 몰수로** 변경은 허용된다. "추징은 실질적으로 볼 때 몰수와 표리관계에 있어 차이가 없는 것이므로, 피고인의 이해관계에 실질적 변동이 없다"(대판 2005.10.28. 2005도5822).

2) 보안처분 i) [이수명령 추가(금지)] 동일한 벌금형을 선고하면서 성폭력치료프로그램 이수명령을 (새로) 병과한 것은 불이익한 변경이다(대판 2015.9. 15. 2015도11362). 예: [벌금 500만원→벌금 500만원 및 이수명령(새로 추가: 금지)]. ii) [부착명령기간 연장(금지)] 다른 형은 동일하게 선고하면서 부착명령기간만을 제1심 판결보다 장기의 기간으로 부과한 것은 불이익한 변경이다(대판 2014.3.27. 2013도9666). iii) [치료감호→징역형(금지)] 치료감호를 징역형으로 변경하는 것은 금지된다(대판 1983.6.14. 83도765). 징역형은 형벌로서 치료감호보다 불리한 것이다.

[기타] 반면, i) [신상정보 제출의무 고지 추가(허용)] "그 제출의무 고지는 등록대상자에게 신상정보 제출의무가 있음을 알려 주는 것에 의미가 있을 뿐이다"(대판 2014.12.24. 2014도13529). ii) [피해자 환부의 추가(허용)] "주형에서 그 형기를 감축하고 제1심 판결이 선고하지 아니한 압수한 장물을 피해자에게 환부하는 선고를 추가하였다 하더라도, 그것만으로는 형이 제1심 판결보다 불이익하게 변경되었다고 할 수

없다"(대판 1990.4.10. 90도16). 압수물의 환부는 형이 아니고 피해자의 권리구제장치이다. iii) [취업제한 명령 추가(허용)] 별도의 취업제한 명령의 선고가 없더라도 개정된 아청법 부칙 제4조 또는 제5조의 특례규정에 따라 아동·청소년 관련기관 등에 5년간 취업이 제한되는데, 개정법 부칙 제3조에 따라 제1심과 동일한 형을 선고하면서 동시에 5년간의 취업제한 명령을 선고한 것은, 제1심판결을 그대로 유지하는 것보다 피고인에게 특별히 신분상의 불이익이 없다(대판 2018.10.25. 2018도13367).

(7) 병합사건(상소사건의 병합)

당해 항소사건과 다른 항소사건이 항소심에서 병합되어 경합범으로 처단하는 경우 제1심의 각 형량보다 중한 형이 선고될 수 있는가? ㉠ [자유형: 실형과 실형의 병합] 가능하다. 다만, 제1심의 각 형량을 합산한 범위를 초과할 수 없고, 그 한도 내에서 형법상 경합범의 처벌례에 따라 형량이 정해져야 한다. ㉡ [자유형: 실형과 집행유예의 병합] "항소심이 제1심에서 별개의 사건으로 따로 두 개의 형을 선고받고 항소한 피고인에 대하여 사건을 병합 심리한 후 경합범으로 처단하면서 제1심의 각 형량보다 중한 형을 선고한 것은 불이익변경금지의 원칙에 어긋나지 않는다"(대판 2001.9.18. 2001도3448)[제1사건: 징역 1년(집행유예 2년)과 추징금 1,000만원, 제2사건: 징역 1년 6월(실형)과 추징금 100만원 → (병합심리 후 제1심의 각 형량보다 중한 형인) 징역 2년(실형)과 추징금 1,100만원 선고(적법)]. 이 경우에도 주형의 각 형량을 합산한 범위를 초과할 수 없고, 그 범위 내에서 경합범의 처벌례에 따라야 함은 물론이다. ㉢ [벌금형의 병합] 위 ㉠㉡과 같다.

V. 파기판결의 기속력

(1) 의의

1) 뜻 파기판결의 기속력 또는 구속력이란, 상소심에서 원심판결을 파기하여 하급심으로 환송 또는 이송한 경우 상급심의 판단이 당해 사건에 관하여 환송·이송 받은 하급심을 기속하는 효력을 말한다. "상급법원의 재판에 있어서의 판단은 당해 사건에 관하여 하급심을 기속한다"(법조법8).

2) 근거 이는 심급제도의 본질에서 유래한다. 하급심이 상급심의 판단에 구속되지 않는다면 사건의 종국적인 해결이 불가능해지고, 사건은 끝없이 왕복하게 되어 소송경제와 법적 안정성이 침해되기 때문이다. 심급제도의 합리적 유지를 위해 정책적 근거에서 인정된 특별한 효력으로 이해하는 것이 일반적이다

[특수효력설].

(2) 기속력의 범위

1) 기속력이 발생하는 재판 상소심의 파기판결은 하급심에 대해 기속력을 갖는다. 상소심은 상고심 · 항소심을 불문하고, 파기 환송 또는 이송판결을 불문한다. 항고심에서도 파기환송 또는 이송이 허용되므로, 판결 이외에 '결정'의 경우도 포함된다. 주로 문제되는 것은 상고심의 판단이 하급심을 기속하는 경우이다. 항소심의 경우 파기자판이 원칙이므로, 항소심의 판단에 대해서는 그 기속력이 문제되는 경우가 거의 없다.

2) 기속력이 미치는 법원 i) [당해 사건의 하급심] 당해 사건의 하급심은 파기판결에 당연히 기속된다. 즉, ㉠ "상고심에서 상고이유의 주장이 이유 없다고 판단되어 배척된 부분은, 그 판결 선고와 동시에 확정력이 발생하여 이 부분에 대하여 피고인은 더 이상 다툴 수 없고, 또한 환송받은 법원으로서도 이와 배치되는 판단을 할 수 없다"(대판 2012.5.10. 2012도2496). ㉡ 또한, 상고심이 제2심 판결을 파기하여 제1심에 환송한 후, 그 제1심의 재판에 대해 다시 항소한 경우에도 그 항소심은 당해 사건에 관하여 하급심에 해당하므로 상고심의 판단에 마찬가지로 기속된다.

ii) [파기한 상급심] 파기판결의 기속력은 하급심뿐만 아니라 파기판결한 상급심 자신까지도 기속한다[**자기기속**]. 즉, "파기환송을 받은 법원은 그 파기이유로 한 사실상 및 법률상의 판단에 기속되는 것이고, 그에 따라 판단한 판결에 대하여 다시 상고를 한 경우에 그 상고사건을 재판하는 상고법원도 **앞서의 파기이유로 한 판단에 기속**되므로 이를 변경하지 못한다"(대판 1987.4.28. 87도294; 2006.1.26. 2004도517). 다만, 예외적으로 대법원 전원합의체는 종전의 파기판결에 기속되지 않는다[자기기속의 **예외**: 대법원 전원합의체]. 즉, "(재상고심인) 대법원의 전원합의체가 종전의 환송판결의 법률상 판단을 변경할 필요가 있다고 인정하는 경우에는, 그에 기속되지 아니하고 통상적인 법령의 해석적용에 관한 의견의 변경 절차에 따라 이를 변경할 수 있다"(대판 2001.3.15. 98두15597 전합). iii) [상급법원] 그러나 항소심의 파기판결에 그 상급법원인 상고심은 기속되지 않는다.

3) 기속력이 생기는 판단 i) [소극적 · 부정적 판단에 한정] 기속력은 파기의 직접적 이유가 된 소극적 · 부정적 판단("…을 인정한 것은 잘못이다")에 한하여 발생한다. 특히 문제는 기속력이 적극적 · 긍정적 판단에도 생기는지 여부이다. 판

례는 소극설의 입장이다. 즉, "파기판결의 기속력은 파기의 직접 이유가 된 원심판결에 대한 소극적인 부정 판단에 한하여 생긴다"(대판 2004.4.9. 2004도340). "파기의 이유가 된 원심판결의 사실상 및 법률상의 판단이 정당하지 않다는 소극적인 면에서만 발생한다"(대판 1984.9.11. 84도1379). 반면, 적극적·긍정적 판단은 단지 파기이유에 대한 연유(緣由)가 될 뿐이다.

[학설] i) 적극설은 사실판단에서 부정적 판단과 긍정적 판단은 일체불가분의 관계에 있다는 점을 근거로 하고, ii) 소극설(다수설)은 적극적·긍정적 판단은 파기이유에 대한 연유에 불과하다는 점을 이유로 한다. iii) 생각건대, 상고심이 원칙적으로 사후심이며, 파기자판의 경우에도 소송기록과 원심법원 및 제1심법원이 조사한 증거만을 기초로 한다(396①)는 점에서, 소극설이 타당하다. 또한 민사소송과 달리 형사소송에서는 제3의 가능성에 대한 여지를 배제할 수 없다는 특수성도 있다. 따라서 형사소송에서 파기판결은 소극적·부정적 판단부분에 대해서만 기속력이 있다. 상고심의 판단 중 적극적·긍정적 판단 부분이 소극적·부정적 판단 부분과 양자택일의 밀접불가분 관계에 있고 제3의 가능성이 전혀 없는 경우에도, 환송받은 법원이 상고심의 적극적·긍정적 판단과 동일한 판단을 하는 것은 단지 소극적·부정적 판단의 '반사적 효과'에 불과하다.

예컨대, ㉠ "출판물에 의한 명예훼손의 공소사실을 유죄로 인정한 환송 전 원심판결에 위법이 있다고 한 파기환송판결의 경우 사실판단의 기속력은, 파기의 직접 이유가 된 환송 전 원심에 이르기까지 조사한 증거들만에 의하여서는 출판물에 의한 명예훼손의 공소사실이 인정되지 아니한다는 소극적인 부정 판단에만 미치는 것이므로, 환송 후 원심에서 이 부분 공소사실이 형법 제307조 제2항(허위사실적시)의 명예훼손죄의 공소사실로 변경되었다면, 환송 후 원심은 이에 대하여 새롭게 사실인정을 할 재량권을 가지게 되는 것이고 더 이상 파기환송판결이 한 사실판단에 기속될 필요는 없다"(위 2004도340). ㉡ 같은 이유에서 "몰수형 부분의 위법을 이유로 원심판결 전부가 파기환송된 후, 환송 후 원심이 주형을 변경한 조치는 환송판결의 기속력에 저촉된다고 볼 수는 없다"(대판 2004.9.24. 2003도4781).

따라서 "파기이유가 된 잘못된 판단을 피하면, 새로운 사실과 증거에 따라 다른 가능한 견해에 의하여 환송 전의 판결과 동일한 결론을 낸다고 하여도" 환송판결의 하급심 기속에 위반된 것은 아니며(대판 1983.12.8. 82도2672), 오히려 "그보다 무거운 결론을 내리더라도 위법하지 않다"(대판 2018.4.19. 2017도14322 전합).

ii) [법률판단과 사실판단] 파기판결의 기속력은 법률판단뿐 아니라 '사실판단'도 기속력을 가진다(통설). 사실판단의 기속력은 특히 법률심인 대법원의 사실판단이 사실심인 하급심을 기속하는가의 문제로서 주로 논의된다. 상고법원이 파기의 이유로 삼은 사실상 및 법률상의 판단은 하급심을 기속한다는 취지를 규정한 민사소송법 제436조 제2항과 달리, 형사소송법에서는 이에 상응하는 명문의 규정은 없지만, "법률심을 원칙으로 하는 상고심은 제383조(상고이유) 또는 제384조(심판범위)에 의하여 사실인정에 관한 원심판결의 당부에 관하여 제한적으로 개입할 수 있는 것이므로, 조리상 상고심판결의 파기이유가 된 사실상의 판단도 기속력을 가진다"(대판 2009.4.9. 2008도10572; 대판 2024.6.27. 2022오5).

(3) 기속력의 배제

1) **사실관계의 변동** 파기판결의 기속력은 그 전제가 된 사실관계에 변동이 없다는 것을 전제로 한다. 환송 후에 새로운 사실과 증거에 의하여 사실관계에 변동이 생긴 경우에는 파기판결의 기속력은 배제된다. 즉, "상고법원으로부터 사건을 환송받아 심리하는 과정에서 상고법원의 기속적 판단의 기초가 된 사실관계에 변동이 생긴 때"(대판 2020.3.12. 2019도15117)에는 기속력은 미치지 않는다. 요컨대, ㉠ 파기환송 후 하급심에서 공소장변경이 이루어진 경우 파기판결의 기속력은 미치지 않는다. 기속적 판단의 기초가 된 현실적 심판대상에 변동이 생겼기 때문이다. ㉡ '환송 후의 심리과정에서 새로운 증거가 제시되어 기속적 판단의 기초가 된 증거관계의 변동이 생긴 경우'(대판 2003.2.26. 2001도1314; 위 2008도10572)에도 기속력은 미치지 않는다. 따라서 하급심이 "환송 후의 새로운 증거를 채택하여 환송 전의 증거와 종합하여 환송 전의 판단을 유지한 경우는, 환송판결의 파기이유로 한 판단을 무시한 것이라 할 수 없으므로, 기속력에 위배되는 것이라고 볼 수 없다"(대판 1983.12.13. 83도2613).

다만, 주의할 점은 여기서 사실관계·증거관계의 변동이란 단순히 새로운 주장이나 증거가 제시된 것만으로는 부족하고, '파기이유로 된 판단을 좌우할 만한 증거가 새롭게 제시된 경우' 등과 같이, 사실관계 내지 증거관계에 '실질적' 변동이 있는 경우에 한한다. "환송 후 원심에서의 증인들의 각 증언내용이 환송 전과 같은 취지여서 그들의 종전 진술을 다시 한 번 확인하는 정도에 그쳤고, 그 외에 환송 후 원심에서 추가적인 증거조사가 이루어지지 않았다면, 기속력이 배제되지 않는다"(위 2008도10572).

2) **법령의 변경** 파기판결의 기속력은 사실관계와 적용법령이 동일함을 전제로 한다. 따라서 파기판결 이후 법령의 변경은 기속력의 배제사유가 된다. 학설상 이견이 없다. 판례도 같다(대판 1981.4.14. 80도3089).

3) **판례의 변경** 파기판결 후에 대법원판례가 변경된 경우도 견해가 대립하나, 기속력의 배제사유가 된다는 해석이 일반적이다. 판례의 변경은 사실상 법령의 변경에 준하는 효과를 가지며, 상고심의 법령해석 · 적용의 통일 기능은 최대한 보장되어야 한다는 점에서, 적극설에 찬동한다.[1)]

제 2 절 상소 각칙

Ⅰ. 항소

1. 항소의 의의와 항소심의 구조

(1) 항소의 의의

항소는 제1심 판결에 불복하여 제2심 법원에 제기하는 상소를 말한다. 판결에 대한 불복방법이므로 결정이나 명령에 대해서는 항소할 수 없다. 항소는 제1심 판결에 오류가 있는 경우 불이익을 받게 될 당사자의 권리구제가 주된 목적이다. 현행법상 항소이유는 법리오해, 사실오인(361의5xiv), 양형부당(동xv) 등 다양하나, 이 셋이 항소이유의 대부분을 차지하고 있다.

(2) 항소심의 구조

1) **입법주의** 항소심의 구조에 대해서는 복심, 속심, 사후심의 3가지 입법유형이 있다. i) 복심(覆審)은, 항소심이 제1심의 심리 · 판결을 전부 무효로 하고 피고사건에 대하여 처음부터 전면적으로 다시 심판하는 형태를 말한다. ii) 속심(續審)은, 제1심의 심리를 전제로 마치 제1심의 변론이 재개된 것처럼 항소심이 제1심의 심리결과를 승계하고, 이어서 새로운 사실과 증거를 보충하여 피고사건에 대한 심리를 속행하는 형태를 말한다. iii) 사후심은, 항소심이 제1심의 소송자료만을 토대로 원판결(제1심 판결) 당시를 기준으로 원판결의 당부를 사후적으로 심사하는 형태를 말한다.

---

1) 소극설에 입각한 대판 1978.1.31. 77도3605는 향후 변경되어야 한다. 대판 2001.3.15. 98두15597 전합의 취지에 부합하지 않기 때문이다.

2) 현행법상 항소심의 구조 현행법상 제1심은 사실심, 제3심은 법률심·사후심이라는 점에 이견이 없다. 현행법상 항소심의 구조에 대해서는 원칙적 속심설과 사후심설이 대립한다. i) 원칙적 속심설은, 항소심을 원칙적으로 속심으로 보고 사후심적 규정들은 상소남용의 폐해를 억제하고 소송경제를 위해 항소심의 속심적 성격에 제한을 가한 것에 불과한 것으로 이해하는, 즉 '**원칙적 속심·보충적 사후심**' 내지 '사후심적 속심'이라는 견해이다. ii) 원칙적 사후심설은, 항소심은 원칙적으로 사후심이지만 예외적으로 항소심이 파기자판하는 경우에는 속심의 성질을 가진 것으로 이해하는 견해이다. iii) 통설은 '원칙적 속심설'의 입장이다. 판례도 같다. 즉, "현행 형사소송법상 항소심은 기본적으로 실체적 진실을 추구하는 면에서 속심적 기능이 강조되고 있고, 다만 사후심적 요소를 도입한 형사소송법의 조문들이 **남상소의 폐단**을 억제하고 항소법원의 부담을 감소시킨다는 소송경제상의 필요에서 항소심의 속심적 성격에 제한을 가하고 있음에 불과하다"(대판 1983.4.26. 82도2829). 따라서 "현행 형사소송법상 항소심은, 속심을 기반으로 하되 사후심적 요소도 상당 부분 들어 있는 이른바 '**사후심적 속심**'의 성격을 가지며"(대판 2017.3.22. 2016도18031), "제1심에 대한 사후심적 성격이 가미된 속심으로서, 제1심과 구분되는 고유의 양형재량을 가지고 있다"(대판 2015.7.23. 2015도3260 전합).

[속심적 요소와 사후심적 요소] 현행 형사소송법상 항소심은 속심적 요소와 사후심적 요소가 함께 규정되어 있다.

i) 속심적 요소: ㉠ 항소이유 중 사실오인(361의5xiv)과 양형부당(xv)의 사유를 포함시켜 항소심에 사실심의 기능을 부여하고, 제1심 판결 후에 발생한 사유라도 형의 폐지나 변경 또는 사면이 있는 때(ii)와 재심청구의 사유가 있을 때(xiii)를 포함시킨 점, ㉡ 심판대상을 원칙적으로 항소이유로 제한하면서도, 판결에 영향을 미친 위법이 있는 경우에는 항소이유서에 포함되지 않은 사유도 직권으로 심판할 수 있는 점(364②), ㉢ 제1심법원에서 증거로 제출할 수 있었던 증거는 항소법원에서도 증거로 할 수 있고(동③), 제1심 공판에 관한 규정은 항소의 심판에도 준용되는 점(370), ㉣ 재판형식이 원심판결을 파기하는 경우 '환송'이 아닌 '자판'하도록 하는 점(364⑥) 등

ii) 사후심적 요소: ㉠ 항소이유를 법정하여 제한한 점(361의5), 항소이유서의 제출을 의무화한 점(361조의3①), ㉡ 심판대상을 우선 항소이유서에 포함된 사항으로 제한하고 있는 점(364①), ㉢ 항소이유 없음이 명백한 때에는 '변론 없이' 항소기각할 수 있는 점(동⑤), ㉣ 재판형식이 원심판결을 번복하는 경우 '취소'(순수한 속심) 대신 '파기'(사후심)한다는 점 등

iii) 그런데 2007년 형사소송법 개정과 함께, 사후심적 요소를 더욱 강화한 새로운 규정이 형사소송규칙에 신설되었다. 그 결과 항소심의 증거조사는 제1심보다 제한된다. 즉, ㉠ 항소심에서 '증인신문'은 원칙적으로 제한되고 항소의 당부 판단을 위해 반드시 필요한 경우 등 일정한 경우에 한하여 예외적으로 허용되는 점(규156의5②). ㉡ 항소심에의 '피고인신문'도 항소이유의 당부 판단에 필요한 사항에 한아여 매우 제한적으로 허용되는 점(규156의6), ㉢ 항소심에서 '서증 · 물증의 조사' 역시 제1심 공판절차의 증거신청 각하(294②) 및 실권효(266의13①) 규정이 항소심에도 그대로 준용되므로(370) 마찬가지로 제한되는 점 등. 즉, 항소심에서도 새로운 증거조사가 가능하지만, 제한 없이 허용되는 것은 아니다.

iv) 항소심의 진실발견기능과 피고인의 권리구제기능을 강조하면 항소심을 원칙적 속심구조로 이해함이 타당하겠으나, 사후심적 요소를 더욱 강화한 새로운 규정에 주목하고, 제1심 재판의 기능과 공판중심주의 및 실질적 직접주의의 요청을 감안하면, 향후 항소심은 정책적 견지에서 궁극적으로 사후심구조로 운영함이 바람직하다.

3) 속심구조①: 항소심에서의 공소장변경 형사항소심은 기본적으로 속심구조로 이해되고 있다. 따라서 항소심에서도 **공소장변경**이 허용된다(대판 1987.7.21. 87도1101). 파기환송 후의 항소심에서도 마찬가지이다(대판 2004. 7.22. 2003도8153). 그러나 항소심에서의 공소장변경이 **무한정 허용되는 것은 아니다**. 즉, "헌법 제13조 제1항 후문 '거듭처벌금지의 원칙'의 정신에 비추어 소송절차에서 불안정한 지위에 놓이게 될 수 있는 **피고인의 인권과 법적 안정성 보장의 관점**에서 그러한 공소장변경이 얼마든지 허용된다고 볼 수는 없다. 따라서 공소장변경이 소송절차에서 '피고인의 지위를 과도하게 불안정'하게 하고, '피고인의 방어권을 본질적으로 침해'하는 것과 같은 **특별한 사정**이 있는 경우 그러한 공소장변경은 **원칙적으로 허용될 수 없다**. 다만 '**현저히 정의와 형평에 반하는 결과**를 초래하는 경우'에는 **예외적으로** 그러한 공소장변경도 **허용**될 여지가 있으나, 그러한 예외가 인정되는지도 피고인의 법적 안정성 보장과 공소장변경제도의 가치 등을 고려하여 '매우 엄격하고 신중하게' 판단해야 한다"(대판 2024.12.12. 2020도11949).[1] 주의를 요한다.

---

1) [위 2020도11949: 특별한 사정 부정(=변경 허용)] 제1심에서 군검사가 A죄(군사기밀보호법13① 위반)를 B죄(동법11 · 12① 위반)로 교환적으로 변경한 후 B죄에 대해 유죄판결이 선고되었는데, 항소한 군검사가 항소심에서 다시 A죄를 주위적 공소사실로 추가하고 B죄를 예비적 공소사실로 변경하자 A죄를 유죄로 인정한 사안에서, 공소장변경이 허용될 수 없는 특별한 사정이 있는 경우라고 보기 어렵다고 한 사례.

[항소심에서의 공소장변경과 '공소권남용의 가능성'] 이는 '공소권남용'이라는 표현을 직접 사용하고 있지는 않지만 사실상 '공소권남용의 가능성'을 제한적이나마 인정한 판례로 평가된다. 주로, 제1심에서 무죄판결이 선고된 사건에서 검사가 항소한 다음 항소심에서 공소장을 변경하는 경우(예비적 추가·택일적 추가·교환적 변경 등)에서 크게 문제된다.

i) 검사의 공소권이란 공소를 '제기'하고 '유지'하는 검사의 지위를 권한의 측면에서 파악한 것인데, 공소변경권도 공소권의 내용에 포함된다. 공소장에 기재된 공소사실 또는 적용법조를 추가·철회·변경하는 공소장변경은 심판대상의 특정에 관한 것으로 공소권의 내용에 당연히 포함되는 것이다. 형사소송법 제246조(국가'소추'주의)는 "공소는 검사가 '제기'하여 '수행'한다"라고 규정하고 있고(즉, 소추=기소+수행), 검찰청법 제4조 제1항 제1호 본문은 '공소의 제기 및 그 유지에 필요한 사항'을 검사의 직무와 권한으로 명시하고 있는데, 여기서 공소의 '유지'는 공소장변경에 관한 사항도 포함하기 때문이다(=공소변경권). 따라서 항소심에서의 공소장변경은 공소권남용 가능성이 문제될 수 있다.

항소심에서의 공소장변경은 곧 심판대상의 변경을 의미하므로, 변경 전의 공소를 전제로 한 제1심판결은 더 이상 유지될 수 없고 곧바로 '파기'되게 된다. 즉, 항소심은 제1심판을 파기하고 변경된 공소사실에 대해 새로이 심판하여야 한다. 다만, 항소심에서 공소장의 오기를 정정하는 내용의 공소장변경절차가 이루어진 경우에는 제1심판결을 구태여 직권으로 파기할 필요는 없다(대판 1995.9.29. 95도489; 2025.3.13. 2024도2200 등).[1] 한편, 항소심에서의 공소취소는 허용되지 않는데, 공소는 제1심판결의 선고 전까지 취소할 수 있기 때문이다(255①).

ii) 현행 실무의 더욱 큰 문제는 국민참여재판 항소심에서의 공소장변경 허용에 있다. 제1심 국민참여재판에서 무죄판결이 선고된 사건, 특히 배심원의 '만장일치 무죄평결'을 그대로 채택하여 무죄가 선고된 사건에서, 검사가 항소한 다음 항소심에서 공소장을 변경하는 경우도 빈번하다. 항소심에서 공소장이 변경되면 제1심판결은 곧바로 파기될 수밖에 없으므로, 피고인이 기울였던 그간의 노력은 허사가 되고, 특히 민주적 정당성이 담보된 제1심판결은 무위로 돌리는 결과가 된다. 이는 항소심에서 국민참여재판이 불가능한 현행법상 피고인의 국민참여재판을 받을 권리 내지 이익을 침해하고, 당해 사건에서 법원이 배심원의 집단적 의견을 들을 수 있는 기회라는 헌법상 이익을 침해하는 등 국민참여재판제도의 도입 취지를 몰각시킨다.

국민참여재판 항소심에서의 공소장변경은 결국 기소재량권의 현저한 일탈로서 공소

1) 즉, "항소심에서의 공소장변경이 피고인 또는 변호인의 주장 내용과 취지, 소송절차의 진행경과 등에 비추어 단순한 오기를 정정하거나 기존 공소사실의 내용을 보충하거나 상세하게 설명하는 정도에 불과하여 항소심의 심판대상이 제1심과 실질적으로 달라졌다고 평가되지 않는다면 공소장변경 절차를 거쳤다는 이유로 반드시 제1심판결을 직권으로 파기할 필요는 없다"(위 2024도2200).

권의 남용에 해당한다고 본다. 현행법상 항소심에서는 국민참여재판이 불가능한 이상, 특별한 사정이 없는 한 국민참여재판을 받을 권리 내지 이익을 침해하는 등 피고인에게 실질적인 불이익을 주는 것이고, 특히 공소권남용의 주관적 요소인 '미필적으로나마 어떤 의도'는 국민참여재판의 특수성에 비추어 변경된 공소사실에 대해 국민참여재판이 불가능하다는 점에 대한 인식이 있는 한 적어도 그 존재가 추정된다고 할 수 있기 때문이다.

4) 속심구조②: 기판력의 표준시 형사항소심은 속심으로 이해되고 있다. i) 항소심에서 원판결의 당부에 대한 판단은, 항소심을 속심으로 이해하는 이상 원판결시점이 아니라 항소심판결의 선고시점이 기준이 된다. 따라서 소년법상 부정기형의 대상인 **소년 여부**, 즉 정기형의 대상인 성년이 되었는지 여부는 항소심 판결선고 당시를 기준으로 한다(대판 1990.4.24. 90도539). ii) **'일사부재리의 효력**이 미치는 시간적 한계'도 **항소심 판결선고시**가 된다(대판 1993.5.25. 93도836). 항소심이 파기자판한 경우는 물론, '항소이유서를 제출하지 아니하여 항소기각결정이 있는 경우'에도 **항소기각결정시**가 된다(위 93도836). 이는 직권조사사유가 있는 경우 항소법원이 직권으로 심판하여 제1심 판결을 파기하고 다시 판결할 수도 있기 때문이다(361의4①).

2. 항소이유

항소이유란 항소권자가 적법하게 항소를 제기할 수 있는 법률상의 이유를 말한다. 항소이유는 제361조의5에 제한적으로 열거되어 있다. 그 밖의 사유는 적법한 항소이유가 되지 못한다. 이러한 항소이유는 법령위반(예: 관할위반, 법원구성의 위법, 공개주의 위반, 이유불비 · 이유모순, 법리오해 등)과 그 밖의 사유(예: 사실오인, 양형부당, 재심사유 등)로 나눌 수 있고, 제361조의5에 따라 절대적 항소이유와 상대적 항소이유로 나눌 수도 있다.

(1) 절대적 항소이유

절대적 항소이유는 일정한 객관적 사유가 있으면 곧바로 항소이유로 되는 것을 말한다. 그 사유가 '판결에 영향을 미쳤는지 여부'를 불문하고 언제나 항소이유가 된다는 점에서, '절대적'이다. 제361조의5 제1호와 제14호를 제외한 나머지 항소이유는 모두 절대적 항소이유이다. 아래 1) 내지 5)는 법령위반이고, 나머지 6) 내지 8)은 법령위반 외의 사유이다

1) **관할위반**(iii) '관할 또는 관할위반의 인정이 법률에 위반한 때'(제3호). 관할이 없음에도 재판하거나, 관할이 있음에도 관할위반을 선고한 경우를 포함한다. 토지관할과 사물관할을 포함한다.

2) **법원구성의 위법**(iv) '판결법원의 구성이 법률에 위반한 때'(제4호). 판결법원이란 소송법상 의미의 법원, 즉 판결 및 그 기초되는 심리를 행한 법원을 말한다. 예컨대, 합의부가 구성원을 충족하지 못한 경우, 결격사유 있는 법관이 구성원이 된 경우에 여기에 해당한다.

3) **재판관여의 위법**(vii · viii) 2개 사유가 있다. i) '법률상 그 재판에 관여하지 못할 판사가 그 사건의 심판에 관여한 때'(제7호). 이때 '재판에 관여하지 못할 판사'란 제척원인 있는 판사, 기피 · 회피신청이 이유있다고 결정된 판사를 말하고, '심판에 관여한 때'란 판결의 내부적 성립에 관여한 것을 말한다. 판결의 선고에만 관여한 것은 '심판에 관여'에 해당하지 않는다.

ii) '사건의 심리에 관여하지 아니한 판사가 그 사건의 판결에 관여한 때'(제8호). 여기서 '사건의 심리에 관여하지 않은 판사'란 처음부터 심리에 관여하지 않은 경우는 물론, 심리 도중에 **판사의 경질**이 있음에도 **공판절차를 갱신하지 않고** 판결한 경우도 **제8호**에 포함한다. '판결에 관여한 때'란 위의 '심판에 관여한 때'의 설명과 같다.

4) **공개주의 위반**(ix) '공판의 공개에 관한 규정에 위반한 때'(제9호). 재판의 공개에 위반한 경우(헌법109 · 법원조직법57), 공개금지사유가 없음에도 심리공개금지결정을 한 경우(대판 2013.7.26. 2013도2511) 등이다.

5) **이유불비 · 이유모순**(xi) '판결에 이유를 붙이지 아니하거나 이유에 모순이 있는 때'(제11호). '이유를 붙이지 아니한 때'란 이유를 전혀 붙이지 아니한 경우와 이유가 불충분한 경우를 포함한다. '이유에 모순이 있는 때'란 주문과 이유 또는 이유와 이유 사이에 모순이 있는 때를 뜻한다.

6) **형폐지 · 사면**(ii) '판결 후 형의 폐지나 변경 또는 사면이 있는 때'(제2호). 형의 변경은 형이 가볍게 변경된 경우만을 말한다. 판결 후 형의 폐지나 사면이 있으면 면소판결을 하고, 형이 가볍게 변경되면 가벼운 형을 선고해야 하므로, 피고인의 구제를 위하여 절대적 항소이유로 한 것이다.

7) **재심사유**(xiii) '재심청구의 사유가 있는 때'(제13호). 재심사유가 있는 경우 재판이 확정될 때까지 기다려 재심청구를 하도록 하는 것은 소송경제에 반한다는 점을 고려한 것이다. 이때 재심사유가 피고인에게 불이익이 되는 경우에

도 검사가 항소할 수 있는지에 관하여, 긍정설과 부정설의 견해대립이 있으나, 이익재심만 허용되는 현행 재심제도와의 균형상 부정설이 타당하다. 그러나 어차피 제14호(사실오인)에는 해당되므로 실질적 차이는 없다.

8) **양형부당**(xv) '형의 양정이 부당하다고 인정할 사유가 있는 때'(제15호). 양형부당은 "선고형이 구체적인 사안의 내용에 비추어 너무 무겁거나 너무 가벼운 경우"를 말한다(대판 2015.7.23. 2015도3260 전합). 다만, 법정형이나 처단형의 범위를 벗어난 형의 선고는 양형부당이 아니라 법령위반에 해당한다. 양형의 기초사실에 관한 오인은 사실오인이 아니라 양형부당이 된다(통설). 양형부당의 사유는 법령위반이나 사실오인의 사유에 비하여 부차적인 것으로, **양형부당만을 주장**하는 것은 사실인정이나 법령적용에 불복이 없음을 전제한 것이 된다. 그 결과, "피고인이 제1심 판결에 대하여 양형부당만을 이유로 항소한 경우 항소심 판결에 대하여 사실오인 또는 법리오해를 상고이유로 삼을 수 없다"[**상고이유 제한 법리**](대판 2006.10.26. 2005도9825; 2019.3.21. 2017도16593-1 전합).

(2) 상대적 항소이유

상대적 항소이유는 일정한 객관적 사유의 존재가 '판결에 영향을 미친 경우'에 한하여 항소이유로 되는 것을 말한다. 그 사유가 '판결에 영향을 미친 경우'에 한하여 항소이유가 된다는 점에서, '상대적'이다. 제361조의5 제1호와 제14호는 상대적 항소이유이다.

1) (판결에 영향을 미친) **법령위반**(i) '판결에 영향을 미친 헌법 · 법률 · 명령 또는 규칙의 위반이 있는 때'(제1호). i) 법령위반은 실체법령의 위반(판결내용의 법령위반)과 절차법령의 위반(소송절차에 관한 법령위반)을 포함한다. 실체법령의 위반은 사실인정에는 오류가 없으나 실체법의 해석 · 적용에 잘못이 있는 것을 말한다(판결내용의 오류). 반면, 절차법령의 위반은 심리 및 판결의 절차에 소송법규 위반이 있는 것을 말한다(소송절차의 오류). 예컨대, 보강증거 없이 피고인의 자백만으로 유죄를 선고한 경우(대판 2007.11.29. 2007도7835) 등이다. ii) '판결에 영향을 미친 때'는 판결'내용'에 영향을 미친 것, 즉 법령위반 때문에 판결의 주문이나 이유에 변화가 생긴 것을 의미한다. 법령위반과 판결결과 사이에 인과관계가 필요하고, 이는 '판결결과에 영향을 미쳤을 가능성'으로 충분하다. "판결내용 자체가 아니라 소송절차가 법령에 위반된 경우(예: 피고인의 구속, 공판기일의 통지, 재판의 공개 등)에는, 피고인의 방어권, 변호인의 변호권이 본질적으로 침해되고 판결의 정당

성마저 인정하기 어려운 정도에 이르지 않는 한, 그것 자체만으로는 판결에 영향을 미친 것이라 할 수 없다"(대판 2005.5.26. 2004도1925). 예컨대, ㉠ 필요적 변호사건에서 변호인 없이 개정하여 '유죄'를 선고한 경우 그 법령위반은 유죄판결에 영향을 미친 것으로 되지만(대판 2006.1.13. 2005도5925), 필요적 변호사건에서 변호인 없이 개정하여 '무죄'를 선고한 경우 그 법령위반은 무죄판결에 영향을 미친 것으로는 되지 않는다(대판 2003.3.25. 2002도5748). ㉡ 공소장변경신청을 허가하지 아니한 위법이 있지만, 공소장변경을 허가하더라도 결국 변경된 공소사실에 대하여 무죄를 선고하였을 것임이 분명한 경우에도 그 위법은 판결 결과에 영향을 미쳤다고 보기 어렵다(대판 2006.4.27. 2006도514).

2) (판결에 영향을 미친) **사실오인**(xiv) '사실의 오인이 있어 판결에 영향을 미칠 때'(제14호). i) 사실오인의 '사실'은 재판의 기초가 된 모든 사실이 아니라 형벌권의 존재와 그 범위에 관한 사실, 즉 엄격한 증명의 대상이 되는 사실을 말한다(통설). 구성요건해당사실, 위법성·책임의 기초인 사실, 형의 가중·감면사유인 사실은 포함되나, 단순한 소송법적 사실, 양형에 관한 정상관계사실은 제외된다. '오인'은 법원이 인정한 사실과 객관적 사실 사이에 차이가 있는 것을 말한다. 즉, 증거의 취사선택과 사실인정에 합리성이 의심되는 경우를 말한다. 반면, 증거능력 없는 증거에 의하여 유죄로 인정한 것은 사실오인이 아니라 법령위반에 해당한다. 증거의 취사선택과 사실인정이 논리칙·경험칙을 위반하여 자유심증주의의 한계를 일탈한 경우에는 법령위반에 해당한다(대판 2008.5.29. 2007도1755). ii) '판결에 영향을 미친 때'는 사실오인에 의하여 "판결의 '주문'에 영향을 미쳤을 경우와 범죄에 대한 '구성요건적 평가'에 직접 또는 간접으로 영향을 미쳤을 경우"를 의미한다(대판 1996.9.20. 96도1665).

[경합범의 일부에 대한 재판 누락(= 이심설 및 비상상고)] 경합범 관계에 있는 수죄의 공소사실에 대해, 그 일부에 대해서만 판결이 선고되고 나머지 일부에 대해서는 재판이 누락된 경우에, 그 누락된 부분의 시정이 문제된다.

i) (이심) 누락된 부분의 항소심 이심 여부와 관련하여, 이심설과 분리설(추가판결) 등의 견해 대립이 있다. ㉠ 이심설은, 민사소송법 제212조(재판의 누락) 제1항과 달리 우리 형사소송법이 재판의 누락에 관한 명문의 규정을 두지 않은 이상, 누락된 부분도 항소심에 이심되므로 원심이 추가판결을 할 수 없다는 견해이고, ㉡ 분리설은, 누락된 부분은 원심에 남게 되므로 민사소송법의 규정을 유추하여 추가판결을 해야 한다는 견해이다.

요컨대, 이심설이 타당하다. 즉, ㉠ 경합범으로 기소된 공소사실은 각각에 대해 변론분리 등의 특별한 사정이 없는 한 반드시 모두 심리판단하여 주문에 기재해야 하는 것인데, 이를 누락한 것은 법령위반에 해당하며, ㉡ 입법연혁상 구형사소송법(1961. 9. 1. 법률 제705호 개정된 후 1963. 12. 13. 법률 제1500호로 개정되기 전의 것) 제361조의5(항소이유)에 제10호의 사유로 "심판의 청구가 있는 사건을 판결하지 아니하거나 심판의 청구가 없는 사건을 판결한 때"가 규정됨에 따라 형사소송에서 재판의 누락이 있는 경우 그 누락된 부분은 당연히 이심되는 것으로 규정되었던 것이고, ㉢ 그 후 1963년 개정법률(법률 제1500호)에서 제1호의 사유를 (종전의 '헌법해석의 착오 기타 헌법위반 있는 때'에서) 현행의 "판결에 영향을 미친 헌법 · 법률 · 명령 또는 규칙의 위반이 있는 때"로 수정하고, 그에 맞추어 위 제10호의 사유등을 제외하는 등 항소이유를 조정(즉, 법령위반에 관한 제1호 · 제5호 · 제6호 · 제10호 · 제12호를 제1호로 통합하고 나머지는 삭제)함으로써, 재판의 누락은 제1호의 사유에 포함되게 된 것이며, ㉣ 형사소송은 민사소송과 달리 헌법상 적법절차 원칙 및 그 내용인 피고인보호 원칙이 적용되는 절차이므로, 서로 이념과 목적이 다른 민사소송절차의 규정을 함부로 유추 적용할 수 없기 때문이다.

따라서 원심이 재판을 누락한 경우 그 누락한 부분은 항소에 의해 항소심의 심판범위에 포함되고, 이때 항소심은 항소이유에 기재되지 아니한 경우에도 직권으로 심판하여야 한다. 항소심에 모두 이심된 이상 소송의 신속과 피고인의 이익을 고려하여 항소심은 파기자판하여야 하고, 이 경우 파기범위는 누락된 부분을 포함한 원심판결 전부가 된다(전부파기설).

ii) (비상상고) 만일 재판의 누락이 있었음에도 상소절차 없이 그대로 판결이 확정된 경우에는 그러한 법령위반은 '비상상고 절차'에 따라 시정될 수밖에 없다.

3. 항소심의 절차

(1) 항소제기

1) 항소제기의 방식 항소의 제기기간은 판결선고일로부터 7일이다(358). 항소는 항소장을 원심법원에 제출하여야 한다(359). 항소장에는 일반적으로 항소를 제기하는 취지만 기재하고 항소이유를 기재할 필요는 없으며, 추후 항소이유서를 제출한다. 다만, 항소장에 항소이유를 기재한 때에는 별도로 항소이유서를 제출하지 않아도 된다(361의4①단서). 항소장의 제출에는 재소자 특칙이 적용된다(344①).

2) 원심법원의 조치 원심법원은 항소장을 심사하여 항소제기가 법률상 방식에 위반하거나 항소권 소멸 후인 것이 명백한 때에는 결정으로 항소를 기

각해야 한다(360①).[1] 이 결정에 대하여는 즉시항고를 할 수 있다(동②). 항소기각의 결정을 하지 않는 경우에는 원심법원은 항소장을 받은 날로부터 14일 이내에 소송기록과 증거물을 항소법원에 송부해야 한다(361).

3) **항소법원의 소송기록 접수통지** 항소법원은 기록송부를 받으면 즉시 항소인과 상대방에게 그 사유를 통지하여야 한다(361의2①).[2] 항소인 또는 변호인은 그 접수통지를 받은 날로부터 20일 이내에 항소이유서를 항소법원에 제출해야 하므로(361의3①), 항소법원의 접수통지는 그 항소이유서 제출기간(불변기간)의 기산점이 되는 매우 중요한 의미가 있다.

i) 피고인에게 소송기록접수통지가 되기 **전**에 변호인의 **선임**이 있는 때에는 **변호인에게도 소송기록접수통지**를 하여야 하고(동②), 변호인의 항소이유서 제출기간은 '변호인'이 통지를 받은 날로부터 계산한다(대판 1996.9.6. 96도166). ii) 만일 피고인에게 소송기록접수통지를 한 **후**에 변호인의 **선임**이 있는 경우에는 변호인에게 다시 같은 통지를 할 필요가 없고, 항소이유서의 제출기간도 '피고인'이 그 통지를 받은 날로부터 계산하면 된다(위 96도166). "이는 필요적 변호사건에서 항소법원이 국선변호인을 선정하고 피고인과 그 변호인에게 소송기록접수통지를 한 다음 피고인이 사선변호인을 선임함에 따라 항소법원이 국선변호인의 선정을 취소한 경우에도 마찬가지이다. 이러한 경우 항소이유서 제출기간은 국선변호인 또는 피고인이 소송기록접수통지를 받은 날부터 계산하여야 한다"(대결 2006.12.7.자 2006모623). 즉, "형사소송법이나 그 규칙을 개정하여 명시적인 근거규정을 두지 않는 이상, 현행 법규의 해석론으로는 필요적 변호사건에서 항소법원이 국선변호인을 선정하고 **피고인과 국선변호인에게 소송기록접수통지**를 한 다음 피고인이 사선변호인을 선임함에 따라 국선변호인의 선정을 취소한 경우, 항소법원은 **사선변호인에게 다시 소송기록접수통지를 할 의무가 없다**"(대결 2018.11.22.자 2015도10651 전합).

[국선변호인 선정과 소송기록접수통지 여부] i) (제33조 제1항·제3항 국선선정) 기록송부를 받은 항소법원은 제33조 제1항의 필요적 변호사건 및 제3항의 권리보호의 필요를 위한 국선사건에서 변호인이 없는 경우에는 지체 없이 변호인을 선정한

1) 원심법원이 항소기각의 결정을 하지 아니한 때에는 '항소법원'이 결정으로 항소를 기각하여야 한다(362①).

2) "송달영수인 신고의 효력은 그 심급에만 미치므로, 상소 또는 이송받은 법원의 소송절차에서는 그 신고의 효력이 없다"(대판 2024.5.9. 2024도3298).

후 그 변호인에게 소송기록접수통지를 해야 한다(규156의2①).

ii) (제33조 제2항 국선 선정청구) 항소이유서 **제출기간이 도과하기 전**에 피고인이 제33조 제2항에 따라 국선변호인 **선정청구**를 한 경우에는 지체 없이 그 결정을 하여야 하고, 이 때 변호인을 선정한 경우에는 그 변호인에게 소송기록접수통지를 하여야 한다(동②). 만일 피고인이 항소이유서 **제출기간이 도과한 후**에 국선변호인 **선정청구**를 하여 국선변호인이 선정된 경우에는 그 국선변호인에게 **소송기록접수통지를 할 필요가 없고**, 설령 국선변호인에게 같은 통지를 하였더라도 국선변호인의 항소이유서 제출기간은 **피고인**이 그 통지를 받은 날로부터 계산된다(대판 2013.6. 27. 2013도4114).

iii) (국선 선정지연과 사선 선임) 필요적 변호사건(33①)에서 법원이 정당한 이유 없이 **국선변호인을 선정하지 않고 있는 사이에**(대판 2000.12.22. 2000도4694) 또는 제33조 제2항에 따른 국선변호인 선정청구를 하였으나 그에 관한 결정을 하지 않고 있는 사이에(대판 2009.2.12. 2008도11486), **피고인 스스로 사선변호인을 선임하였으나** 이미 피고인에 대한 **항소이유서 제출기간이 도과해버린 경우**, 법원은 **사선변호인에게도 소송기록접수통지**를 함으로써, 그 변호인이 통지를 받은 날로부터 기산하여 항소이유서를 작성·제출할 수 있는 기회를 주어야 한다(위 2000도4694; 2008도11486).

iv) (국선 교체상황) 국선변호인 선정결정을 한 후 항소이유서 제출기간 내에 피고인이 책임질 수 없는 사유로 그 선정결정을 취소하고 새로운 국선변호인을 선정한 경우에도 그 변호인에게 소송기록접수통지를 하여야 한다(동③). 즉, **국선변호인의 교체**가 피고인의 귀책사유가 아닌 사정으로 이루어진 경우에는 **새로이 선정된 국선변호인에게 소송기록접수통지**를 하여야 하고, 항소이유서 제출기간은 그 변호인이 통지를 받은 날로부터 20일 이내이다(대결 2006.3.9.자 2005모304). 국선변호인이 선정된 사건에서 **피고인과 국선변호인이 모두 항소이유서를 제출하지 아니**하고, 국선변호인이 법정기간 내에 항소이유서를 제출하지 아니한 데 **피고인의 귀책사유가 밝혀지지 않은 경우**, 항소법원은 종전 국선변호인의 선정을 취소하고 **새로운 국선변호인을 선정하여 다시 소송기록접수통지**를 함으로써 새로운 국선변호인으로 하여금 그 통지를 받은 때로부터 그 기간 내에 피고인을 위하여 항소이유서를 제출하도록 하여야 한다(대결 2012.2.16.자 2009모1044 전합). 또한, 이러한 법리는 (항소법원이 종전 국선변호인의 선정을 취소하고 새로운 국선변호인을 선정하여 소송기록접수통지를 하기 이전에) 피고인 스스로 변호인을 선임한 경우 **그 사선변호인에 대하여도 마찬가지로** 적용된다(대판 2019.7.10. 2019도4221).

필요적 변호사건에서 국선변호인의 조력을 받을 권리를 충분히 보장한다는 것은 항소이유서 제출기간과 관련하여 매우 중요한 의미가 있다.

v) (국선선정 후 병합 사건) 항소심에서 국선변호인이 선정된 이후 변호인이 없는

다른 사건이 병합된 경우, 항소법원은 지체 없이 국선변호인에게 **병합된 사건에 관한 소송기록 접수통지**를 함으로써 국선변호인이 통지를 받은 날로부터 기산한 소정의 기간 내에 피고인을 위하여 항소이유서를 작성·제출할 수 있도록 하여 변호인의 조력을 받을 피고인의 권리를 보호하여야 한다(대판 2010.5.27. 2010도3377).

4) 항소이유서와 답변서의 제출 항소인 또는 변호인은 소송기록의 접수통지를 받은 날로부터 **20일 이내**에 항소이유서를 항소법원에 제출하여야 한다. 여기에도 재소자 특칙이 적용된다(361의3①). **"항소이유서 제출기간의 경과를 기다리지 않고는 항소사건을 심판할 수 없다"**(대판 1964.5.19. 64도71; 2024.5.9. 2024도3298 등. '항소인의 권리기간'). "항소이유서 제출기간 내에 변론이 종결되었는데, 그 후 제출기간 내에 항소이유서가 제출되었다면 특별한 사정이 없는 한, 변론을 재개하여 항소이유에 대해 심리하여야 한다"(대판 2015.4.9. 2015도1466). 이는, ㉠ 항소심의 구조가 법정기간 내에 제출한 항소이유서에 의하여 심판되는 것이고(대판 2024.5.9. 2024도3298), ㉡ 항소이유서 제출기간 내에는 (이미 항소이유서를 제출하였더라도) 항소이유를 추가·변경·철회할 수 있기 때문이다(위 2015도1466). 한편, "항소이유의 **철회**는 **명백히** 이루어져야만 그 효력이 있다"(대판 1999.6.11. 99도1238). 항소이유를 철회하면 이를 다시 상고이유로 삼을 수 없게 되는 제한을 받을 수도 있기 때문이다.

항소이유서를 제출받은 항소법원은 지체 없이 그 부본 또는 등본을 상대방에게 송달하여야 한다(361의4②). 상대방은 송달받은 날로부터 10일 이내에 답변서를 항소법원에 제출하여야 한다(동③). 항소법원은 지체 없이 그 부본 또는 등본을 항소인 또는 변호인에게 송달하여야 한다(동④).

항소이유서는 원심판결에 대한 불복의 이유를 기재한 서면을 말하고, 답변서는 항소이유에 대한 상대방의 반론을 기재한 서면이다. 항소이유서 또는 답변서에는 항소이유 또는 답변내용을 구체적으로 간결하게 명시하여야 한다(규155).

[항소이유 기재의 적법 여부] i) [검사(엄격)] 검사의 경우 이러한 원칙을 엄격하게 그대로 적용하여, 항소이유에 대한 구체적 명시가 없는 때에는 부적법한 것으로 본다(부적법). 즉, 검사가 ㉠ 제1심 무죄판결에 대대 검사가 항소장의 '항소의 이유'란에 **'사실오인 및 법리오해'**라고만 기재한 경우(대판 2003.12.12. 2003도2219), ㉡ 항소장의 '항소의 범위'란에 단순히 **'양형부당'**이라고만 기재하고 다른 구체적인 이유의 기재

없는 경우(대판 2008.1.31. 2007도8117), ㉢ 항소장의 항소의 범위란에 '전부', 항소의 이유란에 '사실오인 및 심리미진, 양형부당'이라고만 기재하였을 뿐인 경우에는, (항소이유에 대한 구체적 명시가 없어) 모두 적법한 항소이유의 기재가 있는 것으로 볼 수 없다(부적법).

또한, ㉣ 검사가 항소이유서에 단지 '항소심에서 공소장변경을 한다'는 취지와 변경된 공소사실에 대하여 '유죄의 증명이 충분하다'는 취지의 주장만 한 경우도 적법한 항소이유의 기재가 없는 경우에 해당한다(대판 2022.10.14. 2022도1229). ㉤ 일부 유죄, 일부 무죄가 선고된 제1심판결에 대해, 검사가 항소장의 '항소의 범위'란에 '전부(양형부당 및 무죄 부분, 사실오인, 법리오해)'라고 기재하였으나, 적법한 기간 내에 제출된 항소이유서에는 제1심판결 중 무죄 부분에 대한 항소이유만 기재한 경우, 항소장의 '양형부당'이라는 문구를 적법한 항소이유의 기재라고 볼 수 없고, 유죄 부분에 대하여는 법정기간 내에 항소이유서를 제출하지 아니한 경우에 해당한다(대판 2008.1.31. 2007도8117).

ii) [피고인(선해)] 반면, 피고인의 경우에는 다소 추상적이라도 피고인에게 유리하게 선해한다(적법). 즉, 피고인이 '위 사건에 대한 원심판결은 도저히 납득할 수 없는 억울한 판결이므로 항소를 한 것입니다'라고 기재한 경우에는, 항소심은 이를 '사실오인 또는 양형부당'의 항소이유를 기재한 것으로 선해하여 그 항소이유에 대하여 심리를 하여야 한다(대결 2002.12.3.자 2002모265). 이는, ㉠ 형사소송법상 상고이유는 엄격히 제한됨과 동시에 상고이유서는 소송기록과 원심법원의 증거조사에 표현된 사실을 인용하여 그 이유를 명시하도록 규정되어 있음에 반하여, 항소이유서에 대하여는 그와 같은 규정이 없고, ㉡ 상고심은 원칙적으로 법률심으로서 사후심인데 반하여, 항소심은 사후심적 성격이 가미된 속심인 점을 그 근거로 들고 있다(적법).

5) 항소이유서 미제출의 효과 항소인이나 변호인이 그 기간 내에 항소이유서를 제출하지 아니한 때에는 항소기각의 결정을 하지만, 직권조사사유가 있거나 항소장에 항소이유의 기재가 있는 때에는 예외이다(361의4①). 이 결정에는 즉시항고 할 수 있다(동②). 직권조사사유란 법령적용이나 법령해석의 착오 여부 등 당사자가 주장하지 아니한 경우에도 법원이 직권으로 조사하여야 할 사유를 말한다(대결 2003.5.16.자 2002모338). 예컨대, 소송조건의 존부, 필요적 변호사건 여부, 증거능력의 유무, 보강증거의 존부, 법령의 해석·적용의 착오 여부 등이다. 증거의 취사와 사실인정의 잘못은 직권조사사유에 해당하지 않는다(대판 1986.7.22. 84도2248).

(2) 항소심의 심리

1) 심판대상 항소법원은 항소이유에 포함된 사유에 관하여 심판하여야 한다(364①). 다만, 판결에 영향을 미친 사유에 관해서는 항소이유서에 포함되지 않은 경우에도 직권으로 심판할 수 있다(동②). 이는 실체적 진실의 발견과 형벌법규의 공정한 실현을 위하여 직권으로 심판하여 판결의 적정과 당사자의 이익을 보호하려는 것이다(대판 1976.3.23. 76도437). '판결에 영향을 미친 사유'는 널리 항소이유가 될 수 있는 사유 중에서 직권조사사유를 제외한 것으로서 판결에 영향을 미친 경우를 포함한다(위 76도437). 법령위반, 사실오인, 양형부당을 모두 포함한다.

[직권심판사항(사실오인 · 양형부당): 편면적] 단순한 사실오인이나 양형부당은 직권조사사유는 아니지만(대결 2005.12.5.자 2005초기316), 판결에 영향을 미친 사실오인이나 양형부당은 직권심판사항이 될 수 있다. 그런데, 판례는 피고인의 이익을 위한 경우에는 널리 직권조사 또는 직권심판이 가능하다는 입장이지만, 이와 반대로 검사의 항소인 경우 피고인에게 불리한 방향으로 직권심판할 수는 없다고 한다('편면적').

i) (사실오인) 사실오인의 경우에도 피고인의 이익을 위한 경우에만 직권심판사항이 된다. 즉, ㉠ 피고인이 항소한 때에는 판결에 영향을 미친 사실오인은 직권조사사유에 해당하지만(위 2005초기316), ㉡ 반면, 검사가 일부무죄가 선고된 제1심 판결 전부에 대하여 항소한 경우에서 항소이유서에서 일부 무죄 부분에 대해 아무런 언급이 없다면, 이는 직권조사사유나 직권심판사항에 해당하지 않는다(대판 1970.11.30. 70도2111).

ii) (양형부당) 양형부당의 경우에도 피고인의 이익을 위한 경우에만 직권심판사항이 된다('양형과중'만 직권심판사항). 즉, ㉠ 피고인이 사실오인만을 이유로 항소한 경우에도 항소심은 직권으로 제1심 판결을 파기하고 더 가벼운 형을 정할 수 있고(대판 1990.9.11. 90도1021), 검사만이 양형부당(양형과경)을 이유로 항소한 경우에도 항소심이 직권으로 제1심의 양형보다 오히려 가벼운 형을 정하여 선고할 수 있다(대판 2010.12.9. 2008도1092). ㉡ 그러나 검사가 일부 무죄가 선고된 제1심 판결 전부에 대하여 항소한 경우에서 유죄 부분에 대해 아무런 항소이유를 주장하지 않았다면, 제1심의 양형에 잘못(즉, 양형과경)이 있더라도 직권조사사유나 직권심판사항에 해당하지 않는다(대판 2008.1.31. 2007도8117).

한편, 항소이유서에 기재된 사항이라도 검사의 항소이유가 실질적으로 구두변론을 거쳐 심리되지 않았다고 평가될 경우(예: 검사가 공판정에서 구두변론을 통해 항소이유를 주장하지 않았고 피고인도 그에 대한 적절한 방어권을 행사하지 못하는 등), 항소심이 검사의 항소이유 주장을 받아들여 피고인에게 불리하게 제1심 판결을 변경하는 것은 허용되지 않는다(대판 2015.12.10. 2015도11696). 이는 공판중심주의와 구두변론주의를 실현하고 피고인의 방어권을 실질적으로 보장하기 위한 것이다.

그리고 경합범의 일부에 대한 재판 누락의 경우, 판례는 이심설의 입장이다. 즉, "제1심이 경합범 관계에 있는 공소사실 중 일부에 대하여 재판을 누락한 경우 항소법원은 당사자의 주장이 없더라도 직권으로 그 누락 부분을 파기하고 그 부분에 대하여 재판하여야 한다"(대판 2013.3.14. 2008도7848).

2) **공판절차** 항소심의 공판절차는 제1심 공판절차에 관한 규정이 특별한 사정이 없는 한 준용된다(370). 따라서 항소심의 공판절차는 우선, ㉠ 모두절차에서 진술거부권고지, 인정신문이 행해지고, 항소인의 항소이유 진술, 상대방의 답변 진술이 이루어진 다음(규156의3), 항소법원은 항소이유와 답변에 기초하여 해당 사건의 사실상·법률상 쟁점을 정리하고 그 증명되어야 하는 사실을 명확하게 한다(규156의4). ㉡ 사실심리절차에서 증거조사와 피고인신문이 행해진 다음, ㉢ 최종변론절차에서 원심판결의 당부와 항소이유에 대하여 검사의 의견진술 및 변호인의 변론과 피고인의 최후진술이 있게 된다(규156의7). 특히, 제1심에서 증거로 할 수 있었던 증거는 항소심에서도 증거로 할 수 있다(364③). 항소심에서도 "그 증거능력이 그대로 유지되어 심판의 기초가 될 수 있고, 다시 증거조사를 할 필요가 없다"(대판 2005.3.11. 2004도8313). 재판장이 증거조사절차에 앞서 제1심의 증거관계와 증거조사결과의 요지를 고지하는 것으로 충분하다(규156의5①참조).

3) **특칙** 항소심의 심리에는 다음의 특칙이 있다. i) [불출석재판(2회 연속 불출석)] 피고인이 공판기일에 출정하지 않은 때에는 다시 기일을 정하여야 한다. 피고인이 정당한 사유 없이 다시 정한 기일에도 출정하지 아니한 때에는 피고인의 진술 없이 판결을 할 수 있다(365). 다만, "피고인이 적법한 공판기일 통지를 받고서도 2회 연속으로 정당한 이유 없이 출정하지 아니한 경우에 해당하여야 한다"(대판 2012.6.28. 2011도16166). "이때 '적법한 공판기일의 통지'란, 소환장의 송달(76) 및 소환장송달의 의제(268)의 경우에 한정되는 것이 아니라, (적어도 피고인의 이름·죄명·출석 일시·출석 장소가 명시된) '공판기일 변경명령'을 송달받은 경우(270)도 포함된다"(대판 2022.11.10. 2022도7940). ii) [증거조사 제한] 항소심에서도 새로운 증거조사가 가능하나, 무제한 허용되는 것은 아니며 일정한 제한이 따른

다. 즉, ㉠ (증인신문 제한) 항소심에서의 '증인신문'에 일정한 경우에 한하여 예외적으로 허용되며(규156의5②),[1] ㉡ (고의지연 각하) 항소심에서도 당사자가 고의로 증거를 뒤늦게 신청함으로써 공판의 완결을 지연하는 것으로 인정할 때에는 결정으로 이를 각하할 수 있다(370 · 294②). iii) [피고인신문 제한] 검사 또는 변호인은 항소이유의 당부를 판단함에 필요한 사항에 한하여 피고인을 신문할 수 있으므로(370 · 296의2① · 규156의6①), 변호인의 피고인신문권은 변호인의 소송법상 권리이다. 한편, 재판장은 이 경우에도 제1심의 피고인신문과 중복되거나 항소이유의 당부를 판단하는 데 필요 없다고 인정하는 때에는 그 신문의 전부 또는 일부를 제한할 수 있으나(규156의6②), 변호인의 본질적 권리를 해할 수는 없다(370 · 299 참조). "항소심에서 변호인이 피고인을 신문하겠다는 의사를 표시하였음에도, 변호인에게 일체의 피고인신문을 허용하지 않는 것은, 변호인의 피고인신문권에 관한 본질적 권리를 해하는 것으로서, 소송절차의 법령위반에 해당한다"(대판 2020.12. 24. 2020도10778).

(3) 항소심의 재판

1) 공소기각결정 공소기각의 결정사유가 있는 때에는 항소법원은 결정으로 공소를 기각한다(363①). 즉시항고할 수 있다(동②).

2) 항소기각의 결정 항소제기가 법률의 방식을 위반하거나 항소권 소멸후인 것이 명백한 때(360), 항소이유서 제출기간 내에 항소이유서를 제출하지 아니한 때(361의4①)에는 변론 없이 결정으로 항소를 기각한다.

3) 항소기각의 판결 항소가 이유가 없다고 인정한 때에는 판결로써 항소를 기각한다(364④). 특히 항소이유 없음이 명백한 때에는 **변론 없이** 판결로써 항소를 기각할 수 있다(동⑤). 이를 **무변론기각**이라 한다. 소송지연을 목적으로 하는 상소의 남용을 방지하기 위한 것으로, 사후심적 요소의 반영이다.

4) 원심판결의 파기판결 항소이유 있다고 인정한 때에는 원심판결을 파기한다(364⑥). 항소이유서에 기재되지 아니한 경우에도 직권으로 판결에 영향을

---

1) [형사소송규칙 제156조의5(항소심과 증거조사)] ② 항소심 법원은 다음 각호의 어느 하나에 해당하는 경우에 한하여 증인을 신문할 수 있다.

1. 제1심에서 조사되지 아니한 데에 대하여 고의나 중대한 과실이 없고, 그 신청으로 인하여 소송을 현저하게 지연시키지 아니하는 경우
2. 제1심에서 증인으로 신문하였으나 새로운 중요한 증거의 발견 등으로 항소심에서 다시 신문하는 것이 부득이하다고 인정되는 경우
3. 그 밖에 항소의 당부에 관한 판단을 위하여 반드시 필요하다고 인정되는 경우

미친 사유가 있다고 인정한 때에도 마찬가지이다(동②).

여기에는 몇 가지 유념할 사항이 있다. ㉠ (공통피고인을 위한 파기) 피고인을 위하여 원심판결을 파기하는 경우에 파기이유가 '항소한 공동피고인'에게 공통되는 때에는 그 공동피고인에 대해서도 원심판결을 파기하여야 한다(364의2)[공통파기]. "이는 공동피고인 상호간의 재판의 공평을 도모하려는 취지이다. (공통파기의 대상인) '항소한 공동피고인'에는 제1심의 공동피고인으로서 자신이 항소한 경우는 물론, 그에 대하여 검사만 항소한 경우까지도 포함된다(대판 2003.2.26. 2002도6834).[1] ㉡ (증인진술의 신빙성 여부에 대한 제1심 판단과 항소심의 번복 제한) 문제는, 항소심이 제1심 증인이 한 진술의 신빙성에 관한 제1심의 판단을 함부로 뒤집을 수 있는지 여부이다. 판례에 따르면, "(이에 대한 제1심의 판단이 명백하게 잘못되었다고 볼 '특별한 사정'이 있거나, 제1심의 판단을 그대로 유지하는 것이 '현저히 부당'하다고 인정되는 예외적인 경우가 아니라면) 항소심으로서는 제1심 증인이 한 진술의 신빙성 유무에 대한 제1심의 판단이 항소심의 판단과 다르다는 이유만으로, 이에 대한 제1심의 판단을 함부로 뒤집어서는 아니 된다"(대판 2024.11.28. 2024도12324 등. '제1심 신빙성 인정: 유죄'). "특히 공소사실을 뒷받침하는 증거의 경우에는, 증인신문 절차를 진행하면서 진술에 임하는 증인의 모습과 태도를 직접 관찰한 '제1심'이 증인의 진술에 대하여 그 '신빙성을 인정할 수 없다'고 판단하였음에도 불구하고, '항소심'이 이를 뒤집어 그 진술의 '신빙성을 인정할 수 있다'고 판단할 수 있으려면, 진술의 신빙성을 배척한 제1심의 판단을 '수긍할 수 없는 충분하고도 납득할 만한 현저한 사정'이 나타나는 경우이어야 한다"(대판 2006.11. 24. 2006도4994; 2010.3.25. 2009도14065 등. '제1심 신빙성 부인: 무죄'. 더욱 엄격한 제한). 이는 이는 공판중심주의와 실질적 직접주의에 따른 당연한 요청이다.

원심판결이 파기되면, 사건은 원심판결 선고 이전의 상태로 항소심에 계속된다. 이때 항소법원의 재판형태로는 자판, 환송 및 이송의 3가지가 있다. i) [파기자판] 항소법원은 항소이유가 인정한 때에는 원심판결을 파기하고 다시 판결하여야 한다(364⑥). 항소심의 속심구조에 비추어 파기'자판'이 원칙이다. 파기자판은 항소기각의 경우와 달리 무변론재판을 허용하는 규정이 없으므로 반드시 구두변론을 거쳐야 한다. ii) [파기환송] 공소기각 또는 관할위반의 재판이 법률에 위반됨을 이유로 원심판결을 파기하는 때에는 판결로써 사건을 원심법원(=

1) "위 규정은 공동피고인 사이에서 파기의 이유가 공통되는 해당 범죄사실이 동일한 소송절차에서 병합심리된 경우에만 적용된다."(대판 2019.8.29. 2018도14303 전합).

제1심법원)에 환송하여야 한다(366). 제1심에서 실체심리가 행해지지 않았기 때문에 예외적으로 환송을 인정한 것이다. 따라서 "환송하지 아니하고 본안에 들어가 심리한 후 피고인에게 유죄판결을 선고한 것은 위법하다"(대판 2013.10.11. 2013도2198). iii) [파기이송] 관할인정이 법률에 위반됨을 이유로 원심판결을 파기하는 때에는 판결로써 사건을 관할법원에 이송하여야 한다. 단, 항소법원이 그 사건의 제1심 관할권이 있는 때에는 제1심으로 심판하여야 한다(367).

5) 재판서의 기재　항소법원의 재판서에는 '항소이유에 대한 판단'을 기재하여야 한다(369). 항소기각의 경우에는 항소이유에 대한 판단만으로 충분하다. 그러나 제1심 판결을 파기하여 **유죄를 선고하는 경우**에는 범죄사실, 증거의 요지 및 법령의 적용을 명시하여야 한다. 이때 원심판결에 기재한 **사실과 증거를 인용**할 수 있다(369). 법령의 적용은 인용할 수 없다.

Ⅱ. 상고

1. 상고의 의의와 상고심의 구조

(1) 상소의 의의

상고는 제2심판결에 대해 대법원에 제기하는 상소를 말한다. 제1심판결에 대해 항소 없이 곧바로 대법원에 제기하는 상고를 비약상고라고 한다(372). 상고의 주된 기능은 법령해석의 통일에 있다. 부수적으로 일정한 범위 안에서 사실오인과 양형부당을 상고이유로 하는 등 당사자의 권리구제 기능도 함께 수행한다.

(2) 상고심의 구조

1) 원칙적 법률심과 예외적 사실심　i) (원칙적 법률심) 상고심은 원칙적으로 법률문제만을 심리·판단하는 법률심이다. 따라서 판결에 영향을 미친 헌법·법률·명령·규칙의 위반이 있는 때(383i)가 가장 중요한 상고이유가 된다. ii) (예외적 사실심) 다만, '10년 이상의 징역·금고가 선고된 사건'에서 '중대한 사실오인'과 '현저한 양형부당'(동iv)도 상고이유가 되는데, 이 점에서는 예외적으로 사실심의 성격도 있다.

2) 원칙적 사후심과 예외적 속심　i) (원칙적 사후심) 상고심의 구조는 원칙적으로 사후심이다. 현행법상 상고이유가 엄격히 제한되고(383), 원칙적으로 상고이유에 포함된 사항에 한하여 심판하며(384), **변론 없이** 서면심리에 의하여 판결

할 수 있고(390), 파기'환송' 또는 '이송'이 원칙(397)이기 때문이다. 따라서 사후심인 상고심은 ① 새로운 증거를 제출하거나 증거조사를 하는 것은 허용되지 않는다. ② 새로운 사실심리가 불가능하고 공소장변경이 인정되지 않는다. ③ 원판결의 당부는 원심의 소송자료만을 기초로 하여 상고심 판결시점이 아니라 원판결시점을 기준으로 판단한다. 예컨대, ㉠ "상고심은 사후심으로서, 원심판결 후에 나타난 사실이나 증거는 비록 상고이유서에 첨부되어 있더라도 사용할 수 없음이 원칙이다"(대판 2010.10.14. 2009도4894). ㉡ "부정기형을 선고받은 피고인이 상고심 계속 중에 성년이 되었더라도 정기형으로 고칠 수는 없다"(대판 1990.11.27. 90도2225).

ii) (예외적 속심) 다만, 판결 후 형의 폐지나 변경 또는 사면이 있는 때(383ii), 원심판결 후에 재심청구의 사유가 있는 때(동iii)에는, 원심판결 후의 새로운 사실이나 증거가 판단의 대상이 되므로, 예외적으로 속심의 성격도 있다.

2. 상고이유

상고이유는 4가지로 엄격하게 제한된다(383). ① 판결에 영향을 미친 헌법·법률·명령 또는 규칙의 위반이 있는 때(동i), ② 판결 후 형의 폐지나 변경 또는 사면이 있는 때(동ii), ③ 재심청구의 사유가 있는 때(동iii), ④ 사형·무기 또는 10년 이상의 징역이나 금고가 선고된 사건에서 중대한 사실의 오인이 있어 판결에 영향을 미친 때 또는 형의 양정이 심히 부당하다고 인정할 현저한 사유가 있는 때(동iv)이다.

상고이유 중 ①②③은 항소이유와 동일하다. ②③은 절대적 상고이유로서, 항소이유에 비하여 상고이유(특히 절대적 상고이유)가 제한적인 것은 상고심의 업무부담 경감을 고려한 것이다. 상고심의 적법절차 감시기능을 강화하기 위하여 그 확대가 필요하다는 입법론이 있다.

1) (판결에 영향을 미친) **법령위반**(i) 이는 상고심이 법령해석의 통일을 위한 법률심인 점에 비추어 당연한 상고이유이다. 선고형의 경중과 관계 없다. 주의할 점은, 사실인정의 문제는 원칙적으로 법령위반에 해당하지 않는다는 것이다. 즉, 증거의 취사선택과 사실인정이 "논리법칙이나 경험법칙에 따른 자유심증주의의 한계를 벗어나지 아니하는 한, 그것만으로 바로 제1호의 법령위반에 해당하는 것은 아니다. 구체적인 논리법칙 위반이나 경험법칙 위반의 점 등을 지적하지 아니한 채, 단지 원심의 증거취사와 사실인정만을 다투는 것은 특별한 사

정이 없는 한 사실오인의 주장에 불과하다"(대판 2008.5.29. 2007도1755).[1]

2) (판결에 영향 미친) **중대한 사실오인 또는 현저한 양형부당**(iv): **편면적** 이는 사형·무기 또는 10년 이상의 징역·금고가 선고된 사건에만 적용된다. 하나의 사건에서 징역형이 여럿 선고된 경우에는 합산한 형기가 10년 이상이면 여기에 해당한다(위 2009도13411). 반면, "10년 미만의 징역형이 선고된 사건에서 형이 너무 무거워서 부당하다는 취지의 주장은 적법한 상고이유가 될 수 없다. 이러한 경우 사실심인 원심이 양형조건이 되는 제반 정상에 관하여 심리를 제대로 하지 아니하였음을 들어 상고이유로 삼을 수도 없다"(대판 2001.12.27. 2001도5304).

특히 주의할 점은, 이는 피고인의 이익을 위한 예외적 규정이라는 것이다(대판 2010.1.28. 2009도13411). 상고심의 성격이 이른바 사후심·법률심인 점에 비추어, 오로지 피고인의 이익을 위하여 있는 제도이기 때문이다.[2] 따라서 검사는 (10년 이상의 징역·금고가 선고된 사건이라도) 사실오인 또는 양형부당을 이유로 상고할 수 없다[**편면성: 검사의 사실오인·양형부당 상고제한**]. 오로지 피고인만이 (10년 이상의 징역·금고가 선고된 사건에서) 중대한 사실오인 또는 현저한 양형부당을 이유로 상고할 수 있는 것이다. 그리하여 ㉠ 검사는 10년 이상의 징역이나 금고가 선고된 사건이라도 '그 형이 심히 가볍다'는 이유로 양형부당의 상고를 할 수 없다(대판 1982.1.19. 81도2898; 2022.4.14. 2022도1662). 검사는 "원심의 형의 양정이 가볍다거나, 피고인의 이익에 반하여 양형의 전제사실의 인정에 채증법칙 위반이 있다는 사유를 상고이유로 주장할 수 없다"(대판 2005.9.15. 2005도1952; 2014.2.13. 2013도14914). ㉡ 또한, 검사는 무죄판결에 대하여 중대한 사실오인을 상고이유로 삼을 수 없다(대판 1968.6.20. 68도449 전합).[3]

3) **상고제한 법리** 문제되는 것은, 이른바 '상고이유 제한 법리'이다. 즉, "상고심은 항소법원 판결에 대한 사후심이므로 항소심에서 심판대상이 되지 않

1) 참고로 "우리 대법원은 일찍부터 사실인정의 문제조차도 채증법칙 위배라는 이름으로 법률문제화시켜 대법원의 심판범위 내에 두고 있다. (중략) 모든 사건에서 사실인정의 문제를 채증법칙 위배라는 이름으로 법령위반의 상고이유로 보아 심판하고 있다"(대판 2003.2.20. 2001도6138 전합의 반대의견 참조). 이러한 관행에 대해 제한을 가하는 취지의 판결이다.

2) "상고심의 본래 기능은 법령 해석·적용의 통일을 도모하는 것이다. 그런데도 양형부당을 상고이유로 삼을 수 있도록 한 이유는, 무거운 형이라고 할 수 있는 사형, 무기 또는 10년 이상의 징역이나 금고를 선고받은 피고인의 이익을 한층 두텁게 보호하고 양형문제에 관한 권리구제를 최종적으로 보장하려는 데 있다"(대판 2022.4.28. 2021도16719).

3) 다만, 판례는 무죄판결에 대해서도 채증법칙 위반(대판 1989.2.28. 88도832 등) 또는 심리미진(대판 1989.2.28. 88도1734 등)을 독립적 파기사유(제1호 법령위반)로 인정한다.

은 사항은 상고심의 심판범위에 들지 않는다. 피고인이 항소심에서 항소이유로 주장하지 아니하거나 항소심이 직권으로 심판대상으로 삼은 사항 이외의 사유에 대하여는, 이를 상고이유로 삼을 수는 없다"(대판 2019.3.21. 2017도16593-1 전합). 예컨대, ㉠ "피고인이 제1심 판결에 대하여 양형부당만을 항소이유로 내세워 항소하였다가 그 항소가 기각된 경우, 피고인은 사실오인 또는 법리오해를 상고이유로 삼을 수는 없다"(대판 2005.9.30. 2005도3345). ㉡ 제1심 판결에 대하여 검사만이 양형부당을 이유로 항소하였을 뿐 피고인은 항소하지 아니한 경우, 피고인은 사실오인이나 법령위반 사유를 들어 상고할 수 없다(대판 2009.5.28. 2009도579). 검사의 양형부당 항소를 받아들여 항소심에서 형이 더 높아지는 등 피고인에게 불리하게 변경된 경우에도 마찬가지이다(위 2017도16593-1 전합). 따라서 항소심에서의 항소이유 철회는, 명백한 방식으로 이루어져야 그 효력이 있다.[1)]

3. 상고심의 절차

(1) 상고제기

1) 상고제기의 방식 상고기간은 판결선고일로부터 7일이다(374). 상고는 상고장을 원심법원에 제출하여야 한다(375). 재소자 특칙이 적용된다(344①). 상고장 접수 이후 원심법원과 상고법원의 사무처리는 항소의 경우와 거의 동일하다.

2) 원심법원의 조치 상고제기가 법률의 방식에 위반하거나 상고권 소멸 후인 것이 명백한 때에는 원심법원은 상고기각의 결정을 하여야 한다[상고기각결정](376①). 즉시항고할 수 있다(동②). 상고기각의 결정을 하지 않는 경우에는 원심법원은 상고장을 받은 날로부터 14일 이내에 소송기록과 증거물을 상고법원에 송부하여야 한다[소송기록송부](377).

3) 상고법원의 소송기록 접수통지 상고법원은 소송기록을 송부받으면 즉시 상고인과 상대방에게 그 사유를 통지해야 한다[소송기록 접수통지](378①). 그 통지 전에 변호인의 선임이 있는 때에는 변호인에게도 통지해야 한다(동②). 기록을 송부받은 상고법원은 필요적 변호사건에서 변호인이 없는 경우에는, 지체 없이 변호인을 선정한 후 그 변호인에게 소송기록접수통지를 해야 하는 등 항소심절차가 준용된다(규164).

---

1) [상고제한법리와 항소이유 철회] "항소이유의 철회는 명백히 이루어져야만 그 효력이 있다"(대판 2003.2.26. 2002도6834). 항소이유를 철회하면 이를 다시 상고이유로 삼을 수 없게 되는 제한을 받을 수 있기 때문이다(상고제한 법리).

4) 상고이유서와 답변서의 제출 상고인 또는 변호인은 소송기록접수통지를 받은 날로부터 20일 이내에 상고이유서를 상고법원에 제출하여야 한다(379①).[1] 재소자 특칙이 적용된다. 상고이유서에는 소송기록과 원심법원의 증거조사에 표현된 사실을 인용하여 그 이유를 **명시**하여야 한다(동②). 즉, 상고이유서에는 상고이유를 특정하여 원심판결의 어떤 점이 법령에 어떻게 위반되었는지에 관하여 **구체적**이고도 **명시적**인 이유의 설시가 있어야 한다. 상고이유서에 ㉠ 단순히 '원심판결에 사실오인 내지 법리오해가 있다'고만 기재하거나(대판 2009.4.9. 2008도5634), ㉡ 항소심 변호인의 변론요지서에 기재된 주장을 그대로 원용하는 것은, 적법한 상고이유가 제출된 것으로 볼 수 없다(대판 2005.2.18. 2004도6795).

상고이유서를 제출받은 상고법원은 지체 없이 그 부본 또는 등본을 상대방에게 송달하여야 한다(동③). 상대방은 송달받은 날로부터 10일 이내에 답변서를 제출할 수 있다(동④). 답변서를 받은 상고법원은 그 부본 또는 등본을 상고인 또는 변호인에게 송달하여야 한다(동⑤).

5) 상고이유서 미제출의 효과 상고인이나 변호인이 그 기간 내에 상고이유서를 제출하지 아니한 때에는 **상고기각의 결정**을 하지만, 상고장에 상고이유의 기재가 있는 때에는 예외이다(380①). 다만, 상고이유의 주장이 **'적법한 상고이유에 해당하지 아니함'**(부적법한 상고이유)이 **명백**한 때에도 마찬가지로 **상고기각의 결정**을 한다(동②). 즉, "'상고이유서'라는 제목의 서면을 제출하였더라도, 상고이유의 어느 하나에라도 해당하지 않은 때에는 적법한 상고이유서를 제출한 것이라고 할 수 없다"(대결 2010.4.20.자 2010도759 전합). 예컨대, '상고이유서'에 '벌금을 감액하여 달라'고 기재된 경우 상고법원은 상고기각의 결정을 할 수 있다. 이 결정에 대해서는 불복할 수 없다.

(2) 상고심의 심리

1) 심판대상 상고심은 **상고이유서에 포함된 사유**에 관하여 심판하여야 한다. 그러나 상고이유 중 법령위반(383i), 판결 후 형의 폐지 등(동ii), 재심청구의

1) [검사상고 사건에서 상고이유서 제출의무자와 제출기간] "검사가 상고한 경우, '상고법원에 대응하는 검찰청 소속 검사'(=대검찰청 검사)가 소송기록접수통지를 받은 날로부터 20일 이내에 그 이름으로 상고이유서를 제출하여야 한다. 다만 '상고를 제기한 검찰청 소속 검사'(=항소심 검사)가 그 이름으로 상고이유서를 제출하여도 유효한 것으로 취급되지만, 이 경우 상고를 제기한 검찰청이 있는 곳을 기준으로 법정기간이 제67조에 따라 연장될 수 없다. 군검사가 상고한 경우에도 마찬가지다"(대결 2023.4.21.자 2022도16568).

사유(동iii)의 경우에는 상고이유서에 포함되지 아니한 때에도 직권으로 심판할 수 있다(384). 항소심의 경우 법령위반, 사실오인, 양형부당 모두 전반적으로 직권심판사항에 해당하나, 상고심은 항소심과 달리 법률심이기 때문에 법령위반만으로 직권심판사항이 극히 제한되어 있다.

2) **특칙** 상고의 심판에는 특별한 규정이 없으면 항소심의 규정을 준용한다(399). 그러나 상고심은 사후심이고 법률심이므로 특칙이 있다.

i) (서면심리) 상고법원은 소송기록에 의하여 **변론 없이** 판결할 수 있다(390①). 상고심은 사후심이기 때문이다. 서면심리는 상고기각의 경우뿐만 아니라 원심판결 파기의 경우에도 적용된다. 다만, 상고법원은 필요한 경우에는 특정한 사항에 관하여 **변론을 열어** 참고인의 진술을 들을 수 있다(동②). 그 판단에 필요한 전문가의 의견을 듣기 위한 제도이다.

ii) (변론능력 제한) 상고심에서는 변호사 아닌 자를 변호인으로 선임하지 못한다(386). "변호인이 아니면 피고인을 위하여 변론하지 못한다"(387).

iii) (피고인 불출석 개정) 상고심의 공판기일에는 **피고인의 소환을 요하지 아니한다**(389의2). 피고인에게 출석의무를 부과하지 않고 있는 것이다. 즉, 상고심에서는 **피고인의 출석 없이** 공판기일을 개정할 수 있다. 상고심은 원칙적으로 법률심이자 사후심으로서, 서면심리에 의해 판결할 수 있기 때문이다. 다만, 피고인에게 공판기일통지서는 송달해야 한다(규161①).

iv) (변호인 불출석) 검사와 변호인은 상고이유서에 의하여 변론하여야 한다(388). 변호인의 선임이 없거나 변호인이 공판기일에 출정하지 아니한 때에는 검사의 진술을 듣고 판결을 할 수 있다. 단, 제283조(필요적 국선)의 경우에는 예외로 한다(389①). 이 경우 적법한 (상고)이유서의 제출이 있는 때에는 그 진술이 있는 것으로 간주한다(동②).

[피고인의 변론능력 제한 여부] 법 제387조('변호인이 아니면 변론하지 못한다')의 해석과 관련하여, "상고심에서는 **피고인의 변론능력이 제한된다**(피고인은 재판부의 질문에 수동적으로 답변할 수 있을 뿐 적극적으로 이익되는 사실을 진술할 권리는 없다)"라는 해석론이 있다. 그리고 법 제389조의2('상고심의 공판기일에는 피고인의 소환을 요하지 아니한다')의 해석에서는, "피고인의 변론능력이 제한되기 때문에 그 소환이 필요 없다"라고 설명한다. 상고이유에 대해 피고인의 진술 여부에 상관 없이 판단하는 이상, 피고인으로서 공판기일에 출석하더라도 공판기일에 참여할 권리는 없고 단지 방청인으로서 방청할 수 있을 뿐이라는 것이다.

그러나 소송주체인 피고인의 변론능력 자체를 부정하는 해석론은 타당하다고 볼 수 없다(그 문언도 '피고인을 위해 변론하지 못한다'일 뿐 '피고인은 변론하지 못한다'는 내용이 결코 아니다). 제387조(변론능력)는 그 문언상 피고인 본인의 변론능력을 제한하는 것이라기보다는 변호인 아닌 자의 피고인을 위한 변론능력을 제한하는 것에 불과하기 때문이다. 또한 제389조의2(피고인의 소환 여부)는 형사소송법상 출석의무를 뜻하는 '소환'이라는 문언상 피고인에게 '출석의무'가 없다는 것에 불과할 뿐 피고인의 '출석할 권리'의 존재까지 부정하는 것이라고 볼 수 없으며, 규칙 제161조(피고인에 대한 공판기일의 통지 등) 제1항의 규정 역시 피고인의 '출석할 권리'의 존재를 전제로 하고 있다고 볼 수 있기 때문이다.

(3) 상고심의 재판

1) 공소기각결정 공소기각의 결정사유가 있는 때에는 상고법원은 결정으로 공소를 기각한다(382).

2) 상고기각의 결정 ① 상고제기가 법률의 방식을 위반하거나 상고권 소멸 후인 것이 명백함에도 원심법원이 상고기각의 결정을 하지 아니한 때(381), ② 상고장에 상고이유의 기재가 없고 상고이유서 제출기간 내에 상고이유서를 제출하지 아니한 때(380①), ③ 상고장 및 상고이유서에 기재된 상고이유의 주장이 제383조 각 호의 어느 하나의 사유에 해당하지 아니함이 명백한 때(380②)에는, 결정으로 상고를 기각한다.

3) 상고기각의 판결 상고가 이유가 없다고 인정한 때에는 판결로써 상고를 기각한다(399 · 364④).

4) 원심판결의 파기판결 상고이유가 있는 때에는 판결로써 원심판결을 파기한다(391). 직권심판사항(383i내지iii)이 있는 때에도 마찬가지이다(384단서). 피고인을 위하여 원심판결을 파기하는 경우에 파기이유가 상고한 공동피고인에게 **공통**되는 때에는 그 공동피고인에 대해서도 원심판결을 **파기**하여야 한다(392)[공통파기].

파기하면 사건은 원심판결 선고 이전의 상태로 상고심에 계속된다. 이때 상고법원의 재판형태로는 환송 및 이송, 자판의 3가지가 있다. 항소심과 달리 상고심에서 **파기'환송' · 파기'이송'이 원칙**이고 파기'자판'은 예외에 속한다. i) **파기환송**은, 적법한 공소를 기각하였다는 이유로 원심판결 또는 제1심 판결을 파기하는 경우에는 판결로써 사건을 원심법원 또는 제1심법원에 환송하여야 한다(393). 관할위반의 인정이 법률에 위반됨을 이유로 원심판결 또는 제1심 판결을 파기하는 경우에도 판결로써 사건을 원심법원 또는 제1심법원에 환송하여야 한다(395). 그 이외에 원심판결을 파기한 때에도 자판하는 경우가 아니면 판결로써 환송하거나 이송하여야 한다(397). ii) 파기이송은, 관할의 인정이 법률에 위반됨을 이유로 원심판결 또는 제1심 판결을 파기하는 경우에는 판결로써 사건을 관할 있는 법원에 이송하여야 한다(394). iii) 파기자판은, 상고법원은 원심판결을 파기한 경우에 그 소송기록과 원심법원과 제1심법원이 조사한 증거에 의하여 판결하기 충분하다고 인정한 때에는 피고사건에 대하여 직접판결을 할 수 있다(396①). 이 경우 불이익변경금지원칙이 준용된다(동②). 따라서 상고법원이 새로운 증거를 조사하여 그 결과를 자판의 자료로 삼는 것은 허용되지 않는다. 자판의 내용에는 유·무죄의 실체판결, 공소기각·면소의 형식판결이 포함된다.

5) 재판서의 기재 상고법원의 재판서에는 '상고이유에 관한 판단'을 기재하여야 한다(398). 법령해석의 통일이라는 상고심의 기능 때문이다. 대법원의 재판서에는 합의에 관여한 모든 대법관의 의견을 표시하여야 한다(법조법15).

(4) 판결정정

1) 뜻 판결정정이란 상고심 판결의 내용에 명백한 오류가 있는 경우에 이를 바로잡는 것을 말한다. 상고법원은 그 판결의 내용에 오류가 있음을 발견한 때에는 직권 또는 검사, 상고인이나 변호인의 신청에 의해 판결로써 정정할 수 있다(400①). 이는 더 이상의 상급심이 없다는 점에서 유래하는 제도인데, 결정으로 하는 판결경정제도(규25)와 다르다. 상고심의 경우 판결정정은 판결경정과 별도로 인정되고, 양자는 별개의 제도이다.

2) 사유 그 사유는 판결의 '내용', 즉 판결의 주문과 이유에 오류가 있음이 명백한 경우이다. 예컨대, "상고장에 상고이유의 기재가 있음에도, 상고이유서의 제출이 없고 또 상고장에 이유의 기재가 없다 하여 상고기각결정을 하면, 그 결정내용에 오류가 있음이 명백하므로 판결정정을 할 수 있다"(대판 1979.11.30. 79도952). 이때 "상고기각결정을 원심판결 파기의 판결로 그 내용을 변경할 수 있다"(위 79도952).

반면, 판결정정은 판결내용의 명백한 오류를 바로잡는 것에 한정된다. 따라서 ㉠ 유죄판결에 대해 무죄라고 주장하면서 무죄로 정정해 달라는 주장(대결 1983.5.19.자 83초17), ㉡ 상고기각의 판결에 채증법칙 위반의 잘못이 있다는 주장(대결 1987.7.31.자 87초40) 등은 적법한 판결정정의 사유가 될 수 없다. 이는 재심 또는 비상상고의 구제수단을 이용해야 한다.

3) **정정절차** 그 신청은 판결의 선고가 있은 날로부터 10일 이내에 신청의 이유를 기재한 서면으로 하여야 한다(400②③). 판결정정은 **판결**의 방식으로 하고 변론 없이 할 수 있다(401①). 정정할 필요가 없다고 인정한 때에는 지체 없이 결정으로 신청을 기각하여야 한다(동②). 사후적인 판결정정이 있더라도, 상고심판결은 그 선고와 동시에 확정된다.

4. 비약적 상고

1) **의의** 비약적 상고란 제1심 판결에 대하여 항소를 제기하지 않고 직접 대법원에 제기하는 상고(372)를 말한다. 법령해석의 통일에 신속을 기하고, 피고인의 이익을 일찍 회복하기 위해 2심을 생략하는 제도이다.

2) **대상** 제1심 '판결'만을 대상으로 한다. 결정은 그 대상이 아니다.

3) **사유** 2가지이다. ㉠ 원심판결이 인정한 사실에 대하여 법령을 적용하지 아니하였거나 법령의 적용에 착오가 있는 때(372i), ㉡ 원심판결이 있은 후 형의 폐지나 변경 또는 사면이 있는 때(동ii)이다. 전자(㉠)는, "제1심 판결이 인정한 사실이 옳다는 것을 전제로 하여 볼 때 그에 대한 법령을 적용하지 아니하거나 법령의 적용을 잘못한 경우"를 뜻한다(대판 2017.2.3. 2016도20069). 따라서 사실인정의 잘못(대판 2007.3.15. 2006도9338) 또는 양형부당(위 2016도20069)은 비약적 상고이유가 되지 못한다.

4) **효력상실**(상대방의 항소제기) 비약적 상고는 **상대방**에 의해 **항소가 제기된** 때에는 그 **효력을 잃는다**. 단, 항소의 취하나 항소기각의 결정이 있는 때에는 예외이다(373). 이는 당사자의 상소권 및 심급의 이익을 보장할 필요성 때문인데, 마찬가지 이유에서 "적법한 항소에 의해 항소의 효력이 유지되는 중에 피고인이 비약적 상고를 제기한 경우에도, 비약적 상고는 효력이 없다"(대판 2025.10.16. 2025도5325. 당사자의 상소권 및 심급의 이익 보장).

문제는, 상대방의 항소가 제기된 경우 비약상고한 당사자에게 '항소로서의 효력'을 인정할 것인지 여부이다. ㉠ **피고인의 비약적 상고**는, 검사의 항소제기가 있으면 상고로서의 효력이 상실되지만, '**항소로서의 효력**'은 인정하는 것이 타당하다. 그것이 피고인보호의 원칙에 부합하고, **상고제한법리**에 의해 피고인이 입게 될 불이익을 방지할 수 있기 때문이다. 판례도 같은 입장이다. 즉, "제1심 판결에 대한 피고인의 비약적 상고와 검사의 항소가 경합한 경우 (피고인의 비약적 상고가 항소기간 준수 등 항소로서의 적법요건을 모두 갖추었고, 피고인이 자신의 비약적 상고에 상고의 효력이 인정되지 않는 때에도 항소심에서는 제1심판결을 다툴 의사가 없었다고 볼 만한 특별한 사정이 없다면) 피고인의 비약적 상고에 항소로서의 효력을 인정할 수 있다"(대판 2022.5.19. 2021도17131 전합). ㉡ 반면, "검사의 비약적 상고는 피고인의 항소제기가 있으면 상고로서의 효력은 물론 항소로서의 효력도 유지할 수 없다"(대판 1971.2.9. 71도28). 피고인만 항소한 것이 되므로 불이익변경금지 원칙이 적용된다.

Ⅲ. 항고 · 재항고

1. 항고의 의의

항고는 법원의 결정에 대한 상소를 말한다. 종국재판인 판결에 대해서는 언제나 상소가 허용된다. 그러나 결정은 판결에 이르는 과정에서의 절차적 사항에 대한 종국 전 재판이므로, 일정한 경우에만 항고가 허용되고 그 절차도 간단하다. 여기서 법원은 "형사소송법상의 수소법원만"을 가리킨다(대결 1997.6.16.자 97모1).[1] 항고에는 일반항고와 재항고가 있고, 일반항고는 보통항고와 즉시항고가 있다.

2. 일반항고

(1) 즉시항고

즉시항고는 '즉시항고할 수 있다'는 명문규정이 있는 경우에만 허용된다. 즉시항고의 제기기간은 7일로 제한되고(405), 즉시항고가 제기되면 재판의 집행은 정지된다(410). 그 예로는, i) 종국재판인 결정(예: 공소기각결정, 상소기각결정, 정식재판청구기각결정 등), ii) 피고인에게 중대한 불이익을 주는 결정(예: 집행유예취소결정, 선고유예한 형의 선고결정, 재심개시결정 · 재심청구기각결정 등), iii) 신속한 구제가 필요한 결정(예: 기피신청기각결정, 증거보전신청기각결정, 구속취소결정, 소송비용부담결정 등) 등이다.

즉시항고의 대상이 되는 결정에 대해서는 보통항고가 허용되지 않는다. 비록 명문 규정은 없지만 해석상 보통항고가 허용되지 않는다. 그렇지 않으면 즉시항고 기간을 두어 법률관계를 조속히 안정시키려는 목적을 달성할 수 없기 때문이다.

1) 예컨대, "구속영장 신청을 기각한 결정에 대하여 항고나 재항고를 불허한다"(대판 1958.3.14. 4290형항9; 대결 2006.12.18.자 2006모646 등).

(2) 보통항고

보통항고는 즉시항고 이외의 일반적인 항고를 말한다. 보통항고는 원결정을 취소할 실익이 있는 한 기간의 제한 없이 언제든지 할 수 있고(404), 집행정지의 효력이 없으며, 명문의 규정이 없더라도 허용된다. 즉, 법원의 결정에 대해 불복이 있으면 항고할 수 있다. 단, 형사소송법에 특별한 규정이 있는 경우에는 항고가 허용되지 않는다(402). 법원의 결정에 대해서는 원칙적으로 보통항고가 허용되나, 예외가 오히려 광범위하여 실제로는 아주 제한된 범위 내에서만 허용된다. 예외적으로 **항고가 허용되지 않는 결정**은 다음과 같다.

1) 판결 전 소송절차에 관한 결정 법원의 관할 또는 판결 전의 소송절차에 관한 결정에 대하여는, 특히 즉시항고를 할 수 있는 경우 외에는 항고하지 못한다(403①). 종국재판에 대한 상소로써 충분하고 개개의 결정에 대해 별도로 독립된 상소를 인정할 필요는 없기 때문이다. 예컨대, **공소장변경 허가결정**(대결 1987.3.28.자 87모17), 증거신청에 대한 법원의 **증거결정**(대결 1990.6.8.자 90도646), 위헌제청신청을 기각결정(대결 1986.7.18.자 85모49) 등은 판결 전 소송절차에 관한 결정이므로 **독립하여 항고할 수 없다**. 소송절차에 관해 예외적으로 독립된 항고를 허용하는 경우에는 즉시항고의 형태에 의한다.

반면, ㉠ **구금**, 보석, ㉡ **압수**나 압수물의 **환부**에 관한 결정 또는 ㉢ 감정유치의 결정에 대해서는 **보통항고**가 가능하다(동②). 강제처분에 의한 권리침해는 신속한 구제가 필요하고 종국재판에 대한 상소로는 실효가 없기 때문이다. 다만 현행법상 구속적부심사청구에 대한 기각결정이나 인용결정에 대해서는 항고가 허용되지 않는다(214의2⑧).

2) 성질상 항고가 허용되지 않는 결정 최종심인 대법원의 결정은 성질상 항고가 허용되지 않는다(대결 1987.1.30.자 87모4). (법령위반 없는 경우) 항고법원이나 고등법원의 결정에 대해서도, 재판에 영향을 미친 헌법·법률·명령 또는 규칙의 위반이 있는 경우가 아니면 항고할 수 없다(415).

3. 항고의 절차

(1) 항고제기

1) 항고제기의 방식 항고장은 **원심법원에 제출**한다. 즉시항고의 제기기간은 7일이지만, 보통항고에는 기간제한이 없다. 단, 원심결정을 취소하여도 실익

이 없게 된 때는 예외이다(404). 항고이유서의 제출절차가 따로 마련되어 있지 않다. 항고이유에도 제한이 없다.

즉시항고에는 집행정지의 효력이 있다. 즉, 즉시항고의 제기기간 내와 그 제기가 있는 때에는 그 집행이 정지된다(410). 보통항고에는 이 효력이 없고, 재판이 고지되면 바로 집행할 수 있다. 다만, 원심법원 또는 항고법원은 결정으로 항고에 대한 결정이 있을 때까지 집행을 정지할 수는 있다(409).

2) 원심법원의 조치 i) (항고기각결정) 항고의 제기가 법률상의 방식에 위반하거나 항고권 소멸 후인 것이 명백한 때에는 원심법원은 결정으로 항고를 기각하여야 한다(407①). 이에 대하여는 즉시항고할 수 있다(동②). ii) (경정결정) 항고장을 접수한 원심법원이 항고가 이유 있다고 인정한 때에는 원결정을 스스로 경정하여야 한다(408①). 이때의 '경정'은 재판서의 경정(규25)과는 다른 뜻으로, 원결정 자체를 취소하거나 변경하는 것을 말한다. 원심법원이 스스로 경정할 수 있다는 점에서 항소 및 상고의 경우와는 크게 다르다. 이를 실무상 재도의 고안(再度의 考案)이라고 한다. iii) (항고법원 송부) 그러나 항고의 전부 또는 일부가 이유 없다고 인정한 때에는 항고장을 받은 날로부터 3일 내에 의견서를 첨부하여 항고법원에 송부하여야 한다(408). iv) (소송기록 송부) 원심법원이 필요하다고 인정한 때에는 소송기록과 증거물을 항고법원에 송부하여야 한다(411①).

3) 항고법원의 소송기록 접수통지 항고법원이 소송기록과 증거물의 송부를 받은 날로부터 5일 이내에 당사자에게 그 사유를 통지하여야 한다(411③). 이는 당사자에게 항고에 관하여 그 이유서를 제출하거나 의견을 진술하고 유리한 증거를 제출할 기회를 부여하려는 취지이다. 따라서 "항고법원이 항고인이 이(접수통지)를 송달받았는지 여부를 확인하지도 않은 상태에서 항고기각결정을 하는 것은 위법하다"(대결 2006.7.25.자 2006모389). 물론 항소 또는 상고의 경우와 달리 항고인에게 항고이유서를 제출할 의무는 없다.

(2) 항고심의 심판

1) 항고심의 심리 항고법원은 사실과 법률을 모두 심사할 수 있으며, 그 범위도 항고이유에 한정되지 않는다. 결정을 위한 심리절차이므로 구두변론에 의할 필요는 없지만, 결정에 필요한 경우에는 사실조사를 할 수 있고(37②③), 증인신문이나 감정을 명할 수도 있다(규24①).

2) 항고심의 재판 i) (항고기각결정) 항고의 제기가 법률의 방식에 위반하거

나 항고권 소멸 후인 것이 명백한 경우에 원심법원이 항고기각결정을 하지 않은 때에는 항고법원은 결정으로 항고를 기각하여야 한다(413). 항고를 이유 없다고 인정한 때에도 결정으로 항고를 기각하여야 한다(414①). ii) (취소와 자판) 항고를 이유 있다고 인정한 때에는 결정으로 원심결정을 취소하고, 필요한 경우에는 항고사건에 대해 직접 재판을 하여야 한다(동②). 예컨대, 원심의 구속취소결정, 구속집행정지결정, 보석허가결정을 항고법원이 취소하는 경우에는 취소만으로 충분하나, 원심의 보석청구기각결정을 취소하는 경우에는 항고법원이 그 취소 이외에 직접 보석허가결정을 하여야 한다. iii) (재항고) 항고법원의 결정에 대해서는 법령위반만을 이유로 대법원에 즉시항고할 수 있다(415). 이를 재항고라 한다.

4. 재항고

1) 뜻 재항고란 법원의 결정에 대하여 '법령위반만을 이유로' **대법원**에 제기하는 **즉시항고**를 말한다. (제2심인) 항고법원 또는 (최초심인) 고등법원의 결정(415) 및 항소법원의 결정(대결 2008.4.14.자 2007모726)은 재항고로써만 불복할 수 있다. 원래 항고법원의 결정은 제2심의 결정이지만 그 밖에 고등법원 또는 항소법원(즉, 지방법원 항소부)의 결정은 최초의 결정이다. 그럼에도 불구하고 항고법원의 결정이든, 고등법원 또는 항소법원의 결정이든, 그에 대한 즉시항고는 모두 대법원에 심판권이 있고 그 이유와 형식, 절차와 효과가 동일하다는 점에서 전부 재항고에 해당한다(법조법14ii). 준항고에 관한 법원의 결정 역시 즉시항고의 대상이고 그 즉시항고 역시 재항고에 해당한다.

2) 재항고이유 재항고는 법령위반을 이유로 하는 경우에만 예외적으로 허용된다. 즉, 재판에 영향을 미친 헌법, 법률, 명령 또는 규칙의 위반이 있음을 이유로 하는 때에 한하여 대법원에 즉시항고할 수 있다(415). 이는 법령해석의 통일 기능을 중시하고 대법원의 업무부담을 고려한 것이다.

3) 절차 i) 재항고의 제기에는 항고에 관한 규정과 상소제기의 통칙 규정이 적용된다. 재항고는 즉시항고이므로 7일 이내로 제한되고 집행정지의 효력이 있다. 원심법원의 절차는 항고에서와 동일하다. ii) 재항고심의 심판에는 아무런 명문규정이 없다. 재항고심은 법률심이자 사후심이므로, 성질상 **상고심에 관한 규정**이 준용된다(대결 2012.10.29.자 2012모1090).

[재항고와 집행정지 여부] "고등법원이 한 보석취소결정에 대한 재항고는 집행정지

의 효력이 없다"(대결 2020.10.29.자 2020모633). 고등법원이 한 보석취소결정은 고등법원의 결정으로서 재항고의 대상이 된다. 즉시항고는 집행정지의 효력이 있으므로, 보석취소결정이 있더라도 재항고를 하면 그 문언상 석방상태는 계속된다고 해석될 여지가 있다. 그럼에도 판례는 이 경우 집행정지의 효력을 부인하고 곧바로 구금된다는 입장이다. 그 논거로는, ㉠ 보통항고에도 법원이 집행정지결정을 할 수 있다는 점을 고려하면, 집행정지 효력이 즉시항고의 본질적인 속성이 아니라는 점, ㉡ 제1심 법원이 한 보석취소결정에 대하여는 보통항고(402·403②)가 허용되고 여기에는 집행정지의 효력이 없는데(409), 고등법원의 보석취소에만 그 효력을 인정하는 것은 부당하다는 점, ㉢ 일률적으로 집행정지효력을 인정하면, 보석허가나 구속집행정지의 경우에는 피고인을 신속하게 석방하지 못하고, 항소심 재판절차의 조속한 안정이라는 입법목적을 달성하지 못한다는 점 등을 들고 있다. 이에 대해서는, ㉠ 과연 그러한 이유만으로 문언에 정면으로 반하는 해석이 가능한지 의문이며, ㉡ 보석취소, 보석, 구속집행정지에 대한 재항고에 집행정지효력을 부인하는 취지로 보이지만, 그 이상 어느 범위까지 부인되는지 그 기준이 제시되어 있지 않다는 비판이 있다.

Ⅳ. 준항고

1. 준항고의 의의 및 대상

(1) 준항고의 의의

준항고는 (수소법원의) 재판장 또는 수명법관의 재판 또는 검사·사법경찰관의 처분에 대하여 (그 소속된 합의부 또는 그 대응한 법원에) 그 취소 또는 변경을 구하는 불복방법을 말한다. 준항고는 상급법원에 대한 신청이 아니므로 상소는 아니지만, 재판 또는 처분의 취소와 변경을 구하는 점에서 실질적으로 항고에 준하는 성질이 있다. 준항고는 항고의 장에 규정하고 항고에 관한 규정 일부를 준용한다.

준항고권자는 "불복이 있는 자"(416①·417①)이다. 일반적인 항고권자의 경우와 마찬가지로 해석된다. 당해 재판이나 처분에 의해 자신의 법률상 이익이 직접 침해된 자가 이에 해당한다.

(2) 준항고의 대상

1) 재판장 또는 수명법관의 재판(416①) 재판장 또는 수명법관의 재판에 한하여 허용된다. 여기서 재판장 또는 수명법관이란 "수소법원의 구성원으로서

의 재판장 또는 수명법관만"을 가리킨다(대결 1997.9.29.자 97모66). 즉, 수소법원의 구성원이 아닌 **수임판사**의 재판(영장전담판사의 영장발부 또는 영장기각, 구속기간연장 불허, 신청담당판사의 증거보전절차 또는 수사상 증인신문절차에서의 재판 등)이나 **수탁판사**의 재판은 준항고의 대상이 되지 않는다. 특히, "검사의 체포영장 또는 구속영장 청구에 대한 지방법원판사의 **재판은**, 제402조에 의하여 **항고**의 대상이 되는 '법원의 결정'에 해당하지 않고, 제416조에 의하여 **준항고**의 대상이 되는 '재판장 또는 수명법관의 구금 등에 관한 재판'에도 해당하지 않는다"(대결 2006.12.18.자 2006모646). 결국 영장기각결정에 대해서는 영장의 재청구만 가능하다.

준항고의 대상인 재판은 ① **기피신청**을 **기각**한 재판(수명법관의 제20조 제1항에 의한 간이기각결정에 한함), ② **구금**, 보석, **압수** 또는 압수물의 **환부**에 관한 재판(합의부의 일원으로서 재판장·수명법관의 제80조·제136조에 의한 구속·압수 영장에 한함. 보석이나 압수물환부의 재판을 합의부원이 행하는 경우는 없음),[1] ③ **감정유치**를 명한 재판(재판장·수명법관의 제172조 제7항 또는 제175조 의한 경우에 한함), ④ 증인, 감정인, 통역인 또는 번역인에 대하여 **과태료 또는 비용의 배상**을 명한 재판(수명법관의 제167조·제177조에 의한 증인 또는 감정인신문에 한함)이다. 실무에서는 즉결심판절차에서 판사의 유치명령(즉심법17)에 대해 불복하는 경우에도 준항고가 이용되고 있다.

2) 수사기관의 처분(417) 그 대상인 처분은 검사 또는 사법경찰관의 **구금**, **압수** 또는 압수물의 **환부**에 관한 처분과 **변호인의 참여** 등(243의2)에 관한 처분이다. 이 경우 준항고는 그 본질이 일종의 항고소송이나, 수사에 관한 처분이므로 간이·신속하게 처리하도록 특별한 불복절차를 마련한 것이다. 수사기관의 처분에 대한 준항고는 일종의 **항고소송**이므로, 통상의 항고소송에서와 마찬가지로 그 이익이 있어야 한다(대결 2015.10.15.자 2013모1970). "소송계속 중 준항고로써 달성하고자 하는 목적이 이미 이루어졌거나 시일의 경과 등의 사정으로 인하여 **그 이익이 상실된 경우**에는 준항고는 그 이익이 없어 **부적법**하게 된다"(위 2013모1970).

i) (구금) 구금에 관한 처분은 체포영장·구속영장의 집행과 관련된 처분으로, 신체구속을 당한 사람의 변호인과의 **접견교통권**을 함부로 제한한 경우(대결 2007.1.31.자 2006모656), 구금장소의 임의적 변경(대결 1996.5.15.자 95모94) 등이 여기에 해당한다. 적극적 처분은 물론 소극적 부작위도 포함한다. 예컨대, 접견신청

---

1) (구금) 피고인의 접견교통권 제한, 구속기간 갱신, (보석) 기소 전 보석, 기소 후 보석, (환부) 압수물환부 등은 항고의 대상(수소법원의 권한)이다.

일로부터 상당한 기간이 경과하도록 접견이 허용되지 않고 있는 것은 접견불허처분이 있는 것과 동일시된다(대결 1990.2.13.자 89모37).

ii) (압수·환부) 문제는 압수·환부에 관한 준항고이다. 압수 또는 환부에 관한 처분(가환부에 관한 처분도 포함)은 수사기관의 압수절차에 위법이 있거나, 환부에 관한 권한행사에 위법이 있는 경우에 허용된다. ㉠ 우선, 압수처분의 경우 압수영장의 집행으로서 행한 압수처분은 준항고의 방법으로 불복할 수 있다(대결 1997.9.29.자 97모66). 여기서의 준항고는, 압수영장의 적법성에 대한 불복절차라기보다는, 적법한 압수영장의 집행단계에서 영장의 문언에 따라 제대로 압수처분이 행해졌는지 여부에 대한 심사절차인 것이다. 따라서 검사가 압수·수색영장의 청구 등 강제처분조치를 취하지 아니한 것 그 자체는 '압수에 관한 처분'이 아니므로(='처분 없음') 준항고할 수 없다(대결 2007.5.25.자 2007모82). ㉡ 한편, 환부처분은 수사기관에게 환부에 관하여 '처분을 할 권한'이 있는 경우에 그 권한에 따른 처분에 한한다. 따라서 압수가 해제된 것으로 간주된 압수물은, '환부'할 의무가 있음에도(='처분권한 없음') 그 '인도를 거부'하거나(대결 1984.2.6.자 84모3), '가환부'하는 조치(대결 2024.3.12.자 2022모2352),[1] 검사가 법원의 재판에 대한 집행지휘자로서 움직이다가 한 조치(대결 1994.2.6.자 74도28) 등은 준항고의 대상이 될 수 없다.

iii) (변호인의 신문참여 등) 제243조의2에 따른 변호인참여 등에 관한 처분은 구속·불구속을 불문하고 수사기관이 변호인의 피의자신문참여권을 침해한 처분을 말한다. 예컨대, "수사기관이 정당한 사유가 없는데도 변호인에 대하여 '피의자로부터 떨어진 곳으로 옮겨 앉으라'고 지시를 한 다음 그 지시에 따르지 않았음을 이유로 변호인의 피의자신문 참여권을 제한하는 것은 허용될 수 없다"(대결 2008.9.12.자 2008모793).

2. 준항고의 절차

1) **관할법원** 법관의 재판에 대한 준항고는 그 법관이 소속된 합의부에서 관할한다(416①②). 반면, 수사기관의 처분에 대한 준항고는 그 직무집행지의 관

1) 이 경우 검사의 집행처분에 대한 이의신청(489) 또는 민사소송절차에 의해 구제받을 수 있다(대판 1995.3.10. 94누14018). 즉, 수사기관이 압수한 물건에 대해 공소제기 이후 단계에서 몰수의 선고가 포함되지 않은 판결이 선고된 경우 검사가 피해자에게 '가환부'하거나 '가환부신청을 불허'하더라도, 더 이상 준항고의 방법으로 불복할 수 없다(위 2022모2352). 가환부되어 현재 피해자가 점유하고 있다면 민사소송절차에 의해야 한다.

할법원 또는 검사의 소속검찰청에 **대응한 법원**에서 관할하는데, 제416조 제2항의 반대해석상 **단독판사**가 관할한다.

2) 방식 준항고의 청구는 서면(준항고장)을 관할법원에 제출한다(418). 법관의 재판에 대한 준항고는 7일 이내에 하여야 하고(416③), "수사기관의 처분에 대한 준항고는 항고의 실익이 있는 한 제기기간에 아무런 제한이 없다"(위 2022모2352). 준항고인이 준항고 대상을 특정하기 어려운 사정이 있는 경우 법원은 준항고인에게 석명권을 행사하여 특정할 수 있는 기회를 부여해야 한다(대결 2023.1.12.자 2022모1566, 압수한 수사기관이 '서울중앙지검 검사'임에도 준항고취지에 '공수처 검사'로 잘못 기재한 사건). 준항고는 증인, 감정인에 대한 과태료 · 비용배상의 재판에 대한 경우 이외에는 집행정지의 효력이 없다(동④).

3) 재판 항고법원의 결정에 관한 규정이 준용된다. 관할법원은 준항고가 이유 없다고 인정할 때에는 결정으로 준항고를 기각하고(419 · 414①), 이유 있다고 인정한 때에는 대상이 된 재판 또는 처분을 취소 또는 변경하며 필요한 경우에는 직접 재판할 수 있다(419 · 414②).

4) 불복 준항고에 관한 결정에 대해서는 별도의 항고를 거칠 필요 없이, 법령위반을 이유로 곧바로 대법원에 **재항고**할 수 있다(419 · 415). 즉, "재판에 영향을 미친 헌법, 법률, 명령, 규칙의 위반이 있음을 이유로 하는 때에 한하여 대법원에 즉시항고할 수 있는바, 이는 **재항고**에 해당한다"(대결 1983.5.12.자 83모12). 그 자체가 바로 재항고의 대상이 된다(419 · 415).

제 2 장

비상구제절차·특별절차 및 형의 집행

제 1 절 비상구제절차

Ⅰ. 재심

1. 재심의 의의와 대상

(1) 재심의 의의

1) 뜻 재심이란 유죄의 확정판결에 '중대한 사실인정의 오류'가 있는 경우에 판결을 받은 자의 이익을 위하여 이를 시정하는 비상구제절차를 말한다[사실오인]. 그런데 우리 법제는 이익재심만 허용한다. 즉, 유죄의 확정판결을 받은 자의 이익을 위한 재심만 인정되고(420·421①), 불이익한 재심은 인정되지 않는다. 재심사유가 확장되면 그만큼 법적 안정성은 약화된다.

재심은 ㉠ 확정판결에 대한 비상구제절차라는 점에서, 미확정재판에 대한 불복제도인 '상소'와 구별되고, ㉡ 사실오인을 시정하는 비상구제절차라는 점에서, 법령위반을 사유로 하는 비상구제절차인 '비상상고'와도 구별된다.

2) 기능 우리 법제는 이익재심만 인정한다. 재심제도는 ㉠ 헌법상 국가권력을 제한하는 원칙인 '일사부재리 원칙'(헌법13①)과 ㉡ 무고한 자의 구제를 제도적 이념으로 하는 인권옹호의 최후보루로서 '적법절차 원칙'(헌법12①)의 구체적 표현으로 이해된다[헌법적 근거설]. 한편, 재심제도는 법적 안정성을 해치지 않는 범위 내에서 실질적 정의를 실현하는 것이기도 하다.

(2) 재심의 대상

1) **유죄의 확정판결** 재심의 대상은 원칙적으로 '유죄의 확정판결'에 한정된다(420).[1] i) 확정된 **약식명령**(457)·**즉결심판**(즉심법18), 경범죄처벌법(8③) 및 도로교통법(165③)에 의한 범칙금 납부 등도 확정판결과 동일한 효력이 있으므로 재심의 대상이 된다. ii) **특별사면**을 받은 유죄의 확정판결도 재심대상이 된다. 특별사면은 단지 형의 집행을 면제하는 것에 불과하기 때문이다. 즉, "(특별사면으로) 형선고의 법률적 효과만 장래를 향하여 소멸될 뿐이고, 확정된 유죄판결에서 이루어진 사실인정과 유죄 판단까지 없어지는 것은 아니므로, 유죄판결은 형선고의 효력만 상실된 채로 여전히 존재한다. 한편 특별사면에도 불구하고 여전히 남아 있는 불이익, 즉 유죄의 선고는 물론 형선고가 있었다는 기왕의 경력 자체 등을 제거할 필요가 있다"(대판 2015.5.21. 2011도1932 전합). 다만, 재심개시결정 후 다시 심판한 결과 다시 유죄로 인정된다면, 재심법원은 불이익변경금지의 원칙상 **과형 없는 판결**(='피고인에 대하여 형을 선고하지 아니한다')을 선고한다(대판 2015.10. 29. 2012도2938). iii) **일반사면**된 경우도 재심대상이 된다. 형선고의 효력이 상실되지만, 형선고에 의한 기성의 효과가 변경되지 않는다는 점은 특별사면과 다를 바 없기 때문이다(다시 심판한 결과 유죄로 인정된다면 '과형 없는 판결'을 선고하는 점도 특별사면의 경우와 같다). 대법원 재판예규도 같은 입장이다.[2]

반면, i) '유죄의 확정판결'이 아닌, **무죄판결**(대결 1983.3.24.자 83모5), **면소·공소기각** 또는 관할위반의 판결 및 **환송판결**(대판 2006.6.27. 2005재도18)은 그 판결에 중대한 사실오인이 있다고 하더라도 재심대상이 아니다. 특히, "면소판결을 대상으로 한 재심청구는 부적법하다"(대결 2018.5.2.자 2015모3243).[3] 즉, 형벌의 근거조항이 위헌·무효인 경우 상소이익에서는 면소판결이라도 예외적으로 상소이익이 있는 것과 달리, 재심청구는 허용되지 않는다. ii) 판결만 대상이 되므로, 판결이 아닌 **결정**·명령은 재심대상이 아니다. 예컨대, 재정신청기각 결정(대결 1986.10.26.자 86모38), 재심청구기각 결정(대결 2003.5.30.자 2003모141), 재항고기각 결정(대판 1991.10.29. 91재도2), 공소기각 결정 등. iii) 상소심에서 **파기된 판결** 역시 재심대상이 아니다. 즉, "항소심에서 파기되어버린 제1심 판결에 대해서는 재심

1) 아직 상소심에 계속 중인 미확정판결은 재심대상이 아니다(대결 1983.6.8.자 83모28).

2) '일반사면령에 의하여 형의 선고의 효력이 상실된 사건에 대한 재심청구'(재형 64-1)

3) 헌법재판소법상 재심도 같다. 단, 면소판결 받은 자라도 '형사보상 및 명예회복에 관한 법률'에 따라 구금에 대한 형사보상은 가능하다(대결 2013.4.18.자 2011초기689 전합 참조).

을 청구할 수 없다. 이를 대상으로 하는 재심청구는 법률상의 방식에 위반된다"(대결 2004.2.13.자 2003모464). iv) **효력을 잃은 약식명령 또는 효력을 상실한 유죄판결** 또한 재심대상이 아니다. 예컨대, ㉠ "약식명령에 대한 정식재판절차에서 유죄판결이 선고되어 확정된 경우, 효력을 잃은 약식명령이 아니라 유죄의 확정 '판결'을 대상으로 재심을 청구하여야 한다"(대판 2013.4.11. 2011도10626).[1] ㉡ "**유죄판결에 대하여 상고**가 제기되어 상고심 재판 중 피고인이 사망하여 (파기 후) **공소기각결정**이 확정되었다면, 항소심의 유죄판결은 이로써 당연히 그 효력을 상실하게 되므로, 재심절차의 전제가 되는 '유죄의 확정판결'이 존재하지 않는다"(대판 2013.6.27. 2011도7931).[2]

2) **상소기각의 판결** 항소기각판결과 상고기각판결도 재심의 대상이 된다(421①). 여기서 항소 또는 상고의 기각판결은, "상소기각판결에 의하여 확정된 제1심 또는 항소심판결이 아니라, 항소기각 또는 상고기각판결 자체"를 의미한다(대결 1984.7.27.자 84모48). 즉, 원칙적으로 확정된 유죄판결에 대해 재심을 허용하지만, 예외적으로는 상소기각 판결 자체에 대해서도 재심을 허용하는 것이다. 예외적으로 상소기각의 판결에도 별도로 재심을 허용하는 것은, ㉠ 원심의 유죄판결에 재심사유가 없는 경우에도 상소기각판결 자체에 재심사유가 있을 수 있고,[3] ㉡ 상소기각의 판결은 그 자체가 유죄판결은 아니지만, 그 확정에 의하여 원심의 유죄판결이 확정된다는 점에서, 상소기각판결의 확정력을 제거하면 동시에 그 원심판결의 확정력도 제거되어, 결국 **그 원심판결에 대해 재심한 것과 동일한 결과**가 되기 때문이다.[4] 다만, 예외적인 경우이므로 **'재심사유의 제한'**[3개](421①)과 **'재심청구의 제한'**(동②③)[5]이라는 제약이 뒤따른다. 그리고 이러한

---

1) [이때 재심심판법원의 심판대상] "효력을 잃은 '약식명령을 대상으로' 재심을 청구하여 재심개시결정이 확정된 때에는, 재심개시결정에 의하여 재심이 개시된 대상은 약식명령으로 확정되고, 재심개시결정에 따라 재심절차를 진행하는 법원이 재심이 개시된 대상을 변경할 수는 없다. 이 경우 재심개시결정은 이미 효력을 상실하여 재심을 개시할 수 없는 약식명령을 대상으로 한 것이므로, 재심개시결정에 따라 재심절차를 진행하는 법원으로서는 심판의 대상이 없어 아무런 재판을 할 수 없다"(위 2011도10626).

2) [이때 재심심판법원의 심판대상] "공소기각결정으로 효력을 상실한 '항소심의 유죄판결을 대상으로' 재심을 청구하여 재심개시결정이 확정된 때에는, 재심법원은 재심이 개시된 대상을 변경할 수는 없고, 심판의 대상이 없어 아무런 재판을 할 수 없다"(위 2011도7931).

3) 상소기각판결을 한 상소심 법원이 사실조사를 한 경우, 그 조사된 증거에 대해 제420조 제1호·제2호의 사유가 있거나, 그 재판을 한 법관 등에게 제7호의 사유가 있다면, 이는 상소기각판결 자체에 재심사유가 있는 경우일 뿐 그 원심판결에는 재심사유가 없는 경우이다.

4) 이때 소송은 상소심에 계속된 상태로 복원되고 다시 실체심판할 기회가 생기게 된다.

5) 즉, 하급심판결에 대한 재심청구사건의 '판결'이 있은 후에는, 상급심의 상소기각판결에 대하여

설명은 상소기각'결정'에도 마찬가지로 적용된다.

(3) 재심의 구조: 2단계 구조

1) 재심개시절차(결정)**와 재심심판절차**(판결) 재심은 유죄의 확정판결에 대해, 사실오인의 '재심사유'가 있다고 인정되는 경우에 공판절차에서 '다시 심판' 하는 절차이다. 따라서 재심은 재심개시절차(재심사유의 유무를 심사하여 다시 심판할 것인가를 결정하는 사전절차)와 재심심판절차(재심사유가 있는 경우에 피고사건을 다시 심판하는 절차)의 2단계 구조로 구성된다. 재심개시절차는 결정으로, 재심심판절차는 종국재판의 형식으로 종결된다.

2) 중심: 재심개시절차 재심절차는 그 중심이 재심'개시'절차에 있다. 재심'심판'절차는 그 심급의 통상적인 공판절차와 거의 동일하기 때문이다. 다만, 재심개시결정이 있다고 하여, 재심공판절차에서 반드시 피고인에게 유리한 재판이 선고된다는 보장은 없고, 이론적으로 그래야 하는 것도 아니다. 따라서 "재심개시절차에서는 '**재심사유가 있는지 여부만**'을 판단하여야 하고, 나아가 재심사유가 재심대상판결에 **영향을 미칠 가능성**이 있는가의 실체적 사유는 고려하여서는 아니 된다"(대결 2008.4.24.자 2008모77).

2. 재심사유

재심은 예외적인 비상구제절차이므로, 재심사유도 제420조에 한정적으로 열거되어 있다[7개]. 특히 민사소송법의 재심사유에 비해 그 사유가 매우 제한적이다. 크게 nova형(신규증거)과 falsa형(허위증거)으로 구분된다. nova형(신규형)은 확정판결 후 새로운 사실 또는 새로운 증거의 출현을 재심사유로 하는 것이고, falsa형(허위형)은 원판결의 사실인정에 자료가 된 증거의 허위를 재심사유로 하는 것이다. 제420조 제5호가 nova형(신규형)에 해당하고, 나머지 제1-4·6·7호는 falsa형(허위형)에 해당한다.

(1) nova형 재심사유

1) 제5호(무죄 등을 선고할, 명백한 새로운 증거의 발견) "[㉠] '**유죄**'의 **선고**를 받은 자에 대하여 '무죄 또는 면소'를, [㉡] '**형**'의 **선고**를 받은 자에 대하여 '형의 면제' 또는 원판결이 인정한 죄보다 '가벼운 죄'(=법정형이 가벼운 죄)를 [㉢] 인정

다시 재심을 청구하지 못한다. 유죄의 확정판결에 대한 재심리라는 재심청구의 목적은 이미 달성되었기 때문이다.

할 명백한 증거가 새로 발견된 때."

이는 유죄의 확정판결을 받은 자에 대하여 원판결보다 '이익'되는 재판을 해야 할 '명백'한 증거가 '새로' 발견된 때를 재심사유로 한 것이다. 제5호는 가장 기본적인 재심사유를 규정한 것으로, 실제로도 재심사유 가운데 가장 중요한 것이라 할 수 있다. 여기에서 [㉠㉡]은 이익재심의 '적용범위' 문제이고, [㉢]은 증거의 '명백성'과 '신규성' 문제이다. 증거의 '명백성'과 '신규성' 인정 여부는 재심의 허용 여부와 직결된다.

2) **적용범위** '명백한 증거의 새로 발견'이라는 문언에 비추어, 유죄의 확정판결에 증거관계 변동으로 **사실인정의 오류**가 있는 경우에만 적용되고, 법령의 적용 또는 해석의 오류가 있는 경우에는 적용되지 않는다.

i) ['유죄'의 선고: 무죄·면소를 인정할 증거] 무죄를 인정할 증거란 구성요건 해당성의 부존재(예: 현장부재 증명), 위법성조각 또는 책임조각사유의 존재 등을 증명할 자료를 말한다. 면소를 인정할 증거란 면소사유인 사실을 증명할 자료를 말한다. 나아가 판례는, "해당 형벌 법령에 대해, 당초부터 헌법에 위배되어 '**법원에서 위헌·무효라고 선언**'된 경우도 (넓게 보면) 여기의 '무죄의 증거'에 해당한다"(대결 2013.4.18.자 2010모363)고 한다.

다만, **공소기각**을 인정할 명백한 증거가 새로 발견된 경우와 관련하여, 판례는 재심사유에 해당하지 않는다는 입장이다(대결 1986.8.28.자 86모15; 1997.1.13.자 96모51).[1] 예컨대, 친고죄에서 담당공무원이 고소취소장을 접수받아 기록에 첨부하지 아니하였다는 사실이 뒤늦게 발견된 경우에, 이는 공소기각사유에 불과하므로, 제5호의 재심사유가 아니라고 한다(위 96모51). 그러나 유죄와 비교할 때 공소기각은 피고인에게 유리한 것이고, 피고인에게 유리한 유추적용은 금지되지 않으므로, 이익재심의 취지에서도 제5호를 유추적용하여 재심사유로 인정해야 한다.

ii) ['형'의 선고: 형의 면제 또는 (법정형이) 가벼운 죄를 인정할 증거] 여기서 '형의 **면제**'라 함은 "형의 **필요적 면제만**을 말한다"(대결 1984.5.30.자 84모32). 예컨대, 절도죄의 범인과 피해자가 가족이었다는 사실이 나중에 밝혀진 경우(형법 344·328①)는 여기에 해당한다. 반면, ㉠ "임의적 면제(예: 자수)는 해당하지 않는

1) 다만, 판례는 공소기각사유를 제5호의 재심사유에서 배제하는 근거를 "무죄 또는 면소를 선고할 경우"에 대한 반대해석으로 설명하는 것이 아니라, "원판결이 인정한 죄보다 경한 죄"에 해당하지 않는 것으로 설명한다.

다"(위 84모32). 예컨대, 자수 또는 자복 사실이 뒤늦게 밝혀진 경우 그 증거는 형의 임의적 면제사유에 불과하여, 재심사유에 해당하지 않는다(위 84모32). ㉡ 또한, 형의 '필요적 면제'와 전혀 관계 없는 단순한 '형의 감경사유' 역시 여기에 해당하지 않는다. 즉, "(필요적이건 임의적이건) '형의 **감경사유**'에 해당하는 경우"(대판 2007.7.12. 2007도3496) 역시 '형의 면제사유' 또는 '별개의 가벼운 죄'가 아니며, 단지 동일한 죄에 대한 것이므로, 여기에 포함되지 않는다(예: 심신미약, 종범, 자수·자백 등). 예컨대, 사설마권의 판매와 관련하여 '총책'이 아니라 '모집책'으로 인정할 증거를 새로이 발견된 경우에도 한국마사회법위반죄의 공동정범임에는 변함이 없고, 설령 종범(방조)으로 보더라도 형의 필요적 '감경'사유에 불과하므로, 재심사유('형면제' 또는 '경한 죄')에 해당되지 않는다(즉, 방조범은 형의 필요적 '감경'사유에 불과하여 '형면제'사유가 아니며, 처단형의 문제에 불과하여 '법정형이 가벼운 죄'에 해당하는 것도 아니다. 위 2007도3496). 심신미약 주장(대결 2008.10.24.자 2008모1086), 피해회복 주장(대판 2017.11.9. 2017도14769: 양형자료 내지 작량감경사유에 불과) 등도 마찬가지로 재심사유가 아니다. ㉢ 형법 제37조 후단 경합범의 **'임의적 감경·면제'**(형법39①) 규정은, 단지 형의 양정 및 그 적용례를 규정한 것으로서 '새로운 증거가 발견된 때'에 해당하지 않는다(대결 2006.8. 29.자 2006모391).

한편, 여기서 **'가벼운 죄'**라 함은 '법정형이 가벼운 별개의 죄', 즉 **'별개의 가벼운 죄'**(대판 2017.11.9. 2017도14769)를 말한다. 예컨대, 원판결이 전과를 근거로 상습도박죄를 인정하였으나 그 전과가 재심에 의해 무죄로 된 경우에는, 단순도박죄라는 '별개의 경한 죄'에 인정할 경우에 해당한다.[1] 반면, ㉠ "원판결이 인정한 죄 자체에는 변함이 없고 다만 **'양형 자료**의 변동'에 불과한 경우"(대결 1992.8.31.자 92모31)는 여기의 (법정형이) '가벼운 죄'에 포함되지 않는다. 예컨대, 원판결이 유인물배포행위를 선거법위반죄(사전선거운동)의 포괄1죄로 인정하였는데, 그중 70장 배포 부분은 그대로 인정하면서 680장 배포 부분을 무죄로 인정할 새로운 증거가 발견된 경우에는, 유죄 자체에는 변함이 없으므로, 여기의 재심사유에 해당하지 않는다(위 92모31). ㉡ 동일한 죄에 대해 '새로운 양형자료'의 제출에 불과한 경우도 마찬가지로 재심사유에 해당하지 않는다.

iii) [새로운 증거의 자격: 증거능력 불문] 새로운 증거에 대해 증거능력이 요구되는지 문제된다. 현행법상 이익재심만 허용되고, 재심을 폭넓게 인정할 필

1) 법정형이 중한 특별법 적용의 기준이 되는 조세포탈액을 그 기준 이하로 낮게 인정하는 조세부과처분 취소의 행정판결이 확정된 경우도 같다(대판 1985.10.22. 83도2933).

요가 있으며, 특히 무죄의 증거는 증거능력이 요구되지 않는다는 점에서, 새로운 증거가 반드시 증거능력을 가질 필요는 없다[부정설].

이때 증거는 범죄사실뿐만 아니라 증거능력의 기초사실과 증명력에 관한 사실까지도 포함한다. (자백에 대한) '유일한' 보강증거를 배제하는 증거도 포함한다. 보강증거의 증명력이 배제되면 유죄를 인정할 수 없기 때문이다.

iv) [대법원의 판례변경] 확정판결 후 법령의 개폐나 대법원의 판례변경은 제5호의 재심사유가 되지 않는다. 다만, 예외적으로 "형벌에 관한 법령이 당초부터 헌법에 위배되어 '**법원에서 위헌·무효라고 선언**'한 경우는 (넓게 보면) 여기의 '증거가 새로 발견된 때'에 해당한다"(위 2010모363).

3) **증거의 신규성** i) [뜻] 발견된 증거가 '새로운 것'이어야 한다. '증거가 새로 발견된 때'라 함은, ㉠ 증거가 원판결 후에 새로이 생긴 경우(새로 존재)는 물론, 원판결 당시 이미 존재하고 있던 증거 가운데, ㉡ "원판결의 소송절차에서 발견되지 못하였던 증거로서 이를 **새로 발견**한 때"(새로 발견)(위 2010모363), ㉢ "원판결의 소송절차에서 발견되기는 하였으나, 제출할 수 없었던 증거로서 이를 **비로소 제출**할 수 있게 된 때"(비로소 제출가능)(위 2010모363)의 세 경우가 모두 포함된다.

ii) [신규성의 판단 기준] 문제는 누구에게 '새로'워야 하는가 하는 점이다. 우선 **법원의 입장에서** 새로운 것이어야 한다. 원판결 당시 법원에 제출되지 않았던 증거 또는 법원이 증거신청을 기각하여 증거조사를 못한 증거 등이다. 따라서 유죄를 인정한 원판결의 증거로 되었던 '증인의 증언'(대결 1984.2.20.자 84모2) 또는 '공동피고인의 진술'(위 2010모363)이 확정 이후 단순히 '번복'되었다는 것만으로는 새로운 증거라고 할 수 없다.

반면, 검사에게 새로운 것이 아니라도, 신규성의 인정에는 장애가 되지 않는다. 즉, 검사가 증거를 이미 확보하고서도 제출하지 않았던 경우라도, 이익재심만 허용하는 우리 법제상 피고인의 이익을 위하여 (법원은 물론 피고인에게도) 신규성이 인정된다. 국가 측(=검사)에게는 구증거라는 사정이 국민에게 불리하게 작용해서는 안 되기 때문이다.

문제는 법원 이외에 **피고인에게도** 새로운 것이어야 하는지 여부이다. 법원기준설, 법원·피고인기준설, 절충설의 견해가 대립한다.[1] 법원기준설이 다수설

---

1) i) 법원기준설(불필요설)은 재심은 비상구제절차로서 무고한 피고인을 구제하는데 목적이 있으므로, 피고인을 폭넓게 보호하기 위하여 법원에 대해서만 새로운 것이면 된다는 견해, ii) 법원·

이나, 판례는 절충설이다. 즉, "피고인이 재심을 청구한 경우 (피고인에게) 원판결의 소송절차 중에 '그러한 증거를 제출하지 못한 데에 (고의 또는) 과실이 있는 경우'에는 그 증거는 '증거가 새로 발견된 때'에서 제외된다"(대결 2009.7.16.자 2005모472 전합). 법원에게 '새로'와도 피고인에게 그 증거를 제출하지 못한 것에 대해 '고의 또는 과실'이 있는 경우에는 신규성이 없다는 것이다. 그 이유는 "(만일) 피고인이 판결확정 전 소송절차에서 제출할 수 있었던 증거까지 포함된다고 보게 되면, 판결의 확정력이 피고인이 선택한 증거제출시기에 따라 손쉽게 부인될 수 있게 되어 형사재판의 법적 안정성을 해치고, 헌법의 취지에 반하여 제4심으로서의 재심을 허용하는 결과를 초래할 수 있다"(위 2005모472 전합)는 것이다. 그 결과, 피고인이 종전 소송절차에서 진범을 대신하여 허위로 자백한 것(이른바 위장자수 내지 몸받이)을 '판결 확정 후 번복하는 내용의 진술'이나 '판결 확정 후 진범이 자백하는 내용의 진술' 등에 대해서는 모두, 피고인이 종전 소송절차에서 고의로 제출하지 아니하였다는 이유로, 신규성을 부정하게 된다(위 2005모472 전합).

[절충설 비판 (법원기준설 지지)] 그러나 제5호 재심사유는 형사소송에만 고유한 것이다. 그 입법취지는, 당사자주의에 입각하여 이른바 '실권효' 또는 '차단효'를 인정하는 민사소송 등의 경우와 달리, 형사재판에서는 판결 확정 후에도 일정한 요건 아래 '증거제출의 실권효'를 부정한다는 것에 있다. 그 문언상 '누구에 의하여' 새로 발견된 것이어야 하는지 그 범위에 아무런 제한이 없다. 더구나 재심은 법이론적으로 진실에 기초한 정의실현에 목적이 있으며, 헌법적으로 재심에 의한 재판을 받을 권리는 귀책사유와 관계없이 인정되어야 한다. 정책적으로도 재심은 가능한 한 폭넓게 인정될 필요가 있다. 피고인은 자신에게 유리한 증거가 있었음에도, 과실로 그 존재를 알지 못하여 미처 제출하지 못한 경우도 있을 수 있고, 그 존재를 알고는 있었지만 다른 범행이 발각될까 두려워 차마 제출할 수 없었던 경우도 있을 수 있다. 절충설은 결과적으로 고의로 법원을 기망했다거나 부주의로 법원의 착오를 유발했다는 이유를 들어, 진실을 외면한 채 '무고(無辜)한 사람' 즉, '죄 없는 자'를 처벌하는 셈이 된다. 이는 소극적 진실주의에 반하고 실질적 정의에도 명백히 어긋난다(범인도피죄 등은 별론). 따라서 법원기준설이 바람직하다.[1] 그 문턱을 낮추어 '신규성'을 넓게 인정하더라도,

---

피고인기준설(필요설)은 허위진술로 유죄판결을 받은 피고인에게까지 재심을 허용하는 것은 형평과 금반언 원칙에 반하므로, 피고인에게도 새로운 것이어야 한다는 견해, iii) 절충설은 피고인에게는 원칙적으로 새로운 것일 필요가 없지만, 피고인이 증거가 있음을 알면서 고의·과실 등 귀책사유로 인하여 증거를 제출하지 않은 경우에는 예외적으로 새로운 증거로 삼을 수 없다는 견해.

1) 법원기준설은 프랑스, 독일 등 대부분 대륙법계국가의 통설이자 판례이다. 일본은 1960년대 이전의 일부 판례에서 '엄격한 절충설'(증거를 제출하지 못한 데에 피고인에게 '고의·과실'이

'명백성' 심사를 통한 재심사유의 제한은 물론 가능하다.

4) 증거의 명백성 i) [뜻(명백성 내지 심증의 정도)] 새로운 증거는 '무죄 등을 인정할 명백한 증거'이어야 한다. 신규성이 일종의 출입문으로서 형식적 요건이라면 명백성은 사실인정의 당부에 관한 실질적 요건이다. 신규성이 '있고 없고'의 문제라면 명백성은 '정도 내지 농도'의 문제이다. 즉, 명백성 심사의 주체는 '재심청구를 받은 법원'이므로, 여기서 '명백성'의 문제는 결국 재심관할법원 법관의 내심에서의 심증형성의 영역, 즉 어느 정도의 심증을 요구하는 것인가의 문제로 환원된다. 고도의 개연성설, 합리적 의심설, 절충설이 대립한다.[1] **고도개연성설**(엄격설)이 다수설·판례이다. 즉, "유죄의 확정판결에 대하여 **'그 정당성이 의심되는 수준을 넘어' '그 판결을 그대로 유지할 수 없을 정도로'** 고도의 개연성이 인정되는 경우라면, 그 새로운 증거는 '명백한 증거'에 해당한다"(위 2005모472 전합). "그 증거가치가 **객관적으로 두드러지게 뛰어날 정도**라야 하고, 법관의 자유심증에 의하여 그 증거가치가 좌우되는 증거를 말하는 것은 아니다"(대판 1993.10.12. 93도1512). 즉, '명백한'이라는 문언에 비추어, 재심개시절차에는 '의심스러울 때는 피고인의 이익으로'(in dubio pro reo) **원칙이 적용되지 않는다**는 점을 분명히 하고 있다[in dubio pro reo 원칙 부적용].[2]

[엄격설 비판 (절충설 지지)] 재심은 비상구제절차이고 제4심이 아니므로, 증거의 명백성 심사에서 in dubio pro reo 원칙이 무제한 적용될 수는 없다. 현행법상 새로운 증거는 단순히 '무죄 등을 인정할 증거'이어야 할 뿐만 아니라 '명백'하기도 해야 하므로, 현행법의 해석상 고도개연성설이 그 문언에 부합하는 측면이 있다. 그러나 원판결을 파기할 정도의 고도의 개연성을 요구하게 되면, 사실상 증거의 명백성은 곧 원판결의 파기를 의미한다는 등식이 성립하게 되어, 재심심판절차가 재심개시절차에 대

없는 경우에 한하여 신규성을 인정)을 취했으나, 1970년대 이후 '완화된 절충설'(피고인이 '고의'로 증거를 제출하지 아니한 경우에만 신규성을 부정)이 판례의 주류를 이루고 있다.

1) i) 고도 개연성설(엄격설)은 확정판결을 파기할 고도의 개연성이 인정되어야 한다는 것으로, 명백성 심사에는 in dubio pro reo 원칙이 적용되지 않는다는 견해, ii) 합리적 의심설은 확정판결의 사실인정에 합리적 의심이 생기게 할 정도면 충분하다는 것으로, 재심절차에서도 통상의 공판절차와 같이 'in dubio pro reo' 원칙이 적용된다는 견해, iii) 절충설은 확정판결의 정당성에 대한 중대한 의심 또는 진지한 의문을 제기할 할 정도는 되어야 한다는 것으로, 'in dubio pro reo' 원칙이 무제한 적용될 수는 없다는 견해. i)은 엄격설, ii)iii)은 완화설로 표현되기도 한다.

2) "단지 확정판결의 정당성이 의심스러운 정도에 불과하다면, 이는 재심을 청구받은 법원에 다라 그 평가·판단의 결과가 달라질 수 있음을 의미하므로, 무죄 등을 인정하기에 '명백'하다고 볼 수 없다"(위 2005모471 전합 중 다수의견의 보충의견) 참조.

한 관계에서 아무런 독자성도 가질 수 없게 된다. 또한 falsa형 재심사유들은 확정판결(또는 확정판결에 대신하는 증명)을 요건으로 하는 대신 원판결의 파기가능성을 요건으로 하지 않고 있는데, 이와 비교할 때 nova형 재심사유에서만 원판결의 파기가능성이 '고도로' 높은 경우로 제한하여 해석하는 것은 합리적이지 않다. '명백한'이라는 문언을 반드시 '고도의' 개연성으로만 좁게 해석해야 할 이유는 없다. 진실발견기능에 한계가 있는 형사사법현실에서 재심의 확대운영이 법정책적으로도 바람직하다.[1)]

ii) [심사대상 증거의 범위] 증거의 명백성 심사에서, 새로운 증거만을 자료로 할 것인가 기존의 구증거도 모두 함께 고려의 대상으로 할 것인가의 문제이다. 단독평가설, 종합평가설, 제한평가설이 대립한다.[2)] 종합평가설이 압도적 다수설이나, 판례는, 단독평가설을 배척하되 **제한평가설**의 입장이다. 즉, "법원으로서는 새로 발견된 증거만을 독립적·고립적으로 고찰하여 그 증거가치만으로 재심의 개시 여부를 판단할 것이 아니라, 재심대상이 되는 확정판결을 선고한 법원이 사실인정의 기초로 삼은 증거들(=구증거들) 가운데 새로 발견된 증거와 **유기적으로 밀접하게 관련되고 모순되는 것들**은 함께 고려하여 평가하여야 한다"(위 2005모472 전합).

[제한평가설 비판 (종합평가설 지지)] 그러나 제한평가설은 새 증거와의 밀접관련성이나 모순성에 대한 아무런 기준도 제시하지 않고 있다. 또한, 새로 발견된 증거의 측면에서 보면, 원판결에서 채용된 구증거들은 새로운 증거와 대상 사건에 대하여 서로 밀접하게 관련되어 있고 또 서로 다른 결과를 지지하므로 모순된다고 볼 수도 있어 그 구분 또한 모호하다. 더구나 새로 발견된 증거와 확정판결이 채용한 구증거들

---

1) 비교법적으로도 대체로 고도개연성설이 설득력을 잃고 점차 완화되어가는 경향이다. i) 일본에서는 日最決 昭和 50. 5. 20(白鳥事件: "무죄를 선고할 명백한 증거란 확정판결의 사실에 대하여 합리적인 의심이 들게 하여 그 인정을 번복할 개연성이 있는 증거를 말한다") 및 日最決 昭和 51.10.12(財田川事件: "무죄를 선고할 명백한 증거인지 여부를 판단함에 있어서는 확정판결이 인정한 범죄사실의 부존재가 확실하다는 심증을 가질 것을 요하는 것은 아니고 확정판결이 한 사실인정의 정당성을 의심하는 것이 합리적인 이유에 기한 것인가 여부를 판단하면 족하다") 이후 판례가 '합리적 의심설'을 취하고 있다.
ii) 독일은 통설·판례가 절충설이다. 독일은 이익재심 외에 불이익재심도 허용하나, '새로운 사실과 증거'는 피고인의 이익을 위한 재심의 근거는 되지만(359v) 피고인에게 불리한 재심의 근거는 되지 않는다(362참조). iii) 프랑스는 판례에 의하여 완화되어 오다가 1989년 형사소송법 제622조 제4호를 개정하여 '합리적 의심설'을 입법화하였다.

2) i) 단독평가설은 새로 발견된 증거만으로 판단하여야 한다는 견해(극히 한정적인 경우에만 재심 인정), ii) 종합평가설은 새로운 증거와 모든 구 증거를 모두 종합적으로 고려하여야 한다는 견해, iii) 제한평가설은 그 '절충적 입장'으로, 새로운 증거 및 구 증거 중 새로운 증거와 유기적으로 밀접하게 관련되고 모순되는 것들을 함께 고려하여야 한다는 견해.

사이의 밀접한 관련성이나 모순성은 각 사안마다 개별적으로 판단될 수밖에 없는데, 이를 사전에 선별하고 제한하여 차단한다는 것은 비논리적이다. 일반적으로 증거는 고립적으로 존재하는 것이 아니라 다른 증거와의 상호관련성 속에서 유기적으로 법관의 심증형성에 기여하게 된다. 그런데도 증거를 제한적으로 선별하고 한정적으로 재평가하겠다는 제한평가설은 그 자체로 자유심증의 판단구조를 왜곡하고 증거의 유기적 관계성을 파괴하는 것이 된다. 자칫 '재심청구를 받은 법원'의 업무상의 편의가 개입하여 기존 증거 일부만을 선별하는, 자의적 재평가의 위험도 배제할 수 없다. 종합평가설이 바람직하다.[1]

iii) [심증인계 여부 및 재평가의 범위] 재심법원이 증거의 명백성 심사에서 신증거와 구증거를 함께 고려하는 경우 구증거에 대한 원판결법원의 심증을 그대로 인계받아 그 전제 위에서 판단할 것인가의 문제이다. 심증인계설, 전면적 재평가설, 한정적 재평가설의 견해가 대립한다.[2] 전면적 재평가설이 통설적 견해이나, 판례는, 심증인계설을 배척하되 **한정적 재평가설**의 입장으로 평가된다. 즉, "(구)증거들 가운데 새로 발견된 증거와 유기적으로 밀접하게 관련되고 모순되는 것들은 함께 고려하여 평가하여야 한다"(위 2005모472 전합). 명백성 판단자료에 대해 제한평가설을 취하면, 심증인계 여부에 대해서는 한정적 재평가설이 그 논리적 귀결이다.

[한정적 재평가설 비판 (전면적 재평가설 지지)] 한정적 재평가설과 전면적 재평가설의 차이는 신증거와 무관한 증거에 대한 재평가의 허용 여부에 있다. 예컨대, 목격자 증인의 증언을 뒤집을 신증거가 발견된 경우 그 목격자 증언의 증거가치가 재평가되어야 함은 양설이 동일하나, 그 밖에 원판결에서 유죄의 증거로 채용한, 예컨대 피고인의 자백에 대해 그 임의성이나 신빙성을 재평가할 수 있는가에 대해서 양설이 차이가 있다. 그러나 한정적 재평가설은 전면적 재평가설에 비하여 비합리적이다. 실제로 모든 증거는 법관의 심증형성에 직·간접적으로 연관되어 있어 상호 밀접한 영향을 주고 받는 유기적 관계에 있기 때문이다. 또한, 전면적 재평가설의 타당성은, 재심개시결정으로 개시되는 재심심판절차가 지금의 법령과 현재의 증거법칙을 전제로 오

---

1) 비교법적으로도, 독일은 현재 형사소송법 359조 제5호에서 명문으로 종합평가설을 채택하고 있고, 일본의 통설·판례도 종합평가설을 취하고 있다.

2) i) 심증인계설은 재심법원이 원판결법원의 심증을 인계받아 그 위에 새로운 증거를 고려하여 판단해야 한다는 견해, ii) 전면적 재평가설은 재심법원이 원판결법원의 심증에 구속되지 아니하고 증거 전체를 재평가하여야 한다는 견해, iii) 한정적 재평가설은 '절충적 견해'로서, 새로운 증거와 직접적인 관련이 없는 구 증거에 대하여서만 원판결법원의 심증에 따라야 하고, 유기적인 관련이 있는 범위에서 구 증거에 대한 재평가를 허용하는 견해.

늘의 시대를 살고 있는 법관이 재판한다는 점에서도 찾을 수 있다. 명백성의 판단자료에 관하여 (전면적) 종합평가설에 따른다면, (비록 논리필연적인 것은 아니지만) 그 심사대상 증거의 범위를 제한하지 않는 이상, 원판결의 심증에 부분적으로라도 구속되지 않고 기존의 증거 전체를 전면 재평가하는 '전면적 재평가설'이 보다 바람직하며 또 현실적이다.

5) 공범자 간의 모순된 판결 공범자 사이에 모순된 판결이 확정된 경우, 공범자(乙)의 무죄판결이 다른 공범자(甲)의 유죄판결에 대해 '무죄를 인정할 명백한 증거'인지 문제된다, 견해가 대립하나,[1] 판례는 절충설로 보인다. 즉, "무죄확정판결 **자체만으로는** 유죄확정판결에 대한 새로운 증거로서의 재심사유에 해당한다고 할 수 없다"(대결 1984.4.13.자 84모14). 다만, "당해 사건의 증거가 아니고 (중략) 무죄확정판결의 **증거자료를 자기의 증거자료로 하지 못하였고 또 새로 발견된 것**"(84모14)인 때에는, 명백성이 인정된다면 예외적으로 재심사유로 인정할 수 있다는 입장(절충설)이다.

6) 기타 판례는, ㉠ "형벌에 관한 법령이 당초부터 헌법에 위배되어 '**법원에서 위헌·무효라고 선언**'한 때"(2010모363), ㉡ 행정처분의 취소(쟁송취소 및 직권취소), 즉 "조세 **부과처분을 취소**하는 행정판결이 확정된 경우 및 과세관청이 당초 부과처분을 취소한 경우"(대결 2015.10. 29.자 2013도14716: 소급효)에도 '무죄의 명백한 증거가 새로 발견된 때'에 해당한다고 한다. 법원의 위헌선언은 사실인정에 관한 증거가 아니라는 점에서 제420조의 문언상 이례적인 해석이지만, 이를 별도의 재심사유로 규정한 헌법재판소법 제47조 제4항과의 균형상 불가피한 해석이다.[2]

반면, ㉠ 형사처벌의 근거법령이 위헌·무효인 경우와 달리, 행정처분의 근거법령이 위헌인 경우에는 그 행정처분이 취소되지 않는 한 당연무효가 되지 않으므로 '명백한 증거가 새로 발견된 때'에 해당하지 않는다(대결 2004.5.31.자

---

1) i) 긍정설은 동일한 범죄사실에 대해 상반된 판결이 확정되는 것은 불합리하며, 형벌법규의 해석차이가 아니라 사실인정에 관하여 결론을 달리한 때에는 공범자의 모순된 판결은 '명백한 증거'에 해당한다는 견해, ii) 부정설은 공범자의 유죄판결의 증거자료와 무죄판결의 증거자료가 서로 동일한 경우에는 증명력에 대한 평가를 달리한 것에 불과하므로 명백한 증거가 아니다는 견해, iii) 절충설은 무죄판결에 사용된 증거자료가 유죄판결을 선고한 법원에 현출되지 않은 새로운 것인 경우에 한하여 명백성이 인정될 때 명백한 증거가 된다는 견해.

2) 차용증의 위조 여부가 다투어진 사건에서 뒤늦게 발견·제출한 차용증 원본 및 이에 대한 감정서의 경우, 그 증거가치에 있어서 채택된 바 있는 어떤 증거들보다 객관적인 우위성이 있는 증거에 해당하는 것이라면 명백성이 인정된다(대판 2012.3.29. 2010도1767).

2004모95). ㉡ 공범자에 대하여 무죄판결이 확정된 경우(대결 1961.8.16.자 4294형2), ㉢ 재심대상판결과 상반되는 내용의 민사판결이 확정된 경우(대결 1984.7.24.자 84도46), ㉣ 판결 확정 후 추징 등 부수형 또는 보호처분의 근거 법령만이 개폐된 경우(대결 2004.3.23.자 2003모126; 1991.2.26.자 90모15)에도 그것만으로는 신규형 재심사유로 인정되지 않는다.

(2) falsa형 재심사유

1) 6개 사유 모두 확정판결[1]에 의하여 증명될 것을 요구한다(420).

㉠ 제1호(증거서류 · 증거물의 위조 · 변조): 원판결의 증거가 된 서류 또는 증거물이 확정판결에 의하여 위조되거나 변조된 것임이 증명된 때

㉡ 제2호(증인의 허위증언 등): 원판결의 증거가 된 증언 · 감정 · 통역 또는 번역이 확정판결에 의하여 허위임이 증명된 때

㉢ 제3호(무고로 인한 사실오인): 무고로 인하여 유죄선고를 받은 경우에 그 무고죄가 확정판결에 의하여 증명된 때

㉣ 제4호(원판결의 증거된 재판의 변경): 원판결의 증거가 된 재판이 확정판결에 의하여 변경된 때. 여기서 '원판결의 증거된 재판'은 "원판결의 이유 중에서 유죄증거로 채택되어 범죄로 되는 사실을 인정하는 데 인용된 다른 재판을 뜻한다"(대결 1986.8.28.자 86모15). 형사재판뿐만 아니라 민사재판 및 기타 재판을 모두 포함한다.

㉤ 제6호(침해한 권리의 무효 확정): 저작권, 특허권, 실용신안권, 디자인권 또는 상표권을 침해한 죄로 유죄선고를 받은 사건에 관하여 그 권리에 대한 무효의 심결 또는 무효의 판결이 확정된 때

㉥ 제7호(관여법관 등의 '직무 관련 범죄'): "원판결 · 전심판결 또는 그 판결의 기초가 된 조사에 관여한 법관, 공소제기 또는 그 공소의 기초가 된 수사에 관여한 검사 · 사법경찰관이 그 직무에 관한 죄를 지은 것이 확정판결에 의하여 증명된 때. 다만, 원판결의 선고 전에 법관, 검사 또는 사법경찰관에 대하여 공소가 제기되었을 경우에는 원판결의 법원이 그 사유를 알지 못한 때로 한정한다." 수사기관이 영장주의를 배제하는 위헌적 법령(긴급조치 제9호)에 따라 영장 없는 체포 · 구금을 한 경우에도 여기에 해당한다(대결 2018.5.2.자 2015모3243).

2) 제2호(증인의 허위증언 등) i) [증거] '원판결의 증거가 된 증언'이란 "원판

1) 여기서 형사확정판결은 반드시 유죄판결임을 요하지 않고, 구성요건에 해당하는 사실이 증명된 때에는 위법성조각 또는 책임조각을 이유로 무죄판결이 선고되는 경우도 포함한다.

결의 증거로 채택되어 '범죄사실을 인정하는 데 사용된 증언'을 뜻하고, 단순히 증거조사의 대상이 되었을 뿐 범죄사실을 인정하는 증거로 사용되지 않은 증언은 포함되지 않는다"(대판 2005.4.14. 2003도1080). "원판결의 이유에서 증거로 인용된 증언이 '죄로 되는 사실(범죄사실)과 **직접 혹은 간접적으로 관련된 내용**의 것'(즉, 직접증거든 간접증거든)이라면 '원판결의 증거된 증언'에 해당한다. 그 증언이, 나중에 '확정'판결에 의하여 '허위'인 것이 증명된 이상, 허위증언 부분을 제외하고도 '다른 증거에 의하여 (그 범죄사실이) 유죄로 인정될 것인지 여부'에 **관계없이** 제2호의 재심사유가 있다"(대결 1997.1.16.자 95모38; 대판 2012.4.13. 2011도8529).[1] ii) [증인의 증언] "증언은 법률에 의하여 선서한 증인의 증언을 말하고, (증인이 아닌) '**공동피고인**의 공판정에서의 **진술**'은 해당되지 않는다"(대결 1985. 6.1.자 85모10). "재심대상이 된 피고사건과 **별개의 사건**에서 증언이 이루어지고 그 증언을 기재한 '**증인신문조서**'나 그 증언과 유사한 진술이 기재된 '진술조서'가 재심대상이 된 피고사건에 서증으로 제출되어 채용된 경우에도 포함되지 않는다"(대결 1999.8.11.자 99모93). iii) [위증죄] '확정판결에 의하여 허위인 것이 증명된 때'라 함은 "그 증인이 **위증죄**로 처벌되어 그 판결이 확정된 경우를 말하는 것이고, 위증을 한 자가 그 재판 과정에서 사실대로 증언한 다른 증인을 위증죄로 고소하였다가, 그 고소가 허위임이 밝혀져 '무고죄'로 유죄의 확정판결을 받은 경우는 포함되지 않는다"(2003도1080). "증인에 대한 위증고소사건이 수사 중에 있다는 사실만으로는 재심사유가 될 수 없다"(대판 1972.10.31. 72도1914).

3) 제7호(관여법관 등의 '직무 관련 범죄') 이는 (조사에 관여한 법관, 기소나 수사에 관여한 검사·사법경찰관의) 직무 관련 범죄가 확정되면 원판결에 사실오인의 가능성이 크다는 점과 재판의 공정성에 대한 국민의 신뢰를 보호할 필요성이 있다는 점에서 재심사유로 규정된 것이다. 즉, "그러한 직무범죄가 확정됨으로써 원판결 등에 사실오인의 잘못이 있다는 점이 현저하게 추측된다는 이유에서"이다(대결 2024.12.18.자 2021모2650).

i) [수사 관여] "사법경찰관 등이 범한 직무에 관한 죄가 '사건의 실체관계에 관계된 것인지 여부'나 당해 사법경찰관이 '직접 피의자에 대한 조사를 담당하였는지 여부'는 고려할 사정이 아니다"(대결 2008.4.24.자 2008모77). 예컨대, ㉠

---

1) 즉, "재심개시절차에서는 '**재심사유가 있는지 여부만**'을 판단하여야 하고, 나아가 재심사유가 재심대상**판결에 영향을 미칠 가능성**이 있는가의 실체적 사유는 고려하여서는 아니 된다"(대결 2008.4.24.자 2008모77).

사법경찰관이 해당 피의자를 직접 조사하지는 않았으나, 검사에게 구속 여부에 대해 수사지휘 품신을 올리고 구속통지를 하였을 뿐 아니라 검찰에 사건 송치함에 의견서까지 작성한 경우(대결 2006.5.11.자 2004모16), ㉡ ○○경찰서 정보보안과 소속 경찰공무원이 첩보보고를 함으로써 수사가 정식으로 개시된 경우(위 2008모77) 등은 모두 '수사에 관여'한 것이 된다. ii) ['직무 관련 범죄'] '직무에 관한 죄'의 범위는 '공무원의 직무에 관한 죄'(형법 제2편 제7장)에 한정되지 않는다. 즉, 불법감금(위 2004모16)은 물론 '협박죄 및 형의 실효 등에 관한 법률 위반죄'(위 2008모77)도 포함된다. 수사기관이 영장주의를 배제하는 위헌적 법령(긴급조치 제9호)에 따라 영장 없는 체포·감금을 한 경우에도 불법체포·감금의 직무범죄가 인정되는 경우에 준하는 것으로 본다(대결 2018. 5.2.자 2015모3243).

(3) 상소기각의 확정판결에 대한 재심사유

상소기각판결에 대한 재심사유는 유죄의 확정판결에 대한 재심사유보다 제한적(3개)이다[재심사유의 제한]. 제420조 제1호(증거서류·증거물의 위조·변조)·제2호(증인의 허위증언 등)·제7호(관여법관 등의 '직무상 범죄')의 사유가 있는 경우에 한하여, 피고인의 이익을 위한 재심을 청구할 수 있다(421①).[1]

여기에는 재심청구의 제한이 적용된다. 즉, '하급심판결에 대한' '재심'청구사건의 '판결'이 있은 후에는 상급심의 상소기각판결에 대하여 다시 재심을 청구하지 못한다(421②③). 유죄의 확정판결에 대한 재심리라는 재심청구의 목적은 이미 달성되었기 때문이다.[2] 그 결과 재심청구의 경합(436), 상소심법원의 소송절차 정지(규169)도 적용된다(후술).

(4) 확정판결에 대신하는 증명

확정판결로써 범죄가 증명됨을 재심청구의 이유로 할 경우에 그 확정판결을 얻을 수 없는 때에는 '그 사실을 증명하여' 재심의 청구를 할 수 있다[대체증명]. 다만, 증거가 없다는 이유로 확정판결을 얻을 수 없을 때에는 예외로 한다(422). 이는 제420조 제1·2·3호·제7호 및 제421조에서 요구하는 "확정판결에 의하여" 증명된 때라는 재심사유에 관한 보충규정이다.

1) 형벌에 관한 법률조항에 대하여 헌법재판소의 위헌결정이 선고되어 헌법재판소법 제47조 제3항에 따라 유죄 확정판결에 대하여 재심을 청구하는 경우에도 마찬가지이다(대결 2010.8.11.자 2010재도22).

2) 다만, 하급심판결에 대한 재심개시절차에서 재심청구가 기각(재심청구 기각결정)된 경우라면 상소기각판결에 대한 재심청구는 허용된다.

1) '확정판결을 얻을 수 없는 때'의 의미 '확정판결을 얻을 수 없는 때'란, 유죄판결을 선고할 수 없는 사실상 또는 법률상의 장애가 있는 경우를 말한다. 예컨대, 범인이 사망하거나 행방불명인 경우, 범인이 심신상실의 상태에 있는 경우, 공소시효가 완성된 경우, 사면이 있었던 경우, 범인을 기소유예처분한 경우(대결 2006.5.11.자 2004모16 참조)[1] 등이다.

2) '그 사실을 증명하여'의 의미 '그 사실을 증명하여'란, "'확정판결을 얻을 수 없다는 사실'과 '제420조(재심이유) · 제421조(동전)의 재심사유로 된 범죄행위 등이 행해졌다는 사실'을 모두 증명한다는 의미이고, 이때의 증명은 '확정판결을 대신하는 증명'이다"(대결 2024.12.18.자 2021모2650). 증명의 정도는 유죄의 확정판결을 대신하는 것이므로 그 사실에 대해 '합리적 의심의 여지가 없을 정도'에 이르러야 한다. 예컨대, ㉠ '재정신청에 대한 고등법원의 결정'은 그 내용에 제420조 · 제421조의 재심사유로 된 범죄행위 등이 행해졌다는 사실이 인정된 이상 그 대체증명이 있는 것이 된다(대결 1997.2.26.자 96모123; 2005.4.18.자 2005모149). 반면, 원판결의 증거된 서류 변조의 점에 대해 '공소시효완성을 이유로 한 검사의 불기소처분'이 있었다는 것만으로는 '확정판결에 대신하는 증명'으로 삼기에 부족하다(대결 1994. 7.14.자 93모66). ㉡ "**피해자의 진술 그 자체**가 직무범죄의 핵심적 증거로 제출된 경우 그 진술만으로 재심사유의 존재를 인정하기에 충분할 정도에 이를 경우에는, 원칙적으로 재심 기회를 보장해야 한다"(대결 2024.12.18.자 2021모2650).[2]

---

1) (공소외 2에 대해) 검사의 기소유예처분 및 그 기소유예처분에 대한 재정신청 기각결정이 있는 사안.

2) [강제추행범의 혀를 깨문 행위와 정당방위] 재심청구인(여, 당시 18세)은 1964년 강제추행범(강제 키스)의 혀를 물어 끊었다는 사실로 구속되어 중상해죄로 기소되었는데, 유죄 판결(부산지법 1965.1.12. 64고6813)을 선고받고 항소하지 않아 확정되었다. 당시 정당방위 주장을 하였으나 상당한 정도를 초과한 과잉방위(방위권의 남용)라며 배척되었다. 그후 다른 사건에서 강제추행범의 혀를 깨문 행위(혀 절단상)가 정당방위에 해당한다는 무죄 판결이 선고되었다(대판 1989.8.8. 89도358).

대상결정은 "재심청구인의 진술 그 자체가 재심이유의 존재를 뒷받침하는 핵심적 증거로서 신빙성이 있고 그 진술에 부합하는 직접·간접의 증거들이 상당수 제시된 경우에는, 만연히 재심청구를 기각하는 것은 타당하지 않다"고 판시하였다. 환송 후 법원은 재심개시결정을 하였다(부산고법 2015.2.10. 2025로1). 과거 법원은 재심개시에 매우 인색하였으나 점차 요건을 완화해 가는 경향인데, 이른바 '여순 사건'에서 '검사나 사법경찰관이 직무범죄를 범하였다는 사실에 대한 대체증명이 없다'는 반대의견에도 불구하고 재심개시를 확정한 바 있고(대결 2019.3.21.자 2015모2229), 대상결정도 그 연장선상에 있다.

(5) 특별법상 재심사유

1) 헌법재판소법의 재심사유: 위헌결정 i) [위헌결정] '(헌법재판소에서) 위헌으로 결정된 법률조항에 근거한 유죄의 확정판결'에 대하여는 재심을 청구할 수 있다(헌법재판소법47③④). 이에 대하여는 형사소송법을 준용한다(동조⑤). 그 재심사유는 유죄의 확정판결이 '위헌으로 결정된 법률 조항에 근거하였음'이 된다. "합헌결정이 있는 날의 '다음 날 이후'에 유죄판결이 '선고'되어 확정되었다면(즉, 선고일 기준), 비록 범죄행위가 그 이전에 행하여졌더라도, 재심을 청구할 수 있다"(대결 2016.11.10.자 2015모1475).[1] ii) [헌법불합치결정] 헌법불합치결정은 헌법과 헌법재판소법이 규정하지 않은 변형결정이지만, 법률조항 자체의 위헌을 선언하는 형태이므로 재심사유가 된다. 즉, "헌법불합치결정은 법률조항에 대한 위헌결정에 해당하고, 형벌에 관한 법률조항이 소급하여 효력을 상실한 경우에, 당해 조항을 적용하여 공소제기된 피고사건은 범죄로 되지 아니한 때에 해당하고, 법원은 무죄(325전단)를 선고해야 한다"(대판 2011.6.23. 2008도7562 전합). iii) [헌법소원 인용] 헌법소원이 인용된 경우에 해당 헌법소원과 관련된 소송사건이 이미 확정된 때에는 재심을 청구할 수 있다(동법75⑦). 형사사건에 대해서는 형사소송법을 준용한다(동⑧). 이는 모두 헌법재판소법의 재심사유에 따른 재심이다.

반면, iv) [한정위헌·한정합헌결정] 한정위헌결정과 한정합헌결정은 재심사유가 아니다. 한정위헌결정은 법률 조항 자체는 그대로 둔 채 그 법률조항에 관한 특정한 내용의 해석·적용만을 위헌으로 선언하는, 선별적·질적 일부 위헌의 '해석론'에 불과하다는 본질적 차이가 있다. 즉, "법률의 해석기준을 제시하는 헌법재판소의 한정위헌결정은, 법원에 전속되어 있는 법령의 해석·적용 권한에 대하여 기속력을 가질 수 없고"(대판 2001.4.27. 95재다14), "한정위헌결정에 관하여는, 헌법재판소법 제47조가 규정하는 위헌결정의 효력을 부여할 수 없다"(대판 2013.3.28. 2012재두299). 한정합헌의 결정도 마찬가지이다(대판 2012.6.14. 2011도730).

2) 소송촉진법의 재심사유 i) [제23조의2: 제1심 판결] 소송촉진법 제23조 본문(송달불능보고서가 접수된 때부터 6개월 이상 소재불명)에 따라 공시송달의 방법으

1) 이는 2014.5.20. 헌법제판소법(제47조) 개정으로 위헌결정의 소급효가 '종전의 합헌결정 있는 날의 다음 날'로 제한됨에 따른 해석론이다. 위헌결정의 효력은 심판대상이 된 법률 조항에 '자구의 형식적 변경만 이루어진 개정법'에 대하여도 미친다(대판 2014.8.28. 2014도5433). 금지조항 및 이를 전제로 한 처벌조항에 대한 위헌결정은 '명시적으로 위헌이 선언되지 않은 다른 처벌조항'에 대하여도 '근거규정을 같이 하는 한' 이에 미친다(대판 2014.7.10. 2011도1602).

로 재판이 진행되어, 유죄판결을 받고 그 판결이 확정된 자가 책임을 질 수 없는 사유로 공판절차에 출석할 수 없었던 경우에 '제1심 법원에' 재심을 청구할 수 있다(23조의2①). 이때 재심사유는 '제23조에 따라 제1심 재판이 공시송달의 방법으로 재판이 진행되었음'과 '자신이 책임질 수 없는 사유로 공판절차에 출석할 수 없었음'이 된다. ii) [유추적용: 항소심판결] "제23조에 따라 진행된 제1심의 불출석 재판에 대하여 검사만 항소하고, 항소심도 불출석 재판으로 진행한 후에 제1심 판결을 파기하고 새로 또는 다시 유죄판결을 선고하여 확정된 경우에는, 제23조의2 제1항(재심규정)을 유추적용하여 '항소심 법원에' 그 유죄판결에 대한 재심을 청구할 수 있다"(대판 2015.6.25. 2014도17252 전합).

3. 재심개시절차

(1) 관할

재심의 청구는 **원판결의 법원**이 관할한다(423). 여기서 원판결은 "재심청구인이 재심청구의 대상으로 하고 있는 그 판결"을 의미한다(대결 1986.6.12.자 86모17). 따라서 i) 재심청구의 대상이 제1심 판결이면 제1심법원이, 상소기각판결이면 상소심법원이 관할한다. 만일 상소심법원이 **파기자판**한 경우에는 상소심법원이 관할한다. 예컨대, "상고심(대법원)이 제2심 판결을 파기자판한 경우 재심청구는 원판결을 선고한 상고심에 해야 한다"(대결 1961.12.4.자 4294형항20).[1)2)] 한편, ii) "군사법원의 판결이 확정된 후 군에서 '제적'되어 군사법원에 재판권이 없는 경우에는 (재심사건의) 관할은 원판결을 한 군사법원이 아니라 **같은 심급의 일반법원**에 있다"(대판 1985.9.24. 84도2972 전합). "관할은 재판권을 전제로 하는 것"이기 때문이다. 이와 달리 "군사법원이 재판권이 없음에도 재심개시결정을 한 후에 비로소 사건을 일반법원으로 이송한다면 이는 '위법'한 재판권의 행사이다'(대판 2015.5.21. 2011도1932 전합).[3)]

---

1) **[관할 오인]** 재심관할법원인 항소심법원이 아닌 제1심 법원에 재심청구가 잘못 제기된 경우 부적법 각하할 것이 아니라 관할법원인 항소심 법원에 이송하여야 한다(대결 2003.9.23.자 2002모344).

2) **[소송촉진법상 재심의 관할]** "소송촉진법 제23조에 따라 진행된 제1심의 불출석 재판에 대하여 검사만 항소하고, 항소심도 불출석 재판으로 진행한 후에 제1심 판결을 파기하고 새로 또는 다시 유죄판결을 선고하여 확정된 경우에는 제23조의2 제1항(재심규정)을 유추적용하여 항소심 법원에 그 유죄판결에 대한 재심을 청구할 수 있다"(대판 2015.6.25. 2014도17252 전합).

3) **[후속절차의 진행]** "다만 군사법원법 제2조 제3항 후문이 '이 경우 이송 전에 한 소송행위는 이송 후에도 그 효력에 영향이 없다.'고 규정하고 있으므로, 사건을 이송받은 일반법원으로서는 다시 처음부터 재심개시절차를 진행할 필요는 없고 군사법원의 재심개시결정을 유효한 것

(2) 재심의 청구

1) **청구권자** 재심청구권자는 ㉠ 검사, ㉡ 유죄선고를 받은 자, 그 법정대리인, ㉢ 유죄판결을 선고받은 자가 사망하거나 심신장애가 있는 경우에는 그 배우자·직계친족 또는 형제자매(424), ㉣ 변호인(426)이다. 검사는 공익의 대표자로서 피고인의 이익을 위하여 재심을 청구할 수 있다.[1] 검사 이외의 자가 재심청구를 하는 경우에는 변호인을 선임할 수 있고, 그 선임은 '재심의 판결이 있을 때까지' 효력이 있다(426).

2) **시기** 재심청구의 시기에는 **제한이 없다**. **형의 집행을 종료**하거나 형의 집행을 받지 않게 된 때에도 할 수 있다(427). 따라서 형의 시효가 완성되거나 형의 집행유예기간이 경과한 후에도 재심청구가 가능하고, **본인이 사망**한 때에도 마찬가지이다. 사망자라도 명예회복의 이익이 있고, 재심을 통한 무죄판결의 공시(440), 형사보상 및 집행된 벌금·몰수된 물건·추징금액의 환부 등과 같은 법률적 이익이 있기 때문이다.

3) **방식** 재심청구를 할 때에는 재심청구의 취지 및 재심청구이유를 구체적으로 기재한 재심청구서에, 원판결의 등본 및 증거자료를 첨부하여 관할법원에 제출하여야 한다(규166)[**서면주의**]. 원판결의 등본은 재심대상인 판결의 등본을 말한다. 다만 상소기각판결에 대한 재심청구에서는 '**상소기각판결의 등본**'뿐만 아니라 '**원판결의 등본**'까지 포함한다. 재심청구와 그 취하에도 재소자 특칙이 준용된다(430·344).

4) **청구의 효과** 재심청구는 **형의 집행을 정지하는 효력이 없다**. 다만, 관할법원에 대응한 검찰청 검사가 재심청구에 대한 재판이 있을 때까지 형의 집행을 정지할 수 있다(428).[2]

5) **취하** 재심청구는 취하할 수 있다(429①). 서면 또는 공판정에서는 구술로써 한다(규167①). 다만, "재심법원이 재심판결을 선고한 이후에는 재심청구의 취하가 허용되지 않는다. 재심판결에 대하여 불복이 있으면 상소절차를 통하여 이를 다툴 수 있을 뿐, 재심청구를 취하하는 방법으로 재심판결의 효력을 소멸

으로 보아 후속 절차를 진행할 수 있다"(위 2011도1932 전합).

1) 단, 법관·검사·사법경찰관의 직무상 범죄를 이유로 하는 재심 청구(420ⅶ)는 유죄선고를 받은 자가 그 죄를 범하게 한 경우에는 검사만이 청구할 수 있다(425).

2) 단, 소송촉진 등에 관한 특례법에 따른 재심청구의 경우 적법한 재심청구가 있으면 법원은 필수적으로 집행정지결정을 하여야 한다(23의2).

시킬 수는 없다"(대판 2024.4.12. 2023도13707). 재심청구를 취하한 자는 동일한 이유로 다시 재심을 청구하지 못한다(429②).

(3) 재심청구의 심리

1) 결정절차 재심개시절차는 판결절차가 아니라 결정절차이므로, 구두변론을 요하지 않고(37②)[심문], 절차를 공개할 필요도 없다. 재심대상이 되는 확정판결의 제1심에 관여한 법관이라도 재심청구사건의 제2심에서 제척·기피의 원인이 되는 것이 아니다(대결 1982.11.15.자 82모11). 재심대상이 되는 사건은 재심청구사건의 전심이 아니기 때문이다.

2) 사실조사 재심청구를 받은 법원은 필요한 때에는 직권으로 재심청구의 이유에 대한 사실조사를 할 수 있다(37③·431). 법원의 사실조사 범위는 재심청구인이 재심청구이유로 주장한 사실의 유무 판단에 제한되고, 직권조사사항은 인정되지 않는다. 한편, 여기에는 몇가지 유념할 사항이 있다. ㉠ "소송당사자에게 사실조사신청권이 있는 것이 아니다. 따라서 당사자가 재심청구의 이유에 관한 사실조사신청을 한 경우에도 법원은 재판을 할 필요가 없고, 법원이 이 신청을 배척한 경우에도 당사자에게 이를 고지할 필요가 없다"(대결 2021.3.12.자 2019모3554). ㉡ 재심청구사건에서는 증거보전절차가 허용되지 않는다(대결 1984.3.29.자 84모15). 증거보전은 제1회 공판기일 전에만 가능한 제도이기 때문이다.

3) 의견진술의 기회 재심청구에 대하여 결정을 함에는 청구한 자와 상대방의 의견을 들어야 한다. 단, 유죄선고를 받은 자의 법정대리인이 재심을 청구한 경우에는 유죄선고를 받은 자의 의견을 들어야 한다(432). "이는 재심청구서와 별도로 요구되는 절차이므로, 재심청구서에 재심청구의 이유가 기재되어 있더라도 그 절차를 생략할 수는 없다"(대결 2004.7.14.자 2004모86). 그러나 "의견진술의 기회를 주면 충분하고, 그 의견을 듣는 절차와 방법에는 제한이 없으며, 반드시 의견진술이 있어야 할 필요도 없다"(대결 1982.11.15.자 82모11).

(4) 재심청구에 대한 재판(결정)

1) 청구기각의 결정 재심의 청구가 ㉠ 법률상의 방식에 위반하거나 청구권의 소멸 후인 것이 명백한 때(433)(예: 항소심에서 파기된 제1심 판결을 대상으로 하는 재심청구-2003모464), ㉡ 이유 없다고 인정한 때(434①)에는 결정으로 그 청구를 기각하여야 한다. 이유 없음을 이유로 기각하는 결정이 있는 때에는 동일한 이유로써 다시 재심을 청구하지 못한다(434②). 재심청구인이 재심청구를 한 후 청구

에 대한 결정이 확정되기 전에 사망한 경우 재심청구절차는 그 사망으로 당연히 종료하게 된다(대결 2014.5.30.자 2014모739).

문제는 '재심청구의 경합'과 '소송절차의 정지'이다. 즉, 상소기각의 확정판결과 그 하급심판결에 대하여 각각 재심청구가 있는 경우에, 하급심법원이 '재심의 판결을 한 때'에는, 상소기각판결을 한 법원은 결정으로 재심청구를 기각하여야 한다(436)[**재심청구의 경합**]. 하급심법원의 원판결에 대해 하급심법원의 재심판결이 있으면, 유죄의 확정판결에 대한 재심리라는 재심청구의 목적은 이미 달성한 것이 되므로, 상소심판결에 대한 재심청구는 더 이상 무의미해지기 때문이다. 그 당연한 전제로써, 상소기각의 확정판결과 그 하급심판결에 대하여 모두 재심청구가 있는 경우에는, 먼저 상소심법원은 하급심법원의 소송절차가 종료할 때까지 소송절차를 정지하여야 한다(규169)[**상소심법원의 소송절차 정지**]. 그리하여, ㉠ 상소심법원의 재심개시절차는 '하급심법원이 재심심판절차에서 재심판결을 할 때까지' 정지된다. ㉡ 그 후 하급심법원이 재심개시결정을 거쳐 재심판결을 하면, 상소심법원은 재심청구기각의 결정을 한다.[1] ㉢ 한편, 하급심법원이 재심개시절차에서 재심청구의 기각결정을 하면, 상소심법원은 정지되었던 재심개시절차를 별도로 진행하면 된다.

2) 재심개시의 결정 재심의 청구가 이유 있다고 인정한 때에는 재심개시의 결정을 하여야 한다(435①). 이 경우 법원은 결정으로 형의 집행을 정지할 수 있다(동②)[**임의적 집행정지**]. 재심청구를 기각하는 결정과 재심개시결정에 대하여는 즉시항고를 할 수 있다(437).

(5) 경합범(1개형)의 일부에만 재심사유: 재심의 개시범위와 심판범위

1개의 형이 확정된 경합범 중 일부에 대하여만 재심사유가 있는 경우 재심개시결정의 범위와 재심법원의 심판범위가 문제된다. "경합범 관계에 있는 수개의 범죄사실을 유죄로 인정하여 한 개의 형을 선고한 불가분의 확정판결 중 일부 범죄사실에 대하여만 재심사유가 있는 경우"에, 일부재심설, 전부재심설, 절충설의 여러 견해가 대립한다.[2] 판례는 **절충설**(전부개시 · 일부심판)의 입장이다.

1) 하급심판결에 대한 재심청구사건의 판결이 있은 후에는 상급심의 상소기각판결에 대해 다시 재심을 청구하지 못한다(421②③). 이때 하급심법원의 재심판결은 선고만으로 족하고 확정될 필요는 없다. 유죄 확정판결의 재심리라는 재심청구의 목적은 이미 달성되었기 때문이다.

2) i) 일부재심설은 재심제도의 본질에 비추어, 재심사유가 있는 당해 일부 사실에 대해서만 재심개시결정 및 심리를 해야 한다는 견해, ii) 전부재심설은 1개의 형이 선고된 경합범은 재심사유 있는 사실과 재심사유 없는 사실이 불가분의 관계이므로, 경합범 전부에 대해 재심개시결

즉, "형식적으로는 1개의 형이 선고된 판결에 대한 것이어서 그 판결 '**전부**'에 대하여 **재심개시의 결정**을 할 수밖에 없지만, 비상구제수단인 재심제도의 본질상 **'재심사유가 없는 범죄사실'에 대하여는** 재심개시결정의 효력이 그 부분을 형식적으로 **심판의 대상에 포함**시키는 데 그치므로, 재심법원은 그 부분에 대하여는 이를 다시 심리하여 **유죄인정을 파기할 수 없고** 다만 그 부분에 관하여 새로이 양형을 하여야 하므로 **양형**을 위하여 필요한 범위에 한하여만 **심리**를 할 수 있을 뿐이다"(대판 1996.6.14. 96도477; 2001.7.13. 2001도1239; 2017.3.22. 2016도9032 등 다수).[1] 형식적으로는 1개의 형이 선고된 판결에 대한 것인 점, 비상구제수단인 재심제도의 본질 등에 비추어 볼 때, 타당한 해석이다.

[각종 불가분관계와 심판대상] i) 법원의 심판대상, ii) 상소심의 심판대상, iii) 재심심판법원의 심판대상에는, 각 불가분관계의 특성에 비추어 유사점과 차이점이 있다. 즉, i) 법원의 심판대상(2원설)은, 공소불가분 원칙이 적용되어, 공소장에 기재된 공소사실은 현실적 심판대상이고, 그와 (불가분관계에 있는) '동일성이 인정되는 범죄사실'은 '잠재적' 심판대상이 된다. ii) 상소심의 심판대상(공방대상론)은, 불가분 관계에 있는 1죄 중 포괄1죄와 과형상 1죄에 대해 상소불가분 원칙이 적용되어, 상고이유로 삼은 유죄 부분(피고인)·무죄 부분(검사)은 현실적 심판대상이고, (불가분관계에 있는) '상고이유로 삼지 않은 유죄 이외의 부분'은 공격방어의 대상에서 벗어나 '사실상 심판대상에서부터도 이탈'하게 된다. iii) 재심심판법원의 심판대상은 경합범에서 1개의 형이 선고되어 불가분의 확정판결에서, 재심사유가 있는 범죄사실은 현실적 심판대상으로, (불가분관계에 있는) '재심사유가 없는 범죄사실'은 '형식적' 심판대상이 될 뿐이다. i)은 '잠재적'이라는 점에서, 공소장변경에 의하여 심판대상에 포함될 여지가 있고, ii)는 '소극적'이라는 점에서, 편면적으로 '사실상 심판대상에서 이탈'하게 되며, iii)은 '형식적'이라는 점에서, 형식적으로 심판대상에는 포함되나 유죄인정을 파기할 수 없고 양형심리만 할 수 있을 뿐이라는 차이가 있다.

정 및 심리를 해야 한다는 견해, iii) 절충설은 경합범 전체에 대해 재심개시결정을 해야 하나, 재심사유 없는 사실은 형식적으로만 심판대상에 포함될 뿐이므로, 당해 범죄사실만 재심대상이 되며, 나머지 사실은 심판할 수 없고 양형심리만 할 수 있을 뿐이라는 견해.

1) 이때 "재심사유가 없는 범죄사실에 관한 법령이 재심대상판결 후 개정·폐지된 경우에는 그 범죄사실에 관하여도 재심판결 당시의 법률을 적용하여야 하고, 양형조건에 관하여도 재심대상판결 후 재심판결시까지의 새로운 정상도 참작하여야 하며, 재심사유 있는 사실에 관하여 심리 결과 만일 다시 유죄로 인정되는 경우에는 재심사유 없는 범죄사실과 경합범으로 처리하여 1개의 형을 선고하여야 한다"(위 96도477).

또한, "재심법원이 재심사유가 없는 범죄에 대해 새로이 양형하는 것은 헌법상 이중처벌금지 원칙에 위반한 것이라고 할 수 없고, 다만 재심사건에는 불이익변경의 금지 원칙이 적용되어 원판결의 형보다 중한 형을 선고하지 못하는 것이다"(위 2014도10193).

4. 재심심판절차

(1) 재심의 공판절차

1) 심급에 따른 심판 재심개시의 결정이 확정되면, 법원은 '그 심급에 따라' '다시' 심판하여야 한다(438①). "설령 재심개시결정이 부당하더라도 이미 확정되었다면, 법원은 더 이상 재심사유의 존부에 대하여 살펴볼 필요 없이, 제436조의 경우가 아닌 한 그 심급에 따라 다시 심판을 하여야 하는 것이다"(대판 2004.9.24. 2004도2154).

여기서 '그 심급에 따라' 심판한다는 것은 각 **심급의 공판절차**에 따라 심판하는 것을 의미한다. 즉, ㉠ 제1심 판결에 대한 재심심판은 제1심의 공판절차에 따라 진행되고, ㉡ 항소심에서 파기 자판된 확정판결에 대한 재심심판은 항소심의 절차에 따라 진행되며, ㉢ 항소기각 또는 상고기각의 확정판결에 대한 재심심판은 항소심 또는 상고심의 절차에 따라 진행된다는 의미이다. 예컨대, 제1심 판결에 대한 재심심판절차는 제1심의 일련의 공판절차, 즉 진술거부권의 고지, 인정신문, 검사의 모두진술, 피고인의 모두진술, 증거조사, 피고인신문, 최종변론 등의 절차가 전부 새로이 진행된다.[1] 재심판결에 대한 상소도 일반원칙에 따라 허용된다.

다만, '재심심판절차'와 '일반 형사절차'는 서로 '**완전히 별개의 절차**'이다. 즉, 판례는 "재심심판절차에서는 검사가 재심대상사건과 별개의 공소사실을 추가하는 내용의 **공소장변경**이 허용되지 않고, 재심대상사건에 일반 절차로 진행 중인 별개의 형사사건을 **병합하여 심리**하는 것도 **허용되지 않는다**"(대판 2019.6.20. 2018도20698 전합)라고 한다. 재심심판절차는 일반 형사절차와는 전혀 관계 없는 별개의 절차이고, 재심심판절차에서 재심대상사건과 일반 형사사건을 '**묶어서 함께 심리·판결할 수 없다**'는 것을 의미한다.[2]

2) '다시' 심판한다는 것의 의미 "여기서 '다시' 심판한다는 것은 재심대상판결의 당부를 심사하는 것이 아니라, **피고사건 자체를 처음부터 새로 심판**하는

---

1) 국민참여재판 대상사건(법5①)일 경우에는, 그 제8조에 따라 피고인의 의사 확인 등 절차 진행이 필요하다(부산고등법원 창원재판부 2016.1.13. 2015노375).

2) [형법 제37조 후단 경합범 여부] 선행범죄(ⓐ)에 대한 <u>금고형 이상의 재심판결이 확정</u>된 경우 "㉠ <u>그 확정 전에 범한 후행 범죄(ⓑ)는</u> 금고 이상의 재심판결이 확정된 선행범죄(ⓐ)에 대한 관계에서, <u>후단 경합범이 성립하지 않고</u>, ㉡ 그 후행 범죄(ⓑ)에 대해, 동시에 판결할 경우와 형평을 고려하여 <u>그 형을 감경 또는 면제할 수 없다</u>"(위 2018도20698 전합).

것을 의미한다. 재심대상판결이 상소심을 거쳐 확정되었더라도 재심사건에서는 재심대상판결의 기초가 된 증거와 재심사건의 심리과정에서 제출된 증거를 모두 종합하여 **공소사실이 인정되는지를 새로이 판단**하여야 한다. 그리고 재심사건의 공소사실에 관한 증거취사와 이에 근거한 사실인정도 사실심으로서 재심사건을 심리하는 법원의 전권에 속한다"(대판 2015.5.14. 2014도2946).[1)]

(2) 적용법령

"재심이 개시된 사건에서 범죄사실에 대하여 적용하여야 할 법령은 **재심판결 당시의 법령**(= '오늘의 법령')이다. 재심대상판결 당시의 법령이 변경된 경우 법원은 그 범죄사실에 대하여 재심판결 당시의 법령을 적용한다"(대판 2011.1.20. 2008재도11 전합). 따라서 절차법이 변경된 경우 변경된 절차법에 따라 재심심판절차를 진행하고, 실체법이 변경된 경우 변경된 실체법을 적용하여 재심판결을 하여야 한다. 따라서 ㉠ (법령폐지) "**폐지된 경우**에는 제326조 제4호에 따라 그 범죄사실에 대하여 '면소'를 선고하는 것이 원칙이다. 그러나 형벌에 관한 법령이 헌법재판소의 위헌결정으로 인하여 소급하여 그 효력을 상실하였거나, 법원에서 위헌·무효로 선언된 경우, 당해 법령을 적용하여 공소가 제기된 피고사건에 대하여 제325조에 따라 '무죄'를 선고하여야 한다"(대판 2010.12.16. 2010도5986 전합). "법령을 해석함에 있어서도 재심판결 당시를 기준으로 한다"(대판 2013.7.11. 2011도14044).[2)] ㉡ (유죄) 다만, 재심절차에서 다시 심판한 결과 유죄로 인정되더라도 이미 특별사면·일반사면된 경우에는, 불이익변경금지 원칙상 '과형없는 판결'을 선고한다(위 2012도2938).

(3) 재심심판절차의 특칙

1) 심리의 특칙 i) [궐석재판] 재심피고인이 사망하거나 회복할 수 없는 심신장애인인 경우에는 피고인의 출정 없이 심판할 수 있다. 단, 변호인이 출정

1) 오래된 확정판결의 재심사건에서는 증거기록의 부존재가 문제된다. 판례는 재심대상사건의 기록이 보존기간 만료로 폐기된 경우 유죄의 증거 부재를 이유로 무죄를 선고할 것이 아니라 가능한 노력을 다하여 기록을 복구해야 하고, 불가능한 경우에는 판결서 등 잔존자료에 의하여 알 수 있는 원판결의 증거들과 재심공판절차 단계에서 새롭게 제출된 증거 등 재심공판 단계에서 확보할 수 있는 최량의 증거들의 증거가치를 종합적으로 평가하여 판단하며, 진실·화해를 위한 과거사정리위원회의 진실규명결정서 등을 예로 든다(대판 2011.3.10. 2010도15774).

2) 재심사유가 없지만 재심의 심판대상에 포함되어 재판 계속 중에 있는 보호감호청구사건에 관한 법령이 재심대상판결 후 개정·폐지된 경우에도 재심판결 당시의 법률이 적용된다(대판 2011.6.9. 2010도13590).

하지 아니하면 개정하지 못한다(438③). 재심청구인이 변호인을 선임하지 않으면, 재판장이 직권으로 변호인을 선임(=선정)한다(동조④). ii) [공판절차정지(심신장애) 배제] 회복할 수 없는 심신장애인을 위한 재심청구가 인용된 경우나, 재심피고인이 재심판결 전에 회복할 수 없는 심신장애인이 된 경우에, 통상의 공판절차와는 달리, '공판절차의 정지'(제306①) 규정이 배제된다(438②). 즉, 재심심판절차를 계속 진행해야 한다. iii) [공소취소 금지] 공소취소는 제1심 판결의 선고 전까지 가능하므로, 확정판결이 대상인 재심에서는 공소취소가 불가능하다. 즉, "재심소송절차가 진행 중에 공소취소는 할 수 없다"(대판 1976.12.28. 76도3203). 또한 재심심판절차에서는 친고죄의 고소취소, 반의사불벌죄의 처벌불원의사표시 등이 허용되지 않는다.[1] iv) [공소장변경의 허용범위] 재심공판절차에서도 공소장변경이 허용된다(통설). 판례도 같은 입장이다(대판 1991.8.13. 91감도72). 다만, 그 허용범위에 대해 전면적 허용설과 제한적 허용설이 대립한다. 현행법상 이익재심만 가능하므로, 원판결의 죄보다 무거운 죄를 인정하기 위한 공소사실의 추가·변경은 허용되지 않는다고 해석하는 것이 타당하다[제한적 허용설].

2) 재판의 특칙

(i) [사망자에 대한 공소기각결정 배제] 사망자를 위한 재심청구가 인용된 경우[2]나, 재심피고인이 재심의 판결 전에 사망한 경우에 공소기각의 결정을 할 수 없다(438②). 즉, 재심개시 후 사망한 경우에도 실체판결을 해야 한다.

(ii) [불이익변경 금지] 재심에는 원판결의 형보다 무거운 형을 선고할 수 없다(439). 검사가 재심을 청구한 경우에도 마찬가지이다. 이는 이익재심의 본질에 비추어 당연한 규정이다. 상소의 불이익변경금지 원칙과 비교할 때, 그 의미나 불이익 여부의 판단기준은 기본적으로 같다. 다만, 이는 "단순히 원판결보다

1) 다만, 소송촉진법 제23조에 의하여 피고인의 진술 없이 유죄판결이 선고·확정된 후, 제23조의2 제1항에 의하여 피고인의 재심청구가 인용된 경우에는, 재심심판절차에서도 고소취소 등을 할 수 있다(대판 2002.10.11. 2002도1228). 부정수표단속법 제2조 위반죄에서 부도수표의 회수나 수표소지인의 처벌불원 의사표시도 그 재심의 제1심 판결 선고 전까지 하면 된다.

반면, 소송촉진법 제23조의2에 따른 재심청구를 할 수 있음에도 그 대신 항소권회복청구를 한 경우 그 항소심 절차에서는 처벌희망의 의사표시를 철회할 수 없다(대판 2016.11.25. 2016도9470).

2) 재심청구인이 재심청구를 한 후 청구에 대한 결정이 확정되기 전에 사망한 경우, 재심청구절차가 종료된다. 즉, "형사소송법이나 형사소송규칙에는 재심청구인이 재심의 청구를 한 후 청구에 대한 결정이 확정되기 전에 사망한 경우에 재심청구인의 배우자나 친족 등에 의한 재심청구인 지위의 승계를 인정하거나 제438조와 같이 재심청구인이 사망한 경우에도 절차를 속행할 수 있는 규정이 없으므로, 재심청구절차는 재심청구인의 사망으로 당연히 종료하게 된다"(대결 2014.5.30.자 2014모739).

무거운 형을 선고할 수 없다는 원칙만을 의미하는 것이 아니라, 실체적 정의를 실현하기 위하여 재심을 허용하지만 '피고인의 법적 안정성을 해치지 않는 범위 내에서' 재심이 이루어져야 한다는 취지"이다(대판 2015.10.29. 2012도2938; 2018.2.28. 2015도15782). 여기에는 약간의 주의가 필요하다. 즉,

i) [**원판결 자체의 법률적 효과**로 형선고의 효력이 상실된 경우의 재심] "원판결의 **집행유예**가 실효 또는 취소됨이 없이 유예기간이 지난 후에, 재심판결에서 새로운 형이 선고되고, 재심판결의 확정에 따라 원판결이 효력을 잃게 되는 결과 집행유예의 법률적 효과까지 없어졌다 하더라도, '**재심판결의 형이 원판결의 형보다 중하지 않다면**', 불이익변경금지 원칙이나 이익재심 원칙에 반하는 것은 아니다"(위 2015도15782). 예컨대, ㉠ 원판결의 집행유예기간이 경과한 경우 재심판결에서 벌금형 선고는 허용된다. 즉, 원판결에서 간통죄 및 상해죄로 징역 1년에 집행유예 2년이 선고되고 그 유예기간이 경과한 경우에도, 재심판결에서 간통부분은 무죄, 상해부분은 유죄로 벌금 400만원을 선고하는 것은 얼마든지 가능하다. 이는 "**유예기간 경과로** 인하여 원판결의 **형선고 효력이 상실**되는 것은, 원판결이 선고한 집행유예 자체의 법률적 효과로서, 재심판결이 확정되면 당연히 실효될 '**원판결 본래의 효력**'일 뿐이고, 이를 **형의 집행과 같이 볼 수는 없기 때문**"이다. 즉, "재심판결이 확정되면 **원판결**은 당연히 효력을 잃는다. 재심판결이 확정됨에 따라 원판결이나 그 부수처분의 **법률적 효과가 상실**되고, '**형선고가 있었다는 기왕의 사실 자체의 효과가 소멸**'하는 것은 재심의 본질상 당연한 것이다. 원판결의 효력 상실 그 자체로 인하여 피고인이 어떠한 불이익을 입는다 하더라도, 이는 재심에서 보호되어야 할 피고인의 법적 지위를 해치는 것이 아니다"(2015도15782). ㉡ 재심대상판결에서 정한 집행유예의 기간 중 특가법위반(보복협박등)죄로 징역 6개월이 확정됨으로써 위 집행유예가 실효되고 유예된 형이 집행되었는데, 재심판결에서 새로이 형을 정하고 원심판결 확정일을 기산일로 하는 **집행유예**(징역 1년 6월 집행유예 2년)를 **또다시** 선고할 경우 그 집행유예 기간의 **시기**(始期)는 재심대상판결의 확정일이 아니라 재심판결의 확정일로 보아야 한다. 그로 인하여 재심대상판결이 선고한 집행유예의 실효 효과까지 없어지더라도, 재심판결에서 정한 형이 재심대상판결의 형보다 중하지 않은 이상 불이익변경금지원칙이나 이익재심원칙에 반하지 않는다(대판 2019.2.28. 2018도13382).

ii) [**특별사면**으로 형선고의 효력이 상실된 경우의 재심] 원판결 이후에 특별사면을 받은 경우 재심판결에서 다시 형을 선고하는 것은 허용되지 않는다.

즉, “원판결 이후에 형 선고의 효력을 상실하게 하는 특별사면을 받아 형사처벌의 위험에서 벗어나 있는 경우라면, 재심절차에서 특별사면에 따라 발생한 피고인의 법적 지위를 상실하게 하여서는 안 된다. 따라서 피고인에 대하여 다시 형을 선고하는 것은, 이미 형선고의 효력을 상실하게 하는 특별사면을 받은 피고인의 법적 지위를 해치는 결과가 되어, 이익재심과 불이익변경금지의 원칙에 반하게 된다”(위 2012도2938). 이 경우 재심법원은 **과형 없는 판결**(='피고인에 대하여 형을 선고하지 아니한다')을 선고할 수밖에 없다(위 2012도2938). [**일반사면**된 경우의 재심] 원판결 후 일반사면된 경우에도 ‘형선고의 효력이 상실’되는 것은 동일하므로, 이에 대해 재심을 허용하는 이상, 마찬가지로 다시 형을 선고하는 것은 허용되지 않는다(유죄인 경우 ‘**과형 없는 판결**’). 이 경우 만일 재심에서도 일반 형사절차와 마찬가지로 면소판결을 인정해야 한다면, 굳이 재심을 인정할 실익이 없기 때문이다.

(iii) [무죄판결 공시] 재심에서 무죄를 선고하면 그 판결을 관보와 그 법원 소재지의 신문에 기재하여 공고하여야 한다[**의무**](440). 명예회복을 위한 것이다.

(iv) [원판결의 효력] “재심심판절차는 원판결의 당부를 심사하는 종전 소송절차의 후속절차가 아니라, 사건 자체를 처음부터 다시 심판하는 완전히 새로운 소송절차이므로, 재심판결이 확정되면 원판결은 당연히 **효력을 잃는다**(위 2015도15782). 다만, “그때까지 재심대상판결에 의하여 이루어진 **형의 집행**은 적법하게 이루어진 것으로서, 그 효력을 잃지 아니한다”(대판 2014.11.13. 2014도10193). 따라서 원판결에 의한 자유형의 집행은 재심판결에 의한 자유형의 집행에 **통산**된다. 즉, “(이미) 집행된 **재심‘대상’판결의 징역형**은 판결선고 전의 구금일수와 마찬가지로 재심법원이 선고한 벌금형의 노역장유치기간에 산입되어야 한다”(위 2014도10193). 재심판결이 확정되면 종전의 확정판결(원판결)은 그 효력을 상실하므로, 재심대상판결의 형 집행 전력은 형법 제35조의 누범가중사유에 해당하지 않는다(대판 2017.9.21. 2017도4019).

Ⅱ. 비상상고

1. 비상상고의 의의와 대상

(1) 비상상고의 의의

1) 뜻 비상상고는 **확정판결**에 대하여 그 심판에 **법령위반**이 있음을 이유

로 하여 인정되는 비상구제절차를 말한다. 즉 이미 확정된 판결에 대해 '법령적용의 오류'를 시정하는 절차이다. 재심과 비상상고는 모두 확정판결을 시정하는 비상구제절차이지만, 재심은 사실오인을 이유로, 비상상고는 법령위반을 이유하는 점에서 구별된다. 특히 비상상고는 재심과 달리, 신청권자가 검찰총장뿐이고, 관할법원이 항상 대법원이며, 비상상고 판결의 효력이 일정한 경우를 제외하고는 피고인에게 미치지 않는다는 특징이 있다.

2) 기능 비상상고는 **법령의 해석·적용의 통일**을 목적으로 한다. 즉, 법체계의 정합성을 유지하는 목적을 추구한다('법률의 이익을 위한 상고'). 다만, 비상상고는 부차적으로 피고인의 불이익을 구제하는 기능도 있다. 즉, 비상상고의 파기판결은 원래 피고인에게 효력이 없지만, 예외적으로 '원판결이 피고인에게 불이익한 때'에는 피고사건에 대해 '다시 판결'하여야 하고[**이익자판**], 이 경우 그 효력이 피고인에게 미친다(446 ii 단서·447). 그러나 일반적인 경우 파기판결은 피고인에게 효력이 없으므로, 피고인 구제는 단지 그 반사적 효과에 불과하다.

	재심	비상상고
목적	피고인의 불이익 구제	법령해석의 통일
대상	유죄의 확정판결	모든 확정판결
사유	사실오인	심판에 법령위반
신청권자	검사, 유죄선고를 받은 자 등	검찰총장
관할	원판결법원	대법원
신청시기	제한 없음	제한 없음
절차	재심개시절차 (결정) 및 재심심판절차 (재판)	필요적 공판기일 (판결) – (원칙) 부분파기, (예외) 이익자판
판결효력	피고인에게 효력이 미친다.	(원칙) 피고인에게 효력이 없다. (예외) 자판한 경우에는 효력이 미친다.

(2) 비상상고의 대상

1) 모든 확정판결 비상상고의 대상은 **모든 확정판결**이다. 재심과 달리, 유죄의 확정판결에 국한되지 않는다. 따라서 무죄판결, 면소판결·공소기각의 판결·관할위반의 판결은 모두 비상상고의 대상이 된다. 또한 판결형식은 아니더라도 확정판결의 효력이 인정되는 약식명령(대판 2006.4.14. 2006오1), 즉결심판(대판 1994.10.14. 94오1), 경범죄처벌법(8③)·도로교통법(165③)에 의한 범칙금 납부도 그

대상이 된다. 당연무효의 판결 또한 판결은 존재하고 당연무효를 확인할 필요도 있으므로, 그 대상이 된다(통설). 그러나 "상급심의 파기판결에 의해 효력을 상실한 재판은 (법령위반 여부를 다시 심사하는 것이 무익하므로) 비상상고의 대상이 될 수 없다"(대판 2021.3.11. 2019오1).

2) 상소기각의 결정 등　항소기각결정 · 상고기각결정(대판 1963.1.10. 62오4)은 결정의 형식을 취하지만, 그 사건에 대한 종국적인 재판이므로, 비상상고의 대상이 된다. 종국재판인 공소기각결정도 마찬가지이다.

2. 비상상고의 이유

(1) 심판의 법령위반

1) 판결의 법령위반과 소송절차의 법령위반　비상상고의 이유는 '심판이 법령에 위반한 때'이다. 여기서 ㉠ '심판'은 '심리와 판결'을 뜻한다. '판결' 자체에 법령위반이 있는 경우는 물론, 판결에 이르기까지의 '심리', 즉 '소송절차'에 법령위반이 있는 경우도 포함한다. ㉡ '법령위반'은 실체법위반과 절차법위반을 모두 포함한다. 요컨대, ㉢ '그 사건의 심판이 법령에 위반한 때'란 "확정판결에서 인정한 사실을 변경하지 아니하고 이를 전제로 한 '실체법의 적용에 관한 위법' 또는 '그 사건에서의 절차법상의 위배'가 있는 경우를 뜻한다"(대판 2021.3.11. 2018오2).

'판결'의 법령위반과 '소송절차'의 법령위반은 구별이 문제된다.

<table>
<tr><th>구별실익</th><th>법령위반</th><th>파기</th><th>자판</th><th>효력
(피고인에게)</th><th>비고</th></tr>
<tr><td>심리(절차)</td><td>절차법위반</td><td>○</td><td>×</td><td>×</td><td>이론적 효력</td></tr>
<tr><td rowspan="2">판결</td><td rowspan="2">실체법위반
절차법위반</td><td rowspan="2">○</td><td>×
*불이익변경금지 유사</td><td>×</td><td>이론적 효력</td></tr>
<tr><td>○ [이익자판]
*이익재심 유사</td><td>○
[실제 효력]</td><td>새판결 집행</td></tr>
</table>

2) 구별실익　양자를 구별하는 실익은, 재판의 형식과 그 효력의 차이 때문이다. i) '판결'의 법령위반인 경우에는 위반된 부분을 파기하되[부분파기] '원판결이 피고인에게 불이익한 때'에는 원판결을 파기하고 '다시 판결'을 하지만[파기자판(이익자판)], '소송절차'의 법령위반인 경우에는 '위반된 절차만 파기'하는 것으로 충분하다[절차파기]는 점이다(446). ii) 판결의 효력 또한, 파기자판 외에

는 그 효력이 피고인에게 미치지 않으므로(447), '판결'의 법령위반인 경우에는 예외적으로나마 파기자판하면 피고인에게 효력이 미치지만, '소송절차'의 법령위반인 경우에는 피고인에게 아무런 영향이 없다는 점이다. 피고인 입장에서도 매우 중요한 의미가 있다.

3) **구별기준** 특히 '절차법위반'이 있는 경우 '판결'의 법령위반인지 '소송절차'의 법령위반인지 여부가 문제된다. 주로 ㉠ **소송조건이 흠결되었음**에도 실체판결을 한 경우, ㉡ 판결절차 자체에 위법이 있는 경우에 문제된다. 구별기준에 대해 견해가 대립하나, **판결영향설**이 통설이다. 즉, 절차법위반 가운데 '판결내용에 직접적인 영향을 미치는 법령위반'만이 '판결'의 법령위반에 해당하고, '판결내용에 직접 영향을 미치지 않는 소송절차상의 위법'은 단지 '소송절차'의 법령위반으로 본다. 양자의 구분은 파기자판에서 실익이 있으므로, 결국 파기자판의 필요 여부에 따라 구별하게 된다. 즉, **소송조건의 오인**(예: 면소사유 간과, 공소기각사유 간과 등)은, 판결내용에 직접 영향을 미치는 것이므로, '판결'의 법령위반에 해당한다(파기자판). 반면, 판결절차 자체에 법령위반이 있는 경우(예: 피고인 소환 없이 판결선고 등)는, 판결절차의 위법에 불과할 뿐 판결내용에 직접 영향을 미치는 것이 아니므로, 단지 '소송절차'의 법령위반에 해당한다(절차파기만). 결국 '판결(내용)의 법령위반'은 **판결'내용'**(주문·이유)**에 직접 영향**을 미치는 법령위반이고, 그 밖의 법령위반은 '소송절차의 법령위반'이 된다. '실체법위반'은 물론 전자(판결내용에 직접 영향을 미친 경우)에 해당한다.

[판례사례] [소송조건의 오인: '판결'의 법령위반]

(1) [면소사유 간과] ㉠ 공소시효가 완성된 사실을 간과한 채 약식명령을 발령한 경우(자판: 면소)(대판 2006.10.13. 2006오2), ㉡ 사면된 범죄에 대하여 사면된 것을 간과한 경우(자판: 면소)(대판 1963.1.10. 62오4) 등.

(2) [공소기각사유 간과] ㉠ 친고죄에서 고소가 흠결된 사실을 간과하거나(대판 2000.10.13. 99오1), 고소 취소된 사실을 간과한 채(대판 1947.7.29. 3280비상2) 유죄판결을 선고한 경우(자판: 공소기각), ㉡ 반의사불벌죄에서 피해자의 처벌불원 의사표시가 있었음을 간과한 채 유죄로 판단한 경우(자판: 공소기각)(대판 2010.1.28. 2009오1) 등.

(2) 구체적 유형

'심판의 법령위반'은 '판결에 실체법위반 · 절차법위반' 또는 '소송절차에 절차법위반'이 있음을 뜻하고, 객관적으로 명백한 법령위반에 한정된다.

1) 실체법위반 범죄의 성립 여부나 형벌에 관한 '실체법 위반'은 당연히 판결내용에 직접 영향을 미치는 법령위반이다[판결의 법령위반]. ㉠ 이미 폐지된 법령을 적용하여 유죄판결을 선고한 경우, ㉡ 법정형에 없는 벌금형을 선고한 경우, ㉢ 법정형 또는 처단형을 초과하는 형을 선고한 경우(예: 누범전과 없음에도 누범가중, 경합범가중이나 형의 감면에 관한 법령위반 등), ㉣ 구류형에 대하여 선고유예한 경우(대판 1993.6.22. 93오1), ㉤ 노역장유치기간(특히 최소유치기간)에 관한 법령위반의 경우(대판 2014.12.24. 2014오2). ㉥ 보호관찰을 명하지 않은 채 부착명령한 경우(대판 2011.2.24. 2010오1) 등이 이에 해당한다.

2) 절차법위반 i) [판결의 법령위반] 각종 절차법위반 가운데 판결내용에 직접 영향을 미치는 절차상의 위법만은 '판결'의 법령위반에 해당한다. 즉, ㉠ 소송조건의 존부에 대한 오인(예: 면소사유 간과, 공소기각사유 간과 등), ㉡ 인적 재판관할에 대한 오인(예: 군인신분 간과 등), ㉢ 사실인정 자체가 형사소송법에 위반한 경우(예: 자백에 대한 보강증거가 없음에도 유죄판결을 선고한 경우, 임의성 없는 자백을 결정적 증거로 하여 유죄판결을 선고한 경우 등은 소송법위반이 판결 내용에 직접 영향을 미치는 경우), ㉣ 파기판결의 기속력을 위반한 경우(예: 기속적 판단의 기초가 된 증거관계의 변동이 없음에도 하급심이 파기판결의 이유가 된 상고심의 사실상 판단과 달리 판단한 경우) 등이 이에 해당한다.

ii) [순수한 소송절차의 법령위반] 이는 판결내용에 직접 영향을 미치지 않는 단순한 소송절차상 위법이다. 예컨대, ㉠ 공판개정의 위법, 증인신문방식의 위법, ㉡ 형을 선고하면서 상소권의 고지를 누락한 경우 등이다.

(3) 전제사실의 오인

i) 비상상고는 법령위반을 이유로 하므로, 단순한 사실오인은 비상상고의 사유가 될 수 없다. 그러나 '사실오인의 결과로 법령위반의 오류가 발생한 경우', 즉 '전제사실을 오인함에 따라 법령위반의 결과를 초래한 경우'에도, 법령위반으로 보아 비상상고가 허용되는지 문제된다. 여기서 전제사실의 오인이란 단순히 그 법령을 적용하는 과정에서 전제로 삼았던 사실을 오인함에 따라 법령

위반의 결과를 초래한 경우를 말한다(위 2018오2 전합). 예컨대, 원판결이 피고인의 사망 사실을 전혀 알지 못한 상태에서 소송촉진법에 의해 공시송달로 공판을 진행하여 불출석 재판으로 유죄판결이 선고된 경우, 군인 신분의 오인, 소년 · 성년의 오인, 누범 전과의 오인, 일반사면 · 확정판결의 존재에 대한 오인 등의 경우에 문제된다. 소극설, 적극설, 절충설이 대립하나,[1] **절충설**('소송법적 전제사실'의 오인에 한하여 비상상고를 허용하는 견해)이 통설이다[**소송법적 전제사실**]. 비상상고절차에서는 법원의 **관할**, **공소의 수리**와 **소송절차**에 관하여 '사실조사'를 할 수 있는데(444②), 이는 비상상고절차에서 '소송법적 사실'에 국한하여 사실조사를 허용하고 있는 것이라는 점에서, 절충설이 타당하다. ii) 판례의 입장과 관련하여, 소극설이라고 단순하게 설명하는 견해도 있으나, 절충설인지 소극설인지 명확하지 않다.

[판례사례] [전제사실의 오인]

(1) 절충설 판례 i) ['소송법적 전제사실의 오인'] 이 경우 비상상고를 허용한 사례가 다수 있다. 즉, ㉠ 인적 재판관할 위반, 즉 군인 신분임을 간과하고 재판한 일반 법원의 판결의 경우(대판 1976.4.27. 76오1; 1991.3.27. 90오1; 2006.4.14. 2006오1),[2] ㉡ 소년에 대하여 정기형을 선고한 경우(대판 1963.4.4. 63오1) 및 성년에 대하여 부정기형을 선고한 경우(대판 1963.4.11. 63도2),[3] ㉢ 사면된 범죄에 대하여 사면된 것을 간과한 경우(대판 1963.1.10. 62오4) 비상상고는 모두 적법하다고 한다.

ii) ['실체법적 전제사실의 오인'] 이 경우 비상상고를 불허한 사례가 있다. 즉, 누범 전과가 없음에도 이를 간과하고 누범가중을 한 경우(대판 1962.9.27. 62오1) 비상상고는 부적법하다고 한다. 판례가 절충설의 입장임을 뜻한다.

(2) 소극설 판례 반면, '피고인의 사망을 간과한 경우'에, 판례는 비상상고를 허용하지 않는다.[4] 즉, "피고인이 이미 사망한 사실을 알지 못하여 공소기각의

1) i) 소극설은 모든 사실오인에 대해 전면 부정된다는 견해, ii) 적극설은 모든 사실오인에 대해 '소송기록의 조사에 의해 용이하게 인정되는 경우에 한하여' 전면 허용된다는 견해, iii) 절충설은 '소송법적 사실의 오인'으로 인한 경우에만 비상상고가 허용되고, '실체법적 사실의 오인'으로 인한 경우에는 허용되지 않는다는 견해.

2) 다만 이에 대한 판례의 태도는 일관되지 않는다. 일반인을 군인으로 오인하여 재판한 군사법원 판결에 대해서는 비상상고를 허용하지 않은 사례(대판 1965.2.24. 64오4) 참조.

3) '성년 여부'는 재판절차에 관한 적용법령의 차이(형사소송법 또는 소년법)와 정기형 · 부정기형 선고의 기준이 된다는 점에서 '실체법적 사실'인 동시에 '소송법적 사실'의 성격을 갖는다.

4) '피고인의 사망'은 기본적으로 '소송법적 사실'의 성격을 갖는다. 피고인이 생존하지 않는다면 소송절차를 진행할 수 없으므로, 가장 기본적인 소송법적 사실이다.

결정을 하지 않고 실체판결에 나아감으로써 법령위반의 결과를 초래한 경우는 '그 심판이 법령에 위반한 것'에 해당하지 않는다"(대판 2005.3.11. 2004오2).[1] 이 경우 소극설의 입장을 명시적으로 판시하고 있다. 즉, "단순히 그 법령 적용의 전제사실을 오인함에 따라 법령위반의 결과를 초래한 것과 같은 경우는, 법령의 해석적용을 통일한다는 목적에 유용하지 않으므로 '그 사건의 심판이 법령에 위반한 것'에 해당하지 않는다."고 한다.

(3) 평가 그럼에도 판례가 소극설이라고 단순하게 단정할 수는 없다. 오히려 그 후에도 절충설에 입각한 판결들(인적 재판관할 간과에 대한 위 2006오1; 반의사불벌죄에서 처벌불원 의사표시 간과에 대한 위 2009오1)이 다수 선고되었기 때문이다.

3. 비상상고의 절차

(1) 신청

비상상고의 신청권자는 **검찰총장**이고, 관할법원은 **대법원**이다(441). 비상상고를 함에는 그 이유를 기재한 신청서를 대법원에 제출하여야 한다(442). 즉, 상고와 달리, 신청서 자체에 이유를 기재하도록 요구한다.

신청시기에는 **제한이 없다**. 형의 실효, 집행유예기간의 경과, 피고인의 사망 이후에도 가능하다. 명문의 규정은 없지만 취하도 가능하다(통설).

(2) 심리

1) **공판의 개정** 대법원은 비상상고사건을 심리하기 위해서는 **반드시 공판기일을 열어야 한다**. 공판기일을 열지 않고 신청서만을 검토하여 판결하는 것은 위법하다. 공판기일에는 검사가 출석하여야 하며, 검사는 신청서에 의하여 진술하여야 한다(443). 공판기일에 피고인을 소환해야 하는 것은 아니고, **피고인이 공판기일에 출석할 필요도 없다**. 변호인의 출석 요부에 대해서는 견해가 대립한다.

2) **사실조사** 대법원은 **신청서에 포함된 이유에 한하여** 조사하여야 한다(444①). 따라서 비상상고에는 직권조사사항이 없으므로, 대법원은 그 밖의 사항에 대하여는 조사할 권한도 의무도 없다. 다만 법원의 **관할**, **공소의 수리**와 **소송**

---

1) 판례가 피고인의 사망을 간과한 판결에 대해 비상상고를 허용하지 않는 이유에 대해서는, ㉠ 그 판결이 당연무효인 점, ㉡ 집행의 위험이 없다는 점에서 찾을 수도 있다.

그러나 ㉠ 당연무효의 판결이라도 비상상고의 대상이 된다(통설). ㉡ 사망자의 상속재산에 대하여도 집행가능성이 있고(478), 집행단계에서 이해관계인의 이의신청이 가능한데(489), 집행당시 이해관계인이 없다면 그 시정은 불가능하다. 따라서 사망한 피고인에 대한 유죄판결에도 비상상고를 허용할 필요가 있다.

절차에 관하여는 '사실조사'를 할 수 있다(동②). 필요하다고 인정할 때에는 수명법관 · 수탁판사로 하여금 사실조사를 하게 할 수 있다.

(3) 판결

1) 기각판결 비상상고가 부적법하거나 이유 없다고 인정한 때에는 판결로써 이를 기각하여야 한다(445).

2) 파기판결 비상상고가 이유 있다고 인정한 때에는 판결로써 원판결 또는 소송절차를 파기하여야 한다(446). 파기사유에 따라 차이가 있다.

4. 파기판결과 효력

(1) 판결의 법령위반

1) 부분파기 원판결이 법령에 위반한 때에는 i) **그 위반된 부분을 파기하여야 한다**(446 i 본문). 이를 '부분파기'라고 한다. 부분파기는 비상상고의 파기판결에서 원칙이며, 이는 비상상고의 주된 목적이 법령의 해석 · 적용의 통일에 있다는 점에서 비롯된다. 나아가, 자판(自判, '다시 판결')할 것인지 여부가 별도가 문제되는데, '원판결이 피고인에게 불이익한 때'(즉, '새판결이 피고인에게 이익인 때')에는 피고사건에 대하여 다시 판결을 한다[**이익자판**]. 따라서 원판결이 피고인에게 유리함이 명백하거나, 불리한 것인지 여부가 법률상 명백하지 않는 경우에는, 위반부분만 파기하는데 그쳐야 하며, 자판하면 안 된다. 여기에는 일종의 **불이익변경금지 원칙**이 적용되는 것과 비슷한 현상이 발생한다. ii) 부분파기의 판결은 **피고인에게 효력이 미치지 않는다**(447). 비상상고의 판결은 원칙적으로 '이론적 효력'만 있을 뿐이다(그래서 '재판의 옷을 입은 학설'이라고도 한다). 파기판결이 원판결의 주문에 아무런 영향을 미치지 아니므로, 원판결의 선고형을 그대로 집행하여야 한다.

[판례사례] [부분파기]

(1) 실체법위반 ㉠ 구류형에 대하여 **선고유예**한 경우(부분파기만)에는, "원즉결심판 중 피고인에 대한 구류형의 선고를 유예한 부분을 파기한다"(위 93오1). ㉡ **형 면제사유 없음에도** 도로교통법 위반죄에 대하여 형면제를 선고한 경우(부분파기만)에는, "원즉결심판 중 피고인에 대한 형 면제 부분을 파기한다"(위 94오1). ㉢ 벌금형에 대한 노역장유치기간을 정함에 있어 개정 형법 제70조 제2항에 따라 '500

일 이상'의 유치기간을 정하였어야 함에도 '300일'의 유치기간만을 정한 경우(부분파기만)에는, "원판결 중 노역장유치에 관한 부분을 파기한다"(대판 2014.12.24. 2014오2).
(2) 절차법위반 적법한 증거조사의 절차를 거치지 않고 증거능력이 없는 증거를 유죄의 증거로 거시한 법령위반이 있더라도, 다른 증거자료에 의해 범죄사실을 인정할 수 있는 경우에는(증거거시부분만 파기한다). "원판결 중 검사 작성의 ○○○에 대한 진술조서를 증거로 인용한 부분을 파기한다"(대판 1964.6.16. 64오2).

2) **파기자판**(이익자판) 다만, i) **원판결이 피고인에게 불이익한 때**에는 원판결을 **파기**하고 피고사건에 대하여 **다시 판결**(=자판)을 한다(446 i 단서). 이를 '파기자판'이라 한다. 이 경우에는 원판결의 전부가 파기된다. ii) 파기판결의 효력은 **피고인에게 효력이 미친다**(447). 따라서 비상상고의 파기자판판결(=새로 판결)의 주문이 효력을 발생하고 그 형이 집행된다. 비상상고에는 부차적으로 피고인 구제 기능도 있는 셈이다. iii) [파기자판의 기준] 여기서 '원판결이 피고인에게 불리한 때'라 함은, 원판결의 위법을 시정하여 다시 선고하는 판결(=새로 판결)이 피고인에게 '이익'이 되는 것이 '법률상 명백'한 경우를 말한다. 즉, 파기자판은 곧 '**이익자판**'이다. 이 점에서 비상상고제도는 '이익재심'만 허용하는 재심제도와 일맥상통하는 측면이 있다. iv) [적용법령의 기준시점] 원판결 후 일반사면이나 법령의 개정으로 형이 폐지된 경우 파기자판 여부를 결정하는 기준시점이 문제된다. '원판결시' 표준설과 '자판시' 표준설이 대립하나, 비상상고제도의 목적은 법령의 해석·적용의 통일에 있으므로, 원판결시의 법령을 기준으로 파기자판 여부를 결정하는 '**원판결시**' 표준설이 타당하다(통설).

[판례사례] [파기자판(이익자판)]

(1) 실체법위반 ㉠ [형면제] (구)친족상도례 규정에 의하여 형을 면제하여야 함에도 이를 간과한 채 유죄판결을 선고한 경우(자판: 형면제)에는, "원판결을 파기한다. 이 사건 공소사실 중 ○○의 점에 대하여는 형을 면제한다"(위 99오1). ㉡ [죄수] 단순1죄를 경합범으로 잘못 처단하여 징역 8월에 집행유예 1년 및 벌금 5만원을 병과한 경우(자판: 유리한 형선고)에는, "원판결을 파기한다. 피고인을 징역 8월에 처하고, 1년간 위 형의 집행을 유예한다"(대판 1952.4.22. 4285형비상1). ㉢ [보호관찰] 보호관찰을 명하지 않은 채 부착명령한 경우(자판: 청구기각)에는 "원판결 중 부착명령사건을 파기한다. 이 사건 부착명령 청구를 기각한다"(위 2010오1).

(2) **절차법위반** ㉠ [면소] 공소시효가 완성된 사실을 간과한 채 약식명령을 발령한 경우(자판: 면소)에는, "원판결을 파기한다. 피고인은 면소한다"(위 2006오2). ㉡ [공소기각] 반의사불벌죄에서 피해자의 처벌불원 의사표시가 있었음을 간과한 채 유죄로 판단한 경우(자판: 공소기각)에는, "원판결을 파기한다. 이 사건 공소사실 중 ○○의 점에 대한 공소를 기각한다"(위 2009오1). ㉢ [무죄] 파기판결의 기속력을 위반하여, 증거관계의 변동이 없음에도 상고심의 무죄 취지에 반하여 유죄판결을 선고한 경우에는, "원판결을 파기한다. 피고인은 무죄."(위 2022오5). ㉣ [즉결심판] 경범죄처벌법위반죄에 대한 즉결심판에서 즉결심판절차법 제2조(벌금 20만원 이하)를 위반하여 벌금 30만원을 선고한 경우(자판: 20만원 이하의 형 선고)에는, "원즉심판결을 파기한다. 피고인을 벌금 200,000원에 처한다"(대판 2015.5.28. 2014오4).

(2) 소송절차의 법령위반

원소송절차가 법령을 위반한 때에는 그 위반된 절차를 파기한다[절차파기](446ⅱ). 소송절차만 파기할 뿐, 원판결 자체는 파기하지 않는다. 예컨대, 필요적 변호사건에서 변호인 없이 개정한 경우 "○○년 ○월 ○일 공판에서 변호인을 선정하지 아니한 소송절차를 파기한다"(대판 1953.10.5. 4286비상13). 원판결의 주문에는 아무런 영향이 없으며, 소송계속이 부활하는 것도 아니다.

제 2 절 특별절차

Ⅰ. 약식절차

1. 약식절차의 의의와 특징

1) 뜻 약식절차란 공판절차를 거치지 아니하고 서면심리만으로 피고인에게 벌금·과료·몰수를 과하는 간이한 특별형식의 재판절차를 말한다(448①). 약식절차에 의하여 재산형을 과하는 재판을 **약식명령**이라 한다. 약식명령은 판결·결정·명령 등 통상의 재판과는 다른 특별한 형식의 재판이다. 약식절차는, 피고인이 공판정에서 자백한 경우에 진행되는 간이공판절차와 구별되고, 경찰서장이 청구하는 즉결심판절차와도 구별된다.

2) 기능 약식절차는 경미한 사건에 대한 간이·신속한 처리를 통하여 형

사사법의 업무를 감소시키는 동시에, 공개재판에 대한 피고인의 사회적·심리적 부담을 덜어주는 제도이다(벌금·과료·몰수만 가능). 실무상 활용도가 매우 높다.[1)]

3) **특징** 약식절차는 ㉠ 공판절차를 거치지 않는다는 점, ㉡ 검사가 제출한 자료만을 조사한다는 점, ㉢ 형벌이 벌금·과료·몰수 및 그 부수처분에 한정된다는 점, ㉣ 공판절차로 이행될 수 있다는 점, ㉤ 정식재판청구 기간의 경과, 정식재판청구의 취하, 정식재판청구의 기각결정에 의하여 확정된 약식명령은 확정판결과 동일한 효력이 있다는 점 등에 특징이 있다.

2. 약식명령의 청구

1) **대상사건** 약식명령은 i) 지방법원의 관할에 속하는 사건으로서 **벌금·과료·몰수**에 처할 수 있는 사건에 한정된다(448①). 벌금·과료·몰수는 법정형에 선택적으로 규정되어 있으면 충분하다. 벌금액의 한도에는 제한이 없다. 법정형이 징역·금고 등 자유형만으로 규정되어 있거나 필요적 병과형으로 규정된 사건에서는, 약식명령을 청구할 수 없다. ii) 지방법원의 관할에 속하는 사건이면 단독판사의 관할사건이든 **합의부**의 관할사건이든 불문한다. 물론 사물관할·토지관할은 있어야 한다. 그럼에도 합의부 관할의 약식사건까지도 약식담당 판사가 단독 처리하는 재판실무는, 법원조직법(32①)에 부합하지 않는 문제가 있다.

2) **청구의 방식** 약식명령의 청구는 i) 검사가 '공소제기와 동시에 서면으로' 하여야 한다(449). 약식명령의 청구와 공소제기는 이론상 별개의 소송행위이지만, 실무에서는 **하나의 서면**(공소장에 약식명령청구의 뜻이 부기되고, 검사의 구형까지 미리 기재된 특수양식)으로 작성된다. ii) 약식명령청구서에는 (통상의 공소제기와 달리) 부본을 첨부할 필요가 없다. 서면심리에 의하는 약식절차에서는 피고인에게 그 부본을 송달할 필요가 없기 때문이다. iii) 검사는 약식명령의 청구와 동시에 '약식명령을 하는데 필요한 **증거서류와 증거물**'을 함께 법원에 제출하여야 한다(규170). 즉, 약식절차에는 공소장일본주의가 적용되지 않는다[공소장일본주의의 예외].

3) **약식명령청구의 취소** 약식절차에서도 공소취소(255)는 허용된다. 이때 약식명령의 청구도 동시에 효력을 잃는다. 그러나 약식명령청구만의 취소는 허용되지 않는다(다수설). 명문규정이 없고, 검사에게 약식명령에 대해 정식재판청

---

1) 2016년 기소된 인원(768,382명) 중에는 구공판 24.7%(189,527명), 약식명령 75.3% (578,855명)로, 약식명령 비율이 구공판에 비해 약 3배 정도 높다(2017 범죄백서 20면).

구권이 있는 점을 근거로 든다.

3. 약식절차의 심판

(1) 법원의 심리

1) 서면심리의 원칙 약식절차에서는 서면심리가 원칙이다. 따라서 공판기일의 심리절차에 관한 규정은 원칙적으로 약식절차에 적용되지 않는다. i) 피고인신문이나 증인신문·검증·감정 등 통상의 증거조사 또는 압수·수색 등 강제처분은 약식절차에서 허용되지 않는다. 약식절차에서 증거조사 또는 강제처분을 널리 허용한다는 것은 약식절차의 본질에 어긋나기 때문이다. 피고인의 증거제출권도 인정되지 않는다. ii) 약식절차에서는 공개주의·구두변론주의·직접심리주의가 적용되지 않는다. iii) 공판절차를 전제로 하는 **공소장변경**도 허용되지 않는다. 검사가 공소장변경을 신청하면 공판절차에 의하여 심리하여야 한다. 다만, 공소장정정은 허용된다. iv) 그러나 법원의 관할, 법관에 대한 제척·기피·회피, 서류의 송달, 기간 등 약식절차의 성질에 반하지 않는 총칙적 규정은, 그대로 적용된다.

2) 사실조사의 한계 서면심리만으로 약식명령 여부를 결정하기 어려운 경우에 법원이 사실조사를 할 수 있는지 문제된다. 약식명령은 형사소송법상 재판절차의 일종으로서, 재산형의 부과를 내용으로 하고, 확정판결과 동일한 효력이 있는 점에 비추어, 법원은 필요한 경우에 사실조사를 할 수 있다. 다만, 일정한 한계가 있다. 즉, **약식절차의 본질을 해하지 않는 한도 내에서** 적당한 방법으로 수사기록에 첨부된 서류의 진위와 내용을 확인하는 등 간단한 사실조사만 허용된다(37③ 참조).

3) 증거법칙 i) 약식절차는 서면심리가 원칙이므로, 공판절차를 전제로 하는 **전문법칙은 적용되지 않는다**. 따라서 전문법칙의 예외를 규정한 제311조 이하의 규정도 적용되지 않는다, ii) 그러나 증거재판주의, 자유심증주의는 물론, **위법수집증거배제법칙, 자백배제법칙 및 '자백의 보강법칙'**(*)은, 공판기일의 심리와 무관하므로 약식절차에도 적용된다. 이들은 모두 **헌법원칙**이기도 하다. iii) 약식절차는 자백의 보강법칙이 적용되는 점에서, 보강법칙의 적용이 배제되는 즉결심판절차(즉심법10)와 차이가 있다. 즉결심판절차에서는 심리기일에 재정한 증거(=법정에 있는 증거)에 한하여 조사할 수 있다(동법9②).

(2) 약식명령

1) 약식명령의 방식 i) 약식명령으로 과할 수 있는 형은 벌금·과료·몰수에 한정된다. 약식명령으로 추징 기타의 부수처분을 할 수 있다(448②). 압수물의 환부(333)는 물론, 실무상 가납명령(334)도 하고 있다. ii) 무죄판결이나 면소·공소기각·관할위반 등 형식재판은 약식명령으로 할 수 없다. iii) 한편 약식명령으로 벌금의 선고유예 또는 집행유예를 할 수 있는지 문제된다. 견해가 대립하나, 실무에서는 약식명령으로 피고인을 '벌금에 처할 수 있다'는 문언(448①)과 선고유예와 집행유예는 '판결로써 선고'하여야 한다는 문언(322·321②) 및 약식절차의 취지에 비추어 허용되지 않는다고 본다.

약식명령에는 범죄사실·적용법령·주형·부수처분과 약식명령의 고지를 받은 날로부터 7일 이내에 정식재판을 청구할 수 있음을 명시하여야 한다(451). 범죄사실은 별지로 첨부하고, 일반적인 유죄판결과 달리 증거요지는 기재할 필요가 없다.

2) 약식명령의 고지 약식명령의 고지는 검사와 피고인에 대한 재판서의 송달에 의하여야 한다(452). "약식명령은 그 재판서를 피고인에게 송달함으로써 효력이 발생하고, 반드시 변호인에게 등본을 송달해야 하는 것은 아니다. 따라서 정식재판 청구기간은 피고인에 대한 약식명령 고지일을 기준으로 기산한다"(대결 2017.7.27.자 2017모1557).

3) 약식명령의 효력 약식명령은 정식재판의 청구기간이 경과하거나 그 청구의 취하 또는 청구기각결정이 확정된 경우 확정판결과 동일한 효력이 있다(457). 유죄의 확정판결과 동일한 효력이 있으므로, 기판력(일사부재리 효력)과 집행력이 발생하고, 재심과 비상상고의 대상이 된다.

i) [기판력의 표준시] 기판력의 시간적 범위는 약식명령의 송달시가 아니라 약식사건에 대한 실체심리가 가능한 최후시점인 약식명령의 '발령시'를 기준으로 한다(대판 2013.6.13. 2013도4737).

ii) [성명모용] 예컨대, A가 B의 성명을 모용하여 약식명령이 B에게 송달된 경우 그 효력이 문제된다. 성명모용의 경우 판결의 효력은 검사가 공소제기한 모용자에 대해서만 미치고, 피모용자에게는 미치지 않는다. 약식명령의 경우에도 같다. 다만 B(피모용자)가 정식재판을 청구한 경우에는 "피모용자(B)에게 공소기각 판결을 해야 한다"(위 92도2554). 이때 "진정한 피고인인 모용자(A)에게는 (다시 공소를 제기할 필요 없이) 법원은 약식명령의 피고인 표시를 경정(更正)하여, 본래의 약식명령정본과 함께 이 **경정결정**을 모용자(A)에게 **송달**하면 이때 비로소 적법한 송달이 있다. 이에 대해 소정의 기간 내에 정식재판의 청구가 없으면 이 약식명령은 확정된다"(위 97도2215)[**약식절차설**].

(3) 공판절차회부

1) **이행사유** 약식명령청구가 있는 경우에 그 사건이 약식명령으로 할 수 없거나 약식명령으로 하는 것이 적당하지 않다고 인정되는 때에는 공판절차에 의하여 심판하여야 한다(450). i) '약식명령을 할 수 없는 경우'는 ㉠ 법정형에 벌금·과료가 규정되어 있지 않거나, 벌금·과료 이외의 형이 병과형으로 규정된 경우, ㉡ 소송조건이 흠결되어 면소·공소기각·관할위반 등의 재판을 해야 할 경우 또는 무죄나 형면제의 판결을 해야 할 경우 등을 말한다. ii) '약식명령을 하는 것이 부적당한 경우'는, ㉠ 법률상 약식명령이 가능하나 벌금·과료·몰수 이외의 형을 선고하는 것이 적당하다고 인정되는 경우, ㉡ 사건의 성질상 공판절차에서 신중한 심리가 합리적이라고 인정되는 경우 등을 말한다. 약식명령이 청구된 후 치료감호가 청구되었을 때에는 약식명령청구는 그 치료감호가 청구되었을 때부터 공판절차에 따라 심판하여야 한다(치료감호법10 iii).

2) **이행의 결정** 법원이 약식사건을 공판절차에 의하여 심판하기로 한 때에는 특별한 형식상의 회부결정을 할 필요는 없다. 사실상 공판절차를 진행하면 된다. 그러나 실무상으로는 법원의 판단을 명확하게 기록하기 위하여 '공판절차회부서'를 작성한다.

3) **이행의 절차** 법원사무관등은 즉시 그 취지를 검사에게 통지하여야 하고(규172①), 5일 이내에 피고인의 수에 상응하는 공소장부본을 법원에 제출하여야 한다(동②). 법원은 공소장부본을 피고인 및 변호인에게, 늦어도 제1회 공판기일 전 5일까지는 송달하여야 한다(동③).

4. 정식재판의 청구

(1) 의의

1) **뜻** 정식재판청구란 약식명령에 대해 불복이 있는 자가 통상의 공판절차에 의한 심판을 구하는 소송행위를 말한다. 정식재판청구는 **동급법원**(원재판법원)에 청구한다는 점에서, 상급법원에 하는 상소와 다르다. 원재판의 시정은 상

소와 비슷하여 상소의 규정이 일부 준용된다(458①).

2) **청구권자** 검사와 피고인은 정식재판을 청구할 수 있다(453①). 피고인의 상소대리권자도 피고인을 위하여 정식재판을 청구할 수 있다(458①). **피고인은 정식재판청구권을 포기할 수 없다**(453①단서). 검사는 포기가 허용된다.

3) **일부 정식재판청구** 약식명령의 일부에 대해서도, 공소불가분 원칙에 반하지 않는 한 정식재판을 청구할 수 있다(458① · 342). 이때 심리의 범위는 청구된 부분에 한정되고, 나머지는 그 기간의 경과로 확정된다.

(2) 정식재판청구의 절차

1) **청구의 기간과 방식** 정식재판청구는 약식명령의 고지를 받은 날로부터 **7일 이내**에 약식명령을 한 법원에 **서면으로** 제출하여야 한다(453①②). i) 약식명령의 송달이 무효로서 송달의 효력이 발생하지 않는 경우에는 정식재판청구 기간이 진행하지 않는다. 상소장 제출에 관한 **재소자 특칙**은 정식재판청구서 제출에도 준용된다(2005모 552). 법정기간의 연장(67)도 정식재판청구에 적용된다. ii) 정식재판청구기간이 경과하면 정식재판청구권은 소멸한다. 정식재판청구 기간이 이미 경과된 것을 간과하고 통상의 공판절차에 따라 판결이 선고된 경우 그 재판절차에는 위법이 있으므로, 상소심에서 원판결을 파기하고 **정식재판청구를 기각**하여야 한다. iii) "정식재판청구서에 청구인의 **기명날인**('지장' 가능) 또는 서명이 없다면, 법령상의 방식을 위반한 것으로서 그 청구를 결정으로 기각해야 한다.[1] 이는, 정식재판청구를 접수하는 법원공무원이 청구인의 기명날인 또는 서명이 없는데도, 이에 대한 보정 없이 적법한 청구가 있는 것으로 오인하여 청구서를 접수한 경우에도 마찬가지이다. 다만, 법원공무원의 위와 같은 잘못으로 인하여 적법한 정식재판청구가 제기된 것으로 신뢰한 피고인이 정식재판청구기간을 넘기게 되었다면, 자기가 '책임질 수 없는 사유'로 청구기간 내에 정식재판을 청구하지 못한 때에 해당하여 정식재판청구권의 회복을 구할 수 있다"(대결 2023.2.13.자 2022모1872).

2) **청구권회복** 정식재판청구에는 상소권회복에 관한 규정(345-348)이 준용된다(458①). 따라서 청구권자가 자기 또는 대리인이 '책임질 수 없는 사유'로 7일 이내에 정식재판을 청구하지 못한 때에는, 그 사유가 해소된 날부터 정식재판 청구기간에 해당하는 기간 내에 서면을 제출함으로써 그 회복 청구를 할 수

1) 제59조(비공무원의 서류) 공무원 아닌 자가 작성하는 서류에는 연월일을 기재하고 기명날인 또는 서명하여야 한다. 인장이 없으면 지장으로 한다.

있다(대결 2025.12.30.자 2025모3320).[1] 이때 그 회복청구와 동시에 정식재판청구를 하여야 한다. i) [확정된 회복결정의 효력] "정식재판청구권회복결정에 대하여는 즉시항고에 의하여서만 불복할 수 있고(458① · 347②), 이러한 불복이 없이 확정된 정식재판청구권회복결정의 효력에 대하여는 더 이상 다툴 수 없다. 설령 그 정식재판청구권회복결정이 부당하더라도 이미 **그 결정이 확정**되었다면, 정식재판청구사건을 처리하는 법원으로서는 정식재판청구권회복청구가 적법한 기간 내에 제기되었는지 여부나 그 회복사유의 존부 등에 대하여는 살펴 볼 필요 없이, 통상의 공판절차를 진행하여 본안에 관하여 심판하여야 한다"(대결 2005. 1.17.자 2004모351). ii) [공소시효 진행] "공범 중 1인에 대해 '약식명령이 확정'된 후 그에 대한 '정식재판청구권회복결정'이 있는 경우에, '그 사이의 기간 동안'에는, '다른 공범자에 대한 공소시효'는 정지함이 없이 **계속 진행**한다"(대판 2012.3. 29. 2011도15137). "정식재판청구권이 회복되었다는 사정이 약식명령의 확정으로 다시 진행된 공소시효기간을 소급하여 무효로 만드는 사유는 아니다"(위 2011도15137).

3) 취하 정식재판청구는 **제1심 판결 선고 전까지** 취하할 수 있다(454). 따라서 제1심 판결 선고 후에는 확정 전이라도 그 청구를 취하할 수 없다. 정식재판청구를 취하한 자는 다시 정식재판을 청구하지 못한다.

(3) 정식재판청구에 대한 재판

1) 정식재판청구 기각결정 정식재판청구가 법령상의 방식에 위반하거나 **청구권의 소멸 후인 것이 명백한 때**에는 결정으로 기각하여야 한다(455①). 이 결정에 대하여는 즉시항고를 할 수 있다(동②).

2) 공판절차에 의한 심판 정식재판청구가 적법한 때에는 통상의 공판절차에 의하여 심판하여야 한다(455③). 이 경우 법원은 사실인정, 법령적용, 양형 등 모든 부분에 대해 약식명령에 구속되지 않고 자유롭게 판단할 수 있다. 즉, 공판절차는 공소사실을 대상으로 전면적으로 새롭게 심리하는 것이지 단순히 약식명령의 당부를 판단하는 것이 아니다. 약식절차와 공판절차는 동일심급의 절차이므로, 약식절차에서 선임된 변호인은 정식재판청구 후의 공판절차에서도 선임의 효력이 미친다(32①). "약식명령을 발부한 법관이 정식재판절차의 제1심

---

1) "검사의 벌과금 납부명령서나 납부독촉서를 피고인이 송달받은 것만으로는 약식명령을 고지받았다고 단정하기 어려우므로, 이로써 피고인이 책임질 수 없는 사유가 해소되어 그날부터 정식재판청구권회복 청구기간이 진행한다고 볼 수 없다"(대결 2024.7.18.자 2023모2908; 위 2025모3320).

판결에 관여하는 경우에도 제척의 원인이 된다고 할 수는 없다"(위 2002도944). i) 약식명령의 정식재판절차에서는 궐석재판의 특례가 인정된다. 즉 ㉠ 피고인이 2회 불출석하면 피고인의 진술 없이 판결할 수 있고(458② · 365), 이때 피고인의 증거동의가 의제된다(대판 2010.7.15. 2007도5776). ㉡ 피고인만이 정식재판을 청구한 사건에서는 그 선고기일에 피고인의 출석이 요구되지 않는다(277ⅳ). ii) 공소장변경이 당연히 허용되며, 다만 형종상향금지 원칙의 제한이 있을 뿐이다. 공소취소도 허용되며, 공소기각결정이 확정된 때에는 약식명령이 실효된다. iii) 피고인만이 정식재판을 청구한 경우에는 **형종상향금지 원칙**이 적용된다. 즉, "약식명령의 형보다 '중한 종류의 형'을 선고하지 못한다"(457의2①).[1] 같은 형종이라면 중형변경이 가능하다. 예컨대, 벌금형의 약식명령에 대해 벌금액을 인상할 수 있으나, 징역형을 선고하지는 못한다. "약식명령의 형보다 '중한 형'을 선고하는 경우에는 판결서에 양형의 이유를 적어야 한다"(동②). 반면, "검사가 약식명령에 불복하여 정식재판을 청구한 사건에서는 형종상향금지 원칙이 적용되지 않는다"(대판 2020.12.10. 2020도13700).

3) 약식명령의 실효 정식재판이 청구되었다고 하더라도 청구 즉시 약식명령의 효력이 상실되는 것이 아니다. 약식명령은 정식재판의 청구에 의한 '판결이 있는 때'에는 그 효력을 잃는다(456). 여기서 판결이 '있는' 때란 정식재판에 의한 판결이 '**확정**'된 때를 뜻하며, 단순히 판결이 '선고'된 때를 뜻하는 것이 아니다. 예컨대, 정식재판청구기간이 도과한 후에 정식재판이 청구되었음에도 이를 간과한 채 본안판결이 선고된 경우 아직 '확정'된 것이 아니라면, 그 약식명령의 효력에는 아무런 영향이 없다.[2] 이 경우 상급심은 그 본안판결을 '파기'하고 정식재판청구를 기각하여야 한다. 그러나 정식재판의 청구가 부적법하더라도 판결이 선고되어 '확정'되면 약식명령은 효력을 상실한다. 검사의 공소취소에 의하여 공소기각결정이 확정된 때에도 약식명령은 효력을 상실한다.

---

1) 형종상향금지 원칙은 '벌금형의 집행유예'(형법62①) 도입(2018.1.7. 시행)과 동시에 개정된 것이다.

2) '정식재판청구기간의 도과를 간과하고 본안판결을 선고한 원심판결(무죄판결)과 제1심 판결(유죄판결)'에 대해 상고심이 (정식재판의 청구가 정식재판청구권 소멸 후에 이루어진 것으로서 부적법하다는 이유로) 각 파기하고 정식재판의 청구를 기각한 사례(대판 2007.4.12. 2007도891) 참조.

<table>
<tr><th colspan="2"></th><th>약식절차</th><th>즉결심판절차</th></tr>
<tr><td>유사점</td><td></td><td colspan="2">– 확정판결과 동일한 효력
– 공소장일본주의 적용 안됨
– 법관에 의한 통상재판 가능성
– 정식재판청구권 보장 (7일 이내)
– 제1심 판결 선고 전까지 정재청구 취하 가능
– 정재사건에서 형종상향금지 원칙 (피고인만)
– 실효시기 동일 (정식재판청구에 의한 판결이 '확정'된 때)</td></tr>
<tr><td rowspan="8">차이점</td><td>대상사건</td><td>벌금·과료·몰수</td><td>20만원 이하의 벌금·구류·과료</td></tr>
<tr><td>청구권자</td><td>검사</td><td>경찰서장</td></tr>
<tr><td>관할</td><td>지방법원(지원)의 단독판사</td><td>지방법원(지원)·시군법원 판사</td></tr>
<tr><td>심리</td><td>서면심리</td><td>(원칙) 공개된 법정 (피고인 출석)
(예외) 불개정심판·불출석심판</td></tr>
<tr><td>증거법</td><td>(특칙) 전문법칙 적용 안됨
(적용) 배제법칙, 보강법칙 적용</td><td>(특칙) 312③(경찰피신), 313(진술서) 및 310(보강법칙) 적용 안됨. [재정증거에 한정]
(적용) 배제법칙, 나머지 전문법칙 적용</td></tr>
<tr><td>무죄 등</td><td>무죄·면소·공소기각 불가
선고유예·집행유예 불가</td><td>모두 가능</td></tr>
<tr><td>적용법령</td><td>형사소송법(448–458)</td><td>즉결심판절차에 관한 법률</td></tr>
<tr><td>기타</td><td>정재청구권 포기 불가 (피고인)</td><td>정재청구권 포기 가능 (모두)</td></tr>
</table>

Ⅱ. 즉결심판절차

1. 즉결심판절차의 의의와 특징

1) 뜻 즉결심판이란, 범증이 명백하고 죄질이 경미한 범죄사건에 대하여, 통상의 공판절차나 약식절차에 의하지 아니하고 간단하고 신속한 절차에 의하여, **20만원 이하의 벌금·구류·과료**의 경미한 형을 선고하는 절차를 말한다. 즉결심판은 '즉결심판에 관한 절차법'(즉심법, 이하 '법'이라고만 한다)에 의한다.

2) 기능 즉결심판절차는 경미한 사건에 대해 간이한 절차를 통한 신속한 심판으로 소송경제를 도모하는 제도이다. 판사의 청구기각결정이 있는 때에는 사건을 검사에게 송치한다는 점에서 공판 전의 절차이다.

3) 특징: 약식절차와 비교 경미사건을 간이·신속하게 심판하는 절차라는 점에서 약식절차와 유사하다. i) [유사점] 양자 모두 ㉠ 확정판결과 동일한 효력

이 있고, ㉡ 통상재판의 가능성이 열려 있으며, ㉢ 정식재판청구권이 보장된다. ii) [차이점] 그러나 즉결심판절차는 ㉠ 청구권자가 '경찰서장'이고, ㉡ 원칙적으로 '공개된 법정'에서 판사가 피고인을 직접 심리하는 형태이며, ㉢ 30일 미만의 '구류형' 선고가 가능하다.

2. 즉결심판의 청구

1) 대상사건 즉결심판절차에서 처리할 수 있는 사건은 20만원 이하의 벌금, 구류, 또는 과료에 처할 사건이다(법2). 즉결심판의 대상은 법정형이 아니라 선고형을 기준으로 결정한다. 주로 경범죄처벌법위반 사건이나 도로교통법위반 사건이 대상이지만, 벌금·구류·과료가 선택형으로 규정되어 있는 한 형법상 범죄(예: 도박, 폭행, 손괴 등)도 그 대상이 된다.[1)]

2) 청구권자 청구권자는 경찰서장(관할경찰서장 또는 관할해양경찰서장, 제주특별자치도지사)이다(법3①·경범죄처벌법9①). 즉결심판의 청구는 통상의 공판절차에서 검사의 공소제기와 동일한 성격의 소송행위이다. 이는 검사의 기소독점주의에 대한 중대한 예외가 된다.

3) 청구의 방식 즉결심판청구는 i) 즉결심판청구서라는 서면을 제출하여야 하며, 이 청구서에는 공소장의 필요적 기재사항인 피고인의 성명 기타 피고인을 특정할 수 있는 사항, 죄명, 범죄사실과 적용법조를 기재하여야 한다(법3②). 약식절차와 달리, 즉결심판에서는 선고할 형을 경찰서장이 미리 기재하지 않는다. ii) 경찰서장은 즉결심판청구와 동시에 '즉결심판을 하는 데 필요한 서류와 증거물'을 판사에게 제출하여야 한다(법4). 즉, 약식절차와 마찬가지로 공소장일본주의가 적용되지 않는다.

4) 관할법원 즉결심판사건의 관할은 지방법원, 지원 또는 시·군법원의 판사이다(법2). 즉결심판에도 법관의 제척·기피 규정이 준용된다.

5) 청구기각의 결정 및 경찰서장의 사건송치 i) 판사는 그 사건이 '즉결심판을 할 수 없'거나 '즉결심판절차에 의하여 심판함이 적당하지 아니'하다고 인정할 때에는 결정으로 즉결심판의 청구를 기각하여야 한다(법5①). 이때 경찰서장은 지체 없이 사건을 검사에게 송치하여야 한다(법5②). 이때의 송치는 일반 형사사건의 송치와 다를 바 없다. 판사의 기각결정에 의하여 그 사건은 즉결심판청구 이전의 상태로 환원되기 때문이다. ii) 송치된 사건은 일반사건과 같은 절

1) 다만, 도박죄(형법246①)와 재물손괴죄(형법366)는 법정형에 구류·과료형은 없다.

차를 거쳐 검사가 **불기소처분**하거나 공소제기하게 된다. 공소제기할 때 "공소장의 제출이 없다면 기록을 법원에 송부하더라도 공소제기가 성립되지 않는다"(대판 2003.11.14. 2003도2735).

3. 즉결심판의 심리

(1) 심리상의 특칙

1) 즉시 심판 즉결심판의 청구가 있는 때에는 판사는 기각결정을 하지 않는 경우에는 **즉시 심판**을 하여야 한다(법6). 따라서 통상의 공판절차와는 달리, 공소장부본의 송달, 제1회 공판기일의 유예기간 등과 같은 준비절차는 생략된다.

2) 심리의 장소 즉결심판의 심리와 재판의 선고는 **공개된 법정**에서 행하되, 그 법정은 경찰관서 외의 장소에 설치되어야 한다(법7①).

3) 개정의 요건 법정은 판사와 법원사무관등이 열석하여 개정한다(법7②). **피고인의 출석**은 즉결심판에서도 원칙적으로 개정의 요건이다. 즉, 피고인이 기일에 출석하지 아니한 때에는 특별한 규정이 있는 경우를 제외하고는 개정할 수 없다(법8). 변호인은 기일에 출석하여 의견을 진술할 수 있다(법9③). 그러나 필요적 변호사건(예: 미성년자, 70세 이상자 등)이라도 즉결심판제도의 취지에 비추어 즉결심판에서는 국선변호인의 선정 없이 심판할 수 있다.[1] 반면, 경찰서장의 출석은 필요하지 않다.

4) 심리의 방법 즉결심판의 심리는 공개된 법정에서 구두주의·직접주의에 의하여 판사가 직접 심리한다. 다만, 신속심리제도의 취지상 **직권 심리**에 의한다. 판사는 피고인에게 피고사건의 내용과 진술거부권이 있음을 알리고 변명할 기회를 주어야 하고(법9①), 필요하다고 인정할 때에는 적당한 방법에 의하여 **재정하는 증거**에 한하여 조사할 수 있다(동②).

5) 피고인 출석 원칙의 예외: 불개정심판·불출석심판 즉결심판에서 예외적으로 피고인 출석 없이 심판할 수 있는 경우가 있다. i) [**불개정심판**: 서면심리] 판사는 상당한 이유가 있는 경우에는 '**개정 없이**' 피고인의 진술서와 증거서류·증거물에 의하여 심판할 수 있다(법7③본문). 이를 서면심리 또는 '불개정심판'이라 한다. 다만, 불개정심판의 경우에는 피고인을 **구류**에 처할 수 없다(법7③

---

1) 다만 "즉결심판을 받은 피고인이 정식재판청구를 함으로써 공판절차가 개시된 경우에는 통상의 공판절차와 마찬가지로 국선변호인의 선정에 관한 형사소송법 제283조의 규정이 적용된다"(대판 1997.2.14. 96도3059).

단서). 주로 무죄 · 면소 · 공소기각을 함이 명백한 사건 등에서 활용되나 실무상 많지 않다. ii) [불출석심판] 판사는 즉결심판청구사건에서 벌금 또는 과료를 선고하는 경우에는 피고인이 출석하지 아니하더라도 심판할 수 있고(법8의2①: 직권에 의한 불출석심판), 피고인 또는 즉결심판출석통지서를 받은 자가 법원에 불출석심판을 청구하고 법원이 이를 허가한 때에는 피고인이 출석하지 아니하더라도 심판할 수 있다(법8의2②: 청구에 의한 불출석심판). 이를 '불출석심판'이라 한다. 다만, 불출석심판의 경우에도 직권이든(법8의2①) 또는 청구이든 불문하고 구류형은 선고할 수 없다. 불개정심판과 달리, 불출석심판은 '개정한 상태'에서의 심판이므로, 반드시 공개된 법정에서 법원사무관등의 참여하에 행해져야 한다.

(2) 증거법상의 특칙

1) 재정증거 판사는 필요하다고 인정할 때에는 적당한 방법에 의하여 재정하는 증거에 한하여 조사할 수 있다(법9②). 즉, 즉결심판절차에서는 심리의 신속을 위하여 '법정에 있는 증거'만 조사하고, 다만 증거조사의 방법은 통상보다 완화되어 '적당한 방법'으로 조사해도 된다.

2) 증거능력에 대한 특칙 즉결심판절차에서는 형사소송법 제312조 제3항(경찰 피의자신문조서)과 제313조(진술서)가 적용되지 아니한다(법10).[1] 즉, 즉결심판절차에서는 ㉠ '사법경찰관이 작성한 피의자신문조서'(2022.1.1. 이후 기소된 사건에서 검사가 작성한 피의자신문조서도 마찬가지)는 피고인이 내용을 인정하지 않더라도 증거능력이 있고, ㉡ 피고인 또는 피고인 아닌 자가 작성한 '진술서'는 진정성립이 인정되지 않더라도 증거능력이 있다.

그러나 ㉠ 위법수집증거배제법칙, ㉡ 자백배제법칙은 물론, ㉢ '제312조 제3항 및 제313조를 제외한'(*) 전문증거에 관한 나머지 규정(제316조 등)은, 즉결심판절차에도 그대로 적용된다. 즉, ㉠ 위법수집증거, ㉡ 임의성 없는 자백, ㉢ 나머지 전문증거(제316조 등)는 즉결심판절차에서도 증거능력이 없다.

3) 자백보강법칙의 배제 즉결심판절차에는 형사소송법 제310조(자백의 보강법칙)가 적용되지 않는다. 따라서 보강증거가 없더라도 '피고인의 자백만으로 유죄를 선고'할 수 있다. 이 경우 피고인의 자백은 법정에서의 자백에 한하지 않고 경찰에서의 자백도 포함하므로, 경찰 자백이 유일한 증거인 경우 경찰 자백만으

1) 즉결심판절차법 제10조(증거능력) 즉결심판절차에 있어서는 형사소송법 제310조(불이익한 자백의 증거능력), 제312조제3항(사법경찰관 작성의 피의자신문조서) 및 제313조(진술서 등)의 규정은 적용하지 아니한다.

로도 유죄를 인정할 수 있다.

(3) 형사소송법의 준용

즉결심판절차에서는 즉결심판법에 특별한 규정이 없는 한 그 성질에 반하지 아니하는 것은 형사소송법의 규정을 준용한다(법19). 예컨대, 피고인의 출석 없이 즉결심판을 할 수 있는 경우 증거동의가 의제된다(318②).

4. 즉결심판의 선고와 효력

(1) 즉결심판의 선고 또는 고지

1) 방식　즉결심판은 피고인이 공개된 법정에 출석한 경우에는 '선고'하고, 불개정심판(서면심리: 법7③) 또는 불출석심판(법8의2①②)과 같이, 피고인 출석 없이 심리하는 경우에는 즉결심판서 등본을 송달하여 '고지'한다(법11④). 즉결심판으로 유죄를 선고할 때에는 형, 범죄사실과 적용법조를 명시하고 피고인은 7일 이내에 정식재판을 청구할 수 있다는 것을 고지하여야 한다(법11①).

2) 선고할 수 있는 형　즉결심판절차에서 i) 과할 수 있는 형의 종류는 20만원 이하의 **벌금·구류·과료**이다(법2). 또한 ii) 판사는 유죄의 선고뿐만 아니라, **무죄·면소 또는 공소기각**을 함이 명백하다고 인정할 때에는 이를 선고·고지할 수 있다(법11⑤). 벌금형을 선고할 경우 그 **선고유예 또는 집행유예**도 허용된다. **경범죄처벌법위반죄**에 대하여는 그 사정과 형편을 헤아려서 **형 면제**를 선고할 수 있다(동법5). 이는 벌금·과료·몰수만 선고할 수 있는 약식절차와 구별되는 점이다. iii) 그러나 불개정심판·불출석심판에서는 구류형은 선고할 수 없다. 또한 구류형이나 과료형에 대하여는 선고유예를 할 수 없다(대판 1993.6.22. 93오1).

3) 부수처분: 유치명령·가납명령　i) [유치명령] 판사는 '**구류**'의 선고를 받은 피고인이 일정한 주거가 없거나 도망할 염려가 있을 때에는 '5일을 초과하지 않는 기간' 경찰서유치장에 **유치**할 것을 명령할 수 있다. 다만, 유치기간은 선고기간을 초과할 수 없으며, 집행된 유치기간은 본형의 집행에 산입한다(법17①②). 유치명령은 선고와 동시에 **집행력**이 발생하므로, 유치명령과 함께 선고된 구류에 대해서는 정식재판을 청구하더라도 피고인은 석방되지 않는다. ii) [가납명령] 판사가 벌금 또는 과료를 선고할 경우에는 피고인에게 '**벌금 또는 과료**'에 상당한 금액의 **가납**을 명할 수 있다. 가납의 재판은 벌금 또는 과료의 선고와 동시에 하여야 하며 그 재판은 **즉시 집행**할 수 있다(법17③). 가납명령이 있는 벌

금·과료를 납부하지 않을 때에는 노역장유치를 명할 수 있다(형법69①).

(2) 즉결심판의 효력

1) 즉결심판의 효력　즉결심판은 정식재판청구기간의 경과, 정식재판청구권의 포기 또는 그 청구의 취하에 의하여 확정된다. 정식재판청구 기각결정이 확정된 때에도 같다. 즉결심판이 확정되면 **확정판결과 동일한 효력**이 있다(법16). 유죄의 확정판결과 동일한 효력이 있으므로, 기판력(일사부재리 효력: '선고시')과 집행력이 발생하고, 재심과 비상상고의 대상이 된다.

2) 형의 집행　형의 집행은 경찰서장이 하고 그 집행결과를 지체없이 검사에게 보고하여야 한다(법18①). 즉결심판서 및 관계서류와 증거는 관할경찰서 또는 지방해양경찰관서가 이를 보존한다(법13).

5. 정식재판의 청구

(1) 의의

1) 뜻　정식재판청구란 즉결심판에 대하여 불복이 있는 자가 통상의 공판절차에 의한 심판을 구하는 소송행위를 말한다.

2) 청구권자　청구권자는 **피고인과 경찰서장**이다. i) 피고인은 무죄나 양형부당을 이유로 정식재판을 청구할 수 있다(법14①참조). 피고인의 상소대리권자도 피고인을 위하여 정식재판을 청구할 수 있다(동④). ii) 경찰서장은 판사가 무죄·면소 또는 공소기각을 선고 또는 고지한 경우에 **검사의 승인을 얻어** 정식재판을 청구할 수 있다(동②). iii) 검사는 정식재판청구권이 없다. 이는 검사의 기소독점주의에 대한 예외가 된다.

(2) 정식재판청구의 절차

1) 정재청구의 기간　즉결심판의 선고·고지를 받은 날부터 **7일 이내**에 청구하여야 한다(법14①·②). 정식재판청구기간이 경과하면 정식재판청구권은 소멸한다. 다만, 일정한 사유가 있는 경우에는 상소권회복에 관한 규정이 준용되어 정식재판청구권의 회복이 인정된다(법14④·345).

2) 정재청구의 방식　피고인이든 관할경찰서장이든 정식재판청구는 서면으로 하여야 한다(법14①·②). 정식재판청구서에는 연월일을 기재하고 기명날인 또는 서명해야 한다. 인장(印章)이 없으면 지장(指章)으로 한다(법19·형소59).[1] i)

---

1) "자필로 이름이 기재되어 있고 그 옆에 '서명'이 되어 있는 경우 (인장이나 지장이 찍혀 있지

피고인은 정식재판청구서를 **경찰서장**에게 제출하여야 하고, 경찰서장은 지체 없이 판사에게 송부하여야 한다(동①). 다만, 피고인은 법정에서는 구두로 할 수 있다. ii) 경찰서장은 검사의 승인을 얻어 정식재판청구서를 **판사에게** 제출하여야 한다(동②).

3) 기록·증거물의 송부 판사는 정식재판청구서를 받은 날부터 7일 이내에 경찰서장에게 정식재판청구서를 첨부한 사건기록과 증거물을 송부하고, 경찰서장은 지체 없이 그 검찰청 또는 지청의 장에게 이를 송부하여야 하며, 그 검찰청 또는 지청의 장은 지체 없이 관할법원에 이를 송부하여야 한다(동③).

4) 정재청구의 포기·취하 정식재판청구의 포기·취하에는 상소 및 약식절차에 관한 규정의 일부가 준용된다(동④). 그 포기 또는 취하도 인정된다. 한편, 약식절차와 달리, **피고인은 정식재판청구권을 포기**할 수 있다. 즉, 피고인이 범죄사실을 자백하고 정식재판의 청구를 포기한 경우에는, **기록작성을 생략**하고 즉결심판서에 선고한 주문과 적용법조를 명시하고 판사가 기명·날인한다(동 12②).

(3) 정식재판청구에 대한 재판

즉결심판절차에서는 그 성질에 반하지 않는 한 형사소송법의 규정을 준용한다(법19). 따라서 정식재판청구에 대한 재판에는 형사소송법상 약식절차에 관한 규정이 준용된다. 일부 정식재판청구도 마찬가지로 허용된다.

1) 정식재판청구 기각결정 정식재판청구가 법령상의 방식에 위반하거나 **청구권의 소멸 후인 것이 명백한 때**에는 결정으로 기각하여야 한다(455①). 이 결정에 대하여는 즉시항고를 할 수 있다(동②).

2) 공판절차에 의한 심판 정식재판청구가 적법한 때에는 통상의 공판절차에 의하여 심판하여야 한다(455③). 특히 피고인만이 정식재판을 청구한 경우에는 약식명령의 **형종상향금지 원칙**이 준용된다(457의2①, 98도2550). 예컨대, 구류형의 즉결심판에 대해 (상위의 형벌인) 벌금형을 선고하지 못한다. 그러나 구류형의 연장은 형종상향금지 원칙에 위배되지 않으므로 허용된다.

3) 즉결심판의 실효 즉결심판은 정식재판의 청구에 의한 '판결이 있는 때'에는 그 효력을 잃는다(456). 여기서 판결이 '있는' 때란 정식재판에 의한 판

않다고 해도) 정식재판청구는 적법하다"(대결 2019.11.29.자 2017모3458). 2017년 형사소송법 개정 전에는 '기명날인'만이 규정되었으나, 현재는 '기명날인 또는 서명'으로 '서명'이 추가되어 있다. 이 판결은 2017년 개정 전의 사안에 대한 것이다.

결이 '확정'된 때를 뜻하며, 단순히 판결이 '선고'된 때를 뜻하는 것이 아니다.

Ⅲ. 소년사건

1. 소년의 의의와 소년사건

(1) 소년의 의의

소년법상 소년이란 만 19세 미만인 자를 말한다(소년법2, 이하 소년법은 '법'이라고만 한다.). 민법상 미성년자와 개념상 일치한다. 소년법상 보호처분의 최저연령이 10세이므로, 소년법이 적용되는 소년은 10세 이상 19세 미만이다. 상한은 다른 법령의 청소년 연령과 통일하고 19세부터 대학생이 되는 점 등을 고려한 것이며, 하한은 범죄연령이 낮아지는 추세를 감안한 것이다.

(2) 소년의 분류

형법상 14세 미만 자는 형사미성년자로서 책임능력이 부정되나(형법9), 소년법상 촉법소년 또는 우범소년으로 보호처분의 대상이 될 수 있다.

1) **범죄소년** '죄를 범한 소년'을 말한다(법4①i). 죄를 범한 '14세 이상 19세 미만'인 소년이다. 형사처분 및 소년법상 보호처분의 대상이다.

2) **촉법소년** 형벌 법령에 저촉되는 행위를 한 '10세 이상 14세 미만'인 소년을 말한다(동ii). 형사책임능력을 흠결한 점에서 범죄소년과 구별되지만 그 밖의 요건은 같다. 소년법상 보호처분만 가능하다. 10세 이상의 기준시점은 '처분시', 14세 미만의 기준시점은 '행위시'이다. 따라서 행위시 10세 미만이라도 보호처분시 10세 이상이면 보호처분의 대상에 포함된다.

3) **우범소년** 다음 사유가 있고 그의 성격이나 환경에 비추어 앞으로 형벌 법령에 저촉되는 행위를 할 우려가 있는 '10세 이상 19세 미만'인 소년을 말한다(동iii). 즉, "집단적으로 몰려다니며 주위 사람들에게 불안감을 조성하는 성벽이 있는 것, 정당한 이유 없이 가출하는 것, 술을 마시고 소란을 피우거나 유해환경에 접하는 성벽이 있는 것"이다. 역시 소년법상 보호처분만 가능하다.

<table>
<tr><td colspan="2">형법</td><td colspan="2">형사미성년자
(0~14 미만)</td><td colspan="2">형사책임능력자
(14 이상~)</td></tr>
<tr><td rowspan="5">소년법</td><td rowspan="2">분류</td><td rowspan="2">절대적
형사미성년
(0~10 미만)</td><td>촉법소년
(10 이상~14 미만)</td><td>범죄소년
(14 이상~19 미만)</td><td rowspan="2">일반형사범
(19 이상~)
*형벌/보안처분</td></tr>
<tr><td colspan="2">우범소년
(10 이상~19 미만)</td></tr>
<tr><td>소년
형사
사건</td><td>×</td><td>×</td><td>[소년형사사건]
구속제한·분리수용
사형·무기:15년
(범죄시 18 미만)
부정기형: 법정형
장기 2년 이상
(10년−5년 한도)
(선고시 19 미만)
소년감경(임의)
(선고시 19 미만)
− 환형유치 금지
(선고시 18 미만)</td><td>×</td></tr>
<tr><td rowspan="2">소년
보호
사건</td><td rowspan="2">×</td><td>[소년보호사건]
− 보호처분</td><td>[소년보호사건]
− 보호처분</td><td rowspan="2">×</td></tr>
<tr><td colspan="2">[소년보호사건]
− 보호처분</td></tr>
</table>

(3) 소년보호사건과 소년형사사건

소년사건은 유형에 따라 보호처분 또는 형사처분(형사처벌)으로 처리할 수 있다. 보호처분은 소년법원에서, 형사처분은 형사법원에서 담당한다.

1) 소년보호사건 소년보호사건이란 범죄소년, 촉법소년, 우범소년에 대하여 **보호처분을 할 필요**가 있다고 인정되는 사건을 말한다. 소년법상 보호적·교육적이고 유연한 소년보호절차에서 반사회성이 있는 소년의 환경 조정과 품행 교정을 위한 '보호처분' 등이 규정되어 있다. 소년보호사건의 심리와 처분 결정은 가정법원(또는 지방법원)의 소년부 단독판사가 한다. 소년보호사건을 심판하는 법원을 강학상 **소년법원**이라 한다.

2) 소년형사사건 소년형사사건이란 14세 이상 19세 미만의 소년으로서 금고 이상의 형에 해당하는 범죄를 범하였고 그 동기와 죄질이 **형사처분을 할 필요**가 있다고 인정되는 사건을 말한다. 일반 형사사건의 예에 따라 처리되고, **형사법원**이 담당한다(48), 소년법상 다수의 특칙 규정이 있다.

3) 상호관계 소년에 대한 수사는 보호처분과 형사처분 쌍방을 목적으로

이루어진다. 소년보호사건과 소년형사사건의 절차는 통일적 · 유기적으로 관련된다. 소년보호절차에서도 형사절차로 이행될 수 있고, 형사법원에서도 형사처분상 특례 외에 소년보호절차로 사건송치가 가능하다. 물론 소년보호사건과 소년형사사건의 양자는 그 성질이 서로 다르다. 즉, 소년보호사건은 소년법이 기본규정이고 예외적으로 형사소송법 등이 준용되는 반면, 소년형사사건은 원칙적으로 형법 · 형사소송법 등 일반 형사법이 적용되고, 소년법상 특칙 규정이 있다. 그럼에도 불구하고 소년과 소년비행의 특수성을 고려하여, 사회방어와 소년교정의 목적에 따라, 양사건은 송치와 이송에 의해 서로 전환될 가능성이 있다.

2. 소년보호사건 절차

(1) 소년보호사건의 송치와 통고

소년부 '송치'란 송치기관인 경찰서장, 검사 및 법원이 소년사건을 소년부에 보내 보호사건으로 계속시키는 행위를 말한다. 한편 '통고'란 통고자인 보호자 등이 비행소년을 관할 소년부에 알려 그 권한의 발동을 촉구하는 행위를 말한다. 송치의 경우에는 소년부가 이를 바로 수리하지만, 통고의 경우에는 사전의 조사단계가 없으므로, 소년부가 이를 조사하여 심리할 필요가 있다고 인정한 때에 비로소 보호사건으로 수리하게 된다.

1) 검사의 송치 범죄소년에 대한 것이다. 범죄소년에 대해서는 사전에 보호처분이냐 형사처분이냐 선택의 문제가 생긴다. 우리 법제에서는 법원과 검사 중 검사가 우선 소년부송치(보호사건) 또는 기소(형사사건) 여부를 선택한다. 이를 '검사선의주의(檢事先議主義)'라고 한다. 즉, i) 검사는 소년에 대한 피의사건을 수사한 결과 보호처분에 해당하는 사유가 있다고 인정한 경우에는, 사건을 관할 소년부에 송치하여야 한다(법49①). ii) 다만, 송치받은 소년부(소년법원)가 사건을 조사 또는 심리한 결과 그 동기와 죄질이 금고 이상의 형사처분을 할 필요가 있다고 인정할 때에는, 결정으로써 해당 검찰청 검사에게 송치할 수 있다(동②). 이를 '임의적 역송치'라 한다. 이때 다시 소년부에 송치할 수 없다(동③). 법원의 사후통제인 셈이다.

2) 법원의 송치 i) 법원(형사법원)은 소년에 대한 피고사건을 심리한 결과 보호처분에 해당할 사유가 있다고 인정하면, 결정으로써 사건을 관할 소년부(소년법원)에 송치하여야 한다(법50). 역시 범죄소년에 대한 것으로, 검사선의주의에 대한 법원의 사후통제인 셈이다. ii) 다만, 소년부(소년법원)는 형사법원으로부터

송치받은 사건을 조사 또는 심리한 결과 사건의 본인이 19세 이상인 것으로 밝혀지면, 결정으로써 송치한 법원에 사건을 다시 '이송'하여야 한다(법51).

3) 경찰서장의 송치 i) 촉법소년 및 우범소년이 있을 때에는, 경찰서장은 직접 관할 소년부(소년법원)에 송치하여야 한다(법4②). ii) 다만, 소년부는 조사 또는 심리한 결과 ㉠ 금고 이상의 형에 해당하는 범죄사실이 발견된 경우 그 동기와 죄질이 형사처분을 할 필요가 있다고 인정하거나, ㉡ 사건의 본인이 19세 이상인 것으로 밝혀진 경우에는, 결정으로써 사건을 관할 지방법원에 대응하는 검찰청 검사에게 송치하여야 한다(법7①②). 이를 '필요적 역송치'라 한다.

4) 보호자 등의 통고 범죄소년, 촉법소년, 우범소년을 발견한 보호자 또는 학교·사회복리시설·보호관찰소의 장은 이를 관할 소년부에 통고할 수 있다(법4③).

(2) 소년보호사건의 조사와 심리

소년보호사건의 심판절차는 조사단계와 심리단계로 구분된다.

1) 조사 소년보호사건의 조사는 ㉠ 조사관 조사(법9·11), ㉡ 분류심사원 분류심사(법12), ㉢ 보호관찰소의 결정전 조사(법12)의 방법으로 한다.

2) 불개시결정과 심리개시결정 i) [심리불개시결정] 소년부 판사는 송치서와 조사관의 조사보고에 따라, 사건의 심리를 개시할 수 없거나 개시할 필요가 없다고 인정하면, 심리를 개시하지 아니한다는 결정(=불개시결정)을 하여야 한다. 이 결정은 사건 본인과 보호자에게 알려야 한다(법19①). 사안이 가볍다는 이유로 불개시결정을 할 때에는, 소년에게 훈계하거나 보호자에게 소년을 엄격히 관리하거나 교육하도록 고지할 수 있다(동②). ii) [심리개시결정] 소년부 판사는 송치서와 조사관의 조사보고에 따라 사건을 심리할 필요가 있다고 인정하면 '심리개시결정'을 하여야 한다(법20①). 이 경우 심리개시결정이 있었던 때로부터 그 사건에 대한 보호처분의 결정이 확정될 때까지 공소시효는 진행이 정지된다[공소시효 정지](54). 이 결정은 사건 본인과 보호자에게 알려야 하고, 심리개시 사유의 요지와 보조인을 선임할 수 있다는 취지를 아울러 알려야 한다(동②).

3) 심리 심리는 심리기일에 소년부판사가 소년과 보호자, 참고인 등을 직접 조사하는 절차로서, 소년보호사건 절차의 핵심을 이룬다. i) [심리 비공개의 원칙] 심리는 친절하고 온화하게 하여야 한다(법24①). 심리는 공개하지 아니한

다. 다만, 소년부 판사는 적당하다고 인정하는 자에게 참석을 허가할 수 있다(동②). ii) [피해자진술권] 소년부 판사는 피해자 또는 그 법정대리인·변호인·배우자·직계친족·형제자매가 의견진술을 신청할 때에는 피해자나 그 대리인등에게 심리 기일에 의견을 진술할 기회를 주어야 한다(법25의2). iii) **[화해권고]** 소년부 판사는 소년의 품행을 교정하고 피해자를 보호하기 위하여 필요하다고 인정하면 소년에게 피해 변상 등 피해자와의 화해를 권고할 수 있고, 그 권고에 따라 피해자와 화해하였을 경우에는 보호처분을 결정할 때 이를 고려할 수 있다(법25의3①③).

(3) 불처분결정과 보호처분

1) 불처분결정 소년부 판사는 심리 결과 보호처분을 할 수 없거나 할 필요가 없다고 인정하면, 그 취지의 결정(=불처분결정)을 하고, 이를 사건 본인과 보호자에게 알려야 한다(법29).

2) 보호처분 반면, 소년부 판사는 심리 결과 보호처분을 할 필요가 있다고 인정하면 결정으로써 제1호 내지 제10호의 처분 중 어느 하나의 처분을 하여야 한다(법32①). i) 보호처분은 보호자등에게 감호위탁(제1호), 수강명령(제2호), 사회보호명령(제3호), 보호관찰(제4·5호), 시설위탁(제6·7호), 소년원송치(제8·9·10호)까지 다양하다. 소년원송치는, 1개월 이내의 소년원송치(제8호 처분), 단기 소년원송치(제9호 처분), 장기 소년원송치(제10호 처분)가 있다. 단기 소년원송치는 6개월을 초과하지 못하고(법33⑤), 장기 소년원송치는 2년을 초과하지 못한다(동⑥). ii) 소년법상 소년 여부는 원칙적으로 **'심판시'**(즉, 보호처분은 처분시, 형사처분은 사실심 판결선고시)를 기준으로 한다. iii) 소년의 보호처분은 그 소년의 장래 신상에 어떠한 영향도 미치지 아니한다(법32⑥). iv) [재소금지] 보호처분을 받은 소년에 대하여는 그 심리가 결정된 사건은 **다시 공소를 제기하거나 소년부에 송치할 수 없다**(법53. 공소기각 판결).

3. 소년형사사건 절차

소년에 대한 형사사건에 관하여는 소년법에 특별한 규정이 없으면 일반 형사사건의 예에 따른다. 즉, 원칙적으로 일반 형사법의 적용을 받는다. 검사가 기소한 소년에 대한 형사사건이 그 대상이다.

(1) 절차상 특칙

1) 수사절차상 특칙 i) [구속영장의 제한과 분리수용] 소년에 대한 **구속영장은 부득이한 경우**가 아니면 발부하지 못한다(법55①). 소년을 구속하는 경우에는 특별한 사정이 없으면, 다른 피의자나 피고인과 분리하여 수용하여야 한다(동②). ii) [선도조건부 기소유예] 검사는 피의자에 대하여 범죄예방자원봉사위원의 선도 또는 소년의 선도·교육과 관련된 단체·시설에서의 상담·교육·활동 등을 받게 하고, 피의사건에 대한 공소를 제기하지 아니할 수 있다. 이 경우 소년과 소년의 친권자·후견인 등 법정대리인의 동의를 받아야 한다(법49의3).

2) 공판절차상 특칙 i) 법원은 소년에 대한 형사사건에 관하여 필요한 사항을 조사하도록 조사관에게 위촉할 수 있다(법56). ii) 소년에 대한 형사사건의 심리는 다른 피의사건과 관련된 경우에도 심리에 지장이 없으면 그 절차를 분리하여야 한다(법57). iii) 소년에 대한 형사사건의 심리는 친절하고 온화하게 하여야 한다(법58①).

(2) 소년부 송치결정

법원은 소년에 대한 피고사건을 심리한 결과 **보호처분에 해당할 사유**가 있다고 인정하면 결정으로써 사건을 관할 소년부에 송치하여야 한다(법50). 송치결정을 할 때 반드시 공소사실의 인정 여부를 확정하여 판단할 필요는 없다. 제1심법원은 물론 제2심법원도 소년부 송치가 가능하다.

(3) 형사처분의 특칙

1) 사형·무기형의 특칙 죄를 범할 당시 18세 미만인 소년에 대하여 사형 또는 무기형으로 처할 경우에는 15년의 유기징역으로 한다(법59). 즉, **범죄시 18세 미만인 경우**를 뜻한다. 이는 국제인권규약의 사형금지연령이 18세 미만임을 고려한 것이라 한다. 소년에 대한 형의 완화는 소년법제에 공통된 경향이다.

2) 부정기형 소년이 **법정형으로 장기 2년 이상의 유기형**에 해당하는 죄를 범한 경우에는 그 형의 범위에서 장기와 단기를 정하여 선고한다. 다만, **장기는 10년, 단기는 5년**을 초과하지 못한다(법60①). 부정기형은 장기에 그 중점이 있는 것이 실무의 경향이다. 이는 행형의 실제 운영이 주로 장기형을 기준으로 복역시키기 때문이다. i) 소년인지 여부는 사실심 판결**'선고시'**를 기준으로 한다(대판

1990.4.24. 90도539). 따라서 소년이었던 피고인이 항소심 판결선고 당시 성년이 되었다면 정기형을 선고하여야 한다. ii) 항소심에서 부정기형을 파기자판하는 경우 소년이 성년이 되었다면 중간형을 기준으로 한다[중간형표준설]. 즉, "불이익변경금지규정을 적용함에 있어 정기형과 부정기형 간에 그 경중을 교량할 경우에는, '부정기형의 장기와 단기의 정중앙에 해당하는 형'과 비교하여야 한다"(대판 2020.10.22. 2020도4140 전합). iii) 그러나 부정기형은 행형상의 효과가 목적이기 때문에 형의 집행유예나 선고유예를 선고할 때에는 부정기형이 아닌 정기형을 선고한다(법60③).

3) 소년감경 소년의 특성에 비추어 상당하다고 인정되는 때에는 그 형을 감경할 수 있다(법60②). "소년법상 감경대상 소년인지 여부는 사실심 판결선고시를 기준으로 한다"(대판 1997.2.14. 96도1241). 범죄의 성립 여부가 범죄행위시를 기준으로 하는 것과 다르다. 소년의 특성에 비추어 책임능력이 미약한 상태에서 범행한 것이라고 인정되는 등 상당한 경우에는 임의적으로 그 형을 감경할 수 있게 한 것이다[임의적 감경].

4) 노역장유치의 금지 18세 미만인 소년에게는 벌금 또는 과료를 선고하는 경우에 그 미납액에 대한 노역장유치를 선고하지 못한다(법62본문). 이는 선고시를 기준으로 하므로(위 96도1241), 선고시 18세 미만인 경우에 한정된다. 다만, 판결 선고 전 구속되었거나 소년분류심사원 위탁(법18①iii)의 조치가 있었을 때에는 그 구속 또는 위탁의 기간에 해당하는 기간은 노역장에 유치된 것으로 보아 형법 제57조를 적용할 수 있다(법62단서).

(4) 형의 집행

1) 징역 · 금고형의 집행 i) 보호처분이 계속 중일 때에 징역, 금고 또는 구류를 선고받은 소년에 대하여는 그 형을 먼저 집행한다(법64). ii) 징역 또는 금고를 선고받은 소년에 대하여는 특별히 설치된 교도소 또는 일반 교도소 안에 특별히 분리된 장소에서 그 형을 집행한다. 다만, 소년이 형의 집행 중에 23세가 되면 일반 교도소에서 집행할 수 있다(법63).

2) 가석방 완화 징역 또는 금고를 선고받은 소년에 대하여는 ㉠ 무기형의 경우에는 5년, ㉡ 15년 유기형의 경우에는 3년, ㉢ 부정기형의 경우에는 단기의 3분의 1의 기간이 지나면 가석방을 허가할 수 있다(법65).

Ⅳ. 배상명령

1. 의의

1) 뜻 배상명령제도란 공소제기된 일정한 범죄의 피해자가 그 손해배상 청구권을 당해 형사재판절차에 부대(附帶)하여 행사하는 제도를 말한다. 소송촉진 등에 관한 특례법에 의하여 신설된 제도이다. 민사소송의 일종이라기보다는 형사소송에 부수하는 법정된 '특수한 소송형태'에 속한다.

2) 기능 범죄의 피해자가 입은 일정한 손해를 번잡한 민사소송을 거치지 않고 형사절차와 병행하는 간이·신속한 절차에 의하여 배상받을 수 있게 함으로써, 신속한 피해회복과 국민의 편의를 도모하는 제도이다.

2. 요건

(1) 대상

1) 대상범죄 배상명령이 가능한 범죄는 **제한**되어 있다. 즉, i) 형법상 ㉠ **상해죄·중상해죄·특수상해죄·상해치사죄, 폭행치사상죄**(존속폭행치사상죄는 제외) **및 과실치사상죄, ㉡ 강간과 추행**의 죄, ㉢ **절도·강도**죄, **사기·공갈**죄, **횡령·배임**죄, **손괴**죄, ii) 이를 **가중처벌하는** 죄와 그 미수의 죄, iii) 성폭력범죄의 처벌 등에 관한 특례법 제10조부터 제14조까지, 제15조(제3조부터 제9조까지의 미수범은 제외), 아동·청소년의 성보호에 관한 법률 제12조 및 제14조에 규정된 죄로 한정된다(소송촉진법25①). iv) 위 각 죄 및 **그 외의 죄**에 대한 피고사건에서 피고인과 피해자 사이에 **합의된 손해배상액**에 관하여도 배상명령이 가능하다(동법25②).

2) 대상손해 배상명령의 대상인 손해는 '**㉠직접적인 물적 피해, ㉡치료비 손해 및 ㉢위자료**'로 한정된다(동법25①). i) '직접적인 물적 피해'라 함은, 절도·사기 등 재산범죄에서는 불법으로 영득된 재물 또는 이익의 가액을 말하고, 손괴죄에서는 그 수리비가 된다. ii) 한편, 상해 등 신체에 대한 범죄에서는 치료비 손해 및 위자료에 한정된다. iii) 간접적 손해 및 생명·신체에 대한 범죄에서 기대수입 상실의 손해 등은 제외된다[**간접손해/일실수입 제외**]. iv) 지연이자가 직접적 손해인지는 견해가 대립된다.

3) 합의된 손해배상액 그러나 위 제한된 대상범죄 및 그 외의 범죄에 관하여 '피해자와 피고인 사이에 **합의**(合意)**된 손해배상액**'에 대해서도 배상명령을 할 수 있다(동법25②).

(2) 유죄판결

배상명령은 대상사건에서 유죄판결을 선고할 경우에만 가능하다(동법25①). 즉 무죄·면소·공소기각의 재판을 할 경우에는 배상명령을 할 수 없다.

(3) 금지사유

법원이 배상명령을 하여서는 아니 되는 경우가 있다. 즉, i) 피해자의 성명·주소가 분명하지 않은 경우, ii) 피해'금액'이 특정되지 않은 경우, iii) 피고인의 배상'책임'의 유무 또는 그 범위가 명백하지 않은 경우, iv) 배상명령으로 인하여 '공판절차'가 현저히 지연될 우려가 있거나, 형사소송절차에서 배상명령을 하는 것이 '타당하지 않다'고 인정되는 경우가 금지사유에 해당한다(동법25③). 이는 주로 직권배상명령의 금지사유로 규정된 것이지만, 다른 한편 배상신청의 각하사유도 되는 것이다(동법32①참조).

3. 절차

(1) 신청에 의한 배상명령

1) 신청의 절차와 효력 i) [신청권자] 피해자나 그 상속인이다(동법25①). 다만, 피해자는 피고사건의 범죄행위로 인하여 발생한 피해에 관하여 다른 절차에 따른 손해배상청구가 법원에 계속 중일 때에는 배상신청을 할 수 없다(동법26⑦). ii) [신청시기] 피해자는 제1심 또는 제2심 공판의 변론이 종결될 때까지 사건이 계속된 법원에 피해배상을 신청할 수 있다(동법26①). iii) [신청방법] 배상신청을 할 때에는 신청서와 상대방 피고인 수만큼의 신청서 부본을 제출하여야 한다(동①). 피해자가 증인으로 법정에 출석한 경우에는 말로써 배상을 신청할 수 있다(동⑤). iv) [취하] 신청인은 배상명령이 확정되기 전까지는 언제든지 배상신청을 취하할 수 있다(동⑥). v) [신청의 효과] 배상신청은 민사소송에서의 소의 제기와 동일한 효력이 있다(동⑧).

2) 신청사건의 심리 i) [기일통지 및 불출석재판] 신청인은 공판기일에 출석할 권리가 있음은 당연하나, 출석의무가 있는 것은 아니다. 즉, 배상신청이 있을 때에는 신청인에게 공판기일을 알려야 한다. 신청인이 공판기일을 통지받고도 출석하지 아니하였을 때에는 신청인의 진술 없이 재판할 수 있다(동법29①②). ii) [소송기록열람 및 증거제출] 신청인 및 그 대리인은 공판절차를 현저히 지연시키지 아니하는 범위에서 재판장의 허가를 받아 소송기록을 열람할 수 있

고, 공판기일에 피고인이나 증인을 신문할 수 있으며, 그밖에 필요한 증거를 제출할 수 있다(동법30①). iii) 청구의 인낙과 화해는 할 수 없다고 본다. 당사자가 사이에 그러한 의사표시가 있는 경우에는 합의된 것으로 보고, 신청인으로 하여금 '합의에 의한 배상명령'에 의하도록 신청취지를 변경하게 함이 타당하다.

(2) 직권에 의한 배상명령

배상명령의 요건을 충족하면 법원이 직권으로도 가능하다(동법25①).

4. 재판

(1) 각하결정과 배상명령

1) 각하결정　법원은 배상신청이 ㉠ 부적법하거나 ㉡ 이유 없거나 ㉢ 배상명령을 하는 것이 타당하지 않다고 인정될 경우 결정으로 배상신청을 각하하여야 한다(동법32①). 배상신청의 이익이 없는 경우 배상신청은 부적법하다. 예컨대, 피해자가 이미 그 피해회복에 관한 집행권원을 가지고 있는 경우에는 배상신청을 할 이익이 없다. 배상신청의 일부만이 이유 있는 경우에는 원칙적으로 그 일부를 인용하여야 한다. 한편, "합의서 기재내용만으로는 배상신청인이 변제받았는지 여부 등 피고인의 민사책임에 관한 구체적인 합의내용을 알 수 없다면, 배상신청인이 처음 신청한 금액을 바로 인용할 것이 아니라, 구체적인 합의내용에 관하여 심리하여 피고인의 배상책임의 유무 또는 그 범위를 살펴보는 것이 합당하다"(대판 2013.10.11. 2013도9616). 각하결정은 배상신청인에게 동일한 배상신청을 금지하는 효력만 있을 뿐이므로(동법32③), 배상신청인이 다시 신청하면 각하되나, 민사소송 등 다른 절차에 의하여 배상청구를 할 수 없는 것은 아니다.

2) 배상명령　배상명령은 **유죄판결의 선고와 동시에** 하여야 한다(동법31①). **일정액의 금전 지급을 명함**으로써 하고, 배상의 대상과 금액을 유죄판결의 주문에 표시한다(동②). **가집행**선고를 붙일 수 있다(법31③).

(2) 불복

1) 신청인　배상신청을 각하하거나 그 일부를 인용한 재판에 대하여 **신청인은 불복하지 못하며**, 다시 동일한 배상신청을 할 수 없다(동법32④).

2) 피고인　i) [상소] 유죄판결에 대한 상소가 제기된 경우에는 배상명령은 **피고사건과 함께** 상소심으로 **이심된다**(동법33①). ii) [즉시항고] 피고인은 유죄판결에 대하여 상소를 제기하지 아니하고 **배상명령에 대하여만** 상소기간에 즉시

항고를 할 수 있다(동⑤).

(3) 배상명령의 효력

확정된 배상명령 또는 가집행선고가 있는 배상명령이 기재된 유죄판결서의 정본은 민사집행법에 따른 강제집행에 관하여 집행력 있는 민사판결정본과 동일한 효력이 있다(동법34①). 배상명령이 확정된 경우 피해자는 그 인용된 금액의 범위에서 다른 절차에 따른 손해배상을 청구할 수 없다(동②). 한편, 인용금액을 넘는 부분에 대해서는 별도의 소를 제기할 수 있다.

제 3 절 재판의 집행과 형사보상

Ⅰ. 재판의 집행

1. 의의와 기본원칙

(1) 재판집행의 의의

재판의 집행이란 국가권력이 재판의 의사표시내용을 강제적으로 실현하는 것을 말한다. 유죄판결에 의해 확정된 형의 집행, 체포·구속영장, 압수수색영장의 집행, 추징·소송비용과 같은 부수처분의 집행 등 여러 형태가 있다. 무죄·면소·공소기각·관할위반과 같이 성격상 집행이 문제되지 않는 재판도 있다.

(2) 재판집행의 기본원칙

1) 집행시기(확정 후 즉시집행의 원칙) 재판은 특별한 규정이 없으면 확정된 후에 집행한다(459). 재판은 확정된 후에 즉시 집행하는 것이 원칙이다. 다만, 일정한 예외가 있다. i) [확정 전 집행] 결정과 명령의 재판은 (즉시항고 등이 허용되는 경우를 제외하고는) 확정되기 전에 즉시 집행할 수 있다. 또한 벌금·과료 또는 추징의 선고를 하는 경우에 가납명령이 있으면 재판확정을 기다리지 않고 즉시 집행할 수 있다(334). ii) [확정 후 기간 경과] 노역장유치는 벌금 또는 과료의 재판이 확정된 후 30일 이내에는 집행할 수 없다(형법69①). 사형은 법무부장관의 명령 없이는 집행할 수 없고(463), 보석허가결정은 보증금의 납입 등 보석조건을 이행한 후에 집행할 수 있다(100①). 소송비용부담의 재판은 그 집행면제의 신청기간 내와 그 신청에 대한 재판이 확정될 때까지 집행이 정지된다(472).

2) **집행지휘**(검사주의 원칙) 재판의 집행은 그 재판을 한 법원에 대응한 검찰청 검사가 지휘하는 것이 원칙이다(460①본문). 다만, 법원주의의 예외가 있다. 예컨대, 공판절차에서 구속영장은 검사의 지휘에 따라 사법경찰관리가 집행하는 것이 원칙이나, 급속을 요하는 경우에는 재판장, 수명법관, 수탁판사가 그 집행을 지휘할 수 있다(81①). 또한 공판절차에서 압수·수색영장은 검사의 지휘에 따라 사법경찰관리가 집행하는 것이 원칙이나, 필요한 경우에 재판장은 법원사무관 등에게 그 집행을 명할 수 있다(115①).

재판의 집행지휘는 신중을 위해 서면('재판집행지휘서')으로 한다. 즉, 재판서 또는 재판을 기재한 조서의 등본 또는 초본을 첨부한 서면으로 한다(461).

3) **형집행을 위한 소환** 사형·징역·금고 또는 구류의 선고를 받은 자가 구금되지 아니한 때에는 검사는 형의 집행을 위해 그를 소환하여야 한다(473①). '소환에 응하지 아니한 때'에는 검사는 형집행장을 발부하여 구인하여야 한다(동②). 집행은 검사의 직무이므로, 형집행을 위한 구인은 법관의 영장에 의하지 않고 검사의 형집행장에 의하도록 한 것이다. 만일 형의 선고를 받은 자가 도망하거나 도망할 염려가 있는 때 또는 현재지를 알 수 없는 때에는 '소환 없이' 형집행장을 발부하여 구인할 수 있다(동③). 검사가 발부한 형집행장은 구속영장과 동일한 효력이 있다(474②).

(3) 형집행의 순서: 중형우선 원칙 및 집행순서 변경

2개 이상의 형의 집행은 자격상실·자격정지·벌금·과료와 몰수 외에는 중한 형을 먼저 집행한다[중형 우선집행의 원칙](462). 다만, ㉠ 검사는 소속 장관의 허가를 얻어 중한 형의 집행을 정지하고 다른 형의 집행을 할 수 있다[집행순서의 변경](462단서). 단서의 '검사의 형집행 순서의 변경'은, "(수형자의 이익을 위하여) **가석방 요건**을 조기에 갖추어 주려는 목적이라든지,[1] (자유형의 시효가 장기인 경우 벌금형의 노역장유치를 먼저 집행함으로써) **벌금형의 시효를 중단**시키려는 목적 등 형 집행의 적성성을 확보"하기 위한 것이다(대판 2025.3.27. 2021도4355). ㉡ 자유형과 벌금형은 동시에 집행할 수 있지만, 검사는 자유형의 집행을 정지하고 벌금형의 노역장유치를 먼저 집행할 수도 있다.[2]

---

1) "1개의 판결로 수개의 형이 확정된 경우 '각 형의 형기'를 모두 1/3 이상씩 경과하여야만 가석방이 가능하다"(헌재 1995.3.25. 93헌마12).

2) "형 집행의 시작과 종료는 누범기간(형법35①)이나 집행유예 결격기간(형법62①)의 계산, 형의 시효 중단(형법80) 등과 직접 관련이 있고, 자유형과 벌금형이 병과된 수형자 등의 경우

2. 형의 집행

(1) 사형의 집행

사형은 다른 형과 달리 집행상 신중을 기하여기 위하여 **법무부장관의 명령**에 의해서만 집행할 수 있다(463). 사형집행의 명령은 판결이 확정된 날로부터 6월 이내에 해야 하나(465①), 현재 지켜지지 않고 있다. 법무부장관이 사형집행을 명한 때에는 5일 이내에 집행하여야 한다(466). 사형은 교도소 또는 구치소 내에서 교수하여 집행한다(형법66). 사형선고를 받은 사람이 심신장애로 의사능력이 없는 상태이거나 임신중인 여자인 경우에는 법무부장관의 명령으로 사형집행을 정지한다(469①).

(2) 자유형의 집행

1) **집행절차** 자유형은 검사가 형집행지휘서에 의하여 집행한다(460 · 461). 이미 구금된 자는 검사의 지휘에 의하여 바로 집행되지만, 아직 구금되지 않은 자는 그 집행을 위하여 검사가 소환하고 **형집행장**을 발부할 수 있다(473). 징역은 교정시설에 수용하여 집행하며 정해진 노역에 복무하게 하고(형법67), 금고와 구류는 교정시설에 수용하여 집행한다(형법68). 자유형의 형기는 판결이 확정되는 날부터 기산한다(형법84①). 구속 중인 자는 판결의 확정일이나, 불구속 중인 자는 형집행지휘서에 의하여 수감된 날로부터 기산한다(동②). 형집행의 초일은 시간을 계산함이 없이 1일로 산정하며(형법85), 석방은 형기종료일에 하여야 한다(형법86).

2) **집행정지** i) [필요적 집행정지] 징역, 금고 또는 구류의 선고를 받은 자가 '심신의 장애로 의사능력이 없는 상태'에 있는 때에는 검사의 지휘에 의하여 심신장애가 회복될 때까지 형의 집행을 정지한다(470①). ii) [임의적 집행정지]. 징역 · 금고 또는 구류의 선고를 받은 자에게 ㉠ 형집행으로 현저히 건강을 해하거나 생명을 보전할 수 없을 염려가 있는 때, ㉡ 연령 70세 이상인 때, ㉢ 잉태 후 6월 이상인 때, ㉣ 출산 후 60일을 경과하지 아니한 때, ㉤ 직계존속이 연령 70세 이상 또는 중병이나 장애인으로 보호할 다른 친족이 없는 때, ㉥ 직계비속이 유년으로 보호할 다른 친족이 없는 때, ㉦ 기타 중대한 사유가 있는

벌금의 완납 여부가 징역형 · 금고형에 대한 가석방 요건의 충족 여부를 좌우하므로(형법72②), 형 집행의 순서와 변경은 수형자의 이해관계에 중대한 영향을 미치게 된다. 검사는 형의 집행순서변경 제도의 목적과 수형자의 기본권 보장 이념을 염두에 두고 적정한 재량의 범위 내에서 집행순서변경 권한을 행사하여야 한다"(위 2021도4355).

때에는 검사의 지휘에 의하여 형의 집행을 정지할 수 있다. 이 경우 검사는 소속 고등검찰청검사장 또는 지방검찰청검사장의 허가를 얻어야 한다(471).

3) **미결구금일수의 산입** 미결구금일수란 구금당한 날로부터 판결확정 전일까지 실제로 구금된 일수를 말한다. 미결구금일수는 유기징역, 유기금고, 벌금이나 과료에 관한 유치 또는 구류에 산입한다. 미결구금일수는 그 전부가 (본형에) 법률상 당연히 산입되며, 판결에서 그 산입을 별도로 선고할 필요도 없다. 즉, ㉠ 종래 '판결선고 전 구금일수'에 관한 재정통산의 근거였던 형법 제57조 제1항은 그 중 '일부 산입' 부분에 대해 위헌결정이 선고되었고(헌재 2009.6.25. 2007헌마25), 이에 따라 2014.12.30. 개정으로 "**판결선고 전의 구금일수**는 그 **전부**를 (본형에) 산입한다"로 개정되었다. 그 성격이 '법정통산'으로 변경된 것이다. 또한, ㉡ 종래 '판결선고 후 구금일수'에 관한 법정통산의 근거였던 형사소송법 제482조 제1항 역시 2015.7.31. 개정으로 "**판결선고 후 판결확정 전의 구금일수** (판결선고 당일의 구금일수 포함)는 **전부**를 본형에 산입한다"로 개정되었다. 그리하여 이제 미결구금일수는 그 전부가 본형에 법률상 당연히 산입되는 것으로 변경된 것이다. 한편, ㉢ 형법 제7조는 "죄를 지어 **외국에서 '형'의 전부 또는 일부**가 집행된 사람에 대해서는 그 집행된 형의 **전부 또는 일부**를 선고하는 형에 산입한다"라고 규정하고 있다. "이는 '외국 법원의 유죄판결에 의하여 자유형이나 벌금형 등 형의 전부 또는 일부가 실제로 집행된 사람'을 말한다. 단지 '외국 법원에서 미결구금되었다가 무죄판결을 받았을 뿐인 사람'의 구금일수는 제7조에 의한 산입의 대상이 될 수 없다"(대판 2017.8.24. 2017도5977 전합).

(3) 자격형의 집행

자격형에는 자격상실과 자격정지가 있다. 자격상실 또는 자격정지의 선고를 받은 자에 대하여는 이를 '수형자 원부'에 기재하고 지체 없이 그 등본을 그 등록기준지와 주거지의 시·구·읍·면장에게 송부하여야 한다(476). '수형자 원부'란 형의 실효 등에 관한 법률이 규정한 수형인 명부를 가리킨다.

(4) 재산형의 집행

1) **집행명령** 벌금·과료·몰수·추징 등의 재산형과 과태료·소송비용·비용배상 또는 가납의 재판은 검사의 명령에 의하여 집행한다(477①). 이 명령은 집행력 있는 집행권원과 동일한 효력이 있다(동②). 그 집행에는 **민사집행법**의 집행에 관한 규정을 준용한다. 또한 재산형의 집행은 **국세징수법에 따른 국세체**

납처분의 예에 따라 집행할 수도 있다(동④). 따라서 재산형등의 집행은 집행의 신속성 · 효율성을 고려하여 민사집행법의 강제집행절차와 국세징수법의 체납처분절차를 선택적으로 활용할 수 있다. 벌금, 과료, 추징, 과태료, 소송비용 또는 비용배상의 분할납부, 납부연기 등 납부방법에 필요한 사항은 법무부령으로 정한다(동⑥).

2) **집행대상** 재산형은 그 재판을 선고받은 본인의 재산에 대해서만 집행하는 것이 원칙이다. 그러나 예외적으로 재판확정 후 사망한 경우에 상속재산에 대한 집행(478), 재판확정 후 합병에 의하여 소멸한 경우에 합병 후 존속 · 설립 법인에 대한 집행(479)이 가능하다.

3) **노역장유치의 집행** 벌금 또는 과료를 완납하지 못한 자에 대한 노역장유치의 집행에 대해서는 형의 집행에 관한 규정, 즉 재판집행의 기본원칙과 자유형의 집행에 관한 규정을 준용한다(492). 판결선고 전의 구금일수 1일은 벌금 · 과료에 관한 유치기간의 1일로 계산한다(형법57②).

3. 구제방법

1) **재판해석에 대한 의의신청** 형의 선고를 받은 자는, 집행에 관하여 재판의 해석에 대한 의의(疑義)가 있는 경우 재판을 선고한 법원에 의의신청을 할 수 있다(488). 판결주문의 취지가 불명확하여 주문의 해석에 의문이 있는 경우에 한하여 허용된다. 판결이유의 모순이나 불명확 또는 판결내용 자체의 부당함을 주장하는 것은 허용되지 않는다(확정재판과 저촉되는 행위는 할 수 없기 때문이다).

신청권자는 형을 선고받은 자 '본인'만으로 제한된다. 관할법원은 재판을 선고한 법원, 즉 형을 선고한 법원이 된다(488).

2) **재판집행에 대한 이의신청** 재판의 집행을 받은 자 또는 그 법정대리인이나 배우자는, 재판집행에 대한 검사의 처분에 대하여 부당함을 이유로 재판을 선고한 법원에 이의신청을 할 수 있다(489). 예컨대, 형의 선고와 판결서의 기재가 다른 경우에는 선고된 형을 집행해야 함에도 판결서에 따라 집행하는 경우이다. 검사의 집행처분이 위법한 경우뿐만 아니라 부당한 경우에도 허용된다. 그러나 재판의 집행이 아니라 재판내용 자체의 부당함을 주장하는 것은 허용되지 않는다.

확정판결의 집행을 전제로 하지만, 재판확정 전에 검사가 집행지휘하는 경우에도 가능하다. 집행종료 후에는 실익이 없으므로 허용되지 않는다.

3) 소송비용의 집행면제 신청 소송비용부담의 재판을 받은 자가 빈곤으로 인하여 이를 완납할 수 없는 경우에는 그 재판의 확정후 10일 이내에 재판을 선고한 법원에 소송비용의 전부 또는 일부에 대한 재판의 집행면제를 신청할 수 있다(487).

Ⅱ. 형사보상

1. 의의

1) 뜻 형사보상이란, 국가의 잘못된 형사사법권 행사로 인하여 형사절차에서 부당하게 '미결구금'되었거나 '형의 집행'을 받은 사람에 대하여 국가가 그 손해를 보상하여 주는 제도를 말한다. 헌법 제28조에서 형사보상청구권이 국민의 기본권으로 규정되어 있고, 이를 구체화한 법률이 형사보상법('형사보상 및 명예회복에 관한 법률.' 이하, '법'이라고만 한다)이다.

2) 본질 국가의 형사사법작용이 사후적으로 위법한 경우 그 위법한 처분으로 인해 피해를 입은 자에 대해 국가가 손해를 배상해야 하는 법률적 의무를 부담하는 것이라는 견해가 일반적이다[법률의무설]. 다만 공무원의 고의·과실을 묻지 않는다는 점에서 무과실 손해배상으로 본다.

3) 손해배상과의 관계 형사보상을 받을 자가 다른 법률에 따라 손해배상을 청구하는 것은 금지되지 않는다(법6①). 형사보상청구 이외에 국가배상법이나 민법에 의한 손해배상청구도 동시에 가능하다. 다만, 동일한 원인에 대하여 다른 법률에 따라 (이미) 손해배상을 받은 경우에 그 손해배상의 액수가 형사보상금의 액수와 같거나 많을 때에는 보상하지 아니하고, 적을 때에는 그 손해배상 금액을 빼고 보상금의 액수를 정하여야 한다(동②).

2. 요건

(1) 피고인보상

피고인보상에는 미결구금의 경우와 형집행의 경우가 있다.

1) 미결구금 우선, ① 피고인이 **무죄판결**을 받은 경우에는, **미결구금**에 대한 형사보상이 허용된다. 즉, 형사소송법에 따른 일반 절차, 재심이나 비상상고 절차에서 '무죄재판'을 받아 확정된 사건의 피고인이 '미결구금'(未決拘禁)을 당하였을 때에는 국가에 대하여 그 구금에 대한 보상을 청구할 수 있다(법2①). 또한,

② 피고인이 소송법상 이유로 무죄판결을 받지 못한 경우에도, 그 구금에 대한 형사보상이 허용된다. 즉, ㉠ '면소 또는 공소기각의 재판'을 받아 확정된 피고인이 면소 또는 공소기각의 사유가 없었더라면 무죄재판을 받을 만한 현저한 사유가 있었을 경우(법26①i),[1] ㉡ 치료감호의 독립 청구를 받은 피치료감호청구인의 '치료감호사건'이 범죄로 되지 아니하거나 범죄사실의 증명이 없는 때에 해당되어 '청구기각의 판결'을 받아 확정된 경우(법26①ii)에도, 그 구금에 대한 보상을 청구할 수 있다.

2) 형 집행　우선, ① 피고인이 무죄판결을 받은 경우에는, 형 집행에 대한 형사보상이 허용된다. 즉, 상소권회복에 의한 상소, 재심 또는 비상상고의 절차에서 '무죄재판'을 받아 확정된 사건의 피고인이 원판결에 의하여 구금되거나 '형 집행'을 받았을 때에는 구금 또는 형의 집행에 대한 보상을 청구할 수 있다(법2②). 또한, ② 위헌결정으로 인한 재심절차에서 무죄판결을 받을 수 있었음에도, 공소장변경으로 유죄판결을 받으면서 원래보다 가벼운 형이 선고된 경우에도, 그 '초과 부분의 구금'에 대한 형사보상이 허용된다. 즉, 헌법재판소법에 따른 재심절차에서 (공소장변경에 의해) '원판결보다 가벼운 형'으로 확정됨에 따라, 원판결에 의한 형의 집행이 재심절차에서 선고된 형을 '초과'한 경우(법26①iii)[2] 에도, 그 구금에 대한 보상을 청구할 수 있다. 이 경우 '재심판결의 선고형을 초과하는 부분'은 '위헌적 법률의 적용으로 집행된, 무죄사유가 있었던 부분'에 대응하는 점을 감안하여 이를 형사보상의 대상에 추가한 것이다(헌재 2022.2.24. 2018헌마998 결정으로 헌법불합치된 법26①을 2023.12.29. 개정).

3) 보상의 배제사유　다음의 경우에는 법원은 재량으로 보상청구의 전부 또는 일부를 기각할 수 있다(법4). 즉, ㉠ 피고인이 형사미성년자 또는 심신장애의 사유로 무죄판결을 받은 경우, ㉡ 본인이 수사 또는 심판을 그르칠 목적으로 '거짓 자백'을 하거나 '다른 유죄의 증거를 만듦'으로써 기소, 미결구금 또는 유죄재판을 받게 된 것으로 인정된 경우, ㉢ 1개의 재판으로 경합범의 일부에 대하여 무죄재판을 받고 다른 부분에 대하여 유죄재판을 받았을 경우[3]이다.

---

1) 긴급조치 제9호의 위헌·무효를 선언함으로써 비로소 면소의 재판을 할 만한 사유가 없었더라면 무죄재판을 받을 만한 현저한 사유가 피고인에게 생겼다고 할 것이므로, 긴급조치 제9호 위반으로 피고인이 구금을 당한 데 대한 보상을 청구할 수 있다(대결 2013.4.18.자 2011초기689 전합).

2) 다만, 이 경우에 법원은 보상청구의 전부 또는 일부를 기각할 수 있다(법26③).

3) 주문에서 경합범의 일부에 대하여 유죄가 선고되고 다른 부분에 대하여 무죄가 선고된 경우 "미결구금 일수의 전부 또는 일부가 선고된 형에 산입되는 것으로 확정되었다면, 그 산입된

(2) 피의자보상

피의자보상에는 미결구금의 경우만 있다.

1) 미결구금 피의자로서 '구금'되었던 자 중 검사로부터 '공소를 제기하지 아니하는 처분'을 받은 자는 국가에 대하여 그 구금에 대한 보상('피의자보상')을 청구할 수 있다. 다만, 구금된 이후 불기소처분을 할 사유가 있는 경우, 불기소처분이 종국적인 처분이 아닌 경우, 기소유예처분인 경우에는 보상이 허용되지 않는다(법27①).

2) 보상의 배제사유 다음의 경우에는 피의자보상의 전부 또는 일부를 지급하지 아니할 수 있다(법27②). ㉠ 본인이 수사 또는 재판을 그르칠 목적으로 거짓 자백을 하거나 다른 유죄의 증거를 만듦으로써 구금된 것으로 인정되는 경우, ㉡ 구금기간 중에 다른 사실에 대하여 수사가 이루어지고 그 사실에 관하여 범죄가 성립한 경우, ㉢ 보상하는 것이 선량한 풍속, 그 밖에 사회질서에 위배된다고 인정할 특별한 사정이 있는 경우이다.

3. 내용

1) 구금에 대한 보상 구금의 일수에 따라 1일당 보상청구의 원인이 발생한 연도의 '최저임금법에 따른 일급 최저임금액 이상' '대통령령으로 정하는 금액 이하'의 비율에 의한 보상금을 지급한다(법5①). 현재 구금에 대한 보상금의 한도는 1일당 보상청구의 원인이 발생한 해의 최저임금법에 따른 일급 최저임금액의 5배이다(동법시행령2).

2) 사형에 대한 보상 '집행 전 구금에 대한 위 보상금 이외에, 3천만원 이내에서 법원이 모든 사정을 고려하여 타당하다고 인정하는 금액을 더하여 보상한다. 이때 본인의 사망으로 인하여 발생한 재산상의 손실액이 증명되었을 때에는 그 손실액도 보상한다(법5③).

[기타 보상] i) [벌금·과료에 대한 보상] 이미 징수한 벌금·과료의 금액에, 징수일의 다음 날부터 보상결정일까지의 일수에 대하여 민법상 법정이율을 적용하여 계산한 금액을 더한 금액을 보상한다(법5④).

ii) [몰수·추징에 대한 보상] 몰수는 그 몰수물을 반환하고, 이미 처분되었을 때에는 보상결정시의 시가를 보상한다(법5⑥). 추징금은 그 액수에 징수일의 다음 날부터

미결구금 일수는 형사보상의 대상이 되지 않는다"(대결 2017.11.28.자 2017모1990).

보상결정일까지의 일수에 대하여 민법상 법정이율을 적용하여 계산한 금액을 더한 금액을 보상한다(법5⑦).

iii) [명예회복: 무죄재판서 게재청구] 형법에는 무죄·면소판결의 공시제도가 있는데(형법58②③), 이와 별도로 형사보상법에는 '무죄재판서 게재청구'라는 명예회복제도가 있다. 즉, 무죄재판을 받아 확정된 사건의 피고인은 무죄재판이 확정된 때부터 3년 이내에 '무죄재판서'를 법무부 인터넷 홈페이지에 게재하도록 해당 사건을 기소한 검사가 소속된 지방검찰청에 청구할 수 있다(법30). 면소·공소기각의 재판이 확정된 경우와 치료감호 청구기각의 판결이 확정된 경우에도 같다(법34).

4. 절차

(1) 피고인보상절차

1) 청구권자 및 청구기간 무죄·면소·공소기각의 재판을 받은 본인, 치료감호 청구기각의 판결을 받은 본인, 헌법재판소법에 따른 재심절차에서 원판결보다 가벼운 형을 받은 본인(법2·26①)이 피고인보상의 청구권자이다. 청구권은 양도 또는 압류할 수 없으나, 상속될 수 있다. 따라서 청구권자의 상속인은 보상청구를 할 수 있다(법3①). 무죄·면소·공소기각 등의 재판이 확정된 사실을 안 날부터 3년, 확정된 때부터 5년 이내에 하여야 한다(법8·26②).[1]

2) 관할법원 무죄·면소·공소기각의 재판을 한 법원, 치료감호 청구기각의 판결을 한 법원, 헌법재판소법에 따른 재심절차에서 원판결보다 가벼운 형을 선고한 재심법원에 청구하여야 한다(법7·26②).

3) 심리 피고인의 보상청구는 **법원 합의부**에서 재판한다(법14①). 법원은 검사와 청구인의 의견을 들은 후 결정하여야 한다(법14②). 보상청구의 원인된 사실인 구금일수 또는 형 집행의 내용에 관하여 법원은 직권으로 조사하여야 한다(법15). 청구인의 입증부담을 완화하기 위한 것이다.

4) 결정 i) [청구각하] 보상청구의 절차가 법령으로 정한 방식을 위반하여 보정할 수 없는 경우, 청구인이 법원의 보정명령에 따르지 아니한 경우 또는 보상청구의 기간이 지난 후에 보상을 청구하였을 경우에는 법원은 청구를 각하

---

1) [공소기각결정에 대한 형사보상청구기간] "보상청구는 면소 또는 공소기각의 재판이 확정된 사실을 안 날부터 3년, 면소 또는 공소기각의 재판이 확정된 때부터 5년 이내에 하는 것이 원칙이다. 다만 면소 또는 공소기각의 재판이 확정된 이후에 무죄재판을 받을 만한 현저한 사유가 생겼다고 볼 수 있는 경우에(예: 면소 또는 공소기각의 재판이 확정된 이후에 비로소 해당 형벌법령에 대하여 위헌·무효 판단이 있는 경우 등)에는 해당 사유가 발생한 사실을 안 날부터 3년, 해당 사유가 발생한 때부터 5년 이내에 보상청구를 할 수 있다"(대결 2022.12.20.자 2020모627).

하는 결정을 하여야 한다(법16). ii) [청구기각] 보상의 청구가 이유 없을 때에는 청구기각의 결정을 하여야 한다(법17②). 청구기각결정에 대하여는 즉시항고를 할 수 있다(법20②). iii) [보상결정] 보상의 청구가 이유 있을 때에는 보상결정을 하여야 한다(법17①). 보상결정에 대하여는 1주일 이내에 즉시항고를 할 수 있다(법20①).

(2) 피의자보상절차

1) 청구권자 및 청구기간 기소유예처분 이외의 불기소처분을 받은 피의자 본인이 피의자보상의 청구권자이다(법27①). 상속인에 의한 보상청구도 가능하다. 청구권은 양도 또는 압류할 수 없다(법23). 검사로부터 공소를 제기하지 아니하는 처분의 고지 또는 통지를 받은 날로부터 3년 이내에 하여야 한다(법28③).

2) 심사기관 불기소처분을 한 검사가 소속된 지방검찰청의 **'피의자보상심의회'**에 보상을 청구하여야 한다(법28①). 심의회의 결정에 대하여는 행정심판을 청구하거나 행정소송을 제기할 수 있다(동④).

(3) 보상금의 지급 및 지연손해금

1) 보상금의 지급 보상지급청구권은 보상결정이 확정되면 발생한다. (피고인보상이든 피의자보상이든) 보상금지급을 청구하려고 하는 자는 보상을 결정한 법원에 대응한 검찰청에 보상금지급청구서를 제출하여야 한다. 보상금지급청구권도 양도하거나 압류할 수 없다(법23). 보상결정이 송달된 후 2년 이내에 보상금 지급청구를 하지 아니할 때에는 권리를 상실한다(법21①③). 보상금 지급청구서를 제출받은 검찰청은 3개월 이내에 보상금을 지급하여야 한다(법21의2①).

2) 지연손해금 검찰청이 그 지급기한까지 보상금을 지급하지 아니한 경우에는 그 다음 날부터 지급하는 날까지의 지연 일수에 대하여 민법 제379조의 법정이율에 따른 지연이자를 지급해야 한다(법21의2②).

판례색인

사항색인

〈참고〉 학부생을 위한 학습계획 (14주)

주	학습내용	참고
1	전론	
2	소송주체 1 (법원, 검사)	
3	소송주체 2 (피고인, 변호인)	
4	소송행위, 수사 1 (수사기관, 고소)	
5	수사 2 (수사의 조건, 임의수사)	
6	수사 3 (대인적 강제처분－체포, 구속)	
7	수사 4 (대물적 강제처분－압수수색), 수사종결	위수증 포함
8	공소 (공소의 방식 및 효과, 공소시효)	
9	공판 1 (공판준비절차, 공판기일의 절차)	
10	공판 2 (참여재판, 약식절차, 즉결심판, 소년사건)	
11	증거 1 (증거재판주의, 자유심증주의)	
12	증거 2 (위법수집증거배제법칙)	
13	증거 3 (전문증거와 전문법칙)	
14	재판, 상소, 재심	

저자약력

이주원(李柱元). 柳泉

서울대학교 법과대학 사법학과 졸업
고려대학교 대학원 법학과 졸업(법학석사)
독일 Frankfurt a. M. 대학 Visiting Scholar
일본 北海道大學 객원연구원
제31회 사법시험 합격, 사법연수원 제21기 수료
청주, 수원, 인천 각 지방법원 판사, 서울고등법원 판사
대법원 재판연구관(판사), 광주지방법원 부장판사
광주광역시 광산구선거관리위원회 위원장
고려대학교 법과대학 부교수
고려대학교 법학전문대학원 학생부원장
고려대학교 교원윤리위원회 위원장
근로복지공단 정책자문위원회 위원
대법원 양형위원회 위원(제6기, 제7기)
법무부 검찰인사위원회 위원
고위공직자범죄수사처 자문위원회 위원
사법연수원 법원실무제요[형사] 발간위원회 위원
한국법학교수회 부회장 겸 형사법연구위원회 위원장
한국형사법학회 회장(제44대)
한국형사판례연구회 부회장(현)
대법원 형사실무연구회 부회장(현)
대법원 양형연구회 회장(현)
대법원 국선변호정책심의위원회 위원장(현)
법무부 형사법개정특별위원회 위원(현)
고려대학교 법학연구원 원장(현)
고려대학교 범죄와양형 연구센터 소장(현)
現在 고려대학교 법학전문대학원 교수
(형법 및 형사소송법 담당)

주요 저서
형법총론, 박영사, 2022-2026(총4판)
형법각칙[Ⅳ]-국가, 박영사, 2026
특별형법, 홍문사, 2011-2025(총11판)
형사소송법, 박영사, 2019-2026(총7판)
주석 형법총칙(공저), 한국사법행정학회, 2020
형법주해[Ⅱ] 총칙(2)(공저), 박영사, 2024
특별형법 판례 100선(공편저), 박영사, 2022

제 7 판
형사소송법

초판 발행 2019년 2월 28일
제 2 판 발행 2020년 2월 15일
제 3 판 발행 2021년 2월 20일
제 4 판 발행 2022년 2월 20일
제 5 판 발행 2022년 8월 20일
제 6 판 발행 2024년 8월 20일
제 7 판 발행 2026년 2월 20일

지은이 이주원
펴낸이 안종만 · 안상준

편 집 김선민
기획/마케팅 조성호
표지디자인 벤스토리
제 작 고철민 · 김원표

펴낸곳 (주) 박영사
서울특별시 금천구 가산디지털2로 53, 210호(가산동, 한라시그마밸리)
등록 1959. 3. 11. 제300-1959-1호(倫)
전 화 02)733-6771
f a x 02)736-4818
e-mail pys@pybook.co.kr
homepage www.pybook.co.kr
ISBN 979-11-303-9988-1 93360

정 가 47,000원